JUS PUBLICUM

Beiträge zum Öffentlichen Recht

Band 234

Andreas Engels

Die Verfassungsgarantie kommunaler Selbstverwaltung

Eine dogmatische Rekonstruktion

Mohr Siebeck

Andreas Engels, geboren 1981; Studium der Rechtswissenschaften an der Universität zu Köln; 2004 Erstes Juristisches Staatsexamen; 2007 Zweites Juristisches Staatsexamen; 2007 Promotion; Akademischer Rat a. Z. am Institut für Staatsrecht der Universität zu Köln; 2013 Habilitation und Verleihung der venia legendi für die Fächer Staats- und Verwaltungsrecht sowie Gesundheitsrecht.

ISBN 978-3-16-153355-6
ISSN 0941-0503 (Jus Publicum)

Die Deutsche Nationalbibliothek verzeichnet diese Publikation in der Deutschen Nationalbibliographie; detaillierte bibliographische Daten sind im Internet über *http://dnb.dnb.de* abrufbar.

Das Buch wurde von Gulde-Druck in Tübingen aus der Garamond Antiqua gesetzt, auf alterungsbeständiges Werkdruckpapier gedruckt und von der Buchbinderei Spinner in Ottersweier gebunden.

Vorwort

Die vorliegende Arbeit wurde im Sommersemester 2013 von der Juristischen Fakultät der Universität zu Köln als Habilitationsschrift angenommen. Mein besonderer Dank gilt meinem akademischen Lehrer, Herrn *Professor Dr. Wolfram Höfling M.A.*, der mich während meiner Tätigkeit zunächst als studentische sowie wissenschaftliche Hilfskraft und anschließlich als Akademischer Rat a. Z. am Institut für Staatsrecht der Universität zu Köln begleitet und gefördert hat. Ohne seine Anregung, Unterstützung und Kritik gäbe es diese Arbeit nicht und auch mein Lebensweg wäre ohne ihn ein anderer geworden. Herzlich danke ich auch Herrn *Professor Dr. Christian von Coelln*, der wohlwollend das Zweitgutachten erstellt hat.

Die Veröffentlichung dieser Arbeit wurde durch großzügige Druckkostenzuschüsse des Deutschen Landkreistages und der Wissenschaftsförderung der Sparkassen-Finanzgruppe e.V. ermöglicht. Den Herren *Professor Dr. Hans-Günter Henneke* und *Klaus Krummrich* gilt daher ebenfalls mein herzlicher Dank.

Schließlich hat das familiäre Umfeld zum Gelingen dieser Arbeit beigetragen: Meinen Eltern und meiner Frau danke ich für Dinge, über die ein längeres Buch als dieses geschrieben werden müsste. Widmen möchte ich die vorliegende Arbeit denjenigen, die ihre Entstehung verfolgt haben, ihre Veröffentlichung aber nicht mehr miterleben durften.

Köln, im Mai 2014 Andreas Engels

[illegible], AöR 17, 296, [illegible], DV 17, 448

Inhaltsübersicht

3. Teil
Die Aufgabengarantien der Gemeinden und Gemeindeverbände
453

4. Teil
Das modale Gewährleistungselement
543

Zusammenfassung
563

Inhaltsverzeichnis

3. Teil
Die Aufgabengarantien der Gemeinden und Gemeindeverbände
453

Einleitung

1. Kapitel

Problemaufriss – Kommunale Selbstverwaltung in der „Dauerkrise"?

„Es ist bekannt, dass sich die kommunale Selbstverwaltung seit Jahren in einer schweren Krisis befindet".[1] Mit diesem Diktum wollte *Ernst Forsthoff* zum Ausdruck bringen, dass

> „[...] mit dem Schlagwort von der Krisis der Selbstverwaltung [nicht] lediglich die Tatsache gemeint [ist], dass auch die Gemeinden und Gemeindeverbände durch die Erschütterungen in Mitleidenschaft gezogen werden, von denen das gesamte staatliche Leben betroffen ist, denn dann wäre die Krisis der Selbstverwaltung lediglich der besondere Ausdruck der allgemeinen Krise auf dem kommunalpolitischen Gebiet."

„Natürlich [sei] sie das auch." Verantwortlich für die Krise kommunaler Selbstverwaltung sei aber vorrangig „das Entfallen der geistig-politischen Voraussetzungen der Selbstverwaltung".[2]

In einer „Krisis" nach *Forsthoff'schem* Verständnis befindet sich die kommunale Selbstverwaltung heutiger Prägung nicht. *Ernst Forsthoff* nahm auf einen vermeintlichen Gegensatz zwischen kommunaler Selbstverwaltung und dem Demokratieprinzip Bezug, der nach dem Wiederaufbau der kommunalen Selbstverwaltung nach dem Ende des Zweiten Weltkrieges und deren verfassungsrechtlicher Anerkennung nicht (mehr) besteht. Art. 28 Abs. 2 GG sieht sich nicht dem Vorwurf ausgesetzt, kommunale Selbstverwaltung lasse sich weder gedanklich noch institutionell in den demokratischen Staatsaufbau einfügen.[3] Gleichwohl ist die Krisendiagnostik beständige Begleiterin der kommunalen Selbstverwaltung. Seit der Weimarer Republik konnte sie sich, einmal auf den Begriff der Krise fixiert, nicht aus dem Assoziationsfeld der Gefährdung ihrer Existenz befreien.[4] Zwar sind die Reformen des *Heinrich Friedrich Karl Reichsfreiherrn vom und zum Stein* – als historische Grundlagen kommunaler Selbstverwaltung aner-

---

[1] *Ernst Forsthoff*, Die Krise der Gemeindeverwaltung im heutigen Staat, 1932, S. 59.

[2] *Ernst Forsthoff*, Die Krise der Gemeindeverwaltung im heutigen Staat, 1932, S. 59.

[3] Siehe *Ernst Forsthoff*, Die Krise der Gemeindeverwaltung im heutigen Staat, 1932, S. 21, der konstatiert, „[m]an [habe] [...] mit Recht Demokratie und Selbstverwaltung als Gegensätze bezeichnet.

[4] *Wolfgang Roters*, Kommunale Mitwirkung an höherstufigen Entscheidungsprozessen, 1975, S. 1; rechtsvergleichend *Franz Barrios*, Die spezielle Labilität der Gemeindeebene im Bundesstaat, 2003, passim.

kannt[5] – „eine der großen Errungenschaften des modernen deutschen Staates".[6] *Arnold Köttgen* stellte aber schon 1931 fest, dass „[v]on der Selbständigkeit der Kommunalverwaltung der Vorkriegszeit […] nur wenig übrig geblieben [ist]."[7] Auch die verfassungsrechtliche Gewährleistung kommunaler Selbstverwaltung in Art. 28 Abs. 2 GG konnte nicht verhindern, dass die Stellung der Gemeinden und Gemeindeverbände im Mehrebenensystem mit den Begriffen „Unsicherheit"[8] und „lähmende Richtungslosigkeit" verknüpft wurde.[9] „Der Standort der Gemeinden und Kreise im gegliederten Staat […] [war] unsicher".[10]

Diskussionen über die dogmatische Struktur des Art. 28 Abs. 2 GG und dessen Gewährleistungsinhalt – etwa die Forderung nach einer Neubestimmung der kommunalen Selbstverwaltung,[11] das funktionale Selbstverwaltungsverständnis[12] sowie schließlich die „[v]erfassungstheoretische Neukonzeption der kommunalen Selbstverwaltungsgarantie"[13] – waren auf eben diese Unsicherheit zurückzuführen. Diese Deutungsansätze diagnostizierten letztlich übereinstimmend einen eklatanten „Gegensatz zwischen der realen gemeindlichen Stellung in der gesamtstaatlichen Verwaltungsordnung und den überkommenen Modellvorstellungen von der Gemeinde als autonomer, außerhalb der Staatsverwaltung stehender und gegenüber staatlichen Eingriffen abgeschirmter sozialer Raumgemeinschaft".[14] Aufgrund des anhaltenden Erosionsprozesses des eigenverantwortlich wahrgenommenen Wirkungskreises stehe die Annahme, Gemeinden und Gemeindeverbände seien territorial und personal umgrenzte, von der Staatsverwaltung separierbare Funktionsbereiche, nicht mehr in ausreichender Deckung mit der veränderten Wirklichkeit.[15]

---

[5] *Hans-Günter Henneke/Klaus Ritgen*, DVBl. 2007, S. 1253 ff.; eingehend *Christian-Friedrich Menger*, in: Albert von Mutius (Hrsg.), Selbstverwaltung im Staat der Industriegesellschaft, Festgabe zum 70. Geburtstag von Georg Christoph von Unruh, 1983, S. 25 ff.; *Georg Christoph von Unruh*, in: Thomas Mann/Günter Püttner (Hrsg.), Handbuch der Kommunalen Wissenschaft und Praxis, Bd. I, 3. Aufl. 2007, § 4; zuvor *Erich Becker*, DÖV 1957, S. 740 ff.; *Gunther Ipsen*, DÖV 1957, S. 737 ff.; *Erich Walter Lotz*, DVBl. 1957, S. 1 ff.; *Hans Peters*, DÖV 1957, S. 744 ff.; kritisch zur Rolle des „Freiherr[n] vom Stein als Begründer unserer kommunalen Selbstverwaltung" *Heiko Faber*, DVBl. 2008, S. 437 f.

[6] *Günter Püttner*, DÖV 1994, S. 552 (552).

[7] *Arnold Köttgen*, Die Krise der kommunalen Selbstverwaltung, 1931, S. 1.

[8] *Eberhard Laux*, AfK 1970, S. 217 (217).

[9] *Ulrich Scheuner*, AfK 1973, S. 1 (1 f.).

[10] *Rolf Grawert*, VVDStRL 36 (1978), S. 277 (278).

[11] Siehe *Ulrich Scheuner*, AfK 1973, S. 1 ff.; ferner *dens.*, AfK 1962, S. 149 ff.; *dens.*, AfK 1969, S. 209 ff.

[12] *Wolfgang Roters*, Kommunale Mitwirkung an höherstufigen Entscheidungsprozessen, 1975, passim.

[13] *Joachim Burmeister*, Verfassungstheoretische Neukonzeption der kommunalen Selbstverwaltungsgarantie, 1977, passim.

[14] *Joachim Burmeister*, Verfassungstheoretische Neukonzeption der kommunalen Selbstverwaltungsgarantie, 1977, S. 6.

[15] *Ulrich Scheuner*, AfK 1973, S. 1 (1); im Anschluss daran *Joachim Burmeister*, Verfassungstheoretische Neukonzeption der kommunalen Selbstverwaltungsgarantie, 1977, S. 6.

A. Herausforderungen der kommunalen Selbstverwaltung

Die bislang im Vordergrund stehende These von den „Erosionen der örtlichen Selbstverwaltung"[16] ist auch heute noch aktuell, obwohl der Begriff der Krise inzwischen vorsichtiger verwendet wird.[17] Weitgehender Konsens besteht dahin, dass der Zustand kommunaler Selbstverwaltung dem theoretischen Konstrukt der Gemeinden und Gemeindeverbände nicht gerecht wird und „[d]er Prozeß anhaltender Erosion des eigenverantwortlich wahrgenommenen kommunalen Wirkungsbereichs in der politischen Wirklichkeit" fortschreitet.[18]

I. Erosionen kommunaler Selbstverwaltung

Zusammenfassend beschrieben wurden die vielfältigen Ursachen des Erosionsprozesses auf der Tagung der Vereinigung der Deutschen Staatsrechtslehrer im Jahre 1977: Als Gründe für die schleichende Aushöhlung und fortschreitende Auszehrung wurden die Vergesetzlichung und Verplanung kommunaler Handlungsspielräume, die ungenügende Finanzausstattung der Gemeinden und Gemeindeverbände[19] sowie der Wanderungsprozess kommunaler Aufgaben von unten nach oben genannt.[20] Solche Entwicklungen seien abträglich für den Gedanken der Dezentralisation sowie für die „Klammerfunktion der kommunalen Selbstverwaltung", „welche die öffentliche Verwaltung mit dem Staatsbürger verbinde".[21] Darüber hinaus sei die Identifikations- und Integrationsfunktion kommunaler Selbstverwaltung durch Gebietsreformen und Veränderungen im innerorganisatorischen Bereich – vor allem durch die Parteipolitisierung und die Entmachtung der kommunalen Vertretungen[22] – zusätzlich beeinträchtigt worden.[23]

---

[16] *Daniel Krausnick*, VerwArch 102 (2011), S. 359 ff.; ferner *Hans-Günter Henneke*, DÖV 2013, S. 825 ff.

[17] *Günter Püttner*, DÖV 1994, S. 552 (552).

[18] *Joachim Burmeister*, Verfassungstheoretische Neukonzeption der kommunalen Selbstverwaltungsgarantie, 1977, S. 6.

[19] *Rolf Grawert*, VVDStRL 36 (1978), S. 277 (295 ff.).

[20] *Willi Blümel*, VVDStRL 36 (1978), S. 171 (190 ff.); zum Ganzen *Albert von Mutius*, in: Ständige Deputation des Deutschen Juristentages (Hrsg.), Verhandlungen des dreiundfünfzigsten Deutschen Juristentages, Bd. I, 1980, E 57 ff.; *ders.*, in: Albert von Mutius (Hrsg.), Selbstverwaltung im Staat der Industriegesellschaft, Festgabe zum 70. Geburtstag von Georg Christoph von Unruh, 1983, S. 227 ff., der über den Funktionsbereich des Gesetzgebers hinaus auf Herausforderungen im Funktionsbereich der Verwaltung Bezug nimmt und dabei verwaltungsspezifische Bürokratisierungs- und Zentralisierungstendenzen feststellt.

[21] *Willi Blümel*, VVDStRL 36 (1978), S. 171 (216 ff.).

[22] Siehe dazu *Rolf Grawert*, VVDStRL 36 (1978), S. 277 (312 ff.).

[23] *Willi Blümel*, VVDStRL 36 (1978), S. 171 (217 ff., 221 ff.); zu – vielschichtigen – desintegrierenden Entwicklungen im Übrigen *Albert von Mutius*, in: Ständige Deputation des Deutschen Juristentages (Hrsg.), Verhandlungen des dreiundfünfzigsten Deutschen Juristentages, Bd. I, 1980, E 99 ff.

1. *Aktualität überkommener Herausforderungen kommunaler Selbstverwaltung*

Während die Hochzonung von Angelegenheiten der örtlichen Gemeinschaft nicht zuletzt aufgrund der Judikatur des Bundesverfassungsgerichts[24] inzwischen an Bedeutung verloren hat, beanspruchen die übrigen Ursachen der Erosion kommunaler Selbstverwaltung nach wie vor Geltung. Beklagt werden eine immer noch fortschreitende Vergesetzlichung[25] sowie eine Vielzahl von behördlichen Weisungen und Aufsichtsmaßnahmen.[26] Die inzwischen stark intensivierte Erweiterung des übertragenen Wirkungskreises ist demgegenüber heute differenziert zu betrachten:[27] Das Bundesverfassungsgericht hatte die Kommunalisierung staatlicher Aufgaben zunächst als Einrichtung der Behörden im Sinne des Art. 84 Abs. 1 GG a.F. anerkannt, sofern es sich um eine punktuelle Annexregelung handelte und diese für den wirksamen Vollzug des Gesetzes notwendig war.[28] Im Zuge der Föderalismusreform wurde mit Art. 84 Abs. 1 S. 7 GG, Art. 85 Abs. 1 S. 2 GG aber ein bundesverfassungsrechtliches Aufgabenübertragungsverbot normiert.[29] Die Kommunalisierung staatlicher Aufgaben durch die Landesgesetzgeber muss zudem den flächendeckend etablierten landesverfassungsrechtlichen Konnexitätsprinzipien[30] genügen. Die legislative Gestaltungsfreiheit im übertragenen Wirkungskreis ist damit durch gleich mehrere Restriktionen begrenzt. Unabhängig von dem Zusammenspiel dieser strukturell divergierenden Regelungsmodelle auf Bundes- und Landesebene ist die Erweiterung des übertragenen Wirkungskreises aus zwei Gründen dennoch als aktuelle Herausforderung für die kommunale Selbstverwaltung ernst zu nehmen: Zunächst haben die in der Vergangenheit übertragenen Aufgaben Auswirkungen auf die Finanzausstattung der Gemeinden und Gemeindeverbände,[31] die sich infolge sinkender Steuereinnahmen und steigender Aus-

---

[24] BVerfGE 79, 127 ff.

[25] *Christof Wolff*, in: Siegfried Magiera/Karl-Peter Sommermann (Hrsg.), Europäisierung und Internationalisierung der öffentlichen Verwaltung, Symposium aus Anlass der Emeritierung von Heinrich Siedentopf, 2007, S. 69 (70 ff.).

[26] *Hans-Günter Henneke*, in: Hans-Heinrich Trute (Hrsg.), Allgemeines Verwaltungsrecht – zur Tragfähigkeit eines Konzepts, 2008, S. 17 (44)

[27] *Daniel Krausnick*, VerwArch 102 (2011), S. 359 (369 ff.).

[28] BVerfGE 22, 180 (209 f.); 77, 288 (299).

[29] Siehe dazu *Bodo Pieroth/Andreas Meßmann*, in: Bundesverband Evangelische Behindertenhilfe e. V. u. a. (Hrsg.), Föderalismusreform und Behindertenhilfe. Zwei Gutachten im Auftrag der Fachverbände der Behindertenhilfe, 2008, S. 9 ff.

[30] Zur Bedeutung landesverfassungsrechtlicher Konnexitätsprinzipien im Überblick *Wolfgang Durner*, in: Martin Burgi/Manfred Palmen (Hrsg.), Symposium. Die Verwaltungsstrukturreformen des Landes Nordrhein-Westfalen, 2008, S. 119 ff.; *Wolfram Höfling*, Der Städtetag 2008, S. 17 ff.; siehe aber auch *Stefan Benzing/Christoph Knill/Michael Bauer*, DÖV 2007, S. 550 ff.

[31] Dazu *Rolf Böhme*, in: Jörn Ipsen (Hrsg.), Kommunale Aufgabenerfüllung im Zeichen der Finanzkrise, 1995, S. 25 ff.; *Janbernd Oebbecke*, Die Verwaltung 29 (1996), S. 323 ff.; *Mi-*

gabenlasten nicht zuletzt aufgrund des demographischen Wandels weiter verschlechtert.[32]

2. Neue Herausforderungen für die kommunale Selbstverwaltung

Ferner ist die Kommunalisierung staatlicher Aufgaben fester Bestandteil[33] tief greifender Staats- und Verwaltungsreformen.[34] Dieser Reformprozess ist in sei-

---

chael Rodi, in: Maximilian Wallerath (Hrsg.), Kommunale Finanzen im Bundesstaat, 2003, S. 57ff.; *Petra Roth*, in: Hermann Hill (Hrsg.), Kommunale Selbstverwaltung – Zukunfts- oder Auslaufmodell?, 2005, S. 71ff.; *Heinrich Albers*, in: Hans-Günter Henneke/Hubert Meyer (Hrsg.), Kommunale Selbstverwaltung zwischen Bewahrung, Bewährung und Entwicklung, Festgabe für Gernot Schlebusch zum 65. Geburtstag, 2006, S. 151ff.; *Edzard Schmidt-Jortzig*, in: Hans-Günter Henneke/Hubert Meyer (Hrsg.), Kommunale Selbstverwaltung zwischen Bewahrung, Bewährung und Entwicklung, Festgabe für Gernot Schlebusch zum 65. Geburtstag, 2006, S. 137ff.

[32] *Daniel Krausnick*, VerwArch 102 (2011), S. 359 (360f.); zum demographischen Wandel *Frauke Brosius-Gersdorf*, VerwArch 98 (2007), S. 317ff.; *Klaus A. Lang*, in: Michaela Wittinger (Hrsg.), Verfassung – Völkerrecht – Kulturgüterschutz, Festschrift für Wilfried Fiedler zum 70. Geburtstag, 2011, S. 189 (220ff.); *Florian Boettcher*, Der moderne Staat 1/2012, S. 65ff.; zur Aktualität der Finanzprobleme der Gemeinden und Gemeindeverbände *Janbernd Oebbecke*, DVBl. 2013, S. 1409ff.

[33] Siehe *Axel Saipa*, in: Götz Frank/Heinrich-Wilhelm Langrehr (Hrsg.), Die Gemeinde, Verfassung, Planung, Wirtschaft und das kommunale Selbstverwaltungsrecht, Festschrift zum 70. Geburtstag von Heiko Faber, 2007, S. 117ff.

[34] Zu unterschiedlichen Schichten der Verwaltungsmodernisierung etwa *Kay Ruge*, in: Hans-Günter Henneke (Hrsg.), Kommunale Verwaltungsstrukturen der Zukunft, 2006, S. 91ff.; *ders.*, in: Martin Nolte/Utz Schliesky (Hrsg.), Verwaltungsmodernisierung durch Funktional- und Strukturreform, Entbürokratisierung und E-Government, 2007, S. 69ff.; *Hubert Meyer*, in: Hans-Günter Henneke/Hubert Meyer (Hrsg.), Kommunale Selbstverwaltung zwischen Bewahrung, Bewährung und Entwicklung, Festgabe für Gernot Schlebusch zum 65. Geburtstag, 2006, S. 231ff.; *ders.*, DVBl. 2007, S. 78ff.; *ders.*, in: Hans-Günter Henneke (Hrsg.), Kommunale Selbstverwaltung in der Bewährung, 2013, S. 157ff.; *Utz Schliesky*, in: Martin Nolte/Utz Schliesky (Hrsg.), Verwaltungsmodernisierung durch Funktional- und Strukturreform, Entbürokratisierung und E-Government, 2007, S. 49ff.; *ders.*, NordÖR 2012, S. 57ff.; *Veith Mehde*, in: Martin Burgi/Manfred Palmen (Hrsg.), Symposium. Die Verwaltungsstrukturreform des Landes Nordrhein-Westfalen, 2008, S. 37ff.; *Maximilian Wallerath*, DÖV 2011, S. 289ff.; *Christoph Brüning*, ZG 2012, S. 155ff.; ferner *Bernd Häusler*, NdsVBl. 2004, S. 145ff.; *Joachim Jens Hesse*, in: Hans-Günter Henneke (Hrsg.), Kommunale Verwaltungsstrukturen der Zukunft, 2006, S. 141ff.; *Ingo Wolf*, in: Janbernd Oebbecke/Dirk Ehlers/Martin Klein/Dörte Diemert (Hrsg.), Zwischen kommunaler Kooperation und Verwaltungsreform, 2006, S. 19ff.; *Eberhard Trumpp*, in: Janbernd Oebbecke/Dirk Ehlers/Martin Klein/Dörte Diemert (Hrsg.), Zwischen kommunaler Kooperation und Verwaltungsreform, 2006, S. 89ff.; *Jörg Bogumil*, ZG 2007, S, 246ff.; *ders.*, in: Martin Burgi/Manfred Palmen (Hrsg.), Symposium. Die Verwaltungsstrukturreformen des Landes Nordrhein-Westfalen, 2008, S. 145ff.; *Manfred Palmen/Klaus Schönenbroicher*, NVwZ 2008, S. 1173ff.; *Falk Ebinger/Jörg Bogumil*, in: Angelika Vetter/Hubert Heinelt (Hrsg.), Lokale Politikforschung heute, 2008, S. 165ff.; *Sabine Mecking/Janbernd Oebbecke* (Hrsg.), Zwischen Effizienz und Legitimität, 2009, passim; *Maximilian Wallerath*, DÖV 2011, S. 289ff.; zum Reformprozess infolge der deutschen Wiedervereinigung schon *Franz-Ludwig Knemeyer*, Die Verwaltung 26 (1993), S. 273ff.; *Hans-Günter Henneke*, NVwZ 1994, S. 555ff.; *Michael Laßleben*,

ner Gesamtheit geeignet, das Erscheinungsbild von Gemeinden und Gemeindeverbänden schleichend zu verändern und neue Herausforderungen für die kommunale Selbstverwaltung zu begründen.[35]

a) *Staats- und Verwaltungsreformen als Herausforderungen für die kommunale Selbstverwaltung*

Staats- und Verwaltungsreformen werfen zunächst die grundsätzliche Frage auf, ob Gemeinden und Gemeindeverbände neben der Wahrnehmung von Selbstverwaltungsangelegenheiten zu einer Art Agentur für Landesaufgaben und in der Folge Gemeinden und Gemeindeverbände als Sonderbehörden zunehmend in die allgemeine Landesverwaltung integriert werden dürfen.[36] Darüber hinaus betrifft die Verwaltungsmodernisierung zunehmend auch die kommunale Binnenorganisation.[37] (Vermeintliche) Ineffizienzen, Steuerungsschwächen und ökonomische Defizite[38] sollen in Anlehnung an die Neue Institutionenökonomik[39] durch ein „New Public Management" überwunden werden.[40] Als Orien-

ThürVBl. 1995, S. 11 ff.; *Manfred Miller*, LKV 1998, S. 216 ff.; allgemein zum „Dauerthema" Verwaltungsreform etwa *Wolfgang Seibel*, in: Klaus König/Heinrich Siedentopf (Hrsg.), Öffentliche Verwaltung in Deutschland, 1998, S. 87 ff.; *Michael König*, VerwArch 96 (2005), S. 44 ff.; *Veith Mehde*, in: Jan Ziekow (Hrsg.), Entwicklungslinien der Verwaltungspolitik, 2007, S. 25 ff.; *Klaus König*, Moderne öffentliche Verwaltung, 2008, S. 657; zu Art. 5 Abs. 1 der Dienstleistungsrichtlinie *Utz Schliesky*, DVBl. 2005, S. 887 ff.; *ders.*, Das Recht auf gute Verwaltung, 2006, S. 20 f.; *ders.*, VerwArch 98 (2008), S. 313 (319 f.); rechtsvergleichend *Hellmut Wollmann*, Reformen in Kommunalpolitik und -verwaltung, 2008, passim; schließlich *Lars Holtkamp*, Verwaltungsreformen – Problemorientierte Einführung in die Verwaltungswissenschaft, 2012, passim.

[35] *Martin Burgi*, in: Martin Burgi/Manfred Palmen (Hrsg.), Symposium. Die Verwaltungsstrukturreform des Landes Nordrhein-Westfalen, 2008, S. 73 (86); siehe auch *Veith Mehde*, in: Martin Burgi/Manfred Palmen (Hrsg.), Symposium. Die Verwaltungsstrukturreform des Landes Nordrhein-Westfalen, 2008, S. 37 (60 ff.), der darauf hinweist, dass längst nicht mehr die Frage des Aufgabenentzugs die zentrale Herausforderung kommunaler Selbstverwaltung ist, sondern es vielmehr darum geht, ob durch Aufgabenübertragungen die Selbstverwaltungsangelegenheiten marginalisiert werden (dürfen).

[36] *Martin Burgi*, in: Martin Burgi/Manfred Palmen (Hrsg.), Symposium. Die Verwaltungsstrukturreform des Landes Nordrhein-Westfalen, 2008, S. 73 (81).

[37] Zur Modernisierung des Kommunalverfassungsrechts *Hans-Günter Henneke*, DVBl. 2007, S. 87 ff.; *Eberhard Schmidt-Aßmann*, in: Hans-Günter Henneke (Hrsg.), Aktuelle Entwicklungen der inneren Kommunalverfassung, 1996, S. 143 ff.

[38] *Eberhard Laux*, DÖV 1993, S. 1083 ff.

[39] Grundlegend *Ronald H. Coase*, Economica 11 (1937), S. 386 ff.; *ders.*, Journal of Law and Economics 1960, S. 1 ff.

[40] Allgemein *Gunnar Folke Schuppert*, Verwaltungswissenschaft, 2000, S. 917 ff.; *ders.*, in: Wolfgang Hoffmann-Riem/Eberhard Schmidt-Aßmann/Andreas Voßkuhle (Hrsg.), Grundlagen des Verwaltungsrechts, Bd. I, 2. Aufl. 2012, § 16, Rn. 112 ff.; *Andreas Voßkuhle*, in: Wolfgang Hoffmann-Riem/Eberhard Schmidt-Aßmann/Andreas Voßkuhle (Hrsg.), Grundlagen des Verwaltungsrechts, Bd. I, 2. Aufl. 2012, § 1, Rn. 50 ff.; ferner *Dietrich Budäus*, Public Management – Konzepte und Verfahren zur Modernisierung öffentlicher Verwaltungen, 4. Aufl. 1994, passim; *Wulf Damkowski/Claus Precht*, Public Management, 1995, passim; *Jörg Bogumil*, in: Edgar Grande/Rainer Prätorius (Hrsg.), Modernisierung des Staates?, 1997, S. 21 ff.;

tierung dienen betriebswirtschaftliche sowie wettbewerbsfreundliche Strukturen innerhalb der öffentlichen Verwaltung.[41]

Neuen Steuerungs-[42] sowie weitergehenden Governancemodellen[43] kann sich daher auch die kommunale Selbstverwaltung nicht entziehen.[44] Betrof-

---

Sandford Borins/Gernod Grüning, in: Dietrich Budäus/Peter Conrad/Georg Schreyögg (Hrsg.), New Public Management, 1998, S. 11 ff.; *Kuno Schedler/Isabella Proeller*, New Public Management, 4. Aufl. 2009, passim.

[41] *Klaus König*, DÖV 1993, S. 349 ff.; *ders.*, VerwArch 87 (1996), S. 19 ff.; *ders.*, DÖV 1997, S. 265 ff.; *ders.*, DVBl. 1997, S. 239 ff.; *ders.*, Zur Manageralisierung und Ökonomisierung der Öffentlichen Verwaltung, 2000, passim; *Klaus Lüder*, DÖV 1996, S. 93 ff.; *Christoph Reichard*, in: Maximilian Wallerath (Hrsg.), Verwaltungserneuerung, 2001, S. 13 ff.; *Maximilian Wallerath*, JZ 2001, S. 209 ff.; *Heinrich Reinermann*, in: Siegfried Magiera (Hrsg.), Verwaltungswissenschaft und Verwaltungspraxis in nationaler und transnationaler Perspektive, Festschrift für Heinrich Siedentopf zum 70. Geburtstag, 2008, S. 821 ff.; ferner *Wolfgang Hoffmann-Riem*, in: Wolfgang Hoffmann-Riem/Eberhard Schmidt-Aßmann (Hrsg.), Effizienz als Herausforderung an das Verwaltungsrecht, 1998, S. 11 ff.; *ders.*, DÖV 2007, S. 433 ff.

[42] Siehe dazu *Andreas Voßkuhle*, in: Wolfgang Hoffmann-Riem/Eberhard Schmidt-Aßmann/Andreas Voßkuhle (Hrsg.), Grundlagen des Verwaltungsrechts, Bd. I, 2. Aufl. 2012, § 1, Rn. 53 ff.; ausführlich *Veith Mehde*, Neues Steuerungsmodell und Demokratieprinzip, 2000, S. 85 ff.; *Sabine Dahm*, Das Neue Steuerungsmodell auf Bundes- und Länderebene sowie die Neuordnung der öffentlichen Finanzkontrolle in der Bundesrepublik Deutschland, 2004, S. 30 ff.; ferner *Andreas Osner*, in: Eva Lang (Hrsg.), Kommunen vor neuen Herausforderungen, Festschrift für Werner Noll zum 65. Geburtstag, 1996, S. 49 ff.; *Dietrich Budäus/Stefanie Finger*, Die Verwaltung 32 (1999), S. 313 ff.; *Hartmut Elsenhans/Roland Kulke/Christian Roschmann*, Die Verwaltung 38 (2005), S. 315 ff.; siehe aber auch *Manfred Rehbinder*, in: Carl-Eugen Eberle (Hrsg.), Der Wandel des Staates vor den Herausforderungen der Gegenwart, Festschrift für Winfried Brohm zum 70. Geburtstag, 2002, S. 727 ff.

[43] *Klaus König*, in: Joan Corkery (Hrsg.), Governance: Concepts and Applications, 1999, S. 67 ff.; *ders.*, in: Klaus König/Markus Adam/Benedikt Speer/Christian Theobald, Governance als entwicklungs- und transformationspolitisches Konzept, 2002, S. 9 ff.; *Werner Jann*, in: Klaus König (Hrsg.), Deutsche Verwaltung an der Wende zum 21. Jahrhundert, 2002, S. 279 ff.; *Kuno Schedler*, in: Peter Grünenfelder (Hrsg.), Reformen und Bildung, Erneuerung aus Verantwortung, Festschrift für Ernst Buschor, 2003, S. 417 ff.; *Gunnar Folke Schuppert*, Staatswissenschaft, 2003, S. 407 ff.; *ders.* (Hrsg.), Governance-Forschung. Vergewisserung über Stand und Entwicklungslinien, 2005, passim; *ders.*, in: Wolfgang Hoffmann-Riem/Eberhard Schmidt-Aßmann/Andreas Voßkuhle (Hrsg.), Grundlagen des Verwaltungsrechts, Bd. I, 2. Aufl. 2012, § 16, Rn. 20 ff.; *Arthur Benz* (Hrsg.), Governance – Regieren in komplexen Regelsystemen. Eine Einführung, 2004, passim; *Claudio Franzius*, VerwArch 97 (2006), S. 186 ff.; *Lorenz Engi*, Der Staat 47 (2008), S. 571 ff.; *Hermann-Josef Blanke*, in: Siegfried Magiera (Hrsg.), Verwaltungswissenschaft und Verwaltungspraxis in nationaler und transnationaler Perspektive, Festschrift für Heinrich Siedentopf zum 70. Geburtstag, 2008, S. 721 ff.; *Andreas Voßkuhle*, in: Wolfgang Hoffmann-Riem/Eberhard Schmidt-Aßmann/Andreas Voßkuhle (Hrsg.), Grundlagen des Verwaltungsrechts, Bd. I, 2. Aufl. 2012, § 1, Rn. 68 ff.; zu unterschiedlichen Begriffsverständnissen *Hermann Hill*, in: Gunnar Folke Schuppert (Hrsg.), Governance-Forschung. Vergewisserung über Stand und Entwicklungslinien, 2005, S. 220 ff.; *Gunnar Folke Schuppert*, in: Gunnar Folke Schuppert/Michael Zürn (Hrsg.), Governance in einer sich wandelnden Welt, 2008, S. 13 ff.; *Franz Strehl*, in: Siegfried Magiera (Hrsg.), Verwaltungswissenschaft und Verwaltungspraxis in nationaler und transnationaler Perspektive, Festschrift für Heinrich Siedentopf zum 70. Geburtstag, 2008, S. 843 ff.; zu den ökonomischen Ursprüngen *Oliver Eaton Williamson*, The Journal of Law and Economics 22 (1979), S. 233 ff.; *ders.*, Journal of Institutional and Theoretical Economics 140 (1984), S. 195 ff.;

fen ist dabei vor allem das kommunale Haushaltswesen, das anknüpfend an das Neue Kommunale Haushaltswesen[45] sowie das Neue Kommunale Rechnungswesen[46] nicht länger auf der Grundlage der Kameralistik sondern auf der Doppik beruht.[47] Zudem stehen auch Gemeinden und Gemeindeverbände vor den Herausforderungen des eGovernment:[48] EGovernment erfordert nicht nur elektronische Zugangsmöglichkeiten, sondern bedingt eine umfassende Neugestaltung von Verwaltungsverfahren und Verwaltungsorganisation.[49] Die daran anschließende Forderung nach einem informationellen Verwaltungsorganisationsrecht[50] sowie der Verlust von Gebietsbezü-

ders., The Economic Institutions of Capitalism. Firms, Markets, Relational Contracting, 1985; *ders.*, The Mechanisms of Governance, 1996; siehe aber auch *Hans Peter Bull*, VerwArch 103 (2012), S. 1 ff.

[44] Allgemein *Gunnar Folke Schuppert*, Sparstrategien auf der Suche nach ihrem Gegenstand, AfK 1996, S. 226 ff.; *Gunnar Schwarting*, Effizienz in der Kommunalverwaltung, 1997, passim; *Andreas Lasar*, Dezentrale Organisation in der Kommunalverwaltung, 2001, passim.

[45] *Klaus Lüder*, Konzeptionelle Grundlagen des Neuen Kommunalen Haushaltswesens, 1998, passim.

[46] *Klaus Lüder*, Konzeptionelle Grundlagen des Neuen Kommunalen Rechnungswesens, 2. Auf. 1999, passim.

[47] *Hermann Pünder*, Haushaltsrecht im Umbruch, 2003, S. 355 ff.; *ders.*, Die Gemeindekasse 2005, S. 225 ff.; *ders.*, Der Landkreis 2005, S. 18 ff.; allgemein *Christoph Gröpl*, Haushaltsrecht und Reform, 2001, S. 427 ff.; *Klaus Lüder*, in: Hermann Hill (Hrsg.), Bestandsaufnahme und Perspektive des Haushalts- und Finanzmanagements, 2005, S. 35 ff.

[48] Allgemein *Katrin Schwiering*, Electronic Government: Ein Konzept zur innovativen Neugestaltung öffentlicher Aufgabenwahrnehmung, 2005, passim; *Tobias Ernst*, Modernisierung der Wirtschaftsverwaltung durch moderne Kommuniaktion, 2005, passim; *Utz Schliesky*, in: Hans-Günter Henneke (Hrsg.), Kommunale Verwaltungsstrukturen der Zukunft, 2006, S. 59 ff.; *Martin Eifert*, Electronic Government, 2006, passim; *Pia Karger/Oliver Rüß/Nadia vom Scheidt*, in: Bernhard Blanke/Frank Nullmeier/Christoph Reichard/Göttrik Wever (Hrsg.), Handbuch zur Verwaltungsreform, 4. Aufl. 2011, S. 186 ff.; *Andreas Voßkuhle*, in: Wolfgang Hoffmann-Riem/Eberhard Schmidt-Aßmann/Andreas Voßkuhle (Hrsg.), Grundlagen des Verwaltungsrechts, Bd. I, 2. Aufl. 2012, § 1, Rn. 65 ff.; *Markus Reiners*, VerwArch 103 (2012), S. 269 ff.; *Ulrich Ramsauer/Tobias Frische*, NVwZ 2013, S. 1505 ff.; *Lorenz Prell*, NVwZ 2013, S. 1514 ff.; zur Speyerer Definition von eGovernment *Jörn von Luke/Heinrich Reinermann*, in: Heinrich Reinermann/Jörn von Lucke (Hrsg.), Electronic Government in Deutschland, 2002, S. 1 ff.; zu Art. 8 der Dienstleistungsrichtlinie *Karel De Vriend*, in: Martin Nolte/Utz Schliesky, Verwaltungsmodernisierung durch Funktional- und Strukturreform, Entbürokratisierung und E-Government, 2007, S. 39 ff.; *Sönke E. Schulz*, DVBl. 2009, S. 12 ff.

[49] *Klaus Lenk*, in: Klaus Lenk/Roland Traunmüller (Hrsg.), Öffentliche Verwaltung und Informationstechnik, 1999, S. 123 ff.; *Martin Eifert*, ZG 2001, S. 115 ff.; *Volker Boehme-Neßler*, NVwZ 2001, S. 374 ff.; *Thomas Groß*, VerwArch 95 (2004), S. 400 ff.; *Rudolf Büllersbach*, DVBl. 2005, S. 606 ff.; *Frank Nolte*, DÖV 2007, S. 941 ff.; *Hermann Hill*, DVBl. 2014, S. 85 ff.

[50] Dazu *Andreas Voßkuhle*, in: Dieter Leipold (Hrsg.), Rechtsfragen des Internet und der Informationsgesellschaft, 2002, S. 97 ff.; *ders.*, in: Wolfgang Hoffmann-Riem/Eberhard Schmidt-Aßmann/Andreas Voßkuhle (Hrsg.), Grundlagen des Verwaltungsrechts, Bd. I, 2. Aufl. 2012, § 1, Rn. 67; *Frank Nolte*, DÖV 2007, S. 941 (946) bestätigt demgegenüber eine Verbindung zwischen eGoverment und tief greifenden Verwaltungsreformen „in dieser einfachen Kausalität nicht"; siehe auch *Matthias Kammer*, VerwArch 95 (2004), S. 418 (420): „Das Verwaltungshandeln wird durch die Umstellung von Schreibmaschine auf Computer organisatorisch nicht berührt."

gen[51] betreffen ebenfalls die kommunale Aufgabenwahrnehmung.[52] Eng mit dem eGovernment verknüpft sind schließlich so genannte Front-Office/Back-Office-Strukturen sowie das Modell des One-Stop-Government.[53]

b) „Selbstgefährdungen" kommunaler Selbstverwaltung

Darüber hinaus werden auch Erosionen kommunaler Selbstverwaltung sichtbar, die den Gemeinden und Gemeindeverbänden selbst angelastet werden.[54] Dazu zählt vor allem die kommunale Wirtschaftstätigkeit, der vorgeworfen wird, Personalressourcen zu beanspruchen und im Falle der übergemeindlichen Tätigkeit das Selbstverwaltungsrecht von Nachbargemeinden zu beeinträchtigen.[55] Zugleich vergrößerten kommunale Wirtschaftsunternehmen die Distanz zwischen Bürgerschaft und der kommunalen Aufgabenwahrnehmung und hätten dementsprechend desintegrierende Wirkung.[56] Aus gleichem Grund wird auch der Aufgabenverzicht als Selbstgefährdung der kommunalen Selbstverwaltung qualifiziert.[57] Die Privatisierungsdebatte bleibt – trotz der Entdeckung des „Zukunftsthema[s] ‚Rekommunalisierung'"[58] – zudem auch aktuell: Das Bundesverwaltungsgericht konstatierte zuletzt eine Pflicht der Gemeinden

---

[51] *Wolfgang Hoffmann-Riem*, in: Wolfgang Hoffmann-Riem/Eberhard Schmidt-Aßmann (Hrsg.), Verwaltungsrecht in der Informationsgesellschaft, 2000, S. 9 (32 f.); *Klaus Lenk*, in: Wolfgang Hoffmann-Riem/Eberhard Schmidt-Aßmann (Hrsg.), Verwaltungsrecht in der Informationsgesellschaft, 2000, S. 59 (79 f.).

[52] *Utz Schliesky*, NVwZ 2003, S. 1322 (1327); *ders.*, DÖV 2004, S. 809 (814); *ders.*, in: Hubert Meyer/Maximilian Wallerath (Hrsg.), Gemeinden und Kreise in der Region, 2004, S. 80 ff.; *ders.*, in: Hans-Günter Henneke (Hrsg.), Künftige Funktionen und Aufgaben der Kreise im sozialen Bundesstaat, 2004, S. 163 ff.; *Michael Hokkeler*, in: Hermann Hill (Hrsg.), Kommunale Selbstverwaltung – Zukunfts- oder Auslaufmodell?, 2005, S. 163 ff.

[53] *Andreas Voßkuhle*, in: Wolfgang Hoffmann-Riem/Eberhard Schmidt-Aßmann/Andreas Voßkuhle (Hrsg.), Grundlagen des Verwaltungsrechts, Bd. I, 2. Aufl. 2012, § 1, Rn. 66; ausführlich *Edwin Schulz*, One-Stop Government, 2007, passim; ferner *Giso Schütz*, in: Hermann Hill (Hrsg.), Die Zukunft des öffentlichen Sektors, 2005, S. 23 ff.; zu Art. 6 der Dienstleistungsrichtlinie *Utz Schliesky*, DVBl. 2005, S. 887 ff.; *Alexander Windoffer*, DVBl. 2006, S. 1210 ff.; *ders.*, GewArch 2008, S. 97 ff.; *Jan Ziekow*, GewArch 2007, S. 179 ff., 217 ff.; *ders./Alexander Windoffer* (Hrsg.), Ein Einheitlicher Ansprechpartner für Dienstleister, 2007, passim.

[54] *Albert von Mutius*, in: Ständige Deputation des Deutschen Juristentages (Hrsg.), Verhandlungen des dreiundfünfzigsten Deutschen Juristentages, Bd. I, 1980, E 41 f.

[55] *Daniel Krausnick*, VerwArch 102 (2011), S. 359 (371 ff.).

[56] *Heinrich-Wilhelm Langrehr*, in: Götz Frank (Hrsg.), Die Gemeinde, Festschrift zum 70. Geburtstag von Heiko Faber, 2007, S. 89 (102 f.).

[57] *Daniel Krausnick*, VerwArch 102 (2011), S. 359 (375 ff.).

[58] *Hartmut Bauer*, DÖV 2012, S. 329 ff.; ferner *Christoph Brüning*, VerwArch 100 (2009), S. 453 ff.; *Martin Burgi*, NdsVBl. 2012, S. 225 ff.; *Michael Ronellenfitsch*, in: Werner Hoppe/Michael Uechtritz/Hans-Joachim Reck (Hrsg.), Handbuch kommunale Unternehmen, 3. Aufl. 2012, § 2; *Anna Leisner-Egensperger*, NVwZ 2013, S. 1110 ff.; *Dietrich Budäus/Dennis Hilgers*, DÖV 2013, S. 701 ff.; *Annette Guckelberger*, VerwArch 104 (2013), S. 161 ff.

„zur grundsätzlichen Sicherung und Wahrung des Aufgabenbestandes, der zu den Angelegenheiten des örtlichen Wirkungskreises gehört."[59]

3. *Die These von der „Macht" der Gemeinden*

Die Hervorhebung der Erosionen kommunaler Selbstverwaltung ist allerdings nicht unwidersprochen geblieben. Vor allem *Heiko Faber* hat auf eine vermeintliche Schwäche dieser These verwiesen, nämlich ihre Vernachlässigung der Wirklichkeit. Entgegen der vorherrschenden Sichtweise bildeten

„[d]ie angeblich ausgebluteten, ausgezehrten und ausgehöhlten Selbstverwaltungskörper [...] Zentren lebendiger Politik und eine Säule staatspolitischer Stabilität [...,] [mithin] neben Gewerkschaften, Industrie, Handwerk, Landwirtschaft und öffentlichem Dienst die mächtigste Interessengruppe unseres politischen Systems".[60]

a) Kritik an der Erosionsdiagnose

Der Erosionsdiagnose, die eine Beschränkung kommunaler Selbstverwaltung auf den bloßen Vollzug vorgegebener Planung, eine Auszehrung ihres Wirkungskreises durch eine inflationäre Verrechtlichung hin zu einer staatlich beaufsichtigten Pflichtaufgabe und eine unzureichende finanzielle Ausstattung der kommunalen Aufgabenträger in den Mittelpunkt rückt, wird ferner entgegen gehalten, die Gefahren einer zunehmenden Verrechtlichung könnten vor allem durch den Einfluss der Gemeinden auf den Gesetzgeber gebannt werden:

„Ein solches [– von kommunalpolitischen Bindungen durch Mandate in Gemeinderäten oder Kreistagen, als Bürgermeister, Landräte oder deren Stellvertreter geprägtes –] Parlament [werde] kaum die Auszehrung der kommunalen Selbstverwaltung vertreten".[61]

Darüber hinaus blieben die Gemeinden für die Durchführung von Vorhaben selbstständig zuständig, sodass gewährte Zuschüsse rasch in politische Zustände zu verwandeln seien.[62] Schließlich sei entscheidend, dass übergreifender Planungspolitik eine strukturelle Schwäche immanent sei, die auf dem Fehlen ausreichender Durchsetzungsinstrumente beruhe.[63]

---

[59] BVerwG, JZ 2009, S. 1167 (1169).

[60] *Heiko Faber*, Die Macht der Gemeinden, 1982, S. 9; zum Ganzen auch *ders.*, in: AK-GG, Art. 28 Abs. 1 II, Abs. 2 (2002), Rn. 18; ähnlich wohl *Renate Mayntz*, in: Renate Mayntz (Hrsg.), Kommunale Wirtschaftsförderung, 1981, S. 154 ff.

[61] *Heiko Faber*, Die Macht der Gemeinden, 1982, S. 44.

[62] *Heiko Faber*, Die Macht der Gemeinden, 1982, S. 34 f.

[63] *Heiko Faber*, Die Macht der Gemeinden, 1982, S. 21. Die Ambivalenz der Argumentation verdeutlicht allerdings der Hinweis, dass die Anhäufung von Kompetenzen nichts darüber aussage, ob von ihnen Gebrauch gemacht wird, empirische Untersuchungen vielmehr zeigten, dass weder Bund noch Länder politisch in der Lage seien, ihre Eingriffskompetenzen gegenüber den Gemeinden auszuschöpfen. Die Überschwemmung der Gemeinden mit beschränkenden Gesetzen beruhe darauf, dass die bislang vorhandenen Gesetze nicht ausreichten und

Die These von der Macht der Gemeinden aufgreifend konstatierte auch *Jörn Ipsen* mit Blick auf die weitreichende Aufgabenkommunalisierung im Zuge von Staats- und Verwaltungsreformen, dass von einem Funktionsverlust der kommunalen Selbstverwaltung keine Rede sein könne. Gemeinden und Gemeindeverbände hätten durch Verwaltungsreformen gerade an Bedeutung gewonnen. Vor allem Landkreise und kreisfreie Städte repräsentierten mit Ausnahme der Gebiete der Finanzverwaltung und der Polizei nahezu die gesamte öffentliche Verwaltung.[64]

b) Unzulänglichkeiten der These von der „neuen Macht der Gemeinden"

Zumindest die Kommunalisierung staatlicher Aufgaben kann den Erosionen kommunaler Selbstverwaltung allerdings nicht entgegen gehalten werden. Mit der Kommunalisierung staatlicher Aufgaben geht nämlich lediglich eine Vollzugskompetenz[65] der Gemeinden und Gemeindeverbände einher, die die Gestaltungskompetenzen im Bereich der Angelegenheiten der örtlichen Gemeinschaft nicht zu substituieren vermag. Art. 28 Abs. 2 S. 1 GG anerkennt gerade die Regelung der Angelegenheiten der örtlichen Gemeinschaft, die Aufgabenwahrnehmung im Rahmen der Gesetze in eigener Verantwortung wird verfassungsrechtlich vorausgesetzt. Damit ist eine Rolle der Gemeinden als bloße Vollzugsorgane unvereinbar.[66]

---

vielmehr Ausdruck der Resignation und des Eingriffsverzichts seien, siehe *Heiko Faber*, in: AK-GG, Art. 28 Abs. 1 II, Abs. 2 (2002), Rn. 18.

[64] *Jörn Ipsen*, Niedersächsisches Kommunalrecht, 3. Aufl. 2006, Rn. 37. Auch *Kay Ruge*, in: Hans-Günter Henneke (Hrsg.), Kommunale Verwaltungsstrukturen der Zukunft, 2006, S. 91 (111f.) begrüßt die jüngeren Kommunalisierungsbestrebungen, jedenfalls sofern die übertragenen Aufgaben als kommunale Selbstverwaltungsaufgaben, nicht dagegen als pflichtige Selbstverwaltungsaufgaben oder Weisungsaufgaben ausgestaltet werden. Von einer „Stärkung" der Kreisebene durch die Kommunalisierungsbestrebungen sprechen ferner *Hubert Meyer*, in: Hans-Günter Henneke/Hubert Meyer (Hrsg.), Kommunale Selbstverwaltung zwischen Bewahrung, Bewährung und Entwicklung, Festgabe für Gernot Schlebusch zum 65. Geburtstag, 2006, S. 231 (232); *ders.*, Der Landkreis 2005, S. 520ff.; *Friedrich Schoch*, in: Hans-Günter Henneke/Hubert Meyer, Kommunale Selbstverwaltung zwischen Bewahrung, Bewährung und Entwicklung, Festgabe für Gernot Schlebusch zum 65. Geburtstag, 2006, S. 11 (40); siehe auch *Joachim Jens Hesse*, in: Hans-Günter Henneke (Hrsg.), Künftige Funktionen und Aufgaben der Kreise im sozialen Bundesstaat, 2004, S. 109ff.

[65] Gerade diese Vollzugskompetenz wird zum Anlass genommen, um die kommunale Macht zu demonstrieren: Gemeinden könnten den Vollzug eifrig oder lustlos betreiben, theoretisch sogar Vollzugsobstruktion üben; Bund und Länder seien daher auf den Vollzugskonsens mit den Kommunen angewiesen, siehe *Heiko Faber*, in: AK-GG, Art. 28 Abs. 1 II, Abs. 2 (2002), Rn. 17.

[66] Deutlich *Hermann Reffken*, NdsVBl. 2006, S. 177 (179): „Wie [...] [die Stärkung kommunaler Selbstverwaltung] möglich sein soll, ist unerfindlich."

II. Europäisierung und Ökonomisierung

25 Jahre nach der Tagung der Vereinigung der Deutschen Staatsrechtslehrer in Basel wurde das Thema der (kommunalen) Selbstverwaltung in St. Gallen erneut behandelt: Sowohl die überkommenen als auch die neuen Herausforderungen kommunaler Selbstverwaltung waren Gegenstand der Tagung der Vereinigung der Deutschen Staatsrechtslehrer im Jahre 2002 und wurden mit den Begriffen der Europäisierung und Ökonomisierung systematisierend beleuchtet.[67]

1. *Europäisierung und Ökonomisierung kommunaler Selbstverwaltung*

Hervorgehoben wurde dabei, dass „[d]ie Verlagerung von Normsetzungsbefugnissen auf die europäischen Institutionen [...] die Freiräume der Selbstverwaltung nicht stärker [verkürzt] als dies die nationale Gesetzgebung getan hat".[68] Diese Verrechtlichung der kommunalen Aufgabenwahrnehmung[69] zeichne sich allerdings durch eine gewisse „Kommunalblindheit"[70] des Europarechts aus.[71] Zudem sei auch das Kommunalverfassungsrecht von einer fortschreitenden Europäisierung betroffen. Die Europäisierung des Kommunalwirtschaftsrechts führe darüber hinaus zu dessen spezifischer Ökonomisierung,[72] die ihrerseits vor allem die kommunale Binnenorganisation betreffe.[73]

2. *Europäisierung und Ökonomisierung als verfassungs- und verwaltungsrechtlich bedeutsame Entwicklungen*

Die Prozesse der Europäisierung und Ökonomisierung sind allerdings kein Spezifikum der kommunalen Selbstverwaltung. „Europäisierung" beschreibt vielmehr eine allgemeingültige Herausforderung für das Verwaltungsrecht.[74]

---

[67] *Janbernd Oebbecke*, VVDStRL 62 (2003), S. 366 ff.; *Martin Burgi*, VVDStRL 62 (2003), S. 405 ff.

[68] *Janbernd Oebbecke*, VVDStRL 62 (2003), S. 366 (372).

[69] *Klaus Otto Nass*, in: Götz Frank (Hrsg.), Die Gemeinde, Festschrift zum 70. Geburtstag von Heiko Faber, 2007, S. 57 (68 f.); zur Eigenverantwortlichkeit als Effizienzgebot kommunaler Selbstverwaltung *Martin Burgi*, VVDStRL 62 (2003), S. 405 (437).

[70] *Klaus Stern*, in: Rudolf Wendt (Hrsg.), Staat – Wirtschaft – Steuern, Festschrift für Karl Heinrich Friauf, 1996, S. 75 (78).

[71] Ausführlich *Alexander Martini*, Gemeinden in Europa, 1992, passim; *Anne Cathaly-Stelkens*, Kommunale Selbstverwaltung und Ingerenz des Gemeinschaftsrechts, 1996, passim; *Jens Kaltenborn*, Der Schutz der kommunalen Selbstverwaltung im Recht der Europäischen Union, 1996, passim; *Sigrid von Zimmermann-Wienhues*, Kommunale Selbstverwaltung in einer Europäischen Union, 1997, passim; *Thomas Schäfer*, Die deutsche kommunale Selbstverwaltung in der Europäischen Union, 1998, passim.

[72] *Janbernd Oebbecke*, VVDStRL 62 (2003), S. 366 (381); siehe auch *Daniel Krausnick*, VerwArch 102 (2011), S. 359 (361 ff.).

[73] *Martin Burgi*, VVDStRL 62 (2003), S. 405 (447 ff.).

[74] Allgemein *Matthias Ruffert*, Die Verwaltung 36 (2003), S. 293 ff.; *Rainer Schröder*, Ver-

„Der Begriff greift aus dem komplexen Gesamtvorgang [...] [grundsätzlich] die Veränderungen der mitgliedstaatlichen, in diesem Sinne europäisierten Rechtsordnungen heraus".[75] Ferner wird Europäisierung nicht nur als „eine da und dort auftretende Überlagerung und Modifikation der nationalen Rechtsordnung" verstanden; „es geht [vielmehr] auch um den im Wege der Europäisierung erfolgenden Import von neuen bzw. andersartigen Regelungs- und Steuerungskonzepten, die nicht nur auf die nationale Rechtsordnung, sondern darüber hinaus auf die nationale Verwaltungs- und Governance-Kultur ausstrahlen."[76]

Gleiches gilt auch für das Stichwort der Ökonomisierung,[77] das ebenfalls nicht allein im Kontext der kommunalen Selbstverwaltung virulent wird. Ökonomische Theorien beeinflussen vielmehr die Dogmatik des Verwaltungsrechts,[78] des Verwaltungsverfahrens-[79] sowie des Verwaltungsprozessrechts[80] und nicht zuletzt des Verfassungs-[81] sowie des Organisationsrechts[82] – wobei sich die Ökonomisierung nicht auf einen allgemeinen Wirtschaftlichkeitsgedanken[83] in Ge-

waltungsrechtsdogmatik im Wandel, 2007, S. 123 ff.; *Klaus König*, in: Siegfried Magiera (Hrsg.), Verwaltungswissenschaft und Verwaltungspraxis in nationaler und transnationaler Perspektive, Festschrift für Heinrich Siedentopf zum 70. Geburtstag, 2008, S. 793 ff.; grundlegend *Eberhard Schmidt-Aßmann*, in: Peter Badura (Hrsg.), Wege und Verfahren des Verfassungslebens, Festschrift für Peter Lerche zum 65. Geburtstag, 1993, S. 513 ff.; *Stefan Kadelbach*, Allgemeines Verwaltungsrecht unter europäischem Einfluss, 1999, passim.

[75] *Rainer Wahl*, in: Hans-Heinrich Trute (Hrsg.), Allgemeines Verwaltungsrecht – zur Tragfähigkeit eines Konzepts, 2008, S. 869 (890).

[76] *Gunnar Folke Schuppert*, in: Wolfgang Hoffmann-Riem/Eberhard Schmidt-Aßmann/Andreas Voßkuhle (Hrsg.), Grundlagen des Verwaltungsrechts, Bd I, 2. Aufl. 2012, § 16, Rn. 159.

[77] *Klaus König*, in: Klaus Lüder (Hrsg.), Staat und Verwaltung, Fünfzig Jahre Hochschule für Verwaltungswissenschaften Speyer, 1997, S. 399 ff.; *ders.*, DVBl. 1997, S. 239 ff.; *Karl Oettle*, Die Verwaltung 32 (1999), S. 291 ff.; *Jens-Peter Schneider*, Die Verwaltung 34 (2001), S. 317 ff.; *Gunnar Folke Schuppert*, in: Wolfgang Hoffmann-Riem/Eberhard Schmidt-Aßmann/Andreas Voßkuhle (Hrsg.), Grundlagen des Verwaltungsrechts, Bd I, 2. Aufl. 2012, § 16, Rn. 110 ff.

[78] *Jens-Peter Schneider*, Die Verwaltung 34 (2001), S. 317 ff.; zur Bedeutung der Wirtschaftlichkeit als Entscheidungsmaßstab ferner *Hans-Jürgen Papier*, in: Wolfgang Hoffmann-Riem/Eberhard Schmidt-Aßmann (Hrsg.), Effizienz als Herausforderung an das Verwaltungsrecht, 1998, S. 231 (233 f.); *Anne Peters*, DÖV 2001, S. 749 (752 f.); siehe aber auch *Niklas Luhmann*, VerwArch 51 (1960), S. 97 ff., der der öffentlichen Verwaltung die Fähigkeit abspricht, wirtschaftlich im Sinne eines ökonomischen Prinzips zu handeln.

[79] *Andreas Voßkuhle*, Die Verwaltung 34 (2001), S. 347 ff.

[80] *Thomas Groß*, Die Verwaltung 34 (2001), S. 371 ff.

[81] *Rainer Wahl/Joachim Wieland*, JZ 1996, S. 1137 ff.

[82] *Stefan Oeter*, in: Christoph Engel/Martin Morlok (Hrsg.), Öffentliches Recht als Gegenstand ökonomischer Forschung, 1998, S. 119 ff.

[83] Siehe dazu *Wolfgang Hoffmann-Riem*, in: Wolfgang Hoffmann-Riem/Eberhard Schmidt-Aßmann (Hrsg.), Effizienz als Herausforderung an das Verwaltungsrecht, 1998, S. 11 ff.; *Edzard Schmidt-Jortzig*, in: Hermann Butzer (Hrsg.), Wirtschaftlichkeit durch Organisations- und Verfahrensrecht, 2004, S. 17 ff.; ferner *Sebastian Müller-Franken*, Maßvolles Verwalten, 2004, S. 75 f.; kritisch *Walter Leisner*, Effizienz als Rechtsprinzip, 1971, S. 24 f.; *Reiner Schmidt*, VerwArch 91 (2000), S. 149 (156); eingehend zum Ganzen *Klaus Ferdinand Gärditz*, Hochschulorganisation und verwaltungsrechtliche Systembildung, 2009, S. 239 ff.

stalt betriebswirtschaftlicher Grundsätze[84] zurückführen lässt: Zwar normiert Art. 114 Abs. 2 S. 1 GG den Grundsatz der Wirtschaftlichkeit[85] als Handlungsmaßstab der gesamten Verwaltungstätigkeit.[86] Dieser Grundsatz beschreibt aber lediglich eine Relation,[87] die die Maßgröße von eingesetztem Mittel und erzieltem Erfolg bildet[88] und gegenüber Verwaltungsaufgaben und -zielen indifferent bleibt.[89] Auch die Verfolgung nichtwirtschaftlicher Zwecke kann folglich wirtschaftlich sein,[90] sodass aus dieser Perspektive auch die ökonomische Theorie des Rechts[91] zu beleuchten ist:[92] Ungeachtet methodischer Herausforderun-

---

[84] Kritisch *Edzard Schmidt-Jortzig*, in: Hermann Butzer (Hrsg.), Wirtschaftlichkeit durch Organisations- und Verfahrensrecht, 2004, S. 17 (20); anders wohl *Manfred Timmermann*, VerwArch 68 (1977), S. 311 (317 ff.); *Günter Gaentzsch*, DÖV 1998, S. 952 (954).

[85] Zum Verhältnis der Begriffe der Wirtschaftlichkeit und der Effizienz etwa *Hans Herbert von Arnim*, Wirtschaftlichkeit als Rechtsprinzip, 1988, S. 47 f.

[86] *Eberhard Schmidt-Aßmann*, in: Wolfgang Hoffmann-Riem/Eberhard Schmidt-Aßmann (Hrsg.), Effizienz als Herausforderung an das Verwaltungsrecht, 1998, S. 245 (255); *Thomas Groß*, Die Verwaltung 34 (2001), S. 371 (376); *Martin Burgi*, in: Hermann Butzer (Hrsg.), Wirtschaftlichkeit durch Organisations- und Verfahrensrecht, 2004, S. 53 (55 ff.); *Christoph Gröpl*, in: Josef Isensee/Paul Kirchhof (Hrsg.), Handbuch des Staatsrechts der Bundesrepublik Deutschland, Bd. V, 3. Aufl. 2007, § 121, Rn. 17; ferner *ders.*, VerwArch 93 (2002), S. 459 (474 ff.); siehe auch *Albert von Mutius*, VVDStRL 42 (1984), S. 147 ff.; *Gunnar Folke Schuppert*, VVDStRL 42 (1984), S. 216 ff.

[87] *Reiner Schmidt*, in: Wolfgang Hoffmann-Riem/Eberhard Schmidt-Aßmann (Hrsg.), Innovation und Flexibilität des Verwaltungshandelns, 1994, S. 67 (86); *Konrad Lachmayer*, in: Marc Bungenberg (Hrsg.), Recht und Ökonomik, 2004, S. 135 (149).

[88] *Eberhard Schmidt-Aßmann*, in: Wolfgang Hoffmann-Riem/Eberhard Schmidt-Aßmann (Hrsg.), Effizienz als Herausforderung an das Verwaltungsrecht, 1998, S. 245 (246); *Wolfgang Hoffmann-Riem*, in: Wolfgang Hoffmann-Riem/Eberhard Schmidt-Aßmann (Hrsg.), Effizienz als Herausforderung an das Verwaltungsrecht, 1998, S. 11 (17 f.); ferner *Michael Fehling*, VerwArch 95 (2004), S. 443 (451 ff.); *Adrian Künzler*, Effizienz oder Wettbewerbsfreiheit, 2008, S. 23 ff.; *Klaus Ferdinand Gärditz*, Hochschulorganisation und verwaltungsrechtliche Systembildung, 2009, S. 234 f.

[89] *Utz Schliesky*, DVBl. 2007, S. 1453 (1456); *Klaus Ferdinand Gärditz*, Hochschulorganisation und verwaltungsrechtliche Systembildung, 2009, S. 236 ff.

[90] *Eberhard Schmidt-Aßmann*, in: Wolfgang Hoffmann-Riem/Eberhard Schmidt-Aßmann (Hrsg.), Effizienz als Herausforderung an das Verwaltungsrecht, 1998, S. 245 (256); *Wolfgang Denkhaus*, in: Marc Bungenberg (Hrsg.), Recht und Ökonomik, 2004, S. 33 (37).

[91] Allgemein *Kristoffel Grechenig/Martin Gelter*, RabelsZ 72 (2008), S. 513 ff.; grundlegend *Peter Behrens*, Die ökonomischen Grundlagen des Rechts, 1986, S. 31 ff.; *Horst Eidenmüller*, Effizienz als Rechtsprinzip, 3. Aufl. 2005, S. 21 ff.; ferner *Stefan Grundmann*, RabelZ 61 (1997), S. 423 ff.; *Hans-Peter Schwintowski*, JZ 1998, S. 581 ff.; *Anne van Aaken*, in: Marc Bungenberg (Hrsg.), Recht und Ökonomik, 2004, S. 1 ff.; *Mario Martini*, Der Markt als Instrument hoheitlicher Verteilungslenkung, 2007, S. 160 ff.; *Felix Müller*, in: Sonja Buckel/Ralph Christensen/Andreas Fischer-Lescano (Hrsg.), Neue Theorien des Rechts, 2. Aufl. 2009, S. 351 ff.; ausführlich *Christian Kirchner*, Ökonomische Theorie des Rechts, 1997, passim; *Wolgang Weigel*, Rechtsökonomik, 2003, passim; *Anne van Aaken*, „Rational Choice“ in der Rechtswissenschaft, 2003, passim; *Michael Adams*, Ökonomische Theorie des Rechts, 2. Aufl. 2004, passim.

[92] Zur Rezeption der ökonomischen Theorie des Rechts *Martin Morlok*, in: Christoph Engel/Martin Morlok (Hrsg.), Öffentliches Recht als Gegenstand ökonomischer Forschung,

gen[93] ist danach der Gedanke der Kostendegression[94] im Rahmen der rechtspolitischen Argumentation sowie des Verfahrens der Rechtssetzung anzuwenden.[95] Namentlich das Verfassungsrecht ist allerdings einer ausschließlichen Orientierung am Modell des homo oeconomicus[96] sowie am fiskalischen Effizienzsinn entzogen.[97]

B. Unbehagen am Stand der Dogmatik und ihrer Leistungsfähigkeit

Die Aktualität, die den Herausforderungen kommunaler Selbstverwaltung auch mit den Begriffen der Europäisierung und Ökonomisierung bescheinigt wird, steht nun in deutlichem Gegensatz zur dogmatischen Entfaltung namentlich der verfassungsrechtlichen Gewährleistung kommunaler Selbstverwaltung.[98] Dies muss überraschen: Angesichts der Erosionen kommunaler Selbstverwaltung liegt eigentlich nichts näher, als kommunale Selbstverwaltung einer eingehenden verfassungsrechtlichen Analyse zu unterziehen.[99] Der normative Ausgangsbefund ist insoweit eindeutig. Art. 28 Abs. 2 GG bildet die Grundlage der verfassungsrechtlichen Gewährleistung kommunaler Selbstverwaltung, die von „Komplementärbestimmungen“ ergänzt wird:[100] Art. 106 Abs. 5 bis 9 GG

1998, S. 1 (15); *Maximilian Wallerath*, JZ 2001, S. 209 (211 ff.); *Helmuth Schulze-Fielitz*, JöR 50 n. F. (2002), S. 1 (54 f.).

93 *Oliver Lepsius*, Die Verwaltung 32 (1999), S. 429 ff.

94 Siehe *Günter Püttner*, Verwaltungslehre, 4. Aufl. 2007, § 7, Rn. 8, 13 f.

95 Allgemein dazu *Emanuel V. Towfigh/Niels Petersen*, Ökonomische Methoden im Recht, 2010, S. 7 ff.; ferner *Bernd Grzeszick*, JZ 2003, S. 647 (650).

96 Siehe *Gary S. Becker*, Der ökonomische Ansatz zur Erklärung menschlichen Verhaltens, 2. Aufl. 1993, S. 3 ff.; *Rolf Gröschner*, in: Christoph Engel/Martin Morlok (Hrsg.), Öffentliches Recht als ein Gegenstand ökonomischer Forschung, 1998, S. 31 ff.; *Gebhard Kirchgässner*, Homo oeconomicus, 2. Aufl. 2000, S. 12 ff.; *Horst Eidenmüller*, Effizienz als Rechtsprinzip, 3. Aufl. 2005, S. 28 ff.; *Mario Martini*, Der Markt als Instrument hoheitlicher Verteilungslenkung, 2007, S. 169 ff.; *Adrian Künzler*, Effizienz oder Wettbewerbsfreiheit, 2008, S. 71 ff.

97 *Martin Morlok*, in: Christoph Engel/Martin Morlok (Hrsg.), Öffentliches Recht als Gegenstand ökonomischer Forschung, 1998, S. 1 (17 ff.); *Bernd Grzeszick*, JZ 2003, S. 647 (653); ferner *Christoph Engel*, Rechtstheorie 32 (2001), S. 23 (27 ff.); *Anne van Aaken*, in: Anne van Aaken/Stefanie Schmidt-Lübbert (Hrsg.), Beiträge zur ökonomischen Theorie im Öffentlichen Recht, 2003, S. 89 (92 f., 96 f.); siehe auch *Rolf Gröschner*, in: Christoph Engel/Martin Morlok (Hrsg.), Öffentliches Recht als Gegenstand ökonomischer Forschung, 1998, S. 31 (40 ff.), der das Modell des homo oeconomicus als heuristische Fiktion qualifiziert; ferner *Emanuel V. Towfigh/Niels Petersen*, Ökonomische Methoden im Recht, 2010, S. 17 ff.; anders *Gebhard Kirchgässner*, in: Christoph Engel/Martin Morlok (Hrsg.), Öffentliches Recht als Gegenstand ökonomischer Forschung, 1998, S. 49 ff.

98 *Klaus Lange*, Kommunalrecht, 2013, Kapitel 1, Rn. 2 sieht in Art. 28 Abs. 2 GG das „etwas verwitterte“ Fundament des Gemeinderechts.

99 *Gunnar Folke Schuppert*, AöR 114 (1989), S. 127 (129).

100 *Albert von Mutius*, in: Albert von Mutius (Hrsg.), Selbstverwaltung im Staat der Industriegesellschaft, Festgabe zum 70. Geburtstag von Georg Christoph von Unruh, 1983, S. 227

formulieren spezifische finanzielle Gewährleistungen, Art. 28 Abs. 1 S. 2 GG statuiert die Notwendigkeit einer aus demokratischen Wahlen hervorgegangenen Volksvertretung der Gemeinden und Kreise und Art. 93 Abs. 1 Nr. 4b GG[101] normiert die kommunale Verfassungsbeschwerde. Darüber hinaus präzisieren landesverfassungsrechtliche Gewährleistungen die verfassungsrechtliche Gewährleistung kommunaler Selbstverwaltung.[102]

I. Institutionelle „Versteinerung" der Dogmatik

Ebenso eindeutig ist der Stand der Dogmatik: Die dogmatische Entfaltung der verfassungsrechtlichen Gewährleistung kommunaler Selbstverwaltung nimmt allein auf Art. 28 Abs. 2 GG Bezug.[103] „Jede Befassung mit dem Kommunalverfassungsrecht nimmt [daher] ihren Anfang bei der Garantie der kommunalen Selbstverwaltung in Art. 28 Abs. 2 GG."[104]

1. Art. 28 Abs. 2 GG im Verständnis des Bundesverfassungsgerichts

Das Bundesverfassungsgericht versteht Art. 28 Abs. 2 GG als institutionelle Garantie.

„Obwohl Art. 28 GG im Abschnitt ‚Der Bund und die Länder' untergebracht ist, sollte den Gemeinden hier das Recht der Selbstverwaltung in ähnlichem Umfang garantiert

---

(241); *Joachim Kronisch*, Aufgabenverlagerung und gemeindliche Aufgabengarantie, 1993, S. 24 f.; *Friedrich Schoch*, in: Hans Günter Henneke/Hubert Meyer (Hrsg.), Kommunale Selbstverwaltung zwischen Bewahrung, Bewährung und Entwicklung, Festgabe für Gernot Schlebusch zum 65. Geburtstag, 2006, S. 11 (12); umfassend zuletzt *Hubert Meyer*, in: Utz Schliesky (Hrsg.), Die Freiheit des Menschen in Kommune, Staat und Europa, Festschrift für Edzard Schmidt-Jortzig, 2011, S. 113 ff.

[101] *Klaus Stern*, Das Staatsrecht der Bundesrepublik Deutschland, Bd. II, 1980, S. 1024, qualifiziert die kommunale Verfassungsbeschwerde als Normenkontrolle mit gegenständlich begrenzter Antragsbefugnis; anders *Joachim Burmeister*, JA 1980, S. 17 (22), der die kommunale Verfassungsbeschwerde den Bund-Länder-Streitigkeiten zurechnet; zum Ganzen *Michael Sachs*, BayVBl. 1982, S. 37 (41); *Jörn Ipsen*, ZG 1994, S. 194 (196); *Hartmut Maurer*, in: Rainer Grote (Hrsg.), Die Ordnung der Freiheit, Festschrift für Christian Starck zum siebzigsten Geburtstag, 2007, S. 335 ff.; zur Landesverfassungsgerichtsbarkeit etwa *Werner Hoppe*, in: Christian Starck/Klaus Stern (Hrsg.), Landesverfassungsgerichtsbarkeit, Bd. 2, 1983, S. 257 ff.

[102] Landesverfassungsrechtliche Gewährleistungen dürfen den Gewährleistungsumfang des Art. 28 Abs. 2 GG nicht beeinträchtigen, siehe *Friedrich Schoch*, in: Hans-Günter Henneke/Hubert Meyer (Hrsg.), Kommunale Selbstverwaltung zwischen Bewahrung, Bewährung und Entwicklung, Festgabe für Gernot Schlebusch zum 65. Geburtstag, 2006, S. 11 (11 f.); eingehend *Albert von Mutius*, in: Ständige Deputation des Deutschen Juristentages (Hrsg.), Verhandlungen des dreiundfünfzigsten Deutschen Juristentages, Bd. I, 1980, E 46 f., 54 ff.

[103] *Hartmut Maurer*, DVBl. 1995, S. 1037 (1041).

[104] *Martin Burgi*, in: Martin Burgi/Manfred Palmen (Hrsg.), Symposium. Die Verwaltungsstrukturreform des Landes Nordrhein-Westfalen, 2008, S. 73 (87); ähnlich *Albert von Mutius*, in: Ständige Deputation des Deutschen Juristentages (Hrsg.), Verhandlungen des dreiundfünfzigsten Deutschen Juristentages, Bd. I, 1980, E 17.

werden, wie es in dem unter den Grundrechten stehenden Art. 127 der Weimarer Verfassung (RV) der Fall gewesen war. War Art. 127 RV ursprünglich wegen des Gesetzesvorbehalts weithin als ‚materiell inhaltlos‘ bezeichnet worden [...], so setzte sich mehr und mehr die Meinung durch, daß Art. 127 RV das Recht der Selbstverwaltung institutionell garantiere. [...] Dieser Auslegung ist auch für Art. 28 Abs. 2 GG zu folgen. Diese Bestimmung unterscheidet sich von Art. 127 RV nur dadurch, daß sie den Begriff der Selbstverwaltung in ihrem ersten Satz umschreibt und das Prinzip der Allzuständigkeit in diese Umschreibung aufnimmt. Die Entstehungsgeschichte des Art. 28 Abs. 2 GG [...] ergibt aber nicht, daß der Grundgesetzgeber im übrigen hinter der Auslegung, die Art. 127 RV gegen Ende der Weimarer Republik gefunden hatte, zurückbleiben oder darüber hinausgehen wollte.“[105]

Danach gewährleistet

„Art. 28 Abs. 2 Satz 1 GG [...] den Gemeinden das Recht, alle Angelegenheiten der örtlichen Gemeinschaft im Rahmen der Gesetze in eigener Verantwortung zu regeln. Die darin liegende Garantie der Einrichtung gemeindliche Selbstverwaltung bedarf der gesetzlichen Ausgestaltung und Formung. Der Vorbehalt ‚im Rahmen der Gesetze‘ überläßt dem Gesetzgeber diese Ausgestaltung und Formung jedoch nicht beliebig. Zum einen setzt der Kernbereich der Selbstverwaltungsgarantie ihm eine Grenze; hiernach darf der Wesensgehalt der gemeindlichen Selbstverwaltung nicht ausgehöhlt werden. Aber auch außerhalb des Kernbereichs ist der Gesetzgeber nicht frei: Indem der Verfassungsgeber die Institution gemeindliche Selbstverwaltung nicht nur in ihrer überkommenen Gestalt aufgegriffen, sondern mit eigenen Aufgaben in den Aufbau des politischen Gemeinwesens nach der grundgesetzlichen Ordnung eingefügt hat, hat er ihr eine spezifische Funktion beigemessen, die der Gesetzgeber zu berücksichtigen hat.“[106]

2. *Die institutionelle Interpretation des Art. 28 Abs. 2 GG als unzulängliche Bereichsdogmatik*

Die institutionelle Interpretation des Art. 28 Abs. 2 GG wurde in der Judikatur des Bundesverfassungsgerichts bereits früh etabliert, wobei eine kritische Auseinandersetzung mit der Rezeption der mit Blick auf Art. 127 WRV entfalteten Lehre von den institutionellen Garantien fehlt. Die zahlreichen Herausforderungen kommunaler Selbstverwaltung hatten ebenfalls keine vertiefte Auseinandersetzung des Bundesverfassungsgerichts mit der Lehre von den institutionellen Garantien zur Folge. Vielmehr versucht das Bundesverfassungsgericht, diese Herausforderungen – sofern sie überhaupt Gegenstand der bundesverfassungsgerichtlichen Judikatur sind – mit Hilfe der Lehre von den institutionellen Garantien zu bewältigen. Das Bundesverwaltungsgericht konnte dementsprechend feststellen, dass Inhalt und Umfang der kommunalen Selbstverwaltungs-

---

[105] BVerfGE 1, 167 (174f.).
[106] BVerfGE 79, 127 (143).

garantie – soweit sich dies abstrakt und generell formulieren lasse – in der höchstrichterlichen Rechtsprechung geklärt seien.[107]

Die institutionelle Versteinerung der Dogmatik des Art. 28 Abs. 2 GG provoziert Kritik. Zum einen erinnert schon *Willi Blümel*[108] daran, dass die von Zentralisierungstendenzen geprägten Erosionen kommunaler Selbstverwaltung die „Uminterpretation" der verfassungsrechtlichen Gewährleistung des Art. 127 WRV durch die Lehre von den institutionellen Garantien zur Folge hatten. Auch *Edzard Schmidt-Jortzig* hat darauf hingewiesen, dass die Lehre von den institutionellen Garantien nicht zuletzt aufgrund einer inhaltlichen Beliebigkeit jedenfalls die Gefahr eines „Plünderungssyndroms" heraufbeschwöre.

> „Das eben noch irgendwie Stabilität verheißende ‚Institutionelle' [werde] [...] immer ungezwungener für die verschiedenartigsten Gegenstände reklamiert, ohne daß dabei noch besonderes Augenmerk auf [...] spezifische Begriffsinhalte verwandt [wird]."[109]

Zum anderen stellte *Werner Weber* fest, dass der Ruf nach der Sicherung bestimmter Einrichtungen oder Rechte immer das Zeichen einer Krisenerscheinung sei.[110]

II. Neue Selbstverwaltungsverständnisse

Unzulänglichkeiten der institutionellen Deutung des Art. 28 Abs. 2 GG wurden dennoch nur selten zum Anlass für eine dogmatische Neuorientierung und vertiefte Bemühungen um eine problemadäquate Bereichsdogmatik genommen. Vor allem das funktionale Selbstverwaltungsverständnis und die verfassungstheoretische Neukonzeption der kommunalen Selbstverwaltungsgarantie hatten eine entsprechende Neuausrichtung zum Gegenstand.[111]

1. Funktionales Selbstverwaltungsverständnis und verfassungstheoretische Neukonzeption der kommunalen Selbstverwaltungsgarantie

Das funktionale Selbstverwaltungsverständnis erachtet eine Abgrenzung zwischen örtlichen und überörtlichen Aufgaben für grundsätzlich unmöglich. Da-

---

[107] BVerwG, NVwZ 1994, S. 900 (901); kritisch dazu *Jochen Dieckmann*, in: Eberhard Schmidt-Aßmann (Hrsg.), Festgabe 50 Jahre Bundesverwaltungsgericht, 2003, S. 815 (817).

[108] *Willi Blümel*, VVDStRL 36 (1978), S. 171 (189f.).

[109] *Edzard Schmidt-Jortzig*, Die Einrichtungsgarantien der Verfassung, 1979, S. 10.

[110] *Werner Weber*, Staats- und Selbstverwaltung in der Gegenwart, 2. Aufl. 1967, S. 31.

[111] Zusammenfassend *Albert von Mutius*, in: Ständige Deputation des Deutschen Juristentages (Hrsg.), Verhandlungen des dreiundfünfzigsten Deutschen Juristentages, Bd. I, 1980, E 20ff.; *ders.*, in: Albert von Mutius (Hrsg.), Selbstverwaltung im Staat der Industriegesellschaft, Festgabe zum 70. Geburtstag von Georg Christoph von Unruh, 1983, S. 227 (236ff.); *Franz-Ludwig Knemeyer*, in: Albert von Mutius (Hrsg.), Selbstverwaltung im Staat der Industriegesellschaft, Festgabe zum 70. Geburtstag von Georg Christoph von Unruh, 1983, S. 209 (215ff.).

her wird ein Leistungs- und Verwaltungsverbund der Gemeinden und Gemeindeverbände angenommen, mit dem Anhörungsrechte und Mitwirkungsrechte bei überörtlichen Entscheidungsprozessen[112] einhergehen. Das funktionale Selbstverwaltungsverständnis gibt damit die Unterscheidung von staatsunmittelbarer Aufgabenwahrnehmung und kommunaler Selbstverwaltung nicht auf. *Joachim Burmeisters* Versuch einer verfassungstheoretischen Neukonzeption der kommunalen Selbstverwaltungsgarantie nimmt die Erosionen kommunaler Selbstverwaltung demgegenüber zum Anlass für ein grundsätzlich neues Selbstverwaltungsverständnis. Anstelle einer Anpassung der überkommenen Interpretation des Art. 28 Abs. 2 GG an faktische Entwicklungen wird eine dem „grundgesetzlichen Verfassungsverständnis [adäquate] [...] Wesensbestimmung der kommunalen Selbstverwaltung" versucht.[113] Dabei soll die Unterscheidung von eigenen und übertragenen Aufgaben aufgegeben werden. Art. 28 Abs. 2 GG gewährleiste vielmehr einen Sondertyp öffentlicher Verwaltungstätigkeit als unterste staatliche Verwaltungsebene.[114]

2. *„Recht" auf Selbstverwaltung und kompetenzrechtliche Selbstverwaltungsinterpretation*

Abseits dieser fundamentalen Neuorientierungen sind weitere Versuche einer dogmatischen Neukonzeption auffindbar.[115] In besonderem Gegensatz zur Lehre von den institutionellen Garantien steht dabei das „Recht" auf Selbstverwaltung. Dieser Ansatz wirft der Lehre von den institutionellen Garantien vor, subjektive Rechte nicht anerkennen und daher Art. 28 Abs. 2 S. 1 GG nicht gerecht werden zu können. Nicht die Garantie der Einrichtung gemeindlicher Selbstverwaltung, die der gesetzlichen Ausgestaltung bedarf, sondern vielmehr die eigenverantwortliche Regelung der Angelegenheiten der örtlichen Gemeinschaft sei dementsprechend der maßgebliche Anknüpfungspunkt jeder Interpretation.[116]

Ebenfalls gegen das vorherrschende dogmatische Verständnis gerichtet ist der Einwand, die Lehre von den institutionellen Garantien habe als Relikt der Grundrechtsdogmatik der Weimarer Reichsverfassung jede Funktion einge-

---

112 Eingehend *Wolfgang Roters*, Kommunale Mitwirkung an höherstufigen Entscheidungsprozessen, 1975, S. 30ff.; zu Parallelen zwischen dem funktionalen Selbstverwaltungsverständnis und der Systemtheorie *Richard Pfaff*, VerwArch 70 (1979), S. 1 (12ff.).

113 *Joachim Burmeister*, Verfassungstheoretische Neukonzeption der kommunalen Selbstverwaltungsgarantie, 1977, S. 17, der des Weiteren von „artistischen Wendungen" der überkommenen Lehre und Judikatur bei der Interpretation des Art. 28 Abs. 2 GG spricht.

114 *Joachim Burmeister*, Verfassungstheoretische Neukonzeption der kommunalen Selbstverwaltungsgarantie, 1977, S. 113.

115 Zur Diskussion nur *Eberhard Schmidt-Aßmann*, in: Peter Badura (Hrsg.), Festschrift 50 Jahre Bundesverfassungsgericht, Bd. II, 2001, S. 803 (807f.).

116 *Hartmut Maurer*, DVBl. 1995, S. 1037ff.

büßt. Sie sei daher durch eine Interpretation des Art. 28 Abs. 2 GG als Staatsorganisationsprinzip abzulösen,[117] um dadurch den notwendigen Raum für eine unvoreingenommene Norminterpretation zu schaffen. Auf dieses Argument lässt sich auch die Deutung des Art. 28 Abs. 2 GG als „kompetenzielle Zuordnung" von Aufgaben zurückführen,

„da das Recht zur Wahrnehmung aller Angelegenheiten der örtlichen Gemeinschaft ausdrücklich gewährleistet ist. Ein Recht gewährleisten kann man aber allein auf dem Weg, andere Verwaltungsträger von der Aufgabenwahrnehmung auszuschließen, d.h. eine Kompetenz zu normieren. [...] Wenn man aber, wie allenthalben betont, kommunale Selbstverwaltung stärken oder zumindest die Schwächung in Grenzen halten will, so wie dies der Zweck des Art. 28 Abs. 2 GG ist, um ihre für das Staatsganze unverzichtbare Funktion nutzen zu können, so gibt es keinen anderen Weg, als die Kompetenzbestimmung und -abgrenzung nach Art. 28 Abs. 2 GG selbst ernst zu nehmen."[118]

C. Anliegen der Untersuchung, Grundannahmen und terminologische Vorklärungen

Zusammenfassend lässt sich Folgendes festhalten: Kommunale Selbstverwaltung sieht sich zahlreichen Herausforderungen ausgesetzt. Die Aktualität der Herausforderungen spiegelt sich in der dogmatischen Entfaltung des Art. 28 Abs. 2 GG nicht wider. Die verfassungsrechtliche Gewährleistung kommunaler Selbstverwaltung hat durch die Judikatur des Bundesverfassungsgerichts eine institutionelle Versteinerung erfahren. Im Folgenden soll vor diesem Hintergrund eine dogmatische Rekonstruktion des Art. 28 Abs. 2 GG versucht werden.

Der Untersuchung liegt dabei das Anliegen zugrunde, mit Hilfe einer dogmatischen Rekonstruktion eine belastbare Basis zur Bewältigung der Herausforderungen kommunaler Selbstverwaltung zu schaffen. Der im Folgenden zu entwickelnde Neuansatz erhebt dabei erklärtermaßen nicht den Anspruch, alle Fragestellungen bewältigen zu können. Wohl aber sollen Unzulänglichkeiten beseitigt werden, die auf Schwächen der bisherigen dogmatischen Deutungsmuster zurückzuführen sind. Das wesentliche Anliegen der vorliegenden Untersuchung ist es daher, zu einer Rationalisierung der Argumentationsprozesse und zu einer höheren Konsistenz der Bereichsdogmatik beizutragen. Angesichts der unterschiedlichen – wenn auch nur vereinzelt rezipierten – Selbstver-

---

[117] *Kay Waechter*, Die Verwaltung 29 (1996), S. 47ff.

[118] *Franz-Ludwig Knemeyer*, in: Albert von Mutius (Hrsg.), Selbstverwaltung im Staat der Industriegesellschaft, Festgabe zum 70. Geburtstag von Georg Christoph von Unruh, 1983, S. 209 (218).

waltungsverständnisse muss jeder dogmatische Neuentwurf mit der Offenlegung von Grundannahmen sowie terminologischen Vorklärungen beginnen.

Art. 28 Abs. 2 GG unterscheidet grundsätzlich zwischen *drei* verschiedenen Gewährleistungselementen. Zunächst gewährleistet Art. 28 Abs. 2 GG die „Einrichtung von Gemeinden und die Einrichtung von Gemeindeverbänden", deren Existenz verfassungsrechtlich vorausgesetzt wird. Ferner enthält die Verfassungsnorm eine Aufgabengarantie der Gemeinden und Gemeindeverbände: „Art. 28 Abs. 2 GG gewährleistet den Gemeinden das Recht, alle Angelegenheiten der örtlichen Gemeinschaft im Rahmen der Gesetze selbst zu verwalten; den Gemeindeverbänden ist ein durch staatliches Gesetz geformter Aufgabenbereich zur selbstverantwortlichen Wahrnehmung gewährleistet." Schließlich betrifft Art. 28 Abs. 2 GG die Art und Weise der kommunalen Aufgabenwahrnehmung. Gewährleistet wird die Eigenverantwortlichkeit dieser Aufgabenerfüllung im Rahmen der Gesetze. „Art. 28 Abs. 2 GG garantiert Selbstverwaltung, d.h. Autonomie."[119] Diese Gewährleistungselemente des Art. 28 Abs. 2 GG sind auch *begrifflich* zu unterscheiden. Die Einrichtung der Gemeinden und Gemeindeverbände meint im Folgenden die Existenz der Gemeinden und Gemeindeverbände als juristische Personen des öffentlichen Rechts; der Begriff des *existentialen Gewährleistungselementes* soll dabei synonym gebraucht werden. Darüber hinaus werden die Angelegenheiten der örtlichen Gemeinschaft mit dem Begriff der *Aufgabengarantie* der Gemeinden umschrieben; der Begriff der Aufgabengarantie findet ebenfalls für die Gemeindeverbände Anwendung und betrifft deren gesetzlichen Aufgabenbereich im Sinne des Art. 28 Abs. 2 S. 2 GG. Schließlich werden die eigene Verantwortung im Rahmen der Gesetze nach Art. 28 Abs. 2 S. 1 GG sowie das Recht der Selbstverwaltung nach Maßgabe der Gesetze im Sinne des Art. 28 Abs. 2 S. 2 GG mit dem Begriff der *Eigenverantwortlichkeit* zusammengefasst. Sie wird hier, da sie die Art und Weise der Aufgabenerledigung betrifft, mit dem Terminus des *modalen Gewährleistungselementes* umschrieben.

D. Gang der Untersuchung

Anknüpfend an den einleitenden Problemaufriss und die skizzierten Grundannahmen sowie terminologischen Vorklärungen ist im *ersten Teil* der Untersuchung zunächst die herrschende dogmatische Konstruktion des Art. 28 Abs. 2 GG, mithin dessen institutionelle Deutung namentlich durch die Rechtsprechung des Bundesverfassungsgerichts, ausführlich darzustellen; sodann ist sie

[119] *Franz-Ludwig Knemeyer*, in: Albert von Mutius (Hrsg.), Selbstverwaltung im Staat der Industriegesellschaft, Festgabe zum 70. Geburtstag von Georg Christoph von Unruh, 1983, S. 209 (218).

im Rahmen einer kritischen Würdigung zu dekonstruieren. Die Schwächen der Lehre von den institutionellen Garantien im Allgemeinen sowie die Unzulänglichkeiten ihrer Anwendung mit Blick auf Art. 28 Abs. 2 GG im Besonderen sind herauszuarbeiten (2. Kapitel).

Anschließend sind diejenigen Konzeptionen näher zu untersuchen, die bislang der Lehre von den institutionellen Garantien im Anwendungsbereich des Art. 28 Abs. 2 GG entgegnet wurden. Im Vordergrund steht dabei die subjektiv-rechtliche Interpretation des Art. 28 Abs. 2 GG. Es wird zu zeigen sein, dass dieser dogmatische Ansatz ebenso wie die institutionelle Interpretation des Art. 28 Abs. 2 GG daran scheitert, dass nicht in ausreichendem Maße zwischen den Gewährleistungselementen des Art. 28 Abs. 2 GG differenziert wird. Tragend wird dabei die Erkenntnis sein, dass die Existenz von Gemeinden und Gemeindeverbänden im Sinne der Lehre von den institutionellen Garantien einer gesetzlichen Ausgestaltung bedarf. Für die eigenverantwortliche Regelung der Angelegenheiten der örtlichen Gemeinschaft – dies wird die subjektiv-rechtliche Interpretation des Art. 28 Abs. 2 GG zeigen – gilt dies allerdings nicht; die Aufgabengarantie der Gemeinden sowie das modale Gewährleistungsmoment werden vielmehr verfassungsunmittelbar gewährleistet (3. Kapitel).

Eine solche differenzierte Betrachtung der Gewährleistungselemente des Art. 28 Abs. 2 GG wird im Folgenden aufgegriffen und einer *dogmatischen Rekonstruktion* zugrunde gelegt. Diese basiert auf der Anwendung der *Prinzipientheorie*, die mit der kategorialen Unterscheidung von Rechtsprinzipien und Rechtsregeln den unterschiedlichen Gewährleistungselementen des Art. 28 Abs. 2 GG gerecht werden kann. Dabei sind grundsätzliche Einwände gegen die Prinzipientheorie auszuräumen, ihre Anwendung im Staatsorganisationsrecht ist zu fundieren. Die Prinzipientheorie ist abschließend mit Blick auf die unterschiedlichen Gewährleistungselemente des Art. 28 Abs. 2 GG zu entfalten. Es wird zu zeigen sein, dass die Existenz der Gemeinden und Gemeindeverbände sowie die Aufgabengarantie der Gemeindeverbände aufgrund ihrer Ausgestaltungsbedürftigkeit als Rechtsprinzipien zu qualifizieren sind. Die Aufgabengarantie der Gemeinden ist demgegenüber eine Rechtsregel, da die Regelung der Angelegenheiten der örtlichen Angelegenheiten den Gemeinden verfassungsunmittelbar gewährleistet wird. Die Eigenverantwortlichkeit der kommunalen Aufgabenwahrnehmung wird zwar ebenfalls verfassungsunmittelbar gewährleistet; das modale Gewährleistungselement des Art. 28 Abs. 2 GG wird aufgrund des Vorbehaltes „im Rahmen der Gesetze" dennoch den Rechtsprinzipien zuzuordnen sein (4. Kapitel).

Im Anschluss an diese dogmatische Grundlegung sind die Funktionen kommunaler Selbstverwaltung zu bestimmen. Eine entsprechende Notwendigkeit ergibt sich aus zwei Gründen: Zum einen muss die gesetzliche Ausgestaltung der Existenz der Gemeinden und Gemeindeverbände sowie der Aufgabengarantie der Gemeindeverbände an verfassungsrechtlichen Maßstäben ausgerichtet werden. Die gesetzliche Ausgestaltung, die die konkreten Gegenstände verfassungsrechtlicher Gewährleistungen erst hervorbringt, kann angesichts der Regelung des Art. 20 Abs. 3 GG nicht von der Bindung an einen genuinen Gewährleistungsinhalt der jeweiligen verfassungsrechtlichen Regelung freigestellt sein. Zum anderen sind bei der Verfassungsinterpretation zur inhaltlichen Bestimmung der verfassungsunmittelbar garantierten Gewährleistungselemente die Funktionen kommunaler Selbstverwaltung zu berücksichtigen (5. Kapitel).

Nach der allgemeinen Bestimmung der Funktionen kommunaler Selbstverwaltung ist deren Bedeutung für die einzelnen Gewährleistungselemente des Art. 28 Abs. 2 GG bereichsspezifisch zu präzisieren. Im *zweiten Teil* der Untersuchung ist insoweit die Existenz der Gemeinden und Gemeindeverbände zu beleuchten. Zu Beginn ist dabei der verfassungsrechtliche Rahmen der Rechtsformenwahl seitens des Gesetzgebers zu konkretisieren (6. Kapitel). Anschließend sind die verfassungsrechtlichen Grenzen der gesetzlichen Ausgestaltung der territorialen (7. Kapitel) und finanziellen Grundlagen kommunaler Selbstverwaltung zu bestimmen. Im Zusammenhang mit den finanziellen Grundlagen kommunaler Selbstverwaltung sollen zudem landesverfassungsrechtliche Konnexitätsprinzipien sowie das bundesverfassungsrechtliche Aufgabenübertragungsverbot nach Art. 84 Abs. 1 S. 7 GG, Art. 85 Abs. 1 S. 2 GG im System der prinzipientheoretischen Rekonstruktion des Art. 28 Abs. 2 GG verortet werden (8. Kapitel).

Hinsichtlich der Existenz der Gemeinden und Gemeindeverbände ist schließlich die kommunale Binnenorganisation in den Blick zu nehmen. Auch hier sind die verfassungsrechtlichen Grenzen der gesetzlichen Ausgestaltung zu bestimmen. Dazu gehört auch, dass die so genannten kommunalen Hoheiten, insbesondere die kommunale Organisationshoheit, im System der prinzipientheoretischen Rekonstruktion des Art. 28 Abs. 2 GG analysiert werden. Zu zeigen ist, dass die organisationsrechtlichen Voraussetzungen der Eigenverantwortlichkeit kommunaler Aufgabenwahrnehmung nicht etwa als Gegenstand des modalen Gewährleistungselementes kommunaler Selbstverwaltung verfassungsunmittelbar gewährleistet werden. Vielmehr sind die so genannten kommunalen Hoheiten von der gesetzlichen Einräumung von Autonomie abhängig, sodass diese im Zusammenhang mit der gesetzlichen Ausgestaltung der kommunalen Binnenorganisation zu untersuchen sind. Den Abschluss der Betrachtung der kommunalen Binnenorganisation bildet das Kommunalwirtschaftsrecht. Dessen Erörterung im Zusammenhang mit der kommunalen Binnenorganisation ist ebenfalls dem Umstand geschuldet, dass die organisationsrechtlichen Voraussetzungen der kommunalen Wirtschaftsbetätigung erst im Wege der gesetzlichen Ausgestaltung geschaffen werden (9. Kapitel).

Der *dritte Teil* der Untersuchung betrifft die Aufgabengarantie der Gemeinden. Zunächst ist dabei die verfassungsunmittelbare Gewährleistung der Angelegenheiten der örtlichen Gemeinschaft in den Blick zu nehmen. Diesen verfassungsrechtlichen Begriff gilt es unter Berücksichtigung der Funktionen kommunaler Selbstverwaltung zu bestimmen. Im Anschluss sind die Aspekte der Privatisierung von Selbstverwaltungsangelegenheiten sowie der Kommunalisierung staatlicher Aufgaben zu betrachten. Zu beantworten ist die Frage, ob vor allem die Aufgabengarantie der Gemeinden sowohl der Privatisierung von Selbstverwaltungsangelegenheiten als auch der Kommunalisierung staatlicher Aufgaben Grenzen setzt (10. Kapitel). Anschließend ist die Aufgabengarantie der Gemeindeverbände zu beleuchten. Von besonderer Bedeutung ist insoweit, dass die gesetzliche Ausgestaltung der Aufgabengarantie der Gemeindeverbände nicht nur den Funktionen kommunaler Selbstverwaltung genügen muss. Vielmehr darf eine solche Ausgestaltung auch nicht zu einer Beeinträchtigung der Aufgabengarantie der Gemeinden führen (11. Kapitel).

Der *vierte Teil* der Untersuchung hat die Eigenverantwortlichkeit der kommunalen Aufgabenwahrnehmung zum Gegenstand. Ähnlich der Aufgabengarantie der Gemeinden ist zunächst der verfassungsunmittelbar gewährleistete Inhalt des modalen Gewährleistungselementes im Wege der Verfassungsinterpretation zu bestimmen. Darüber hinaus ist der Vorbehalt „im Rahmen der Gesetze" zu untersuchen. Dabei sind die verfassungsrechtlichen Voraussetzungen zu benennen, unter denen eine legislative Beeinträchtigung der Eigenverantwortlichkeit der kommunalen Aufgabenwahrnehmung gerechtfertigt werden kann (12. Kapitel).

1. Teil

Verfassungsdogmatische Grundlegung

2. *Kapitel*

Die institutionelle Konstruktion der verfassungsrechtlichen Gewährleistung kommunaler Selbstverwaltung – Begründung und Analyse des bestehenden Deutungsparadigmas

Im Mittelpunkt der dogmatischen Konstruktion des Art. 28 Abs. 2 GG steht unverkennbar die Lehre von den institutionellen Garantien,[1] die – obschon nicht von ihm begründet[2] – untrennbar mit dem Wirken *Carl Schmitts*[3] verbunden ist: *Carl Schmitt* entfaltete – trotz terminologischer Differenzen und teilweise erheblicher Abweichungen inhaltlicher und struktureller Art – institutionelle Garantien als dogmatische Figur. Die Lehre von den institutionellen Garantien wurde auch am Beispiel des Art. 127 WRV entwickelt, der trotz seiner systematischen Stellung nicht als Grundrecht, sondern gerade als institutionelle Garantie qualifiziert wurde: Art. 127 WRV sollte nicht durch einfachgesetzliche Regelungen faktisch beseitigt oder seiner wesentlichen Bestandteile beraubt werden können.[4] Die verfassungsrechtliche Gewährleistung kommunaler Selbstverwaltung wiederhole daher nicht lediglich den Grundsatz der Gesetz-

---

[1] Grundlegend BVerfGE 1, 167 (174f.); 23, 353 (365); 79, 127 (143); dazu *Klaus Lange*, in: Hans Schneider (Hrsg.), Im Dienst an Recht und Staat, Festschrift für Werner Weber zum 70. Geburtstag, 1974, S. 851 ff.; *Werner Weber*, in: Christian Starck (Hrsg.), Bundesverfassungsgericht und Grundgesetz, Festgabe aus Anlaß des 25jährigen Bestehens des Bundesverfassungsgerichts, 1976, Bd. 2, S. 331 (332 ff.); *Uwe Berlit*, DVBl. 1995, S. 293 (296); *Franz-Ludwig Knemeyer/Matthias Wehr*, VerwArch 92 (2001), S. 317 (318 ff.).

[2] *Martin Wolff*, in: Festgabe der Berliner Juristischen Fakultät für Wilhelm Kahl zum Doktorjubiläum am 19. April 1923, 1923, S. 1 (5 f.).

[3] *Carl Schmitt*, Verfassungslehre, 1928, S. 170 f.; *ders.*, in: Carl Schmitt, Verfassungsrechtliche Aufsätze aus den Jahren 1924–1954, 1958, S. 140 (143 ff.); ferner *Gerhard Anschütz*, Die Verfassung des Deutschen Reiches vom 11. August 1919, 14. Aufl. 1933, Art. 127, Anm. 1; *Friedrich Klein*, Institutionelle Garantien und Rechtsinstitutsgarantien, 1934, passim; zum Ganzen *Joachim Kronisch*, Aufgabenverlagerung und gemeindliche Aufgabengarantie, 1993, S. 74 ff.

[4] *Carl Schmitt*, Verfassungslehre, 1928, S. 170 f.; *ders.*, in: Gerhard Anschütz/Richard Thoma (Hrsg.), Handbuch des deutschen Staatsrechts, Bd. II, 1932, S. 572 (595); *ders.*, in: Carl Schmitt, Verfassungsrechtliche Aufsätze aus den Jahren 1924–1954, 1958, S. 140 ff.; im Anschluss daran *Gerhard Anschütz*, Die Verfassung des Deutschen Reichs vom 11. August 1919, 14. Aufl. 1933, Art. 127, Anm. 1; *Ernst Forsthoff*, Die öffentliche Körperschaft im Bundesstaat, 1931, S. 102 ff.; eingehend zum Ganzen *Edzard Schmidt-Jortzig*, Die Einrichtungsgarantien der Verfassung, 1979, S. 13 ff.; *Joachim Kronisch*, Aufgabenverlagerung und gemeindliche Aufgabengarantie, 1993, S. 74 ff.

mäßigkeit der Verwaltung und laufe gerade auch gegenüber der Legislative nicht leer.[5] Auch der Staatsgerichtshof des Deutschen Reiches ging davon aus, die Legislative dürfe das Recht der Selbstverwaltung nicht aufheben und innerlich aushöhlen, sodass die Gelegenheit zur kraftvollen Betätigung verloren ginge und kommunale Selbstverwaltung nur noch ein Schattendasein führen könne.[6] Auf diese dogmatische Entfaltung[7] (sowie auf das dogmatische Verständnis von § 184 der Reichsverfassung von 1849[8]) nimmt nun das Bundesverfassungsgericht ausdrücklich auch bei der Interpretation des Art. 28 Abs. 2 GG Bezug. Es geht davon aus, dass Art. 28 Abs. 2 GG nicht „hinter der Auslegung, die Art. 127 RV gegen Ende der Weimarer Republik gefunden hatte, zurückbleiben oder darüber hinausgehen wollte."[9]

A. Entwicklungslinien der Lehre von den institutionellen Garantien

I. Das institutionelle Rechtsdenken als ideengeschichtliches Fundament

Sucht man nach den Ursprüngen der institutionellen Deutung des Art. 28 Abs. 2 GG, so zeigt sich, dass auch die Lehre von den institutionellen Garantien auf zumindest begriffliche Vorbilder[10] verweisen kann. Nach der Rechtsquellenlehre *Friedrich Carl von Savignys* weist jedes Rechtsverhältnis Bezüge zu einem Rechtsinstitut auf, von dem es in gleicher Weise beherrscht werde wie das einzelne Rechtsurteil von der Rechtsregel.[11] Vorfindliche Rechtsinstitute fügen sich daher nach der Rechtslehre *Friedrich Carl von Savignys* zu einem einheitli-

[5] *Carl Schmitt*, Verfassungslehre, 1928, S. 170 ff.; siehe aber auch *Gerhard Lassar*, RVerwBl. 1929, S. 524 f.; ferner *Gerhard Anschütz*, Die Verfassung des Deutschen Reichs vom 11. August 1919, 1. Aufl. 1921, Art. 127, Anm. 1.

[6] StGH, RGZ 126, Anhang, S. 14 (22).

[7] Anders *Hartmut Maurer*, DVBl. 1995, S. 1037 (1039), der in den Landesverfassungen von 1946/47 den maßgeblichen Anknüpfungspunkt der Garantie des Art. 28 Abs. 2 GG sieht; *Franz-Ludwig Knemeyer/Matthias Wehr*, VerwArch 92 (2001), S. 317 (332 f.) qualifizieren die Lehre von den institutionellen Garantien ebenfalls nicht als ausschließliche Grundlage der dogmatischen Entfaltung des Art. 28 Abs. 2 GG; siehe aber auch *Werner Weber*, DÖV 1951, S. 509 (512); *Otto Ziebill*, DÖV 1952, S. 1 ff.

[8] Dazu *Joachim Kronisch*, Aufgabenverlagerung und gemeindliche Aufgabengarantie, 1993, S. 74 ff.; *Ihno Gebhardt*, Das kommunale Selbstverwaltungsrecht, 2007, S. 20 f.

[9] BVerfGE 1, 167 (175); ferner BVerfGE 22, 180 (205); 23, 353 (365); 26, 228 (238); kritisch *Robert Neuhoff*, DÖV 1952, S. 259 (261); *Arnold Köttgen*, in: Arnold Köttgen, Kommunale Selbstverwaltung zwischen Krise und Reform, 1968, S. 193 (199), die in den die Selbstverwaltung konstituierenden Elementen des Art. 28 Abs. 2 GG einen entstehungsgeschichtlichen Hinweis darauf erblicken, dass nicht die mit Art. 127 WRV vorgefundene Lage bestätigt werden sollte; ähnlich *Gerd-Jürgen Richter*, Verfassungsprobleme der kommunalen Funktionalreform, 1977, S. 81 ff.

[10] *Klaus Stern*, Das Staatsrecht der Bundesrepublik Deutschland, Bd. III/1, 1988, S. 784.

[11] *Friedrich Carl von Savigny*, System des heutigen Römischen Rechts, Bd. I, 1840, S. 9 ff.

chen – und von der Naturrechtslehre rationalistischer Prägung abweichenden[12] – Rechtssystem zusammen.[13] Ähnliche Bedeutung haben Rechtsinstitute auch in der Rechtsphilosophie *Friedrich Julius Stahls*, der das Recht als eine auf Rechtsinstituten gegründete Lebensordnung konzipiert. Rechtsinstitute setzen sich danach aus Tatsachen und den diesbezüglichen Rechtsnormen zusammen, die gemeinsam ein unauflösliches Ganzes bilden.[14] Sie beschreiben folglich die rechtliche Ordnung der Lebensverhältnisse und formen das Rechtssystem aus.[15] Gemeinsam ist den Rechtsinstituten nach *Friedrich Carl von Savigny* und *Friedrich Julius Stahl* mithin der allgemeine, übergreifende, vor- oder übergeordnete weltanschauliche Zusammenhang des Rechtsinstitutsbegriffs.[16]

Anders als *Friedrich Julius Stahl* unterscheidet *Maurice Hauriou* zwischen der Theorie der sozialen Institution und dem Verständnis von Rechtsnormen als Institutionen.[17] Während *Friedrich Julius Stahl* beide Institutionenbegriffe einem terminologischen Oberbegriff zuordnet und *Friedrich Carl von Savigny* ohnehin allein auf Normenkomplexe Bezug nimmt, konturiert *Maurice Hauriou* divergierende Institutionenbegriffe.[18] Allein die Figur der juristischen Institution scheint dabei mit dem Institutionenbegriff *Friedrich Carl von Savignys* und *Friedrich Julius Stahls* vergleichbar, da dieser auch nach *Maurice Hauriou* sachlich miteinander verbundene Rechtsnormen beschreibt.[19] *Erich Kaufmann* erblickt schließlich in bestimmten tatsächlichen Formen menschlichen Zusammenlebens Erscheinungen einer überzeitlichen objektiven Ordnung.[20] Solle die Rechtswissenschaft nicht in eine begriffliche Dialektik verfallen, müssten für die Interpretation der Rechtssätze daher Institute und die ihnen eigentümliche Eigengesetzlichkeit herangezogen werden.[21] Die Suche nach den tatsächlichen Formen des menschlichen Gemeinschaftslebens lässt dabei den Einfluss *Friedrich Julius Stahls* auf die Lehre *Erich Kaufmanns* erkennen, Abweichungen von dessen Rechtsphilosophie ergeben sich allerdings daraus, dass die objektive Vernunft die Grundlage entsprechender Formen bildet.[22]

Philipp Heck ordnet demgegenüber den Institutionenbegriff einem „Sollbegriff" zu, der die durch den Gesetzgeber konstituierten Gebote beschreibe. Innerhalb des Sollbegriffs versteht *Philipp Heck* unter Instituten eine Mehrzahl

---

[12] *Walter Wilhelm*, Zur juristischen Methodenlehre im 19. Jahrhundert, 1958, S. 35.

[13] Dazu *Ute Mager*, Einrichtungsgarantien, 2003, S. 98 ff.

[14] *Friedrich Julius Stahl*, Philosophie des Rechts, Bd. II/1, 4. Aufl. 1870, S. 293.

[15] *Friedrich Julius Stahl*, Philosophie des Rechts, Bd. II/1, 4. Aufl. 1870, S. 294.

[16] *Bernd Rüthers*, Die unbegrenzte Auslegung, 1968, S. 282.

[17] *Maurice Hauriou*, Cahiers de la Nouvelle Journée 4 (1925), S. 1 ff.; ausführlich dazu *Ute Mager*, Einrichtungsgarantien, 2003, S. 126 f.

[18] *Ute Mager*, Einrichtungsgarantien, 2003, S. 138 ff.

[19] *Ute Mager*, Einrichtungsgarantien, 2003, S. 135 ff.

[20] *Erich Kaufmann*, VVDStRL 3 (1927), S. 2 (10, 15 f., 20 f.).

[21] *Erich Kaufmann*, VVDStRL 3 (1927), S. 2 (10, 15 f., 20 f., 81).

[22] *Ute Mager*, Einrichtungsgarantien, 2003, S. 143 ff.

von Geboten, die sich auf einen bestimmten Sachverhalt beziehen.[23] Das Rechtsinstitut beschreibt danach die Summe der einschlägigen gesetzlichen Regelungen.[24] Die Annahme eines „Gebotsgebildes" – das lediglich alle einen bestimmten Sachverhalt betreffenden gesetzlichen Vorschriften zusammenfasst – stimmt nun nicht mit einem Institutionenbegriff überein, den eine Verbindung des „Faktischen" und des „Normativen" kennzeichnet. Dem Bestreben, einheitliche Lebenssachverhalte als Einheit zu erhalten, verdankt der Institutionenbegriff jedoch seine Entstehung. Dass Rechtsinstitute Tatsachen und die zugehörigen Rechtsnormen zusammenfassen,[25] markiert dementsprechend einen fundamentalen Unterschied gegenüber der Lehre *Philipp Hecks*.

II. Carl Schmitts Lehre von den institutionellen Garantien

Ein allgemeines – gleichwohl aber angesichts seiner vielfältigen Wurzeln kaum einheitliches – Institutionsdenken[26] hat bei der Entwicklung der Lehre von den institutionellen Garantien Pate gestanden[27] – Berührungspunkte der Lehre *Carl Schmitts* mit einem institutionellen Rechtsdenken[28] sind offensichtlich.[29] Entwickelt wurde die Lehre von den institutionellen Lehren allerdings ganz konkret am Beispiel der verfassungsrechtlichen Gewährleistungen der Ehe[30] und des Eigentums[31] sowie der wohlerworbenen Rechte der Beamten.[32] *Rudolf Smend* nannte zudem die Kunst- und Wissenschaftsfreiheit nach Art. 142 S. 1

---

[23] *Philipp Heck*, Begriffsbildung und Interessenjurisprudenz, 1932, S. 54f., 56f.

[24] *Bernd Rüthers*, Die unbegrenzte Auslegung, 1968, S. 287f.

[25] Zum Ganzen *Bernd Rüthers*, Die unbegrenzte Auslegung, 1968, S. 288ff.; *Ute Mager*, Einrichtungsgarantien, 2003, S. 95ff.

[26] Siehe *Bernd Rüthers*, Die unbegrenzte Auslegung, 1968, S. 278ff.

[27] *Ute Mager*, Einrichtungsgarantien, 2003, S. 95ff.; ferner *Bernd Rüthers*, Die unbegrenzte Auslegung, 1968, S. 278ff.; siehe auch *Roman Schnur* (Hrsg.), Institution und Recht, 1968; *Helmut Schelsky* (Hrsg.), Zur Theorie der Institution, 1970; *Peter Koller* (Hrsg.), Institution und Recht, Grazer Internationales Symposion zu Ehren von Ota Weinberger, 1994; *Rechtswissenschaftliche Fakultät der Universität Münster* (Hrsg.), Recht und Institution, Helmut Schelsky Gedächtnissymposion, 1985.

[28] *Erich Kaufmann*, VVDStRL 4 (1928), S. 77 (78), der ausdrücklich auf die Rechts- und Staatsphilosophie *Friedrich Julius Stahls* verweist; zuvor *ders.*, VVDStRL 3 (1927), S. 2 (15f.) unter Bezugnahme auf *Maurice Hauriou*; zum Ganzen *Klaus Rennert*, Die „geisteswissenschaftliche Richtung" in der Staatsrechtslehre der Weimarer Republik, 1987, S. 160ff.; kritisch *Gerhard Anschütz*, VVDStRL 3 (1927), S. 47ff.; *ders.*, VVDStRL 4 (1928), S. 74ff., der eine Renaissance des Naturrechts feststellt; ferner *Oliver Lepsius*, in: Werner Heun (Hrsg.), Evangelisches Staatslexikon, 4. Aufl. 2006, Sp. 1004 (1005).

[29] *Ute Mager*, Einrichtungsgarantien, 2003, S. 95ff.

[30] *Friedrich Giese*, Verfassung des Deutschen Reiches vom 11. August 1919, 1. Aufl. 1919, Art. 119, Erl. II 3.

[31] *Martin Wolff*, in: Festgabe der Berliner Juristischen Fakultät für Wilhelm Kahl zum Doktorjubiläum am 19. April 1923, 1923 S. 1 (5, 6); zustimmend *Heinrich Triepel*, Goldbilanzverordnung und Vorzugsaktien, 1924, S. 25.

[32] *Ludwig Waldecker*, AöR 7 n.F. (1924), S. 129 (134ff.).

WRV als Beispiel institutioneller Garantien.[33] Inhaltlich setzten institutionelle Garantien eine verfassungsrechtliche Gewährleistung sowie eine Institution voraus, die eine formierte und organisierte und somit umgrenzbare und unterscheidbare Einrichtung öffentlich-rechtlichen Charakters gewährleistet.[34] Ihre Bedeutung erschließt sich allerdings erst, wenn man einen wesentlichen Konstruktionsfehler der Weimarer Reichsverfassung in den Blick nimmt: die fehlende Verfassungsbindung der Legislative.[35] Mit Hilfe der Lehre von den institutionellen Garantien sollten bestimmte Einrichtungen nämlich legislativen Beeinträchtigungen gerade entzogen werden. Als institutionelle Garantien wurden verfassungsrechtliche Gewährleistungen folglich nur qualifiziert, wenn eine Beseitigung und Aushöhlung der Einrichtung im Wege des einfachen Gesetzesrechts von Verfassungs wegen unmöglich gemacht werden sollte.[36]

Darüber hinaus sind für das Verständnis der Lehre von den institutionellen Garantien zahlreiche Berührungspunkte mit dem Wirken *Carl Schmitts* im Übrigen wichtig – etwa mit dem so genannten konkreten Ordnungsdenken:[37] Ordnungen enthalten danach vorfindliche Rechtszustände, die durch Eigengesetzlichkeit bestimmt werden und neue normative Wertungen erzeugen; Normen und Regeln schaffen eine entsprechende Ordnung demgegenüber nicht, vielmehr kann ihnen lediglich im Rahmen einer vorgegebenen Ordnung Bedeutung beigemessen werden.[38] Des Weiteren ist die Lehre von den institutionellen Garantien auch untrennbar mit der Grundrechtslehre *Carl Schmitts* verknüpft. *Carl Schmitt* differenzierte zwischen Grundrechten und Rechtsinstitutsgarantien sowie institutionellen Garantien.[39] Danach blieb der Legislative die Beseitigung oder Aushöhlung von Grundrechten durch einfachgesetzliche Regelungen vorenthalten. Zudem war dem verfassungsändernden Gesetzgeber die Abschaffung von Grundrechten untersagt, da eine solche Abschaffung nicht als

---

[33] *Rudolf Smend*, VVDStRL 4 (1928), S. 44 (71); zustimmend *Erich Kaufmann*, VVDStRL 4 (1928), S. 77 ff. unter Hinweis auf die Lehre *Friedrich Julius Stahls*; *Heinrich Triepel*, VVDStRL 4 (1928), S. 89 f.; *Hans Nawiasky*, VVDStRL 4 (1928), S. 90 ff.

[34] *Carl Schmitt*, in: Carl Schmitt, Verfassungsrechtliche Aufsätze aus den Jahren 1924–1954, 1958, S. 140 (149); ferner *Klaus Stern*, Das Staatsrecht der Bundesrepublik Deutschland, Bd. III/1, 1988, S. 761 ff.

[35] Siehe dazu *Dietrich Roßmüller*, Schutz der kommunalen Finanzausstattung durch Verfahren, 2009, S. 29; eingehend *Joachim Kronisch*, Aufgabenverlagerung und gemeindliche Aufgabengarantie, 1993, S. 80 ff.

[36] *Carl Schmitt*, Verfassungslehre, 1928, S. 170 f.

[37] Siehe *Dietrich Roßmüller*, Schutz der kommunalen Finanzausstattung durch Verfahren, 2009, S. 37.

[38] *Carl Schmitt*, Über die drei Arten des rechtswissenschaftlichen Denkens, 1934, S. 9, 11; dazu *Bernd Rüthers*, Die unbegrenzte Auslegung, 1968, S. 291.

[39] Die Begriffe verwendet mit anderem Inhalt schon *Richard Thoma*, in: Heinrich Triepel (Hrsg.), Verwaltungsrechtliche Abhandlungen, Festgabe zur Feier des fünfzigjährigen Bestehens des Preußischen Oberverwaltungsgerichts, 1925, S. 183 ff.; *ders.*, in: Hans Carl Nipperdey (Hrsg.), Die Grundrechte und Grundpflichten der Reichsverfassung, Bd. I, 1929, S. 1 (31 ff.); dazu *Ute Mager*, Einrichtungsgarantien, 2003, S. 29 ff.

Akt der Verfassungsänderung, sondern vielmehr als Akt der Verfassungsgebung zu qualifizieren sei.[40] Eine derartige Differenzierung war nach *Carl Schmitt* allerdings nur im Anwendungsbereich „echter" Grundrechte und folglich nicht für institutionelle Garantien angezeigt. Verfassungsrechtliche Grenzen legislativen Handelns wurden im Kontext institutioneller Garantien vielmehr – entgegen der Systematik der Weimarer Reichsverfassung[41] – aus der Erwägung abgeleitet, dass institutionelle Garantien historischen Erfahrungen Rechnung trügen und verfassungsrechtliche Gewährleistungen, die keine Restriktion der Legislative bewirkten, bedeutungslos seien.[42]

III. Systematisierung der Begriffspluralität

Jede Auseinandersetzung mit der Lehre von den institutionellen Garantien erfordert eine klarstellende Systematisierung der terminologischen Vielfalt.[43] Von Beginn an zeichnet sich die Lehre von den institutionellen Garantien nämlich durch eine gewisse Begriffspluralität aus.[44] *Carl Schmitt* selbst brachte mit der knappen Formel, institutionelle Garantien seien von Grundrechten zu unterscheiden, einen Gegensatz zum Ausdruck, obwohl damit namentlich Art. 127 WRV begrifflich in die Nähe der verfassungsrechtlichen Gewährleistung des Eigentums gerückt wurde.[45]

In Anlehnung an den von *Martin Wolff*[46] geprägten Begriff der Institutsgarantie wurde der Gedanke des institutionellen Schutzes allerdings weiterentwickelt. Unterschieden wurden institutionelle Garantien, die öffentlich-rechtliche Gewährleistungen institutioneller Art betreffen, und privatrechtlichen Institutsgarantien, die Garantien bestimmter Normenkomplexe privatrechtlicher

---

[40] *Carl Schmitt*, Verfassungslehre, 1928, S. 177 ff.

[41] *Fritz Stier-Somlo*, in: Hans Carl Nipperdey (Hrsg.), Die Grundrechte und Grundpflichten der Reichsverfassung, Bd. I, 1929, S. 158 (171); ferner *Edzard Schmidt-Jortzig*, Die Einrichtungsgarantien der Verfassung, 1979, S. 14 ff., der der Lehre von den institutionellen Garantien Bezugnahmen auf ein dezisionistisches Denken vorwirft.

[42] *Carl Schmitt*, Verfassungslehre, 1928, S. 180; *ders.*, in: Carl Schmitt, Verfassungsrechtliche Aufsätze aus den Jahren 1924–1954, 1958, S. 140 (147); ausführlich *Gunther Abel*, Die Bedeutung der Lehre von den Einrichtungsgarantien für die Auslegung des Bonner Grundgesetzes, 1964, S. 17 ff.; *Ute Mager*, Einrichtungsgarantien, 2003, S. 21 ff.

[43] Angesichts der häufig unreflektierten Verwendung unterschiedlicher Begrifflichkeiten kann es nicht verwundern, dass vom „Nebel des Institutionellen" gesprochen wurde (*Karl August Bettermann*, DVBl. 1963, S. 41 [42]) und die Aufgabe des Begriffs des Institutionellen gefordert wurde (*Hans D. Jarass*, Die Freiheit der Massenmedien, 1978, S. 119, 147).

[44] Siehe dazu *Klaus Stern*, Das Staatsrecht der Bundesrepublik Deutschland, Bd. III/1, 1988, S. 770 ff., 776 ff.

[45] *Carl Schmitt*, Verfassungslehre, 1928, S. 170 ff.; ferner *Friedrich Giese*, Verfassung des Deutschen Reiches vom 11. August 1919, 2. Aufl. 1920, Art. 119, Anm. II 3, Art. 153, Anm. II 1, Art. 154, Anm II 1.; dazu *Ute Mager*, Einrichtungsgarantien, 2003, S. 12 ff.

[46] *Martin Wolff*, in: Festgabe der Berliner Juristischen Fakultät für Wilhelm Kahl zum Doktorjubiläum am 19. April 1923, 1923, S. 1 (6).

Art[47] – verfassungsrechtliche Gewährleistungen von Rechtsinstituten im Sinne von typisch traditionell feststehenden Normenkomplexen und Rechtsbeziehungen[48] – bezeichneten.[49] Die Begriffe der Institutsgarantie und der institutionellen Garantie wurden im Anschluss von *Friedrich Klein* unter dem gemeinsamen Oberbegriff der Einrichtungsgarantien[50] zusammengefasst.[51] Dennoch mangelte es schon in der Weimarer Epoche nicht an Differenzierungsversuchen: Im Bereich der institutionellen Garantien wurde zwischen Gewährleistungen, die zugunsten einer rechtsfähigen Kooperation, und Garantien, die zugunsten eines staatlichen Organisationsprinzips normiert wurden, differenziert.[52] Insbesondere mit Blick auf Art. 28 Abs. 2 GG wurden daran anknüpfend organisations- und kompetenzrechtliche Institutionsgarantien unterschieden: Organisationsrechtliche Garantien beträfen den Schutz organisierter, institutionalisierter Grundrechtssubstanz, während kompetenzrechtliche Garantien die Verbürgung von Hoheitsrechten zum Gegenstand hätten.[53]

IV. Rezeption der Lehre von den institutionellen Garantien

Dass institutionelle Garantien einer Beseitigung oder Aushöhlung durch einfachgesetzliche Regelungen entgegenstanden,[54] wurde von der Weimarer Staats-

---

[47] Zur institutionellen Grundrechtsinterpretation *Peter Häberle*, Die Wesensgehaltsgarantie des Art. 19 Abs. 2 GG, 3. Aufl. 1983, S. 180 ff.

[48] *Carl Schmitt*, in: Gerhard Anschütz/Richard Thoma (Hrsg.), Handbuch des deutschen Staatsrechts, Bd. II, 1932, S. 572 (596).

[49] *Carl Schmitt*, in: Gerhard Anschütz/Richard Thoma (Hrsg.), Handbuch des deutschen Staatsrechts, Bd. II, 1932, S. 572 (596 f.); *ders.*, in: Carl Schmitt, Verfassungsrechtliche Aufsätze aus den Jahren 1924–1954, 1958, S. 140 (143).

[50] *Friedrich Klein*, Institutionelle Garantien und Rechtsinstitutsgarantien, 1934, S. 93 ff.; anders *Ernst Rudolf Huber*, AöR 62 (1933), S. 1 (14); siehe auch *Walter Schmidt*, in: Götz Frank (Hrsg.), Die Gemeinde, Festschrift zum 70. Geburtstag von Heiko Faber, 2007, S. 17 (24 f.).

[51] Wegweisend *Günter Dürig*, in: Theodor Maunz/Günter Dürig (Begr.), Grundgesetz, Art. 1 (1958), Rn. 97, der die Institutsgarantien dem Abschnitt der Grundrechte und die institutionellen Garantien den übrigen verfassungsrechtlichen Vorschriften zuordnete; siehe auch *Norbert Achterberg*, in: Friedrich Kaulbach (Hrsg.), Recht und Gesellschaft, Festschrift für Helmut Schelsky zum 65. Geburtstag, 1978, S. 1 (13); *Edzard Schmidt-Jortzig*, Die Einrichtungsgarantien der Verfassung, 1979, S. 29; kritisch etwa *Walter Leisner*, Grundrechte und Privatrecht, 1960, S. 93 ff.

[52] *Ernst Rudolf Huber*, AöR 62 (1933), S. 1 (15, 51 ff.); kritisch dazu *Friedrich Klein*, Institutionelle Garantien und Rechtsinstitutsgarantien, 1934, S. 166 ff.

[53] *Herbert Bethge*, in: Albert von Mutius (Hrsg.), Selbstverwaltung im Staat der Industriegesellschaft, Festgabe zum 70. Geburtstag von Georg Christoph von Unruh, 1983, S. 149 (163); siehe auch *dens.*, Die Verwaltung 15 (1982), S. 205 (208).

[54] Erkennbar wird ein institutionelles Rechtsdenken, das die Legislative ebenfalls darauf beschränkt, das den Rechtsinstituten immanente Naturrecht anzuerkennen, und das dem Gesetzgeber zugleich die Kompetenz zubilligt, die jeweilige Einrichtung zeitgemäß zu modifizieren, siehe *Ute Mager*, Einrichtungsgarantien, 2003, S. 168 ff.

rechtslehre trotz dieser Begriffspluralität weitgehend rezipiert.[55] Der Lehre von den institutionellen Garantien wurde höchst selten entgegnet, eine institutionelle Interpretation entziehe den Grundrechten entgegen dem Wortlaut und Willen des Verfassungsgebers ihren spezifischen Charakter.[56] Lediglich im Anwendungsbereich einzelner verfassungsrechtlicher Gewährleistungen wurde der Lehre von den institutionellen Garantien widersprochen, Einzelfragen wurden verschiedentlich abweichend beantwortet.[57]

Eine Rezeption der Lehre von den institutionellen Garantien auch unter dem Grundgesetz überrascht daher nicht: Ausgehend von den Erkenntnissen der Weimarer Epoche wurden vereinzelt landesverfassungsrechtliche Gewährleistungen als institutionelle Garantien qualifiziert und dadurch die Geltung der Lehre von den institutionellen Garantien schon vor dem Inkrafttreten des Grundgesetzes grundsätzlich anerkannt.[58] Nach dem Inkrafttreten des Grundgesetzes nahm vor allem die Grundrechtsdogmatik Bezug auf *Martin Wolff* und *Carl Schmitt*.[59] Art. 28 Abs. 2 GG wurde ebenfalls schon früh als institutionelle Garantie qualifiziert.[60] Weitestgehend unberücksichtigt blieb dabei, dass die Entwicklung der Lehre von den institutionellen Garantien nicht losgelöst vom Methoden- und Richtungsstreit[61] der Weimarer Epoche gesehen werden kann.[62]

---

[55] *Friedrich Klein*, Institutionelle Garantien und Rechtsinstitutsgarantien, 1934, S. 50 ff.; siehe auch *Gerhard Anschütz*, Die Verfassung des Deutschen Reiches vom 11. August 1919, 14. Aufl. 1933, Vorbem. zu Art. 109, Anm. 8; *Richard Thoma*, in: Hans Carl Nipperdey (Hrsg.), Die Grundrechte und Grundpflichten der Reichsverfassung, Bd. I, 1929, S. 1 (33); *Gustav Boehmer*, Art. 154, Erbrecht, in: Hans Carl Nipperdey (Hrsg.), Die Grundrechte und Grundpflichten der Reichsverfassung, Bd. III, 1930, S. 250 (255); ferner *Karl Loewenstein*, Erscheinungsformen der Verfassungsänderung, 1931, S. 233 ff.; *Bodo Dennewitz*, Die institutionelle Garantie, 1932, S. 41 ff.

[56] *Fritz Stier-Somlo*, in: Hans Carl Nipperdey (Hrsg.), Die Grundrechte und Grundpflichten der Reichsverfassung, Bd. I, 1929, S. 158 (171).

[57] *Gunther Abel*, Die Bedeutung der Lehre von den Einrichtungsgarantien für die Auslegung des Bonner Gurndgesetzes, 1964, S. 20 f.

[58] *Klaus Stern*, Das Staatsrecht der Bundesrepublik Deutschland, Bd. III/1, 1988, S. 763 f.

[59] Siehe *Carl Hermann Ule*, DVBl. 1949, S. 333 (334); ferner *Hans Müthling*, DÖV 1951, S. 33 f.; *Ottmar Kollmann*, DÖV 1951, S. 145 ff.; *Otto Koellreutter*, Deutsches Staatsrecht, 1953, S. 62 ff.; *Ulrich Scheuner*, in: Hermann Wandersleb (Hrsg.), Recht – Staat – Wirtschaft, Bd. 4, 1953, S. 88 (93); dazu *Wolf Weber*, Selbstverwaltung und Demokratie in den Gemeinden nach der Gebietsreform, 1982, S. 199; *Carl Schmitt*, in: Carl Schmitt, Verfassungsrechtliche Aufsätze aus den Jahren 1924–1954, 1958, S. 140 (173) stellte fest, das Bonner Grundgesetz habe die Lehre von den institutionellen Garantien ausdrücklich rezipiert; kritisch dazu *Joachim Kronisch*, Aufgabenverlagerung und gemeindliche Aufgabengarantie, 1993, S. 87.

[60] Siehe *Kurt Georg Wernicke*, in: BK, Art. 28 (Erstbearbeitung), Erl. II 2a; ferner *Walter Schmidt*, in: Götz Frank (Hrsg.), Die Gemeinde, Festschrift zum 70. Geburtstag von Heiko Faber, 2007, S. 17 (29 ff.).

[61] Allgemein *Werner Heun*, Der Staat 28 (1989), S. 377 ff.; *Steffen Augsberg*, in: Andreas Funke/Jörn Lüdemann (Hrsg.), Öffentliches Recht und Wissenschaftstheorie, 2009, S. 145 (166 ff.).

[62] Ausführlich *Joachim Kronisch*, Aufgabenverlagerung und gemeindliche Aufgabengarantie, 1993, S. 80 ff.

Während namentlich *Carl Friedrich von Gerber*[63] und *Paul Laband*[64] ein geschlossenes Normsystem ohne historische, politische und staatsphilosophische Bezüge durch eine Deduktion einzelner Rechtssätze aus allgemeinen Begriffen konstruiert hatten, konnte die Lehre von den institutionellen Garantien nur als Ausdruck einer dialektisch geprägten Überwindung des Positivismus[65] qualifiziert werden.[66] Grundsätzlich wurde einer Konstruktion der Grundrechte, die keine Restriktionen der (verfassungsändernden) Legislative, sondern allenfalls der grundrechtsanwendenden Exekutive anerkannte,[67] entgegnet, ideengeschichtliche Zusammenhänge seien als Erkenntnisquelle heranzuziehen.[68] Der hermeneutische Ansatz *Rudolf Smends*, der Grundrechte als geisteswissenschaftlich auszulegende Begriffe qualifizierte,[69] steht nun aber in auffälligem Missverhältnis zu der Rezeption der Lehre von den institutionellen Garantien, wonach Einrichtungen verfassungsrechtlich gewährleistet werden, deren Inhalt verfassungsunmittelbar nicht festgelegt wurde.[70]

Nachdem auch das Bundesverfassungsgericht gleichwohl ohne kritische Auseinandersetzung[71] die Lehre von den institutionellen Garantien namentlich im Anwendungsbereich des Art. 28 Abs. 2 GG anerkannt hatte, wurde dies mit oftmals geringem Begründungsaufwand aufgegriffen und mit dem Hinweis verknüpft, dass die Figur der institutionellen Garantie im Kontext der verfassungsrechtlichen Gewährleistung kommunaler Selbstverwaltung relativ feste Konturen erfahren habe.[72] Zugleich verfestigte sich auch die Parallelisierung

---

[63] *Karl Friedrich von Gerber*, Grundzüge eines Systems des deutschen Staatsrechts, 3. Aufl. 1880, S. 1 ff., 225 ff.

[64] *Paul Laband*, Das Staatsrecht des Deutschen Reiches, Bd. I, 5. Aufl. 1911, S. VII, IX; *ders.*, Deutsches Reichsstaatsrecht, 7. Aufl. 1919, S. 114 ff.; dazu mit Blick auf die Figur der institutionellen Garantie *Joachim Kronisch*, Aufgabenverlagerung und gemeindliche Aufgabengarantie, 1993, S. 80 f.; allgemein *Gerhard Anschütz*, Theorien über den Begriff der gesetzgebenden Gewalt, 2. Aufl. 1901, S. 2 ff.; *ders.*, VVDStRL 43 (1927), S. 47 (48); *Richard Thoma*, in: Festgabe für Otto Mayer zum 70. Geburtstag, 1916, S. 167 (215).

[65] Allgemein *Erich Kaufmann*, VVDStRL 3 (1927), S. 2 ff. unter Hinweis auf die Lehre *Maurice Haurious*; *ders.*, VVDStRL 4 (1928), S. 77 ff.; *Heinrich Triepel*, VVDStRL 3 (1927), S. 50 ff.; *ders.*, VVDStRL 4 (1928), S. 89 f.; zum hermeneutischen Ansatz *Günther Holstein*, AöR 50 (1926), S. 1 ff.; *ders.*, VVDStRL 3 (1927), S. 55 (56); *ders.*, AöR 51 (1927), S. 187 ff.; *Rudolf Smend*, VVDStRL 4 (1928), S. 44 ff.

[66] Dazu *Carl Schmitt*, Hüter der Verfassung, 1931, S. 24; *ders.*, Staat, Bewegung, Volk, 1933, S. 26 f.

[67] Siehe *Gerhard Anschütz*, VVDStRL 43 (1927), S. 47 (48).

[68] *Günther Holstein*, AöR (1926), S. 1 ff.

[69] *Rudolf Smend*, VVDStRL 4 (1928), S. 44 (96); dazu *Joachim Kronisch*, Aufgabenverlagerung und gemeindliche Aufgabengarantie, 1993, S. 80 ff.

[70] *Theodor Maunz*, Deutsches Staatsrecht, 1. Aufl. 1951, S. 77; dazu *Joachim Kronisch*, Aufgabenverlagerung und gemeindliche Aufgabengarantie, 1993, S. 84 ff.

[71] *Markus Kenntner*, DÖV 1998, S. 701 (703).

[72] *Eberhard Schmidt-Aßmann*, in: Hans-Günter Henneke/Hubert Meyer (Hrsg.), Kommunale Selbstverwaltung zwischen Bewahrung, Bewährung und Entwicklung, Festgabe für Gernot Schlebusch zum 65. Geburtstag, 2006, S. 59 (65).

von institutionellen Garantien und öffentlich-rechtlichen Einrichtungen sowie von Institutsgarantien und privatrechtlichen Instituten,[73] sodass Art. 28 Abs. 2 GG den institutionellen Garantien zugeordnet wurde.[74] Lediglich ergänzend wurde vereinzelt darauf verwiesen, Art. 28 Abs. 2 GG könne aus systematischen Gründen nicht als Grundrecht, sondern lediglich als institutionelle Garantie qualifiziert werden.[75] Vor diesem Hintergrund wurde schließlich auch eine Ausgestaltungsbefugnis des Gesetzgebers anerkannt, da institutionelle Garantien als „Versubjektivierung hoheitlicher Kompetenzen"[76] weder eine subjektive Berechtigung noch eine lediglich objektiv-rechtliche Gewährleistung zum Gegenstand hätten.[77]

B. Die institutionelle Interpretation des Art. 28 Abs. 2 GG in der Judikatur des Bundesverfassungsgerichts

Mit der Rezeption der Lehre von den institutionellen Garantien ist die dogmatische Konstruktion der verfassungsrechtlichen Gewährleistung kommunaler Selbstverwaltung nicht abgeschlossen. Die Lehre von den institutionellen Garantien wurde im Kontext des Art. 28 Abs. 2 GG durch das Bundesverfassungsgericht bereichsspezifisch weiterentwickelt. Art. 28 Abs. 2 GG greift nach dem Verständnis des Bundesverfassungsgerichts nämlich nicht lediglich eine Traditionslinie auf, sondern ergänzt – obwohl Gewährleistungen kommunaler Selbstverwaltung sowohl in der Verfassung von 1871 als auch im Herrenchiem-

[73] *Ulrich Scheuner*, in: Hermann Wandersleb (Hrsg.), Recht – Staat – Wirtschaft, Bd. 4, 1953, S. 88 ff.; ferner *Friedrich Klein*, in: Hermann von Mangoldt/Friedrich Klein, Das Bonner Grundgesetz, Bd. I, 2. Aufl. 1957, Vorbem. A VI 3b, der den Bedarf nicht unerheblicher Änderungen und Erweiterungen der Lehre von den Einrichtungsgarantien erkannte und den institutionellen Garantien und Einrichtungsgarantien gesellschaftliche Sachverhalte als dritte Kategorie (Lebensformgarantien) hinzufügte; kritisch dazu *Günter Dürig*, in: Theodor Maunz/Günter Dürig (Begr.), Grundgesetz Art. 1 (1958), Rn. 98, der vor einer Institutionalisierung großen Stils warnt, da das subjektive Recht, das in Grundrechtsbestimmungen enthalten sei, von der öffentlichen Funktion der Einrichtungsgarantie verdrängt werden könnte; ähnlich *Peter Lerche*, Übermaß und Verfassungsrecht, 1961, S. 242; *Gunther Abel*, Die Bedeutung der Lehre von den Einrichtungsgarantien für die Auslegung des Bonner Grundgesetzes, 1964, S. 29 ff.; *Jürgen Schwabe*, Probleme der Grundrechtsdogmatik, 1977, S. 286.

[74] Siehe *Gunther Abel*, Die Bedeutung der Lehre von den Einrichtungsgarantien für die Auslegung des Bonner Grundgesetzes, 1964, S. 27 ff.; zum Ganzen *Klaus Stern*, Das Staatsrecht der Bundesrepublik Deutschland, Bd. III/1, 1988, S. 765 ff., 774 f.

[75] *Hans Müthling*, DÖV 1951, S. 33 f.; *Ottmar Kollmann*, DÖV 1951, S. 145 ff.; *Otto Ehrensberger*, DÖV 1956, S. 129 (130).

[76] *Herbert Bethge*, in: Albert von Mutius (Hrsg.), Selbstverwaltung im Staat der Industriegesellschaft, Festgabe zum 70. Geburtstag von Georg Christoph von Unruh, 1983, S. 149 (164 f.); *Gernot Lissack*, Das kommunale Selbstverwaltungsrecht nach bayerischem Verfassungs- und Verfassungsprozessrecht, 2000, S. 196.

[77] *Klaus Stern*, Das Staatsrecht der Bundesrepublik Deutschland, Bd. I, 2. Aufl. 1984, S. 408 f.

seer Entwurf fehlten[78] – eine Entwicklung, die den Anfang bei der Selbstverwaltungskonzeption *Heinrich Friedrich Karl Reichsfreiherr vom und zum Steins* nimmt.[79] Nach Auffassung des Bundesverfassungsgerichts gewährleistet Art. 28 Abs. 2 GG grundsätzlich eine ausgestaltungsbedürftige institutionelle Garantie kommunaler Selbstverwaltung:[80] Während institutionelle Garantien im Allgemeinen von Verfassungs wegen vorgegebene, notwendige rechtliche Regelungskomplexe beschrieben,[81] gewährleiste Art. 28 Abs. 2 GG eine öffentliche Einrichtung der Gemeinden und Gemeindeverbände mit den typischerweise zugehörigen, essentiell prägenden, weitgehend historisch überlieferten, funktionalen und institutionellen, rechtlichen und politisch-soziologischen Gehalten.[82]

Das Bundesverfassungsgericht bleibt damit der Grundannahme der Lehre von den institutionellen Garantien treu, wonach verfassungsrechtlich gewährleistete Einrichtungen, die von grundlegend und eigengewichtig ordnender Wirksamkeit für das gesamte Staatswesen sind, vor einer einfachgesetzlichen Beseitigung oder Aushöhlung bewahrt werden müssen.[83] Bereichsspezifische Weiterentwicklungen der Lehre von den institutionellen Garantien zeigen sich aber schon darin, dass die institutionelle Interpretation des Art. 28 Abs. 2 GG verschiedene Gewährleistungsschichten unterscheidet.[84] Die Rechtssubjektsgarantie garantiere zunächst objektiv-rechtlich das Bestehen von Gemeinden und Gemeindeverbänden als rechtlich selbstständige Körperschaften des öffentlichen Rechts.[85] Aus Art. 28 Abs. 2 GG folge keine individuelle Bestandsgarantie von Gemeinden und Gemeindeverbänden.[86] Die Rechtsinstitutionsgarantie gewährleiste darüber hinaus objektiv-rechtlich die Aufgabengarantie der Gemeinden und Gemeindeverbände und die Eigenverantwortlichkeit der Aufgabenwahrnehmung. Die subjektive Rechtsstellungsgarantie gewähre Gemeinden und Gemeindeverbänden schließlich subjektive, auf die Rechtssubjekts- und Rechtsinstitutionsgarantie bezogene Schutzpositionen – primär in Form von

---

[78] *Hartmut Maurer*, DVBl. 1995, S. 1037 (1039).

[79] *Ihno Gebhardt*, Das kommunale Selbstverwaltungsrecht, 2007, S. 20; ferner *Christian Engeli*, in: Günter Püttner (Hrsg.), Handbuch der kommunalen Wissenschaft und Praxis, Bd. 1, 2. Aufl. 1981, S. 114 ff.

[80] BVerfGE 79, 127 (143).

[81] *Jörn Ipsen*, ZG 1994, S. 194 (195); *Heinrich de Wall*, Der Staat 38 (1999), S. 377 (380).

[82] *Klaus Stern*, in: BK, Art. 28 (1964), Rn. 64; *Peter J. Tettinger*, in: Thomas Mann/Günter Püttner (Hrsg.), Handbuch der kommunalen Wissenschaft und Praxis, Bd. I, 3. Aufl. 2007, § 11, Rn. 4.

[83] Grundlegend *Friedrich Klein*, Institutionelle Garantien und Rechtsinstitutsgarantien, 1934, S. 136; ferner *Edzard Schmidt-Jortzig*, Die Einrichtungsgarantien der Verfassung, 1979, S. 37 ff.

[84] *Klaus Stern*, in: BK, Art. 28 (1964), Rn. 78 ff.; 85 ff.; 184 ff.; *ders.*, Das Staatsrecht der Bundesrepublik Deutschland, Bd. I, 2. Aufl. 1984, S. 409.

[85] BVerfGE 82, 310 (314).

[86] BVerfGE 79, 127 (148); *Klaus Stern*, in: BK, Art. 28 (1964), Rn. 66.

Abwehransprüchen, nicht zuletzt aber auch in Gestalt von Teilhabe- und Leistungsansprüchen.[87] Die subjektive Rechtsstellungsgarantie habe dabei kein subjektives Recht der Gemeinden und Gemeindeverbände zum Gegenstand,[88] sie korrespondiere allein mit der institutionellen Garantie.[89]

I. Im Einzelnen: Die Rechtssubjektsgarantie kommunaler Selbstverwaltung

Im Einzelnen werden vor allem Gebietsreformen an der Rechtssubjektsgarantie des Art. 28 Abs. 2 GG gemessen[90] – obwohl die Vorschrift nach institutioneller Lesart den Bestand einzelner Gemeinden und Gemeindeverbände nicht garantieren, sondern die Institution kommunaler Selbstverwaltung, den Organisationstypus der Gemeinden und Gemeindeverbände gewährleisten will.[91] Das Bundesverfassungsgericht erachtet dennoch solche Gebietsreformen für unvereinbar mit Art. 28 Abs. 2 GG, die rechtsstaatlichen Anforderungen nicht gerecht werden: Die Auflösung einzelner Gemeinden und Gemeindeverbände setze eine Anhörung sowie Rechtfertigung durch Gründe des öffentlichen Wohls voraus.[92] Mehrfachneugliederungen seien aus Gründen des Bestands- und Vertrauensschutzes nur zulässig, wenn sie einer Beeinträchtigung der bürgerschaftlichen Verwurzelung und Leistungsfähigkeit kommunaler Selbstverwaltung infolge fehlender Akzeptanz der neuen Gebietszuschnitte entgegenwirken.[93] Prozedural wird schließlich die Auswahl von Zielen, Leitbildern und Maßstäben von Gebietsreformen daran gemessen, dass der relevante Sachverhalt zutreffend ermittelt worden ist und die betroffenen Gemeinwohlgründe

---

[87] Mit Blick auf das rechtliche Gehör im Vorfeld staatlicher Eingriffsmaßnahmen Verfassungsgerichtshof des Freistaates Thüringen, DVBl. 2005, S. 433 ff.; schon im Anwendungsbereich des Art. 127 WRV wurde vertreten, dass institutionelle Garantien über subjektiv-rechtliche Gehalte verfügen können, siehe *Carl Schmitt*, in: Carl Schmitt, Verfassungsrechtliche Aufsätze aus den Jahren 1924–1954, 1958, S. 140 (146 f.).

[88] *Wolfgang Löwer*, in: Ingo von Münch/Philip Kunig (Hrsg.), GG-Komm., Bd. I, 6. Aufl. 2012, Art. 28, Rn. 43.

[89] Siehe *Dirk Ehlers*, DVBl. 2000, S. 1301 (1302 f.).

[90] Ausführlich *Ihno Gebhardt*, Das kommunale Selbstverwaltungsrecht, 2007, S. 55 ff.

[91] BVerfGE 86, 90 (107).

[92] BVerfGE 50, 50 (50 f.); 50, 195 (202); 86, 90 (107); der Judikatur des Bundesverfassungsgerichts wird allerdings auch entgegnet, dass mit dem Erfordernis der Rechtfertigung von Gebietsreformen durch ein öffentliches Wohl der dogmatische Ausgangspunkt der institutionellen Garantie verlassen werde; Gebietsreformen, die lediglich einzelne Gemeinden betreffen, berührten die Institution der kommunalen Selbstverwaltung nämlich nicht; ferner setze eine Abwägung am Maßstab des Gemeinwohls voraus, dass Gemeinden nicht nur institutionell, sondern auch individuell gewährleistet sind, da anderenfalls Gebietsreformen kein Recht einzelner Gemeinden verletzen könnten, siehe *Franz-Ludwig Knemeyer/Matthias Wehr*, VerwArch 92 (2001), S. 317 (340).

[93] BVerfGE 86, 90 (110 f.).

abgewogen werden. Seitens der Judikative sei dabei allerdings nur zu prüfen, ob Gebietsreformen offensichtlich ungeeignet oder unnötig sind, um die verfolgten Ziele des öffentlichen Wohls zu erreichen, sie zu solchen Zielen deutlich außer Verhältnis stehen oder die verfolgten Gemeinwohlgründe ihrerseits nicht frei von willkürlichen Erwägungen und Differenzierungen sind.[94]

II. Die Weiterentwicklung der Lehre von den institutionellen Garantien am Beispiel der objektiven Rechtsinstitutionsgarantie

Abseits der Diskussion über die verfassungsrechtliche Zulässigkeit von Gebietsreformen sind die Grundzüge des institutionellen Verständnisses vor allem am Beispiel der objektiven Rechtsinstitutionsgarantie entwickelt worden. Kaum Aufschluss gibt die Rechtsprechung des Bundesverfassungsgerichts dabei zunächst über das Verhältnis zwischen der sachlich-gegenständlichen Aufgabengarantie und dem Merkmal der Eigenverantwortlichkeit kommunaler Aufgabenwahrnehmung: Anfangs nahm das Bundesverfassungsgericht noch an, dass

> „[d]ie Gewährleistung des Art. 28 Abs. 2 Satz 1 GG [...] den Gemeinden einen grundsätzlich alle Angelegenheiten der örtlichen Gemeinschaft umfassenden Aufgabenbereich sowie die Befugnis zu eigenverantwortlicher Führung der Geschäfte in diesem Bereich [sichert].“[95]

Nachfolgend stellte das Bundesverfassungsgericht demgegenüber fest,

> „Art. 28 Abs. 2 Satz 1 GG [...] [sichere] den Gemeinden einen Aufgabenbereich, der grundsätzlich *alle* Angelegenheiten der örtlichen Gemeinschaft umfaßt [...]. Hinsichtlich der Angelegenheiten der örtlichen Gemeinschaft, für die die Gemeinden zuständig sind, gewährleistet Art. 28 Abs. 2 Satz 1 GG ferner die Befugnis zu eigenverantwortlicher Führung der Geschäfte [...]. Allerdings greift die organisatorische Autonomie der Gemeinde weiter als die inhaltliche. Staatliche Reglementierung, die die Art und Weise der Aufgabenerledigung nach Maßgabe der Gesetze betrifft, kann die Gemeinde nur für den Umkreis ihrer örtlichen Angelegenheiten, nicht dagegen auch hinsichtlich der ihr übertragenen überörtlichen Angelegenheiten abwehren [...]; das Recht zur Organisation der Gemeindeverwaltung (einschließlich etwa der Personalhoheit oder der Haushaltsautonomie) leitet sich demgegenüber aus der Garantie der eigenverantwortlichen Regelung nicht nur bezüglich bestimmter Sachaufgaben, sondern für die gesamte Verwaltung her.“[96]

---

[94] BVerfGE 86, 90 (108 f.); zuvor wies das Bundesverfassungsgericht lediglich darauf hin, dass die dem Neugliederungsgesetz zugrunde liegenden Wertungen, Abwägungen und Prognosen nur daraufhin zu kontrollieren seien, ob sie eindeutig fehlerhaft oder widerlegbar seien oder der verfassungsrechtlichen Werteordnung widersprächen, BVerfGE 50, 50 (53).

[95] BVerfGE 91, 228 (236); ferner BVerfGE 21, 117 (128 f.); 23, 353 (365); 26, 228 (237 f.); 50, 195 (201); 56, 298 (312); 59, 216 (226); 79, 127 (143).

[96] BVerfGE 83, 363 (382); ferner BVerfG, DVBl. 1999, S. 697 (697 f.); BVerfG (K), BayVBl. 2000, S. 721 f.; BVerfGE 107, 1 (14); dazu *Franz-Ludwig Knemeyer/Matthias Wehr*, VerwArch 92 (2001), S. 317 (336).

1. Die Aufgabengarantie der Gemeinden und Gemeindeverbände

Ungeachtet solcher Unsicherheiten ist hinsichtlich der Aufgabengarantie der Gemeinden und Gemeindeverbände jedenfalls eine Differenzierung angezeigt: Während Art. 28 Abs. 2 S. 1 GG die Aufgabengarantie der Gemeinden verfassungsunmittelbar gewährleistet und alle Angelegenheiten der örtlichen Gemeinschaft umfasst,[97] anerkennt Art. 28 Abs. 2 S. 2 GG lediglich eine Aufgabengarantie der Gemeindeverbände nach Maßgabe der Gesetze.[98]

a) „Angelegenheiten der örtlichen Gemeinschaft"

Inhaltlich nimmt das Bundesverfassungsgericht hinsichtlich der Angelegenheiten der örtlichen Gemeinschaft Bezug auf

> „Bedürfnisse und Interessen, die in der örtlichen Gemeinschaft wurzeln oder auf sie einen spezifischen Bezug haben, die also den Gemeindeeinwohnern gerade als solchen gemeinsam sind, indem sie das Zusammenleben und -wohnen der Menschen in der Gemeinde betreffen".[99]

Der Verwaltungskraft der Gemeinde wird demgegenüber keine Bedeutung beigemessen[100] – obwohl das Bundesverfassungsgericht nicht auf den einschränkenden Zusatz verzichtet, die örtliche Gemeinschaft müsse die einzelnen Aufgaben eigenverantwortlich und selbstständig erledigen können.[101] Eine abschließende Bestimmung der „Angelegenheiten der örtlichen Gemeinschaft" scheint nun kaum gelungen,[102] weswegen das Bundesverfassungsgericht dem

---

[97] BVerfGE 79, 127 (147); 83, 37 (54).

[98] BVerfGE 79, 127 (150); 83, 37 (54); 83, 363 (383); ferner BVerfGE 21, 117 (128 f.); 23, 353 (365); siehe aber auch Art. 97 Abs. 2 der Verfassung des Landes Brandenburg und Art. 78 Abs. 2 der Verfassung für das Land Nordrhein-Westfalen, die Gemeinden und Gemeindeverbänden die Befugnis einräumen, alle Aufgaben der örtlichen Gemeinschaft zu erfüllen bzw. sie als alleinige Träger der öffentlichen Verwaltung bezeichnen; dazu *Dirk Ehlers*, DVBl. 2000, S. 1301 (1304).

[99] BVerfGE 8, 122 (134); 50, 195 (201); 52, 95 (120); eingehend BVerfGE 79, 127 (151 f.).

[100] BVerfGE 79, 127 (151 f.).

[101] BVerfGE 79, 127 (151 f.).

[102] Ausgehend von der landes(verfassungs)rechtlichen Unterscheidung von dualistischem und monistischem Modell werden zunächst im dualistischen Modell übertragene staatliche Aufgaben nicht als Gegenstand der Angelegenheiten der örtlichen Gemeinschaft qualifiziert, BVerfGE 78, 331 (341); 83, 363 (382 f.); nach monistischem Modell gelten demgegenüber auch übertragene Aufgaben als Selbstverwaltungsangelegenheiten, sodass diese zu den Angelegenheiten der örtlichen Gemeinschaft zählen, Verfassungsgerichtshof für das Land Nordrhein-Westfalen, DVBl. 1985, S. 685 (686); ferner *Hans Vietmeier*, DVBl. 1992, S. 413 ff.; zum Ganzen *Hans-Günter Henneke*, in: Bruno Schmidt-Bleibtreu/Hans Hofmann/Axel Hopfauf (Hrsg.), GG-Komm., 12. Aufl. 2011, Art. 28, Rn. 66; siehe auch *Friedrich Schoch*, in: Hans-Günter Henneke/Hubert Meyer (Hrsg.), Kommunale Selbstverwaltung zwischen Bewahrung, Bewährung und Entwicklung, Festgabe für Gernot Schlebusch zum 65. Geburtstag, 2006, S. 11 (32), der allein auf bestehende Unterschiede mit Blick auf staatliche Ingerenz-

Gesetzgeber bei der Typisierung von Aufgaben und einer Abschätzung der örtlichen Bezüge einen Einschätzungsspielraum zubilligt: Für Aufgaben, deren Zugehörigkeit zur Aufgabengarantie der Gemeinden zweifelhaft ist, komme es auf die Vertretbarkeit der gesetzgeberischen Einschätzung über Maß und Gewicht der örtlichen Bezüge an.[103] Zudem müssten die betreffenden Aufgaben auch nicht hinsichtlich aller Aspekte und für alle Gemeinden gleichermaßen als Angelegenheiten der örtlichen Gemeinschaft behandelt werden; Aufgaben könnten vielmehr auch partiell oder nur für bestimmte Gemeinden als Angelegenheiten der örtlichen Gemeinschaft und im Übrigen als überörtlich qualifiziert werden.[104]

b) Die Aufgabengarantie der Gemeindeverbände

Schon der Wortlaut des Art. 28 Abs. 2 S. 2 GG verdeutlicht, dass die Aufgabengarantie der Gemeindeverbände demgegenüber auf eine legislative Ausgestaltung angewiesen ist. Das Bundesverfassungsgericht ging zunächst noch davon aus, dass den Gemeindeverbänden nicht ausschließlich staatliche Aufgaben übertragen werden dürfen, vielmehr müssten auch den Gemeindeverbänden Aufgaben als Selbstverwaltungsaufgaben zugewiesen werden.[105] Angesichts der demokratischen Legitimation namentlich der Kreise müsse es sich dabei um Selbstverwaltungsaufgaben von einigem Gewicht handeln.[106] Mit dieser Rechtsprechung trat das Bundesverfassungsgericht nicht zuletzt auch Konstruktionen entgegen,[107] die Gemeinden und Gemeindeverbände nach Zweckbestimmung und Funktion als miteinander verbunden und verflochten ansahen:[108] Lediglich die den Gemeindeverbänden zur freiwilligen Wahrnehmung übertragenen Aufgaben wurden als Bestandteil der Aufgabengarantie des Art. 28 Abs. 2 S. 2 GG qualifiziert.[109]

Zuletzt konstatierte das Bundesverfassungsgericht aber, die Aufgabengarantie des Art. 28 Abs. 2 S. 2 GG ziehe dem legislativen Gestaltungsspielraum allenfalls Grenzen, sofern die gemeindeverbandliche Aufgabengarantie entwertet

---

rechte verweist; anders Verfassungsgericht des Landes Brandenburg, NVwZ-RR 1997, S. 352 (353).

[103] BVerfGE 79, 127 (154); 110, 370 (400); *Eberhard Schmidt-Aßmann*, in: Hans-Günter Henneke/Hubert Meyer (Hrsg.), Kommunale Selbstverwaltung zwischen Bewahrung, Bewährung und Entwicklung, Festgabe für Gernot Schlebusch zum 65. Geburtstag, 2006, S. 59 (74).

[104] BVerfGE 79, 127 (153 f.).

[105] BVerfGE 83, 363 (383); dazu *Hans-Günter Henneke*, in: Bruno Schmidt-Bleibtreu/Hans Hofmann/Axel Hopfauf (Hrsg.), GG-Komm., 12. Aufl. 2011, Art. 28, Rn. 36 f.

[106] Zum Ganzen *Hartmut Maurer*, DVBl. 1995, S. 1037 (1046).

[107] *Franz-Ludwig Knemeyer*, Der Staat 29 (1990), S. 406 (408).

[108] Siehe dazu aber auch noch BVerfGE 23, 353 (368).

[109] *Friedrich Schoch*, DVBl. 2008, S. 937 (939); siehe auch BVerfGE 83, 363 (384).

würde. Relevant sei lediglich ein Mindestbestand an Aufgaben, die namentlich die Kreise eigenverantwortlich erfüllen können. Außerhalb dieses Mindestbestandes schütze Art. 28 Abs. 2 S. 2 GG weder gegen die Hochzonung von Aufgaben noch gegen die Übertragung neuer Aufgaben. Namentlich die Übertragung neuer Aufgaben konturiere vielmehr die Aufgabengarantie der Gemeindeverbände. Unzulässige Beeinträchtigungen der gemeindeverbandlichen Aufgabengarantie lägen folglich erst dann vor, wenn die Übertragung neuer Aufgaben die Wahrnehmung eines Mindestbestandes an Selbstverwaltungsaufgaben unmöglich mache.[110]

2. *Das modale Gewährleistungselement kommunaler Selbstverwaltung*

Art. 28 Abs. 2 S. 1 GG gewährleistet schließlich als modales Gewährleistungselement die Möglichkeit zur Regelung der Angelegenheiten der örtlichen Gemeinschaft in eigener Verantwortung; Gemeindeverbände haben nach Art. 28 Abs. 2 S. 2 GG ebenfalls das Recht der Selbstverwaltung – das modale Gewährleistungselement kommunaler Selbstverwaltung differenziert folglich nicht zwischen Gemeinden und Gemeindeverbänden.[111] Sowohl Gemeinden als auch Gemeindeverbänden ist das Recht der Selbstverwaltung – das Recht, Angelegenheiten in eigener Verantwortung zu regeln – verfassungsunmittelbar gewährleistet.[112] Inhaltlich bedeutet

> „[d]as Recht zur eigenverantwortlichen Führung der Geschäfte im gegebenen Aufgabenbereich […] allgemein die Freiheit vor staatlicher Reglementierung hinsichtlich der Art und Weise der Aufgabenerledigung."[113]

III. Zur Kern- und Randbereichsdogmatik des Bundesverfassungsgerichts

Mit der vorstehenden inhaltlichen Annäherung an die einzelnen Gewährleistungselemente ist die dogmatische Konstruktion des Art. 28 Abs. 2 GG noch nicht abgeschlossen. Das institutionelle Deutungsmuster ist nämlich vielmehr eingebettet in eine weitergehende Bereichsdogmatik: Das Bundesverfassungsgericht hält vor allem die objektive Rechtsinstitutionsgarantie auf der Grundlage des Vorbehaltes „im Rahmen der Gesetze" nach Art. 28 Abs. 2 S. 1 GG einer legislativen Beeinträchtigung für zugänglich. Der Vorbehalt „im Rahmen der Gesetze" ermögliche eine umfassende „Ausgestaltung und Formung" der ob-

[110] BVerfGE 119, 331 (352 ff.); ähnlich BVerfG (K), NVwZ-RR 2007, S. 435 (436); kritisch zum Ganzen *Friedrich Schoch*, DVBl. 2008, S. 937 (940).
[111] BVerfGE 79, 127 (143).
[112] BVerfGE 83, 363 (383).
[113] BVerfGE 107, 1 (12 f.); zuvor BVerfGE 83, 363 (382).

jektiven Rechtsinstitutionsgarantie.[114] Allerdings verpflichtet das Bundesverfassungsgericht sowohl die Kommunalisierung staatlicher[115] und die Hochzonung kommunaler Aufgaben[116] als auch die Regelung der Art und Weise kommunaler Aufgabenwahrnehmung spezifischen verfassungsrechtlichen Determinanten.[117]

1. Kernbereich kommunaler Selbstverwaltung

Maßgeblich ist dabei eine Unterscheidung zwischen Kern- oder Randbereich. Unzugänglich für den Gesetzgeber ist zunächst der Wesensgehalt, der der Institution kommunaler Selbstverwaltung nicht entzogen werden kann, ohne dass deren Struktur und Typus verloren gehen.[118] Betroffen ist dieser Wesensgehalt, wenn die Institution kommunaler Selbstverwaltung

> „völlig beseitigt oder derart ausgehöhlt wird, dass die Gemeinde keinen ausreichenden Spielraum ihrer Ausübung mehr hat [...], wenn also die Selbstverwaltung nur noch ein Schattendasein führen könnte."[119]

Eine Konkretisierung dieses Wesensgehaltes ist allerdings kaum gelungen.[120] Das Bundesverfassungsgericht nimmt vorrangig auf die geschichtliche Entwicklung, die historischen[121] sowie die aktuellen Erscheinungsformen kommu-

---

[114] BVerfGE 79, 127 (143ff.); siehe dazu *Friedrich Schoch*, VerwArch 81 (1990), S. 18 (37), der eine „Definition des Schutzbereichs der Verfassungsvorschrift" als neue dogmatische Entwicklung klassifiziert.

[115] BVerfGE 119, 331 (354f.).

[116] BVerfGE 79, 127 (156ff.).

[117] Siehe *Norbert Meier/Stefan Greiner*, VerwArch 97 (2006), S. 293 (300ff.).

[118] BVerfGE 76, 107 (118); 103, 332 (365); 107, 1 (12); ferner *Klaus Stern*, AfK 1964, S. 81 (87); *Peter Badura*, in: Hans Schneider (Hrsg.), Im Dienst an Recht und Staat, Festschrift für Werner Weber zum 70. Geburtstag, 1974, S. 911 (927ff.); siehe zum Ganzen *Hans-Günter Henneke*, in: Bruno Schmidt-Bleibtreu/Hans Hofmann/Axel Hopfauf (Hrsg.), GG-Komm., 12. Aufl. 2011, Art. 28, Rn. 55ff.

[119] BVerfGE 103, 332 (366).

[120] *Joachim Kronisch*, Aufgabenverlagerung und gemeindliche Aufgabengarantie, 1993, S. 100f.; *Dirk Ehlers*, DVBl. 2000, S. 1301 (1307); *Michael Nierhaus*, LKV 2005, S. 1 (5); ferner *Theodor Maunz*, in: Walther Fürst (Hrsg.), Festschrift für Wolfgang Zeidler, Bd. II, 1987, S. 1157 (1165); *Jörn Ipsen*, in: Jörn Ipsen/Carl Schinkel, Aufsicht über die Städte – Kontrolle oder Kondominium?, Referate im Rahmen des Städteforums Lüneburg am 2. Dezember 1985, 1986, S. 5 (7); *ders.*, in: Juristische Gesellschaft Osnabrück-Emsland (Hrsg.), Vorträge zur Rechtsentwicklung der achtziger Jahre, 1991, S. 193 (203); *Ihno Gebhardt*, Das kommunale Selbstverwaltungsrecht, 2007, S. 44ff.; siehe aber auch *Arndt Schmehl*, BayVBl. 2006, S. 325ff.

[121] BVerfGE 7, 358 (364); 8, 332 (360); 11, 266 (274); ferner auch *Albert von Mutius*, in: Albert von Mutius (Hrsg.), Selbstverwaltung im Staat der Industriegesellschaft, Festgabe zum 70. Geburtstag von Georg Christoph von Unruh, 1983, S. 227 (243); *Friedrich Schoch*, VerwArch 81 (1990), S. 18 (30).

naler Selbstverwaltung[122] Bezug. Relativierend[123] wird zugleich aber hervorgehoben,

„[d]ies […] [bedeute] jedoch nicht, daß keine Regelung hingenommen werden kann, die neu und ohne Vorbild ist. Auch Änderungen, die in der Linie einer vernünftigen Fortentwicklung des überkommenen Systems liegen, sind zulässig, wenn sie nicht zur Aushöhlung der Selbstverwaltung der Gemeinde führen."[124]

2. *Randbereich kommunaler Selbstverwaltung*

Hinsichtlich der Aufgabengarantie der Gemeinden stellte das Bundesverfassungsgericht dazu fest, den Gemeinden sei „kein gegenständlich bestimmter oder nach feststehenden Merkmalen bestimmbarer Aufgabenkatalog" zugewiesen. Zum Wesensgehalt kommunaler Selbstverwaltung zähle vielmehr allein die Befugnis der Gemeinden, sich aller Angelegenheiten der örtlichen Gemeinschaft ohne spezifischen Kompetenztitel annehmen zu dürfen.[125] Art. 28 Abs. 2

---

[122] BVerfGE 76, 107 (118); 79, 127 (146); 83, 363 (381); 86, 90 (107); 91, 228 (238); siehe auch *Klaus Stern*, Das Staatsrecht der Bundesrepublik Deutschland, Bd. I, 2. Aufl. 1984, S. 416, der ebenfalls auf das Essentielle einer Einrichtung, das man aus einer Institution nicht entfernen kann, ohne deren Struktur und Typus zu verändern, Bezug nimmt; vom Kernbereich umfasst ist danach das typische Erscheinungsbild kommunaler Selbstverwaltung, die typusbestimmenden, essentiellen und substantiellen Bestandteile einer Gemeinde; ähnlich *Thomas Clemens*, NVwZ 1990, S. 834 (837), der dem Kernbereichs die identitätsbestimmenden Merkmale zuordnet; zustimmend ferner *Horst Heinrich Koch/Hans-Peter Steinmetz*, JA 1982, S. 386 (388 f.); am Beispiel der Energieversorgung auch *Wolf Templin*, VerwArch 100 (2009), S. 529 (541 ff.); zum Ganzen *Dietrich Roßmüller*, Schutz der kommunalen Finanzausstattung durch Verfahren, 2009, S. 54 ff.; zur näheren Konturierung des Kernbereiches kommunaler Selbstverwaltung wurde zuvor namentlich in der Judikatur des Bundesverwaltungsgerichts die so genannte Subtraktionsmethode vertreten, BVerwGE 6, 19 (25); 6, 342 (345); 67, 321 (322); zustimmend *Günter Püttner*, in: Otto Bachof (Hrsg.), Verwaltungsrecht zwischen Freiheit, Teilhabe und Bindung, Festgabe aus Anlaß des 25jährigen Bestehens des Bundesverwaltungsgerichts, 1978, S. 499 (502); kritisch *Franz-Ludwig Knemeyer*, in: Albert von Mutius (Hrsg.), Selbstverwaltung im Staat der Industriegesellschaft, Festgabe zum 70. Geburtstag von Georg Christoph von Unruh, 1983, S. 209 (212 f.); *Willi Blümel*, Albert von Mutius (Hrsg.), Selbstverwaltung im Staat der Industriegesellschaft, Festgabe zum 70. Geburtstag von Georg Christoph von Unruh, 1983, S. 265 (276 ff.); *Klaus Stern*, Das Staatsrecht der Bundesrepublik Deutschland, Bd. III/1, 1988, S. 896; ferner *Manfred Rommel*, DÖV 1979, S. 362 ff.; *Gerd Schmidt-Eichstaedt*, Bundesgesetze und Gemeinden, 1981, S. 145 f.; *Edzard Schmidt-Jortzig*, Gemeindliche Selbstverwaltung in der Bewährung, 1982, S. 21 ff.; die so genannte Gemeinwohltheorie rekurriert demgegenüber auf Gründe des überwiegenden Gemeinwohls, die namentlich die Hochzonung von Selbstverwaltungsaufgaben legitimieren müssen, siehe *Heinz W. Korte*, VerwArch 61 (1970), S. 3 (58 f.).

[123] Kritisch zu diesem Ansatz *Klaus Lange*, in: Hans Schneider (Hrsg.), Im Dienst an Recht und Staat, Festschrift für Werner Weber zum 70. Geburtstag, 1974, S. 851 ff.; *Willi Blümel*, in: Albert von Mutius (Hrsg.), Selbstverwaltung im Staat der Industriegesellschaft, Festgabe zum 70. Geburtstag von Georg Christoph von Unruh, 1983, S. 265 (273).

[124] BVerfGE 38, 258 (279); 52, 95 (117); siehe auch *Winfried Brohm*, DVBl. 1984, S. 293 (297).

[125] BVerfGE 79, 127 (146); 107, 1 (12).

GG enthalte ein „Aufgabenzugriffsrecht“.[126] Ein solches Aufgabenzugriffsrecht sah sich zahlreichen Einwänden ausgesetzt. Vorgeworfen wurde der Judikatur des Bundesverfassungsgerichts insbesondere, eine sukzessive Entleerung der verfassungsrechtlichen Gewährleistung kommunaler Selbstverwaltung nicht verhindern zu können.[127]

a) Die Aufgabengarantie der Gemeinden

Vor diesem Hintergrund etablierte das Bundesverfassungsgericht verfassungsrechtliche Schutzmechanismen auch im Randbereich kommunaler Selbstverwaltung.[128] Obwohl grundsätzlich „*alle* Angelegenheiten der örtlichen Gemeinschaft“ den verfassungsrechtlichen Schutz des Art. 28 Abs. 2 GG beanspruchen,[129] sind legislative Beeinträchtigungen kommunaler Selbstverwaltung im Randbereich danach allerdings nur begrenzten Restriktionen unterworfen.[130] Nach der Judikatur des Bundesverfassungsgerichts gilt im Randbereich

---

[126] BVerfGE 79, 127 (146 ff.); dazu *Klaus Rennert*, in: Dieter C. Umbach/Thomas Clemens (Hrsg.), GG-Komm., Bd. I, 2002, Art. 28 II, Rn. 22 f.; *Michael Nierhaus*, in: Michael Sachs (Hrsg.), GG-Komm., 6. Aufl. 2011, Art. 28, Rn. 64; *Dietrich Roßmüller*, Schutz der kommunalen Finanzausstattung durch Verfahren, 2009, S. 39 ff.; *Ihno Gebhardt*, Das kommunale Selbstverwaltungsrecht, 2007, S. 46 verwendet den Begriff der „Erstzuständigkeit“.

[127] *Edzard Schmidt-Jortzig*, Die Einrichtungsgarantien der Verfassung, 1979, S. 40 f.; *Franz-Ludwig Knemeyer*, in: Albert von Mutius (Hrsg.), Selbstverwaltung im Staat der Industriegesellschaft, Festgabe zum 70. Geburtstag von Georg Christoph von Unruh, 1983, S. 209 (212 f.).

[128] *Franz-Ludwig Knemeyer/Matthias Wehr*, VerwArch 92 (2001), S. 317 (321), sehen darin eine wesentliche Erweiterung gegenüber der Figur der institutionellen Garantie der Weimarer Epoche.

[129] BVerfGE 79, 127 (150); ferner BVerfGE 26, 228 (237 f.); 56, 298 (312); 59, 216 (226).

[130] Der Verhältnismäßigkeitsgrundsatz findet nach der Rechtsprechung des Bundesverfassungsgerichts grundsätzlich keine Anwendung; damit verkompliziert das Bundesverfassungsgericht seine Judikatur zum Verhältnismäßigkeitsgrundsatz – das Bundesverfassungsgericht hat den Grundsatz der Verhältnismäßigkeit nämlich zuvor als „übergreifende Leitregel“ qualifiziert (BVerfGE 23, 127 [133] mit der Formulierung: „Grundsätze der Verhältnismäßigkeit und des Übermaßverbotes, die sich als übergreifende Leitregeln allen staatlichen Handelns zwingend aus dem Rechtsstaatsprinzip ergeben“; ähnlich BVerfGE 38, 348 [368]; 76, 1 [50 f.]; ferner BVerfGE 43, 242 [288] mit dem Hinweis, dass „der Verhältnismäßigkeitsgrundsatz [...] eine Ausprägung des allgemeinen Rechtsstaatsprinzips [ist], dessen Geltung nicht auf bestimmte Rechtsgebiete beschränkt ist“), im Staatsorganisationsrecht aber dennoch für unanwendbar erklärt (BVerfGE 81, 310 [338]; kritisch *Albert Bleckmann*, JuS 1994, S. 177 [181]; *Bernd Grzeszick*, in: Theodor Maunz/Günter Dürig [Begr.], Grundgesetz, Art. 20 VII [2006], Rn. 108; *Michael Sachs*, in: Michael Sachs [Hrsg.], GG-Komm., 6. Aufl. 2011, Art. 20, Rn. 146; anders *Walter Frenz*, Die Verwaltung 28 [1995], S. 33 [43 f.], der den Grundsatz der Verhältnismäßigkeit als spezifische Ausprägung grundrechtlicher Freiheitssicherungen interpretiert); lediglich die Rechtsprechung zu kommunalen Gebietsreformen lässt die Anwendung des Verhältnismäßigkeitsprinzips erkennen, siehe BVerfGE 50, 50 (51); 50, 195 (203); 86, 90 (109); 107, 1 (24); zur Bedeutung kommunaler Sonderbelastungen ferner BVerfGE 28, 228 (241, 244 f.); 56, 298 (313); 59, 216 (231); 76, 107 (119); 83, 363 (382); 103, 332 (366 f.); jedenfalls die jüngere Judikatur des Bundesverfassungsgerichts – anders noch BVerfGE 26, 288 (290) – vermeidet allerdings – anders aber BVerfGE 125, 141 (167) – die Verwen-

kommunaler Selbstverwaltung nämlich ein materielles Aufgabenverteilungsprinzip, das für die Angelegenheiten der örtlichen Gemeinschaft einen Vorrang der dezentralen Aufgabenerfüllung statuiert. Aufgaben mit örtlichem Charakter dürfe der Gesetzgeber daher nur aus Gemeinwohlgründen hochzonen.[131]

dung der Begriffe „Übermaßverbot" oder „Verhältnismäßigkeit"; zum Ganzen *Gerd-Jürgen Richter*, Verfassungsprobleme der kommunalen Funktionalreform, 1977, S. 121; *Franz-Ludwig Knemeyer*, NJW 1980, S. 1140 (1147); *ders.*, in: Albert von Mutius (Hrsg.), Selbstverwaltung im Staat der Industriegesellschaft, Festgabe zum 70. Geburtstag von Georg Christoph von Unruh, 1983, S. 209 (224 f.); *Albert von Mutius*, in: Ständige Deputation des Deutschen Juristentages (Hrsg.), Verhandlungen des dreiundfünfzigsten Deutschen Juristentages, Bd. I, 1980, E 44; *ders.*, in: Albert von Mutius (Hrsg.), Selbstverwaltung im Staat der Industriegesellschaft, Festgabe zum 70. Geburtstag von Georg Christoph von Unruh, 1983, S. 227 (252 f.); *Alexander Schink*, in: Edzard Schmidt-Jortzig/Alexander Schink, Subsidiaritätsprinzip und Kommunalordnung, 1982, S. 25 (62 f.); *Edzard Schmidt-Jortzig*, in: Edzard Schmidt-Jortzig/Alexander Schink, Subsidiaritätsprinzip und Kommunalordnung, 1982, S. 1 (11 ff.); *ders.*, DÖV 1993, S. 973 ff.; *Herbert Bethge*, Die Verwaltung 15 (1982), S. 205 (213 ff.); *ders.* in: Albert von Mutius (Hrsg.), Selbstverwaltung im Staat der Industriegesellschaft, Festgabe zum 70. Geburtstag von Georg Christoph von Unruh, 1983, S. 149 (166 ff.); *Hans-Jürgen Papier*, DVBl. 1984, S. 453 (455 f.); *Dirk Frers*, DVBl. 1989, S. 449 ff.; *Thomas Clemens*, NVwZ 1990, S. 834 (835 ff.); *Friedrich Schoch*, VerwArch 81 (1990), S. 18 (32 f.); *ders.*, in: Hans-Günter Henneke/Hubert Meyer (Hrsg.), Kommunale Selbstverwaltung zwischen Bewahrung, Bewährung und Entwicklung, Festgabe für Gernot Schlebusch zum 65. Geburtstag, 2006, S. 11 (29); *Eberhard Schmidt-Aßmann*, in: Everhardt Franßen (Hrsg.), Bürger – Richter – Staat, Festschrift für Horst Sendler, 1991, S. 121 (135 f.); *ders.*, in: Hans-Günter Henneke/Hubert Meyer (Hrsg.), Kommunale Selbstverwaltung zwischen Bewahrung, Bewährung und Entwicklung, Festgabe für Gernot Schlebusch zum 65. Geburtstag, 2006, S. 59 (63); *Fritz Ossenbühl*, in: Peter Badura (Hrsg.), Wege und Verfahren des Verfassungslebens, Festschrift für Peter Lerche zum 65. Geburtstag, 1993, S. 151 (160 f.); *Jörn Ipsen*, ZG 1994, S. 194 (197); *Walter Frenz*, Die Verwaltung 28 (1995), S. 33 ff.; *Ute Lusche*, Die Selbstverwaltungsaufgaben der Landkreise, 1998, S. 27 ff.; *Markus Kenntner*, DÖV 1998, S. 701 (708 ff.); *Dirk Ehlers*, DVBl. 2000, S. 1301 (1307 f.); *Friedhelm Hufen*, in: Max-Emanuel Geis (Hrsg.), Staat – Kirche – Verwaltung, Festschrift für Hartmut Maurer zum 70. Geburtstag, 2001, S. 1177 (1181); *Dietrich Roßmüller*, Schutz der kommunalen Finanzausstattung durch Verfahren, 2009, S. 49 ff.; zu den unterschiedlichen Begründungszusammenhängen *Maik Möller*, Subsidiaritätsprinzip und kommunale Selbstverwaltung, 2009, S. 194 ff.; *Peter J. Tettinger*, in: Thomas Mann/Günter Püttner (Hrsg.), Handbuch der kommunalen Wissenschaft und Praxis, Bd. I, 3. Aufl. 2007, § 11, Rn. 24 f., spricht mit Blick auf die Unterscheidung zwischen Übermaßverbot und den in der Rechtsprechung entwickelten Grenzen lediglich von „neuer Terminologie"; ähnlich *Stefan Magen*, JuS 2006, S. 404 (408); auch *Norbert Meier/Stefan Greiner*, VerwArch 97 (2006), S. 293 (301) attestieren der vom Bundesverfassungsgericht vorgenommenen Vertretbarkeitskontrolle, der Sache nach am Verhältnismäßigkeitsprinzip orientiert zu sein; ferner *Joachim Kronisch*, Aufgabenverlagerung und gemeindliche Aufgabengarantie, 1993, S. 68 ff., der die Judikatur des Bundesverfassungsgerichts lediglich als divergierende Etikettierung des Verhältnismäßigkeitsgrundsatzes apostrophiert; *Klaus Lange*, Kommunalrecht, 2013, Kapitel 1, Rn. 103, 106 geht demgegenüber davon aus, dass das Aufgabenverteilungsprinzip mehr als die Anwendung des Übermaßverbotes sei, und hält gleichwohl das Verhältnismäßigkeitsprinzip für anwendbar; zum so genannten Kompensationsmodell *Willi Blümel*, in: Albert von Mutius (Hrsg.), Selbstverwaltung im Staat der Industriegesellschaft, Festgabe zum 70. Geburtstag von Georg Christoph von Unruh, 1983, S. 265 (282 f., 283 f.).

[131] Grundlegend BVerfGE 79, 127 (150 ff.); zuletzt BVerfGE 91, 228 (243); 107, 1 (13); 110, 370 (400); dass das Bundesverfassungsgericht ferner formuliert, der Gesetzgeber müsse das

Das Aufgabenverteilungsprinzip hat zur Folge, dass eine gesetzliche Regelung, die die gemeindliche Wahrnehmung von Angelegenheiten der örtlichen Gemeinschaft nicht lediglich einschränkt, sondern Angelegenheiten der örtlichen Gemeinschaft vielmehr hochzont, allenfalls zulässig ist, wenn eine ordnungsgemäße Aufgabenerfüllung anders nicht gewährleistet werden kann;[132] im Übrigen kann allenfalls ein unverhältnismäßiger Kostenanstieg nach der Judikatur des Bundesverfassungsgerichts die Hochzonung von Angelegenheiten der örtlichen Gemeinschaft rechtfertigen.[133] Das Aufgabenverteilungsprinzip beansprucht schließlich nicht nur gegenüber Bund und Ländern, sondern vielmehr auch im Verhältnis zwischen Gemeinden und Gemeindeverbänden Geltung.[134]

Des Weiteren verstärkt das Aufgabenverteilungsprinzip gegenüber der herkömmlichen Lehre von den institutionellen Garantien auch die (bundesverfassungs)gerichtliche Kontrolldichte. Legislative Beeinträchtigungen müssen nach der Judikatur des Bundesverfassungsgerichts sachfremde Erwägungen vermissen lassen, zudem erfordert Art. 28 Abs. 2 GG eine Vertretbarkeitskontrolle der zugrundeliegenden Erwägungen, deren Ausmaß nach Maßgabe der Intensität der legislativen Beeinträchtigung gesteigert wird.[135] Der (bundesverfassungs) gerichtlichen Kontrolle untersteht daher nicht nur die tatsächliche Einschätzung des Ausmaßes und der Bedeutung der örtlichen Bezüge einer Aufgabe, sondern auch die Entscheidung über die den Aufgabenentzug rechtfertigenden Gründe.[136]

b) Das modale Gewährleistungselement

Auch im Kontext des modalen Gewährleistungselementes wird zwischen Kern- und Randbereich unterschieden. Nach der Judikatur des Bundesverfassungsgerichts gehört

„[z]um Kernbereich dieser Befugnis [...] allerdings nicht die grundsätzlich freie Bestimmung über die Organisation der Gemeinden überhaupt. Insbesondere die Entscheidung über die äußeren Grundbedingungen der Gemeindeverwaltung wurde in allen Ländern

---

Aufgabenverteilungsprinzip „berücksichtigen", wird überdies zum Anlass genommen, eine Parallele zu den im Anwendungsbereich des Art. 33 Abs. 5 GG entwickelten Begriffen der Berücksichtigungs- und Beachtenspflicht zu ziehen: werde grundsätzlich zwischen Berücksichtigungs- und Beachtenspflicht differenziert – siehe dazu nur BVerfGE 8, 1 (16f.); 12, 81 (87); 56, 146 (162); 61, 43 (58) –, lege eine entsprechende Unterscheidung auch für die Interpretation des Art. 28 Abs. 2 GG den Schluss nahe, dass entgegen der bloßen Berücksichtigungspflicht im Randbereich kommunaler Selbstverwaltung das materielle Aufgabenverteilungsprinzip im Kernbereich „zu beachten" sei, siehe *Thomas Clemens*, NVwZ 1990, S. 834 (839).

[132] BVerfGE 79, 127 (153).

[133] BVerfGE 79, 127 (147ff.).

[134] BVerfGE 79, 127 (150).

[135] BVerfGE 79, 127 (154).

[136] *Thomas Clemens*, NVwZ 1990, S. 834 (836).

stets als Sache des Gesetzgebers angesehen. Art. 28 Abs. 2 GG verpflichtet ihn, auch insoweit der verfassungsrechtlichen Verbürgung einer mit wirklicher Verantwortlichkeit ausgestatteten dezentralen Verwaltungsebene Rechnung zu tragen und die Gemeinden zur Wahrnehmung ihrer Aufgaben zu befähigen. Art. 28 Abs. 2 Satz 1 GG verbietet daher Regelungen, die eine eigenständige organisatorische Gestaltungsfähigkeit der Kommunen im Ergebnis ersticken würden [...]. Dies wäre etwa der Fall bei einer Regelungsdichte, die den Gemeinden die Möglichkeit nähme, eigenverantwortlich eine Hauptsatzung zu erlassen. Eine umfassende Steuerung der kommunalen Organisation durch staatliche Instanzen widerspräche der durch Art. 28 Abs. 2 GG gesicherten dezentralen und eigenverantwortlichen Wahrnehmung kommunaler Aufgaben."[137]

Ferner stellt das Bundesverfassungsgericht fest,

„[a]uch hinsichtlich der Befugnis zu eigenverantwortlicher Führung der Geschäfte [...] [müsse] der Gesetzgeber den prinzipiellen Vorrang einer dezentralen vor einer zentralen und damit staatlich determinierten Aufgabenwahrnehmung berücksichtigen [...]."[138] „Inhaltliche Vorgaben müssen durch Gründe des gemeinen Wohls gerechtfertigt sein" und „sind auf dasjenige zu beschränken, was der Gesetzgeber zur Wahrung des jeweiligen Gemeinwohlbelangs für geboten halten darf."[139]

„Die gesetzgeberische Entscheidung für einen bestimmten Organisationstyp gemeindlicher Aufgabenwahrnehmung muss aber eine vertretbare Ausfüllung des Rahmens darstellen, den das in Art. 28 Abs. 2 Satz 1 GG normierte Prinzip einer eigenverantwortlichen gemeindlichen Verwaltungsebene vorgibt. Indem Art. 28 Abs. 2 GG den Gemeinden eine eigenverantwortliche Aufgabenerledigung verbürgt, verpflichtet er den Gesetzgeber, bei der Ausgestaltung des Kommunalrechts den Gemeinden eine Mitverantwortung für die organisatorische Bewältigung ihrer Aufgaben einzuräumen. Seine Vorgaben dürfen die Gemeinden aus der ihnen von der Verfassung zugewiesenen Verantwortung nicht verdrängen [...]."[140]

---

[137] BVerfGE 107, 1 (13); ferner BVerfGE 91, 228 (238 f.).

[138] BVerfGE 107, 1 (13 f.); ferner BVerfGE 83, 363 (382); siehe auch BVerfGE 91, 228 (240) mit der Feststellung: „Allerdings gilt für die Organisationshoheit – anders als für die Bestimmung der gemeindlichen Aufgaben [...] – nicht ein Prinzip der ‚Allzuständigkeit', nach dem die Gemeinden grundsätzlich alle Fragen ihrer Organisationshoheit selbst zu entscheiden hätten. Die prinzipielle Allzuständigkeit, von der in Art. 28 Abs. 2 Satz 1 GG die Rede ist, bezieht sich allein auf die örtlichen Angelegenheiten und damit die sachlichen Aufgaben, nicht aber auf die Organisation der Gemeinde. Deren Maß und Bezugspunkt liegt in der Eigenverantwortlichkeit der Gemeinden. Für die kommunale Organisation gilt auch nicht ein Prinzip der Eigenorganisation der Gemeinde, demgegenüber jede staatliche Vorgabe einer spezifischen Rechtfertigung bedürfte."

[139] BVerfGE 107, 1 (14).

[140] BVerfGE 107, 1 (14 f.), zuvor BVerfGE 91, 228 (241) mit dem Hinweis: „Daraus folgt nicht nur, wie durch den Kernbereich gesichert ist, daß den Gemeinden insgesamt nennenswerte organisatorische Befugnisse verbleiben müssen; es muß ihnen auch ein hinreichender organisatorischer Spielraum bei der Wahrnehmung der je einzelnen Aufgabenbereiche offengehalten werden. Dabei spielen allerdings Unterschiede zwischen Selbstverwaltungsaufgaben und Aufgaben im übertragenen Wirkungskreis eine Rolle. Für keinen Aufgabenbereich darf jedoch ausgeschlossen werden, daß die Gemeinden zumindest im Bereich der inneren Organisation auch selbst noch auf die besonderen Anforderungen am Ort durch eigene organisatorische Maßnahmen reagieren können."

Beeinträchtigungen der kommunalen Organisationseinheit im Wege der Amtsverfassung,[141] der Einbindung von Gemeinden in Verwaltungsgemeinschaften[142] sowie der Verpflichtung zur Bestellung hauptamtlicher Gleichstellungsbeauftragter[143] wurden danach grundsätzlich als zulässig erachtet. Demgegenüber setzt nach der Judikatur des Bundesverfassungsgerichts jede legislative Beeinträchtigung der kommunalen Planungshoheit zwar ebenfalls rechtfertigende Belange voraus; des Weiteren zieht die Sonderbelastung einzelner Gemeinden allerdings die Anwendung des Grundsatzes der Verhältnismäßigkeit nach sich:[144] Die auf einem vollständig ermittelten Sachverhalt beruhenden Planungen anderer Verwaltungsträger müssen zur Verwirklichung überörtlicher und zugleich gewichtigerer Belange geeignet und erforderlich sein, sodass der „allgemeine verfassungsrechtliche Grundsatz der Verhältnismäßigkeit zu beachten und eine Güterabwägung vorzunehmen“[145] sei.[146]

---

[141] BVerfGE 52, 95 (116 ff.).

[142] BVerfGE 107, 1 ff.

[143] BVerfGE 91, 228 (242 f.).

[144] Dazu BVerfGE 76, 107 (119); ferner BVerfGE 103, 332 (366 f.); die Entziehung der Bauleitplanung wurde demgegenüber am Maßstab des materiellen Aufgabenverteilungsprinzips gemessen, BVerfG (K), DVBl. 1987, S. 135 f.

[145] BVerfGE 103, 332 (366).

[146] BVerfGE 76, 107 (121 ff.); wirkt sich die Planungsentscheidung eines anderen Verwaltungsträgers auf die kommunale Planungshoheit aus, besteht nach der Rechtsprechung des Bundesverwaltungsgerichts ferner ein verfassungsrechtlich fundiertes Anhörungsrecht der betroffenen Gemeinde, dem nur dann ausreichend Rechnung getragen werde, wenn die Gemeinde hinreichend Zeit zur der jeweiligen Materie angemessenen Prüfung und Würdigung sowie Äußerung zu den maßgeblichen Punkten hat – die Stellungnahme müsse zur Kenntnis genommen und bei der Entscheidung berücksichtigt werden, BVerwGE 112, 274 (290).

3. Kapitel

Kritik an der institutionellen Interpretation

Die dogmatische Strukturierung, die Art. 28 Abs. 2 GG namentlich in der Judikatur des Bundesverfassungsgerichts erfahren hat, ist nicht unwidersprochen geblieben. Systematisierend kann dabei zwischen derjenigen Kritik, die die Lehre von den institutionellen Garantien grundsätzlich ablehnt, sowie der kritischen Würdigung der institutionellen Interpretation des Art. 28 Abs. 2 GG unterschieden werden. Beide Argumentationsstränge sind nachfolgend näher zu überprüfen, bevor im Anschluss die Versuche einer verfassungstheoretischen Neukonzeption kommunaler Selbstverwaltung dargestellt und ihrerseits einer kritischen Würdigung unterzogen werden können.

A. Zweifel an der Lehre von den institutionellen Garantien aus verfassungssystematischer Perspektive

I. Institutionelle Garantien – eine inexistente Rechtskategorie?

Die Lehre von den institutionellen Garantien begegnet ganz grundsätzlich dem Vorwurf, sie klassifiziere verfassungsrechtliche Gewährleistungen mit Hilfe einer einheitlichen dogmatischen Kategorie, denen gemeinsame Strukturen und vergleichende Gemeinsamkeiten fehlten.[1] Bereits *Eberhard Menzel* führte Divergenzen über den Inhalt sowie die Funktion institutioneller Garantien darauf zurück, dass in der Weimarer Epoche keine Gewährleistung vom Verfassungstext explizit als institutionelle Garantie bezeichnet worden sei. Vielmehr habe es sich um einen aus der Auslegung verfassungsrechtlicher Gewährleistungen deduzierten Begriff gehandelt, dessen Inhalt hingegen nicht näher präzisiert worden sei.[2] Aus verfassungssystematischer Perspektive müsse aber gerade festgestellt werden, ob verfassungsrechtliche Gewährleistungen Eigenschaften haben, die eine Zuordnung zu den institutionellen Garantien erlauben.[3]

---

[1] *Edzard Schmidt-Jortzig*, Die Einrichtungsgarantien der Verfassung, 1979, S. 24.

[2] *Eberhard Menzel*, AöR 67 (1936/37), S. 32 (47f.); anders aber die Überschrift des zweiten Abschnittes des zweiten Hauptteils der Verfassung des Landes Sachsen-Anhalt vom 16. Juli 1992, GVBl. 1992, S. 600.

[3] *Gunther Abel*, Die Bedeutung der Lehre von den Einrichtungsgarantien für die Auslegung des Bonner Grundgesetzes, 1964, S. 72.

1. Bestandsaufnahme: Eigenschaften institutioneller Garantien

a) Zur Suche nach Identifikationsmerkmalen institutioneller Garantien in der Weimarer Epoche

Die Suche nach entsprechenden Zuordnungskriterien blieb in der Weimarer Epoche tatsächlich weitgehend unergiebig.[4] Begriffsprägend war stets eine adjektivische Formulierung,[5] die einerseits offen blieb für eine gewisse Beliebigkeit[6] und anderseits den Bezugsbegriff der Garantie gleichsam überlagerte.[7] Die Formel, institutionelle Garantien seien „immer etwas Umschriebenes und Umgrenztes, bestimmten Aufgaben und bestimmten Zwecken Dienendes",[8] enthielt ebenfalls lediglich ein negatives Pendant zur Grundrechtsdefinition.[9] Ein tragfähiges – jedoch gleichsam unpräzises und dennoch auch unter dem Grundgesetz rezipiertes – Kriterium wurde darin erblickt, dass institutionelle Garantien solche Sondergarantien seien, die aufgrund bestimmter geschichtlicher und politischer Erfahrungen Eingang in das Verfassungsrecht gefunden hätten, um einen Missbrauch durch den Gesetzgeber zu verhindern.[10]

Die Unsicherheiten bei der Bestimmung von Identifikationsmerkmalen institutioneller Garantien wurden ferner durch eine weitgehend parallele Verwendung der Begriffe „Institution"[11] und „Einrichtung" verstärkt. Nach *Carl Schmitt* setzte „[e]ine institutionelle Garantie [...] selbstverständlich [!] eine Institution voraus, d.h. formierte und organisierte und daher umgrenzbare und unterscheidbare Einrichtungen öffentlich-rechtlichen Charakters".[12] Dadurch wurde aber lediglich ein definitionsbedürftiger Begriff durch einen anderen substituiert: Die „Institution" wurde zur „Einrichtung". Die Verwendung des

---

[4] *Kay Waechter*, Die Verwaltung 29 (1996), S. 47 (57); siehe auch *Friedrich Klein*, Institutionelle Garantien und Rechtsinstitutsgarantien, 1934; ferner *Klaus Stern*, Das Staatsrecht der Bundesrepublik Deutschland, Bd. III/1, 1988, S. 757ff.; *Ute Mager*, Einrichtungsgarantien, 2003, S. 20ff.

[5] Kritisch *Hans Helfritz*, Amt und Volk 1932, S. 2ff.

[6] *Walter Schmidt*, in: Götz Frank (Hrsg.), Die Gemeinde, Festschrift zum 70. Geburtstag von Heiko Faber, 2007, S. 17 (21).

[7] *Walter Schmidt*, in: Götz Frank (Hrsg.), Die Gemeinde, Festschrift zum 70. Geburtstag von Heiko Faber, 2007, S. 17 (21); siehe dazu auch *Carl Schmitt*, in: Carl Schmitt, Verfassungsrechtliche Aufsätze aus den Jahren 1924–1954, 1958, S. 140 (172).

[8] *Carl Schmitt*, Verfassungslehre, 1928, S. 170f.

[9] *Ute Mager*, Einrichtungsgarantien, 2003, S. 25.

[10] *Carl Schmitt*, Verfassungslehre, 1928, S. 180.

[11] Zum weitgehend bei der Begriffsbestimmung unreflektiert gebliebenen Begriffsverständnis anderer wissenschaftlicher Disziplinen *Klaus Stern*, Das Staatsrecht der Bundesrepublik Deutschland, Bd. III/1, 1988, S. 776ff.

[12] *Carl Schmitt*, in: Carl Schmitt, Verfassungsrechtliche Aufsätze aus den Jahren 1924–1954, 1958, S. 140 (149); dass im Wesentlichen auf existente Einrichtungen verwiesen wurde, lässt ebenfalls die Bezugnahme auf ein allgemeines institutionelles Rechtsdenken erkennen, das Institution stets als ein gegenüber dem Gesetz selbstständiges und mithin vor- oder außerpositives Gebilde ansieht; dazu *Bernd Rüthers*, Die unbegrenzte Auslegung, 1968, S. 288ff.

Singulars anstelle des Plurals machte den möglichen Bedeutungsgehalt zudem – und überdies kontraproduktiv – unbestimmt und nahezu unbestimmbar.[13] Dem wirkte auch die Beschreibung der „Einrichtungen" als umgrenzbar und unterscheidbar nicht entgegen.[14] Wenig hilfreich erscheint auch die Bezugnahme auf „typische Organisation[en]".[15] Organisationsformen des Ersten Hauptteils der Weimarer Reichsverfassung wurden gerade ausgeklammert, da eine solche Ausdehnung den „klare[n] und brauchbare[n] Begriff der institutionellen Garantie gefährdet und die eigenartige Sonderung gegenüber der politischen Willensbildung, die [...] [dort] organisiert ist, verwischt".[16] Zuordnungskriterien konnte schließlich auch ein Verständnis der Lehre von den institutionellen Garantien als eine den status quo bewahrende Kategorie nicht hervorbringen:[17] Die Lehre von den institutionellen Garantien und status quo Garantien wurden überwiegend nämlich gerade unterschieden[18] und historische Betrachtungsweisen jedenfalls im Anwendungsbereich des Art. 28 Abs. 2 GG abgelöst.[19]

aa) Institutionelle Garantien und Verfassungsänderung

Zusammenfassend mündete die Kritik an der Lehre von den institutionellen Garantien dementsprechend in dem Vorwurf, sie beziehe sich auf eine inexistente Rechtskategorie.[20] Es fehlte dennoch nicht an Versuchen, die Lehre von den institutionellen Garantien mit vermeintlich präzisierenden Gehalten anzureichern. *Gustav Boehmer* erblickte etwa im Anschluss an *Rudolf Smend*[21] in der Funktion verfassungsrechtlicher Gewährleistungen – ein aus bestimmten Werten bestehendes Kultursystem normativ abzusichern – ein Alleinstellungs-

---

[13] Kritisch *Klaus Stern*, Das Staatsrecht der Bundesrepublik Deutschland, Bd. III/1, 1988, S. 777 f.

[14] *Walter Schmidt*, in: Götz Frank (Hrsg.), Die Gemeinde, Festschrift zum 70. Geburtstag von Heiko Faber, 2007, S. 17 (21 f.).

[15] *Carl Schmitt*, in: Carl Schmitt, Verfassungsrechtliche Aufsätze aus den Jahren 1924–1954, 1958, S. 140 (148).

[16] *Carl Schmitt*, in: Carl Schmitt, Verfassungsrechtliche Aufsätze aus den Jahren 1924–1954, 1958, S. 140 (153); kritisch *Otto Koellreutter*, AöR 22 n. F. (1932), S. 110 (115).

[17] Dazu *Edzard Schmidt-Jortzig*, Die Einrichtungsgarantien der Verfassung, 1979, S. 14 ff.; ferner *Rolf Grawert*, VVDStRL 36 (1978), S. 381 f., der die traditionelle Bestimmung institutioneller Garantien für erledigt hält.

[18] *Carl Schmitt*, in: Carl Schmitt, Verfassungsrechtliche Aufsätze aus den Jahren 1924–1954, 1958, S. 140 (155).

[19] Dem Vorwurf, institutionelle Garantien schrieben die Verfassung in unzulässiger Weise auf einen bestimmten historischen Stand fest (*Hans D. Jarass*, Die Freiheit der Massenmedien, 1978, S. 135), wird entgegnet, institutionelle Garantien schützten gerade nur einen Kernbereich und seien darüber hinaus entwicklungsoffen, siehe *Klaus Stern*, Das Staatsrecht der Bundesrepublik Deutschland, Bd. III/1, 1988, S. 789.

[20] Dazu auch *Edzard Schmidt-Jortzig*, Die Einrichtungsgarantien der Verfassung, 1979, S. 23 f.

[21] *Rudolf Smend*, in: Rudolf Smend, Staatsrechtliche Abhandlungen und andere Aufsätze, 3. Aufl. 1994, S. 119 (161 ff.).

merkmal institutioneller Garantien, beschränkte diesen Ansatz jedoch zugleich auf die Rechtsinstitute der bürgerlichen Rechtsordnung.[22]

Karl Loewenstein erkannte unter Bezugnahme auf die verfassungsrechtlichen Grenzen der Verfassungsänderung die Notwendigkeit einer Differenzierung: Da der Gesetzgeber auch ohne Verfassungstextänderung die Verfassung mittelbar ändern könne, müsse von einer (unzulässigen) Verfassungsdurchbrechung gesprochen werden – was unweigerlich zur Figur des Verfassungsrechtssatzes institutionellen Charakters führe.[23] Des Weiteren kenne die Verfassung sowohl die Möglichkeit der „Selbstdurchbrechung" als auch der „ermächtigten Verfassungsdurchbrechung", „durchbrechungsimmune Verfassungsnormen" fänden sich ebenfalls. Verfassungsrechtssätze institutionellen Charakters seien dementsprechend verfassungsrechtliche Gewährleistungen, die eine Einrichtung verkörperten, die im Gegensatz zu ausnahmslos und vorbehaltlos formulierten Bestimmungen der Ausgestaltung durch den Gesetzgeber zugänglich und ihrem Wesen nach durchbrechungsimmun seien, deren Wesensgehalt folglich existentiell gewahrt bleiben müsse.[24] Verfassungsrechtssätze institutionellen Charakters seien zudem – anders als dies die Lehre *Carl Schmitts* formulierte – nicht auf den Zweiten Hauptteil der Weimarer Reichsverfassung beschränkt.[25]

bb) Die Lehre von den institutionellen Garantien als Ausgangspunkt einer objektiven Grundrechtsinterpretation

Ernst Rudolf Huber machte die Lehre von den institutionellen Garantien mit Blick auf die Grundrechtsinterpretation nutzbar. Ausgehend von einem Grundrechtsverständnis, das grundrechtliche Gewährleistungen nicht als subjektive Rechte, Freiheitsrechte oder Abwehrrechte, sondern vielmehr als objektive Ordnungsprinzipien qualifizierte,[26] standen im Zuge einer formellen Kategorisierung – anders als nach der Interpretation materieller Natur *Karl Löwensteins* und aus methodischer Perspektive mit der Lehre *Carl Schmitts*[27] vergleichbar[28] – institutionelle Garantien neben Freiheitsrechten. Das maßgebliche Abgrenzungskriterium war nach *Ernst Rudolf Huber* eine Abschichtung von natürlichen Freiheiten und staatlich gestalteten Grundformen.[29] Danach

---

[22] *Gustav Boehmer*, in: Hans Carl Nipperdey (Hrsg.), Die Grundrechte und Grundpflichten der Reichsverfassung, Bd. III, 1930, S. 250ff.

[23] *Karl Löwenstein*, Erscheinungsformen der Verfassungsänderung, 1931, S. 113, 171f., 164ff., 233ff.

[24] *Karl Löwenstein*, Erscheinungsformen der Verfassungsänderung, 1931, 270, 288f., 290f.

[25] *Karl Löwenstein*, Erscheinungsformen der Verfassungsänderung, 1931, S. 273f., 277, 281, 289f.

[26] *Ernst Rudolf Huber*, AöR 23 n.F. (1933), S. 1 (7, 79ff.).

[27] *Ernst Rudolf Huber*, AöR 23 n.F. (1933), S. 1 (96f.), nach dem institutionelle Garantien allerdings nicht nach Art. 76 WRV aufgehoben werden durften.

[28] *Ute Mager*, Einrichtungsgarantie, 2003, S. 47.

[29] *Ernst Rudolf Huber*, AöR 23 n.F. (1933), S. 1 (14, 37).

hatten institutionelle Garantien – anders als Rechtsinstitutsgarantien – konkrete, historisch überkommene Organisationstypen zum Gegenstand.[30] Weiter differenzierte *Ernst Rudolf Huber* zwischen organisatorischen institutionellen Garantien – Gewährleistungen verselbstständigter Formen des Staatsorganisationsrechts – und korporativen institutionellen Garantien – Garantien von Anstalten und Korporationen mit Rechtspersönlichkeit:[31] Während organisatorische institutionelle Garantien lediglich eine bestimmte staatliche Organisationform sicherten, anerkannten korporative institutionelle Garantien eine verbandsmäßig verfasste Institution einschließlich ihrer Existenz und Selbstverwaltung, der ferner eine Vermutung zugunsten eines subjektiven Rechts immanent war.[32] Organisatorischen institutionellen Garantien war gegenüber den staatsorganisationsrechtlichen Gewährleistungen des Ersten Hauptteils der Weimarer Reichsverfassung eine gewisse Hervorhebung aus der staatlichen Gesamtorganisation eigen. Gemeint waren dementsprechend staatsorganisationsrechtliche Gewährleistungen, die aus politischen, kulturellen und gesellschaftlichen Gründen den allgemeinen staatsorganisationsrechtlichen Gewährleistungen überlegen waren.[33] Die Funktion korporativer institutioneller Garantien lag demgegenüber in der Anerkennung natürlich gewachsener Einheiten und ihrer Eingliederung in die staatliche Gesamtorganisation.[34]

cc) Institutionelle Garantien im Lichte der Staatskrise

Unter dem Eindruck der politischen Verhältnisse gegen Ende der Weimarer Epoche, die die liberalen, demokratischen und rechtsstaatlichen Grundsätze der Weimarer Reichsverfassung zu einer Staatsverfassung denaturierten, die sich zum Nationalen hinwendete,[35] war für *Bodo Dennewitz* die Gegenüberstellung von subjektiven Rechten und institutionellen Garantien organisierter öffentlicher Einrichtungen wegweisend. Subjektive Rechte seien Ausdruck liberalen Gedankenguts, sodass institutionelle Garantien als Rechtsfigur einer nationalen Staatskonzeption zu qualifizieren seien.[36] Institutionelle Garantien seien diejenigen verfassungsrechtlichen Gewährleistungen, die monarchische Relikte zum Ausdruck brachten. Im Vordergrund stünden daher politische Einrichtungen, die institutionell der staatlichen Sphäre zugehörig waren, ohne zur politisch-organisatorischen Struktur der Weimarer Reichsverfassung zu zählen.[37] Institutionell garantiert waren daher lediglich die kommunale Selbstverwaltung

---

[30] *Ernst Rudolf Huber*, AöR 23 n.F. (1933), S. 1 (37).
[31] *Ernst Rudolf Huber*, AöR 23 n.F. (1933), S. 1 (15, 51 f.).
[32] *Ernst Rudolf Huber*, AöR 23 n.F. (1933), S. 1 (51 f.).
[33] *Ernst Rudolf Huber*, AöR 23 n.F. (1933), S. 1 (52).
[34] *Ernst Rudolf Huber*, AöR 23 n.F. (1933), S. 1 (62).
[35] *Bodo Dennewitz*, Die institutionelle Garantie, 1932, S. 14 f., 29, 50.
[36] *Bodo Dennewitz*, Die institutionelle Garantie, 1932, S. 25, 35, 51.
[37] *Bodo Dennewitz*, Die institutionelle Garantie, 1932, S. 45.

sowie das Berufsbeamtentum; andere verfassungsrechtliche Gewährleistungen, die herkömmlich als institutionelle Garantien qualifiziert wurden, beinhalteten nach *Bodo Dennewitz* demgegenüber altliberales Gedankengut, das nicht um des Staates willen verfassungsrechtlich gewährleistet werde.[38]

dd) „Das Ende institutioneller Garantien“

Eine letzte Akzentuierung der Lehre von den institutionellen Garantien versuchte *Friedrich Klein*. Die Lehre *Friedrich Kleins* lehnte die Grundrechtstheorie *Carl Schmitts* ab und erachtete diese nicht als untrennbar mit der Figur der institutionellen Garantie verknüpft. *Friedrich Klein* formulierte vielmehr, institutionelle Garantien seien reichsverfassungsgesetzliche Gewährleistungen existenter, formierter und organisierter, daher umgrenzbarer, unterscheidbarer und typisierbarer öffentlich-rechtlicher Einrichtungen mit nicht unmittelbar verfassungsorganisatorischem Gehalt. Eine existentielle Beseitigung und substantielle Aushöhlung der Institution seien den für die Reichsverfassungsänderung erforderlichen Voraussetzungen unterworfen; auch die Ausgestaltung der jeweiligen Institution müsse diejenigen äußeren Grenzen einhalten, jenseits derer sie als solche vernichtet oder ausgehöhlt werde.[39] Zur Begründung rekurrierte *Friedrich Klein* uneingeschränkt auf die These *Carl Schmitts*, der aus historischen Erfahrungen und einer diesbezüglichen Besorgnis die Notwendigkeit folgerte, Bewährtes für die Zukunft gegen Missbrauch der Legislative zu schützen.

Auch der Ansatz *Friedrich Kleins* konnte indes nicht verhindern, dass mit der Lehre von den institutionellen Garantien anschließend an *Bodo Dennewitz* zunehmend nur diejenigen verfassungsrechtlichen Gewährleistungen in Verbindung gebracht wurden, die nach damaliger Auffassung mit der staatsorganisationsrechtlichen Gestaltung des deutschen Volkstums in kultureller, sozialer und staatspolitischer Perspektive untrennbar verbunden waren. Verfassungsrechtlich gewährleistete Einrichtungen mussten folglich nach überwiegender Volksmeinung für den dauernden lebensnotwendigen Bestand des deutschen Volkes erforderlich oder institutionelle Erscheinung des Staates sein.[40] Dadurch wurde jede Operationalisierung der Lehre von den institutionellen Garantien unmöglich gemacht,[41] spätestens mit dem Hinweis auf den nationalsozialistischen Staatsaufbau[42] ging schließlich auch ihre Überzeugungskraft verloren. Unter diesem Eindruck wurde sodann auch ein Ende der Lehre von den institutionel-

---

[38] *Bodo Dennewitz*, Die institutionelle Garantie, 1932, S. 45.

[39] *Friedrich Klein*, Institutionelle Garantien und Rechtsinstitutsgarantien, 1934, S. 165.

[40] Dazu *Ute Mager*, Einrichtungsgarantien, 2003, S. 65 ff.

[41] *Bodo Dennewitz*, RVerwBl. 1935, S. 955 (957); siehe dazu auch *Ute Mager*, Einrichtungsgarantien, 2003, S. 65 ff.

[42] *Bodo Dennewitz*, RVerwBl. 1935, S. 955 (957).

len Garantien postuliert, das zugleich das im Gegensatz zum autoritären Staatsbild stehende liberale Verfassungsdenken verabschiedete.[43]

b) *Vorschläge zur Identifikation institutioneller Garantien nach Inkrafttreten des Grundgesetzes*

Zusammenfassend lässt sich festhalten, dass die Suche nach Identifikationsmerkmalen institutioneller Garantien in der Weimarer Epoche weitgehend erfolglos blieb. Den unterschiedlichen Definitionsansätzen mangelte es an einer fassbaren und zugleich allgemeingültigen Begriffsprägung.[44] Die damit verbundenen Unzulänglichkeiten sind an die Deutungsversuche unter der Geltung des Grundgesetzes, dessen Text den Begriff der institutionellen Garantie ebenfalls nicht aufgreift,[45] vererbt worden.[46]

aa) *Zweigliedrige Beschränkung des Inhalts institutioneller Garantien*

Klaus Stern schlägt systematisierend vor, den Begriff der institutionellen Garantie in mehrfacher Hinsicht zu begrenzen. Das Objekt institutioneller Garantien müsse zunächst eine Rechtseinrichtung zum Gegenstand haben. Institutionelle Garantien seien von tatsächlichen Institutionen abzugrenzen.[47] Zudem müssten Einrichtungen, die als institutionelle Garantien zu qualifizieren seien, in wesentlichen Zügen vorgefunden sein.[48] Lediglich auf Institutionen, die historisch geprägt seien, könne die Lehre von den institutionellen Garantien Anwendung finden.[49] Ferner impliziere schon der Begriff der institutionellen Ga-

---

[43] *Eberhard Menzel*, Das Ende der institutionellen Garantien, AöR 67 (1936/37), S. 32 ff.

[44] Siehe zum Ganzen *Ute Mager*, Einrichtungsgarantien, 2003, S. 21 ff.

[45] *Edzard Schmidt-Jortzig*, Die Einrichtungsgarantien der Verfassung, 1979, S. 24.

[46] *Edzard Schmidt-Jortzig*, Die Einrichtungsgarantien der Verfassung, 1979, S. 9 f., der der Lehre von den institutionellen Garantien Ungeklärtheiten vorhält und ihr vorwirft, leere Begriffshülsen zu verwenden und ein ganzes Gebäude geschichtlich angehäufter und sorgsam ungestört belassener Imponderabilien ohne festen Gehalt zu errichten; siehe auch *Klaus Stern*, Das Staatsrecht der Bundesrepublik Deutschland, Bd. III/1, 1988, S. 778.

[47] Siehe *Klaus Stern*, Das Staatsrecht der Bundesrepublik Deutschland, Bd. III/1, 1988, S. 785; ferner *Gunther Abel*, Die Bedeutung der Lehre von den Einrichtungsgarantien für die Auslegung des Bonner Grundgesetzes, 1964, S. 46 f.; *Wolfgang Loschelder*, Die Befugnis des Gesetzgebers zur Disposition zwischen Gemeinde- und Kreisebene, 1986, S. 22; anders *Friedrich Klein*, in: Hermann von Mangoldt/Friedrich Klein, Das Bonner Grundgesetz, Bd. I, 2. Aufl. 1957, Vorbem. A VI 3c.

[48] Dazu auch *Carl Schmitt*, in: Carl Schmitt, Verfassungsrechtliche Aufsätze aus den Jahren 1924–1954, 1958, S. 140 (149); ferner *Friedrich Klein*, Institutionelle Garantien und Rechtsinstitutsgarantien, 1934, S. 165.

[49] *Klaus Stern*, Das Staatsrecht der Bundesrepublik Deutschland, Bd. III/1, 1988, S. 788; die Frage, ob diese bereits vorkonstitutionell entstanden sein müssen, wird abweichend beantwortet, siehe *Gunther Abel*, Die Bedeutung der Lehre von den Einrichtungsgarantien für die Auslegung des Bonner Grundgesetzes, 1964, S. 56 ff.; ferner *Ernst Rudolf Huber*, AöR 23 n. F. (1933), S. 1 (72), der aus Programmsätzen das Gebot zur Schaffung und Erhaltung bestimmter Einrichtungen folgert.

rantie, dass nur solche verfassungsrechtlichen Gewährleistungen als institutionelle Garantien zu qualifizieren seien, die den Schutz der jeweiligen Institution bezweckten.[50]

Der Ansatz *Klaus Sterns* – sowie andere Annäherungsversuche, die auf die Erhaltung historisch überkommener und bewährter grundlegender Ordnungen des Staats- und Gesellschaftslebens Bezug nehmen – ist erheblichen Bedenken ausgesetzt: *Klaus Sterns* Bezugnahme auf „Leitideen", „Stabilisationskerne mit gewisser Eigengesetzlichkeit", „konstitutive Elemente eines Ganzen" sowie die – wohl der Systemtheorie entliehene – Figur der Subsysteme macht zwar eine Zuordnung aller im Grundgesetz normierten Institutionen zur Lehre von den institutionellen Garantien unmöglich.[51] Die Verengung der Lehre von den institutionellen Garantien auf lediglich historisch überkommene Institutionen würde es dem Verfassungsgeber indes unmöglich machen, andere verfassungsrechtliche Gewährleistungen mit dem der Lehre von den institutionellen Garantien abgewonnenen Garantiegehalt auszustatten.[52] Eine solche Differenzierung zwischen verfassungsrechtlichen Gewährleistungen konfligiert nun jedenfalls mit der materiell-wertsetzenden Zäsur des Grundgesetzes.[53] Zudem begründet die Heranziehung historisch fundierter Institutionen die Gefahr der Beliebigkeit.[54]

bb) Funktionsfähigkeit institutioneller Garantien in der Wirklichkeit

Ein mit dem Vorschlag *Klaus Sterns* vergleichbarer Ansatz geht davon aus, dass der Begriff der institutionellen Garantie alles für die staatliche Grundordnung Nebensächliche, Zufällige, Ephemere, namentlich beliebig Manipulierbare und ohne Verletzung der Identität der Verfassungsordnung Disponible nicht erfasse.[55] Nach dieser „zeitgemäße[n] Lehre von den institutionellen Garantien" verdanken „Institutionen" ihre Existenz sowie ihre jeweilige Erscheinungsform der Rechtsordnung. Zum maßgeblichen Begriffskriterium werde sodann das „Funktionieren in der Wirklichkeit".[56] Das Grundgesetz dürfe nicht mit überflüssigen institutionellen Garantien belastet werden, sodass die Lehre von den institutionellen Garantien von anderen öffentlich-rechtlichen Einrichtungen abzugrenzen sei. Lediglich die aus dem Normengefüge und dem empirisch-realen Funktionieren erwachsenen Institutionen bedürften einer Verwurzelung in

---

50 *Klaus Stern*, Das Staatsrecht der Bundesrepublik Deutschland, Bd. III/1, 1988, S. 789.
51 *Klaus Stern*, Das Staatsrecht der Bundesrepublik Deutschland, Bd. III/1, 1988, S. 784 f.
52 *Kay Waechter*, Die Verwaltung 29 (1996), S. 47 (58 f.).
53 *Ute Mager*, Einrichtungsgarantien, 2003, S. 429 f.
54 Siehe *Ute Mager*, Einrichtungsgarantien, 2003, S. 26; ähnlich *Gerd-Jürgen Richter*, Verfassungsprobleme der kommunalen Funktionalreform, 1977, S. 62 ff.
55 *Christoph Sasse*, AöR 85 (1960), S. 423 (447).
56 *Christoph Sasse*, AöR 85 (1960), S. 423 (446 f.); ähnlich *Gunther Abel*, Die Bedeutung der Lehre von den Einrichtungsgarantien für die Auslegung des Bonner Grundgesetzes, 1964, S. 47.

den Wertvorstellungen und Rechtsüberzeugungen sowie einer lebendigen Anteilnahme der im Ordnungszusammenhang der Institution stehenden und an ihrer Verwirklichung arbeitenden Individuen. Verfassungsrechtlich gewährleistete Institutionen müssten daher für die Identität der Staats- und Rechtsordnung einen konstitutiven Eigenwert haben. Selbstwert und Bestandhaftigkeit seien dabei die maßgeblichen Kriterien.[57]

cc) Fundamentale Stabilisierungsfunktion institutioneller Garantien

Unter der Prämisse, dass die Lehre von den institutionellen Garantien einen systematisierten Vorgang der Rechtsanwendung, nicht aber der Rechtsgestaltung beschreibt, sind nach *Edzard Schmidt-Jortzig* Institutionen abstrakte Erscheinungen. Diese dürften nicht von beliebiger oder indifferenter Bedeutung sein. Lediglich diejenigen Institutionen könnten den institutionellen Garantien zugeordnet werden, die anerkanntermaßen spezifisch und fundamental auf die freiheitsfördernde Ordnung des Gemeinwesens einwirken.[58] Institutionelle Garantien müssten eine Stabilisierungsfunktion erfüllen, die über die allen verfassungsrechtlichen Gewährleistungen immanenten Festlegungen hinausgeht, eine spezifische Ordnungsaufgabe im Gesamtsystem erkennen lässt und im Wortlaut der jeweiligen verfassungsrechtlichen Gewährleistung oder in ihrer normprogrammatischen Stellung zum Ausdruck kommt.[59] Nach *Edzard Schmidt-Jortzig* zählen zu den institutionellen Garantien mithin lediglich diejenigen Institutionen, die von der Verfassung rezipiert wurden und die rechtlich und tatsächlich fundierte Faktoren von grundlegender und eigengewichtig ordnender Funktion für den verfassten Staats- und Gesellschaftsaufbau widerspiegeln.[60]

dd) Autonomie als maßgebliches Alleinstellungsmerkmal

Der jüngste Annäherungsversuch an die Lehre von den institutionellen Garantien verzichtet darauf, den normstrukturellen Begriffsgehalt institutioneller Garantien mit der Erhaltung historisch überkommener und bewährter grund-

---

[57] *Christoph Sasse*, AöR 85 (1960), S. 423 (440 ff.); siehe auch *Arnold Köttgen*, Das Grundrecht der deutschen Universität, 1956, S. 24, 26; ferner *Gunther Abel*, Die Bedeutung der Lehre von den Einrichtungsgarantien für die Auslegung des Bonner Grundgesetzes, 1964, S. 47, der zwischen bloßen Ordnungszusammenhängen und Ordnungskräften differenziert.

[58] *Edzard Schmidt-Jortzig*, Die Einrichtungsgarantien der Verfassung, 1979, S. 27.

[59] *Edzard Schmidt-Jortzig*, Die Einrichtungsgarantien der Verfassung, 1979, S. 25 ff., der zudem anmerkt, bei Institutionen könne es sich nur um abstrakte Erscheinungen und zwar auch nicht etwa solche von beliebiger oder indifferenter Bedeutung, sondern lediglich um solche, die anerkanntermaßen spezifisch und fundamental auf die freiheitsfördernde Ordnung des Gemeinwesens einwirken, handeln; kritisch dazu *Ute Mager*, Einrichtungsgarantien, 2003, S. 83 ff.

[60] *Edzard Schmidt-Jortzig*, Die Einrichtungsgarantien der Verfassung, 1979, S. 29.

legender Ordnungen zu verbinden. Vielmehr haben institutionelle Garantien danach ein einfachgesetzlich konstituiertes Schutzgut – das zudem ein „Objekt" sein müsse. Neben diesem strukturellen Anknüpfungspunkt setze die Lehre von den institutionellen Garantien funktionale Gemeinsamkeiten der jeweiligen Institutionen voraus. Den zentralen Bezugspunkt bildet dabei die Gewährleistung von Autonomie.[61] Während in der Weimarer Epoche gegolten habe, dass institutionelle Garantien die Gestaltungsfreiheit der Legislative beschränken, beruhe eine entsprechende Beschränkung nunmehr auf den Mechanismen der Selbstregulierung.[62] Deutlich werde damit eine Abkehr von der tradierten Lehre von den institutionellen Garantien jedenfalls insoweit, als die verfassungsrechtliche Gewährleistung des Berufsbeamtentums nicht als institutionelle Garantie qualifiziert werden könne.[63]

2. *Modellübergreifende Kritik*

Die Unterschiedlichkeit der Definitionsansätze verdeutlicht, dass überzeugende Identifikationsmerkmale institutioneller Garantien immer noch nicht herausgearbeitet wurden.[64] Im Anschluss an diese Erkenntnis sieht sich die Lehre von den institutionellen Garantien sodann auch einem fundamentalen Einwand ausgesetzt, der auf ihre Funktion Bezug nimmt: Die Lehre von den institutionellen Garantien will – blickt man auf ihre Entstehung und Entfaltung – den verfassungsrechtlichen Schutz bestimmter Institutionen dadurch verbessern, dass dem Gesetzgeber untersagt wird, sie aufzuheben oder derart einzuschränken, dass sie innerlich ausgehöhlt werden, die Gelegenheit zu kraftvoller Betätigung verlieren und nur noch ein Scheindasein führen können.

Daran knüpfte auch die Rezeption der Lehre von den institutionellen Garantien nach dem Inkrafttreten des Grundgesetzes an. Mit Hilfe der Lehre von den institutionellen Garantien werden folglich qualitative Abstufungen zwischen verfassungsrechtlichen Gewährleistungen vorgenommen und lediglich einzelne von ihnen mit einem spezifischen Gewährleistungsgehalt versehen.[65] Während im Anwendungsbereich der verfassungsrechtlichen Gewährleistung kommunaler Selbstverwaltung die Lehre von den institutionellen Garantien zunächst noch zu einer sukzessiven Entleerung des Art. 28 Abs. 2 GG nach Art einer „Salamitaktik" eingeladen hatte,[66] wurde die (vermeintliche) Intensivierung des verfassungsrechtlichen Schutzes auch unter dem Grundgesetzes zur Grundlage

---

[61] *Ute Mager*, Einrichtungsgarantien, 2003, S. 405 ff.
[62] *Ute Mager*, Einrichtungsgarantien, 2003, S. 408.
[63] *Ute Mager*, Einrichtungsgarantien, 2003, S. 408 f.
[64] Allgemein *Bernd Rüthers*, Institutionelles Rechtsdenken im Wandel der Verfassungsepochen, 1970, S. 47 ff.
[65] *Edzard Schmidt-Jortzig*, Die Einrichtungsgarantien der Verfassung, 1979, S. 26, 33 ff.
[66] *Edzard Schmidt-Jortzig*, Die Einrichtungsgarantien der Verfassung, 1979, S. 40.

der Lehre von den institutionellen Garantien. Wohl deshalb wurden nach dem Inkrafttreten des Grundgesetzes[67] auch zahlreiche andere verfassungsrechtliche Gewährleistungen als institutionelle Garantien interpretiert.[68] Beispielhaft genannt seien Art. 33 Abs. 4, 5 GG,[69] Art. 65a GG,[70] Art. 88 GG[71] sowie Art. 114 Abs. 2 GG.[72] Eine solche Erstreckung der Lehre von den institutionellen Garantien entspricht vor allem der Lehre *Karl Loewensteins*, wonach organisationsrechtliche Gewährleistungen der Lehre von den institutionellen Garantien zuzuordnen sind.[73] Der Ansatz *Karl Loewensteins* war allerdings schon in der Weimarer Epoche auf Widerstand gestoßen.[74]

a) Unzulässige Hervorhebung einzelner verfassungsrechtlicher Gewährleistungen

Eine derartige Hervorhebung lediglich einzelner verfassungsrechtlicher Gewährleistungen kollidiert allerdings mit einem Textbefund, nach dem der

---

[67] Siehe auch *Karl Loewenstein*, Erscheinungsformen der Verfassungsänderung, 1931, S. 288 ff.; ferner *Otto Koellreutter*, AöR 22 n. F. (1932), S. 110 (115), der anmerkt, institutionelle Garantien seien nicht auf den Abschnitt der Grundrechte in der Weimarer Reichsverfassung beschränkt; *Carl Schmitt*, in: Carl Schmitt, Verfassungsrechtliche Aufsätze aus den Jahren 1924–1954, 1958, S. 140 (158) entgegnete dem, dass eine solche Ausdehnung den klaren und brauchbaren Begriff der institutionellen Garantie gefährde; restriktiver *Bodo Dennewitz*, Die institutionelle Garantie, 1932, S. 41 ff.

[68] Zur Rezeption der maßgeblichen Erkenntnis der Weimarer Epoche, dass die Lehre von den institutionellen Garantien auf dem Verfassungsgeber vorgegebene rechtliche Einrichtungen beschränkt bleiben müsse und namentlich staatsorganisationsrechtliche Einrichtungen ausklammere, *Gerd-Jürgen Richter*, Verfassungsprobleme der kommunalen Funktionalreform, 1977, S. 62 ff.

[69] BVerfGE 8, 332 (343); 44, 322 (330); 107, 218 (236); *Helmut Lecheler*, in: Karl Heinrich Friauf/Wolfram Höfling (Hrsg.), Berliner Kommentar zum Grundgesetz, Art. 33 (2000), Rn. 61; *ders.*, in: Josef Isensee/Paul Kirchhof (Hrsg.), Handbuch des Staatsrechts der Bundesrepublik Deutschland, Bd. V, 3. Aufl. 2007, § 110, Rn. 6; *Ulrich Battis*, in: Michael Sachs (Hrsg.), GG-Komm., 6. Aufl. 2011, Art. 33, Rn. 45, 65.

[70] *Volker Epping*, in: Theodor Maunz/Günter Dürig (Begr.), Grundgesetz, Art. 65a (2008), Rn. 14; *Volker Busse*, in: Karl Heinrich Friauf/Wolfram Höfling (Hrsg.), Berliner Kommentar zum Grundgesetz, Art. 65a (2011), Rn. 8.

[71] Siehe *Matthias Herdegen*, in: Theodor Maunz/Günter Dürig (Begr.), Grundgesetz, Art. 88 (1998), Rn. 27; ferner *Klaus Stern*, Das Staatsrecht der Bundesrepublik Deutschland, Bd. II, 1980, S. 474 f.

[72] *Hanno Kube*, in: Theodor Maunz/Günter Dürig (Begr.), Grundgesetz, Art. 114 (2008), Rn. 46: „institutionelle Verfassungsgarantie der Finanzkontrolle und des Bundesrechnungshofs als Institution."

[73] *Karl Loewenstein*, Erscheinungsformen der Verfassungsänderung, 1931, S. 290; ausführlich *Ute Mager*, Einrichtungsgarantien, 2003, S. 40 ff.

[74] Siehe *Edzard Schmidt-Jortzig*, Die Einrichtungsgarantien der Verfassung, 1979, S. 30; auch *Friedrich Klein*, Institutionelle Garantien und Rechtsinstitutsgarantien, 1934, S. 147 unterschied zwischen institutionellen Garantien und Institutionengarantien: Erstere sollten von der Verfassung vorgefundene Einrichtungen, letztere erst von der Verfassung geschaffene Einrichtungen bezeichnen; dazu *Walter Schmidt*, in: Götz Frank (Hrsg.), Die Gemeinde, Festschrift zum 70. Geburtstag von Heiko Faber, 2007, S. 17 (25).

grundgesetzlichen Ordnung qualitative Differenzierungen[75] grundsätzlich fremd sind.[76] Verfassungstextlich nicht sichtbare, außerhalb des Art. 79 Abs. 3 GG angesiedelte Differenzierungen sind zudem auch mit der Systematik des Grundgesetzes nicht vereinbar.[77] Eine qualitative Überhöhung verfassungsrechtlicher Gewährleistungen ohne greifbare Kategorien der Erkennbarkeit geht folglich fehl.[78] Dem kann auch nicht die in der Weimarer Epoche formulierte Notwendigkeit entgegnet werden, in Krisenzeiten müssten die systemtragenden Pfeiler der verfassungsrechtlichen Ordnung einem besonderen Schutz unterstellt werden.[79] Vielmehr verdeutlicht gerade die Wesensgehaltsgarantie des Art. 19 Abs. 2 GG, dass zumindest das Grundgesetz die zugunsten der Lehre von den institutionellen Garantien ins Feld geführten Argumente ausdrücklich aufgegriffen hat: Angesichts der Existenz eines solchen expliziten verfassungsrechtlichen Postulats vermag ein demgegenüber nicht sichtbares Konstrukt, das die Funktion des Art. 19 Abs. 2 GG auch für das Staatsorganisationsrecht fruchtbar macht, nicht zu überzeugen. Kann die Lehre von den institutionellen Garantien aber die von ihr unterstellten qualitativen Unterschiede zwischen einzelnen verfassungsrechtlichen Gewährleistungen nicht hinreichend herausarbeiten oder begründen, ist ihre Legitimität zweifelhaft.

---

[75] *Friedrich Klein*, Institutionelle Garantien und Rechtsinstitutsgarantien, 1934, S. 107 sprach in der Weimarer Epoche ausdrücklich von „Sondergarantien"; besonders deutlich *Ernst Rudolf Huber*, AöR 23 n. F. (1933), S. 1 (52), der im Hinblick auf die Unterscheidung zwischen organisatorischen – solchen Gewährleistungen verselbstständigter Formen der Staatsorganisation, zu denen er Art. 127 WRV nicht zählte – institutionellen Garantien und den verfassungsrechtlichen Gewährleistungen des ersten Hauptteils der Weimarer Reichsverfassung noch feststellte, dass eine gewisse Hervorhebung aus der Gesamtorganisation des Staates erforderlich sei, es sich mithin um einen Zweig des staatsorganisatorischen Aufbaus handeln müsse, der um bestimmter politischer, kultureller und gesellschaftlicher Qualitäten willen in einem gewissen Gegensatz zu den allgemeinen Staatsprinzipien gedacht werden könne.

[76] Ähnlich *Fritz Stier-Somlo*, in: Hans Carl Nipperdey (Hrsg.), Die Grundrechte und Grundpflichten der Reichsverfassung, Bd. I, 1929, S. 158 (171); mit Blick auf Art. 28 Abs. 2 GG *Markus Kenntner*, DÖV 1998, S. 701 (705); allgemein *Philip Kunig*, Das Rechtsstaatsprinzip, 1986, S. 233; *Kay Waechter*, Die Verwaltung 29 (1996), S. 47 (57 ff.).

[77] *Kay Waechter*, Die Verwaltung 29 (1996), S. 47 (58); siehe auch *Edzard Schmidt-Jortzig*, Die Einrichtungsgarantien der Verfassung, 1979, S. 18 ff.; ferner *Gunther Abel*, Die Bedeutung der Lehre von den Einrichtungsgarantien für die Auslegung des Bonner Grundgesetzes, 1964, S. 56, der die Lehre von den institutionellen Garantien allerdings grundsätzlich anerkennt.

[78] *Edzard Schmidt-Jortzig*, Die Einrichtungsgarantien der Verfassung, 1979, S. 19 ff.; siehe auch *Dirk Ehlers*, DVBl. 2000, S. 1301 (1304).

[79] *Friedrich Klein*, Institutionelle Garantien und Rechtsinstitutsgarantien, 1934, S. 128 ff.; mit Blick auf die Figur der wertentscheidenden Grundsatznormen erblickt *Edzard Schmidt-Jortzig*, Die Einrichtungsgarantien der Verfassung, 1979, S. 27 den Unterschied zur Lehre von den institutionellen Garantien darin, dass institutionelle Garantien abstrakte, für die freiheitsfördernde Ordnung fundamentale Erscheinungen seien; zwar bescheinigt er den Staatsstrukturprinzipien eine gewisse Affinität zu den institutionellen Garantien, macht für diese aber eine sehr viel konkretere, grundrechtsähnliche Schutzdichte zur Voraussetzung.

b) *Die Lehre von den institutionellen Garantien und Art. 20 Abs. 3 GG*

Neben den Vorwurf einer unzulässigen Differenzierung tritt ein weiterer systematischer Einwand gegenüber der Lehre von den institutionellen Garantien. Auch dieser Einwand nimmt auf die Funktion der Lehre von den institutionellen Garantien und zugleich auf ihre Bedeutung für die Verfassungsdogmatik der Weimarer Epoche Bezug: Angesichts der Regelung des Art. 20 Abs. 3 GG dürfe nicht unberücksichtigt bleiben, dass das Grundgesetz mit der Verfassungsbindung auch der Legislative eine entscheidende und für die Entstehung der Lehre von den institutionellen Garantien wesentliche Strukturschwäche der Weimarer Reichsverfassung beseitigt hat.[80] Das dogmatisch-funktionale Anliegen der Lehre von den institutionellen Garantien laufe dementsprechend leer.[81] Insbesondere einer institutionellen Interpretation des Art. 28 Abs. 2 GG wird daher vorgeworfen, einer institutionellen „Krücke"[82] bedürfe es in Ansehung des Art. 20 Abs. 3 GG nicht (mehr).[83]

II. Antikritik: Verbleibende Leistungsfähigkeit der Lehre von den institutionellen Garantien

Gerade dieser letzte Einwand verdeutlicht allerdings auch, dass im Rahmen einer kritischen Würdigung der Lehre von den institutionellen Garantien differenziert werden muss. Obsolet wurde nämlich keinesfalls der Wirkungszusammenhang institutioneller Garantien, der (konzeptionellen) Defiziten auch des Grundgesetzes entgegenwirkt. Dies zeigt die Grundrechtsdogmatik, in der die Figur der Institutsgarantie ihren legitimen Platz eingefordert und gefunden

---

80 *Walter Schmidt*, in: Götz Frank (Hrsg.), Die Gemeinde, Festschrift zum 70. Geburtstag von Heiko Faber, 2007, S. 17 (19).

81 *Markus Kenntner*, DÖV 1998, S. 701 (704); besonders kritisch zur auf *Klaus Stern* zurückzuführenden Unterscheidung zwischen institutioneller Rechtssubjektsgarantie, objektiver Rechtsinstitutionsgarantie und subjektiver Rechtsstellungsgarantie *Walter Schmidt*, in: Götz Frank (Hrsg.), Die Gemeinde, Festschrift zum 70. Geburtstag von Heiko Faber, 2007, S. 17 (33 ff.); ferner *Gunther Abel*, Die Bedeutung der Lehre von den Einrichtungsgarantien für die Auslegung des Bonner Grundgesetzes, 1964, S. 38, der vor dem Hintergrund der Gewährleistung des Art. 79 Abs. 3 GG die Lehre von den institutionellen Garantien für obsolet erachtet; ferner wird versucht, die fehlende Notwendigkeit der Lehre von den institutionellen Garantien mit Hilfe des Art. 19 Abs. 2 GG zu begründen, siehe *Christoph Sasse*, AöR 85 (1960), S. 423 (439 f.); *Gunther Abel*, a.a.O., S. 38 f.; *Gerhard Seibert*, Die Gewährleistung gemeindlicher Selbstverwaltung durch das Grundgesetz, 1966, S. 162; *Gerd-Jürgen Richter*, Verfassungsprobleme der kommunalen Funktionalreform, 1977, S. 72 ff.

82 *Hartmut Maurer*, DVBl. 1995, S. 1037 (1042).

83 *Joachim Kronisch*, Aufgabenverlagerung und gemeindliche Aufgabengarantie, 1993, S. 94 ff.; überzeugen kann insoweit auch nicht der Hinweis auf die Verfassung des Landes Sachsen-Anhalt, die in ihrem materiellen Teil neben Grundrechten und Staatszielen in einem eigenen Abschnitt Einrichtungsgarantien behandelt (dazu schon S. 53), ist doch eine solche Unterscheidung ihrerseits fragwürdig, siehe *Karl-Peter Sommermann*, Staatsziele und Staatszielbestimmungen, 1997, S. 366.

hat.[84] Trotz einer umfassenden Grundrechtsbindung auch der Legislative implizieren normgeprägte Grundrechte die Notwendigkeit, die Bindungswirkung des Art. 1 Abs. 3 GG mit Hilfe von Institutsgarantien wirksam werden zu lassen.[85] Insofern könnte auch der Figur der institutionellen Garantie die Funktion zugewiesen werden, die legislative Ausgestaltung verfassungsrechtlich gewährleisteter Institutionen anzuleiten[86] und die Legislative auf verfassungsrechtliche Maßgaben zu verpflichten.[87] Doch vermag auch dieser Begründungsansatz nicht vollständig zu überzeugen: Der legislativen Ausgestaltung bedürfen nämlich auch verfassungsrechtliche Gewährleistungen, die nach der Lehre von den institutionellen Garantien nicht als solche qualifiziert werden. Die Notwendigkeit der legislativen Ausgestaltung verfassungsrechtlicher Gewährleistungen kann deshalb – anders als im grundrechtlichen Bereich, wo die Figur der Institutsgarantie ein legitimes Einsatzfeld gefunden hat, sofern grundrechtliche Freiheiten nicht als natürliche, sondern vielmehr als normgeprägte Freiheiten konzipiert sind – einen staatsorganisationsrechtlichen Anwendungsbereich der Lehre von den institutionellen Garantien jedenfalls nicht unter Rückgriff auf die bislang dieser Lehre zugrunde gelegten Identifizierungsmerkmale begründen.[88]

Auch wenn anerkannte normstrukturelle Begriffsmerkmale oder unumstrittene Anwendungsfelder der Lehre von den institutionellen Garantien in der Vergangenheit nicht herausgearbeitet wurden, muss der angesprochene Wirkungszusammenhang dennoch Berücksichtigung finden. Würde die Lehre von den institutionellen Garantien allein funktional bestimmt,[89] könnte die Notwendigkeit der legislativen Ausgestaltung verfassungsrechtlicher Gewährleistungen ihren Anwendungsbereich beschreiben. Dies lässt sich mit einem Vorgriff auf Art. 28 Abs. 2 GG und auf dessen unterschiedliche Gewährleistungselemente näher spezifizieren: Namentlich das Bundesverfassungsgericht betont, die verfassungsrechtliche Gewährleistung kommunaler Selbstverwaltung bedürfe der Ausgestaltung. Dies trifft jedenfalls auf die Einrichtung der Gemeinden und Gemeindeverbände – das existentiale Gewährleistungselement des Art. 28 Abs. 2 GG – zu. Bedarf aber die Einrichtung der Gemeinden und Gemeindeverbände der legislativen Ausgestaltung, könnte die Lehre von den institutionellen Garantien ähnlich der Figur der Einrichtungsgarantien im grundrechtlichen Bereich ihre Funktion erfüllen. Wäre die Lehre von den institutionellen Garantien nicht von der skizzierten Schwäche – die unzulässige

[84] Anders *Markus Kenntner*, DÖV 1998, S. 701 (704).
[85] *Ute Mager*, Einrichtungsgarantien, 2003, S. 92.
[86] Ähnlich *Gerd-Jürgen Richter*, Verfassungsprobleme der kommunalen Funktionalreform, 1977, S. 74 ff.
[87] *Ute Mager*, Einrichtungsgarantien, 2003, S. 396 ff.
[88] Siehe auch *Ute Mager*, Einrichtungsgarantien, 2003, S. 44, 406.
[89] *Kay Waechter*, Die Verwaltung 29 (1996), S. 47 ff.

Differenzierung zwischen verfassungsrechtlichen Gewährleistungen – gekennzeichnet, könnte sie die legislative Ausgestaltung der Einrichtung der Gemeinden und Gemeindeverbände verfassungsrechtlich dadurch anleiten, dass dem Gesetzgeber die Beseitigung oder Aushöhlung des jeweiligen Wesensgehaltes versagt wird. Gewissermaßen als Zwischenergebnis festzuhalten bleibt daher: Zumindest der Wirkungszusammenhang der Lehre von den institutionellen Garantien kann überzeugen und ist bei jeder dogmatischen Rekonstruktion des Art. 28 Abs. 2 GG zu berücksichtigen.[90]

B. Unzulänglichkeiten der institutionellen Interpretation des Art. 28 Abs. 2 GG

Ungeachtet dessen stößt die institutionelle Interpretation gerade des Art. 28 Abs. 2 GG allerdings ebenfalls auf Kritik. Mit Blick auf den Wirkungszusammenhang institutioneller Garantien werden weitere Unzulänglichkeiten der Lehre von den institutionellen Garantien hervorgehoben: Würden von Verfassungs wegen organisationsrechtliche Gewährleistungen ausdrücklich geschützt, sei die Lehre von den institutionellen Garantien nicht notwendig;[91] sie könne nämlich allenfalls als klassifikatorischer Sammelbegriff dienen – wobei es auch einer solchen Systematisierung nicht bedürfe.[92] Art. 28 Abs. 2 GG selbst substituiere nämlich die Funktion institutioneller Garantien.[93] Gewährleiste das Grundgesetz eine bestimmte Einrichtung, impliziere dies zugleich deren Bestand und Funktionsfähigkeit.[94] Demnach habe die Lehre von den institutionellen Garantien, die dem Gesetzgeber lediglich eine Beseitigung oder Aushöhlung von Institutionen untersagt, ausgedient.[95]

I. Mangelnde Leistungsfähigkeit der institutionellen Deutung des Art. 28 Abs. 2 GG

Während dieser Einwand der Lehre von den institutionellen Garantien im Anwendungsbereich des Art. 28 Abs. 2 GG jede Funktion abspricht, wird im Üb-

---

[90] *Kay Waechter*, Die Verwaltung 29 (1996), S. 47 (48ff.); *Markus Kenntner*, DÖV 1998, S. 701 (704).

[91] *Walter Schmidt*, in: Götz Frank (Hrsg.), Die Gemeinde, Festschrift zum 70. Geburtstag von Heiko Faber, 2007, S. 17 (33).

[92] *Walter Schmidt*, in: Götz Frank (Hrsg.), Die Gemeinde, Festschrift zum 70. Geburtstag von Heiko Faber, 2007, S. 17 (33f.).

[93] *Kay Waechter*, Die Verwaltung 29 (1996), S. 47 (53); *Markus Kenntner*, DÖV 1998, S. 701 (704).

[94] *Kay Waechter*, Die Verwaltung 29 (1996), S. 47 (53).

[95] *Markus Kenntner*, DÖV 1998, S. 701 (705); ähnlich *Alexander Schink*, VerwArch 81 (1990), S. 385 (397).

rigen an der spezifischen Leistungsfähigkeit der institutionellen Interpretation des Art. 28 Abs. 2 GG gezweifelt. Der institutionellen Interpretation des Art. 28 Abs. 2 GG wird entgegnet, Art. 28 Abs. 2 GG sei nach Wortlaut, Inhalt und Entstehungsgeschichte von Art. 127 WRV zu unterscheiden.[96] Während die Lehre von den institutionellen Garantien in der Weimarer Epoche noch als dogmatische Fortentwicklung verstanden worden sei, entwickele sich diese nunmehr zu einer Fessel, sofern lediglich eine Institution und deren typusbildende Strukturmerkmale verfassungsrechtlich geschützt würden.[97] Das Postulat der Ausgestaltung kommunaler Selbstverwaltung durch die Legislative unter Beachtung lediglich der typusbildenden Strukturmerkmale dränge zu dem Schluss, dass „nirgends sonst [...] die Spielräume von Gesetzgebern größer [sind,] als bei der Ausstattung und Formung von Einrichtungsgarantien".[98]

Die Kritik an der institutionellen Deutung gerade des Art. 28 Abs. 2 GG, die auf wesentliche Unterschiede zwischen Art. 28 Abs. 2 GG und Art. 127 WRV Bezug nimmt, kann zunächst auf die Entstehungsgeschichte des Art. 28 Abs. 2 GG verweisen. Während der Entwurf von Herrenchiemsee eine Gewährleistung kommunaler Selbstverwaltung noch nicht enthielt, bildete Art. 127 WRV zwar den Ausgangspunkt der Beratungen des Parlamentarischen Rates. Die Lehre von den institutionellen Garantien wurde mit Blick auf Art. 28 Abs. 2 GG allerdings nicht thematisiert.[99] Ein Grund dafür mag sein, dass die Figur der institutionellen Garantie ihren Anwendungsbereich ursprünglich im Bereich der Grundrechte fand.[100] Jedenfalls *Carl Schmitt* erblickte über den Bereich der Grundrechte hinaus keine Anwendungsfelder für die Lehre von den institutionellen Garantien.[101] Weder die zögerliche Befassung mit der kommunalen Selbstverwaltung[102] oder die Bezugnahme auf Art. 127 WRV noch die phänomenologische Existenz von Gemeinden und Gemeindeverbänden sprechen indes für eine Anwendung der überkommenen dogmatischen Standards auf

[96] *Franz-Ludwig Knemeyer*, in: Albert von Mutius (Hrsg.), Selbstverwaltung im Staat der Industriegesellschaft, Festgabe zum 70. Geburtstag von Georg Christoph von Unruh, 1983, S. 209 ff.

[97] *Hartmut Maurer*, DVBl. 1995, S. 1037 (1042).

[98] *Friedrich Schoch*, in: Hans-Günter Henneke/Hartmut Maurer/Friedrich Schoch, Die Kreise im Bundesstaat, 1994, S. 9 (30).

[99] Siehe *Klaus-Berto von Doemming/Rudolf Werner Füsslein/Werner Matz*, JöR 1 n. F. (1951), S. 1 (253 ff.).

[100] *Markus Kenntner*, DÖV 1998, S. 701 (703).

[101] Dau schon S. 32 ff.; siehe nochmals *Carl Schmitt*, in: Carl Schmitt, Verfassungsrechtliche Aufsätze aus den Jahren 1924–1954, 1958, S. 140 (158); anders *Karl Loewenstein*, Erscheinungsformen der Verfassungsänderung, 1931, S. 288 ff.; ferner *Otto Koellreutter*, AöR 22 n. F. (1932), S. 110 (115); zur Garantie der Unabhängigkeit der Rechtspflege als Einrichtungsgarantie schon *Friedrich Klein*, Institutionelle Garantien und Rechtsinstitutsgarantien, 1934, S. 291 ff.; zum Ganzen *Gunther Abel*, Die Bedeutung der Lehre von den Einrichtungsgarantien für die Auslegung des Bonner Grundgesetzes, 1964, S. 34 f.

[102] Anders wohl *Markus Kenntner*, DÖV 1998, S. 701 (703).

Art. 28 Abs. 2 GG.[103] Vielmehr formulierte der Parlamentarische Rat ausdrücklich, als bewusste Reaktion auf die zentralistische Gleichschaltung des nationalsozialistischen Regimes müsse gerade eine Stärkung der selbstverwalteten, diktaturresistenten Gemeinden im Grundgesetz zum Ausdruck gebracht werden.[104] Eine Rezeption der Lehre von den institutionellen Garantien kann darin nicht erkannt werden.[105]

II. Herausforderungen der bereichsspezifischen Weiterentwicklung der Lehre von den institutionellen Garantien

Auch die bereichsspezifische Weiterentwicklung der Lehre von den institutionellen Garantien durch das Bundesverfassungsgericht sieht sich eingehender Kritik ausgesetzt. Der Judikatur des Bundesverfassungsgerichts wird vor allem vorgehalten, die Annahme einer subjektiven Rechtsstellungsgarantie kommunaler Selbstverwaltung widerspreche der Lehre von den institutionellen Garantien.[106] Tatsächlich unterschied die Lehre von den institutionellen Garantien in der Weimarer Epoche zwischen Freiheitsrechten und institutionellen Garantien.[107] Allerdings war namentlich die Lehre *Carl Schmitts* durchaus ambivalent, wurde doch eine Parallelisierung von institutionellen Garantien und subjektiven Rechten für möglich erachtet.[108] Unter dem Grundgesetz werden jedenfalls Institutsgarantien im Bereich der Grundrechte,[109] darüber hinaus aber auch institutionelle Garantien mit subjektiven Rechten in Verbindung gebracht. Zwar bleibt dabei eine kategoriale Unterscheidung zwischen subjektiven Rechten und institutionellen Garantien maßgeblich; zugleich wurde aber die Möglichkeit anerkannt, subjektive Rechte aus institutionellen Garantien zu deduzie-

---

[103] Siehe *Edzard Schmidt-Jortzig*, Die Einrichtungsgarantien der Verfassung, 1979, S. 23, der jedenfalls darauf hinweist, dass in der geltenden Verfassung eine eigene, objektive Grundlage der Lehre von den institutionellen Garantien gefunden werden müsse.

[104] *Klaus-Berto von Doemming/Rudolf Werner Füsslein/Werner Matz*, JöR 1 n. F. (1951), S. 1 (254).

[105] Siehe aber auch *Markus Kenntner*, DÖV 1998, S. 701 (703).

[106] *Friedrich Schoch*, Jura 2001, 121 (124) weist darauf hin, dass Art. 28 Abs. 2 GG „auch ein subjektives Recht" gewährleiste und es „[d]eshalb [...] verkürzend [sei], wenn Art. 28 Abs. 2 GG nur als institutionelle Garantie bezeichnet und betont wird, es bestehe lediglich eine institutionelle, nicht aber eine individuelle Garantie von Kommunen."; siehe auch *Klaus Lange*, Kommunalrecht, 2013, Kapitel 1, Rn. 4, 127 ff.

[107] Siehe schon S. 32 ff.; dazu nochmals *Carl Schmitt*, Verfassungslehre, 1928, S. 171; *ders.*, in: Carl Schmitt, Verfassungsrechtliche Aufsätze aus den Jahren 1924–1954, 1958, S. 140 (166 f.); ferner *Friedrich Klein*, Institutionelle Garantien und Rechtsinstitutsgarantien, 1934, S. 288 f.; siehe aber auch *Ernst Rudolf Huber*, AöR 23 n. F. (1933), S. 1 (54, 57, 61).

[108] *Carl Schmitt*, Verfassungslehre, 1928, S. 170; *ders.*, in: Carl Schmitt, Verfassungsrechtliche Aufsätze aus den Jahren 1924–1954, 1958, S. 140 (149).

[109] Allgemein *Gertrude Lübbe-Wolff*, Die Grundrechte als Eingriffsabwehrrechte, 1988, S. 103 ff.; *Ralf Poscher*, Grundrechte als Abwehrrechte, 2003, S. 132 ff.

ren.[110] Obwohl nicht sämtlichen verfassungsrechtlichen Gewährleistungen, die als institutionelle Garantien qualifiziert werden, subjektive Rechtspositionen entnommen werden, ist namentlich die subjektive Rechtsstellungsgarantie folglich keine systemwidrige Ausnahme. Zudem konfligiert die Annahme subjektiver Rechtspositionen auch nicht mit der Lehre von den institutionellen Garantien im Übrigen, wird doch eine Beseitigung oder Aushöhlung subjektiver Rechtspositionen allenfalls dann als verfassungswidrig qualifiziert, wenn die Institution selbst beseitigt oder ausgehöhlt wird.[111]

Demgegenüber lässt sich jedenfalls die in der Judikatur des Bundesverfassungsgerichts entworfene Systematik von Kern- und Randbereich nicht mit der Lehre von den institutionellen Garantien in Einklang bringen. Ist nach der Lehre von den institutionellen Garantien die Legislative zur Ausgestaltung institutioneller Garantien und mithin zur Formung der verfassungsrechtlichen Gewährleistung des Art. 28 Abs. 2 GG berechtigt, scheint fraglich, warum neben der Beseitigung oder Aushöhlung des Wesensgehaltes eine Beeinträchtigung der verfassungsrechtlichen Gewährleistung kommunaler Selbstverwaltung auch im Randbereich spezifischen Anforderungen unterworfen sein soll.[112] Die Systematik von Kern- und Randbereich tritt zugleich in Widerspruch zur überkommenen Unterscheidung zwischen institutionellen Garantien und status quo Garantien: Institutionelle Garantien sollen gerade für die Anpassung an den Wandel der Wirklichkeit offen bleiben,[113] sodass die Versteinerung eines Wesensgehaltes – abseits des Art. 19 Abs. 2 GG[114] – jedenfalls im Staatsorganisationsrecht nicht überzeugend begründet werden kann.[115] Auch die Lehre von den institutionellen Garantien sieht zwar grundsätzlich eine Differenzierung zwischen Kern- und Randbereich vor, im Randbereich institutioneller Garantien verpflichtet sie jedoch lediglich zur Berücksichtigung „allgemein rechtstaatliche[r] Einbindungen".[116] Spezifische Anforderungen an legislative Beeinträchtigungen im Randbereich kommunaler Selbstverwaltung lassen sich zumindest mit Hilfe der Lehre von den institutionellen Garantien demgegenüber nicht begründen. Vergleichbaren Unsicherheiten begegnet schließlich auch die Annah-

---

110 *Gunther Abel*, Die Bedeutung der Lehre von den Einrichtungsgarantien für die Auslegung des Bonner Grundgesetzes, 1964, S. 48 ff.; 67 ff.

111 *Gunther Abel*, Die Bedeutung der Lehre von den Einrichtungsgarantien für die Auslegung des Bonner Grundgesetzes, 1964, S. 68.

112 Siehe *Hartmut Maurer*, DVBl. 1995, S. 1037 (1044), der einen solchen Randbereichsschutz lediglich bei der Gesetzesanwendung für anwendbar hält.

113 Siehe S. 55.

114 Zur Wesensgehaltsgarantie im Abwägungsmodell *Nils Jansen*, Der Staat 36 (1997), S. 27 ff.; ferner *Robert Alexy*, Theorie der Grundrechte, 1985, S. 271.

115 Allgemein *Christine Steinbeiß-Winkelmann*, Grundrechtliche Freiheit und staatliche Freiheitsordnung, 1986, S. 100 ff.; ferner *Horst Dreier*, in: Horst Dreier (Hrsg.), GG-Komm., Bd. II, 2. Aufl. 2006, Art. 28, Rn. 125; anders wohl *Dietrich Roßmüller*, Schutz der kommunalen Finanzausstattung durch Verfahren, 2009, S. 59 ff.

116 *Edzard Schmidt-Jortzig*, Die Einrichtungsgarantien der Verfassung, 1979, S. 38, 50.

me eines unantastbaren Kernbereichs kommunaler Selbstverwaltung: Es „bedarf eigentlich kaum besonderer Erwähnung“, dass andere mit Verfassungsrang ausgestattete Rechtsgüter, die mit institutionellen Garantien konkurrieren, auch deren Wesensgehalt zurückzudrängen vermögen.[117] Die Judikatur des Bundesverfassungsgerichts vermeidet im Anwendungsbereich des Art. 28 Abs. 2 GG somit letztlich eine konsequente Anwendung der Lehre von den institutionellen Garantien und rezipiert lediglich deren markanteste Aussagen. Die Lehre von den institutionellen Garantien wird damit vom tragenden Leitprinzip zur Figur mit interpretatorischer Hilfsfunktion degradiert.[118]

C. Dogmatische Neukonzeptionen: Subjektiv-rechtliche und kompetenzrechtliche Deutungen des Art. 28 Abs. 2 GG

Bislang lässt sich festhalten, dass sowohl die Lehre von den institutionellen Garantien als auch die institutionelle Interpretation des Art. 28 Abs. 2 GG auf Widerspruch stoßen. Aus diesem Widerspruch sind zugleich aber auch dogmatische Neukonzeptionen des Art. 28 Abs. 2 GG hervorgegangen. Zwei dieser alternativen Deutungen sind im Folgenden zu analysieren: Einerseits wird versucht, die Gewährleistung des Art. 28 Abs. 2 GG als ein „Recht auf Selbstverwaltung“ zu qualifizieren.[119] Die institutionelle Interpretation des Art. 28 Abs. 2 GG wird andererseits mit dem Bestreben einer kompetenzrechtlichen Interpretation des Art. 28 Abs. 2 GG kontrastiert.

I. Systematisierende Vorbemerkung

Zunächst ist in Erinnerung zu rufen, dass die wesentliche Schwäche der institutionellen Interpretation des Art. 28 Abs. 2 GG vorstehend folgendermaßen begründet wurde: Die Lehre von den institutionellen Garantien führt zu einer nicht zu rechtfertigenden qualitativen Differenzierung zwischen einzelnen verfassungsrechtlichen Gewährleistungen. Zugleich ist allerdings hervorzuheben, dass die Funktion der Lehre von den institutionellen Garantien – die Verfassungsbindung der Legislative bei der Ausgestaltung von Institutionen wirksam werden zu lassen – nicht widerlegt werden konnte. Die subjektiv-rechtliche und

[117] *Edzard Schmidt-Jortzig*, Die Einrichtungsgarantien der Verfassung, 1979, S. 50.

[118] *Walter Schmidt*, in: Götz Frank (Hrsg.), Die Gemeinde, Festschrift zum 70. Geburtstag von Heiko Faber, 2007, S. 17 (18).

[119] Selten wird die Lehre von den institutionellen Garantien mit einem subjektiven Recht auf Selbstverwaltung kombiniert, um dadurch die jeweiligen Schwächen der unterschiedlichen Ansätze zu vermeiden, dazu etwa *Albert von Mutius*, in: Ständige Deputation des Deutschen Juristentages (Hrsg.), Verhandlungen des dreiundfünfzigsten Deutschen Juristentages, Bd. I, 1980, E 25 ff.

die kompetenzrechtliche Deutung des Art. 28 Abs. 2 GG sind vor diesem Hintergrund in zweifacher Hinsicht zu beleuchten: Zunächst ist zu eruieren, mit welchen (zusätzlichen) Argumenten die Neukonzeptionen kommunaler Selbstverwaltung eine institutionelle Interpretation des Art. 28 Abs. 2 GG ablehnen. Vorweggenommen sei insoweit, dass beide Ansätze darauf hinweisen, dass mit der eigenverantwortlichen Regelung der Angelegenheiten der örtlichen Gemeinschaft Art. 28 Abs. 2 GG im Gegensatz zu Art. 127 WRV zwei Gewährleistungselemente – die kommunale Aufgabengarantie sowie das modale Gewährleistungselement – verfassungsunmittelbar gewährleiste. Dies wird der institutionellen Interpretation kritisch entgegengehalten und behauptet, die verfassungsrechtliche Gewährleistung kommunaler Selbstverwaltung bedürfe keiner legislativen Ausgestaltung, die mit Hilfe der Lehre von den institutionellen Garantien auf verfassungsrechtliche Maßstäbe verpflichtet werden müsse.

Daran anschließend ist festzustellen, ob die subjektiv-rechtliche und die kompetenzrechtliche Deutung des Art. 28 Abs. 2 GG eine angemessene dogmatische Rekonstruktion ermöglichen. Dabei wird – auch dies sei vorweggenommen – sich zeigen, dass die Fokussierung auf die eigenverantwortliche Wahrnehmung der Angelegenheiten der örtlichen Gemeinschaft ihrerseits unterkomplex bleibt. Während eine institutionelle Interpretation den verfassungsunmittelbaren Gewährleistungen des Art. 28 Abs. 2 GG in der Tat zu wenig Beachtung schenkt, würdigen der subjektiv-rechtliche und der kompetenzrechtliche Interpretationsansatz nicht in ausreichender Weise das neben der kommunalen Aufgabengarantie und dem Merkmal der Eigenverantwortlichkeit stehende existentiale Gewährleistungselement, das – daran ist anschließend an die institutionelle Deutung festzuhalten – der legislativen Ausgestaltung bedarf. Die subjektiv-rechtliche und die kompetenzrechtliche Deutung des Art. 28 Abs. 2 GG ermöglichen dementsprechend keine einheitliche dogmatische Rekonstruktion aller Gewährleistungselemente des Art. 28 Abs. 2 GG. Gleichwohl leisten sie einen maßgeblichen Beitrag zur dogmatischen Rekonstruktion des Art. 28 Abs. 2 GG – ihr Verdienst besteht darin, der institutionellen Interpretation ihre Grenzen aufgezeigt zu haben: Die Notwendigkeit der Ausgestaltung des Art. 28 Abs. 2 GG, deren verfassungsrechtliche Rückanbindung mit Hilfe der Lehre von den institutionellen Garantien sichergestellt werden soll, wird ebenfalls nicht allen Gewährleistungselementen des Art. 28 Abs. 2 GG gerecht.

II. Subjektiv-rechtliche Deutung des Art. 28 Abs. 2 GG

Die subjektiv-rechtliche Deutung des Art. 28 Abs. 2 GG kommt in besonders prägnanter Weise mit einem grundrechtlichen Verständnis kommunaler Selbstverwaltung zum Ausdruck.[120] Ein solches Verständnis geht vor allem auf die

---

[120] Ähnlich *Jörn Ipsen*, ZG 1994, S. 194 (211 f.).

systematische Stellung des Art. 127 WRV im zweiten Hauptteil „Grundrechte und Grundpflichten der Deutschen" der Weimarer Reichsverfassung sowie auf die historische Entwicklung kommunaler Selbstverwaltung zurück.

1. Grundrecht auf kommunale Selbstverwaltung

Die systematische Stellung des Art. 127 WRV darf nicht darüber hinwegtäuschen, dass zumindest das Reformkonzept *Heinrich Friedrich Karl vom und zum Steins* zwar die Stärkung der politischen Bürgerrechte im monarchischen Staat beabsichtigte und das Leitbild einer dezentralen Organisation formulierte, der Gedanke kommunaler Republiken dieser Grundidee kommunaler Selbstverwaltung allerdings fern lag.[121] Erst die liberalen Tendenzen des Vormärz, die der Forderung nach Gemeindefreiheit Ausdruck verliehen und eine umfassende Unabhängigkeit der Gemeinden und Gemeindeverbände zum Gegenstand hatten,[122] stellten das auf Einheit und Integration bedachte Konzept kommunaler Selbstverwaltung in Frage.[123] Das liberale Gedankengut der Gemeindefreiheit entwickelte sich vor allem mit der Selbstverwaltungslehre *Otto von Gierkes*, die einen Dualismus von Staat und Gemeinden sowie Gemeindeverbänden konzipierte.[124] Eine entsprechende Kontrastierung der demokratischen Struktur der Gemeinden mit dem obrigkeitlichen Regime des Fürstenstaates führte sodann auch zu der naturrechtlichen Annahme[125] einer Abwehr-

---

[121] Siehe *Georg Christoph von Unruh*, in: Norbert Achterberg (Hrsg.), Öffentliches Recht und Politik, Festschrift für Hans Ulrich Scupin zum 70. Geburtstag, 1973, S. 391 (400f.); ferner *Erich Becker*, DÖV 1957, S. 740ff.

[122] *Georg Christoph von Unruh*, in: Norbert Achterberg (Hrsg.), Öffentliches Recht und Politik, Festschrift für Hans Ulrich Scupin zum 70. Geburtstag, 1973, S. 391 (402).

[123] Dazu *Robert Andreas Riedertauer*, Über Munizipal- und Gemeindewesen nach historischen Standpunkten, 1818, S. 18ff.

[124] *Otto von Gierke*, Das deutsche Genossenschaftsrecht, Bd. I, 1868, S. 713, 761.

[125] Siehe noch *Adolf Süsterhenn/Hans Schäfer*, Kommentar der Verfassung für Rheinland-Pfalz, 1950, S. 219; *Karl Linckelmann*, DÖV 1959, S. 561ff.; ferner Niedersächsisches Oberverwaltungsgericht, DÖV 1980, S. 417 (418); kritisch *Jochen Dieckmann*, in: Eberhard Schmidt-Aßmann (Hrsg.), Festgabe 50 Jahre Bundesverwaltungsgericht, 2003, S. 815 (821); eingehend zur Traditionslinie kommunaler Selbstverwaltung, die anfänglich der Bürgerfreiheit nahe stand und erst nachfolgend funktional interpretiert wurde, *Friedhelm Hufen*, in: Max-Emanuel Geis (Hrsg.), Staat – Kirche – Verwaltung, Festschrift für Hartmut Maurer zum 70. Geburtstag, 2001, S. 1177ff.; siehe auch *Ulrich Scheuner*, AfK 1973, S. 1 (1f., 4f., 6f., 8); deskriptiv zur naturrechtlichen Konzeption kommunaler Selbstverwaltung *Klaus Lange*, in: Ekkehart Stein (Hrsg.), Festschrift für Helmut Ridder zum siebzigsten Geburtstag, 1989, S. 63ff.; ferner *Erich Becker*, in: Hans Peters (Hrsg.), Handbuch der kommunalen Wissenschaft und Praxis, Bd. I, 1956, S. 62 (83ff.); *Winfried Brohm*, DVBl. 1984, S. 293 (296); ausführlich *Reinhard Hendler*, Selbstverwaltung als Ordnungsprinzip, 1984, S. 21f.; Art. 11 Abs. 2 der Verfassung des Freistaates Bayern wird insoweit keine Bedeutung beigemessen, siehe *Ulrich Scheuner*, a. a. O., S. 1 (5).

position der Gemeinden und Gemeindeverbände gegenüber dem Staat.[126] Die Zuordnung kommunaler Selbstverwaltung zur gesellschaftlichen Sphäre beeinflusste auch noch die Selbstverwaltungslehre *Paul Labands*, die auf dem Gedanken der Selbstbeschränkung des Staates beruhte: Anders als die unmittelbare Ausübung obrigkeitlicher Herrschaftsrechte werde deren Wahrnehmung im Wege der kommunalen Selbstverwaltung Personen übertragen, die dem Staat zwar unterworfen seien, gleichwohl aber schon begrifflich von diesem zu unterscheiden seien. Kommunale Selbstverwaltung beschränke daher die staatlichen Herrschaftsrechte auf eine Regelung der für die Wahrnehmung von Aufgaben maßgeblichen Vorgaben sowie deren Kontrolle.[127] Gemeinden und Gemeindeverbände seien folglich in einem „Zwischenbau von Staat und Unterthan" angesiedelt.[128]

Allerdings blieb der Dualismus von Staat und Gemeinden sowie Gemeindeverbänden jedenfalls im konstitutionellen Staat nicht unwidersprochen. *Paul Schoen* formulierte, kommunale Selbstverwaltung sei die Besorgung staatlicher Verwaltungsgeschäfte durch dem Staat untergeordnete, zugleich aber selbstständige Verbände. Aufgaben der Gemeinden und Gemeindeverbände blieben Staatsgeschäfte, Angelegenheiten, die der Staat besorgen müsse, sofern nicht die Gemeinden und Gemeindeverbände zur selbstständigen Erledigung herangezogen würden. Da kommunale Selbstverwaltung nach dieser Konzeption lediglich die rechtlichen Beziehungen zwischen Staat und Gemeinden sowie Gemeindeverbänden ordnete,[129] zeigen sich deutliche Unterschiede gegenüber der Selbstverwaltungslehre, die Gemeinden und Gemeindeverbände als naturrechtliche Gemeinwesen beschrieb.[130] Die Deutung kommunaler Selbstverwaltung als Grundrecht sowohl nach Art. 184 der Frankfurter Paulskirchenverfassung als auch Art. 127 WRV – und ebenso nach Art. 49 der Verfassung des Landes Rheinland-Pfalz von 1947 – beruhte wohl letztlich darauf, dass eine gewisse Eigenständigkeit der Gemeinden und Gemeindeverbände im 19. Jahrhundert erst durchgesetzt werden musste und ein grundrechtliches Denken nahelegte.[131]

[126] *Johann Christoph von Aretin/Karl von Rotteck*, Staatsrecht der constitutionellen Monarchie, 3. Teil, 2. Aufl. 1840, S. 22 ff.

[127] *Paul Laband*, Das Staatsrecht des Deutschen Reiches, Bd. I, 1876, S. 101.

[128] *Paul Laband*, Das Staatsrecht des Deutschen Reiches, Bd. I, 1876, S. 101; dazu *Gunnar Folke Schuppert*, AöR 114 (1989), S. 127 (139 f.).

[129] *Paul Schoen*, in: Franz von Holtzendorff/Josef Kohler (Hrsg.), Enzyklopädie der Rechtswissenschaft, Bd. IV, 7. Aufl. 1914, S. 203 f.

[130] Dazu *Georg Christoph von Unruh*, in: Norbert Achterberg (Hrsg.), Öffentliches Recht und Politik, Festschrift für Hans Ulrich Scupin zum 70. Geburtstag, 1973, S. 391 (408 f.).

[131] *Franz-Ludwig Knemeyer*, in: Albert von Mutius (Hrsg.), Selbstverwaltung im Staat der Industriegesellschaft, Festgabe zum 70. Geburtstag von Georg Christoph von Unruh, 1983, S. 209 ff.; *ders.*, in: Arno Buschmann (Hrsg.), Festschrift für Rudolf Gmür zum 70. Geburtstag 28. Juli 1983, 1983, S. 137 ff.; ausführlich zur historischen Entwicklung *Klaus Lange*, in: Hans Schneider (Hrsg.), Im Dienst an Recht und Staat, Festschrift für Werner Weber zum 70. Geburtstag, 1974, S. 851 ff.; ferner *Friedhelm Hufen*, in: Max-Emanuel Geis (Hrsg.), Staat –

Ungeachtet dessen steht jedenfalls der grundrechtlichen Konzeption des Art. 28 Abs. 2 GG ein weiterer gewichtiger Einwand entgegen: Anders als die Weimarer Reichsverfassung[132] konzipiert das Grundgesetz Gemeinden und Gemeindeverbände im Dualismus von staatlicher und gesellschaftlicher Sphäre ausdrücklich nicht als verfassungsrechtlich verbürgte Körperschaften sich selbst verwaltender Bürger.[133] Gemeinden und Gemeindeverbände werden vielmehr als Verwaltungseinheiten der Länder, als „Teil des Staates" und nicht als eigenständige, vom Staat unabhängige oder distanzierte Einrichtungen in den verwaltungsorganisatorischen Staatsaufbau integriert.[134] Gemeinden und Gemeindeverbände lassen sich daher nicht der Sphäre gesellschaftlicher Freiheit zuordnen, sodass sie Hoheitsmacht überdies lediglich vom Staat ableiten können:[135] Das Demokratieprinzip des Grundgesetzes setzt eine einheitliche Legitimation von Staat und Gemeinden sowie Gemeindeverbänden voraus.[136] Kommunale Selbstverwaltung ist allenfalls dadurch von staatsunmittelbarer Aufga-

---

Kirche – Verwaltung, Festschrift für Hartmut Maurer zum 70. Geburtstag, 2001, S. 1177 (1177 ff.).

[132] Überdies warf die systematische Platzierung vieler Regelungsgegenstände des Zweiten Hauptteils oftmals Fragen auf – *Carl Schmitt*, in: Carl Schmitt, Verfassungsrechtliche Aufsätze aus den Jahren 1924–1954, 1958, S. 140 (140) warf dem Zweiten Hauptteil der Weimarer Reichsverfassung Heterogenität, Inkohärenz und Pleonexie vor; siehe auch *dens.*, Verfassungslehre, 1927, S. 170 f., 173; ferner *Friedrich Glum*, AöR 56 a. F. (1929), S. 379 (414), die im Hinblick auf den systematischen Standort des Art. 127 WRV von einem Redaktionsversehen ausgehen.

[133] *Herbert Bethge*, in: Albert von Mutius (Hrsg.), Selbstverwaltung im Staat der Industriegesellschaft, Festgabe zum 70. Geburtstag von Georg Christoph von Unruh, 1983, S. 149 (158 ff.); *Friedhelm Hufen*, in: Max-Emanuel Geis (Hrsg.), Staat – Kirche – Verwaltung, Festschrift für Hartmut Maurer zum 70. Geburtstag, 2001, S. 1177 (1181); siehe auch BVerfGE 61, 82 (100 ff.).

[134] BVerfGE 22, 180 (203); 39, 96 (109); 45, 63 (79 f.); 61, 82 (103); 83, 363 (375); 86, 148 (215); 107, 1 (11); zur Grundrechtsbindung der Gemeinden nach Art. 1 Abs. 3 GG BVerfGE 83, 37 (50 ff.); zum Ganzen *Klaus Stern*, DÖV 1975, S. 515 ff.; *Daniel Thürer*, Bund und Gemeinden, 1986, S. 10 ff.; *Claudia Mainzer*, Die dogmatische Figur der Einrichtungsgarantie, 2003, S. 218; ferner *Jörn Ipsen*, ZG 1994, S. 194 (199, 211 f.), der allerdings bei der Interpretation der verfassungsrechtlichen Gewährleistung kommunaler Selbstverwaltung Bezüge zur Grundrechtsdogmatik erkennen lässt.

[135] BVerfGE 8, 122 (132 f.); 38, 258 (270); 47, 253 (272); 83, 37 (53 ff.); 83, 60 (71 ff.); dazu auch *Herbert Bethge*, in: Albert von Mutius (Hrsg.), Selbstverwaltung im Staat der Industriegesellschaft, Festgabe zum 70. Geburtstag von Georg Christoph von Unruh, 1983, S. 149 ff.; ferner *Gernot Lissak*, Das kommunale Selbstverwaltungsrecht nach bayerischem Verfassungs- und Verfassungsprozessrecht, 2000, S. 195; *Andreas Bovenschulte*, Gemeindeverbände als Organisationsformen kommunaler Selbstverwaltung, 2000, S. 496 f.

[136] *Markus Kenntner*, DÖV 1998, S. 701 (702); siehe auch *Georg Christoph von Unruh*, in: Norbert Achterberg (Hrsg.), Öffentliches Recht und Politik, Festschrift für Hans Ulrich Scupin zum 70. Geburtstag, 1973, S. 391 (412); anders wohl *Jürgen Salzwedel*, VVDStRL 22 (1963), S. 219 (226 ff.), der die Gemeinden aufgrund der historischen Entwicklung zum Bereich der gesellschaftlichen Selbstverwaltung zählt; kritisch *Ernst Thomas Emde*, Die demokratische Legitimation der funktionalen Selbstverwaltung, 1991, S. 241 ff., der die Theorie der gesellschaftlichen Selbstverwaltung als Aktualisierung eines liberalistischen Selbstverwaltungsverständnisses qualifiziert.

benwahrnehmung zu unterscheiden, dass Verwaltungsaufgaben im lokalen Bereich in rechtlich verselbstständigter Form und auf der Basis unmittelbar demokratisch legitimierter Entscheidungen erfüllt werden.[137] Gemeinden und Gemeindeverbände sind hingegen keine „kleinen Republiken", die von Verfassungs wegen als „dritte Säule" des gegliederten Staatsaufbaus konzipiert wurden.[138] Schließlich steht einer grundrechtlichen Deutung des Art. 28 Abs. 2 GG auch das in der Judikatur des Bundesverfassungsgerichts formulierte Konfusionsargument entgegen.[139] Der Staat kann grundsätzlich – abgesehen von der so genannten Ausnahmetrias – nicht gleichzeitig Adressat und Berechtigter grundrechtlicher Gewährleistungen sein.[140] Auch danach gilt: Art. 28 Abs. 2 GG statuiert weder grundrechtliche noch grundrechtsanaloge[141] Rechtspositionen.[142]

2. *„Recht" auf Selbstverwaltung*

Neben dem untauglichen Versuch einer grundrechtlichen Deutung wird eine weitere – insbesondere von *Hartmut Maurer* vertretene – Variante der subjektiv-rechtlichen Interpretation kommunaler Selbstverwaltung vorgeschlagen. Anstelle der institutionellen Rechtssubjekts-, objektiven Rechtsinstitutions- und subjektiven Rechtsstellungsgarantie soll Art. 28 Abs. 2 GG danach ein subjektives Recht der Gemeinden und Gemeindeverbände gewährleisten: Gegenstand dieses subjektiven Rechts sei die verfassungsunmittelbar gewährleistete eigenverantwortliche Regelung der Angelegenheiten der örtlichen Gemeinschaft, Adressaten seien Bund und Länder sowie andere Hoheitsträger, die das

---

[137] Dazu *Klaus Lange*, in: Ekkehart Stein (Hrsg.), Festschrift für Helmut Ridder zum siebzigsten Geburtstag, 1989, S. 63 ff.

[138] Siehe *Franz-Ludwig Knemeyer/Matthias Wehr*, VerwArch 92 (2001), S. 317 (323 f.); anders *Heiko Faber*, AK-GG, Art. 28 Abs. 1 II, Abs. 2 (2002), Rn. 28; ähnlich *Hans Meyer*, Die Finanzverfassung der Gemeinden, 1969, S. 24 ff., 56 f.; ferner *Heinz W. Korte*, VerwArch 61 (1970), S. 3 (8 f.).

[139] Ausführlich zum Ganzen *Franz-Ludwig Knemeyer/Matthias Wehr*, VerwArch 92 (2001), S. 317 (325 ff.).

[140] BVerfGE 21, 362 (370); siehe aber auch noch BVerfGE 21, 117 (131).

[141] Siehe aber auch Bayerischer Verfassungsgerichtshof, BayVBl. 1976, S. 589 ff.; zum Versuch einer naturrechtlichen Rekonstruktion kommunaler Selbstverwaltung auch noch BVerwGE 67, 321 (324).

[142] *Franz-Ludwig Knemeyer*, BayVBl. 1988, S. 129 ff.; *Peter Badura*, BayVBl. 1989, S. 1 ff.; *Eberhard Schmidt-Aßmann*, in: Horst Dreier (Hrsg.), Festschrift 50 Jahre Bundesverfassungsgericht, Bd. II, 2001, S. 803 (806); *Josef Isensee*, in: Utz Schließky (Hrsg.), Die Freiheit des Menschen in Kommune, Staat und Europa, Festschrift für Edzard Schmidt-Jortzig, 2011, S. 269 (276); ferner *Siegfried Broß*, VerwArch 77 (1986), S. 65 ff.; *Albert Bleckmann/Franziska Helm*, DVBl. 1992, S. 9 (14); *Walter Frenz*, VerwArch 85 (1994), S. 22 ff.; ausführlich *Gernot Lissack*, Das kommunale Selbstverwaltungsrecht nach bayerischem Verfassungs- und Verfassungsprozessrecht, 2000, S. 200 ff.; *Andreas Bovenschulte*, Gemeindeverbände als Organisationsformen kommunaler Selbstverwaltung, 2000, S. 506 ff.

Selbstverwaltungsrecht beeinträchtigten.[143] Zwar bleibt auch im Kontext dieses Deutungsansatzes das etatistische Selbstverwaltungsverständnis[144] unbestritten. Gerade im Gegensatz zum institutionellen Verständnis geht dieser Deutungsansatz aber davon aus, dass allein die fehlende Grundrechtsqualität des Art. 28 Abs. 2 GG der Annahme einer subjektiven Rechtsposition nicht entgegensteht:[145] Gemeinden und Gemeindeverbände verfügten nicht nur über das erforderliche personale Substrat eines subjektiven Rechts und auch der Umstand, dass Art. 28 Abs. 2 GG keine Bestandsgarantie zugunsten einzelner Gemeinden enthalte, sei unerheblich: Jedes subjektive Recht könne ohnehin nur auf existente Rechtssubjekte bezogen werden.[146]

a) *Begründungsansatz und Argumentationsgang*

Nach *Hartmut Maurer* wird nur die Annahme eines solchen subjektiven Rechts einerseits der Integration der Gemeinden in den verwaltungsorganisatorischen Staatsaufbau und andererseits der verfassungsrechtlichen Gewährleistung der eigenverantwortlichen Wahrnehmung der Angelegenheiten der örtlichen Gemeinschaft gerecht.[147] Schon der Wortlaut des Art. 28 Abs. 2 GG deute auf ein „Recht" auf Selbstverwaltung hin. Dass der Begriff des Rechts im Grundgesetz ansonsten mit Vorsicht gehandhabt wird, spreche eindeutig zugunsten der Annahme einer subjektiven Rechtsposition.[148] Zudem sei die von der institutionellen Interpretation des Art. 28 Abs. 2 GG beschriebene Notwendigkeit der legislativen Ausgestaltung kommunaler Selbstverwaltung angesichts der verfassungsunmittelbaren Gewährleistung der eigenverantwortlichen Wahrnehmung der Angelegenheiten der örtlichen Gemeinschaft entbehrlich und widerspreche sogar dem Wortlaut des Art. 28 Abs. 2 GG.[149]

---

[143] *Hartmut Maurer*, DVBl. 1995, S. 1037 (1041); siehe auch *Max-Emanuel Geis*, in: Max-Emanuel Geis (Hrsg.), Staat – Kirche – Verwaltung, Festschrift für Hartmut Maurer zum 70. Geburtstag, 2001, S. 79 (82); ähnlich *Klaus Rennert*, JuS 2008, S. 29 (30).

[144] Zum Begriff *Franz-Ludwig Knemeyer/Matthias Wehr*, VerwArch 92 (2001), S. 317 (325).

[145] *Hartmut Maurer*, DVBl. 1995, S. 1037 (1041 f.); ferner *Dietrich Roßmüller*, Schutz der kommunalen Finanzausstattung durch Verfahren, 2009, S. 33 f.; anders etwa *Thomas Clemens*, NVwZ 1990, S. 834 (835), der Art. 28 Abs. 2 GG aus systematischen Gründen nicht als subjektives Recht anerkennt.

[146] *Hartmut Maurer*, DVBl. 1995, S. 1037 (1042).

[147] *Hartmut Maurer*, DVBl. 1995, S. 1037 (1041); siehe auch *Daniel Thürer*, Bund und Gemeinden, 1986, S. 21 f., der gleichwohl der tradierten Interpretation des Art. 28 Abs. 2 GG zugeneigt bleibt.

[148] Siehe *Friedhelm Hufen*, in: Max-Emanuel Geis (Hrsg.), Staat – Kirche – Verwaltung, Festschrift für Hartmut Maurer zum 70. Geburtstag, 2001, S. 1177 (1178 ff.), der ergänzt, dass ein ursprünglicher Zusammenhang zwischen individueller Freiheit und kommunaler Selbstverwaltung bestehe, ein institutionelles Verständnis folglich auszuschließen sei.

[149] *Hartmut Maurer*, DVBl. 1995, S. 1037 (1041); allgemein auch *Franz-Ludwig Knemeyer*, NJW 1980, S. 1140 (1143); *ders.*, in: Albert von Mutius (Hrsg.), Selbstverwaltung im Staat der Industriegesellschaft, Festgabe zum 70. Geburtstag von Georg Christoph von Unruh, 1983,

Des Weiteren greift der Ansatz, der kommunale Selbstverwaltung als subjektives Recht versteht, auch Unzulänglichkeiten der institutionellen Interpretation auf – insbesondere den Umstand, dass die insoweit als notwendig erachtete legislative Ausgestaltung des Art. 28 Abs. 2 GG jedenfalls nach der Judikatur des Bundesverfassungsgerichts Maßgaben verpflichtet ist, die nicht mit der Lehre von den institutionellen Garantien im Allgemeinen übereinstimmen.[150] Das System von Kern- und Randbereich verdeutliche im Übrigen, dass die Lehre von den institutionellen Garantien der Grundrechtsdogmatik angenähert worden sei.[151] Ursprünglich habe schließlich die Lehre von den institutionellen Garantien mit Blick auf Art. 127 WRV noch als „letzte Bastion" gegenüber der Legislative fungiert. Davon habe sich aber jedenfalls die Judikatur des Bundesverfassungsgerichts weit entfernt, die die Lehre von den institutionellen Garantien folglich nur scheinbar aufgegriffen habe.[152]

Insbesondere könne aber die Abwehr von legislativen Beeinträchtigungen nicht lediglich als subjektiv-rechtlicher Reflex der institutionellen Garantie kommunaler Selbstverwaltung klassifiziert werden.[153] Eine solche Konzeption könne nämlich der Gefahr einer Minimalisierung des Art. 28 Abs. 2 GG nicht wirksam begegnen. Legislative Beeinträchtigungen zielten regelmäßig nicht auf die Beseitigung oder Aushöhlung namentlich der verfassungsrechtlichen Gewährleistung kommunaler Selbstverwaltung, vielmehr bewirkten vielfältige Einwirkungen kontinuierliche Veränderungen.[154] Dementsprechend bleibe ein

S. 209 (219); *Alexander Schink*, VerwArch 81 (1990), S. 385 (396 f.), die die unmittelbar von Verfassungs wegen gewährleisteten Garantieelemente kommunaler Selbstverwaltung betonen; ferner *Gerd-Jürgen Richter*, Verfassungsprobleme der kommunalen Funktionalreform, 1977, S. 77 ff.; *ders.*, DÖV 1980, S. 419 (420), der keine Notwendigkeit erblickt, anhand außerhalb der Verfassung angesiedelter Maßstäbe eine inhaltliche Bestimmung der kommunalen Selbstverwaltungsgarantie vorzunehmen; vielmehr seien jedenfalls mit Blick auf die Gemeinden – hinsichtlich der Gemeindeverbände bejaht auch *Gerd-Jürgen Richter* das Vorliegen einer institutionellen Garantie – unmittelbar von Verfassungs wegen die wesentlichen Merkmale der Institution kommunaler Selbstverwaltung garantiert; zum Ganzen schließlich *Joachim Kronisch*, Aufgabenverlagerung und gemeindliche Aufgabengarantie, 1993, S. 71 ff., der mit einer strikten Anwendung des Übermaßverbotes die Leistungen der Lehre von den institutionellen Garantien substituieren will.

[150] Siehe dazu schon S. 69 ff.; in vorliegendem Zusammenhang *Jörn Ipsen*, ZG 1994, S. 194 (196); ferner *Dietrich Roßmüller*, Schutz der kommunalen Finanzausstattung durch Verfahren, 2009, S. 56 f.

[151] Kritisch *Ute Lusche*, Die Selbstverwaltungsaufgaben der Landkreise, 1998, S. 27 ff.; *Eberhard Schmidt-Aßmann*, in: Hans-Günter Henneke/Hubert Meyer (Hrsg.), Kommunale Selbstverwaltung zwischen Bewahrung, Bewährung und Entwicklung, Festgabe für Gernot Schlebusch zum 65. Geburtstag, 2006, S. 59 (64).

[152] *Jörn Ipsen*, ZG 1994, S. 194 (198 f.).

[153] *Hartmut Maurer*, DVBl. 1995, S. 1037 (1039); siehe auch *Theodor Maunz*, in: Theodor Maunz/Günter Dürig (Begr.), Grundgesetz, Art. 28 (1977), Rn. 46, der den Rechtsschutz der Gemeinden jedenfalls nicht auf der Basis einer institutionellen Garantie begründen will.

[154] *Jörn Ipsen*, ZG 1994, S. 194 (196); entsprechende Unzulänglichkeiten anerkennt auch das Bundesverfassungsgericht – weswegen letztlich der Randbereichsschutz entwickelt wurde, dazu BVerfGE 79, 127 (148).

Wesensgehalt kommunaler Selbstverwaltung wirkungslos, dessen inhaltliche Bestimmung zudem nicht gelungen sei. Jede historische Betrachtung sei insoweit untauglich, schreibe die Lehre von den institutionellen Garantien doch gerade keinen status quo fest.[155] Auch ein Aufgabenzugriffsrecht der Gemeinden könne die sichtbar werdenden Unzulänglichkeiten nicht überwinden, da die Möglichkeit zur Wahrnehmung neuer Aufgaben nicht verhindere, dass die Aufgabenwahrnehmung der legislativen Beeinträchtigung zugänglich und zugleich schutzlos ausgeliefert sei.[156] Schließlich ermögliche der Wesensgehalt auch keinen Abwägungsprozess, sodass die Annahme eines subjektiven Rechts gleichzeitig auch dezisionären Tendenzen entgegenwirke.[157]

b) Kritische Analyse

Was zunächst die begrifflich radizierte Begründung der Deutung kommunaler Selbstverwaltung als subjektives Recht betrifft, ist für das Staatsorganisationsrecht festzuhalten, dass die Begriffe Kompetenz, Zuständigkeit und Recht – des Weiteren auch Aufgabe, Befugnis, Ermächtigung, Funktion oder Verantwortung – im Grundgesetz ohne systematischen Zusammenhang Verwendung finden. Die anzutreffende Begriffsvielfalt – auch als „Begriffswirrwarr" betitelt[158] – erfordert daher grundsätzlich Zurückhaltung hinsichtlich einer an die Terminologie anknüpfenden dogmatischen Differenzierung, die verfassungssystematisch nicht begründbar ist.[159]

aa) Subjektive Rechte im Staatsorganisationsrecht

Für das dogmatische Verständnis des Art. 28 Abs. 2 GG ist vor diesem Hintergrund des Weiteren festzustellen: Der Begriff des „Rechts" hat nicht zuletzt im Abschnitt über die Gesetzgebungskompetenzen verfassungsrechtliche Anerkennung gefunden. Der Grundbegriff des Staatsorganisationsrechts ist dennoch der Begriff der Kompetenz, divergierende Begriffe erscheinen lediglich als Synonyme.[160] Daher spricht auch eine entstehungsgeschichtliche Betrachtung des Art. 28 Abs. 2 GG[161] nicht schon zugunsten der Annahme eines subjektiven Rechts, wonach während der Beratungen des Parlamentarischen Rates ausdrücklich gefordert worden sei, ein „Recht" auf kommunale Selbstverwaltung

---

[155] Dazu S. 55; in vorliegendem Zusammenhang *Jörn Ipsen*, ZG 1994, S. 194 (197).

[156] *Joachim Kronisch*, Aufgabenverlagerung und gemeindliche Aufgabengarantie, 1993, S. 100f.

[157] *Jörn Ipsen*, ZG 1994, S. 194 (197).

[158] *Bodo Pieroth*, AöR 114 (1989), S. 422 (433).

[159] *Markus Heintzen*, in: BK, Art. 70 (2003), Rn. 49.

[160] *Markus Heintzen*, in: BK, Art. 70 (2003), Rn. 49; *Rupert Stettner*, in: Horst Dreier (Hrsg.), GG-Komm., Bd. II, 2. Aufl. 2006, Art. 70, Rn. 17.

[161] *Markus Kenntner*, DÖV 1998, S. 701 (706).

verfassungsrechtlich festzuschreiben.[162] Allerdings ist anderen kompetenzrechtlichen Bestimmungen – vor allem den Gesetzgebungskompetenzen – eine institutionelle Interpretation fremd.[163] Solche Rechte werden vielmehr durch den Ausschluss anderer Kompetenzträger von der Wahrnehmung der jeweiligen Kompetenzen gewährleistet.[164]

Anschließend daran wird die grundgesetzliche Kompetenzordnung gerade auch mit einer subjektiv-rechtlichen Deutung verknüpft: Während insoweit die dem Staat in seiner Gesamtheit zustehenden, mit Pflichten auf Leisten, Dulden oder Unterlassen – auch als Urrecht betitelte Beherrschungs- und Gehorsamsrechte[165] – korrespondierenden Rechtspositionen und deren subjektiv-rechtliche Konstruktion[166] ohne Bedeutung bleiben, wird im Verhältnis von Kompetenzträgern in einem analogen Sinne von subjektiven „Rechten auf [...]" gespro-

---

[162] Dazu *Klaus-Berto von Doemming/Rudolf Werner Füsslein/Werner Matz*, JöR 1 n.F. (1951), S. 1 (254).

[163] *Dietrich Roßmüller*, Schutz der kommunalen Finanzausstattung durch Verfahren, 2009, S. 34.

[164] *Franz-Ludwig Knemeyer*, in: Albert von Mutius (Hrsg.), Selbstverwaltung im Staat der Industriegesellschaft, Festgabe zum 70. Geburtstag von Georg Christoph von Unruh, 1983, S. 209 (218); darüber hinaus werden kompetenzrechtliche Bestimmungen lediglich aus spätpositivistischer Perspektive dem Einwand ausgesetzt, subjektive Rechte nicht begründen zu können und lediglich objektive Berechtigungen zu normieren, siehe *Georg Jellinek*, System der subjektiv-öffentlichen Rechte, 2. Aufl. 1919, S. 227; *ders.*, Allgemeine Staatslehre, 3. Aufl. 1914, S. 564; ferner *Heinrich Triepel*, in: Festgabe der Berliner Juristischen Fakultät für Wilhelm Kahl zum Doktorjubiläum am 19. April 1923, 1923, S. 1 (43); dem lag im Wesentlichen die Annahme zugrunde, dass Kompetenzträger Befugnisse wahrnehmen, nur der Staat aber das alleinige Subjekt ungeteilter Staatsgewalt sein könne, siehe *Paul Laband*, Das Staatsrecht des Deutschen Reiches, Bd. I, 5. Aufl. 1911, S. 366; ferner *Hans Fülster*, Staatsrecht in Frage und Antwort, Bd. II, o. J., S. 493 f.; der Annahme subjektiver Rechte werden folglich die Einheitlichkeit der Staatsgewalt sowie die Gefahren von Beliebigkeit und Eigennutz entgegen gehalten, siehe *Georg Jellinek*, System der subjektiv-öffentlichen Rechte, 2. Aufl. 1919, S. 223 ff.; *Otto Mayer*, Deutsches Verwaltungsrecht, Bd. I, 3. Aufl. 1924, S. 103 ff.; *Herbert Krüger*, Allgemeine Staatslehre, 2. Aufl. 1966, S. 110 f.; bereits *Ottmar Bühler*, Die subjektiv-öffentlichen Rechte und ihr Schutz in der deutschen Verwaltungsrechtsprechung, 1914, S. 6 f. zweifelte allerdings, ob nicht auch die Machtbefugnisse des Staates oder wenigstens einzelne Arten derselben den Namen „subjektives öffentliches Recht" verdienen; anders *Richard Thoma*, in: Gerhard Anschütz/Richard Thoma (Hrsg.), Handbuch des Staatsrechts, Bd II, 1932, S. 607 (612 ff.), der Adressaten von Rechtspflichten und Rechtsbefugnissen im interorganschaftlichen Verhältnis zu Rechtssubjekten erstarken und auf dieser Grundlage zwischen den Organpersönlichkeiten derselben Staatskörperschaft ein System gegenseitiger subjektiver Rechte und Pflichten entstehen ließ; schließlich wurden subjektive Rechte vereinzelt natürlichen oder juristischen Personen (des öffentlichen Rechts) zuerkannt, siehe *Edmund Bernatzik*, AöR 5 a.F. (1890), S. 169 (213 ff.); *Ernst Forsthoff*, Lehrbuch des Verwaltungsrechts, 10. Aufl. 1973, S. 452; *Hans Spanner*, in: Karl Carstens (Hrsg.), Festschrift Hermann Jahrreiß zu seinem siebzigsten Geburtstag, 1964, S. 411 (414); zum Ganzen *Hartmut Maurer*, DVBl. 1986, S. 208 ff.;

[165] Dazu *Otto Mayer*, Deutsches Verwaltungsrecht, Bd. I, 3. Aufl. 1924, S. 105 f.

[166] *Hartmut Bauer*, DVBl. 1986, S. 208 ff.; siehe auch *dens.*, Geschichtliche Grundlagen der Lehre vom subjektiven öffentlichen Recht, 1986, passim; zuvor *Hans Kelsen*, Reine Rechtslehre, 2. Aufl. 1960, S. 310 ff.

chen.[167] Daher wird vor allem den Bundesländern im Rahmen der Kompetenzordnung des Grundgesetzes neben einem status passivus – anerkannt werden ferner ein status activus sowie ein status positivus[168] –, der Pflichten gegenüber dem Bund beschreibt,[169] ein status negativus zuerkannt, der eigene Rechtspositionen markiert. Die Bundesländer sind danach nicht nur Kompetenzträger, sondern innerhalb der verfassungsrechtlichen Kompetenzordnung zugleich verantwortliche Subjekte und Kompetenzen korrespondierten mit „subjektive[n] Rechte" auf Kompetenzinhaberschaft und -ausübung.[170] Diese subjektiv-rechtliche Deutung der grundgesetzlichen Kompetenzordnung könnte nun dafür sprechen, auch Art. 28 Abs. 2 GG als subjektives Recht zu qualifizieren. Dem steht allerdings entgegen, dass eine Gleichsetzung von Kompetenzen und subjektiven Rechten im föderalen Binnenbereich auch auf Bedenken stößt:[171] Subjektive Rechte seien dogmengeschichtlich belastet, subjektive Rechte juristischer Personen des öffentlichen Rechts könnten danach gerade nicht überzeugen.[172]

bb) Einwände gegen die Subjektivierung kompetenzrechtlicher Bestimmungen

Zwar ist das – vermeintliche – Impermeabilitätsdogma *Georg Jellineks*[173] inzwischen ebenso überwunden wie die Theorie, Staatsgewalt könne nicht von Kompetenzträgern geteilt werden.[174] Die staatliche Organisationsstruktur wird als organisierter Handlungs- und Wirkungszusammenhang anerkannt,[175] sodass Beziehungen zwischen Kompetenzträgern grundsätzlich einer rechtlichen

---

[167] *Josef Isensee*, in: Josef Isensee/Paul Kirchhof (Hrsg.), Handbuch des Staatsrechts der Bundesrepublik Deutschland, Bd. VI, 3. Aufl. 2008, § 126, Rn. 128; deutlicher *Wolfgang Roth*, Verwaltungsrechtliche Organstreitigkeiten, 2001, S. 461 ff.; zum Ganzen auch schon *Ernst Friesenhahn*, in: Festschrift Richard Thoma zum 75. Geburtstag, 1950, S. 21 (53 56); *Karl Heinrich Friauf*, AöR 88 (1963), S. 257 (298 f.); *Dieter Lorenz*, in: Christian Starck (Hrsg.), Bundesverfassungsgericht und Grundgesetz, Festgabe aus Anlaß des 25 jährigen Bestehens des Bundesverfassungsgerichts, Bd. I, 1976, S. 225 ff.

[168] Zur Übertragung der Statuslehre *Georg Jellineks* auf das Verhältnis zwischen Bund und Ländern *Josef Isensee*, in: Josef Isensee/Paul Kirchhof (Hrsg.), Handbuch des Staatsrechts der Bundesrepublik Deutschland, Bd. VI, 3. Aufl. 2008, § 126, Rn. 128 ff.

[169] Dazu *Paul Laband*, Das Staatsrecht des Deutschen Reiches, Bd. I, 2. Aufl. 1888, S. 105 f.

[170] *Josef Isensee*, in: Josef Isensee/Paul Kirchhof (Hrsg.), Handbuch des Staatsrechts der Bundesrepublik Deutschland, Bd. VI, 3. Aufl. 2008, § 126, Rn. 132.

[171] *Joachim Burmeister*, in: Albert von Mutius (Hrsg.), Selbstverwaltung im Staat der Industriegesellschaft, Festgabe zum 70. Geburtstag von Georg Christoph von Unruh, 1983, S. 623 (634 ff.).

[172] *Ernst-Wolfgang Böckenförde*, in: Christian-Friedrich Menger (Hrsg.), Fortschritte des Verwaltungsrechts, Festschrift für Hans J. Wolff zum 75. Geburtstag, 1973, S. 269 (303).

[173] Dazu *Christoph Möllers*, Staat als Argument, 2000, S. 23 ff.

[174] *Paul Laband*, Das Staatsrecht des Deutschen Reiches, Bd. I, 5. Aufl. 1911, S. 366; ferner *Edmund Bernatzik*, AöR 5 a. F. (1890), S. 169 (205 ff.); *Georg Jellinek*, Allgemeine Staatslehre, 3. Aufl. 1914, S. 561.

[175] *Hermann Heller*, Staatslehre, 1934, S. 228 ff.

Strukturierung zugänglich sind.[176] Auch bedingt nicht zuletzt die Möglichkeit einer bundesverfassungsgerichtlichen Durchsetzung von Kompetenzen,[177] dass Kompetenzträger eine normativ fundierte Rechtsposition (prozessual und) materiell verteidigen können.[178] Die Existenz von Rechtsbeziehungen zwischen Kompetenzträgern lässt aber dennoch nicht den Schluss auf eine Qualifikation von Kompetenzen als subjektive Rechte zu.[179] Die kompetenzrechtlichen Bestimmungen immanente Pflichtenbindung sowie die fehlende voluntative Beliebigkeit zwingen nämlich zu einer Unterscheidung zwischen Kompetenzen und subjektiven Rechten:[180] Kompetenzen dürfen im Wege der Subjektivierung gerade nicht mit den Attributen der voluntativen Beliebigkeit[181] sowie Verzichtbarkeit[182] in Verbindung gebracht werden.[183] Zwar können Kompetenzträger

---

[176] *Rupert Stettner*, Grundfragen einer Kompetenzlehre, 1983, S. 65 f.; ferner *Ernst-Wolfgang Böckenförde*, in: Christian-Friedrich Menger (Hrsg.), Fortschritte des Verwaltungsrechts, Festschrift für Hans J. Wolff zum 75. Geburtstag, 1973, S. 269 ff.

[177] Zur Klassifizierung des bundesverfassungsgerichtlichen Organstreites als kontradiktorisches Verfahren, in dem Organe nicht nur als Inhaber von Kompetenzen, sondern auch als Träger subjektiver Rechte auftreten und gerichtlich durchsetzbare subjektive Rechte und Pflichten geltend machen, *Klaus Stern*, in: BK, Art. 93 (1982), Rn. 74; *Herbert Bethge*, in: Theodor Maunz/Bruno Schmidt-Bleibtreu/Franz Klein/Herbert Bethge (Hrsg.), BVerfGG, § 63 (2002), Rn. 7; *Joachim Wieland*, in: Horst Dreier (Hrsg.), GG-Komm., Bd. III, 2. Aufl. 2008, Art. 93, Rn. 50; auch das Bundesverfassungsgericht hat trotz der Dichotomie von Zuständigkeiten und Kompetenzen einerseits und subjektiven Rechten andererseits eine gewisse Subjektivierung der verfassungsrechtlichen Beziehungen anerkannt, BVerfGE 2, 143 (152); dazu *Andreas Voßkuhle*, in: Hermann von Mangoldt/Friedrich Klein/Christian Starck (Hrsg.), GG-Komm., Bd. III, 6. Aufl. 2010, Art. 93, Rn. 98 f.; dennoch findet sich auch der Hinweis, die Judikatur des Bundesverfassungsgerichts diene der objektiven Bewahrung des Verfassungsrechts, BVerfGE 2, 79 (86); ferner BVerfGE 1, 351 (359) mit dem Hinweis, die Verfahren vor dem Bundesverfassungsgericht dienten der Entwicklung des Verfassungsrechts durch Entscheidungen und der Sicherung des Rechtsfriedens für die Zukunft.

[178] Siehe *Dieter Lorenz*, in: Christian Starck (Hrsg.), Bundesverfassungsgericht und Grundgesetz, Festgabe aus Anlaß des 25 jährigen Bestehens des Bundesverfassungsgerichts, Bd. I, 1976, S. 225 ff.; *dens.*, AöR 93 (1968), S. 308 ff., der allerdings nicht von „echten" subjektiven Rechten spricht, sondern vielmehr einen mehr rechtstechnischen Einsatz dieses Instituts zur Abgrenzung von Willens- und Interessensphären vornimmt; kritisch dazu *Rupert Stettner*, Grundfragen einer Kompetenzlehre, 1983, S. 68 f.; zum Ganzen *Gunter Kisker*, Insichprozess und Einheit der Verwaltung, 1968, S. 37 ff.; *Dimitris Th. Tsatsos*, Der verwaltungsrechtliche Organstreit, 1969, S. 43 f.; *Friedrich E. Schnapp*, AöR 105 (1980), S. 243 (276 f.).

[179] *Rupert Stettner*, Grundfragen einer Kompetenzlehre, 1983, S. 70 f.

[180] *Rupert Stettner*, Grundfragen einer Kompetenzlehre, 1983, S. 71.

[181] Siehe aber auch *Wolfgang Roth*, Verwaltungsrechtliche Organstreitigkeiten, 2001, S. 468 ff., 482 ff., der in der Beliebigkeit kein Wesensmerkmal subjektiver Rechte erblickt.

[182] *Ernst-Wolfgang Böckenförde*, in: Christian-Friedrich Menger (Hrsg.), Fortschritte des Verwaltungsrechts, Festschrift für Hans J. Wolff zum 75. Geburtstag, 1973, S. 269 (302 f.); siehe aber auch *Wolfgang Roth*, Verwaltungsrechtliche Organstreitigkeiten, 2001, S. 480 ff., der die Verzichtbarkeit nicht als Wesensmerkmal subjektiver Rechte qualifiziert.

[183] *Wolfgang Löwer*, in: Josef Isensee/Paul Kirchhof (Hrsg.), Handbuch des Staatsrechts der Bundesrepublik Deutschland, Bd. III, 3. Aufl. 2005, § 70, Rn. 8.

angesichts der Fundamentalkritik an der Interessentheorie[184] subjektive Interessen[185] bilden.[186] Dies ändert aber nichts daran, dass kompetenzrechtliche Bestimmungen lediglich einer organisierten Rechtsgemeinschaft mit normativer Zuständigkeitsordnung Ausdruck verleihen.[187]

c) Leistungsfähigkeit der subjektiv-rechtlichen Deutung des Art. 28 Abs. 2 GG

Die Unterscheidung zwischen kompetenzrechtlichen Bestimmungen und subjektiven Rechten steht jeder subjektiv-rechtlichen Deutung des Art. 28 Abs. 2 GG entgegen. Allenfalls ließe sich zugunsten einer solchen Deutung noch anführen, die kategoriale Unterscheidung zwischen kompetenzrechtlichen Bestimmungen und subjektiven Rechten habe inzwischen an Bedeutung verloren.[188] Auch dieser Hinweis darf aber nicht zu der Behauptung überleiten, die Anerkennung subjektiver Rechte sei lediglich folgenlose „Begriffsakrobatik".[189] Namentlich mit Blick auf die verfassungsrechtliche Gewährleistung kommunaler Selbstverwaltung mahnen nicht zuletzt die Diskussion über die Anwendbarkeit des Grundsatzes der Verhältnismäßigkeit[190] oder erkennbare Anleihen bei der Grundrechtsdogmatik[191] zur Vorsicht. Für die Versuche einer subjek-

---

[184] *Wolfgang Roth*, Verwaltungsrechtliche Organstreitigkeiten, 2001, S. 464 ff.; ferner *Friedrich E. Schnapp*, VerwArch 78 (1987), S. 422 ff.; *Dirk Ehlers*, NVwZ 1990, S. 105 (111).

[185] Dazu schon *Rudolf von Jhering*, Geist des römischen Rechts auf den verschiedenen Stufen seiner Entwicklung, Bd. III, 1865, S. 331 ff.

[186] Siehe mit Blick auf das Verwaltungsprozessrecht aber auch *Hans-Uwe Erichsen*, in: Hans-Uwe Erichsen (Hrsg.), System des verwaltungsgerichtlichen Rechtsschutzes, Festschrift für Carl-Friedrich Menger zum 70. Geburtstag, 1985, S. 211 (228); zum Kommunalrecht *Thorsten Kingreen*, DVBl. 1995, S. 1337 (1338 f.); allgemein *Hans Kelsen*, Reine Rechtslehre, 2. Aufl. 1960, S. 310 ff.

[187] *Wolfgang Löwer*, in: Josef Isensee/Paul Kirchhof (Hrsg.), Handbuch des Staatsrechts der Bundesrepublik Deutschland, Bd. III, 3. Aufl. 2005, § 70, Rn. 9; ferner *Ernst Friesenhahn*, in: Festschrift Richard Thoma zum 75. Geburtstag, 1950, S. 21 (53, 56); *Karl Heinrich Friauf*, AöR 88 (1963), S. 257 (298 f.); *Dieter Lorenz*, in: Christian Starck (Hrsg.), Bundesverfassungsgericht und Grundgesetz, Festgabe aus Anlaß des 25jährigen Bestehens des Bundesverfassungsgerichts, Bd. I, 1976, S. 225 (228 ff.).

[188] Zum Ganzen *Wolfgang Roth*, Verwaltungsrechtliche Organstreitigkeiten, 2001, S. 470 ff.; ferner *Jost Pietzcker*, in: Peter Badura (Hrsg.), Festschrift 50 Jahre Bundesverfassungsgericht, Bd. II, 2001, S. 587 (589), der von subjektiven Rechten ähnlichen Kompetenzen spricht; *Josef Isensee*, in: Josef Isensee/Paul Kirchhof (Hrsg.), Handbuch des Staatsrechts der Bundesrepublik Deutschland, Bd. VI, 3. Aufl. 2008, § 126, Rn. 128 formuliert, dass mit den gebotenen Vorbehalten aus Gründen der Vereinfachung von subjektiven Rechten gesprochen werden könne.

[189] *Wolfgang Löwer*, in: Josef Isensee/Paul Kirchhof (Hrsg.), Handbuch des Staatsrechts der Bundesrepublik Deutschland, Bd. III, 3. Aufl. 2005, § 70, Rn. 10.

[190] Siehe dazu S. 47 ff.

[191] Siehe *Herbert Bethge*, Die Verwaltung 15 (1982), S. 205 (212); *Willi Blümel*, in: Albert von Mutius (Hrsg.), Selbstverwaltung im Staat der Industriegesellschaft, Festgabe zum 70. Geburtstag von Georg Christoph von Unruh, 1983, S. 265 (302 f.); ferner *Winfried Brohm*, DÖV 1989, S. 429 (431); *Stefan Langer*, VerwArch 80 (1989), S. 352 (356); Vergleiche mit der Eigentumsgarantie bemühen etwa *Friedrich Schoch*, VerwArch 81 (1990), S. 18 (26 f.); *ders.*, in:

tiv-rechtlichen Interpretation des Art. 28 Abs. 2 GG folgt daraus letztlich, dass ein Selbstverwaltungs„recht" nicht als subjektives Recht, sondern lediglich als kompetenzrechtliche Interpretation des Art. 28 Abs. 2 GG gedacht werden kann.[192]

III. Kompetenzrechtliche Interpretation des Art. 28 Abs. 2 GG

Eine solche Interpretation des Art. 28 Abs. 2 GG wurde ebenfalls vorgeschlagen.[193] Ähnlich der Annahme eines subjektiven Rechts nimmt auch die kompetenzrechtliche Interpretation des Art. 28 Abs. 2 GG darauf Bezug, dass Art. 28 Abs. 2 GG anders als Art. 127 WRV verfassungsunmittelbare Gewährleistungselemente formuliere, denen die institutionelle Interpretation des Art. 28 Abs. 2 GG nicht gerecht werden könne.

1. Grundlagen der kompetenzrechtlichen Deutung

Der Wortlaut des Art. 28 Abs. 2 S. 1 GG, der den Gemeinden das „Recht" zuweist, alle Angelegenheiten der örtlichen Gemeinschaft im Rahmen der Gesetze in eigener Verantwortung zu regeln, bildet folglich den Ausgangspunkt auch der kompetenzrechtlichen Interpretation.[194] Art. 28 Abs. 2 GG verwende – an-

---

Hans-Günter Henneke/Hartmut Maurer/Friedrich Schoch, Die Kreise im Bundesstaat, 1994, S. 9 (23); *ders.*, DVBl. 2008, S. 937 (938); *Alexander Schink*, VerwArch 81 (1990), S. 385 (395); *Walter Frenz*, Die Verwaltung 1995, S. 33 (56 f.).

[192] Siehe *Gerd Schmidt-Eichstaedt*, Bundesgesetze und Gemeinden, 1981, S. 132 ff., der Art. 28 Abs. 2 GG als Kompetenzvorschrift interpretiert.

[193] Zur kompetenzrechtlichen Interpretation der Gewährleistung des Art. 28 Abs. 2 GG vor allem *Kay Waechter*, Die Verwaltung 29 (1996), S. 47 (63 ff.); ferner *Gerd Schmidt-Eichstaedt*, Bundesgesetze und Gemeinden, 1981, S. 129 ff.; ähnlich *Gerd-Jürgen Richter*, Verfassungsprobleme der kommunalen Funktionalreform, 1977, S. 146, der einen gesetzesfesten und eigenständigen Kompetenzblock kommunaler Selbstverwaltung postuliert; siehe auch *dens.*, DVBl. 1978, S. 784 (785); zustimmend *Franz-Ludwig Knemeyer*, NJW 1980, S. 1140 (1143); *ders.*, in: Albert von Mutius (Hrsg.), Selbstverwaltung im Staat der Industriegesellschaft, Festgabe zum 70. Geburtstag von Georg Christoph von Unruh, 1983, S. 209 ff.; *ders.*, in: Norbert Achterberg (Hrsg.), Recht und Staat im sozialen Wandel, Festschrift für Hans Ulrich Scupin zum 80. Geburtstag, 1983, S. 797 (801, 809, 811).

[194] Siehe zum Wortlaut auch nochmals *Hartmut Maurer*, DVBl. 1995, S. 1037 (1041); aus der Perspektive der kompetenzrechtlichen Interpretation *Franz-Ludwig Knemeyer*, in: Albert von Mutius (Hrsg.), Selbstverwaltung im Staat der Industriegesellschaft, Festgabe zum 70. Geburtstag von Georg Christoph von Unruh, 1983, S. 209 (219), der insoweit im Gegensatz zur institutionellen Interpretation von einer „objektiven Garantie" spricht, die die Einrichtung von Gemeinden und Gemeindeverbänden und deren Autonomie gewährleiste und zugunsten der Gemeinden ein Recht statuiere, alle Angelegenheiten der örtlichen Gemeinschaft im Rahmen der Gesetze selbst zu verwalten; siehe auch *dens.*, in: Norbert Achterberg (Hrsg.), Recht und Staat im sozialen Wandel, Festschrift für Hans Ulrich Scupin zum 80. Geburtstag, 1983, S. 797 (808); *dens.*, in: Arno Buschmann (Hrsg.), Festschrift für Rudolf Gmür zum 70. Geburtstag 28. Juli 1983, 1983, S. 137 (146); ferner *Markus Kenntner*, DÖV

ders als Art. 127 WRV, der den Gemeinden und Gemeindeverbände das Recht der Selbstverwaltung innerhalb der Schranken der Gesetze einräumte, – nicht allein den Begriff der Selbstverwaltung;[195] das Recht der Gemeinden alle Angelegenheiten der örtlichen Gemeinschaft eigenverantwortlich zu regeln, greife Art. 28 Abs. 2 GG vielmehr verfassungsunmittelbar auf. Lediglich Art. 28 Abs. 2 S. 2 GG sei noch auf die Aussage beschränkt, dass Gemeindeverbände im Rahmen eines gesetzlichen Aufgabenbereiches nach Maßgabe der Gesetze das „Recht der Selbstverwaltung" haben.[196]

a) Eigenverantwortliche Regelung der Angelegenheiten der örtlichen Gemeinschaft als verfassungsunmittelbares Gewährleistungselement

Die kompetenzrechtliche Interpretation des Art. 28 Abs. 2 GG grenzt sich von der institutionellen Interpretation somit dadurch ab, dass die vom Bundesverfassungsgericht betonte Notwendigkeit der Ausgestaltung kommunaler Selbstverwaltung verneint und die verfassungsunmittelbar gewährleistete Befugnis zur eigenverantwortlichen Regelung der Angelegenheiten der örtlichen Gemeinschaft hervorgehoben wird. Dem ist grundsätzlich zuzustimmen: Sowohl die Kompetenz der Gemeinden, alle Angelegenheiten der örtlichen Gemeinschaft zu regeln, als auch die Eigenverantwortlichkeit der kommunalen Aufgabenwahrnehmung müssen nicht erst vom Gesetzgeber im Wege der Ausgestaltung bereitgestellt werden. Sie sind vielmehr verfassungsunmittelbar gewährleistet.

aa) Entstehungsgeschichtliche Perspektive

Die entstehungsgeschichtliche Analyse bestätigt diese Annahme: Während der Beratungen des Parlamentarischen Rates bestand zunächst weitgehende Einigkeit darüber, im Gegensatz zum Herrenchiemseer Entwurf eine verfassungsrechtliche Gewährleistung kommunaler Selbstverwaltung normieren zu wollen.[197] Die Diskussionen betrafen daher oftmals redaktionelle Einzelheiten.[198] Dennoch lag den Beratungen des Parlamentarischen Rates die Annahme zu-

---

1998, S. 701 (707); ähnlich *Gerd-Jürgen Richter*, Verfassungsprobleme der kommunalen Funktionalreform, 1977, S. 83 ff.

[195] Dazu auch *Dirk Ehlers*, DVBl. 2000, S. 1301 (1304), der insoweit eine Ausgestaltungsbedürftigkeit der Gewährleistung des Art. 28 Abs. 2 GG verneint.

[196] *Franz-Ludwig Knemeyer*, in: Albert von Mutius (Hrsg.), Selbstverwaltung im Staat der Industriegesellschaft, Festgabe zum 70. Geburtstag von Georg Christoph von Unruh, 1983, S. 209 (219); siehe dazu aus der Perspektive der subjektiv-rechtlichen Interpretation auch *Hartmut Maurer*, DVBl. 1995, S. 1037 (1041); allgemein ferner *Friedrich Schoch*, VerwArch 81 (1990), S. 18 (27).

[197] Siehe dazu schon S. 68 f.

[198] *Klaus-Berto von Doemming/Rudolf Werner Füsslein/Werner Matz*, JöR 1 n. F. (1951), S. 1 (253 ff.).

grunde, eine verfassungsrechtliche Gewährleistung kommunaler Selbstverwaltung bleibe wirkungslos, wenn der Begriff der Selbstverwaltung nicht mit Inhalt gefüllt werde.[199] Dies kann als Anhaltspunkt dafür gewertet werden, dass Art. 28 Abs. 2 GG im Gegensatz zu Art. 127 WRV nicht die Ausgestaltung seiner Gewährleistungselemente voraussetzt.[200]

Zwar wurde während der Beratungen des Parlamentarischen Rates auch der Einwand vorgebracht, nicht alle Selbstverwaltungsangelegenheiten seien Angelegenheiten der örtlichen Gemeinschaft; vielmehr erfüllten die Gemeinden zahlreiche Angelegenheiten mit überörtlichen Bezügen. Trotz dieses Einwandes hielt der Parlamentarische Rat indes an der Formulierung des Art. 28 Abs. 2 GG fest.[201] Die Präferenz für eine verfassungsunmittelbare, nicht auf eine einfachgesetzliche Ausgestaltung angewiesene Gewährleistung kommunaler Selbstverwaltung wird schließlich auch dadurch deutlich, dass der Parlamentarische Rat nicht den Vorschlag aufgegriffen hat, im Anschluss an § 2 Abs. 2 der Deutschen Gemeindeordnung nur solche Aufgaben als gemeindliche Aufgaben anzuerkennen, für die keine anderweitige Zuständigkeit geregelt ist.[202] Diesem Vorschlag wurde gerade vorgehalten, er impliziere eine weitgehende Beschränkung kommunaler Selbstverwaltung.[203]

bb) Zur Bedeutung der Aufgabengarantie der Gemeindeverbände für die kompetenzrechtliche Interpretation

Zugunsten der kompetenzrechtlichen Interpretation des Art. 28 Abs. 2 GG, die die Kompetenz der Gemeinden zur Regelung der Angelegenheiten der örtlichen Gemeinschaft und die Eigenverantwortlichkeit der kommunalen Aufgabenwahrnehmung als verfassungsunmittelbar gewährleistet ansieht, spricht auch die Aufgabengarantie der Gemeindeverbände: Die institutionelle Interpretation des Art. 28 Abs. 2 GG, die die Ausgestaltung auch der eigenverantwortlichen Regelung der Angelegenheiten der örtlichen Gemeinschaft für notwendig hält, missachtet nämlich einen fundamentalen Unterschied zwischen den Aufgabengarantien der Gemeinden und Gemeindeverbände. Schon nach dem Wortlaut des Art. 28 Abs. 2 GG[204] werden die Aufgaben der Gemeinden verfassungsunmittelbar konkretisiert, die Aufgaben der Gemeindeverbände demgegenüber

---

[199] *Klaus-Berto von Doemming/Rudolf Werner Füsslein/Werner Matz*, JöR 1 n.F. (1951), S. 1 (253ff.).

[200] Siehe *Markus Kenntner*, DÖV 1998, S. 701 (703).

[201] Zum Ganzen *Klaus-Berto von Doemming/Rudolf Werner Füsslein/Werner Matz*, JöR 1 n.F. (1951), S. 1 (254).

[202] Dazu *Klaus-Berto von Doemming/Rudolf Werner Füsslein/Werner Matz*, JöR 1 n.F. (1951), S. 1 (254f.).

[203] *Klaus-Berto von Doemming/Rudolf Werner Füsslein/Werner Matz*, JöR 1 n.F. (1951), S. 1 (255).

[204] Siehe BVerfGE 83, 363 (383); 103, 332 (359).

aber ausdrücklich von einer legislativen Ausgestaltung abhängig gemacht.[205] Die These, die verfassungsrechtliche Gewährleistung kommunaler Selbstverwaltung sei „komplett vom Gesetzesrecht und dessen Ausformung [...] abhängig", sieht sich folglich dem Vorwurf ausgesetzt, einen wichtigen systematischen Interpretationsaspekt zu missachten.[206] Diese Sichtweise hat prominente Unterstützung zuletzt auch durch das Bundesverfassungsgericht erfahren: In seiner die Hartz IV-Arbeitsgemeinschaften betreffenden Entscheidung stellte das Bundesverfassungsgericht fest, „[a]nders als bei den Gemeinden [...] [beschreibe] die Verfassung die Aufgaben der Kreise nicht selbst, sondern [...] [überantworte] dies dem Gesetzgeber".[207] Den Rückschluss, die Aufgabengarantie der Gemeinden bedürfe nicht der Ausgestaltung durch den Gesetzgeber, bestätigt das Bundesverfassungsgericht dabei freilich nicht.

b) Verfassungsunmittelbare Gewährleistung der eigenverantwortlichen Regelung der Angelegenheiten der örtlichen Gemeinschaft: Kritik und Antikritik

Abschließend muss im Kontext der kompetenzrechtlichen Deutung des Art. 28 Abs. 2 GG berücksichtigt werden, dass der Ausgangspunkt einer solchen Interpretation trotz der skizzierten Anhaltspunkte im Wortlaut sowie der entstehungsgeschichtlichen und systematischen Argumente auch in Zweifel gezogen werden könnte: Es ließe sich darauf hinweisen, eine überzeugende Konkretisierung der Angelegenheiten der örtlichen Gemeinschaft sei in der Vergangenheit nicht gelungen, sodass sehr wohl die Ausgestaltung der Aufgabengarantie der Gemeinden durch den Gesetzgeber notwendig sein könnte. Zudem könnte der kompetenzrechtlichen Deutung des Art. 28 Abs. 2 GG entgegen gehalten werden, ein Entörtlichungsprozess habe den Begriff der Angelegenheiten der örtlichen Gemeinschaft unbrauchbar werden lassen.[208] Auch dies könnte die Notwendigkeit der legislativen Ausgestaltung der Aufgabengarantie der Gemeinden bedingen. Durchgreifende Bedenken gegenüber der kompetenzrechtlichen Interpretation des Art. 28 Abs. 2 GG ergeben sich daraus allerdings nicht. Aus Unsicherheiten bei der inhaltlichen Konkretisierung des Begriffs der Angelegenheiten der örtlichen Gemeinschaft lässt sich nämlich nicht die Notwendigkeit der legislativen Ausgestaltung der Befugnis der Gemeinden, alle Angele-

---

[205] *Gerd-Jürgen Richter*, Verfassungsprobleme der kommunalen Funktionalreform, 1977, S. 89 ff.

[206] Allgemein dazu *Friedrich Schoch*, DVBl. 2008, S. 937 (938); aus der Perspektive der kompetenzrechtlichen Interpretation *Franz-Ludwig Knemeyer*, in: Albert von Mutius (Hrsg.), Selbstverwaltung im Staat der Industriegesellschaft, Festgabe zum 70. Geburtstag von Georg Christoph von Unruh, 1983, S. 209 (220); *Markus Kenntner*, DÖV 1998, S. 701 (708).

[207] Siehe BVerfGE 119, 331 (352 f.); aus subjektiv-rechtlicher Sicht ähnlich *Jörn Ipsen*, ZG 1994, S. 194 (204).

[208] Ausführlich dazu S. 457 ff.

genheiten der örtlichen Gemeinschaft zu regeln, schlussfolgern. Unsicherheiten bei der Bestimmung verfassungsrechtlicher Begriffe sind keine Eigentümlichkeit des Art. 28 Abs. 2 GG. Die Notwendigkeit der legislativen Ausgestaltung könnte allenfalls dann angenommen werden, wenn der Begriff der Angelegenheiten der örtlichen Gemeinschaft gar keiner Auslegung zugänglich wäre.[209] Zudem ist auch eine Auflösung örtlicher Gemeinschaften letztlich (noch) nicht nachweisbar.[210] Vielmehr wird dem Begriff der Gemeinschaft unabhängig vom Verfassungstext sogar Bedeutung bei der Befassung mit der Aufgabengarantie der Gemeindeverbände beigemessen.[211] Gleiches gilt grundsätzlich auch für den Maßstab der Örtlichkeit: Nicht zu bestreiten ist zunächst, dass kompetenzrechtliche Bestimmungen ganz grundsätzlich räumliche Abgrenzungen notwendig machen. Dass Angelegenheiten der örtlichen Gemeinschaft überörtliche Belange betreffen können, lässt mithin nicht jede Abgrenzungsfunktion des Begriffs der Örtlichkeit obsolet werden.[212]

Schließlich ist auch die verfassungsunmittelbare Gewährleistung des Merkmals der Eigenverantwortlichkeit der kommunalen Aufgabenerfüllung nicht zu widerlegen. Es ist zwar richtig, dass Art. 28 Abs. 2 S. 2 GG für die Gemeindeverbände lediglich ein Recht auf Selbstverwaltung statuiert, während Art. 28 Abs. 2 S. 1 GG die Eigenverantwortlichkeit unmittelbar auf die Angelegenheiten der örtlichen Gemeinschaft bezieht.[213] Allein damit kann aber nicht die Annahme begründet werden, die Eigenverantwortlichkeit der Aufgabenwahrnehmung durch Gemeindeverbände setze eine einfachgesetzliche Ausgestaltung voraus. Die Verknüpfung zwischen den verfassungsrechtlichen Gewährleistungen der Gemeinden und der Gemeindeverbände, die „auch [...] im Rahmen ihres gesetzlichen Aufgabenbereiches nach Maßgabe der Gesetze das Recht der Selbstverwaltung" haben, verdeutlicht nämlich, dass der Begriff der Selbstverwaltung im Sinne des Art. 28 Abs. 2 S. 2 GG ebenfalls verfassungsunmittelbar durch ein modales Gewährleistungselement präzisiert wurde. Die eigenverantwortliche Wahrnehmung der Angelegenheiten der örtlichen Gemeinschaft ist daher nicht von einer einfachgesetzlichen Ausgestaltung der Autonomie der Gemeinden und Gemeindeverbände abhängig.

---

[209] Aus der Perspektive der subjektiv-rechtlichen Interpretation *Hartmut Maurer*, DVBl. 1995, S. 1037 (1043).

[210] *Franz-Ludwig Knemeyer*, in: Albert von Mutius (Hrsg.), Selbstverwaltung im Staat der Industriegesellschaft, Festgabe zum 70. Geburtstag von Georg Christoph von Unruh, 1983, S. 209 (221).

[211] Siehe allgemein *Wolfgang Roters*, Kommunale Mitwirkung an überörtlichen Entscheidungsprozessen, 1975, S. 13 ff.

[212] *Franz-Ludwig Knemeyer*, in: Albert von Mutius (Hrsg.), Selbstverwaltung im Staat der Industriegesellschaft, Festgabe zum 70. Geburtstag von Georg Christoph von Unruh, 1983, S. 209 (222).

[213] Aus der Perspektive der subjektiv-rechtlichen Interpretation *Jörn Ipsen*, ZG 1994, S. 194 (201 ff.).

2. *Unzulänglichkeiten der kompetenzrechtlichen Deutung des Art. 28 Abs. 2 GG*

Letztlich führt kein Weg an der Erkenntnis vorbei, dass die Aufgabengarantie der Gemeinden und die Eigenverantwortlichkeit der Aufgabenwahrnehmung durch Gemeinden und Gemeindeverbände unmittelbar im „spröden Text des Art. 28 Abs. 2 GG" angelegt sind.[214] Davon ausgehend ist aber fraglich, ob eine kompetenzrechtliche Deutung des Art. 28 Abs. 2 GG eine angemessene dogmatische Rekonstruktion der verfassungsrechtlichen Gewährleistung kommunaler Selbstverwaltung in ihrer Gesamtheit ermöglicht. Schon mit Blick auf die Funktion der Lehre von den institutionellen Garantien wurde nämlich darauf hingewiesen, dass die Einrichtung der Gemeinden und Gemeindeverbände – das existentiale Gewährleistungselement – anders als die Gewährleistung der eigenverantwortlichen Regelung der Angelegenheiten der örtlichen Gemeinschaft ausgestaltungsbedürftig ist. Unzulänglichkeiten der kompetenzrechtlichen Interpretation des Art. 28 Abs. 2 GG könnten sich demzufolge daraus ergeben, dass der Gewährleistungsgehalt des Art. 28 Abs. 2 GG mit der Befugnis zur eigenverantwortlichen Regelung der Angelegenheiten der örtlichen Gemeinschaft nicht abschließend beschrieben werden kann, die Existenz von Gemeinden und Gemeindeverbänden dementsprechend nicht adäquat von der kompetenzrechtlichen Deutung kommunaler Selbstverwaltung erfasst wird.

Von Bedeutung für die dogmatische Rekonstruktion des Art. 28 Abs. 2 GG ist – zugespitzt formuliert – daher, inwieweit die verfassungsrechtliche Gewährleistung kommunaler Selbstverwaltung einer legislativen Ausgestaltung bedarf. Um die Frage nach der Ausgestaltungsbedürftigkeit der verfassungsrechtlichen Gewährleistung kommunaler Selbstverwaltung beantworten zu können, ist auf die Begründungsansätze der institutionellen Interpretation des Art. 28 Abs. 2 GG zurückzukommen. Bestätigt sich – zumindest hinsichtlich einzelner Gewährleistungselemente – die insoweit betonte Ausgestaltungsbedürftigkeit des Art. 28 Abs. 2 GG, sind zugleich entscheidende Defizite der kompetenzrechtlichen Interpretation benannt. Ein Ansatz, der lediglich die Aufgabengarantie der Gemeinden sowie die Eigenverantwortlichkeit der Aufgabenerfüllung dogmatisch strukturieren kann, andere Gewährleistungselemente des Art. 28 Abs. 2 GG aber unberücksichtigt lässt, erlaubt keine in sich konsistente Gesamtrekonstruktion der verfassungsrechtlichen Gewährleistung kommunaler Selbstverwaltung.

---

[214] Aus subjektiv-rechtlicher Sicht *Jörn Ipsen*, ZG 1994, S. 194 (202).

a) „[I]m Rahmen der Gesetze" – Grundlage der Ausgestaltungsbedürftigkeit kommunaler Selbstverwaltung?

Die institutionelle Interpretation des Art. 28 Abs. 2 GG zeichnet sich dadurch aus, dass sie von der Notwendigkeit einer vollumfänglichen Ausgestaltung der verfassungsrechtlichen Gewährleistung kommunaler Selbstverwaltung ausgeht. Namentlich das Bundesverfassungsgericht judiziert zwar, den Gemeinden werde die eigenverantwortliche Wahrnehmung der Angelegenheiten der örtlichen Gemeinschaft verfassungsrechtlich gewährleistet. Dabei handele es sich aber nicht um eine verfassungsunmittelbare Gewährleistung; vielmehr schränke die verfassungsrechtliche Festschreibung der eigenverantwortlichen Regelung der Angelegenheiten der örtlichen Gemeinschaft lediglich den legislativen Gestaltungsspielraum ein. Der Vorbehalt „im Rahmen der Gesetze" solle eine legislative Ausgestaltung des Art. 28 Abs. 2 GG nicht beliebig legitimieren können.[215] Diese Judikatur verdeutlicht, dass das Bundesverfassungsgericht aufgrund des Vorbehaltes „im Rahmen der Gesetze" von einer vollumfänglichen Ausgestaltungsbedürftigkeit des Art. 28 Abs. 2 GG ausgeht: Der Vorbehalt „im Rahmen der Gesetze"[216] wird zugleich als Regelungs- und Eingriffsvorbehalt interpretiert, dem zudem eine Qualifikations- und Abgrenzungskompetenz bei einer Konkretisierung der Angelegenheiten der örtlichen Gemeinschaft abgewonnen wird.[217] Ferner wird der Vorbehalt „im Rahmen der Gesetze" sowohl auf die gemeindliche Aufgabengarantie als auch die Eigenverantwortlichkeit der Aufgabenerfüllung bezogen.[218]

---

[215] BVerfGE 79, 127 (143 ff.).

[216] Eingehend zur Rekonstruktion des Vorbehaltes „im Rahmen der Gesetze" als „echter Gesetzesvorbehalt" aus der Perspektive der institutionellen Interpretation *Willi Blümel*, in: Albert von Mutius (Hrsg.), Selbstverwaltung im Staat der Industriegesellschaft, Festgabe zum 70. Geburtstag von Georg Christoph von Unruh, 1983, S. 265 (298 ff.); anders *Joachim Burmeister*, Verfassungstheoretische Neukonzeption der kommunalen Selbstverwaltungsgarantie, 1977, S. 27 ff., 84 ff.; zur Bedeutung der vormaligen Rahmengesetzgebungskompetenz des Bundes für die Auslegung des Vorbehaltes „im Rahmen der Gesetze" *Harald Schultze*, Raumordnungspläne und gemeindliche Selbstverwaltung, 1970, S. 70 ff.; *Gerd Schmidt-Eichstaedt*, Bundesgesetze und Gemeinden, 1981, S. 143 ff.

[217] *Eberhard Schmidt-Aßmann*, in: Everhardt Franßen (Hrsg.), Bürger – Richter – Staat, Festschrift für Horst Sendler, 1991, S. 121 (134).

[218] Siehe aber auch *Albert von Mutius*, in: Ständige Deputation des Deutschen Juristentages (Hrsg.), Verhandlungen des dreiundfünfzigsten Deutschen Juristentages, Bd. I, 1980, E 32 f., der ungeachtet des Vorbehaltes „im Rahmen der Gesetze" die verfassungsrechtliche Gewährleistung kommunaler Selbstverwaltung verfassungsunmittelbaren Schranken unterwirft, die zur Abwägung zwischen der kommunaler Selbstverwaltung und kollidierenden Verfassungsnormen zwingen; dazu auch *ders.*, in: Albert von Mutius (Hrsg.), Selbstverwaltung im Staat der Industriegesellschaft, Festgabe zum 70. Geburtstag von Georg Christoph von Unruh, 1983, S. 227 (249 f.).

aa) Zum Geltungsbereich des Vorbehaltes „im Rahmen der Gesetze"

Indes erweist sich dieser Ansatz als unterkomplex. Zu Recht wird zunächst der Geltungsbereich des Vorbehaltes „im Rahmen der Gesetze" nämlich als interpretatorisches „Hauptproblem"[219] des Art. 28 Abs. 2 GG bezeichnet. Dessen Erstreckung auf die Angelegenheiten der örtlichen Gemeinschaft geht auf die Annahme zurück, dem Vorbehalt „im Rahmen der Gesetze" könne kaum ein rechter Sinn abgewonnen werden, wenn zwar alle Aufgaben der örtlichen Gemeinschaft der legislativen Beeinträchtigung entzogen,[220] das Maß der Eigenverantwortlichkeit aber beliebig eingeschränkt werden könne.[221] Das Bundesverfassungsgericht bemüht demgegenüber vorrangig dogmen- und entstehungsgeschichtliche Aspekte. Angesichts der „lapidare[n] Sprachgestalt" des Art. 28 Abs. 2 GG seien die Rechte der Gemeinden in der Vergangenheit im Wege der gesetzlichen Bewilligung und Eingrenzung konturiert worden. Der Parlamentarische Rat hätte zudem Vorschläge, die auf einen restriktiven Anwendungsbereich des Vorbehaltes „im Rahmen der Gesetze" zielten, nicht verworfen,

> „weil sie den gemeindlichen Aufgabenbereich dem Gesetzesvorbehalt entziehen wollten, sondern weil die Formulierung des Grundsatzausschusses gerade umgekehrt eine zu starke Einschränkung des Gesetzesvorbehalts bedeuten könnte." „[E]ine Einschränkung des Aufgabenkreises der Gemeinden [sollte] nur durch Gesetz erfolgen [...] [können], [...] [während andere Vorschläge] nicht nur Gemeindeverbänden und Ländern, sondern auch anderen Trägern der öffentlichen Verwaltung wie den Trägern der Sozialversicherung Befugnisse zugewiesen [...] [hätten], die die Gemeinden von eigener Tätigkeit ausschlössen".[222]

Der Wortlaut des Art. 28 Abs. 2 S. 1 GG spricht allerdings gegen eine Auslegung, die den Vorbehalt „im Rahmen der Gesetze" auch auf die Aufgabengarantie der Gemeinden bezieht. Mit der grammatikalischen und syntaktischen Stellung korrespondiert allein eine Auslegung, die den Vorbehalt „im Rahmen der Gesetze" lediglich als adverbiale Bestimmung der Eigenverantwortlichkeit

---

[219] *Klaus Stern*, in: BK, Art. 28 (1964), Rn. 113; siehe aber auch *Albert von Mutius*, in: Ständige Deputation des Deutschen Juristentages (Hrsg.), Verhandlungen des dreiundfünfzigsten Deutschen Juristentages, Bd. I, 1980, E 37 f., der dem Gesetzgeber zunächst lediglich gestattete, „den Umfang der Angelegenheiten der örtlichen Gemeinschaft zu beschränken", dies aber später wohl revidierte, siehe *dens.*, Jura 1982, S. 28 (37).

[220] Siehe aber auch *Albert von Mutius*, in: Ständige Deputation des Deutschen Juristentages (Hrsg.), Verhandlungen des dreiundfünfzigsten Deutschen Juristentages, Bd. I, 1980, E 37 f.; ferner *Hans Peter Ipsen*, DÖV 1955, S. 225 (226); *Walter Grafe*, DÖV 1955, S. 650 (650); *Werner Weber*, Staats- und Verwaltungsrecht der Gegenwart, 2. Aufl. 1967, S. 50.

[221] *Theodor Maunz*, in: Theodor Maunz/Günter Dürig (Begr.), Grundgesetz, Art. 28 (1977), Rn. 52; siehe auch *Klaus Vogelgesang*, in: Karl Heinrich Friauf/Wolfram Höfling (Hrsg.), Berliner Kommentar zum Grundgesetz, Art. 28 (2001), Rn. 133; anders *Robert Neuhoff*, DÖV 1952, S. 259 (259), der von einer Sünde wider den Geist der Verfassung spricht; kritisch auch *Gerd Schmidt-Eichstaedt*, Bundesgesetze und Gemeinden, 1981, S. 133 ff.

[222] BVerfGE 79, 127 (143 ff.).

kommunaler Selbstverwaltung qualifiziert.[223] Dass das Bundesverfassungsgericht diese Auslegungsmöglichkeit erkennt, einer historischen und genetischen Betrachtung aber gleichwohl den Vorzug einräumt, ist zudem auf methodische Besonderheiten der Judikatur des Bundesverfassungsgerichts zurückzuführen: Zuvor hatte das Bundesverfassungsgericht nämlich judiziert, verfassungsrechtliche Gewährleistungen seien angesichts der oftmals knappen und lapidaren Sprachgestalt allenfalls begrenzt einer Wortlautinterpretation zugänglich; da häufig lediglich die vorgefundene Rechtslage verfassungsrechtlich fest- und fortgeschrieben werden sollte,[224] träten die grammatikalische und syntaktische regelmäßig hinter der historischen Auslegung zurück.[225]

Schon aus methodischer Perspektive ist der Judikatur des Bundesverfassungsgerichts entgegenzuhalten, dass eine oftmals vermeintlich magere Textgestalt kaum im Wege einer genetischen und historischen Auslegung verdrängt werden kann.[226] Darüber hinaus kann mit Hilfe der Beratungen des Parlamentarischen Rates zumindest nicht zwingend eine Anwendung des „Vorbehaltes im Rahmen der Gesetze" auch auf die Angelegenheiten der örtlichen Gemeinschaft begründet werden. Während die vom Zuständigkeitsausschuss vorgeschlagene Formulierung des Art. 28 Abs. 2 GG noch nicht zwischen den Aufgabengarantien der Gemeinden und Gemeindeverbände unterschied,[227] wurden die Beratungen des Parlamentarischen Rates sodann zwar von Zweifeln gegenüber einer universellen Aufgabengarantie der Gemeinden begleitet. Dementsprechend wurde im Ausschuss für Grundsatzfragen zwischenzeitlich eine Formulierung beraten, die auch die Aufgabengarantie der Gemeinden ausdrücklich unter den Vorbehalt einer gesetzlichen Regelung stellte.[228] Dieser Vorschlag wurde allerdings in den nachfolgenden Beratungen gerade verworfen und der Hauptausschuss nahm erneut Bezug auf den Vorschlag des Zuständigkeitsausschusses. Zugleich fand der Vorbehalt „im Rahmen der Gesetze" Eingang in den Verfassungstext, der legislative Beeinträchtigungen der verfassungsrechtlichen Gewährleistung kommunaler Selbstverwaltung grundsätzlich legitimieren wollte.[229] Welchen Bezugspunkt dieser Vorbehalt „im Rahmen der Gesetze"

---

[223] *Franz-Ludwig Knemeyer*, in: Albert von Mutius (Hrsg.), Selbstverwaltung im Staat der Industriegesellschaft, Festgabe zum 70. Geburtstag von Georg Christoph von Unruh, 1983, S. 209 (224).

[224] BVerfGE 79, 127 (143 f.).

[225] BVerfGE 74, 51 (57); 74, 102 (116).

[226] Allgemein *Friedrich Müller*, Juristische Methodik, 7. Aufl. 1997, S. 246 ff.

[227] Siehe dazu *Wolf Weber*, Selbstverwaltung und Demokratie in den Gemeinden nach der Gebietsreform, 1982, S. 43 ff.

[228] Siehe dazu *Wolf Weber*, Selbstverwaltung und Demokratie in den Gemeinden nach der Gebietsreform, 1982, S. 43.

[229] Ausführlich dazu *Wolf Weber*, Selbstverwaltung und Demokratie in den Gemeinden nach der Gebietsreform, 1982, S. 43 ff.

nimmt, lässt sich entstehungsgeschichtlich folglich nicht vollständig nachweisen.

Festzuhalten bleibt daher: Der Wortlaut des Art. 28 Abs. 2 GG spricht zugunsten einer Interpretation des Vorbehaltes „im Rahmen der Gesetze" als adverbiale Bestimmung des Merkmals der Eigenverantwortlichkeit kommunaler Aufgabenwahrnehmung.[230] Zudem lässt der Vorbehalt „im Rahmen der Gesetze" gegenüber der „nach Maßgabe der Gesetze" gewährleisteten Aufgabengarantie der Gemeindeverbände erkennen, dass eine Anwendung des Vorbehaltes „im Rahmen der Gesetze" auf die Aufgabengarantie der Gemeinden den systematischen Zusammenhang zwischen Art. 28 Abs. 2 S. 1 GG und Art. 28 Abs. 2 S. 2 GG zu unterlaufen droht.[231] Landesverfassungsrechtliche Gewährleistungen bestätigen zudem, dass auf die Aufgabengarantie der Gemeinden bezogene Vorbehalte auch von Verfassungs wegen zum Ausdruck gebracht werden können:[232] Die schon vor dem Inkrafttreten des Grundgesetzes verabschiedeten Landesverfassungen – zum Beispiel Art. 98 Abs. 2 S. 1 der Verfassung des Landes Baden-Württemberg vom 28. November 1946 – legitimierten nämlich ausdrücklich die Möglichkeit legislativer Beeinträchtigungen auch der gemeindlichen Aufgabengarantie.[233] Schließlich soll der Vorbehalt „im Rahmen der Gesetze" vor allem gesamtstaatliche Interessen wahren.[234] Bezieht sich der Vorbehalt des Art. 28 Abs. 2 S. 1 GG aber auf die Eigenverantwortlichkeit der kommunalen Aufgabenerfüllung, ist dessen Anwendung auch auf die gemeindliche Aufgabengarantie[235] dafür nicht erforderlich.[236] Den gesamtstaatlichen In-

---

[230] *Robert Neuhoff*, DÖV 1952, S. 259 ff.; *Hans Peter Ipsen*, DÖV 1955, S. 225 (226); *Werner Weber*, Staats- und Selbstverwaltung in der Gegenwart, 2. Aufl. 1967, S. 49 f. m. w. N.; ähnlich *Franz-Ludwig Knemeyer*, in: Albert von Mutius (Hrsg.), Selbstverwaltung im Staat der Industriegesellschaft, Festgabe zum 70. Geburtstag von Georg Christoph von Unruh, 1983, S. 209 (224); ferner *Helmut Lecheler*, in: Franz-Ludwig Knemeyer (Hrsg.), Festschrift 75 Jahre Bayerischer Gemeindetag, 1987, S. 159 (165).

[231] *Franz-Ludwig Knemeyer*, in: Albert von Mutius (Hrsg.), Selbstverwaltung im Staat der Industriegesellschaft, Festgabe zum 70. Geburtstag von Georg Christoph von Unruh, 1983, S. 209 (224).

[232] Zum Phänomen, dass die Neufassung oder Änderung landesverfassungsrechtlicher Gewährleistungen kommunaler Selbstverwaltung oftmals an der überkommenen Interpretation des Art. 28 Abs. 2 GG oder der Gewährleistungen des Landesverfassungsrechts ausgerichtet wurden, *Peter Häberle*, in: Siegfried Magiera (Hrsg.), Verwaltungswissenschaft und Verwaltungspraxis in nationaler und transnationaler Perspektive, Festschrift für Heinrich Siedentopf zum 70. Geburtstag, 2008, S. 411 ff.

[233] BVerfGE 71, 127 (149); zur Bedeutung der Landesverfassungen für die Enstehungsgeschichte des Art. 28 Abs. 2 GG *Ihno Gebhardt*, Das kommunale Selbstverwaltungsrecht, 2007, S. 21.

[234] *Klaus Vogelgesang*, in: Karl Heinrich Friauf/Wolfram Höfling (Hrsg.), Berliner Kommentar zum Grundgesetz, Art. 28 (2001), Rn. 127.

[235] Zur Unterscheidung von formeller und materieller Wahrnehmungskompetenz *Matthias Falk*, Die kommunalen Aufgaben unter dem Grundgesetz, 2006, S. 45 ff.

[236] Siehe auch *Joachim Burmeister*, Verfassungstheoretische Neukonzeption der kommunalen Selbstverwaltungsgarantie, 1977, S. 92, der in der Anwendung des Gesetzesvorbehaltes

teressen wird vielmehr ausreichend Rechnung getragen, sofern die Eigenverantwortlichkeit der Wahrnehmung der Angelegenheiten der örtlichen Gemeinschaft beeinflusst werden kann.[237]

bb) Der Vorbehalt „im Rahmen der Gesetze" als Regelungs- und Eingriffsvorbehalt

Nicht allein die Erstreckung des Vorbehaltes „im Rahmen der Gesetze" auf die Angelegenheiten der örtlichen Gemeinschaft stößt auf Bedenken. Weitere Unzulänglichkeiten der Judikatur des Bundesverfassungsgerichts werden deutlich, sofern der Vorbehalt „im Rahmen der Gesetze" sowohl als Regelungs- als auch als Eingriffsvorbehalt qualifiziert wird.[238] Insoweit ließe sich nämlich eine vorsichtige Parallele zur Grundrechtsdogmatik und der Figur der Einrichtungsgarantie ziehen. Die Grundrechtsdogmatik unterscheidet überwiegend zwischen Grundrechtseingriff und Grundrechtsausgestaltung.[239] Mit Blick auf die Figur der Einrichtungsgarantie anerkennt die Grundrechtsdogmatik die verfassungsrechtliche Zulässigkeit sowohl einer legislativen Inhalts- als auch Schrankenbestimmung und differenziert zwischen derartigen Zugriffen auf die grundrechtliche Substanz.[240] Diese Unterscheidung wird einerseits auf den Verfassungstext zurückgeführt, der etwa in Art. 14 Abs. 1 S. 1 GG ausdrücklich zwischen Inhalts- und Schrankenbestimmungen sowie entsprechenden Vorbehalten unterscheidet. Andererseits liegt der Unterscheidung zwischen Inhalts- und Schrankenbestimmungen eine Gegenüberstellung von legislativem Handeln und Unterlassen zugrunde.[241]

---

sowohl auf die Aufgabengarantie als auch auf das Merkmal der Eigenverantwortlichkeit den allgemeinen Trend zur Unitarisierung und Funktionsverlagerung widergespiegelt sieht; ferner *Gerhard Seibert*, Die Gewährleistung gemeindlicher Selbstverwaltung durch das Grundgesetz, 1966, S. 95f., 188f., 193.

[237] *Wolfgang Roters*, in: Ingo von Münch (Hrsg.), GG-Komm., Bd. 2, 2. Aufl. 1983, Art. 28, Rn. 57, der allerdings darauf hinweist, dass die kommunale Selbstverwaltung ausgestaltungsbedürftig sei und es daher einer Anwendung des Gesetzesvorbehalts nicht bedürfe, zugleich aber auch die mit einer solchen Erstreckung verbundene Annahme eines geschützten Funktionskreises ureigenster Gemeindeangelegenheiten unhaltbar sei; dazu auch *Joachim Burmeister*, Verfassungstheoretische Neukonzeption der kommunalen Selbstverwaltungsgarantie, 1977, S. 92ff.

[238] Ähnlich *Gerd Schmidt-Eichstaedt*, Bundesgesetze und Gemeinden, 1981, S. 134.

[239] Siehe dazu *Martin Gellermann*, Grundrechte in einfachgesetzlichem Gewande, 2000, passim; siehe aber auch *Matthias Cornils*, Die Ausgestaltung der Grundrechte, 2005, passim.

[240] Dazu *Rudolf Wendt*, Eigentum und Gesetzgebung, 1985, S. 147ff.; *ders.*, in: Michael Sachs (Hrsg.), GG-Komm., 6. Aufl. 2011, Art. 14, Rn. 55; *Otto Kimminich*, in: BK, Art. 14 (1992), Rn. 133f.; *Jürgen Eschenbach*, Der verfassungsrechtliche Schutz des Eigentums, 1996, S. 680f.; *Jan-R. Sieckmann*, in: Karl Heinrich Friauf/Wolfram Höfling (Hrsg.), Berliner Kommentar zum Grundgesetz, Art. 14 (2000), Rn. 104; siehe aber auch *Hans-Jürgen Papier*, in: Theodor Maunz/Güter Dürig (Begr.), Grundgesetz, Art. 14 (2010), Rn. 307; *Joachim Wieland*, in: Horst Dreier (Hrsg.), GG-Komm., Bd. I, 3. Aufl. 2013, Art. 14, Rn. 90ff.

[241] Siehe *Martin Gellermann*, Grundrechte in einfachgesetzlichem Gewande, 2000,

Eine solche Differenzierung lässt die Judikatur des Bundesverfassungsgerichts nun mit Blick auf Art. 28 Abs. 2 GG vermissen.[242] Jedenfalls nach grundrechtsdogmatischen Maßstäben – die Bezugnahme[243] auf die Eigentumsgarantie des Art. 14 Abs. 1 S. 1 GG[244] darf allerdings auch nicht zur Übernahme grundrechtsdogmatischer Kategorien verleiten[245] – wäre eine Interpretation des einheitlichen Vorbehaltes „im Rahmen der Gesetze" als „Eingriffs- und Schrankenvorbehalt"[246] allerdings verfehlt.[247] Der vorsichtigen Übernahme grundrechtsdogmatischer Elementarkategorien lässt sich indes nicht schon die dogmatische Eigenständigkeit der verfassungsrechtlichen Gewährleistung kommunaler Selbstverwaltung entgegenhalten. Vielmehr ließe sich gerade zugunsten einer solchen Übernahme anführen, dass auch im Anwendungsbereich des Art. 28 Abs. 2 GG eine Differenzierung zwischen legislativem Handeln und Unterlassen angezeigt ist.[248] Im Kontext des Staatsorganisationsrechts wurde

S. 32ff.; anders *Matthias Cornils*, Die Ausgestaltung der Grundrechte, 2005, S. 586ff., der der Unterscheidung zwischen Tun und Unterlassen keine grundsätzliche Bedeutung beimisst.

242 Zuletzt aber auch *Kay Waechter*, AöR 135 (2010), S. 327 (329, 334ff.).

243 Dazu auch *Jörn Ipsen*, ZG 1994, S. 194 (211f.), der wohl eine grundrechtsähnliche Verfassungsgarantie kommunaler Selbstverwaltung anerkennt; zuvor *Willi Blümel*, in: Albert von Mutius (Hrsg.), Selbstverwaltung im Staat der Industriegesellschaft, Festgabe zum 70. Geburtstag von Georg Christoph von Unruh, 1983, S. 265 (268).

244 Siehe *Friedrich Schoch*, VerwArch 81 (1990), S. 18 (26f., 42); *dens.*, in: Hans-Günter Henneke/Hartmut Maurer/Friedrich Schoch, Die Kreise im Bundesstaat, 1994, S. 9 (23); *dens.*, Jura 2001, S. 121 (123, 126); *dens.*, DVBl. 2008, S. 937 (938); *Alexander Schink*, VerwArch 81 (1990), S. 385 (395); *Jörn Ipsen*, ZG 1994, S. 194 (204); *Walter Frenz*, Die Verwaltung 1995, S. 33 (56f.); *Franz-Ludwig Knemeyer/Matthias Wehr*, VerwArch 92 (2001), S. 317 (332); *Hans-Günter Henneke*, ZG 2002, S. 72 (93).

245 *Alexander Schink*, VerwArch 81 (1990), S. 385 (402), der der verfassungsrechtlichen Gewährleistung kommunaler Selbstverwaltung grundrechtsähnliche Züge attestiert und folglich legislative Beeinträchtigungen „den gleichen Prüfungsmaßstäben wie [...] [Grundrechtseingriffe unterwirft]".

246 *Eberhard Schmidt-Aßmann*, in: Everhardt Franßen (Hrsg.), Bürger – Richter – Staat, Festschrift für Horst Sendler, 1991, S. 121 (134), der mit Blick auf den Vorbehalt „im Rahmen der Gesetze" von einem „Regelungs- und Eingriffsvorbehalt" spricht, der „eine Qualifikations- und Abgrenzungskompetenz bei der Bestimmung dessen [umgreift], was zu den Angelegenheiten der örtlichen Gemeinschaft gehört".

247 Demgegenüber spricht *Edzard Schmidt-Jortzig*, Kommunalrecht, 1982, Rn. 486 von der Möglichkeit zur authentischen Begrenzung des Gewährleistungsgegenstandes; dazu auch *Joachim Kronisch*, Aufgabenverlagerung und gemeindliche Aufgabengarantie, 1993, S. 39f.; ferner *Jörn Ipsen*, in: Jörn Ipsen/Carl Schinkel, Aufsicht über die Städte – Kontrolle oder Kondominium?, Referate im Rahmen des Städteforums Lüneburg am 2. Dezember 1985, 1986, S. 5 (6), der die Rahmenfunktion von Gesetzen in Frage stellt, sofern das „ob" kommunaler Selbstverwaltung betroffen sei.

248 Siehe *Dirk Ehlers*, DVBl. 2000, S. 1301 (1303), der betont, dass der Gesetzgeber nicht nur eingreifend, sondern vielmehr auch ausgestaltend tätig werden könne, sodass er geschützte Rechtspositionen erst hervorbringe, was die Anwendbarkeit des Verhältnismäßigkeitsgrundsatzes ausschließe – etwas anderes gelte allerdings, wenn der Gesetzgeber in bereits früher einfachgesetzlich ausgeformte Rechtspositionen der Gemeinde eingreife; ferner *Eberhard Schmidt-Aßmann*, in: Everhardt Franßen (Hrsg.), Bürger – Richter – Staat, Festschrift für Horst Sendler, 1991, S. 121 (132), der formuliert, kommunale Selbstverwaltung könne „ak-

bislang zwar lediglich das Verhältnis zwischen Bund und Ländern mit Bezugnahmen auf die Statuslehre *Georg Jellineks*[249] beleuchtet.[250] Zugunsten der Länder wird dabei von einem status negativus gesprochen, der ein mit den kompetenzrechtlichen Bestimmungen korrespondierendes Recht beschreibt, nur solchen Beeinträchtigungen des Bundes ausgesetzt zu werden, die sich im Rahmen des verfassungsrechtlich Zulässigen bewegen.[251] Des Weiteren wird den Ländern ein status positivus zuerkannt, der den Bund verpflichtet, nicht nur die rechtliche Eigenständigkeit der Länder, sondern auch deren organisatorische und finanzielle Grundlagen zu gewährleisten.[252] Die Statuslehre *Georg Jellineks* kann allerdings ohne Bedenken auch auf das Verhältnis zwischen Gemeinden und Gemeindeverbänden einerseits und Bund und Ländern andererseits übertragen werden.[253] Gemeinden und Gemeindeverbände sind infolge der Anerkennung rechtlicher Beziehungen zwischen Kompetenzträgern schon im Anschluss an *Friedrich Franz von Mayer*, der zwischen Rechtsverhältnissen des Einzelnen zum Staat sowie Rechtsverhältnissen öffentlicher Körperschaften zum Staat differenzierte,[254] in einer den Ländern vergleichbaren Position.

Legislatives Handeln und Unterlassen ist somit auch im Anwendungsbereich des Art. 28 Abs. 2 GG zu unterscheiden, sodass grundsätzlich zwischen gesetzlichen Regelungen, die Art. 28 Abs. 2 GG beeinträchtigen, und gesetzlichen Regelungen, die die verfassungsrechtliche Gewährleistung kommunaler Selbstverwaltung ausgestalten, zu differenzieren ist. Unter dieser Voraussetzung kann der Vorbehalt „im Rahmen der Gesetze" nicht als einheitlicher Regelungs- und Ausgestaltungsvorbehalt interpretiert werden. Auch auf der Grundlage des Vorbehaltes „im Rahmen der Gesetze" lässt sich daher die Notwendigkeit der legislativen Ausgestaltung der Aufgabengarantie der Gemeinden und der Ei-

---

tiv durch eine überzogene Ausübung staatlicher Ingerenzmöglichkeiten oder passiv dadurch gefährdet werden, daß den Gemeinden die erforderlichen rechtlichen oder tatsächlichen Mittel zu eigenschöpferischer Aufgabengestaltung vorenthalten werden"; dazu auch *ders.*, in: Friedrich Schoch (Hrsg.), Selbstverwaltung der Kreise in Deutschland, 1996, S. 75 (79); *Hans-Günter Henneke*, in: Hans-Heinrich Trute (Hrsg.), Allgemeines Verwaltungsrecht – zur Tragfähigkeit eines Konzepts, 2008, S. 17 (35).

[249] Zuletzt zur Statuslehre Georg Jellineks *Winfried Brugger*, AöR 136 (2011), S. 1 ff.; ausführlich *Jens Kersten*, Georg Jellinek und die klassische Staatslehre, 2000, passim; *Christoph Möllers*, Staat als Argument, 2000, S. 23 ff.

[250] Dazu schon S. 80 f.; nochmals *Josef Isensee*, in: Josef Isensee/Paul Kirchhof (Hrsg.), Handbuch des Staatsrechts der Bundesrepublik Deutschland, Bd. VI, 3. Aufl. 2008, § 126, Rn. 132.

[251] *Josef Isensee*, in: Josef Isensee/Paul Kirchhof (Hrsg.), Handbuch des Staatsrechts der Bundesrepublik Deutschland, Bd. VI, 3. Aufl. 2008, § 126, Rn. 132.

[252] *Josef Isensee*, in: Josef Isensee/Paul Kirchhof (Hrsg.), Handbuch des Staatsrechts der Bundesrepublik Deutschland, Bd. VI, 3. Aufl. 2008, § 126, Rn. 135.

[253] Ähnlich *Rolf Grawert*, VVDStRL 36 (1978), S. 277 (295), der feststellt, dass das Gesetz im Sinne des Art. 28 Abs. 2 S. 1 GG aus einer „Schrankenfunktion" hinaustrete.

[254] *Friedrich Franz von Mayer*, Zeitschrift für die gesamte Staatswissenschaft 12 (1856), S. 284 (287).

genverantwortlichkeit der kommunalen Aufgabenwahrnehmung letztlich nicht überzeugend begründen. Eine weitere Erwägung tritt hinzu: Aus institutioneller Deutungsperspektive muss grundsätzlich überraschen, dass Art. 28 Abs. 2 GG überhaupt einen Regelungs- und Ausgestaltungsvorbehalt enthält. Die Lehre von den institutionellen Garantien ist im Allgemeinen nämlich grundsätzlich nicht auf die Möglichkeit legislativer Beeinträchtigungen verfassungsunmittelbarer Gewährleistungselemente zugeschnitten: Legitimierte der Vorbehalt „im Rahmen der Gesetze" legislative Beeinträchtigungen, würde eine verfassungsunmittelbare Gewährleistungssubstanz vorausgesetzt.[255] Dies stimmt aber gerade nicht mit der Lehre von den institutionellen Garantien überein. Schließlich ist nach der Lehre von den institutionellen Garantien auch schon kein Vorbehalt erforderlich, um verfassungsrechtliche Gewährleistungen ausgestalten zu können. Eine parallele oder ergänzende Anwendung des Vorbehaltes „im Rahmen der Gesetze" als Eingriffs- und Ausgestaltungsvorbehalt ist daher fragwürdig.[256]

b) „Den Gemeinden muß das Recht gewährleistet sein [...]"

Nun könnte man aber möglicherweise einwenden, nach dem Wortlaut des Art. 28 Abs. 2 S. 1 GG müsse den Gemeinden und Gemeindeverbänden ein Recht gewährleistet sein. Verpflichtet aber Art. 28 Abs. 2 GG lediglich dazu, kommunale Selbstverwaltung zu gewähr(leist)en, könnte damit ein Argument gefunden sein, das gegen die Annahme verfassungsunmittelbarer Gewährleistungsgegenstände spricht. Art. 28 Abs. 2 GG wäre dann lediglich als ein die Länder adressierender Gewährleistungsauftrag zu qualifizieren, dem eine verfassungsunmittelbar gewährleistete Substanz fehlt.

Den Beratungen des Parlamentarischen Rates kann entnommen werden, dass die Formulierung, den Gemeinden müsse das Recht der Selbstverwaltung gewährleistet sein, lediglich den Gesetzgebungskompetenzen der Länder für das Kommunalrecht Rechnung trägt.[257] Daraus kann aber nicht geschlussfolgert werden, Art. 28 Abs. 2 GG lasse verfassungsunmittelbare Gewährleistungsgegenstände vermissen. Die Formulierung, den Gemeinden müsse das Recht der Selbstverwaltung gewährleistet sein, ist vielmehr als eine an die Länder adressierte Gesetzgebungskompetenz zu verstehen, deren Ausübung ihrerseits

---

255 Siehe *Edzard Schmidt-Jortzig*, Die Einrichtungsgarantien der Verfassung, 1979, S. 18 f.

256 Ähnlich *Walter Georg Leisner*, in: Helge Sodan (Hrsg.), GG-Komm., 2. Aufl. 2011, Art. 28, Rn. 22; ferner *Roman Schnur*, Die Verwaltung 1986, S. 39 (41), der lediglich auf legislative Beeinträchtigungen, nicht aber legislative Ausgestaltungen der verfassungsrechtlichen Gewährleistung kommunaler Selbstverwaltung Bezug nimmt; dazu auch noch BVerfGE 22, 180 (204 ff.); 23, 353 (365 f.); 50, 195 (201).

257 *Klaus-Berto von Doemming/Rudolf Werner Füsslein/Werner Matz*, Entstehungsgeschichte der Artikel des Grundgesetzes, JöR 1 n. F. (1951), S. 1 (256 f.); aus subjektiv-rechtlicher Sicht ferner *Hartmut Maurer*, DVBl. 1995, S. 1037 (1039, 1041).

Art. 28 Abs. 2 GG verpflichtet ist.[258] Darauf deutet auch Art. 28 Abs. 3 GG hin, wonach der „Bund gewährleistet, daß die verfassungsmäßige Ordnung der Länder den Grundrechten und den Bestimmungen der Absätze 1 und 2 entspricht." Dass Art. 28 Abs. 3 GG ein rechtlich bindendes Versprechen im Sinne einer Garantie entnommen wird,[259] setzt ebenfalls eine verfassungsunmittelbare Gewährleistung kommunaler Selbstverwaltung durch Art. 28 Abs. 2 GG voraus. Wird das Garantieversprechen über einen bloßen Rechtsreflex hinaus zugleich auch als Berechtigung[260] der Gemeinden und Gemeindeverbände qualifiziert,[261] kann ein „kommunaler Interventionsanspruch" schließlich nur begründet werden, sofern Art. 28 Abs. 2 GG selbst die inhaltliche Maßstabbildung ermöglicht.[262]

c) *Ausgestaltungsbedürftigkeit des existentialen Gewährleistungselementes*

Bislang konnte die Notwendigkeit der Ausgestaltung des Art. 28 Abs. 2 GG noch nicht nachgewiesen werden, Unzulänglichkeiten der kompetenzrechtlichen Deutung sind somit noch nicht ersichtlich. Dies ändert sich aber, sofern dasjenige Gewährleistungselement des Art. 28 Abs. 2 GG in den Blick genommen wird, das neben der Aufgabengarantie der Gemeinden sowie dem modalen Gewährleistungselement angesiedelt ist: das existentiale,[263] das Subjekt kommunaler Selbstverwaltung betreffende Gewährleistungselement.[264] Die textliche Hervorhebung von Gemeinden und Gemeindeverbänden manifestiert nicht nur ein staatsorganisationrechtliches Strukturprinzip[265] kommunaler Selbstverwaltung,[266] vielmehr wird damit zugleich das Subjekt kommunaler Selbst-

---

[258] *Klaus-Berto von Doemming/Rudolf Werner Füsslein/Werner Matz*, JöR 1 n.F. (1951), S. 1 (253), zum Ganzen auch *Dietrich Roßmüller*, Schutz der kommunalen Finanzausstattung durch Verfahren, 2009, S. 34f.; anders wohl *Michael Inhester*, Kommunaler Finanzausgleich im Rahmen der Staatsverfassung, 1998, S. 49.

[259] *Klaus Stern*, in: BK, Art. 28 (1964), Rn. 183; *Klaus Vogelgesang*, in: Karl Heinrich Friauf/Wolfram Höfling (Hrsg.), Berliner Kommentar zum Grundgesetz, Art. 28 (2002), Rn. 196.

[260] *Klaus Stern*, in: BK, Art. 28 (1964), Rn. 187.

[261] *Theodor Maunz*, in: Theodor Maunz/Günter Dürig (Begr.), Grundgesetz, Art. 28 (1997), Rn. 89.

[262] Siehe auch *Richard Bartelsperger*, in: Josef Isensee/Paul Kirchhof (Hrsg.), Handbuch des Staatsrechts der Bundesrepublik Deutschland, Bd. VI, 3. Aufl. 2008, § 128, Rn. 53.

[263] Eingehend zum Begriff *Edzard Schmidt-Jortzig*, Kommunale Organisationshoheit, 1979, S. 127ff.

[264] Dazu *Edzard Schmidt-Jortzig*, Kommunale Organisationshoheit, 1979, S. 123f.; zuvor auch schon *Peter Lerche*, DÖV 1969, S. 46 (46f.).

[265] BVerfGE 79, 127 (148f.); *Peter Badura*, DÖV 1998, S. 818 (823); *Eberhard Schmidt-Aßmann*, in: Horst Dreier (Hrsg.), Festschrift 50 Jahre Bundesverfassungsgericht, Bd. II, 2001, S. 803 (806); *Jochen Dieckmann*, in: Eberhard Schmidt-Aßmann (Hrsg.), Festgabe 50 Jahre Bundesverwaltungsgericht, 2003, S. 815 (816).

[266] *Peter J. Tettinger/Kyrill-A. Schwarz*, in: Hermann von Mangoldt/Friedrich Klein/Christian Starck (Hrsg.), GG-Komm., Bd. II, 6. Aufl. 2010, Art. 28, Rn. 160.

verwaltung, die Existenz von Gemeinden und Gemeindeverbänden, verfassungsrechtlich anerkannt. Gemeinden und Gemeindeverbände werden aber nicht schon verfassungsunmittelbar konstituiert,[267] sodass das existentiale Gewährleistungselement kommunaler Selbstverwaltung grundsätzlich auf eine legislative Ausgestaltung angewiesen ist:[268] Der Dativ im Wortlaut des Art. 28 Abs. 2 S. 1 GG lässt erkennen, dass Gemeinden und Gemeindeverbände nicht verfassungsunmittelbar gewährleistet werden, sondern lediglich das der Regelung der Angelegenheiten der örtlichen Gemeinschaft im Rahmen der Gesetze in eigener Verantwortung zugeordnete Subjekt bilden.[269]

Dem kann auch nicht die von Art. 28 Abs. 2 GG vorgefundene Existenz von Gemeinden und Gemeindeverbänden entgegen gehalten werden.[270] Bezugnahmen auf diese vorgefundene Existenz erinnern ihrerseits nämlich nicht nur an die institutionelle Interpretation des Art. 28 Abs. 2 GG, sondern werden der verfassungsrechtlichen Gewährleistung kommunaler Selbstverwaltung auch nicht gerecht.[271] Die tatsächliche muss von der (verfassungs)rechtlichen Exis-

---

267 Ähnlich aus der Perspektive der subjektiv-rechtlichen Interpretation dazu auch *Hartmut Maurer*, DVBl. 1995, S. 1037 (1043); aus kompetenzrechtlicher Sicht *Franz-Ludwig Knemeyer*, in: Fried Esterbauer (Hrsg.), Von der freien Gemeinde zum föderalistischen Europa, Festschrift für Adolf Gasser zum 80. Geburtstag, 1983, S. 285 (292); ferner *Dirk Ehlers*, DVBl. 2000, S. 1301 (1306); siehe auch *Gerhard Leibholz*, DVBl. 1973, S. 715 (717), der die Gemeinden und Gemeindeverbände als durch Art. 28 Abs. 2 GG hinreichend fixierte Subjekte ansieht, dennoch den Begriff der Gemeinden nicht ohne Rückgriff auf das Gesamtverständnis des Art. 28 Abs. 2 GG bestimmen will; ein entsprechendes Regelungsmandat des Gesetzgebers bedarf indes nicht einer Ableitung aus dem in Art. 28 Abs. 2 GG enthaltenen Gesetzesvorbehalt, siehe *Joachim Burmeister*, Verfassungstheoretische Neukonzeption der kommunalen Selbstverwaltungsgarantie, 1977, S. 84 ff.; anders *Edzard Schmidt-Jortzig*, Kommunale Organisationshoheit, 1979, S. 138 f.

268 Siehe dazu *Edzard Schmidt-Jortzig*, Kommunale Organisationshoheit, 1979, S. 142 ff., der trotz des Ausgangsbefundes, Gemeinden und Gemeindeverbände seien verfassungsunmittelbar konstituiert, unter Hinweis auf die Notwendigkeit einer Befugnis des Gesetzgebers, vorgefundene Organisationsstrukturen abändern zu können, zu dem Ergebnis gelangt, dass die Gewährleistung des Art. 28 Abs. 2 GG der legislativen Ausgestaltung bedürfe und lediglich ein „Anerkennungsstatut" der Gemeinden und Gemeindeverbände Bestandteil des verfassungsrechtlichen Schutzes kommunaler Selbstverwaltung sei; ähnlich *Gerd-Jürgen Richter*, Verfassungsprobleme der kommunalen Funktionalreform, 1977, S. 87 f., der betont, dass das Vorhandensein der Institutionen „Gemeinde" und „Gemeindeverband" von der Verfassungsgarantie nicht berührt werde.

269 Eingehend dazu *Edzard Schmidt-Jortzig*, Kommunale Organisationshoheit, 1979, S. 87 f., 123 ff.; ferner *Hans Peters*, Grenzen der kommunalen Selbstverwaltung in Preußen, 1926, S. 31 ff.; *Rudolf Elleringmann*, Begriff und Wesen der körperschaftlichen Selbstverwaltung, 1936, S. 3 ff.; *Arnold Köttgen*, Die Gemeinden und der Bundesgesetzgeber, 1957, S. 49; *Friedrich E. Schnapp*, Zuständigkeitsverteilung zwischen Kreis und kreisangehörigen Gemeinden, 1973, S. 2 f., die eine Differenzierung zwischen der funktionellen Entfaltung der Gemeinden sowie Gemeindeverbände und deren institutionellen Fundamenten begründen.

270 Dazu aber *Edzard Schmidt-Jortzig*, Kommunale Organisationshoheit, 1979, S. 124.

271 *Edzard Schmidt-Jortzig*, Kommunale Organisationshoheit, 1979, S. 130 f.; ähnlich *Arnold Köttgen*, VVDStRL 16 (1958), S. 154 (170); dazu ferner *Volker Hassel*, VR 1984, S. 145 (148); siehe auch *Eberhard Schmidt-Aßmann*, Grundfragen des Städtebaurechts, 1972, S. 127.

tenz von Gemeinden und Gemeindeverbänden unterschieden werden.[272] Dass Gemeinden und Gemeindeverbände historisch überkommene Institutionen sind,[273] bleibt daher ohne Bedeutung. Nur wer der Lehre von einem vorstaatlichen pouvoir municipal anhängt wird bestreiten,[274] dass Gemeinden und Gemeindeverbände erst durch die Legitimationsanordnung kommunaler Selbstverwaltung, die Organisation der Willensbildung, die Finanzierungsregelungen sowie schließlich die Einbindung in die gesamtstaatliche Organisation konstituiert werden.[275]

D. Zusammenfassung

Vor diesem Hintergrund können folgende Ergebnisse festgehalten werden: Weder die institutionelle noch die – in verschiedenen Formen vertretene – subjektiv-rechtliche und kompetenzrechtliche Deutung des Art. 28 Abs. 2 GG können vollumfänglich überzeugen. Die institutionelle Interpretation des Art. 28 Abs. 2 GG stößt auf drei fundamentale Einwände: Durchgreifende Zweifel an der Lehre von den institutionellen Garantien ergeben sich erstens daraus, dass sie qualitative Abstufungen zwischen verfassungsrechtlichen Gewährleistungen vornimmt, ohne dies anhand normstruktureller Merkmale zu rechtfertigen.[276] Die Lehre von den institutionellen Garantien selbst begründet keine Alleinstellungsmerkmale der herkömmlich in Bezug genommenen verfassungsrechtlichen Gewährleistungen, sodass institutionelle Garantien auch keine verfassungstheoretische Kategorie beschreiben.[277] Zweitens widerspricht namentlich die Judikatur des Bundesverfassungsgerichts in zahlreichen Punkten der Lehre von den institutionellen Garantien nach *Carl Schmitt*. Insbesondere die Unterscheidung zwischen Kern- und Randbereich ist mit dieser Lehre unvereinbar. Nicht überzeugen kann drittens die Annahme, Art. 28 Abs. 2 GG sei insgesamt

---

[272] *Edzard Schmidt-Jortzig*, Kommunale Organisationshoheit, 1979, S. 135ff.

[273] *Georg Jellinek*, Allgemeine Staatslehre, 3. Aufl. 1914, S. 644.

[274] *Theodor Maunz*, in: Theodor Maunz/Günter Dürig (Begr.), Grundgesetz, Art. 28 (1977), Rn. 50; siehe aber auch *Heinrich Heffter*, Die deutsche Selbstverwaltung im 19. Jarhundert, 1969, S. 180ff.; *Günter Seele*, in: Hans Schneider (Hrsg.), Im Dienst an Recht und Staat, Festschrift für Werner Weber zum 70. Geburtstag, 1974, S. 873ff.; ferner *Ulrich Bender*, Theorien der gemeindlichen Selbstverwaltung – Das Selbstverwaltungsrecht als Naturrecht, 1962, passim.

[275] *Wolfgang Löwer*, in: Ingo von Münch/Philip Kunig (Hrsg.), GG-Komm., Bd. I, 6. Aufl. 2012, Art. 28, Rn. 67.

[276] Abschließend dazu *Friedrich Klein*, in: Hermann von Mangoldt/Friedrich Klein, Das Bonner Grundgesetz, Bd. I, 2. Aufl. 1957, Vorbem. A VI 4a, der im Hinblick auf die Rezeption der Lehre von den institutionellen Garantien im Zusammenhang mit den Vorschriften des Grundgesetzes zwischen höherrangigem und niederrangigem Verfassungsrecht unterscheidet und die Einrichtungsgarantien der ersten Gruppe zuordnet.

[277] *Walter Schmidt*, in: Götz Frank (Hrsg.), Die Gemeinde, Festschrift zum 70. Geburtstag von Heiko Faber, 2007, S. 17 (22)

auf eine legislative Ausgestaltung angewiesen. Dies kann lediglich für die Einrichtung der Gemeinden und Gemeindeverbände, nicht aber für eine eigenverantwortliche Regelung der Angelegenheiten der örtlichen Gemeinschaft überzeugen. Obwohl der institutionellen Interpretation in der Erkenntnis zuzustimmen ist, Art. 28 Abs. 2 GG bedürfe teilweise der legislativen Ausgestaltung, gelingt es ihr im Ergebnis folglich nicht, die Notwendigkeit der legislativen Ausgestaltung des Art. 28 Abs. 2 GG mit der verfassungsunmittelbaren Gewährleistung der eigenverantwortlichen Regelung der Angelegenheiten der örtlichen Gemeinschaft in Einklang zu bringen. Sie missachtet, dass die Aufgabengarantie der Gemeinden und das Merkmal der Eigenverantwortlichkeit nicht ausgestaltungsbedürftig sind.

Auch die subjektiv-rechtliche und vor allem die kompetenzrechtliche Interpretation scheitern an der Pluralität der Gewährleistungsgegenstände des Art. 28 Abs. 2 GG: Zwar nimmt die kompetenzrechtliche Interpretation des Art. 28 Abs. 2 GG auf die eigenverantwortliche Regelung der Angelegenheiten der örtlichen Gemeinschaft Bezug und geht dabei zutreffend davon aus, diese verfassungsunmittelbar gewährleistete Kompetenz bedürfe keiner legislativen Ausgestaltung. Missachtet wird aber die Notwendigkeit der legislativen Ausgestaltung des existentialen Gewährleistungselementes kommunaler Selbstverwaltung. Die ausschließliche Betrachtung der Aufgabengarantie der Gemeinden sowie des modalen Gewährleistungselementes ermöglicht daher im Ergebnis ebenfalls keine geschlossene dogmatische Rekonstruktion des Art. 28 Abs. 2 GG.[278] Die subjektiv-rechtliche und kompetenzrechtliche Deutung des Art. 28 Abs. 2 GG können angesichts der Tatsache, dass Gemeinden und Gemeindeverbände keine „ursprünglichen Körperschaften“[279] sind und Art. 28 Abs. 2 GG kein „natürliches Recht“ wiederholt,[280] nicht überzeugen. Zu konstatieren bleibt daher: Die bisherigen Versuche einer dogmatischen Konstruktion[281] des Art. 28 Abs. 2 GG liefern nur partiell angemessene Antworten. Ein konsistentes

---

[278] *Dietrich Roßmüller*, Schutz der kommunalen Finanzausstattung durch Verfahren, 2009, S. 36; siehe aber auch *Gerhard Leibholz*, DVBl. 1973, S. 715 (717).

[279] Dazu *Heinrich Albert Zachariä*, Deutsches Staats- und Bundesrecht, 1. Teil, 3. Aufl. 1865, S. 572 ff.; *Otto von Gierke*, Das deutsche Genossenschaftsrecht, Bd. I, 1868, S. 743 ff.; *Hugo Preuß*, Gemeinde, Staat, Reich als Gebietskörperschaften, 1889, S. 225 ff.; ferner *Karl Linckelmann*, DÖV 1959, S. 561 (564 ff.); *Werner Weber*, Juristen-Jahrbuch 8 (1967–68), S. 137 (148 f.); *Egon Schunck*, in: Theo Ritterspach (Hrsg.), Festschrift für Gebhard Müller, 1970, S. 475 (476); anders *Heinrich Rosin*, Hirts Annalen des Deutschen Reiches 1883, S. 265 (309 ff.); *Hans Peters*, Grenzen der kommunalen Selbstverwaltung in Preußen, 1926, S. 21 ff.; *Adolf Merkl*, Allgemeines Verwaltungsrecht, 1927, S. 350; eingehend zum Ganzen *Edzard Schmidt-Jortzig*, Kommunale Organisationshoheit, 1979, S. 136 ff.

[280] *Hartmut Maurer*, DVBl. 1995, S. 1037 (1042) erblickt demgegenüber darin gerade das für seine subjektiv-rechtliche Interpretation notwendige personelle Substrat.

[281] Zum Versuch einer dogmatischen Rekonstruktion kommunaler Selbstverwaltung nach Maßgabe des Subsidiaritätsprinzips ferner *Maik Möller*, Subsidiaritätsprinzip und kommunale Selbstverwaltung, 2009, S. 156 ff.; ähnlich *Horst Heberlein*, NVwZ 1995, S. 1052 ff.

Gesamtmodell existiert nicht. Notwendig wird deshalb ein neuer Versuch der dogmatischen Rekonstruktion der verfassungsrechtlichen Gewährleistung kommunaler Selbstverwaltung.

4. Kapitel

Zur Rekonstruktion der verfassungsrechtlichen Gewährleistung kommunaler Selbstverwaltung (auf prinzipientheoretischer Grundlage)

Die vor diesem Hintergrund im Folgenden zu entfaltende dogmatische Rekonstruktion des Art. 28 Abs. 2 GG knüpft zunächst an eine Zuordnung der verfassungsrechtlichen Gewährleistung kommunaler Selbstverwaltung zu den „Staatsstrukturprinzipien" des Grundgesetzes an.[1] Schon *Ernst Forsthoff* betonte – trotz seiner institutionellen Interpretation des Art. 127 WRV – zu Recht, kommunale Selbstverwaltung sei als Organisationstypus zu verstehen.[2] Begründungen für eine solche Zuordnung sind allerdings selten.[3] Zudem ist der Begriff der Staatsstrukturprinzipien allein als Basis einer dogmatischen Rekonstruktion des Art. 28 Abs. 2 GG nicht ausreichend.[4] Mit dem Begriff der Staatsstruktur*prinzipien* wird aber auf eine Bedeutungsebene verwiesen, die eine Öffnung für prinzipientheoretische Überlegungen andeutet.[5] Die Prinzipientheorie wiederum ist anders als der Begriff der Staatsstrukturprinzipien grundsätzlich für eine dogmatische Rekonstruktion des Art. 28 Abs. 2 GG geeignet: In der Vergangenheit wurde die Prinzipientheorie mit Blick auf staatsorganisationsrechtliche Gewährleistungen zwar nur vereinzelt rezipiert.[6] Dennoch bie-

---

[1] *Hans Peter Bull*, DVBl. 2008, S. 1 (3 f.); siehe auch *Günter Püttner*, in: Josef Isensee/Paul Kirchhof (Hrsg.), Handbuch des Staatsrechts der Bundesrepublik Deutschland, Bd. VI, 3. Aufl. 2008, § 144, Rn. 3, der ein Staatsaufbauprinzip kommunaler Selbstverwaltung anerkennt; ferner *Albert von Mutius*, in: Ständige Deputation des Deutschen Juristentages (Hrsg.), Verhandlungen des dreiundfünfzigsten Deutschen Juristentages, Bd. I, 1980, E 27 f., der die politisch-demokratische Funktion kommunaler Selbstverwaltung als Staatszielbestimmung qualifiziert; *Walter Schmidt*, in: Götz Frank (Hrsg.), Die Gemeinde, Festschrift zum 70. Geburtstag von Heiko Faber, 2007, S. 17 (17); ausführlich *Dirk Ehlers*, DVBl. 2000, S. 1301 (1304), der Art. 28 Abs. 2 GG als normgeprägte Gewährleistung interpretiert, die die typusbestimmenden Merkmale kommunaler Selbstverwaltung garantiere – der Gesetzgeber sei zur Optimierung der Gewährleistung nach Maßgabe einer Abwägung mit gegenläufigen Prinzipien verpflichtet und an das Untermaßverbot gebunden.

[2] *Ernst Forsthoff*, Die öffentliche Körperschaft im Bundesstaat, 1931, S. 102 f.

[3] Siehe *Kay Waechter*, Die Verwaltung 29 (1996), S. 47 (63 f.).

[4] Umfassend *Franz Reimer*, Verfassungsprinzipien, 2001, passim.

[5] *Hans Peter Bull*, DVBl. 2008, S. 1 (3 f.).

[6] Siehe *Robert Alexy*, Theorie der Grundrechte, 1985, S. 98 f.; *ders.*, Begriff und Geltung des Rechts, 1992, S. 130; ferner auch *Ralf Dreier*, in: Ralf Dreier, Recht – Staat – Vernunft, 1991, S. 95 (104 f.); *Karl-Peter Sommermann*, Staatsziele und Staatszielbestimmungen, 1997, S. 359 ff.; *Karl-Eberhard Hain*, Die Grundsätze des Grundgesetzes, 1999, S. 95 ff.; *Veith Meh-*

tet sie letztlich die Möglichkeit, die partielle Ausgestaltungsbedürftigkeit des Art. 28 Abs. 2 GG mit der verfassungsunmittelbaren Gewährleistung der eigenverantwortlichen Regelung der Angelegenheiten der örtlichen Gemeinschaft in Einklang zu bringen. Eine prinzipientheoretische Interpretation des Art. 28 Abs. 2 GG kann daher jene Schwächen vermeiden, die institutionelle oder kompetenzrechtliche Interpretationsversuche prägen.

Im Folgenden soll dementsprechend eine dogmatische Rekonstruktion des Art. 28 Abs. 2 GG nach Maßgabe der Prinzipientheorie versucht werden.[7] Im Anwendungsbereich der Grundrechte, wo eine Rezeption der Prinzipientheorie am weitesten fortgeschritten ist, wird die Prinzipientheorie allerdings mit erheblichen – auch grundsätzlichen – Einwänden konfrontiert.[8] Damit muss sich eine prinzipientheoretische Rekonstruktion des Art. 28 Abs. 2 GG zunächst auseinandersetzen. Daran anschließend müssen ferner Besonderheiten der verfassungsrechtlichen Gewährleistung des Art. 28 Abs. 2 GG herausgestellt und die Anwendbarkeit der Prinzipientheorie insoweit hinterfragt werden.

A. *Prinzipientheorie – eine Skizze*

„Die" Prinzipientheorie gibt es nicht.[9] Vielmehr dient ein Diskurs vornehmlich des angloamerikanischen Rechtskreises[10] als analytische Deutungsfolie[11] der (grundrechtlichen) Dogmatik. Als solcher hat dieser Diskurs grundsätzliche Anerkennung gefunden.[12] „Reimportiert"[13] wurde er vor allem von *Robert*

---

de, Neues Steuerungsmodell und Demokratieprinzip, 2000, S. 398 ff.; *ders.*, Die Verwaltung 34 (2001), S. 93 ff.; *Franz Reimer*, Verfassungsprinzipien, 2001, passim; *Sebastian Unger*, Das Verfassungsprinzip der Demokratie, 2008, S. 89 ff.; für das Finanzverfassungsrecht *Christoph Gröpl*, in: Josef Isensee/Paul Kirchhof (Hrsg.), Handbuch des Staatsrechts der Bundesrepublik Deutschland, Bd. V, 3. Aufl. 2007, § 121, Rn. 25 ff.

[7] Dazu wohl *Dietrich Roßmüller*, Schutz der kommunalen Finanzausstattung durch Verfahren, 2009, S. 53.

[8] Zusammenfassend *Ralf Poscher*, in: Jan-R. Sieckmann (Hrsg.), Die Prinzipientheorie der Grundrechte, 2007, S. 59 ff.; *ders.*, Rechtswissenschaft 2010, S. 349 ff.; ferner *Wolfram Cremer*, Freiheitsgrundrechte, 2003, S. 218 ff.; *Benjamin Rusteberg*, Der grundrechtliche Gewährleistungsgehalt, 2009, S. 158 ff.

[9] *Ralf Poscher*, in: Jan-R. Sieckmann (Hrsg.), Die Prinzipientheorie der Grundrechte, 2007, S. 59 (59 f.).

[10] *Ronald Dworkin*, Bürgerrechte ernstgenommen, 1984, S. 42 ff.

[11] *Horst Dreier*, in: Horst Dreier (Hrsg.), GG-Komm., Bd. I, 3. Aufl. 2013, Vorb., Rn. 79; siehe auch *Robert Alexy*, Theorie der Grundrechte, 1985, S. 71, der die Prinzipientheorie als strukturtheoretische Unterscheidung begreift.

[12] Grundlegend *Josef Esser*, Grundsatz und Norm in der richterlichen Form des Privatrechts, 4. Aufl. 1990, passim; siehe auch schon *Eberhard Grabitz*, Freiheit und Verfassungsrecht, 1976, S. 240 ff.; dazu ferner *Martin Borowski*, Glaubens- und Gewissensfreiheit des Grundgesetzes, 2006, S. 195 f.

[13] *Horst Dreier*, in: Horst Dreier (Hrsg.), GG-Komm., Bd. I, 3. Aufl. 2013, Vorb., Rn. 79.

Alexy,[14] der ihn zudem mit einer einheitlichen Prägung[15] versehen und dadurch ein auch hier zugrunde zu legendes Verständnis von der Prinzipientheorie entworfen hat. Ihren Ursprung findet die Prinzipientheorie in der Überzeugung von der Unzulänglichkeit eines rechtspositivistischen Modells, das allein an normativen Maßstäben orientiert ist,[16] sowie in der Bedeutung juristischer Grundsätze und Prinzipien bei der Rechtsanwendung.[17] Trotz dieses einheitlichen Ursprungs hat die Prinzipientheorie Modifikationen und Ausdifferenzierungen teilweise grundsätzlicher Art erfahren: Im Einzelnen ist umstritten, ob Prinzipien Rechtsnormen sind oder nur Gründe für Rechtsnormen sein können,[18] ob Prinzipien Optimierungsgebote[19] oder zu optimierende Gebote[20] sind[21] und schließlich ob die Unterscheidung zwischen Rechtsprinzipien und Rechtsregeln qualitativer oder gradueller Natur ist.[22] Aus Gründen der Systematisierung soll ungeachtet dieser Fragestellungen zunächst auf die auf *Robert Alexy* zurückgehende Prägung der Prinzipientheorie zurückgegriffen werden.[23]

---

[14] *Robert Alexy*, Theorie der Grundrechte, 1985, S. 71 ff.; *ders.*, ARSP, Beiheft 25 (1985), S. 13 ff.; *ders.*, in: Robert Alexy, Recht, Vernunft, Diskurs, 1995, S. 177 ff.; ferner *Nils Jansen*, Die Struktur der Gerechtigkeit, 1998, S. 75 ff.; *Marius Raabe*, Grundrechte und Erkenntnis, 1998, S. 176 ff.; *Jan-R. Sieckmann*, Regelmodelle und Prinzipienmodelle des Rechtssystems, 1990, S. 52 ff.; *Martin Borowski*, Die Glaubens- und Gewissensfreiheit des Grundgesetzes, 2006, S. 195 ff.; *ders.*, Grundrechte als Prinzipien, 2. Aufl. 2007, S. 70 ff.

[15] Die allgemeine Diskussion beschränkt sich vornehmlich auf die Prinzipientheorie *Robert Alexys*, siehe *Sebastian Unger*, Das Verfassungsprinzip der Demokratie, 2008, S. 91 ff. m. w. N.

[16] Dazu *Matthias Jestaedt*, Das mag in der Theorie richtig sein ..., 2006, S. 43 ff.

[17] Grundlegend *Josef Esser*, Grundsatz und Norm in der richterlichen Form des Privatrechts, 4. Aufl. 1990, S. 10 f.; ferner *Ronald Dworkin*, Bürgerrechte ernstgenommen, 1984, S. 54 ff.

[18] *Bernd Schilcher*, in: Bernd Schilcher/Peter Koller/Bernd-Christian Funk (Hrsg.), Regeln, Prinzipien und Elemente im System des Rechts, 2000, S. 153 (161); siehe auch *Jan-R. Sieckmann*, in: Bernd Schilcher/Peter Koller/Bernd-Christian Funk (Hrsg.), Regeln, Prinzipien und Elemente im System des Rechts, 2000, S. 69 (71 ff.); anders wohl *Robert Alexy*, in: Bernd Schilcher/Peter Koller/Bernd-Christian Funk (Hrsg.), Regeln, Prinzipien und Elemente im System des Rechts, 2000, S. 31 (38 ff.).

[19] Kritisch *Klaus Günther*, Der Sinn für Angemessenheit, 1988, S. 268 f., 275; *Ulrich Penski*, JZ 1989, S. 105 ff.; *Jan-R. Sieckmann*, Regelmodelle und Prinzipienmodelle des Rechtssystems, 1990, S. 64 f.; *ders.*, ARSP 78 (1992), S. 145 (151); ferner *Jürgen Habermas*, Faktizität und Geltung, 4. Aufl. 1994, S. 315 ff.; eingehend dazu *Karl-Eberhard Hain*, Die Grundsätze des Grundgesetzes, 1999, S. 118 ff.

[20] Dazu *Aulis Aarnio*, ARSP, Beiheft 42 (1990), S. 180 (187).

[21] *Robert Alexy*, Theorie der Grundrechte, 1985, S. 75; *ders.*, ARSP, Beiheft 25 (1985), S. 13 (19 f.); *ders.*, ARSP, Beiheft 37 (1990), S. 9 (21); *ders.*, in: Bernd Schilcher/Peter Koller/Bernd-Christian Funk (Hrsg.), Regeln, Prinzipien und Elemente im System des Rechts, 2000, S. 31 (38 ff.); kritisch *Theodor Schilling*, Rang und Geltung von Normen in gestuften Rechtsordnungen, 1994, S. 90 f.

[22] Siehe *Robert Alexy*, in: Robert Alexy, Recht, Vernunft, Diskurs, 1995, S. 177 (182 ff.); ferner *Wolfgang Enderlein*, Abwägung in Recht und Moral, 1992, S. 80 ff.

[23] Zu den Unterschieden der Lehren *Robert Alexys* und *Ronald Dworkins* nur *Robert Alexy*, in: Robert Alexy, Recht, Vernunft, Diskurs, 1995, S. 94 ff.

I. Unterscheidung zwischen Rechtsprinzipien und Rechtsregeln

Rechtsprinzipien und Rechtsregeln sind danach Rechtsnormen,[24] zwischen denen aber gleichwohl kategorial[25] zu unterscheiden ist.[26] Nach *Robert Alexy* haben Rechtsprinzipien und Rechtsregeln nämlich unterschiedliche Wirkungsintensitäten: Rechtsregeln können erfüllt oder nicht erfüllt werden. Diesseits des tatsächlich und rechtlich Möglichen treffen Rechtsregeln daher definitive Entscheidungen zwischen mehreren Alternativen – was nicht ausschließt, dass Rechtsregeln eine differenzierte Binnenstruktur aufweisen und Ausnahmetatbestände enthalten können.[27] Rechtsprinzipien sind demgegenüber Normen, die gebieten, dass etwas – relativ bezogen auf die rechtlichen und tatsächlichen Möglichkeiten – in einem möglichst hohen Maße realisiert wird. Sie legen keine Rechtsfolgen fest, die eintreten, sofern bestimmte Bedingungen erfüllt wer-

---

[24] Nach der Lehre *Robert Alexys* sind sowohl Rechtsprinzipien als auch Rechtsregeln Rechtsnormen, sodass für die Prinzipientheorie namentlich der Normbegriff in der Tradition *Hans Kelsens* als zu eng erscheint: *Hans Kelsen*, Reine Rechtslehre, 2. Aufl. 1960, S. 4 definiert Normen nämlich als Gebote, die eine Relation zwischen einer bestimmten Person oder einem bestimmten Personenkreis und einem in bestimmter Weise definierten Verhalten beschreiben, die dadurch gekennzeichnet ist, dass sie die Identifikation mindestens eines Verhaltens des Normadressaten als gebotswidrig und damit rechtswidrig ermöglicht, siehe dazu *Jan Henrik Klement*, JZ 2008, S. 756 (759); damit ist indes nicht die Gültigkeit der Prinzipientheorie in Zweifel gezogen, vielmehr liegt ihr ein semantischer Normbegriff zugrunde, siehe dazu *Jan-R. Sieckmann*, Regelmodelle und Prinzipienmodelle des Rechtssystems, 1990, S. 42f.; *dens.*, JZ 2009, S. 557 (557); ähnlich *Robert Alexy*, Theorie der Grundrechte, 1985, S. 42; zur Unterscheidung von Rechtsprinzipien und Rechtsnormen auch *Franz Reimer*, Verfassungsprinzipien, 2001, S. 172f.

[25] *Ronald Dworkin*, Bürgerrechte ernstgenommen, 1984, S. 58 spricht von einem logischen Unterschied in einem weiten Sinn, der auch allgemeine Eigenschaften der Normstruktur erfasst; *Robert Alexy*, Theorie der Grundrechte, 1985, S. 75 gebraucht dagegen den Begriff des qualitativen Unterschiedes, wonach ein Kriterium existiert, das erlaube, strikt zwischen Regeln und Prinzipien zu unterscheiden; dazu auch *Ralf Dreier*, JZ 1985, S. 353 (356).

[26] Siehe *Robert Alexy*, Rechtstheorie, Beiheft 1 (1979), S. 59 (78f.); *Jan-R. Sieckmann*, Regelmodelle und Prinzipienmodelle des Rechtssystems, 1990, S. 74ff.; *Delf Buchwald*, Prinzipien des Rechtsstaates, 1996, S. 72; *Martin Borowski*, Grundrechte als Prinzipien, 2. Aufl. 2007, S. 70ff.; ferner *Michael D. Bayles*, Principles of Law, 1987, S. 11ff.; im Gegensatz zu einer solchen „starken Trennungsthese" vertritt *Marietta Auer*, Materialisierung, Flexibilisierung, Richterfreiheit, 2005, S. 47ff. die These, dass zwischen Rechtsregeln und Rechtsprinzipien ein fließender Übergang bestehe, der sich anhand der Bestimmtheit oder Generalität einer Rechtsnorm, ihrem Bezug zur Rechtsidee oder ihrem Wertungsgehalt messen lasse; zum Merkmal der Generalität auch *Joseph Raz*, The Yale Law Journal 81 (1972), S. 823 (838), der den Generalitätsgrad einer Norm – und damit einen fließenden Übergang zwischen Regeln und Prinzipien – ebenfalls als maßgebliches Kriterium erachtet; dazu ferner *Ulrich Penski*, JZ 1989, S. 105 (107); *Daniel Wache*, Der Begriff des Rechtsprinzips und seine Bedeutung für die Rechtsprechung des Bundesverfassungsgerichts auf dem Gebiete des Strafrechts und Strafprozessrechts, 1997, S. 29; *Franz Reimer*, Verfassungsprinzipien, 2001, S. 172f., 181f.

[27] Siehe *Ronald Dworkin*, Bürgerrechte ernstgenommen, 1984, S. 58f.; *Robert Alexy*, Theorie der Grundrechte, 1985, S. 88f.; ferner *Veith Mehde*, Neues Steuerungsmodell und Demokratieprinzip, 2000, S. 533.

den.[28] Zugleich können Rahmenbedingungen, die die Realisierung eines Rechtsprinzips nicht zulassen, nicht als Ausnahmen zu dem jeweiligen Rechtsprinzip qualifiziert werden. Rechtsprinzipien sind vielmehr im Rahmen einer Abwägung zu berücksichtigende Gesichtspunkte[29] und Optimierungsgebote,[30] die in unterschiedlichem Maße erfüllt werden können, in einem gebotenen Maße jedoch nicht nur von tatsächlichen, sondern auch von rechtlichen Möglichkeiten abhängen.[31] Vorrangiger Verdienst der Prinzipientheorie ist daher die rechtstheoretische Fundierung von Abwägungsvorgängen[32] im Wege einer Flexibilisierung der Rechtsordnung.[33]

II. Rechtsprinzipien- und Rechtsregelkonflikte

Die unterschiedliche Wirkungsintensität von Rechtsprinzipien und Rechtsregeln wird vor allem in Rechtsnormkonflikten deutlich sichtbar, in denen zwei Normen jeweils isoliert angewendet zu widersprechenden Sollensurteilen führen.[34] Rechtsregeln beharren auch im Konfliktfall auf der Durchsetzung der jeweils eigenen Rechtsfolgen. Rechtsregelkonflikte können daher nicht im Wege der abgestuften Geltung,[35] sondern nur durch Vorrangregelungen aufgelöst werden.[36] Rechtsprinzipienkonflikte zwingen demgegenüber nicht dazu, eines der kollidierenden Rechtsprinzipien zurücktreten zu lassen. Rechtsprinzipien

---

[28] *Josef Esser*, Grundsatz und Norm in der richterlichen Form des Privatrechts, 4. Aufl. 1990, S. 7; dazu auch *Maximilian Reßing*, ARSP 95 (2009), S. 28 ff.

[29] *Ronald Dworkin*, Bürgerrechte ernstgenommen, 1984, S. 60.

[30] *Robert Alexy*, Theorie der Grundrechte, 1985, S. 75 f. geht damit über die Lehre *Ronald Dworkins* hinaus.

[31] *Robert Alexy*, Theorie der Grundrechte, 1985, S. 75 f.; *ders.*, ARSP, Beiheft 25 (1985), S. 13 (20 f.); *ders.*, in: Robert Alexy, Recht, Vernunft, Diskurs, 1995, S. 213 (216 f.); *ders.*, in: Robert Alexy, Recht, Vernunft, Diskurs, 1995, S. 262 (268 f.); *ders.*, in: Bernd Schilcher/Peter Koller/Bernd-Christian Funk (Hrsg.), Regeln, Prinzipien und Elemente im System des Rechts, 2000, S. 31 (32); *ders.*, in: Joachim Jickeli (Hrsg.), Gedächtnisschrift für Jürgen Sonnenschein, 2003, S. 771 (771 f.); siehe auch *Veith Mehde*, Die Verwaltung 34 (2001), S. 93 (94 f.); *Martin Borowski*, Grundrechtliche Leistungsrechte, JöR 50 n. F. (2002), S. 301 (314 f.); *Utz Schliesky*, Souveränität und Legitimität von Herrschaftsgewalt, 2004, S. 613.

[32] Siehe *Bernd Rüthers/Christian Fischer/Axel Birk*, Rechtstheorie mit Juristischer Methodenlehre, 6. Aufl. 2011, Rn. 756d, 757a ff.; ferner *Michael Sachs*, ZG 1991, S. 1 (12 f.).

[33] Siehe *Dilip David Maitra*, Regeln und Prinzipien, 2006, S. 170 ff., 198 ff.

[34] *Robert Alexy*, Theorie der Grundrechte, 1985, S. 77; *ders.*, in: Robert Alexy, Recht, Vernunft, Diskurs, 1995, S. 177 (201 f.); *ders.*, in: Bernd Schilcher/Peter Koller/Bernd-Christian Funk (Hrsg.), Regeln, Prinzipien und Elemente im System des Rechts, 2000, S. 31 (36 ff.).

[35] *Robert Alexy*, Theorie der Grundrechte, 1985, S. 77 anerkennt die Möglichkeit der Einführung einer Ausnahmeklausel, die die zurücktretende Rechtsregel aufrechterhält; anders *Martin Borowski*, Grundrechte als Prinzipien, 2. Aufl. 2007, S. 79, der darauf verweist, dass mit der Einführung einer solchen Ausnahmeklausel die betreffende Rechtsregel jedenfalls in ihrer ursprünglichen Form ihre Gültigkeit verliert.

[36] *Robert Alexy*, Theorie der Grundrechte, 1985, S. 78; ferner *Martin Borowski*, Grundrechtliche Leistungsrechte, JöR 50 n. F. (2002), S. 301 (314).

ordnen nämlich Rechtsfolgen nur in einer Dimension des Grundsätzlichen an und erlauben eine graduelle Verwirklichung. Rechtsprinzipien stehen folglich unter dem Vorbehalt, dass die Wichtigkeit kollidierender Rechtsprinzipien das jeweils andere Rechtsprinzip überwiegt.[37] Auch Rechtsprinzipien implizieren danach eine Vorrangrelation, die allerdings grundsätzlich auf die Möglichkeit der Koexistenz Rücksicht nimmt.[38] Dementsprechend folgt aus Rechtsprinzipienkonflikten keine unbedingte, sondern allenfalls eine relative Vorrangrelation.[39] Die Prinzipientheorie leitet daher Abwägungsvorgänge an, die eine Entscheidung darüber, welches der konfligierenden Rechtsprinzipien zurücktreten muss, determinieren:[40] Je höher der Grad der Nichterfüllung eines Rechtsprinzips ist, desto größer muss die Wichtigkeit der Verwirklichung des kollidierenden Rechtsprinzips sein.[41]

III. Prima-facie Wirkung und Optimierungsgebot

Rechtsnormkonflikte machen zugleich die wesentlichen[42] Merkmale[43] von Rechtsprinzipien und Rechtsregeln sichtbar. Rechtsregeln enthalten auf Tatbestandsseite Voraussetzungen, bei deren Vorliegen die angeordnete Rechtsfolge eintritt. Die Erfüllung der Tatbestandsvoraussetzungen ist mithin notwendige und zugleich hinreichende Bedingung für den Eintritt der Rechtsfolge.[44] Der

[37] *Robert Alexy*, Theorie der Grundrechte, 1985, S. 78 f.; ferner *ders.*, Rechtstheorie, Beiheft 1 (1979), S. 59 (80 f.); *ders.*, Der Staat 29 (1990), S. 49 (54); dazu auch *Franz Bydlinski*, Über prinzipiell-systematische Rechtsfindung im Privatrecht, 1995, S. 12; *Hans-Joachim Koch*, in: Wilfried Erbguth (Hrsg.), Abwägung im Recht, 1996, S. 9 (18); *Martin Gellermann*, Grundrechte in einfachgesetzlichem Gewande, 2000, S. 68 f.; *Markus Schefer*, Die Kerngehalte von Grundrechten, 2001, S. 77; *Sebastian Unger*, Das Verfassungsprinzip der Demokratie, 2008, S. 95 f.

[38] *Robert Alexy*, Theorie der Grundrechte, 1985, S. 81; *ders.*, in: Okko Behrends (Hrsg.), Rechtsdogmatik und praktische Vernunft, 1990, S. 95 (100 f.).

[39] *Robert Alexy*, Theorie der Grundrechte, 1985, S. 79 ff.

[40] Die bei der Feststellung der Vorrangrelation vorzunehmende Abwägung entspricht der Figur der praktischen Konkordanz, siehe *Robert Alexy*, Theorie der Grundrechte, 1985, S. 152; *Katharina Sobota*, Das Prinzip Rechtsstaat, 1997, S. 414; *Horst Eidenmüller*, Effizienz als Rechtsprinzip, 3. Aufl. 2005, S. 462.

[41] *Robert Alexy*, Theorie der Grundrechte, 1985, S. 146; *ders.*, ARSP, Beiheft 25 (1985), S. 13 (27); *ders.*, Zur Struktur der Rechtsprinzipien, in: Bernd Schilcher/Peter Koller/Bernd-Christian Funk (Hrsg.), Regeln, Prinzipien und Elemente im System des Rechts, 2000, S. 31 (36); ferner *Jan-R. Sieckmann*, Rechtstheorie 26 (1995), S. 45 (47 ff., 61 ff.).

[42] Siehe *Matthias Jestaedt*, Demokratieprinzip und Kondominalverwaltung, 1993, S. 586; *Peter Lerche*, in: Joachim Burmeister (Hrsg.), Verfassungsstaatlichkeit, Festschrift für Klaus Stern zum 65. Geburtstag, 1997, S. 197 (207).

[43] Ausführlich *Robert Alexy*, Theorie der Grundrechte, 1985, S. 90 ff.; *ders.*, ARSP, Beiheft 25 (1985), S. 13 (21); *ders.*, in: Robert Alexy, Recht, Vernunft, Diskurs, 1995, S. 177 (205).

[44] *Martin Borowski*, Grundrechtliche Leistungsrechte, JöR 50 n. F. (2002), S. 301 (314); ferner *Gerhard Otte*, in: Bernd Schilcher/Peter Koller/Bernd-Christian Funk (Hrsg.), Regeln, Prinzipien und Elemente im System des Rechts, 2000, S. 143 (145).

Tatbestand von Rechtsprinzipien wirkt demgegenüber lediglich prima-facie.[45] Findet ein Rechtsprinzip im konkreten Einzelfall Anwendung, zieht die Erfüllung der tatbestandlichen Voraussetzungen den Eintritt der jeweiligen Rechtsfolge nicht zwingend nach sich. Der Eintritt der Rechtsfolge ist vielmehr von den durch konfligierende Rechtsprinzipien bestimmten rechtlichen Möglichkeiten abhängig.[46] Die unterschiedliche Wirkungsintensität beschreibt daher eine logische Eigenschaft von Rechtsprinzipien: Sie gebieten, verbieten oder erlauben etwas, das mehr oder weniger stark erfüllt werden kann.[47] Diese gleichsam offene Wirkungsintensität von Rechtsprinzipien darf allerdings nicht dahingehend missverstanden werden, dass Rechtsprinzipien nicht als Rechtsnormen, sondern als unverbindliche Programmsätze zu qualifizieren sind.[48] Die vermeintlich geringere Wirkungsintensität von Rechtsprinzipien korrespondiert vielmehr mit einer auf die Optimierung des jeweiligen Rechtsprinzips angelegten Struktur, die jede Mindererfüllung einem Rechtfertigungszwang unterwirft.[49] Rechtsprinzipien ordnen im Gegensatz zu Rechtsregeln daher kein

---

[45] *Robert Alexy*, Theorie der Grundrechte, 1985, S. 87ff.; *ders.*, ARSP, Beiheft 25 (1985), S. 13 (20f.); *Martin Borowski*, JöR 50 n.F. (2002), S. 301 (314); *ders.*, Grundrechte als Prinzipien, 2. Aufl. 2007, S. 93ff.

[46] *Robert Alexy*, Theorie der Grundrechte, 1985, S. 88; *ders.*, in: Robert Alexy, Recht, Vernunft, Diskurs, 1995, S. 177 (204); ferner *Delf Buchwald*, in: Bernd Schilcher/Peter Koller/Bernd-Christian Funk (Hrsg.), Regeln, Prinzipien und Elemente im System des Rechts, 2000, S. 83 (90f.); allerdings werden auch Rechtsprinzipien mit teilweisem Festsetzungsgehalt anerkannt, siehe *Jan-R. Sieckmann*, Regelmodelle und Prinzipienmodelle des Rechtssystems, 1990, S. 69; *Martin Borowski*, JöR 50 n.F. (2002), S. 301 (314); *ders.*, Grundrechte als Prinzipien, 2. Aufl. 2007, S. 101ff.; anders *Karl-Eberhard Hain*, Die Grundsätze des Grundgesetzes, 1999, S. 104f.

[47] *Robert Alexy*, in: Robert Alexy, Recht, Vernunft, Diskurs, 1995, S. 177 (202ff.).

[48] *Robert Alexy*, ARSP, Beiheft 25 (1985), S. 13 (22).

[49] *Robert Alexy*, Theorie der Grundrechte, 1985, S. 81; *ders.*, in: Bernd Schilcher/Peter Koller/Bernd-Christian Funk (Hrsg.), Regeln, Prinzipien und Elemente im System des Rechts, 2000, S. 31 (38f., 43); ferner *Klaus Stern*, Das Staatsrecht der Bundesrepublik Deutschland, Bd. III/2, 1994, S. 835; *Konrad Hesse*, Grundzüge des Verfassungsrechts der Bundesrepublik Deutschland, 20. Aufl. 1995, Rn. 72; *Peter Lerche*, in: Joachim Burmeister (Hrsg.), Verfassungsstaatlichkeit, Festschrift für Klaus Stern zum 65. Geburtstag, 1997, S. 197 (199f.), identifiziert die Feststellung *Richard Thomas*, Grundrechtsnormen verlangten nach derjenigen Auslegung, die die Wirkungskraft der betreffenden Norm am stärksten entfaltet – siehe *Richard Thoma*, in: Hans Carl Nipperdey (Hrsg.), Grundrechte und Grundpflichten der Reichsverfassung, Bd. I, 1929, S. 1 (9) –, als „Scheinwurzel" des Optimierungsgedankens und anerkennt trotz grundlegender Kritik gegenüber der Prinzipientheorie sektorale Optimierungsgedanken des Grundgesetzes.

reales, sondern vielmehr ein ideales Sollen[50] an,[51] das lediglich eine möglichst weitgehende Erfüllung verlangt.[52]

IV. Rechtsprinzipien- und Rechtsregelmodell der Rechtsordnung

Anhand dieser kategorialen Unterscheidung zwischen Rechtsprinzipien und Rechtsregeln strukturiert die Prinzipientheorie nun die Rechtsordnung. Sie entwirft ein Rechtssystem, das auf der Ebene der Rechtsregeln Ergebnisse von Abwägungen und auf der Ebene der Rechtsprinzipien die für die Entscheidungs- und Argumentationsprozesse relevanten Abwägungsgründe enthält.[53] Dass Rechtsprinzipien Elemente des Rechtssystems und nicht etwa vorrechtliche Werte zum Ausdruck bringen, unterscheidet ein aus Rechtsprinzipien und Rechtsregeln bestehendes Rechtssystem dabei von einem reinen Rechtsregelsystem, das die abwägungsfähigen und abwägungsbedürftigen Aspekte als moralische oder ethische Gegebenheiten außerhalb des Rechtssystems ausweist.[54] Gewissermaßen umgekehrt machen Rechtsregeln aber auch ein Kombinationsmodell anstelle eines reinen Rechtsprinzipiensystems erforderlich, das nicht nur die Entscheidungs- und Argumentationsprozesse benennt, sondern zugleich auch deren Ergebnisse enthält.[55] Das Rechtsprinzipien- und Rechtsregelmodell der Rechtsordnung besteht auf einer ersten Ebene aus Rechtsprinzipien, denen kein vollständiger Festsetzungsgehalt zukommt und die zugleich einer Konkretisierung bedürfen – die Rechtsprinzipienebene bildet die Tiefenstruktur des Rechtssystems.[56] Auf einer zweiten Ebene enthält das Rechtssystem so-

---

[50] Zum Begriff *Robert Alexy*, in: Laura Clérico/Jan-R. Sieckmann (Hrsg.), Grundrechte, Prinzipien und Argumentation, 2009, S. 21 ff.; kritisch dazu *Ralf Poscher*, Rechtswissenschaft 2010, S. 349 (353 ff.).

[51] Kritisch *Christoph Enders*, in: Karl Heinrich Friauf/Wolfram Höfling (Hrsg.), Berliner Kommentar zum Grundgesetz, vor Art. 1 (2000), Rn. 141, der der Abwägungsmethode ganz grundsätzlich vorwirft, mangels verfassungsrechtlichem Vorrangprinzip keine verfassungsimmanente Lösungsmöglichkeit bereitzuhalten; ähnlich *Bernhard Schlink*, in: Peter Badura (Hrsg.), Festschrift 50 Jahre Bundesverfassungsgericht, Bd. II, 2001, S. 445 (454 ff.).

[52] *Robert Alexy*, in: Robert Alexy, Recht, Vernunft, Diskurs, 1995, S. 177 (204); *ders.*, in: Luc J. Wintgens (Hrsg.), The Law in Philosophical Perspectives, 1999, S. 23 (39).

[53] *Robert Alexy*, Theorie der Grundrechte, 1985, S. 117 ff.; *ders.*, ARSP, Beiheft 25 (1985), S. 13 (21 f.); *ders.*, in: Robert Alexy, Recht, Vernunft, Diskurs, 1995, S. 213 (222 ff.); *Jan-R. Sieckmann*, Regelmodelle und Prinzipienmodelle des Rechtssystems, 1990, S. 172 f.; *ders.*, ARSP 78 (1992), S. 145 (152 ff.); *Helge Stück*, ARSP 84 (1998), S. 405 (418 f.).

[54] *Robert Alexy*, Theorie der Grundrechte, 1985, S. 106 ff.; *ders.*, ARSP, Beiheft 25 (1985), S. 13 (21); *ders.*, in: Robert Alexy, Recht, Vernunft, Diskurs, 1995, S. 213 (219 ff.); *Jan-R. Sieckmann*, ARSP 78 (1992), S. 145 (158).

[55] *Robert Alexy*, Theorie der Grundrechte, 1985, S. 104 ff.

[56] *Hans-Joachim Koch*, in: Wilfried Erbguth (Hrsg.), Abwägung im Recht, 1996, S. 9 (17); *ders.*, in: Bernd Schilcher/Peter Koller/Bernd-Christian Funk (Hrsg.), Regeln, Prinzipien und Elemente im System des Rechts, 2000, S. 245 (245); *Sebastian Unger*, Das Verfassungsprinzip der Demokratie, 2008, S. 103 ff.

dann Rechtsnormen mit vollständigem und unmittelbar anwendbarem Festsetzungsgehalt. Da sich der der Ebene der Rechtsprinzipien zugehörige Entscheidungs- und Argumentationsprozess in diesen Rechtsregeln manifestiert, ist grundsätzlich[57] ein Rückgriff der Rechtsregelebene auf die vorgelagerte Tiefenstruktur der Rechtsprinzipien versperrt.[58]

V. Die Prinzipientheorie in der Diskussion: Einwände und Antikritik

1. Zentrale Einwände

Weitgehend unbestritten[59] hat die bislang skizzierte Prinzipientheorie den Vorteil, als Deutungsfolie des positiv-rechtlich anerkannten Grundsatzes der Verhältnismäßigkeit[60] fungieren zu können. Allein die Prinzipientheorie vermag den Abwägungsvorgang als einen Prozess der Optimierung von Rechtsprinzipien zu konstruieren und dem rationalen Diskurs zugänglich zu machen.[61] Gleichzeitig werden Argumentationslasten durch die ebenfalls von *Robert Alexy* entwickelte Gewichtsformel zugewiesen und das aleatorische Moment der Güterabwägung zurückgedrängt.[62] Zudem ermöglicht die Prinzipientheorie auch eine Abwägung nicht lediglich auf prinzipieller Ebene, sondern auf einer der „Gerechtigkeit [...] [und] Passgenauigkeit"[63] prinzipiengesteuerter Lösungen verpflichteten Einzelfallebene: Ohne die abstrakte Prinzipienstruktur

---

[57] Dazu *Robert Alexy*, Theorie der Grundrechte, 1985, S. 122, der auch Fälle für denkbar hält, in denen Gründe für andere Festsetzungen als die auf der Regelebene getroffenen so bedeutsam sein können, dass sie auch das Prinzip der Wortlautbindung zurückdrängen.

[58] *Robert Alexy*, Theorie der Grundrechte, 1985, S. 121f.; *Helge Stück*, ARSP 84 (1998), S. 405 (416); *Sebastian Unger*, Das Verfassungsprinzip der Demokratie, 2008, S. 103f.; ferner *Winfried Brugger*, in: Bernd Schilcher/Peter Koller/Bernd-Christian Funk (Hrsg.), Regeln, Prinzipien und Elemente im System des Rechts, 2000, S. 221 (237ff.).

[59] *Robert Alexy*, Theorie der Grundrechte, 1985, S. 100ff.; *ders.*, Ratio Juris 5 (1992), S. 143 (149); *ders.*, in: Utz Schliesky (Hrsg.), Die Freiheit des Menschen in Kommune, Staat und Europa, Festschrift für Edzard Schmidt-Jortzig, 2011, S. 3ff.; ferner *Manfred Stelzer*, Das Wesensgehaltsargument und der Grundsatz der Verhältnismäßigkeit, 1991, S. 220ff.; *Martin Borowski*, ZÖR 53 (1998), S. 307 (325); anders *Jan Henrik Klement*, JZ 2009, S. 756 (761f.).

[60] *Matthias Klatt/Moritz Meister*, Der Staat 51 (2012), S. 159ff.; rechtsvergleichend *Johannes Saurer*, Der Staat 51 (2012), S. 3ff.

[61] *Matthias Jestaedt*, in: Otto Depenheuer (Hrsg.), Staat im Wort, Festschrift für Josef Isensee, 2007, S. 253 (258f.); *Ralf Poscher*, Grundrechte als Abwehrrechte, 2003, S. 73f.

[62] *Robert Alexy*, in: Joachim Jickeli (Hrsg.), Gedächtnisschrift für Jürgen Sonnenschein, 2003, S. 771ff.; dazu *Matthias Klatt/Johannes Schmidt*, AöR 137 (2012), S. 545ff.; zum Vorwurf, die Prinzipientheorie stehe angesichts der Gewichtsformel der Grundrechtsjudikatur affirmativ gegenüber und habe verfassungsgerichtspositivistische Tendenzen, *Helge Rossen*, in: Christoph Grabenwarter (Hrsg.), Allgemeinheit der Grundrechte und Vielfalt der Gesellschaft, 1994, S. 41 (51); *Matthias Jestaedt*, Grundrechtsentfaltung im Gesetz, 1999, S. 217; *Ralf Poscher*, Grundrechte als Abwehrrechte, 2003, S. 76.

[63] *Matthias Jestaedt*, in: Otto Depenheuer (Hrsg.), Staat im Wort, Festschrift für Josef Isensee, 2007, S. 253 (259).

zu leugnen, finden abstrakte Norm und konkrete Umstände des Einzelfalles in einem rationalen Diskurs zueinander.[64]

a) *Prinzipientheorie als naiver Gesetzespositivismus?*

Dennoch stößt die Prinzipientheorie auf fundamentale Kritik sowohl aus rechtstheoretischer als auch aus spezifisch verfassungsrechtlicher Perspektive.[65] Der Prinzipientheorie wird insbesondere vorgehalten, die strenge Binärcodierung von Subsumtion (Rechtsregeln) und Abwägung (Rechtsprinzipien)[66] beruhe zumindest hinsichtlich der Rechtsregeln auf einem naiven Gesetzespositivismus, der einer konstruktivistischen Begriffsjurisprudenz[67] Vorschub leiste.[68] Zudem leugne die Binärcodierung den rechtserzeugenden Charakter auch der Anwendung von Rechtsprinzipien: Der Prinzipientheorie stehe ihre Alternativität von Fremd- und Eigenprogrammierung entgegen, sofern die Abwägung von Rechtsprinzipien als eine den normativen Gehalt kollidierender Rechtsprinzipien lediglich feststellende Rechtserkenntnis, nicht dagegen als Normsetzung[69] qualifiziert werde.[70] Schließlich wird versucht, den Vorzug der Prinzipientheorie – den Zugewinn an Rationalität – als vermeintlich bloßen Schein zu entlarven. Namentlich die Gewichtsformel *Robert Alexys* nehme auf Umstände Bezug, deren Inhalt die Prinzipientheorie in der praktischen Rechtsanwendung nicht bestimmen könne.[71] Die Gewichtsformel sei allenfalls eine methodologische Chimäre, sodass die Prinzipientheorie letztlich nicht die Ratio-

---

[64] *Matthias Jestaedt*, in: Otto Depenheuer (Hrsg.), Staat im Wort, Festschrift für Josef Isensee, 2007, S. 253 (259f.).

[65] Dazu *Matthias Jestaedt*, in: Otto Depenheuer (Hrsg.), Staat im Wort, Festschrift für Josef Isensee, 2007, S. 253ff.; ferner *Martin Borowski*, Die Glaubens- und Gewissensfreiheit des Grundgesetzes, 2006, S. 195ff.; *ders.*, Grundrechte als Prinzipien, 2. Aufl. 2007, S. 114ff.; *Sebastian Unger*, Das Verfassungsprinzip der Demokratie, 2008, S. 122ff.; siehe auch *Peter Lerche*, in: Joachim Burmeister (Hrsg.), Verfassungsstaatlichkeit, Festschrift für Klaus Stern zum 65. Geburtstag, 1997, S, 197ff.; *Bernhard Schlink*, in: Peter Badura (Hrsg.), Festschrift 50 Jahre Bundesverfassungsgericht, Bd. II, 2001, S. 445 (455ff.).

[66] *Jan-R. Sieckmann*, Regelmodelle und Prinzipienmodelle des Rechtssystems, 1990, S. 18f.; siehe auch *Robert Alexy*, Ratio Juris 16 (2003), S. 433ff.

[67] Allgemein *Paul Laband*, Das Staatsrecht des Deutschen Reiches, Bd. II, 5. Aufl. 1911, S. 178.

[68] Ausführlich *Matthias Jestaedt*, Grundrechtsentfaltung im Gesetz, 1999, S. 279ff.; *ders.*, Das mag in der Theorie richtig sein ..., 2006, S. 20ff.; *ders.*, in: Otto Depenheuer (Hrsg.), Staat im Wort, Festschrift für Josef Isensee, 2007, S. 253 (272).

[69] *Jan-R. Sieckmann*, Regelmodelle und Prinzipienmodelle des Rechtssystems, 1990, S. 145ff.

[70] *Matthias Jestaedt*, in: Otto Depenheuer (Hrsg.), Staat im Wort, Festschrift für Josef Isensee, 2007, S. 253 (273).

[71] *Karl-Heinz Ladeur*, Kritik der Abwägung in der Grundrechtsdogmatik, 2004, S. 12ff.; 76ff.; *Matthias Jestaedt*, in: Otto Depenheuer (Hrsg.), Staat im Wort, Festschrift für Josef Isensee, 2007, S. 253 (265ff.); ferner *Ralph Christensen/Kent D. Lerch*, JZ 2007, S. 438ff.

nalität des Abwägungsvorgangs fördere, sondern die konkrete Kollisionslösung hinter einer rhetorischen Fassade verstecke.[72]

b) Die Abwägungslehre als „Nullpunkt juristischer Dogmatik"?

Die Abwägungslehre stößt darüber hinaus auf weitere Kritik.[73] Vorgeworfen wird der Prinzipientheorie im Anschluss an eine vermeintlich fehlende Rationalität des Abwägungsvorgangs, sie liefere das methodische Rüstzeug für eine Umdeutung der Rechtsordnung in eine Ordnung nicht mehr normativer, sondern kognitiver Erwartungen[74] und leiste nicht nur einem „lex situationis", der Degeneralisierung und damit der Degenerierung von Rechtsnormen[75] Vorschub,[76] sondern bilde ferner auch einen „Nullpunkt juristischer Dogmatik".[77] Allerdings fehlen dieser Kritik an der Abwägungslehre zunächst spezifische Einwände gegenüber der Prinzipientheorie, allenfalls wirft sie der Gewichtsformel vor, im Rahmen des Abwägungsvorgangs obsolet zu sein.[78] Erst angesichts der untrennbaren Verknüpfung zwischen Prinzipientheorie und Abwägungslehre[79] gerät mit dem Vorwurf fehlender Rationalität des Abwägungsvorgangs selbst und den daran anschließenden Einwänden[80] gegenüber der dem Bundesverfassungsgerichts zufallenden Funktion[81] auch die Prinzipientheorie in den Mittelpunkt der Kritik. Von Bedeutung für die Prinzipientheorie ist vor diesem

---

[72] *Matthias Jestaedt*, in: Otto Depenheuer (Hrsg.), Staat im Wort, Festschrift für Josef Isensee, 2007, S. 253 (267).

[73] Eingehend *Karl-Heinz Ladeur*, Kritik der Abwägung in der Grundrechtsdogmatik, 2004, passim; ferner *Wolfgang Enderlein*, Abwägung in Recht und Moral, 1992, S. 344 ff.; *Walter Leisner*, Der Abwägungsstaat: Verhältnismäßigkeit als Gerechtigkeit?, 1997, S. 117 ff.; siehe auch *Matthias Herdegen*, Gewissensfreiheit und Normativität des positiven Rechts, 1989, S. 280; *Fritz Ossenbühl*, DVBl. 1995, S. 904 ff.; ferner *Ernst Gottfried Mahrenholz/Ernst-Wolfgang Böckenförde*, Sondervotum, BVerfGE 69, 1 (63 ff.); allgemein *Jürgen Habermas*, Faktizität und Geltung, 4. Aufl. 1994, S. 315 f.

[74] Dazu *Sebastian Unger*, Das Verfassungsprinzip der Demokratie, 2008, S. 125.

[75] Siehe *Rainer Wahl*, NVwZ 1994, S. 401 (407).

[76] Mit Blick auf die Abwägungsmethode *Matthias Jestaedt*, in: Otto Depenheuer (Hrsg.), Staat im Wort, Festschrift für Josef Isensee, 2007, S. 253 (267 f.); ferner *Fritz Ossenbühl*, DVBl. 1995, S. 904 (908 f.); ähnlich *Michaela Peters*, ZÖR 51 (1996), S. 159 (177 f.).

[77] *Ralf Poscher*, Grundrechte als Abwehrrechte, 2003, S. 81 f.; *Matthias Jestaedt*, in: Otto Depenheuer (Hrsg.), Staat im Wort, Festschrift für Josef Isensee, 2007, S. 253 (268 f.).

[78] *Matthias Jestaedt*, in: Otto Depenheuer (Hrsg.), Staat im Wort, Festschrift für Josef Isensee, 2007, S. 253 (267).

[79] Kritisch *Jan Henrik Klement*, JZ 2008, S. 756 (761).

[80] Dazu *Ernst-Wolfgang Böckenförde*, Der Staat 20 (1990), S. 1 (20 ff.); *Bernhard Schlink*, in: Peter Badura (Hrsg.), Festschrift 50 Jahre Bundesverfassungsgericht, Bd. II, 2001, S. 445 (460 ff.).

[81] Siehe *Bernhard Schlink*, Abwägung im Verfassungsrecht, 1976, S. 128 ff.; *Fritz Ossenbühl*, DVBl. 1995, S. 904 ff.; *Walter Leisner*, NJW 1997, S. 636 ff.; *ders.*, Der Abwägungsstaat: Verhältnismäßigkeit als Gerechtigkeit?, 1997, S. 17 ff.

Hintergrund ferner der Vorwurf, jeder Abwägungsvorgang beruhe auf subjektiv-dezisionistischen Aspekten.[82]

2. *Antikritik*

Überzeugen können diese Einwände nicht. Sofern der Einfluss kognitiver Erfahrungen im Mittelpunkt der Kritik steht, wird die grundsätzliche Bedeutung moralischer sowie ethischer Wertungen für die Rechtsordnung verkannt. Der Rechtsidealismus oder auch der Rechtsrealismus zeigen anders als der strenge Rechtspositivismus,[83] dass Normativität und Faktizität nicht im Gegensatz zueinander stehen müssen.[84] Dass Rechtsprinzipien Einbruchstellen für die Verfassungswirklichkeit in das Verfassungsrecht bilden, begründet daher keine Zweifel an der Prinzipientheorie. Vielmehr ermöglicht es die Prinzipientheorie gerade, eine „Flexibilisierung der gesamten Rechtsordnung"[85] sowie eine „Dynamisierung des Staatsorganisationsrechts" zu begründen,[86] ohne dabei die Normativität der Rechtsordnung zu vernachlässigen.[87]

Darüber hinaus vermag auch die vermeintlich fehlende Rationalität des Abwägungsvorgangs[88] allenfalls unter der Prämisse zu verfangen, dass der Gedan-

---

[82] Eingehend zur Interpretation der Verfassung als Rahmenordnung *Ernst-Wolfgang Böckenförde*, in: Ernst-Wolfgang Böckenförde, Staat, Verfassung, Demokratie, 1991, S. 159 ff.; *ders.*, Der Staat 42 (2003), S. 165 ff.; dazu auch *Bernhard Schlink*, in: Peter Badura (Hrsg.), Festschrift 50 Jahre Bundesverfassungsgericht, Bd. II, 2001, S. 445 (460 ff.); zusammenfassend *Shu-Perng Hwang*, AöR 133 (2008), S. 606 ff.; *dies.*, Der Staat 49 (2010), S. 456 ff.

[83] Dazu *Robert Alexy*, Begriff und Geltung des Rechts, 2002, S. 15 ff.; grundlegend *Gustav Radbruch*, Rechtsphilosophie, 3. Aufl. 1932, § 9; ferner *Arthur Kaufmann*, Rechtsphilosophie, 2. Aufl. 1997, S. 151 ff.; *Reinhold Zippelius*, Rechtsphilosophie, 4. Aufl 2003, S. 49 ff.; *ders.*, Juristische Methodenlehre, 9. Aufl. 2005, S. 6.

[84] Siehe *Christoph Gusy*, JöR 55 n. F. (2007), S. 41 (56 ff.); *Sebastian Müller-Franken*, in: Otto Depenheuer, Staat im Wort, Festschrift für Josef Isensee, 2007, S. 229 (234 f.); *Sebastian Unger*, Das Verfassungsprinzip der Demokratie, 2008, S. 129 f.; ferner *Karl Larenz*, Methodenlehre der Rechtswissenschaft, 6. Aufl. 1991, S. 350 f.; *Friedrich Müller/Ralph Christensen*, Juristische Methodik, Bd. I, 9. Aufl. 2004, Rn. 248 ff.; zur Figur des institutionalistischen Rechtspositivismus, nach der zur Realität des Rechts auch der in der Gesellschaft und in den Rechtsinstitutionen verankerte Hintergrund von Zwecken, Wertestandards, allgemeinen Prinzipien und Ideen gehört, die das Rechtsleben von der Interpretation bis zum Ermessen bei der Rechtsanwendung mitbestimmen, *Donald Neil MacCormick/Ota Weinberger*, Grundlagen des Institutionalistischen Rechtspositivismus, 1985, passim.

[85] *Ralf Dreier*, JZ 1985, S. 353 (356); *Dilip David Maitra*, Regeln und Prinzipien, 2006, S. 170 ff.

[86] *Armin von Bogdandy*, in: Joachim Bohnert (Hrsg.), Verfassung – Philosophie – Kirche, Festschrift für Alexander Hollerbach zum 70. Geburtstag, 2001, S. 363 (363).

[87] Siehe *Sebastian Unger*, Das Verfassungsprinzip der Demokratie, 2008, S. 130.

[88] Dazu *Bernhard Schlink*, Abwägung im Verfassungsrecht, 1976, S. 134 ff.; ferner *Ernst-Wolfgang Böckenförde*, NJW 1974, S. 1529 (1534); *Friedrich Müller*, Positivität der Grundrechte, 2. Aufl. 1990, S. 18; *Michaela Peters*, ZÖR 51 (1996), S. 159 (168); siehe auch *Ernst Forsthoff*, Problematik der Verfassungsauslegung, 1961, S. 39 f.; allgemein *Jürgen Habermas*, Faktizität und Geltung, 4. Aufl. 1994, S. 310.

ke der Rationalität verlangt, jedes Ergebnis der Anwendung von Rechtsnormen müsse ex ante feststehen.[89] Gegenkritik begründet dann aber nicht erst die freirechtliche Interpretation, die den irrationalen Faktor in der richterlichen Rechtsanwendung anerkennt und die Rolle normativer Maßstäbe als Mittel zur Rationalisierung hervorhebt.[90] Vielmehr mündet ein Rationalitätsverständnis, das nicht nur eine sachliche Begründung von Entscheidungen verlangt, sondern übereinstimmende Ergebnisse aller Abwägungsvorgänge fordert, die unter gleichen Voraussetzungen erfolgen, seinerseits in einen – der Prinzipientheorie vorgehaltenen – „naiven Gesetzespositivismus".[91] Die Abwägungsmethode macht gerade die Begründung von Entscheidungsergebnissen[92] intersubjektiv nachvollziehbar[93] und verhindert somit einen Verlust von Rationalität.[94] Auch der Subsumtionsvorgang, der an die Stelle der Abwägungsmethode treten müsste, kann nämlich auf Abwägungsentscheidungen nicht verzichten, würde aber den Disziplinierungsgrad verlieren, den die Abwägungsmethode zu leisten im Stande ist.[95] Denn die Rationalität des Abwägungsvorgangs ist nicht am Maßstab des jeweiligen Ergebnisses, sondern vielmehr am Verfahren der Entscheidungsfindung zu messen. Daher kann auch die Ergebnisoffenheit nicht als Ausdruck von richterlichem Subjektivismus und Dezisionismus qualifiziert werden. Die

---

[89] Dazu *Robert Alexy*, Theorie der Grundrechte, 1985, S. 143; ferner *Wolfgang Enderlein*, Abwägung in Recht und Moral, 1992, S. 351 f.; siehe auch *Martin Borowski*, ZÖR 53 (1998), S. 307 (312); *Thomas Riehm*, Abwägungsentscheidungen in der praktischen Rechtsanwendung, 2006, S. 95 f.; indes ist ein entsprechendes Ergebnis auch mit den klassischen canones der Auslegung kaum herzuleiten, siehe *Karl Larenz*, Methodenlehre der Rechtswissenschaft, 6. Aufl. 1991, S. 346.

[90] Siehe dazu *Hermann Kantorowicz*, in: Hermann Kantorowicz, Rechtswissenschaft und Soziologie, 1962, S. 117 (126); ferner *Hermann Isay*, Rechtsnorm und Entscheidung, 1929, S. 177.

[91] Siehe *Martin Borowski*, Die Glaubens- und Gewissensfreiheit des Grundgesetzes, 2006, S. 210 ff.; *Thomas Riehm*, Abwägungsentscheidungen in der praktischen Rechtsanwendung, 2006, S. 97 ff.; *Thomas Vesting*, Rechtstheorie, 2007, Rn. 224 ff.

[92] Zum Modell eines auf Präjudizwirkungen beruhenden kohärenten Systems der Vorrangrelationen *Robert Alexy*, Theorie der juristischen Argumentation, 3. Aufl. 1991, S. 336 ff.; ferner *Rainer Dechsling*, Das Verhältnismäßigkeitsgebot, 1989, S. 26 ff.; *Martin Borowski*, Prinzipien als Grundrechtsnormen, ZÖR 53 (1998), S. 307 (313 f.); *Jan-R. Sieckmann*, Regelmodelle und Prinzipienmodelle des Rechtssystems, 1990, S. 158 f.

[93] *Bernd-Christian Funk*, in: Bernd Schilcher/Peter Koller/Bernd-Christian Funk (Hrsg.), Regeln, Prinzipien und Elemente im System des Rechts, 2000, S. 259 (260); *Martin Borowski*, Grundrechte als Prinzipien, 2. Aufl. 2007, S. 133; ferner *ders.*, Die Glaubens- und Gewissensfreiheit des Grundgesetzes, 2006, S. 206 f.; *Thomas Riehm*, Abwägungsentscheidungen in der praktischen Rechtsanwendung, 2006, S. 57 ff.

[94] *Marietta Auer*, Materialisierung, Flexibilisierung, Richterfreiheit, 2005, S. 55; *Martin Borowski*, Die Glaubens- und Gewissensfreiheit des Grundgesetzes, 2006, S. 217; *Sebastian Unger*, Das Verfassungsprinzip der Demokratie, 2008, S. 138.

[95] *Robert Alexy*, Theorie der Grundrechte, 1985, S. 144; *Martin Borowski*, ZÖR 53 (1998), S. 307 (317); siehe auch *Wolfgang Kahl*, Der Staat 43 (2004), S. 167 ff.; ferner *Shu-Perng Hwang*, AöR 133 (2008), S. 606 (616); kritisch *Jürgen Sauer*, Die Verfassungsbindung des Gesetzgebers, 1991, S. 217 ff. m. w. N.

Rationalität des Abwägungsvorgangs verlangt lediglich eine Abwägung, die jede Nichterfüllung oder Beeinträchtigung von Rechtsprinzipien von gegenläufigen Rechtsprinzipien abhängig macht.[96]

B. Grundlagen der prinzipientheoretischen Interpretation des Art. 28 Abs. 2 GG

Während bislang die Berechtigung grundlegender Einwände gegen die Geltung der Prinzipientheorie antikritisch analysiert wurde, sind im Folgenden nun weitere kritische Einwände im systematischen Kontext mit dem hier unternommenen Versuch einer prinzipientheoretischen Interpretation des Art. 28 Abs. 2 GG zu beleuchten. Vor allem ist die Anwendbarkeit der Prinzipientheorie außerhalb des Grundrechtsbereichs zu thematisieren. Eine solche Beschäftigung mit der Prinzipientheorie führt unweigerlich zu dem Einwand, die Prinzipientheorie könne normstrukturtheoretische Merkmale von Rechtsnormen nicht benennen, die der kategorialen Unterscheidung zwischen Rechtsprinzipien und Rechtsregeln zugrunde liegen. Eng verbunden mit dem vermeintlichen Fehlen normstrukturtheoretischer Merkmale ist zudem die Kritik an der Interpretation von Rechtsprinzipien als Optimierungsgebote, die sich im Verfassungsrecht mit dem Schlagwort der Konstitutionalisierung zusammenfassen lässt. Beide Einwände stehen in spezifischer Weise der prinzipientheoretischen Interpretation des Art. 28 Abs. 2 GG entgegen.

I. Prinzipientheorie und Staatsorganisationsrecht

Auffällig ist in der Tat, dass die Prinzipientheorie in ihrer Rezeption weitestgehend auf den Bereich der Grundrechte beschränkt ist.[97] Schon *Ronald Dworkin* nimmt auf Bürgerrechte Bezug und versteht unter „principles" lediglich subjektive Rechtspositionen, während „policies" demgegenüber objektiv-rechtliche Gewährleistungen bezeichnen.[98] Eine Transformation der Prinzipientheorie in das Staatsorganisationsrecht wird dementsprechend nur selten versucht.[99] Allerdings stellt schon *Robert Alexy* die Gegenüberstellung von „principles" und

---

[96] *Robert Alexy*, Theorie der Grundrechte, 1985, S. 143 ff.; *ders.*, in: Joachim Jickeli (Hrsg.), Gedächtnisschrift für Jürgen Sonnenschein, 2003, S. 771 ff.

[97] Siehe *Robert Alexy*, Theorie der Grundrechte, 1985, passim; *Martin Borowski*, Grundrechte als Prinzipien, 2. Aufl. 2007, passim.

[98] *Ronald Dworkin*, Bürgerrechte ernstgenommen, 1984, S. 145 ff., 158 ff.

[99] *Veith Mehde*, Die Verwaltung 34 (2001), S. 93 ff.; ferner *Martin Borowski*, JöR 50 n. F. (2002), S. 301 (313); siehe auch *Bernd-Christian Funk*, in: Bernd Schilcher/Peter Koller/Bernd-Christian Funk (Hrsg.), Regeln, Prinzipien und Elemente im System des Rechts, 2000, S. 259 ff.; *Hans-Joachim Koch*, in: Bernd Schilcher/Peter Koller/Bernd-Christian Funk (Hrsg.), Regeln, Prinzipien und Elemente im System des Rechts, 2000, S. 245 ff.

„policies“ in Frage. Darüber hinaus wird die Prinzipientheorie als Entwicklung der – ebenfalls nicht auf den Bereich der Grundrechte beschränkten – Werteordnungsjudikatur des Bundesverfassungsgerichts[100] erachtet.[101] Zudem gibt es durchaus auch Beispiele für eine staatsorganisationsrechtliche Rezeption der Prinzipientheorie: Vor allem die Verfassungsprinzipien des Art. 20 GG – namentlich das Demokratieprinzip[102] – werden mit der Prinzipientheorie in Verbindung gebracht.[103] Auch im Planungsrecht wird prinzipientheoretisch argumentiert.[104] Logische Eigenschaften von Rechtsregeln und Rechtsprinzipien werden mithin auch im Staatsorganisationsrecht anerkannt und der Prinzipientheorie damit über den Grundrechtsbereich hinaus Anwendungsfelder erschlossen.[105]

---

[100] Zur Interpretation verfassungsrechtlicher Gewährleistungen – auch außerhalb des grundrechtlichen Bereichs – als Werteordnung *Horst Dreier*, Dimensionen der Grundrechte, 1993, S. 10; ferner *Fritz Ossenbühl*, NJW 1976, S. 2100 (2101); *Ralf Dreier*, JZ 1985, S. 353 (355 ff.); siehe auch *Udo Di Fabio*, in: Detlef Merten/Hans-Jürgen Papier (Hrsg.), Handbuch der Grundrechte, Bd. II, 2006, § 46, Rn. 38.

[101] Siehe *Sebastian Unger*, Das Verfassungsprinzip der Demokratie, 2008, S. 115 ff.; zu Parallelen von Werten und Prinzipien bereits *Robert Alexy*, Theorie der Grundrechte, 1985, S. 125 ff.; *ders.*, ARSP, Beiheft 25 (1985), S. 13 (23 f.).

[102] Eingehend *Sebastian Unger*, Das Verfassungsprinzip der Demokratie, 2008, passim; ferner *Martin Morlok*, in: Peter Badura (Hrsg.), Festschrift 50 Jahre Bundesverfassungsgericht, Bd. II, 2001, S. 559 (562 ff.); ähnlich *Utz Schliesky*, Souveränität und Legitimität von Herrschaftsgewalt, 2004, S. 617; *Peter M. Huber*, Volksgesetzgebung und Ewigkeitsgarantie, 2003, S. 30; *ders.*, AöR 126 (2001), S. 165 (179); *Armin von Bogdandy*, in: Joachim Bohnert (Hrsg.), Verfassung – Philosophie – Kirche, Festschrift für Alexander Hollerbach zum 70. Geburtstag, 2001, S. 363 (369); *Uwe Volkmann*, in: Karl Heinrich Friauf/Wolfram Höfling (Hrsg.), Berliner Kommentar zum Grundgesetz, Art. 20, 4. Teil (2001), Rn. 38, 53 ff.; zum europäischen Recht *Christoph Görisch*, Demokratische Verwaltung durch Unionsagenturen, 2009, S. 66 ff.

[103] Siehe mit Blick auf das Rechtsstaatsprinzip *Katharina Sobota*, Das Prinzip Rechtsstaat, 1997, S. 414 ff.; vor dem Hintergrund der neu in Art. 109 GG implementierten Schuldenbremse mit Blick auf das Bundesstaatsprinzip auch *Christian Seiler*, JZ 2009, S. 721 (727); kritisch *Franz Reimer*, Verfassungsprinzipien, 2001, S. 326 ff.; siehe ferner *Peter Lerche*, AöR 90 (1965), S. 341 (354 f.); *ders.*, in: Joachim Burmeister (Hrsg.), Verfassungsstaatlichkeit, Festschrift für Klaus Stern zum 65. Geburtstag, 1997, S. 197 (204 ff.); *Peter Häberle*, in: Walter Schmitt Glaeser (Hrsg.), Verwaltungs-Verfahren, Festschrift zum 50-jährigen Bestehen des Richard Boorberg Verlags, 1977, S. 47 (61); *Paul Kirchhof*, Brauchen wir ein erneuertes Grundgesetz?, 1992, S. 54 f.; allgemein zur Typologie von Verfassungsprinzipien *Karl-Peter Sommermann*, Staatsziele und Staatszielbestimmungen, 1997, S. 380.

[104] BVerwGE 71, 163 ff.; zur wohl ähnlichen Unterscheidung zwischen Konditional- und Zweckprogramm *Niklas Luhmann*, Recht und Automation in der öffentlichen Verwaltung, 1966, S. 36.

[105] Siehe auch *Martin Borowski*, Grundrechtliche Leistungsrechte, JöR 50 n. F. (2002), S. 301 (313); ferner *Robert Alexy*, Theorie der Grundrechte, 1985, S. 98 f.; *ders.*, ARSP, Beiheft 25 (1985), S. 13 (19); *ders.*, in: Robert Alexy, Recht, Vernunft, Diskurs, 1995, S. 262 (269); siehe auch *Karl-Peter Sommermann*, Staatsziele und Staatszielbestimmungen, 1997, S. 360 f.; *Ernst Wilhelm Luthe*, Optimierende Sozialgestaltung, 2001, S. 469; *Utz Schliesky*, Souveränität und Legitimität von Herrschaftsgewalt, 2004, S. 612 f.

II. Normstrukturtheoretische Erkennungszeichen von Rechtsprinzipien

Im Folgenden ist die Tragfähigkeit dieser Entwicklung näher zu untersuchen. Die Anwendung der Prinzipientheorie im Staatsorganisationsrecht ist davon abhängig, dass logische Eigenschaften von Rechtsprinzipien und Rechtsregeln benannt werden können, die deren kategoriale Unterscheidung in der Rechtsanwendung handhabbar macht. Allein der begriffliche Gleichklang[106] der Staatsorganisationsprinzipien und der Prinzipientheorie kann deren Anwendung demgegenüber nicht begründen. Gewissermaßen vorgelagert ist dem noch die Fragestellung, ob es sich bei der Prinzipientheorie überhaupt um eine dogmatische Theorie handelt. Dies wird nämlich ebenfalls bestritten und der Prinzipientheorie ein Selbstmissverständnis attestiert. Dass die Prinzipientheorie Bezug auf die positivistischen Rechtsanwendungstheorien nimmt und nicht als dogmatische Theorie entwickelt wurde, soll insoweit nicht bestritten werden.[107] Diese Entwicklung der Prinzipientheorie steht ihrer Anwendbarkeit auf der Abstraktionsstufe der Rechtsdogmatik abseits ihrer Anwendung auf der Ebene der Theorie der Rechtsanwendung aber nicht entgegen. Die Prinzipientheorie hat sich von ihrem ursprünglichen Anliegen – im Spannungsfeld von Naturrecht und Rechtspositivismus die Unzulänglichkeiten positivistischer Rechtsanwendungsvorstellungen zu betonen – nämlich weitgehend gelöst. Rechtsprinzipien haben nicht nur Bedeutung als fundamentale Rechtsgrundsätze, die der Rechtsordnung eine Tiefenstruktur verleihen, vielmehr sind Rechtsprinzipien auch als Strukturmerkmale von Rechtsnormen bedeutsam, die Einfluss auf Entscheidungsbegründungen nehmen.[108] Die Prinzipientheorie hat daher Auswirkungen sowohl auf die Theorie der Rechtsanwendung als auch auf die Rechtsdogmatik.[109]

1. *Aposteriorischer Charakter der Prinzipientheorie*

Unmittelbar gegen die Funktionsfähigkeit der Prinzipientheorie ist nun aber der Einwand gerichtet, dass sie logische Eigenschaften von Rechtsprinzipien und Rechtsregeln nicht benennen kann. Danach ist die Prinzipientheorie ledig-

---

[106] Zum Begriff des „Prinzips" ausführlich *Franz Reimer*, Verfassungsprinzipien, 2001, passim; siehe auch *Katharina Sobota*, Das Prinzip Rechtsstaat, 1997, S. 411 ff.

[107] *Ralf Poscher*, in: Jan-R. Sieckmann (Hrsg.), Die Prinzipientheorie der Grundrechte, 2007, S. 59 (64).

[108] *Hans-Joachim Koch*, in: Wilfried Erbguth (Hrsg.), Abwägung im Recht, 1996, S. 9 (17); *ders.*, in: Bernd Schilcher/Peter Koller/Bernd-Christian Funk (Hrsg.), Regeln, Prinzipien und Elemente im System des Rechts, 2000, S. 245 (245).

[109] *Robert Alexy*, in: Bernd Schilcher/Peter Koller/Bernd-Christian Funk (Hrsg.), Regeln, Prinzipien und Elemente im System des Rechts, 2000, S. 31 (31).

lich eine empirisch-analytische,[110] nicht aber eine normativ-analytische Theorie.[111] Die kategoriale Unterscheidung zwischen Rechtsprinzipien und Rechtsregeln kann danach allein Rechtsprinzipien- und Rechtsregelkonflikte auflösen. Sie soll demgegenüber aber nicht geeignet sein, festzustellen, welche Normen als Rechtsprinzipien und welche als Rechtsregeln wirken; auch den Rechtsgewinnungsprozess soll sie nicht anleiten können.[112] Namentlich der methodische Verbund von Prinzipientheorie und der Theorie der juristischen Argumentation nach *Robert Alexy* beanspruche aber ein Konzept mit universellem Erklärungswert, die zentrale Theorie der Analyse und Anwendung der Grundrechte sowie eine grundrechtsmethodische und grundrechtsdogmatische Passepartoutformel zu sein. Die Prinzipientheorie könne indes nicht mehr leisten, als eine sektorale, auf das Kollisionsverhalten fixierte analytische Strukturtheorie aus Beobachterperspektive.[113] Ob eine Rechtsnorm ein Rechtsprinzip oder eine Rechtsregel sei, könne nur mit Hilfe der nachgeordneten Frage, wie die jeweilige Rechtsnorm in Konfliktsituationen angewendet wird, beantwortet werden.[114]

a) Zur grundlegenden Bedeutung der Normstruktur

Die kategoriale Unterscheidung zwischen Rechtsprinzipien und Rechtsregeln, die auf eine Abwägungsnotwendigkeit einerseits oder aber auf einen – auch möglicherweise nur unvollständigen – Festsetzungsgehalt[115] der jeweiligen Rechtsnorm andererseits Bezug nimmt,[116] betrifft tatsächlich Konfliktsituationen. Dass Rechtsnormen in Rechtsnormkonflikten unterschiedlich zur Anwendung gelangen, könnte daher die kategoriale Unterscheidung zwischen Rechtsprinzipien und Rechtsregeln nicht als Ausdruck der jeweiligen Normstruktur erscheinen lassen, sondern allenfalls auf eine Abhängigkeit von den jeweiligen Handlungsbedingungen hindeuten.[117] Danach könnte die auch hier zugrunde gelegte kategoriale Unterscheidung lediglich bereits entschiedene Fallgestaltungen erklären, nicht aber über noch zu entscheidende Konstellationen Aussagen treffen. Die Prinzipientheorie hätte dann lediglich aposteriorischen Charakter[118] und würde nicht zuletzt einem Bundesverfassungsgerichtspositivismus

---

[110] *Matthias Jestaedt*, Grundrechtsentfaltung im Gesetz, 1999, S. 214.

[111] Siehe aber auch *Robert Alexy*, Theorie der Grundrechte, 1985, S. 32.

[112] Dazu *Ralf Poscher*, Rechtswissenschaft 2010, S. 349ff.

[113] *Matthias Jestaedt*, in: Otto Depenheuer (Hrsg.), Staat im Wort, Festschrift für Josef Isensee, 2007, S. 253 (260).

[114] *Matthias Jestaedt*, Grundrechtsentfaltung im Gesetz, 1999, S. 231f.; dazu und zum Folgenden *Sebastian Unger*, Das Verfassungsprinzip der Demokratie, 2008, S. 139ff.

[115] *Karl-Eberhard Hain*, Die Grundsätze des Grundgesetzes, 1999, S. 103.

[116] *Robert Alexy*, Theorie der Grundrechte, 1985, S. 77ff.; *Jan-R. Sieckmann*, ARSP, Beiheft 53 (1994), S. 205 (205); *Martin Borowski*, ZÖR 53 (1998), S. 307 (309ff.).

[117] *Klaus Günther*, Der Sinn für Angemessenheit, 1998, S. 269ff.; siehe auch *Ralf Poscher*, Grundrechte als Abwehrrechte, 2003, S. 78.

[118] *Matthias Jestaedt*, Grundrechtsentfaltung im Gesetz, 1999, S. 219; *ders.*, in: Otto De-

Vorschub leisten.[119] Wird schließlich die Leistung der Prinzipientheorie mit der Rationalität (grund)rechtlicher Begründungsstrukturen beschrieben,[120] scheinen Rechtsprinzipien und Rechtsregeln keine normative, sondern allenfalls empirische Bedeutung zu besitzen.[121]

Derartige Zweifel an der kategorialen Unterscheidung zwischen Rechtsprinzipien und Rechtsregeln können indes nicht überzeugen. Während *Ronald Dworkin*[122] noch jeden Positivierungstest für Rechtsprinzipien ablehnte und *Ralf Dreier*[123] mit Hilfe von Rechtsprinzipien einen positivistischen Rechtsbegriff verneinte, formuliert *Robert Alexy*,[124] dass Rechtsprinzipien einer konkreten Rechtsordnung zugehörig seien, sobald auch nur eine Fallgestaltung denkbar sei, deren Entscheidung auf die Existenz eines Rechtsprinzips angewiesen ist. Unabhängig davon, ob dadurch eine rechtspositivistische Differenzierung von Recht und Moral geleugnet wird,[125] wird die kategoriale Unterscheidung zwischen Rechtsprinzipien und Rechtsregeln danach schon mit der Anerkennung normstrukturtheoretisch divergierender Rechtsnormen bestätigt. Auch die Kritik an der Prinzipientheorie wäre nämlich nicht von der Notwendigkeit befreit, auf normstruktureller Ebene und im „groben Stoff“[126] des Verfassungsrechts Kriterien zu benennen, die eine Entscheidung von Konfliktsituationen ermöglichen.[127] Die Prinzipientheorie nimmt folglich sehr wohl auf die Normstruktur als regelmäßig unsichtbare Eigenschaft von Rechtsnormen Bezug. Es werden logische Eigenschaften von Rechtsregeln und Rechtsprinzipien aus sichtbaren Eigenschaften der jeweiligen Rechtsnormen abgeleitet,[128] sodass die kategoriale Unterscheidung zwischen Rechtsregeln und Rechtsprinzipien letztlich auf ein

---

penheuer (Hrsg.), Staat im Wort, Festschrift für Josef Isensee, 2007, S. 253 (261); ferner *Humberto Bergmann Avila*, Theorie der Rechtsprinzipien, 2006, S. 56ff.

[119] *Horst Dreier*, in: Horst Dreier (Hrsg.), GG-Komm., Bd. I, 3. Aufl. 2013, Vorb., Rn. 79; *Ralf Poscher*, Grundrechte als Abwehrrechte, 2003, S. 76.

[120] *Martin Borowski*, Grundrechte als Prinzipien, 2. Aufl. 2007, S. 132ff.

[121] *Sebastian Unger*, Das Verfassungsprinzip der Demokratie, 2008, S. 141.

[122] *Ronald Dworkin*, Bürgerrechte ernstgenommen, 1984, S. 66.

[123] *Ralf Dreier*, in: Ralf Dreier, Recht – Staat – Vernunft, 1991, S. 95 (103ff.).

[124] *Robert Alexy*, in: Robert Alexy, Recht, Vernunft, Diskurs, 1995, S. 177 (206f.).

[125] *Matthias Jestaedt*, in: Otto Depenheuer (Hrsg.), Staat im Wort, Festschrift für Josef Isensee, 2007, S. 253 (261ff.), der auf *Hans Kelsen*, Allgemeine Staatslehre, 1925, S. 18f.; *dens.*, Reine Rechtslehre, 2. Aufl. 1960, S. 196ff.; *dens.*, Allgemeine Theorie der Normen, 1979, S. 82ff. sowie *Adolf Julius Merkl*, Allgemeines Verwaltungsrecht, 1927, S. 290ff. rekurriert; ausführlich auch *ders.*, Das mag in der Theorie richtig sein ..., 2006, S. 38ff.

[126] *Robert Alexy*, VVDStRL 61 (2002), S. 7 (25).

[127] *Sebastian Unger*, Das Verfassungsprinzip der Demokratie, 2008, S. 142f.; ähnlich *Matthias Cornils*, Die Ausgestaltung der Grundrechte, 2005, S. 48ff.; siehe auch *Robert Alexy*, in: Bernd Schilcher/Peter Koller/Bernd-Christian Funk (Hrsg.), Regeln, Prinzipien und Elemente im System des Rechts, 2000, S. 31 (38).

[128] *Sebastian Unger*, Das Verfassungsprinzip der Demokratie, 2008, S. 144; siehe auch *Martin Borowski*, Grundrechte als Prinzipien, 2. Aufl. 2007, S. 115; ferner *Frank Raue*, AöR 131 (2006), S. 79 (112); *Wolfgang Enderlein*, Abwägung in Recht und Moral, 1992, S. 98f.

normstrukturelles Phänomen Bezug nimmt.[129] Schließlich stellt die Prinzipientheorie auch keinen unterkomplexen Binärcode von Rechtsprinzipien und Rechtsregeln dar, der die verfassungsrechtliche Vielfalt von Determinationsintensitäten und -modalitäten unbeachtet lässt.[130] Die Prinzipientheorie hat vielmehr zahlreiche Grauzonen anerkannt, die Rechtsregeln prinzipientheoretische Öffnungsklauseln und Rechtsprinzipien partielle Festsetzungsgehalte zuerkennen[131] und dadurch eine Abbildung der normativen Wirklichkeit sicherstellen.[132]

b) Grundlagen einer normstrukturtheoretischen Analyse

Nach dem zuvor Gesagten hat die Prinzipientheorie nicht lediglich die Aufgabe, aufzuzeigen, welche normtheoretischen Strukturen bestehen – vielmehr muss die Prinzipientheorie auch Mittel und Wege finden, um die kategoriale Unterscheidung zwischen Rechtsprinzipien und Rechtsregeln handhabbar zu machen.[133] Zwar räumt *Robert Alexy* ein, dass keine Kriterien existieren, die generell eine einfache und klare Antwort ermöglichen.[134] Gleichwohl darf die Prinzipientheorie nicht der Gefahr erliegen, die Klassifizierung von Rechtsnormen als Rechtsprinzipien oder Rechtsregeln lediglich zu behaupten.[135] Auszugehen ist daher von inhaltlichen, systematischen, historischen sowie teleologischen Anhaltspunkten, die Rückschlüsse auf die jeweilige normtheoretische Struktur zulassen. Lediglich einen Anhaltspunkt liefert dabei das Verhalten der jeweiligen Rechtsnorm in Rechtsnormkonflikten.[136] Zudem muss die kategoriale Unterscheidung zwischen Rechtsregeln und Rechtsprinzipien Alleinstellungsmerkmale auch allgemeingültig begründen, um die Gesamtheit etwa der

---

[129] *Robert Alexy*, Theorie der Grundrechte, 1985, S. 77 ff.; siehe auch *Jan-R. Sieckmann*, ARSP, Beiheft 53 (1994), S. 205 (209 ff.); *dens.*, Rechtstheorie 25 (1994), S. 163 (169 ff.).

[130] *Matthias Jestaedt*, Grundrechtsentfaltung im Gesetz, 1999, S. 216; *ders.*, in: Otto Depenheuer (Hrsg.), Staat im Wort, Festschrift für Josef Isensee, 2007, S. 253 (272 ff.); ferner *Peter Lerche*, in: Joachim Burmeister (Hrsg.), Verfassungsstaatlichkeit, Festschrift für Klaus Stern zum 65. Geburtstag, 1997, S. 197 (206 ff.).

[131] Dazu *Martin Borowski*, Die Glaubens- und Gewissensfreiheit des Grundgesetzes, 2006, S. 200 f.

[132] *Sebastian Unger*, Das Verfassungsprinzip der Demokratie, 2008, S. 145 f.

[133] Siehe *Martin Borowski*, Grundrechte als Rechtsprinzipien, 2. Aufl. 2007, S. 68 ff., 114 ff.; der Wortlaut der betreffenden Rechtsnormen kann dabei kaum zum Anhaltspunkt genommen werden, *Sebastian Unger*, Das Verfassungsprinzip der Demokratie, 2008, S. 144; *Frank Raue*, AöR 131 (2006), S. 79 (112); anders wohl *Dirk Ehlers*, in: Heiko Faber (Hrsg.), Demokratie in Staat und Wirtschaft, Festschrift für Ekkehart Stein zum 70. Geburtstag, 2002, S. 125 (129).

[134] *Robert Alexy*, Theorie der Grundrechte, 1985, S. 249 ff.; *ders.*, in: Bernd Schilcher/Peter Koller/Bernd-Christian Funk (Hrsg.), Regeln, Prinzipien und Elemente im System des Rechts, 2000, S. 31 (38); ähnlich *Wolfgang Enderlein*, Abwägung in Recht und Moral, 1992, S. 98 f.

[135] *Matthias Jestaedt*, Grundrechtsentfaltung im Gesetz, 1999, S. 216 ff.; *Ralf Poscher*, Grundrechte als Abwehrrechte, 2003, S. 80.

[136] Siehe *Frank Raue*, AöR 131 (2006), S. 79 (112).

verfassungsrechtlichen Gewährleistungen dogmatisch strukturieren zu können.[137]

2. *Abwägung, Offenheit und Ausgestaltungsbedürftigkeit als normstrukturtheoretische Erkennungszeichen: Das Demokratieprinzip des Grundgesetzes als Referenzgebiet prinzipientheoretischer Deutungsansätze im Staatsorganisationsrecht*

Als Referenzgebiet einer solchen normstrukturtheoretischen Analyse kann das Demokratieprinzip des Grundgesetzes nach Art. 20 Abs. 1, Abs. 2 S. 1 GG dienen, ist doch die Rezeption der Prinzipientheorie außerhalb des Grundrechtsbereichs hier schon relativ fortgeschritten.[138] Die Geltung der Prinzipientheorie wird zwar oftmals mit dem Gebot der „offenen" Auslegung von Verfassungsbestimmungen und insbesondere Staatszielbestimmungen[139] begründet und das Demokratieprinzip apodiktisch als „Rechtsprinzip" qualifiziert.[140] Mit Blick auf das Demokratieprinzip wurde aber auch darauf hingewiesen, dass sowohl Art. 20 Abs. 1 GG als auch der Grundsatz der Volkssouveränität gemäß Art. 20 Abs. 2 S. 1 GG konkretisierungsbedürftig, abwägungsoffen[141] und schließlich nach Optimierung strebend seien.[142] Diese Abwägungsoffenheit wird daraus gefolgert, dass Art. 20 Abs. 1, Abs. 2 S. 1 GG mehr oder weniger stark ausgeprägt in Erscheinung treten und konfligierenden verfassungsrechtlichen Gewährleistungen[143] Rechnung tragen können.[144] Das Demokratieprinzip lasse die

[137] Dazu *Matthias Jestaedt*, Grundrechtsentfaltung im Gesetz, 1999, S. 216; *Ralf Poscher*, Grundrechte als Abwehrrechte, 2003, S. 81.

[138] In diese Richtung weist auch die Feststellung des Bundesverfassungsgerichts, Art. 20 Abs. 2 GG enthalte eine Staatszielbestimmung und ein Verfassungsprinzip, das aufgrund seines Prinzipiencharakters entwicklungsoffen sei, BVerfGE 107, 59 (91); skeptisch mit Blick auf eine Anknüpfung an die Prinzipientheorie *Peter Unruh*, JZ 2003, S. 1061 (1062); zum Ganzen *Sebastian Unger*, Das Verfassungsprinzip der Demokratie, 2008, S. 112 ff.

[139] *Brun-Otto Bryde*, StWStP 1994, S. 305 (323 f.).

[140] Siehe *Utz Schliesky*, Souveränität und Legitimität von Herrschaftsgewalt, 2004, S. 617; ferner *Hans-Heinrich Trute*, in: Wolfgang Hoffmann-Riem/Eberhard Schmidt-Aßmann/Andreas Voßkuhle (Hrsg.), Grundlagen des Verwaltungsrechts, Bd. I, 2. Aufl. 2012, § 6, Rn. 16; wohl auch *Dirk Ehlers*, in: Heiko Faber (Hrsg.), Demokratie in Staat und Wirtschaft, Festschrift für Ekkehart Stein zum 70. Geburtstag, 2002, S. 125 (129).

[141] Dazu *Norbert Achterberg*, Der Staat 8 (1969), S. 159 ff.

[142] *Martin Morlok*, in: Peter Badura (Hrsg.), Festschrift 50 Jahre Bundesverfassungsgericht, Bd. II, 2001, S. 559 (562 ff.); ferner *Sebastian Unger*, Das Verfassungsprinzip der Demokratie, 2008, S. 107 ff.

[143] In anderem Zusammenhang wird darauf hingewiesen, dass alle Prinzipien des Art. 20 Abs. 1 GG nebeneinander und miteinander stünden – ihre Konkretisierungsfähigkeit und -bedürftigkeit impliziere, dass Anpassungsspielräume auch in der Wechselwirkung mit den jeweils anderen Verfassungsprinzipien bestehen, siehe *Winfried Kluth*, Funktionale Selbstverwaltung, 1997, S. 368; ferner *Thomas von Danwitz*, Der Staat 35 (1996), S. 329 (345); diese These scheint mit einer Deutung der Verfassungsprinzipien als Rechtsregeln allerdings kaum vereinbar, siehe *Veith Mehde*, Neues Steuerungsmodell und Demokratieprinzip, 2000, S. 548.

Freiheit und Gleichheit des Einzelnen lediglich als Leitgedanken erkennen, die die Gestaltung des Prozesses der staatlichen Willensbildung anleite.[145] Die Abwägungsoffenheit korrespondiere dabei zugleich mit der Optimierungsbedürftigkeit der Art. 20 Abs. 1, Abs. 2 S. 1 GG.[146] Die Anwendung der Prinzipientheorie lässt sich damit auf das Merkmal der Abwägungsoffenheit zurückführen:[147] Da eine konkrete Ausformulierung erst noch notwendig ist, anerkennen Art. 20 Abs. 1, Abs. 2 S. 1 GG grundsätzlich die Möglichkeit unterschiedlicher Ausgestaltungen, solange den verfassungsrechtlichen Determinanten dieser Ausgestaltung ausreichend Rechnung getragen wird.[148] Das Demokratieprinzip kann danach nicht nur als ein auf beständige Konkretisierung angelegtes Programm, eine interpretations- sowie regelungs- und reformoffene Variable qualifiziert, sondern zugleich als Orientierungs- und Bezugspunkt jeder Konkretisierung benannt werden.[149] In diesem Sinne betont auch das Bundesverfassungsgericht die Entwicklungsoffenheit und Entwicklungsbedürftigkeit des demokratischen Legitimationsgefüges und konstatiert, Art. 20 Abs. 2 GG enthalte ein „Verfassungsprinzip".[150]

a) Abwägungsoffenheit als normstrukturtheoretisches Erkennungszeichen

Beruht die Rezeption der Prinzipientheorie im Anwendungsbereich des Demokratieprinzips auf der Abwägungsoffenheit der Art. 20 Abs. 2, Abs. 2 S. 1 GG, könnte mit diesem Merkmal auch die normstrukturtheoretische Grundlage von Rechtsprinzipien identifiziert sein. Um das Merkmal der Abwägungsoffenheit

[144] BVerfGE 107, 59 (98 f.); dazu *Peter M. Huber*, AöR 126 (2001), S. 165 (187); *Utz Schliesky*, Souveränität und Legitimität von Herrschaftsgewalt, 2004, S. 617 ff.; ferner *Kay Waechter*, Geminderte demokratische Legitimation staatlicher Institutionen im parlamentarischen Regierungssystem, 1994, S. 48 ff.; zum Ganzen *Sebastian Unger*, Das Verfassungsprinzip der Demokratie, 2008, S. 108 f.

[145] *Karl-Eberhard Hain*, Die Grundsätze des Grundgesetzes, 1999, S. 331.

[146] *Armin von Bogdandy*, Gubernative Rechtsetzung, 2000, S. 30; *ders.*, in: Joachim Bohnert (Hrsg.), Verfassung – Philosophie – Kirche, Festschrift für Alexander Hollerbach zum 70. Geburtstag, 2001, S. 363 (369); *Peter M. Huber*, AöR 126 (2001), S. 165 (179); *ders.*, Volksgesetzgebung und Ewigkeitsgarantie, 2003, S. 30; *Utz Schliesky*, Souveränität und Legitimität von Herrschaftsgewalt, 2004, S. 618 ff.; *ders.*, in: Jost Delbrück/Dorothee Einsele (Hrsg.), Wandel des Staates im Kontext europäischer und internationaler Integration, 2006, S. 71 (87); ähnlich *Hans-Heinrich Trute*, in: Wolfgang Hoffmann-Riem/Eberhard Schmidt-Aßmann/Andreas Voßkuhle (Hrsg.), Grundlagen des Verwaltungsrechts, Bd. I, 2. Aufl. 2012, § 6, Rn. 16.

[147] Siehe auch *Franz Reimer*, Verfassungsprinzipien, 2001, S. 313, 316 ff., der mit Blick auf Verfassungsprinzipien im Allgemeinen auf den Zusammenhang zwischen gesetzlicher Vermittlung und Rechtsfolgenvielfalt hinweist.

[148] Dazu *Martin Morlok*, in: Peter Badura (Hrsg.), Festschrift 50 Jahre Bundesverfassungsgericht, Bd. II, 2001, S. 559 (563 f.); allgemein *Franz Reimer*, Verfassungsprinzipien, 2001, S. 257 ff.

[149] *Uwe Volkmann*, in: Karl Heinrich Friauf/Wolfram Höfling (Hrsg.), Berliner Kommentar zum Grundgesetz, Art. 20, 4. Teil (2001), Rn. 38, 53 ff.

[150] BVerfGE 107, 59 (91 f.).

als eine solche Grundlage anerkennen zu können, ist die skizzierte Bereichsdogmatik mit den Grundaussagen der Prinzipientheorie abzugleichen: Von der Prinzipientheorie werden grundsätzlich nur diejenigen Rechtsnormen als Rechtsprinzipien qualifiziert, die keine verbindlichen Rechtsfolgen unmittelbarer Art enthalten, sondern nach einer Konkretisierung verlangen.[151] Rechtsprinzipien können daher lediglich zur Begründung von Rechtsfolgen herangezogen werden,[152] nicht jedoch selbst Rechtsregeln sein.[153] *Robert Alexy* nimmt überdies auf den Festsetzungsgehalt von Rechtsnormen Bezug: Rechtsregeln enthielten Festsetzungen im Raum des tatsächlich und rechtlich Möglichen, während Rechtsprinzipien nicht auf solche tatsächlichen und rechtlichen Möglichkeiten bezogen seien.[154] Rechtsprinzipien entbehren nach *Robert Alexy* gleichwohl nicht jeder Festsetzung, ihre Festsetzungsgehalte seien aber hinsichtlich der Bedingungen des tatsächlich und rechtlich Möglichen relativiert.[155]

Jedenfalls können nun ausgehend von diesen Überlegungen solche Rechtsnormen als Rechtsprinzipien qualifiziert werden, deren „unbedingter Festsetzungsgehalt"[156] der Ausgestaltung zugänglich ist. Rechtsprinzipien verfügen nämlich lediglich über einen Festsetzungsgehalt, der einer Metaebene zugehörig ist und prinzipielle Leitgedanken enthält. Dies schließt nicht aus, dass umgekehrt auch Rechtsregeln über einen unvollständigen Festsetzungsgehalt verfügen – etwa in Gestalt von unbestimmten Rechtsbegriffen oder Ermessensspielräumen – und einer Konkretisierung bedürfen.[157] Die Grundaussage der Prinzipientheorie lässt sich dennoch dahingehend zusammenfassen, dass der Festsetzungsgehalt von Rechtsnormen das entscheidende normstrukturtheoretische Abgrenzungsmerkmal zwischen Rechtsprinzipien und Rechtsregeln bildet. Das Merkmal der Abwägungsoffenheit fügt sich in diese Grundaussage der Prinzipientheorie ein. Dem kann auch nicht entgegen gehalten werden, das Merkmal der Abwägungsoffenheit beschreibe lediglich ein Synonym für den Begriff der Allgemeinheit, der dadurch zum letztlich maßgeblichen Alleinstel-

---

[151] Siehe *Josef Esser*, Grundsatz und Norm in der richterlichen Form des Privatrechts, 4. Aufl. 1990, S. 50; kritisch dazu *Franz Reimer*, Verfassungsprinzipien, 2001, S. 179 ff.

[152] *Josef Esser*, Grundsatz und Norm in der richterlichen Form des Privatrechts, 4. Aufl. 1990, S. 51 f.

[153] *Karl Larenz*, Richtiges Recht, 1979, S. 23; zum Ganzen *Karl-Eberhard Hain*, Die Grundsätze des Grundgesetzes, 1999, S. 99 ff.

[154] *Robert Alexy*, Theorie der Grundrechte, 1985, S. 76; *ders.*, ARSP, Beiheft 25 (1985), S. 13 (20).

[155] *Jan-R. Sieckmann*, Regelmodelle und Prinzipienmodelle des Rechtssystems, 1990, S. 67; *Karl-Eberhard Hain*, Die Grundsätze des Grundgesetzes, 1999, S. 100.

[156] *Karl-Eberhard Hain*, Die Grundsätze des Grundgesetzes, 1999, S. 161.

[157] *Robert Alexy*, Theorie der Grundrechte, 1985, S. 121; *Karl-Eberhard Hain*, Die Grundsätze des Grundgesetzes, 1999, S. 103; *ders.*, ARSP, Beiheft 104 (2005), S. 157 (174 ff.); *ders.*, in: Rainer Grote (Hrsg.), Die Ordnung der Freiheit, Festschrift für Christian Starck zum siebzigsten Geburtstag, 2007, S. 35 (44 ff.); anders wohl *Jan-R. Sieckmann*, Regelmodelle und Prinzipienmodelle des Rechts, 1990, S. 69.

lungsmerkmal von Rechtsprinzipien stilisiert werde,[158] seinerseits aber mangels qualitativer Differenzierung kein Alleinstellungsmerkmal begründen könne.[159] Denn zum einen besteht schon die behauptete begriffliche Kongruenz nicht.

b) Ausgestaltungsbedürftigkeit als normstrukturtheoretisches Erkennungszeichen

Zum anderen kann aus der Anwendung der Prinzipientheorie auf das Demokratieprinzip geschlussfolgert werden, dass neben dem Kriterium der Abwägungsoffenheit auch das Merkmal der Ausgestaltungsbedürftigkeit als normstrukturtheoretisches Erkennungszeichen von Rechtsprinzipien zu qualifizieren ist. Im Anwendungsbereich des Demokratieprinzips begründet *Veith Mehde* nämlich die Anwendbarkeit der Prinzipientheorie gerade mit Hilfe dieses Merkmals: Die Feststellung, ob eine Rechtsnorm in hohem Maße konkretisierungsbedürftig ist, grenzt danach Rechtsprinzipien und Rechtsregeln voneinander ab.[160] Die Ausgestaltungsbedürftigkeit von Rechtsnormen wird dadurch zum normstrukturtheoretischen Merkmal von Rechtsprinzipien: Rechtsnormen, die der legislativen Ausgestaltung bedürfen, sind als Rechtsprinzip zu qualifizieren.[161]

Außerhalb von Art. 20 Abs. 1, Abs. 2 S. 1 GG wird das Merkmal der Ausgestaltungsbedürftigkeit von der Prinzipientheorie allerdings selten in Bezug genommen. Insbesondere Grundrechte, die nicht im Wege der Kollision mit gegenläufigen Rechtsprinzipien zu definitiver normativer Gestalt erstarken, sondern schon nicht über einen prima-facie gewährleisteten Schutzbereich verfügen, werden von der Prinzipientheorie nicht aufgrund ihrer Ausgestaltungsbedürftigkeit als Rechtsprinzipien qualifiziert. Im Vordergrund steht vielmehr, dass grundrechtlichen Gewährleistungen das Gebot einer relativ auf die tatsächlichen und rechtlichen Möglichkeiten bezogenen Verwirklichung ihrer Schutzbereiche immanent ist.[162] Ausgestaltungsbedürftige Grundrechte, die nach *Georg Jellinek* kein natürliches, sondern vielmehr ein rechtliches Können[163] betreffen, finden im

---

[158] Siehe aber *Jan Henrik Klement*, JZ 2008, S. 756 (761), der mit Blick auf die Unterscheidung von zielbezogener Programmierung von Rechtsprinzipien und verhaltensbezogener Programmierung von Rechtsregeln der Prinzipientheorie vorwirft, sich von ihrem Fundament, nicht nach der Generalität des Norminhalts, sondern allein nach ihrer Geltungsweise zu entscheiden, entfernt zu haben.

[159] *Josef Esser*, Grundsatz und Norm in der richterlichen Form des Privatrechts, 4. Aufl. 1990, S. 49, 95; *Karl Larenz*, Richtiges Recht, 1979, S. 25 f.; *Karl-Eberhard Hain*, Die Grundsätze des Grundgesetzes, 1999, S. 98; siehe aber auch *Ulrich Penski*, JZ 1989, S. 105 (107 f.).

[160] *Veith Mehde*, Neues Steuerungsmodell und Demokratieprinzip, 2000, S. 543 ff.; ähnlich *Utz Schliesky*, Souveränität und Legitimität von Herrschaftsgewalt, 2004, S. 616 ff.; für das Rechtsstaatsprinzip *Philip Kunig*, Das Rechtsstaatsprinzip, 1986, S. 259 ff., 293 ff.

[161] *Veith Mehde*, Neues Steuerungsmodell und Demokratieprinzip, 2000, S. 545.

[162] *Matthias Cornils*, Die Ausgestaltung der Grundrechte, 2005, S. 558 f.

[163] *Georg Jellinek*, System der subjektiven öffentlichen Rechte, 2. Aufl. 1919, S. 47 f.

System der Prinzipientheorie dennoch ihren Platz.[164] Es wird sogar als überraschend bezeichnet, dass sich eine Qualifikation normgeprägter Grundrechte als Rechtsprinzipien aufgrund ihrer Ausgestaltungsbedürftigkeit nicht geradezu aufdrängt:[165] Grundrechte, die einer legislativen Ausgestaltung bedürfen, könnten leicht als Rechtsprinzipien qualifiziert werden, denen eine normative Tendenz zur Optimierung immanent ist. Realisiere die legislative Ausgestaltung das Rechtsprinzip normgeprägter Grundrechte nicht in optimaler Weise, liege zwar kein Grundrechtseingriff vor, gleichwohl aber eine „Einschränkung" des grundrechtlich Gebotenen – des verfassungsrechtlich gewährleisteten Rechtsprinzips und eines dem Rechtsprinzip immanenten, prima-facie gewährleisteten Rechts auf möglichst weitgehende Kompetenzeinräumung[166] –, die verfassungsrechtliche Rechtfertigungszwänge und Argumentationslasten auslöse.[167] Auch jede hinter dem Optimum zurückbleibende Realisierung normgeprägter Grundrechte bedürfe folglich der verfassungsrechtlichen Rechtfertigung.[168]

c) *Zur Verfassungsbindung der Legislative nach Art. 1 Abs. 3, 20 Abs. 3 GG*

Sowohl gegenüber dem Kriterium der Abwägungsoffenheit als auch gegenüber dem Merkmal der Ausgestaltungsbedürftigkeit könnte nun aber grundsätzlich der Einwand erhoben werden, dass die Verfassungsbindung der Legislative nach Art. 20 Abs. 3 GG insbesondere der Anwendung der Prinzipientheorie im Staatsorganisationsrecht entgegensteht. Den normstrukturtheoretischen Erkennungszeichen der Abwägungsoffenheit und Ausgestaltungsbedürftigkeit ließen sich Bedenken entgegen halten, die ganz grundsätzlich auf die Annahme legislativ konstituierter Gewährleistungsgegenstände zielen.[169] Die Prinzipientheorie vermeidet allerdings gerade die diesem Einwand zugrunde liegende zirkuläre Vorstellung[170] von gesetzeskonstituierten und gesetzesbindenden verfassungsrechtlichen Gewährleistungen: Sie kann im Anwendungsbereich ausge-

---

[164] Ausführlich *Jan-R. Sieckmann*, Modelle des Eigentumsschutzes, 1998, S. 67 ff.; ferner *Robert Alexy*, Theorie der Grundrechte, 1985, S. 211 ff., 303 ff.; *Martin Gellermann*, Grundrechte in einfachgesetzlichem Gewande, 2000, S. 67 ff.

[165] *Wolfram Höfling*, Vertragsfreiheit, 1991, S. 37.

[166] *Wolfram Höfling*, Vertragsfreiheit, 1991, S. 37.

[167] *Robert Alexy*, Theorie der Grundrechte, 1985, S. 304; *Wolfram Höfling*, Vertragsfreiheit, 1991, S. 37; *Martin Gellermann*, Grundrechte in einfachgesetzlichem Gewande, 2000, S. 68.

[168] *Wolfram Höfling*, Vertragsfreiheit, 1991, S. 40; *Martin Gellermann*, Grundrechte in einfachgesetzlichem Gewande, 2000, S. 69.

[169] *Walter Leisner*, Von der Verfassungsmäßigkeit der Gesetze zur Gesetzmäßigkeit der Verfassung, 1964, S. 9 f., 32, 49; *ders.*, DVBl. 1983, S. 61 (63); *Fritz Baur*, NJW 1982, S. 1734 (1735); *Josef Isensee*, in: Josef Isensee (Hrsg.), Freiheit und Eigentum, Festschrift für Walter Leisner, 1999, S. 359 (360).

[170] Siehe dazu *Walter Leisner*, Von der Verfassungsmäßigkeit der Gesetze zur Gesetzmäßigkeit der Verfassung, 1964, S. 9 f.; *Matthias Jestaedt*, Grundrechtsentfaltung im Gesetz, 1999, S. 31; *Josef Isensee*, in: Josef Isensee (Hrsg.), Freiheit und Eigentum, Festschrift für Walter Leisner, 1999, S. 359 (360).

staltungsbedürftiger verfassungsrechtlicher Gewährleistungen nämlich zwischen dem verfassungsrechtlichen Gewährleistungsinhalt und dem legislativ konstituierten Gewährleistungsgegenstand unterscheiden. Der verfassungsrechtliche Gewährleistungsinhalt muss dabei aus den verfassungsrechtlichen Gewährleistungen selbst erschlossen werden,[171] während dessen Ausgestaltung die Gewährleistungsgegenstände erst hervorbringt und dementsprechend dem Gesetzgeber obliegt.[172] *Robert Alexy* anerkennt in diesem Sinne beispielsweise im Anwendungsbereich des Art. 14 Abs. 1 GG, dass einfachgesetzlich eingeräumte Rechtspositionen dem grundrechtlichen Rechtsprinzip „Privateigentum" verpflichtet sind, mit dem seinerseits eine prima-facie gewährleistete Rechtsposition korrespondiert.[173]

Mit der Unterscheidung zwischen Gewährleistungsinhalt und Gewährleistungsgegenständen ist es möglich, eine Verfassungsbindung im Sinne der Art. 1 Abs. 3 GG, Art. 20 Abs. 3 GG auch des ausgestaltenden Gesetzgebers zu begründen. Die Prinzipientheorie steht der Verpflichtung des Gesetzgebers nach Art. 20 Abs. 3 GG folglich nicht entgegen[174] und ist keine „general attack on positivism".[175] Allein die induktive Ableitung der Verfassungsbindung aus der tradierten oder gegenwärtigen legislativen Ausgestaltung verfassungsrechtlicher Gewährleistungen würde die Eigenrationalität des Verfassungsrechts in Frage stellen. Diese Unzulänglichkeiten vermeidet aber gerade der Gewährleistungsinhalt, der die legislative Ausgestaltung der betreffenden Gewährleistungen verfassungsrechtlichen Determinanten unterwirft, die im Wege der Auslegung der jeweiligen Gewährleistung selbst abgewonnen werden (müssen).[176] Ob im Rahmen der Prinzipientheorie zwischen notwendigen Merkmalen des Gewährleistungsinhalts und denjenigen Anforderungen, denen die legislative Ausgestaltung des Gewährleistungsgegenstandes unterworfen ist, differenziert

[171] Eingehend *Matthias Cornils*, Die Ausgestaltung der Grundrechte, 2005, S. 526 ff.

[172] *Jan-R. Sieckmann*, Modelle des Eigentumsschutzes, 1998, S. 110 ff.; *Jochen Rozek*, Die Unterscheidung von Eigentumsbindung und Enteignung, 1998, S. 43 ff.; siehe aber auch *Matthias Cornils*, Die Ausgestaltung der Grundrechte, 2005, S. 529 ff.

[173] *Robert Alexy*, Theorie der Grundrechte, 1985, S. 304 ff.; zum Ganzen *Matthias Cornils*, Die Ausgestaltung der Grundrechte, 2005, S. 525 f.; ferner *Matthias Jestaedt*, Grundrechtsentfaltung im Gesetz, 1999, S. 31 ff., der „Strukturmerkmale" als „Selbstand" verfassungsrechtlicher Gewährleistungen anerkennt; siehe auch *Jan-R. Sieckmann*, Modelle des Eigentumsschutzes, 1998, S. 68 ff., 112 ff.; *dens.*, in: Wolfram Höfling/Karl Heinrich Friauf (Hrsg.), Berliner Kommentar zum Grundgesetz, Art. 14 (2000), Rn. 43, der mit Blick auf Art. 14 GG zwischen dem im Wege der Verfassungsinterpretation zu gewinnenden Eigentumsbegriff und dem Inhalt von Eigentumsrechten unterscheidet, die durch das einfache Recht festgelegt werden.

[174] Anders *Jan Henrik Klement*, JZ 2009, S. 756 (759).

[175] Siehe aber auch *Jürgen Sauer*, Die Verfassungsbindung des Gesetzgebers, 1991, S. 209 ff.; ferner *Jan Henrik Klement*, JZ 2009, S. 560 (560).

[176] *Matthias Cornils*, Die Ausgestaltung der Grundrechte, 2005, S. 532 f.; siehe auch *Hans-Heinrich Trute*, Die Forschung zwischen grundrechtlicher Freiheit und staatlicher Institutionalisierung, 1994, S. 396 f.

werden muss[177] oder aber die Determinanten der legislativen Ausgestaltung dem Gewährleistungsinhalt entsprechen,[178] bedarf dabei keiner Erörterung.[179]

III. Rechtsprinzipien als Optimierungsgebote

Bislang wurden die normstrukturtheoretischen Erkennungszeichen von Rechtsprinzipien herausarbeitet: Das Referenzgebiet des Demokratieprinzips hat gezeigt, dass die Merkmale der Abwägungsoffenheit und Ausgestaltungsbedürftigkeit solche Erkennungszeichen von Rechtsprinzipien sind. Nachfolgend kann nunmehr einem weiteren – und für die Grundlegung der prinzipientheoretischen Deutung des Art. 28 Abs. 2 GG in besonderem Maße bedeutsamen – Einwand gegenüber der Prinzipientheorie nachgegangen werden: Im Mittelpunkt der Kritik steht insoweit die Annahme, Rechtsprinzipien seien Optimierungsgebote. Optimierungsgebote werden schon grundsätzlich für ungeeignet zur Abgrenzung von Rechtsregeln und Rechtsprinzipien gehalten, da auf diese Weise Rechtsprinzipien zu Geboten würden, die ähnlich einer Rechtsregel nur erfüllt oder nicht erfüllt werden könnten.[180] *Robert Alexy* modifizierte seine Konzeption daraufhin in der Weise, dass zwischen „zu optimierenden Geboten" und „Geboten zu optimieren" unterschieden werden müsse.[181] Vor allem mit Blick auf die normstrukturtheoretischen Erkennungszeichen von Rechtsprinzipien werden Optimierungsgebote aber auch trotz dieser Modifikation weiterer Kritik ausgesetzt: Werden nicht nur Rechtsprinzipienkollisionen nach Maßgabe der den Rechtsprinzipien immanenten Optimierungsgebote gelöst, sondern vielmehr auch die legislative Ausgestaltung verfassungsrechtlicher Gewährleistungen dem Optimierungsgebot verpflichtet, erlangt der den Optimierungsgeboten ganz grundsätzlich entgegnete Konstitutionalisierungseinwand besondere Bedeutung.

---

[177] *Jan-R. Sieckmann*, Regelmodelle und Prinzipienmodelle des Rechtssystems, 1990, S. 215 ff.

[178] *Matthias Cornils*, Die Ausgestaltung der Grundrechte, 2005, S. 536.

[179] Siehe *Jan-R. Sieckmann*, Regelmodelle und Prinzipienmodelle des Rechtssystems, 1990, S. 202 ff.

[180] *Jan-R. Sieckmann*, Regelmodelle und Prinzipienmodelle des Rechtssystems, 1990, S. 63 ff.; *ders.*, ARSP 78 (1992), S. 145 (150 f.); *ders.*, ARSP, Beiheft 53 (1994), S. 205 (207); *ders.*, Modelle des Eigentumsschutzes, 1998, S. 43 f.

[181] *Robert Alexy*, in: Luc J. Wintgens (Hrsg.), The Law in Philosophical Perspectives, 1999, S. 23 (39); *ders.*, in: Bernd Schilcher/Peter Koller/Bernd-Christian Funk (Hrsg.), Regeln, Prinzipien und Elemente im System des Rechts, 2000, S. 31 (38); siehe auch *Martin Borowski*, Grundrechte als Prinzipien, 2. Aufl. 2007, S. 91 ff.; kritisch *Jan-R. Sieckmann*, in: Bernd Schilcher/Peter Koller/Bernd-Christian Funk (Hrsg.), Regeln, Prinzipien und Elemente im System des Rechts, 2000, S. 69 (77).

1. Konstitutionalisierung und Rahmenordnung

Der Konstitutionalisierungseinwand richtet sich ganz grundsätzlich gegen die Anerkennung verfassungsrechtlicher Rechtsprinzipien sowie die im Wege der Abwägungsmethode erfolgende[182] Bestimmung des Verhältnisses zwischen Verfassungsrecht und einfachem Recht.[183] Die Kritik knüpft an eine vermeintlich unzulässige Beschränkung politischer Gestaltungsspielräume an und behauptet, dass konfligierende, gleichermaßen nach Optimierung strebende verfassungsrechtliche Gewährleistungen regelmäßig nur einen Zustand optimaler Wirksamkeit erlaubten.[184] Jedes Optimierungsgebot bedeute folglich den Verlust politischer Gestaltungsspielräume.[185] Dieser als Konstitutionalisierung beschriebene Verlust sei nicht zuletzt angesichts des „Damoklesschwertes" der Verfassungsgerichtsbarkeit[186] mit der Gestaltungsfreiheit der Legislative unvereinbar.[187]

Eng verknüpft[188] ist der Konstitutionalisierungseinwand mit der Deutung des Verfassungsrechts als Rahmenordnung.[189] Dabei wird eine Debatte der Weimarer Epoche fortgesetzt, die bereits *Hermann Heller* mit den Begriffen der Moralisierung und der Amoralisierung des Rechts umschrieb.[190] Die Herleitung inhaltlicher Anforderungen an das positive Recht und die – nach normati-

---

[182] Zu Berührungspunkten der Abwägungs- sowie Konstitutionalisierungsdebatte und der Prinzipientheorie *Ralf Poscher*, Grundrechte als Abwehrrechte, 2003, S. 81 ff.

[183] Ausführlich *Gunnar Folke Schuppert/Christian Bumke*, Die Konstitutionalisierung der Rechtsordnung, 2000, passim; ferner *Karl-Heinz Ladeur*, Kritik der Abwägung in der Grundrechtsdogmatik, 2004, S. 44 f.; *ders.*, Der Staat 50 (2011), S. 493 (495 ff.); *Matthias Jestaedt*, in: Otto Depenheuer (Hrsg.), Staat im Wort, Festschrift für Josef Isensee, 2007, S. 253 (269 ff.); *ders.*, JZ 2012, 1 (6).

[184] Zur These der „one right answer" *Ronald Dworkin*, Bürgerrechte ernstgenommen, 1984, S. 448 ff., 529 ff.; ferner *Renée M. Watkins-Bienz*, Die Hart-Dworkin Debatte, 2004, S. 117 ff.; kritisch *Tobias Herbst*, JZ 2012, 891 ff.; allgemein auch *Jürgen Habermas*, Faktizität und Geltung, 4. Aufl. 1994, S. 317.

[185] *Karl-Heinz Ladeur*, Kritik der Abwägung in der Grundrechtsdogmatik, 2004, S. 44 f.; *Rainer Wahl*, in: Rainer Wahl (Hrsg.), Verfassungsstaat, Europäisierung, Internationalisierung, 2003, S. 121 (145); *Christian Bumke*, Der Grundrechtsvorbehalt, 1998, S. 169 ff.

[186] Dazu *Karl-Heinz Ladeur*, Rechtstheorie 31 (2000), S. 67 ff.; *Christian Walter*, AöR 125 (2000), S. 517 ff.; *Christian Hillgruber*, AöR 127 (2002), S. 460 ff.; *Rupert Scholz*, in: Ulrich Karpen (Hrsg.), Der Richter als Ersatzgesetzgeber, 2002, S. 15 ff.; *Hartmut Schiedermair*, in: Peter M. Huber (Hrsg.), Der Staat des Grundgesetzes – Kontinuität und Wandel, Festschrift für Peter Badura zum siebzigsten Geburtstag, 2004, S. 477 ff.; zur Gefahr des verfassungsgerichtlichen Jurisdiktionsstaates auch *Ernst-Wolfgang Böckenförde*, Zur Lage der Grundrechtsdogmatik nach 40 Jahren Grundgesetz, 1989, S. 69; *ders.*, Der Staat 20 (1990), S. 1 (29).

[187] *Rainer Wahl*, in: Rainer Wahl (Hrsg.), Verfassungsstaat, Europäisierung, Internationalisierung, 2003, S. 121 (146).

[188] *Peter Lerche*, in: Joachim Burmeister (Hrsg.), Verfassungsstaatlichkeit, Festschrift für Klaus Stern zum 65. Geburtstag, 1997, S. 197 (202 ff.); *Matthias Jestaedt*, in: Otto Depenheuer (Hrsg.), Staat im Wort, Festschrift für Josef Isensee, 2007, S. 253 ff.

[189] *Sebastian Unger*, Das Verfassungsprinzip der Demokratie, 2008, S. 131 ff.; ferner *Thilo Rensmann*, Werteordnung und Verfassung, 2007, passim.

[190] *Hermann Heller*, Staatslehre, 1934, S. 221.

vistischem und dezisionistischem Positivismus übereinstimmende[191] – Betonung des Rechtsinhalts als bloße Willensfunktion der Legislative standen dabei scheinbar unversöhnlich gegenüber.[192] *Hans Kelsen* etwa forderte vor dem Hintergrund einer „Machtvollkommenheit [des Verfassungsgerichts] [...], die schlechthin als unerträglich empfunden werden muß", dass die Verfassung die von der Verfassungsgerichtsbarkeit zu kontrollierenden materiellen Grundsätze, Richtlinien und Schranken präzise bestimmen müsse, und warnte vor der Anerkennung von „Prinzipien".[193] Anknüpfend daran kritisierte auch *Ernst Forsthoff* mit Blick auf die Interpretation des Grundgesetzes als Rahmenordnung eine Verfassungsauslegung, die der Illusion einer schrankenlosen Wandlungsfähigkeit und Verfügbarkeit des Rechtstaates Vorschub leiste. Im Anschluss an die Ausführungen *Carl Schmitts*[194] prägte er den Begriff des „juristischen Weltenei[s]", das nur „bebrütet" werden müsse, damit eine Lösung „entschlüpft".[195] Im Kontext der Prinzipientheorie wird dementsprechend darauf hingewiesen, dass mit der Anerkennung von Optimierungsgeboten das Grundgesetz seinen Charakter als Rahmenordnung[196] verliere und zur rechtlichen Grundordnung[197] des Gemeinwesens mutiere,[198] diese Konstitutionalisierung der Rechtsordnung[199] aber den hierarchischen Relationen des positiven Rechts[200] zuwider laufe.[201]

---

[191] Dazu *Hans Kelsen*, Reine Rechtslehre, 2. Aufl. 1960, S. 224; *ders.*, Allgemeine Staatslehre, 1925, S. 44; siehe auch *Carl Schmitt*, Verfassungslehre, 1928, S. 22.

[192] *Max-Emanuel Geis*, JuS 1989, S. 91 ff.; ausführlich *Ernst-Wolfgang Böckenförde*, Gesetz und gesetzgebende Gewalt, 2. Aufl. 1981, passim.

[193] *Hans Kelsen*, VVDStRL 5 (1929), S. 30 (68 ff.).

[194] *Carl Schmitt*, in: Karl Doehring (Hrsg.), Festgabe für Ernst Forsthoff zum 65. Geburtstag, 1967, S. 60 ff.

[195] *Ernst Forsthoff*, in: Hans Barion (Hrsg.), Festschrift für Carl Schmitt zum 70. Geburtstag, 1959, S. 35 ff.; dazu aber auch *Alexander Hollerbach*, AöR 85 (1960), S. 241 ff.; ferner *Armin von Bogdandy*, in: Joachim Bohnert (Hrsg.), Verfassung – Philosophie – Kirche, Festschrift für Alexander Hollerbach zum 70. Geburtstag, 2001, S. 363 ff.

[196] Zum Gedanken der Rahmenordnung *Ernst-Wolfgang Böckenförde*, NJW 1976, S. 2089 (2099); *Bernhard Schlink*, Der Staat 19 (1980), S. 73 (105); *Christoph Gusy*, JöR 33 n. F. (1984), S. 105 (120 ff.); *ders.*, Parlamentarischer Gesetzgeber und Bundesverfassungsgericht, 1985, S. 93 ff.

[197] *Robert Alexy*, VVDStRL 61 (2002), S. 7 (14); kritisch *Horst Dreier*, in: Armin von Bogdandy/Pedro Cruz Villalón/Peter M. Huber (Hrsg.), Handbuch Ius Publicum Europaeum, Bd. I, 2007, § 1, Rn. 87.

[198] *Ernst-Wolfgang Böckenförde*, in: Ernst-Wolfgang Böckenförde, Staat, Verfassung, Demokratie, 1991, S. 159 (188 f.); mit Blick auf die Werteordnungsjudikatur des Bundesverfassungsgerichts – zur diesbezüglichen Kritik *Ernst-Wolfgang Böckenfördes Shu-Perng Hwang*, Der Staat 52 (2013), S. 219 ff. – *Bernhard Schlink*, EuGRZ 1984, S. 457 (462).

[199] Dazu *Gunnar Folke Schuppert/Christian Bumke*, Die Konstitutionalisierung der Rechtsordnung, 2000, passim; *Karl-Heinz Ladeur*, Kritik der Abwägung in der Grundrechtsdogmatik, 2004, S. 44 f.

[200] Siehe dazu auch *Adolf Julius Merkl*, in: Adolf Julius Merkl, Gesammelte Schriften, Bd. I/1, 1993, S. 437 (464 ff.); ferner *Hans Kelsen*, Reine Rechtslehre, 2. Aufl. 1960, S. 228 ff.

[201] *Matthias Jestaedt*, in: Otto Depenheuer (Hrsg.), Staat im Wort, Festschrift für Josef Isensee, 2007, S. 253 (269 ff.); siehe auch *Clemens Jabloner*, ZÖR 60 (2005), S. 163 ff.

Nach *Ernst-Wolfgang Böckenförde* betrifft die Frage, ob das Verfassungsrecht als Rahmenordnung oder Grundordnung aufzufassen ist, die Grundlagen der Verfassungsinterpretation.[202] Eine konstitutionalisierende Anwendung verfassungsrechtlicher Gewährleistungen findet ihren Ursprung allerdings nicht allein in der Prinzipientheorie,[203] verknüpfte doch auch das Bundesverfassungsgericht[204] *Hans Kelsens*[205] Postulat der formellen Geltungskraft mit der Deutung *Rudolf Smends*,[206] der grundrechtliche Gewährleistungen als Ausdruck eines Werte- oder Güter- sowie Kultursystems interpretierte.[207] Gleichwohl soll vorrangig die Prinzipientheorie politische Gestaltungsspielräume tangieren,[208] die Strukturen der Rechtserzeugung dezimieren[209] und die Besonderheiten des Verfassungsrechts belasten.[210] Ferner nimmt der Konstitutionalisierungseinwand auch auf das Verhältnis zwischen Legislative und Verfassungsgerichtsbarkeit Bezug:[211] Namentlich der Figur der zugeordneten Grundrechtsnorm,[212] die nach der Prinzipientheorie und der Theorie des rationalen juristischen Diskurses[213] den aus Optimierungsgeboten im Verfassungsrecht abgelei-

---

[202] *Ernst-Wolfgang Böckenförde*, NJW 1976, S. 2089 (2091); *ders.*, Der Staat 29 (1990), S. 1 (21 ff.); *ders.*, NJW 1999, S. 9 (13); *Rainer Wahl*, in: Rainer Wahl (Hrsg.), Verfassungsstaat, Europäisierung, Internationalisierung, 2003, S. 121 ff.; zum Ganzen *Karl-Eberhard Hain*, Die Grundsätze des Grundgesetzes, 1999, S. 131 ff.; *Matthias Jestaedt*, Grundrechtsentfaltung im Gesetz, 1999, S. 72 ff., *ders.*, DVBl. 2001, S. 1309 (1318 f.); *ders.*, in: Otto Depenheuer (Hrsg.), Staat im Wort, Festschrift für Josef Isensee, 2007, S. 253 (269 ff.).

[203] Zur Werteordnungsjudikatur des Bundesverfassungsgerichts *Helmut Goerlich*, Werteordnung und Grundgesetz, 1973, S. 140; *Erhard Denninger*, JZ 1975, S. 545 (546); ferner *Hans Julius Wolff*, in: Otto Bachof (Hrsg.), Forschungen und Berichte aus dem öffentlichen Recht, Gedächtnisschrift für Walter Jellinek, 1955, S. 33 ff.; zum Ganzen *Eberhard Grabitz*, Freiheit und Verfassungsrecht, 1976, S. 240 ff.; *Philip Kunig*, Das Rechtsstaatsprinzip, 1986, S. 85 ff.

[204] Siehe BVerfGE 7, 198 (205).

[205] *Hans Kelsen*, VVDStRL 5 (1929), S. 30 (53 ff.).

[206] *Rudolf Smend*, in: Rudolf Smend, Staatsrechtliche Abhandlungen, 3. Aufl. 1994, S. 119 (264).

[207] Dazu *Ernst-Wolfgang Böckenförde*, in: Ernst-Wolfgang Böckenförde, Staat, Verfassung, Demokratie, 1991, S. 159 (163 ff.); *Horst Dreier*, Dimensionen der Grundrechte, 1993, S. 10 ff.; *Michael Dolderer*, Objektive Grundrechtsgehalte, 2000, S. 117 ff.; siehe auch *Robert Alexy*, VVDStRL 61 (2002), S. 7 (9 f.).

[208] *Ralf Poscher*, Grundrechte als Abwehrrechte, 2003, S. 83.

[209] *Matthias Jestaedt*, in: Otto Depenheuer (Hrsg.), Staat im Wort, Festschrift für Josef Isensee, 2007, S. 253 (269).

[210] *Matthias Jestaedt*, in: Otto Depenheuer (Hrsg.), Staat im Wort, Festschrift für Josef Isensee, 2007, S. 253 (271).

[211] Dazu *Christoph Gusy*, Parlamentarischer Gesetzgeber und Bundesverfassungsgericht, 1985, S. 93 ff.; ferner *Ralf Poscher*, Grundrechte als Abwehrrechte, 2003, S. 83; *Matthias Jestaedt*, in: Otto Depenheuer (Hrsg.), Staat im Wort, Festschrift für Josef Isensee, 2007, S. 253 (271 f.).

[212] *Robert Alexy*, Theorie der Grundrechte, 1985, S. 57 ff.

[213] Dazu *Robert Alexy*, Theorie juristischer Argumentation, 1978, passim; zur Diskurstheorie *Jürgen Habermas*, Faktizität und Geltung, 4. Aufl. 1994, passim; siehe auch *Uwe Volkmann*, Einführung in die Diskurstheorie des Rechts, JuS 1997, S. 976 ff.; ferner *Karl-Eber-*

teten Abwägungsergebnissen selbst Verfassungsrang beimisst,[214] stößt dabei auf Widerstand.[215]

2. *Die Spielraumtheorie Robert Alexys*

Den Konstitutionalisierungseinwand und vor allem die ontologische Annahme der „one right answer" weist *Robert Alexy* zurück. Dem Gedanken der Richtigkeit misst er Bedeutung nur als absolute regulative Idee im Sinne *Immanuel Kants* bei, die das Ziel der Abwägungsmethode im rationalen juristischen Diskurs sei.[216] Die Abwägungsmethode gehe daher nicht lediglich von einem möglichen Abwägungsergebnis aus.[217] Der Deutung der Verfassung als Rahmenordnung verschafft er dadurch auch im Kontext der Prinzipientheorie Geltung.[218] Optimierungsgebote und politische Gestaltungsspielräume kollidierten nämlich allenfalls, wenn Optimierungsgebote als Optimierungspunkte missverstanden werden.[219] Begründen Optimierungsgebote demgegenüber lediglich die Anwendbarkeit des Grundsatzes der Verhältnismäßigkeit in der praktischen Rechtsanwendung,[220] stehen Optimierungsgebote und der Angemessenheitsdiskurs tatsächlich in einem Verhältnis wechselseitiger Abhängigkeit.

Ergänzend entwickelt *Robert Alexy* zudem die so genannten Spielraumtheorie,[221] nach der die Abwägungsmethode nicht vollumfänglich rechtlich determi-

---

hard Hain, Die Grundsätze des Grundgesetzes, 1999, S. 139ff.; *ders.*, Der Staat 40 (2001), S. 193ff.

[214] Kritisch *Matthias Jestaedt*, in: Otto Depenheuer (Hrsg.), Staat im Wort, Festschrift für Josef Isensee, 2007, S. 253 (269f.); siehe auch *Karl-Heinz Ladeur*, Kritik der Abwägung in der Grundrechtsdogmatik, 2004, S. 64.

[215] *Karl-Eberhard Hain*, Die Grundsätze des Grundgesetzes, 1999, S. 155ff.

[216] *Robert Alexy*, in: Robert Alexy, Recht, Vernunft, Diskurs, 1995, S. 94 (95); *ders.*, in: Robert Alexy, Recht, Vernunft, Diskurs, 1995, S. 177 (208ff.); dazu auch *Peter Gril*, ARSP 83 (1997), S. 206ff.; *Karl-Eberhard Hain*, Die Grundsätze des Grundgesetzes, 1999, S. 139ff.; allgemein kritisch *Jürgen Habermas*, Faktizität und Geltung, 4. Aufl. 1994, S. 283ff.

[217] Siehe *Robert Alexy*, Theorie der Grundrechte, 1985, S. 143, 152, 494, 520f.

[218] Siehe *Matthias Jestaedt*, in: Otto Depenheuer (Hrsg.), Staat im Wort, Festschrift für Josef Isensee, 2007, S. 253 (271), der jedoch an der Kritik an der Figur der zugeordneten Grundrechtsnorm festhält; der Einwand der Konstitutionalisierung erweist sich im Bereich der Grundrechte des Weiteren oftmals mit der Auseinandersetzung um eine enge oder weite Tatbestandsinterpretation und der damit korrespondierenden Eingriffsabwehrfunktion der Grundrechte verknüpft, siehe *Wolfram Höfling*, Offene Grundrechtsinterpretation, 1987, S. 184; ferner *Wolfgang Hoffmann-Riem*, Der Staat 43 (2004), S. 203ff.; *Wolfgang Kahl*, Der Staat 43 (2004), S. 167ff.

[219] Siehe *Rainer Wahl*, in: Rainer Wahl (Hrsg.), Verfassungsstaat, Europäisierung, Internationalisierung, 2003, S. 121 (145).

[220] Dazu *Robert Alexy*, Theorie der Grundrechte, 1985, S. 100ff., 146.

[221] *Robert Alexy*, VVDStRL 61 (2002), S. 7 (25ff.); ferner *Jan-R. Sieckmann*, Regelmodelle und Prinzipienmodelle des Rechtssystems, 1990, S. 231ff.; siehe auch *Nils Jansen*, Der Staat 36 (1997), S. 27 (44ff.); ähnlich *Matthias Cornils*, Die Ausgestaltung der Grundrechte, 2005, S. 49.

niert ist. Vielmehr existieren danach politische Gestaltungsspielräume, sofern konfligierende Rechtsprinzipien gleichberechtigt gegenüberstehen.[222] Damit setzt die Prinzipientheorie zwar voraus, dass sich die Abwägungsmethode anhand einer groben Skala strukturieren lässt – gleichwohl gewährleistet dieses Modell die Kompatibilität der Abwägungsmethode und der Interpretation des Verfassungsrechts als Rahmenordnung.[223] Da die Prinzipientheorie dabei auch ihren Rationalitätsanspruch aufrechterhält und sich nicht dem Vorwurf der Beliebigkeit, Willkür und Dezision ausgesetzt sieht, begründet ferner gerade jeder Einwand gegenüber der Prinzipientheorie rechtlich ungebundene – positivistisch anmutende – Spielräume.[224] Zudem berücksichtigt die Spielraumtheorie mit der Figur des formellen Rechtsprinzips auch das Verhältnis zwischen Legislative und Verfassungsgerichtsbarkeit: Zur Wahrung epistemischer Gestaltungsspielräume der Legislative folgert *Robert Alexy* aus dem verfassungsrechtlichen Demokratieprinzip sowie dem Grundsatz der Gewaltenteilung nämlich ein eigenständiges Rechtsprinzip, das im Rahmen des tatsächlich und rechtlich Möglichen die Entscheidungsspielräume der Legislative sichert.[225] Als prozedurale Größe determiniere dieses Rechtsprinzip keine Entscheidungsinhalte, sondern treffe lediglich Aussagen darüber, ob Entscheidungsinhalte seitens der Legislative oder der Judikative festgelegt werden dürfen.[226] Schließlich soll dieses formelle Rechtsprinzip auch nicht lediglich zur Anwendung gelangen, wenn empirisch unsicher ist, ob und in welchem Umfang eine Rechtsnorm zur Realisierung konfligierender Rechtsprinzipien beitragen kann,[227] sondern vielmehr auch zum Ausdruck bringen, dass namentlich verfassungsrechtliche Gewährleistungen epistemische Gestaltungsspielräume anerkennen.[228]

3. *Schwächen der Spielraumtheorie*

Die Spielraumtheorie kann den Konstituionalisierungseinwand folglich widerlegen. Die Leistungsfähigkeit der Spielraumtheorie im Anwendungsbereich ausgestaltungsbedürftiger verfassungsrechtlicher Gewährleistungen muss al-

[222] Kritisch zur Figur der formeller Rechtsprinzipien, die in Relation zu „materiellen Rechtsprinzipien" eine Bestimmung des jeweiligen relativen Gewichts vermeintlich unmöglich erscheinen lassen, *Karl-Eberhard Hain*, Die Grundsätze des Grundgesetzes, 1999, S. 135 ff.; *Shu-Perng Hwang*, AöR 133 (2008), S. 606 ff.; ferner *Matthias Klatt/Johannes Schmidt*, AöR 137 (2012), S. 545 ff.

[223] *Robert Alexy*, VVDStRL 61 (2002), S. 7 (25 ff.).

[224] Siehe *Bernd-Christian Funk*, in: Bernd Schilcher/Peter Koller/Bernd-Christian Funk (Hrsg.), Regeln, Prinzipien und Elemente im System des Rechts, 2000, S. 259 (260).

[225] *Robert Alexy*, Theorie der Grundrechte, 1985, S. 120, 427.

[226] *Robert Alexy*, Theorie der Grundrechte, 1985, S. 120; dazu auch *Jan-R. Sieckmann*, Regelmodelle und Prinzipienmodelle des Rechtssystems, 1990, S. 160 ff.

[227] Dazu *Robert Alexy*, VVDStRL 61 (2002), S. 7 (27 f.).

[228] Siehe *Robert Alexy*, Theorie der Grundrechte, 1985, S. 120; kritisch *Matthias Jestaedt*, Grundrechtsentfaltung im Gesetz, 1999, S. 223 ff.

lerdings erst noch nachgewiesen werden. Die Spielraumtheorie *Robert Alexys* und deren Unterscheidung[229] zwischen strukturellen und epistemischen Spielräumen[230] bedürfen dabei einer weitergehenden Konkretisierung. Die Notwendigkeit einer solchen Konkretisierung beruht darauf, dass namentlich das Bundesverfassungsgericht mit Blick auf ausgestaltungsbedürftige Grundrechte weitreichende legislative Gestaltungsspielräume anerkennt.[231] Die – auch hier herangezogene – Unterscheidung zwischen Grundrechtseingriffs- und Grundrechtsausgestaltungsdogmatik[232] manifestiert sich dabei in einer nur schwachen Grundrechtsbindung der legislativen Ausgestaltung von Grundrechten.[233] Sie wird im Gegensatz zum Grundrechtseingriff nur davon abhängig gemacht, dass ausgewogene, sach-, realitäts- und interessengerechte Lösungen gefunden werden müssen,[234] die Grundrechte im gesellschaftlichen Leben funktionstüchtig machen.[235] Damit einher geht eine modifizierte Anwendung des Grundsatzes der Verhältnismäßigkeit.[236] Auch mit Blick auf Art. 79 Abs. 3 GG hat das Bundesverfassungsgericht – ohne erkennbare Abstufungen[237] – schließlich festge-

[229] *Robert Alexy*, VVDStRL 61 (2002), S. 7 (14 ff.).

[230] Dazu *Robert Alexy*, VVDStRL 61 (2002), S. 7 (16 ff.).

[231] Siehe BVerfGE 20, 312 (317); 73, 118 (166); 97, 332 (349); 99, 341 (352); 101, 106 (123).

[232] Kritisch *Matthias Cornils*, Die Ausgestaltung der Grundrechte, 2005, S. 536 ff., 666 ff.

[233] Dazu *Martin Gellermann*, Grundrechte in einfachgesetzlichem Gewande, 2000, S. 54 ff., 77 ff.; zum Ganzen aber auch *Matthias Cornils*, Die Ausgestaltung der Grundrechte, 2005, S. 494 ff.; ferner *Matthias Jestaedt*, Grundrechtsentfaltung im Gesetz, 1999, S. 33; *Gunnar Folke Schuppert/Christian Bumke*, Die Konstitutionalisierung der Rechtsordnung, 2000, S. 76.

[234] *Martin Gellermann*, Grundrechte in einfachgesetzlichem Gewande, 2000, S. 331.

[235] *Josef Isensee*, in: Josef Isensee/Paul Kirchhof (Hrsg.), Handbuch des Staatsrechts der Bundesrepublik Deutschland, Bd. IX, 3. Aufl. 2011, § 190, Rn. 170; vergleichbar damit scheint die Unterscheidung von finaler und konditionaler Normstruktur, wonach Leistungspflichten nicht auf einzelne Leistungshandlungen, sondern vielmehr auf ein Leistungsziel gerichtet, Unterlassungspflichten demgegenüber auf konkret vorgenommene Eingriffshandlungen bezogen sind, siehe *Arno Scherzberg*, Grundrechtsschutz und „Eingriffsintensität“, 1989, S. 213 f.; *Martin Borowski*, Grundrechte als Prinzipien, 2. Aufl. 2007, S. 141; kritisch *Michael Holoubek*, Grundrechtliche Gewährleistungspflichten, 1997, S. 158 f.; *Matthias Jestaedt*, Grundrechtsentfaltung im Gesetz, 1999, S. 114 ff.; zum Ganzen *Matthias Cornils*, Die Ausgestaltung der Grundrechte, 2005, S. 574 ff.

[236] *Fritz Ossenbühl*, in: Peter Badura (Hrsg.), Wege und Verfahren des Verfassungslebens, Festschrift für Peter Lerche zum 65. Geburtstag, 1993, S. 151 (158 ff.); *ders.*, DVBl. 1995, S. 904 (906 ff.); *Peter Unruh*, Zur Dogmatik der grundrechtlichen Schutzpflichten, 1996, S. 84 ff.; *Martin Gellermann*, Grundrechte in einfachgesetzlichem Gewande, 2000, S. 331 ff.; *Matthias Ruffert*, Vorrang der Verfassung und Eigenständigkeit des Privatrechts, 2001, S. 117 f., 314 ff.; grundlegend zum Untermaßverbot BVerfGE 88, 203 (254); ferner *Claus-Wilhelm Canaris*, AcP 184 (1984), S. 201 (228); *ders.*, JuS 1989, S. 161 (163 f.); kritisch *Karl-Eberhard Hain*, DVBl. 1993, S. 982 ff.; *ders.*, ZG 1996, S. 75 ff.; *Christian Starck*, JZ 1993, S. 816 ff.; kritisch zur Annahme erweiterter legislativer Gestaltungsspielräume *Matthias Cornils*, Die Ausgestaltung der Grundrechte, 2005, S. 544 ff.

[237] Dazu *Katharina Sobota*, Das Prinzip Rechtsstaat, 1997, S. 430 ff.

stellt, dass die dort in Bezug genommenen Staatsstrukturprinzipien nicht berührt werden, wenn

„ihnen im allgemeinen Rechnung getragen wird und sie nur für eine Sonderlage entsprechend deren Eigenart aus evident sachgerechten Gründen [im Sinne praktischer Konkordanz[238]] modifiziert werden".[239]

a) Optimierungsgebote in neuem Licht

Mit dieser Judikatur des Bundesverfassungsgerichts gerät die Spielraumtheorie in Konflikt. Denn die Kategorisierung struktureller Spielräume als Zwecksetzungs-, Mittelwahl- und Abwägungsspielräume widerspricht der Annahme weitreichender legislativer Gestaltungsspielräume. Die kritische Würdigung der Prinzipientheorie[240] und die Ablehnung von Optimierungsgeboten[241] wird vor diesem Hintergrund letztlich verständlich. Gleichwohl stellt dies den Geltungsanspruch der Prinzipientheorie nicht schon prinzipiell in Abrede.[242] Es kommt vielmehr darauf an, welchen Maßstäben die Anwendung von Rechtsprinzipien abweichend von der Spielraumtheorie unterworfen werden kann.[243] Denn die Kritik an den Optimierungsgeboten zieht nicht etwa die herausgearbeiteten normstrukturtheoretischen Erkennungszeichen von Rechtsprinzipien in Zweifel.[244] Die Geltung der Prinzipientheorie steht und fällt dementsprechend nicht mit der Figur der Optimierungsgebote, methodologisch ist viel-

---

238 *Michael Sachs*, in: Michael Sachs (Hrsg.), GG-Komm., 6. Aufl. 2011, Art. 20, Rn. 6; *Roman Herzog*, in: Theodor Maunz/Günter Dürig (Begr.), Grundgesetz, Art. 28 (1980), Rn. 36ff., 44, weist insoweit darauf hin, dass dem Grundsatz der praktischen Konkordanz bereits bei der Auslegung der Staatsstrukturprinzipien Rechnung zu tragen ist; ferner *Katharina Sobota*, Das Prinzip Rechtsstaat, 1997, S. 414ff.; kritisch *Philip Kunig*, Das Rechtsstaatsprinzip, 1986, S. 291.

239 BVerfGE 30, 1 (24).

240 Dazu *Matthias Cornils*, Die Ausgestaltung der Grundrechte, 2005, S. 585, der für normgeprägte Grundrechte die Figur des grundrechtlichen Optimierungsgebots heranzieht; siehe auch *Ralf Poscher*, Grundrechte als Abwehrrechte, 2003, S. 80f.

241 *Karl-Eberhard Hain*, Die Grundsätze des Grundgesetzes, 1999, S. 193; siehe auch *Rüdiger Breuer*, in: Otto Bachof (Hrsg.), Verwaltungsrecht zwischen Freiheit, Teilhabe und Bindung, Festgabe aus Anlaß des 25jährigen Bestehens des Bundesverwaltungsgerichts, 1978, S. 89 (118); *dens.*, in: Bernd Bender (Hrsg.), Rechtsstaat zwischen Sozialgestaltung und Rechtsschutz, Festschrift für Konrad Redeker, 1993, S. 11 (25); ferner *Rodolfo Arango*, Der Begriff der sozialen Grundrechte, 2001, S. 128ff.

242 Anders *Matthias Cornils*, Die Ausgestaltung der Grundrechte, 2005, S. 584; dazu ferner *Fritz Ossenbühl*, in: Peter Badura (Hrsg.), Wege und Verfahren des Verfassungslebens, Festschrift für Peter Lerche zum 65. Geburtstag, 1993, S. 151 (161); *Peter Lerche*, in: Joachim Burmeister (Hrsg.), Verfassungsstaatlichkeit, Festschrift für Klaus Stern zum 65. Geburtstag, 1997, S. 197 (206ff.); *Matthias Jestaedt*, Grundrechtsentfaltung im Gesetz, 1999, S. 216ff.; *Jan Henrik Klement*, JZ 2008, S. 756 (757).

243 Siehe auch *Jan-R. Sieckmann*, JZ 2009, S. 557 (557).

244 *Robert Alexy*, Theorie der Grundrechte, 1985, S. 149f.; *ders.*, in: Robert Alexy, Recht, Vernunft, Diskurs, 1995, S. 232 (260); *Martin Borowski*, Grundrechte als Prinzipien, 2. Aufl. 2007, S. 97, 306; kritisch *Matthias Cornils*, Die Ausgestaltung der Grundrechte, 2005, S. 594ff.

mehr eine divergierende Systembildung möglich.[245] Der Vorwurf, die Prinzipientheorie könne unterschiedliche Wirkungsintensitäten von Rechtsnormen nicht abbilden,[246] vermag daher nicht zu überzeugen.

b) Zur Geltung des Untermaßverbotes

Gerade für die Prinzipientheorie spricht überdies, dass auch die legislative Ausgestaltung verfassungsrechtlicher Gewährleistungen auf die Abwägungsmethode Bezug nimmt.[247] Die Abwägungsmethode ist diesbezüglich für Modifikationen offen,[248] auch das Untermaßverbot beschreibt nichts anderes als einen Abwägungsvorgang:[249] Das Gebot der praktischen Konkordanz verlangt, dass Rechtsprinzipien „spürbare" Berücksichtigung[250] finden,[251] die legislative Ausgestaltung von Rechtsprinzipien hat lediglich dem über eine Willkürkontrolle[252] hinausgehenden Untermaßverbot zu genügen.[253] Mit Blick auf die Prinzipientheorie ist insoweit nun entscheidend, dass Rechtsprinzipien nicht zugunsten einer bestimmten legislativen Ausgestaltung streiten.[254] Sie kann folglich auch

---

[245] *Martin Borowski*, Grundrechte als Prinzipien, 2. Aufl. 2007, S. 310 f.

[246] *Matthias Cornils*, Die Ausgestaltung der Grundrechte, 2005, S. 602.

[247] Anders wohl die so genannte „Entsprechensprüfung", siehe dazu *Stefan Huster*, Rechte und Ziele, 1993, S. 144 ff., der indes einräumt, dass diese aufgrund einer internen Entsprechensprüfung von Ausgestaltungsauftrag und Ausgestaltungsgesetz durch gegenläufige externe Gründe beeinflusst werden könne; dazu auch *Matthias Cornils*, Die Ausgestaltung der Grundrechte, 2005, S. 652 ff.

[248] Siehe *Robert Alexy*, Theorie der Grundrechte, 1985, S. 422, der ganz im Sinne von Optimierungsgeboten auch für grundrechtliche Schutzpflichten ein Höchstmaß staatlichen Schutzes fordert, den formellen Gegenprinzipien allerdings einen hohen Stellenwert einräumt und damit die Optimierungsthese relativiert; *Martin Borowski*, Grundrechte als Prinzipien, 2. Aufl. 2007, S. 311 misst demgegenüber bestimmten Prinzipien ein generell geringeres Gewicht bei.

[249] Siehe *Karl-Eberhard Hain*, Die Grundsätze des Grundgesetzes, 1999, S. 193 ff.; ferner *Robert Alexy*, in: Robert Alexy, Recht, Vernunft, Diskurs, 1995, S. 232 (226).

[250] *Karl-Eberhard Hain*, Die Grundsätze des Grundgesetzes, 1999, S. 187 f.

[251] *Karl-Eberhard Hain*, Die Grundsätze des Grundgesetzes, 1999, S. 185 ff.; zum so genannten Berücksichtigungsgebot *Jan-R. Sieckmann*, Rechtstheorie 25 (1994), S. 163 (183 f.); *ders.*, Der Staat 41 (2002), S. 385 (400); ferner *Laura Clérico*, Die Struktur der Verhältnismäßigkeit, 2001, S. 174 ff.

[252] Anders *Philip Kunig*, Das Rechtsstaatsprinzip, 1986, S. 290 f.

[253] Siehe für das Sozialstaatsprinzip BVerfGE 82, 60 (79 f.); ferner *Karl-Eberhard Hain*, Die Grundsätze des Grundgesetzes, 1999, S. 188 f.; mit Blick auf Art. 28 Abs. 2 GG ähnlich *Dirk Ehlers*, DVBl. 2000, S. 1301 (1304), der auf das Untermaßverbot verweist.

[254] *Karl-Eberhard Hain*, Die Grundsätze des Grundgesetzes, 1999, S. 184; allgemein wird im Bereich der Staatszielbestimmungen – dagegen nicht grundsätzlich im Bereich der Verfassungsprinzipien – angesichts der gegenüber punktuellen Vorgaben zurückgenommenen Regelungsdichte der Verfassung eine weitgehende Freiheit der Mittelwahl angenommen, siehe BVerfGE 22, 180 (204); 59, 231 (263); ferner *Franz Reimer*, Verfassungsprinzipien, 2001, S. 327.

erklären, dass dem Maßstab der Erforderlichkeit beim Untermaßverbot keine Bedeutung beigemessen wird.[255]

Das Untermaßverbot selbst wird aber schließlich ebenfalls als Argument gegen die Geltung der Prinzipientheorie herangezogen: Werde das Untermaß von Rechtsprinzipien erreicht,[256] seien diese der Abwägungsmethode gerade nicht mehr zugänglich. Daher gehe eine Binärcodierung von Rechtsregeln und Rechtsprinzipien fehl.[257] Überzeugen kann dieser Einwand indes nicht, das Untermaßverbot kann Zweifel an der Geltung der Prinzipientheorie – im grundrechtlichen Bereich vorbehaltlich der Vorschrift des Art. 19 Abs. 2 GG – nicht begründen: Zwar widerspricht der Prinzipientheorie in der Tat die Annahme, Rechtsprinzipien gewährleisteten ein nicht der Abwägung zugängliches[258] Untermaß.[259] Allerdings nimmt nach der Prinzipientheorie das Untermaßverbot gerade auf die Abwägungsmethode Bezug[260] – es lässt sich mithin nicht ohne kontextabhängige Argumentationen anwenden.[261]

C. *Zur prinzipientheoretischen Rekonstruktion des Art. 28 Abs. 2 GG*

Im Ergebnis sind keine Gesichtspunkte ersichtlich, die dem Geltungsanspruch der Prinzipientheorie grundsätzlich entgegenstehen oder ihre Anwendung mit Blick auf Art. 28 Abs. 2 GG unmöglich machen. Dementsprechend soll nunmehr eine prinzipientheoretische Interpretation des Art. 28 Abs. 2 GG im Einzelnen entfaltet werden.

---

[255] Grundlegend *Lothar Hirschberg*, Der Grundsatz der Verhältnismäßigkeit, 1981, S. 61 ff., 169 ff.

[256] Allgemein zur Figur der absoluten Unverhältnismäßigkeit *Peter Lerche*, Übermaß und Verfassungsrecht, 1961, S. 249; mit Blick auf Art. 28 Abs. 2 GG *Joachim Kronisch*, Aufgabenverlagerung und gemeindliche Aufgabengarantie, 1993, S. 103 f.

[257] *Matthias Jestaedt*, in: Otto Depenheuer (Hrsg.), Staat im Wort, Festschrift für Josef Isensee, 2007, S. 253 (264 f.); ähnlich *Bernhard Schlink*, Abwägung im Verfassungsrecht, 1976, S. 78 f., 95, 152, 192, der die Entscheidung zwischen widerstreitenden Rechtspositionen nicht als eine Abwägung im Sinne des vergleichenden Wägens, Gewichtens und der Bestimmung des Vorrangs einer Rechtsposition erachtet.

[258] Zur Konkretisierung des Untermaßverbotes *Franz Reimer*, Verfassungsprinzipien, 2001, S. 338 ff.

[259] Anders *Franz Reimer*, Verfassungsprinzipien, 2001, S. 333 ff. unter Hinweis auf die Rechtsprechung des Bundesverfassungsgerichts – BVerfGE 83, 60 (71 f.) ; 89, 155 (182); 93, 37 (66 f.) – und ein so genanntes „Niveaugebot".

[260] *Karl-Eberhard Hain*, Die Grundsätze des Grundgesetzes, 1999, S. 197 ff.; ähnlich wohl *Martin Gellermann*, Grundrechte in einfachgesetzlichem Gewande, 2000, S. 352 ff.

[261] Siehe dazu *Karl-Eberhard Hain*, Die Grundsätze des Grundgesetzes, 1999, S. 191; *dens.*, in: Rainer Grote (Hrsg.), Die Ordnung der Freiheit, Festschrift für Christian Starck zum siebzigsten Geburtstag, 2007, S. 35 (48); ferner *Matthias Cornils*, Die Ausgestaltung der Grundrechte, 2005, S. 646 ff.

I. Vorbemerkung: Grundlagen der prinzipientheoretischen Rekonstruktion

In Erinnerung zu rufen ist dabei zunächst, dass die institutionelle, die subjektiv-rechtliche und die kompetenzrechtliche Interpretation des Art. 28 Abs. 2 GG daran scheitern, dass sie die partielle Notwendigkeit der legislativen Ausgestaltung des Art. 28 Abs. 2 GG nicht mit der verfassungsunmittelbaren Gewährleistung einer eigenverantwortlichen Regelung der Angelegenheiten der örtlichen Gemeinschaft in Einklang bringen können. Die Alternative der prinzipientheoretischen Interpretation vermag dementsprechend nur zu überzeugen, sofern mit Hilfe der Prinzipientheorie eine angemessene dogmatische Rekonstruktion aller Gewährleistungsgegenstände des Art. 28 Abs. 2 GG gelingt. Die verschiedenen Gewährleistungselemente sind daher nochmals hervorzuheben: Art. 28 Abs. 2 GG garantiert die Einrichtung von Gemeinden und Gemeindeverbänden. Ferner gewährleistet Art. 28 Abs. 2 S. 1 GG den Gemeinden das Recht, alle Angelegenheiten der örtlichen Gemeinschaft zu regeln. Gemeindeverbände haben nach Art. 28 Abs. 2 S. 2 GG im Rahmen ihres gesetzlichen Aufgabenbereiches nach Maßgabe der Gesetze das Recht der Selbstverwaltung. Zudem garantiert Art. 28 Abs. 2 GG die Eigenverantwortlichkeit der Aufgabenwahrnehmung im Rahmen der Gesetze.[262]

Neben diesen unterschiedlichen Gewährleistungsgegenständen sind die Grundlagen der Anwendung der Prinzipientheorie im Staatsorganisationsrecht von fundamentaler Bedeutung, die schlagwortartig wie folgt zusammengefasst werden können: Als normstrukturtheoretische Erkennungszeichen von Rechtsprinzipien dienen die Merkmale der Abwägungsoffenheit und der Ausgestaltungsbedürftigkeit. Die Unterscheidung zwischen Rechtsprinzipien und Rechtsregeln ist daher auch im Anwendungsbereich des Art. 28 Abs. 2 GG vor allem danach vorzunehmen, welche Gewährleistungselemente der gesetzlichen Ausgestaltung bedürfen. Solche Gewährleistungselemente sind als Rechtsprinzipien zu qualifizieren. Im Übrigen ist davon auszugehen, dass verfassungsunmittelbar garantierte Gewährleistungselemente Rechtsregeln sind. Dies gilt allerdings nur vorbehaltlich der noch nicht näher erörterten Bedeutung des Vorbehaltes „im Rahmen der Gesetze" für die kategoriale Unterscheidung zwischen Rechtsprinzipien und Rechtsregeln.

Schließlich müssen die mit Blick auf die Geltung des Über- und Untermaßverbotes schon grundsätzlich angesprochenen methodologischen Fragen auch im Anwendungsbereich des Art. 28 Abs. 2 GG beantwortet werden. Bislang wurde nämlich darauf hingewiesen, dass die Prinzipientheorie vor allem die Anwendung des Übermaßverbotes erklären kann. Festgestellt wurde aber auch,

[262] Nochmals *Franz-Ludwig Knemeyer*, in: Albert von Mutius (Hrsg.), Selbstverwaltung im Staat der Industriegesellschaft, Festgabe zum 70. Geburtstag von Georg Christoph von Unruh, 1983, S. 209 (218).

dass das Übermaßverbot mit der Notwendigkeit legislativer Gestaltungsspielräume bei der Ausgestaltung verfassungsrechtlicher Gewährleistungen kollidiert. Darauf kann die Prinzipientheorie indes mit der Anwendung des Untermaßverbotes bei der Ausgestaltung verfassungsrechtlicher Gewährleistungen reagieren.

II. Entfaltung der prinzipientheoretischen Rekonstruktion im Einzelnen

1. Das existentiale Gewährleistungselement: Die Einrichtung der Gemeinden und Gemeindeverbände

Ausgehend von diesen Grundannahmen sind nunmehr die einzelnen Gewährleistungselemente des Art. 28 Abs. 2 GG in den Blick zu nehmen. Zu beginnen ist dabei mit dem existentialen Gewährleistungselement. Bei der Analyse der institutionellen, der subjektiv-rechtlichen sowie der kompetenzrechtlichen Interpretation des Art. 28 Abs. 2 GG hatte sich gezeigt, dass dieses existentiale Gewährleistungselement – die Garantie der Einrichtung der Gemeinden und Gemeindeverbände – nicht verfassungsunmittelbar gewährleistet wird. Die institutionelle Interpretation geht vielmehr im Grundsatz zutreffend davon aus, dass die rechtliche Existenz von Gemeinden und Gemeindeverbänden der Ausgestaltung durch den Gesetzgeber bedarf. Gemeinsamkeiten zwischen der prinzipientheoretischen Rekonstruktion und der institutionellen Interpretation des Art. 28 Abs. 2 GG ergeben sich mithin daraus, dass beide Ansätze die Notwendigkeit der legislativen Ausgestaltung des Art. 28 Abs. 2 GG anerkennen. Die institutionelle Deutung beruht allerdings auf der weitergehenden Annahme, dass auch die Aufgabengarantie der Gemeinden sowie die Eigenverantwortlichkeit der kommunalen Aufgabenwahrnehmung ausgestaltungsbedürftig sind. Nach prinzipientheoretischer Interpretation ist demgegenüber die Ausgestaltungskompetenz des Gesetzgebers grundsätzlich auf das existentiale Gewährleistungselement – die Garantie der Einrichtung der Gemeinden und Gemeindeverbände – (sowie zudem auf die Aufgabengarantie der Gemeindeverbände nach Art. 28 Abs. 2 S. 2 GG) beschränkt. Art. 28 Abs. 2 GG enthält dementsprechend ein staatsorganisationsrechtliches Rechtsprinzip kommunaler Selbstverwaltung und gewährleistet einen „Verwaltungstyp".[263]

a) Das existentiale Gewährleistungselement als Rechtsprinzip

Vor diesem Hintergrund muss das existentiale Gewährleistungselement nach prinzipientheoretischen Maßstäben als Rechtsprinzip qualifiziert werden. Dies beruht auf folgenden Erwägungen: Die Verortung der Einrichtung der Ge-

[263] Dazu auch *Dirk Ehlers*, DVBl. 2000, S. 1301 (1304, 1306).

meinden und Gemeindeverbände im System der kategorialen Unterscheidung zwischen Rechtsprinzipien und Rechtsregeln verlangt eine Analyse des Art. 28 Abs. 2 GG nach Maßgabe der normstrukturtheoretischen Erkennungszeichen von Rechtsprinzipien.[264] Insoweit verweist die Notwendigkeit der legislativen Ausgestaltung des existentialen Gewährleistungselementes darauf, dass die Garantie der Einrichtung der Gemeinden und Gemeindeverbände als Rechtsprinzip zu qualifizieren ist.[265] Solange die verfassungsunmittelbare Gewährleistung der eigenverantwortlichen Regelung der Angelegenheiten der örtlichen Gemeinschaft nicht betroffen ist, bedarf Art. 28 Abs. 2 GG nämlich der legislativen Ausgestaltung.[266] Da die Ausgestaltungsbedürftigkeit verfassungsrechtlicher Gewährleistungen ein normstrukturtheoretisches Merkmal von Rechtsprinzipien beschreibt, ist Art. 28 Abs. 2 GG hinsichtlich seines existentialen Gewährleistungselementes somit als Rechtsprinzip zu qualifizieren. Nur auf diese Weise lässt sich die Zuordnung des existentialen Gewährleistungselementes zu den Rechtsprinzipien erklären. Demgegenüber genügt es nicht, Art. 28 Abs. 2 GG als Staatsorganisationsprinzip zu klassifizieren[267] und damit in eine begriffliche Nähe zu den Verfassungsprinzipien[268] zu rücken,[269] um Art. 28 Abs. 2 GG anschließend den Rechtsprinzipien zuzuordnen.[270]

---

264 Ähnlich *Veith Mehde*, Neues Steuerungsmodell und Demokratieprinzip, 2000, S. 542f.; allgemein *Franz Reimer*, Verfassungsprinzipien, 2001, S. 174ff.; ferner *Sebastian Unger*, Das Verfassungsprinzip der Demokratie, 2008, S. 149ff.

265 Ähnlich *Dietrich Roßmüller*, Schutz der kommunalen Finanzausstattung durch Verfahren, 2009, S. 53.

266 Zusammenfassend *Hans Peter Bull*, DVBl. 2008, S. 1 (4); ferner *Ihno Gebhardt*, Das kommunale Selbstverwaltungsrecht, 2007, S. 29, der von einer „prinzipielle[n] Offenheit der verfassungsrechtlichen Gewährleistung" spricht.

267 Siehe aber *Hans Peter Bull*, DVBl. 2008, S. 1 (3).

268 Zum Begriff der Verfassungsprinzipien *Kurt Eichenberger*, in: Joachim Burmeister (Hrsg.), Verfassungsstaatlichkeit, Festschrift für Klaus Stern zum 65. Geburtstag, 1997, S. 457ff.; siehe aber auch *Roman Herzog*, in: Theodor Maunz/Günter Dürig (Begr.), Grundgesetz, Art. 20 I (1986), Rn. 10; ferner *Alexander Hanebeck*, Der demokratische Bundesstaat des Grundgesetzes, 2004, S. 284ff.; zur Terminologie auch *Ion Contiades*, Verfassungsgesetzliche Staatsstrukturbestimmungen, 1967, S. 66ff.

269 Kritisch zur Wechselbeziehung zwischen Verfassungsprinzipien und rechtstheoretischem Prinzipienbegriff *Michael Sachs*, ZG 1991, S. 1 (13); *Franz Reimer*, Verfassungsprinzipien, 2001, S. 179ff.

270 Allgemein zur normtheoretischen Vergleichbarkeit der Staatsstrukturprinzipien *Brun-Otto Bryde*, StWStP 1994, S. 305ff.; *ders.*, KJ, Sonderheft, 2000, S. 59ff.; siehe aber auch *Franz Reimer*, Verfassungsprinzipien, 2001, S. 507f.; *Sebastian Unger*, Das Verfassungsprinzip der Demokratie, 2008, S. 149ff.; anders mit Blick auf Staatszielbestimmungen etwa *Karl-Peter Sommermann*, Staatsziele und Staatszielbestimmungen, 1997, passim; zur Interpretation der Verfassungsprinzipien unter Bezugnahme auf die Differenzierung zwischen summativen und integralen Verfassungsbegriffen – dazu *Matthias Jestaedt*, Demokratieprinzip und Kondominialverwaltung, 1993, S. 149ff. – ferner *Philipp Kunig*, Das Rechtsstaatsprinzip, 1986, S. 457ff.; *Eberhard Schmidt-Aßmann*, in: Josef Isensee/Paul Kirchhof (Hrsg.), Handbuch des Staatsrechts der Bundesrepublik Deutschland, Bd. II, 3. Aufl. 2004, § 26, Rn. 7ff.

b) Maßstäbe der legislativen Ausgestaltung der Einrichtung der Gemeinden und Gemeindeverbände: Übermaß – Untermaß – Umgestaltung

Mit der Feststellung, dass das existentiale Gewährleistungselement der legislativen Ausgestaltung bedarf und folglich als Rechtsprinzip qualifiziert werden muss, ist die Maßstabbildung nicht abgeschlossen. Zu untersuchen ist darüber hinaus auch, welchen verfassungsrechtlichen Anforderungen die legislative Ausgestaltung der Einrichtung der Gemeinden und Gemeindeverbände unterworfen ist. Die legislative Ausgestaltung des Art. 28 Abs. 2 GG stößt nämlich sowohl nach der institutionellen Deutung als auch nach der prinzipientheoretischen Interpretation auf verfassungsrechtliche Grenzen.[271] Hinsichtlich dieser Grenzen unterscheiden sich die beiden Deutungsansätze aber ebenfalls: Die Lehre von den institutionellen Garantien nimmt auf den Wesensgehalt kommunaler Selbstverwaltung Bezug.[272] Die prinzipientheoretische Interpretation des Art. 28 Abs. 2 GG gelangt demgegenüber zur Anwendung der Abwägungsmethode:[273] Ganz grundsätzlich ist nach prinzipientheoretischen Maßstäben davon auszugehen, dass Art. 28 Abs. 2 GG bei dessen Ausgestaltung mit konfligierenden Rechtsprinzipien abzuwägen ist, ohne gegenüber diesen Rechtsprinzipien Vorrang zu genießen. Die Verfassungsgarantie der kommunalen Selbstverwaltung ist folglich jedenfalls grundsätzlich „wegwägbar",[274] solange dies durch kollidierende Rechtsprinzipien legitimiert wird.[275]

---

[271] *Hans-Heinrich Trute*, Die Forschung zwischen grundrechtlicher Freiheit und staatlicher Institutionalisierung, 1994, S. 270.

[272] Allgemein *Gertrude Lübbe-Wolff*, Die Grundrechte als Eingriffsabwehrrechte, 1988, S. 130 ff., die darüber hinaus formuliert, dass im Anwendungsbereich der mit den Institutsgarantien in Verbindung gebrachten normgeprägten Freiheiten der Bereich des prima-facie Erlaubten entfällt.

[273] Ausführlich S. 111 ff., 128 ff.; siehe dazu auch *Dietrich Roßmüller*, Schutz der kommunalen Finanzausstattung durch Verfahren, 2009, S. 49 ff.; ferner *Joachim Kronisch*, Aufgabenverlagerung und gemeindliche Aufgabengarantie, 1993, S. 100 ff., der darauf hinweist, dass die Vorteile der Abwägungsmethode vor dem Hintergrund noch deutlicher hervortreten, dass auch der Kernbereich in zeitlicher Hinsicht relativ zu bestimmen sei, sofern das Bundesverfassungsgericht betont, der Kernbereich könne nicht als unabänderlich gelten und nach einem gegenständlich bestimmten oder nach feststehenden Merkmalen bestimmbaren Aufgabenkatalog ermittelt werden; schließlich *Edzard Schmidt-Jortzig*, Die Einrichtungsgarantien der Verfassung, 1979, S. 49; *ders.*, Kommunalrecht, 1982, Rn. 517, der Einschränkungen des Kernbereichs nach Maßgabe praktischer Konkordanz hinnimmt; allgemein *Jan-R. Sieckmann*, Modelle des Eigentumsschutzes, 1998, S. 229; *Matthias Cornils*, Die Ausgestaltung der Grundrechte, 2005, S. 534; ähnlich *Karl-Peter Sommermann*, Staatsziele und Staatszielbestimmungen, 1997, S. 411 ff.

[274] Siehe *Hans Peter Bull*, DVBl. 2008, S. 1 (4).

[275] Ähnlich *Kay Waechter*, AöR 135 (2010), S. 327 ff., der zwischen abschließend normierten Schutzgütern der Selbstverwaltung, der Ausgestaltung der Grundlagen der Selbstverwaltung und Eingriffen in die ausgestaltete Selbstverwaltung unterscheidet; anders *Dietrich Roßmüller*, Schutz der kommunalen Finanzausstattung durch Verfahren, 2009, S. 59 ff., der trotz Anwendung des Verhältnismäßigkeitsprinzips einen unantastbaren Wesensgehalt kom-

aa) Geltung des Untermaßverbotes

Die Prinzipientheorie veranschaulicht daher, dass die Anwendung der Abwägungsmethode nicht von der Beeinträchtigung verfassungsunmittelbarer Gewährleistungsgegenstände[276] abhängig ist.[277] Sie macht vielmehr auch die legislative Ausgestaltung verfassungsrechtlicher Gewährleistungen einer rationalen Abwägung zugänglich.[278] Letztlich zeigt sich überdies, dass die Verfassungsbindung der Legislative einerseits stärker (Prinzipientheorie), andererseits schwach (Lehre von den institutionellen Garantien) bestimmt wird.[279] Im Anschluss an diesen allgemeinen Befund ist allerdings auf die Unterscheidung zwischen Über- und Untermaßverbot zurückzukommen. Bei der Ausgestaltung verfassungsrechtlicher Gewährleistungen besteht nämlich – wie gezeigt – ein besonderes Bedürfnis legislativer Gestaltungsspielräume.[280] Vor diesem Hintergrund beansprucht die allgemeine Maßstabbildung nach Über- und Untermaßverbot auch mit Blick auf Art. 28 Abs. 2 GG Geltung. Daher ist besonders hervorzuheben: Die legislative Ausgestaltung des existentialen Gewährleistungselementes ist lediglich an das Untermaßverbot gebunden.[281] Dadurch macht die prinzipientheoretische Interpretation des Art. 28 Abs. 2 GG zugleich die subjektive Rechtsstellungsgarantie obsolet.[282] Mit der Notwendigkeit der Ausgestaltung

munaler Selbstverwaltung annimmt; allgemein ferner *Franz Reimer*, Verfassungsprinzipien, 2001, S. 221 ff.

[276] Differenzierend *Peter Lerche*, Übermaß und Verfassungsrecht, 1961, S. 140 f.; für das Staatsorganisationsrecht ferner *Andreas Heusch*, Der Grundsatz der Verhältnismäßigkeit im Staatsorganisationsrecht, 2003, S. 69 ff.

[277] *Michael Sachs*, in: Michael Sachs (Hrsg.), GG-Komm., 6. Aufl. 2011, Art. 20, Rn. 146 f. bejaht mit Blick auf die Beeinträchtigung von Rechtspositionen ebenfalls die Anwendbarkeit des Verhältnismäßigkeitsgrundsatzes; dazu auch *Peter Lerche*, Übermaß und Verfassungsrecht, 1961, S. 22 f.; ähnlich *Andreas von Arnauld*, JZ 2000, S. 276 (278); siehe aber auch *Albert Bleckmann*, JuS 1994, S. 177 (180 ff.), der den Verhältnismäßigkeitsgrundsatz als jeder staatlichen Kompetenzausübung immanent ansieht.

[278] Siehe auch *Matthias Jestaedt*, in: Otto Depenheuer (Hrsg.), Staat im Wort, Festschrift für Josef Isensee, 2007, S. 253 (258 f.); *Ralf Poscher*, Grundrechte als Abwehrrechte, 2003, S. 73 f.

[279] *Matthias Cornils*, Die Ausgestaltung der Grundrechte, 2005, S. 532.

[280] Siehe S. 128 ff.

[281] Ähnlich aus institutioneller Perspektive *Walter Frenz*, Die Verwaltung 1995, S. 33 (57), der dem Gesetzgeber keine inhaltsbestimmende Gestaltungsfreiheit für einen verfassungsrechtlich offenen Begriff zuerkennt, sondern lediglich einen Einschätzungsspielraum für die Ausfüllung eines unbestimmten Verfassungsbegriffs; siehe auch *Dirk Ehlers*, DVBl. 2000, S. 1301 (1308).

[282] Kritisch mit Blick auf die kommunale Finanzausstattung dazu aus institutioneller Perspektive auch *Uwe Volkmann*, DÖV 2001, S. 497 (499 f.), der der tradierten Dogmatik vorwirft, eine leistungsrechtliche Wirkungsdimension nicht erklären zu können; allgemein ferner *Michael Nierhaus*, LKV 2005, S. 1 (2, 5); *Dirk Ehlers*, DVBl. 2000, S. 1301 (1305 f.); mit Blick auf die Aufgabengarantie der Gemeindeverbände aber auch *Klaus Stern*, in: Verein für die Geschichte der Deutschen Landkreise e. V. (Hrsg.), Der Kreis, Bd. I, 1972, S. 156 (165); zum Ganzen schließlich BVerfGE 193, 331 (354 f.) mit dem ohne ausdrückliche Bezugnahme auf die institutionelle Interpretation des Art. 28 Abs. 2 S. 2 GG formulierten Hinweis: „An-

des existentialen Gewährleistungselementes (sowie der Aufgabengarantie der Gemeindeverbände) korrespondiert nach prinzipientheoretischer Deutung nämlich eine Ausgestaltungspflicht des Gesetzgebers.[283] Gemeinden und Gemeindeverbände sind dementsprechend berechtigt, die verfassungsrechtlichen Grenzen der legislativen Ausgestaltung des Art. 28 Abs. 2 GG nicht zuletzt verfassungsgerichtlich geltend zu machen.

bb) „Umgestaltung" als Anwendungsfall des Übermaßverbotes?

Ergänzend ist schließlich darauf hinzuweisen, dass die Anwendung von Über- und Untermaßverbot im vorliegenden Zusammenhang nicht in jeder Hinsicht denjenigen Maßstäben folgt, die diesbezüglich namentlich im Grundrechtsbereich entwickelt wurden. Zwar entspricht die Geltung des Untermaßverbotes bei der legislativen Ausgestaltung verfassungsrechtlicher Gewährleistungen nicht zuletzt der Grundrechtsdogmatik. Insbesondere die Differenzierung zwischen Inhalts- und Schrankenbestimmung nach Art. 14 Abs. 1 GG bedingt darüber hinaus allerdings nicht nur ein Gebot der legislativen Ausgestaltung,

---

ders als bei den Gemeinden spricht bei den Gemeindeverbänden die Vermutung zunächst gegen einen Eingriff in das Selbstverwaltungsrecht; da diese auf einen gesetzlich beschriebenen Aufgabenbestand verwiesen sind, bedeutet eine Änderung in aller Regel nicht einen Eingriff in den verfassungsrechtlich garantierten Aufgabenbestand, sondern eine neue Umschreibung seines Umfangs. Ein Eingriff in das verfassungsrechtlich garantierte Selbstverwaltungsrecht der Gemeindeverbände kann erst angenommen werden, wenn die Übertragung einer neuen Aufgabe ihre Verwaltungskapazitäten so sehr in Anspruch nimmt, dass sie nicht mehr ausreichen, um einen Mindestbestand an zugewiesenen Selbstverwaltungsaufgaben des eigenen Wirkungskreises wahrzunehmen, der für sich genommen und im Vergleich zu zugewiesenen staatlichen Aufgaben ein Gewicht aufweist, das der institutionellen Garantie der Kreise als Selbstverwaltungskörperschaften gerecht wird."

[283] Siehe dazu auch *Dirk Ehlers*, DVBl. 2000, S. 1301 (1301, 1306); mit Blick auf die kommunale Organisationshoheit *Herbert Bethge*, Die Verwaltung 15 (1982), S. 205 (223); mit Blick auf die Lehre vom Vorbehalt des Gesetzes *Rolf Grawert*, in: Albert von Mutius (Hrsg.), Selbstverwaltung im Staat der Industriegesellschaft, Festgabe zum 70. Geburtstag von Georg Christoph von Unruh, 1983, S. 587 (604); ähnlich *Klaus Rennert*, Die Verwaltung 53 (2002), S. 319 (323, 346); kritisch *Thomas Clemens*, NVwZ 1990, S. 834 (838); ferner *Eberhard Schmidt-Aßmann*, in: Everhardt Franßen (Hrsg.), Bürger – Richter – Staat, Festschrift für Horst Sendler, 1991, S. 121 (132), der auf die Gefahr hinweist, dass die Gewährleistung kommunaler Selbstverwaltung nicht nur durch die überzogene Ausübung staatlicher Ingerenzmöglichkeiten, sondern vielmehr auch durch das Vorenthalten der zu eigenschöpferischer Aufgabengestaltung erforderlichen rechtlichen und tatsächlichen Mittel gefährdet werden kann – dennoch gehe eine Verpflichtung des Gesetzgebers zur Bereitstellung von Eingriffsermächtigungen fehl, unterliefen diese doch das Verteilungsprinzip zwischen grundrechtlicher Freiheit und staatlicher Kompetenzausübung; dazu auch *ders.*, in: Albert von Mutius (Hrsg.), Selbstverwaltung im Staat der Industriegesellschaft, Festgabe zum 70. Geburtstag von Georg Christoph von Unruh, 1983, S. 607 (608); siehe aber auch *dens.*, DVBl. 1996, S. 533 (534), der eine „Ausstattungspflicht" konstatiert; insoweit ähnlich *Kay Waechter*, AöR 135 (2010), S. 327 (359 ff.); zurückhaltender *Winfried Brohm*, DVBl. 1984, S. 293 (296 f.), der gleichwohl auf den Ausgleich widerstreitender Aspekte nach dem Grundsatz praktischer Konkordanz rekurriert.

sondern zugleich ein Verbot der Beeinträchtigung der auf der Grundlage der ausgestaltenden Rechtsnormen erworbenen Rechtspositionen („Umgestaltung").[284] Während die Umgestaltung ausgestaltungsbedürftiger Grundrechte deswegen abwehrrechtlichen Kautelen folgt,[285] kann dies im Staatsorganisationsrecht nicht überzeugen.[286]

Für Art. 28 Abs. 2 GG ist insoweit bedeutsam, dass Gemeinden und Gemeindeverbände zunächst „nicht individuell, sondern institutionell" gewährleistet werden.[287] Ferner gilt, dass die auf der Grundlage der ausgestaltenden Rechtsnormen erworbenen Rechtspositionen im Staatsorganisationsrecht grundsätzlich nicht relevant werden können:[288] Legislative Beeinträchtigungen solcher Rechtspositionen sind allein den verfassungsrechtlichen Anforderungen an die legislativen Ausgestaltung – dem Untermaßverbot – verpflichtet.[289] Die grundrechtliche Argumentation beruht nämlich vor allem auf dem Aspekt des Vertrauensschutzes,[290] der im Staatsorganisationsrecht grundsätzlich keine Geltung beansprucht.[291] Dementsprechend spricht sich auch das Bundesverfassungsgericht mit Blick auf die Aufgabengarantie der Gemeindeverbände – zu Recht – dafür aus, dass eine Änderung des Aufgabenbestandes in aller Regel keinen Eingriff in das Selbstverwaltungsrecht der Gemeindeverbände beinhalte, sondern dieses Recht lediglich konkretisiere.[292]

---

[284] Ausführlich *Martin Gellermann*, Grundrechte in einfachgesetzlichem Gewande, 2000, S. 397 ff.; kritisch *Matthias Cornils*, Die Ausgestaltung der Grundrechte, 2005, S. 536 ff.

[285] Dazu *Martin Gellermann*, Grundrechte in einfachgesetzlichem Gewande, 2000, S. 426 ff.

[286] Siehe auch *Kay Waechter*, AöR 135 (2010), S. 327 (336), der auf den Umstand hinweist, dass „die demokratische Legitimation des Gesetzgebers bei der zweiten Regelung nicht geringer ist als bei der konstituierenden Entscheidung".

[287] *Klaus Stern*, Das Staatsrecht der Bundesrepublik Deutschland, Bd. I, 2. Aufl. 1984, S. 409 f.

[288] Ähnlich *Andreas Heusch*, Der Grundsatz der Verhältnismäßigkeit im Staatsorganisationsrecht, 2003, S. 87.

[289] Allgemein *Karl-Eberhard Hain*, Die Grundsätze des Grundgesetzes, 1999, S. 165.

[290] *Christian Bumke*, Der Grundrechtsvorbehalt, 1998, S. 106 f.; *Martin Gellermann*, Grundrechte in einfachgesetzlichem Gewande, 2000, S. 434 f.; siehe auch *Wolfgang Roth*, Faktische Eingriffe in Freiheit und Eigentum, 1994, S. 168; *Gerrit Manssen*, Privatrechtsgestaltung durch Hoheitsakt, 1994, S. 174 ff.

[291] Allgemein BVerwGE 60, 208 (211); mit Blick auf die kommunale Selbstverwaltung *Beatrice Weber-Dürler*, Vertrauensschutz im öffentlichen Recht, 1983, S. 10 ff.; anders *Dirk Ehlers*, DVBl. 2000, S. 1301 (1306).

[292] BVerfGE 119, 331 (354 f.); allerdings hat das Bundesverfassungsgericht insbesondere mit Blick auf kommunale Gebietsreformen festgestellt, dass „der gesetzgeberische Eingriff geeignet, erforderlich und verhältnismäßig" sein müsse, siehe BVerfGE 50, 50 (51); 50, 195 (203), 86, 90 (109); 107, 1 (24); ferner BVerfGE 28, 228 (241, 244 f.); 56, 298 (313); 59, 216 (231); 76, 107 (119); 83, 363 (382).

2. *Die Aufgabengarantie der Gemeinden*

a) Herausforderungen der prinzipientheoretischen Interpretation

Die prinzipientheoretische Interpretation des Art. 28 Abs. 2 GG steht ebenso wie die institutionelle, subjektiv-rechtliche oder kompetenzrechtliche Deutung vor der Herausforderung, die Notwendigkeit der legislativen Ausgestaltung der Einrichtung der Gemeinden und Gemeindeverbände mit der verfassungsunmittelbaren Gewährleistung einer eigenverantwortlichen Regelung der Angelegenheiten der örtlichen Gemeinschaft in Einklang bringen zu müssen.[293] Im Gegensatz zur institutionellen, subjektiv-rechtlichen oder kompetenzrechtlichen Interpretation des Art. 28 Abs. 2 GG kann dies mit Hilfe der prinzipientheoretischen Rekonstruktion indes gelingen: Zurückzugreifen ist auf die Erkenntnis, dass die Prinzipientheorie grundsätzlich Rechtsnormen mit partiellem Festsetzungsgehalt anerkennt – die kategoriale Unterscheidung zwischen Rechtsprinzipien und Rechtsregeln folgt gerade nicht einer idealtypischen Binärcodierung.[294] Die Prinzipientheorie erlaubt daher eine differenzierende dogmatische Strukturierung unterschiedlicher Gewährleistungsgehalte.

b) Gemeindliche Aufgabengarantie als Rechtsregel

aa) Kompetenznormen und Rechtsregeln

Im Anschluss an diesen allgemeinen Befund ist die gemeindliche Aufgabengarantie nunmehr im System der kategorialen Unterscheidung zwischen Rechtsprinzipien und Rechtsregeln zu verorten. Für die Zuordnung zu den Rechtsregeln könnte dabei der Kompetenzcharakter der gemeindlichen Aufgabengarantie ins Feld geführt werden: Kompetenzrechtliche Bestimmungen werden nämlich – sofern die Prinzipientheorie für das Staatsorganisationsrecht fruchtbar gemacht wird – als Rechtsregeln qualifiziert:[295] Ihnen wird die Funktion zugeschrieben, andere Kompetenzträger von der Wahrnehmung der jeweiligen Kompetenzen auszuschließen. Da insbesondere Gesetzgebungskompetenzen entweder dem Bund oder den Ländern zustünden, seien kompetenzrechtliche Gewährleistungen den ausnahmslosen Rechtsregeln zuzuordnen.[296] Art. 28 Abs. 2 GG ergänzt nun die kompetenzrechtlichen Gewährleistungen der

---

[293] Ähnlich *Kay Waechter*, AöR 135 (2010), S. 327 (356), der aber dennoch die Zulässigkeit der Hochzonung gemeindlicher Aufgaben anerkennt.

[294] Dazu S. 121.

[295] *Veith Mehde*, Die Verwaltung 34 (2001), S. 93 (99); anders wohl *Bernhard Schlink*, in: Peter Badura (Hrsg.), Festschrift 50 Jahre Bundesverfassungsgericht, Bd. II, 2001, S. 445 (448 f.), der davon ausgeht, dass Kompetenzen im Verfassungsstaat immer begrenzt sind und die Frage, wieweit Kompetenzen im Konfliktfall reichen, nicht allein im Wege der Subsumtion zu beantworten sei.

[296] *Veith Mehde*, Die Verwaltung 34 (2001), S. 93 (99 ff.); ähnlich wohl *Ulrich Penski*, Rechtsgrundsätze und Rechtsregeln, JZ 1989, S. 105 (108).

Art. 70ff GG und Art. 83ff. GG um eine „handfeste Kompetenzzuweisung",[297] weswegen die Annahme einer Rechtsregel auch mit Blick auf die Aufgabengarantie der Gemeinden naheliegt. Maßgeblich für die Zuordnung der gemeindlichen Aufgabengarantie zu den Rechtsregeln ist ganz in diesem Sinne, dass auch die Aufgabengarantie der Gemeinden einen Ausschluss anderer Kompetenzträger von der Wahrnehmung der Angelegenheiten der örtlichen Gemeinschaft bewirkt.[298] Liegt die wesentliche Erkenntnis der prinzipientheoretischen Deutung des Art. 28 Abs. 2 GG danach darin, dass die eigenverantwortliche Regelung der Angelegenheiten der örtlichen Gemeinschaft nach der prinzipientheoretischen Interpretation nicht ausgestaltungsbedürftig ist, liegen ferner Gemeinsamkeiten mit der (subjektiv-rechtlichen und) kompetenzrechtlichen Deutung des Art. 28 Abs. 2 GG nahe. Allerdings ist auch daran zu erinnern, dass die kompetenzrechtliche Deutung unterkomplex bleibt und nur die prinzipientheoretische Sichtweise eine ganzheitliche dogmatische Rekonstruktion des Art. 28 Abs. 2 GG ermöglicht: Anders als die kompetenzrechtliche Interpretation des Art. 28 Abs. 2 GG läuft die Anwendung der Prinzipientheorie nämlich nicht Gefahr, die Ausgestaltungsbedürftigkeit des Art. 28 Abs. 2 GG zu missachten.[299] Sie kann sowohl die Ausgestaltungsbedürftigkeit des existentialen Gewährleistungselementes sowie der Aufgabengarantie der Gemeindeverbände als auch die verfassungsunmittelbare Gewährleistung der Aufgabengarantie der Gemeinden sowie der Eigenverantwortlichkeit der kommunalen Aufgabenwahrnehmung dogmatisch strukturieren. Einen solchen mehrdimensionalen Ansatz leistet die kompetenzrechtliche Interpretation des Art. 28 Abs. 2 GG gerade nicht. Der Ausgangspunkt der kompetenzrechtlichen Sichtweise ist dennoch auch für die Anwendung der Prinzipientheorie bedeutsam: Zutreffend weist dieser Interpretationsansatz darauf hin, dass die Aufgabengarantie der Gemeinden andere Kompetenzträger von der Wahrnehmung der Angelegenheiten der örtlichen Gemeinschaft ausschließt.

Dem steht nicht entgegen, dass die Wendung „Angelegenheiten der örtlichen Gemeinschaft" unbestimmte Rechtsbegriffe enthält und mit erheblichen Auslegungsschwierigkeiten belastet ist.[300] Eine Prinzipientheorie, die Rechtsregeln lediglich als unmittelbar der Subsumtion zugängliche und allein aus bestimm-

---

[297] *Gerd Schmidt-Eichstaedt*, Bundesgesetze und Gemeinden, 1981, S. 129.

[298] Anders im Anschluss an das funktionale Selbstverwaltungsverständnis *Joachim Burmeister*, Verfassungstheoretische Neukonzeption der kommunalen Selbstverwaltungsgarantie, 1977, S. 97.

[299] Siehe dazu *Joachim Kronisch*, Aufgabenverlagerung und gemeindliche Aufgabengarantie, 1993, S. 72f.; aus der Perspektive der subjektiv-rechtlichen Interpretation *Jörn Ipsen*, ZG 1994, S. 194 (198f.); anders *Kay Waechter*, Die Verwaltung 29 (1996), S. 47 (63), der allerdings neben einer kompetenzrechtlichen Rekonstruktion kommunaler Selbstverwaltung ebenfalls die Figur der Staatsstrukturnorm heranzieht.

[300] Dazu S. 456ff.

ten Rechtsbegriffen bestehende Rechtsnormen definiert, ginge nämlich fehl.[301] Maßgeblich bleibt vielmehr, dass sich Rechtsprinzipien und Rechtsregeln in ihrer Wirkungsintensität unterscheiden: Im Rahmen des tatsächlich und rechtlich Möglichen treffen Rechtsregeln Entscheidungen zwischen mehreren Alternativen; Rechtsprinzipien sind demgegenüber Normen, die gebieten, dass etwas – relativ bezogen auf die rechtlichen und tatsächlichen Möglichkeiten – in einem möglichst hohen Maße realisiert wird. Sie legen folglich keine Rechtsfolgen fest, die eintreten, sofern die tatbestandlichen Voraussetzungen erfüllt sind.[302] Mit Blick auf unbestimmte Rechtsbegriffe lässt sich vor diesem Hintergrund Folgendes feststellen: Die Auslegung unbestimmter Rechtsbegriffe erfolgt grundsätzlich nicht mit Hilfe der Abwägungsmethode.[303] Auch mit Hilfe unbestimmter Rechtsbegriffe können vielmehr definitive Entscheidungen zwischen mehreren Alternativen getroffen werden. Rechtsnormen, die unbestimmte Rechtsbegriffe enthalten, sind daher grundsätzlich den Rechtsregeln, nicht hingegen den Rechtsprinzipien zuzuordnen.[304] Die Unbestimmtheit der „Angelegenheiten der örtlichen Gemeinschaft" hat dementsprechend nicht zur Folge, dass die Aufgabengarantie der Gemeinden den Rechtsprinzipien zuzuordnen ist. Denn allenfalls Rechtsnormen, die aufgrund unbestimmter Rechtsbegriffe „partiell offen"[305] und deswegen der Abwägung mit konfligierenden Rechtsprinzipien zugänglich sind, können als Rechtsprinzipien qualifiziert werden. Derart offen ist die Wendung „Angelegenheiten der örtlichen Gemeinschaft" aber nicht.[306]

bb) Nochmals: Zum Vorbehalt „im Rahmen der Gesetze"

Als Zwischenergebnis kann danach festgehalten werden, dass die Aufgabengarantie der Gemeinden keiner Ausgestaltung durch den Gesetzgeber bedarf. Vielmehr sind die Angelegenheiten der örtlichen Gemeinschaft im Wege der Auslegung zu bestimmen. Als kompetenzrechtliche Gewährleistung ist die Aufgabengarantie der Gemeinden demzufolge als Rechtsregel zu qualifizieren. Nun könnte aber noch die Anwendung des Vorbehaltes „im Rahmen der Gesetze" auch auf die gemeindliche Aufgabengarantie ihrer Qualifikation als Rechts-

---

[301] Vor diesem Hintergrund kritisch gegenüber der Prinzipientheorie *Jan Henrik Klement*, JZ 2008, S. 756 (761); ferner *Ralf Poscher*, Grundrechte als Abwehrrechte, 2003, S. 77.

[302] Eingehend dazu S. 106 f.

[303] *Martin Borowski*, ZÖR 53 (1998), S. 307 (315) spricht von „methodologische[r] Abwägung"; *Peter Lerche*, in: Josef Isensee/Paul Kirchhof (Hrsg.), Handbuch des Staatsrechts der Bundesrepublik Deutschland, Bd. V, 1992, § 121, Rn. 25 nimmt Bezug auf „[g]rundrechtsinterne Abwägungen".

[304] *Martin Borowski*, Die Glaubens- und Gewissensfreiheit des Grundgesetzes, 2006, S. 200 f.

[305] Siehe aber *Karl-Eberhard Hain*, Die Grundsätze des Grundgesetzes, 1999, S. 103, der auch die Verwendung unbestimmter Rechtsbegriffe zum Anlass nimmt, Rechtsnormen als „partiell offen" zu qualifizieren; ferner *ders.*, ARSP, Beiheft 104 (2005), S. 157 (177).

[306] Ähnlich *Gerd Schmidt-Eichstaedt*, Bundesgesetze und Gemeinden, 1981, S. 135.

regel entgegenstehen. Derartige Schrankenklauseln sind nämlich grundsätzlich ebenfalls ein normstrukturtheoretisches Erkennungszeichen von Rechtsprinzipien.[307]

Der Vorbehalt „im Rahmen der Gesetze" legitimiert eine legislative Beeinträchtigung der gemeindlichen Aufgabengarantie aber gerade nicht.[308] Im grundrechtlichen Bereich anerkannte ungeschriebene Schrankenklauseln finden im Anwendungsbereich des Art. 28 Abs. 2 GG ebenfalls keine Anwendung:[309] Kompetenzrechtliche Gewährleistungen erachtet ganz allgemein nicht zuletzt das Bundesverfassungsgericht nämlich als zwingend. Weder Bund noch Länder können danach über kompetenzrechtliche Gewährleistungen verfügen.[310] Die Beeinträchtigung von Kompetenzen, deren Duldung sowie auch die Delegation von Kompetenzen begegnen ohne verfassungsrechtliche Grundlage dem Verdikt der Verfassungswidrigkeit.[311] Kein Einwand ist in diesem Zusammenhang schließlich, Art. 28 Abs. 2 GG normiere keine „dritte Säule".[312] Gemeinden und Gemeindeverbände sind angesichts der verfassungsrechtlichen Gewährleistung des Art. 28 Abs. 2 GG als wesentliches Strukturelement der verfassungsrechtlichen Verwaltungsorganisation anerkannt.[313] Zudem benennen Art. 106 Abs. 9 GG sowie Art. 108 Abs. 5 GG Gemeinden und Kreise als Bestandteil der Verwaltungsorganisation.[314] Gegenüber den Verwaltungskompetenzen von Bund und Ländern ist folglich keine qualitative Abstufung erkennbar.[315] Festzuhalten bleibt daher, dass die gemeindliche Aufgabengarantie eine verfassungsrechtlich abgesicherte Kompetenzbestimmung enthält. Als solche ist sie als Rechtsregel im Sinne der Prinzipientheorie zu qualifizieren. Dem kann nicht entgegen gehalten werden, dass der Vorbehalt „im Rahmen der Ge-

---

[307] Siehe *Robert Alexy*, Theorie der Grundrechte, 1985, S. 123.

[308] Dazu schon S. 90 ff.

[309] Siehe aber auch *Albert von Mutius*, JA 1982, S. 28 (36 f.).

[310] BVerfGE 4, 115 (139); 32, 145 (156); 63, 1 (39); kritisch zu einer insoweit vergleichenden Interpretation *Gerd-Jürgen Richter*, Verfassungsprobleme der kommunalen Funktionalreform, 1977, S. 130 f., der auf einen ständigen Wandel der Angelegenheiten der örtlichen Gemeinschaft hinweist, dem die Gesetzgebungskompetenzen nicht unterworfen seien.

[311] *Ingolf Pernice*, in: Horst Dreier (Hrsg.), GG-Komm., Bd. II, 2. Aufl. 2006, Art. 30, Rn. 20.

[312] Siehe dazu *Günter Seele*, in: Hans Schneider (Hrsg.), Im Dienst an Recht und Staat, Festschrift für Werner Weber zum 70. Geburtstag, 1974, S. 873 (885); die Idee einer dritten Ebene, die in staatsanalogem Verständnis Gemeinden und Gemeindeverbände prinzipiell gleichrangig neben Bund und Länder stellt – siehe nur *Jockel Fuchs*, Die Verwaltung 4 (1971), S. 385 ff. mit dem Vorschlag einer „dritten Kammer"; dazu auch *Jochen-Konrad Fromme*, ZRP 1992, S. 431 (432); *Holger Kremser*, in: Markus Hoffmann (Hrsg.), Kommunale Selbstverwaltung im Spiegel von Verfassungsrecht und Verwaltungsrecht, 1996, S. 161 (173 f.); zum Unterausschuss Kommunales des Deutschen Bundestages ferner *Heinz-Willi Heynckes*, ZParl 2013, S. 812 ff. –, kann demgegenüber nicht überzeugen, siehe *Horst Dreier*, in: Horst Dreier (Hrsg.), GG-Komm., Bd. II, 2. Aufl. 2006, Art. 28, Rn. 95.

[313] Siehe *Werner* Thieme, AfK 1963, S. 185 (189).

[314] *Gerd Schmidt-Eichstaedt*, Bundesgesetze und Gemeinden, 1981, S. 125.

[315] Ausführlich *Gerd Schmidt-Eichstaedt*, Bundesgesetze und Gemeinden, 1981, S. 124 ff.

setze" oder ein ungeschriebener Vorbehalt legislative Beeinträchtigungen ermöglicht – legislative Beeinträchtigungen der Aufgabengarantie der Gemeinden sind grundsätzlich unzulässig.[316]

3. *Die Aufgabengarantie der Gemeindeverbände: Rechtsprinzip*

Neben der Aufgabengarantie der Gemeinden muss auch die Aufgabengarantie der Gemeindeverbände im System der kategorialen Unterscheidung zwischen Rechtsprinzipien und Rechtsregeln verortet werden. Angesichts der unverkennbaren Unterschiede zwischen beiden Aufgabengarantien kann zunächst von der Klassifizierung der Aufgabengarantie der Gemeinden nicht schon auf die dogmatische Struktur der Aufgabengarantie der Gemeindeverbände geschlossen werden. Der Wortlaut des Art. 28 Abs. 2 S. 2 GG zeigt vielmehr, dass Gemeindeverbände gerade auf eine legislative Ausgestaltung ihrer Aufgabengarantie angewiesen sind.[317] Ist aber die Ausgestaltungsbedürftigkeit verfassungsrechtlicher Gewährleistungen ein normstrukturtheoretisches Erkennungszeichen von Rechtsprinzipien, muss die Aufgabengarantie der Gemeindeverbände nach Art. 28 Abs. 2 S. 2 GG als ein solches Rechtsprinzip qualifiziert werden.

4. *Eigenverantwortlichkeit der kommunalen Aufgabenwahrnehmung*

Schließlich ist im Kontext der prinzipientheoretischen Interpretation des Art. 28 Abs. 2 GG neben dem existentialen Gewährleistungselement sowie den Aufgabengarantien der Gemeinden und Gemeindeverbände auch das Merkmal der Eigenverantwortlichkeit der Aufgabenwahrnehmung dogmatisch zu rekonstruieren.

a) Vorbemerkungen: Eigenverantwortlichkeit als verfassungsunmittelbar garantierter Gewährleistungsinhalt

Dabei kann zunächst festgehalten werden, dass die Eigenverantwortlichkeit der Wahrnehmung der Angelegenheiten der örtlichen Gemeinschaft nicht der legislativen Ausgestaltung bedarf.[318] Das „Ob, Wann und Wie"[319] der Regelung der Angelegenheiten der örtlichen Gemeinschaften obliegt den Gemeinden und Gemeindeverbänden verfassungsunmittelbar.[320] Dies gilt jedenfalls, solange die

---

[316] Ähnlich *Gerd Schmidt-Eichstaedt*, Bundesgesetze und Gemeinden, 1981, S. 134; ferner *Kay Waechter*, Die Verwaltung 29 (1996), S. 47 (66).

[317] Dazu auch S. 525 ff.

[318] Ähnlich *Kay Waechter*, AöR 135 (2010), S. 327 (358).

[319] Siehe *Horst Dreier*, in: Horst Dreier (Hrsg.), GG-Komm., Bd. II, 2. Aufl. 2006, Art. 28, Rn. 114.

[320] Anders wohl *Horst Dreier*, in: Horst Dreier (Hrsg.), GG-Komm., Bd. II, 2. Aufl. 2006, Art. 28, Rn. 118, der „[d]ie für institutionelle Garantien typische Ausgestaltungsbefugnis des

Eigenverantwortlichkeit der Aufgabenwahrnehmung nicht auf die organisatorischen Voraussetzungen dieses „Ob, Wann und Wie" erstreckt wird.[321] In diese Richtung deutet allerdings die jüngere Judikatur des Bundesverfassungsgerichts.[322] Während das Bundesverfassungsgericht zunächst noch formulierte, dass den „Gemeinden [...] durch Art. 28 Abs. 2 GG grundsätzlich sowohl ein alle örtlichen Angelegenheiten umfassender Aufgabenbereich [...] als auch die Befugnis zur eigenverantwortlichen Führung der Geschäfte in diesem Bereich" gewährleistet wird,[323] differenziert die jüngere Judikatur zwischen einer sachlich-gegenständlichen Aufgabengarantie sowie einem mit dem Merkmal der Eigenverantwortlichkeit beschriebenen und der Aufgabenerfüllung grundsätzlich vorgelagerten „gemeindeinternen Bereich".[324] Darüber hinaus konstatiert das Bundesverfassungsgericht,

> „[s]taatliche Reglementierung, die die Art und Weise der Aufgabenerledigung nach Maßgabe der Gesetze betrifft, [...] [könne] die Gemeinde nur für den Umkreis ihrer örtlichen Angelegenheiten, nicht dagegen auch hinsichtlich der ihr übertragenen überörtlichen Angelegenheiten abwehren"; „das Recht zur Organisation der Gemeindeverwaltung (einschließlich etwa der Personalhoheit oder der Haushaltsautonomie) [...] [leite] sich demgegenüber aus der Garantie der eigenverantwortlichen Regelung nicht nur bezüglich bestimmter Sachaufgaben, sondern für die gesamte Verwaltung her".[325]

Deutlich wird darin die Differenzierung zwischen einer organisatorischen und einer inhaltlichen Dimension der Eigenverantwortlichkeit kommunaler Selbstverwaltung.[326] Will man nun die Eigenverantwortlichkeit nicht in unzulässiger

---

Gesetzgebers [...] praktisch als Gesetzesvorbehalt" versteht; ferner *Wolfgang Löwer*, in: Ingo von Münch/Philip Kunig (Hrsg.), GG-Komm., Bd. I, 6. Aufl. 2012, Art. 28, Rn. 67, 69, der dem Vorbehalt „im Rahmen der Gesetze" ebenfalls Bedeutung mit Blick auf die Ausgestaltung des Art. 28 Abs. 2 GG beimisst und ausdrücklich von der Notwendigkeit der institutionellen Ausgestaltung der eigenverantwortlichen Aufgabenwahrnehmung ausgeht.

[321] *Wolfgang Löwer*, in: Ingo von Münch/Philip Kunig (Hrsg.), GG-Komm., Bd. I, 6. Aufl. 2012, Art. 28, Rn. 69; ferner *Franz-Ludwig Knemeyer*, in: Albert von Mutius (Hrsg.), Selbstverwaltung im Staat der Industriegesellschaft, Festgabe zum 70. Geburtstag von Georg Christoph von Unruh, 1983, S. 209 (223); siehe aber auch *Kay Waechter*, AöR 135 (2010), S. 327 ff., der zwar zwischen abschließend normierten Schutzgütern der Selbstverwaltung, der Ausgestaltung der Selbstverwaltung und Eingriffen in die ausgestaltete Selbstverwaltung unterscheidet, gleichwohl die so genannten kommunalen Hoheiten aber nicht dem ausgestaltungsbedürftigen Gewähleistungsgehalt zuordnet.

[322] *Franz-Ludwig Knemeyer/Matthias Wehr*, VerwArch 92 (2001), S. 317 (336 f.)

[323] BVerfGE 21, 117 (128 f.); 23, 353 (365); 26, 228 (237 f.); 50, 195 (201); 56, 298 (312); 59, 216 (226);79, 127 (143).

[324] BVerfGE 83, 363 (382).

[325] BVerfGE 83, 363 (382).

[326] *Arnold Köttgen* hat darauf hingewiesen, dass der Wesensgehalt kommunaler Selbstverwaltung zwischen institutionellen und funktionellen Aufgaben der Gemeinde differenzieren müsse – angesichts der Unmöglichkeit einer allgemeingültigen Abgrenzung ordnet er den institutionellen Aufgaben sodann die gemeindliche Organisations-, Finanz-, Personal- und Planungshoheit sowie die Satzungshoheit zu, während er funktionelle Aufgaben als Inbegriff der Angelegenheiten der örtlichen Gemeinschaft versteht, siehe *Arnold Köttgen*, Die Gemein-

Weise über den Wortlaut des Art. 28 Abs. 2 GG hinaus auf den übertragenen Wirkungskreis erstrecken, muss das Merkmal der Eigenverantwortlichkeit – entgegen der Rechtsprechung des Bundesverfassungsgerichts – indes auf das „Ob, Wann und Wie" beschränkt bleiben. Das modale Gewährleistungselement bedarf dann aber auch keiner Ausgestaltung durch den Gesetzgeber. Die organisatorischen Voraussetzungen müssen vielmehr einem anderen Gewährleistungselement des Art. 28 Abs. 2 GG zugeordnet werden.[327]

b) Eigenverantwortlichkeit als Rechtsprinzip

Gleichwohl bleibt zu berücksichtigen, dass Schrankenklauseln – wie bereits erwähnt – grundsätzlich ein normstrukturtheoretisches Merkmal von Rechtsprinzipien sind.[328] Da der Vorbehalt „im Rahmen der Gesetze" nun jedenfalls auf das modale Gewährleistungselement kommunaler Selbstverwaltung bezogen ist,[329] ist das Merkmal der Eigenverantwortlichkeit aus diesem Grund als Rechtsprinzip zu qualifizieren. Mit dem Vorbehalt „im Rahmen der Gesetze" geht gerade die Möglichkeit der graduellen Erfüllbarkeit einher. Davon ausgehend ist abschließend die Anwendung der Abwägungsmethode zu untersuchen: Hinsichtlich der Ausgestaltung des existentialen Gewährleistungselementes wurde darauf hingewiesen, dass die Notwendigkeit legislativer Gestaltungsspielräume bei der Ausgestaltung verfassungsrechtlicher Gewährleistungen die Anwendung des Untermaßverbotes bedingt. Mit Blick auf das modale Gewährleistungselement ist nun aber die abweichende Begründung seines Rechtsprinzipiencharakters zu beachten: Während das existentiale Gewährleistungselement grundsätzlich der legislativen Ausgestaltung bedarf, ist das Merkmal der Eigenverantwortlichkeit aufgrund des Vorbehaltes „im Rahmen der Gesetze" legislativen Beeinträchtigungen zugänglich. Dementsprechend ist die Eigenverantwortlichkeit der kommunalen Aufgabenerfüllung zwar ebenfalls mit kollidierenden Rechtsprinzipien abzuwägen. Gründe, die dabei Abweichungen vom Übermaßverbot rechtfertigen, sind aber nicht ersichtlich. Nach prinzipientheoretischen Maßstäben findet vielmehr das Übermaßverbot Anwendung.

---

den und der Bundesgesetzgeber, 1957, S. 49 f.; ferner *Friedrich Hohrmann*, Bundesgesetzliche Organisation landesunmittelbarer Selbstverwaltungskörperschaften, 1967, S. 147 f.; *Hans Niemeier*, Bund und Gemeinden, 1972, S. 134 ff.

[327] Ausführlich dazu S. 371 ff.

[328] Siehe S. 147 f.; vertiefend *Robert Alexy*, Theorie der Grundrechte, 1985, S. 123.

[329] BVerfGE 107, 1 (12 ff.).

D. Zusammenfassung

Vergegenwärtigt man sich resümierend noch einmal die zentralen Bauelemente der prinzipientheoretischen Rekonstruktion der verfassungsrechtlichen Gewährleistung kommunaler Selbstverwaltung, treten zugleich die Unterschiede gegenüber der institutionellen,[330] subjektiv-rechtlichen sowie kompetenzrechtlichen Interpretation des Art. 28 Abs. 2 GG deutlich hervor. Pointiert lässt sich feststellen, dass die prinzipientheoretische Interpretation bei der dogmatischen Rekonstruktion des Art. 28 Abs. 2 GG zwischen den verschiedenen Gewährleistungselementen – dem existentialen Gewährleistungselement, der Aufgabengarantie der Gemeinden sowie Gemeindeverbänden und der Eigenverantwortlichkeit der kommunalen Aufgabenwahrnehmung – differenziert. Grundsätzlich vermeidet die prinzipientheoretische Interpretation des Art. 28 Abs. 2 GG dadurch die Unzulänglichkeiten des institutionellen, subjektiv-rechtlichen sowie kompetenzrechtlichen Deutungskonzepts. Die kategoriale Unterscheidung zwischen Rechtsregeln und Rechtsprinzipien kann die partielle Notwendigkeit der legislativen Ausgestaltung des Art. 28 Abs. 2 GG und die verfassungsunmittelbare Gewährleistung einer eigenverantwortlichen Regelung der Angelegenheiten der örtlichen Gemeinschaft in einem einheitlichen dogmatischen Konzept abbilden.

Der dogmatische Bauplan der verfassungsrechtlichen Gewährleistung kommunaler Selbstverwaltung lässt sich auf dieser Grundlage wie folgt darstellen: Erstens sind die Garantie der Einrichtung der Gemeinden und Gemeindeverbände sowie die Aufgabengarantie der Gemeindeverbände im Sinne des Art. 28 Abs. 2 S. 2 GG als Rechtsprinzipien zu qualifizieren, da sie der legislativen Ausgestaltung bedürfen. Dazu bedarf es nicht des Vorbehaltes „im Rahmen der Gesetze" – die Notwendigkeit und Zulässigkeit der Ausgestaltung durch den Gesetzgeber folgt schon aus den Gewährleistungselementen selbst; Art. 28 Abs. 2 S. 2 GG benennt sogar ausdrücklich die Notwendigkeit der legislativen Ausgestaltung der Aufgabengarantie der Gemeindeverbände. Die verfassungsrechtlichen Grenzen der legislativen Ausgestaltung des existentialen Gewährleistungselementes und der Aufgabengarantie der Gemeindeverbände sind im Wege der Abwägung zwischen Art. 28 Abs. 2 GG und konfligierenden Rechtsprinzipien nach Maßgabe des Untermaßverbotes zu bestimmen. Zweitens ist auch die Eigenverantwortlichkeit der kommunalen Aufgabenwahrnehmung als

[330] Siehe *Robert Alexy*, Theorie der Grundrechte, 1985, S. 444, der davon ausgeht, dass die Prinzipientheorie die Lehre von den institutionellen Garantien konsumiert; kritisch *Matthias Cornils*, Die Ausgestaltung der Grundrechte, 2005, S. 642 ff., der zwischen negativen und positiven Gewährleistungen normgeprägter Grundrechte differenziert; allgemein zum Verhältnis von Prinzipientheorie und der Lehre von den institutionellen Garantien am Beispiel der Eigentumsgarantie des Art. 14 GG *Jan-R. Sieckmann*, Modelle des Eigentumsschutzes, 1998, S. 108 ff.

Rechtsprinzip zu qualifizieren. Zwar ist das modale Gewährleistungselement nicht ausgestaltungsbedürftig. Der Vorbehalt „im Rahmen der Gesetze“ legitimiert indes legislative Beeinträchtigungen nach Maßgabe des Übermaßverbotes. Die Aufgabengarantie der Gemeinden ist schließlich drittens eine Rechtsregel; sie ist weder auf eine legislative Ausgestaltung angewiesen, noch erlaubt der Vorbehalt „im Rahmen der Gesetze“ angesichts seines begrenzten Anwendungsbereichs legislative Beeinträchtigungen.

5. Kapitel

Zur Notwendigkeit einer funktionsbezogenen Dogmatik

Mit der kategorialen Unterscheidung zwischen Rechtsprinzipien und Rechtsregeln ist die dogmatische Rekonstruktion des Art. 28 Abs. 2 GG nicht abgeschlossen. Ergänzend zur bisherigen prinzipientheoretischen Deutung ist vielmehr auf den schon angesprochenen Einwand zurückzukommen, der sich gegen die Geltung der Prinzipientheorie im Allgemeinen richtet: Die Verfassungsbindung der Legislative nach Art. 20 Abs. 3 GG stehe einer Anwendung der Prinzipientheorie im Staatsorganisationsrecht entgegen, sie spreche ganz grundsätzlich gegen die Annahme legislativ konstituierter Gewährleistungsgegenstände.[1] Gegenüber diesem Einwand wurde bislang darauf hingewiesen, dass die Prinzipientheorie gerade die zirkuläre Vorstellung von gesetzeskonstituierten und gesetzesbindenden verfassungsrechtlichen Gewährleistungen vermeidet: Sie unterscheidet im Anwendungsbereich ausgestaltungsbedürftiger verfassungsrechtlicher Gewährleistungen zwischen dem verfassungsrechtlichen Gewährleistungsinhalt und den legislativ konstituierten Gewährleistungsgegenständen. Eine solche Unterscheidung stellt die Verfassungsbindung im Sinne der Art. 1 Abs. 3 GG, Art. 20 Abs. 3 GG bei der Ausgestaltung verfassungsrechtlicher Gewährleistungen sicher. Denn der verfassungsrechtliche Gewährleistungsinhalt muss aus den verfassungsrechtlichen Gewährleistungen im Wege der Interpretation selbst erschlossen werden. Die Eigenrationalität des Verfassungsrechts wird also nicht in Frage gestellt. Dem Gesetzgeber obliegt nur die Ausgestaltung der Gewährleistungsgegenstände, nicht aber die Bestimmung des Gewährleistungsinhaltes.[2]

A. *Die Prinzipientheorie als strukturbezogene dogmatische Theorie*

Deutlich wird insoweit aber auch, dass die Prinzipientheorie eine dogmatische Rekonstruktion des Art. 28 Abs. 2 GG nicht abschließend leisten kann. Denn die Prinzipientheorie sagt lediglich aus, dass bei einer legislativen Ausgestaltung konfligierende Rechtsprinzipien nach Maßgabe des Untermaßverbotes abgewogen werden müssen. Den genuin verfassungsrechtlichen Gewährleistungsin-

[1] Dazu S. 126 ff.
[2] Dazu S. 126 ff.

halt, der eine Abwägung zwischen den als Rechtsprinzipien zu qualifizierenden Gewährleistungselementen des Art. 28 Abs. 2 GG und konfligierenden Rechtsprinzipien erst ermöglicht, vermag die Prinzipientheorie demgegenüber nicht zu bestimmen. Die Prinzipientheorie ist nämlich lediglich eine strukturbezogene, nicht aber funktionsbezogene dogmatische Theorie.[3]

Daher muss auch im Anwendungsbereich des Art. 28 Abs. 2 GG die Frage beantwortet werden, wie verfassungsrechtliche Gewährleistungen den Gesetzgeber binden können, wenn dieser die jeweiligen Gewährleistungsgegenstände erst inhaltlich bestimmt.[4] Folglich gilt es, den verfassungsrechtlichen Gewährleistungsinhalt des Art. 28 Abs. 2 GG nachfolgend zu bestimmen. Betroffen sind dabei vor allem das existentiale Gewährleistungselement – die Einrichtung der Gemeinden und Gemeindeverbände – sowie die Aufgabengarantie der Gemeindeverbände, da sie der legislativen Ausgestaltung bedürfen. Die Verfassungsbindung der Legislative nach Art. 20 Abs. 3 GG setzt für diese Gewährleistungselemente dementsprechend die Bestimmung des verfassungsrechtlichen Gewährleistungsinhaltes voraus.

I. Vorbemerkung: „Gewährleistungsinhalt" und „Gewährleistungsgegenstand"

Bevor eine solche Bestimmung des verfassungsrechtlichen Gewährleistungsinhaltes in Angriff zu nehmen ist, kann zur Verdeutlichung der Unterscheidung zwischen Gewährleistungsinhalt und Gewährleistungsgegenstand noch auf den Bereich Bezug genommen werden, in dem die Rezeption der Prinzipientheorie bislang am weitesten fortgeschritten ist: den Bereich der Grundrechte. *Robert Alexy* anerkennt beispielsweise im Anwendungsbereich des Art. 14 Abs. 1 GG, dass einfachgesetzlich eingeräumte Kompetenzen einem grundrechtlichen Rechtsprinzip des Privateigentums verpflichtet sind, mit dem eine prima-facie gewährleistete Rechtsposition korrespondiert.[5] Dies lässt eine grundlegende Unterscheidung zwischen verschiedenen Kategorien erkennen:

> „Der Bereich der durch Art. 14 GG geschützten Eigentumsrechte wird durch den verfassungsrechtlichen Eigentumsbegriff abgegrenzt. [...] Zum Eigentumsbegriff gehören [...] nicht Inhalte von Eigentumsrechten, soweit sie nicht begrifflich notwendig sind; ferner nicht die Gewährleistungsgehalte der Eigentumsgarantie. Während Eigentumsbegriff und Gewährleistungsgehalte durch Verfassungsinterpretation zu bestimmen sind, werden die Eigentumsinhalte durch das einfache Recht festgelegt, soweit sie sich nicht unmittelbar aus den Gewährleistungsgehalten des Art. 14 GG ergeben."[6]

---

[3] Siehe dazu auch *Jan Henrik Klement*, JZ 2008, S. 756 (757).
[4] Kritisch *Matthias Cornils*, Die Ausgestaltung der Grundrechte, 2005, S. 526 ff.
[5] Dazu S. 126 ff.; nochmals *Robert Alexy*, Theorie der Grundrechte, 1985, S. 304 ff.
[6] *Jan-R. Sieckmann*, in: Karl Heinrich Friauf/Wolfram Höfling (Hrsg.), Berliner Kom-

Über den Bereich der Grundrechte hinaus kann zur Verdeutlichung der hier zugrunde gelegten Unterscheidung auch noch auf allgemeinere Erwägungen zurückgegriffen werden: Die genannte Differenzierung verweist nämlich ebenfalls auf die Abschichtung zwischen Dogmen, Rechtsprinzipien und Ideen verfassungsrechtlicher Gewährleistungen.[7]

„Die höchste Konkretisierung erreichen [...] [Rechtsnormen] in konkreten Dogmen. [...] Der Schwerpunkt ihrer Wirksamkeit liegt für [...] [Rechtsnormen] auf der mittleren Stufe eines grundgesetzlichen Prinzips. Diese Stufe umgreift die Grundzüge, nicht aber die einzelnen verfassungsrechtlichen Ausformungen der das Prinzip konstituierenden Dogmen, vor allem aber den Kern der Strukturentscheidung, ihre typenbestimmenden Merkmale und ihr eigentliches Baugesetz. Der Prinzipienstufe vorgelagert ist die Beachtlichkeit [...] [von Rechtsnormen] als Ideen: Für den Rechtsstaat ist dieses die allgemeine Idee der Gerechtigkeit, für die Demokratie die Vorstellung, eine möglichst weitreichende Kongruenz zwischen den Inhabern politischer Rechte und den Herrschaftsunterworfenen herzustellen. Auf dieser Stufe lässt sich nicht mehr von einer rechtsnormativen Wirkung der Verfassungsentscheidung sprechen. Insoweit sind die ideellen Bedeutungsschichten durch den Prinzipiencharakter mediatisiert. Aber für die Akzentuierung normativer Aussagen bleiben sie beachtlich."[8]

Diese Überlegungen können nun im Kontext der prinzipientheoretischen Rekonstruktion des Art. 28 Abs. 2 GG folgendermaßen fruchtbar gemacht werden: Ganz allgemein muss im Anschluss an die kategoriale Unterscheidung zwischen Rechtsprinzipien und Rechtsregeln und der Annahme, dass die Ausgestaltungsbedürftigkeit verfassungsrechtlicher Gewährleistungen ein normstrukturtheoretisches Erkennungszeichen von Rechtsprinzipien ist, die Verfassungsbindung der Legislative nach Art. 20 Abs. 3 GG in den Blick genommen werden. Im Zuge der Ausgestaltung verfassungsrechtlicher Gewährleistungen kann dieser Verfassungsbindung nur Rechnung getragen werden, sofern ein genuin verfassungsrechtlicher Gewährleistungsinhalt die Ausgestaltung einzelner Gewährleistungsgegenstände durch den Gesetzgeber anleitet. Diese Erwägungen sind auf Art. 28 Abs. 2 GG zu übertragen. Auch insoweit muss ein genuin verfassungsrechtlicher Gewährleistungsinhalt herausgearbeitet werden, der im Zuge einer Ausgestaltung des existentialen Gewährleistungselementes sowie der Aufgabengarantie der Gemeindeverbände die Verfassungsbindung der Legislative nach Art. 20 Abs. 3 GG zur Anwendung gelangen lässt.

---

mentar zum Grundgesetz, Art. 14 (2000), Rn. 42; ähnlich – ohne Bezugnahme auf die Prinzipientheorie – *Matthias Jestaedt*, Grundrechtsentfaltung im Gesetz, 1999, S. 31 f.

[7] Siehe *Eberhard Schmidt-Aßmann*, AöR 116 (1991), S. 329 (334 f.), der allerdings nicht auf die Prinzipientheorie Bezug nimmt.

[8] *Eberhard Schmidt-Aßmann*, AöR 116 (1991), S. 329 (334 f.).

II. Methodisches Vorgehen und Bestimmung des Gewährleistungsinhaltes

Das methodische Vorgehen zur Bestimmung des genuin verfassungsrechtlichen Inhaltes wurde mit Blick auf die Geltung der Prinzipientheorie im Staatsorganisationsrecht ebenfalls schon angesprochen: Hingewiesen wurde auf die Notwendigkeit, den verfassungsrechtlichen Gewährleistungsinhalt aus den verfassungsrechtlichen Gewährleistungen im Wege der Interpretation selbst zu erschließen. Zur Verdeutlichung dieses methodischen Vorgehens kann erneut auf den Bereich der Grundrechte Bezug genommen werden:

„Der Selbstand der ‚rechtsgeprägten' Grundrechte gegenüber dem Gesetz [...] [muss] dadurch bewahrt [...] [werden], daß der verfassungsrechtliche Begriff von den gewährleisteten Gegenständen aus den Grundrechten selbst heraus, unabhängig vom einfachen Recht, interpretativ erschlossen [...] [wird], während die Inhalte des Eigentums, der Vertragskompetenz, des Ehestatus usw. durch das einfache Gesetz bestimmt [...] [werden]. [...] So wie [...] [die] Gegenstände grundrechtlichen Schutzes durch die Merkmale des Definitionsbegriffs des jeweiligen Schutzbereichs zwar identifiziert und diesem zugeordnet, jedoch nicht in ihrer Entstehung, Existenz und ihrer konkreten inhaltlichen Gestalt bedingt werden (können), sollen auch die Rechte oder ‚Kompetenzen' als quasi-ontische Gegenstände durch die Gewährleistung selbst nicht garantiert, sondern nur vorgefunden und anhand der Merkmale des verfassungsrechtlichen Gewährleistungsbegriffs erfaßt werden können."[9]

Ausgehend von diesem Ansatz soll nachfolgend auch im Anwendungsbereich des Art. 28 Abs. 2 GG eine Analyse des genuin verfassungsrechtlichen Gewährleistungsinhaltes die dogmatische Grundlegung abschließen und zugleich eine inhaltliche Auseinandersetzung mit Art. 28 Abs. 2 GG beginnen. Ganz grundsätzlich lässt sich dabei der Gewährleistungsinhalt des Art. 28 Abs. 2 GG mit Hilfe der Funktionen kommunaler Selbstverwaltung bestimmen. Dies ist auch nach institutioneller Interpretation anerkannt: Danach muss aus teleologischer Perspektive die „Selbstverwaltungsgarantie [vor allem] von ihrer Fähigkeit her interpretiert werden [...], bürgerschaftliches Engagement immer wieder neu zu aktivieren".[10] Die Funktionen kommunaler Selbstverwaltung bilden demnach

---

9 (Kritisch) dazu *Matthias Cornils*, Die Ausgestaltung der Grundrechte, 2005, S. 529, 530.

10 *Eberhard Schmidt-Aßmann*, in: Ständige Deputation des Deutschen Juristentages (Hrsg.), Verhandlungen des achtundfünfzigsten Deutschen Juristentages, Bd. II, 1990, N 8 (11); *ders.*, in: Everhardt Franßen (Hrsg.), Bürger – Richter – Staat, Festschrift für Horst Sendler, 1991, S. 121 (122); siehe auch *Klaus Stern*, Das Staatsrecht der Bundesrepublik Deutschland, Bd. I, 2. Aufl. 1984, S. 552, der darauf hinweist, dass Strukturprinzipien ebenso einen institutionell-organisatorischen wie einen eine bestimmte materielle Ordnung verbürgenden Gehalt aufweisen; ähnlich *Hermann Hill*, Die Rolle des Bürgers in der Gemeindeverfassung unter dem Einfluss der Territorialreform, 1979, S. 20f.; ferner *Albert von Mutius*, in: Ständige Deputation des Deutschen Juristentages (Hrsg.), Verhandlungen des dreiundfünfzigsten Deutschen Juristentages, Bd. I, 1980, E 45, der feststellt: „Diese Interpretation der kommunalen Selbstverwaltung anhand ihrer Funktionen im föderativen und demokratischen Staatsaufbau erscheint in der Tat geeignet, konkrete Maßstäbe für die verfassungsrechtliche

das Fundament jeder interpretatorischen Annäherung an den Gewährleistungsinhalt des Art. 28 Abs. 2 GG. Bedeutung erlangen somit die der verfassungsrechtlichen Gewährleistung kommunaler Selbstverwaltung zugrunde liegenden politisch-rechtlichen Ordnungsideen,[11] die sie als „living instrument" erscheinen lassen.[12] Sie sind im Folgenden herauszuarbeiten und zur Bestimmung der verfassungsrechtlichen Grenzen der Ausgestaltung der Einrichtung der Gemeinden und Gemeindeverbände sowie der Aufgabengarantie der Gemeindeverbände bereichsspezifisch zu präzisieren.

III. Zur Bedeutung einer funktionsbezogenen Dogmatik im Übrigen

Diese Funktionen kommunaler Selbstverwaltung haben aber nicht nur die Aufgabe, dem ausgestaltenden und formenden Gesetzgeber mit Blick auf die Einrichtung der Gemeinden und Gemeindeverbände sowie die Aufgabengarantie der Gemeindeverbände verfassungsrechtliche Grenzen zu ziehen. Vielmehr sind sie darüber hinaus für die Aufgabengarantie der Gemeinden sowie die Eigenverantwortlichkeit der kommunalen Aufgabenerfüllung von Bedeutung: Insoweit geht es zwar nicht um die Begrenzung der legislativen Ausgestaltung, sondern vielmehr um die Auslegung und Bestimmung der verfassungsunmittelbaren Gewährleistungsinhalte. Auch diese Auslegung muss aber den Funktionen kommunaler Selbstverwaltung gerecht werden. Anhand der Funktion kommunaler Selbstverwaltung ist somit auch der verfassungsunmittelbare Gewährleistungsinhalt der Aufgabengarantie der Gemeinden sowie des modalen Gewährleistungselementes kommunaler Selbstverwaltung zu bestimmen.

Auch das Bundesverfassungsgericht lässt einen derartigen Rückgriff auf die Funktionen kommunaler Selbstverwaltung bei der Bestimmung der Aufgabengarantie der Gemeinden sowie der Eigenverantwortlichkeit der kommunalen Aufgabenwahrnehmung erkennen. Auf der Grundlage seines Deutungskonzeptes hebt es nämlich insoweit hervor:

> „Für die örtliche Ebene der Gemeinden fordert Art. 28 Abs. 2 Satz 1 GG eine mit wirklicher Verantwortlichkeit ausgestattete Einrichtung der Selbstverwaltung, durch die den Bürgern eine wirksame Teilnahme an den Angelegenheiten des Gemeinwesens ermöglicht wird [...]. Hierfür gewährleistet Art. 28 Abs. 2 Satz 1 GG den Gemeinden einen eigenen Aufgabenbereich sowie die Eigenverantwortlichkeit ihrer Aufgabenwahrneh-

Zulässigkeit und die materiellen Grenzen von staatlichen Eingriffen in den kommunalen Handlungs- und Entfaltungsspielraum zu liefern."

[11] *Ernst-Wolfgang Böckenförde*, in: Horst Ehmke (Hrsg.), Festschrift für Adolf Arndt zum 65. Geburtstag, 1969, S. 53 ff.; *ders.*, in: Norbert Achterberg (Hrsg.), Recht und Staat im sozialen Wandel, Festschrift für Hans Ulrich Scupin zum 80. Geburtstag, 1983, S. 317 (329 f.).

[12] *Matthias Jestaedt*, Die Verwaltung 35 (2002), S. 293 (294 f.).

mung und sichert so die notwendigen Wirkungsbedingungen einer gemeindlichen Selbstverwaltung."[13]

Nach dieser Judikatur besteht zwischen der verfassungsunmittelbar gewährleisteten Aufgabengarantie der Gemeinden und der Eigenverantwortlichkeit der kommunalen Aufgabenerfüllung also nicht nur ein unmittelbarer Zusammenhang. Der Inhalt dieser Gewährleistungselemente kann vielmehr nur unter Berücksichtigung der Funktionen kommunaler Selbstverwaltung bestimmt werden.[14]

IV. Zusammenfassung

Die Notwendigkeit einer funktionsbezogenen Dogmatik kann abschließend nochmals schlagwortartig zusammengefasst werden: Die Bestimmung der Funktionen kommunaler Selbstverwaltung erlangt für alle Gewährleistungselemente des Art. 28 Abs. 2 GG Bedeutung. Der konkrete Bedeutungsgehalt ist dabei allerdings unterschiedlich zu bestimmen. Erstens bedürfen das existentiale Gewährleistungselement kommunaler Selbstverwaltung und die Aufgabengarantie der Gemeindeverbände der Ausgestaltung durch den Gesetzgeber. Die Verfassungsbindung der Legislative nach Art. 20 Abs. 3 GG kann bei dieser Ausgestaltung nur wirksam werden, sofern der Gesetzgeber an einen genuin verfassungsrechtlichen Gewährleistungsinhalt gebunden ist. Diesen Inhalt gilt es unter Rückgriff auf die Funktionen kommunaler Selbstverwaltung herauszuarbeiten. Zweitens sind die verfassungsunmittelbar garantierten Gewährleistungselemente – die Aufgabengarantie der Gemeinden und die Eigenverantwortlichkeit der kommunalen Aufgabenerfüllung – demgegenüber nicht ausgestaltungsbedürftig. Die Funktionen kommunaler Selbstverwaltung sind dennoch von Bedeutung; auch die Auslegung der verfassungsunmittelbar garantierten Gewährleistungselemente kann nur mit Hilfe der Funktionen kommunaler Selbstverwaltung gelingen.

---

[13] Siehe BVerfGE 107, 1 (12); ähnlich BVerfGE 79, 127 (151, 153); 110, 370 (400); ferner *Klaus Lange*, Kommunalrecht, 2013, Kapitel 1, Rn. 32.

[14] Kritisch zu diesem methodischen Vorgehen *Bernd Rüthers*, Die unbegrenzte Auslegung, 1968, S. 288 ff.; *ders.*, Institutionelles Rechtsdenken im Wandel der Verfassungsepochen, 1970, passim; zum Wandel des Selbstverwaltungsbegriffs *Gunnar Folke Schuppert*, AöR 114 (1989), S. 127 (128 f.).

B. Im Einzelnen: Die zentrale Doppelfunktion kommunaler Selbstverwaltung

Angesichts der bisherigen Erkenntnisse zur Notwendigkeit einer funktionsbezogenen Dogmatik sind die bislang nur allgemein angesprochenen Funktionen kommunaler Selbstverwaltung im Folgenden im Einzelnen zu bestimmen. Grundlegend ist dabei die Erkenntnis, dass sich kommunale Selbstverwaltung grundsätzlich durch verwaltungsorganisatorische sowie verfassungspolitische Funktionen auszeichnet:[15] Die verwaltungsorganisatorische Funktion verknüpft die räumliche und sächliche Nähe kommunaler Selbstverwaltung mit einer rationellen, sachgerechten sowie zeitnahen Aufgabenerledigung.[16] Die verfassungspolitische Funktion[17] kommunaler Selbstverwaltung unterstreicht demgegenüber die Entscheidung des Grundgesetzes für eine gegliederte Demokratie[18] und begründet eine vertikale Gewaltenteilung.[19] Neben einem freiheitssichernden Moment[20] wird der verfassungspolitischen Funktion kommunaler Selbstverwaltung darüber hinaus eine Integrationsfunktion attestiert,[21] die den

---

[15] Zu den Funktionen kommunaler Selbstverwaltung aus institutioneller Perspektive *Edzard Schmidt-Jortzig*, DVBl. 1980, S. 1 (9); *Alexander Schink*, in: Edzard Schmidt-Jortzig/Alexander Schink, Subsidiaritätsprinzip und Kommunalordnung, 1982, S. 25 (71 ff.); insbesondere zur Integrationsfunktion *Wilhelm Loschelder*, Kommunale Selbstverwaltungsgarantie und gemeindliche Gebietsgestaltung, 1976, S. 70 ff.; *Edzard Schmidt-Jortzig*, Verfassungsmäßige und soziologische Legitimation gemeindlicher Selbstverwaltung heute, 1980, S. 15 ff.; eingehend zum Ganzen *Heinrich Siedentopf*, Gemeindliche Selbstverwaltungsgarantie, 1977, passim; *Hans H. Klein*, in: Roman Schnur (Hrsg.), Festschrift für Ernst Forsthoff zum 70. Geburtstag, 1972, S. 165 ff.; *Horst R. Simon*, Zu einer Theorie über Wesen und Funktion der kommunalen Selbstverwaltung, 1975, passim; *Bernhard Stüer*, Verfassungsrechtliche Maßstäbe für die gemeindliche, kreisliche und regionale Funktionalreform, 1978, S. 81 ff.

[16] *Bernhard Stüer*, Verfassungsrechtliche Maßstäbe für die gemeindliche, kreisliche und regionale Funktionalreform, 1978, S. 82 f.

[17] *Erich Becker*, in: Karl August Bettermann/Hans Carl Nipperdey (Hrsg.), Die Grundrechte, Bd. IV/2, 1962, S. 673 (687); *Franz Mayer*, in: Hochschule für Verwaltungswissenschaften Speyer (Hrsg.), Demokratie und Verwaltung, 25 Jahre Hochschule für Verwaltungswissenschaften Speyer, 1972, S. 327 (331); *Klaus Lange*, in: Hans Schneider (Hrsg.), Im Dienst an Recht und Staat, Festschrift für Werner Weber zum 70. Geburtstag, 1974, S. 851 (866); ferner *Ulrich Scheuner*, AfK 1962, S. 149 (158); *ders.*, AfK 1973, S. 1 (10); *Georg Christoph von Unruh*, DÖV 1972, S. 16 (19); *Günter Püttner*, in: Deutscher Landkreistag (Hrsg.), Gefährdung und Chancen der kommunalen Selbstverwaltung, 1974, S. 14 ff.; siehe auch *Werner Thieme*, AfK 1963, S. 185 (186); *Eberhard Laux*, AfK 1970, S. 217 (236); *Rüdiger Voigt*, Kommunale Partizipation, 1976, S. 48.

[18] Dazu *Georg Christoph von Unruh*, DÖV 1972, S. 16 (19); *ders.*, in: Norbert Achterberg (Hrsg.), Öffentliches Recht und Politik, Festschrift für Hans Ulrich Scupin zum 70. Geburtstag, 1973, S. 391 (412); *ders.*, DÖV 1974, S. 649 (650 f.); *ders.*, DVBl. 1975, S. 1 (2); *ders.*, DÖV 1986, S. 217 (219 f.).

[19] *Günter Püttner*, in: Deutscher Landkreistag (Hrsg.), Gefährdung und Chancen der kommunalen Selbstverwaltung, 1974, S. 14

[20] Dazu *Klaus Lange*, in: Hans Schneider (Hrsg.), Im Dienst an Recht und Staat, Festschrift für Werner Weber zum 70. Geburtstag, 1974, S. 851 (863).

[21] Siehe *Edzard Schmidt-Jortzig*, Verfassungsmäßige und soziologische Legitimation ge-

Bürger an den Staat heranführt, an Entscheidungen im Gemeinwesen beteiligt[22] und folglich spezifische Gestaltungsmöglichkeiten erfordert.[23] Das Bundesverfassungsgericht stellt insoweit fest, dass

„[k]ommunale Selbstverwaltung [...] ihrem Wesen und ihrer Intention nach Aktivierung der Beteiligten für ihre eigenen Angelegenheiten [bedeutet], die die in der örtlichen Gemeinschaft lebendigen Kräfte des Volkes zur eigenverantwortlichen Erfüllung öffentlicher Aufgaben der engeren Heimat zusammenschließt mit dem Ziel, das Wohl der Einwohner zu fördern und die geschichtliche und heimatliche Eigenart zu wahren [...].“[24]

I. Verwaltungsorganisatorische Funktion: Dezentralisierung

Aus verwaltungsorganisatorischer Perspektive führt jede Selbstverwaltung zunächst zu Dezentralisierung[25] – mit dem Begriff der Selbstverwaltung ist eine dezentrale Wahrnehmung öffentlicher Angelegenheiten geradezu untrennbar verbunden.[26] Das Bundesverfassungsgericht formuliert diesbezüglich, dass kommunale Selbstverwaltung im Interesse der Bürgernähe und Bürgerbeteiligung[27] eine „dezentrale Aufgabenansiedlung“ bewirkt.[28] Nichtsdestotrotz

meindlicher Selbstverwaltung heute, 1980, S. 15 ff.; ferner *Wilhelm Loschelder*, Kommunale Selbstverwaltungsgarantie und gemeindliche Gebietsgestaltung, 1976, S. 70 ff.

[22] *Hans H. Klein*, in: Roman Schnur (Hrsg.), Festschrift für Ernst Forsthoff zum 70. Geburtstag, 1972, S. 165 (167); ferner *Ulrich Scheuner*, AfK 1973, S. 1 (10).

[23] *Klaus Lange*, in: Hans Schneider (Hrsg.), Im Dienst an Recht und Staat, Festschrift für Werner Weber zum 70. Geburtstag, 1974, S. 851 (867).

[24] BVerfGE 11, 266 (275); siehe auch *Franz-Ludwig Knemeyer*, in: Fried Esterbauer (Hrsg.), Von der freien Gemeinde zum föderalistischen Europa, Festschrift für Adolf Gasser zum 80. Geburtstag, 1983, S. 285 (301), der im Hinblick auf das bonum commune formuliert: „Zurückstellung der eigenen Interessen, von der Ich-Bezogenheit des Denkens und Handelns zum Denken und Handeln für das Ganze.“

[25] *Ulrich Scheuner*, AfK 12 (1973), S. 1 (9); *Reinhard Hendler*, Selbstverwaltung als Ordnungsprinzip, 1984, S. 345; *Gunnar Folke Schuppert*, AöR 114 (1989), S. 127 (129 ff.); ferner *Edzard Schmidt-Jortzig*, Verfassungsmäßige und soziologische Legitimation gemeindlicher Selbstverwaltung heute, 1980, S. 11; *Jürgen Hauschild*, in: Albert von Mutius (Hrsg.), Selbstverwaltung im Staat der Industriegesellschaft, Festgabe zum 70. Geburtstag von Georg Christoph von Unruh, 1983, S. 79 ff.; *Daniel Thürer*, Bund und Gemeinden, 1986, S. 23 f.; siehe auch *Georg Christoph von Unruh*, DÖV 1974, S. 649 (654), der auf den Umstand hinweist, dass die Wirkung der Dezentralisierung weiter reicht „als der Bereich der ‚eigenen‘ kommunalen Angelegenheiten, weil auch die vom Staat übertragenen und nach seinen Richtlinien zu erfüllenden Aufgaben durch Organe und Organwalter der kommunalen Gebietskörperschaften wahrgenommen werden“.

[26] *Reinhard Hendler*, Selbstverwaltung als Organisationsprinzip, 1984, S. 345 ff.; *Klaus Rennert*, Die Verwaltung 35 (2002), S. 319 (321); *Janbernd Oebbecke*, VVDStRL 62 (2003), S. 366 (371).

[27] *Edzard Schmidt-Jortzig*, Verfassungsmäßige und soziologische Legitimation gemeindlicher Selbstverwaltung heute, 1980, S. 14 qualifiziert den Begriff der Bürgernähe als wesensbestimmend für die kommunale Selbstverwaltung, da Art. 28 Abs. 2 GG das Modell einer selbstgestalteten Verwaltung impliziere.

[28] BVerfGE 79, 127 (148 f.); ähnlich BVerfGE 7, 155 (167); 11, 266 (275 f.); 52, 95 (111 f.); siehe auch BVerfGE 107, 1 (12).

bleibt die Aufgabenwahrnehmung durch Gemeinden und Gemeindeverbände allerdings Ausübung von Staatsgewalt:[29] Art. 28 Abs. 2 GG rezipiert zwar eine freiheits- und gleichheitssichernde Organisationsstruktur[30] und anders als die Dekonzentration durch hierarchische Strukturen[31] verlangt Art. 28 Abs. 2 GG die Existenz rechtlich verselbstständigter Verwaltungseinheiten,[32] denen spezifische Aufgaben zur eigenverantwortlichen Wahrnehmung zugeordnet sind.[33] (Kommunale) Selbstverwaltung beschreibt aber gleichwohl einen mit den Grundsätzen der Demokratie und des Rechtsstaates verschränkten Verwaltungstypus.[34]

II. Verfassungspolitische Funktion: Partizipation

Auf die Anerkennung eines solchen Verwaltungstypus kann die verfassungsrechtliche Gewährleistung des Art. 28 Abs. 2 GG indes nicht beschränkt werden. Eine im Wesentlichen verwaltungstechnische Interpretation des Art. 28 Abs. 2 GG würde nämlich der Unterscheidung zwischen kommunaler Selbstverwaltung und staatsunmittelbarer Verwaltung nicht gerecht;[35] namentlich die Forderung nach einer effektiven und leistungsfähigen Verwaltungsstruktur würde Art. 28 Abs. 2 GG zu einem inhaltsarmen Staatsaufbauprinzip machen.[36]

---

[29] BVerfGE 38, 258 (270); 61, 82 (103); 73, 118 (191); 83, 37 (54).

[30] *Franz-Ludwig Knemeyer*, DVBl. 1976, S. 380 ff.; *ders.*, in: Arno Buschmann (Hrsg.), Festschrift für Rudolf Gmür zum 70. Geburtstag 28. Juli 1983, 1983, S. 137 (145); *Eberhard Schmidt-Aßmann*, in: Peter Selmer (Hrsg.), Gedächtnisschrift für Wolfgang Martens, 1987, S. 249 (255).

[31] Zur Bedeutung der Dekonzentration im übertragenen Wirkungskreis *Heinz W. Korte*, VerwArch 61 (1970), S. 3 (26).

[32] Zur vertikalen Gewaltenteilung *Reinhard Hendler*, in: Josef Isensee/Paul Kirchhof (Hrsg.), Handbuch des Staatsrechts der Bundesrepublik Deutschland, Bd. VI, 3. Aufl. 2008, § 143, Rn. 52; ausführlich *Klaus Stern*, Das Staatsrecht der Bundesrepublik Deutschland, Bd. II, 1980, S. 553 f.; grundlegend ferner *Georg Jellinek*, Allgemeine Staatslehre, 3. Aufl. 1914, S. 637 ff.

[33] *Klaus Rennert*, Die Verwaltung 53 (2002), S. 319 (321); mit Blick auf das kommunale Satzungsrecht dazu *Eberhard Schmidt-Aßmann*, Die kommunale Rechtsetzung im Gefüge der administrativen Handlungsformen und Rechtsquellen, 1981, S. 25.

[34] *Franz-Ludwig Knemeyer*, in: Fried Esterbauer (Hrsg.), Von der freien Gemeinde zum föderalistischen Europa, Festschrift für Adolf Gasser zum 80. Geburtstag, 1983, S. 285 (289).

[35] Ausführlich *Ulrich Scheuner*, AfK 1973, S. 1 (30 f.); *Heinz Fischer-Heidlberger*, Die Rechtsstellung der Mitgliedsgemeinden in der Verwaltungsgemeinschaft, 1983, S. 92 ff.; *Hermann Hill*, Die politisch-demokratische Funktion der kommunalen Selbstverwaltung nach der Reform, 1987, S. 13 ff.; ferner *Franz-Ludwig Knemeyer*, in: Fried Esterbauer (Hrsg.), Von der freien Gemeinde zum föderalistischen Europa, Festschrift für Adolf Gasser zum 80. Geburtstag, 1983, S. 285 (293); *ders.*, in: Norbert Achterberg (Hrsg.), Recht und Staat im sozialen Wandel, Festschrift für Hans Ulrich Scupin zum 80. Geburtstag, 1983, S. 797 (801 f.); *ders.*, DVBl. 2000, S. 876 ff.; siehe auch *Eberhard Laux*, in: Freiherr-vom-Stein-Gesellschaft (Hrsg.), Cappenberger Gespräch der Freiherr-vom-Stein-Gesellschaft, Bd. 19 (1984), S. 9 (16 f.).

[36] Ausführlich *Wolf Weber*, Selbstverwaltung und Demokratie in den Gemeinden nach der Gebietsreform, 1982, S. 39 ff.; ferner *Eberhard Schmidt-Aßmann*, in: Peter Selmer (Hrsg.),

Auch das Bundesverfassungsgericht betont im Anschluss an den Hinweis auf die dezentrale Aufgabenansiedlung: Mit der

„Stärkung der dezentralen Verwaltungsebene wollte der Verfassungsgeber auf die gegenläufigen zentralistischen Tendenzen während des nationalsozialistischen Regimes antworten. Er tat dies im Zutrauen in die Gemeinden, im Sinne eines ‚Aufbaues der Demokratie von unten nach oben' (vgl. Art. 11 Abs. 4 der Verfassung des Freistaates Bayern) Keimzelle der Demokratie[[37]] und am ehesten diktaturresistent zu sein. In diesem Sinn hat das Bundesverfassungsgericht ausgesprochen, daß Kommunalverfassungsrecht und -wirklichkeit seit dem Zusammenbruch des nationalsozialistischen Regimes von der Tendenz bestimmt sind, unter Zurückdrängung des bürokratisch-autoritativen Elements dem Gedanken des Selbstbestimmungsrechts der Gemeindebürger wieder erhöhte Geltung zu verschaffen [...].“[38]

Der verfassungsrechtlichen Gewährleistung kommunaler Selbstverwaltung ist dementsprechend auch ein Ordnungsprinzip des politischen Willensbildungs- und Entscheidungsprozesses immanent.[39] Neben das formale Organisationsprinzip tritt eine materielle Funktion,[40] die den Aspekt der Aufgabenwahrnehmung durch eine verfasste Gemeinschaft betont.[41] Grundlegend ist insoweit der Gedanke der Partizipation[42] – weswegen kommunale Selbstverwaltung und der Begriff „mittelbare Staatsverwaltung“[43] schließlich in folgendes Verhältnis ge-

---

Gedächtnisschrift für Wolfgang Martens, 1987, S. 249 (252); *Gunnar Folke Schuppert*, AöR 114 (1989), S. 127 (131); siehe auch *Horst Dreier*, in: Horst Dreier (Hrsg.), GG-Komm., Bd. II, 2. Aufl. 2006, Art. 28, Rn. 85.

[37] *Hans Peter Bull*, DVBl. 2008, S. 1 (7) konstatiert, dass nach Beispielen für eine behauptete Diktaturresistenz lange gesucht werden müsse; kritisch ferner *Roland Roth*, in: Ansgar Klein/Rainer Schmalz-Bruns (Hrsg.), Politische Beteiligung und Bürgerengagement in Deutschland, 1997, S. 404 (413 f.).

[38] BVerfGE 79, 127 (148); ähnlich BVerfGE 7, 155 (167); 11, 266 (275 f.); 52, 95 (111 f.); siehe auch BVerfGE 107, 1 (12).

[39] *Reinhard Hendler*, DÖV 1986, S. 657 (678).

[40] *Matthias Jestaedt*, Die Verwaltung 35 (2002), S. 293 (295).

[41] *Werner Weber*, Staats- und Selbstverwaltung in der Gegenwart, 2. Aufl. 1967, S. 109 f.; *Eberhard Schmidt-Aßmann*, in: Peter Selmer (Hrsg.), Gedächtnisschrift für Wolfgang Martens, 1987, S. 249 (252); siehe auch BVerfGE 11, 266 (275).

[42] *Albert von Mutius*, in: Ständige Deputation des Deutschen Juristentages (Hrsg.), Verhandlungen des dreiundfünfzigsten Deutschen Juristentages, Bd. I, 1980, E 9 f., 24: „Kommunale Selbstverwaltung bedeutet zunächst ein organisationsrechtliches Prinzip dezentralisierter Staatsgewalt; [...] Seit ihrer Entstehung wird kommunale Selbstverwaltung in Deutschland aber auch dadurch charakterisiert, daß diese Aufgaben von unmittelbar gewählten kommunalen Repräsentationsorganen (Art. 28 Abs. 1 S. 2 GG) oder gar von der Bürgerschaft selbst (Art. 28 Abs. 1 S. 3 GG [a.F.]) wahrgenommen werden sollen. Insoweit erfüllt dieses Organisationsprinzip im geltenden Verfassungssystem zugleich eine politisch-demokratische Funktion.“; ferner *ders.*, in: Albert von Mutius (Hrsg.), Selbstverwaltung im Staat der Industriegesellschaft, Festgabe zum 70. Geburtstag von Georg Christoph von Unruh, 1983, S. 227 (243 f.).

[43] BVerfGE 39, 302 (313 f.); ferner *Arnold Köttgen*, Die rechtsfähige Verwaltungseinheit, 1939, passim; *Werner Weber*, Die Körperschaften, Anstalten und Stiftungen des öffentlichen Rechts, 2. Aufl. 1943, S. 20 ff.; *Reinhard Hendler*, Selbstverwaltung als Ordnungsprinzip,

setzt werden können: Der Begriff „mittelbare Selbstverwaltung" ist auf die Selbstverwaltungslehre *Ernst Forsthoffs* zurückführen, wonach Gemeinden und Gemeindeverbände sowohl im eigenen als auch im übertragenen Wirkungskreis an sich staatliche Aufgaben wahrnehmen.[44] Soll „mittelbare Staatsverwaltung" danach „auf die Abhängigkeit vom Staate" hinweisen,[45] bedarf es einer systematisierenden Klarstellung. Der Begriff „mittelbare Staatsverwaltung" darf nämlich keine zentralistische Orientierung begründen, die Gemeinden und Gemeindeverbände zu dezentralen Verwaltungseinheiten macht.[46]

1. *Nachweis der partizipativen Funktion kommunaler Selbstverwaltung*

Obwohl die verfassungspolitische Funktion kommunaler Selbstverwaltung nicht zuletzt vom Bundesverfassungsgericht anerkannt wird, bedarf sie der näheren Entfaltung. Denn anfänglich wurde anknüpfend an das Verständnis von Art. 127 WRV auch im Anwendungsbereich des Art. 28 Abs. 2 GG zwischen politischer und juristischer Selbstverwaltung unterschieden und die Verfassungsgarantie kommunaler Selbstverwaltung (noch) nicht mit dem Partizipationsaspekt in Verbindung gebracht.[47] Vor diesem Hintergrund sind die institutionen- und theoriengeschichtliche Entwicklung kommunaler Selbstverwaltung einerseits und verfassungssystematische Erwägungen im Kontext des Art. 28 Abs. 2 GG andererseits in den Blick zu nehmen. Erst nachdem auf diesem Wege die partizipative Funktion kommunaler Selbstverwaltung auch im Anwendungsbereich des Art. 28 Abs. 2 GG nachgewiesen wurde, kann anschließend ihre Reichweite und Bedeutung im Einzelnen beleuchtet werden.

a) Institutionen- und theoriengeschichtliche Aspekte

Für die Existenz der partizipativen Funktion kommunaler Selbstverwaltung spricht grundsätzlich zunächst die institutionen- und theoriengeschichtliche Entwicklung kommunaler Selbstverwaltung.[48]

1984, S. 295 ff.; *Matthias Jestaedt*, Demokratieprinzip und Kondominialverwaltung, 1993, S. 91 ff.

[44] *Ernst Forsthoff*, Lehrbuch des Verwaltungsrechts, 10. Aufl. 1973, S. 471 ff.; kritisch zum Begriff der mittelbaren Staatsverwaltung *Otto Gönnenwein*, Gemeinderecht, 1963, S. 60 ff.; *Hans Peters*, Die Verwaltung als eigenständige Staatsgewalt, 1965, S. 25 f.; *Franz-Ludwig Knemeyer*, DVBl. 1984, S. 23 (28 f.); *Eberhard Schmidt-Aßmann*, in: Peter Selmer (Hrsg.), Gedächtnisschrift für Wolfgang Martens, 1987, S. 249 (257).

[45] *Ernst Forsthoff*, Lehrbuch des Verwaltungsrechts, 10. Aufl. 1973, S. 478.

[46] *Franz-Ludwig Knemeyer*, DÖV 1988, S. 397 (398 ff.); ferner *Werner Weber*, Juristen-Jahrbuch 8 (1967/68), S. 137 (154 f.).

[47] Siehe dazu S. 179 ff.

[48] *Reinhard Hendler*, in: Josef Isensee/Paul Kirchhof (Hrsg.), Handbuch des Staatsrechts der Bundesrepublik Deutschland, Bd. VI, 3. Aufl. 2008, § 143, Rn. 1; kritisch *Ernst Forsthoff*, Die Daseinsvorsorge und die Kommunen, 1958, S. 16 ff.; *Ulrich Scheuner*, AfK 1973, S. 1 (3);

aa) Die „klassischen" Selbstverwaltungslehren im Überblick

Diese Entwicklung beginnt am Anfang des 19. Jahrhunderts.[49] Obwohl er den Begriff der Selbstverwaltung nicht ausdrücklich verwendete,[50] gilt *Heinrich Friedrich Karl Reichsfreiherr vom und zum Stein*[51] als Begründer[52] der Idee kommunaler Selbstverwaltung. Seine Preußische Städteordnung vom 19. November 1808 zielte auf eine umfassende Reorganisation des spätabsolutistischen Beamtenstaates. Ausgehend von den Lehren *Charles-Louis de Secondats, Baron de La Brède et de Montesquieu*,[53] und *François d'Ivernios'*[54] sollten im Wege der Beteiligung der Bürger an der Erledigung öffentlicher Angelegenheiten[55] dieje-

---

dazu ferner *Erich Becker*, in: Karl August Bettermann/Hans Carl Nipperdey (Hrsg.), Die Grundrechte, Bd. IV/2, 1962, S. 673 (679 ff.).

[49] *Franz-Ludwig Knemeyer*, in: Arno Buschmann (Hrsg.), Festschrift für Rudolf Gmür zum 70. Geburtstag 28. Juli 1983, 1983, S. 137 (137); zu den Anfängen kommunaler Selbstverwaltung etwa *Christian Treffer*, Der Staat 35 (1996), S. 251 ff.; siehe aber auch *Friedhelm Hufen*, in: Max-Emanuel Geis (Hrsg.), Staat – Kirche – Verwaltung, Festschrift für Hartmut Maurer zum 70. Geburtstag, 2001, S. 1177 ff.

[50] Dazu *Heiko Faber*, DVBl. 2007, S. 437 f.

[51] Zum Einfluss der physiokratischen Dezentralisierungsbemühungen, des englischen Selfgovernment sowie der politischen Ideen des revolutionären Frankreichs auf die Reformkonzepte *Heinrich Heffter*, Die deutsche Selbstverwaltung im 19. Jahrhundert, 2. Aufl. 1969, S. 49 ff., 99 ff.; *Walther Hubatsch*, Die Stein-Hardenbergschen Reformen, 1977, S. 65 ff.; ferner *Georg Christoph von Unruh*, in: Thomas Mann/Günter Püttner (Hrsg.), Handbuch der kommunalen Wissenschaft und Praxis, Bd. I, 3. Aufl. 2007, § 4, Rn. 10; *ders.*, in: Norbert Achterberg (Hrsg.), Öffentliches Recht und Politik, Festschrift für Hans Ulrich Scupin zum 70. Geburtstag, 1973, S. 391 (395 ff.).

[52] *Heinrich Heffter*, Die deutsche Selbstverwaltung im 19. Jahrhundert, 2. Aufl. 1969, S. 11; *Ernst Forsthoff*, Lehrbuch des Verwaltungsrechts, 10. Aufl. 1973, S. 471; *Heinz Duchhardt*, Stein – Eine Biographie, 2007, S. 164 ff.; *ders.*, DÖV 2007, S. 853 ff.; *Hans-Günter Henneke/Klaus Ritgen*, DVBl. 2007, S. 1253 ff.; *Günter Püttner*, DÖV 2008, S. 973 ff.; ferner *Christian Friedrich Menger*, in: Albert von Mutius (Hrsg.), Selbstverwaltung im Staat der Industriegesellschaft, Festgabe zum 70. Geburtstag von Georg Christoph von Unruh, 1983, S. 25 ff.; anders wohl *Franz Steinbach/Erich Becker*, Geschichtliche Grundlagen der kommunalen Selbstverwaltung, 1932, S. 73 ff.; *Erich Becker*, Gemeindliche Selbstverwaltung, 1941, S. 131 ff.; *ders.*, in: Aus Geschichte und Landeskunde, Franz Steinbach zum 65. Geburtstag gewidmet von seinen Freunden und Schülern, 1960, S. 535 ff., die eine kontinuierliche Fortentwicklung der mittelalterlichen Städtefreiheit betonen; ähnlich *Georg Christoph von Unruh*, in: Thomas Mann/Günter Püttner (Hrsg.), Handbuch der kommunalen Wissenschaft und Praxis, Bd. I, 3. Aufl. 2007, § 4, Rn. 4 f.; dazu aber auch *Hans Pohl*, in: Albert von Mutius (Hrsg.), Selbstverwaltung im Staat der Industriegesellschaft, Festgabe zum 70. Geburtstag von Georg Christoph von Unruh, 1983, S. 3 ff.; kritisch *Reinhard Hendler*, Selbstverwaltung als Ordnungsprinzip, 1984, S. 14 ff.

[53] Zu den verbleibenden Unterschieden *Georg Christoph von Unruh*, in: Thomas Mann/Günter Püttner (Hrsg.), Handbuch der kommunalen Wissenschaft und Praxis, Bd. I, 3. Aufl. 2007, § 4, Rn. 1.

[54] Dazu *Wolf Weber*, Selbstverwaltung und Demokratie in den Gemeinden nach der Gebietsreform, 1982, S. 162; *Hans-Günter Henneke/Klaus Ritgen*, DVBl. 2007, S. 1253 (1256); ferner *Heinz Durchhardt*, Stein – Eine Biographie, 2007, S. 168 f.

[55] *Heinrich Friedrich Karl Reichsfreiherr vom und zum Stein*, in: Walther Hubatsch (Hrsg.), Freiherr vom Stein, Briefe und amtliche Schriften, Bd. II/2, 1960, Nr. 729; dazu *Rein-*

nigen Nachteile kompensiert werden, die der administrativen Tätigkeit besoldeter Bediensteter angelastet wurden.[56] Die Preußische Städteordnung sah daher die Heranziehung der Bürger zur Verwaltung der eigenen Angelegenheiten[57] einschließlich der Ausführung der öffentlichen Verwaltung vor.[58] *Heinrich Friedrich Karl Reichsfreiherr vom und zum Stein* begründete dabei allerdings nicht etwa demokratisch-egalitäre Maßstäbe,[59] vielmehr richtete sich die Preußische Städteordnung allein an die Besitz- und Bildungsschichten der modernisierten ständischen Gesellschaft.[60]

(1) Die Preußische Städteordnung vom 19. November 1808 und der Liberalismus des Vormärz

Die Heranziehung der Bürger diente des Weiteren nicht allein der qualitativen Verbesserung der öffentlichen Verwaltung,[61] hinzu trat ein „nationalpädagogischer Aspekt",[62] wonach im Wege der politischen Integration Bürgersinn und

---

hard Hendler, in: Thomas Mann/Günter Püttner (Hrsg.), Handbuch der kommunalen Wissenschaft und Praxis, Bd. I, 3. Aufl. 2007, § 1, Rn. 5 f., 10; *Hans-Günter Henneke/Klaus Ritgen*, DVBl. 2007, S. 1253 (1255 ff.); *Alfred Katz/Klaus Ritgen*, DVBl. 2008, S. 1525 (1529).

[56] *Heinrich Friedrich Karl Reichsfreiherr vom und zum Stein*, in: Walther Hubatsch (Hrsg.), Freiherr vom Stein, Briefe und amtliche Schriften, Bd. II/2, 1960, Nr. 448; siehe auch *dens.*, in: Walther Hubatsch (Hrsg.), Freiherr vom Stein, Briefe und amtliche Schriften, Bd. II/1, 1959, Nr. 354.

[57] *Heinrich Friedrich Karl Reichsfreiherr vom und zum Stein*, in: Walther Hubatsch (Hrsg.), Freiherr vom Stein, Briefe und amtliche Schriften, Bd. II/1, 1959, Nr. 354.; siehe auch *dens.*, in: Walther Hubatsch (Hrsg.), Freiherr vom Stein, Briefe und amtliche Schriften, Bd. III, 1961, Nr. 241 – vergleichbar scheinen auch die Lehren *Franz Liebers*, der ebenfalls die geistig-sittliche Kraft des Volkes betonte, die sich im öffentlichen Leben auswirken und zum opferwilligen Gemeinsinn erheben müsse, siehe *Franz Lieber*, Über bürgerliche Freiheit und Selbstverwaltung, 1980, S. 24 f., 207 ff.; dazu auch *Tatsuji Ohno*, JöR 56 n. F. (2008), S. 75 ff.; eingehend zum Ganzen *Hugo Preuß*, Franz Lieber, ein Bürger zweier Welten, 1886, passim; *Ernst Rudolf Huber*, Deutsche Verfassungsgeschichte seit 1789, Bd. 1, 1957, S. 172 ff.; *Reinhard Hendler*, Selbstverwaltung als Ordnungsprinzip, 1984, S. 14 ff.; *Georg Christoph von Unruh*, DVBl. 1983, S. 204 ff.; *ders.*, in: Thomas Mann/Günter Püttner (Hrsg.), Handbuch der kommunalen Wissenschaft und Praxis, Bd. I, 3. Aufl. 2007, § 4, Rn. 11 ff.

[58] *Friedrich Karl Reichsfreiherr vom und zum Stein*, in: Walther Hubatsch (Hrsg.), Freiherr vom Stein, Briefe und amtliche Schriften, Bd. II/2, 1960, Nr. 795.

[59] *Wolf Weber*, Selbstverwaltung und Demokratie in den Gemeinden nach der Gebietsreform, 1982, S. 163; *Werner Frotscher*, in: Albert von Mutius (Hrsg.), Selbstverwaltung im Staat der Industriegesellschaft, Festgabe zum 70. Geburtstag von Georg Christoph von Unruh, 1983, S. 127 (135); *Andreas Bovenschulte*, Gemeindeverbände als Organisationsformen kommunaler Selbstverwaltung, 2000, S. 24.

[60] *Heinrich Friedrich Karl Reichsfreiherr vom und zum Stein*, in: Walther Hubatsch (Hrsg.), Freiherr vom Stein, Briefe und amtliche Schriften, Bd. II/2, 1960, Nr. 448; siehe auch *dens.*, in: Walther Hubatsch (Hrsg.), Freiherr vom Stein, Briefe und amtliche Schriften, Bd. II/1, 1959, Nr. 354; dazu *Dieter Schwab*, Die „Selbstverwaltungsidee" des Freiherrn vom Stein und ihre geistigen Grundlagen, 1971, S. 132 ff.; ausführlich *Reinhard Hendler*, Selbstverwaltung als Ordnungsprinzip, 1984, S. 8 ff.

[61] *Heinrich Friedrich Karl Reichsfreiherr vom und zum Stein*, in: Walther Hubatsch (Hrsg.), Freiherr vom Stein, Briefe und amtliche Schriften, Bd. II/1, 1959, Nr. 354, S. 395, 389 f.

[62] *Reinhard Hendler*, Selbstverwaltung als Ordnungsprinzip, 1984, S. 11 f.; ferner *Dieter*

Gemeingeist entfaltet und die Verfolgung eigennütziger Zwecke unterbunden werden sollten.[63] Damit einher ging zudem eine – aus historischer Sicht von der Niederlage gegen die napoleonische Armee und einer tiefen Entfremdung gegenüber dem absolutistischen Militär- und Beamtenstaat geprägte[64] – staatsstabilisierende Funktion, die auf eine Erneuerung des Verhältnisses von Staat und Gesellschaft zielte.[65] Lediglich rudimentäre Bedeutung hatten demgegenüber ökonomische Aspekte;[66] Gleiches gilt für die Freiheitssicherung und Dezentralisierung[67] – hervorgehoben wurde lediglich, dass staatliche Interventionen zu vermeiden seien, solange Aufgaben den Bürgern überlassen werden könnten.[68] Der Verdienst der Preußischen Städteordnung vom 19. November 1808 liegt folglich nicht nur darin, dass sie die autoritär-obrigkeitliche Verwaltungsorganisation ablöste, sondern auch darin, dass sie Möglichkeiten der Bürger etablierte, diejenigen öffentlichen Angelegenheiten weitgehend unabhängig von staatlichen Einflussnahmen wahrzunehmen,[69] die sie in besonderem Maße berühren.[70]

Schwab, Die „Selbstverwaltungsidee" des Freiherrn vom Stein und ihre geistigen Grundlagen, 1971, S. 28 ff.

[63] *Heinrich Friedrich Karl Reichsfreiherr vom und zum Stein*, in: Walther Hubatsch (Hrsg.), Freiherr vom Stein, Briefe und amtliche Schriften, Bd. II/1, 1959, Nr. 354, S. 389 f., 391, 394; ausführlich dazu *Reinhard Hendler*, Selbstverwaltung als Ordnungsprinzip, 1984, S. 11 m. w. N.

[64] *Reinhard Hendler*, Selbstverwaltung als Ordnungsprinzip, 1984, S. 13.

[65] *Heinrich Friedrich Karl Reichsfreiherr vom und zum Stein*, in: Walther Hubatsch (Hrsg.), Freiherr vom Stein, Briefe und amtliche Schriften, Bd. II/1, 1959, Nr. 354, S. 390 f.; siehe dazu *Reinhard Hendler*, Selbstverwaltung als Ordnungsprinzip, 1984, S. 12 f.

[66] *Heinrich Friedrich Karl Reichsfreiherr vom und zum Stein*, in: Walther Hubatsch (Hrsg.), Freiherr vom Stein, Briefe und amtliche Schriften, Bd. II/1, 1959, Nr. 354, S. 390 f., 394; die Annahme, Selbstverwaltung sei kostengünstiger als die Verwaltung durch besoldete Beamte, wurde zudem als Irrtum qualifiziert, siehe dazu *Heinrich Heffter*, Die deutsche Selbstverwaltung im 19. Jahrhundert, 2. Aufl. 1969, S. 100.

[67] *Wolf Weber*, Selbstverwaltung und Demokratie in den Gemeinden nach der Gebietsreform, 1982, S. 163 f.; *Andreas Bovenschulte*, Gemeindeverbände als Organisationsformen kommunaler Selbstverwaltung, 2000, S. 24; zum Freiheitsaspekt in der revidierten Städteordnung vom 17. März 1831 *Heinrich Heffter*, Die deutsche Selbstverwaltung im 19. Jahrhundert, 2. Aufl. 1969, S. 213 ff.; *Eberhard Ramin*, Die Geschichte der Selbstverwaltungsidee seit dem Freiherrn vom Stein, 1972, S. 58 ff.; ausführlich *Reinhard Hendler*, Selbstverwaltung als Ordnungsprinzip, 1984, S. 19 f.

[68] *Heinrich Friedrich Karl Reichsfreiherr vom und zum Stein*, in: Walther Hubatsch (Hrsg.), Freiherr vom Stein, Briefe und amtliche Schriften, Bd. II/2, 1960, Nr. 729; dazu *Reinhard Hendler*, Selbstverwaltung als Ordnungsprinzip, 1984, S. 10 ff.

[69] Städte wurden gleichwohl nicht als „kommunale Republiken" verstanden – vielmehr wurde die polizeiliche Eingriffs- und Leistungsverwaltung verstaatlicht; des Weiteren wurden die Städte im Wege der Kommunalaufsicht in den staatlichen Gesamtverband eingebunden, siehe dazu *Reinhard Hendler*, Selbstverwaltung als Ordnungsprinzip, 1984, S. 18; ferner *Berthold Grzywatz*, AfK 1995, S. 30 ff.; das Fehlen hoheitlicher Befugnisse verdeutlichte zudem eine gesellschaftliche Komplementärfunkton der Städte, siehe dazu *Werner Weber*, DÖV 1948, S. 19 (22); *Arnold Köttgen*, Die Gemeinde und der Bundesgesetzgeber, 1957, S. 30; *Andreas Bovenschulte*, Gemeindeverbände als Organisationsformen kommunaler Selbstverwaltung, 2000, S. 27 f.

[70] *Reinhard Hendler*, Selbstverwaltung als Ordnungsprinzip, 1984, S. 14.

Mit dem freien Mandat der Stadtverordneten wurden zudem die Voraussetzungen geschaffen, um den ständischen Partikularismus zugunsten einer repräsentativen Gemeindeverfassung zu überwinden.[71] Die Reformidee *Heinrich Friedrich Karl Reichsfreiherr vom und zum Stein* zielte damit letztlich auf Bürgerbeteiligung im System einer dezentralisierten Organisationstruktur.

Schon der Liberalismus des Vormärz war demgegenüber von der Forderung nach Gemeindefreiheit und umfassender Unabhängigkeit freier Gemeinden vom Staat geprägt.[72] Im Gegensatz zur zentralistischen Konzeption *Jean-Jacques Rousseaus* wurde der Begriff der ursprünglichen Gebietskörperschaften der Belgischen Verfassung vom 7. Februar 1831 rezipiert, Anklang fand auch die noch mit der grundrechtlichen Gewährleistung kommunaler Selbstverwaltung der rheinland-pfälzischen Verfassung[73] zum Ausdruck gebrachte Lehre vom pouvoir municipal.[74] Gleiches gilt für die – dem Bemühen um eine qualitative Verbesserung gerade gegenläufige[75] – naturrechtliche These der vorstaatlichen Autonomie der Gemeinden.[76] Das Postulat gemeindlicher Eigenständigkeit und Selbstverantwortung wurde folglich als Abwehrrecht der Gesellschaft konzipiert[77] – womit das liberale Bürgertum letztlich nicht allein nach bürgerlicher

---

[71] *Andreas Bovenschulte*, Gemeindeverbände als Organisationsformen kommunaler Selbstverwaltung, 2000, S. 25; ferner *Hugo Preuß*, Die Entwicklung des deutschen Städtewesens, Bd. I, 1906, S. 254 f.

[72] *Eberhard Ramin*, Die Geschichte der Selbstverwaltungsidee seit dem Freiherrn vom Stein, 1972, S. 42 ff.; *Reinhard Hendler*, Selbstverwaltung als Ordnungsprinzip, 1984, S. 21 ff.; ferner *Georg Christoph von Unruh*, in: Norbert Achterberg (Hrsg.), Öffentliches Recht und Politik, Festschrift für Hans Ulrich Scupin zum 70. Geburtstag, 1973, S. 391 (400 ff.).

[73] Zum liberalen Geist der Frankfurter Reichsverfassung von 1849 *Reinhard Hendler*, Selbstverwaltung als Ordnungsprinzip, 1984, S. 21 f.

[74] Siehe auch *Friedhelm Hufen*, in: Max-Emanuel Geis (Hrsg.), Staat – Kirche – Verwaltung, Festschrift für Hartmut Maurer zum 70. Geburtstag, 2001, S. 1177 ff.; ferner BVerfGE 8, 120 (132); 38, 258 (270); *Julius Hatschek*, Die Selbstverwaltung in politischer und juristischer Bedeutung, 1898, S. 50 ff.; *Fritz Stier-Somlo*, VVDStRL 2 (1925), S. 122 (131); *Heinrich Heffter*, Die deutsche Selbstverwaltung im 19. Jahrhundert, 2. Aufl. 1969, S. 137 ff.; *Hans Klüber*, Das Gemeinderecht in den Ländern der Bundesrepublik Deutschland, 1972, S. 11; *Georg Christoph von Unruh*, in: Norbert Achterberg (Hrsg.), Öffentliches Recht und Politik, Festschrift für Hans Ulrich Scupin zum 70. Geburtstag, 1973, S. 391 (397 f.); *Ulrich Scheuner*, AfK 1973, S. 1 (5).

[75] *Heinrich Heffter*, Die deutsche Selbstverwaltung im 19. Jahrhundert, 2. Aufl. 1969, S. 181; *Klaus Lange*, in: Hans Schneider (Hrsg.), Im Dienst an Recht und Staat, Festschrift für Werner Weber zum 70. Geburtstag, 1974, S. 851 (855); *Wolf Weber*, Selbstverwaltung und Demokratie in den Gemeinden nach der Gebietsreform, 1982, S. 166 f.

[76] Siehe *Johann Christoph von Aretin/Karl von Rotteck*, Staatsrecht der constitutionellen Monarchie, 3. Teil, 2. Aufl. 1840, S. 22 ff., die ferner das Demokratieprinzip als Grundlage der Gemeindeverfassung fruchtbar machen; dazu auch *Georg Christoph von Unruh*, Der Staat 4 (1965), S. 441 ff.; *ders.*, in: Thomas Mann/Günter Püttner (Hrsg.), Handbuch der kommunalen Wissenschaft und Praxis, Bd. I, 3. Aufl. 2007, § 4, Rn. 14 f.; ferner *Erich Becker*, in: Karl August Bettermann/Hans Carl Nipperdey (Hrsg.), Die Grundrechte, Bd. IV/2, 1962, S. 673 (677 ff.).

[77] Zur Interpretation kommunaler Selbstverwaltung aus der Perspektive bürgerlicher Frei-

Freiheit, sondern vielmehr auch nach politischer Herrschaft[78] auf der Grundlage eines dualistisch-antagonistischen Verhältnisses von Staat und Selbstverwaltung strebte.[79]

(2) Selbstverwaltung nach Lorenz von Stein

Lorenz von Stein rezipierte eine solche liberale Interpretation der Gemeindefreiheit nicht vollumfänglich,[80] zentraler Bezugspunkt auch seiner Selbstverwaltungslehre war vielmehr die Reformbedürftigkeit der überkommenen Verwaltungsorganisation.[81] Kommunale Selbstverwaltung beschrieb nach *Lorenz von Stein*[82] aber dennoch eine ursprüngliche, gleichwohl in die öffentliche Verwaltung eingegliederte[83] Gemeindefreiheit.[84] Anknüpfend an die Kooperationslehre *Wilhelm Friedrich Hegels*[85] sollte die Aufgabenwahrnehmung im kommunalen Bereich auf lokale Eigentümlichkeiten Rücksicht nehmen und durch freie Wahlen legitimiert werden;[86] sie sollte grundsätzlich frei von staatlichen Interventionen bleiben und konnte dementsprechend solche Angelegenheiten nicht umfassen, die einheitlich erledigt werden mussten.[87] *Lorenz von Stein* war folglich um einen Ausgleich zwischen der liberalen Selbstverwaltungsidee und der monarchisch-bürokratischen Verwaltungsorganisation be-

---

heiten *Klaus Lange*, in: Hans Schneider (Hrsg.), Im Dienst an Recht und Staat, Festschrift für Werner Weber zum 70. Geburtstag, 1974, S. 851 (858).

[78] Ausführlich *Andreas Bovenschulte*, Gemeindeverbände als Organisationsformen kommunaler Selbstverwaltung, 2000, S. 30ff.

[79] Dazu *Reinhard Hendler*, Selbstverwaltung als Ordnungsprinzip, 1984, S. 21ff.; ferner *Ernst Forsthoff*, Lehrbuch des Verwaltungsrechts, 10. Aufl. 1973, S. 472; *Andreas Bovenschulte*, Gemeindeverbände als Organisationsformen kommunaler Selbstverwaltung, 2000, S. 29ff.

[80] *Lorenz von Stein*, Verwaltungslehre, Bd. I/2, 2. Aufl. 1986, S. 335f.; dazu *Andreas Bovenschulte*, Gemeindeverbände als Organisationsformen kommunaler Selbstverwaltung, 2000, S. 32ff.

[81] Siehe *Heinrich Heffter*, Die deutsche Selbstverwaltung im 19. Jahrhundert, 2. Aufl. 1969, S. 429f.; *Wolf Weber*, Selbstverwaltung und Demokratie in den Gemeinden nach der Gebietsreform, 1982, S. 176ff.

[82] Die Selbstverwaltungslehre *Lorenz von Steins* scheint die Grundgedanken *Heinrich Friedrich Karl Reichsfreiherr vom und zum Steins* zeitgemäß zu reformulieren, siehe *Ulrich Scheuner*, AfK 1962, S. 149 (150); *Klaus Lange*, in: Hans Schneider (Hrsg.), Im Dienst an Recht und Staat, Festschrift für Werner Weber zum 70. Geburtstag, 1974, S. 851 (856); *Gerd Schmidt-Eichstaedt*, Die Verwaltung 8 (1975), S. 345 (358f.); ferner *Andreas Bovenschulte*, Gemeindeverbände als Organisationsformen kommunaler Selbstverwaltung, 2000, S. 37.

[83] Dazu *Andreas Bovenschulte*, Gemeindeverbände als Organisationsformen kommunaler Selbstverwaltung, 2000, S. 38.

[84] *Lorenz von Stein*, Verwaltungslehre, Bd. I/2, 2. Aufl. 1986, S. 128, 137f.

[85] Dazu *Reinhard Hendler*, Selbstverwaltung als Ordnungsprinzip, 1984, S. 46ff.

[86] *Lorenz von Stein*, Verwaltungslehre, Bd. I/2, 2. Aufl. 1869, S. 129, 169; ausführlich dazu *Reinhard Hendler*, Selbstverwaltung als Ordnungsprinzip, 1984, S. 50ff.; ferner *Fritz Voigt*, Die Selbstverwaltung als Rechtsbegriff und juristische Erscheinung, 1938, S. 152ff.; *Heinrich Heffter*, Die deutsche Selbstverwaltung im 19. Jahrhundert, 2. Auf. 1969, S. 449ff.

[87] *Lorenz von Stein*, Verwaltungslehre, Bd. I/2, 2. Aufl. 1869, S. 335; dazu *Reinhard Hendler*, Selbstverwaltung als Ordnungsprinzip, 1984, S. 53.

müht[88] und konzipierte keinen Gegensatz zwischen Staat und Selbstverwaltung.[89] Vielmehr wollte die Selbstverwaltungslehre *Lorenz von Steins* das revolutionäre Potential absorbieren und zugleich ein notwendiges Maß an Bürgerbeteiligung durchsetzen.[90] Des Weiteren forderte *Lorenz von Stein* eine freiheitliche Binnenorganisation, die dem Gleichheitsgrundsatz Rechnung trägt und zwischen beschließenden und vollziehenden Stellen unterscheidet.[91] Die Selbstverwaltungslehre *Lorenz von Steins* zeichnete sich dementsprechend dadurch aus, dass die Beteiligung der Bürger an der öffentlichen Aufgabenerfüllung in staatlichen Organisationseinheiten verselbstständigt wurde.[92]

(3) Die Selbstverwaltungslehre Rudolf von Gneists

Rudolf von Gneist berief sich auf einen Gegensatz zwischen Staat und Gesellschaft.[93] Bezugnehmend auf die Verwaltungsorganisation Englands[94] rückte er – die obrigkeitliche und wirtschaftliche Selbstverwaltung unterscheidend[95] – den ehrenamtlichen Dienst des Einzelnen in den Vordergrund.[96] Kommunale Selbstverwaltung nach *Rudolf von Gneist* geriet daher sowohl mit den feudalen Organisationsstrukturen sowie dem liberalen Kapitalismus als auch mit dem Berufsbeamtentum in Konflikt.[97] Die Heranziehung der Bürger für die staatliche Verwaltung hatte zur Folge, dass kommunale Selbstverwaltung als Staatsverwaltung gedacht wurde; zugleich führte *Rudolf von Gneists* Konzeption zur

---

88 Ausführlich *Heinrich Heffter*, Die deutsche Selbstverwaltung im 19. Jahrhundert, 2. Auf. 1969, S. 450; zur Legitimation des monarchischen Staatsoberhauptes *Lorenz von Stein*, Verwaltungslehre, Bd. I/2, 2. Aufl. 1869, S. 9; dazu auch *Ernst-Wolfgang Böckenförde*, in: Historisches Seminar der Stadt Hamburg (Hrsg.), Alteuropa und die moderne Gesellschaft, Festschrift für Otto Brunner, 1963, S. 248 (265 ff.).

89 *Lorenz von Stein*, Verwaltungslehre, Bd. I/2, 2. Aufl. 1869, S. 9.

90 *Lorenz von Stein*, Verwaltungslehre, Bd. I/2, 2. Aufl. 1869, S. 9, 129; siehe auch *Reinhard Hendler*, Selbstverwaltung als Ordnungsprinzip, 1984, S. 55 f.

91 *Lorenz von Stein*, Verwaltungslehre, Bd. I/2, 2. Aufl. 1869, S. 243 f., 275, 340; dazu *Reinhard Hendler*, Selbstverwaltung als Ordnungsprinzip, 1984, S. 50 ff.

92 *Reinhard Hendler*, Selbstverwaltung als Ordnungsprinzip, 1984, S. 55.

93 *Rudolf von Gneist*, Die preußische Kreis-Ordnung in ihrer Bedeutung für den inneren Ausbau des deutschen Verfassungs-Staates, 1870, S. 3 ff.

94 *Rudolf von Gneist*, Verwaltung, Justiz, Rechtsweg, Staatsverwaltung und Selbstverwaltung nach englischen und deutschen Verhältnissen mit besonderer Rücksicht auf Verwaltungsreformen und Kreis-Ordnungen in Preußen, 1869, S. 5.

95 *Rudolf von Gneist*, Die preußische Kreis-Ordnung in ihrer Bedeutung für den inneren Ausbau des deutschen Verfassungs-Staates, 1870, S. 98; ausführlich dazu *Reinhard Hendler*, Selbstverwaltung als Ordnungsprinzip, 1984, S. 61.

96 *Rudolf von Gneist*, Die preußische Kreis-Ordnung in ihrer Bedeutung für den inneren Ausbau des deutschen Verfassungs-Staates, 1870, S. 8 ff.; siehe dazu *Wolfgang Hofmann*, in: Thomas Mann/Günter Püttner (Hrsg.), Handbuch der kommunalen Wissenschaft und Praxis, Bd. I, 3. Aufl. 2007, § 5, Rn. 7.

97 *Rudolf von Gneist*, Verwaltung, Justiz, Rechtsweg, 1869, S. 117; dazu *Andreas Bovenschulte*, Gemeindeverbände als Organisationsformen kommunaler Selbstverwaltung, 2000, S. 41.

Überwindung des liberalistischen Parlamentarismus.[98] Um die Staatsverwaltung zu kontrollieren und zugleich die Rechtssphäre des Einzelnen zu schützen,[99] sollte das Ehrenamt die auf dem besoldeten Berufsbeamtentum beruhende bürokratische Verwaltungsorganisation ergänzen,[100] staatliche Aufgaben sollten von ehrenamtlich Tätigen wahrgenommen werden.[101] Anders als die Selbstverwaltung durch selbstständige Verwaltungseinheiten[102] sollte lediglich die staatliche Verwaltungstätigkeit aus den Händen des besoldeten Berufsbeamtentums in die Verantwortung des unbesoldeten Ehrenamtes überführt werden. Das Ehrenamt verstand *Rudolf von Gneist* als öffentliche Pflicht zum persönlichen Dienst für das staatliche Gemeinwesen,[103] weswegen vor allem die besitzende Klasse zu diesem Dienst verpflichtet wurde: Der persönliche Dienst am staatlichen Gemeinwesen sollte lediglich den wirtschaftlich Leistungsfähigen zugemutet werden.[104]

Ehrenamtlich Tätige sollten ferner nicht gewählt,[105] sondern ausgehend von einem Vorschlags- und Anhörungsrecht der besitzenden Klasse vielmehr staatlich ernannt werden.[106] Die Ernennung gewährleiste ihre Unabhängigkeit, sie seien ferner auf Dauer zu ernennen und dürften nicht ohne Grund entlassen werden.[107] Die Einheitlichkeit der Verwaltung sollte durch Gehorsam gegenüber der Legislative sowie durch Unbescholtenheit sowie positive charakterli-

---

[98] *Wolf Weber*, Selbstverwaltung und Demokratie in den Gemeinden nach der Gebietsreform, 1982, S. 178.

[99] *Rudolf von Gneist*, Verwaltung, Justiz, Rechtsweg, Staatsverwaltung und Selbstverwaltung nach englischen und deutschen Verhältnissen mit besonderer Rücksicht auf Verwaltungsreformen und Kreis-Ordnungen in Preußen, 1869, S. 101.

[100] *Rudolf von Gneist*, Verwaltung, Justiz, Rechtsweg, Staatsverwaltung und Selbstverwaltung nach englischen und deutschen Verhältnissen mit besonderer Rücksicht auf Verwaltungsreformen und Kreis-Ordnungen in Preußen, 1869, S. 90, 95.

[101] *Rudolf von Gneist*, Die preußische Kreis-Ordnung in ihrer Bedeutung für den inneren Ausbau des deutschen Verfassungs-Staates, 1870, S. 9.

[102] *Rudolf von Gneist*, Verwaltung, Justiz, Rechtsweg, Staatsverwaltung und Selbstverwaltung nach englischen und deutschen Verhältnissen mit besonderer Rücksicht auf Verwaltungsreformen und Kreis-Ordnungen in Preußen, 1869, S. 121; ausführlich dazu *Reinhard Hendler*, Selbstverwaltung als Ordnungsprinzip, 1984, S. 60f.

[103] Ausführlich *Reinhard Hendler*, Selbstverwaltung als Ordnungsprinzip, 1984, S. 62.

[104] *Rudolf von Gneist*, Die preußische Kreis-Ordnung in ihrer Bedeutung für den inneren Ausbau des deutschen Verfassungs-Staates, 1870, S. 43ff.; kritisch zur asymmetrischen Machtverteilung *Albert E.F. Schäffle*, Bau und Leben des socialen Körpers, Bd. IV, 2. Aufl. 1881, S. 213, 387.

[105] Zur Verwaltung des Steuervermögens aber auch *Rudolf von Gneist*, Die preußische Kreis-Ordnung in ihrer Bedeutung für den inneren Ausbau des deutschen Verfassungs-Staates, 1870, S. 71ff.

[106] *Rudolf von Gneist*, Die preußische Kreis-Ordnung in ihrer Bedeutung für den inneren Ausbau des deutschen Verfassungs-Staates, 1870, S. 37ff.

[107] *Rudolf von Gneist*, Die preußische Kreis-Ordnung in ihrer Bedeutung für den inneren Ausbau des deutschen Verfassungs-Staates, 1870, S. 38f.

che Eigenschaften und Intelligenz sichergestellt werden.[108] Anklang fanden schließlich auch die Selbstverwaltungslehren *Heinrich Friedrich Karl Reichsfreiherr vom und zum Steins* und *Lorenz von Steins*: Ehrenamtlich Tätige mussten auch nach *Rudolf von Gneist* über besondere Kenntnisse und Erfahrungen verfügen und mit der erforderlichen Sachkunde urteilen können. Zudem zielte der persönliche Dienst am staatlichen Gemeinwesen auf die Sensibilisierung für eben dieses Gemeinwesen und hatte dementsprechend erzieherische Wirkung;[109] die Durchsetzung von Klasseninteressen sollte dadurch verhindert, Gemeinsinn, Pflichtgefühl, Verantwortungsbewusstsein und Engagement sollten gefördert werden.[110]

(4) Die Genossenschaftslehre Otto von Gierkes

Anders als die durchaus vergleichbaren Ansätze *Heinrich Friedrich Karl Reichsfreiherr vom und zum Steins*, *Lorenz von Steins* und *Rudolf von Gneists* nahm die Selbstverwaltungslehre *Otto von Gierkes* auf die aus der germanischen Rechtsschule hervorgegangene Genossenschaftslehre Bezug.[111] Grundlegend war dabei die Unterscheidung zwischen der Daseinsordnung der Individuen und der Daseinsordnung der menschlichen Gattungsverbände,[112] die Verbände als juristische Entsprechung der Institutionen qualifizierte.[113] *Otto von Gierke* unterschied Herrschafts- und Genossenschaftsverbände,[114] ordnete Gemeinden, die nicht ausschließlich genossenschaftlich strukturiert seien, den Genossenschaften im weiteren Sinne zu und grenzte sie zugleich von Genossenschaften im engeren Sinne ab.[115] Als Differenzierungsmerkmal diente die vom Willen der Verbandsmitglieder unabhängige, territoriale Grundlage der Gemeinden, die Gemeinden überdies von Kirchen und freien Genossenschaften unterschied.[116] *Otto von Gierke* postulierte dementsprechend die Freiheit der Ge-

---

[108] *Rudolf von Gneist*, Die preußische Kreis-Ordnung in ihrer Bedeutung für den inneren Ausbau des deutschen Verfassungs-Staates, 1870, S. 97.

[109] *Rudolf von Gneist*, Verwaltung, Justiz, Rechtsweg, Staatsverwaltung und Selbstverwaltung nach englischen und deutschen Verhältnissen mit besonderer Rücksicht auf Verwaltungsreformen und Kreis-Ordnungen in Preußen, 1869, S. 45 f., 54.

[110] *Rudolf von Gneist*, Die preußische Kreis-Ordnung in ihrer Bedeutung für den inneren Ausbau des deutschen Verfassungs-Staates, 1870, S. 41 f.; kritisch zum Ganzen *Reinhard Hendler*, Selbstverwaltung als Organisationsprinzip, 1984, S. 57 ff.

[111] *Otto von Gierke*, Das deutsche Genossenschaftsrecht, Bd. I, 1869, S. 5, 7; ausführlich dazu *Reinhard Hendler*, Selbstverwaltung als Organisationsprinzip, 1984, S. 64 ff.; ferner *Heinrich Heffter*, Die deutsche Selbstverwaltung im 19. Jahrhundert, 2. Auf. 1969, S. 525 ff.; *Karl-Jürgen Bieback*, Die öffentliche Körperschaft, 1976, S. 433 ff.

[112] *Otto von Gierke*, Die Grundbegriffe des Staatsrechts und die neuesten Staatstheorien, 1915, S. 93 f.

[113] *Otto von Gierke*, Die Genossenschaftstheorie und die deutsche Rechtsprechung, 1887, S. 5; dazu *Reinhard Hendler*, Selbstverwaltung als Ordnungsprinzip, 1984, S. 67.

[114] Dazu *Otto von Gierke*, Das deutsche Genossenschaftsrecht, Bd. I, 1869, S. 89.

[115] *Otto von Gierke*, Das deutsche Genossenschaftsrecht, Bd. I, 1869, S. 5.

[116] *Otto von Gierke*, Das deutsche Genossenschaftsrecht, Bd. I, 1869, S. 655, 765.

meinden von staatlichen Interventionen;[117] die notwendige Einheitlichkeit der Aufgabenwahrnehmung sollte durch verbindliche Rechtsnormen sowie im Wege der staatlichen Aufsicht über die Rechtmäßigkeit der kommunalen Aufgabenwahrnehmung sichergestellt werden.[118] Diese Freiheit der Gemeinden verknüpfte schließlich auch *Otto von Gierke* mit der Teilnahme der Bürger an der Erledigung öffentlicher Angelegenheiten.[119]

bb) Rezeption der „klassischen" Selbstverwaltungslehren

Zusammenfassend lässt sich festhalten, dass trotz der unterschiedlichen Konzeptionen der Gedanke der Bürgerbeteiligung für das Verständnis kommunaler Selbstverwaltung bestimmend war. Dieser Gedanke setze sich auch in der Folgezeit grundsätzlich durch und rückte in den Mittelpunkt der Überlegungen zur kommunalen Selbstverwaltung.[120] Lediglich rechtspositivistische Konzeptionen sahen dies anders.[121] *Paul Laband* etwa nahm Bezug auf ein öffentlich-rechtliches Rechtssubjekt, das zwischen Staat und Gesellschaft angesiedelt sei und zur Wahrnehmung staatlicher Aufgaben herangezogen werde.[122] Die Wahrnehmung obrigkeitlicher Herrschaftsbefugnisse wurde danach auf mitgliedschaftlich strukturierte Verwaltungseinheiten mit institutioneller Eigenständigkeit übertragen, die auf territorialer Grundlage beruhten[123] und dem Staat zwar unterworfen seien, dennoch aber einer spezifischen Rechtssphäre angehörten. Staatliche Beeinträchtigungen seien auf legislative Vorgaben sowie die Kontrolle der Aufgabenwahrnehmung beschränkt, da die Aufgabenwahrnehmung und die diesbezügliche Anwendung der maßgeblichen legislativen Vorgaben[124] auf die Gemeinden delegiert worden seien.[125] Staat und Selbstver-

---

[117] *Otto von Gierke*, Das deutsche Genossenschaftsrecht, Bd. I, 1869, S. 763.

[118] *Otto von Gierke*, Die Genossenschaftstheorie und die deutsche Rechtsprechung, 1887, S. 652 ff.

[119] *Otto von Gierke*, Das deutsche Genossenschaftsrecht, Bd. I, 1869, S. 650; ausführlich dazu *Reinhard Hendler*, Selbstverwaltung als Ordnungsprinzip, 1984, S. 69.

[120] *Reinhard Hendler*, in: Josef Isensee/Paul Kirchhof (Hrsg.), Handbuch des Staatsrechts der Bundesrepublik Deutschland, Bd. VI, 3. Aufl. 2008, § 143, Rn. 4 ff.

[121] *Reinhard Hendler*, in: Josef Isensee/Paul Kirchhof (Hrsg.), Handbuch des Staatsrechts der Bundesrepublik Deutschland, Bd. VI, 3. Aufl. 2008, § 143, Rn. 10 f.; ferner *Heinrich Heffter*, Die deutsche Selbstverwaltung im 19. Jahrhundert, 2. Auf. 1969, S. 736 ff.

[122] *Paul Laband*, Das Staatsrecht des deutschen Reiches, Bd. I, 1876, S. 102.

[123] *Paul Laband*, Das Staatsrecht des deutschen Reiches, Bd. I, 1876, S. 103.

[124] Die anfänglich trotz der Kritik an der Selbstverwaltungslehre *Rudolf von Gneists* angestrebte Ausgliederung der privatrechtlichen Vermögensverwaltung aus dem Aufgabenfeld der Selbstverwaltungskörper – dazu *Paul Laband*, Das Staatsrecht des deutschen Reiches, Bd. I, 1876, S. 99; kritisch schon *Heinrich Rosin*, Hirts Annalen des Deutschen Reiches 1883, S. 265 (311 f.) – wurde später aufgegeben, siehe *Paul Laband*, Das Staatsrecht des deutschen Reiches, Bd. I, 2. Aufl. 1888, S. 97.

[125] *Paul Laband*, Das Staatsrecht des deutschen Reiches, Bd. I, 1876, S. 101.

waltung wurden folglich unterschieden, Gemeinden wurden aber gleichwohl als dem Staat immanente, selbständige Kooperationen[126] qualifiziert.[127]

Während *Otto von Sarwey*[128] und *Edgar Loening*[129] demgegenüber noch das Ehrenamt[130] hervorhoben und kommunale Selbstverwaltung als politisches Gestaltungsprinzip[131] qualifizierten[132] und *Ernst von Meier* die administrative Aufgabenwahrnehmung den kommunalen Verbänden höherer und niederer Ordnung zubilligte, das Ehrenamt aber zugunsten der Legitimation durch Wahlen zurückdrängte,[133] entwickelte *Heinrich Rosin* die juristische Selbstverwaltungslehre *Paul Labands* weiter: Die Selbstverwaltungslehre *Rudolf von Gneists* sowie der liberale Gedanke des lokalen Parlamentarismus[134] wurden dem Bereich des Politischen zugeordnet. Eine körperschaftliche Konstruktion kommunaler Selbstverwaltung im juristischen Sinne wurde dementsprechend von einer bürgerlichen Selbstverwaltung im politischen Sinne unterschieden.[135] Selbstverwaltung im juristischen Sinne beschrieb danach lediglich ein politi-

---

[126] Selbstverwaltungskörper konnten nach der Auffassung *Paul Labands* monarchisch oder korporativ organisiert sein – die historischen Beispiele der Städte und freien Landgemeinden des Mittelalters wurden als örtlich begrenzte Verbände, die ihre rechtlich normierte Verfassung haben und als Subjekte von öffentlichen Rechten und Pflichten fungieren, den korporativ organisierten Selbstverwaltungskörpern zugeordnet, siehe *Paul Laband*, Das Staatsrecht des deutschen Reiches, Bd. I, 1876, S. 102; ausführlich dazu *Reinhard Hendler*, Selbstverwaltung als Ordnungsprinzip, 1984, S. 110f.

[127] *Paul Laband*, Das Staatsrecht des deutschen Reiches, Bd. I, 1876, S. 104.

[128] *Otto von Sarwey*, Das Staatsrecht des Königsreichs Württemberg, Bd. II, 1883, S. 259.

[129] *Edgar Loening*, Lehrbuch des Deutschen Verwaltungsrechts, 1884, S. 34, 36f., der der rechtspositivistischen Interpretation vorwarf, den politischen Wert der Selbstverwaltung aufzugeben, ohne einen juristischen Gehalt zu gewinnen.

[130] Siehe *Georg Meyer*, Lehrbuch des Deutschen Staatsrechtes, 2. Aufl. 1885, S. 279, der dem Begriff des Ehrenamtes mit der Unterscheidung zwischen Neben- und Hauptberuflichkeit der Wahrnehmung amtlicher Geschäfte eine neue inhaltliche Wendung gab; dazu *Reinhard Hendler*, Selbstverwaltung als Ordnungsprinzip, 1984, S. 113ff.

[131] Dazu *Conrad Bornhak*, Preußisches Staatsrecht, Bd. II, 2. Aufl. 1912, S. 109ff.

[132] Namentlich *Otto von Sarwey* hielt an der bereits früher geäußerten Auffassung fest, Selbstverwaltung fördere die Legitimität hoheitlicher Entscheidungen, siehe *Otto von Sarwey*, in: Heinrich Marquardsen (Hrsg.), Handbuch des Öffentlichen Rechts der Gegenwart in Monographien, Bd. I/2, 1884, S. 105; ferner wurde dem Gedanken der Selbstverwaltung auch attestiert, die Qualität der administrativen Leistung zu erhöhen, siehe *Hermann Schulze*, Lehrbuch des Deutschen Staatsrechts, Bd. I, 1881, S. 409; *Georg Jellinek*, Allgemeine Staatslehre, 3. Aufl. 1914, S. 628; schließlich ging auch der nationalpädagogische Aspekt keinesfalls verloren, siehe *Hermann Schulze*, Das Preußische Staatsrecht auf der Grundlage des Deutschen Staatsrechts, Bd. II, 1877, S. 3; *Georg Meyer*, Lehrbuch des Deutschen Staatsrechts, 2. Aufl. 1885, S. 281; *Julius Hatschek*, Die Selbstverwaltung in politischer und juristischer Bedeutung, 1898, S. 158.

[133] *Ernst von Meier*, in: Franz von Holtzendorff (Hrsg.), Encyklopädie der Rechtswissenschaft in systematischer Bearbeitung, Teil I, 3. Aufl. 1877, S. 881 (890ff.).

[134] *Heinrich Rosin*, Hirts Annalen des Deutschen Reiches 1883, S. 265 (314).

[135] *Heinrich Rosin*, Hirts Annalen des Deutschen Reiches 1883, S. 265 (319f.).

sches Gemeinwesen[136] – dessen Binnenorganisation allenfalls für den politischen Selbstverwaltungsbegriff relevant war.[137] Selbstverwaltung im politischen Sinne umfasste im monarchischen Staat demgegenüber diejenigen Organisationsformen, die nicht durch herrschaftliche, sondern vielmehr durch genossenschaftliche Strukturen gekennzeichnet waren.[138] Ausgehend von einem derartigen staats- und verwaltungsrechtlichen Positivismus wurde kommunale Selbstverwaltung nicht im Spannungsfeld von Staat und Gesellschaft angesiedelt. Gemeinden und Gemeindeverbände wurden der staatlichen Verwaltungsorganisation zugeordnet, sie übten danach staatliche Herrschaftsmacht nach Maßgabe legislativer Vorgaben und unter staatlicher Kontrolle aus.[139]

Auch die Ansätze *Hermann Schulzes*[140] und *Hermann Brauses*[141] umrissen das Wesen kommunaler Selbstverwaltung dahingehend, dass die der örtlichen Wahrnehmung zugänglichen Aufgaben der Selbsttätigkeit der Bürger wohlorganisierten und auf territorialer Grundlage[142] beruhenden korporativen sowie selbstständigen Körperschaften überlassen werden.[143] Namentlich das Ehrenamt wurde von dieser juristischen Begriffsbestimmung allerdings nicht erfasst.[144] *Oscar Gluth* betonte, dass nur diejenigen dem Staat zugehörigen Rechtssubjekte der kommunalen Selbstverwaltung zugeordnet werden könnten, die zugleich staatliche Aufgaben erfüllen. Als „naturnothwendige" Gebietsgemeinwesen wurden dabei allein die Gemeinden benannt, von denen „gewordene" Gebietsgemeinwesen zu unterscheiden seien.[145] *Oscar Gluth* rezipierte damit im Wesentlichen die Selbstverwaltungslehre *Heinrich Rosins* und qualifizierte das

---

[136] *Heinrich Rosin*, Hirts Annalen des Deutschen Reiches 1883, S. 265 (309); ausführlich dazu Reinhard Hendler, Selbstverwaltung als Ordnungsprinzip, 1984, S. 116 ff.

[137] *Heinrich Rosin*, Hirts Annalen des Deutschen Reiches 1883, S. 265 (312).

[138] *Heinrich Rosin*, Hirts Annalen des Deutschen Reiches 1883, S. 265 (314).

[139] Dazu *Andreas Bovenschulte*, Gemeindeverbände als Organisationsformen kommunaler Selbstverwaltung, 2000, S. 48 f.

[140] *Hermann Schulze*, Das Preußische Staatsrecht auf der Grundlage des Deutschen Staatsrechts, Bd. I, 2. Aufl. 1888, S. 438 ff.

[141] *Hermann Brause*, Der Begriff der Selbstverwaltung in Deutschland, 1900, S. 29 f.

[142] Dazu *Ernst Neukamp*, AöR 4 (1889), S. 525 (551 ff.); kritisch *Edmund Bernatzik*, AöR 5 (1890), S. 169 (303); *Paul Schoen*, Das Recht der Kommunalverbände in Preußen, 1897, S. 12; *ders.*, in: Franz von Holtzendorff/Josef Köhler (Hrsg.), Enzyklopädie der Rechtswissenschaft in systematischer Bearbeitung, Bd. IV, 7. Aufl. 1914, S. 193 (202 f.); ferner *Albert Haenel*, Deutsches Staatsrecht, Bd. I, 1892, S. 141 ff.; *Hermann Blodig*, Die Selbstverwaltung als Rechtsbegriff, 1894, S. 273 ff.; ausführlich dazu *Reinhard Hendler*, Selbstverwaltung als Ordnungsprinzip, 1984, S. 118 ff., 124 ff.

[143] Dazu *Reinhard Hendler*, Selbstverwaltung als Ordnungsprinzip, 1984, S. 116 ff.

[144] *Hermann Schulze*, Das Preußische Staatsrecht auf der Grundlage des Deutschen Staatsrechts, Bd. I, 2. Aufl. 1888, S. 438 f.; siehe aber auch *dens.*, Das Preußische Staatsrecht auf der Grundlage des Deutschen Staatsrechts, Bd. II, 1877, S. 5; dazu *Reinhard Hendler*, Selbstverwaltung als Ordnungsprinzip, 1984, S. 118 f.

[145] *Oscar Gluth*, Die Lehre von der Selbstverwaltung im Lichte formaler Begriffsbestimmungen, 1887, S. 98, 103 f., 143; dazu *Reinhard Hendler*, Selbstverwaltung als Ordnungsprinzip, 1984, S. 119 ff.

Ehrenamt folglich ebenfalls nicht als Bestandteil kommunaler Selbstverwaltung.[146] *Julius Hatschek* betonte schließlich die planmäßige und bewusste Heranziehung örtlich geschlossener Kollektivverbände zur Wahrnehmung staatlicher Aufgaben, da allein solche Kollektivverbände über die erforderliche Homogenität verfügten.[147] Die Unterscheidung zwischen politischer und juristischer Selbstverwaltung griff *Julius Hatschek* ebenfalls auf, indem er auf ein politisches Institut Bezug nahm,[148] das weder auf das Ehrenamt noch auf das Wahlrecht bezogen sei.[149]

cc) Zur Unterscheidung zwischen politischer und juristischer Selbstverwaltung

Der Unterscheidung zwischen politischer und juristischer Selbstverwaltung setzte *Georg Jellinek* einen einheitlichen Selbstverwaltungsbegriff entgegen:[150] Kommunale Selbstverwaltung definierte er als diejenige Verwaltung, die nicht oder nicht ausschließlich von Berufsbeamten ausgeübt werde[151] – Selbstverwaltung im politischen Sinne sei demgegenüber die Verwaltung öffentlicher Interessen durch Interessierte.[152] *Georg Jellinek* führte sodann die Selbstverwaltung im politischen Sinne und das juristische Wesen der Selbstverwaltung zusammen:[153] Er verstand kommunale Selbstverwaltung zunächst als Form der Dezentralisierung, qualifizierte sodann aber das Ehrenamt als juristische Ausprägung des politischen Selbstverwaltungsbegriffs.[154] Zweifel am rechtspositivisti-

[146] *Oscar Gluth*, Die Lehre von der Selbstverwaltung im Lichte formaler Begriffsbestimmungen, 1887, S. 104.

[147] *Julius Hatschek*, Die Selbstverwaltung in politischer und juristischer Bedeutung, 1898, S. 80, 97, 158 f.; dazu *Karl-Jürgen Bieback*, Die öffentliche Körperschaft, 1976, S. 418 ff.; *Reinhard Hendler*, Selbstverwaltung als Ordnungsprinzip, 1984, S. 121 ff.

[148] *Julius Hatschek*, Die Selbstverwaltung in politischer und juristischer Bedeutung, 1898, S. 85 ff., 141 ff.; *ders.*, in: Karl Freiherr von Stengel/Max Fleischmann (Hrsg.), Wörterbuch des Deutschen Staats- und Verwaltungsrechts, Bd. II, 2. Aufl. 1914, S. 419 (423 f.).

[149] *Julius Hatschek*, Die Selbstverwaltung in politischer und juristischer Bedeutung, 1898, S. 112, 139; ferner *Karl Freiherr von Stengel*, Die Organisation der preußischen Verwaltung nach den neuen Reformgesetzen, 1884, S. 18.

[150] Namentlich gegenüber der Feststellung *Otto Mayers*, der Selbstverwaltungsbegriff sei ein politisches Schlagwort – siehe *Otto Mayer*, Deutsches Verwaltungsrecht, Bd. II, 3. Aufl. 1924, S. 394 –, betonte *Georg Jellinek*, dass jeder, der die Selbstverwaltung gänzlich in das politische Gebiet verweise, verkenne, dass alle publizistischen Rechtsbegriffe aus dem politischen hervorgewachsen seien, indem überall das, was im realen Leben der Staaten zu praktischen Zwecken gefordert und sodann dauernd geübt werde, sich notwendig zu Rechtsgestaltungen verdichte und es keinen staatsrechtlichen Grundbegriff gebe, der nicht aus dem Kampfe und Siege politischer Forderungen hervorgewachsen wäre, siehe *Georg Jellinek*, Allgemeine Staatslehre, 3. Aufl. 1914, S. 632.

[151] *Georg Jellinek*, Allgemeine Staatslehre, 3. Aufl. 1914, S. 631 f.

[152] *Georg Jellinek*, System der subjektiven öffentlichen Rechte, 2. Aufl. 1905, S. 290 f.

[153] *Georg Jellinek*, System der subjektiven öffentlichen Rechte, 2. Aufl. 1905, S. 291.

[154] *Georg Jellinek*, Allgemeine Staatslehre, 3. Aufl. 1914, S. 638 ff.; dazu *Reinhard Hendler*, Selbstverwaltung als Ordnungsprinzip, 1984, S. 128 f.

schen Selbstverwaltungsverständnis äußerte auch *Hugo Preuß*,[155] der die Entgegensetzung von korporativer Selbstverwaltung und englischem Selfgovernment und folglich die Unterscheidung zwischen Selbstverwaltung im politischen und juristischen Sinne kritisierte.[156] Zugleich zweifelte *Hugo Preuß* an der Notwendigkeit, Gemeinden entweder der gesellschaftlichen Sphäre zuzuordnen oder sie als Bestandteil der staatlichen Verwaltungsorganisation zu qualifizieren.[157]

(1) Weimarer Epoche

Dennoch wurde die Unterscheidung zwischen politischer und juristischer Selbstverwaltung in der Weimarer Epoche[158] rezipiert[159] und der juristische Selbstverwaltungsbegriff hervorgehoben.[160] Allenfalls vereinzelt wurde noch auf den Gedanken der Bürgerbeteiligung Bezug genommen: *Rudolf Hermann Herrnritt* etwa betonte – abseits der allgemeinen, gleichen, unmittelbaren und geheimen Gemeindewahlen durch alle reichsdeutschen Männer und Frauen nach den Grundsätzen der Verhältniswahl im Sinne des Art. 17 Abs. 2 WRV – die Notwendigkeit der Bürgerbeteiligung. Dies zeigt, dass die politische Funktion kommunaler Selbstverwaltung auch in der Weimarer Epoche nicht verloren ging:[161] Kommunale Selbstverwaltung beschrieb danach die Beteiligung gesell-

[155] *Hugo Preuß*, Das städtische Amtsrecht in Preußen, 1902, S. 5.

[156] *Hugo Preuß*, Gemeinde, Staat, Reich als Gebietskörperschaften, 1889, S. 222; *ders.*, in: Rechts- und staatswissenschaftliche Fakultät der Kaiser-Wilhelms-Universität Straßburg (Hrsg.), Staatsrechtliche Abhandlungen, Festgabe für Paul Laband zum fünfzigsten Jahrestage der Doktor-Promotion, Bd. II, 1908, S. 199 (201, 205); *ders.*, in: Josef Brix/Hugo Lindemann/Otto Most/Hugo Preuß/Albert Südekum (Hrsg.), Handwörterbuch der Kommunalwissenschaften, Bd. III, 1924, S. 768 (773).

[157] *Hugo Preuß*, Gemeinde, Staat, Reich als Gebietskörperschaften, 1889, S. 220; dazu *Andreas Bovenschulte*, Gemeindeverbände als Organisationsformen kommunaler Selbstverwaltung, 2000, S. 55 f.

[158] Die kritischen Stimmen, die dem Gedanken der Selbstverwaltung destabilisierende Wirkung zuschrieben und ein antagonistisches Verhältnis von Selbstverwaltung und Demokratie beschrieben, mehrten sich in der Weimarer Epoche merklich, siehe *Johannes Popitz*, Der Finanzausgleich und seine Bedeutung für die Finanzlage des Reichs, der Länder und Gemeinden, 1930, S. 6 ff.; *Carl Schmitt*, Der Hüter der Verfassung, 1931, S. 71 ff.; *Ernst Forsthoff*, Die öffentliche Körperschaft im Bundesstaat, 1931, S. 182; anders etwa *Leo Wittmayer*, Die Weimarer Reichsverfassung, 1922, S. 74; *Ernst Horneffer*, Demokratie und Selbstverwaltung, 1927, S. 45 f.

[159] *Hans Peters*, Zentralisation und Dezentralisation, 1928, S. 22; *Friedrich Glum*, AöR 56 (1929), S. 379 ff.; *Walter Jellinek*, Verwaltungsrecht, 2. Aufl. 1931, S. 62; ferner *Erich Busch*, Die Entwicklung des Selbstverwaltungsbegriffes im deutschen Verwaltungsrechte, 1919, S. 41 ff.; kritisch *Adolf Julius Merkl*, Allgemeines Verwaltungsrecht, 1927, S. 344; *Ottmar Bühler*, in: Gerhard Anschütz/Richard Thoma (Hrsg.), Handbuch des Deutschen Staatsrechts, Bd. I, 1930, S. 697 (697); *Ernst Forsthoff*, Die Krise der Gemeindeverwaltung im heutigen Staat, 1932, S. 3.

[160] Ausführlich dazu *Reinhard Hendler*, Selbstverwaltung als Ordnungsprinzip, 1984, S. 163 ff.

[161] Kritisch *Otto Mayer*, Deutsches Verwaltungsrecht, Bd. II, 3. Aufl. 1924, S. 394.

schaftlicher Gruppen an der öffentlichen Verwaltung.[162] Ähnlich formulierte *Fritz Fleiner*, dass „[n]icht der Staat verwaltet [werde], sondern die unmittelbaren Interessenten [...] die öffentliche Verwaltung [führten]".[163] *Hans Kelsen* betonte – obwohl jede begriffliche Unterscheidung zwischen Staats- und Selbstverwaltung eine historische Reminiszenz sei –, dass Selbstverwaltung eine demokratische Verwaltung im Wege der Bürgerbeteiligung oder eines gewählten Kollegiums bedeute.[164]

(2) Art. 28 Abs. 2 GG und juristischer Selbstverwaltungsbegriff

Auch mit Blick auf Art. 28 Abs. 2 GG wurde zunächst die Unterscheidung zwischen politischer und juristischer Selbstverwaltung aufgegriffen. Den formalisierten juristischen Selbstverwaltungsbegriff prägte insoweit namentlich *Hans Julius Wolff*, der Selbstverwaltung im Rechtssinne als „selbstständige, fachweisungsfreie Wahrnehmung enumerativ oder global überlassener oder zugewiesener eigener öffentlicher Angelegenheiten durch unterstaatliche Träger oder Subjekte öffentlicher Verwaltung in eigenem Namen" qualifizierte[165] und den politischen Selbstverwaltungsbegriff mit Blick auf Art. 28 Abs. 2 GG ablehnte.[166] Nach *Hans Julius Wolff* verhält sich Art. 28 Abs. 2 GG weder zum Gedanken der Bürgerbeteiligung noch zum personellen Substrat kommunaler Selbstverwaltung oder zur Binnenstruktur von Gemeinden.[167] Im Vordergrund stand allein der Aspekt der Dezentralisierung, definierte *Hans Julius Wolff* kommunale Selbstverwaltung doch als „dezentralisierte Verwaltung eigener Angelegenheiten eines unterstaatlichen Trägers öffentlicher Verwaltung im eigenen Namen und auf eigene Kosten".[168] Dem ähnelten die Ausführungen *Ernst Forsthoffs*, der einen politischen Selbstverwaltungsbegriff ebenfalls ablehnte und zur Definition kommunaler Selbstverwaltung ausschließlich auf die Organisationsform der Gemeinden und Gemeindeverbände zurückgriff; kommunale Selbstverwaltung wurde als Wahrnehmung an sich staatlicher Aufgaben durch Körperschaften, Anstalten und Stiftungen des öffentlichen Rechts qualifiziert.[169] Zwar seien Bürgerbeteiligung sowie das Erfordernis körperschaftlicher Orga-

---

162 *Rudolf Hermann Herrnritt*, Grundlagen des Verwaltungsrechts, 1921, S. 187.

163 *Fritz Fleiner*, Institutionen des Deutschen Verwaltungsrechts, 8. Aufl. 1928, S. 100; dazu *Andreas Bovenschulte*, Gemeindeverbände als Organisationsformen kommunaler Selbstverwaltung, 2000, S. 72.

164 *Hans Kelsen*, Allgemeine Staatslehre, 1925, S. 181, 365; dazu *Andreas Bovenschulte*, Gemeindeverbände als Organisationsformen kommunaler Selbstverwaltung, 2000, S. 72 ff.

165 *Hans Julius Wolff/Otto Bachhof*, Verwaltungsrecht II, 4. Aufl. 1976, S. 180.

166 *Hans Julius Wolff/Otto Bachhof*, Verwaltungsrecht II, 4. Aufl. 1976, S. 179 f.

167 Ausführlich dazu *Reinhard Hendler*, Selbstverwaltung als Ordnungsprinzip, 1984, S. 271 ff.

168 *Hans Julius Wolff/Otto Bachhof*, Verwaltungsrecht II, 4. Aufl. 1976, S. 100.

169 *Ernst Forsthoff*, Lehrbuch des Verwaltungsrechts, 10. Aufl. 1973, S. 478; dazu *Eberhard Laux*, in: Freiherr-vom-Stein-Gesellschaft (Hrsg.), Cappenberger Gespräch der Freiherr-vom-Stein-Gesellschaft, Bd. 19 (1984), S. 9 (13 f.).

nisationsstrukturen ebenfalls bedeutsam;[170] gleichwohl seien sie aber letztlich irrelevant, da „nicht recht einzusehen [sei], warum es noch auf die körperschaftliche Struktur ankommen soll, nachdem der Selbstverwaltungsbegriff an den selbständigen Träger angeschlossen worden ist".[171] Wenn der politische Selbstverwaltungsbegriff im Anwendungsbereich des Art. 28 Abs. 2 GG keine Geltung beanspruche[172] und primär eine unpolitische[173] Wahrnehmung staatlicher Aufgaben bezweckt werde,[174] müsse insbesondere der Gedanke der Bürgerbeteiligung[175] ohne Bedeutung bleiben.

Eine derartige Unterscheidung zwischen formaler und materieller Selbstverwaltung liegt grundsätzlich auch den Ausführungen *Erich Beckers* zugrunde, die allerdings auch Rücksicht auf den Gedanken der Bürgerbeteiligung nehmen. Während der formale Selbstverwaltungsbegriff „die Führung öffentlicher Verwaltung durch vom Staat verschiedene juristische Personen des öffentlichen

---

[170] *Ernst Forsthoff*, Lehrbuch des Verwaltungsrechts, 10. Aufl. 1973, S. 474.

[171] *Ernst Forsthoff*, Lehrbuch des Verwaltungsrechts, 10. Aufl. 1973, S. 478.

[172] *Ernst Forsthoff*, Lehrbuch des Verwaltungsrechts, 10. Aufl. 1973, S. 474; kritisch *Ulrich Scheuner*, VVDStRL 11 (1954), S. 1 (36 f.); ausführlich dazu *Reinhard Hendler*, Selbstverwaltung als Ordnungsprinzip, 1984, S. 273 f.

[173] Siehe BVerfGE 2, 1 (76); ferner *Hans H. Klein*, in: Roman Schnur (Hrsg.), Festschrift für Ernst Forsthoff zum 70. Geburtstag, 1972, S. 165 (183); *Ernst Forsthoff*, Lehrbuch des Verwaltungsrechts, Bd. I, 10. Aufl. 1973, S. 536 ff.; anders *Arnold Köttgen*, Die Krise der kommunalen Selbstverwaltung, 1931, S. 8 f., 42 ff.; dazu *Andreas Bovenschulte*, Gemeindeverbände als Organisationsformen kommunaler Selbstverwaltung, 2000, S. 68 ff.; zum oftmals unterschiedlich akzentuierten Verhältnis von kommunaler Selbstverwaltung und (Partei)Politik *Gabriele Wurzel*, Gemeinderat als Parlament?, 1974, S. 125, 132; *dies.*, BayVBl. 1986, S. 417 ff.; *Willi Blümel*, VVDStRL 36 (1978), S. 171 (222 ff.); *Edzard Schmidt-Jortzig*, DVBl. 1980, S. 1 (3); *Georg Christoph von Unruh*, DVBl. 1980, S. 903 (905); *ders.*, DÖV 1986, S. 217 (220, 223); *Eberhard Laux*, in: Albert von Mutius (Hrsg.), Selbstverwaltung im Staat der Industriegesellschaft, Festgabe zum 70. Geburtstag von Georg Christoph von Unruh, 1983, S. 51 ff.; *Werner Frotscher*, in: Albert von Mutius (Hrsg.), Selbstverwaltung im Staat der Industriegesellschaft, Festgabe zum 70. Geburtstag von Georg Christoph von Unruh, 1983, S. 127 (139 f.); ferner *Ulrich Scheuner*, AfK 1962, S. 149 (156); *ders.*, AfK 1973, S. 1 (31); *Rolf-Richard Grauhan*, AfK 1962, S. 88 ff.; *Hans Peters*, in: Helmut R. Külz/Richard Naumann (Hrsg.), Staatsbürger und Staatsgewalt, Bd. II, 1963, S. 203 (222); *Rupert Scholz*, Das Wesen und die Entwicklung der gemeindlichen öffentlichen Einrichtungen, 1967, S. 45; *Klaus Lange*, in: Ekkehard Stein (Hrsg.), Auf einem Dritten Weg, Festschrift für Helmut Ridder, 1989, S. 63 ff.; ausführlich dazu *Arnold Köttgen*, Die Gemeinde und der Bundesgesetzgeber, 1957, S. 35; *Günter Seele*, in: Hans Schneider (Hrsg.), Im Dienst an Recht und Staat, Festschrift für Werner Weber zum 70. Geburtstag, 1974, S. 873 (884 f.); *Ulrich Battis*, Partizipation im Städtebaurecht, 1976, S. 179 ff.; zur Erkenntnis, dass auch hierarchisch organisierte Verwaltungsstrukturen grundsätzlich dazu neigen, eine Eigenleben mit Herrschaftsansprüchen zu entfalten, *Max Weber*, Wirtschaft und Gesellschaft, 5. Aufl. 1980, S. 124 ff.; *Renate Mayntz*, Soziologie der öffentlichen Verwaltung, 4. Aufl. 1997, S. 60 ff.

[174] Siehe *Andreas Bovenschulte*, Gemeindeverbände als Organisationsformen kommunaler Selbstverwaltung, 2000, S. 68 ff.

[175] Kritisch *Peter H. Krämer*, Die bürgerschaftliche Selbstverwaltung unter den Notwendigkeiten des egalitären Sozialstaates, 1970, S. 89 ff.; *Gerhard Lintz*, Die politischen Parteien im Bereich der kommunalen Selbstverwaltung, 1973, S. 31 f.; *Ulrich Battis*, Partizipation im Städtebaurecht, 1976, S. 173 ff.

Rechts" beschreibe, nehme die materielle Selbstverwaltung auf „die Regelung ‚aller Angelegenheiten der örtlichen Gemeinschaft im Rahmen der Gesetze in eigener Verantwortung'" Bezug.[176] Kommunale Selbstverwaltung wird danach als die eigenverantwortliche Erfüllung öffentlicher Aufgaben im eigenen Namen durch dem Staat eingegliederte, rechtsfähige öffentliche Verbände mit eigenen gewählten Organen unter der Aufsicht des Staates verstanden.[177] Der Gedanke der Bürgerbeteiligung wird dementsprechend nicht vollständig verabschiedet.[178] Gleiches gilt nach *Jürgen Salzwedel*, der Selbstverwaltung als eine Organisationsform der öffentlichen Verwaltung definiert und juristischen Personen des öffentlichen Rechts eigene Aufgaben zuerkennt, die in eigenem Namen durch eigene Organe in eigener administrativer und finanzieller Verantwortung im Rahmen der Gesetze erfüllt werden.[179] Der Gedanke der Bürgerbeteiligung wurde sogar eigens betont, da die Wahrnehmung staatlicher Aufgaben durch körperschaftlich strukturierte Solidargemeinschaften, gewählte Repräsentanten der Betroffenen oder organschaftlich zusammengefasste, fachlich qualifizierte Persönlichkeiten gewährleistet werden solle.[180] Selbstverwaltung sei vorrangig Selbstregierung nach Maßgabe der eigenverantwortlich formulierten Leitbilder und Richtlinien,[181] die von der mittelbaren Staatsverwaltung zu unterscheiden sei.[182] Der Unterscheidung zwischen politischer und juristischer Selbstverwaltung widerspricht schließlich *Ulrich K. Preuß*, der Selbstverwaltung als

„Bereich spezifischer verfassungsrechtlicher Legitimation und Verantwortlichkeit [erachtete], in dem aus dem Verwaltungsapparat der Organe des politischen Gemeinwesens ausgegliederte, grundsätzlich nicht standardisierbare Funktionen der Daseinsvorsorge für die konkreten Bedürfnisse der Adressaten abweichend von den Prinzipien der Art. 20 Abs. 2, 38 Abs. 1 GG in voll- oder teilrechtsfähigen Organisationen demokratisch verwaltet werden. [...] [I]n den Fällen, in denen der Kreis der Betroffenen ökonomisch, so-

---

[176] *Erich Becker*, in: Hans Peters (Hrsg.), Handbuch der kommunalen Wissenschaft und Praxis, Bd. I, 1956, S. 113 (116); *ders.*, in: Karl August Bettermann/Hans Carl Nipperdey (Hrsg.), Die Grundrechte, Bd. IV/2, 1962, S. 673 (695 f.); dazu auch *Wilhelm Wertenbruch*, in: Hans F. Zacher (Hrsg.), Soziale Sicherung durch soziales Recht, Festschrift für Horst Peters zum 65. Geburtstag, 1975, S. 203 (212).

[177] *Erich Becker*, in: Hans Peters (Hrsg.), Handbuch der kommunalen Wissenschaft und Praxis, Bd. I, 1956, S. 113 (121); siehe auch *Friedrich Hohrmann*, Bundesgesetzliche Organisation landesunmittelbarer Selbstverwaltungskörperschaften, 1967, S. 28 ff.; *Rüdiger Voigt*, Die Auswirkungen des Finanzausgleichs zwischen Staat und Gemeinden auf die kommunale Selbstverwaltung von 1919 bis zur Gegenwart, 1975, S. 39 f.

[178] *Erich Becker*, in: Karl August Bettermann/Hans Carl Nipperdey (Hrsg.), Die Grundrechte, Bd. IV/2, 1962, S. 673 (694 ff.); ähnlich noch *Ulrich Scheuner*, DÖV 1952, S. 609 (611); dazu *Reinhard Hendler*, Selbstverwaltung als Ordnungsprinzip, 1984, S. 276.

[179] *Jürgen Salzwedel*, VVDStRL 22 (1965), S. 206 (216).

[180] *Jürgen Salzwedel*, VVDStRL 22 (1965), S. 206 (223 f.); dazu *Reinhard Hendler*, Selbstverwaltung als Ordnungsprinzip, 1984, S. 277 f.

[181] *Jürgen Salzwedel*, VVDStRL 22 (1965), S. 206 (227).

[182] *Jürgen Salzwedel*, VVDStRL 22 (1965), S. 206 (225, 260).

zial und kulturell inhomogen ist, [werde eine demokratische Struktur] durch ein ‚pragmatisches Modell' […] einer Zusammenarbeit von Sachverstand und Interesse […] [beschrieben]; in den Fällen einer Homogenität des Kreises der Betroffenen gelten prinzipiell die überkommenen Mechanismen demokratischer Teilnahme, das heißt der Repräsentanz der ‚Betroffenen'.«[183]

b) Verfassungssystematische Erwägungen: Partizipation als zentrale Funktion des Art. 28 Abs. 2 GG

Angesichts der Unterscheidung zwischen politischer und juristischer Selbstverwaltung erlaubt die institutionen- und theoriengeschichtliche Untersuchung zunächst die Aussage, dass die „Betonung und Abschwächung des Selbstverwaltungsprinzips im engen Wechselspiel mit der parallel zur Entwicklung der Selbstverwaltung laufenden, zumindest in Deutschland mühevollen Entwicklung zur parlamentarischen Demokrat[ie] steht".[184] Festhalten lässt sich darüber hinaus immerhin, dass die gegenüber der Unterscheidung zwischen politischer und juristischer Selbstverwaltung geäußerte Kritik eine Traditionslinie kommunaler Selbstverwaltung aufgreift, die zwar auf unterschiedlichen geistig-ideologischen Grundhaltungen[185] beruht, die aber dennoch partiell übereinstimmt: Kommunale Selbstverwaltung meint grundsätzlich eine freiheitsverwirklichende staatsbürgerschaftliche Mitgestaltung und Mitverantwortung.[186]

aa) Kommunale Selbstverwaltung: Wirksame Teilnahme an den Angelegenheiten des Gemeinwesens

Angesichts der Unterscheidung zwischen politischer und juristischer Selbstverwaltung auch mit Blick auf Art. 28 Abs. 2 GG sind über die institutionen- und theoriengeschichtliche Perspektive hinaus des Weiteren verfassungssystematische Überlegungen anzustellen, um Partizipation als zentrale Funktion des Art. 28 Abs. 2 GG nachzuweisen. Für die Existenz einer solchen Funktion spricht dabei ganz grundsätzlich, dass Art. 28 Abs. 2 GG eine Entfaltung des Demokratieprinzips bewirken will.[187] Das Bundesverfassungsgericht betont, dass

„[d]ie Zurückhaltung, die der Verfassungsgeber bei der Zulassung unmittelbar-demokratischer Elemente auf Bundesebene geübt hat, […] auf der örtlich bezogenen Ebene der

---

[183] *Ulrich K. Preuß*, Zum staatsrechtlichen Begriff des Öffentlichen, 1969, S. 211 f.

[184] *Wolf Weber*, Selbstverwaltung und Demokratie in den Gemeinden nach der Gebietsreform, 1982, S. 161.

[185] *Wolf Weber*, Selbstverwaltung und Demokratie in den Gemeinden nach der Gebietsreform, 1982, S. 161, 180 ff., 201 ff.

[186] *Reinhard Hendler*, Selbstverwaltung als Ordnungsprinzip, 1984, S. 272.

[187] *Horst Dreier*, in: Horst Dreier (Hrsg.), GG-Komm., Bd. II, 2. Aufl. 2006, Art. 28, Rn. 85; ähnlich *Hans-Günter Henneke/Klaus Ritgen*, DVBl. 2007, S. 1253 (1262); wohl auch *Klaus Stern*, Das Staatsrecht der Bundesrepublik Deutschland, Bd. I, 2. Aufl. 1984, S. 403: „Selbstverwaltung darf nicht allein mit dem Thema Verwaltung in Verbindung gebracht werden."

Gemeinden ergänzt [wird] durch eine mit wirklicher Verantwortlichkeit ausgestattete Einrichtung der Selbstverwaltung, durch die den Bürgern eine wirksame Teilnahme an den Angelegenheiten des Gemeinwesens ermöglicht wird."[188]

Zur Begründung nimmt das Bundesverfassungsgericht auf die historischen Zusammenhänge des Art. 28 Abs. 2 GG Bezug.

„Mit [...] [einer] Stärkung der dezentralen Verwaltungsebene wollte der Verfassungsgeber auf die gegenläufigen zentralistischen Tendenzen während des nationalsozialistischen Regimes antworten. Er tat dies im Zutrauen in die Gemeinden, im Sinne eines ‚Aufbaues der Demokratie von unten nach oben' (vgl. Art. 11 Abs. 4 der Verfassung des Freistaates Bayern)[[189]] Keimzelle der Demokratie und am ehesten diktaturresistent zu sein."[190]

Gemeinden und Gemeindeverbände können danach weder als „entpolitisierte Staatsanstalten" qualifiziert noch zu „kleinen Republiken" stilisiert werden.[191] Sie haben vielmehr die Aufgabe, demokratische Bürgerbeteiligung zu ermöglichen.[192] Diese Aufgabe spiegelt sich in ihrer Integrationsfunktion wider,[193] die Bürger an das Gemeinwesen binden soll[194] und Überlegungen zum Ausdruck bringt, die der Entwicklung kommunaler Selbstverwaltung zugrunde lagen: Ähnlich der Selbstverwaltungslehre *Heinrich Friedrich Karl Reichsfreiherr vom und zum Steins* wird auch Art. 28 Abs. 2 GG als politischer Integrationsmechanismus[195] und als Schule staatsbürgerschaftlicher Tugen-

---

[188] BVerfGE 79, 127 (150); ferner BVerfGE 91, 228 (238); 107, 1 (11 f.).

[189] Siehe *Franz-Ludwig Knemeyer*, in: Burkhardt Ziemske (Hrsg.), Staatsphilosophie und Rechtspolitik, Festschrift für Martin Kriele zum 65. Geburtstag, 1997, S. 1141 (1144), der Art. 11 Abs. 4 der Bayerischen Verfassung als unausgesprochenes Prinzip aller Länderverfassungen anerkennt; zu Art. 3 Abs. 2 der Verfassung des Landes Mecklenburg-Vorpommern *Alfred Katz/Klaus Ritgen*, DVBl. 2008, S. 1525 (1530); kritisch *Reinhard Hendler*, Selbstverwaltung als Ordnungsprinzip, 1984, S. 303 f.

[190] BVerfGE 79, 127 (149); das Bundesverfassungsgericht formuliert ferner, dass die kommunale Selbstverwaltung der lokalen politischen Identifikation diene, siehe BVerfGE 107, 1 (14).

[191] *Horst Dreier*, in: Horst Dreier (Hrsg.), GG-Komm., Bd. II, 2. Aufl. 2006, Art. 28, Rn. 86.

[192] *Eberhard Schmidt-Aßmann*, AöR 116 (1991), S. 329 (379).

[193] *Franz-Ludwig Knemeyer*, in: Fried Esterbauer (Hrsg.), Von der freien Gemeinde zum föderalistischen Europa, Festschrift für Adolf Gasser zum 80. Geburtstag, 1983, S. 285 ff.; ferner aber auch *Rudolf Streinz*, Die Verwaltung 16 (1983), S. 293 (311) unter Hinweis auf *Adolf Gasser*, Gemeindefreiheit als Rettung Europas, 2. Aufl. 1947, passim, der die Gemeindefreiheit als Wurzel und unabdingbare Voraussetzung gesunder Staatswesen und gesunder Demokratien erachtet.

[194] *Franz-Ludwig Knemeyer*, in: Franz-Ludwig Knemeyer (Hrsg.), Bayerische Gemeinden, Bayerischer Gemeindetag, Festschrift 75 Jahre Bayerischer Gemeindetag, 1987, S. 97 (102, 107); ferner *Wilfried Berg*, in: Franz-Ludwig Knemeyer (Hrsg.), Bayerische Gemeinden, Bayerischer Gemeindetag, Festschrift 75 Jahre Bayerischer Gemeindetag, 1987, S. 135 (147).

[195] *Reinhard Hendler*, in: Josef Isensee/Paul Kirchhof (Hrsg.), Handbuch des Staatsrechts der Bundesrepublik Deutschland, Bd. VI, 3. Aufl. 2008, § 143, Rn. 69; siehe auch *Frido Wagener*, Neubau der Verwaltung, 1969, S. 305; *Heinz W. Korte*, VerwArch 61 (1970), S. 3 (11, 22);

den[196] qualifiziert. Weitere Aspekte treten hinzu: Der Gedanke der Bürgerbeteiligung ist nicht allein im Sinne von Entscheidungsteilhabe zu verstehen, er fördert vielmehr auch die Effektivität der Verwaltungstätigkeit. [197] Art. 28 Abs. 2 GG zielt dementsprechend auf die politische Mitgestaltung der Bürger und zugleich auf die verwaltungspraktischen Vorteile der Dezentralisation. Insgesamt finden somit Möglichkeiten zur Einflussnahme auf das politische Geschehen – die von der „Bürgerinitiativbewegung"[198] getragen[199] und von der Forderung nach Demokratisierung[200] unterstützt wurden[201] – in Art. 28 Abs. 2 GG ein verfassungsrechtliches Fundament.

Wilfried Berg, StuGR 1979, S. 345 (353); *Werner Frotscher*, in: Albert von Mutius (Hrsg.), Selbstverwaltung im Staat der Industriegesellschaft, Festgabe zum 70. Geburtstag von Georg Christoph von Unruh, 1983, S. 127 (132); ferner aber auch *Albert von Mutius*, in: Albert von Mutius (Hrsg.), Selbstverwaltung im Staat der Industriegesellschaft, Festgabe zum 70. Geburtstag von Georg Christoph von Unruh, 1983, S. 227 (230 f.), der auf desintegrierende Effekte kommunaler Selbstverwaltung hinweist; zu den Gefahren einer pluralistischen Auflösung der Dezentralisation allgemein *Reinhard Hendler*, Selbstverwaltung als Ordnungsprinzip, 1984, S. 345 ff.

[196] Ausführlich *Reinhard Hendler*, Selbstverwaltung als Ordnungsprinzip, 1984, S. 351 ff.; *ders.*, in: Josef Isensee/Paul Kirchhof (Hrsg.), Handbuch des Staatsrechts der Bundesrepublik Deutschland, Bd. VI, 3. Aufl. 2008, § 143, Rn. 71, der auch zur pragmatisch ausgerichteten Diskussion – siehe etwa *Günter Püttner*, in: Deutscher Landkreistag (Hrsg.), Gefährdung und Chancen der kommunalen Selbstverwaltung, Bd. II, 1974, S. 14 (18); *Winfried Brohm*, DVBl. 1984, S. 291 (294) –, kommunale Selbstverwaltung diene als Ausbildungsstätte für den politischen Nachwuchs, Stellung bezieht; ferner *Werner Frotscher*, in: Albert von Mutius (Hrsg.), Selbstverwaltung im Staat der Industriegesellschaft, Festgabe zum 70. Geburtstag von Georg Christoph von Unruh, 1983, S. 127 (131 ff.); *Günter Püttner*, in: Klaus Stern (Hrsg.), Gedächtnisschrift für Joachim Burmeister, 2004, S. 301 (305 f.); dazu schließlich auch *Herbert Krüger*, Allgemeine Staatslehre, 2. Aufl. 1966, S. 872.

[197] Dazu *Reinhard Hendler*, Selbstverwaltung als Ordnungsprinzip, 1984, S. 357 f.; ähnlich *Franz-Ludwig Knemeyer*, in: Fried Esterbauer (Hrsg.), Von der freien Gemeinde zum föderalistischen Europa, Festschrift für Adolf Gasser zum 80. Geburtstag, 1983, S. 285 (293); ferner *Uwe Thaysen*, Bürger-, Staats- und Verwaltungsinitiativen, 1982, S. 47 ff., 55 f.; allgemein *Eberhard Schmidt-Aßmann*, Das allgemeine Verwaltungsrecht als Ordnungsidee, 2. Aufl. 2004, S. 257 ff., der der zur gesellschaftlichen Sphäre offenen Verwaltung attestiert, das Gesamtsystem innovationsfähig zu machen und die rationale Entscheidungsfindung sowie die effiziente Entscheidungsumsetzung zu gewährleisten; eingehend *Gunnar Folke Schuppert*, in: Wolfgang Hoffmann-Riem (Hrsg.), Bürgernahe Verwaltung?, 1979, S. 279 ff.; *ders.*, AöR 114 (1989), S. 127 (132 f.).

[198] Zum Begriff *Peter Cornelius Mayer-Tasch*, Die Bürgerinitiativbewegung, 1976, passim; ferner *Prodromos Dagtoglou*, DVBl. 1972, S. 710 ff.; *Gunter Kisker*, DÖV 1972, S. 520 ff.

[199] Zur Unterscheidung von Bürgerinititativbewegung und Partizipation *Uwe Thaysen*, Bürger-, Staats- und Verwaltungsinitiativen, 1982, S. 18 ff.

[200] Siehe etwa *Wilhelm Hennis*, Demokratisierung, 1970, passim; *Fritz W. Scharpf*, Demokratietheorie zwischen Utopie und Anpassung, 1970, S. 66 ff.; *Arnold Gehlen*, in: Hochschule für Verwaltungswissenschaften (Hrsg.), Demokratie und Verwaltung, 25 Jahre Hochschule für Verwaltungswissenschaften Speyer, 1972, S. 179 ff.; *Hans Ryffel*, in: Hochschule für Verwaltungswissenschaften (Hrsg.), Demokratie und Verwaltung, 25 Jahre Hochschule für Verwaltungswissenschaften Speyer, 1972, S. 191 ff.

[201] Siehe *Franz-Ludwig Knemeyer*, Bürgerbeteiligung und Kommunalpolitik, 1995, S. 46 ff.; ausführlich auch *Rüdiger Breuer*, Die Verwaltung 1977, S. 1 (2 ff.).

bb) Verlust der überkommenen Eigenrationalität kommunaler Selbstverwaltung?

Der partizipativen Funktion kommunaler Selbstverwaltung ließe sich allerdings entgegen halten, dass die umfassende Demokratisierung des Staatswesens den Verlust der überkommenen Eigenrationalität kommunaler Selbstverwaltung zur Folge hatte.[203] Während der Weimarer Epoche wurde nämlich behauptet,[204] dass das Demokratieprinzip eine Neuinterpretation kommunaler Selbstverwaltung notwendig mache.[205] Diese Einschätzung beruhte auf der Entgegensetzung von Demokratieprinzip und kommunaler Selbstverwaltung.[206] Kommunale Selbstverwaltung findet danach ihren Ursprung gerade im Spannungsverhältnis von monarchisch-bürokratischem Obrigkeitsstaat und Gesellschaft,[207] sodass die Demokratisierung des Staatswesens kommunale Selbstverwaltung habe wirkungslos werden lassen.[208] Obwohl „Demokratie und Selbstverwaltung im Grundgesetz besonders eng miteinander verknüpft sind",[209] wurde dies anfänglich auch mit Blick auf Art. 28 Abs. 2 GG behauptet:[210]

---

202 *Wilfried Berg*, in: Franz-Ludwig Knemeyer (Hrsg.), Bayerische Gemeinden, Bayerischer Gemeindetag, Festschrift 75 Jahre Bayerischer Gemeindetag, 1987, S. 135 (144); ferner *Michael Kromer*, DVBl. 1985, S. 143 (143 f.); siehe auch *Uwe Thaysen*, Bürger-, Staats- und Verwaltungsinitiativen, 1982, S. 49 f.: „Die Verpflichtung des Gemeindeverfassungsgesetzgebers, also des Landtages, zur bewußten Eröffnung kommunaler Partizipationsmöglichkeiten und -felder sowie seine und der Gemeinden Aufgabe einer steten Mobilisierung bürgerschaftlicher Beteiligung folgt mithin aus dem verfassungsrechtlichen Prinzip der kommunalen Selbstverwaltung".

203 Ähnlich *Eberhard Schmidt-Aßmann*, in: Hans-Günter Henneke/Hubert Meyer (Hrsg.), Kommunale Selbstverwaltung zwischen Bewahrung, Bewährung und Entwicklung, Festgabe für Gernot Schlebusch zum 65. Geburtstag, 2006, S. 59 (62); siehe ferner *Ernst Forsthoff*, in: Hans Frank (Hrsg.), Deutsches Verwaltungsrecht, 1937, S. 176 (179); *Gunnar Folke Schuppert*, in: Albert von Mutius (Hrsg.), Selbstverwaltung im Staat der Industriegesellschaft, Festgabe zum 70. Geburtstag von Georg Christoph von Unruh, 1983, S. 183 (187).

204 Siehe aber auch *Hans Peters*, Grenzen der kommunalen Selbstverwaltung in Preußen, 1928, S. 43 f.

205 *Carl Schmitt*, Der Hüter der Verfassung, 1931, S. 75, 92 f.; ferner *Arnold Köttgen*, Die Krise der kommunalen Selbstverwaltung, 1931, S. 7 ff.; dazu *Josef Ziegler*, Bürgerbeteiligung in der kommunalen Selbstverwaltung, 1974, S. 51.

206 *Ernst Forsthoff*, Die Krise der Gemeindeverwaltung im heutigen Staat, 1932, S. 21; siehe aber auch *Arnold Köttgen*, Die Krise der kommunalen Selbstverwaltung, 1931, S. 8 f., 35, 42 ff., der einen Widerspruch zwischen Selbstverwaltung und Demokratie verneinte.

207 Siehe dazu *Heinrich Heffter*, Die deutsche Selbstverwaltung im 19. Jahrhundert, 2. Aufl. 1969, S. 497; *Reinhard Hendler*, Selbstverwaltung als Ordnungsprinzip, 1984, S. 168.

208 *Carl Schmitt*, Der Hüter der Verfassung, 1931, S. 92 f.

209 *Reinhard Hendler*, in: Josef Isensee/Paul Kirchhof (Hrsg.), Handbuch des Staatsrechts der Bundesrepublik Deutschland, Bd. VI, 3. Aufl. 2008, § 143, Rn. 50.

210 Siehe aber auch *Ernst Forsthoff*, Lehrbuch des Verwaltungsrechts, 10. Aufl. 1973, S. 536 f., der darauf hinweist, dass „sich die Selbstverwaltung nicht, wie die Demokratie, in der Ausübung eines Wahl- oder Stimmrechts erschöpft, sondern die aktive Mitarbeit der Gemeindebürger bei der Durchführung der kommunalen Verwaltungsaufgaben mit umfaßt"; zur Rezeption der Volkssouveränitätslehre *Jean-Jacques Rousseaus* – dazu auch S. 169 – sowie zu gegenläufigen, unter Berufung auf *Alexis de Tocqueville* begründeten Argumentations-

„[E]ine demokratische Konzeption, die ausschließlich auf das Prinzip formaler bzw. absoluter Gleichheit abstellt, […] [ist danach] nicht mit der auf Differenzierung nach Betroffenheitskriterien ausgerichteten Selbstverwaltungsmaxime [vereinbar].“[211]

cc) Art. 28 Abs. 2 GG als Ausdruck gegliederter Demokratie

Die Entgegensetzung von Demokratieprinzip und kommunaler Selbstverwaltung hat allerdings an Bedeutung verloren[212] und erweist sich im Ergebnis als unzutreffend: Gemeinden und Gemeindeverbände sind dezentrale Verwaltungseinheiten, die auf der Grundlage allgemeiner Repräsentationsprinzipien verfasst sind.[213] Angesichts der freiheitlichen Struktur[214] des Demokratieprin-

strukturen *Werner Frotscher*, in: Albert von Mutius (Hrsg.), Selbstverwaltung im Staat der Industriegesellschaft, Festgabe zum 70. Geburtstag von Georg Christoph von Unruh, 1983, S. 127 (137f.); dazu ferner *Rolf Grawert*, VVDStRL 36 (1978), S. 277 (333); *Reinhard Hendler*, Selbstverwaltung als Ordnungsprinzip, 1984, S. 302.

[211] *Reinhard Hendler*, in: Josef Isensee/Paul Kirchhof (Hrsg.), Handbuch des Staatsrechts der Bundesrepublik Deutschland, Bd. VI, 3. Aufl. 2008, § 143, Rn. 50; eingehend *Theodor Heuss*, Demokratie und Selbstverwaltung, 1921, passim; siehe auch noch *Georg Christoph von Unruh*, DÖV 1972, S. 16 (18); *dens.*, DÖV 1986, S. 217 (223); allgemein *Wolfgang Zeidler*, DVBl. 1973, S. 719 (720f.); bedeutsam ist ferner, dass die partizipative Funktion kommunaler Selbstverwaltung zunächst lediglich zugunsten der besitzenden Klasse – dazu auch S. 165ff. – gedacht wurde, siehe dazu *Hans Peters*, Grenzen der Selbstverwaltung in Preußen, 1926, S. 43f.; *Arnold Köttgen*, Die Krise der kommunalen Selbstverwaltung, 1931, S. 24ff.; *Hans H. Klein*, in: Roman Schnur (Hrsg.), Festschrift für Ernst Forsthoff zum 70. Geburtstag, 1972, S. 165 (174ff.); *Klaus Lange*, in: Hans Schneider (Hrsg.), Im Dienst an Recht und Staat, Festschrift für Werner Weber zum 70. Geburtstag, 1974, S. 851 (866f.); *Werner Frotscher*, in: Albert von Mutius (Hrsg.), Selbstverwaltung im Staat der Industriegesellschaft, Festgabe zum 70. Geburtstag von Georg Christoph von Unruh, 1983, S. 127 (135f.); *Hans Meyer*, NVwZ 2008, S. 24 (26); kritisch *Edzard Schmidt-Jortzig*, DVBl. 1980, S. 1 (3); *Hans Herbert von Arnim*, AöR 113 (1988), S. 1 (4f.); ferner *Franz Mayer*, in: Hochschule für Verwaltungswissenschaften (Hrsg.), Demokratie und Verwaltung, 25 Jahre Hochschule für Verwaltungswissenschaften Speyer, 1972, S. 327ff.; *Günter Püttner*, in: Günter Püttner/Thomas Mann (Hrsg.), Handbuch der kommunalen Wissenschaft und Praxis, Bd. I, 3. Aufl. 2007, § 19; *Maik Möller*, Subsidiaritätsprinzip und kommunale Selbstverwaltung, 2009, S. 72f.

[212] Siehe auch noch *Peter Pernthaler*, Die verfassungsrechtlichen Schranken der Selbstverwaltung in Österreich, 1967, S. 35; *Klaus Obermayer*, Mitbestimmung in der Kommunalverwaltung, 1973, S. 28.

[213] *Rüdiger Breuer*, Die Verwaltung 1977, S. 1 (3); *Gunnar Folke Schuppert*, in: Albert von Mutius (Hrsg.), Selbstverwaltung im Staat der Industriegesellschaft, Festgabe zum 70. Geburtstag von Georg Christoph von Unruh, 1983, S. 183 (187).

[214] Zur Interpretation kommunaler Selbstverwaltung als Instrument des Minderheitenschutzes *Gerhard Leibholz*, DVBl. 1973, S. 715 (715); *Gerd-Jürgen Richter*, Verfassungsprobleme der kommunalen Funktionalreform, 1977, S. 59; *Bernhard Stüer*, Funktionalreform und kommunale Selbstverwaltung, 1980, S. 72f.; *Werner Frotscher*, in: Albert von Mutius (Hrsg.), Selbstverwaltung im Staat der Industriegesellschaft, Festgabe zum 70. Geburtstag von Georg Christoph von Unruh, 1983, S. 127 (133); ferner *Hans Peters*, Grenzen der kommunalen Selbstverwaltung, 1926, S. 43f.; ausführlich dazu *Reinhard Hendler*, Selbstverwaltung als Organisationsprinzip, 1984, S. 306ff.; *ders.*, in: Josef Isensee/Paul Kirchhof (Hrsg.), Handbuch des Staatsrechts der Bundesrepublik Deutschland, Bd. VI, 3. Aufl. 2008, § 143, Rn. 70, der zudem die Zusammenhänge mit der Interpretation kommunaler Selbstverwaltung als politischer Integrationsmechanismus aufzeigt.

zips[215] widersprechen Demokratieprinzip und kommunale Selbstverwaltung einander nicht.[216] Art. 28 Abs. 2 GG ist vielmehr Ausdruck einer gegliederten Demokratie.[217] Das Modell der gegliederten Demokratie knüpft an den Volksbegriff des Art. 20 Abs. 2 GG an:[218] Dieser nimmt nicht auf die Betroffenheit,[219] sondern vielmehr auf eine offene und unbestimmte Allgemeinheit Bezug;[220] zudem korrespondiert der Volksbegriff des Art. 20 Abs. 2 GG nach Art. 116 Abs. 1 GG mit der Allgemeinheit der deutschen Staatsangehörigen,[221] wodurch die Symmetrie von bürgerschaftlichen Lasten[222] und Privilegien sichergestellt wird.[223]

Nun bilden Gemeinde- und Gemeindeverbandsvölker zwar nicht die Grundlage der politischen Einheit.[224] Das Bundesverfassungsgericht stellt aber dennoch fest, dass „Art. 28 Abs. 1 Satz 2 GG nicht nur den Ländern sondern auch den Gemeinden und Kreisen ein „Volk" als Legitimationssubjekt zu[ordnet]".[225]

---

215 *Reinhard Hendler*, Selbstverwaltung als Organisationsprinzip, 1984, S. 305 ff.

216 Dazu *Winfried Kluth*, in: Friedrich E. Schnapp (Hrsg.), Funktionale Selbstverwaltung und Demokratieprinzip – am Beispiel der Sozialversicherung, 2001, S. 17 ff.

217 Ausführlich zum Modell der gestuften Demokratie *Georg Christoph von Unruh*, DÖV 1972, S. 16 (19); *ders.*, in: Norbert Achterberg (Hrsg.), Öffentliches Recht und Politik, Festschrift für Hans Ulrich Scupin zum 70. Geburtstag, 1973, S. 391 (412); *ders.*, DÖV 1974, S. 649 (650 f.); *ders.*, DVBl. 1975, S. 1 (2); *ders.*, DÖV 1986, S. 217 (219 f.); kritisch *Edzard Schmidt-Jortzig*, DVBl. 1980, S. 1 (3).

218 Ausführlich *Matthias Jestaedt*, Demokratieprinzip und Kondominialverwaltung, 1993, S. 204 ff.

219 *Eberhard Schmidt-Aßmann*, AöR 116 (1991), S. 329 (348 f.).

220 BVerfGE 83, 37 (51, 55); die Verpflichtung auf allgemeine, unmittelbare, freie, gleiche und geheime Wahlen nach Art. 28 Abs. 1 S. 2 GG kann nicht schon als Wiederholung der in Art. 20 Abs. 2 S. 2 GG genannten Legitimationsformen qualifiziert werden, können Wahlen doch vielmehr grundsätzlich auch als Modus der Betroffenenpartizipation qualifiziert werden.

221 BVerfGE 83, 37 (51).

222 *Georg Christoph von Unruh*, in: Rudolf Weber-Fas (Hrsg.), Jurisprudenz, 1978, S. 273 (273), der auf die etymologische Bedeutung des Begriffs der kommunalen Selbstverwaltung als gemeinschaftliche Erledigung von Amtspflichten für ein Gemeinwesen rekurriert.

223 *Eberhard Schmidt-Aßmann*, AöR 116 (1991), S. 329 (351).

224 Siehe *Carl Schmitt*, Verfassungslehre, 1927, S. 273; ferner *Hans Peters*, Grenzen der kommunalen Selbstverwaltung in Preußen, 1926, S. 43 f.; *ders.*, Zentralisation und Dezentralisation, 1928, S. 28 f.; *Hans Kelsen*, Vom Wesen und Wert der Demokratie, 2. Aufl. 1929, S. 72 ff.; *Arnold Köttgen*, Die Krise der kommunalen Selbstverwaltung, 1931, S. 35 ff.; ähnlich *Adolf Julius Merkl*, Allgemeines Verwaltungsrecht, 1927, S. 362; zum Ganzen *Werner Weber*, Staats- und Selbstverwaltung in der Gegenwart, 2. Aufl. 1967, S. 78 f.; *Hans H. Klein*, in: Roman Schnur (Hrsg.), Festschrift für Ernst Forsthoff zum 70. Geburtstag, 1972, S. 162 (174 ff.); *Ernst Forsthoff*, Lehrbuch des Verwaltungsrechts, 10. Aufl. 1973, S. 536 ff.

225 BVerfGE 83, 37 (55); ausführlich zur Bedeutung des Volksbegriffs des Art. 20 Abs. 2 GG für Art. 28 Abs. 1 S. 2 GG *Matthias Jestaedt*, Demokratieprinzip und Kondominialverwaltung, 1993, S. 210 ff.; zur Verdeutlichung dieser Bedeutung wird oftmals auch allein der Begriff „Volksteile" anstelle des Begriffs „Teilvölker" gebraucht, siehe *Hans H. Klein*, in: Roman Schnur (Hrsg.), Festschrift für Ernst Forsthoff zum 70. Geburtstag, 1972, S. 165 (177); der Begriff „Teilvölker" kann demgegenüber auf *Hans Kelsen*, Allgemeine Staatslehre, 1925, S. 181 zurückgeführt werden; *Christoph Seggermann*, Die Region, 2009, S. 219 ff. favorisiert

Jedenfalls die „personelle[n] Grundlage[n]" von Gemeinden und Kreisen werden folglich von Art. 28 Abs. 1 S. 2 GG als Teilvölker anerkannt. Art. 28 Abs. 1 S. 2 GG modifiziert daher den auf die offene und unbestimmte Allgemeinheit festgelegten Volkbegriff des Art. 20 Abs. 2 GG.[226] Dies widerspricht auch nicht der Feststellung des Bundesverfassungsgerichts, das Demokratieprinzip lasse eine beliebige Untergliederung des Staatsvolkes nicht zu:[227] Angesichts der verfassungsrechtlichen Gewährleistung des Art. 28 Abs. 2 GG kann von Beliebigkeit nämlich keine Rede sein. Schließlich steht der Annahme legitimationsfähiger Teilvölker auch nicht das aktive und passive Wahlrecht von Unionsbürgern entgegen.[228] Art. 28 Abs. 1 S. 3 GG ist Folge der Unionsbürgerschaft, die nach Art. 22 Abs. 1 AEUV das kommunale Wahlrecht für Unionsbürger unabhängig von der Staatsangehörigkeit bedingt.[229] Einen Widerspruch zwischen der Unionsbürgerschaft und dem Volksbegriff des Art. 20 Abs. 2 GG sieht das Bundesverfassungsgericht nicht: Es betont vielmehr, dass der Volksbegriff zwar die Symmetrie von bürgerschaftlichen Lasten und Privilegien sicherstelle, diese Symmetrie aber nicht zu den Grundlagen des Demokratieprinzips gehöre und folglich einer Verfassungsänderung sowie dem Kommunalwahlrecht für Unionsbürger nicht entgegenstehe.[230]

Zusammenfassend lässt sich festhalten: Erstens ist Art. 28 Abs. 2 GG Ausdruck der gegliederten Demokratie. Das Bundesverfassungsgericht anerkennt Gemeinde- und Kreisvölker im Sinne des Art. 28 Abs. 1 S. 2 GG als Teilvölker, sodass Art. 28 Abs. 2 GG nicht im Widerspruch zum Demokratieprinzip des Grundgesetzes steht. Die zentrale Funktion des Art. 28 Abs. 2 GG lässt sich dementsprechend zweitens dahingehend beschreiben, dass Bürger im örtlichen Wirkungskreis verstärkt an der politischen Willensbildung partizipieren können sollen,[231] da Gemeinden der politischen Mitbestimmung typischerweise

---

den Begriff „Volksteil", da Gemeinden und Gemeindeverbände keine dritte Ebene – dazu S. 147 ff. – des föderalen Mehrebenensystems bildeten.

[226] Dazu *Ernst-Wolfgang Böckenförde*, in: Josef Isensee/Paul Kirchhof (Hrsg.), Handbuch des Staatsrechts der Bundesrepublik Deutschland, Bd. II, 3. Aufl. 2004, § 24, Rn. 31; zum Ganzen *Hans Heinrich Trute*, in: Wolfgang Hoffmann-Riem/Eberhard Schmidt-Aßmann/Andreas Voßkuhle (Hrsg.), Grundlagen des Verwaltungsrechts, Bd. I, 2. Aufl. 2012, § 6, Rn. 79 ff.

[227] BVerfGE 83, 60 (75).

[228] Art. 28 Abs. 1 S. 3 GG kann auch nicht als Beleg für einen „offenen" Volksbegriff fruchtbar gemacht werden, der oftmals zur Begründung eines allgemeinen Ausländerwahlrechts herangezogen wurde, siehe *Alexander Schink*, DVBl. 1988, S. 417 ff.; ausführlich *Matthias Jestaedt*, Demokratieprinzip und Kondominialverwaltung, 1993, S. 221 ff.

[229] Umfassend dazu *Katarina Barley*, Das Kommunalwahlrecht für Ausländer nach der Neuordnung des Art. 28 Abs. 1 S. 3 GG, 1999, passim.

[230] BVerfGE 83, 37 (59).

[231] Dazu *Hans Peters*, Grenzen der kommunalen Selbstverwaltung, 1926, S. 41 ff.; allgemein *Roman Schnur*, Die Verwaltung (1970), S. 257 ff.; *ders.*, Die Verwaltung 19 (1986), S. 39 (40); *Ulrich Scheuner*, AfK 1973, S. 1 (29 ff.); *Werner Frotscher*, in: Albert von Mutius (Hrsg.), Selbstverwaltung im Staat der Industriegesellschaft, Festgabe zum 70. Geburtstag von Georg

zugänglich sind.[232] Dies ist drittens nicht zuletzt darauf zurückzuführen, dass Bund und Länder ortsübergreifende, großmaßstäbliche und generelle Aufgaben wahrnehmen, die tendenziell eine Beeinflussung durch individuelle und lokale Besonderheiten kaum erlauben. Kommunale Aufgabenwahrnehmung kann demgegenüber Bürger affektiv ansprechen, beteiligen und einbinden.[233] Gemeinden und Gemeindeverbände sind Zentren der Initiative und Eigenverantwortlichkeit, die das öffentliche Leben gliedern.[234]

2. *Partizipation – ein missverständnis- und konfliktträchtiger Aspekt*

Richtet man über den Nachweis der partizipativen Funktion kommunaler Selbstverwaltung hinaus den Blick auf deren Reichweite und konkrete Bedeutung, wird deutlich, dass der Gedanke der Partizipation im Anwendungsbereich des Art. 28 Abs. 2 GG in mehrfacher Hinsicht missverständnis- und konfliktträchtig ist. Dies zeigt sich besonders deutlich, wenn Partizipation im Zusammenhang mit den Legitimationsgrundlagen kommunaler Selbstverwaltung angesprochen wird. Dann nämlich stößt der Partizipationsaspekt auf eine über Art. 28 Abs. 2 GG hinausgehende Diskussion: Ganz allgemein wird die Frage aufgeworfen, ob Partizipation neben den klassischen Formen der personellen und sachlich-inhaltlichen Legitimation eine eigenständige demokratische Legitimation bewirkt. Diese Diskussion muss nachfolgend aufgegriffen werden, um eine Annäherung an die partizipative Funktion kommunaler Selbstverwaltung zu ermöglichen; die partizipative Funktion kommunaler Selbstverwaltung ist also im Zusammenhang mit den Legitimationsgrundlagen kommunaler Selbstverwaltung zu betrachten. Dabei ist zu klären, ob Partizipation grundsätzlich und auch mit Blick auf Art. 28 Abs. 2 GG legitimatorische Wirkung entfaltet. Sollte dies nicht der Fall sein, muss anschließend die Frage aufgeworfen werden,

---

Christoph von Unruh, 1983, S. 127 (144 f.); ausführlich *Reinhard Hendler*, Selbstverwaltung als Ordnungsprinzip, 1984, S. 302 ff.; *ders.*, in: Josef Isensee/Paul Kirchhof (Hrsg.), Handbuch des Staatsrechts der Bundesrepublik Deutschland, Bd. VI, 3. Aufl. 2008, § 143, Rn. 68; *Hans Herbert von Arnim*, AöR 113 (1988), S. 1 (16); *Franz-Ludwig Knemeyer*, in: Josef Isensee (Hrsg.), Freiheit und Eigentum, Festschrift für Walter Leisner zum 70. Geburtstag, 1999, S. 911 ff.; ferner *Michael Kromer*, DVBl. 1985, S. 143 (144); *Hans Georg Fischer*, NWVBl. 1995, S. 366 ff.

[232] Siehe *Hans Herbert von Arnim*, AöR 113 (1988), S. 1 (16 f.); ferner *Eberhard Schmidt-Aßmann*, in: Everhardt Franßen (Hrsg.), Bürger – Richter – Staat, Festschrift für Horst Sendler zum Abschied aus seinem Amt, 1991, S. 121 (126); ausführlich *Reinhard Hendler*, Die bürgerschaftliche Mitwirkung an der städtebaulichen Planung, 1977, S. 21 ff., der die verstärkte Einbringung von Interessen, Ansprüchen, Vorstellungen und Bedürfnissen in den administrativen Entscheidungsprozess betont; dazu auch *Ulrich Battis*, Partizipation im Städtebaurecht, 1976, S. 172 ff., der darauf hinweist, dass dafür die Überwindung der Unterscheidung zwischen rechtlichem und politischem Selbstverwaltungsbegriff notwendig ist.

[233] *Edzard Schmidt-Jortzig*, DVBl. 1980, S. 1 (2, 4, 8 ff.).

[234] Siehe *Ulrich Scheuner*, AfK 1973, S. 1 (10); ähnlich *Niklas Luhmann*, Politische Planung, 1971, S. 144.

welche verbleibende Bedeutung dem Gedanken der Partizipation im Hinblick auf Art. 28 Abs. 2 GG beigemessen werden kann.

Zur Verdeutlichung der auf die Legitimationsgrundlagen kommunaler Selbstverwaltung gerichteten Diskussion soll anhand von zwei Beispielen dargelegt werden, welche Bedeutung dem Gedanken der Partizipation in der Diskussion über die Legitimationsgrundlagen kommunaler Selbstverwaltung bislang beigemessen wird. Zu beleuchten sind dabei erstens die allgemeine Diskussion über die Legitimationsgrundlagen kommunaler Selbstverwaltung sowie zweitens die Frage nach der Geltung der Lehre vom Vorbehalt des Gesetzes im Anwendungsbereich des Art. 28 Abs. 2 GG. Beide Beispiele zeichnen sich dadurch aus, dass grundsätzlich umstritten ist, ob der kommunalen Selbstverwaltung neben der „demokratisch-legitimatorischen" eine „mitgliedschaftlich-partizipative" Komponente immanent ist. Für die Diskussion über die demokratische Legitimation kommunaler Selbstverwaltung hat diese Unterscheidung folgende Bedeutung: Die Ansicht, die eine mitgliedschaftlich-partizipative Komponente anerkennt, misst dem Partizipationsgedanken Bedeutung auch hinsichtlich der demokratische Legitimation kommunaler Selbstverwaltung bei – kommunale Selbstverwaltung beruht danach ähnlich der funktionalen Selbstverwaltung (zumindest auch) auf einer körperschaftlichen Legitimation. Die gegenteilige Ansicht verneint demgegenüber eine mitgliedschaftlich-partizipative Komponente und gelangt zu dem Ergebnis, dass kommunale Selbstverwaltung allein durch die überkommenen Ableitungszusammenhänge demokratisch legitimiert wird.

a) Die mitgliedschaftlich-partizipative Komponente – dargestellt am Beispiel der Legitimationsgrundlagen kommunaler Selbstverwaltung

Dementsprechend lässt sich die allgemeine Diskussion über die Legitimationsgrundlagen kommunaler Selbstverwaltung auf die Alternativität reduzieren, diese Legitimationsgrundlagen nach Maßgabe der überkommenen – personellen und sachlich-inhaltlichen – demokratischen Legitimation zu bestimmen oder aber dem Gedanken der Betroffenenpartizipation – wie im Rahmen der funktionalen Selbstverwaltung – legitimatorische Wirkung beizumessen.

aa) Überblick: Die Diskussion über einen einheitlichen Selbstverwaltungstypus

Begonnen sei mit der letztgenannten Konzeption: „Selbstverwaltung" wird danach als summativer Obergriff von funktionaler und kommunaler Selbstverwaltung verstanden.[235] Daran anschließend wird eine körperschaftliche Legitimation auch der kommunalen Selbstverwaltung mit der Konstruktion eines

[235] Siehe *Matthias Jestaedt*, Demokratie und Kondominialverwaltung, 1993, S. 490ff.;

solchen einheitlichen Selbstverwaltungstypus begründet. Der Gedanke der Betroffenenmitwirkung wird als Legitimationsgrundlage mit Blick auf Art. 28 Abs. 2 GG für anwendbar erklärt, Differenzierungen zwischen funktionaler und kommunaler Selbstverwaltung werden insoweit für obsolet erachtet.[236] Dem widerspricht das zuerst genannte Modell: Ein einheitliches „Selbstverwaltungsprinzip" lehnt diese Ansicht ab. Dies wird darauf zurückgeführt, dass hinsichtlich der Legitimationsgrundlagen fundamentale Unterschiede zwischen funktionaler und kommunaler Selbstverwaltung bestünden.[237] Schon dieser kurze Überblick über die gegenläufigen Ansichten zur Legitimation kommunaler Selbstverwaltung verdeutlicht, dass mit der partizipativen Funktion kommunaler Selbstverwaltung eine der „zentralen Fragen für die Selbst-Verwaltung unter Geltung des [Grundgesetzes]"[238] relevant wird, die das Verhältnis von Betroffenenpartizipation und rechtsstaatlicher sowie demokratischer Entscheidungsdistanz zum Gegenstand hat.[239]

bb) Zur Judikatur des Bundesverfassungsgerichts

Das Bundesverfassungsgericht tendierte in seiner frühen Judikatur zunächst zur Anerkennung sowohl einer demokratisch-legitimatorischen als auch einer mitgliedschaftlich-partizipativen Komponente des Art. 28 Abs. 2 GG:

> „Kommunale Selbstverwaltung [...] bedeutet ihrem Wesen und ihrer Intention nach Aktivierung der Beteiligten für ihre eigenen Angelegenheiten, die die in der örtlichen Gemeinschaft lebendigen Kräfte des Volkes zur eigenverantwortlichen Erfüllung öffentlicher Aufgaben der engeren Heimat zusammenschließt mit dem Ziel, das Wohl der Einwohner zu fördern und die geschichtliche und heimatliche Eigenart zu wahren [...]. Die örtliche Gemeinschaft soll nach dem Leitbild des Art. 28 GG ihr Schicksal selbst in die Hand nehmen und in eigener Verantwortung solidarisch gestalten [...]."[240]

Christian Waldhoff, in: Paul Kirchhof (Hrsg.), Staaten und Steuern, Festschrift für Klaus Vogel zum 70. Geburtstag, 2000, S. 495 (507).

[236] Dazu *Eberhard Schmidt-Aßmann*, in: Peter Selmer (Hrsg.), Gedächtnisschrift für Wolfgang Martens, 1987, S. 249 (254); ferner *Winfried Kluth*, Funktionale Selbstverwaltung, 1997, S. 342 ff.

[237] Siehe *Matthias Jestaedt*, Demokratie und Kondominialverwaltung, 1993, S. 518 ff.; *Christian Waldhoff*, in: Paul Kirchhof (Hrsg.), Staaten und Steuern, Festschrift für Klaus Vogel zum 70. Geburtstag, 2000, S. 495 (507); ferner *Rüdiger Breuer*, Die Verwaltung 1977, S. 1 (3); *Gunnar Folke Schuppert*, in: Albert von Mutius (Hrsg.), Selbstverwaltung im Staat der Industriegesellschaft, Festgabe zum 70. Geburtstag von Georg Christoph von Unruh, 1983, S. 183 (187); *Ernst-Wolfgang Böckenförde*, in: Ernst-Wolfgang Böckenförde, Recht, Staat, Freiheit, 1991, S. 209 (232).

[238] *Hans-Günter Henneke*, in: Hans-Heinrich Trute (Hrsg.), Allgemeines Verwaltungsrecht – zur Tragfähigkeit eines Konzepts, 2008, S. 17 (20).

[239] Dazu *Hans-Günter Henneke*, in: Hans-Heinrich Trute (Hrsg.), Allgemeines Verwaltungsrecht – zur Tragfähigkeit eines Konzepts, 2008, S. 17 (20 ff.).

[240] BVerfGE 11, 266 (275 f.).

Zum Wesen kommunaler Selbstverwaltung gehöre, „daß sie von der Mitwirkung angesehener, mit den heimischen Verhältnissen besonders vertrauter Mitbürger getragen wird und sich an den besonderen Bedürfnissen der örtlichen Gemeinschaft orientiert".[241] Betroffenenpartizipation, Bürgernähe und Bürgerbeteiligung wurden auch in der so genannten Rastede-Entscheidung des Bundesverfassungsgerichts mit Art. 28 Abs. 2 GG in Verbindung gebracht[242] und die Selbstbestimmung der Bürger betont.[243]

Hinsichtlich der Rechtsprechung des Bundesverfassungsgerichts ist aber ganz grundsätzlich festzustellen, dass das Verhältnis von demokratisch-legitimatorischer und mitgliedschaftlich-partizipativer Komponente nicht mit Blick auf die Legitimationsgrundlagen kommunaler Selbstverwaltung angesprochen wurde. Dies änderte sich in der Entscheidung zum kommunalen Ausländerwahlrecht. Dem kommunalen Ausländerwahlrecht stellt das Bundesverfassungsgericht unter Bezugnahme auf Art. 28 Abs. 2 S. 1 und 2 GG sowie Art. 28 Abs. 1 S. 2 GG nämlich ausdrücklich die demokratische Legitimation kommunaler Selbstverwaltung entgegen. Der Gedanke der Betroffenenpartizipation legitimiert danach ein kommunales Ausländerwahlrecht nicht. Das Demokratieprinzip und das Prinzip der Volkssouveränität vereinheitlichten vielmehr die demokratische Legitimation aller Gebietskörperschaften.[244] Zwar konstatiert das Bundesverfassungsgericht auch, dass „die ‚mitgliedschaftlich-partizipatorische' Komponente [...] aller Selbstverwaltung, auch der funktionalen, eigen ist".[245] Art. 28 Abs. 1 S. 2 GG wird dennoch nicht als Ausdruck einer mitgliedschaftlich-partizipativen Legitimation qualifiziert: Allgemeine, unmittelbare, freie, gleiche und geheime Wahlen gewährleisteten die Einheitlichkeit der demokratischen Legitimation.[246] Jede körperschaftliche Legitimation hätte nach dem Bundesverfassungsgericht zudem in Art. 28 Abs. 2 GG, nicht hingegen in Art. 28 Abs. 1 S. 2 GG verfassungsrechtlich gewährleistet werden müssen; die Legitimation kommunaler Selbstverwaltung stehe daher in systematischem Zusammenhang mit dem Homogenitätsgebot des Art. 28 Abs. 1 S. 1 GG.[247]

---

[241] BVerfGE 11, 266 (275 f.).
[242] BVerfGE 79, 127 (148).
[243] BVerfGE 79, 127 (148).
[244] BVerfGE 83, 37 (53 ff.).
[245] BVerfGE 83, 37 (55); 107, 59 (88).
[246] BVerfGE 83, 37 (54 f.).
[247] BVerfGE 83, 37 (54 f.).

b) Die mitgliedschaftlich-partizipative Komponente – dargestellt am Beispiel der Lehre vom Vorbehalt des Gesetzes

Die bundesverfassungsgerichtliche Judikatur zeigt damit folgendes Bild: Die mitgliedschaftlich-partizipative Komponente des Art. 28 Abs. 2 GG erlangt im Zusammenhang mit der demokratischen Legitimation kommunaler Selbstverwaltung keine Bedeutung – kommunale Selbstverwaltung beruht nicht auf einer körperschaftlichen Legitimation. Dennoch anerkennt das Bundesverfassungsgericht, dass jeder Form der Selbstverwaltung eine mitgliedschaftlich-partizipative Komponente immanent ist. Trotz dieser differenzierten Betrachtung ist darüber hinaus die Geltung der Lehre vom Vorbehalt des Gesetzes im Anwendungsbereich des Art. 28 Abs. 2 GG unsicher – was sich ebenfalls nicht zuletzt darauf zurückführen lässt, dass Existenz und Bedeutung einer mitgliedschaftlich-partizipativen neben der demokratisch-legitimatorischen Komponente kommunaler Selbstverwaltung umstritten sind.

aa) Vorrang der demokratisch-legitimatorischen Komponente

Einerseits wird auch mit Blick auf die Lehre vom Vorbehalt des Gesetzes ein Vorrang der demokratisch-legitimatorischen Komponente kommunaler Selbstverwaltung angenommen: Im Gegensatz zur funktionalen Selbstverwaltung, der die Satzungsautonomie erst vom Gesetzgeber verliehen werde, sei den Gemeinden und Gemeindeverbänden eine Rechtsetzungskompetenz verfassungsunmittelbar zuerkannt.[248] Die vom pouvoir constituant legitimierten Gemeinden und Gemeindeverbände seien daher anderen verfassungsrechtlichen Maßstäben unterworfen als die auf den pouvoir constitué zurückgehende funktionale Selbstverwaltung.[249] Zudem verfolgten Gemeinden und Gemeindeverbände anders als die funktionale Selbstverwaltung keine spezifischen Gruppeninteressen:[250] Gemeinden und Gemeindeverbände beruhten auf einer territorialen Grundlage,[251] sodass die demokratische Legitimation von Gemeinden und Gemeindeverbänden auf eine unbestimmte Allgemeinheit zurückgehe.[252] Gemeinde- und Gemeindeverbandsvölker seien Staatsvölker – rechtlich verfasste,

[248] *Christian Waldhoff*, in: Paul Kirchhof (Hrsg.), Staaten und Steuern, Festschrift für Klaus Vogel zum 70. Geburtstag, 2000, S. 495 (507).

[249] Siehe *Karl-Ulrich Meyn*, Gesetzesvorbehalt und Rechtssetzungsbefugnis der Gemeinden, 1977, S. 56 ff.; ferner *Hans Herbert von Arnim*, AöR 113 (1988), S. 1 (22).

[250] *Karl-Ulrich Meyn*, Gesetzesvorbehalt und Rechtssetzungsbefugnis der Gemeinden, 1977, S. 56 ff.

[251] Dazu *Matthias Jestaedt*, Demokratieprinzip und Kondominialverwaltung, 1993, S. 210 ff.; *Yvonne Ott*, Der Parlamentscharakter der Gemeindevertretung, 1994, S. 90 ff.

[252] *Christian Waldhoff*, in: Paul Kirchhof (Hrsg.), Staaten und Steuern, Festschrift für Klaus Vogel zum 70. Geburtstag, 2000, S. 495 (508 f.); ferner *Meinhard Schröder*, Grundlagen und Anwendungsbereich des Parlamentsrechts, 1979, S. 341 ff.; *Hans Herbert von Arnim*, AöR 113 (1988), S. 1 (23); *Matthias Jestaedt*, Demokratieprinzip und Kondominialverwaltung, 1993, S. 526.

nicht nach gruppenspezifischen Kriterien, sondern in unbestimmter Allgemeinheit abgegrenzte Personengesamtheiten –, bei der Regelung der Angelegenheiten der örtlichen Gemeinschaft werde die Wahrung des Gemeinwohls folglich gewährleistet.[253]

Angesichts der unmittelbaren demokratischen Legitimation kommunaler Selbstverwaltung im Wege der Kommunalwahlen nach Art. 28 Abs. 1 S. 2 GG wird sodann die Geltung der Lehre vom Vorbehalt des Gesetzes bezweifelt – obwohl Gemeinden und Gemeindeverbände eine Gesamtheit von Bürgern aus der einheitlichen Staatsgewalt ausgliedern.[254] Selbst die Beeinträchtigung grundrechtlicher Gewährleistungen durch kommunale Satzungen erfordere keine gesetzliche Ermächtigungsgrundlage.[255] Die Lehre vom Vorbehalt des Gesetzes führe gerade nicht dazu, dass kommunale Rechtsetzung umfassend auf gesetzliche Ermächtigungsgrundlagen zurückgeführt werden müsse.[256] Allenfalls die rechtspolitischen Vorzüge der parlamentarischen Gesetzgebung könnten die Notwendigkeit einer formellen Ermächtigungsgrundlage begründen.[257] Zumindest müsse Art. 28 Abs. 2 GG aber Bestimmtheitsdefizite gesetzlicher Ermächtigungsgrundlagen im Wege ausführender und konkretisierender kommunaler Rechtsetzung kompensieren können.[258]

bb) Bedeutung der mitgliedschaftlich-partizipativen Komponente

Andererseits merkt namentlich *Eberhard Schmidt-Aßmann* sowohl gegenüber der kommunalen als auch der funktionalen Selbstverwaltung kritisch an, die Distanz zwischen Entscheidungsfindung und Entscheidungsbetroffenheit werde verringert.[259] Daher widerspreche jede Form der Betroffenenpartizipation grundsätzlich der demokratischen Ordnung.[260] Der Gedanke der Partizipation

---

[253] *Christian Waldhoff*, in: Paul Kirchhof (Hrsg.), Staaten und Steuern, Festschrift für Klaus Vogel zum 70. Geburtstag, 2000, S. 495 (509).

[254] BVerfGE 83, 60 (75).

[255] *Peter Badura*, DÖV 1963, S. 561 (562); *Eberhard Schmidt-Aßmann*, Die kommunale Rechtsetzung im Gefüge der administrativen Handlungsformen und Rechtsquellen, 1981, S. 8f.

[256] *Hans Herbert von Arnim*, AöR 113 (1988), S. 1 (21); kritisch *Wolfgang Jakob*, DÖV 1970, S. 666ff.; *Albert Bleckmann*, DVBl. 1987, S. 1085ff.; siehe auch *Fritz Fleiner*, Institutionen des Deutschen Verwaltungsrechts, 8. Aufl. 1928, S. 78ff.

[257] *Hans Herbert von Arnim*, AöR 113 (1988), S. 1 (24f.).

[258] Siehe *Christian Waldhoff*, in: Paul Kirchhof (Hrsg.), Staaten und Steuern, Festschrift für Klaus Vogel zum 70. Geburtstag, 2000, S. 495 (506ff.).

[259] Ausführlich *Eberhard Schmidt-Aßmann*, Die kommunale Rechtsetzung im Gefüge der administrativen Handlungsformen und Rechtsquellen, 1981, S. 8; *ders.*, in: Albert von Mutius (Hrsg.), Selbstverwaltung im Staat der Industriegesellschaft, Festgabe zum 70. Geburtstag von Georg Christoph von Unruh, 1983, S. 607 (608); ferner *Theodor Eschenburg*, in: Theodor Eschenburg, Zur politischen Praxis in der Bundesrepublik, Bd. II, 1966, S. 139ff.; *Herbert Bethge*, NVwZ 1983, S. 577 (579), *Gunnar Folke Schuppert*, AöR 114 (1989), S. 127 (129).

[260] *Eberhard Schmidt-Aßmann*, in: Peter Selmer (Hrsg.), Gedächtnisschrift für Wolfgang Martens, 1987, S. 249 (256f.); ferner *Martin Weber*, BayVBl. 1998, S. 327 (328).

könne überdies nicht auf die individuelle oder gruppenspezifische Betroffenheit Bezug nehmen, da das demokratische Distanzgebot zugleich die egalitäre Partizipation garantiere.[261] Auch Art. 28 Abs. 2 GG strebe daher nach der Durchsetzung räumlich bestimmter Allgemeininteressen gegenüber den von Bund und Ländern formulierten Allgemeininteressen, um bürgerschaftliches Engagement zu wecken und die Entscheidungsqualität im Wege dezentraler Aufgabenwahrnehmung zu verbessern.[262] Überdies begründe Art. 28 Abs. 2 GG keinen Freiraum „kreativer Illegalität", da die Konkurrenz divergierender Steuerungsansprüche angesprochen sei. Kommunale Selbstverwaltung sei eine Alternative zur staatsunmittelbaren Verwaltung, konkurriere aber nicht mit dem föderalen Mehrebenensystem. Die Lehre vom Vorbehalt des Gesetzes beanspruche folglich im Anwendungsbereich des Art. 28 Abs. 2 GG Geltung,[263] da auch das räumliche Allgemeininteresse erst auf der Grundlage formeller Ermächtigungsgrundlagen durchgesetzt werden dürfe.[264] Anzuerkennen sei lediglich ein Kompensationsmodell, wonach „der parlamentarische Gesetzgeber bei der Formulierung des gesetzlichen Steuerungsprogramms den den Kommunalkörperschaften eingeräumten Selbstverwaltungsraum (Art. 28 Abs. 2 GG) und ihre eigenen Legitimationsquellen respektieren" müsse.[265]

Die spezifischen Gefahren der funktionalen Selbstverwaltung würden im Anwendungsbereich des Art. 28 Abs. 2 GG indes nicht relevant, da der insoweit typische Gegensatz zwischen Allgemeininteressen und Gruppeninteressen fehle.[266] Gemeinden und Gemeindeverbände seien „örtlich radizierte Teilvölker",[267] die gerade keine gruppenspezifischen Interessen verfolgten.[268] Dennoch gelte

---

[261] *Eberhard Schmidt-Aßmann*, AöR 116 (1991), S. 329 (337 ff.).

[262] *Eberhard Schmidt-Aßmann*, Das allgemeine Verwaltungsrecht als Ordnungsidee, 2. Aufl. 2004, S. 257, 261.

[263] *Eberhard Schmidt-Aßmann*, in: Günter Püttner (Hrsg.), Handbuch der kommunalen Wissenschaft und Praxis, Bd. §, 2. Aufl. 1983, S. 182 (185); *ders.*, in: Peter Selmer (Hrsg.), Gedächtnisschrift für Wolfgang Martens, 1987, S. 249 (260); siehe auch *Hermann Hill*, in: Ständige Deputation des Deutschen Juristentages (Hrsg.), Verhandlungen des achtundfünfzigsten Deutschen Juristentages, Bd. I, 1990, D 19.

[264] *Eberhard Schmidt-Aßmann*, Das allgemeine Verwaltungsrecht als Ordnungsidee, 2. Aufl. 2004, S. 93; kritisch *Albert Bleckmann*, DVBl. 1987, S. 1085 (1086); ferner *Christian Waldhoff*, in: Paul Kirchhof (Hrsg.), Staaten und Steuern, Festschrift für Klaus Vogel zum 70. Geburtstag, 2000, S. 495 (508).

[265] *Eberhard Schmidt-Aßmann*, AöR 116 (1991), S. 329 (359 f.; 367 f.); ferner *ders.*, Die kommunale Rechtsetzung im Gefüge der administrativen Handlungsformen und Rechtsquellen, 1981, S. 4 ff.; *ders.*, in: Ständige Deputation des Deutschen Juristentages (Hrsg.), Verhandlungen des achtundfünfzigsten Deutschen Juristentages, Bd. II, 1990, N 8 (11 ff.); siehe auch *Veith Mehde*, Neues Steuerungsmodell und Demokratieprinzip, 2000, S. 248 ff.

[266] *Eberhard Schmidt-Aßmann*, in: Hans-Günter Henneke/Hubert Meyer (Hrsg.), Kommunale Selbstverwaltung zwischen Bewahrung, Bewährung und Entwicklung, Festgabe für Gernot Schlebusch zum 65. Geburtstag, 2006, S. 59 (68).

[267] *Eberhard Schmidt-Aßmann*, in: Horst Dreier (Hrsg.), Festschrift 50 Jahre Bundesverfassungsgericht, Bd. II, 2001, S. 803 (806).

[268] *Eberhard Schmidt-Aßmann*, AöR 116 (1991), S. 329 (349).

ein allenfalls dualer Zurechnungszusammenhang,[269] der kommunale Selbstverwaltung auf formelle Ermächtigungsgrundlagen sowie auf die Vorgaben der gemeindlichen und gemeindeverbandlichen Volksvertretungen verpflichte:[270] Art. 28 Abs. 2 GG beruhe auf der organisatorisch-personellen Legitimation örtlich radizierter Teilvölker und zugleich auf der distanzschaffenden[271] sachlich-inhaltlichen Legitimation formeller Ermächtigungsgrundlagen,[272] weswegen auch kommunale Selbstverwaltung und unmittelbare Staatsverwaltung unterschieden werden müssten,[273] da die Bundesländer keine „hochpotenzierte Selbstverwaltungskörperschaften" seien.[274] Das Grundgesetz habe die körperschaftliche Legitimation von Gemeinden und Gemeindeverbänden folglich durch eine demokratische Legitimation substituiert.[275]

3. Partizipiation und Legitimation kommunaler Selbstverwaltung

Die Diskussionen über die Ableitungszusammenhänge der demokratischen Legitimation kommunaler Selbstverwaltung und die Anwendbarkeit der Lehre vom Vorbehalt des Gesetzes verdeutlichen ein zentrales Grundproblem bei der Beschäftigung mit dem Gedanken der Partizipation im Anwendungsbereich des Art. 28 Abs. 2 GG: Partizipation wird im Kontext kommunaler Selbstverwaltung oftmals mit deren Legitimationsgrundlagen in Verbindung gebracht und mit der Diskussion über ihre legitimatorische Bedeutung im Allgemeinen vermengt. Daraus entsteht die Gefahr, dass bei der Diskussion über die partizipative Funktion kommunaler Selbstverwaltung dem Gedanken der Partizipati-

[269] Zur institutionellen Legitimation kommunaler Selbstverwaltung *Veith Mehde*, Neues Steuerungsmodell und Demokratieprinzip, 2000, S. 244 f.; ferner *Hans Herbert von Arnim*, AöR 113 (1988), S. 1 (6 ff.).

[270] Dazu *Eberhard Schmidt-Aßmann*, AöR 116 (1991), S. 329 (359 f.); *ders.*, Das allgemeine Verwaltungsrecht als Ordnungsidee, 2. Aufl. 2004, S. 87 ff.

[271] *Eberhard Schmidt-Aßmann*, AöR 116 (1991), S. 329 (359 f.); *ders.*, Das allgemeine Verwaltungsrecht als Ordnungsidee, 2. Aufl. 2004, S. 93.

[272] Siehe *Hans-Günter Henneke/Klaus Ritgen*, DVBl. 2007, S. 1253 (1260); ferner *Ernst Wolfgang Böckenförde*, in: Josef Isensee/Paul Kirchhof (Hrsg.), Handbuch des Staatsrechts der Bundesrepublik Deutschland, Bd. II, 3. Aufl. 2004, § 24, Rn. 25 ff.

[273] *Reinhard Hendler*, in: Josef Isensee/Paul Kirchhof (Hrsg.), Handbuch des Staatsrechts der Bundesrepublik Deutschland, Bd. VI, 3. Aufl. 2008, § 143, Rn. 21; anders noch *Paul Laband*, Das Staatsrecht des Deutschen Reiches, Bd. I, 1876, S. 95, 104 ff.; *Heinrich Rosin*, Hirts Annalen des Deutschen Reiches 1883, S. 265 (312 f.); *Philipp Zorn*, Das Staatsrecht des Deutschen Reiches, Bd. I, 1985, S. 109 f.; *Hugo Preuß*, Gemeinde, Staat, Reich als Selbstverwaltungskörperschaften, 1889, S. 224 ff.; kritisch dazu *Edgar Loenig*, Lehrbuch des Deutschen Verwaltungsrechts, 1884, S. 34.

[274] *Klaus Stern*, Das Staatsrecht der Bundesrepublik Deutschland, Bd. I, 2. Aufl. 1984, S. 668.

[275] *Eberhard Schmidt Aßmann*, in: Everhardt Franßen (Hrsg.), Bürger – Richter – Staat, Festschrift für Horst Sendler zum Abschied aus seinem Amt, 1991, S. 121 (124); siehe auch *Klaus Rennert*, Die Verwaltung 53 (2002), S. 319 (321), der Partizipation als Ausdruck von Dezentralisierung lediglich im Binnenbereich kommunaler Selbstverwaltung anwendet.

on Bedeutung auch hinsichtlich der demokratischen Legitimation kommunaler Selbstverwaltung unterstellt wird. Vor diesem Hintergrund muss zunächst der demokratischen Legitimation kommunaler Selbstverwaltung nachgegangen werden. Es ist dabei ganz allgemein die Frage zu stellen, ob Partizipation überhaupt neben den klassischen – personellen und sachlich-inhaltlichen – Legitimationsformen bedeutsam ist. Anschließend muss erörtert werden, ob Partizipation die demokratische Legitimation kommunaler Selbstverwaltung begründen kann.

a) Legitimation durch Betroffenenpartizipation im Allgemeinen

Die ausschließliche Bezugnahme auf das demokratische Legitimationssubjekt des Art. 20 Abs. 2 GG und die dort genannten Legitimationsformen ist in den zurückliegenden Jahr(zehnt)en zunehmend unter Druck geraten.[276] Unumstritten scheint lediglich ein von Art. 20 Abs. 2 GG vorausgesetztes „Störungsverbot", wonach die Ableitungszusammenhänge demokratischer Legitimation nicht konterkariert werden dürfen; auf verfassungsrechtliche Bedenken stößt etwa die Bindung demokratisch legitimierter Entscheidungsträger an Vorgaben nicht demokratisch legitimierter Instanzen oder aber die Erweiterung sowie Verfremdung des Art. 20 Abs. 2 GG hinsichtlich seines Legitimationssubjekts.

aa) Argumentationsgang und kritische Würdigung

Selbst ein solches „Störungsverbot" soll allerdings Ausnahmen kennen. Zulässige Modifikationen könnten der Natur der Ableitungszusammenhänge geschuldet sein oder im Wege kollidierenden Verfassungsrechts gerechtfertigt werden.[277] Insbesondere sei nämlich auch die funktionale Selbstverwaltung demokratisch legitimiert: Weder sei die demokratische Legitimation funktionaler Selbstverwaltung defizitär,[278] noch werde sie „kollektiv" demokratisch legitimiert.[279] Vielmehr ergänze[280] und kompensiere[281] die mitgliedschaftlich-partizi-

---

[276] *Eberhard Schmidt-Aßmann*, AöR 116 (1991), S. 329 (368 ff.).

[277] *Eberhard Schmidt-Aßmann*, AöR 116 (1991), S. 329 (369).

[278] *Matthias Jestaedt*, Demokratieprinzip und Kondominialverwaltung, 1993, S. 500 ff.; *Ernst-Wolfgang Böckenförde*, in: Josef Isensee/Paul Kirchhof (Hrsg.), Handbuch des Staatsrechts der Bundesrepublik Deutschland, Bd. II, 3. Aufl. 2004, § 24, Rn. 34.

[279] *Winfried Kluth*, Funktionale Selbstverwaltung, 1997, S. 373 ff.; *Peter Unruh*, VerwArch 92 (2001), S. 531 (551 f.).

[280] *Janbernd Oebbecke*, VerwArch 81 (1990), S. 349 (358); *ders.*, VVDStRL 62 (2003), S. 366 (394); ferner *Peter J. Tettinger/Thomas Mann*, in: Peter J. Tettinger/Thomas Mann/Jürgen Salzwedel, Wasserverbände und demokratische Legitimation, 2000, S. 20 ff.

[281] *Ernst Thomas Emde*, Die demokratische Legitimation funktionaler Selbstverwaltung, 1991, S. 122 ff., 382 ff.; *Thomas Groß*, Das Kollegialprinzip in der Verwaltungsorganisation, 1999, S. 194 ff.; *Gabriele Britz*, VerwArch 91 (2000), S. 418 (430 ff.); ferner *Horst Dreier*, Hierarchische Verwaltung im demokratischen Statt, 1991, S. 276 f.; *Gunnar Folke Schuppert*, Der Staat 32 (1993), S. 581 (610).

patorische Komponente funktionaler Selbstverwaltung die fehlende organisatorisch-personelle Legitimation, sodass das von der Judikatur des Bundesverfassungsgerichts im Allgemeinen geforderte hinreichende Legitimationsniveau erreicht werde.[282] Eine solche Legitimation im Wege der Betroffenenpartizipation bleibt allerdings nicht unwidersprochen. Hingewiesen wurde vor allem darauf, dass das Legitimationssubjekt des Art. 20 Abs. 2 GG nicht „gleichsam kurzgeschlossen" werden dürfe.[283] Jede Legitimation durch Betroffenenpartizipation würde die Einheit des politischen Gemeinwesens gefährden.[284] Über Art. 28 Abs. 1 S. 2 GG hinaus könne angesichts der fehlenden unbestimmten Allgemeinheit sowie der strukturellen Defizite gegenüber der Einheit des politischen Gemeinwesens nicht eine Gesamtheit der Betroffenen als Legitimationssubjekt anerkannt werden; das Grundgesetz habe die Legitimationssubjekte abschließend festgelegt.[285]

bb) Legitimation der funktionalen Selbstverwaltung

Neben dieser Fundamentalkritik wird eine „Legitimationsverschiebung" jedenfalls als in hohem Maße rechtfertigungsbedürftig erachtet,[286] der Legitimation im Wege der Betroffenenpartizipation dabei aber nicht schon jede Geltung abgesprochen.[287] Nicht zuletzt das Bundesverfassungsgericht konstatiert mit Blick auf die funktionale Selbstverwaltung, „daß sich der Autonomiegedanke sinnvoll in das System der grundgesetzlichen Ordnung einfügt."[288]

---

[282] Dazu *Thomas Mann*, in: Josef Isensee/Paul Kirchhof (Hrsg.), Handbuch des Staatsrechts der Bundesrepublik Deutschland, Bd. VI, 3. Aufl. 2008, § 146, Rn. 30; ferner *Matthias Jestaedt*, Demokratieprinzip und Kondominialverwaltung, 1993, S. 213 ff., 492 ff.

[283] Ausführlich zur Unvereinbarkeit von Demokratieprinzip und Betroffenenpartizipation *Matthias Jesteadt*, Demokratieprinzip und Kondominialverwaltung, 1993, S. 213 ff., 509 ff.; ferner *Walter Schmitt Glaeser*, VVDStRL 31 (1973), S. 179 (214 ff.), der auch eine zusätzlichen Legitimation im Wege der Betroffenenpartizipation ablehnt; siehe auch schon *Hans Kelsen*, Allgemeine Staatslehre, 1925, S. 367; *ders.*, Vom Wesen und Wert der Demokratie, 2. Aufl. 1929, S. 74; dazu aber auch *Reinhard Hendler*, Selbstverwaltung als Ordnungsprinzip, 1984, S. 312 ff.

[284] *Walter Schmitt Glaeser*, VVDStRL 31 (1973), S. 179 (219 f.).

[285] Dazu *Matthias Jestaedt*, Demokratieprinzip und Kondominialverwaltung, 1993, S. 500 ff.; mit Blick auf die funktionale Selbstverwaltung *Winfried Kluth*, Funktionale Selbstverwaltung, 1997, S. 369 ff.; *Peter Unruh*, VerwArch 92 (2001), S. 531 (544 f.); ferner *Ernst-Wolfgang Böckenförde*, in: Josef Isensee/Paul Kirchhof (Hrsg.), Handbuch des Staatsrechts der Bundesrepublik Deutschland, Bd. II, 3. Aufl. 2004, § 24, Rn. 33 f.

[286] *Eberhard Schmidt-Aßmann*, AöR 116 (1991), S. 329 (374); mit Blick auf die funktionale Selbstverwaltung *Winfried Brohm*, Strukturen der Wirtschaftsverwaltung, 1969, S. 249 ff.; *Ernst Thomas Emde*, Die demokratische Legitimation funktionaler Selbstverwaltung, 1991, S. 382 ff.

[287] Ausführlich *Hans-Joachim Menzel*, Legitimation staatlicher Herrschaft durch Partizipation Privater, 1980, S. 73 ff.

[288] BVerfGE 33, 125 (156 f.).

„Die funktionale Selbstverwaltung ergänzt und verstärkt insofern das demokratische Prinzip. Sie kann als Ausprägung dieses Prinzips verstanden werden, soweit sie der Verwirklichung des übergeordneten Ziels der freien Selbstbestimmung aller [...] dient. Demokratisches Prinzip und Selbstverwaltung stehen unter dem Grundgesetz nicht im Gegensatz zueinander."[289]

„Sowohl das Demokratieprinzip in seiner traditionellen Ausprägung einer ununterbrochen auf das Volk zurückzuführenden Legitimationskette für alle Amtsträger als auch die funktionale Selbstverwaltung als organisierte Beteiligung der sachnahen Betroffenen an den sie berührenden Entscheidungen verwirklichen die sie verbindende Idee des sich selbst bestimmenden Menschen in einer freiheitlichen Ordnung [...]. Das demokratische Prinzip des Art. 20 Abs. 2 GG erlaubt deshalb, durch Gesetz – also durch einen Akt des vom Volk gewählten und daher klassisch demokratisch legitimierten parlamentarischen Gesetzgebers – für abgegrenzte Bereiche der Erledigung öffentlicher Aufgaben besondere Organisationsformen der Selbstverwaltung zu schaffen. Dadurch darf zum einen ein wirksames Mitspracherecht der Betroffenen geschaffen und verwaltungsexterner Sachverstand aktiviert werden. Mit der Übertragung der Wahrnehmung öffentlicher Aufgaben in Formen der Selbstverwaltung darf der Gesetzgeber zum anderen das Ziel verfolgen, einen sachgerechten Interessenausgleich zu erleichtern, und so dazu beitragen, dass die von ihm beschlossenen Zwecke und Ziele effektiver erreicht werden [...]. Gelingt es, die eigenverantwortliche Wahrnehmung einer öffentlichen Aufgabe mit privater Interessenwahrung zu verbinden, so steigert dies die Wirksamkeit des parlamentarischen Gesetzes. Denn die an der Selbstverwaltung beteiligten Bürger nehmen die öffentliche Aufgabe dann auch im wohlverstandenen Eigeninteresse wahr; sie sind der öffentlichen Gewalt nicht nur passiv unterworfen, sondern an ihrer Ausübung aktiv beteiligt."[290]

Diese Ausführungen des Bundesverfassungsgerichts verdeutlichen, dass der Gedanke der Betroffenenpartizipation durchaus zur demokratischen Legitimation herangezogen werden kann. Namentlich mit Blick auf die funktionale Selbstverwaltung ist das Demokratieprinzip des Art. 20 Abs. 2 GG nach dem Bundesverfassungsgericht offen für andere Formen der Organisation und Ausübung von Staatsgewalt. Abweichungen vom Erfordernis der lückenlosen personellen Legitimation aller Entscheidungsträger müssen allerdings verfassungsrechtlich gerechtfertigt werden[291] und werden zudem mit der Forderung nach strikter demokratischer Gleichheit verknüpft.[292]

---

[289] BVerfGE 107, 59 (91 ff.); dazu *Matthias Jestaedt*, JuS 2004, S. 649 ff.; *Andreas Musil*, DÖV 2004, S. 116 (119); ferner *Thomas Mann*, in: Josef Isensee/Paul Kirchhof (Hrsg.), Handbuch des Staatsrechts der Bundesrepublik Deutschland, Bd. VI, 3. Aufl. 2008, § 146, Rn. 31.

[290] BVerfGE 107, 59 (91 ff.); 111, 191 (215 f.); ferner BVerfGE 33, 125 (157 ff.).

[291] *Eberhard Schmidt-Aßmann*, AöR 116 (1991), S. 329 (374); *Matthias Jestaedt*, Demokratieprinzip und Kondominialverwaltung, 1993, S. 425 ff., 490 ff.; siehe aber auch *dens.*, Die Verwaltung 35 (2002), S. 293 (314), der darauf hinweist, dass Betroffenheit aufgrund ihrer Abstraktheit, ihrer mangelnden Sinnidentität und Trennschärfe sowie der Mannigfaltigkeit positivrechtlicher Ausprägungen keine selbstständige Rolle spielen könne.

[292] *Ernst Thomas Emde*, Die demokratische Legitimation funktionaler Selbstverwaltung, 1991, S. 382 ff.

b) Legitimation durch Betroffenenpartizipation und kommunale Selbstverwaltung

Ausgehend von dieser Erkenntnis ist nachfolgend zu untersuchen, ob der Gedanke der Betroffenenpartizipation auch im Kontext kommunaler Selbstverwaltung für deren demokratische Legitimation Bedeutung erlangt. Die verfassungsrechtliche Rechtfertigung einer Abkehr von den tradierten Ableitungszusammenhängen demokratischer Legitimation könnte insoweit im Wege der deduktiven Entfaltung der verfassungsrechtlichen Gewährleistung kommunaler Selbstverwaltung oder aber im Wege der induktiven Zuordnung verfassungsrechtlicher Gewährleistungen zu einem integralen Verfassungsprinzip „Selbstverwaltung" gefunden werden.[293]

aa) Übergang zwischen demokratischer und körperschaftlicher Legitimation

Beide Ansätze könnten grundsätzlich auf die Judikatur des Bundesverfassungsgerichts Bezug nehmen: Danach ist „die ‚mitgliedschaftlich-partizipatorische' Komponente [...] [nämlich] aller Selbstverwaltung, auch der funktionalen, eigen".[294] Demzufolge könnte Art. 28 Abs. 2 GG die körperschaftliche Legitimation auch der kommunalen Selbstverwaltung statuieren.[295] Sonderinteressen der Betroffenen dürften danach ungeachtet des demokratischen Distanzgebotes durchgesetzt werden, da die demokratische Legitimation kommunaler Selbstverwaltung durch Mitwirkungs- und Gestaltungsmöglichkeiten verbreitert worden sei.[296] Diese Mitwirkungs- und Gestaltungsmöglichkeiten brächten einen mehrdimensionalen „[Übergang] zwischen demokratischer und körperschaftlicher Legitimation [zum Ausdruck], insofern nur einige dieser Institute auf den Bürgerstatus als Element des demokratischen Volksbegriffs festgelegt sind, während andere auf die Einwohnerstellung und damit stärker auf die mitgliedschaftlich-partizipatorische Komponente abheben."[297] Lediglich solche Mitwirkungs- und Gestaltungsmöglichkeiten, die den Legitimationsformen

[293] Ausführlich *Matthias Jestaedt*, Demokratieprinzip und Kondominialverwaltung, 1993, S. 492ff.

[294] Nochmals BVerfGE 83, 37 (55f.); 83, 60 (75).

[295] Das Bundesverfassungsgericht konstatierte mit Blick auf die Bezirksregierungen nordrhein-westfälischer Großstädte: „Die verfassungsrechtlich notwendige demokratische Legitimation erfordert eine ununterbrochene Legitimationskette vom Volk zu den mit staatlichen Aufgaben betrauten Organen und Amtswaltern. Die Legitimation muß allerdings nicht in jedem Fall durch unmittelbare Volkswahl erfolgen. In aller Regel genügt es, daß sie sich mittelbar auf das Volk als Träger der Staatsgewalt zurückführen läßt. Das Grundgesetz schreibt die unmittelbare Legitimation nur für den Rat als zentrale Führungsinstanz der Gemeinde vor. Da die Bezirksvertretung ausschließlich Aufgaben der Verwaltung wahrzunehmen hat, wäre für sie auch ein abgeleiteter, mittelbarer Legitimationszusammenhang denkbar und ausreichend", siehe BVerfGE 47, 253 (275).

[296] *Eberhard Schmidt-Aßmann*, AöR 116 (1991), S. 329 (380f.).

[297] *Eberhard Schmidt-Aßmann*, AöR 116 (1991), S. 329 (381).

des Art. 20 Abs. 2 S. 2 GG zuzuordnen seien, zählten zur überkommenen demokratischen Legitimation.[298]

bb) Ausschluss einer körperschaftlichen Legitimation durch Art. 28 Abs. 1 S. 2 GG

Wendet man sich nun zunächst dem induktiven Ansatz zu, lässt sich ein solcher „[Übergang] zwischen demokratischer und körperschaftlicher Legitimation“[299] mit Blick auf Art. 28 Abs. 2 GG nicht überzeugend begründen. Denn schon die Judikatur des Bundesverfassungsgerichts würde unvollständig wiedergegeben, sofern die Wendung, „die ‚mitgliedschaftlich-partizipatorische‘ Komponente [...] [sei] aller Selbstverwaltung [...] eigen“,[300] zum zentralen Bezugspunkt der Argumentation gemacht würde. Einerseits fügt das Bundesverfassungsgericht seiner Feststellung nämlich hinzu, dass „die von Art. 28 Abs. 1 Satz 2 GG vorgeschriebenen Wahlen der kommunalen Vertretungen nicht auf eine körperschaftliche Legitimation gerichtet sind. Wäre dies gewollt, so hätte die Regelung in Art. 28 Abs. 2 GG getroffen werden müssen, nicht aber in Art. 28 Abs. 1 GG.“[301] Andererseits beschränkte das Bundesverfassungsgericht seine Aussagen zur Legitimation durch Betroffenenmitwirkung ausdrücklich auf die funktionale Selbstverwaltung:

„Außerhalb der unmittelbaren Staatsverwaltung und der gemeindlichen Selbstverwaltung ist das Demokratiegebot des Art. 20 Abs. 2 GG offen für Formen der Organisation und Ausübung von Staatsgewalt, die vom Erfordernis lückenloser personeller demokratischer Legitimation aller Entscheidungsbefugten abweichen.“[302]

Systematische Erwägungen treten hinzu: Art. 28 Abs. 1 S. 2 GG nimmt auf Vertretungen des Volkes in Ländern, Kreisen und Gemeinden Bezug, die aus allgemeinen, unmittelbaren, freien, gleichen und geheimen Wahlen hervorgegangen sind. Das Legitimationssubjekt kommunaler Selbstverwaltung wird damit ausdrücklich benannt. Ein davon abweichender Übergang von demokratischer und körperschaftlicher Legitimation kann daher nicht überzeugen. Die normative Verknüpfung von Art. 28 Abs. 1 S. 2 GG und Art. 28 Abs. 2 GG bedingt ein einheitliches Legitimationssubjekt kommunaler Selbstverwaltung.[303] Zudem hat das Bundesverfassungsgericht darauf hingewiesen, dass Modifikationen der demokratischen Legitimation funktionaler Selbstverwaltung und

„[v]erbindliches Handeln mit Entscheidungscharakter [...] den Organen von Trägern der funktionalen Selbstverwaltung aus verfassungsrechtlicher Sicht [...] nur gestattet

---

[298] *Eberhard Schmidt-Aßmann*, AöR 116 (1991), S. 329 (354 f.).

[299] Siehe nochmals *Eberhard Schmidt-Aßmann*, AöR 116 (1991), S. 329 (381).

[300] Nochmals BVerfGE 83, 37 (55 f.); 83, 60 (75).

[301] BVerfGE 83, 37 (54 f.).

[302] BVerfGE 107, 59 (59).

[303] Dazu auch noch *Eberhard Schmidt-Aßmann*, AöR 116 (1991), S. 329 (380).

[sind], weil und soweit das Volk auch insoweit sein Selbstbestimmungsrecht wahrt, indem es maßgeblichen Einfluss auf dieses Handeln behält."[304]

Art. 28 Abs. 2 GG gewährleistet demgegenüber aber gerade die Eigenverantwortlichkeit der kommunalen Aufgabenwahrnehmung. Das Merkmal der Eigenverantwortlichkeit hat daher zur Folge, dass im Zuge einer dualen Legitimation kommunaler Selbstverwaltung „[d]ie parlamentsabgeleitete sachliche Legitimation [...] bewußt zurückgenommen und [...] teilweise kompensiert [wird] durch gemeindeeigene Formen der Rückanbindung an das Volk."[305] Zusammengefasst hat der Gedanke der Betroffenenpartizipation nach dem Bundesverfassungsgericht daher keine Bedeutung für die demokratische Legitimation kommunaler Selbstverwaltung.[306] Etwas anderes ergibt sich schließlich weder aus dem Rechtsstaats- noch aus dem Demokratieprinzip.[307] Das Rechtsstaatsprinzip gewährleistet zwar die (grundrechtlich fundierte) Abwehr staatlicher Beeinträchtigungen. Dennoch sind solche Beeinträchtigungen nicht von der Zustimmung individuell Betroffener abhängig oder im Wege der Betroffenenpartizipation zu rechtfertigen.[308] Die demokratische Legitimation im Sinne des Art. 20 Abs. 2 GG konkurriert auch nicht mit einer Legitimation im Wege der Betroffenenpartizipation.[309] Der Gedanke der Betroffenenpartizipation zählt

---

[304] BVerfGE 107, 59 (91 ff.); 111, 191 (215 f.).

[305] Nochmals *Eberhard Schmidt-Aßmann*, AöR 116 (1991), S. 329 (359 f.); *ders.*, Das allgemeine Verwaltungsrecht als Ordnungsidee, 2. Aufl. 2004, S. 87 ff.

[306] Siehe nochmals BVerfGE 83, 37 (55 f.); 83, 60 (75), mit dem gleichwohl ambivalenten Hinweis auf „die ‚mitgliedschaftlich-partizipatorische' Komponente [...] aller Selbstverwaltung, [die] auch der funktionalen, eigen ist"; dazu *Eberhard Schmidt-Aßmann*, AöR 116 (1991), S. 329 (371 ff.); eingehend *Veith Mehde*, Neues Steuerungsmodell und Demokratieprinzip, 2000, S. 260 ff.; ferner *Wolfgang Loschelder*, Kommunale Selbstverwaltungsgarantie und gemeindliche Gebietsgestaltung, 1976, S. 184 ff., der örtlich radizierte Teilvölker nicht als Betroffenengruppe qualifiziert; siehe aber auch *Hans H. Klein*, in: Roman Schnur (Hrsg.), Festschrift für Ernst Forsthoff zum 70. Geburtstag, 1972, S. 162 (173); *Werner Frotscher*, in: Albert von Mutius (Hrsg.), Selbstverwaltung im Staat der Industriegesellschaft, Festgabe zum 70. Geburtstag von Georg Christoph von Unruh, 1983, S. 127 (137 f.); *Harald Bogs*, in: Albert von Mutius (Hrsg.), Selbstverwaltung im Staat der Industriegesellschaft, Festgabe zum 70. Geburtstag von Georg Christoph von Unruh, 1983, S. 41 (47); *Klaus Stern*, Das Staatsrecht der Bundesrepublik Deutschland, Bd. I, 2. Aufl. 1984, S. 821.

[307] *Eberhard Schmidt-Aßmann*, AöR 116 (1991), S. 329 (374 ff.); siehe aber auch *Uwe Thaysen*, Bürger-, Staats- und Verwaltungsinitiativen, 1982, S. 44 f., 50 ff.

[308] *Walter Schmitt Glaeser*, VVDStRL 31 (1973), S. 179 (179 ff., 240 ff.); *Eberhard Schmidt-Aßmann*, AöR 116 (1991), S. 329 (375); ausführlich *Rüdiger Breuer*, Die Verwaltung 1977, S. 1 (11 ff.); anders wohl *Reinhard Hendler*, Die bürgerschaftliche Mitwirkung an der städtebaulichen Planung, 1977, S. 18, 37.

[309] Siehe aber auch *Rüdiger Breuer*, Die Verwaltung 1977, S. 1 (7 ff.), dort auch zu Ansätzen – siehe etwa *Walter Schmitt Glaeser*, VVDStRL 31 (1973), S. 179 (252 ff.); *Reinhard Hendler*, Die bürgerschaftliche Mitwirkung an der städtebaulichen Planung, 1977, S. 18; ferner *Uwe Thaysen*, Bürger-, Staats- und Verwaltungsinitiativen, 1982, S. 41 ff. –, die zur Begründung der Legitimation durch Betroffenenpartizipation auf das Sozialstaatsprinzip verweisen.

vielmehr allein zu den „Tiefenschichten“ demokratischer Legitimation, ohne den Gedanken distanzierter egalitärer Herrschaft verdrängen zu können.[310]

c) Exkurs: Integrales Verfassungsprinzip „Selbstverwaltung“?

Während somit die induktive Sichtweise auf Art. 28 Abs. 2 GG ergibt, dass Partizipation keine demokratische Legitimation kommunaler Selbstverwaltung begründet, kann ausgehend von dieser Erkenntnis abschließend der deduktive Ansatz untersucht werden, der auf ein integrales Verfassungsprinzip „Selbstverwaltung“ Bezug nimmt. Dieser Ansatz kann schon grundsätzlich nicht überzeugen: Stimmen die Legitimationsgrundlagen der kommunalen und der funktionalen Selbstverwaltung nicht überein, geht nämlich auch der Versuch, trotz der Vielfalt der Erscheinungsformen ein einheitliches – mit Art. 5 Abs. 3 GG, Art. 28 Abs. 2 GG und Art. 87 Abs. 2 GG punktuell fixiertes – „Selbstverwaltungsprinzip“ systematisch zu entfalten,[311] fehl.[312]

aa) Begründung eines integralen Verfassungsprinzips „Selbstverwaltung“

Zwar verkennt ein verfassungsrechtliches „Selbstverwaltungsprinzip“ nicht schon die Eigenrationalität des Art. 28 Abs. 2 GG: Da „Gemeinden und Kreisen [...] Strukturelemente eigen [sind], wie sie auch einen staatlichen Verband kennzeichnen“,[313] werde mit Art. 28 Abs. 1 S. 2 GG die dem verfassungsrechtlichen „Selbstverwaltungsprinzip“ immanente körperschaftliche Legitimation durch die demokratische Legitimation kommunaler Selbstverwaltung substituiert.[314] Nicht zuletzt aufgrund der Judikatur des Bundesverfassungsgerichts, dass „die ‚mitgliedschaftlich-partizipatorische‘ Komponente [...] aller Selbstverwaltung, auch der funktionalen, eigen ist“,[315] soll ein verfassungsrechtliches „Selbstverwaltungsprinzip“ dennoch eine systematische Vereinheitlichung der demokratischen und grundrechtlichen Freiheitsidee erlauben. Die funktionale Selbstverwaltung sei insoweit als Ausdruck der Betroffenenpartizipation auf die Interes-

---

310 *Walter Schmitt Glaeser*, VVDStRL 31 (1973), S. 179 (209 f.); *Eberhard Schmidt-Aßmann*, AöR 116 (1991), S. 329 (375 f.); kritisch *Matthias Jestaedt*, Demokratieprinzip und Kondominialverwaltung, 1993, S. 504 ff.

311 *Eberhard Schmidt-Aßmann*, in: Peter Selmer (Hrsg.), Gedächtnisschrift für Wolfgang Martens, 1987, S. 249 (254); *ders.*, in: Ständige Deputation des Deutschen Juristentages (Hrsg.), Verhandlungen des achtundfünfzigsten Deutschen Juristentages, Bd. II, 1990, N 8 (11 ff.); *ders.*, in: Everhardt Franßen (Hrsg.), Bürger – Richter – Staat, Festschrift für Horst Sendler zum Abschied aus seinem Amt, 1991, S. 121 (125); dazu auch *Hans-Günter Henneke*, in: Hans-Heinrich Trute (Hrsg.), Allgemeines Verwaltungsrecht – zur Tragfähigkeit eines Konzepts, 2008, S. 17 (31 ff.).

312 *Hans-Günter Henneke/Klaus Ritgen*, DVBl. 2007, S. 1253 (1260).

313 BVerfGE 83, 37 (54).

314 *Eberhard Schmidt-Aßmann*, in: Everhardt Franßen (Hrsg.), Bürger – Richter – Staat, Festschrift für Horst Sendler zum Abschied aus seinem Amt, 1991, S. 121 (125).

315 BVerfGE 83, 37 (55); 107, 59 (88).

senbetroffenheit bezogen, während kommunale Selbstverwaltung als bürgerliche Mitgestaltung auf demokratisch-egalitäre Aspekte Bezug nehme.[316] Das verfassungsrechtliche „Selbstverwaltungsprinzip“ nimmt dementsprechend auf – nicht auf die speziellen Organisationsformen der Körperschaft, der Anstalt sowie der Stiftung reduzierte[317] – öffentlich-rechtliche Organisationseinheiten Bezug, die gegenüber der staatsunmittelbaren Verwaltung institutionell verselbstständigt sind, ohne aus der Staatsgewalt ausgegliedert zu sein; sie sollen sich dadurch auszeichnen, dass bestimmte öffentliche Angelegenheiten von den jeweils Betroffenen eigenverantwortlich verwaltet werden.[318]

bb) Unzulänglichkeiten und Kritik

Diese Merkmale des verfassungsrechtlichen „Selbstverwaltungsprinzips“ – eine öffentlich-rechtliche Organisationsform, die Mitwirkung der Betroffenen sowie die Eigenverantwortlichkeit der Aufgabenerfüllung[319] – treffen zunächst grundsätzlich auf Art. 28 Abs. 2 GG zu. Mit ihrer Hilfe könnte aber ein verfassungsrechtliches „Selbstverwaltungsprinzip“ beispielsweise auch auf die Bundesländer erstreckt werden.[320] Da dem die Staatsqualität von Bund und Ländern[321] entgegen stünde, werden erste Unzulänglichkeiten deutlich.

Des Weiteren dient der Gedanke der Betroffenenpartizipation zur Abgrenzung zwischen Selbstverwaltung und dezentralisierter staatsunmittelbarer Verwaltung.[322] Da im Kontext des Art. 28 Abs. 2 GG die Betroffenenpartizipation aber nicht in gleichem Maße wie im Rahmen der funktionalen Selbstverwaltung

316 *Eberhard Schmidt-Aßmann*, in: Everhardt Franßen (Hrsg.), Bürger – Richter – Staat, Festschrift für Horst Sendler zum Abschied aus seinem Amt, 1991, S. 121 (125f.).

317 Siehe *Reinhard Hendler*, in: Josef Isensee/Paul Kirchhof (Hrsg.), Handbuch des Staatsrechts der Bundesrepublik Deutschland, Bd. VI, 3. Aufl. 2008, § 143, Rn. 27; ferner *Gunnar Folke Schuppert*, in: Albert von Mutius (Hrsg.), Selbstverwaltung im Staat der Industriegesellschaft, Festgabe zum 70. Geburtstag von Georg Christoph von Unruh, 1983, S. 183 (205); *Eberhard Schmidt-Aßmann*, in: Peter Selmer (Hrsg.), Gedächtnisschrift für Wolfgang Martens, 1987, S. 249 (261).

318 *Reinhard Hendler*, Selbstverwaltung als Ordnungsprinzip, 1984, S. 284; *ders.*, in: Josef Isensee/Paul Kirchhof (Hrsg.), Handbuch des Staatsrechts der Bundesrepublik Deutschland, Bd. VI, 3. Aufl. 2008, § 143, Rn. 19.

319 *Reinhard Hendler*, in: Josef Isensee/Paul Kirchhof (Hrsg.), Handbuch des Staatsrechts der Bundesrepublik Deutschland, Bd. VI, 3. Aufl. 2008, § 143, Rn. 21 ff.

320 Siehe *Hugo Preuß*, Gemeinde, Staat, Reich als Gebietskörperschaften, 1889, passim; *Paul Laband*, Das Staatsrecht des Deutschen Reiches, Bd. I, 5. Aufl. 1911, S. 102 ff.; dazu *Werner Frotscher*, in: Albert von Mutius (Hrsg.), Selbstverwaltung im Staat der Industriegesellschaft, Festgabe zum 70. Geburtstag von Georg Christoph von Unruh, 1983, S. 127 (129f.); *Reinhard Hendler*, in: Josef Isensee/Paul Kirchhof (Hrsg.), Handbuch des Staatsrechts der Bundesrepublik Deutschland, Bd. VI, 3. Aufl. 2008, § 143, Rn. 21.

321 *Reinhard Hendler*, in: Josef Isensee/Paul Kirchhof (Hrsg.), Handbuch des Staatsrechts der Bundesrepublik Deutschland, Bd. VI, 3. Aufl. 2008, § 143, Rn. 21; siehe auch *Klaus Stern*, Das Staatsrecht der Bundesrepublik Deutschland, Bd. I, 2. Aufl. 1984, S. 668.

322 *Reinhard Hendler*, in: Josef Isensee/Paul Kirchhof (Hrsg.), Handbuch des Staatsrechts der Bundesrepublik Deutschland, Bd. VI, 3. Aufl. 2008, § 143, Rn. 28.

Bedeutung erlangt,[323] versteht der Ansatz eines verfassungsrechtlichen „Selbstverwaltungsprinzips" die örtliche Gemeinschaft als eine nach räumlichen Kriterien bestimmte Betroffenengruppe.[324] Art. 28 Abs. 2 S. 1 GG normiert danach einen spezifischen Betroffenenbegriff: Angelegenheiten der örtlichen Gemeinschaft seien diejenigen Bedürfnisse und Interessen, die die örtlich radizierten Teilvölker im Sinne des Art. 28 Abs. 1 S. 2 GG betreffen.[325] Ist in diesem Sinne „die ‚mitgliedschaftlich-partizipatorische' Komponente [...] aller Selbstverwaltung, auch der funktionalen, eigen [...]",[326] könnte ein verfassungsrechtliches „Selbstverwaltungsprinzip" in der Tat nahe liegen. Die demokratische Legitimation gemäß Art. 28 Abs. 1 S. 2 GG, Art. 28 Abs. 2 GG steht dem verfassungsrechtlichen „Selbstverwaltungsprinzip" gleichwohl entgegen. „Selbstverwaltung schlechthin" gibt es nicht, allenfalls existieren bereichsspezifische Varianten eines verfassungsrechtlichen „Selbstverwaltungsprinzips". Deren Substanz folgt aber keinem einheitlichen Maßstab, sondern vielmehr den jeweils einschlägigen verfassungsrechtlichen Bestimmungen;[327] das verfassungsrechtliche „Selbstverwaltungsprinzip" kann nicht auf eine kontextbezogene Bestimmung verzichten.[328] Allenfalls handelt es sich daher um ein vorgefundenes Rechtsphänomen, das vom Grundgesetz partiell rezipiert und unterschiedlich ausgestaltet wurde.[329]

---

[323] *Wolfgang Loschelder*, Kommunale Selbstverwaltungsgarantie und gemeindliche Gebietsgestaltung, 1976, S. 184 ff.

[324] *Reinhard Hendler*, in: Josef Isensee/Paul Kirchhof (Hrsg.), Handbuch des Staatsrechts der Bundesrepublik Deutschland, Bd. VI, 3. Aufl. 2008, § 143, Rn. 16.

[325] Allgemein *Matthias Jestaedt*, Die Verwaltung 35 (2002), S. 293 (311 f.); siehe auch *Hans Herbert von Arnim*, AöR 113 (1988), S. 1 (17); ferner *Rolf Grawert*, in: Josef Isensee/Paul Kirchhof (Hrsg.), Handbuch des Staatsrechts der Bundesrepublik Deutschland, Bd. II, 3. Aufl. 2004, § 16, Rn. 34.

[326] BVerfGE 83, 37 (55); 107, 59 (88).

[327] *Matthias Jestaedt*, Die Verwaltung 35 (2002), S. 293 (296); ähnlich BVerwGE 51, 115 (118).

[328] *Matthias Jestaedt*, Die Verwaltung 35 (2002), S. 293 (297 f.), der systemtheoretisch formuliert: „Jede rechtswissenschaftliche (Teil-)Disziplin markiert mit ihrer spezifischen Fragestellung, ihrem spezifischen Erhebungsinstrumentarium und ihrem spezifischen Maßstab (Codierung) ein autopoietisches (Sub-)System, welches zwar disziplinfremde (‚Umwelt-') Leistungen – im optimalen Falle – wahrzunehmen imstande und insofern kognitiv offen ist, die Fremdleistungen aber – infolge der systemkonstituierenden operativen Geschlossenheit – nur mit den systemeigenen Rezeptoren und Operatoren in das (Sub-)System einbauen kann."

[329] *Matthias Jestaedt*, Die Verwaltung 35 (2002), S. 293 (306 f.); siehe auch *Gunnar Folke Schuppert*, AöR 114 (1989), S. 127 (129).

4. *(Verbleibende) Bedeutung der partizipativen Funktion kommunaler Selbstverwaltung*

Die nähere Befassung mit den Legitimationsgrundlagen kommunaler Selbstverwaltung hat ergeben, dass erstens Art. 28 Abs. 1 S. 2 GG und Art. 28 Abs. 2 GG untrennbar verbunden sind. Die Legitimation kommunaler Selbstverwaltung beruht danach allein auf einer demokratischen Grundlage. Eine körperschaftliche Legitimation besteht demgegenüber nicht. Zweitens wurde gleichwohl die Existenz einer partizipativen Funktion kommunaler Selbstverwaltung nachgewiesen. Daher ist nun zu fragen, welche (verbleibende) Bedeutung diese Funktion im Einzelnen hat. Insofern ist von fundamentaler Bedeutung, dass bei der Bestimmung der Bedeutung sowie der Reichweite der partizipativen Funktion diese stets mit der demokratischen Legitimation kommunaler Selbstverwaltung in Übereinstimmung gebracht werden muss. Keinesfalls darf die partizipative Funktion kommunaler Selbstverwaltung mit der demokratischen Legitimation im Sinne des Art. 28 Abs. 1 S. 2 GG konkurrieren. Partizipation im Sinne des Art. 28 Abs. 2 GG muss dementsprechend stets als „demokratische Partizipation“[330] gedacht werden.[331]

a) *„Demokratische Partizipation“ im Einzelnen*

aa) *Grundlagen: Wahlen und Abstimmungen*

Dies wirkt sich zunächst auf die Frage aus, auf welche Art und Weise die partizipative Funktion kommunaler Selbstverwaltung realisiert werden kann. Angesichts der überkommenen Ableitungszusammenhänge der demokratischen Legitimation auch der kommunalen Selbstverwaltung bleibt jede Form der Partizipation den Legitimationsformen des Art. 20 Abs. 2 S. 2, 28 Abs. 1 S. 2 GG verpflichtet. Art. 20 Abs. 2 GG gibt dabei einen Rahmen vor, der sowohl Wahlen als auch Abstimmungen als demokratische Legitimationsformen vorsieht.[332] Partizipation abseits der Wahlen im Sinne des Art. 28 Abs. 1 S. 2 GG – einfachgesetzlich sind überdies die Einrichtung einer Ortsbezirksverfassung und dies-

---

[330] Zum Begriff *Hans-Joachim Menzel*, Legitimation staatlicher Herrschaft durch Partizipation Privater, 1980, S. 82 ff.

[331] *Christian Waldhoff*, in: Paul Kirchhof (Hrsg.), Staaten und Steuern, Festschrift für Klaus Vogel zum 70. Geburtstag, 2000, S. 495 (510); ferner *Werner Frotscher*, in: Albert von Mutius (Hrsg.), Selbstverwaltung im Staat der Industriegesellschaft, Festgabe zum 70. Geburtstag von Georg Christoph von Unruh, 1983, S. 127 (144), der konstatiert: „Wenn in einer Demokratie Selbstverwaltung existiert, dann muß diese Form öffentlicher Verwaltung demokratisch strukturiert sein“; siehe auch *Matthias Jestaedt*, Die Verwaltung 35 (2002), S. 293 (309 f.), der der Betroffenenpartizipation mit Blick auf die Kongruenz von kommunaler Selbstverwaltung und Demokratie jede Differenzierungskraft abspricht.

[332] Dazu *Sebastian Müller-Franken*, DÖV 2005, S. 489 ff.; *Uwe Lipinski*, BayVBl. 2011, S. 649 ff.; *Hans Meyer*, JZ 2012, S. 538 ff.; *Klaas Engelken*, DÖV 2013, S. 301 ff.; *ders.*, DÖV 2013, S. 759 f.; *Otmar Jung*, DÖV 2013, S. 753 ff.

bezügliche Wahlen vorgesehen[333] – wird dadurch keineswegs ausgeschlossen, namentlich die plebiszitäre Willensbildung in Gemeinden und Gemeindeverbänden – etwa in Gestalt der nachträglich im Landesrecht geregelten[334] Bürgerbegehren sowie Bürgerentscheide[335] – gerät nicht etwa mit den Grundsätzen des demokratischen Rechtsstaates in Konflikt: Zwar hat das Grundgesetz ein System der Repräsentation rezipiert, dessen Anfänge auf die Lösung von Demokratieproblemen in Großflächenstaaten im Wege der „representative democracy"[336] zurückzuführen sind. Volksabstimmungen[337] reichern dieses Repräsentativsystem allerdings an.[338] Weder zählt vor dem Hintergrund des Art. 20 Abs. 2 S. 2 GG die repräsentative Demokratie allein zu den Grundsätzen des demokratischen Rechtsstaates,[339] noch schließt das so genannte Dominanz-

---

[333] Siehe dazu *Klaus Lange*, Kommunalrecht, 2013, Kapitel 9, Rn. 3 ff.

[334] *Otmar Jung*, JöR 41 n.F. (1993), S. 29 ff.; *ders.*, ZG 1998, S. 295 ff.; *Hans Herbert von Arnim*, DVBl. 1997, S. 749 (758 ff.); *ders.*, DÖV 2002, S. 585 ff.; *Ute Spies*, Bürgerversammlung – Bürgerbegehren – Bürgerentscheid, 1999, S. 83 ff.; *Peter Neumann*, in: Günter Püttner/Thomas Mann (Hrsg.), Handbuch der kommunalen Wissenschaft und Praxis, Bd. I, 3. Aufl. 2007, § 18, Rn. 13 ff.; skeptisch noch *Willi Blümel*, VVDStRL 36 (1978), S. 171 (230); *Rolf Grawert*, VVDStRL 36 (1978), S. 277 (318 f.); *Hermann Hill*, Die Rolle des Bürgers in der Gemeindeverfassung unter dem Einfluss der Territorialreform, 1979, S. 219 ff.

[335] Dazu *Paul-Peter Humpert*, DÖV 1990, S. 999 ff.; *Gerd Hager*, VerwArch 84 (1993), S. 97 ff.; *Matthias Wehr*, BayVBl. 1996, S. 549 ff.; *Hans-Günter Henneke*, ZG 1996, S. 1 ff.; *Andreas Bovenschulte/Annette Buß*, Plebiszitäre Bürgermeisterverfassungen – Der Umbruch im Kommunalverfassungsrecht, 1996, passim; *Hiltrud Naßmacher*, ZParl 1997, S. 445 ff.; *Stefan Muckel*, NVwZ 1997, S. 223 ff.; *Klaus Ritgen*, Bürgerbegehren und Bürgerentscheid, 1997, passim; *ders.*, NVwZ 2000, S. 129 ff.; *Utz Schliesky*, DVBl. 1998, S. 169 ff.; ferner *Hermann-Josef Blanke/Hans-Peter Hufschlag*, JZ 1998, S. 653 ff.; *Oscar W. Gabriel*, ZG 1999, S. 299 ff.; *Ulrike Dustmann*, Die Regelung von Bürgerbegehren und Bürgerentscheid in den Kommunalverfassungen der Flächenstaaten der Bundesrepublik Deutschland, 2000, passim; *Wolfgang Löwer/Jörg Menzel*, NdsVBl. 2003, S. 89 ff.; *Wolfgang Ewer*, in: Utz Schliesky (Hrsg.), Die Freiheit des Menschen in Kommune, Staat und Europa, Festschrift für Edzard Schmidt-Jortzig, 2011, S. 191 ff.; *Friedrich Schoch*, in: Utz Schliesky (Hrsg.), Die Freiheit des Menschen in Kommune, Staat und Europa, Festschrift für Edzard Schmidt-Jortzig, 2011, S. 167 ff.; mit Blick auf die Bauleitplanung *Jürgen Kühling/Florian Wintermeier*, DVBl. 2012, S. 317 ff.

[336] Siehe *Alexander Hamilton/James Madison/John Jay*, Die Federalist Papers, 1993, S. 88 ff., 93 ff., 114 ff., 319 ff., 323 ff.

[337] Zum Begriff *Jörg-Detlef Kühne*, in: Jörg-Detlef Kühne/Friedrich Meissner (Hrsg.), Züge unmittelbarer Demokratie in der Gemeindeverfassung, 1977, S. 17 ff., der Volksbegehren, Referenden, Abberufungsrechte und Volksbefragungen unterscheidet und diese von sonstigen Möglichkeiten unmittelbarer Bürgereinflussnahme – Petitionen und Bürgerinitiativen – abgrenzt; ähnlich *Johannes Rux*, Direkte Demokratie in Deutschland, 2008, S. 38 ff.

[338] *Friedrich Meissner*, in: Jörg-Detlef Kühne/Friedrich Meissner (Hrsg.), Züge unmittelbarer Demokratie in der Gemeindeverfassung, 1977, S. 161 (167); *Uwe Thaysen*, Bürger-, Staats- und Verwaltungsinitiativen, 1982, S. 32 ff.; *Peter Badura*, in: Willy Brandt (Hrsg.), Ein Richter, ein Bürger, ein Christ, Festschrift für Helmut Simon, 1987, S. 193 (207).

[339] Siehe *Claus-Henning Obst*, Chancen direkter Demokratie, 1986, S. 89 f.; *Michael Deubert*, Direkte Demokratie und unmittelbare Bürgerbeteiligung, 1987, S. 11; *Karsten Bugiel*, Volkswille und repräsentative Entscheidung, 1991, S. 149; *Otmar Jung*, Grundgesetz und

prinzip[340] plebiszitäre Elemente aus. Dementsprechend bringen Volksabstimmungen – ungeachtet gemeinsamer ideeller Grundlagen – die überkommenen Ableitungszusammenhänge demokratischer Legitimation, nicht aber die Betroffenenpartizipation zur Anwendung.[341]

bb) Plebiszitäre Willensbildung als Ausdruck der partizipativen Funktion

Nach den vorstehenden Ausführungen kommt die partizipative Funktion kommunaler Selbstverwaltung also vor allem in der plebiszitären Willensbildung in Gemeinden und Gemeindeverbänden zum Ausdruck.[342] Dies wird auch durch Art. 28 Abs. 1 S. 4 GG bestätigt:[343] Die Vorschrift eröffnet die Möglichkeit, „[i]n Gemeinden […] an die Stelle einer gewählten Körperschaft die Gemeindeversammlung treten [zu lassen].“[344] Zwar fehlt es inzwischen an einfachgesetzlichen Äquivalenten,[345] da die Regelung nur Kleinstgemeinden im Auge hat(te). Art. 28 Abs. 1 S. 4 GG ist dennoch nicht bedeutungslos[346] (geworden):[347] Die Vorschrift lässt nämlich erkennen, dass mit der Gemeindeversammlung ein un-

---

Volksentscheid, 1994, S. 313 ff.; *Hartmut Maurer*, Plebiszitäre Elemente in der repräsentativen Demokratie, 1997, S. 17;

[340] *Walter Schmitt Glaeser*, DÖV 1998, S. 824 (828); *Ernst Wolfgang Böckenförde*, in: Josef Isensee/Paul Kirchhof (Hrsg.), Handbuch des Staatsrechts der Bundesrepublik Deutschland, Bd. II, 3. Aufl. 2004, § 24, Rn. 16; siehe aber auch *Christoph Brüning*, in: Hans-Günter Henneke (Hrsg.), Kommunale Selbstverwaltung in der Bewährung, 2013, S. 253 (261), der mit Blick auf Art. 28 Abs. 2 GG „ein Regel-Ausnahme-Verhältnis von repräsentativer und plebiszitärer Demokratie“ ablehnt.

[341] Siehe aber auch *Eberhard Schmidt-Aßmann*, AöR 116 (1991), S. 329 (379).

[342] Dazu *Franz-Ludwig Knemeyer*, in: Burkhardt Ziemske (Hrsg.), Staatsphilosophie und Rechtspolitik, Festschrift für Martin Kriele zum 65. Geburtstag, 1997, S. 1141 (1144).

[343] *Horst Dreier*, in: Horst Dreier (Hrsg.), GG-Komm., Bd. II, 2. Aufl. 2006, Art. 28, Rn. 84; *Christoph Seggermann*, Die Region, 2009, S. 245; ferner *Albert von Mutius*, in: Ständige Deputation des Deutschen Juristentages (Hrsg.), Verhandlungen des dreiundfünfzigsten Deutschen Juristentages, Bd. I, 1980, E 213 f.; *Rainer Nickel*, in: Markus Hoffmann (Hrsg.), Kommunale Selbstverwaltung im Spiegel von Verfassungsrecht und Verwaltungsrecht, 1995, S. 145 (157); *Annette Buß*, Das Machtgefüge in der heutigen Kommunalverfassung, 2002, S. 25.

[344] *Hans Herbert von Arnim*, DÖV 1990, S. 85 (90); allgemein *Josef Ziegler*, Bürgerbeteiligung in der kommunalen Selbstverwaltung, 1974, S. 190; *Friedrich Meissner*, in: Jörg-Detlef Kühne/Friedrich Meissner (Hrsg.), Züge unmittelbarer Demokratie in der Gemeindeverfassung, 1977, S. 161 (176); ferner *Utz Schliesky*, ZG 1999, S. 91 (94); *Peter M. Huber*, AöR 126 (2001), S. 165 (175, 177).

[345] *Horst Dreier*, in: Horst Dreier (Hrsg.), GG-Komm., Bd. II, 2. Aufl. 2006, Art. 28, Rn. 84.

[346] *Wilfried Erbguth*, DÖV 1995, S. 793 (797); ähnlich *Rudolf Streinz*, Die Verwaltung 16 (1983), S. 293 (301); *Hans Georg Fischer*, NWVBl. 1995, S. 366 (366); *Klaus Ritgen*, Bürgerbegehren und Bürgerentscheid, 1997, S. 59 f.

[347] *Wilfried Berg*, in: Franz-Ludwig Knemeyer (Hrsg.), Bayerische Gemeinden, Bayerischer Gemeindetag, Festschrift 75 Jahre Bayerischer Gemeindetag, 1987, S. 135 (144).

mittelbarer Zusammenhang zwischen der plebiszitären Willensbildung und kommunaler Selbstverwaltung normativ anerkannt wird.[348]

Dem steht auch Art. 28 Abs. 1 S. 2 GG nicht entgegen,[349] der den Begriff der „Abstimmungen“ im Sinne des Art. 20 Abs. 2 S. 2 GG gerade nicht wiederholt. Neben Art. 20 Abs. 2 S. 2, 28 Abs. 1 S. 2 GG verlangt das Grundgesetz nämlich auch ganz allgemein eine offene, transparente und rechtsstaatliche sowie demokratische Verwaltung, die Bürgerbeteiligung in Gestalt von Information, Anhörung, Kooperation und Verständigung voraussetzt.[350] Überdies sind Wahlen und Abstimmungen nach Art. 20 Abs. 2 S. 2 GG ebenfalls prinzipiell offen für Bürgerbeteiligung – etwa in Gestalt von konsultativen Volksbefragungen. Art. 29 Abs. 4, 5 GG erklären solche „Volksbefragungen“ – lediglich moralisch-politisch verbindliche Formen der Bürgerbeteiligung – für verfassungsrechtlich zulässig.[351] Der legislative Gestaltungsspielraum ist hinsichtlich der Bürgerbeteiligung von Verfassungs wegen zudem nur rudimentär begrenzt.[352] Auf Bundesebene besteht angesichts des im Grundgesetz vorgesehenen Verfahrens der Gesetzgebung allerdings die Notwendigkeit einer Verfassungsänderung.[353] Auch lediglich moralisch-politisch verbindliche Formen der Bürgerbeteiligung dürfen indes nicht beliebig eröffnet oder vorenthalten werden. Angesicht der auch insoweit bestehenden Möglichkeit zur Einflussnahme[354] müssen entsprechende Artikulations- und Repräsentationsformen stets dem Grundsatz demokratischer Distanz genügen.[355] Einfachgesetzliche Regelungen finden sich etwa für Einwohner- und Bürgerversammlungen sowie -befragungen und -an-

[348] *Wolf Weber*, Selbstverwaltung und Demokratie in den Gemeinden nach der Gebietsreform, 1982, S. 48 f.

[349] *Hans-Günter Henneke/Klaus Ritgen*, DVBl. 2007, S. 1253 (1257); siehe auch *Mario Martini*, Wenn das Volk (mit)entscheidet..., 2011, S. 35: „Im Gegenteil entpuppen sich die Gemeinden als idealer Verwirklichungsraum direktdemokratischer Elemente.“

[350] Kritisch *Josef Ziegler*, Bürgerbeteiligung in der kommunalen Selbstverwaltung, 1974, S. 188, der rechtlich unverbindliche Bürgerbefragungen nicht als Erscheinungsform der unmittelbaren Demokratie missverstanden wissen will.

[351] Mit Blick auf Art. 28 Abs. 2 GG *Christoph Brüning*, in: Hans-Günter Henneke (Hrsg.), Kommunale Selbstverwaltung in der Bewährung, 2013, S. 253 (274 f.).

[352] Allgemein *Gerhard Robbers*, in: BK, Art. 20 Abs. 1 (2008), Rn. 794; siehe auch *Reinhard Hendler*, Die bürgerschaftliche Mitwirkung an der städtebaulichen Planung, 1977, S. 15 ff.

[353] Allgemein BVerfGE 8, 114 (121 f.); ferner *Ulrich Rommelfanger*, Das konsultative Referendum, 1988, S. 63 ff.; *Horst Dreier*, in: Horst Dreier (Hrsg.), GG-Komm., Bd. II, 2. Aufl. 2006, Art. 20 (Demokratie), Rn. 109 ff.; dazu ferner *Mario Martini*, Wenn das Volk (mit)entscheidet..., 2011, S. 19 ff.; ferner *Johannes Rux*, Direkte Demokratie in Deutschland, 2008, S. 259 ff., 405 ff.

[354] Siehe *Josef Ziegler*, in: Jörg-Detlef Kühne/Friedrich Meissner (Hrsg.), Züge unmittelbarer Demokratie in der Gemeindeverfassung, 1977, S. 121 (138); anders wohl *Rüdiger Breuer*, Die Verwaltung 1977, S. 1 (5).

[355] *Eberhard Schmidt-Aßmann*, AöR 116 (1991), S. 329 (373 f.).

träge, Unterrichtungen[356] sowie allgemeine und schließlich gruppenspezifische Beteiligungsmöglichkeiten.[357]

b) Bürger- und Einwohnerbeteiligung

Neben der Art und Weise, wie die partizipative Funktion kommunaler Selbstverwaltung realisiert werden kann, determiniert die demokratische Legitimation kommunaler Selbstverwaltung auch den Kreis derjenigen, denen Partizipationsmöglichkeiten zuteil werden. Auszugehen ist von den örtlich radizierten Teilvölkern im Sinne der Art. 28 Abs. 1 S. 2, 28 Abs. 2 GG, weswegen Partizipation grundsätzlich die Bürger, nicht aber auch die Einwohner betrifft.[358] Gehören ausländische Staatsangehörige nicht zum Staatsvolk im Sinne des Art. 20 Abs. 2 GG, gilt dies aufgrund des Homogenitätsgebotes des Art. 28 Abs. 1 S. 1 GG auch mit Blick auf Kreise und Gemeinden.[359] Darüber hinaus unterscheiden die einschlägigen landesrechtlichen Regelungen zwischen Bürgern und Einwohnern anhand der Wohnsitznahme im Wahlgebiet sowie der Dauer der Wohnsitznahme.[360] Während die Wohnsitznahme grundsätzlich zutreffend die Zugehörigkeit zum jeweiligen örtlich radizierten Teilvolk nachzeichnet, wird auf die Dauer der Wohnsitznahme aus verwaltungstechnischen Gründen Bezug genommen.[361] Die temporäre Ausgrenzung einzelner, grundsätzlich zum Staatsvolk im Sinne des Art. 20 Abs. 2 GG gehörender Personen aus dem jeweiligen örtlich radizierten Teilvolk ist aber nicht unbedenklich; jedenfalls ist eine solche Differenzierung zwischen Einwohnern und Bürgern auf ein unerlässliches Minimum zu reduzieren.[362]

---

356 *Klaus Lange*, Kommunalrecht, 2013, Kapitel 9, Rn. 19 ff.

357 Dazu *Klaus Lange*, Kommunalrecht, 2013, Kapitel 9, Rn. 17 f.

358 Siehe aber auch *Gunther Schwerdtfeger*, in: Ständige Deputation des Deutschen Juristentages (Hrsg.), Verhandlungen des dreiundfünfzigsten Deutschen Juristentages, Bd. I, 1980, A 110; kritisch auch *Hans-Jürgen Papier*, KritV 1987, S. 309 (312).

359 BVerfGE 83, 37 (50 ff.); *Hans-Jürgen Papier*, KritV 1987, S. 309 ff.; *Janbernd Oebbecke*, VerwArch 81 (1990), S. 349 (359 ff.); *Rolf Grawert*, in: Josef Isensee/Paul Kirchhof (Hrsg.), Handbuch des Staatsrechts der Bundesrepublik Deutschland, Bd. II, 3. Aufl. 2004, § 16, Rn. 34; *Kyrill-A. Schwarz*, AöR 138 (2013), S. 411 ff.; zur Teilnahme von Unionsbürgern an Bürgerbegehren und Bürgerbescheiden Bayerischer Verfassungsgerichtshof, BayVBl. 2014, S. 17 ff.; dazu auch *Klaas Engelken*, NVwZ 1995, S. 432 ff.; *ders.*, DÖV 1996, S. 737 ff.; *Bernhard Burkholz*, DÖV 1995, S. 816 (817); *Ludger Schrapper*, DVBl. 1995, S. 1167 (1169); *Michael Wollenschläger/Alexander Schraml*, BayVBl. 1995, S. 385 (388); *Matthias Wehr*, BayVBl. 1996, S. 549 ff.

360 *Martin Burgi*, Kommunalrecht, 4. Aufl. 2012, § 11, Rn. 8.

361 *Hans Meyer*, in: Günter Püttner/Thomas Mann (Hrsg.), Handbuch der kommunalen Wissenschaft und Praxis, Bd. I, 3. Aufl. 2007, § 20, Rn. 12.

362 Kritisch *Hans Meyer*, in: Günter Püttner/Thomas Mann (Hrsg.), Handbuch der kommunalen Wissenschaft und Praxis, Bd. I, 3. Aufl. 2007, § 20, Rn. 12; ferner *Frank Brunner*, in: Klaus-Viktor Kleerbaum/Manfred Palmen, Gemeindeordnung Nordrhein-Westfalen, 2008, § 21 zur nordrhein-westfälischen Rechtslage, die eine Frist von sechzehn Tagen vorsieht.

Darüber hinaus bleibt fraglich, ob die partizipative Funktion kommunaler Selbstverwaltung jede Einwohnerbeteiligung ausschließt.[363] Die Einwohnerbeteiligung gerät nämlich nicht zwingend mit den überkommenen Ableitungszusammenhängen der demokratischen Legitimation kommunaler Selbstverwaltung in Konflikt[364] – dies ließe sich nur im Falle der Substitution des Legitimationssubjekts feststellen.[365] Die Einwohnerbeteiligung wäre daher als lediglich moralisch-politisch verbindliche Partizipation grundsätzlich zulässig – einfachgesetzliche Beispiele sind etwa Ausländerbeiräte[366] sowie Einwohner- und Bürgerversammlungen sowie -befragungen, -anträge und Unterrichtungen. Zugunsten einer solchen Einwohnerbeteiligung kann darauf verwiesen werden, dass auch der wirtschaftlichen, sozialen und gesellschaftlichen Rolle von ausländischen Staatsangehörigen in Gemeinden verstärkt Rechnung getragen werden kann. Die örtlichen Gegebenheiten bieten Raum für Integration, es besteht die Möglichkeit, politische Entwicklungen, Interessen und Bedürfnisse zu artikulieren.[367]

---

[363] Allgemein *Werner Heun*, Das Mehrheitsprinzip in der Demokratie, 1983, S. 20; *Matthias Jestaedt*, Demokratieprinzip und Kondominialverwaltung, 1993, S. 201; *Walter Leisner*, Demokratie, 1998, S. 659; *Christoph Seggermann*, Die Region, 2009, S. 155ff.; allgemein zur Diskussion über Herrschaftsbetroffenheit und Herrschaftslegitimation *Sophie-Charlotte Lenski*, DVBl. 2012, S. 1057ff.; *Klaus Ferdinand Gärditz*, VVDStRL 72 (2013), S. 49ff.

[364] Zur Unterstützung der demokratischen Legitimation durch Betroffenenpartizipation am Beispiel der Öffentlichkeitsbeteiligung *Thomas Groß*, DÖV 2011, S. 510 (511); *Elke Gurlit*, JZ 2012, S. 833 (835); allgemein *Eberhard Schmidt-Aßmann*, AöR 116 (1991), S. 329 (373); *ders.*, Das allgemeine Verwaltungsrecht als Ordnungsidee, 2. Aufl. 2004, 2 Kap., Rn. 111.

[365] *Eberhard Schmidt-Aßmann*, AöR 116 (1991), S. 329 (373ff.); kritisch *Matthias Jestaedt*, Demokratieprinzip und Kondominialverwaltung, 1993, S. 213ff.; 490ff.; *Christoph Seggermann*, Die Region, 2009, S. 150ff.; zum Kommunitarismus im Zusammenhang mit dem Gedanken der Bürgerbeteiligung etwa *Edwin Czerwick*, Bürokratie und Demokratie, 2001, S. 113.

[366] Dazu *Klaus Lange*, Kommunalrecht, 2013, Kapitel 9, Rn. 15; siehe auch VGH München, BayVBl. 2012, S. 303ff.

[367] *Michael Kromer*, DVBl. 1985, S. 143 (146); die ebenfalls aus Gründen der Sachnähe und Sachkunde auf den Gedanken der Betroffenenpartizipation Bezug nehmende Preußische Städteordnung vom 19. November 1808 ging demgegenüber ausdrücklich nicht von dem Modell der Einwohner-, sondern vielmehr der Bürgergemeinde aus, siehe dazu *Reinhard Hendler*, Selbstverwaltung als Ordnungsprinzip, 1984, S. 17; die revidierte Städteordnung vom 17. März 1981 knüpfte den Erwerb und Inhalt der Bürgerrechte allerdings weitgehend an die Bedingungen allgemeiner wirtschaftlicher Bewegungsfreiheit, siehe *Reinhard Hendler*, a.a.O., S. 19; ferner *Ernst Rudolf Huber*, Deutsche Verfassungsgeschichte seit 1789, Bd. I, 1957, S. 174ff.; *Wolf Weber*, Selbstverwaltung und Demokratie in den Gemeinden nach der Gebietsreform, 1982, S. 163; allgemein auch *Werner Frotscher*, in: Albert von Mutius (Hrsg.), Selbstverwaltung im Staat der Industriegesellschaft, Festgabe zum 70. Geburtstag von Georg Christoph von Unruh, 1983, S. 127 (133), der auf die Bedeutung eines offenen Prozesses der politischen Meinungsbildung und Entscheidungsfindung für ein pluralistisches Demokratiekonzept hinweist; zum pluralistischen Gemeinwohl *Bernd J. Hartmann*, AöR 134 (2009), S. 1 (16).

c) Abschließende Annäherung an die partizipative Funktion kommunaler Selbstverwaltung

Systematisierend lässt sich zusammenfassen: Die partizipative Funktion kommunaler Selbstverwaltung kann erstens mit Blick auf Art. 28 Abs. 2 GG nachgewiesen werden. Dies bedeutet zweitens aber nicht, dass die demokratische Legitimation kommunaler Selbstverwaltung körperschaftlich strukturiert ist; vielmehr finden gemäß Art. 28 Abs. 1 S. 2 GG die überkommenen Ableitungszusammenhänge demokratischer Legitimation Anwendung. Deshalb entsprechen der partizipativen Funktion kommunaler Selbstverwaltung drittens lediglich diejenigen Formen der Beteiligung an der kommunalen Willensbildung, die demokratischen Maßstäben genügen. Anknüpfend an die zuletzt genannte Feststellung soll nunmehr eine präzisierende Annäherung[368] an die partizipative Funktion kommunaler Selbstverwaltung versucht werden. Partizipation im Sinne des Art. 28 Abs. 2 GG ist dabei vor allem abzugrenzen von unspezifischen Formen politischen Handelns, die nicht das Verhältnis zwischen Bürgern und Gemeinden sowie Gemeindeverbänden betreffen.[369]

aa) Bürger-, Öffentlichkeits- und Betroffenenbeteiligung

Diese Abgrenzung wird dadurch erschwert, dass der unscharfe Begriff der Bürgerbeteiligung oftmals die Diskussion bestimmt. Unter Bürgerbeteiligung wird allgemein

> „eine sich in unterschiedlichen Formen vollziehende Einbeziehung von Bürgern in staatliche und kommunale Entscheidungsprozesse verstanden. Dabei kommt es begrifflich nicht darauf an, ob die Einbeziehung in spezifisch institutionellen Arrangements oder außerhalb solcher erfolgt, von wem der Impuls zur Beteiligung ausgeht und auf welchen Gegenstand oder welche Phase des politischen oder administrativen Prozesses sie sich bezieht."[370]

Dieser Begriff der Bürgerbeteiligung stimmt mit der partizipativen Funktion kommunaler Selbstverwaltung zunächst insoweit überein, als dass sich beide Ansätze auf direkte, öffentliche sowie entscheidungsvorbereitende Teilhabeformen erstrecken.[371] Die entscheidungsvorbereitende Teilhabe wird ebenso wenig

---

[368] Zur Typologie der Organisationsformen *Michael Kromer*, DVBl. 1985, S. 143 ff.; *Hans Herbert von Arnim*, DÖV 1990, S. 85 ff.; *Reinhard Hendler*, in: Hans-Günter Henneke (Hrsg.), Aktuelle Entwicklungen der inneren Kommunalverfassung, 1996, S. 101 (102 ff.); *Wilfried Erbguth*, in: Hans-Günter Henneke (Hrsg.), Aktuelle Entwicklungen der inneren Kommunalverfassung, 1996, S. 115 (117 ff.); eingehend *Uwe Thaysen*, Bürger-, Staats- und Verwaltungsinitiativen, 1982, S. 129 ff.; *Franz-Ludwig Knemeyer*, Bürgerbeteiligung und Kommunalpolitik, 1995, S. 77 ff.

[369] *Ingwer Ebsen*, DVBl. 1984, S. 1107 (1108).

[370] *Jan Ziekow*, in: Ständige Deputation des Deutschen Juristentages (Hrsg.), Verhandlungen des neunundsechzigsten Deutschen Juristentages, Bd. I, 2012, D 13.

[371] *Erich Rehn*, in: Albert von Mutius (Hrsg.), Selbstverwaltung im Staat der Industriege-

ausgegrenzt wie sonstige Handlungsformen der Aktivbürgerschaft.[372] Daher bringen nicht nur Informations- und Verfahrensbeteiligungen die partizipative Funktion kommunaler Selbstverwaltung zum Ausdruck,[373] vielmehr sind auch Wahlen im Sinne des Art. 28 Abs. 1 S. 2 GG[374] sowie Sachentscheidungen anstelle der Entscheidungsorgane der Gemeinden und Gemeindeverbände dem Partizipationsgedanken zuzuordnen.[375]

Partizipation ist dennoch vom Begriff der Bürgerbeteiligung und insbesondere vom Begriff der Öffentlichkeitsbeteiligung[376] zu unterscheiden.[377] Dies verdeutlichen nicht zuletzt die Funktionen der Öffentlichkeitsbeteiligung: Sie soll Rechtsschutz, ein faires Verfahren sowie Transparenz und Kontrolle des Verwaltungshandelns gewährleisten, Informationen bereitstellen, Akzeptanz schaffen und Defizite der repräsentativen Demokratie kompensieren.[378] Zwar hängt die partizipative Funktion kommunaler Selbstverwaltung ebenfalls mit dem Gedanken des Rechtsschutzes zusammen,[379] ferner wird sie vor allem[380]

---

sellschaft, Festgabe zum 70. Geburtstag von Georg Christoph von Unruh, 1983, S. 305 (305); ferner *Josef Ziegler*, in: Jörg-Detlef Kühne/Friedrich Meissner (Hrsg.), Züge unmittelbarer Demokratie in der Gemeindeverfassung, 1977, S. 121 ff.; *Birgit Kropshofer*, in: Jörg-Detlef Kühne/Friedrich Meissner (Hrsg.), Züge unmittelbarer Demokratie in der Gemeindeverfassung, 1977, S. 141 ff.; *Otto Depenheuer*, in: Jörg-Detlef Kühne/Friedrich Meissner (Hrsg.), Züge unmittelbarer Demokratie in der Gemeindeverfassung, 1977, S. 151 ff.; ausführlich *Uwe Thaysen*, Bürger-, Staats- und Verwaltungsinitiativen, 1982, S. 126 ff., der nicht nur auf die Bürgeranregung, sondern vielmehr auch auf die Bürgerkonsultation sowie die Bürgerinformation im Allgemeinen hinweist; anders *Ingwer Ebsen*, DVBl. 1984, S. 1107 (1108 f.).

[372] Anders *Ingwer Ebsen*, DVBl. 1984, S. 1107 (1109).

[373] *Reinhard Hendler*, in: Hans-Günter Henneke (Hrsg.), Aktuelle Entwicklungen der inneren Kommunalverfassung, 1996, S. 101 (105).

[374] *Klaus Rennert*, Die Verwaltung 53 (2002), S. 319 (323); anders *Michael Kromer*, DVBl. 1985, S. 143 (144).

[375] *Reinhard Hendler*, in: Hans-Günter Henneke (Hrsg.), Aktuelle Entwicklungen der inneren Kommunalverfassung, 1996, S. 101 (103 f.); ähnlich *Walter Krebs*, in: Hans-Uwe Erichsen (Hrsg.), Kommunalverfassung heute und morgen – Bilanz und Ausblick, 1989, S. 29 ff.

[376] Zur begrifflichen Unterscheidung zwischen Bürger- und Öffentlichkeitsbeteiligung *Elke Gurlit*, JZ 2012, S. 833 (834); ferner *Jutta Stender-Vorwachs*, NVwZ 2012, S. 1061 (1062); *Wilfried Erbguth*, DÖV 2012, S. 821 (822); *Annette Guckelberger*, VerwArch 103 (2012), S. 31 ff.; *Jan Ziekow*, NVwZ 2013, S. 754 ff.

[377] *Reinhard Hendler*, Die bürgerschaftliche Mitwirkung an der städtebaulichen Planung, 1977, S. 7 ff.; *ders.*, Der Landkreis 1995, S. 321 ff.; anders *Martin Burgi*, NVwZ 2012, S. 277 (280); *Hans-Günter Henneke*, ZG 2012, S. 228 ff.

[378] *Jan Ziekow*, in: Ständige Deputation des Deutschen Juristentages (Hrsg.), Verhandlungen des neunundsechzigsten Deutschen Juristentages, Bd. I, 2012, D 14 ff.; dazu auch *Elke Gurlit*, JZ 2012, S. 833 (834 f.).

[379] BVerfGE 53, 30 (60).

[380] *Franz-Ludwig Knemeyer*, Bürgerbeteiligung und Kommunalpolitik, 1995, S. 80 f.; *ders.*, in: Josef Isensee (Hrsg.), Freiheit und Eigentum, Festschrift für Walter Leisner zum 70. Geburtstag, 1999, S. 911 (916 f.).

durch die Gedanken der Akzeptanz[381] und Richtigkeit[382] sowie durch eine auf das Wohl der Allgemeinheit ausgerichtete[383] Entscheidungsteilhabe geprägt.[384] Letztlich weist die partizipative Funktion kommunaler Selbstverwaltung somit durchaus Parallelen mit der Öffentlichkeitsbeteiligung auf. Von der Öffentlichkeitsbeteiligung unterscheidet sich die partizipative Funktion kommunaler Selbstverwaltung aber dennoch durch die verfassungsrechtliche Festschreibung örtlich radizierter Teilvölker[385] sowie die damit korrespondierende Integrationsfunktion.

Die partizipative Funktion kommunaler Selbstverwaltung ist schließlich auch von der verwaltungsverfahrensrechtlichen Betroffenenpartizipation abzugrenzen: Diese unterscheidet sich zunächst von der Öffentlichkeitsbeteiligung dadurch, dass diese gerade nicht auf diejenigen Personen Bezug nimmt, die von bestimmten Angelegenheiten in besonderer Weise berührt werden.[386] Die verwaltungsverfahrensrechtliche Betroffenenpartizipation gewährt demgegenüber vor allem rechtliches Gehör und beschreibt nach Maßgabe des § 28 VwVfG[387] sowie der über den Beteiligtenbegriff des § 13 VwVfG hinausgehenden Regelung des § 73 Abs. 4 VwVfG[388] Teilhaberechte im Verwaltungsverfahren – wes-

---

[381] Dazu *Hans-Günter Henneke*, DÖV 1994, S. 705 (707), der namentlich der Aufgabenwahrnehmung durch Gemeinden und Gemeindeverbände eine spezifische Akzeptanz attestiert.

[382] *Wilfried Erbguth*, DÖV 1995, S. 793 (794 f.); das Bundesverfassungsgericht hebt – bezogen auf die funktionale Selbstverwaltung – hervor, dass das Mitspracherecht der Betroffenen der Aktivierung externen Sachverstandes im Interesse des Effizienzgewinns diene, siehe BVerfGE 107, 59 (88); mit Blick auf Art. 28 Abs. 2 GG judiziert das Bundesverfassungsgericht, dass eine zentralistisch organisierte Verwaltung in vielerlei Hinsicht rationeller und billiger arbeiten könne als eine dezentral ausdifferenzierte Verwaltung, siehe BVerfGE 34, 216 (233); 79, 127 (153); ferner *Hans Herbert von Arnim*, AöR 113 (1998), S. 1 (5 ff.); *ders.*, DÖV 1990, S. 85 (91), der den Aspekt der Richtigkeit als spezifische Legitimation betrachtet; kritisch *Niklas Luhmann*, Legitimation durch Verfahren, 1969, S. 27 ff.

[383] *Franz-Ludwig Knemeyer*, in: Burkhardt Ziemske (Hrsg.), Staatsphilosophie und Rechtspolitik, Festschrift für Martin Kriele zum 65. Geburtstag, 1997, S. 1141 (1144 f.).

[384] *Franz-Ludwig Knemeyer*, Bürgerbeteiligung und Kommunalpolitik, 1995, S. 80 f.; *Wilfried Erbguth*, DÖV 1995, S. 793 (798); ferner *Josef Ziegler*, Bürgerbeteiligung in der kommunalen Selbstverwaltung, 1974, S. 60 f., der jedoch auch vom Kontakt zwischen Selbstverwaltungsorganen und Bürgerschaft spricht.

[385] Zur fehlenden demokratischen Legitimation der Bürgerbeteiligung *Jan Ziekow*, in: Ständige Deputation des Deutschen Juristentages (Hrsg.), Verhandlungen des neunundsechzigsten Deutschen Juristentages, Bd. I, 2012, D 21; kritisch zu direktdemokratischen Elementen im Zusammenhang mit der Diskussion über eine verstärkte Bürgerbeteiligung *Wolfgang Ewer*, NJW 2011, S. 1328 ff.; *Alexander Schink*, DVBl. 2011, S. 1377 (1385); *Johannes Saurer*, DVBl. 2012, S. 1082 (1088).

[386] *Reinhard Hendler*, Der Landkreis 1995, S. 321 (321 f.).

[387] Siehe *Dieter Kallerhoff*, in: Paul Stelkens/Heinz-Joachim Bonk/Michael Sachs (Hrsg.), VwVfG, 8. Aufl. 2014, § 28, Rn. 2 ff.

[388] Allgemein *Werner Neumann*, in: Paul Stelkens/Heinz-Joachim Bonk/Michael Sachs (Hrsg.), VwVfG, 8. Aufl. 2014, § 73, Rn. 66 ff.; in vorliegendem Zusammenhang *Reinhard Hendler*, Der Landkreis 1995, S. 321 (322).

wegen die verwaltungsverfahrensrechtliche Betroffenenpartizipation auch nicht mit der partizipativen Funktion kommunaler Selbstverwaltung übereinstimmt:[389] Das Rechtsstaatsprinzip erlangt mit Blick auf Art. 28 Abs. 2 GG keine vergleichbare Bedeutung.[390]

bb) Das Modell der Bürgerkommune

Die präzisierende Annäherung an die partizipative Funktion kommunaler Selbstverwaltung ist mit den vorstehenden Erwägungen nicht abgeschlossen. Vielmehr ist über die Bürger-, Öffentlichkeits- und Betroffenenbeteiligung hinaus weiterer Abgrenzungsbedarf erkennbar. Dieser Abgrenzungsbedarf besteht zunächst gegenüber dem „Modewort" der Bürgerkommune.[391]

(1) Kooperative Demokratie und bürgerschaftliches Engagement

Die Bürgerkommune beruht auf der kooperativen Demokratie,[392] die ihrerseits Berührungspunkte mit der deliberativen Demokratie[393] sowie der komplexen Demokratietheorie[394] aufweist. Die kooperative Demokratie thematisiert im Wesentlichen die Beteiligung an der politischen Willensbildung durch dialogorientierte Verfahren, die zwar auf eine kooperative Problemlösung zielen, das

---

389 Zur Unterscheidung zwischen Bürgerschaft und Öffentlichkeit *Hans Georg Fischer*, NWVBl. 1995, S. 366 (367); nicht auf Unterschiede im Hinblick auf die Betroffeneneigenschaft, sondern den Zweck der Beteiligungsform hinweisend *Michael Kromer*, DVBl. 1985, S. 143 (145).

390 Allgemein *Eberhard Schmidt-Aßmann*, AöR 116 (1991), S. 329 (332f.); *Christoph Seggermann*, Die Region, 2009, S. 152; dazu ferner *Klaus König*, Moderne öffentliche Verwaltung, 2008, S. 446ff.; siehe aber auch *Albert von Mutius*, in: Ständige Deputation des Deutschen Juristentages (Hrsg.), Verhandlungen des dreiundfünfzigsten Deutschen Juristentages, Bd. I, 1980, E 180f.

391 Kritisch zum „Modewort" der Bürgerkommune *Hans-Günter Henneke*, DVBl. 2012, S. 1072 (1075).

392 Ausführlich *Lars Holtkamp/Jörg Bogumil/Leo Kißler*, Kooperative Demokratie, 2006, passim.

393 Zur kommunalen Selbstverwaltung *Lars Holtkamp*, in: Janbernd Oebbecke (Hrsg.), Nicht-normative Steuerung in dezentralen Systemen, 2005, S. 15 (16f.); mit Blick auf die Öffentlichkeitsbeteiligung *Jan Ziekow*, in: Ständige Deputation des Deutschen Juristentages (Hrsg.), Verhandlungen des neunundsechzigsten Deutschen Juristentages, Bd. I, 2012, D 22ff.; allgemein *Jürgen Habermas*, Faktizität und Geltung, 1992, S. 349ff.; *ders.*, in: Herfried Münkler (Hrsg.), Die Chancen der Freiheit, Grundprobleme der Demokratie, 1992, S. 11ff.; dazu *Niels Petersen*, JöR 58 n.F. (2010), S. 137 (167f.); *ders.*, Der Staat 49 (2010), S. 435 (438f.).

394 Mit Blick auf die kommunale Selbstverwaltung *Lars Holtkamp*, in: Janbernd Oebbecke (Hrsg.), Nicht-normative Steuerung in dezentralen Systemen, 2005, S. 15 (17); allgemein *Fritz W. Scharpf*, Demokratietheorie zwischen Utopie und Anpassung, 1970, passim; *Manfred G. Schmidt*, in: Renate Mayntz/Wolfgang Streek (Hrsg.), Die Reformierbarkeit der Demokratie – Innovationen und Blockaden, Festschrift für Fritz W. Scharpf, 2003, S. 151ff.; ferner *Lars Holtkamp/Jörg Bogumil/Leo Kißler*, Kooperative Demokratie, 2006, S. 80ff.; zum Modell der responsiven Demokratie schließlich *Herbert Uppendahl*, ZParl 1981, S. 123ff.

politische Letztentscheidungsrecht aber gleichwohl unberührt lassen.[395] In der Bürgerkommune findet die kooperative Demokratie ihre Fortsetzung, rückt dabei doch ebenfalls der Gedanke der Partizipation in den Mittelpunkt der Überlegungen.[396] Zwar wird Partizipation nicht auf ein Verständnis der Gemeinden und Gemeindeverbände als Keimzellen der Demokratie, sondern vielmehr auf das Streben nach bürgernaher Verwaltung zurückgeführt.[397] Auch die Bürgerkommune anerkennt indes die Innovations- und Optimierungsfunktion sowie die Integrationsfunktion kommunaler Selbstverwaltung:[398] Gemeinden und Gemeindeverbände bündelten unterschiedliche gesellschaftliche Interessen, sodass die „Kundenorientierung" von Gemeinden und Gemeindeverbänden verstärkt werden müsse, um bürgerschaftliches Engagement[399] zu fördern.

(2) Unzulänglichkeiten des Modells der Bürgerkommune

Festzuhalten ist zunächst, dass der Gedanke der Partizipation Gemeinsamkeiten der Bürgerkommune und der partizipativen Funktion kommunaler Selbstverwaltung vermuten lässt. Solche Gemeinsamkeiten dürfen allerdings nicht dazu führen, dass das Modell der Bürgerkommune in allen Emanationen mit der partizipativen Funktion kommunaler Selbstverwaltung gleichgesetzt wird. Denn die Bürgerkommune will anders als die kooperative Demokratie das

---

395 *Jörg Bogumil*, Modernisierung lokaler Politik, 2001, S. 212; *Lars Holtkamp/Jörg Bogumil/Leo Kißler*, Kooperative Demokratie, 2006, S. 12ff.

396 *Jörg Bogumil/Lars Holtkamp*, Bürgerkommune konkret, 2002, S. 11; *dies.*, Das Reformmodell Bürgerkommune, 2003, S. 7, 22ff.; *dies.*, in: Bernhard Blanke/Frank Nullmeier/Christoph Reichard/Göttrik Wewer (Hrsg.), Handbuch zur Verwaltungsreform, 4. Aufl. 2011, S. 177ff.; eingehend *Lars Holtkamp*, ZParl 2001, S. 19 (21f.); *ders.*, in: Michael Haus (Hrsg.), Bürgergesellschaft, soziales Kapital und lokale Politik, 2002, S. 129ff.; ferner *Markus Götz*, Politische Steuerung in der Kommune, 2000, S. 176ff.; *Oscar W. Gabriel*, in: Wolfgang Schuster/Klaus-Peter Murawski (Hrsg.), Die regierbare Stadt, 2002, S. 139ff.; siehe auch *Rainer Pitschas*, in: Carl-Eugen Eberle (Hrsg.), Der Wandel des Staates vor den Herausforderungen der Gegenwart, Festschrift für Winfried Brohm zum 70. Geburtstag, 2002, S. 709ff., der den Begriff der Bürgergesellschaft rezipiert und die Chance der Bürger hervorhebt, aktiv, innovativ, problemlösend, risikobereit und kooperativ tätig zu werden, um als Akteur einer organisierten Zivilgesellschaft Einfluss zu nehmen.

397 *Roland Roth*, in: Ansgar Klein/Rainer Schmalz-Bruns (Hrsg.), Politische Beteiligung und Bürgerengagement in Deutschland, 1997, S. 404 (412ff.); *Jörg Bogumil*, Modernisierung lokaler Politik, 2001, S. 251; *ders./Lars Holtkamp*, in: Stefan Lange/Uwe Schimank (Hrsg.), Governance und gesellschaftliche Integration, 2004, S. 147 (147).

398 *Lars Holtkamp*, ZParl 2001, S. 19 (20ff.); *Jörg Bogumil/Lars Holtkamp*, in: Stefan Lange/Uwe Schimank (Hrsg.), Governance und gesellschaftliche Integration, 2004, S. 147ff.; *Lars Holtkamp/Jörg Bogumil/Leo Kißler*, Kooperative Demokratie, 2006, S. 263f.; ferner *Hellmut Wollmann*, in: Thomas Ellwein (Hrsg.), Jahrbuch für Staats- und Verwaltungswissenschaften, Bd. 4, 1990, S. 69ff.; *Roland Roth*, in: Ansgar Klein/Rainer Schmalz-Bruns (Hrsg.), Politische Beteiligung und Bürgerengagement in Deutschland, 1997, S. 404ff.; *Thomas Ellwein*, AfK 1997, S. 1ff.; *Petra Pfisterer*, Kommunale Selbstverwaltung und Lokale Governance vor dem Hintergrund des europäischen Integrationsprozesses, 2008, S. 59.

399 *Jörg Bogumil/Lars Holtkamp*, in: Rolf G. Heinze/Thomas Olk (Hrsg.), Bürgerengagement in Deutschland – Bestandsaufnahme und Perspektiven, 2001, S. 549ff.

überkommene Verhältnis von Staat und Gesellschaft überwinden.[400] Mit dem Gedanken der Partizipation sind die Motive der Bürgerkommune folglich nicht abschließend beschrieben;[401] sie reagiert vielmehr auch auf die Finanznot der Gemeinden und Gemeindeverbände[402] sowie auf die Krise gesellschaftlicher Institutionen insgesamt.[403] Deshalb sind zentrale Unterschiede gegenüber der partizipativen Funktion kommunaler Selbstverwaltung unübersehbar:

„Kommunale Selbstverwaltung bedeutet [nämlich] ihrem Wesen und ihrer Intention nach Aktivierung der Beteiligten für ihre eigenen Angelegenheiten, die die in der örtlichen Gemeinschaft lebendigen Kräfte des Volkes zur eigenverantwortlichen Erfüllung öffentlicher Aufgaben der engeren Heimat zusammenschließt mit dem Ziel, das Wohl der Einwohner zu fördern und die geschichtliche und heimatliche Eigenart zu wahren [...];“[404]

das Verhältnis von Staat und Gesellschaft betrifft die partizipative Funktion kommunaler Selbstverwaltung hingegen nicht.

(3) Exkurs: Kooperative Verwaltung

Unterschiede sind auch gegenüber dem Modell der kooperativen Verwaltung erkennbar. Grundsätzlich lässt zwar auch die kooperative Verwaltung[405] Gemeinsamkeiten mit der partizipativen Funktion kommunaler Selbstverwaltung vermuten. Der kooperative Staat beruft sich aber nicht zuletzt auf vermeintliche Defizite der mehrheitsdemokratischen Entscheidungsfindung sowie der hierarchischen Verwaltungsorganisation,[406] die im Wege effektivitäts- und effizienzsteigernder Kooperation kompensiert werden sollen.[407] Deswegen entspricht die kooperative Verwaltung auch nicht der partizipativen Funktion kommunaler Selbstverwaltung: Die Abkehr von den überkommenen Ableitungszusam-

---

[400] *Jörg Bogumil/Lars Holtkamp*, Bürgerkommune konkret, 2002, S. 12 f.; *dies.*, Das Reformmodell Bürgerkommune, 2003, S. 24, 29; ferner *Roland Roth*, in: Eckhart Schröter (Hrsg.), Empirische Policy- und Verwaltungsforschung, 2001, S. 133 (138).

[401] *Jörg Bogumil/Lars Holtkamp*, Das Reformmodell Bürgerkommune, 2003, S. 17 f., 84; ferner *Lars Holtkamp*, Bürgerbeteiligung in Städten und Gemeinden, 2000, passim.

[402] *Roland Roth*, in: Eckhart Schröter (Hrsg.), Empirische Policy- und Verwaltungsforschung, 2001, S. 133 (137 f.); zur Forderung nach strategischem Management sowie Ressourcenverantwortung *Hartmut Elsenhans/Roland Kulke/Christian Roschmann*, Die Verwaltung 2005, S. 315 (335); zum aktivierenden Staat in diesem Zusammenhang *Dietrich Fürst*, Der moderne Staat 1/2012, S. 25 (30, 31).

[403] Ausführlich *Jörg Bogumil/Lars Holtkamp*, Das Reformmodell Bürgerkommune, 2003, S. 13 ff.

[404] BVerfGE 11, 266 (275); siehe auch *Franz-Ludwig Knemeyer*, in: Fried Esterbauer (Hrsg.), Von der freien Gemeinde zum föderalistischen Europa, Festschrift für Adolf Gasser zum 80. Geburtstag, 1983, S. 285 (301), der im Hinblick auf das bonum commune formuliert: „Zurückstellung der eigenen Interessen, von der Ich-Bezogenheit des Denkens und Handelns zum Denken und Handeln für das Ganze.“

[405] *Arthur Benz*, Kooperative Verwaltung, 1994, S. 15.

[406] *Arthur Benz*, Kooperative Verwaltung, 1994, S. 41 ff.

[407] *Arthur Benz*, Kooperative Verwaltung, 1994, S. 59 ff.

menhängen demokratischer Legitimation stimmt mit der partizipativen Funktion kommunaler Selbstverwaltung nicht überein.

cc) Public Governance

Gemeinsamkeiten könnten schließlich auch mit interdisziplinär entwickelten Ansätzen[408] bestehen, die sich mit dem Stichwort „Public Governance" zusammenfassen lassen.[409] Public Governance rezipiert einen ökonomisch[410] geprägten Begriff,[411] der in unterschiedlichem Kontext Anwendung findet.[412] Zentrales Merkmal ist trotz kontextabhängiger Unterschiede ein institutionalistischer Perspektivenwechsel:[413] Anknüpfend an die Veränderungen von Staatlichkeit[414] rücken im Gegensatz zur akteurszentrierten Steuerungstheorie institutionalistische Regelungsstrukturen in den Vordergrund,[415] mit deren Hilfe die Ab-

---

[408] *Gunnar Folke Schuppert*, Die Verwaltung 40 (2007), S. 463 (506 f.).

[409] Allgemein *Werner Jann*, in: Gunnar Folke Schuppert (Hrsg.), Governance-Forschung. Vergewisserung über Stand und Entwicklungslinien, 2005, S. 21 ff.; ferner *Gunnar Folke Schuppert*, Staatswissenschaft, 2003, S. 395 ff.; siehe aber auch *Sabine Kuhlmann*, DfK 2006, S. 84 ff., die aus rechtsvergleichender Perspektive die kommunale Selbstverwaltung dem local government und nicht der local governance zuordnet; zum Begriff der partizipativen Governance *Norbert Kersting*, in: Norbert Kersting (Hrsg.), Politische Beteiligung, 2008, S. 270 (271).

[410] *Helmut Schmitt von Sydow*, in: Siegfried Magiera/Karl-Peter Sommermann (Hrsg.), Verwaltung und Governance im Mehrebenensystem der Europäischen Union, 2002, S. 171 (171 f.); ferner *Andreas Voßkuhle*, in: Wolfgang Hoffmann-Riem/Eberhard Schmidt-Aßmann/Andreas Voßkuhle (Hrsg.), Grundlagen des Verwaltungsrechts, Bd. I, 2. Aufl. 2012, § 1, Rn. 68.

[411] *Matthias Ruffert*, Die Globalisierung als Herausforderung an das Öffentliche Recht, 2004, S. 24 ff.; *Wolfgang Hoffmann-Riem*, in: Gunnar Folke Schuppert (Hrsg.), Governance-Forschung. Vergewisserung über Stand und Entwicklungslinien, 2005, S. 195 ff.

[412] *Arthur Benz*, in: Arthur Benz (Hrsg.), Governance – Regieren in komplexen Regelsystemen, 2004, S. 11 (11 f.); *Matthias Ruffert*, Die Globalisierung als Herausforderung an das Öffentliche Recht, 2004, S. 24 ff.; *Gunnar Folke Schuppert*, in: Gunnar Folke Schuppert (Hrsg.), Governance-Forschung. Vergewisserung über Stand und Entwicklungslinien, 2005, S. 371 ff.

[413] *Renate Mayntz*, in: Gunnar Folke Schuppert (Hrsg.), Governance-Forschung. Vergewisserung über Stand und Entwicklungslinien, 2005, S. 11 ff.; *Gunnar Folke Schuppert*, in: Wolfgang Hoffmann-Riem/Eberhard Schmidt-Aßmann/Andreas Voßkuhle (Hrsg.), Grundlagen des Verwaltungsrechts, Bd. I, 2. Aufl. 2012, § 16, Rn. 20.

[414] *Renate Mayntz*, in: Gunnar Folke Schuppert (Hrsg.), Governance-Forschung. Vergewisserung über Stand und Entwicklungslinien, 2005, S. 11 (14) mit dem Hinweis auf die schwindende Unterscheidbarkeit von Steuerungssubjekt und Steuerungsobjekt; siehe auch *Wolfgang Hoffmann-Riem*, in: Eberhard Schmidt-Aßmann/Wolfgang Hoffmann-Riem (Hrsg.), Methoden der Verwaltungsrechtswissenschaft, 2004, S. 9 (30 f.); ferner *Gunnar Folke Schuppert*, in: Wolfgang Hoffmann-Riem/Eberhard Schmidt-Aßmann/Andreas Voßkuhle (Hrsg.), Grundlagen des Verwaltungsrechts, Bd. I, 2. Aufl. 2012, § 16, Rn. 20 f.; siehe aber auch *Wolfgang Kahl*, in: Hans-Heinrich Trute (Hrsg.), Allgemeines Verwaltungsrecht – zur Tragfähigkeit eines Konzepts, 2008, S. 71 (74).

[415] *Hans-Heinrich Trute*, in: Gunnar Folke Schuppert (Hrsg.), Jenseits von Privatisierung und „schlankem" Staat, 1999, S. 13 ff.; *ders./Wolfgang Denkhaus/Doris Kühlers*, Die Verwaltung 37 (2004), S. 451 (457 ff.); ferner *Renate Mayntz/Fritz Scharpf*, in: Renate Mayntz/Fritz Scharpf (Hrsg.), Gesellschaftliche Selbstregulierung und politische Steuerung, 1995, S. 9

kehr[416] von hierarchisch determinierten Verantwortungsstrukturen vollzogen wird.[417] Public Governance zielt dementsprechend auf die Neuausrichtung der Arbeits-, Funktions- und Verantwortungs„teilung" zwischen Staat und Gesellschaft.[418]

(1) Der Bürgerhaushalt

Nicht zuletzt der Bürgerhaushalt[419] zeigt Gemeinsamkeiten von Public Governance einerseits und der partizipativen Funktion kommunaler Selbstverwaltung andererseits auf: Der Bürgerhaushalt ist auf Partizipation und Effizienz[420] gerichtet[421] und bedingt Veränderungen kommunaler Selbstverwaltung: Die kommunale Binnenorganisation wird ökonomisiert und die Interaktion zwi-

---

(16ff.); *Martin Eifert*, in: Martin Eifert/Wolfgang Hoffmann-Riem (Hrsg.), Innovation und rechtliche Regulierung, 2002, S. 88 (101ff.); *Renate Mayntz*, in: Gunnar Folke Schuppert (Hrsg.), Governance-Forschung. Vergewisserung über Stand und Entwicklungslinien, 2005, S. 11 (16); *Gunnar Folke Schuppert*, AöR 133 (2008), S. 79 (101 ff.).

[416] *Karl-Heinz Ladeur*, Die Verwaltung, Beiheft 4 (2001), S. 59 (62ff.); *Hans-Heinrich Trute/Wolfgang Denkhaus/Doris Kühlers*, Die Verwaltung 37 (2004), S. 451 (456f.); *Renate Mayntz*, in: Gunnar Folke Schuppert (Hrsg.), Governance-Forschung. Vergewisserung über Stand und Entwicklungslinien, 2005, S. 11 (12f., 16f.); *Michael Zürn*, in: Gunnar Folke Schuppert (Hrsg.), Governance-Forschung. Vergewisserung über Stand und Entwicklungslinien, 2005, S. 121 (127ff.); zur „governance without government" *James N. Rosenau*, Governance, in: James N. Rosenau/Ernst Otto Czempiel (Hrsg.), Governance without Government: Order and Change in World Politics, 1992, S. 1 (4f.).

[417] *Wolfgang Denkhaus*, in: Marc Bungenberg (Hrsg.), Recht und Ökonomik, 2004, S. 33 (52f.); *Claudio Franzius*, VerwArch 97 (2006), S. 186 (190); ferner *Anne Peters*, Theorie einer Verfassung Europas, 2001, S. 517ff.; *Utz Schliesky*, Souveränität und Legitimation von Herrschaftsgewalt, 2004, S. 389ff.; *Martin Nettesheim*, in: Hartmut Bauer/Peter M. Huber/Karl-Peter Sommermann (Hrsg.), Demokratie in Europa, 2005, S. 143ff.; *Gunnar Folke Schuppert*, in: Hans-Heinrich Trute (Hrsg.), Allgemeines Verwaltungsrecht – zur Tragfähigkeit eines Konzepts, 2008, S. 161 (179ff.); kritisch *Andreas Voßkuhle*, in: Gunnar Folke Schuppert (Hrsg.), Jenseits von Privatisierung und „schlankem" Staat, 1999, S. 47 (63ff.); *ders.*, in: Wolfgang Hoffmann-Riem/Eberhard Schmidt-Aßmann/Andreas Voßkuhle (Hrsg.), Grundlagen des Verwaltungsrechts, Bd. I, 2. Aufl. 2012, § 1, Rn. 70; ausführlich *Wolfgang Hoffmann-Riem*, in: Gunnar Folke Schuppert (Hrsg.), Governance-Forschung. Vergewisserung über Stand und Entwicklungslinien, 2005, S. 195 (198).

[418] *Wolfgang Hoffmann-Riem*, in: Gunnar Folke Schuppert (Hrsg.), Governance-Forschung. Vergewisserung über Stand und Entwicklungslinien, 2005, S. 195 (198); *Hermann Hill*, in: Gunnar Folke Schuppert (Hrsg.), Governance-Forschung. Vergewisserung über Stand und Entwicklungslinien, 2005, S. 220ff.; ferner *Klaus König*, DÖV 2001, S. 617 (622); *Margrit Seckelmann*, VerwArch 98 (2007), S. 30 (33ff.).

[419] *Yves Sintomer/Carsten Herzberg/Anja Röcker*, Der Bürgerhaushalt in Europa – eine realistische Utopie?, 2010, S. 29ff., 112ff.; *Niclas Hellermann*, DVBl. 2011, S. 1195ff.; *Martin Thormann*, DÖV 2013, S. 325ff.

[420] Dazu *Heinrich Mäding*, in: Eckhard Schröter (Hrsg.), Empirische Policy- und Verwaltungsforschung, 2001, S. 359 (368); siehe aber auch *Carsten Herzberg/Anja Röcker/Yves Sintomer*, in: Jochen Franzke/Heinz Kleger (Hrsg.), Kommunaler Bürgerhaushalt in Theorie und Praxis am Beispiel Potsdams, 2006, S. 188 (199).

[421] *Manfred Röber*, in: Deutsches Institut für Urbanistik (Hrsg.), Brennpunkt Stadt, Festschrift für Heinrich Mäding zum 65. Geburtstag, 2006, S. 455ff.

schen Gemeinden sowie Gemeindeverbänden und Bürgern forciert.[422] Allerdings veranschaulichen schon die überkommenen Kriterien nationalstaatlicher Bürgerrechte – Integration, Gleichheit[423] und Mehrheit[424] – wesentliche Unterschiede zwischen der partizipativen Funktion kommunaler Selbstverwaltung und Public Governance: Während Public Governance aufgrund ihres holistischen und integrativen Anspruchs ohnehin inhaltlich schwach konturiert bleibt[425] und als Chiffre für die vermeintliche Überforderung des Staates fungiert,[426] ist eine Erhöhung der Komplexität,[427] die duale Verantwortungsstrukturen sowie eine Verantwortungs„teilung"[428] impliziert, der partizipativen Funktion kommunaler Selbstverwaltung nicht immanent. Die institutionenökonomisch geprägte Strukturierung[429] des Verhältnisses von Staat und Gesellschaft[430] nimmt vielmehr auf Entwicklungen Bezug, die dieser Funktion gerade widersprechen.[431]

(2) Lokale Governance

Diese Erkenntnis bleibt bei der Weiterentwicklung von Public Governance zur Lokalen Governance[432] ebenfalls unberücksichtigt. Auch Lokale Governance

---

[422] *Arthur Benz*, Die Verwaltung 2003, S. 361 (386); ferner *Lars Holtkamp*, VerwArch 99 (2008), S. 259 (271 ff.).

[423] *Roland Roth*, in: Eckhart Schröter (Hrsg.), Empirische Policy- und Verwaltungsforschung, 2001, S. 133 (144 ff.).

[424] Allgemein *Christian Hillgruber*, AöR 127 (2002), S. 460 ff.; kritisch *Niels Petersen*, JöR 58 n.F. (2010), S. 137 (145 ff.).

[425] Siehe *Wolfgang Hoffmann-Riem*, in: Gunnar Folke Schuppert (Hrsg.), Governance-Forschung. Vergewisserung über Stand und Entwicklungslinien, 2005, S. 195 (195); *Klaus Ferdinand Gärditz*, Hochschulorganisation und verwaltungsrechtliche Systembildung, 2009, S. 205 f.; ferner *Gunnar Folke Schuppert*, Die Verwaltung 40 (2007), S. 463 (467 ff.).

[426] *Klaus Ferdinand Gärditz*, Hochschulorganisation und verwaltungsrechtliche Systembildung, 2009, S. 206.

[427] *Wolfgang Hoffmann-Riem*, Die Verwaltung 38 (2005), S. 145 (159).

[428] *Gunnar Folke Schuppert*, in: Wolfgang Hoffmann-Riem/Eberhard Schmidt-Aßmann/Andreas Voßkuhle (Hrsg.), Grundlagen des Verwaltungsrechts, Bd. I, 2. Aufl. 2012, § 16, Rn. 26 ff.; eingehend *Hans-Heinrich Trute*, in: Gunnar Folke Schuppert (Hrsg.), Jenseits von Privatisierung und „schlankem" Staat, 1999, S. 13 (22 f.).

[429] *Gunnar Folke Schuppert*, in: Wolfgang Hoffmann-Riem/Eberhard Schmidt-Aßmann/Andreas Voßkuhle (Hrsg.), Grundlagen des Verwaltungsrechts, Bd. I, 2. Aufl. 2012, § 16, Rn. 30

[430] *Hans-Heinrich Trute*, in: Peter Marburger (Hrsg.), Rückzug des Ordnungsrechts im Umweltschutz, Umwelt- und Technikrecht, 1999, S. 13 ff.; ferner *Gunnar Folke Schuppert*, in: Wolfgang Hoffmann-Riem/Eberhard Schmidt-Aßmann/Andreas Voßkuhle (Hrsg.), Grundlagen des Verwaltungsrechts, Bd. I, 2. Aufl. 2012, § 16, Rn. 28.

[431] Allgemein *Klaus Ferdinand Gärditz*, Hochschulorganisation und verwaltungsrechtliche Systembildung, 2009, S. 210; anders wohl *Hermann Hill*, BayVBl. 2002, S. 321 (321 f.); ferner *Hermann-Josef Blanke*, in: Siegfried Magiera (Hrsg.), Verwaltungswissenschaft und Verwaltungspraxis in nationaler und transnationaler Perspektive, Festschrift für Heinrich Siedentopf zum 70. Geburtstag, 2008, S. 721 (729 ff.), der Parallelen zwischen dem Governanceansatz und dem Modell der partizipativen sowie deliberativen Demokratie erblickt.

[432] Allgemein zur „local governance" *Lars Holtkamp*, in: Arthur Benz/Susanne Lütz/Uwe Schimank/Georg Simonis (Hrsg.), Handbuch Governance, 2007, S. 366 ff.; ausführlich *Lilian*

beschreibt die Kooperation von Staat und Gesellschaft, die die politische Steuerung verändert und gesellschaftliche, ökonomische und politische Selbststeuerungsmechanismen anerkennt.[433] Da Lokale Governance aber gesellschaftliche Prozesse moderiert und aktiviert, stimmt sie gerade nicht mit der partizipativen Funktion kommunaler Selbstverwaltung überein. Denn während die partizipative Funktion kommunaler Selbstverwaltung aktives Engagement diesseits der tradierten kommunalen Organisationsstrukturen voraussetzt, anerkennt Lokale Governance allenfalls die Notwendigkeit klarer Verantwortungsstrukturen und ein Letztentscheidungsrecht der Gemeinden und Gemeindeverbände.[434] Solche Unterschiede könnte zwar die partizipative Governance im Kontext kommunaler Selbstverwaltung vermeiden.[435] Allerdings verdeutlicht die partizipative Governance auch eine gewisse Beliebigkeit des Governancebegriffs.[436]

(3) Netzwerktheorie

Public Governance wird über die Lokale Governance hinaus auch oftmals mit Netzwerkstrukturen[437] in Verbindung gebracht,[438] sodass diese abschließend in Beziehung zur partizipativen Funktion kommunaler Selbstverwaltung zu setzen sind. Netzwerkstrukturen greifen die Sektorenverschränkung auf, die angesichts der zunehmenden Komplexität der Aufgabenwahrnehmung sowie des

---

Schwalb/Heike Walk, Local Governance – mehr Transparenz und Bürgernähe?, 2007, passim; *Mareike Blömker*, Local Governance in internationaler Perspektive, 2010, passim; ferner *Hubert Heinelt*, in: Arthur Benz (Hrsg.), Governance – Regieren in komplexen Systemen, 2004, S. 29 ff.; *Jörg Bogumil/Lars Holtkamp*, in: Stefan Lange/Uwe Schimank (Hrsg.), Governance und gesellschaftliche Integration, 2004, S. 147 ff.; *Michael Haus/Hubert Heinelt*, in: Michael Haus/Hubert Heinelt/Björn Egner/Christine König (Hrsg.), Partizipation und Führung in der lokalen Politik, 2005, S. 15 ff.; eingehend *Alexander Stock*, Local Modern Governance, 2005, passim; *Martin Moeser*, BIDs und kommunale Governance, 2011, S. 173 ff.

[433] *Jörg Bogumil/Lars Holtkamp*, in: Stefan Lange/Uwe Schimank (Hrsg.), Governance und gesellschaftliche Integration, 2004, S. 147 (148).

[434] Ähnlich *Jörg Bogumil/Lars Holtkamp*, in: Stefan Lange/Uwe Schimank (Hrsg.), Governance und gesellschaftliche Integration, 2004, S. 147 (163).

[435] *Petra Pfisterer*, Kommunale Selbstverwaltung und Lokale Governance vor dem Hintergrund des europäischen Integrationsprozesses, 2008, S. 47 ff.

[436] Dazu *Petra Pfisterer*, Kommunale Selbstverwaltung und Lokale Governance vor dem Hintergrund des europäischen Integrationsprozesses, 2008, S. 53 ff.; ferner *Lars Holtkamp*, in: Arthur Benz/Susanne Lütz/Uwe Schimank/Georg Simonis (Hrsg.), Handbuch Governance, 2007, S. 366 ff.

[437] Ausdrücklich *Utz Schliesky*, DÖV 2009, S. 641 ff.; allgemein *Karl-Heinz Ladeur*, Die Verwaltung 1993, S. 137 ff.; *Jörg Sydow/Arnold Windeler*, in: Jörg Sydow/Arnold Windeler (Hrsg.), Steuerung von Netzwerken, 1999, S. 1 ff.; *Martin Eifert*, in: Martin Eifert/Wolfgang Hoffmann-Riem (Hrsg.), Innovation und rechtliche Regulierung, 2002, S. 88 ff., *Christoph Möllers*, in: Janbernd Oebbecke (Hrsg.), Nicht-normative Steuerung in dezentralen Systemen, 2005, S. 285 ff.

[438] *Renate Mayntz*, in: Arthur Benz (Hrsg.), Governance – Regieren in komplexen Systemen, 2004, S. 65 (69); *Gunnar Folke Schuppert*, in: Wolfgang Hoffmann-Riem/Eberhard Schmidt-Aßmann/Andreas Voßkuhle (Hrsg.), Grundlagen des Verwaltungsrechts, Bd. I, 2. Aufl. 2012, § 16, Rn. 134 ff.

staatlichen Steuerungsverlustes horizontale Akteursbeziehungen begründet[439] und zugleich das Verhältnis von Staat und Gesellschaft reformuliert.[440] Obwohl Netzwerke damit an die Diskurstheorie[441] anknüpfen,[442] sind Berührungspunkte mit der partizipativen Funktion kommunaler Selbstverwaltung kaum erkennbar. Allenfalls die heuristisch-analytische Funktion[443] des Netzwerkbegriffs, die die Hybridität des Netzwerkphänomens widerspiegelt,[444] könnte – trotz der statischen Organisationsstrukturen gegenläufigen[445] Netzwerkstruktur – die partizipative Funktion kommunaler Selbstverwaltung abbilden.[446] Dafür könnte sprechen, dass Netzwerke den Ausgleich zwischen Eigeninteressen und Kollektivinteressen ermöglichen wollen[447] und lediglich die relative Autonomie der Netzwerkakteure voraussetzen, weswegen Netzwerke auch in Gestalt von Policy-Netzwerken im Rahmen von hierarchischen Organisationsstrukturen existieren können;[448] auch asymmetrische Hierarchie- oder Machtbeziehungen zählen schließlich zum Netzwerkbegriff.[449]

Die Abkehr von der politischen Entscheidungsfindung zugunsten ausgehandelter Vereinbarungen[450] sowie die Eigenrationalität der von Verhandlungssystemen[451] dominierten Netzwerke widersprechen allerdings der partizipati-

---

[439] *Klaus Ferdinand Gärditz*, Hochschulorganisation und verwaltungsrechtliche Systembildung, 2009, S. 207.

[440] *Karl-Heinz Ladeur*, Die Verwaltung 26 (1993), S. 137 (137, 149); *ders.*, Der Staat gegen die Gesellschaft, 2006, S. 304 ff.; ferner *Gunnar Folke Schuppert*, Verwaltungswissenschaft, 2000, S. 384 ff.; *Klaus Ferdinand Gärditz*, Hochschulorganisation und verwaltungsrechtliche Systembildung, 2009, S. 206 ff.

[441] *Jürgen Habermas*, Faktizität und Geltung, 4. Aufl. 1994, S. 443 f.

[442] *Klaus Ferdinand Gärditz*, Hochschulorganisation und verwaltungsrechtliche Systembildung, 2009, S. 208.

[443] *Christoph Möllers*, in: Janbernd Oebbecke (Hrsg.), Nicht-normative Steuerung in dezentralen Systemen, 2005, S. 285 (295).

[444] *Christoph Möllers*, in: Janbernd Oebbecke (Hrsg.), Nicht-normative Steuerung in dezentralen Systemen, 2005, S. 285 (296).

[445] Dazu *Martin Eifert*, in: Martin Eifert/Wolfgang Hoffmann-Riem, Innovation und rechtliche Regulierung, 2002, S. 88 (95 ff.).

[446] Ähnlich *Dieter Eißel*, in: Johannes Klotz/Heinz Zielinski (Hrsg.), Europa 2000, 1999, S. 171 (188 ff.); ferner *Markus Götz*, Politische Steuerung in der Kommune, 2000, S. 176 ff., der sowohl die Einbeziehung lokaler Akteure als auch die Berücksichtigung nicht organisierter Interessen dem Netzwerkbegriff zuordnet; dazu mit Blick auf die kooperative Demokratie *Jörg Bogumil/Lars Holtkamp*, in: Stefan Lange/Uwe Schimank (Hrsg.), Governance und gesellschaftliche Integration, 2004, S. 147 (152); *Lars Holtkamp*, in: Janbernd Oebbecke (Hrsg.), Nicht-normative Steuerung in dezentralen Systemen, 2005, S. 15 ff.; *ders./Jörg Bogumil/Leo Kißler*, Kooperative Demokratie, 2006, S. 14.

[447] *Markus Götz*, Politische Steuerung in der Kommune, 2000, S. 91.

[448] *Markus Götz*, Politische Steuerung in der Kommune, 2000, S. 92 ff.

[449] *Renate Mayntz*, PVS-Sonderheft 24 (1993), S. 39 (43).

[450] Dazu *Norbert Lechner*, Zeitschrift für kritische Sozialwissenschaft 1994, S. 549 (554).

[451] Grundlegend *Fritz W. Scharpf/Bernd Reissert/Fritz Schnabel*, Politikverflechtung, 1976, passim; siehe auch *Fritz W. Scharpf*, in: Arthur Benz/Fritz W. Scharpf/Reinhard Zintl, Horizontale Politikverflechtung, 1992, S. 11 ff.; eingehend *Markus Götz*, Politische Steuerung in der Kommune, 2000, S. 110 ff.

ven Funktion kommunaler Selbstverwaltung. Dieser Widerspruch lässt sich darauf zurückführen, dass Netzwerke politische Letztentscheidungsrechte ausschließen[452] und auf der Preisgabe von Handlungsautonomie beruhen.[453] Kommunale Selbstverwaltung kann aber nicht auf die Moderation und Koordination gesellschaftlicher Akteure beschränkt werden.[454] Zudem ist auch die Organisationsfeindlichkeit von Netzwerkstrukturen[455] nicht mit der partizipativen Funktion kommunaler Selbstverwaltung vereinbar. Des Weiteren versprechen Netzwerkstrukturen auch kaum Erkenntnisgewinne, dienen sie doch lediglich als Beschreibungsangebot für Organisationsstrukturen, die nicht dem überkommenen Verhältnis zwischen Staat und Gesellschaft entsprechen.[456]

d) Zusammenfassende Standortbestimmung der partizipativen Funktion kommunaler Selbstverwaltung

Zusammenfassend lässt sich festhalten, dass sich die partizipative Funktion kommunaler Selbstverwaltung grundsätzlich in der Einbeziehung von Bürgern in den Prozess der kommunalen Entscheidungsfindung widerspiegelt. Dabei darf die partizipative Funktion kommunaler Selbstverwaltung aber keinesfalls die demokratische Legitimation dieser Entscheidungsprozesse konterkarieren. Partizipation muss mit Blick auf Art. 28 Abs. 2 GG stets als demokratische Partizipation gedacht werden.

Dementsprechend kann die partizipative Funktion kommunaler Selbstverwaltung in mehrfacher Hinsicht von anderen Partizipationsformen abgegrenzt werden: Von der Bürger- und Öffentlichkeitsbeteiligung unterscheidet sich die partizipative Funktion kommunaler Selbstverwaltung dadurch, dass mit Art. 28 Abs. 1 S. 2 GG örtlich radizierte Teilvölker bestimmt werden. Grundsätzlich ist die partizipative Funktion diesen Teilvölkern verpflichtet; lediglich in begrenztem Umfang kommt eine Einwohnerbeteiligung in Betracht, die zudem der besonderen Integrationsfunktion kommunaler Selbstverwaltung gerecht werden muss. Die verwaltungsverfahrensrechtliche Betroffenenpartizipation nimmt ebenfalls nicht auf die Teilvölker im Sinne des Art. 28 Abs. 1 S. 2 GG Bezug und

---

452 *Markus Götz*, Politische Steuerung in der Kommune, 2000, S. 115.

453 Dazu *Markus Götz*, Politische Steuerung in der Kommune, 2000, S. 115 ff.

454 *Utz Schliesky*, DÖV 2009, S. 641 (645 f.); siehe aber auch *Markus Götz*, Politische Steuerung in der Kommune, 2000, S. 225.

455 Kritisch *Utz Schliesky*, Die Verwaltung 2005, S. 339 (358 ff.); allgemein *Gunther Teubner*, Netzwerk als Vertragsverbund, 2004, S. 147 f.

456 Dazu *Christoph Möllers*, in: Janbernd Oebbecke (Hrsg.), Nicht-normative Steuerung in dezentralen Systemen, 2005, S. 285 ff.; ferner *Gunnar Folke Schuppert*, Verwaltungswissenschaft, 2000, S. 390 f.; zum dialektischen Entstehungsprozess auch *Renate Mayntz*, PVS-Sonderheft 24 (1993), S. 39 (44); zur autopoietischen, systemtheoretischen Kritik, nach der Policy-Netzwerke handlungstheoretisch die Beziehungen zwischen Netzwerkakteuren beschreiben, nicht aber die normative Konstruktion von Netzwerkstrukturen anleiten, *Markus Götz*, Politische Steuerung in der Kommune, 2000, S. 98 ff.

ist überdies auf den Rechtsschutzaspekt beschränkt. Im Übrigen kann die partizipative Funktion kommunaler Selbstverwaltung auch nicht im Sinne neuerer Verständnisse von Staatlichkeit interpretiert werden: Solche Verständnisse gehen grundsätzlich von einer kooperativen Deutung des Verhältnisses von Staat und Gesellschaft aus. Partizipation im Sinne des Art. 28 Abs. 2 GG wirkt demgegenüber integrierend und führt grundsätzlich nicht zu einer Verantwortungs„teilung" zwischen Staat und Gesellschaft.

C. Zusammenfassung

Die zentrale Doppelfunktion kommunaler Selbstverwaltung lässt sich abschließend mit den Begriffen Dezentralisierung und Partizipation zusammenfassen. Die partizipative Funktion löst mit Blick auf Gemeinden und Gemeindeverbände allerdings nicht die überkommenen Ableitungszusammenhänge demokratischer Legitimation ab. Die demokratische Legitimation von Gemeinden und Gemeindeverbänden ist gemäß Art. 28 Abs. 1 S. 2 GG vielmehr personell sowie sachlich-inhaltlich, nicht hingegen körperschaftlich strukturiert. Der partizipativen Funktion kommunaler Selbstverwaltung entspricht folglich nur diejenige Teilhabe, die demokratischen Maßstäben gerecht wird.

Schließlich ist nochmals an die Bedeutung der zentralen Doppelfunktion kommunaler Selbstverwaltung zu erinnern: Erstens sind die Funktionen kommunaler Selbstverwaltung relevant für die Ausgestaltung des existentialen Gewährleistungselementes kommunaler Selbstverwaltung – die Garantie der Einrichtung der Gemeinden und Gemeindeverbände – sowie der Aufgabengarantie der Gemeindeverbände. Diese Gewährleistungselemente werden von Verfassungs wegen nicht unmittelbar gewährleistet, sodass ihre konkreten Gegenstände vom Gesetzgeber erst im Wege der Ausgestaltung hervorgebracht werden müssen. Die Verfassungsbindung der Legislative setzt dabei voraus, dass schon diese Ausgestaltung verfassungsrechtlichen Maßstäben verpflichtet ist. Diese Verfassungsbindung stellen die Funktionen kommunaler Selbstverwaltung sicher: Der verfassungsrechtlich Rahmen der Ausgestaltung der Einrichtung der Gemeinden und Gemeindeverbände sowie der Aufgabengarantie der Gemeindeverbände muss im Wege einer Abwägung zwischen den Funktionen kommunaler Selbstverwaltung einerseits und kollidierenden Rechtsprinzipien andererseits ermittelt werden. Zweitens sind die Funktionen kommunaler Selbstverwaltung auch für die verfassungsunmittelbar gewährleistete Aufgabengarantie der Gemeinden sowie die Eigenverantwortlichkeit der kommunalen Aufgabenerfüllung von Bedeutung. Diese Gewährleistungselemente werden zwar nicht erst im Wege der legislativen Ausgestaltung hervorgebracht. Gleichwohl muss die Auslegung der verfassungsunmittelbar gewährleisteten Gewährleistungselemente den Funktionen kommunaler Selbstverwaltung Rechnung tragen.

2. Teil

Das existentiale Gewährleistungselement

Die vorangegangene Untersuchung hat die dogmatischen Grundlagen der verfassungsrechtlichen Gewährleistung kommunaler Selbstverwaltung beleuchtet. Aufgezeigt wurde dabei die Tragfähigkeit einer prinzipientheoretischen Interpretation des Art. 28 Abs. 2 GG. Anzuschließen an diese dogmatische Grundlegung ist nunmehr eine bereichsspezifische Untersuchung der einzelnen Gewährleistungselemente des Art. 28 Abs. 2 GG. Dabei ist mit dem existentialen Gewährleistungselement des Art. 28 Abs. 2 GG zu beginnen. Dieses Gewährleistungselement wird von Art. 28 Abs. 2 GG als Rechtsprinzip garantiert und bedarf der legislativen Ausgestaltung. Der Gesetzgeber ist bei der Ausgestaltung an die Funktionen kommunaler Selbstverwaltung gebunden, er hat diese mit kollidierenden Rechtsprinzipien abzuwägen. Maßstabbildend ist das Untermaßverbot.

Aufmerksamkeit verlangen ausgehend von diesen prinzipientheoretischen Voraussetzungen erstens die organisationsrechtlichen Grundbausteine kommunaler Selbstverwaltung, die von Art. 28 Abs. 1 S. 2, Art. 28 Abs. 2 GG uneinheitlich als Gemeinden, Kreise und Gemeindeverbände bezeichnet werden. Zweitens ist die legislative Ausgestaltung der räumlichen Ausdehnung einzelner Gemeinden und Gemeindeverbände sowie drittens deren Finanzausstattung in den Blick zu nehmen: Auch die territorialen und finanziellen Aspekte kommunaler Selbstverwaltung sind nach der hier vertretenen Konzeption nämlich dem existentialen Gewährleistungselement kommunaler Selbstverwaltung zuzuordnen: Verfassungsunmittelbar ist weder das Gebiet einzelner Gemeinden oder Gemeindeverbände festgelegt noch die konkrete Zuweisung von Finanzmitteln geregelt,[1] sodass auch insoweit eine legislative Ausgestaltung notwendig ist.[2] Schließlich ist viertens die kommunale Binnenorganisation zu untersuchen. Auch sie zählt nach dem prinzipientheoretischen Deutungsansatz zu den Gegenständen des existentialen Gewährleistungselementes. „[D]ie Organisation der Willensbildung [...] [bringt] die Rechtseinrichtung kommunaler

---

[1] Ablehnend gegenüber einem – landesverfassungsrechtlich überwiegend ausdrücklich geregelten – Anspruch auf Übertragung von Steuernormsetzungskompetenzen BVerwG, Buchholz 415.1 Allg. KommunalR Nr. 177; anders *Lutz Lammers*, DVBl. 2013, S. 348 ff., der einen solchen Anspruch allerdings nicht in das institutionelle Deutungskonzept integriert.

[2] Ähnlich *Kay Waechter*, AöR 135 (2010), S. 327 (344, 345 ff.).

Selbstverwaltung [nämlich] erst hervor",[3] auch das Kommunalverfassungsrecht wird mithin nicht schon verfassungsunmittelbar gewährleistet, sondern vielmehr erst im Wege der legislativen Ausgestaltung hervorgebracht.

3 *Wolfgang Löwer*, in: Ingo von Münch/Philip Kunig (Hrsg.), GG-Komm., Bd. I, 6. Aufl. 2012, Art. 28, Rn. 67.

6. Kapitel

Organisationsstrukturelle Grundlagen

Gemeinden und Gemeindeverbände müssen als Organisationstyp, als „notwendige Verbände“,[1] vom Gesetzgeber konstituiert werden. Denn verfassungsunmittelbar werden die Organisationsformen der Gemeinden und Gemeindeverbände nicht bereitgestellt. Art. 28 Abs. 2 GG gewährleistet lediglich ein Strukturprinzip – was Gemeinden und Gemeindeverbände als Organisationsformen ausmacht, schreibt Art. 28 Abs. 2 GG nicht verfassungsunmittelbar fest. Dementsprechend sind die Organisationsformen kommunaler Selbstverwaltung vom Gesetzgeber bereitzustellen, sodass unter Zugrundelegung prinzipientheoretischer Erkenntnisse die verfassungsrechtlichen Maßstäbe – die verfassungsunmittelbaren Merkmale des Gemeindebegriffs – zu beleuchten sind, an die der Gesetzgeber bei der Ausgestaltung der organisationsrechtlichen Grundbausteine kommunaler Selbstverwaltung gebunden ist. Die von Verfassungs wegen vorausgesetzte Vielfalt der organisationsrechtlichen Grundbausteine kommunaler Selbstverwaltung verkompliziert dabei die Untersuchung: Art. 28 Abs. 1 S. 2 GG und Art. 28 Abs. 2 GG nehmen uneinheitlich auf die Begriffe der Gemeinden, Kreise und Gemeindeverbände Bezug.

A. Gemeinden im Sinne des Art. 28 Abs. 2 S. 1 GG

Art. 28 Abs. 1 S. 2 GG benennt zunächst Gemeinden als kommunale Organisationsform. Art. 11 Abs. 4 der Bayerischen Verfassung anerkennt Gemeinden sogar als Grundlage des demokratischen Rechtsstaates. Dennoch fehlt eine Legaldefinition des Gemeindebegriffs, was mit dem Homogenitätsgebot des Art. 28 Abs. 1 S. 1 GG und der Organisationshoheit der Länder zu erklären versucht wird.[2] Auch das Homogenitätsgebot dispensiert allerdings nicht von der Notwendigkeit einer verfassungsrechtlichen Begriffsbildung. Damit würde nämlich die – insbesondere von der prinzipientheoretischen Interpretation gerade vorausgesetzte – Verfassungsbindung des Gesetzgebers bei der Ausgestaltung des existentialen Gewährleistungselementes konterkariert. Anhaltspunkte bilden

[1] *Werner Thieme*, AfK 1963, S. 185 (187).

[2] *Wolfgang Löwer*, in: Ingo von Münch/Philipp Kunig (Hrsg.), GG-Komm., Bd. I, 6. Aufl. 2012, Art. 28, Rn. 94; ferner *Matthias Falk*, Die kommunalen Aufgaben unter dem Grundgesetz, 2006, S. 79.

landesrechtliche Vorschriften, die Gemeinden als Gebietskörperschaften qualifizieren.[3] Ausgehend von der Figur der Gebietskörperschaft wird auch der Begriff der Gemeinden im Sinne des Art. 28 Abs. 2 S. 1 GG als ein auf personaler Mitgliedschaft in einem bestimmten räumlichen Gebiet beruhender Verband konkretisiert, der die Eigenschaft einer rechtsfähigen Körperschaft des öffentlichen Rechts besitzt.[4]

I. Gemeinden als öffentlich-rechtliche Gebietskörperschaften – zur Judikatur des Bundesverfassungsgerichts

Für die Figur der öffentlich-rechtlichen Gebietskörperschaft fehlt allerdings ebenfalls eine Legaldefinition. Der Begriff der Körperschaft bezeichnet zunächst einen vom Wechsel der Mitglieder unabhängigen und durch Hoheitsakt gebildeten,[5] rechtsfähigen[6] sowie handlungsfähigen Personenverband.[7] Eine aus Wahlen hervorgegangene Vertretung zählt demgegenüber nicht zu den konstitutiven Merkmalen der öffentlich-rechtlichen Körperschaft,[8] obwohl diese Or-

---

[3] Eingehend zur Figur der öffentlich-rechtlichen Körperschaft in vorliegendem Zusammenhang *Gunnar Folke Schuppert*, in: Albert von Mutius (Hrsg.), Selbstverwaltung im Staat der Industriegesellschaft, Festgabe zum 70. Geburtstag von Georg Christoph von Unruh, 1983, S. 183 (185 f.).

[4] *Horst Dreier*, in: Horst Dreier (Hrsg.), GG-Komm., Bd. II, 2. Aufl. 2006, Art. 28, Rn. 89; *Klaus Stern*, in: BK, Art. 28 (1964), Rn. 80; siehe auch BVerfGE 77, 288 (302).

[5] *Winfried Kluth*, in: Hans Julius Wolff/Otto Bachof/Rolf Stober, Verwaltungsrecht, Bd. III, 5. Aufl. 2004, § 87, Rn. 8; siehe auch *Matthias Falk*, Die kommunalen Aufgaben unter dem Grundgesetz, 2006, S. 53 f.; ferner *Werner Hoppe*, Die Begriffe Gebietskörperschaft und Gemeindeverband und der Rechtscharakter der nordrhein-westfälischen Landschaftsverbände, 1958, S. 9 f.; ausführlich *Ernst Forsthoff*, Die öffentliche Körperschaft im Bundesstaat, 1931, passim; *Karl-Jürgen Bieback*, Die öffentliche Körperschaft, 1976, passim; *Franz Knöpfle*, in: Willi Blümel (Hrsg.), Verwaltung im Rechtsstaat, Festschrift für Carl Hermann Ule zum 80. Geburtstag, 1987, S. 93 ff.

[6] Siehe dazu *Ernst Forsthoff*, Lehrbuch des Verwaltungsrechts, 10. Aufl. 1973, S. 491; *Winfried Kluth*, in: Hans Julius Wolff/Otto Bachof/Rolf Stober, Verwaltungsrecht, Bd. III, 5. Aufl. 2004, § 87, Rn. 18 ff.; ferner auch *Werner Weber*, in: Institut für Völkerrecht und ausländisches öffentliches Recht der Universität zu Köln (Hrsg.), Festschrift für Hermann Jahreiß zum 80. Geburtstag, 1974, S. 323 ff.; kritisch *Werner Hoppe*, Die Begriffe Gebietskörperschaft und Gemeindeverband und der Rechtscharakter der nordrhein-westfälischen Landschaftsverbände, 1958, S. 9.

[7] *Werner Hoppe*, Die Begriffe Gebietskörperschaft und Gemeindeverband und der Rechtscharakter der nordrhein-westfälischen Landschaftsverbände, 1958, S. 8; *Winfried Kluth*, in: Hans Julius Wolff/Otto Bachof/Rolf Stober, Verwaltungsrecht, Bd. III, 5. Aufl. 2004, § 87, Rn. 1, 7.

[8] *Werner Hoppe*, Die Begriffe Gebietskörperschaft und Gemeindeverband und der Rechtscharakter der nordrhein-westfälischen Landschaftsverbände, 1958, S. 10; ferner Verfassungsgerichtshof für das Land Nordrhein-Westfalen, DVBl. 2001, S. 1595 (1596); siehe aber auch Staatsgerichtshof des Landes Hessen, DVBl. 1999, S. 1725 (1726 f.); dazu *Dirk Ehlers*, DVBl. 2001, S. 1601 (1602); zum Ganzen *Matthias Falk*, Die kommunalen Aufgaben unter dem Grundgesetz, 2006, S. 60 f.

ganisationsform aufgrund ihrer mitgliedschaftlichen Struktur oftmals als Synonym für demokratische Verfasstheit dient.[9] Eine genossenschaftliche Binnenorganisation verlangt der Begriff der öffentlich-rechtlichen Körperschaft ebenfalls nicht.[10] Gerade öffentlich-rechtliche Körperschaften verfügen allerdings über eine territoriale Grundlage,[11] sodass nach dem Bundesverfassungsgericht die Gebietshoheit[12] ein konstitutives Merkmal öffentlich-rechtlicher Gebietskörperschaften beschreibt.[13] Angesichts der Tatsache, dass öffentlich-rechtliche Körperschaften grundsätzlich nur Hoheitsgewalt gegenüber ihren Mitgliedern ausüben können,[14] liegt öffentlich-rechtlichen Gebietskörperschaften folglich eine Verbandsmitgliedschaft zugrunde, die sich aus der Beziehung einer Person zu einem räumlichen Gebiet ergibt.[15]

Ob schließlich die Universalität des Wirkungskreises[16] zu den Wesensmerkmalen öffentlich-rechtlicher Gebietskörperschaften zählt, wird vor allem mit Blick auf den Begriff der Gemeindeverbände thematisiert. Dabei wird darauf hingewiesen, dass selbst die Kreise von Verfassungs wegen nicht über einen universellen Wirkungskreis verfügen.[17] Wäre die Universalität des Wirkungskreises ein Merkmal öffentlich-rechtlicher Gebietskörperschaften, könnten Gemeindeverbände nicht dem Begriff der öffentlich-rechtlichen Gebietskörperschaft zugeordnet werden. Darüber hinaus werden aber sogar Gemeinden dem Merkmal der Universalität des Wirkungskreises nicht gerecht: Art. 28 Abs. 2 S. 1 GG unterscheidet grundsätzlich zwischen dem eigenen und dem übertrage-

---

[9] *Winfried Kluth*, in: Hans Julius Wolff/Otto Bachof/Rolf Stober, Verwaltungsrecht, Bd. III, 5. Aufl. 2004, § 87, Rn. 7.

[10] *Ernst Forsthoff*, Lehrbuch des Verwaltungsrechts, 10. Aufl. 1973, S. 487 f.; dazu auch *Andreas Bovenschulte*, Gemeindeverbände als Organisationsformen kommunaler Selbstverwaltung, 2000, S. 91.

[11] Dazu schon *Karl Friedrichs*, VerwArch 23 (1915), S. 1 (13); *Hans Kelsen*, Allgemeine Staatslehre, 1925, S. 143 f.; ferner *Matthias Falk*, Die kommunalen Aufgaben unter dem Grundgesetz, 2006, S. 56 f.

[12] Ausführlich dazu *Werner Hoppe*, Die Begriffe Gebietskörperschaft und Gemeindeverband und der Rechtscharakter der nordrhein-westfälischen Landschaftsverbände, 1958, S. 12 ff.

[13] BVerfGE 52, 95 (117).

[14] Siehe dazu *Winfried Kluth*, in: Hans Julius Wolff/Otto Bachof/Rolf Stober, Verwaltungsrecht, Bd. III, 5. Aufl. 2004, § 87, Rn. 14.

[15] *Matthias Falk*, Die kommunalen Aufgaben unter dem Grundgesetz, 2006, S. 55 f.; ferner *Peter Seydel*, Die kommunalen Zweckverbände, 1995, S. 17; *Andreas Bovenschulte*, Gemeindeverbände als Organisationsformen kommunaler Selbstverwaltung, 2000, S. 137 ff.; ausführlich *Werner Hoppe*, Die Begriffe Gebietskörperschaft und Gemeindeverband und der Rechtscharakter der nordrhein-westfälischen Landschaftsverbände, 1958, S. 6 ff.; grundlegend schon *Otto von Gierke*, Das deutsche Genossenschaftsrecht, Bd. II, 1873, S. 829; *Heinrich Rosin*, Das Recht der öffentlichen Genossenschaften, 1886, S. 42; *Hugo Preuß*, Gemeinde, Staat, Reich als Gebietskörperschaften, 1889, S. 322.

[16] Zu den Merkmalen der Gebietshoheit und der Universalität des Wirkungskreises *Peter Seydel*, Die kommunalen Zweckverbände, 1995, S. 17.

[17] Siehe BVerfGE 79, 127 (150 ff.); 119, 331 (352 ff.).

nen Wirkungskreis. Vor diesem Hintergrund wird die Universalität des Wirkungskreises nicht als Merkmal öffentlich-rechtlicher Gebietskörperschaften qualifiziert.[18]

II. Gemeindebegriff und prinzipientheoretische Interpretation

Die vorangegangene Untersuchung hat gezeigt, dass vor allem das Bundesverfassungsgericht den Gemeindebegriff im Sinne des Art. 28 Abs. 2 S. 1 GG mit der Figur der öffentlich-rechtlichen Gebietskörperschaft parallelisiert. Diese Feststellung allein bleibt aus der Perspektive des prinzipientheoretischen Deutungsansatzes allerdings unterkomplex. Maßgeblich ist insoweit, dass der Gesetzgeber bei der Ausgestaltung auch der Organisationsform der Gemeinden den Funktionen kommunaler Selbstverwaltung gerecht werden muss. Er muss vor allem die partizipative Funktion kommunaler Selbstverwaltung nach Maßgabe des Untermaßverbotes beachten.

Unter Berücksichtigung dieser Maßstabbildung kann nun auch die Feststellung des Bundesverfassungsgerichts, dass der Begriff der Gemeinden im Sinne des Art. 28 Abs. 2 S. 1 GG mit der Figur der öffentlich-rechtlichen Gebietskörperschaft übereinstimmt, in Einklang mit der prinzipientheoretischen Interpretation des Art. 28 Abs. 2 GG gebracht werden. Dies lässt sich wie folgt begründen: Öffentlich-rechtliche Gebietskörperschaften beruhen auf einer Verbandsmitgliedschaft, die ihrerseits auf die Beziehung einer Person zu einem räumlichen Gebiet Bezug nimmt. Diese Beziehung schafft grundsätzlich die Voraussetzungen, auf deren Grundlage der Gedanke der Partizipation verwirklicht werden kann: Es wird eine Bezugsgröße benannt, die die Aktivierung der Bürger für die Erledigung ihrer Angelegenheiten ermöglicht. Die Figur der öffentlich-rechtlichen Gebietskörperschaft stellt damit sicher, dass der Partizipationsaspekt schon im Hinblick auf die gesetzliche Ausgestaltung der Organisationsformen zur Anwendung gelangt. Sie wird daher den verfassungsrechtlichen Maßstäben gerecht, denen der Gesetzgeber nach dem prinzipientheoretischen Deutungsansatz bei der Ausgestaltung der Organisationsform der Gemeinden verpflichtet ist.

---

[18] Siehe *Matthias Falk*, Die kommunalen Aufgaben unter dem Grundgesetz, 2006, S. 57 ff., der vor dem Hintergrund eines nach überkommener Ansicht zulässigen Aufgabenentzuges ferner das Merkmal der Totalität, das anders als die Begriffe der Universalität sowie der Gebietshoheit auf das Modell der Einheitsverwaltung ziele, nicht als Merkmal der Gebietskörperschaft qualifiziert.

III. Die Organisationsformen auf Gemeindeebene im Einzelnen

Mit der Figur der öffentlich-rechtlichen Gebietskörperschaft können dementsprechend auch besondere Organisationsformen auf Gemeindeebene abgeglichen werden. Der Figur der öffentlich-rechtlichen Gebietskörperschaft entspricht es zunächst, dass Ämter[19] und Verwaltungsgemeinschaften[20] nicht als Gemeinden im Sinne des Art. 28 Abs. 2 S. 1 GG qualifiziert werden. Solche Organisationsformen haben nämlich keine gebietskörperschaftliche Struktur.[21] Fraglich ist darüber hinaus, ob Gesamtgemeinden[22] den öffentlich-rechtlichen Gebietskörperschaften zuzuordnen sind. Ganz grundsätzlich fassen Gesamtgemeinden einzelne Gemeinden in einem Verwaltungsverbund zusammen, der die organisatorische Eigenständigkeit der Gemeinden wahrt.[23] Dass Gesamtgemeinden nicht allgemeingültig als Gemeinden im Sinne des Art. 28 Abs. 2 S. 1 GG zu qualifizieren sind, beruht zunächst darauf, dass unterschiedliche Arten von Gesamtgemeinden existieren: Bleibt die organisatorische Eigenständigkeit der Gemeinden unberührt und werden von den Gesamtgemeinden lediglich besondere Aufgaben wahrgenommen, sind Gesamtgemeinden den Bundkörperschaften zugehörig.[24] Gesamtgemeinden können aber auch als Gebietskörperschaften konstruiert werden.[25] Von den Gesamtgemeinden zu unterscheiden sind schließlich nichtrechtsfähige Verwaltungsgemeinschaften, die auf einem

---

[19] Zur Frage, ob die schleswig-holsteinischen Ämter als Gemeindeverbände qualifiziert werden können, BVerfGE 52, 95 (109ff.); siehe auch Landesverfassungsgericht Schleswig-Holstein, NordÖR 2010, S. 155ff. mit dem Hinweis, dass sich die Ämter infolge der zunehmenden Übertragung von Selbstverwaltungsaufgaben durch die Gemeinden zu Gemeindeverbänden entwickeln könnten, für diesen Fall aber keine unmittelbare Wahl der Mitglieder des Amtsausschusses durch das Volk vorgesehen sei; dazu *Kai Engelbrecht/Thomas Schwabenbauer*, DÖV 2010, S. 916ff.; *Kay Waechter*, NordÖR 2010, S. 225ff.; *Christian Ernst*, NVwZ 2010, S. 816ff.; *Sönke E. Schulz*, NordÖR 2011, S. 311ff.; zur Judikatur des Verfassungsgerichtes Brandenburg *Ihno Gebhardt*, Das kommunale Selbstverwaltungsrecht, 2007, S. 121f.

[20] Allgemein dazu *Gerhard Oehler*, LKV 1992, S. 72ff.

[21] BVerfGE 52, 95 (117ff.); siehe auch *Georg Christoph von Unruh*, in: Verein für die Geschichte der Deutschen Landkreise e. V. (Hrsg.), Der Kreis, Bd. I, 1972, S. 11 (44); differenzierend *Andreas Bovenschulte*, Gemeindeverbände als Organisationsformen kommunaler Selbstverwaltung, 2000, S. 135ff., 444f.

[22] Dazu BVerfGE 77, 288 (307); zur Thüringer Landgemeinde *Michael Koch*, ThürVBl. 2011, 265ff.

[23] Zum Ganzen *Matthias Falk*, Die kommunalen Aufgaben unter dem Grundgesetz, 2006, S. 81ff.; ferner *Gerhard Oehler*, LKV 1992, S. 72ff.

[24] *Matthias Falk*, Die kommunalen Aufgaben unter dem Grundgesetz, 2006, S. 82f.; siehe auch *Winfried Kluth*, in: Hans Julius Wolff/Otto Bachof/Rolf Stober, Verwaltungsrecht, Bd. III, 5. Aufl. 2004, § 87, Rn. 34; *Eberhard Schmidt-Aßmann/Hans Christian Röhl*, in: Eberhard Schmidt-Aßmann (Hrsg.), Besonderes Verwaltungsrecht, 14. Aufl. 2008, Kapitel 1, Rn. 154.

[25] *Matthias Falk*, Die kommunalen Aufgaben unter dem Grundgesetz, 2006, S. 83f.; ferner *Armin Dittmann*, in: Norbert Achterberg/Günter Püttner/Thomas Würtenberger (Hrsg.), Besonderes Verwaltungsrecht, Bd. II, 2. Aufl. 2000, § 18, Rn. 72.

öffentlich-rechtlichen Vertrag zwischen Gemeinden beruhen und eine spezifische Form der Behördenleihe zum Ausdruck bringen.[26] Allenfalls ließen sich nun Gesamtgemeinden, die als Gebietskörperschaften formiert werden, dem Gemeindebegriff des Art. 28 Abs. 2 S. 1 GG zuordnen. Auch eine solche Zuordnung scheidet indes letztlich aus: Gemeinden im Sinne des Art. 28 Abs. 2 S. 1 GG sind angesichts der verfassungsrechtlichen Gewährleistung von Gemeinden und Gemeindeverbänden die jeweils unterste gebietskörperschaftliche Organisationseinheit.[27] Auch gebietskörperschaftlich formierte Gesamtgemeinden können daher lediglich Gemeindeverbände im Sinne des Art. 28 Abs. 2 S. 2 GG sein.[28] Zusammenfassend und die bisherigen Ausführungen präzisierend lässt sich daher festhalten, dass der Gemeindebegriff im Sinne des Art. 28 Abs. 2 S. 1 GG der Figur der öffentlich-rechtlichen Gebietskörperschaft entspricht. Allerdings sind lediglich die auf unterster Ebene angesiedelten öffentlich-rechtlichen Gebietskörperschaften gemeint. Dementsprechend können weder Ämter und Verwaltungsgemeinschaften noch Gesamtgemeinden als Gemeinden im Sinne des Art. 28 Abs. 2 S. 1 GG qualifiziert werden.

B. Der Organisationstyp der Gemeindeverbände

I. Problemaufriss: Zur verwirrenden Begriffspluralität im Verfassungsrecht

Neben dem Begriff der Gemeinden wird auch der Begriff der Gemeindeverbände im Sinne des Art. 28 Abs. 2 S. 2 GG nicht legaldefiniert. Art. 28 Abs. 1 S. 2 GG erwähnt zudem Gemeinden und Kreise, während Art. 28 Abs. 2 S. 2 GG auf Gemeindeverbände Bezug nimmt. Offensichtlich wird damit eine Pluralität von Organisationsformen auf Gemeindeverbandsebene von Verfassungs wegen vorausgesetzt. Dies hat schon in der Vergangenheit zu erheblichen Unsicherheiten im Umgang mit dem Begriff der Gemeindeverbände geführt.[29] Dabei zeigt sich ein breites Meinungsspektrum insbesondere hinsichtlich der Frage nach

---

[26] Dazu *Matthias Falk*, Die kommunalen Aufgaben unter dem Grundgesetz, 2006, S. 84 f.

[27] Allgemein *Peter Donhauser*, Formen und Möglichkeiten gemeindlicher Zusammenarbeit zur Stärkung der Verwaltungskraft, 1970, S. 157; *Dierk Bröring*, Die Verwaltungsgemeinschaft, 1973, S. 41; *Frank Görgens*, Die Verwaltungsgemeinschaft nach baden-württembergischen Gemeinderecht als neuer Typ einer gemeindlichen Verwaltungsreform, 1977, S. 77; anders *Nikolaos-Komnénos Hlépas*, Unterschiedliche rechtliche Behandlung von Großgemeinden und Kleingemeinden, 1990, S. 117 ff.; zum Ganzen *Andreas Bovenschulte*, Gemeindeverbände als Organisationsformen kommunaler Selbstverwaltung, 2000, S. 445 f., der allerdings auch auf die fehlende Allzuständigkeit der Verbandsgemeinden hinweist.

[28] Zum Ganzen *Matthias Falk*, Die kommunalen Aufgaben unter dem Grundgesetz, 2006, S. 85.

[29] *Wolfgang Löwer*, in: Ingo von Münch/Philipp Kunig (Hrsg.), GG-Komm., Bd. I, 6. Aufl. 2012, Art. 28, Rn. 93; eingehend *Martin Burgi/Bettina Ruhland*, Regionale Selbstver-

einer institutionellen Garantie der Gemeindeverbände:[30] Während einerseits die Gesamtheit der Gemeindeverbände – eine modifizierende Konzeption nimmt nur auf die zum Zeitpunkt des Inkrafttretens des Grundgesetzes vorhandenen Gemeindeverbände Bezug[31] – als institutionell garantiert angesehen wird,[32] werden andererseits die Gemeindeverbände ganz grundsätzlich nicht als institutionell garantiert angesehen.[33] Eine abweichende Ansicht anerkennt lediglich eine institutionelle Garantie der Kreise.[34] Davon wiederum unterscheidet sich schließlich die Auffassung, nach der nicht die Kreise im Sinne des Art. 28 Abs. 1

---

waltung durch die Landschaftsverbände in Nordrhein-Westfalen im Spiegel von Rechtsprechung und Rechtsliteratur, 2003, S. 24 ff.

[30] Ausführlich dazu *Bernhard Stüer*, Verfassungsrechtliche Maßstäbe für die gemeindliche, kreisliche und regionale Funktionalreform, 1980, S. 124 ff.; ferner *Rolf Wiese*, Garantie der Gemeindeverbandsebene?, 1972, passim; zum Ganzen *Martin Burgi/Bettina Ruhland*, Regionale Selbstverwaltung durch die Landschaftsverbände in Nordrhein-Westfalen im Spiegel von Rechtsprechung und Rechtsliteratur, 2003, S. 105 ff.

[31] Dazu *Rolf Wiese*, Garantie der Gemeindeverbandsebene?, 1972, S. 19, 56 ff.

[32] Siehe *Peter Lerche*, DÖV 1969, S. 46 (49); dazu auch *Bernhard Stüer*, Verfassungsrechtliche Maßstäbe für die gemeindliche, kreisliche und regionale Funktionalreform, 1980, S. 125 f.; ferner *Martin Burgi*, NWVBl. 2004, S. 131 (134 f.).

[33] Dazu *Werner Thieme*, AfK 1963, S. 185 (186); *Roman Schnur*, DÖV 1965, S. 114 (115 f.); *Ernst Friesenhahn*, in: Peter Saladin (Hrsg.), Der Staat als Aufgabe, Gedenkschrift für Max Imboden, 1972, S. 115 (121); wohl auch *Jürgen Salzwedel*, DÖV 1969, S. 810 (812); *Gerhard Leibholz*, DVBl. 1973, S. 715 (715); zum Ganzen *Arnold Köttgen*, in: Hans Peters (Hrsg.), Handbuch der kommunalen Wissenschaft und Praxis, Bd. I, 1956, S. 185 (191).

[34] BVerfGE 83, 363 (383); 119, 331 (355); siehe dazu auch *Andreas Bovenschulte*, Gemeindeverbände als Organisationsformen kommunaler Selbstverwaltung, 2000, S. 122 ff.; ferner *Peter Lerche*, DÖV 1959, S. 46 (46); *Werner Thieme*, AfK 1963, S. 185 (187); *Hans-Ulrich Evers*, DVBl. 1969, S. 765 (768); *Roman Schnur*, Regionalkreise?, 1971, S. 10; *Michael Ronellenfitsch*, DÖV 1972, S. 191 (192); *Werner Hoppe/Hans-Werner Rengeling*, Rechtsschutz bei der kommunalen Gebietsreform, 1973, S. 70; *Ernst Pappermann*, DÖV 1975, S. 181 (185); *Heinrich Siedentopf*, DVBl. 1975, S. 13 (17); *Albert von Mutius*, JuS 1977, S. 455 (456 f.); *ders.*, Jura 1982, S. 28 (34 f.); *ders.*, in: Albert von Mutius (Hrsg.), Selbstverwaltung im Staat der Industriegesellschaft, Festgabe zum 70. Geburtstag von Georg Christoph von Unruh, 1983, S. 227 (247); überdies *Thomas Clemens*, NVwZ 1990, S. 834 (842); *Jörn Ipsen*, in: Hubert Meyer/Maximilian Wallerath (Hrsg.), Gemeinden und Kreise in der Region, 2004, S. 17 (19); ähnlich auch *Werner Weber*, Gegenwartsprobleme der interkommunalen Ordnung, 1961, S. 8 ff.; *Klaus Stern*, Zur Problematik eines Regionalkreises im Großraum Hannover, 1971, S. 15; *ders.*, in: Verein für die Geschichte der Deutschen Landkreise e. V. (Hrsg.), Der Kreis, Bd. I, 1972, S. 156 (162 ff.); *ders.*, Das Staatsrecht der Bundesrepublik Deutschland, Bd. I, 2. Aufl. 1984, S. 410; *ders.*, NWVBl. 1997, S. 361 ff.; *ders./Günter Püttner*, Neugliederung der Landkreise Nordrhein-Westfalens, 1969, S. 15; *Günter Seele*, in: Hans Schneider (Hrsg.), Im Dienst an Recht und Staat, Festschrift für Werner Weber zum 70. Geburtstag, 1974, S. 873 (876); *Hans Tiedken*, in: Albert von Mutius (Hrsg.), Selbstverwaltung im Staat der Industriegesellschaft, Festgabe zum 70. Geburtstag von Georg Christoph von Unruh, 1983, S. 341 (342); umfassend zum Ganzen *Rolf Wiese*, Garantie der Gemeindeverbandsebene?, 1972, S. 21 f.; *Bernhard Stüer*, Verfassungsrechtliche Maßstäbe für die gemeindliche, kreisliche und regionale Funktionalreform, 1980, S. 127 ff., 130 ff.; *Alexander Schink*, in: Edzard Schmidt-Jortzig/Alexander Schink, Subsidiaritätsprinzip und Kommunalordnung, 1982, S. 25 (64 ff.); *Ute Lusche*, Die Selbstverwaltungsaufgaben der Landkreise, 1998, S. 25 f.; *Björn Rothe*, Kreisgebietsreform und ihre verfassungsrechtlichen Grenzen, 2004, S. 61 ff.

S. 2 GG, sondern vielmehr ein einzelner beliebiger Gemeindeverband als Gegenstand einer institutionellen Garantie des Art. 28 Abs. 2 S. 2 GG anzusehen ist.[35]

II. Annäherungsversuche an den Begriff der Gemeindeverbände im Sinne des Art. 28 Abs. 2 S. 2 GG

Wenn vor diesem Hintergrund Art. 28 Abs. 2 S. 2 GG mit Blick auf den Organisationstyp der Gemeindeverbände sowie die Organisationsform der Kreise als „gewissermaßen rätselhaft"[36] bezeichnet wird,[37] umschreibt dies diejenigen Herausforderungen, denen jede Bestimmung des Begriffs der Gemeindeverbände begegnet. Auch das Bundesverfassungsgericht stellt bezüglich des Gemeindeverbandsbegriffs lediglich fest, jedenfalls Kreise seien Gemeindeverbände, und judiziert ferner, dass der Begriff der Gemeindeverbände gleichwohl nicht auf die Organisationsform der Kreise beschränkt sei.[38] Gleichsam resignierend wird daher festgehalten, der Gemeindeverbandsbegriff ermögliche lediglich den Rückschluss auf einen Verband von Gemeinden.[39]

Wenig aufschlussreich ist auch ein Rückgriff auf den Begriff der „Kommunalverbände", der mit der Figur der Gemeindeverbände grundsätzlich abgelöst wurde[40] und angesichts seiner Unbestimmtheit eine Annäherung an den Gemeindeverbandsbegriff ebenfalls nicht ermöglicht.[41] Die Bezeichnung „Kommunalverbände" wurde sowohl als Sammelbegriff für Körperschaften, die öffentliche Zwecke erfüllen, als auch für Verbände oberhalb der Gemeinden gebraucht.[42] Über den Begriff der Kommunalverbände hinaus werden Gemeindeverbände schließlich als Körperschaften kommunaler Art verstanden, die räumlich über den Gemeinden stehen und nicht auf eine spezifische Zweckset-

[35] *Jürgen Stockmeier*, Kommunale Pflichtverbände und Grundgesetz, 1960, S. 142; *Jürgen Salzwedel*, DÖV 1969, S. 810 (810); *Gerhard Leibholz*, DVBl. 1973, S. 715 (717); zum Ganzen auch *Rolf Wiese*, Garantie der Gemeindeverbandsebene?, 1972, S. 20; *Bernhard Stüer*, Verfassungsrechtliche Maßstäbe für die gemeindliche, kreisliche und regionale Funktionalreform, 1980, S. 129 f.

[36] *Wolfgang Löwer*, in: Ingo von Münch/Philipp Kunig (Hrsg.), GG-Komm., Bd. I, 6. Aufl. 2012, Art. 28, Rn. 93.

[37] Zur abweichenden Terminologie des Landes(verfassungs)rechts *Andreas Bovenschulte*, Gemeindeverbände als Organisationsformen kommunaler Selbstverwaltung, 2000, S. 81 ff.

[38] BVerfGE 52, 95 (111); 79, 127 (151).

[39] BVerfGE 52, 95 (111); siehe auch *Georg Christoph von Unruh*, in: Verein für die Geschichte der Deutschen Landkreise e. V. (Hrsg.), Der Kreis, Bd. I, 1972, S. 11 (43).

[40] *Werner Hoppe*, Die Begriffe Gebietskörperschaft und Gemeindeverband und der Rechtscharakter der nordrhein-westfälischen Landschaftsverbände, 1958, S. 34 ff.

[41] *Matthias Falk*, Die kommunalen Aufgaben unter dem Grundgesetz, 2006, S. 66.

[42] Dazu noch *Julius Hatschek*, Lehrbuch des deutschen und preußischen Verwaltungsrechts, 7./8. Aufl. 1931, S. 358 ff.; ferner *Paul Schoen*, Das Recht der Kommunalverbände in Preußen, 1897, S. 15 ff.

zung begrenzt sind.[43] Neben die Assoziation eines oberhalb der Gemeinden angesiedelten Verbandes[44] tritt damit die Bestrebung, Zweckverbände aus dem Anwendungsbereich des Art. 28 Abs. 2 S. 2 GG auszuschließen.[45] Auch Gemeindeverbände werden vor diesem Hintergrund den öffentlich-rechtlichen Gebietskörperschaften[46] zugeordnet.[47] Das Bundesverfassungsgericht formuliert – mit Blick auf die Verfassung des Landes Schleswig-Holstein, die für Gemeinden und Gemeindeverbände die Notwendigkeit von gewählten Vertretungen des Volkes vorsieht[48] – insoweit, dass Gemeindeverbände nicht Bundkörperschaften,[49] sondern lediglich Gebietskörperschaften und den Gebietskörperschaften nach Umfang und Gewicht der Selbstverwaltungsangelegenheiten vergleichbare[50] kommunale Zusammenschlüsse seien.[51]

---

[43] *Klaus Stern*, in: Verein für die Geschichte der Deutschen Landkreise e. V. (Hrsg.), Der Kreis, Bd. I, 1972, S. 156 (163); *Horst Dreier*, in: Horst Dreier (Hrsg.), GG-Komm., Bd. II, 2. Aufl. 2006, Art. 28, Rn. 166; mit abweichender Akzentuierung *Janbernd Oebbecke*, Gemeindeverbandsrecht Nordrhein-Westfalen, 1984, Rn. 34; ferner *Ernst Forsthoff*, Lehrbuch des Verwaltungsrechts, 10. Aufl. 1973, S. 530; *Werner Hoppe*, Die Begriffe Gebietskörperschaft und Gemeindeverband und der Rechtscharakter der nordrhein-westfälischen Landschaftsverbände, 1958, S. 64 f. Ausführlich zu den unterschiedlichen Begriffsbestimmungen *Andreas Bovenschulte*, Gemeindeverbände als Organisationsformen kommunaler Selbstverwaltung, 2000, S. 432 ff.; ferner *Ute Lusche*, Die Selbstverwaltungsaufgaben der Landkreise, 1998, S. 74 ff.

[44] *Andreas Bovenschulte*, Gemeindeverbände als Organisationsformen kommunaler Selbstverwaltung, 2000, S. 87 ff.

[45] Siehe *Werner Hoppe*, Die Begriffe Gebietskörperschaft und Gemeindeverband und der Rechtscharakter der nordrhein-westfälischen Landschaftsverbände, 1958, S. 38; dazu auch BVerfGE 52, 95 (110); ferner *Peter Seydel*, Die kommunalen Zweckverbände, 1955, S. 14; *Hans Vietmeier*, Die staatlichen Aufgaben der Kommunen und ihrer Organe, 1992, S. 111 f.; *Matthias Falk*, Die kommunalen Aufgaben unter dem Grundgesetz, 2006, S. 66 f.; zum Ganzen auch *Thorsten Ingo Schmidt*, Kommunale Kooperation, 2005, S. 71 ff.; schließlich *Andreas Bovenschulte*, Gemeindeverbände als Organisationsformen kommunaler Selbstverwaltung, 2000, S. 456, der demgegenüber auf die gegenläufige Interpretation im Zusammenhang mit dem Begriff der Gemeindeverbände in Art. 127 WRV hinweist.

[46] Ähnlich schon *Hugo Preuß*, Selbstverwaltung, Gemeinde, Staat, Reich als Gebietskörperschaften, 1889, S. 409, der Gemeindeverbände als Gemeinden höherer Ordnung bezeichnete.

[47] Siehe aber auch Verfassungsgerichtshof für das Land Nordrhein-Westfalen, DVBl. 2001, S. 1595 (1596 f.) mit dem Hinweis, der Wortsinn des Begriffs streite eher für einen Verbund von Gemeinden; dazu *Hans-Günter Henneke*, DÖV 2002, S. 463 ff.; *ders.*, ZG 2002, S. 71 ff.

[48] Kritisch zur Anwendung dieser Rechtsprechung auf Bundesebene *Andreas Bovenschulte*, Gemeindeverbände als Organisationsformen kommunaler Selbstverwaltung, 2000, S. 430 f.

[49] Grundlegend *Georg Christoph von Unruh*, Der Kreis, 1965, S. 232 ff.; *ders.*, in: Verein für die Geschichte der Deutschen Landkreise e. V. (Hrsg.), Der Kreis, Bd. I, 1972, S. 11 ff.; *ders.*, DÖV 1972, S. 16 (22); ferner *Albert von Mutius*, in: Albert von Mutius (Hrsg.), Selbstverwaltung im Staat der Industriegesellschaft, Festgabe zum 70. Geburtstag von Georg Christoph von Unruh, 1983, S. 227 (248); *Winfried Kluth*, ZG 2008, S. 292 (303).

[50] Ähnlich *Raimund Wimmer*, NJW 1964, S. 1654 (1657); *Hans-Uwe Erichsen*, NWVBl. 1995, S. 1 (3), die eine gebietsbezogene universale Aufgabenzuweisung verlangen oder Gemeindeverbände als „erforderliches Glied der staatlichen Gesamtorganisation" qualifizieren; kritisch *Werner Hoppe*, Die Begriffe Gebietskörperschaft und Gemeindeverband und der

III. Der Gemeindeverbandsbegriff nach Maßgabe des prinzipientheoretischen Deutungsansatzes

1. *Zur Unterscheidung von Bund- und Gebietskörperschaften*

Im Ergebnis erweist sich die vom Bundesverfassungsgericht herangezogene Unterscheidung zwischen Bund- und Gebietskörperschaften auch nach Maßgabe des prinzipientheoretischen Deutungsansatzes als grundsätzlich tragfähig zur Annäherung an den Gemeindeverbandsbegriff.[52] Gemeindeverbände sind dementsprechend nur solche Organisationseinheiten, die als öffentlich-rechtliche Gebietskörperschaft kreiert werden. Zur Begründung lässt sich erneut darauf hinweisen, dass die Figur der öffentlich-rechtlichen Gebietskörperschaft vor allem der partizipativen Funktion kommunaler Selbstverwaltung in ausreichender Weise Rechnung trägt. Jedenfalls nach der hier vertretenen prinzipientheoretischen Deutung kann dem mit Blick auf Art. 28 Abs. 2 S. 2 GG auch nicht entgegen halten, dass der Gedanke der Partizipation den Gewährleistungen der Art. 28 Abs. 2 S. 1 und 2 GG nicht gleichermaßen zugrunde liege.[53] Zusammenfassend ist vielmehr festzuhalten, dass Bundkörperschaften gerade keine Gemeindeverbände im Sinne des Art. 28 Abs. 2 S. 2 GG sind: Sie beruhen nicht auf einer Verbandsmitgliedschaft, die auf die Beziehung einer Person zu einem räumlichen Gebiet Bezug nimmt, und werden demzufolge dem Partizipationsaspekt nicht gerecht.

Unscharf bleibt zudem eine Terminologie, die dem Begriff der echten Gemeindeverbände Bundkörperschaften zuordnet und für die oberhalb der Gemeinden angesiedelten Gebietskörperschaften den Begriff der unechten Gemeindeverbände vorsieht.[54] Auch der Begriff der unechten Gemeindeverbände

---

Rechtscharakter der nordrhein-westfälischen Landschaftsverbände, 1958, S. 50; *Alexander Schink*, VerwArch 81 (1990), S. 385 (408 f.); *Klaus Stern*, in: BK, Art. 28 (1964), Rn. 80, die gleichwohl verlangen, dass der Wirkungskreis nicht durch eine spezifische Zwecksetzung begrenzt ist; zum Ganzen *Martin Burgi/Bettina Ruhland*, Regionale Selbstverwaltung durch die Landschaftsverbände in Nordrhein-Westfalen im Spiegel von Rechtsprechung und Rechtsliteratur, 2003, S. 29 ff.

[51] BVerfGE 52, 95 (109 ff.); im Anschluss daran Landesverfassungsgericht Schleswig-Holstein, NordÖR 2010, S. 155 ff.; ähnlich *Werner Hoppe*, Die Begriffe Gebietskörperschaft und Gemeindeverband und der Rechtscharakter der nordrhein-westfälischen Landschaftsverbände, 1958, S. 39, der eine nicht nur enumerative Aufgabenübertragung fordert und zudem die vollständige Ausfüllung des Landesgebietes als Voraussetzung für die Qualifizierung einer Kommunalkörperschaft als Gemeindeverband ausmacht; kritisch *Andreas Bovenschulte*, Gemeindeverbände als Organisationsformen kommunaler Selbstverwaltung, 2000, S. 468 ff.

[52] Ausführlich *Andreas Bovenschulte*, Gemeindeverbände als Organisationsformen kommunaler Selbstverwaltung, 2000, S. 451 ff.; siehe auch *Matthias Falk*, Die kommunalen Aufgaben unter dem Grundgesetz, 2006, S. 71 ff.; ferner *Georg Christoph von Unruh*, DVBl. 1975, S. 1 (3), der Bundkörperschaften ausdrücklich aus dem Anwendungsbereich des Art. 28 Abs. 2 GG ausschließt.

[53] Siehe aber auch *Eberhard Schmidt-Aßmann*, DVBl. 1996, S. 533 (538).

[54] *Eberhard Schmidt-Aßmann/Hans Christian Röhl*, in: Eberhard Schmidt-Aßmann

nimmt auf eine Verbandsmitgliedschaft Bezug, die auf der Beziehung einer Person zu einem räumlichen Gebiet beruht.[55] Schließlich stößt aus prinzipientheoretischer Perspektive die Judikatur des Bundesverfassungsgerichts auf Bedenken, die den Gemeindeverbänden „nach Umfang und Gewicht der von ihnen wahrzunehmenden Selbstverwaltungsaufgaben vergleichbare kommunale Zusammenschlüsse" zuordnet.[56] Dies kann nur überzeugen, sofern solche Zusammenschlüsse ebenfalls die partizipativen Funktion kommunaler Selbstverwaltung verwirklichen.

a) Kreise als Gemeindeverbände im Sinne des Art. 28 Abs. 2 S. 2 GG

Legt man nun die Unterscheidung zwischen Bund- und Gebietskörperschaften dem Gemeindeverbandsbegriff zugrunde, zeigt sich folgendes Bild: Zunächst sind Kreise im Sinne des Art. 28 Abs. 1 S. 2 GG als Gemeindeverbände gemäß Art. 28 Abs. 2 S. 2 GG zu qualifizieren.[57] Als unmittelbares Gemeinwesen, dessen Mitglieder die im räumlichen Gebiet des Kreises wohnhaften Bürger sind, beschreiben Kreise nicht einen bloßen Verband der Gemeinden.[58] Das Beispiel der Kreise zeigt aber auch, dass der Begriff der Gemeindeverbände bundkörperschaftliche Elemente nicht vollständig vermeiden kann:[59] Kreisen wird näm-

---

(Hrsg.), Besonderes Verwaltungsrecht, 14. Aufl. 2008, Kapitel 1, Rn. 150; ferner *Martin Burgi/Bettina Ruhland*, Regionale Selbstverwaltung durch die Landschaftsverbände in Nordrhein-Westfalen im Spiegel von Rechtsprechung und Rechtsliteratur, 2003, S. 32; siehe auch *Friedrich Schoch*, in: Hans-Günter Henneke/Hartmut Maurer/Friedrich Schoch, Die Kreise im Bundesstaat, 1994, S. 9 (30).

[55] Eingehend *Andreas Bovenschulte*, Gemeindeverbände als Organisationsformen kommunaler Selbstverwaltung, 2000, S. 147 ff.; ferner *Friedrich Schoch*, in: Hans-Günter Henneke/Hartmut Maurer/Friedrich Schoch, Die Kreise im Bundesstaat, 1994, S. 9 (30).

[56] Dazu *Rudolf Ellingeringmann*, Begriff und Wesen der körperschaftlichen Selbstverwaltung, 1936, S. 65 ff.; *Lutz Hambusch*, Die Rechtsstellung des Landesverbandes Lippe, 1971, S. 64 ff.; kritisch *Matthias Falk*, Die kommunalen Aufgaben unter dem Grundgesetz, 2006, S. 71 ff., der in Abgrenzung zu dem in der Rechtsprechung des Bundesverfassungsgerichts herangezogenen Merkmal des Aufgabengewichts dennoch auf den Begriff der Universalität – ähnlich *Ernst Forsthoff*, Lehrbuch des Verwaltungsrechts, 10. Aufl. 1973, S. 530; *Hans-Uwe Erichsen*, NWVBl. 1995, S. 1 (3) – zurückgreift; schließlich *Bernhard Jestaedt*, Kommunale Gemeinschaftsarbeit im Spannungsfeld der Gemeinden und Gemeindeverbände, 1966, S. 47, der in Abgrenzung zu den Zweckverbänden – die lediglich über gewillkürte Aufgaben verfügten – für den Begriff der Gemeindeverbände einen unmittelbar durch Gesetz festgelegten Wirkungskreis fordert; zum Ganzen *Andreas Bovenschulte*, Gemeindeverbände als Organisationsformen kommunaler Selbstverwaltung, 2000, S. 179 ff., 459 ff.

[57] Dazu BVerfGE 52, 95 (110 ff.); 83, 363 (383); ferner BVerfGE 83, 37 (54 f.); 119, 331 (355); siehe auch *Andreas Bovenschulte*, Gemeindeverbände als Organisationsformen kommunaler Selbstverwaltung, 2000, S. 335.

[58] Zusammenfassend *Georg Christoph von Unruh*, in: Verein für die Geschichte der Deutschen Landkreise e. V. (Hrsg.), Der Kreis, Bd. I, 1972, S. 11 ff.; ferner *Matthias Falk*, Die kommunalen Aufgaben unter dem Grundgesetz, 2006, S. 78 f.

[59] Siehe dazu *Eberhard Schmidt-Aßmann*, DVBl. 1996, S. 533 (535), der betont, dass der Begriff der Gemeindeverbände mit „dem Prinzip der Solidargemeinschaft auch das Verhältnis zwischen den kreisangehörigen Gemeinden" einschließe.

lich nicht nur die Kompetenz zur Wahrnehmung von Verbundaufgaben zuerkannt[60] – auch die Kreisumlage bedingt eine bundkörperschaftliche Mitgliedschaft, die Gemeinden als unechte Mitglieder der Gemeindeverbände im Sinne des Art. 28 Abs. 2 S. 2 GG anerkennt.[61] Die Abgrenzung zwischen bund- und gebietskörperschaftlichen Organisationsformen kann daher nur gelingen, wenn auf diejenigen Mitglieder Bezug genommen wird, die Einfluss auf das Tätigwerden der jeweiligen öffentlich-rechtlichen Körperschaft nehmen können.[62] Mischformen von Gebiets- und Bundkörperschaften zählen dann ebenfalls zu den Gemeindeverbänden im Sinne des Art. 28 Abs. 2 S. 2 GG.[63]

b) *Landschaftsverbände und Gemeindeverbandsbegriff*

Weiterer Differenzierungsbedarf[64] besteht mit Blick auf Landschaftsverbände.[65] Diese werden ganz grundsätzlich nicht als öffentlich-rechtliche Gebiets-, sondern vielmehr als Bundkörperschaften formiert. Gleichwohl wird ihre Zuordnung zu den Gemeindeverbänden vor dem Hintergrund der Judikatur des Bundesverfassungsgerichts, die auf den Gebietskörperschaften nach Umfang und Gewicht der Selbstverwaltungsangelegenheiten vergleichbare kommunale Zusammenschlüsse Bezug nimmt, mit folgender Überlegung begründet: Zu unterscheiden seien öffentlich-rechtliche Körperschaften, deren Verbandsvertretung mit weisungsgebundenen Delegierten besetzt ist, und solche, deren Verbandsvertretung gewählt wird.[66] Ist nun die Verbandsvertretung weisungsgebunden, soll eine Zuordnung zu den Gemeindeverbänden ausscheiden. Öf-

[60] Dazu *Matthias Falk*, Die kommunalen Aufgaben unter dem Grundgesetz, 2006, S. 72 f.; *Horst Dreier*, in: Horst Dreier (Hrsg.), GG-Komm., Bd. II, 2. Aufl. 2006, Art. 28, Rn. 167; ferner *Eberhard Schmidt-Aßmann*, DVBl. 1996, S. 533 (535).

[61] *Matthias Falk*, Die kommunalen Aufgaben unter dem Grundgesetz, 2006, S. 80.

[62] *Andreas Bovenschulte*, Gemeindeverbände als Organisationsformen kommunaler Selbstverwaltung, 2000, S. 145 f.

[63] *Andreas Bovenschulte*, Gemeindeverbände als Organisationsformen kommunaler Selbstverwaltung, 2000, S. 146.

[64] Zum Ganzen *Andreas Bovenschulte*, Gemeindeverbände als Organisationsformen kommunaler Selbstverwaltung, 2000, S. 144 ff.

[65] Zum Beispiel der nordrhein-westfälischen Landschaftsverbände Verfassungsgerichtshof für das Land Nordrhein-Westfalen, DVBl. 2001, S. 1595 ff.; ferner *Andreas Bovenschulte*, Gemeindeverbände als Organisationsformen kommunaler Selbstverwaltung, 2000, S. 154 ff.; siehe auch *Hans-Uwe Erichsen*, NWVBl. 1995, S. 1 (3); *Martin Burgi*, NWVBl. 2001, S. 1 ff.; *dens.*, NWVBl. 2004, S. 131 ff.; eingehend *ders./Bettina Ruhland*, Regionale Selbstverwaltung durch die Landschaftsverbände in Nordrhein-Westfalen im Spiegel von Rechtsprechung und Rechtsliteratur, 2003, S. 133 ff.; überdies *Horst Hacker*, DÖV 1955, S. 236 (238); *Frido Wagener*, Gemeindeverbandsrecht in Nordrhein-Westfalen, 1967, S. 405 ff.; *Klaus Meyer-Schwickerath*, in: Albert von Mutius (Hrsg.), Selbstverwaltung im Staat der Industriegesellschaft, Festgabe zum 70 Geburtstag von Georg Christoph von Unruh, 1983, S. 439 ff.; schließlich aber auch *Karl-Ulrich Meyn*, LKV 1995, S. 265 (268); *Dirk Ehlers*, DVBl. 2001, S. 1601 (1602 f.); *Christoph Görisch*, NWVBl. 2002, S. 418 ff.

[66] *Andreas Bovenschulte*, Gemeindeverbände als Organisationsformen kommunaler Selbstverwaltung, 2000, S. 156 ff.

fentlich-rechtliche Körperschaften, deren Verbandsvertretung gewählt wird,[67] verfügten demgegenüber über eine mittelbar legitimierte Vertretung, die eine Zuordnung zu den Gemeindeverbänden rechtfertige.[68] Grundsätzlich sind diese Überlegungen mit dem hier vertretenen prinzipientheoretischen Ansatz vereinbar: Auch eine gewählte Verbandsvertretung bringt nämlich zumindest mittelbar die partizipative Funktion kommunaler Selbstverwaltung zum Ausdruck.

c) *Organisationsformen auf Gemeindeverbandsebene im Übrigen*

Abschließend können auch weitere Organisationsformen mit dem Gemeindeverbandsbegriff abgeglichen werden. Danach lässt sich im Einzelnen festhalten: Bundkörperschaftlich organisierte Gesamtgemeinden können nicht als Gemeindeverbände im Sinne des Art. 28 Abs. 2 S. 2 GG qualifiziert werden. Als öffentlich-rechtliche Gebietskörperschaften konstruierte Gesamtgemeinden sind demgegenüber den Gemeindeverbänden zuzuordnen.[69] Dies gilt indes nicht für Zweckverbände, die als Bundkörperschaften[70] öffentlich-rechtliche Körperschaften im Interesse der Wahrnehmung besonderer Aufgaben zusammenschließen.[71] Dass landesrechtliche Regelungen die Verbandsmitgliedschaft natürlicher und juristischer Personen des Privatrechts vorsehen, steht dem nicht entgegen: Eine entsprechende Verbandsmitgliedschaft wird von dem Interesse an der Effektuierung der Aufgabenwahrnehmung und nicht von einer gebietskörperschaftlichen Organisationsstruktur getragen.[72] Auch höhere Kommunalverbände – neben den Landschaftsverbänden vor allem die Bezirke[73] – sind allenfalls dann Gemeindeverbände im Sinne des Art. 28 Abs. 2 S. 2 GG, wenn sie über eine gebietskörperschaftliche Organisationsstruktur verfügen.[74]

---

[67] Dazu auch *Janbernd Oebbecke*, Gemeindeverbandsrecht Nordrhein-Westfalen, 1984, Rn. 35.

[68] Siehe *Andreas Bovenschulte*, Gemeindeverbände als Organisationsformen kommunaler Selbstverwaltung, 2000, S. 175 ff.

[69] Nochmals *Matthias Falk*, Die kommunalen Aufgaben unter dem Grundgesetz, 2006, S. 85 f.

[70] Siehe *Matthias Falk*, Die kommunalen Aufgaben unter dem Grundgesetz, 2006, S. 88 ff.; ferner *Werner Schröder*, Die Verwaltung 34 (2001), S. 205 (213 ff.); ähnlich *Horst Hacker*, DÖV 1955, S. 236 ff.; zu Haftungsfragen *Andreas Paulick*, DÖV 2009, S. 110 ff.

[71] *Peter Seydel*, Die kommunalen Zweckverbände, 1955, S. 11; *Matthias Falk*, Die kommunalen Aufgaben unter dem Grundgesetz, 2006, S. 87 f.

[72] Siehe *Janbernd Oebbecke*, Zweckverbandsbildung und Selbstverwaltungsgarantie, 1982, S. 4 ff.; *Matthias Falk*, Die kommunalen Aufgaben unter dem Grundgesetz, 2006, S. 88, 93; ausführlich *Catharina Saugier*, Der fehlerhafte Zweckverband, 2001, passim; ferner *Andreas Bovenschulte*, Gemeindeverbände als Organisationsformen kommunaler Selbstverwaltung, 2000, S. 466 f., der die Mitgliedschaft natürlicher oder juristischer Personen des Privatrechts sowie des öffentlichen Rechts zum Anlass nimmt, Zweckverbände nicht als Bundkörperschaften zu qualifizieren.

[73] *Horst Dreier*, in: Horst Dreier (Hrsg.), GG-Komm., Bd. II, 2. Aufl. 2006, Art. 28, Rn. 168.

[74] *Matthias Falk*, Die kommunalen Aufgaben unter dem Grundgesetz, 2006, S. 94 ff.; mit

2. *Legislative Ausgestaltung und Pluralität der Organisationsformen auf Gemeindeverbandsebene*

Neben der Bestimmung des Gemeindeverbandsbegriffs erschwert die von Verfassungs wegen vorgesehene Pluralität von Gemeindeverbänden jede Beschäftigung mit dem Organisationstyp der Gemeindeverbände im Sinne des Art. 28 Abs. 2 S. 2 GG. Dieser Herausforderung muss sich auch der prinzipientheoretische Deutungsansatz stellen. Abschließend ist daher die Frage aufzuwerfen, welche Folgen die Pluralität für die legislative Ausgestaltung der Organisationsformen der Gemeindeverbände mit sich bringt. Festzustellen ist zunächst: Die Pluralität der Organisationsformen auf Gemeindeverbandsebene erweitert grundsätzlich den legislativen Gestaltungsspielraum bei der Ausgestaltung des Organisationstyps der Gemeindeverbände um eine zusätzliche Dimension: Sie ermöglicht eine Auswahlentscheidung zwischen unterschiedlichen Organisationsformen, die ihrerseits allesamt dem Gemeindeverbandsbegriff entsprechen.[75]

a) Auswahl zwischen unterschiedlichen Organisationsformen nach Maßgabe des Untermaßverbotes

Mit Blick auf diese Auswahlentscheidung ist zunächst daran zu erinnern, dass jede Ausgestaltung der organisationsstrukturellen Grundlagen kommunaler Selbstverwaltung lediglich dem Untermaßverbot verpflichtet ist. Demzufolge besteht keine Pflicht des Gesetzgebers, den Begriff der Gemeindeverbände umfassend auszufüllen und eine Vielzahl von Organisationsformen zu kreieren.[76] Dem Untermaßverbot kann aber auch nicht die Schlussfolgerung abgewonnen werden, dass der Organisationstyp der Gemeindeverbände vollständig der Disposition des Gesetzgebers überlassen wäre.[77] Vielmehr muss der Gesetzgeber

Blick auf die nordrhein-westfälischen Landschaftsverbände weitergehend Verfassungsgerichtshof für das Land Nordrhein-Westfalen, DVBl. 2001, S. 1595 (1596 f.); kritisch dazu *Dirk Ehlers*, DVBl. 2001, S. 1601 (1601 f.); ausführlich *Werner Hoppe*, Die Begriffe Gebietskörperschaft und Gemeindeverband und der Rechtscharakter der nordrhein-westfälischen Landschaftsverbände, 1958, passim.

[75] Ähnlich *Jürgen Salzwedel*, DÖV 1969, S. 810 (812); siehe auch *Klaus Stern*, in: Verein für die Geschichte der Deutschen Landkreise e. V. (Hrsg.), Der Kreis, Bd. I, 1972, S. 156 (162 ff.), der den legislativen Gestaltungsspielraum durch die Forderung begrenzt, der Gesetzgeber müsse stets kreisähnliche Organisationsformen schaffen; ferner *Arne Pausch*, NordÖR 2009, S. 108 (110).

[76] Anders wohl *Werner Hoppe*, Die Begriffe Gebietskörperschaft und Gemeindeverband und der Rechtscharakter der nordrhein-westfälischen Landschaftsverbände, 1958, S. 39; kritisch *Andreas Bovenschulte*, Gemeindeverbände als Organisationsformen kommunaler Selbstverwaltung, 2000, S. 468 ff.; ferner *Lutz Hambusch*, Die Rechtsstellung des Landesverbandes Lippe, 1971, S. 84 ff.

[77] Dazu auch *Rolf Wiese*, Garantie der Gemeindeverbandsebene, 1972, S. 35 ff.; *Andreas Bovenschulte*, Gemeindeverbände als Organisationsformen kommunaler Selbstverwaltung, 2000, S. 123 f.; ferner *Hans-Ulrich Evers*, DVBl. 1969, S. 765 (766); siehe aber auch *Edzard Schmidt-Jortzig*, DÖV 1969, S. 46 (50 f.).

vor allem die partizipative Funktion kommunaler Selbstverwaltung durch die Bereitstellung von Organisationsformen auf Gemeindeverbandsebene verwirklichen. Daher nimmt im Einzelnen Art. 28 Abs. 2 S. 2 GG erstens nicht auf die zum Inkrafttreten des Grundgesetzes existenten Gemeindeverbände Bezug.[78] Zweitens unterscheidet Art. 28 Abs. 2 S. 2 GG auch nicht zwischen gewachsenen und gewillkürten Gemeindeverbänden.[79] Drittens obliegt dem Gesetzgeber keine Verpflichtung, Gemeindeverbände, die zum Zeitpunkt des Inkrafttretens des Grundgesetzes noch nicht existierten, einzurichten,[80] sodass neben den Kreisen Art. 28 Abs. 2 S. 2 GG die Existenz von anderen Gemeindeverbänden nicht zwingend gewährleistet.[81]

b) Zur verfassungsrechtlichen Garantie der Kreise

Auch die Existenz von Kreisen wird verfassungsrechtlich letztlich nicht vorausgesetzt:[82] Grundsätzlich ist nämlich weder der Begriff der Gemeindeverbände im Sinne des Art. 28 Abs. 2 S. 2 GG auf die Kreise beschränkt, noch füllt der Begriff der Kreise nach Art. 28 Abs. 1 S. 2 GG den Organisationstyp der Gemeindeverbände vollständig aus.[83] Art. 28 Abs. 1 S. 2 GG betrifft zudem lediglich die demokratische Legitimation der Kreise.[84] Schließlich sprechen auch die

---

[78] *Franz Ludwig Knemeyer*, in: Albert von Mutius (Hrsg.), Selbstverwaltung im Staat der Industriegesellschaft, Festgabe zum 70. Geburtstag von Georg Christoph von Unruh, 1983, S. 209 (219); siehe aber auch *Andreas Bovenschulte*, Gemeindeverbände als Organisationsformen kommunaler Selbstverwaltung, 2000, S. 125; ferner *Roman Schnur*, DÖV 1965, S. 114 ff.; *Klaus Stern*, in: Verein für die Geschichte der Deutschen Landkreise e. V. (Hrsg.), Der Kreis, Bd. I, 1972, S. 156 (162).

[79] Anders schon *Hugo Preuß*, Gemeinde, Staat und Reich als Gebietskörperschaften, 1889, S. 260 f., 284; ferner *Peter Paziorek*, Mittelbare und unmittelbare Wahl der Landschaftsversammlung in Nordrhein-Westfalen, 1983, S. 55 ff.

[80] Dazu aber auch *Dirk Ehlers*, DVBl. 2001, S. 1601 (1601 f.); ferner *Heiko Faber*, in: AK-GG, Art. 28 Abs. 1 II, Abs. 2 (2002), Rn. 47, der den Begriff der Gemeindeverbände als Synonym für den der Kreise versteht; anders BVerfGE 52, 95 (111); *Erich Becker*, in: Karl August Bettermann/Hans Carl Nipperdey (Hrsg.), Die Grundrechte, Bd. IV/2, 2. Aufl. 1972, S. 673 (725).

[81] Mit Blick auf die nordrhein-westfälischen Landschaftsverbände *Dirk Ehlers*, DVBl. 2001, S. 1601 (1601 f.); unter Bezugnahme auf eine vermeintlich nur den Kreisen zukommende institutionelle Rechtssubjektsgarantie *Andreas Bovenschulte*, Gemeindeverbände als Organisationsformen kommunaler Selbstverwaltung, 2000, S. 85 f., 116 ff.; *Hans-Günter Henneke*, ZG 2002, S. 72 (74); ferner *Hans-Uwe Erichsen*, NWVBl. 1995, S. 1 (4).

[82] Anders wohl *Roman Schnur*, DÖV 1965, S. 114 ff.

[83] BVerfGE 79, 127 (151); *Andreas Bovenschulte*, Gemeindeverbände als Organisationsformen kommunaler Selbstverwaltung, 2000, S. 85, 429 f.; mit abweichender Akzentuierung auch *Jürgen Salzwedel*, DÖV 1969, S. 810 ff.; *Dieter Martin*, Formen und Funktionen eines Gemeindeverbandes auf der Mittelstufe der Verwaltung, 1971, S. 118 f.

[84] *Klaus Stern*, in: Verein für die Geschichte der Deutschen Landkreise e. V. (Hrsg.), Der Kreis, Bd. I, 1972, S. 156 (164); *ders.*, NWVBl. 1997, S. 361 ff.; siehe auch *Arne Pausch*, NordÖR 2009, S. 108 (110); eingehend *Björn Rothe*, Kreisgebietsreform und ihre verfassungsrechtlichen Grenzen, 2004, S. 65 ff.

restriktive Formulierung des Art. 17 WRV sowie die Bezugnahme des Art. 127 WRV auf den Begriff der Gemeindeverbände gegen eine verfassungsrechtlich vorausgesetzte Existenz der Kreise.[85] Obwohl danach die Existenz von Kreisen verfassungsrechtlich nicht vorausgesetzt wird, muss die legislative Ausgestaltung des Organisationstyps der Gemeindeverbände doch beachten, dass die Bereitschaft zur Partizipation ganz grundsätzlich in räumlich kleineren Gebieten eher gegeben ist als in größeren Gebieten.[86] Dies spräche mit Blick auf die Ausgestaltung des Organisationstyps der Gemeindeverbände für die Kreise, die im Vergleich zu anderen Gemeindeverbänden oftmals über einen kleineren Gebietszuschnitt verfügen. Zudem kann eine Auswahlentscheidung des Gesetzgebers zu Lasten der Kreise zu einem Verlust unmittelbarer demokratischer Legitimation führen[87] – gerade Wahlen im Sinne des Art. 28 Abs. 1 S. 2 GG sind aber eine Ausdrucksform von Partizipation,[88] die bei der Ausgestaltung der Organisationsformen auf Gemeindeverbandsebene zu berücksichtigen ist.

C. *Zusammenfassung*

Zusammenfassend lässt sich festhalten, dass die Organisationsformen der Gemeinden und Gemeindeverbände der legislativen Ausgestaltung bedürfen. Der Gesetzgeber muss Gemeinden und Gemeindeverbände als organisationsrechtliche Grundbausteine des Art. 28 Abs. 2 GG bereitstellen. Nach der prinzipientheoretischen Interpretation des Art. 28 Abs. 2 GG ist er dabei an die Funktionen kommunaler Selbstverwaltung nach Maßgabe des Untermaßverbotes gebunden. Daraus folgt, dass schon mit Hilfe der organisationsrechtlichen Grundbausteine kommunaler Selbstverwaltung die Gedanken der Dezentralisierung und Partizipation verwirklicht werden müssen. Dieser Anforderung wird der Gesetzgeber mit der Figur der öffentlich-rechtlichen Gebietskörperschaft grundsätzlich gerecht: Sie beruht auf einer Verbandsmitgliedschaft, die an die Beziehung einer Person zu einem räumlichen Gebiet anknüpft. Damit wird eine Bezugsgröße benannt, die die Aktivierung der Bürger für die Erledigung ihrer Angelegenheiten ermöglicht. Auf Gemeindeverbandsebene ist sodann die Besonderheit zu berücksichtigen, dass die Pluralität der Organisationsformen eine Auswahlentscheidung des Gesetzgebers zwischen verschiedenen Arten von Gemeindeverbänden impliziert. Auch insoweit muss der

---

[85] Eingehend *Björn Rothe*, Kreisgebietsreform und ihre verfassungsrechtlichen Grenzen, 2004, S. 76ff.

[86] *Björn Rothe*, Kreisgebietsreform und ihre verfassungsrechtlichen Grenzen, 2004, S. 140; dazu auch *Uwe Lübking*, in: Hubert Meyer/Maximilian Wallerath, Gemeinden und Kreise in der Region, 2004, S. 128 (135f.).

[87] Siehe *Björn Rothe*, Kreisgebietsreform und ihre verfassungsrechtlichen Grenzen, 2004, S. 88ff.

[88] Dazu S. 206ff.

Gesetzgeber die Funktionen kommunaler Selbstverwaltung verwirklichen und Organisationsformen wählen, die die Voraussetzungen insbesondere für Partizipation schaffen. Maßgeblich ist dabei, dass die Bereitschaft zur Partizipation in räumlich begrenzten Gebieten grundsätzlich eher gegeben ist als in größeren Gebieten. Angesichts der Geltung des Untermaßverbotes kann daraus eine verfassungsrechtliche Garantie der Kreise allerdings nicht geschlussfolgert werden.

7. Kapitel

Territoriale Grundlagen von Gemeinden und Gemeindeverbänden

Sind damit die verfassungsrechtlichen Determinanten der legislativen Ausgestaltung und zugleich die Wesensmerkmale der Organisationsformen der Gemeinden und Gemeindeverbände benannt, können unmittelbar anschließend die von der Figur der öffentlich-rechtlichen Gebietskörperschaft vorausgesetzten territorialen Grundlagen von Gemeinden und Gemeindeverbänden in den Blick genommen werden. Zugrunde liegt dabei die Erkenntnis, dass auch die räumliche Ausdehnung einzelner Gemeinden und Gemeindeverbände vom Gesetzgeber festgelegt wird – Gemeinden und Gemeindeverbände werden auch hinsichtlich ihrer territorialen Grundlagen nicht verfassungsunmittelbar kreiert. Diesbezüglich müssen also ebenfalls die verfassungsrechtlichen Grenzen der Ausgestaltung durch den Gesetzgeber bestimmt werden. Nach dem prinzipientheoretischen Deutungsansatz sind dabei erneut die Funktionen kommunaler Selbstverwaltung heranzuziehen und deren Abwägung mit konfligierenden Rechtsprinzipien nach Maßgabe des Untermaßverbotes ist bereichsspezifisch zu beleuchten. Die verfassungsrechtlichen Maßstäbe, an die der Gesetzgeber bei der Ausgestaltung der territorialen Grundlagen von Gemeinden und Gemeindeverbänden gebunden ist, sollen nachfolgend am Beispiel von Gebietsreformen konkretisiert werden.[1]

A. Problemaufriss: Die institutionelle Perspektive – zugleich zur (landes)verfassungsgerichtlichen Argumentation

Auf der Grundlage der institutionellen Interpretation des Art. 28 Abs. 2 GG hat das Bundesverfassungsgericht hinsichtlich solcher Gebietsreformen ganz grundsätzlich festgestellt, dass es

„zum verfassungsrechtlich garantierten Kernbereich der kommunalen Selbstverwaltung [gehört], so wie diese sich geschichtlich entwickelt hat […], daß Bestandsänderungen

---

[1] Allgemein *Ulrich Scheuner*, in: Georg Christoph von Unruh/Werner Thieme/Ulrich Scheuner, Die Grundlagen der kommunalen Gebietsreform, 1981, S. 57 (74 ff.); *Werner Thieme/Günther Prillwitz*, Durchführung und Ergebnisse der kommunalen Gebietsreform, 1981, passim.

und Gebietsänderungen von Gemeinden nur aus Gründen des öffentlichen Wohls und nach vorheriger Anhörung der betroffenen Gebietskörperschaften zulässig sind [...]. [E]s [kommt] darauf an, einerseits dem Gesetzgeber die ihm zukommende politische Entscheidungsbefugnis und Gestaltungsfreiheit ungeschmälert zu belassen und andererseits den Kernbereich der Selbstverwaltungsgarantie zu wahren, der sich bei Eingriffen in Bestand und Gebiet von Gemeinden vornehmlich in der Bindung des Gesetzgebers an Gründe des öffentlichen Wohls niederschlägt. Das Verfassungsgericht hat insbesondere nachzuprüfen, ob der Gesetzgeber den für seine Maßnahmen erheblichen Sachverhalt [– ausgehend von einer Anhörung der betroffenen Gemeinden –] zutreffend und vollständig ermittelt und dem Gesetz zugrunde gelegt hat, ob er alle Gemeinwohlgründe sowie die Vorteile und Nachteile der gesetzlichen Regelung umfassend und in nachvollziehbarer Weise abgewogen hat und ob der gesetzgeberische Eingriff geeignet, erforderlich und verhältnismäßig ist und die Gebote der Sachgerechtigkeit und Systemgerechtigkeit[[2]] beachtet. Soweit indessen über die Zielvorstellungen, Sachabwägungen, Wertungen und Prognosen des Gesetzgebers zu befinden ist, darf sich das Verfassungsgericht nicht an die Stelle des Gesetzgebers setzen, sondern hat seine Nachprüfung darauf zu beschränken, ob die Einschätzungen und Entscheidungen des Gesetzgebers offensichtlich fehlerhaft oder eindeutig widerlegbar sind oder der verfassungsrechtlichen Wertordnung widersprechen. Für die Kontrolle von Neugliederungsgesetzen durch das Bundesverfassungsgericht gelten die gleichen Grundsätze wie sie von den Landesverfassungsgerichten in ständiger Rechtsprechung entwickelt worden sind [...].“[3]

---

[2] Allgemein zum Gedanken der Systemgerechtigkeit als Rationalitätsanforderung an Verwaltungsreformen *Alexander Schink*, DVBl. 1983, S. 1165 (1174 f.); *Carsten Kremer*, VerwArch 102 (2011), S. 242 (262); siehe auch *Helmuth Schulze-Fielitz*, in: Paul Kirchhof (Hrsg.), Staaten und Steuern, Festschrift für Klaus Vogel zum 70. Geburtstag, 2000, S. 311 ff.; zur Diskussion über den Gedanken der Folgerichtigkeit als allgemeine Rationalitätsanforderung an den Gesetzgeber *Christian Bumke*, Der Staat 49 (2010), S. 77 ff.; *Philipp Dann*, Der Staat 49 (2010), S. 630 ff.; *Veith Mehde/Stefanie Hanke*, ZG 2010, S. 381 ff.; *Timo Hebeler*, DÖV 2010, S. 754 ff.; *Matthias Cornils*, DVBl. 2011, S. 1053 ff.; *Mehrdad Payandeh*, AöR 136 (2011), S. 578 ff.; *Kyrill-A. Schwarz/Christoph Bravidor*, JZ 2011, S. 653 ff.; *Bernd Grzeszick*, VVDStRL 71 (2012), S. 49 ff.; *Anna Leisner-Egensperger*, DÖV 2013, S. 533 ff.; *Niels Petersen*, AöR 138 (2013), S. 108 ff.; allgemein zum Gedanken der Systemgerechtigkeit *Christoph Degenhart*, Systemgerechtigkeit und Selbstbindung des Gesetzgebers als Verfassungspostulat, 1972, passim; *Franz-Joseph Peine*, Systemgerechtigkeit, 1985, passim; *Hartmut Maurer*, in: Josef Isensee/Paul Kirchhof (Hrsg.), Handbuch des Staatsrechts der Bundesrepublik Deutschland, Bd. IV, 3. Aufl. 2006, § 79, Rn. 83; ausführlich *Klaus Meßerschmidt*, Gesetzgebungsermessen, 2000, S. 777 ff.

[3] Zum Ganzen BVerfGE 50, 50 (51 f.); 50, 195 (202); 86, 90 (107 ff.); dazu *Reinhard Granderath*, DÖV 1973, S. 332 ff.; kritisch zur Befugnis der Gemeinden und Gemeindeverbände, entsprechende verfassungsrechtliche Vorgaben im Verfahren der kommunalen Verfassungsbeschwerde rügen zu können, *Joachim Burmeister*, JA 1980, S. 17 (19 f.); siehe aber auch *Herbert Bethge*, Die Verwaltung 6 (1973), S. 403 ff.; eingehend zu den Rechtsfolgen kommunaler Neugliederungen *Volker Hassel*, Rechtsfolgen kommunaler Gebietsreform, 1975, passim.

I. Allgemeine Aussagen der (Landes)Verfassungsgerichtsbarkeit – zur Gemeinwohlbindung von Gebietsreformen

Nach der Judikatur des Bundesverfassungsgerichts unterliegen Gebietsreformen von Gemeinden und Gemeindeverbänden vor allem dem Gemeinwohl.[4] Dem ist die Judikatur der Landesverfassungsgerichtsbarkeit weitestgehend gefolgt.[5] Dass Gebietsreformen an das Gemeinwohl gebunden sind, wird – obwohl landesverfassungsrechtliche Gewährleistungen vereinzelt einen Gemeinwohlvorbehalt ausdrücklich benennen – damit begründet, dass der Wesensgehalt der institutionellen Garantie des Art. 28 Abs. 2 GG einen begrenzten Bestandsschutz erfordere, der einer beliebigen Auflösung von Gemeinden sowie einer Veränderung ihrer territorialen Grenzen entgegenstehe.[6] Zwar seien „Gemeinden [verfassungsrechtlich] nur institutionell, aber nicht individuell" gewährleistet.[7] Nichtsdestotrotz seien Gebietsreformen angesichts der beschränkt-individuellen Rechtssubjektsgarantie des Art. 28 Abs. 2 GG nur innerhalb eines verfassungsrechtlichen Rahmens zulässig.[8]

Eine Konkretisierung des Gemeinwohlvorbehaltes wird in der Judikatur der Landesverfassungsgerichtsbarkeit ebenfalls versucht: Danach verspricht zunächst die Methode keinen Erfolg, „aus dem inneren Zusammenhang mit dem jeweils geregelten Sachgebiet, aus dessen Sachstruktur, Sinn und Zweck heraus eine Inhaltsbestimmung und Beschränkung des unbestimmten Rechtsbegriffs zu gewinnen [...]." Gebietsreformen könnten nicht allein mit definierbaren öffentlichen Belangen legitimiert werden – zudem sei der Kreis dieser Belange prinzipiell nicht eingrenzbar. Dementsprechend müsse die „Gemeinwohlklau-

---

[4] BVerfGE 50, 50 (51 f.); 50, 195 (202); 86, 90 (107 ff.); ausführlich dazu *Franz-Ludwig Knemeyer*, in: Christian Starck/Klaus Stern (Hrsg.), Landesverfassungsgerichtsbarkeit, Bd. III, 1983, S. 143 (161 ff.); *Björn Rothe*, Kreisgebietsreform und ihre verfassungsrechtlichen Grenzen, 2004, S. 100 ff.

[5] Zur Judikatur der Landesverfassungsgerichtsbarkeit *Hans Meyer*, DÖV 1971, S. 801 ff.; *Stefanie Schmahl*, DVBl. 2003, S. 1300 (1304 f.); *Hubert Meyer*, NVwZ 2013, S. 1177 ff.

[6] Verfassungsgerichtshof für das Land Nordrhein-Westfalen, OVGE 26, 286 (288); 26, 306 (311 f.); 30, 306 (307); ferner Niedersächsischer Staatsgerichthsof, DVBl. 1974, S. 520 (520); Sächsischer Verfassungsgerichtshof, SächsVBl. 1994, S. 226 (229); Sächsischer Verfassungsgerichtshof, SächsVBl. 1995, S. 131 (134); Sächsischer Verfassungsgerichtshof, LKV 1995, S. 115 (115 f.); Sächsischer Verfassungsgerichtshof, LKV 2000, S. 21 (21); Thüringer Verfassungsgerichtshof, NVwZ-RR 1997, S. 639 (640); Landesverfassungsgericht Mecklenburg-Vorpommern, DVBl. 2007, S. 1102 (1105); ferner BVerfGE 50, 50 (51 f.); 50, 195 (202); 86, 90 (107 ff.); siehe dazu *Hubert Meyer*, LKV 2005, S. 233 (234).

[7] BVerfGE 50, 50 (50); ferner Staatsgerichtshof Baden-Württemberg, NJW 1975, S. 1205 (1207 f.); Bayerischer Verfassungsgerichtshof, BayVBl. 1978, S. 497 (498); Thüringer Verfassungsgerichtshof, NVwZ-RR 1997, S. 639 (639).

[8] Staatsgerichtshof Baden-Württemberg, NJW 1975, S. 1205 (1208); ferner Verfassungsgericht Brandenburg, LKV 1995, S. 37 (37); Thüringer Verfassungsgerichtshof, NVwZ-RR 1997, S. 639 (639 f.).

sel […] mit anderen Rechtsgrundsätzen und rechtlichen Wertungen, vornehmlich mit tragenden Verfassungsprinzipien" ausgefüllt werden.[9]

Einschlägig seien insoweit das Sozialstaatsprinzip, der Gleichheitsgrundsatz, das Demokratieprinzip, der Gewaltenteilungsgrundsatz sowie der Haushaltsgrundsatz der Wirtschaftlichkeit und Sparsamkeit.[10] Auch darüber hinaus sei der Gesetzgeber allerdings befugt, „eine Vielzahl von Interessen und Zwecken in den Rang von ‚Gründen des öffentlichen Wohls' zu erheben".[11] Es sei lediglich

„nachzuprüfen, ob der Gesetzgeber den für seine Maßnahmen erheblichen Sachverhalt zutreffend und vollständig ermittelt und dem Gesetz zugrunde gelegt hat, ob er alle Gemeinwohlgründe sowie die Vorteile und Nachteile der gesetzlichen Regelung umfassend und in nachvollziehbarer Weise abgewogen hat und ob der gesetzgeberische Eingriff geeignet, erforderlich und verhältnismäßig ist und die Gebote der Sachgerechtigkeit und Systemgerechtigkeit beachtet."[12]

---

[9] Staatsgerichtshof Baden-Württemberg, NJW 1975, S. 1205 (1206); zuvor Verfassungsgerichtshof Rheinland-Pfalz, DVBl. 1969, S. 799 (800 f.); ferner auch Verfassungsgericht Sachsen-Anhalt, LKV 1995, S. 75 (78); Thüringer Verfassungsgerichtshof, NVwZ-RR 1997, S. 639 (641); Sächsischer Verfassungsgerichtshof, LKV 2000, S. 25 (25); Landesverfassungsgericht Mecklenburg-Vorpommern, DVBl. 2007, S. 1102 (1105).

[10] Staatsgerichtshof Baden-Württemberg, NJW 1975, S. 1205 (1206); ferner Verfassungsgericht Brandenburg, LKV 2002, S. 573 (575).

[11] Siehe dazu Staatsgerichtshof Baden-Württemberg, NJW 1975, S. 1205 (1207); zum Ganzen Verfassungsgerichtshof für das Land Nordrhein-Westfalen, DVBl. 1974, S. 515 (515); ferner Niedersächsischer Staatsgerichtshof, NdsStGHE 2, 1 (150 f.); Thüringer Verfassungsgerichtshof, NVwZ-RR 1997, S. 639 (641).

[12] Nochmals BVerfGE 50, 50 (51 f.); 50, 195 (202); eingehend zum Grundsatz der Systemgerechtigkeit Verfassungsgerichtshof Rheinland-Pfalz, DVBl. 1969, S. 799 (806); Staatsgerichtshof Baden-Württemberg, DÖV 1973, S. 163 (166); Staatsgerichtshof Baden-Württemberg, NJW 1975, S. 1205 (1212 f.); Bayerischer Verfassungsgerichtshof, BayVBl. 1980, S. 284 (290); Bayerischer Verfassungsgerichtshof, BayVBl. 1981, S. 399 (400); Bayerischer Verfassungsgerichtshof, BayVBl. 1980, S. 400 (403); Verfassungsgericht Sachsen-Anhalt, LKV 1995, S. 75 (79); Sächsischer Verfassungsgerichtshof, LKV 1995, S. 115 (116 ff.); Sächsischer Verfassungsgerichtshof, LKV 2000, S. 25 (25); Verfassungsgericht Brandenburg, LKV 2002, S. 573 (574); ausführlich zum Ganzen *Klaus Stern*, in: Verein für die Geschichte der Deutschen Landkreise e. V. (Hrsg.), Der Kreis, Bd. I, 1972, S. 156 (177); *ders./Günter Püttner*, Grundfragen der Verwaltungsreform im Stadtumland, 1969, S. 25 f.; *Werner Hoppe/Hans-Werner Rengeling*, Rechtsschutz bei der kommunalen Gebietsreform, 1973, S. 114 ff.; *Wolfgang Bott*, Rechtsprechung und Gebietsreform, 1977, S. 221; *Franz-Ludwig Knemeyer*, in: Christian Starck/Klaus Stern (Hrsg.), Landesverfassungsgerichtsbarkeit, Bd. III, 1983, S. 143 (172 ff.); *ders.*, LKV 1992, S. 177 (182); *Björn Rothe*, Kreisgebietsreform und ihre verfassungsrechtlichen Grenzen, 2004, S. 116 ff.; *Ihno Gebhardt*, Das kommunale Selbstverwaltungsrecht, 2007, S. 72 ff.; zur Leitbildgerechtigkeit BVerfGE 86, 90 (108); Niedersächsischer Staatsgerichtshof, NdsStGHE 2, 1 (154 ff.); ferner *Hubert Meyer*, LKV 1993, S. 399 (401); *ders.*, LKV 2005, S. 233 (235); *ders.*, DÖV 2006, S. 929 (932); *Markus Grünewald*, LKV 2005, S. 56 ff.; siehe dazu aber auch Landesverfassungsgericht Mecklenburg-Vorpommern, DVBl. 2007, S. 1102 (1107).

II. Gebietsreformen auf Gemeindeebene

1. *Zulässigkeit und Notwendigkeit von Gemeindegebietsreformen*

Die Landesverfassungsgerichtsbarkeit hat neben dem Gemeinwohlvorbehalt weitere Maßstäbe entwickelt, die Gebietsreformen auf Gemeindeebene verfassungsrechtlich anleiten. Legitimiert werden Gebietsreformen auf Gemeindeebene zunächst mit dem Gedanken der Daseinsvorsorge:

„Das menschliche Grundbedürfnis nach Teilhabe an den Leistungen der Daseinsvorsorge [...] [impliziere die Notwendigkeit einer Ausrichtung] auf eine bestmögliche Daseinsvorsorge zugunsten aller Einwohner, auf eine hohe Qualität der Verwaltungsleistungen, auf einen hohen Standard der Grundausstattung, auf ein weites Angebot an Einrichtungen und Veranstaltungen; dies alles bei möglichst geringem Aufwand an Mühe und Kosten für die Bürger, d.h. verbunden mit möglichst wirtschaftlichem Einsatz der von allen Bürgern bereitgestellten Steuermittel".[13]

Da sich aus einer geringen Einwohnerzahl der Gemeinde typisierend Rückschlüsse auf die (verminderte) Leistungsfähigkeit der Gemeinde ergäben,[14] könnten Gebietsreformen mithin das Ziel verfolgen, ausreichend große Gemeinden und Gemeindeverbände zu bilden, die den Anforderungen der Bevölkerung an die Verwaltungskraft der Selbstverwaltungskörperschaften gewachsen seien.[15]

---

[13] Staatsgerichtshof Baden-Württemberg, NJW 1975, S.1205 (1206); Thüringer Verfassungsgerichtshof, NVwZ-RR 1997, S.639 (641); zum Spannungsverhältnis zwischen den einzelnen Zielvorstellungen *Joachim Burmeister*, DÖV 1979, S.385 (386f.).

[14] Dazu Verfassungsgericht Brandenburg, LKV 2002, S.573 (575); ferner Thüringer Verfassungsgerichtshof, NVwZ-RR 1997, S.639 (642); Sächsischer Verfassungsgerichtshof, LKV 2000, S.25 (26); siehe auch *Veith Mehde*, NordÖR 2007, S.331 (332).

[15] Verfassungsgerichtshof für das Land Nordrhein-Westfalen, OVGE 26, 286 (294); ferner Verfassungsgerichtshof für das Land Nordrhein-Westfalen, DVBl. 1974, S.515 (516f.); Verfassungsgerichtshof für das Land Nordrhein-Westfalen, DVBl. 1974, S.518 (518); zum demografischen Wandel Sächsischer Verfassungsgerichtshof, NVwZ 2009, S.39ff.: „Der Gesetzgeber verfolgt mit dem Sächsischen Kreisgebietsneugliederungsgesetz legitime, in der institutionellen Garantie der kommunalen Selbstverwaltung verankerte Ziele, weil er die Strukturen der kreiskommunalen Ebene dem zu erwartenden demografischen Wandel anpassen [will]"; zur Stadt-Umland-Problematik Verfassungsgericht Brandenburg, Beschluss vom 18.5.2006, Az.: 131/03; mit Blick auf die Wahrnehmung der Angelegenheiten der örtlichen Gemeinschaft durch Ämter dazu auch Verfassungsgericht Brandenburg, LKV 2002, S.573 (575); Verfassungsgericht Brandenburg, LKV 2002, S.576 (577); zum Ganzen *Gerhard Oehler*, LKV 1992, S.72ff.; *Frank Pfeil*, LKV 2000, S.129 (132); *Stephan Wilhelm*, LKV 2001, S.11ff.; *Maximilian Wallerath*, DÖV 2011, S.289 (293), der zudem auf die Notwendigkeit einer institutionellen Symmetrie von Gebietsreformen hinweist, die sektorale Konzepte delegitimiere; allgemein schon *Theodor Maunz*, in: Theodor Maunz/Günter Dürig (Begr.), Grundgesetz, Art.28 (1977), Rn.47, der im Zusammenhang mit der Funktion der Daseinsvorsorge auf die Maßstäbe der Funktionsgerechtigkeit und Effektivität hinweist; ähnlich *Ulrich Scheuner*, AfK 1973, S.1 (16f.); mit Blick auf die gemeindliche Aufgabengarantie auch noch BVerfGE 26, 228 (239): „An der Leistungsfähigkeit oder der Größe der einzelnen Gemeinde kann es hiernach scheitern, daß sie selbst eine Schule unterhält. In einem derartigen Fall gebietet es der verfassungs-

Ein Mindestmaß an Leistungsfähigkeit, „zu der Verwaltungskraft, Veranstaltungskraft, Planungs- und Entscheidungsfähigkeit gehören“, werde von Art. 28 Abs. 2 GG nämlich vorausgesetzt. Mangels ausreichender Leistungsfähigkeit weitgehend funktionsentleerte Gemeinden entsprächen nicht dem verfassungsrechtlichen Leitbild kommunaler Selbstverwaltung.[16] Gemeinden müssten kommunale Selbstverwaltung auch praktizieren können – eine gewisse Entscheidungsmasse werde mithin vorausgesetzt. Das Interesse an kommunaler Selbstverwaltung ginge nämlich verloren, wenn Gemeinden nach ihrer Größe und Finanzkraft nicht in der Lage seien, umfangreichen und komplizierten öffentlichen Aufgaben und steigenden Anforderungen sowie Erwartungen der Einwohner nachzukommen; Unzufriedenheit, Enttäuschung und Verdrossenheit der Bevölkerung könnten die Folgen sein, sodass letztlich die Bereitschaft zur Anteilnahme und Mitarbeit beeinträchtigt werde.[17]

2. *Verfassungsrechtliche Grenzen*

Die Landesverfassungsgerichtsbarkeit hebt allerdings auch hervor, dass Art. 28 Abs. 2 GG durch eine deutliche Antinomie gekennzeichnet sei: Auf der einen Seite müsse das Bemühen um die Stärkung der Leistungsfähigkeit von Gemeinden und auf der anderen Seite das Streben nach einer wirksamen Teilnahme der Bürger an den Angelegenheiten des Gemeinwesens berücksichtigt werden. Deswegen stünden Verwaltungseffizienz und Bürgernähe grundsätzlich in einem Spannungsverhältnis:

„Die kommunale Verwaltung, insbesondere die Daseinsvorsorge, soll möglichst bürgernah sein, wirksame Teilnahme der Bürger an den kommunalen Angelegenheiten erfor-

---

rechtliche Grundsatz der Verhältnismäßigkeit staatlicher Eingriffe [...], daß es der einzelnen betroffenen Gemeinde offensteht, sich freiwillig mit anderen Gemeinden zu einem leistungsfähigen Schulträger zusammenzuschließen. Nur ausnahmsweise, wenn es zu einem derartigen Zusammenschluß nicht kommt, ist der Staat befugt, die Schulträgerschaft zwangsweise zu regeln.“; dass die Gedanken der Verwaltungsvereinfachung sowie der Wirtschaftlichkeit und Sparsamkeit im Kontext der kommunalen Selbstverwaltung nicht gänzlich unerheblich sind, zeigt ferner die Rechtsprechung des Bundesverfassungsgerichts zur kommunalen Organisationshoheit – das Bundesverfassungsgericht stellt ausdrücklich fest, dass Organisationsvorgaben auch mit dem Ziel der Verwaltungsvereinfachung sowie der Wirtschaftlichkeit und Sparsamkeit begründet werden können, siehe BVerfGE 91, 228 (240).

[16] Thüringer Verfassungsgerichtshof, NVwZ-RR 1997, S. 639 (641 f.); Sächsischer Verfassungsgerichtshof, LKV 2000, S. 25 (26); dazu auch *Wolfgang Loschelder*, in: Albert von Mutius (Hrsg.), Selbstverwaltung im Staat der Industriegesellschaft, Festgabe zum 70 Geburtstag von Georg Christoph von Unruh, 1983, S. 381 (389 f.); *Franz-Ludwig Knemeyer*, LKV 1992, S. 177 (178); *Janbernd Oebbecke*, in: Hans-Günter Henneke (Hrsg.), Optimale Aufgabenerfüllung im Kreisgebiet?, 1998, S. 47 (52 f.); *Olaf Otting/Andreas Neun*, LKV 2002, S. 558 ff.; zuvor *Ulrich Scheuner*, AfK 1962, S. 149 (156 ff.).

[17] Staatsgerichtshof Baden-Württemberg, NJW 1975, S. 1205 (1206 f.); siehe dazu auch *Franz-Ludwig Knemeyer*, LKV 1992, S. 177 (181); ferner *Winfried Kluth*, in: Hubert Meyer/Maximilian Wallerath (Hrsg.), Gemeinden und Kreise in der Region, 2004, S. 65 ff.

dert eine hinreichend lebens- und verantwortungsfähige Selbstverwaltungssubstanz, wie sie bei Klein- und Kleinstgemeinden nicht gegeben ist.“[18]

Obwohl Gemeinden nicht mehr über einen „einheitlichen und in sich abgeschlossenen Lebensraum“ verfügten und eine „abgegrenzte, statische, überschaubare örtlichen Gemeinschaft“, die „als selbst zu gestaltende Lebens- und ‚Schicksals‘-Gemeinschaft empfunden werden“ kann,[19] nicht länger existiere, sind die verfassungsrechtlichen Grenzen für die Durchführung von Gemeindegebietsreformen also auch nach der Landesverfassungsgerichtsbarkeit letztlich unter Rückgriff auf den Gedanken der Partizipation zu bestimmen.[20] Nach der Landesverfassungsgerichtsbarkeit beruht kommunale Selbstverwaltung auf den Gedanken der örtlichen Verbundenheit, der Bürgernähe und der Bürgerbeteiligung – namentlich die örtliche Verbundenheit ist danach Grundlage der staatsbürgerlichen Bereitschaft zur Mitarbeit am Gemeinwesen. Das Leitbild der bürgerschaftlichen Mitwirkung könne indes durch Eingemeindungen und Zusammenlegungen von Gemeinden beeinträchtigt werden, sofern damit auch ein Verlust an Möglichkeiten zur Partizipation einhergehe.[21]

Darüber hinaus geht auch die Landesverfassungsgerichtsbarkeit von der Notwendigkeit einer Abwägung aus: Angesichts der Vielgestaltigkeit der verschie-

---

[18] Thüringer Verfassungsgerichtshof, NVwZ-RR 1997, S. 639 (641); ferner *Franz-Ludwig Knemeyer*, LKV 1992, S. 177 (178); *Alfred Katz/Klaus Ritgen*, DVBl. 2008, S. 1525 (1527); zuvor *Arnold Köttgen*, Sicherung der gemeindlichen Selbstverwaltung, 1960, S. 24; *Edzard Schmidt-Jortzig*, DVBl. 1977, S. 801 (805); ausführlich *Klaus Stern/Günter Püttner*, Neugliederung der Landkreise Nordrhein-Westfalens, 1969, S. 44, 65; siehe aber auch *Hans Peter Bull*, NordÖR 2003, S. 438 (440, 441); mit Blick auf die gemeindliche Aufgabengarantie *Joachim Wieland*, Die Verwaltung 24 (1991), S. 343 ff.; schließlich *Hans-Günter Henneke/Klaus Ritgen*, DVBl. 2007, S. 1253 (1265), die darauf hinweisen, dass kommunale Selbstverwaltung ihrerseits dem Streben nach Rationalität und Effektivität geschuldet sei.

[19] Dazu Staatsgerichtshof Baden-Württemberg, NJW 1975, S. 1205 (1208 f.): „Örtliche Verbundenheit kann also nicht verstanden werden als ein Geschlossenheits- und Verbundenheitsgefühl, als Konzentrierung oder gar Beschränkung des Bewusstseins, Interesses und Engagements auf den engen lokalen Bereich, als eine Art Ideologie der örtlichen ‚Schicksalgemeinschaft‘. Vielmehr ist örtliche Verbundenheit mehr in einem räumlichen und funktionalen Sinn zu verstehen.“

[20] Siehe Staatsgerichtshof Baden-Württemberg, NJW 1975, S. 1205 (1208): „Die Eigenständigkeit der Gemeinden als Rahmen für die eigenverantwortliche Erfüllung öffentlicher Aufgaben hatte ursprünglich und hat noch heute den Sinn, den einzelnen Bürger als Glied der Gemeinschaft zu aktivieren und zu integrieren, den Gegensatz zwischen Gesellschaft und Staat zu überbrücken, die innere Identifikation zwischen Staatsvolk und Staatsgewalt zu fördern und damit eine der wesentlichsten Grundlagen für eine funktionsfähige, lebendige Demokratie zu entwicklen.“

[21] Thüringer Verfassungsgerichtshof, NVwZ-RR 1997, S. 639 (641); ferner Staatsgerichtshof Baden-Württemberg, NJW 1975, S. 1205 (1208) mit dem Hinweis, dass auch das Prinzip der Dezentralisation der Gestaltungsfreiheit des Gesetzgebers Grenzen setze: Mit jeder Abnahme der Zahl von Gemeinden nehme auch die Zahl möglicher partikularer Mehrheiten ab und der Anteil an überstimmten Mehrheiten zu – der Gewaltenteilung und Gewaltenkontrolle lasse sich daher ein Argument von Verfassungsrang für den Bestand einer großen Zahl selbstständiger Gemeinden entnehmen.

denen Gesichtspunkte, die der Gesetzgeber zu berücksichtigen habe, verbiete sich nicht nur jeder zwingende Vorrang bestimmter Kriterien, sondern auch eine rein schematische Durchführung der Abwägung ohne Rücksicht auf die konkreten örtlichen Besonderheiten. Kommunale Selbstverwaltung dürfe nicht ausschließlich nach Rationalisierungs- und Effizienzsaspekten bestimmt werden.[22]

III. Gebietsreformen auf Gemeindeverbandsebene

Neben Gemeindegebietsreformen wurden in der jüngeren Vergangenheit Gebietsreformen vor allem[23] auf Kreisebene durchgeführt.[24] Gemeinsamkeiten – nicht zuletzt in der verfassungsrechtlichen Bewertung[25] – mit Gemeindegebietsreformen sind dabei unverkennbar:[26] Die Landesverfassungsgerichtsbarkeit nimmt weitestgehend auf die verfassungsrechtlichen Maßstäbe für Gemeindegebietsreformen Bezug,[27] Unterschiede sind allenfalls im Detail auszumachen.[28]

1. *Grundlegende Feststellungen*

Zugunsten von Kreisgebietsreformen wird zunächst ebenfalls die Notwendigkeit eines ausreichenden Aufgabenbestandes betont[29] und die Leistungsfähigkeit der Kreise[30] als Rechtfertigungsgrund für Gebietsreformen aner-

---

[22] Verfassungsgericht Brandenburg, LKV 2002, S. 573 (575 f.).

[23] Siehe aber auch *Patricia Wendel*, LKV 2011, S. 488 ff.

[24] Umfassend zur Entwicklungsgeschichte *Georg Christoph von Unruh*, in: Georg Christoph von Unruh/Werner Thieme/Ulrich Scheuner, Die Grundlagen der kommunalen Gebietsreform, 1981, S. 11 ff.; *Werner Thieme*, in: Georg Christoph von Unruh/Werner Thieme/Ulrich Scheuner, Die Grundlagen der kommunalen Gebietsreform, 1981, S. 45 ff.

[25] Eingehend *Björn Rothe*, Kreisgebietsreform und ihre verfassungsrechtlichen Grenzen, 2004, S. 100 ff.; zuvor etwa *Ludwig Knemeyer*, in: Christian Starck/Klaus Stern (Hrsg.), Landesverfassungsgerichtsbarkeit, Bd. III, 1983, S. 143 (182 ff.).

[26] Siehe *Franz-Ludwig Knemeyer*, LKV 1992, S. 177 (180); zu den Kreisneugliederungen in den neuen Bundesländern *Wolfgang Bernet*, LKV 1993, S. 393 ff.; *Hans-Günter Henneke*, NVwZ 1994, S. 555 ff.; *Bernhard Stüer/Beate Landgraf*, LKV 1998, S. 209 ff.

[27] Verfassungsgerichtshof Rheinland-Pfalz, DVBl. 1970, S. 779 f.; Staatsgerichtshof Baden-Württemberg, DÖV 1973, S. 163 ff.; Bayerischer Verfassungsgerichthsof, DVBl. 1975, S. 28 (32); Landesverfassungsgericht Mecklenburg-Vorpommern, DVBl. 2007, S. 1102 ff.

[28] Siehe dazu auch *Wilfried Erbguth*, LKV 2004, S. 1 (2); *Hans Meyer*, NVwZ 2008, S. 24 (25).

[29] Landesverfassungsgericht Mecklenburg-Vorpommern, DVBl. 2007, S. 1102 (1108); ferner *Max Munding*, VBlBW 2004, S. 448 (450), der allerdings auch auf die Bedeutung weisungsgebundener Pflichtaufgaben hinweist.

[30] Dazu *Hubert Meyer*, LKV 2005, S. 233 (235); *ders.*, DÖV 2006, S. 929 (931); ferner *Björn Rothe*, Kreisgebietsreform und ihre verfassungsrechtlichen Grenzen, 2004, S. 125 f.; *Jörn Ipsen*, in: Hubert Meyer/Maximilian Wallerath (Hrsg.), Gemeinden und Kreise in der Region, 2004, S. 17 (21); *Matthias Dombert*, in: Hubert Meyer/Maximilian Wallerath (Hrsg.), Gemeinden und Kreise in der Region, 2004, S. 47 (53 f.), die darauf hinweisen, dass eine konkrete Defizitanalyse erforderlich sei und abstrakte Hinweise auf die Finanzkraft ohne Berücksich-

kannt.[31] Die Aufgabenerledigung darf demensprechend nicht durch personelle, sachliche, finanzielle und sonstige Defizite infolge der territorialen Grenzen der Kreise gefährdet werden.[32] Zugleich müssen Kreisgebietsreformen nach der Landesverfassungsgerichtsbarkeit allerdings auch eine möglichst bürgernahe Verwaltung sicherstellen, die die Verbundenheit mit den Einwohnern sowie kreisangehörigen Gemeinden zum Ausdruck bringt.[33] Das Kriterium ortsnaher Ebenen – die kommunale Selbstverwaltung erst greifbar, anschaulich und überzeugungsfähig und für bürgerliches Engagement attraktiv machen –, auf denen Belange der Bürger noch erkennbar bleiben und nicht im großräumigen Ausgleich mit einer Unzahl anderer ortsferner Belange untergehen,[34] führt auf Kreisebene indes zu einer gewissen Beliebigkeit;[35] Gleiches gilt angesichts moderner Kommunikationsmittel auch für die Erreichbarkeit der Verwaltung, die als kompetenter Ansprechpartner erfahrbar bleiben soll.[36]

2. *Das Beispiel der Kreisgebietsreform in Mecklenburg-Vorpommern*

Zur Kreisgebietsreform in Mecklenburg-Vorpommern hat das Landesverfassungsgericht Mecklenburg-Vorpommern[37] dementsprechend ausgeführt, dass Kreise räumlich überschaubare, die Ortsebene bevölkerungsnah ergänzende

---

tigung der den Bundesländern obliegenden Pflicht zur Sicherung einer Mindestfinanzausstattung nicht den verfassungsrechtlichen Anforderungen genügten; siehe aber auch Landesverfassungsgericht Mecklenburg-Vorpommern, DVBl. 2007, S. 1102 ff.: „Wenn der Gesetzgeber sich durch grundlegende Änderungen der allgemeinen Verhältnisse im Land zu einer Gesamtreform veranlasst sehen darf, braucht er eine Defizitanalyse nicht darüber vorzunehmen, ob und in welcher Beziehung die bestehenden Landkreise und kreisfreien Städte konkret ihre Aufgaben nicht hinreichend erfüllen."; kritisch dazu *Hubert Meyer*, in: Hans-Günter Henneke (Hrsg.), Kommunale Selbstverwaltung in der Bewährung, 2013, S. 157 (213 f.).

[31] Zum Ganzen *Wilfried Erbguth*, LKV 2004, S. 1 (3 f.).

[32] *Wilfried Erbguth*, LKV 2004, S. 1 (4), der jedoch auch darauf hinweist, dass namentlich die Leistungsfähigkeit und Wirtschaftlichkeit in Großkreisen durch einen erheblichen administrativen Koordinierungsaufwand in Mitleidenschaft gezogen werden könne.

[33] *Klaus Stern*, in: Verein für die Geschichte der Deutschen Landkreise e. V. (Hrsg.), Der Kreis, Bd. I, 1972, S. 156 (176 f.); *Max Munding*, VBlBW 2004, S. 448 (449 f.).

[34] *Klaus Lange*, in: Hans-Günter Henneke (Hrsg.), Optimale Aufgabenerfüllung im Kreisgebiet?, 1998, S. 157 (173 f.).

[35] Kritisch zum Ganzen *Wilfried Erbguth*, LKV 2004, S. 1 (3); *Hans Meyer*, NVwZ 2008, S. 24 (28 f.); anders *Bernhard Stüer*, LKV 2004, S. 6 (10), der darauf hinweist, auch nicht in Zahlen messbare Integrationsmaßstäbe müssten gegenüber Effektivitätsgesichtspunkten prinzipiell gleichwertig sein.

[36] Dazu *Wolfgang Clausen*, Kreisgebietsreform in Mecklenburg-Vorpommern, 1991, S. 46 f.

[37] Landesverfassungsgericht Mecklenburg-Vorpommern, DVBl. 2007, S. 1102 ff.; ferner Landesverfassungsgericht Mecklenburg-Vorpommern, LKV 2011, S. 507 ff.; dazu *Hubert Meyer*, LKV 2003, S. 11 ff.; *Sebastian Herlt*, Das Urteil des Landesverfassungsgerichtes von Mecklenburg-Vorpommern zur Kreisgebietsreform – eine rechtswissenschaftliche Analyse, 2010, S. 5 ff.; zur Einkreisung kreisfreier Städte Landesverfassungsgericht Mecklenburg-Vorpommern, Urteil vom 18.8.2011, Az.: LVerfG 23/10 mit dem Hinweis, der verfassungsrecht-

Organisationseinheiten bleiben müssten.[38] Eingangs seiner ersten diesbezüglichen Entscheidung stellt das Gericht fest, dass ein „derivatives" Selbstverwaltungsrecht der Gemeindeverbände allenfalls mit Blick auf die Aufgabengarantie des Art. 28 Abs. 2 S. 2 GG in Betracht komme.[39] Im Übrigen fänden

„gesetzgeberische Ingerenzen auf die Kreise [...] [nicht] erst dort Grenzen [...], wo von einer gemeindeverbandlichen Aufgabenwahrnehmung und Funktion im Sinne eines Mindestbestandes kreiskommunaler Selbstverwaltungsangelegenheiten keine Rede mehr sein kann, eben die typischen Attribute einer die Ortsebene ergänzenden, (gleichermaßen) demokratisch strukturierten Verwaltungseinheit beseitigt sind".[40]

Vielmehr stünden

„[d]ie Wirtschaftlichkeit der Verwaltung und die bürgerschaftlich-demokratische kommunale Selbstverwaltung [...] in einem Spannungsverhältnis zueinander"; „[d]as verbietet es, gute staatliche Verwaltung und gute Selbstverwaltung gleichzusetzen."[41] „Bei einer Kreisgebietsreform muss die kommunale Selbstverwaltung [dementsprechend] mit dem ihr von Verfassungs wegen zukommenden Gewicht einbezogen werden. Dabei müssen die beiden tragenden Komponenten – die Leistungsfähigkeit im Sinne rationeller Aufgabenerfüllung einerseits und die bürgerschaftlich-demokratische Dimension andererseits – in den Blick genommen werden. Wird eine dieser beiden Komponenten als Regelungsziel in den Vordergrund gestellt, so ist die Kontrolle notwendig, ob auch der anderen Komponente hinreichend genügt ist."[42]

Obwohl die Zuweisung neuer Aufgaben die Bedeutung der Kreise aufgewertet habe,[43] hat der Gesetzgeber nach Auffassung des Landesverfassungsgerichts Mecklenburg-Vorpommern insbesondere die Maßgabe, die räumliche Ausdehnung der Kreise müsse den Bürgern erlauben, nachhaltig und zumutbar ehrenamtlicher Tätigkeit im Kreistag nachzugehen, nicht ausreichend berücksichtigt. Es liege auf der Hand, dass die ehrenamtliche Tätigkeit im Kreistag bei einer beträchtlichen Vergrößerung der Kreisfläche erheblich erschwert werde[44] – infolge des höheren Zeitaufwandes drohe erkennbar die Gefahr, dass die Bereit-

---

liche Schutz kreisfreier Städte reiche nicht weiter als derjenige vor Gemeinde- und Kreisgebietsreformen.

[38] Siehe auch *Peter Lerche*, DÖV 1969, S. 46 (55); *Eberhard Schmidt-Aßmann*, DVBl. 1996, S. 533 (534, 540).

[39] Landesverfassungsgericht Mecklenburg-Vorpommern, DVBl. 2007, S. 1102 (1104).

[40] Siehe aber auch *Wilfried Erbguth*, LKV 2004, S. 1 (2); *dens.*, DÖV 2008, S. 152 (153); ferner *Veith Mehde*, NordÖR 2007, S. 331 (334); *Hans Meyer*, NVwZ 2008, S. 24 (25); anders Landesverfassungsgericht Mecklenburg-Vorpommern, DVBl. 2007, S. 1102 (1104); dazu *Hubert Meyer*, NVwZ 2007, S. 1024 (1024); *ders.*, NdsVBl. 2007, S. 265 (267 f.); *Markus Scheffer*, LKV 2008, S. 158 (159).

[41] Landesverfassungsgericht Mecklenburg-Vorpommern, DVBl. 2007, S. 1102 (1104).

[42] Landesverfassungsgericht Mecklenburg-Vorpommern, DVBl. 2007, S. 1102 (1105).

[43] Landesverfassungsgericht Mecklenburg-Vorpommern, DVBl. 2007, S. 1102 (1108 f.).

[44] Allgemein *Karl-Heinz Naßmacher*, ZParl 1973, S. 550 (562); *Dietrich Fürst*, Kommunale Entscheidungsprozesse, 1975, S. 75 ff.; *Thomas-G. Vetterlein*, ZParl 1976, S. 531 (534); *Heinz-Georg Weber*, in: Rainer Frey (Hrsg.), Kommunalpolitik zwischen Krise und Reform, Festschrift für Lothar Voit, 1976, S. 229 ff.; ferner *Albert von Mutius*, in: Ständige Deputation

schaft von Bürgern, ehrenamtlicher Betätigung nachzugehen, nachlasse. Dass die Erreichbarkeit der Kreissitze durch die Mobilität der Bevölkerung und die Nutzung moderner Kommunikationsmittel verbessert worden sei, nehme „das Problem der Erschwerung von ehrenamtlicher Tätigkeit in großen Räumen [...] nicht mit seinen verschiedenen Facetten in den Blick". Zwar sei eine großstädtische oder regionale Identität wesentlich ausgeprägter als die Kreisidentität, doch fordere auch die ehrenamtliche Tätigkeit auf Kreisebene ein Engagement in überschaubaren Räumen unter Kenntnis örtlicher und regionaler Belange.[45]

Aufgrund der zeitlichen Belastung seien nun schon gegenwärtig nicht mehr alle gesellschaftlichen Gruppen in den Kreistagen repräsentiert, wodurch ein Austausch von Meinungen, der vor dem Hintergrund unterschiedlicher Kenntnisse und Erfahrungen eine lebensnahe Bewältigung auftretender Probleme gewährleisten soll, gefährdet werde. Dass die Bedeutung der Kreise durch ein Mehr an Aufgaben gesteigert werde, dürfe nicht darüber hinwegtäuschen, dass weniger Bürger es für zumutbar erachten, die mit einer Kreistagsmitgliedschaft verbundenen Lasten auf sich zu nehmen. Ein der dafür erforderlichen Bereitschaft gegenläufiger, höherer Zeitaufwand ergebe sich schon aus verlängerten Wegen zum Sitz der Kreisverwaltung. Entscheidend sei ferner, dass die Überschaubarkeit des Kreisgebietes, die den Kreistagsmitgliedern Erkundigungen über die Verhältnisse auch in entfernten Orten des Kreisgebietes in zumutbarer Weise ermögliche, nicht mehr gegeben sei.[46]

B. *Gebietsreformen und prinzipientheoretischer Deutungsansatz*

Zusammenfassend lässt sich festhalten, dass nach der (Landes)Verfassungsgerichtsbarkeit erstens die verfassungsrechtliche Zulässigkeit von Gebietsreformen auf Gemeinde- und Gemeindeverbandsebene grundsätzlich nicht anzuzweifeln ist – Gemeinden und Gemeindeverbände müssen danach über ein Mindestmaß an Leistungsfähigkeit verfügen. Verfassungsrechtliche Maßstäbe für Gebietsreformen werden zweitens mit Hilfe eines Gemeinwohlvorbehaltes entwickelt: Der Gesetzgeber muss vor allem den Verhältnismäßigkeitsgrundsatz wahren. Damit widerspricht die (Landes)Verfassungsgerichtsbarkeit zunächst grundlegenden Annahmen der Lehre von den institutionellen Garantien, deutlich werden Unzulänglichkeiten der institutionellen Interpretation des Art. 28 Abs. 2 GG, die auch ganz allgemein gegen die Tragfähigkeit der Lehre von den institutionellen Garantien ins Feld geführt werden: Die Judikatur der (Landes)Verfassungsgerichtsbarkeit gerät mit der Feststellung der Lehre

des Deutschen Juristentages (Hrsg.), Verhandlungen des dreiundfünfzigsten Deutschen Juristentages, Bd. I, 1980, E 101 ff.

45 Landesverfassungsgericht Mecklenburg-Vorpommern, DVBl. 2007, S. 1102 (1109 f.).

46 Landesverfassungsgericht Mecklenburg-Vorpommern, DVBl. 2007, S. 1102 (1110).

von den institutionellen Garantien in Konflikt, dass Gemeinden und Gemeindeverbände nicht individuell, sondern allein institutionell verfassungsrechtlich gewährleistet werden.[47]

I. Anwendung prinzipientheoretischer Maßstäbe: Grundlagen und Vorbemerkungen

Angesichts dieser Kritik am institutionellen Deutungsansatz ist nachfolgend die prinzipientheoretische Interpretation des Art. 28 Abs. 2 GG bereichsspezifisch zu entfalten. Mit Blick auf Gebietsreformen sind dabei die Grundaussagen dieses Interpretationsansatzes zu beleuchten, wonach die territorialen Grundlagen von Gemeinden und Gemeindeverbänden der legislativen Ausgestaltung bedürfen, die verfassungsrechtlichen Grenzen dieser Ausgestaltung mit Hilfe einer Abwägung zwischen den Funktionen kommunaler Selbstverwaltung und konfligierenden Rechtsprinzipien zu bestimmen sind und dabei das Untermaßverbot Anwendung findet. Die Argumentation der (Landes)Verfassungsgerichtsbarkeit kann trotz ihres institutionellen Bezugsrahmens dabei durchaus aufgegriffen werden. Der Gedanke des Gemeinwohls und die Notwendigkeit einer Abwägung spiegeln nämlich die dogmatischen Maßstäbe der prinzipientheoretischen Interpretation des Art. 28 Abs. 2 GG wider. Besonderheiten dieser Interpretation stehen einer schlichten Übertragung der Judikatur der (Landes)Verfassungsgerichtsbarkeit allerdings entgegen.

Problemabschichtend ist vorab zudem darauf hinzuweisen, dass sich der verfassungsrechtliche Rahmen von Gebietsreformen nicht schon aus dem Begriff der örtlichen Gemeinschaft im Sinne des Art. 28 Abs. 2 S. 1 GG ableiten lässt. Zwar verleitet Art. 28 Abs. 2 S. 1 GG zu der Annahme, dass „es sich bei einer Gemeinde um eine örtliche Gemeinschaft handeln [muss]";[48] Gebietsreformen

---

[47] Allgemein dazu *Jörn Ipsen*, ZG 1994, S. 194 (200); *Dirk Ehlers*, DVBl. 2000, S. 1301 (1305); *Franz-Ludwig Knemeyer/Matthias Wehr*, VerwArch 92 (2001), S. 317 (340); ferner *Wilfried Erbguth*, LKV 2004, S. 1 (2).

[48] *Patricia Wendel*, LKV 2011, S. 488 (489); siehe aber auch *Wolf Weber*, Selbstverwaltung und Demokratie in den Gemeinden nach der Gebietsreform, 1982, S. 141 f., der formuliert: „Schon der Parlamentarische Rat hatte auf die Einbeziehung soziologischer – also durch die Gesetzgebung nicht direkt beeinflussbarer – Merkmale verzichtet, weil er Gemeinden *und* Kreise gemeinsam als ‚örtliche Gemeinschaften' charakterisierte. Die seit jeher völlig unterschiedliche soziologische Struktur von Kreisen und Gemeinden zeigt, daß mit dem Begriff der ‚örtlichen Gemeinschaft' keineswegs ein Kriterium in den Verfassungstext aufgenommen wurde, das zur juristischen Abschichtung von Gemeinden und Gemeindeverbänden auf räumliche, siedlungsstrukturelle oder allgemein soziologische Merkmale verweisen würde. Es handelt sich lediglich um einen Normteil, der voll vom juristischen Begriff der als Normbenefiziare ausdrücklich genannten Gemeinden (bzw. Gemeindeverbänden) überlagert wird und deshalb von sich aus keine Beschränkung für die Festlegung der Gemeinde- oder z. B. Kreisgrößenordnung enthält. Örtliche Gemeinschaft *ist* die vom jeweiligen Gemeinde- oder Kreisgebiet umfaßte Gemeinschaft; der Umkehrschluss ist nach der genetischen Auslegung nicht zulässig."; allgemein auch *Edzard Schmidt-Jortzig*, DVBl. 1977, S. 801 (804), der den Be-

stoßen dementsprechend auf den Einwand, „die Gemeinden vergrößert und dabei oft geschichtlich gewachsene Zusammengehörigkeiten zerschnitten oder aufgelöst zu haben."[49] Dennoch reicht der Begriff der örtlichen Gemeinschaft für eine verfassungsrechtliche Maßstabbildung kaum aus. Dies ergibt sich vor allem daraus, dass dessen genaue Merkmale von Art. 28 Abs. 2 GG nicht benannt werden.[50] Für Gebietsreformen hat der Begriff der örtlichen Gemeinschaft allenfalls zur Folge, dass jeder neue Gebietszuschnitt von Gemeinden jeweils eine örtliche Gemeinschaft begründen muss.

II. Bestandsaufnahme der relevanten Abwägungsaspekte: Überschaubarkeit und Bürgernähe versus Leistungsfähigkeit

Damit sind die verfassungsrechtlichen Maßstäbe allerdings auch nicht abschließend beschrieben – zuvörderst setzt der prinzipientheoretische Deutungsansatz vielmehr eine Maßstabbildung anhand der Funktionen kommunaler Selbstverwaltung voraus; deren Abwägung mit konfligierenden Rechtsprinzipien nach Maßgabe des Untermaßverbotes ist auch für die Bestimmung der verfassungsrechtlichen Grenzen für die Durchführung von Gebietsreformen entscheidend.

1. Überschaubarkeit und Bürgernähe

Die bereichsspezifisch in die Abwägung einzustellenden Aspekte lassen sich mit Hilfe der – auf die Aufgabenhochzonung bezogenen – Judikatur des Bundesverfassungsgerichts wie folgt auf den Punkt bringen: Nach dem Bundesverfassungsgericht existiert ein

> „Spannungsverhältnis zwischen Verwaltungseffizienz und Bürgernähe. Das Ziel optimaler Verwaltungseffizienz trägt die Tendenz zur immer großräumigeren Organisation

---

griff der Gemeinde nicht mit der örtlichen Gemeinschaft parallelisiert und konstatiert: „Was das Aktionssubjekt ‚Gemeinde' im Sinne des Gesetzes ausmacht, wird von jenem Funktionskriterium nicht vorgegeben."

[49] *Winfried Brohm*, DVBl. 1984, S. 293 (295); ferner *Albert von Mutius*, in: Ständige Deputation des Deutschen Juristentages (Hrsg.), Verhandlungen des dreiundfünfzigsten Deutschen Juristentages, Bd. I, 1980, E 104; ferner *Christiane Stang*, Die Gemeindegebietsreform – ein Rückschlag für die Demokratie?, 1978, S. 35 ff.

[50] Ähnlich *Georg Christoph von Unruh*, Der Staat 4 (1965), S. 441 (464 f.), der ausgehend von dem Zweck kommunaler Selbstverwaltung, die „Versorgung mit Leistungen und Gütern nach den jeweiligen sozio-ökonomischen Bedürfnissen der Einwohner" zu gewährleisten, feststellt, dass eine Herstellung der lokalen Einheit dadurch zu erreichen ist, dass „man Größe und Umfang der Gemeinden den daseinsfunktionellen Bedürfnissen der modernen Gesellschaft enger anpaßt"; siehe aber auch *Franz-Ludwig Knemeyer*, in: Albert von Mutius (Hrsg.), Selbstverwaltung im Staat der Industriegesellschaft, Festgabe zum 70. Geburtstag von Georg Christoph von Unruh, 1983, S. 209 (220), der konstatiert, dass die Verfassung die gemeindliche Selbstverwaltung im Umfang der grundgesetzlichen Regelung der soziologischen Wandelbarkeit der Verfassungswirklichkeit entzieht.

und stetigen ‚Hochzonung' von Aufgaben in sich, während das Ziel möglichster Bürgernähe und Bürgerbeteiligung dem widerstreitet und dezentrale Aufgabenansiedlung anempfiehlt."[51]

Diese Judikatur lässt sich für den prinzipientheoretischen Deutungsansatz wie folgt fruchtbar machen: Nach der prinzipientheoretischen Interpretation des Art. 28 Abs. 2 GG ist eine legislative Ausgestaltung auch der territorialen Grundlagen von Gemeinden und Gemeindeverbänden den Funktionen kommunaler Selbstverwaltung, nämlich der Dezentralisierung sowie der Partizipation, verpflichtet. Zur näheren Bestimmung dieser Funktionen kann nun auf diejenigen Maßstäbe zurückgegriffen werden, die das Bundesverfassungsgericht mit Blick auf die Aufgabenhochzonung ganz allgemein anspricht und an denen die institutionelle Interpretation des Art. 28 Abs. 2 GG ebenfalls die verfassungsrechtliche Zulässigkeit von Gebietsreformen misst: Gebietsreformen müssen danach den Merkmalen der Überschaubarkeit und Bürgernähe gerecht werden – die grundsätzlich als Synonyme für Dezentralisierung sowie Partizipation verstanden werden können.[52] Vor allem dem Gedanken der Bürgernähe liegt nämlich das „Streben nach einer wirksamen Teilnahme der Bürger an den Angelegenheiten des Gemeinwesens" zugrunde.[53] Um die verfassungsrechtlichen Grenzen für die Durchführung von Gebietsreformen näher bestimmen zu können, sind die Aspekte der Überschaubarkeit sowie der Bürgernähe indes weiter zu präzisieren.

---

[51] BVerfGE 79, 127 (148); ähnlich BVerfGE 34, 216 (233); siehe auch *Klaus Lange*, in: Hans-Günter Henneke (Hrsg.), Optimale Aufgabenerfüllung im Kreisgebiet?, 1998, S. 157 (174); kritisch *Janbernd Oebbecke*, in: Hans-Günter Henneke (Hrsg.), Optimale Aufgabenerfüllung im Kreisgebiet?, 1998, S. 47 (49).

[52] Ähnlich *Albert von Mutius*, LKV 1996, S. 177 (178); allgemein *Winfried Brohm*, DVBl. 1984, S. 293 (294): „In der Dezentralisation, die allgemein als Aufgabenerledigung durch selbständige, weisungsunabhängige Verwaltungseinheiten definiert wird, sieht man vor allem die Vorzüge des besseren Überblicks über die örtlichen Verhältnisse, der Sachnähe und der rascheren und den örtlichen Gegebenheiten angepaßteren Reaktion, d. h. der Flexibilität. Hinzu kommen Bürgernähe, persönliche Kontakte und kurze Wege zur Behörde."; siehe auch *Willi Blümel*, VVDStRL 36 (1978), S. 171 (215 f.): „Zu fragen bleibt jedoch immer wieder, ob nicht die Bürgernähe und Überschaubarkeit bzw. die Integration in gewissem Umfang zum Verzicht auf eine optimale und einheitliche – in manchen Fällen ohnehin keineswegs sparsamere und wirtschaftlichere – Erledigung der Verwaltungsaufgaben und damit auch zu einer abweichenden Interpretation insbesondere des Sozialstaatsprinzips und des Gleichheitssatzes führen müßten."; eingehend zur Dezentralisierung *Jürgen Hesse*, Materielle Beschränkungen der gesetzgeberischen Freiheit bei der Neugliederung von Landkreisen, 1971, S. 159 ff.

[53] Thüringer Verfassungsgerichtshof, NVwZ-RR 1997, S. 639 (641); allgemein *Rolf Grawert*, VVDStRL 36 (1978), S. 277 (315 f.).

a) Partizipation in gebietlich erweiterten Gemeinden und Gemeindeverbänden

aa) Überschaubarkeit und Bürgernähe – eine kritische Würdigung

Dabei ist vor allem auch auf Argumente einzugehen, die verschiedentlich der Anwendbarkeit der Maßstäbe der Überschaubarkeit und Bürgernähe entgegengehalten werden. Schon die Möglichkeit der Konkretisierung oder rechnerischen Erfassung von Überschaubarkeit und Bürgernähe wird nämlich verneint.[54] Hinzu komme, dass die Abwägung zwischen diesen Merkmalen und konfligierenden Gesichtspunkten auf den Kontakt zwischen Bürgern und Gemeinden oder Gemeindeverbänden und die räumliche Erreichbarkeit von Gemeinden und Gemeindeverbänden[55] Bezug nehme. Diesbezüglich seien dann aber nicht nur unmittelbare Kontakte zwischen Bürgern und Gemeinden sowie Gemeindeverbänden von Bedeutung, sondern vielmehr auch eine Verbesserung der Erreichbarkeit[56] der Gemeinden und Gemeindeverbände[57] durch gesteigerte Mobilität[58] sowie elektronische Kommunikationsmittel.[59] Überdies wird namentlich mit Blick auf den Gedanken der Partizipation vereinzelt auch in der Judikatur der Landesverfassungsgerichtsbarkeit festgestellt, eine „aktive Anteilnahme und Mitarbeit der Bürger bei den Gemeindeangelegenheiten [...] [sei] auch im Rahmen einer gebietlich erweiterten neuen Gemeinde möglich“.[60] Ganz in diesem Sinne wird der landesverfassungsgerichtlichen Judikatur zur Kreisgebietsreform in Mecklenburg-Vorpommern sodann entgegen gehalten,

---

[54] *Björn Rothe*, Kreisgebietsreform und ihre verfassungsrechtlichen Grenzen, 2004, S. 132; ferner *Rolf Grawert*, VVDStRL 36 (1978), S. 277 (316); *Wilfried Erbguth*, LKV 2004, S. 1 (3); siehe aber auch *Klaus Lange*, Kommunalrecht, 2013, Kapitel 1, Rn. 9, der mit dem Begriff der Überschaubarkeit die Geschlossenheit der Siedlungsstruktur in Verbindung bringt.

[55] Mit Blick auf die Kreise *Björn Rothe*, Kreisgebietsreform und ihre verfassungsrechtlichen Grenzen, 2004, S. 133 ff.

[56] *Ferdinand Kirchhof*, Die Einrichtung von Bürgerämtern in Gemeinden und Kreisen, 1998, S. 36 f.; ferner *Frido Wagener*, DÖV 1983, S. 745 ff., der im Gegensatz zur geographischen Nähe den Begriff der Anliegengerechtigkeit heranzieht.

[57] Zur Bestimmung des Sitzes der Kreisverwaltung Sächsischer Verfassungsgerichtshof, NVwZ 2009, S. 39 ff.; ferner *Ernst Pappermann/Frank Stollmann*, NVwZ 1993, S. 240 ff.; siehe auch *Günter Seele*, in: Verein für die Geschichte der Deutschen Landkreise e.V. (Hrsg.), Der Kreis, Bd. III, 1974, S. 39 (72); *ders.*, Der Landkreis 1992, S. 312 (317), der auf Dauer angelegte Außenstellen als problematisch ansieht; schließlich *Albert von Mutius*, in: Ständige Deputation des Deutschen Juristentages (Hrsg.), Verhandlungen des dreiundfünfzigsten Deutschen Juristentages, Bd. I, 1980, E 142 f.; eingehend *Holger Knudsen*, Auswirkungen des Verlustes des Kreissitzes, 1979, passim.

[58] *Wilfried Erbguth*, LKV 2004, S. 1 (3); *ders.*, DÖV 2008, S. 152 (155).

[59] *Ferdinand Kirchhof*, Die Einrichtung von Bürgerämtern in Gemeinden und Kreisen, 1998, S. 37; *Björn Rothe*, Kreisgebietsreform und ihre verfassungsrechtlichen Grenzen, 2004, S. 135 ff.; kritisch *Bernhard Stüer*, in: Hubert Meyer/Maximilian Wallerath (Hrsg.), Gemeinden und Kreise in der Region, 2004, S. 33 (46); *ders.*, LKV 2004, S. 6 (10).

[60] Staatsgerichtshof Baden-Württemberg, NJW 1975, S. 1205 (1210); Verfassungsgerichtshof für das Land Nordrhein-Westfalen, DÖV 1969, S. 568 (569).

dass eine Vergrößerung des Kreisgebietes nicht zu einer Gefährdung der partizipativen Funktion kommunaler Selbstverwaltung führe.[61]

bb) Antikritik

Zumindest nach dem prinzipientheoretischen Deutungsansatz dürfen diese Einwände letztlich nicht dazu führen, dass die Merkmale der Überschaubarkeit und Bürgernähe bei Gebietsreformen völlig unberücksichtigt bleiben.[62] Vor allem der partizipativen Funktion kommunaler Selbstverwaltung müssen Gebietsreformen nämlich Rechnung tragen.[63] Dies folgt schon aus der Erkenntnis, dass die Bereitschaft zur Partizipation in kleineren Gebieten grundsätzlich eher gegeben ist als in größeren Gebieten[64] – Gebietsreformen lassen den Partizipationsaspekt folglich nicht unberührt. Aufmerksamkeit verlangt hingegen der Einwand, die Merkmale der Überschaubarkeit und Bürgernähe ließen sich nicht bestimmen: Eine abstrakte Maßstabbildung ist insoweit tatsächlich nicht möglich – dies setzt nun aber gerade der prinzipientheoretische Deutungsansatz auch nicht voraus. Danach sind die Funktionen kommunaler Selbstverwaltung nämlich mit konfligierenden Rechtsprinzipien nach Maßgabe des Untermaßverbotes abzuwägen, sodass die Aspekte der Überschaubarkeit und Bürgernähe lediglich zum Ausgangspunkt einer solchen Abwägung gemacht werden müssen.

---

[61] *Veith Mehde*, NordÖR 2007, S. 331 (335); *ders.*, DVBl. 2010, S. 465 (468, 469 f.); *Hans Peter Bull*, DVBl. 2008, S. 1 (6); *Wilfried Erbguth*, DÖV 2008, S. 152 (155); ferner *Hans Meyer*, NVwZ 2008, S. 24 (30 ff.), der zudem auf den Umstand hinweist, dass das Fehlen bestimmter Berufsgruppen in den kommunalen Vertretungsorganen schon gegenwärtig an der Tagesordnung sei.

[62] *Georg Christoph von Unruh*, Gebiets- und Verwaltungsreform in Niedersachsen 1965–1978, 1978, S. 21 f.; kritisch dazu *Wilfried Erbguth*, LKV 2004, S. 1 (3).

[63] Ähnlich *Hermann Hill*, Die Rolle des Bürgers in der Gemeindeverfassung unter dem Einfluss der Territorialreform, 1979, S. 27 f., 31 f., 94 ff.; *Albert von Mutius*, in: Ständige Deputation des Deutschen Juristentages (Hrsg.), Verhandlungen des dreiundfünfzigsten Deutschen Juristentages, Bd. I, 1980, E 162; *Wolf Weber*, Selbstverwaltung und Demokratie in den Gemeinden nach der Gebietsreform, 1982, S. 117 ff.; *Maximilian Wallerath*, DÖV 2011, S. 289 (291 f.); *Christoph Brüning*, ZG 2012, S. 155 (162 f.).

[64] *Björn Rothe*, Kreisgebietsreform und ihre verfassungsrechtlichen Grenzen, 2004, S. 140; siehe auch *Klaus Lange*, in: Hans-Günter Henneke (Hrsg.), Optimale Aufgabenerfüllung im Kreisgebiet?, 1998, S. 157 (162); *Bernhard Stüer*, LKV 2004, S. 6 (9); *Max Mundig*, VBlBW 2004, S. 448 (449); eingehend *Alfred Katz/Klaus Ritgen*, DVBl. 2008, S. 1525 (1530 f.); ferner *Friedhelm Hufen*, in: Max-Emanuel Geis (Hrsg.), Staat – Kirche – Verwaltung, Festschrift für Hartmut Maurer zum 70. Geburtstag, 2001, S. 1177 (1184), der in dem Verlust von Nähe und Identifikationspotential eine wesentliche Ursache für die Erosionen kommunaler Selbstverwaltung erblickt.

cc) Insbesondere: Die Bedeutung der partizipativen Funktion kommunaler Selbstverwaltung am Beispiel der Tätigkeit in Gemeinderäten und Kreistagen

Dies lässt sich mit Blick auf die Kreisgebietsreform in Mecklenburg-Vorpommern an zwei Beispielen verdeutlichen: Zum einen lässt sich hinsichtlich der Wahlen im Sinne des Art. 28 Abs. 1 S. 2 GG – die die partizipative Funktion kommunaler Selbstverwaltung zum Ausdruck bringen[65] – festhalten, dass Kreisgebietsreformen eine Mandatsausdünnung bewirken,[66] die zwar nicht dem Regelungsgehalt der Art. 28 Abs. 1 S. 2 Abs. 2 GG widerspricht, die partizipative Funktion kommunaler Selbstverwaltung aufgrund der Verringerung der Anzahl der Mandate aber gleichwohl quantitativ betrifft.[67]

(1) Ehrenamtlichkeit als Ausdruck der partizipativen Funktion kommunaler Selbstverwaltung

Zum anderen kann auf die vom Landesverfassungsgericht Mecklenburg-Vorpommern besonders hervorgehobene ehrenamtliche Tätigkeit im Kreistag Bezug genommen werden.[68] Grundlegend ist insoweit festzustellen, dass auch eine unmittelbare, unbesoldete und ehrenamtliche Anteilnahme der Bürger an der Gestaltung und an den Beschlüssen der öffentlichen Gemeinwesen den Gedanken der Partizipation verwirklicht:[69] Zur aktiven ortsbezogenen Bürgerbeteili-

---

[65] Siehe S. 206 ff.

[66] *Edzard Schmidt-Jortzig*, DVBl. 1977, S. 801 (804); *Frido Wagener*, DÖV 1983, S. 745 (749); *Klaus Lange*, DÖV 1996, S. 684 (687); *Björn Rothe*, Kreisgebietsreform und ihre verfassungsrechtlichen Grenzen, 2004, S. 139 f.; siehe auch *Hans Peter Bull*, NordÖR 2003, S. 438 (439), der insoweit von „Kollateralsch[ä]den" spricht; allgemein Thüringer Verfassungsgerichtshof, NVwZ-RR 1997, S. 639 (641).

[67] *Janbernd Oebbecke*, in: Hans-Günter Henneke (Hrsg.), Optimale Aufgabenerfüllung im Kreisgebiet?, 1998, S. 47 (53) mit dem Hinweis, dass Bürgerbegehren und Bürgerentscheid auch in Großstädten funktionierten; allgemein *Johann-Christian Pielow*, in: Hans-Günter Henneke (Hrsg.), Künftige Funktionen und Aufgaben der Kreise im sozialen Bundesstaat, 2004, S. 137 (158).

[68] Landesverfassungsgericht Mecklenburg-Vorpommern, DVBl. 2008, S. 1102 (1109 ff.); dazu *Alfred Katz/Klaus Ritgen*, DVBl. 2008, S. 1525 (1531 f.); ferner *Hubert Meyer*, NVwZ 2007, S. 1024 f.; *ders.*, NdsVBl. 2007, S. 265 (269); siehe auch *Arne Pautsch*, NdsVBl. 2009, S. 108 (111 f.); *Christoph Brüning*, ZG 2012, S. 155 (163); zustimmend *Bernhard Stüer*, DVBl. 2007, S. 1267 ff.; kritisch *Markus Scheffer*, LKV 2008, S. 158 ff.; *Wilfried Erbguth*, DÖV 2008, S. 152 ff.; schließlich *Hans Peter Bull*, DVBl. 2008, S. 1 (8), der im Hinblick auf die Ehrenamtlichkeit von einem unwesentlichen Aspekt der Selbstverwaltung spricht und einem nostalgischen Blick auf eine idealisierte Vergangenheit jede zukunftsgerichtete Gestaltungskraft abspricht.

[69] *Georg Christoph von Unruh*, in: Norbert Achterberg (Hrsg.), Öffentliches Recht und Politik, Festschrift für Hans Ulrich Scupin zum 70. Geburtstag, 1973, S. 391 (414); *Wolf Weber*, Selbstverwaltung und Demokratie in den Gemeinden nach der Gebietsreform, 1982, S. 159; *Gunnar Folke Schuppert*, in: Albert von Mutius (Hrsg.), Selbstverwaltung im Staat der Industriegesellschaft, Festgabe zum 70. Geburtstag von Georg Christoph von Unruh, 1983, S. 183 (183); ausführlich *Peter H. Krämer*, Die bürgerschaftliche Selbstverwaltung unter den Notwendigkeiten des egalitären Sozialstaates, 1970, S. 71 ff.; zu einzelnen Formen der ehren-

gung[70] zählt gerade auch das Ehrenamt, das diejenigen Erfahrungen und Erkenntnisse in die Aufgabenwahrnehmung einfließen lässt, die die Bürger im Berufsleben und im gesellschaftlichen Zusammenleben sammeln und aus eigener Anschauung der örtlichen Verhältnisse gewinnen.[71] Das Bundesverfassungsgericht stellt dazu fest, dass

„[e]s […] zum Wesen der in den überschaubaren Verhältnissen des 19. Jahrhunderts gewachsenen kommunalen Selbstverwaltung [gehört], daß sie von der Mitwirkung angesehener, mit den heimischen Verhältnissen besonders vertrauter Mitbürger getragen wird und sich an den besonderen Bedürfnissen der örtlichen Gemeinschaft orientiert."[72]

Das verfassungsrechtliche Postulat einer aus allgemeinen, unmittelbaren, freien, gleichen und geheimen Wahlen hervorgegangen Vertretung des Volkes in Kreisen und Gemeinden widerlegt die Zuordnung der ehrenamtlichen Betätigung zur partizipativen Funktion kommunaler Selbstverwaltung zunächst nicht.[73] Eine solche Entgegensetzung würde der institutionen- und theoriengeschichtlichen Entwicklung nicht gerecht:[74] Die Kritik an der Selbstverwaltungs-

---

amtlichen Betätigung *Uwe Thaysen*, Bürger-, Staats- und Verwaltungsinitiativen, 1982, S. 147 ff.; zur Beteiligung sachkundiger Bürger *Jörg Wacker*, Sachkundige Bürger und Einwohner in gemeindlichen Ausschüssen, 2000, passim; zum Ehrenbeamten *Rolf Stober*, Der Ehrenbeamte in Verfassung und Verwaltung, 1981, passim; zum Ganzen aber auch *Reinhard Hendler*, Selbstverwaltung als Ordnungsprinzip, 1984, S. 284; *ders.*, in: Thomas Mann/Günter Püttner (Hrsg.), Handbuch der kommunalen Wissenschaft und Praxis, Bd. I, 3. Aufl. 2007, § 1, Rn. 14; *ders.*, in: Josef Isensee/Paul Kirchhof (Hrsg.), Handbuch des Staatsrechts der Bundesrepublik Deutschland, Bd. VI, 3. Aufl. 2008, § 143, Rn. 20, der das Zusammentreffen von Selbstverwaltung und Ehrenamt lediglich als begriffswesentlich anerkennt und die rechtliche Befugnis, die administrative Aufgabenerfüllung der jeweiligen öffentlich-rechtlichen Organisationseinheiten über entsprechende Vertretungsmechanismen zu steuern, als Alleinstellungsmerkmal der Selbstverwaltung ausreichen lässt; ähnlich *Kay Waechter*, Die Verwaltung 29 (1996), S. 47 (64); ferner *Christian Waldhoff*, in: Paul Kirchhof (Hrsg.), Staaten und Steuern, Festschrift für Klaus Vogel zum 70. Geburtstag, 2000, S. 495 (504), der die ehrenamtliche Agenda kommunaler Selbstverwaltung kritisiert.

[70] *Wolfgang Löwer*, in: Ingo von Münch/Philip Kunig (Hrsg.), GG-Komm., Bd. I, 6. Aufl. 2012, Art. 28, Rn. 36; mit Blick auf die Judikatur des Landesverfassungsgerichts Mecklenburg-Vorpommern *Hubert Meyer*, in: Hans-Günter Henneke/Hubert Meyer, Kommunale Selbstverwaltung zwischen Bewahrung, Bewährung und Entwicklung, Festgabe für Gernot Schlebusch zum 65. Geburtstag, 2006, S. 231 (249 f.); *Hans-Günter Henneke/Klaus Ritgen*, DVBl. 2007, S. 1253 (1265).

[71] *Alfred Katz/Klaus Ritgen*, DVBl. 2008, S. 1525 (1531); kritisch *Hans Meyer*, NVwZ 2008, S. 24 (27), der der überkommenen Kritik am besoldeten Berufsbeamtentum jede Berechtigung abspricht und den Gedanken besonderer Sachnähe unbeachtet lässt.

[72] BVerfGE 11, 266 (276); *Klaus Stern*, in: Verein für die Geschichte der Deutschen Landkreise e. V. (Hrsg.), Der Kreis, Bd. I, 1972, S. 156 (176).

[73] *Hans Meyer*, NVwZ 2008, S. 24 (26).

[74] Dazu S. 165 ff.; im vorliegenden Zusammenhang *Alfred Katz/Klaus Ritgen*, DVBl. 2008, S. 1525 (1531); anders *Hans Meyer*, NVwZ 2008, S. 24 (26 f.); kritisch *Hans Herzfeld*, Demokratie und Selbstverwaltung in der Weimarer Epoche, 1957, S. 11; *Ulrich Scheuner*, AfK 1973, S. 1 (4, 9), die auf den Umstand hinweisen, die Voraussetzungen für ehrenamtliche Tätigkeit hätten schon in der zweiten Hälfte des 19. Jahrhunderts nicht mehr vorgelegen.

lehre *Rudolf von Gneists* darf insoweit nicht missverstanden werden. *Rudolf von Gneist* wollte das besoldete Berufsbeamtentum durch die ehrenamtliche Betätigung ersetzen[75] – was maßgeblichen Einfluss auf die Entwicklung kommunaler Selbstverwaltung hatte.[76] Jedes Organisationsprinzip, nach dem das beschließende Hauptorgan gewählt und die Beschlussausführung von besoldeten Berufsbeamten übernommen werde, sei Ausdruck eines verderblichen Strebens nach Bequemlichkeit in öffentlichen Angelegenheiten und reduziere den Einsatz des Einzelnen für die Gemeinschaft auf die Ausübung des Wahlrechts.[77] Zum Dienst für das Gemeinwesen sollte vor allem die besitzende Klasse verpflichtet werden, weswegen die Selbstverwaltungslehre *Rudolf von Gneists* nach demokratischen und rechtsstaatlichen Maßstäben letztlich nicht überzeugen kann. Durchgreifende Bedenken gegenüber einer demokratischen und rechtsstaatlichen Maßstäben entsprechenden ehrenamtlichen Betätigung lassen sich daraus allerdings nicht herleiten.

Schließlich führt auch die Komplexität der Verwaltungsgeschäfte und die daraus folgende Notwendigkeit professioneller Verwaltungsmitarbeiter[78] nicht dazu, dass allein deren Fachwissen, nicht aber die Lokalkenntnis der politischen Ehrenämter Art. 28 Abs. 2 GG entspricht.[79] Der Vorwurf, das Ehrenamt führe zu einer dem demokratischen Rechtsstaat widersprechenden, unprofessionellen kommunalen Selbstverwaltung,[80] verweist auf eine grundsätzliche Diskussion

---

[75] *Rudolf von Gneist*, Verwaltung, Justiz, Rechtsweg, Staatsverwaltung und Selbstverwaltung nach englischen und deutschen Verhältnissen mit besonderer Rücksicht auf Verwaltungsreformen und Kreis-Ordnungen in Preußen, 1869, S. 90, 95.

[76] Siehe *Paul Laband*, Das Staatsrecht des deutschen Reiches, Bd. I, 1876, S. 96, der feststellte, „man [habe] sich fast allgemein daran gewöhnt [...], Selbstverwaltung und Verwaltung mittels Ehrenämtern zu identifizieren"; ferner aber auch *ders.*, Das Staatsrecht des deutschen Reiches, Bd. I, 5. Aufl. 1911, S. 103: „Namentlich ist noch immer die Ansicht verbreitet, daß das entscheidende Kriterium der Selbstverwaltung das Ehrenamt sei. Allein dies ist völlig unhaltbar. Nur ein sehr kleiner Teil der Beamten der Selbstverwaltung ist unbesoldet, die überwiegende Mehrzahl besteht aus angestellten Berufsbeamten, und andererseits werden in der unmittelbaren Staatsverwaltung in großer Zahl auch unbesoldete Beamte verwendet."

[77] *Rudolf von Gneist*, Verwaltung, Justiz, Rechtsweg, Staatsverwaltung und Selbstverwaltung nach englischen und deutschen Verhältnissen mit besonderer Rücksicht auf Verwaltungsreformen und Kreis-Ordnungen in Preußen, 1869, S. 55 f.; 102 ff.; zum Ganzen *Reinhard Hendler*, Selbstverwaltung als Ordnungsprinzip, 1984, S. 60 f.

[78] *Hans-Günter Henneke/Klaus Ritgen*, DVBl. 2007, S. 1253 (1264); kritisch *Hubert Meyer*, NdsVBl. 2007, S. 265 (269), der im Hinblick auf die Professionalisierung der Arbeit in den kommunalen Vertretungsorganen feststellt, einer parlamentarischen Aufladung setze die kommunale Selbstverwaltung deutliche Grenzen.

[79] *Eberhard Schmidt-Aßmann*, in: Ständige Deputation des Deutschen Juristentages (Hrsg.), Verhandlungen des achtundfünfzigsten Deutschen Juristentages, Bd. II, 1990, N 8 (14); *Hans-Günter Henneke/Klaus Ritgen*, DVBl. 2007, S. 1253 (1264); ferner *Christian Friedrich Menger*, in: Albert von Mutius (Hrsg.), Selbstverwaltung im Staat der Industriegesellschaft, Festgabe zum 70. Geburtstag von Georg Christoph von Unruh, 1983, S. 25 (27 f.); kritisch *Hans Peter Bull*, DVBl. 2008, S. 1 (3, 7).

[80] *Veith Mehde*, NordÖR 2007, S. 331 (335); die überkommene Kritik an einem fachlich-professionellen Verwaltungsmanagement und die Reminiszenz an die Honoratiorenpoli-

über die Professionalisierung kommunaler Selbstverwaltung. Mit Blick auf die Bedeutung der politischen Parteien stellt das Bundesverfassungsgericht ausgehend von einem vermeintlich unpolitischen Charakter[81] kommunaler Selbstverwaltung diesbezüglich fest,[82] dass

„[u]nbeschadet der Tatsache, daß auch in der kommunalen Sphäre heute, insbesondere in den größeren Gemeinden und Kreisen, die Willensbildung der Bürger im allgemeinen überwiegend von den politischen Parteien geformt und in die Tat umgesetzt wird, [...] Art. 28 GG durch die institutionelle Garantie der Selbstverwaltung dem örtlichen Selbstbestimmungsrecht eine verfassungskräftig gewährleistete Chance offengehalten hat, die der Landesgesetzgeber auch bei der Konkretisierung der Grundsätze der Allgemeinheit und Gleichheit der Wahl in einem Kommunalwahlgesetz zu respektieren hat. Es gehört zum Wesen der in den überschaubaren Verhältnissen des 19. Jahrhunderts gewachsenen kommunalen Selbstverwaltung, daß sie von der Mitwirkung angesehener, mit den heimischen Verhältnissen besonders vertrauter Mitbürger getragen wird und sich an den besonderen Bedürfnissen der örtlichen Gemeinschaft orientiert. Aus der Ga-

---

tik werden für obsolet erachtet, siehe *Hans Peter Bull*, DVBl. 2008, S. 1 (8); *Hans Meyer*, NVwZ 2008, S. 24 (27); ferner *Werner Weber*, Staats- und Selbstverwaltung in der Gegenwart, 2. Aufl. 1967, S. 71, der Versuchen, die Verwaltungsapparatur und das darin tätige kommunale Berufsbeamtentum durch ehrenamtliche Bürgerschaftsverwaltung oder Exponenten politischer Parteien abzulösen, enge Grenzen auferlegt; ähnlich *Ernst Forsthoff*, Lehrbuch des Verwaltungsrechts, 10. Aufl. 1973, S. 473, der vor dem Hintergrund der Herausbildung des modernen industriegesellschaftlichen Kapitalismus und der damit einhergehenden Vermehrung der Verwaltungsaufgaben auf die objektive Unmöglichkeit hinweist, in der Ehrenamtlichkeit das tragende Prinzip der Selbstverwaltung zu erblicken; dazu auch *Andreas Bovenschulte*, Gemeindeverbände als Organisationsformen kommunaler Selbstverwaltung, 2000, S. 41.

[81] Dazu S. 179 ff.; in vorliegendem Zusammenhang *Franz Ludwig Knemeyer/Katrin Jahndel*, Parteien in der kommunalen Selbstverwaltung, 1991, S. 27, die im Anwendungsbereich der verfassungsrechtlichen Gewährleistung kommunaler Selbstverwaltung Parteipolitik und Sachentscheidung nicht kontrastieren; zur Parteipolitisierung kommunaler Selbstverwaltung S. 376 f.

[82] *Lars Holtkamp*, DÖV 2008, S. 95 ff.; *Jörg Bogumil*, Die Verwaltung 43 (2010), S. 151 ff.; siehe auch *Janbernd Oebbecke*, in: Hans-Günter Henneke (Hrsg.), Optimale Aufgabenerfüllung im Kreisgebiet?, 1998, S. 47 (53); *Friedhelm Hufen*, in: Max-Emanuel Geis (Hrsg.), Staat – Kirche – Verwaltung, Festschrift für Hartmut Maurer zum 70. Geburtstag, 2001, S. 1177 (1186); *Björn Rothe*, Kreisgebietsreform und ihre verfassungsrechtlichen Grenzen, 2004, S. 140 ff.; ferner *Hans-Justus Rinck*, JZ 1961, S. 73 ff.; allgemein *Otto Ziebill*, Parteien und kommunale Selbstverwaltung, 1964, passim; *Theo Trachternach*, Parteien in der kommunalen Selbstverwaltung, 1974, S. 43 ff.; *Werner Frotscher*, in: Albert von Mutius (Hrsg.), Selbstverwaltung im Staat der Industriegesellschaft, Festgabe zum 70. Geburtstag von Georg Christoph von Unruh, 1983, S. 127 (139 f.); *Günter Püttner*, in: Thomas Mann/Günter Püttner (Hrsg.), Handbuch der kommunalen Wissenschaft und Praxis, Bd. I, 3. Aufl. 2007, § 19, Rn. 12 ff.; *Wolfgang Hofmann*, in: Thomas Mann/Günter Püttner (Hrsg.), Handbuch der kommunalen Wissenschaft und Praxis, Bd. I, 3. Aufl. 2007, § 5, Rn. 31; zuvor schon *Arnold Köttgen*, Die Krise der kommunalen Selbstverwaltung, 1931, S. 47 ff.; *Ernst Forsthoff*, Die Krise der Gemeindeverwaltung, 1932, S. 61 ff.; siehe aber auch *Hans Peter Bull*, DVBl. 2008, S. 1 (7), der auf die schon gegenwärtig vollzogene und dem Gedanken kommunaler Selbstverwaltung nicht abträgliche Parteipolitisierung hinweist; schließlich *Ulrich Scheuner*, AfK 1973, S. 1 (32), der im Zusammenhang mit dem Gedanken der Partizipation auf die Möglichkeit der Mitarbeit in politischen Parteien hinweist; ähnlich *Eberhard Laux*, AfK 1970, S. 217 (226).

rantie der kommunalen Selbstverwaltung in Art. 28 GG muß also gefolgert werden, daß die Auslese der Kandidaten für die kommunalen Wahlkörperschaften jedenfalls auch örtlich muß bestimmt werden können und daher nicht *ausschließlich* den ihrem Wesen und ihrer Struktur nach in erster Linie am Staatsganzen orientierten politischen Parteien vorbehalten werden darf. Es muß also – ebenso wie zur Zeit der Weimarer Republik – auch ortsgebundenen, lediglich kommunale Interessen verfolgenden Wählergruppen (Rathausparteien oder Wählervereinigungen) das Wahlvorschlagsrecht und deren Kandidaten eine chancengleiche Teilnahme an den Kommunalwahlen gewährleistet sein."[83]

Ausweislich dieser Judikatur des Bundesverfassungsgerichts lässt sich ein Widerspruch zwischen kommunaler Selbstverwaltung und ehrenamtlicher Betätigung nicht feststellen.

(2) Ehrenamtlichkeit und Gebietsreformen

Während bislang die ehrenamtliche Betätigung der partizipativen Funktion kommunaler Selbstverwaltung zugeordnet werden konnte, lässt sich im Anschluss daran aufzeigen, wie der Gedanke der Partizipation im Zuge von Gebietsreformen verwirklicht werden kann. Zunächst ist festzuhalten, dass die ehrenamtliche Betätigung nicht allein die partizipative Funktion kommunaler Selbstverwaltung ausmacht. Deswegen steht der Gedanke der Partizipation Gebietsreformen auch nicht schon grundsätzlich entgegen, selbst wenn Gebietsreformen die ehrenamtliche Tätigkeit im Kreistag erschweren oder unmöglich machen sollten.[84] Das Untermaßverbot verpflichtet den Gesetzgeber lediglich dazu, ein Mindestmaß an Partizipation sicherzustellen – dieses Mindestmaß kann aber auch durch andere Formen der Partizipation verwirklicht werden.[85]

Zwar verhindert die Professionalisierung des Kreistages letztlich die Einbeziehung von Erfahrungen und Kenntnissen, die gerade im Berufsleben gewonnen werden.[86] Solche Kenntnisse sind aber ebenfalls nicht unverzichtbare[87] Ausprägung der partizipativen Funktion kommunaler Selbstverwaltung, sodass namentlich der Kreisgebietsreform des Landes Mecklenburg-Vorpommern nur vorgeworfen werden kann, den Prozess der Professionalisierung[88] des Kreista-

---

[83] BVerfGE 11, 266 (273ff.); dazu *Wolf Weber*, Selbstverwaltung in den Gemeinden nach der Gebietsreform, 1982, S. 74ff.

[84] Siehe aber auch *Albert von Mutius*, LKV 1996, S. 177 (179f.); *André Schollbach*, SächsVBl. 2009, S. 129ff.

[85] *Hans Meyer*, NVwZ 2008, S. 24 (27).

[86] Dazu *Hans-Günter Henneke/Klaus Ritgen*, DVBl. 2007, S. 1253 (1265).

[87] Siehe *Hans Peter Bull*, DVBl. 2008, S. 1 (7f.), der die Arbeitsteilung und die damit einhergehende Verzichtbarkeit einer Kenntnis „jeden Winkel[s] des ganzen Wahlgebietes" auch auf kommunaler Ebene für selbstverständlich erachtet und betont, dass Formen der unmittelbaren Demokratie neben das repräsentative System treten, eine Fokussierung auf die Bedeutung der Gemeinde- und Kreisvertretungen für die partizipative Funktion kommunaler Selbstverwaltung mithin fehlgehe; anders *Hubert Meyer*, LKV 2005, S. 233 (237), der es für unmöglich hält, Demokratiedefizite aufzuwiegen.

[88] Demokratietheoretisch ist insoweit wohl kein Unterschied erkennbar, siehe *Christoph Seggermann*, Die Region, 2009, S. 235; anders *Edzard Schmidt-Jortzig*, DVBl. 1980, S. 1 (3).

ges faktisch angestoßen zu haben,[89] ohne diesen durch adäquate Organisationsstrukturen aufzufangen.[90] Die Professionalisierung des Kreistages selbst macht demgegenüber die Aktivierung der Bürger für ihre eigenen Angelegenheiten[91] nicht unmöglich.[92] Überdies ist ohnehin fraglich, ob eine Beeinträchtigung der ehrenamtlichen Tätigkeit im Kreistag allein auf Gebietsreformen zurückgeführt werden kann.[93] Beeinträchtigungen lassen sich nämlich kaum unabhängig von den jeweiligen Aufgaben der Kreise feststellen:[94] Letztlich führen diese Aufgaben und nicht allein deren räumliche Bezüge dazu, dass die ehrenamtliche Tätigkeit im Kreistag erschwert oder unmöglich gemacht wird.

b) Pluralität der Organisationsformen auf Gemeindeverbandsebene

aa) Überschaubarkeit von Gemeindeverbänden

Während die vorstehenden Überlegungen die Merkmale der Überschaubarkeit und Bürgernähe und deren grundlegende Bedeutung als Maßstab für Gebietsreformen zum Gegenstand hatten, sollen sie abschließend mit Blick auf die Pluralität der Organisationsformen auf Gemeindeverbandsebene beleuchtet werden. Dabei ist in Erinnerung zu rufen, dass nach der prinzipientheoretischen Interpretation der Gesetzgeber bei der Ausgestaltung des Organisationstyps der Gemeindeverbände einen zusätzlichen Gestaltungsspielraum hat: Er kann zwischen verschiedenen Gemeindeverbandsformen wählen und muss dabei den Funktionen kommunaler Selbstverwaltung lediglich am Maßstab des Untermaßverbotes gerecht werden. Vor diesem Hintergrund stellt sich die Frage, wel-

---

[89] Dazu *Marion Reiser*, Zwischen Ehrenamt und Berufspolitik, 2006, passim; ferner auch *Jörg Bogumil*, Die Verwaltung 43 (2010), S. 151 ff.

[90] Siehe *Wilfried Erbguth*, DÖV 2008, S. 152 (155), der mit Blick auf die Kreisgebietsreform in Mecklenburg-Vorpommern auf die professionelle Unterstützung der Fraktionsarbeit durch Fraktionsmitarbeiter hinweist; dazu ferner *Hubert Meyer*, NVwZ 2007, S. 1024 (1025).

[91] Dazu BVerfGE 11, 266 (275); 79, 127 (149 f.).

[92] Ähnlich *Veith Mehde*, NordÖR 2007, S. 331 (334 f.); kritisch dazu Landesverfassungsgericht Mecklenburg-Vorpommern, DVBl. 2007, S. 1102 (1110 f.); ferner *Hubert Meyer*, LKV 2005, S. 233 (237); *ders.*, NdsVBl. 2007, S. 265 (269); *Hans-Günter Henneke/Klaus Ritgen*, DVBl. 2007, S. 1253 (1265).

[93] *Günter Seele*, Der Landkreis 1992, S. 312 (313); *Bernhard Stüer*, LKV 2004, S. 6 (8 f.); *Hubert Meyer*, LKV 2005, S. 233 (237); *ders.*, DÖV 2006, S. 929 (933), die auf die Ergänzungs-, Ausgleichs- und Integrationsfunktion der Kreise hinweisen; ähnlich *Roman Schnur*, Regionalkreise?, 1971, S. 11.

[94] Siehe *Wilfried Erbguth*, DÖV 2008, S. 152 (155), der im Zusammenhang mit der Kreisgebietsreform in Mecklenburg-Vorpommern darauf hinweist, dass eine eindimensionale Betrachtung der räumlichen Entfernung fehlgehe – vielmehr seien nicht nur mannigfaltige Einflüsse auf die Bereitschaft zum ehrenamtlichen Engagement im Kreistag zu berücksichtigen, sondern auch reformbedingte Maßnahmen zu beachten, die die Vergrößerung des Kreisgebietes auf administrativer Ebene abfedern sollen; kritisch dazu Landesverfassungsgericht Mecklenburg-Vorpommern, DVBl. 2007, S. 1102 (1110 f.); ferner *Klaus Stern*, in: Verein für die Geschichte der Deutschen Landkreise e. V. (Hrsg.), Der Kreis, Bd. I, 1972, S. 156 (162); *Hubert Meyer*, LKV 2005, S. 233 (237); *ders.*, DÖV 2006, S. 929 (934).

che Bedeutung die Merkmale der Überschaubarkeit und Bürgernähe im Rahmen dieser Auswahlentscheidung haben.

Die bislang aus institutioneller Perspektive geführte Diskussion kann dahingehend zusammengefasst werden, dass vor allem mit dem Merkmal der Überschaubarkeit regelmäßig nur die Kreise beschrieben werden – der Aspekt der Überschaubarkeit scheint danach den verfassungsrechtlichen Rahmen lediglich für Kreisgebietsreformen vorzugeben. Die verfassungsrechtliche Zulässigkeit von Regionalverbänden wird nämlich nicht in Zweifel gezogen, lediglich die ausschließliche Regionalkreisbildung wird mit verfassungsrechtlichen Bedenken konfrontiert. Sofern Art. 28 Abs. 2 S. 2 GG eine Auswahlentscheidung zwischen verschiedenen Organisationsformen auf Gemeindeverbandsebene impliziert, lässt sich die Unzulässigkeit der ausschließlichen Regionalkreisbildung aber kaum begründen,[95] sodass die Überschaubarkeit von Kreisen auch keine verfassungsrechtliche Grenze von Gebietsreformen beschreiben kann, solange die Auswahlentscheidung zugunsten räumlich größerer Gemeindeverbände der partizipativen Funktion kommunaler Selbstverwaltung ausreichend Rechnung trägt. Dem lässt sich auch nicht entgegnen, dass wirksame und demokratische Partizipation im Kreisgebiet lokale Identifikation voraussetze,[96] würde dadurch doch jede Bürgerbeteiligung in regionalen Gemeindeverbänden als undemokratisch eingestuft.[97] Auch die Ortskenntnis kann angesichts der Pluralität der Organisationsformen auf Gemeindeverbandsebene nicht als unerlässliche Voraussetzung für Gebietsreformen qualifiziert werden.[98] Schließlich können im Gegensatz zu den Kreisen regionale Gemeindeverbände weder in organisatorischer noch räumlicher Hinsicht pauschal als inhomogene Gebilde klassifiziert werden, denen ein einheitliches Regionalbewusstsein fehle[99] – auch dadurch würde

[95] *Roman Schnur*, Regionalskreise?, 1971, passim; *Christoph Mecking*, Die Regionalebene in Deutschland, 1995, passim; ferner *Adalbert Leidinger*, NWVBl. 1991, S. 325 ff.; *Ronald Brachmann*, LKV 1996, S. 34 (37 f.); *Manfred Miller*, LKV 1996, S. 50 ff.; *Karl Gertler*, LKV 1998, S. 426 ff.; *Axel Priebs*, DÖV 2002, S. 144 ff.; *ders.*, DÖV 2010, S. 503 ff.; *Thomas Rautenberg*, DVBl. 2003, S. 768 ff.; *Jürgen Poeschel*, DÖV 2004, S. 421 ff.; *Klaus Lange*, in: Hans-Günter Henneke (Hrsg.), Optimale Aufgabenerfüllung im Kreisgebiet?, 1998, S. 157 ff.; *Bernhard Stüer*, LKV 2004, S. 6 ff.; *Hubert Meyer*, LKV 2005, S. 233 ff.; *ders.*, DÖV 2006, S. 929 ff.; *ders.*, in: Hans-Günter Henneke (Hrsg.), Kommunale Verwaltungsstrukturen der Zukunft, 2006, S. 113 ff.; *Malte Fügemann*, SächsVBl. 2006, S. 1 ff.; *Arne Pausch*, NordÖR 2009, S. 108 ff.; zum Modell der kreisfreien Samtgemeinde schließlich *Jörn Ipsen*, NdsVBl. 2005, S. 313 ff.; *Klaus-Albrecht Sellmann/Christian Sellmann*, NdsVBl. 2006, S. 98 ff.; *Katrin Stein*, NdsVBl. 2012, S. 7 ff.

[96] Dazu *Hubert Meyer*, DVBl. 2007, S. 78 (85); siehe auch *Matthias Ruffert*, ThürVBl. 2006, S. 265 ff.

[97] *Hans Meyer*, NVwZ 2008, S. 24 (26 f.).

[98] Anders *Björn Rothe*, Kreisgebietsreform und ihre verfassungsrechtlichen Grenzen, 2004, S. 193.

[99] *Christoph Mecking*, Die Regionalebene in Deutschland, 1995, S. 333; *Eberhard Schmidt-Aßmann*, DVBl. 1996, S. 533 (539).

der Begriff der Gemeindeverbände auf die Organisationsform der Kreise beschränkt.

bb) Funktionen der Kreise als Maßstab von Kreisgebietsreformen?

Vor diesem Hintergrund kann das Merkmal der Überschaubarkeit von Kreisen nur auf anderer Grundlage als bereichsspezifische verfassungsrechtliche Grenze von Gebietsreformen hergeleitet werden. Bezugnehmen ließe sich auf die den Kreisen zugedachte Funktion,[100] wonach diese ein Bindeglied[101] zwischen staatsunmittelbarer Verwaltung und Gemeinden[102] bilden,[103] für das Bürgernähe und Ortsbezug prägend sind.[104] Danach stießen Gebietsreformen auf durchgreifende verfassungsrechtliche Bedenken, die dieser Funktion zuwiderlaufen.[105] Allerdings kann auch eine solche Funktion der Kreise nur überzeugen, solange spezifische Bezugsräume der Aufgabenwahrnehmung auf Kreisebene erkennbar sind. Angesichts der Existenz auch regionaler Bezugsräume[106] kommunaler Aufgaben – etwa im Bereich des Planungswesens[107] –, deren Wahrnehmung Regionalkreisen zugedacht wird,[108] steht der Aspekt der Überschaubar-

---

[100] *Peter Lerche*, DÖV 1969, S. 46 (55); *Klaus Stern*, in: Verein für die Geschichte der Deutschen Landkreise e. V. (Hrsg.), Der Kreis, Bd. I, 1972, S. 156 (170 ff.); *ders./Günter Püttner*, Neugliederungen der Landkreise Nordrhein-Westfalen, 1969, S. 15, 20 f.; *dies.*, Grundfragen zur Verwaltungsreform im Stadtumland, 1969, S. 24 f.; *Roman Schnur*, Regionalkreise?, 1971, S. 11; *Hubert Meyer*, in: Hans-Günter Henneke (Hrsg.), Kommunale Verwaltungsstrukturen der Zukunft, 2006, S. 113 (126); ferner *Arne Pausch*, NordÖR 2009, S. 108 (110 f.); kritisch *Hans Meyer*, NVwZ 2008, S. 24 (25), der auf die organisationsrechtliche Gestaltungsfreiheit der Landesgesetzgeber hinweist.

[101] Siehe aber auch *Eberhard Schmidt-Aßmann*, DVBl. 1996, S. 533 (534), der das Prinzip der Überschaubarkeit als notwendiges Attribut kommunaler Selbstverwaltung qualifiziert, das ein Gefühl der Verbundenheit ausbilde, gleichwohl aber auf den Aspekt der „Folgenfühlbarkeit“ rekurriert und anschließend die Qualität der Kreise als Bindeglied zwischen Staat und Gemeinden betont.

[102] *Georg Christoph von Unruh*, Der Kreis, 1964, S. 199 ff.

[103] Dazu *Roman Schnur*, Regionalkreise?, 1971, S. 9 ff.; ferner *Eberhard Schmidt-Aßmann*, DVBl. 1996, S. 533 (535); siehe auch *Björn Rothe*, Kreisgebietsreform und ihre verfassungsrechtlichen Grenzen, 2004, S. 141; *Bernhard Stüer*, in: Hubert Meyer/Maximilian Wallerath (Hrsg.), Gemeinden und Kreise in der Region, 2004, S. 33 (42, 44 f.); *dens.*, LKV 2004, S. 6 (9); anders *Klaus Stern*, in: Verein für die Geschichte der Deutschen Landkreise e. V. (Hrsg.), Der Kreis, Bd. I, 1972, S. 156 (176).

[104] Dazu *Bernhard Stüer*, LKV 2004, S. 6 (9).

[105] Allgemein *Peter Lerche*, DÖV 1969, S. 46 (46); *Rolf Wiese*, Garantie der Gemeindeverbandsebene?, 1972, S. 40.

[106] *Klaus Lange*, Die Organisation der Region, 1968, S. 292 ff.; *ders.*, in: Hans-Günter Henneke (Hrsg.), Optimale Aufgabenerfüllung im Kreisgebiet?, 1998, S. 157 (162 ff.); ferner *Christoph Seggermann*, Die Region, 2009, S. 117 ff., 181 ff.; siehe auch *Martin Wickel*, DÖV 2001, S. 837 (848).

[107] *Werner Hoppe/Hans-Werner Rengeling*, Rechtsschutz bei der kommunalen Gebietsreform, 1973, S. 49 ff.

[108] Dazu *Roman Schnur*, Regionalkreise?, 1971, S. 2, 38; *Klaus Stern*, in: Verein für die Geschichte der Deutschen Landkreise e. V. (Hrsg.), Der Kreis, Bd. I, 1972, S. 156 (156); siehe

keit von Kreisen unter dem Vorbehalt, dass die besondere Funktion der Kreise nicht auch von Regionalkreisen wahrgenommen werden kann.[109]

2. *Konfligierendes Rechtsprinzip: Die Leistungsfähigkeit von Gemeinden und Gemeindeverbänden*

Gegenstand der Ausführungen waren bislang die Funktionen kommunaler Selbstverwaltung und deren Bedeutung für Gebietsreformen aus prinzipientheoretischer Perspektive. Damit ist die Maßstabbildung nicht abgeschlossen. Eingangs wurde darauf hingewiesen, dass erst eine Abwägung zwischen den Funktionen kommunaler Selbstverwaltung und kollidierenden Rechtsprinzipien nach Maßgabe des Untermaßverbotes die verfassungsrechtlichen Grenzen für die Durchführung von Gebietsreformen hervorbringt. Solche kollidierenden Rechtsprinzipien sind nunmehr bereichsspezifisch zu benennen. Im Vordergrund steht dabei der Gedanke der Leistungsfähigkeit: Gebietsreformen dienen überwiegend der Steigerung der Verwaltungseffizienz[110] – Kostenersparnisse und Synergieeffekte[111] sollen im Wege der Vergrößerung der Verwaltungsräume[112] realisiert werden. Durchgreifende Bedenken bestehen insoweit auch aus prinzipientheoretischer Sicht nicht. Gemeinden und Gemeindeverbände, die als staatliche Organisationseinheiten eine gesetzes- und funktionsgerechte Aufgabenerfüllung gewährleisten müssen,[113] sind grundsätzlich dem Gedanken der Leistungsfähigkeit verpflichtet. Allerdings benennt das Streben nach Kostenersparnissen und Synergieeffekten lediglich einen von mehreren Abwägungsaspekten.[114] Gebietsreformen können daher nicht allein an diesem Streben ausge-

---

auch Landesverfassungsgericht Mecklenburg-Vorpommern, DVBl. 2007, S. 1102 (1106 f.); ferner *Franz-Ludwig Knemeyer*, LKV 1992, S. 177 (178); *Björn Rothe*, Kreisgebietsreform und ihre verfassungsrechtlichen Grenzen, 2004, S. 131 f.; *Wilfried Erbguth*, LKV 2004, S. 1 (4 f.).

[109] *Klaus Lange*, in: Hans-Günter Henneke (Hrsg.), Optimale Aufgabenerfüllung im Kreisgebiet?, 1998, S. 157 (163); *Bernhard Stüer*, in: Hubert Meyer/Maximilian Wallerath (Hrsg.), Gemeinden und Kreise in der Region, 2004, S. 33 (45 f.); ferner *Klaus Stern*, in: Verein für die Geschichte der Deutschen Landkreise e. V. (Hrsg.), Der Kreis, Bd. I, 1972, S. 156 (177); kritisch *Hans Meyer*, NVwZ 2008, S. 24 (25, 28).

[110] *Björn Rothe*, Kreisgebietsreform und ihre verfassungsrechtlichen Grenzen, 2004, S. 125; *Hubert Meyer*, in: Hans-Günter Henneke (Hrsg.), Kommunale Verwaltungsstrukturen der Zukunft, 2006, S. 113 (135 ff.); mit Blick auf Verwaltungsgemeinschaften BVerfGE 107, 1 (22 f.).

[111] Kritisch *Albert von Mutius*, in: Ständige Deputation des Deutschen Juristentages (Hrsg.), Verhandlungen des dreiundfünfzigsten Deutschen Juristentages, Bd. I, 1980, E 61 f.

[112] *Veith Mehde*, NordÖR 2007, S. 331 (332); kritisch *Hans Peter Bull*, NordÖR 2003, S. 438 (439 f.); ferner *Werner Thieme*, DÖV 2001, S. 462 (463); *Hubert Meyer*, DÖV 2006, S. 929 (931, 937).

[113] Allgemein *Michael Fehling*, Verwaltung zwischen Unparteilichkeit und Gestaltungsaufgabe, 2001, S. 286.

[114] *Christoph Georg von Unruh*, DVBl. 1975, S. 1 (3); *Rolf Wiese*, Garantie der Gemeindeverbandsebene, 1972, S. 47; *Janbernd Oebbecke*, in: Hans-Günter Henneke (Hrsg.), Optima-

richtet werden. Vielmehr ist zu berücksichtigen, dass Gebietsreformen Auswirkungen auf die partizipative Funktion kommunaler Selbstverwaltung haben. Dies kann zumindest nach dem prinzipientheoretischen Ansatz nicht im Interesse der Leistungsfähigkeit[115] völlig unberücksichtigt bleiben. Beide Aspekte müssen daher mit Hilfe der Abwägungsmethode in Einklang gebracht werden – Gebietsreformen sind auch zum Zwecke von Kostenersparnissen und Synergieeffekten nur nach Maßgabe einer Abwägung mit den Funktionen kommunaler Selbstverwaltung zulässig.

Dem steht nicht entgegen, dass eine „wirksame Teilnahme der Bürger an den kommunalen Angelegenheiten [...] eine hinreichend lebens- und verantwortungsfähige Selbstverwaltungssubstanz [erfordert]", die ein

> „Bemühen um die Stärkung der Leistungsfähigkeit der Gemeinden im Interesse einer bestmöglichen Daseinsvorsorge für die Einwohner sowie die Stärkung der Verwaltungskraft der Gemeinde im Interesse einer wirksamen Bewältigung ihrer Verwaltungsaufgaben und der sparsamen und wirtschaftlichen Verwendung der der Gemeinde zufließenden finanziellen Mittel"

zulässt.[116] Allenfalls in Ausnahmefällen stimmt das Streben nach Kostenersparnissen und Synergieeffekten nämlich mit der partizipativen Funktion kommunaler Selbstverwaltung überein. Ausgehend von diesen Feststellungen lässt sich abschließend die Bedeutung des Gedankens der Leistungsfähigkeit für die Abwägungsentscheidung in doppelter Hinsicht präzisieren: Erstens ist zu beachten, dass Gebietsreformen die Verwaltungseffektivität und Kostenentwicklung auch verschlechtern können.[117] Der Gedanke der Leistungsfähigkeit kann daher

---

le Aufgabenerfüllung im Kreisgebiet?, 1999, S. 47 (54); *Wilfried Erbguth*, LKV 2004, S. 1 (4); allgemein *Rainer Wahl*, VVDStRL 41 (1983), S. 151 (157), der die Kriterien der Rechtmäßigkeit, der Wirtschaftlichkeit, der Zweckmäßigkeit und der Bürgernähe als Determinanten des Verwaltungsverfahrens benennt und darauf hinweist, dass keiner der genannten Faktoren isoliert verfolgt werden dürfe.

[115] Allgemein *Wolfgang Hoffmann-Riem*, in: Eberhard Schmidt-Aßmann/Wolfgang Hoffmann-Riem (Hrsg.), Verwaltungsorganisationsrecht als Steuerungsressource, 1997, S. 355 (389).

[116] Dazu Thüringer Verfassungsgerichtshof, NVwZ-RR 1997, S. 639 (641 f.); ferner *Alfred Katz/Klaus Ritgen*, DVBl. 2008, S. 1525 (1528); siehe auch *Johann-Christian Pielow*, in: Hans-Günter Henneke (Hrsg.), Künftige Funktionen und Aufgaben der Kreise im sozialen Bundesstaat, 2004, S. 137 (154); *Wilfried Erbguth*, LKV 2004, S. 1 (4); *Hubert Meyer*, in: Hans-Günter Henneke (Hrsg.), Kommunale Verwaltungsstrukturen der Zukunft, 2006, S. 113 (136 f.).

[117] Allgemein *Janbernd Oebbecke*, in: Hans-Günter Henneke (Hrsg.), Optimale Aufgabenerfüllung im Kreisgebiet?, 1998, S. 47 (48 ff.); *ders.*, in: Janbernd Oebbecke/Dirk Ehlers/Alexander Schinke/Dörte Diemert (Hrsg.), Kommunalverwaltung in der Reform, 2004, S. 42 (50 f.); *Björn Rothe*, Kreisgebietsreform und ihre verfassungsrechtlichen Grenzen, 2004, S. 125 ff.; siehe auch *Edzard Schmidt-Jortzig*, DVBl. 1977, S. 801 (801); *Dietrich Gunst*, AfK 1990, S. 189 (205); *Friedhelm Hufen*, in: Max-Emanuel Geis (Hrsg.), Staat – Kirche – Verwaltung, Festschrift für Hartmut Maurer zum 70. Geburtstag, 2001, S. 1177 (1186); anders wohl BVerfGE 79, 127 (153).

nur überzeugen, wenn Effektivitätssteigerungen und Kostenminderungen tatsächlich nachgewiesen werden.[118] Zweitens stößt mit Blick auf Kostenersparnisse und Synergieeffekte jede ausschließliche Orientierung am übertragenen Wirkungskreis auf Bedenken:[119] Gemeinden und Gemeindeverbände würden zu bloßen staatlichen Verwaltungseinheiten degradiert,[120] wenn lediglich der Aufgabenwahrnehmung im übertragenen Wirkungskreis Bedeutung beigemessen würde.[121] Auch auf diesem Wege darf der Partizipationsaspekt nicht verdrängt werden.

III. Zur Abwägungsentscheidung des Gesetzgebers

Zusammenfassend lässt sich somit festhalten: Die verfassungsrechtlichen Grenzen für die Durchführung von Gebietsreformen ergeben sich aus der Abwägung zwischen den Merkmalen der Bürgernähe, Überschaubarkeit und Leistungsfähigkeit von Gemeinden und Gemeindeverbänden. Während damit das Abwägungsmaterial bestimmt ist, soll nunmehr die Abwägungsentscheidung in den Blick genommen werden. Von zentraler Bedeutung ist dabei, dass nach dem prinzipientheoretischen Deutungsansatz die Ausgestaltung des existentialen Gewährleistungselementes an das Untermaßverbot gebunden ist – dieser Maßstab ist für Gebietsreformen näher zu entfalten.

[118] *Björn Rothe*, Kreisgebietsreform und ihre verfassungsrechtlichen Grenzen, 2004, S. 126 f.; *Jörn Ipsen*, in: Hubert Meyer/Maximilian Wallerath (Hrsg.), Gemeinden und Kreise in der Region, 2004, S. 17 (21); *Matthias Dombert*, in: Hubert Meyer/Maximilian Wallerath (Hrsg.), Gemeinden und Kreise in der Region, 2004, S. 47 (53 f.); *Hubert Meyer*, in: Hans-Günter Henneke (Hrsg.), Kommunale Verwaltungsstrukturen der Zukunft, 2006, S. 113 (121); ferner *Klaus Lange*, DÖV 1996, S. 684 (687).

[119] Anders Sächsischer Verfassungsgerichtshof, NVwZ 2009, S. 39 ff.; „Der Gesetzgeber verfolgt mit dem Sächsischen Kreisgebietsneugliederungsgesetz legitime, in der institutionellen Garantie der kommunalen Selbstverwaltung verankerte Ziele, weil er [...] die Voraussetzungen für die Kommunalisierung weiterer Aufgaben schaffen will."; ferner *Hans Peter Bull*, DVBl. 2008, S. 1 (8), der das Interesse an einer grundsätzlich leistungsfähigen Verwaltung für gewichtiger hält als das Interesse an einer Aktivierung der Beteiligten für ihre eigenen Angelegenheiten; ähnlich *Janbernd Oebbecke*, in: Veith Mehde (Hrsg.), Staat, Verwaltung, Information, Festschrift für Hans Peter Bull zum 75. Geburtstag, 2011, S. 715 (720); siehe aber auch *Werner Hoppe/Bernhard Stüer*, DVBl. 1992, S. 641 (648); *Veith Mehde*, NordÖR 2007, S. 331 (335); zudem *Martin Burgi*, Verw 2009, S. 155 (169 f.), der davor warnt, die bürgerschaftliche Substanz kommunaler Selbstverwaltung zu schwächen; *Carsten Kremer*, VerwArch 102 (2011), S. 242 (249); zur Bedeutung der Kreise schließlich *Jörg Bogumil/Falk Ebinger*, in: Christiane Büchner/Jochen Franzke/Michael Nierhaus (Hrsg.), Verfassungsrechtliche Anforderungen an Kreisgebietsreformen – Zum Urteil des Landesverfassungsgerichts Mecklenburg-Vorpommern, 2008, S. 13 (19 f.).

[120] Siehe *Hans-Ulrich Evers*, DVBl. 1969, S. 765 (771); *Roman Schnur*, Regionalkreise?, 1971, S. 23; *Klaus Stern*, in: Verein für die Geschichte der Deutschen Landkreise e. V. (Hrsg.), Der Kreis, Bd. I, 1972, S. 156 (170, 172); *Hubert Meyer*, DÖV 2006, S. 929 (931 f.); *Hans-Günter Henneke/Klaus Ritgen*, DVBl. 2007, S. 1253 (1266).

[121] Siehe *Hubert Meyer*, in: Hans-Günter Henneke (Hrsg.), Kommunale Verwaltungsstrukturen der Zukunft, 2006, S. 113 (121).

1. *Die Verhältnismäßigkeitsprüfung nach der (Landes)Verfassungsgerichtsbarkeit*

Zuvor ist auf die Judikatur der (Landes)Verfassungsgerichtsbarkeit zurückzukommen und darauf hinzuweisen, dass auch sie die Notwendigkeit einer Abwägungsentscheidung anerkennt.[122] Ein technisch-rechnerisches Vorgehen[123] findet danach keine Anwendung.[124] Das Bundesverfassungsgericht formuliert allerdings, dass Gebietsreformen geeignet, erforderlich und verhältnismäßig sein müssen und die Gebote der Sachgerechtigkeit und Systemgerechtigkeit beachtet werden müssen – auch die Landesverfassungsgerichtsbarkeit nimmt überwiegend auf das Übermaßverbot Bezug.[125] Der Verfassungsgerichtshof für das Land Nordrhein-Westfalen prüfte demgegenüber, ob grobe, eine sachliche Regelung des Gegenstandes völlig außer Acht lassende Verstöße festgestellt werden können, die Gebietsreformen die Orientierung am Gedanken der Gerechtigkeit sowie ihre innere Rechtfertigung absprechen.[126] Nachfolgend wurde der Prüfungsmaßstab intensiviert und auf eine uneingeschränkte Kontrolle der Motive für die Durchführung von Gebietsreformen erstreckt.[127] Anschließend brachte der Verfassungsgerichtshof für das Land Nordrhein-Westfalen eine spezifische Abwägungsmethode zur Anwendung, die den Schaden und den Nutzen von Gebietsreformen im Sinne eines „Verbesserungsgebotes"[128] vergleicht.[129]

---

[122] Ausführlich *Werner Hoppe/Hans-Werner Rengeling*, Rechtsschutz bei der kommunalen Gebietsreform, 1973, S. 130 ff.

[123] Siehe *Frido Wagener*, Neubau der Verwaltung, 1969, S. 328 ff.

[124] Kritisch *Hans Peter Bull*, NordÖR 2003, S. 438 (439); allgemein *Werner Thieme*, Verwaltungslehre, 4. Aufl. 1984, Rn. 258.

[125] Ausführlich S. 245 ff.

[126] Verfassungsgerichtshof für das Land Nordrhein-Westfalen, OVGE 14, 377 (383); 22, 316 ff.; dazu *Ernst Friesenhahn*, in: Peter Saladin (Hrsg.), Der Staat als Aufgabe, Gedenkschrift für Max Imboden, 1972, S. 115 ff.

[127] Verfassungsgerichtshof für das Land Nordrhein-Westfalen, OVGE 26, 270 (278).

[128] Siehe auch Staatsgerichtshof Baden-Württemberg, NJW 1975, S. 1205 (1213); Bayerischer Verfassungsgerichtshof, BayVBl. 1980, S. 400 (403); Bayerischer Verfassungsgerichtshof, BayVBl. 1981, S. 399 (400); ähnlich *Werner Hoppe*, DVBl. 1971, S. 473 ff.; *Jörn Ipsen*, in: Hubert Meyer/Maximilian Wallerath (Hrsg.), Gemeinden und Kreise in der Region, 2004, S. 17 (21); *Matthias Dombert*, in: Hubert Meyer/Maximilian Wallerath (Hrsg.), Gemeinden und Kreise in der Region, 2004, S. 47 (50); *Hubert Meyer*, in: Hans-Günter Henneke (Hrsg.), Kommunale Verwaltungsstrukturen der Zukunft, 2006, S. 113 (121); kritisch Verfassungsgericht Sachsen-Anhalt, LKV 1995, S. 75 (79); zum Ganzen ferner Niedersächsischer Staatsgerichtshof, NdsStGHE 2, 1 (154); *Klaus Stern*, in: Verein für die Geschichte der Deutschen Landkreise e. V. (Hrsg.), Der Kreis, Bd. I, 1972, S. 156 (171 f.); *Bernhard Stüer*, DVBl. 1977, S. 1 (9 f.); *Björn Rothe*, Kreisgebietsreform und ihre verfassungsrechtlichen Grenzen, 2004, S. 160 ff., 168 ff.

[129] Verfassungsgerichtshof für das Land Nordrhein-Westfalen, OVGE 28, 291 (292 f.); 28, 304 (305); 31, 290 (293); dazu *Franz-Ludwig Knemeyer*, in: Christian Starck/Klaus Stern (Hrsg.), Landesverfassungsgerichtsbarkeit, Bd. III, 1983, S. 143 (162 ff.); *Wolfgang Löwer/Jörg Menzel*, ZG 1997, S. 90 ff.; *Ihno Gebhardt*, Das kommunale Selbstverwaltungsrecht,

Spezifische Prüfungsmaßstäbe entwickelten schließlich auch der Thüringer Verfassungsgerichtshof[130] sowie das Verfassungsgericht Brandenburg.[131]

2. *Zur Geltung des Untermaßverbotes*

Die von der (Landes)Verfassungsgerichtsbarkeit entwickelten Maßstäbe können aus prinzipientheoretischer Sicht nicht überzeugen. Die legislative Ausgestaltung der räumlichen Ausdehnung von Gemeinden und Gemeindeverbänden ist danach vielmehr am Maßstab des Untermaßverbotes zu messen.[132] Schlichte Bezugnahmen auf die Kriterien der Geeignetheit, Erforderlichkeit und Angemessenheit bleiben aus dieser Perspektive folglich unterkomplex. Gleiches gilt grundsätzlich auch für die Maßstäbe der System- oder Leitbildgerechtigkeit,[133] die allenfalls überzeugen können, sofern sie ihrerseits als Rechtsprinzipien zu qualifizieren und dementsprechend im Rahmen der Abwägung zu beachten sind.[134] Schließlich lässt sich nach dem prinzipientheoretischen Deutungsansatz hinsichtlich des überkommenen Gebietszuschnitts von Gemeinden und Gemeindeverbänden kein Bestandsschutz, der Gebietsreformen spezifischen verfassungsrechtlichen Maßstäben unterwirft, begründen.[135] Der in der Judikatur der (Landes)Verfassungsgerichtsbarkeit für Mehrfach- oder Rückneugliederungen[136] etablierten Sonderdogmatik fehlt folglich jede verfassungsrechtliche

---

2007, S. 63f.; ferner *Willi Geiger*, in: Thomas Berberich/Wolfgang Holl/Kurt-Jürgen Maaß (Hrsg.), Neue Entwicklungen im öffentlichen Recht, 1979, S. 131 (141).

[130] Thüringer Verfassungsgerichtshof, NVwZ-RR 1997, S. 639 (645ff.); ferner Sächsischer Verfassungsgerichtshof, SächsVBl. 1997, S. 79 (80); dazu *Ihno Gebhardt*, Das kommunale Selbstverwaltungsrecht, 2007, S. 77ff.; *Markus Scheffer*, LKV 2008, S. 158 (160).

[131] Verfassungsgericht Brandenburg, LKV 2002, S. 573 (575f.); dazu *Ihno Gebhardt*, Das kommunale Selbstverwaltungsrecht, 2007, S. 64f.

[132] Ähnlich *Hans Peter Bull*, DVBl. 2008, S. 1 (2), der auf das Willkürverbot Bezug nimmt; dazu auch *Joachim Wieland*, in: Veith Mehde (Hrsg.), Staat, Verwaltung, Information, Festschrift für Hans Peter Bull zum 75. Geburtstag, 2011, S. 923ff.; ferner *Wilfried Erbguth*, LKV 2004, S. 1 (5), der auf die allgemeine Abwägungsfehlerlehre Bezug nimmt; ähnlich *Veith Mehde*, NordÖR 2007, S. 331 (336); kritisch *Björn Rothe*, Kreisgebietsreform und ihre verfassungsrechtlichen Grenzen, 2004, S. 122ff.

[133] Dazu *Franz-Ludwig Knemeyer*, in: Christian Starck/Klaus Stern (Hrsg.), Landesverfassungsgerichtsbarkeit, Bd. III, 1983, S. 143 (172ff., 182f.); *Björn Rothe*, Kreisgebietsreform und ihre verfassungsrechtlichen Grenzen, 2004, S. 119f.; kritisch Verfassungsgericht Sachsen-Anhalt, LKV 2007, S. 125 (126).

[134] Allgemein *Ihno Gebhardt*, Das kommunale Selbstverwaltungsrecht, 2007, S. 72ff.; ferner Staatsgerichtshof Baden-Württemberg, NJW 1975, S. 1205 (1212); Verfassungsgericht Brandenburg, LKV 1995, S. 37 (39); wohl auch Verfassungsgericht Sachsen-Anhalt, LKV 1995, S. 75 (83); ferner *Björn Rothe*, Kreisgebietsreform und ihre verfassungsrechtlichen Grenzen, 2004, S. 120 mit dem Hinweis, der Grundsatz der Systemgerechtigkeit sei aus dem allgemeinen Willkürverbot zu deduzieren.

[135] Anders *Matthias Dombert*, Der Landkreis 2005, S. 526 (528), der eine Bestandssicherung vorhandener Gemeinden und Gemeindeverbände favorisiert.

[136] BVerfGE 86, 90 (109); ferner *Werner Hoppe/Hans-Werner Rengeling*, Rechtsschutz bei der kommunalen Gebietsreform, 1973, S. 142; *Jörn Ipsen*, in: Hubert Meyer/Maximilian Wal-

Grundlage, solange diese Sonderdogmatik allein auf den Gedanken des Vertrauensschutzes gestützt wird[137] – eine abweichende Beurteilung ist hingegen angezeigt, sofern entsprechende Gebietsreformen die partizipative Funktion kommunaler Selbstverwaltung in besonderem Maße beeinträchtigen.[138]

3. *Judikative Kontrolldichte und legislative Prognoseentscheidungen*

Hinsichtlich der Abwägungsentscheidung sind Unterschiede zwischen der institutionellen Interpretation des Art. 28 Abs. 2 GG und der prinzipientheoretischen Deutung angesichts der Anwendung des Übermaßverbotes einerseits und des Untermaßverbotes andererseits unverkennbar. Annäherungen ergeben sich allerdings aus der Judikatur des Bundesverfassungsgerichts zur verfassungsgerichtlichen Kontrolldichte[139] bei legislativen Prognoseentscheidungen.[140] Nach Auffassung des Bundesverfassungsgerichts darf sich

„[s]oweit [...] über die Zielvorstellungen, Sachabwägungen, Wertungen und Prognosen des Gesetzgebers zu befinden ist, [...] das Verfassungsgericht [nämlich] nicht an die Stelle des Gesetzgebers setzen, sondern hat seine Nachprüfung darauf zu beschränken, ob die Einschätzungen und Entscheidungen des Gesetzgebers offensichtlich fehlerhaft oder

lerath (Hrsg.), Gemeinden und Kreise in der Region, 2004, S. 17 (20f.); eingehend *Bernhard Stüer*, DVBl. 1977, S. 1ff.; *Björn Rothe*, Kreisgebietsreform und ihre verfassungsrechtlichen Grenzen, 2004, S. 151ff.

[137] Dazu, dass der Gedanke des Vertrauensschutzes nach der prinzipientheoretischen Interpretation keine Bedeutung erlangt, S. 143f.; zum Vertrauensschutz in vorliegendem Zusammenhang BVerfGE 86, 90 (110); *Björn Rothe*, Kreisgebietsreform und ihre verfassungsrechtlichen Grenzen, 2004, S. 153ff.

[138] Aus der Perspektive der institutionellen Interpretation BVerfGE 86, 90 (110); siehe auch *Björn Rothe*, Kreisgebietsreform und ihre verfassungsrechtlichen Grenzen, 2004, S. 167; ferner *Werner Hoppe/Hans-Werner Rengeling*, Rechtsschutz bei der kommunalen Gebietsreform, 1973, S. 139f.; *Bernhard Stüer*, DVBl. 1977, S. 1 (12).

[139] Dazu *Werner Hoppe/Hans-Werner Rengeling*, Rechtsschutz bei der kommunalen Gebietsreform, 1973, S. 167ff.

[140] Siehe *Günter Püttner*, AöR 95 (1970), S. 610 (613ff.); *Diether Bischoff*, Kommunale Neugliederung und Selbstverwaltungsgarantie, 1972, S. 22ff.; *Dieter Lorenz*, in: Christian Starck/Klaus Stern (Hrsg.), Landesverfassungsgerichtsbarkeit, Bd. III, 1983, S. 193ff.; kritisch *Werner Hoppe*, in: Alfred Hartlieb von Wallthor/Franz Petri (Hrsg.), Grundfragen der Gebiets- und Verwaltungsreform in Deutschland, 1973, S. 63 (70); *ders.*, in: Klaus Grupp (Hrsg.), Kommunale Selbstverwaltung in Deutschland und Europa, 1995, S. 67 (88f.); allgemein *Fritz Ossenbühl*, in: Christian Starck (Hrsg.), Bundesverfassungsgericht und Grundgesetz – Festgabe aus Anlaß des 25jährigen Bestehens des Bundesverfassungsgerichts, Bd. I, 1976, S. 464ff.; *Rüdiger Breuer*, Der Staat 16 (1977), S. 21ff.; *ders.*, in: Präsident des Verfassungsgerichtshofs für das Land Nordrhein-Westfalen (Hrsg.), Verfassungsgerichtsbarkeit in Nordrhein-Westfalen, Festschrift zum 50-jährigen Bestehen des Verfassungsgerichtshofs für das Land Nordrhein-Westfalen, 2002, S. 293ff.; *Ino Augsberg/Steffen Augsberg*, VerwArch 98 (2007), S. 290 (301ff.); ausführlich *Klaus Meßerschmidt*, Gesetzgebungsermessen, 2000, S. 926ff.

eindeutig widerlegbar sind oder der verfassungsrechtlichen Wertordnung widersprechen".[141]

Der verfassungsgerichtlichen Kontrolle unterliegt danach zunächst die Ermittlung des Sachverhaltes;[142] zudem sind die Motive für die Durchführung von Gebietsreformen sowie die Existenz von Gemeinwohlbelangen der uneingeschränkten Kontrolle zugänglich.[143] Der Legislative bleibt allerdings die Aufgabe vorbehalten, die relevanten Belange im Einzelnen zu gewichten und zu bewerten.[144] Ziele, Wertungen und Prognosen des Gesetzgebers dürfen lediglich nicht offensichtlich und eindeutig widerlegbar sein oder den Prinzipien der verfassungsmäßigen Ordnung widersprechen.[145]

Insbesondere der Maßstab der Geeignetheit gelangt daher modifiziert zur Anwendung: „Ausreichend ist [...], daß die Neugliederung dazu geeignet ist, in absehbarer Zeit künftig die Ziele und Zwecke des Gesetzgebers zu erfüllen [...]."[146] Darüber hinaus ist zu prüfen,

> „ob die angegriffene Neugliederungsmaßnahme nicht offensichtlich außer Verhältnis zu dem mit dem Gesetz zu erfüllenden Zweck stehe."[147] „Der verfassungsgerichtlichen Überprüfung unterliegt auch, ob der Gesetzgeber den Erforderlichkeitsgrundsatz [...] beachtet hat, d.h. ob er unter mehreren gleicherweise geeigneten Maßnahmen diejenige ausgewählt hat, welche mit geringster Intensität in die Rechtsphäre der betroffenen Ge-

---

[141] Siehe nochmals BVerfGE 50, 50 (51); 86, 90 (109); kritisch *Franz-Ludwig Knemeyer*, LKV 1992, S. 177 (182); siehe auch *Klaus Grupp*, in: Joachim Burmeister (Hrsg.), Verfassungsstaatlichkeit, Festschrift für Klaus Stern zum 65. Geburtstag, 1997, S. 1099ff., der bei neuen Erkenntnisgewinnen – dazu *Karl Reinhard Hinkel*, DÖV 1983, S. 180ff. – eine Verpflichtung zur Korrektur konstruiert.

[142] Verfassungsgerichtshof für das Land Nordrhein-Westfalen, OVGE 25, 310 (315); Niedersächsischer Staatsgerichtshof, DVBl. 1974, S. 520 (521); Staatsgerichtshof Baden-Württemberg, NJW 1975, S. 1205 (1213); ferner Verfassungsgericht Sachsen-Anhalt, SächsVBl. 1994, S. 236 (237); Verfassungsgericht Sachsen-Anhalt, LKV 1995, S. 75 (77); Verfassungsgericht Brandenburg, LKV 1995, S. 37 (38); Verfassungsgericht Brandenburg, SächsVBl. 1995, S. 204 (206).

[143] Grundlegend Staatsgerichtshof Baden-Württemberg, DÖV 1973, S. 163 (165); ferner Verfassungsgerichtshof für das Land Nordrhein-Westfalen, OVGE 26, 270 (278); Verfassungsgericht Brandenburg, LKV 1995, S. 37 (39); Verfassungsgericht Sachsen-Anhalt, LKV 1995, S. 75 (78); Sächsischer Verfassungsgerichtshof, SächsVBl. 1997, S. 79 (80); Sächsischer Verfassungsgerichtshof, LKV 2000, S. 25 (25); zum Ganzen *Ihno Gebhardt*, Das kommunale Selbstverwaltungsrecht, 2007, S. 65f.

[144] Niedersächsischer Staatsgerichtshof, StGHE 2, 1 (150); ferner Verfassungsgericht Brandenburg, LKV 1995, S. 37; Verfassungsgericht Sachsen-Anhalt, LKV 1995, S. 75 (79).

[145] BVerfGE 86, 90 (109); Verfassungsgerichtshof für das Land Nordrhein-Westfalen, OVGE 26, 270 (278); Staatsgerichtshof Baden-Württemberg, NJW 1975, S. 1205 (1213); Sächsischer Verfassungsgerichtshof, SächsVBl. 1997, S. 79 (80); Sächsischer Verfassungsgerichtshof, LKV 2000, S. 25 (25).

[146] Staatsgerichtshof Baden-Württemberg, NJW 1975, S. 1205 (1211).

[147] Staatsgerichtshof Baden-Württemberg, NJW 1975, S. 1205 (1211); ferner Verfassungsgericht Brandenburg, LKV 1995, S. 37 (38); Verfassungsgericht Brandenburg, SächsVBl. 1995, S. 204 (206); siehe auch *Björn Rothe*, Kreisgebietsreform und ihre verfassungsrechtlichen Grenzen, 2004, S. 116.

meinden eingreift. Dabei ist die Geeignetheit von Alternativmaßnahmen nicht voll überprüfbar. Denn bei der Bewertung, ob und welche anderen Maßnahmen ebenso zur Erreichung der verfolgten Ziele geeignet sind, hat der Gesetzgeber politische Abwägungen und Bewertungen vorzunehmen und Prognosen aufzustellen, die nur einer eingeschränkten verfassungsgerichtlichen Kontrolle unterworfen sind [...].“[148]

Zudem kann die verfassungsgerichtliche Kontrolle Wertungen und Erwägungen des Gesetzgebers

„nur dann rechtlich beanstanden, wenn sie eindeutig widerlegbar oder offensichtlich fehlerhaft sind oder der verfassungsrechtlichen Werteordnung widersprechen. Das gleiche gilt für die Wertung des Gesetzgebers, daß unter verschiedenen denkbaren Alternativlösungen im konkreten Fall eine bestimmte Lösung die zweckmäßigste und sinnvollste sei; insofern kann das Gericht nicht an die Stelle der vom Parlament vorgenommenen Bewertung eine eigene Beurteilung setzen, wonach möglicherweise eine andere Lösung sinnvoller und zweckmäßiger gewesen wäre [...].“[149]

Letztlich verbleiben dem Gesetzgeber trotz der Anwendung des Übermaßverbotes angesichts der zurückgenommenen gerichtlichen Kontrolldichte daher auch nach dem institutionellen Deutungsansatz des Bundesverfassungsgerichts Gestaltungsspielräume. Diese Gestaltungsspielräume können allerdings nicht darüber hinwegtäuschen, dass aus prinzipientheoretischer Sicht allein das Untermaßverbot den richtigen Prüfungsmaßstab bildet.

IV. Exkurs: Anhörung von Gemeinden und Gemeindeverbänden

Mit einer prozeduralen Betrachtung sollen die Erörterungen zur legislativen Ausgestaltung der territorialen Grundlagen kommunaler Selbstverwaltung abgeschlossen werden. Eine solche Betrachtung ist notwendig, da das Bundesverfassungsgericht neben inhaltlichen Maßstäben Art. 28 Abs. 2 GG auch prozedurale Maßgaben für die Durchführung von Gebietsreformen abgewonnen hat. Die Bedeutung dieser prozeduralen Maßgaben ist im Folgenden aus der Perspektive der prinzipientheoretischen Interpretation des Art. 28 Abs. 2 GG zu würdigen.

---

[148] Verfassungsgerichtshof für das Land Nordrhein-Westfalen, OVGE 26, 286 (294); Staatsgerichtshof Baden-Württemberg, DÖV 1973, S. 163 (166); Staatsgerichtshof Baden-Württemberg, NJW 1975, S. 1205 (1212); Verfassungsgericht Sachsen-Anhalt, LKV 1995, S. 75 (83).

[149] Staatsgerichtshof Baden-Württemberg, DÖV 1973, S. 163 (165); Staatsgerichtshof Baden-Württemberg, NJW 1975, S. 1205 (1207); Bayerischer Verfassungsgerichtshof, DVBl. 1975, S. 28 (33); Verfassungsgericht Brandenburg, LKV 1995, S. 37 (38); Verfassungsgericht Brandenburg, SächsVBl. 1995, S. 204 (206); Verfassungsgericht Sachsen-Anhalt, LKV 1995, S. 75 (79 f.); zum Ganzen *Dieter Lorenz*, in: Christian Starck/Klaus Stern (Hrsg.), Landesverfassungsgerichtsbarkeit, Bd. III, 1983, S. 193 (222); *Björn Rothe*, Kreisgebietsreform und ihre verfassungsrechtlichen Grenzen, 2004, S. 115, 117 ff., 122 f.; *Markus Scheffer*, LKV 2008, S. 158 (161).

1. Zur Judikatur des Bundesverfassungsgerichts

„Bestandsänderungen und Gebietsänderungen von Gemeinden sind [nach dem Bundesverfassungsgericht] nur nach vorheriger Anhörung der betroffenen Gebietskörperschaften zulässig. Zum historisch gewachsenen Kernbereich der Selbstverwaltungsgarantie nach Art. 28 Abs. 2 Satz 1 GG gehört [danach], daß Gemeinden in Wahrung ihrer von der Verfassung geforderten Rechtsstellung Gelegenheit erhalten, zu einem sie betreffenden Neugliederungsvorhaben des Staates Stellung zu nehmen; sie dürfen bei der Neugliederung nicht zum bloßen Objekt staatlichen Handelns werden. Eine dem öffentlichen Wohl entsprechende Entscheidung des Gesetzgebers über die kommunale Neugliederung eines Gebietes setzt im übrigen auch regelmäßig die Abwägung der verschiedenen, oft gegenläufigen Interessen voraus. Diese Abwägung kann sachgerecht nicht ohne Beteiligung der Betroffenen erfolgen. Durch sie erhält der Gesetzgeber zumeist erst die erforderliche umfassende und zuverlässige Kenntnis von allen erheblichen Umständen. Das in allen Gemeindeordnungen der Länder verankerte Recht der Gemeinden auf Anhörung bei Eingriffen des Staates in den Gebietsbestand ist also nicht nur Inhalt der Selbstverwaltungsgarantie, sondern zugleich Ausfluß des Rechtsstaatsprinzips [...]. Die von einem Neugliederungsvorhaben betroffene Gemeinde muß bei der verfassungsrechtlich gebotenen Anhörung zwar nicht von allen Einzelheiten, wohl aber vom wesentlichen Inhalt des Neugliederungsplanes und seiner Begründung Kenntnis erhalten. Wird das Vorhaben bis zu seiner endgültigen Festlegung in diesen wesentlichen Punkten geändert, so muß die Gemeinde neuerlich angehört werden [...].“[150]

Mit solchen prozeduralen Anforderungen widerspricht die institutionelle Sichtweise auf die Durchführung von Gebietsreformen zunächst der Lehre von den institutionellen Garantien: Die Notwendigkeit einer Anhörung von Gemeinden und Gemeindeverbänden lässt sich ebenfalls nicht mit der institutionellen Überzeugung in Einklang bringen, dass Gemeinden und Gemeindeverbände verfassungsrechtlich nicht individuell, sondern allein institutionell gewährleistet werden.[151] Dieser Widerspruch wird im Kontext der kommunalen Finanz-

---

[150] BVerfGE 50, 195 (202); 59, 216 (227f.); 76, 107 (122); 86, 90 (104); siehe auch BVerfGE 107, 1 (24); ferner Verfassungsgerichtshof für das Land Nordrhein-Westfalen, OVGE 26, 270 (274); 30, 306 (307); Staatsgerichtshof Baden-Württemberg, NJW 1975, S. 1205 (1213); Saarländischer Verfassungsgerichtshof, DVBl. 1975, S. 35 (36); Sächsischer Verfassungsgerichtshof, SächsVBl. 1994, S. 226 (229); Sächsischer Verfassungsgerichtshof, SächsVBl. 1995, S. 131 (134); Sächsischer Verfassungsgerichtshof, LKV 1995, S. 115 (116); Verfassungsgericht Sachsen-Anhalt, LKV 1995, S. 75 (77); Thüringer Verfassungsgerichtshof, NVwZ-RR 1997, S. 639 (640); Verfassungsgericht Sachsen-Anhalt, NVwZ-RR 2012, S. 3ff.; siehe aber auch Verfassungsgericht Brandenburg, LKV 2004, S. 123 (124) mit dem Hinweis, mangels eines allgemeinen Rechtsgedankens könnten die nicht verfassungsrechtlich geregelten prozeduralen Maßgaben nicht im Verfahren der kommunalen Verfassungsbeschwerde geltend gemacht werden; ferner *Franz-Ludwig Knemeyer*, BayVBl. 1971, S. 371ff.; *ders.*, in: Christian Starck/Klaus Stern (Hrsg.), Landesverfassungsgerichtsbarkeit, Bd. III, 1983, S. 143 (157); *Gerhard Seibert*, Selbstverwaltungsgarantie und kommunale Gebietsreform, 1971, S. 41f.; *Diether Bischoff*, Kommunale Neugliederung und Selbstverwaltungsgarantie, 1972, S. 31; *Werner Hoppe/Hans-Werner Rengeling*, Rechtsschutz bei der kommunalen Gebietsreform, 1973, S. 147ff.; *Wolfgang Bott*, Rechtsprechung und Gebietsreform, 1977, S. 15ff.

[151] *Franz-Ludwig Knemeyer/Matthias Wehr*, VerwArch 92 (2001), S. 317 (340); *Jörn Ipsen*,

ausstattung, wo namentlich der Staatsgerichtshof Baden-Württemberg ebenfalls eine Prozeduralisierung vorschlägt,[152] teilweise auch von der Landesverfassungsgerichtsbarkeit moniert: Die Effektuierung materieller Gewährleistungen durch verfahrensrechtliche Absicherungen soll danach mit der institutionellen Interpretation des Art. 28 Abs. 2 GG nicht vereinbar sein[153] – zudem wird die Substitution materieller Gewährleistungen durch prozedurale Mechanismen befürchtet.[154] Dies aufgreifend lässt sich im vorliegenden Zusammenhang festhalten: Der Prozeduralisierungsgedanke kann nicht mit Hilfe der institutionellen Interpretation des Art. 28 Abs. 2 GG erklärt werden.

2. *Anhörung und prinzipientheoretischer Deutungsansatz*

a) Die Bedeutung der Anhörung von Gemeinden und Gemeindeverbänden für die Abwägungsmethode

Die prinzipientheoretische Interpretation des Art. 28 Abs. 2 GG kann demgegenüber die Notwendigkeit einer Anhörung von Gemeinden und Gemeindeverbänden begründen. Dies ist im Wesentlichen auf die Anwendung der Abwägungsmethode zurückzuführen. Die Abwägungsmethode beruht nämlich ganz grundsätzlich auf dem Gedanken der Prozeduralisierung: Die Anhörung stellt im Rahmen der Abwägung sicher, dass alle relevanten Aspekte in den Abwä-

in: Hubert Meyer/Maximilian Wallerath (Hrsg.), Gemeinden und Kreise in der Region, 2004, S. 17 (19 f.).

[152] Der Staatsgerichtshof Baden-Württemberg formuliert, dass der Schutz der kommunalen Finanzgarantie nur wirkungsvoll sei, wenn eine entsprechende Kontrolle im Sinne einer Rationalisierung des staatlichen Entscheidungsprozesses in das Stadium der Entscheidungsfindung, spätestens in das Gesetzgebungsverfahren des kommunalen Finanzausgleichs, vorverlegt werde; im Anschluss an die Judikatur des Bundesverfassungsgerichts, nach der Fallgestaltungen, in denen eine wirksame Kontrolle erst zu einen Zeitpunkt stattfinden kann, in dem etwaige Grundrechtsverletzungen nicht mehr korrigierbar sind, oder in denen ein Grundrecht keine materiellen Maßstäbe für bestimmte grundrechtsrelevante staatliche Maßnahmen zu liefern vermag und folglich auch die Ergebniskontrolle am Maßstab des Grundrechts ausfällt, eine Erweiterung des Grundrechtsschutzes durch Verfahren erforderlich machen, sei auch im Kontext der verfassungsrechtlichen Garantie kommunaler Selbstverwaltung zu berücksichtigen, dass aus strukturellen Gründen ein nachträglicher verfassungsrechtlicher Schutz der kommunalen Finanzausstattung nicht effektiv gewährt werden könne, siehe Staatsgerichtshof Baden-Württemberg, DVBl. 1999, S. 1351 (1357); dazu *Carsten Maas*, Die verfassungsrechtliche Entfaltung kommunaler Finanzgarantien, 2004, S. 272 ff.; *Ihno Gebhardt*, Das kommunale Selbstverwaltungsrecht, 2007, S. 219 f.; am Beispiel der Judikatur des Thüringer Verfassungsgerichtshofes aber auch *Anna Leisner-Egensperger*, DÖV 2010, S. 705 ff.

[153] Verfassungsgerichtshof Sachsen-Anhalt, NVwZ-RR 2000, S. 1 (7 f.); Sächsischer Verfassungsgerichtshof, LKV 2001, S. 223 (227); ferner *Helmut Goerlich*, DVBl. 1999, S. 1358 (1362).

[154] Dazu *Ihno Gebhardt*, Das kommunale Selbstverwaltungsrecht, 2007, S. 222; ferner *Hans-Günter Henneke*, ZG 1999, S. 256 (289 f.).

gungsvorgang eingestellt werden.[155] Dementsprechend setzen nach dem prinzipientheoretischen Deutungsansatz auch Gebietsreformen eine Anhörung der Gemeinden und Gemeindeverbände voraus, die insgesamt geeignet sein muss, den betroffenen Belangen angemessen Rechnung zu tragen.[156] Wegen des prinzipiellen Geltungsanspruchs des Prozeduralisierungsgedankens ist es schließlich auch unschädlich, dass dahingehende Vorschläge zur Änderung des Grundgesetzes im Zuge der deutschen Wiedervereinigung nicht verwirklicht wurden[157] und landesverfassungsrechtliche Vorschriften lediglich einzelner Bundesländer[158] ausdrückliche Vorgaben enthalten.

b) Die Anhörung von Gemeinden und Gemeindeverbänden im Einzelnen

Allerdings handelt es sich beim Prozeduralisierungsgedanken selbst um ein Rechtsprinzip,[159] sodass eine Anhörung von Gemeinden und Gemeindeverbänden verfassungsrechtlich lediglich zwingend erforderlich ist, wenn sich dies aus einer Abwägung mit kollidierenden Rechtsprinzipien ergibt. Demzufolge können verfassungsrechtliche Anforderungen an die Form der Anhörung,[160] den Zeitpunkt der Anhörung[161] oder einen Zeitraum zwischen der Benachrichti-

---

155 Allgemein *Robert Alexy*, Theorie der Grundrechte, 1985, S. 444 ff.; siehe auch *Peter Häberle*, Öffentliches Interesse als juristisches Problem, 1970, S. 361, der den Ausgleich pluralistischer Interessen grundsätzlich mit Hilfe einer Anhörung erreichen will; ähnlich in vorliegendem Zusammenhang *Hans-Günter Henneke*, ZG 1999, S. 256 (280 ff.).

156 Mit Blick auf Verwaltungsgemeinschaften BVerfGE 107, 1 (24 ff.); das Bundesverfassungsgericht hat die Notwendigkeit einer Anhörung im Zusammenhang mit kommunalen Neugliederungen jedenfalls grundsätzlich auch auf die gesetzliche Bestimmung des Gemeindenamens erstreckt, siehe BVerfGE 50, 195 (203); zur Frage der Notwendigkeit einer Anhörung im Zusammenhang mit der Bestimmung des Kreissitzes Sächsischer Verfassungsgerichtshof, SächsVBl. 1994, S. 232 (234); Verfassungsgericht Sachsen-Anhalt, LKV 1995, S. 75 (76); Thüringer Verfassungsgerichtshof, ThürVBl. 1996, S. 209 (210).

157 BT-Drs. 12/6000, S. 46 ff.

158 Siehe Thüringer Verfassungsgerichtshof, LKV 2005, S. 259 (261) mit dem Hinweis, das Recht der Gemeinden und Gemeindeverbände, vor einer Auflösung oder Gebietsreform angehört zu werden, zähle zum historisch gewachsenen Kernbereich der kommunalen Selbstverwaltung und setze dementsprechend eine ausdrückliche Normierung nicht voraus; siehe auch Saarländischer Verfassungsgerichtshof, DVBl. 1975, S. 35 (36); Verfassungsgericht Sachsen-Anhalt, LKV 1995, S. 75 (76); anders Verfassungsgericht Brandenburg, LKV 2004, S. 123 (124); Landesverfassungsgericht Mecklenburg-Vorpommern, LKV 2006, S. 461 (465); ähnlich *Klaus Vetzberger*, LKV 2004, S. 433 ff.; *Peter M. Huber*, LKV 1994, S. 121 (130).

159 Allgemein *Robert Alexy*, Theorie der Grundrechte, 1985, S. 446.

160 BVerfGE 56, 298 (321); 86, 90 (108); Verfassungsgerichtshof Rheinland-Pfalz, DVBl. 1969, S. 799 (808); Verfassungsgerichtshof für das Land Nordrhein-Westfalen, OVGE 26, 270 (275); Niedersächsischer Staatsgerichtshof, NdsStGHE 2, 1 (149); Verfassungsgericht Sachsen-Anhalt, LKV 1995, S. 75 (77); Thüringer Verfassungsgerichtshof, NVwZ-RR 1997, S. 639 (640); ferner *Werner Hoppe/Hans-Werner Rengeling*, Rechtsschutz bei der kommunalen Gebietsreform, 1973, S. 161 ff.

161 Verfassungsgerichtshof für das Land Nordrhein-Westfalen, OVGE 26, 286 (289 ff.); Niedersächsischer Staatsgerichtshof, NdsStGHE 2, 1 (149); Verfassungsgericht Sachsen-Anhalt, LKV 1995, S. 75 (77); Sächsischer Verfassungsgerichtshof, LKV 2000, S. 24 (25); siehe

gung über eine Anhörung und deren Durchführung[162] ebenfalls nicht unmittelbar aus Art. 28 Abs. 2 GG abgeleitet werden. Es lassen sich aber gleichwohl einige zentrale Maßstäbe festhalten, deren Relativierung durch konfligierende Rechtsprinzipien kaum denkbar ist. Diese Maßstäbe wurden weitestgehend von der Judikatur der (Landes)Verfassungsgerichtsbarkeit anerkannt. Trotz der insoweit zugrunde liegenden institutionellen Deutung trifft sich die hier vertretene Konzeption in der Sache mit der Auffassung, dass die rechtzeitige Kenntnis der Gemeinden und Gemeindeverbände von Art, Umfang und wesentlichen Grundlagen von Gebietsreformen[163] sowie die Möglichkeit der Einflussnahme auf das Gesetzgebungsverfahren zu den fundamentalen Voraussetzungen einer Anhörung von Gemeinden und Gemeindeverbänden zählen.[164] Ferner bedingt die Funktion der Anhörung,[165] dass diese ergebnisoffen und nicht lediglich „pro forma" durchgeführt wird;[166] den Interessen der Gemeinden und Gemeindeverbände ist hinreichend Rechnung zu tragen.[167] Schließlich wird

„[b]ei einer wesentlichen Änderung des Neugliederungsvorhabens gegenüber dem Plan, der schon Gegenstand einer Anhörung gewesen ist, [...] eine erneute Anhörung [...] [erforderlich]. Eine vorgesehene Änderung muß jedoch dann nicht zu einer neuen Anhö-

auch *Werner Hoppe/Hans-Werner Rengeling*, Rechtsschutz bei der kommunalen Gebietsreform, 1973, S. 159.

162 BVerfGE 86, 90 (108); ferner Bayerischer Verfassungsgerichtshof, DVBl. 1975, S. 28 (35); Sächsischer Verfassungsgerichtshof, SächsVBl. 1994, S. 226 (230); Sächsischer Verfassungsgerichtshof, SächsVBl. 1995, S. 131 (135); Sächsischer Verfassungsgerichtshof, LKV 1995, S. 115 (116).

163 BVerfGE 50, 195 (203); dazu *Björn Rothe*, Kreisgebietsreform und ihre verfassungsrechtlichen Grenzen, 2004, S. 106 ff.; *Ihno Gebhardt*, Das kommunale Selbstverwaltungsrecht, 2007, S. 57; aus der Judikatur der Landesverfassungsgerichtsbarkeit Verfassungsgerichtshof Rheinland-Pfalz, DVBl. 1969, S. 799 (808); Verfassungsgerichtshof für das Land Nordrhein-Westfalen, OVGE 26, 270 (275); Staatsgerichtshof Baden-Württemberg, DÖV 1973, S. 163 (168); Saarländischer Verfassungsgerichtshof, DVBl. 1975, S. 35 (36); Bayerischer Verfassungsgerichtshof, DVBl. 1975, S. 28 (35); Niedersächsischer Staatsgerichtshof, NdsStGHE 2, 1 (149); Verfassungsgericht Sachsen-Anhalt, LKV 1995, S. 75 (77); Sächsischer Verfassungsgerichtshof, SächsVBl. 1994, S. 226 (230); Sächsischer Verfassungsgerichtshof, SächsVBl. 1995, S. 131 (134); Verfassungsgericht Brandenburg, SächsVBl. 1995, S. 204 (205); Sächsischer Verfassungsgerichtshof, LKV 2000, S. 25 (25).

164 Niedersächsischer Staatsgerichtshof, StGHE 2, 1 (149); Bayerischer Verfassungsgerichtshof, DVBl. 1975, S. 28 (35); Saarländischer Verfassungsgerichtshof, DVBl. 1975, S. 25 (36); Sächsischer Verfassungsgerichtshof, SächsVBl. 1994, S. 226 (230); Sächsischer Verfassungsgerichtshof, SächsVBl. 1995, S. 131 (135); Sächsischer Verfassungsgerichtshof, LKV 1995, S. 115 (116).

165 *Franz-Ludwig Knemeyer*, in: Christian Starck/Klaus Stern (Hrsg.), Landesverfassungsgerichtsbarkeit, Bd. III, 1983, S. 143 (159).

166 Verfassungsgericht Brandenburg, LKV 2004, S. 313 (315); ferner BVerfGE 86, 90 (108); Sächsischer Verfassungsgerichtshof, SächsVBl. 1995, S. 131 (134); Sächsischer Verfassungsgerichtshof, LKV 2000, S. 25 (25); siehe auch *Franz-Ludwig Knemeyer*, in: Christian Starck/Klaus Stern (Hrsg.), Landesverfassungsgerichtsbarkeit, Bd. III, 1983, S. 143 (161).

167 Mit Blick auf Verwaltungsgemeinschaften BVerfGE 107, 1 (24 ff.).

rung führen, wenn ihre Möglichkeit bereits in einem früheren Stadium des Verfahrens in Erwägung gezogen wurde und dabei Gegenstand der Anhörung war.“[168]

Neben der Anhörung der Gemeinden und Gemeindeverbände ist eine Anhörung der Einwohner ohne ausdrückliche landesverfassungsrechtliche Grundlage[169] hingegen auch nach der prinzipientheoretischen Interpretation des Art. 28 Abs. 2 GG nicht erforderlich.[170] Eine solche Anhörung könnte grundsätzlich zwar als Ausdruck der partizipativen Funktion kommunaler Selbstverwaltung qualifiziert werden – diese Funktion muss im Zuge der Ausgestaltung der räumlichen Ausdehnung von Gemeinden und Gemeindeverbänden aber nur nach Maßgabe des Untermaßverbotes berücksichtigt werden, sodass ein verfassungsrechtlich zwingendes Gebot zur Anhörung der Bevölkerung nicht besteht.[171]

C. *Zusammenfassung*

Neben den Organisationsformen der Gemeinden und Gemeindeverbände ist auch deren räumliche Ausdehnung ausgestaltungsbedürftig: Gemeinde- und Gemeindeverbandsgebiete werden nicht etwa schon von Verfassungs wegen festgelegt. Nach der prinzipientheoretischen Interpretation des Art. 28 Abs. 2 GG ergeben sich die verfassungsrechtlichen Maßstäbe, denen diese legislative Ausgestaltung genügen muss, aus einer Abwägung zwischen den Funktionen kommunaler Selbstverwaltung und konfligierenden Rechtsprinzipien nach Maßgabe des Untermaßverbotes. Die verfassungsrechtlichen Grenzen für die Durchführung von Gebietsreformen können präzisierend wie folgt zusammengefasst werden: Die Funktionen kommunaler Selbstverwaltung stimmen zunächst mit denjenigen Merkmalen überein, denen Gebietsreformen auch nach

---

168 Staatsgerichtshof Baden-Württemberg, NJW 1975, S. 1205 (1214); ausführlich Staatsgerichtshof Baden-Württemberg, DÖV 1975, 500 (501); Staatsgerichtshof Baden-Württemberg, DÖV 1976, S. 245 ff.; allgemein BVerfGE 50, 195 (203); Verfassungsgerichtshof für das Land Nordrhein-Westfalen, OVGE 26, 286 (289); 30, 306 (307); Verfassungsgericht Sachsen-Anhalt, LKV 1995, S. 75 (77); Thüringer Verfassungsgerichtshof, LKV 2000, S. 31 (31); ausführlich dazu *Ihno Gebhardt*, Das kommunale Selbstverwaltungsrecht, 2007, S. 59.

169 Zu Art. 90 S. 2 Verfassung des Landes Sachsen-Anhalt Verfassungsgericht Sachsen-Anhalt, LKV 1995, S. 75 (77); Verfassungsgericht Sachsen-Anhalt, NVwZ-RR 2013, S. 396 ff.; ferner Staatsgerichtshof Baden-Württemberg, NJW 1975, S. 1205 (1213 f.); Verfassungsgericht Brandenburg, LKV 2004, S. 313 ff.; Verfassungsgericht Brandenburg, LKV 2004, S. 317 ff.; siehe auch *Ihno Gebhardt*, Das kommunale Selbstverwaltungsrecht, 2007, S. 61 f.

170 Siehe dazu auch Bayerischer Verfassungsgerichtshof, BayVBl. 1978, S. 497 (500); Thüringer Verfassungsgerichtshof, NVwZ-RR 1997, S. 639 (640); ferner *Werner Hoppe/Hans-Werner Rengeling*, Rechtsschutz bei der kommunalen Gebietsreform, 1973, S. 154 f.

171 Ähnlich Thüringer Verfassungsgerichtshof, LKV 2000, S. 31 f.; Sächsischer Verfassungsgerichtshof, LKV 2006, S. 169 (170); siehe aber auch Verfassungsgericht Brandenburg, LKV 2004, S. 313 ff.; ferner *Christoph Brüning*, ZG 2012, S. 155 (165 f.).

institutioneller Interpretation verpflichtet sind: Überschaubarkeit und Bürgernähe. Diese Aspekte sind mit dem Gedanken der Leistungsfähigkeit abzuwägen. Auch Gemeinden und Gemeindeverbände, die eine gesetzes- und funktionsgerechte Aufgabenerfüllung gewährleisten müssen, sind grundsätzlich dem Gedanken der Leistungsfähigkeit verpflichtet. Gebietsreformen können allerdings nicht allein auf das Streben nach Kostenersparnissen und Synergieeffekten gestützt werden. Schließlich setzen Gebietsreformen nach dem prinzipientheoretischen Deutungsansatz eine Anhörung der betroffenen Gemeinden und Gemeindeverbände voraus – auf diesem Wege wird sichergestellt, dass alle relevanten Gesichtspunkte in den Abwägungsvorgang einfließen.

8. Kapitel

Kommunale Finanzausstattung

Neben den organisationsstrukturellen Grundbausteinen kommunaler Selbstverwaltung und der territorialen Ausdehnung von Gemeinden und Gemeindeverbänden müssen nachfolgend auch die finanziellen Grundlagen kommunaler Selbstverwaltung in den Blick genommen werden. Außer Frage steht dabei, dass die kommunale Finanzausstattung verfassungsrechtlich gewährleistet wird. Kommunale Selbstverwaltung setzt „eine bestimmte Finanzausstattung als auch [...] die Entscheidungsfreiheit hinsichtlich des Einsatzes der Finanzmittel zur Aufgabenwahrnehmung" voraus.[1] Jede nähere Befassung mit dieser allgemeinen Aussage ist allerdings in mehrfacher Hinsicht mit Unsicherheiten belastet. Der genaue Standort einer verfassungsrechtlichen Finanzgarantie konnte bislang nämlich nicht bestimmt werden; Gleiches gilt für die inhaltliche Reichweite einer solchen Finanzgarantie. Darüber hinaus stellen sich auch dogmatische Fragen: Vor allem ein Anspruch der Gemeinden und Gemeindeverbände auf eine angemessene Finanzausstattung ist mit Hilfe der institutionellen Interpretation des Art. 28 Abs. 2 GG kaum zu begründen.[2] Mit Hilfe des prinzipientheoretischen Ansatzes, wonach von der Ausgestaltungsbedürftigkeit auch der finanziellen Grundlagen kommunaler Selbstverwaltung auszugehen ist, ließe sich ein solcher Anspruch indes vereinbaren: Verfassungsunmittelbar werden den Gemeinden und Gemeindeverbänden finanzielle Mittel jedenfalls nach Art. 28 Abs. 2 GG nicht zugewiesen. Sie müssen erst vom Gesetzgeber im Wege der legislativen Ausgestaltung der kommunalen Finanzausstattung bereitgestellt werden. Ein Anspruch der Gemeinden und Gemeindeverbände auf eine angemessene Finanzausstattung könnte daher mit der Bindung des Gesetzgebers an verfassungsrechtliche Vorgaben bei dieser Ausgestaltung begründet werden.

---

[1] Dazu *Rolf Grawert*, in: Albert von Mutius (Hrsg.), Selbstverwaltung im Staat der Industriegesellschaft, Festgabe zum 70. Geburtstag von Georg Christoph von Unruh, 1983, S. 587 (589f.); *Hans-Günter Henneke*, Aufgabenzuständigkeit im kreisangehörigen Raum, 1992, S. 17ff.; ferner *Hubert Meyer*, LKV 2000, S. 169 (170); *Matthias Wohltmann*, in: Martin Junkernheinrich/Stefan Korioth/Thomas Lenk/Henrik Scheller/Matthias Woisin (Hrsg.), Jahrbuch für öffentliche Finanzen 2011, S. 481 (483); siehe auch *Roland Roth*, in: Eckhart Schröter (Hrsg.), Empirische Policy- und Verwaltungsforschung, 2001, S. 133 (139); *Jörg Bogumil/ Lars Holtkamp*, Das Reformmodell Bürgerkommune, 2003, S. 89ff.

[2] Siehe dazu S. 293f.

Vor diesem Hintergrund ist im Folgenden zu untersuchen, welchen verfassungsrechtlichen Vorgaben der Gesetzgeber insoweit unterworfen ist. Zu beginnen ist dabei mit einer Bestandsaufnahme derjenigen Vorschriften, die eine Finanzausstattung der Gemeinden und Gemeindeverbände ausdrücklich gewährleisten. Betroffen sind insoweit erstens die Vorschriften des Finanzverfassungsrechts. Da sich aus diesen Vorschriften die Garantie einer bestimmten Finanzausstattung der Gemeinden und Gemeindeverbände aber nicht ableiten lässt, ist zweitens Art. 28 Abs. 2 GG in den Blick zu nehmen. Es ist zu fragen, ob

„[d]ie Finanzausstattung [...] eine Voraussetzung [...] [der] Existenz [von Gemeinden und Gemeindeverbänden] als Selbstverwaltungskörperschaften [...] und damit integraler Bestandteil der verfassungsrechtlichen Gewährleistung [des Art. 28 Abs. 2 GG ist]."[3]

Dabei ist auch die inhaltliche Reichweite einer solchen kommunalen Finanzgarantie zu untersuchen – es wird zu klären sein, ob

„[d]ie Finanzausstattung der Kommunen [...] deren Aufgaben im gegliederten demokratischen Staat in doppelter Weise zu entsprechen [hat] [...] [und] [z]um einen [...] die aus der Aufgabenstellung erwachsende Aufgabenlast zu beheben [ist und] [...] [z]um anderen [...] der gemäß Art. 28 Abs. 1 S. 2 GG durch Legitimation und Organisation qualifizierten Entscheidungskompetenz der Kommunen und ihrer Organe Rechnung zu tragen [ist]."[4]

---

[3] Verfassungsgericht Mecklenburg-Vorpommern, LKV 2006, S. 461 (462); ausführlich *Rolf Grawert*, in: Albert von Mutius (Hrsg.), Selbstverwaltung im Staat der Industriegesellschaft, Festgabe zum 70. Geburtstag von Georg Christoph von Unruh, 1983, S. 587 (588); *Christiane Meis*, Verfassungsrechtliche Beziehungen zwischen Bund und Gemeinden, 1989, S. 86 f.; *Kyrill-A. Schwarz*, Finanzverfassung und kommunale Selbstverwaltung, 1996, S. 32 f.; *Friedrich Schoch*, Verfassungsrechtlicher Schutz der kommunalen Finanzautonomie, 1997, S. 139 f.; *ders./Joachim Wieland*, Finanzierungsverantwortung für gesetzgeberisch veranlasste kommunale Aufgaben, 1995, S. 177 ff.; *Michael Inhester*, Kommunaler Finanzausgleich im Rahmen der Staatsverfassung, 1998, S. 79 ff.; *Peter M. Huber/Stefan Storr*, Der kommunale Finanzausgleich als Verfassungsproblem, 1999, S. 102; *Carsten Maas*, Die verfassungsrechtliche Entfaltung kommunaler Finanzgarantien, 2004, S. 132 ff.; *Karen Brems*, Die Aufgabenverlagerung des Landes Nordrhein-Westfalen auf die Kommunen und die Frage der Finanzierungsfolgen, 2006, S. 83 ff.; *Thomas Ammermann*, Das Konnexitätsprinzip im kommunalen Finanzverfassungsrecht, 2007, S. 58 ff.; siehe auch *Karl Maria Hettlage*, AfK 1964, S. 1 (9); *Werner Weber*, Staats- und Selbstverwaltung in der Gegenwart, 2. Aufl. 1967, S. 45; *Hans Meyer*, Die Finanzverfassung der Gemeinden, 1969, S. 63 ff.; *Klaus Stern*, in: Peter Oberndorfer (Hrsg.), Verwaltung im Dienste von Wirtschaft und Gesellschaft, Festschrift für Ludwig Fröhler, 1980, S. 473 (476); *Franz-Ludwig Knemeyer*, Der Städtetag 1988, S. 330 (331); *Hans-Günter Henneke*, Aufgabenzuständigkeit im kreisangehörigen Raum, 1992, S. 18; *dens.*, NdsVBl. 1994, S. 49 (50); *dens.*, DÖV 1994, S. 1 (2); *Werner Hoppe*, DVBl. 1992, S. 117 (118 f.); *Hubert Meyer*, ZG 1996, S. 165 (167); *Friedhelm Hufen*, DÖV 1998, S. 276 (278); *Detlef Bayer*, DVBl. 1993, S. 1287 (1288); *Edzard Schmidt-Jortzig*, DVBl. 2007, S. 96 ff.; zur partizipativen Funktion insoweit *Lars Holtkamp/Thomas Bathge*, Der moderne Staat 1/2012, S. 47 ff.

[4] *Rolf Grawert*, in: Albert von Mutius (Hrsg.), Selbstverwaltung im Staat der Industriegesellschaft, Festgabe zum 70. Geburtstag von Georg Christoph von Unruh, 1983, S. 587 (588); ausführlich *Friedrich Schoch*, Verfassungsrechtlicher Schutz der kommunalen Finanzautonomie, 1997, S. 139 f.; *ders./Joachim Wieland*, Finanzierungsverantwortung für gesetzgeberisch

Anschließend ist das Landesverfassungsrecht zu beleuchten. Dabei wird die Bedeutung landesverfassungsrechtlicher Konnexitätsprinzipien für die kommunale Finanzausstattung und das Verhältnis zu der aus Art. 28 Abs. 2 GG hergeleiteten Finanzgarantie herauszuarbeiten sein. Zum Abschluss der Untersuchung ist das bundesverfassungsrechtliche Aufgabenübertragungsverbot nach Art. 84 Abs. 1 S. 7, 85 Abs. 1 S. 2 GG zu betrachten. Dessen Bedeutung für die kommunale Finanzausstattung sowie das Verhältnis zu landesverfassungsrechtlichen Konnexitätsprinzipien stehen dabei im Vordergrund.

A. Bestandsaufnahme – Gemeinden und Gemeindeverbände als Träger von Finanzhoheit

Ausdrückliche verfassungsrechtliche Gewährleistungen der kommunalen Finanzausstattung enthält das Finanzverfassungsrecht,[5] das Einnahmequellen der Gemeinden und Gemeindeverbände verfassungsunmittelbar festschreibt;[6] die Finanzverfassung hat dementsprechend die Zweistufigkeit des Staatsaufbaus nicht vollumfänglich verwirklicht.[7] Das Finanzverfassungsrecht gewährleistet nach Art. 106 Abs. 6 S. 1 GG den Gemeinden zunächst das Aufkommen der Grund- und Gewerbesteuer, das Aufkommen der örtlichen Verbrauch- und Aufwandsteuern steht nach Maßgabe der Landesgesetzgebung den Gemeinden oder Gemeindeverbänden zu. Obwohl der Grund- und Gewerbesteuer eine tragende Bedeutung für die Finanzausstattung der Gemeinden zuerkannt wird,[8] können Bund und Länder nach Art. 106 Abs. 6 S. 4, 5, 6 GG an deren Aufkom-

---

veranlasste kommunale Aufgaben, 1995, S. 177 ff.; ferner *Winfried Brohm*, DÖV 1986, S. 397 (405); *Werner Hoppe*, DVBl. 1992, S. 117 (118); *Kyrill-A. Schwarz*, Finanzverfassung und kommunale Selbstverwaltung, 1996, S. 32 f.; siehe auch *Hubert Meyer*, in: Janbernd Oebbecke/Dirk Ehlers/Alexander Schinke/Dörte Diemert (Hrsg.), Kommunalverwaltung in der Reform, 2004, S. 114 ff.; zur Diskussion über die Insolvenzfähigkeit von Gemeinden und Gemeindeverbänden *Christoph G. Paulus*, ZinsO 2003, S. 869 ff.; *Angela Faber*, DVBl. 2005, S. 938 ff.; *Thomas Duve*, DÖV 2009, S. 574 ff.; *Felix Hornfischer*, Die Insolvenzfähigkeit von Kommunen, 2010, passim; allgemein *Janbernd Oebbecke*, in: Hans-Uwe Erichsen (Hrsg.), Kommunale Verwaltung im Wandel, 1999, S. 165 ff.

[5] Ausführlich *Jürgen W. Hidien*, in: Hans-Günter Henneke/Hermann Pünder/Christian Waldhoff (Hrsg.), Recht der Kommunalfinanzen, 2006, § 26.

[6] Zum Ganzen *Ihno Gebhardt*, Das kommunale Selbstverwaltungsrecht, 2007, S. 166 ff.; ferner *Albert von Mutius*, in: Ständige Deputation des Deutschen Juristentages (Hrsg.), Verhandlungen des dreiundfünfzigsten Deutschen Juristentages, Bd. I, 1980, E 48 ff.

[7] BVerfGE 26, 172 (181); 39, 96 (122); 41, 291 (313); dazu *Rolf Grawert*, Die Kommunen im Länderfinanzausgleich, 1989, S. 30; *Stefan Mückl*, Finanzverfassungsrechtlicher Schutz der kommunalen Selbstverwaltung, 1998, S. 162 f.; anders *Hans Meyer*, VVDStRL 52 (1993), S. 159 (159).

[8] *Franz Zimmermann*, Das System der kommunalen Einnahmen und die Finanzierung der kommunalen Aufgaben in der Bundesrepublik Deutschland, 1988, S. 82; *Karen Brems*, Die Aufgabenverlagerung des Landes Nordrhein-Westfalen auf die Kommunen und die Frage der Finanzierungsfolgen, 2006, S. 178 f.; kritisch *Ulrich Häde*, Finanzausgleich, 1996, S. 194; zum

men beteiligt werden.[9] Darüber hinaus gewährleisten Art. 106 Abs. 3, Abs. 5 S. 1 GG den Gemeinden einen Anteil am Aufkommen der Einkommensteuer:[10] Auf der Grundlage des Art. 106 Abs. 5 S. 2 GG bestimmen die Vorschriften des Gemeindefinanzreformgesetzes einen Anteil am Aufkommen der Einkommensteuer, der von den Ländern an die Gemeinden auf der Grundlage der Einkommensteuerleistungen ihrer Einwohner weiterzuleiten ist. Nach Art. 106 Abs. 5a GG erhalten die Gemeinden schließlich einen Anteil am Aufkommen der Umsatzsteuer – dieser wird von den Ländern auf der Grundlage eines orts- und wirtschaftsbezogenen Schlüssels an ihre Gemeinden weitergeleitet.[11]

Neben der Beteiligung am Steueraufkommen normiert das Finanzverfassungsrecht allgemeine sowie spezifische Zuweisungs- und Ausgleichsmechanismen,[12] die durch ein vertikales und zugleich horizontales[13] Verbundsystem[14] die kommunalen Ertragshoheiten ergänzen.[15] Nach Art. 104b Abs. 1 GG können neben den Ländern auch die Gemeinden und Gemeindeverbände Finanzhilfen des Bundes für bedeutsame Investitionen verlangen, die zur Abwehr einer Störung des gesamtwirtschaftlichen Gleichgewichts oder zum Ausgleich unterschiedlicher Wirtschaftskraft im Bundesgebiet oder zur Förderung des wirtschaftlichen Wachstums erforderlich sind.[16] Während diese Finanzhilfen zu-

---

Ganzen *Michael Inhester*, Kommunaler Finanzausgleich im Rahmen der Staatsverfassung, 1998, S. 113 f.

9 *Rudolf Wendt*, in: Josef Isensee/Paul Kirchhof (Hrsg.), Handbuch des Staatsrechts der Bundesrepublik Deutschland, Bd. VI, 3. Aufl. 2008, § 139, Rn. 81.

10 BVerfGE 101, 158 (230); dazu *Jürgen W. Hidien*, DVBl. 1998, S. 617 ff.

11 *Rudolf Wendt*, in: Josef Isensee/Paul Kirchhof (Hrsg.), Handbuch des Staatsrechts der Bundesrepublik Deutschland, Bd. VI, 3. Aufl. 2008, § 139, Rn. 83.

12 Zur fiskalischen Funktion *Paul Kirchhof*, in: Werner Hoppe (Hrsg.), Reform des kommunalen Finanzausgleichs, 1985, S. 1 ff.; *Albert von Mutius/Hans-Günter Henneke*, Kommunale Finanzausstattung und Verfassungsrecht, 1985, S. 85; zur ordnungspolitischen und gesamtwirtschaftlichen Lenkungsfunktion *Hans-Günter Henneke*, Jura 1987, S. 393 (395); *Kyrill-Alexander Schwarz*, Finanzverfassung und kommunale Selbstverwaltung, 1996, S. 101; zum Ganzen *Hans-Günter Henneke*, in: Hans-Günter Henneke/Hermann Pünder/Christian Waldhoff (Hrsg.), Recht der Kommunalfinanzen, 2006, § 25, Rn. 4 ff.; ferner *Thorsten Ingo Schmidt*, DÖV 2012, S. 8 ff.

13 *Rudolf Wendt*, in: Josef Isensee/Paul Kirchhof (Hrsg.), Handbuch des Staatsrechts der Bundesrepublik Deutschland, Bd. VI, 3. Aufl. 2008, § 139, Rn. 84.

14 *Franz Zimmermann*, Das System der kommunalen Einnahmen und die Finanzierung der kommunalen Aufgaben in der Bundesrepublik Deutschland, 1988, S. 11 f., 15 f., 110; *Manfred Jürgen Matschke/Thomas Hering*, Kommunale Finanzierung, 1998, S. 122; *Karen Brems*, Die Aufgabenverlagerung des Landes Nordrhein-Westfalen auf die Kommunen und die Frage der Finanzierungsfolgen, 2006, S. 187 ff.

15 *Detlef Bayer*, DVBl. 1993, S. 1287 (1289); *Hans-Günter Henneke*, in: Jörn Ipsen (Hrsg.), Kommunale Aufgabenerfüllung im Zeichen der Finanzkrise, 1995, S. 81 (86 ff.); *Kyrill-A. Schwarz*, Finanzverfassung und kommunale Selbstverwaltung, 1996, S. 101; *Hubert Meyer*, ZG 1996, S. 165 (173).

16 Am Beispiel des Kinderförderungsgesetzes *Wolfram Höfling/Andreas Engels*, RdJB 2008, S. 292 ff.; allgemein *Arndt Schmehl*, in: Karl Heinrich Friauf/Wolfram Höfling (Hrsg.), Berliner Kommentar zum Grundgesetz, Art. 104b (2009), Rn. 7 ff.

gunsten der Gemeinden und Gemeindeverbände allerdings davon abhängig sind, dass die Länder entsprechende Mittel weiterleiten,[17] etabliert der Sonderlastenausgleich nach Art. 106 Abs. 8 GG unmittelbare Finanzbeziehungen zwischen Bund und Gemeinden sowie Gemeindeverbänden:[18] Veranlasst der Bund in einzelnen Ländern oder Gemeinden sowie Gemeindeverbänden besondere Einrichtungen, die diesen unmittelbar Mehrausgaben oder Mindereinnahmen verursachen, gewährt er nach Art. 106 Abs. 8 S. 1 GG den erforderlichen Ausgleich, wenn und soweit den Ländern oder Gemeinden sowie Gemeindeverbänden nicht zugemutet werden kann, die Sonderbelastungen zu tragen.[19] Art. 106 Abs. 7 GG bestimmt schließlich, dass „[v]on dem Länderanteil am Gesamtaufkommen der Gemeinschaftsteuern [...] den Gemeinden und Gemeindeverbänden insgesamt ein von der Landesgesetzgebung zu bestimmender Hundertsatz zu[fließt].“ Art. 106 Abs. 7 S. 1 GG regelt damit einen obligatorischen Steuerverbund, der die Länder verpflichtet, die Gemeinden und Gemeindeverbände am Aufkommen der Gemeinschaftssteuern zu beteiligen. Art. 106 Abs. 7 S. 2 GG betrifft demgegenüber den fakultativen Finanzausgleich, wonach die Länder die Möglichkeit haben, Gemeinden und Gemeindeverbände auch am Aufkommen der Landessteuern zu beteiligen. Allenfalls Art. 106 Abs. 7 S. 1 GG hat folglich eine „Mindestgarantie eines durch Landesgesetz zu bewirkenden, auf eine kontinuierliche, autonomieschützende Finanzausstattung der Gemeinden gerichteten kommunalen Finanzausgleichs“ zum Gegenstand.[20]

B. Der Anspruch der Gemeinden und Gemeindeverbände auf eine angemessene Finanzausstattung

Obwohl das Finanzverfassungsrecht die Finanzausstattung der Gemeinden und Gemeindeverbände regelt, liegt eine wesentliche Schwäche des Finanzverfassungsrechts darin, dass die Höhe der kommunalen Finanzausstattung nicht vorgegeben wird. Zu Art. 106 Abs. 5 GG stellt das Bundesverfassungsgericht etwa fest:

---

[17] Zu Art. 104a Abs. 4 GG a. F. BVerfGE 39, 96 (122); 41, 291 (313); *Stefan Mückl*, Finanzverfassungsrechtlicher Schutz der kommunalen Selbstverwaltung, 1998, S. 188.

[18] Zur Unterscheidung *Karen Brems*, Die Aufgabenverlagerung des Landes Nordrhein-Westfalen auf die Kommunen und die Frage der Finanzierungsfolgen, 2006, S. 185.

[19] Ausführlich *Christiane Meis*, Verfassungsrechtliche Beziehungen zwischen Bund und Gemeinden, 1989, S. 106, 109 ff.; *Stefan Mückl*, Finanzverfassungsrechtlicher Schutz der kommunalen Selbstverwaltung, 1998, S. 167 f.; *Karen Brems*, Die Aufgabenverlagerung des Landes Nordrhein-Westfalen auf die Kommunen und die Frage der Finanzierungsfolgen, 2006, S. 183 f.

[20] *Rudolf Wendt*, in: Josef Isensee/Paul Kirchhof (Hrsg.), Handbuch des Staatsrechts der Bundesrepublik Deutschland, Bd. VI, 3. Aufl. 2008, § 139, Rn. 84; rechtsvergleichend *Patrick Talbot*, Die Verwaltung 28 (1995), S. 79 ff.; zum Ganzen *Rolf Grawert*, Die Kommunen im Länderfinanzausgleich, 1989, S. 32 ff.

„Diese Verfassungsnorm stellt […] insofern eine Konkretisierung des Art. 28 Abs. 2 GG dar, als die in ihr vorgesehene, aber nicht näher bezifferte kommunale Steuerbeteiligung in ihrer Ausgestaltung nicht zu einer Unterschreitung des durch Art. 28 Abs. 2 GG garantierten Gesamtumfangs der gemeindlichen Finanzausstattung führen darf. Die Höhe des gemeindlichen Anteils ist zwar in Art. 106 Abs. 5 GG selbst nicht festgelegt, dieser Anteil soll aber, wie der Normzweck zeigt, eine eigenständige Säule der gemeindlichen Finanzausstattung darstellen. Insoweit wirkt Art. 106 Abs. 5 GG in den Gewährleistungsumfang des Art. 28 Abs. 2 GG hinein“.[21]

I. Überblick: Art. 28 Abs. 2 GG als Grundlage eines Anspruchs der Gemeinden und Gemeindeverbände auf eine angemessene Finanzausstattung

1. *Zur Judikatur der Landesverfassungsgerichtsbarkeit*

Art. 28 Abs. 2 GG – und nicht etwa das Finanzverfassungsrecht – soll dementsprechend einen Anspruch der Gemeinden und Gemeindeverbände auf eine angemessene Finanzausstattung regeln: Da die Länder „für eine Finanzausstattung der Gemeinden und Gemeindeverbände zu sorgen [haben], die ihnen eine angemessene und kraftvolle Erfüllung ihrer Aufgaben erlaubt und nicht durch Schwächung der Finanzkraft zu einer Aushöhlung des Selbstverwaltungsrechts führt“, wird mit Blick auf Art. 28 Abs. 2 GG ein Anspruch der Gemeinden auf eine angemessene Finanzausstattung,[22] der es „dem Gesetzgeber [gebietet], den Gemeinden und Gemeindeverbänden die zur Erfüllung ihrer Aufgaben erforderlichen Finanzmittel zur Verfügung zu stellen“,[23] vor allem von der Landesverfassungsgerichtsbarkeit anerkannt.[24]

---

[21] BVerfGE 71, 25 (38); ferner *Thomas Würtenberger*, in: Josef Isensee (Hrsg.), Freiheit und Eigentum, Festschrift für Walter Leisner zum 70. Geburtstag, 1999, S. 973 (977).

[22] Zum Begriff *Thomas Ammermann*, Das Konnexitätsprinzip im kommunalen Finanzverfassungsrecht, 2007, S. 57.

[23] Staatsgerichtshof für das Land Baden-Württemberg, DVBl. 1994, S. 206 (207); Staatsgerichtshof für das Land Baden-Württemberg, DVBl. 1999, S. 1351 (1354); zur so genannten Kompensationsumlage, die zu Lasten der kreisangehörigen Gemeinden eingeführt wird und den Landkreisen und kreisfreien Städten als Ausgleich für den Wegfall staatlicher Mittelzuweisungen zugutekommt, Staatsgerichtshof des Landes Hessen, NVwZ 2013, S. 1151 (1155 f.): „Belastet der Gesetzgeber die Kommunen mit neuen Abgaben und Umlagen, die ihre finanzielle Handlungsfähigkeit spürbar beeinträchtigen, muss er die Auswirkungen auf den kommunalen Finanzbedarf berücksichtigen. Dies wiederum setzt eine Ermittlung des kommunalen Finanzbedarfs voraus“; siehe auch Verfassungsgericht Brandenburg, DVBl. 2013, S. 1180 ff.: „Die Belastung abundanter Gemeinden mit der Finanzausgleichsumlage nach § 17a BbgFAG stellt einen Eingriff in die durch Art. 97 Abs. 1 LV geschützte Finanzhoheit […] dar. […] Der Eingriff in die Finanzhoheit der Beschwerdeführerin durch die Finanzausgleichsumlage nach § 17a BbgFAG ist durch tragfähige Gründe des Gemeinwohls gerechtfertigt und wahrt den Grundsatz der Verhältnismäßigkeit.“; ferner Landesverfassungsgericht Mecklenburg-Vorpommern, NordÖR 2012, S. 229 ff.; Landesverfassungsgericht Mecklenburg-Vorpommern, NVwZ-RR 2012, S. 377 ff.

Den Inhalt dieses Anspruchs bestimmt die institutionelle Lesart des Art. 28 Abs. 2 GG grundsätzlich mit Hilfe der Kern- und Randbereichsdogmatik. Den Ausgangspunkt der Überlegungen bildet insoweit Art. 115c Abs. 3 GG, der auf die Lebensfähigkeit der Gemeinden und Gemeindeverbände Bezug nimmt. Angesichts der verfassungsrechtlichen Garantie ihrer Lebensfähigkeit müsse zwischen der finanziellen Mindestausstattung und einem Anspruch der Gemeinden und Gemeindeverbände auf eine angemessene Finanzausstattung unterschieden werden.[25] In der Judikatur der Landesverfassungsgerichtsbarkeit ist demgegenüber umstritten, ob ein von der Finanzkraft der Länder unabhängiger Anspruch besteht – die Kern- und Randbereichsdogmatik mithin mit Blick auf die kommunale Finanzausstattung anwendbar ist: Während einerseits die finanzielle Mindestausstattung keiner legislativen Beeinträchtigung zugänglich sein soll und demzufolge den Kernbereich der kommunalen Finanzgarantie bildet,[26] wird andererseits eine absolute Untergrenze der kommunalen Finanzausstattung nicht als verfassungsrechtlich gewährleistet erachtet.[27]

---

[24] Siehe auch BVerwGE 106, 280 (287): „Eine aufgabenadäqaute Finanzaussstattung setzt voraus, daß die gemeindlichen Finanzmittel ausreichen, um den Gemeinden die Erfüllung aller zugewiesenen und im Rahmen der kommunalen Selbstverwaltung auch die Erfüllung selbst gewählter Aufgaben zu ermöglichen."; ähnlich BVerwGE 127, 155 (157); BVerwG, DVBl. 2013, S. 858 (860f.).

[25] Dazu *Friedrich Schoch*, Verfassungsrechtlicher Schutz der kommunalen Finanzautonomie, 1997, S. 152f., 187f.; *ders.*, AfK 2000, S. 225 (229f., 238ff.); *ders.*, in: Dirk Ehlers/Walter Krebs (Hrsg.), Grundfragen des Verwaltungsrechts und des Kommunalrechts, 2000, S. 93 (122ff.); *ders./Joachim Wieland*, Finanzierungsverantwortung für gesetzgeberisch veranlasste kommunale Aufgaben, 1995, S. 189; *Stefan Mückl*, DÖV 1999, S. 841 (842); *Max-Emanuel Geis*, in: Max-Emanuel Geis (Hrsg.), Staat – Kirche – Verwaltung, Festschrift für Hartmut Maurer zum 70. Geburtstag, 2001, S. 79 (82f.); *Thomas Ammermann*, Das Konnexitätsprinzip im kommunalen Finanzverfassungsrecht, 2007, S. 62ff.; *Hans-Günter Henneke*, DÖV 2008, S. 857 (858ff.); *Kyrill-A. Schwarz*, ZKF 2009, S. 243ff.; *Olaf Schmitt*, DÖV 2013, S. 453 (455f.); siehe auch *Rolf Grawert*, in: Albert von Mutius (Hrsg.), Selbstverwaltung im Staat der Industriegesellschaft, Festgabe zum 70. Geburtstag von Georg Christoph von Unruh, 1983, S. 587 (588); *ders.*, Die Kommunen im Länderfinanzausgleich, 1989, S. 84; *Hans-Jürgen Papier*, BayVBl. 1994, S. 737 (741); kritisch *Uwe Volkmann*, DÖV 2001, S. 497 (503); *Carsten Maas*, Die verfassungsrechtliche Entfaltung kommunaler Finanzgarantien, 2004, S. 163f., 166ff.; *Kathrin Groh*, LKV 2010, S. 1 (7).

[26] Bayerischer Verfassungsgerichtshof, BayVBl. 1997, S. 303 (304); siehe aber auch noch Bayerischer Verfassungsgerichtshof, NVwZ-RR 1997, S. 301 (302f.); ferner Niedersächsischer Staatsgerichtshof, NdsVBl. 1998, S. 43 (44f.); Thüringer Verfassungsgerichtshof, NVwZ-RR 2005, S. 665 (668); schließlich Staatsgerichtshof des Landes Hessen, NVwZ 2013, S. 1151 (1152): „Die Garantie einer angemessenen Finanzausstattung verlangt jedenfalls, dass die Kommunen in der Lage sind, neben Pflichtaufgaben auch ein Mindestmaß an freiwilligen Selbstverwaltungsaufgaben wahrzunehmen. Der so umschriebene Anspruch auf finanzielle Mindestausstattung ist verletzt, wenn infolge unzureichender Finanzausstattung keine freiwilligen Selbstverwaltungsaufgaben mehr wahrgenommen werden können [...]. Über die Mindestausstattung hinaus haben die Kommunen einen von der Finanzkraft des Landes abhängigen weiter gehenden Anspruch auf Finanzausstattung"; zur Bedeutung bundes- und landesverfassungsrechtlicher Schuldenbremsen *Hans-Günter Henneke*, in: Hans-Günter Henneke (Hrsg.), Kommunale Selbstverwaltung in der Bewährung, 2013, S. 55ff.

Unabhängig davon sucht man Bemessungskriterien für die finanzielle Mindestausstattung allerdings vergeblich.[28] Ganz allgemein stellt die Landesverfassungsgerichtsbarkeit lediglich fest, dass

„[d]ie dem Gesetzgeber zustehende Gestaltungsfreiheit [...] dort ihre Grenze [findet], wo der Anspruch der kommunalen Selbstverwaltungsträger auf eine finanzielle Grundausstattung verletzt und damit das ihnen gewährleistete Selbstverwaltungsrecht ausgehöhlt wird [...]".[29]

Auch sofern der Vorbehalt der Leistungsfähigkeit mit Blick auf die finanzielle Mindestausstattung nicht zur Anwendung gebracht wird, soll

„[d]er Gesetzgeber [...] die kommunale Finanzausstattung [...] [nur] nicht in einer Weise beeinträchtigen [dürfen], die den Anspruch auf eine finanzielle Mindestausstattung verletzt und dadurch das Recht auf Selbstverwaltung aushöhlt. Die danach gebotene Mindestausstattung ist jedenfalls dann unterschritten, wenn die Wahrnehmung freiwilliger Selbstverwaltungsangelegenheiten infolge einer unzureichenden Finanzausstattung unmöglich wird."[30]

Der Anspruch der Gemeinden und Gemeindeverbände auf eine angemessene Finanzausstattung geht sodann – im Sinne eines Randbereichs der kommunalen Finanzausstattung – über diese finanzielle Mindestausstattung hinaus. Diesem Anspruch ist

---

[27] Verfassungsgerichtshof für das Land Nordrhein-Westfalen, DVBl. 1985, S. 685 ff.; Verfassungsgerichtshof für das Land Nordrhein-Westfalen, OVGE 38, 312 (315); Verfassungsgerichtshof für das Land Nordrhein-Westfalen, DVBl. 1989, S. 151 (152); Verfassungsgerichtshof für das Land Nordrhein-Westfalen, DVBl. 1993, S. 1205 (1205); Verfassungsgerichtshof für das Land Nordrhein-Westfalen, DVBl. 1999, S. 391 (392); Verfassungsgerichtshof für das Land Nordrhein-Westfalen, DVBl. 2011, S. 1155 (1156): „Nach dem eindeutigen Wortlaut des Art. 79 Satz 2 LV NRW ist nicht einmal eine kommunale Mindestfinanzausstattung unabhängig von der Finanzkraft des Landes zu gewähren. Dementsprechend ist eine absolute Untergrenze der kommunalen Finanzausstattung, die selbst bei einer extremen finanziellen Notlage des Landes nicht unterschritten werden dürfte, verfassungsrechtlich nicht vorgesehen"; Staatsgerichtshof für das Land Baden-Württemberg, DVBl. 1999, S. 1351 (1355); Verfassungsgericht Brandenburg, NVwZ-RR 2000, S. 129 (130); Landesverfassungsgericht Sachsen-Anhalt, NVwZ-RR 2000, S. 1 (6); Landesverfassungsgericht Sachsen-Anhalt, DVBl. 2012, S. 1560 (1560 f.); Landesverfassungsgericht Mecklenburg-Vorpommern, LKV 2006, S. 461 (462); Verfassungsgerichtshof Rheinland-Pfalz, DVBl. 2012, S. 432 (432 f.); siehe auch Niedersächsischer Staatsgerichtshof, NdsVBl. 2008, S. 152 (154 ff.); Bayerischer Verfassungsgerichtshof, BayVBl. 2007, S. 364 (366 f.); Bayerischer Verfassungsgerichtshof, BayVBl. 2008, S. 172 (175 f.); Bayerischer Verfassungsgerichtshof, ZFSH/SGB 2008, S. 82 (85).

[28] Siehe aber auch *Florian Boettcher*, DÖV 2013, S. 460 ff.

[29] Sächsischer Verfassungsgerichtshof, LKV 2001, S. 223 (227); Sächsischer Verfassungsgerichtshof, Urteil vom 26.8.2010, Az.: Vf. 129-VIII-09.

[30] Niedersächsischer Staatsgerichtshof, DVBl. 1998, S. 185 (187); ferner Niedersächsischer Staatsgerichtshof, NdsVBl. 2008, S. 152 (156): „Es besteht in der Rechtsprechung der Landesverfassungsgerichte Einigkeit darüber, dass sich der den Kommunen zu ermöglichende Mindestbestand an wahrzunehmenden freiwilligen Selbstverwaltungsangelegenheiten und der mit ihm verbundene Finanzbedarf nicht am Maßstab der verfassungsrechtlichen Garantien quantifizieren lässt".

„das Gebot einer gerechten und gleichmäßigen Verteilung bestehender Lasten [immanent]. Vor dem Hintergrund einer prinzipiellen Gleichwertigkeit der Landes- und der Kommunalaufgaben bedarf es daher einer Verteilungssymmetrie, um dem Land und den Kommunen die jeweils verfügbaren Finanzmittel gleichermaßen aufgabengerecht zukommen zu lassen.“[31]

2. *Skeptische Sicht des Bundesverfassungsgerichts*

Das Bundesverfassungsgericht hat einen solchen Anspruch der Gemeinden und Gemeindeverbände auf eine angemessene Finanzausstattung nicht ausdrücklich anerkannt[32] und lediglich die Länder angehalten, „für eine aufgabengerechte Finanzausstattung ihrer Kommunen zu sorgen.“[33] In seiner jüngeren Judikatur nimmt das Bundesverfassungsgericht darüber hinaus auf Art. 28 Abs. 2 S. 3 GG Bezug – nach Ansicht des Gerichts bringt die Vorschrift gemeinsam mit Art. 106 Abs. 5, 5a GG eine „gestärkte finanzwirtschaftliche Unabhängigkeit und Verselbständigung der Kommunen“ zum Ausdruck,[34] gewährleistet aber keinen Anspruch der Gemeinden und Gemeindeverbände auf eine angemessene Finanzausstattung.[35]

---

[31] Siehe Niedersächsischer Staatsgerichtshof, DVBl. 1998, S. 185 (187); ferner *Friedrich Schoch*, ZG 1994, S. 246 (253f.); *ders.*, Verfassungsrechtlicher Schutz der kommunalen Finanzautonomie, 1997, S. 145ff.; *ders.*, AfK 2000, S. 225 (230); *ders.*, in: Dirk Ehlers/Walter Krebs (Hrsg.), Grundfragen des Verwaltungsrechts und des Kommunalrechts, 2000, S. 93 (126f.); *ders./Joachim Wieland*, Finanzierungsverantwortung für gesetzgeberisch veranlasste kommunale Aufgaben, 1995, S. 179ff.; siehe auch *Hans-Günter Henneke*, in: Hans-Günter Henneke/Hartmut Maurer/Friedrich Schoch, Die Kreise im Bundesstaat, 1994, S. 61 (81f.); *Rudolf Wendt*, in: Joachim Burmeister (Hrsg.), Verfassungsstaatlichkeit, Festschrift für Klaus Stern zum 65. Geburtstag, 1997, S. 603 (609); *Stefan Mückl*, Finanzverfassungsrechtlicher Schutz der kommunalen Selbstverwaltung, 1998, S. 71.

[32] BVerfGE 26, 172 (181); 71, 25 (36f.); 83, 363 (386); siehe ferner BVerfG (K), DVBl. 1987, S. 697 (698); BVerfG (K), LKV 1994, S. 145 (145); BVerfG (K), BayVBl. 1999, S. 243 (244); zuletzt BVerfGE 125, 141 (159ff.).

[33] BVerfGE 86, 148 (219).

[34] BVerfGE 101, 158 (230).

[35] Dazu *Uwe Volkmann*, DÖV 2001, S. 497 (498); ähnlich *Stefan Mückl*, Finanzverfassungsrechtlicher Schutz der kommunalen Selbstverwaltung, 1998, S. 67ff.; anders *Walter Frenz*, Die Verwaltung 28 (1995), S. 33 (53f.); ferner *Rupert Scholz*, in: Theodor Maunz/Günter Dürig (Begr.), Grundgesetz, Art. 28 (1997), Rn. 84b; zum Ganzen *Kyrill-A. Schwarz*, Finanzverfassung und kommunale Selbstverwaltung, 1996, S. 72ff.; *Karen Brems*, Die Aufgabenverlagerung des Landes Nordrhein-Westfalen auf die Kommunen und die Frage der Finanzierungsfolgen, 2006, S. 81f.; entstehungsgeschichtlich lässt sich ableiten, dass die Ergänzung des Art. 28 Abs. 2 GG nicht über den vormaligen Gewährleistungsgehalt hinausgehen sollte, siehe *Hans-Günter Henneke*, Der Landkreis 1993, S. 212ff.; *dens.*, in: Hans-Günter Henneke/Hartmut Maurer/Friedrich Schoch (Hrsg.), Die Kreise im Bundesstaat, 1994, S. 61ff.; *dens.*, Der Landkreis 1997, S. 482ff.

3. *Garantie der kommunalen Finanzausstattung nach Art. 28 Abs. 2 S. 3 GG?*

Angesichts der Zurückhaltung des Bundesverfassungsgerichts ist die Frage aufzuwerfen, ob insbesondere Art. 28 Abs. 2 S. 3 GG, der aufgrund der finanziellen Belastungen der Gemeinden und Gemeindeverbände der verfassungsrechtlichen Gewährleistung kommunaler Selbstverwaltung angefügt wurde,[36] deren Finanzausstattung gewährleistet – oder aber lediglich die kommunale Finanzhoheit betrifft;[37] sofern Art. 28 Abs. 2 S. 3 GG nämlich die kommunale Finanzausstattung gewährleistet, könnte die Vorschrift zur Begründung eines Anspruchs der Gemeinden und Gemeindeverbände auf eine angemessene Finanzausstattung herangezogen werden. Das Kompositum „Grundlagen der finanziellen Eigenverantwortung" lässt insoweit eine eindeutige Zuordnung vermissen: Art. 28 Abs. 2 S. 3 GG betrifft nämlich nicht (mehr) allein den Aspekt der finanziellen Eigenverantwortung; die Vorschrift gewährleistet vielmehr auch eine den Gemeinden mit Hebesatzrecht zustehende wirtschaftskraftbezogene Steuerquelle.[38] Daher könnte Art. 28 Abs. 2 S. 3 GG gerade für die Existenz eines Anspruchs der Gemeinden und Gemeindeverbände auf eine angemessene Finanzausstattung sprechen. Während der Beratungen über die Verfassungsänderung wurde allerdings darauf hingewiesen, dass ein solcher Anspruch nicht zu einer „‚Privilegierung' des kommunalen Finanzbedarfs" führen dürfe.[39] Mit den „Grundlagen der finanziellen Eigenverantwortlichkeit" war daher lediglich die kommunale Finanzhoheit gemeint.[40] Dass Art. 28 Abs. 2 S. 3 GG im Übrigen „eine den Gemeinden mit Hebesatzrecht zustehende wirtschaftskraftbezogene Steuerquelle"[41] garantiert, ist demgegenüber Folge von Umstrukturierungen im Finanzverfassungsrecht.[42] Verfassungsrechtlich festgeschrieben wurde aus diesem Grund allein eine mit Hebesatzrecht[43] ausgestat-

[36] Zu den unterschiedlichen Formulierungsvorschlägen *Kyrill-A. Schwarz*, Finanzverfassung und kommunale Selbstverwaltung, 1996, S. 72 ff.; *Karen Brems*, Die Aufgabenverlagerung des Landes Nordrhein-Westfalen auf die Kommunen und die Frage der Finanzierungsfolgen, 2006, S. 81.

[37] *Friedrich Schoch*, Verfassungsrechtlicher Schutz der kommunalen Finanzautonomie, 1997, S. 138 f.; *Stefan Mückl*, Finanzverfassungsrechtlicher Schutz der kommunalen Selbstverwaltung, 1998, S. 64; *Hans-Günter Henneke*, ZG 1999, S. 1 (15 f.); *Thomas Ammermann*, Das Konnexitätsprinzip im kommunalen Finanzverfassungsrecht, 2007, S. 56 f.

[38] *Michael Nierhaus*, in: Michael Sachs (Hrsg.), GG-Komm., 6. Aufl. 2011, Art. 28, Rn. 85 ff.

[39] BT-Drs. 12/60000, S. 47; dazu *Kyrill-A. Schwarz*, Finanzverfassung und kommunale Selbstverwaltung, 1996, S. 74.

[40] BT-Drs. 12/60000, S. 48; siehe auch *Karen Brems*, Die Aufgabenverlagerung des Landes Nordrhein-Westfalen auf die Kommunen und die Frage der Finanzierungsfolgen, 2006, S. 82.

[41] Kritisch *Michael Inhester*, Kommunaler Finanzausgleich im Rahmen der Staatsverfassung, 1998, S. 111 ff.

[42] *Michael Nierhaus*, in: Michael Sachs (Hrsg.), GG-Komm., 6. Aufl. 2011, Art. 28, Rn. 87.

[43] BVerfGE 112, 216 (222 f.); dazu *Peter Selmer/Lars Hummel*, NVwZ 2006, S. 14 ff.

tete wirtschaftskraftbezogene Steuerquelle,[44] nicht aber ein Anspruch der Gemeinden und Gemeindeverbände auf eine angemessene Finanzausstattung.[45]

II. Grundsätzliche Unzulänglichkeiten der institutionellen Konzeption

Der Rechtsprechung des Bundesverfassungsgerichts ist daher insoweit zuzustimmen, als dass die verfassungsrechtlichen Grundlagen eines Anspruchs der Gemeinden und Gemeindeverbände auf eine angemessene Finanzausstattung allenfalls Art. 28 Abs. 2 S. 1, 2 GG abgewonnen werden können.[46] Über diese Erkenntnis hinaus sind zudem Unzulänglichkeiten des institutionellen Deutungsansatzes unverkennbar, der einen Anspruch der Gemeinden und Gemeindeverbände auf eine angemessene Finanzausstattung aus Art. 28 Abs. 2 GG herleitet und anschließend der Kern- und Randbereichsdogmatik unterwirft. *Uwe Volkmann* hebt insoweit zu Recht hervor, dass

„der Einbau dieses Anspruchs in die allgemeine Dogmatik der Selbstverwaltungsgarantie bislang noch nicht bruchlos gelungen [ist], und gerade darin [...] einer der wesentlichen Gründe für die bestehenden Unsicherheiten [...] liegen [dürfte]. Zwar mag man einen Leistungsanspruch der Kommunen gegen die Länder auf finanzielle Unterstützung für sich gesehen mit dem institutionellen Gehalt der kommunalen Selbstverwaltung begründen: Wo die Verfassung nicht nur Befugnisse begründet, sondern eine bestimmte Institution als solche garantiert, kann dem Staat auch die aktive Pflege und Förderung der Institution obliegen. Das ist dann aber ein anderer Anspruch als der klassische Anspruch auf Eingriffsabwehr, der regelmäßig durch Unterlassen zu erfüllen ist und dessen Voraussetzungen wesentlich präziser umschrieben werden können als die eines Leistungs- oder Förderungsanspruchs."[47]

„Dies wird man auch im Rahmen der Selbstverwaltungsgarantie zu berücksichtigen haben, die in ihrer bisherigen dogmatischen Struktur – wie sich vor allem an der Differenzierung zwischen einem unantastbaren Kernbereich und einem gegen Beeinträchtigungen vergleichsweise schwach geschützten Randbereich zeigt – eher auf die Abwehr von Eingriffen vor allem in Gestalt des Aufgabenentzugs bezogen war. Diese Struktur läßt sich für den Anspruch auf finanzielle Mindestausstattung ohne weiteres [...] [allenfalls] übertragen, wenn und soweit die Mindestausstattung selbst Gegenstand des staatlichen Eingriffs wird. Das kann etwa der Fall sein, wenn den Kommunen weitere Aufgaben ohne hinreichende finanzielle Kompensation übertragen werden – es verringern sich dann die Basis und der Spielraum für die Wahrnehmung anderer Aufgaben – oder Bund

---

[44] *Michael Nierhaus*, in: Michael Sachs (Hrsg.), GG-Komm., 6. Aufl. 2011, Art. 28, Rn. 87.

[45] Anders *Walter Frenz*, Die Verwaltung 28 (1995), S. 33 (54); siehe auch *Bernhard Stüer*, in: Ferdinand Kirchhof/Hubert Meyer (Hrsg.), Kommunaler Finanzausgleich im Flächenbundesland, 1996, S. 47 (50); *Ihno Gebhardt*, Das kommunale Selbstverwaltungsrecht, 2007, S. 170 f., die Art. 28 Abs. 2 S. 3 GG die Verpflichtung entnehmen, eine angemessene Finanzausstattung der Gemeinden und Gemeindeverbände zu gewährleisten.

[46] *Michael Inhester*, Kommunaler Finanzausgleich im Rahmen der Staatsverfassung, 1998, S. 79 f.; *Stefan Mückl*, Finanzverfassungsrechtlicher Schutz der kommunalen Selbstverwaltung, 1998, S. 70.

[47] *Uwe Volkmann*, DÖV 2001, S. 497 (499).

und Länder die Finanzausstattung der Kommunen durch Abgabelasten beeinträchtigen. Der Finanzausstattungsanspruch der Kommunen entfaltet sich dann in seinem abwehrrechtlichen Gehalt. Dieser mag mit dem leistungsrechtlichen Gehalt gewisse Verbindungen aufweisen, ist aber im gedanklichen Ansatz von ihm zu trennen."[48]

Diese Ausführungen verdeutlichen, dass die Lehre von den institutionellen Garantien einen Anspruch der Gemeinden und Gemeindeverbände auf eine angemessene Finanzausstattung letztlich nicht erklären kann: Bezugnahmen auf die Abwehr faktischer Beeinträchtigungen in Gestalt von Aufgabenübertragungen bleiben unvollständig, da Gemeinden und Gemeindeverbände nicht schon verfassungsunmittelbar über „eingriffsfähige" Finanzmittel verfügen – die gewissermaßen vorgelagerte Konstruktion eines Anspruchs auf Zuweisung solcher Mittel lässt sich mit der Kern- und Randbereichsdogmatik nicht begründen.

III. Der Anspruch der Gemeinden und Gemeindeverbände auf eine angemessene Finanzausstattung aus prinzipientheoretischer Sicht

Solche Unzulänglichkeiten können mit Hilfe der prinzipientheoretischen Interpretation des Art. 28 Abs. 2 GG vermieden werden. Danach ist die kommunale Finanzausstattung nämlich nicht aus der Perspektive einer faktischen Beeinträchtigung des Art. 28 Abs. 2 GG durch Aufgabenübertragungen zu betrachten.[49] Vielmehr ist von der Ausgestaltungsbedürftigkeit der finanziellen Grundlagen kommunaler Selbstverwaltung auszugehen.[50]

1. Grundlagen und Vorbemerkungen

a) Leistungsrechtlicher Gehalt und prinzipientheoretischer Deutungsansatz

Mit Hilfe dieser Sichtweise lässt sich zunächst erklären, dass die angemessene Finanzausstattung der Gemeinden und Gemeindeverbände als Anspruch gedacht wird.[51] Mit der Ausgestaltungsbedürftigkeit der verfassungsrechtlichen Gewährleistung kommunaler Selbstverwaltung korrespondiert nämlich grundsätzlich eine Ausgestaltungspflicht des Gesetzgebers.[52] Daher fügt sich der Anspruch der Gemeinden und Gemeindeverbände auf eine angemessene Finanzausstattung grundsätzlich bruchlos in die prinzipientheoretische Interpretation des Art. 28 Abs. 2 GG ein.

Überdies gelangt nach der prinzipientheoretischen Deutung gerade die Kern- und Randbereichsdogmatik des institutionellen Ansatzes auch mit Blick auf die

---

[48] *Uwe Volkmann*, DÖV 2001, S. 497 (499 f.).
[49] Anders *Friedhelm Hufen*, DÖV 1998, S. 276 (279).
[50] Ähnlich *Uwe Volkmann*, DÖV 2001, S. 497 (499).
[51] Dazu auch *Uwe Volkmann*, DÖV 2001, S. 497 (499).
[52] Siehe S. 142 f.

kommunale Finanzausstattung nicht zur Anwendung, sodass die Unterscheidung zwischen der finanziellen Mindestausstattung und dem Anspruch der Gemeinden und Gemeindeverbände auf eine angemessene Finanzausstattung fehlgeht.[53] Die verfassungsrechtlichen Grenzen der legislativen Ausgestaltung der kommunalen Finanzausstattung sind vielmehr einheitlich mit Hilfe der Abwägungsmethode zu bestimmen – was allerdings auch nicht bedeutet, dass den Gemeinden und Gemeindeverbänden nicht wenigstens die für die Aufgabenwahrnehmung im übertragenen Wirkungskreis erforderlichen Finanzmittel zur Verfügung gestellt werden müssen.

b) Zur Geltung des Untermaßverbotes

Trotz dieser Unterschiede lassen sich auch mit Blick auf die kommunale Finanzausstattung durchaus parallele Argumentationsmuster beider Interpretationsansätze erkennen. Namentlich die Landesverfassungsgerichtsbarkeit anerkennt nämlich nicht nur im Kontext von Gebietsreformen, sondern auch hinsichtlich der kommunalen Finanzausstattung die Notwendigkeit einer Abwägung. Eine schlichte Übertragung der Judikatur der Landesverfassungsgerichtsbarkeit verbietet sich allerdings auch hier. Zwar macht sich danach

„[d]er Unterschied [zwischen der Abwehr von Beeinträchtigungen und dem leistungsrechtlichen Gehalt des Anspruchs der Gemeinden und Gemeindeverbände auf eine angemessene Finanzausstattung] […] in einer deutlich abgestuften Bindungsintensität bemerkbar: Während der Anspruch auf Unterlassen von Eingriffen vergleichsweise strikt verpflichtet, kommt dem Staat bei der Gewährung und Verteilung von Leistungen im allgemeinen ein weiter Entscheidungs- und Gestaltungsspielraum zu“.[54]

Nach der prinzipientheoretischen Sichtweise ist für die Abwägung zwischen den Funktionen kommunaler Selbstverwaltung und konfligierenden Rechtsprinzipien indes das Untermaßverbot maßstabbildend.

Dementsprechend kann die Judikatur der Landesverfassungsgerichtsbarkeit, nach der das Übermaßverbot zur Anwendung gelangt, nicht überzeugen.

„Der Gesetzgeber darf […] [danach nämlich] die gemeindliche Finanzausstattung nicht in einer Weise beschneiden, dass dadurch der dargelegte Anspruch auf eine finanzielle Mindestausstattung verletzt und das Selbstverwaltungsrecht ausgehöhlt wird. Kernbereich und Wesensgehalt des Selbstverwaltungsrechts sind auch in bezug auf die gemeindliche Finanzausstattung unantastbar […]. Der Bedeutung des Selbstverwaltungsrechts

[53] Zur in der Judikatur der Landesverfassungsgerichtsbarkeit umstrittenen Reichweite des Vorbehaltes der Leistungsfähigkeit S. 288 ff; zur damit zusammenhängenden Frage der Anwendbarkeit der Kern- und Randbereichsdogmatik aus institutioneller Perspektive Landesverfassungsgericht Sachsen-Anhalt, DVBl. 2012, S. 1560 (1560 f.): „Art. 88 Abs. 1 LVerf verpflichtet beim kommunalen Finanzausgleich das Land nur einheitlich, für eine ‚aufgabenbezogene‘ finanzielle Grundausstattung zu sorgen und differenziert nicht nach einem ‚Kernbereich‘ und Aufgaben im Übrigen“.

[54] *Uwe Volkmann*, DÖV 2001, S. 497 (499).

würde es nicht gerecht, wenn seine Reichweite einer allenfalls durch das Willkürverbot begrenzten staatlichen Willensentscheidung überlassen bliebe [...]. Regelungen, die diese Finanzausstattung berühren, beeinträchtigen oder vermindern, hat der Verfassungsgerichtshof nicht nur daraufhin zu überprüfen, ob sie unter dem Gesichtspunkt der Sachgerechtigkeit vertretbar sind und nicht gegen das Willkürverbot [...] verstoßen [...]. Vielmehr müssen sich entsprechende gesetzliche Regelungen im Bereich der gemeindlichen Finanzhoheit auch an den Erfordernissen des im Rechtsstaatsprinzip verankerten Grundsatzes der Verhältnismäßigkeit orientieren. Es muss jeweils eine Abwägung zwischen den Belastungen oder Beeinträchtigungen der gemeindlichen Finanzausstattung und den dafür maßgebenden, am öffentlichen Wohl orientierten, hinreichend sachlichen Gründen erfolgen [...].“[55]

Eine solche Anwendung des Übermaßverbotes widerspricht gerade der prinzipientheoretischen Interpretation des Art. 28 Abs. 2 GG. Auch die ergänzende Feststellung der Landesverfassungsgerichtsbarkeit, dass

„[d]em Gesetzgeber [...] ein weiter Gestaltungsspielraum eingeräumt [sei], in welcher Art und in welchem Umfang er den gemeindlichen Finanzausstattungsanspruch erfüllt und nach welchem System er die Finanzmittel auf die Gemeinden verteilt“,[56]

begründet keine gegenteilige Feststellung.[57]

---

[55] Bayerischer Verfassungsgerichtshof, BayVBl. 1997, S. 303 (304); ferner Bayerischer Verfassungsgerichtshof, BayVBl. 1998, S. 207 (208); Bayerischer Verfassungsgerichtshof, BayVBl 2007, S. 364 ff.; siehe auch Verfassungsgerichtshof für das Land Nordrhein-Westfalen, DVBl. 1993, S. 1205, (1205); Verfassungsgerichtshof für das Land Nordrhein-Westfalen, DVBl. 1998, S. 1280 (1282); Verfassungsgerichtshof für das Land Nordrhein-Westfalen, DVBl. 2011, S. 1155 (1156): „Regelungen, die die Finanzausstattung mindern oder beeinträchtigen, müssen ferner dem im Rechtsstaatsprinzip verankerten Grundsatz der Verhältnismäßigkeit genügen. Belastungen oder Beeinträchtigungen der gemeindlichen Finanzausstattung sind abzuwägen mit den dafür maßgebenden, dem öffentlichen Wohl verpflichteten, sachlichen Gründen. Unterschiedliche Finanzausgleichsbelange kommunaler Aufgabenträger sind zum angemessenen Ausgleich zu bringen“; Landesverfassungsgericht Sachsen-Anhalt, NVwZ-RR 2000, S. 1 (7); zum Ganzen *Bernhard Stüer*, in: Ferdinand Kirchhof/Hubert Meyer (Hrsg.), Kommunaler Finanzausgleich im Flächenbundesland, 1996, S. 47 (52 f.); *Peter M. Huber/Stefan Storr*, Der kommunale Finanzausgleich als Verfassungsproblem, 1999, S. 104 ff.; kritisch *Karen Brems*, Die Aufgabenverlagerung des Landes Nordrhein-Westfalen auf die Kommunen und die Frage der Finanzierungsfolgen, 2006, S. 100 ff.

[56] Verfassungsgerichtshof für das Land Nordrhein-Westfalen, DVBl. 1998, S. 1280 (1282); ferner Verfassungsgerichtshof für das Land Nordrhein-Westfalen, DVBl. 1993, S. 1205, (1205); Verfassungsgerichtshof für das Land Nordrhein-Westfalen, DVBl. 2011, S. 1155 (1156): „Die Einschätzungen des Gesetzgebers sind vom Verfassungsgerichtshof im Rahmen der verfassungsrechtlichen Vorgaben nur daraufhin zu überprüfen, ob sie unter dem Gesichtspunkt der Sachgerechtigkeit vertretbar sind. Zudem dürfen die vom Gesetzgeber gewählten Maßstäbe, nach denen der Finanzausgleich erfolgen soll, nicht im Widerspruch zueinander stehen und nicht ohne einleuchtenden Grund verlassen werden“; siehe auch Bayerischer Verfassungsgerichtshof, NVwZ-RR 1997, S. 301 (303): „[...] [V]om Gesetzgeber [wird] nicht verlangt [...], daß er jedem in Betracht kommenden Einzelfall durch bis ins Einzelne differenzierende Regelungen gerecht wird. Es ist ihm vielmehr gestattet, bei der Gestaltung der Ausgleichsregelungen in der Weise zu verallgemeinern und zu pauschalieren, daß an Regelfälle des Sachbereichs angeknüpft wird und dabei etwaige Besonderheiten von Einzelfällen außer Betracht bleiben. Der Gesetzgeber darf typisieren und generalisieren; die von ihm hierbei

Allenfalls die jüngsten Ausführungen des Landesverfassungsgerichts Sachsen-Anhalt kommen dem prinzipientheoretischen Deutungsansatz nahe. Danach ist nämlich der Gesetzgeber nicht verpflichtet,

> „sämtlich Ausgaben der Gemeinden zu berücksichtigen, sondern nur die notwendigen Ausgaben, die bei einer effizienten Aufgabenerfüllung entstehen. Für den Finanzausgleich [...] kommt es nicht auf die tatsächlichen Aufgaben der Gemeinden an, sondern auf die Ausgaben, die fiktiv eine Gemeinde objektiv hätte, wenn sie sparsam und wirtschaftlich haushalten würde. Daher haben die Fragen, ob eine Aufgabe überhaupt öffentlich wahrgenommen werden muss und wenn ja, welches Leistungsniveau dafür notwendig ist, eine entscheidende Rolle zu spielen. Ferner sind solche Aufgaben nur dann in den Finanzausgleich einzubeziehen, wenn sie so kostengünstig wie möglich wahrgenommen werden."[58]

c) Kommunalindividueller Anspruch der Gemeinden und Gemeindeverbände auf eine angemessene Finanzausstattung?

Hinsichtlich der prinzipientheoretischen Grundlegung des Anspruchs der Gemeinden und Gemeindeverbände auf eine angemessene Finanzausstattung ist die Judikatur der Landesverfassungsgerichtsbarkeit auch noch im Kontext einer anderen Frage aufzugreifen: Es ist zu klären, ob es sich um einen kommunalindividuellen Anspruch handelt – ob also bei der Anwendung der Abwägungsmethode letztlich auf eine angemessene Finanzausstattung einzelner Gemeinden und Gemeindeverbände abzustellen ist.

aa) Überforderung der institutionellen Konzeption

Vor allem die Landesverfassungsgerichtsbarkeit anerkennt nämlich eine solche Betrachtungsweise. Danach korrespondiert mit der „Verpflichtung des Landes, den Gemeinden und Landkreisen die zur Erfüllung ihrer eigenen Aufgaben erforderlichen Mittel zur Verfügung zu stellen und sie dadurch zu einer angemessen Wahrnehmung ihrer Aufgaben zu befähigen, [...] ein Anspruch jeder ein-

---

zugrunde gelegten Beurteilungen und Einschätzungen der tatsächlichen Situation können nur dann verfassungsgerichtlich beanstandet werden [...], wenn sie evident fehlerhaft oder eindeutig widerlegbar wären."; ferner Bayerischer Verfassungsgerichtshof, BayVBl. 1997, S. 303 (305); Bayerischer Verfassungsgerichtshof, ZFSH/SGB 2008, S. 82 (85).

[57] Mit Blick auf kommunale Gebietsreformen dazu schon S. 274 ff.

[58] Landesverfassungsgericht Sachsen-Anhalt, DVBl. 2012, S. 1560 ff.; ähnlich Landesverfassungsgericht Sachsen-Anhalt, DVBl. 2012, S. 1494 ff.; dazu *Winfried Kluth*, in: Hans-Günter Henneke (Hrsg.), Kommunale Selbstverwaltung in der Bewährung, 2013, S. 116 (138 f.); zur Notwendigkeit einer realistischen Kostenberechnung Verfassungsgerichtshof für das Land Nordrhein-Westfalen, DVBl. 1997, S. 483 (484); zum Gebot sparsamer und wirtschaftlicher Haushaltsführung Niedersächsischer Staatsgerichtshof, NVwZ-RR 2001, S. 553 (556); Niedersächsischer Staatsgerichtshof, NdsVBl. 2008, S. 152 (157); Niedersächsischer Staatsgerichtshof, NdsVBl. 2010, S. 236 (239, 240 f.); Staatsgerichtshof des Landes Hessen, NVwZ 2013, S. 1151 (1154 f.).

zelnen Kommune".[59] Während nun schon das Anspruchsdenken im Kontext der kommunalen Finanzausstattung nicht mit der institutionellen Konzeption übereinstimmte, wird diese mit der kommunalindividuellen Betrachtung vollends überfordert: „[E]in Anspruch jeder einzelnen Kommune" stimmt keinesfalls mit der institutionellen Interpretation des Art. 28 Abs. 2 GG überein, die Gemeinden und Gemeindeverbände nur institutionell, nicht aber individuell anerkennt.[60]

bb) Kommunalindividuelle Betrachtungsweise nach der prinzipientheoretischen Interpretation des Art. 28 Abs. 2 GG?

Nach dem prinzipientheoretischen Deutungsansatz spiegelt der Anspruch der Gemeinden und Gemeindeverbände auf eine angemessene Finanzausstattung demgegenüber die mit der Ausgestaltungsbedürftigkeit einhergehende Ausgestaltungspflicht wider.[61] Diese Pflicht des Gesetzgebers reicht allerdings nicht weiter als dessen Bindung an die verfassungsrechtlichen Determinanten der Ausgestaltung – die ihrerseits aber grundsätzlich keine kommunalindividuelle Dimension haben, sodass auch die mit der Ausgestaltungsbedürftigkeit einhergehende Ausgestaltungspflicht nicht kommunalindividuell verstanden werden kann.[62] Allenfalls der Nachweis, dass die legislative Ausgestaltung der kommunalen Finanzausstattung die verfassungsrechtlichen Grenzen überschreitet, kann am Maßstab jeder einzelnen Kommune erbracht werden. Insoweit ist

[59] Niedersächsischer Staatsgerichtshof, NVwZ-RR 2001, S. 553 (558); Niedersächsischer Staatsgerichtshof, NdsVBl. 2008, S. 152 (154, 155); Verfassungsgerichtshof Rheinland-Pfalz, NVwZ-RR 1998, S. 607 (607); Verfassungsgerichtshof Rheinland-Pfalz, DVBl. 1993, S. 894 (897); Verfassungsgericht des Landes Brandenburg, NVwZ-RR 2000, S. 129 (134); ähnlich Verfassungsgericht Mecklenburg-Vorpommern, LKV 2006, S. 461 (463); ferner BVerwGE 106, 280 (287); siehe auch *Friedrich Schoch*, AfK 2000, S. 225 (234); *Michael Nierhaus*, LKV 2005, S. 1 (5); *Hans-Günter Henneke*, DÖV 2008, S. 857 (862 f.); *Olaf Schmitt*, DÖV 2013, S. 452 (456 f.); anders Verfassungsgerichtshof für das Land Nordrhein-Westfalen, DVBl. 2011, S. 1155 (1157): „Wird den Gemeinden nach diesen Maßstäben insgesamt ein ausreichendes Finanzausgleichsvolumen zur Verfügung gestellt und werden diese Finanzmittel in verfassungsrechtlich nicht zu beanstandender Weise auf die Gemeinden verteilt, kommt eine Verletzung der Finanzausstattungspflicht des Landes gegenüber einer einzelnen Gemeinde grundsätzlich nicht in Betracht. Die Verteilungsmaßstäbe können nicht an der einzelnen Gemeinde, sondern nur generalisierend und pauschalierend an der Gesamtheit der Gemeinden – unter Berücksichtigung der unterschiedlichen Vorbedingungen der einzelnen Gemeinden – ausgerichtet sein"; kritisch auch *Carsten Maas*, Die verfassungsrechtliche Entfaltung kommunaler Finanzgarantien, 2004, S. 176; zum Ganzen *Thomas Ammermann*, Das Konnexitätsprinzip im kommunalen Finanzverfassungsrecht, 2007, S. 174 ff.

[60] *Uwe Volkmann*, DÖV 2001, S. 497 (504 f.); *Norbert Meier/Stefan Greiner*, VerwArch 97 (2006), S. 293 (302); *Karen Brems*, Die Aufgabenverlagerung des Landes Nordrhein-Westfalen auf die Kommunen und die Frage der Finanzierungsfolgen, 2006, S. 204 f.

[61] Allgemein S. 142 f.

[62] Siehe S. 143 f.

trotz der institutionellen Deutung der Landesverfassungsgerichtsbarkeit zuzustimmen:

„Die einzelne Gemeinde kann nicht verlangen, dass ihr über die staatliche Gemeindefinanzierung ausreichende Mittel für sämtliche Aufgabenbereiche zufließen, in denen eine freiwillige kommunale Selbstverwaltungsbetätigung sinnvoll und wünschenswert sein mag. [...] Es darf jedoch nicht dazu kommen, dass auch nur in einer einzigen Gemeinde aus finanziellen Gründen, sparsamste Wirtschaftsführung und Ausschöpfung aller Einnahmemöglichkeiten vorausgesetzt,[[63]] nicht einmal ein Mindestmaß an freiwilliger Selbstverwaltung mehr möglich ist und damit in dieser Gemeinde keinerlei freiwillige Selbstverwaltung mehr stattfinden kann. Ein solcher Zustand wäre mit der Selbstverwaltungsgarantie [...] nicht vereinbar."[64]

d) Länder als Anspruchsgegner

Bevor im Folgenden im Einzelnen auf die verfassungsrechtlichen Grenzen der legislativen Ausgestaltung des Anspruchs der Gemeinden und Gemeindeverbände auf eine angemessene Finanzausstattung eingegangen werden kann, ist vorab schließlich noch die Frage nach dem Anspruchsgegner zu klären. Grundsätzlich ist insoweit festzuhalten, dass die Länder für eine angemessene Finanzausstattung der Gemeinden und Gemeindeverbände zu sorgen haben.[65] Angesichts der partiellen Durchbrechung der föderalen Staatsstruktur durch die Vorgaben der Finanzverfassung ist eine Verantwortung des Bundes für die kommunale Finanzausstattung allerdings nicht ausgeschlossen.[66] Das Bundesverfassungsgericht anerkennt auf der Grundlage von Art. 28 Abs. 2 S. 3 GG sowie Art. 106 Abs. 5, 5a GG etwa eine Sekundär- und Teilverantwortung des Bundes.[67] Deren Inhalt lässt sich wie folgt skizzieren:

---

[63] Dazu Niedersächsischer Staatsgerichtshof, NVwZ-RR 2001, S. 553 (556f.); ferner Verfassungsgericht Brandenburg, NVwZ-RR 2000, S. 129 (134); *Friedrich Schoch*, in: Dirk Ehlers/Walter Krebs (Hrsg.), Grundfragen des Verwaltungsrechts und des Kommunalrechts, 2000, S. 93 (127).

[64] Siehe Verfassungsgericht Brandenburg, NVwZ-RR 2000, S. 129 (134); ferner Verfassungsgerichtshof für das Land Nordrhein-Westfalen, DÖV 1999, S. 300 (301f.); Niedersächsischer Staatsgerichtshof, NVwZ-RR 2001, S. 553 (558); dazu auch *Michael Nierhaus*, in: Max-Emanuel Geis (Hrsg.), Staat – Kirche – Verwaltung, Festschrift für Hartmut Maurer zum 70. Geburtstag, 2001, S. 239ff.; *Ihno Gebhardt*, Das kommunale Selbstverwaltungsrecht, 2007, S. 253f.

[65] *Friedrich Schoch/Joachim Wieland*, Finanzierungsverantwortung für gesetzgeberisch veranlasste kommunale Aufgaben, 1995, S. 136f.; *Michael Inhester*, Kommunaler Finanzausgleich im Rahmen der Staatsverfassung, 1998, S. 88, 146; ferner BVerfGE 26, 172 (181); 86, 148 (218).

[66] *Thomas Ammermann*, Das Konnexitätsprinzip im kommunalen Finanzverfassungsrecht, 2007, S. 102ff.; siehe aber auch *Rolf Grawert*, VVDStRL 36 (1978), S. 277 (299f.).

[67] BVerfGE 101, 158 (230): „Bei der Regelung der verfassungskonkretisierenden Maßstäbe wird zusätzlich zu berücksichtigen sein, daß das Grundgesetz die finanzielle Eigenverantwortung der Kommunen nunmehr ausdrücklich anerkennt (Art. 28 Abs. 2 Satz 3 GG) und den Gemeinden einen eigenen Anteil an dem Aufkommen der Einkommensteuer (Art. 106 Abs. 5 GG) und an der Umsatzsteuer (Art. 106 Abs. 5a GG) garantiert. Diese gestärkte fi-

„Aus einem [...] Finanzausstattungsanspruch der Gemeinden gegen ihre Länder oder den Bund ergibt sich jedenfalls aus Art. 106 GG kein bestimmtes ‚Mischungsverhältnis' zwischen steuerlichen und gliedstaatlichen Einnahmen, allenfalls eine gewisse Freiverfügbarkeit bestimmter Finanzmittel. Art. 106 Abs. 5 bis 7 GG lassen auf die Koexistenz beider Finanzausgleichsinstrumente schließen. Diese Balance würde gefährdet, wenn die Gemeinden über keine Steuerertragsrechte mehr verfügen könnten oder umgekehrt ein übergemeindlicher kommunaler Finanzausgleich gänzlich überflüssig würde. Letzteres wäre der Fall, wenn der Bundesfinanzausgleichsgesetzgeber die Steueranteile gem. Art. 106 Abs. 5, 5a GG wesentlich erhöhen würde; damit würden die Länder vorbehaltlich einer Verfassungsänderung ‚überspielt' und ‚verdrängt'."[68]

Dass „[d]ie Länder [...] sich seit jeher gehalten [sehen], für eine aufgabengerechte Finanzausstattung ihrer Kommunen zu sorgen",[69] ändert sich durch die Sekundär- und Teilverantwortung des Bundes folglich nicht. Einer solchen Verantwortung steht schließlich auch Art. 28 Abs. 3 GG nicht entgegen: Die Regelung normiert keine Rechtsbeziehungen zwischen Bund und Gemeinden sowie Gemeindeverbänden[70] – unabhängig von der Begründung eines Interventionsanspruchs[71] nimmt Art. 28 Abs. 3 GG auf ein ausschließlich gegen die Länder gerichtetes Einwirken Bezug.[72]

---

nanzwirtschaftliche Unabhängigkeit und Verselbständigung der Kommunen modifiziert die bisherige Zweistufigkeit der Finanzverfassung."; siehe auch BVerfGE 71, 25 (38): „Die Frage, ob Art. 106 Abs. 5 GG als Prüfungsmaßstab im Rahmen der Kommunalverfassungsbeschwerde heranzuziehen ist, kann nicht einheitlich für den gesamten Inhalt der Vorschrift beantwortet werden. Art. 106 Abs. 5 GG regelt die Finanzausstattung der Gemeinden, auf deren Stärkung er zielt. Diese Verfassungsnorm stellt dabei insofern eine Konkretisierung des Art. 28 Abs. 2 GG dar, als die in ihr vorgesehene, aber nicht näher bezifferte kommunale Steuerbeteiligung in ihrer Ausgestaltung nicht zu einer Unterschreitung des durch Art. 28 Abs. 2 GG garantierten Gesamtumfangs der gemeindlichen Finanzausstattung führen darf. Die Höhe des gemeindlichen Anteils ist zwar in Art. 106 Abs. 5 GG selbst nicht festgelegt, dieser Anteil soll aber, wie der Normzweck zeigt, eine eigenständige Säule der gemeindlichen Finanzausstattung darstellen. Insoweit wirkt Art. 106 Abs. 5 GG in den Gewährleistungsumfang des Art. 28 Abs. 2 GG hinein und kann als Prüfungsmaßstab im Rahmen der Kommunalverfassungsbeschwerde herangezogen werden."; zurückhaltender BVerfGE 26, 172 (181); dazu ferner *Rudolf Wendt*, DÖV 2001, S. 762 (767 ff.); *Jürgen W. Hidien*, in: BK, Art. 106 (2002), Rn. 1002; anders *Karl Heinrich Friauf*, VVDStRL 27 (1969), S. 1 (6); wohl auch *Stefan Korioth*, Der Finanzausgleich von Bund und Ländern, 1997, S. 42 f.

[68] *Theodor Maunz*, in: Theodor Maunz/Günter Dürig (Begr.), Grundgesetz, Art. 106 (1978), Rn. 84; *Jürgen W. Hidien*, in: BK, Art. 106 (2002), Rn. 1011.

[69] BVerfGE 86, 148 (218); ferner *Friedrich Schoch/Joachim Wieland*, Finanzierungsverantwortung für gesetzgeberisch veranlasste kommunale Aufgaben, 1995, S. 127.

[70] *Stefan Mückl*, Finanzverfassungsrechtlicher Schutz der kommunalen Selbstverwaltung, 1998, S. 74; *Karen Brems*, Die Aufgabenverlagerung des Landes Nordrhein-Westfalen auf die Kommunen und die Frage der Finanzierungsfolgen, 2006, S. 104 ff.

[71] Dazu *Stefan Mückl*, Finanzverfassungsrechtlicher Schutz der kommunalen Selbstverwaltung, 1998, S. 87 f.; siehe aber auch *Wolfgang Löwer*, in: Ingo von Münch/Philip Kunig (Hrsg.), GG-Komm., Bd. I, 6. Aufl. 2012, Art. 28, Rn. 117 f.

[72] *Stefan Mückl*, Finanzverfassungsrechtlicher Schutz der kommunalen Selbstverwaltung, 1998, S. 86; ferner *Michael Nierhaus*, in: Michael Sachs (Hrsg.), GG-Komm., 6. Aufl. 2011, Art. 28, Rn. 98.

2. Zur Ausgestaltung des Anspruchs der Gemeinden und Gemeindeverbände auf eine angemessene Finanzausstattung

Während bislang der Anspruch der Gemeinden und Gemeindeverbände auf eine angemessene Finanzausstattung in das Konzept der prinzipientheoretischen Interpretation des Art. 28 Abs. 2 GG überführt wurde, ist nunmehr die Reichweite dieses Anspruchs zu bestimmen – bereichsspezifisch zu konkretisieren ist die Annahme, dass sich die verfassungsrechtlichen Grenzen der legislativen Ausgestaltung des Anspruchs der Gemeinden und Gemeindeverbände im Wege der Abwägung zwischen den Funktionen kommunaler Selbstverwaltung und konfligierenden Rechtsprinzipien nach Maßgabe des Untermaßverbotes ergeben.

a) Funktionen kommunaler Selbstverwaltung und kommunale Finanzausstattung

Die Bedeutung von Dezentralisierung und Partizipation im Kontext dieser Abwägung lässt sich mit dem Stellenwert der kommunalen Finanzausstattung im Allgemeinen auf den Punkt bringen: Kommunale Selbstverwaltung setzt sowohl eine bestimmte Finanzausstattung als auch die Entscheidungsfreiheit hinsichtlich deren Verwendung zur Aufgabenwahrnehmung voraus. Wird die Aufgabenwahrnehmung seitens der Gemeinden und Gemeindeverbände durch eine unzureichende Finanzausstattung unmöglich gemacht, ist weder der Gedanke der Dezentralisierung noch der der Partizipation zu verwirklichen.

b) Leistungsfähigkeit der Länder als konfligierendes Rechtsprinzip

Obwohl die kommunale Finanzausstattung folglich fundamentale Bedeutung hat, sind nach der prinzipientheoretischen Lesart die Funktionen kommunaler Selbstverwaltung auch mit Blick auf die kommunale Finanzausstattung mit konfligierenden Rechtsprinzipien abzuwägen. Als konfligierendes Rechtsprinzip ist dabei – ungeachtet der Uneinigkeit in der Judikatur der Landesverfassungsgerichtsbakreit über dessen Reichweite – vor allem der Vorbehalt der Leistungsfähigkeit[73] von Bedeutung: Der Gesetzgeber muss im Zuge der legislativen

[73] Zur Judikatur der Landesverfassungsgerichtsbarkeit S. 288ff.; zum Vorbehalt der Leistungsfähigkeit auch *Ferdinand Kirchhof*, in: Jörn Ipsen (Hrsg.), Kommunale Aufgabenerfüllung im Zeichen der Finanzkrise, 1995, S. 53 (61); *Michael Inhester*, Kommunaler Finanzausgleich im Rahmen der Staatsverfassung, 1998, S. 85ff.; *Karen Brems*, Die Aufgabenverlagerung des Landes Nordrhein-Westfalen auf die Kommunen und die Frage der Finanzierungsfolgen, 2006, S. 96; *Ihno Gebhardt*, Das kommunale Selbstverwaltungsrecht, 2007, S. 191ff.; im Übrigen spiegelt sich die Uneinigkeit hinsichtlich der Reichweite des Vorbehaltes der Leistungsfähigkeit auch in der institutionellen Lesart des Art. 28 Abs. 2 GG wider, siehe *Thomas Würtenberger*, in: Josef Isensee (Hrsg.), Freiheit und Eigentum, Festschrift für Walter Leisner, 1999, S. 973 (982), der zur Konsolidierung der öffentlichen Haushalte auch von den Gemeinden und Gemeindeverbänden einen Aufgabenabbau sowie eine gewisse Verschul-

Ausgestaltung der kommunalen Finanzausstattung der Leistungsfähigkeit der Länder Rechnung tragen.

aa) Grundsätzliches

Dies lässt sich trotz ihres institutionellen Bezugsrahmens und ungeachtet der unterschiedlichen Auffassungen über die Reichweite dieses Vorbehaltes mit der Landesverfassungsgerichtsbarkeit wie folgt begründen:

> „Der wirtschaftlichen Leistungsfähigkeit des Landes kommt wegen der Einbindung der Gemeinden in das gesamtwirtschaftliche Gefüge der öffentlichen Haushalte wesentliche Bedeutung zu. Die Finanzausstattung, die den Gemeinden zur Gewährleistung der Selbstverwaltung bereitzustellen ist, kann nicht losgelöst von der finanziellen Lage des Landes allein nach den Bedürfnissen der örtlichen Gemeinschaft festgesetzt werden. Weil die Gemeinden über die ihnen zukommenden Zuweisungen mit dem Land und auch mit dem Bund in einem allgemeinen Steuerverbund zusammengeschlossen sind und auch das Land zur Erfüllung seiner eigenen Aufgaben auf Mittel aus diesem Verbund angewiesen ist, muß trotz des hohen Stellenwertes der Selbstverwaltungsgarantie die Höhe der gemeindlichen Finanzausstattung auch unter angemessener Berücksichtigung des finanziellen Bedarfs und der Haushaltssituation des Landes bestimmt werden […].“[74]

Die Aufgabenwahrnehmung durch Gemeinden und Gemeindeverbände kann demzufolge keinen Vorrang in finanzieller Hinsicht beanspruchen.

bb) Die Leistungsfähigkeit der Länder im Abwägungsprozess

(1) Reichweite des Vorbehaltes der Leistungsfähigkeit: Selbstverwaltungsaufgaben und übertragener Wirkungskreis

Trotz der grundsätzlichen Geltung des Vorbehaltes der Leistungsfähigkeit muss dessen Reichweite – auch angesichts der nach institutioneller Lesart bestehenden Unsicherheiten – noch genauer beleuchtet werden. Zurückzukommen ist in diesem Zusammenhang auf die insoweit aus institutioneller Perspektive vorgeschlagene Konstruktion einer finanziellen Mindestausstattung. Nachfolgend wird diesbezüglich zu zeigen sein, dass auch im Rahmen der prinzipientheoretischen Lesart trotz der Anwendung der Abwägungsmethode die Leistungsfähigkeit der Länder nicht umfassend zu berücksichtigen ist.

Nach der inzwischen nur noch vereinzelt in der Judikatur der Landesverfassungsgerichtsbarkeit vertretenen Konzeption steht zunächst „[d]ie Gewährleis-

---

dung verlangt; ähnlich *Kay Waechter*, VerwArch 85 (1994), S. 208 (220); siehe aber auch *Max-Emanuel Geis*, in: Max-Emanuel Geis (Hrsg.), Staat – Kirche – Verwaltung, Festschrift für Hartmut Maurer zum 70. Geburtstag, 2001, S. 79 (82), der die finanzielle Leistungsfähigkeit als gegenläufigen Aspekt nur anerkennt, sofern Bund und Ländern jeglicher finanzieller Spielraum fehlt.

[74] Verfassungsgerichtshof für das Land Nordrhein-Westfalen, DVBl. 1998, S. 1280 (1281).

tung der finanziellen Mindestausstattung der Kommunen [...] nicht unter dem Vorbehalt der Leistungskraft des Landes, sondern ist *leistungskraftunabhängig* [...]".[75] Danach soll

„der – unantastbare – Kernbereich des kommunalen Selbstverwaltungsrechts verletzt [sein], wenn die vom Land gewährte finanzielle Ausstattung der Kommunen nur die Wahrnehmung ihrer pflichtigen, d.h. fremdbestimmten Aufgaben abdeckt, ohne ihnen einen Bereich eigenbestimmter Mittelverwendung zu belassen [...]".[76]

Bei genauerer Betrachtung geht es bei der finanziellen Mindestausstattung folglich um die Unterscheidung von eigenem und übertragenem Wirkungskreis.[77] Letztlich setzt danach die Übertragung staatlicher Aufgaben voraus, dass finanzielle Mittel für die Aufgabenwahrnehmung bereitgestellt werden.[78] Diese

[75] Thüringer Verfassungsgerichtshof, NVwZ-RR 2005, S. 665 (668); nochmals Bayerischer Verfassungsgerichtshof, BayVBl. 1997, S. 303 (304); Niedersächsischer Staatsgerichtshof, NdsVBl. 1998, S. 43 (44 f.); Staatsgerichtshof des Landes Hessen, NVwZ 2013, S. 1151 (1152): siehe ferner *Friedrich Schoch*, Verfassungsrechtlicher Schutz der kommunalen Finanzautonomie, 1997, S. 152 f.; *dens.*, AfK 2000, S. 225 (239); *dens.*, in: Dirk Ehlers/Walter Krebs (Hrsg.), Grundfragen des Verwaltungsrechts und des Kommunalrechts, 2000, S. 93 (123 f.); *Kyrill-A. Schwarz*, ZKF 1997, S. 26 (27); *dens.*, ZKF 2009, S. 243 ff.; *Stefan Mückl*, Finanzverfassungsrechtlicher Schutz der kommunalen Selbstverwaltung, 1998, S. 75; *Friedhelm Hufen*, DÖV 1998, S. 276 (282); *Hans-Günter Henneke*, DÖV 1998, S. 330 (334 f.); *dens.*, NdsVBl. 1998, S. 25 (28); *dens.*, ZG 1999, S. 256 (289); *dens.*, in: Hans-Günter Henneke/Hermann/Pünder/Christian Waldhoff (Hrsg.), Recht der Kommunalfinanzen, 2006, § 24, Rn. 283 ff.; *dens.*, DÖV 2008, S. 857 (858 ff.); *Alfred Katz*, DÖV 2000, S. 235 (238); *Hubert Meyer*, LKV 2001, S. 297 (299 ff.); *Ihno Gebhardt*, Das kommunale Selbstverwaltungsrecht, 2007, S. 196 ff.; *Thomas Ammermann*, Das Konnexitätsprinzip im kommunalen Finanzverfassungsrecht, 2007, S. 78, 81 ff.

[76] Thüringer Verfassungsgerichtshof, NVwZ-RR 2005, S. 665 (668).

[77] Dass die Unterscheidung von eigenem und übertragenem Wirkungskreis auch mit Unsicherheiten verknüpft sein kann, wird darin deutlich, dass pflichtige Selbstverwaltungsaufgaben ebenfalls nach einem Kostenausgleich verlangen, siehe *Friedrich Schoch*, ZG 1994, S. 246 (254 f.); *Dirk Ehlers*, DVBl. 1997, S. 225 (227); *Peter M. Huber/Stefan Storr*, Der kommunale Finanzausgleich als Verfassungsproblem, 1999, S. 53.

[78] Niedersächsischer Staatsgerichtshof, DVBl. 1998, S. 185 (189): „Der Gesetzgeber darf die kommunale Finanzausstattung aber nicht in einer Weise beeinträchtigen, die den Anspruch auf eine finanzielle Mindestausstattung verletzt und dadurch das Recht auf Selbstverwaltung aushöhlt. Die danach gebotene Mindestausstattung ist jedenfalls dann unterschritten, wenn die Wahrnehmung freiwilliger Selbstverwaltungsangelegenheiten infolge einer unzureichenden Finanzausstattung unmöglich wird. Die Erfüllung neuer pflichtiger Aufgaben durch die kommunalen Gebietskörperschaften unter Ausschöpfung der für die freiwillige Selbstverwaltung vorgehaltenen Finanzmittel kann dazu führen, daß die Finanzmittel, die der Wahrnehmung von Selbstverwaltungsaufgaben vorbehalten sind, durch die Wahrnehmung gesetzlich vorgeschriebener Aufgaben aufgezehrt werden. Bei einer offensichtlichen Disproportionalität von wahrzunehmenden Aufgaben und Mittelzuweisung ist der Kernbereich der kommunalen Selbstverwaltung in unzulässiger Weise beeinträchtigt."; ferner Bayerischer Verfassungsgerichtshof, BayVBl. 1997, S. 303 (304 f.): „Danach umfasst das Selbstverwaltungsrecht einen gegen das Land gerichteten Anspruch auf eine angemessene Finanzausstattung (‚finanzielle Mindestausstattung'), weil eigenverantwortliches Handeln eine entsprechende Leistungsfähigkeit der Selbstverwaltungskörperschaften voraussetze. Die verfassungsrechtliche Garantie einer finanziellen Mindestausstattung sei verletzt, wenn das

– innerhalb der Judikatur der Landesverfassungsgerichtsbarkeit inzwischen umstrittene – Grundannahme ist auch für die prinzipientheoretische Interpretation des Art. 28 Abs. 2 GG fruchtbar zu machen.

Die Bezugnahme auf die Unterscheidung zwischen Selbstverwaltungsaufgaben und übertragenem Wirkungskreis auch im Rahmen des prinzipientheoretischen Deutungsansatzes beruht darauf, dass eine Abwägung, die im Interesse der Leistungsfähigkeit der Länder finanzielle Auswirkungen der Kommunalisierung staatlicher Aufgaben gänzlich unberücksichtigt ließe, dem Vorwurf der Widersprüchlichkeit begegnet: Die Länder könnten sich auf diese Weise auf Kosten der Gemeinden und Gemeindeverbände der Aufgabenwahrnehmung entledigen; Gründe, die eine solche Zurückdrängung des Anspruchs der Gemeinden und Gemeindeverbände auf eine angemessene Finanzausstattung rechtfertigen, sind nicht ersichtlich.[79] Dementsprechend muss die legislative Ausgestaltung des Anspruchs der Gemeinden und Gemeindeverbände auf eine angemessene Finanzausstattung zumindest die Übertragung staatlicher Aufgaben auffangen, erst im Anschluss daran kann der Vorbehalt der Leistungsfähigkeit Berücksichtigung finden.[80]

(2) Die Leistungsfähigkeit der Länder im Einzelnen

„Die danach gebotene Mindestausstattung ist [dementsprechend] jedenfalls dann unterschritten, wenn die Wahrnehmung freiwilliger Selbstverwaltungsangelegenheiten infolge einer unzureichenden Finanzausstattung unmöglich wird. Die Erfüllung neuer pflichtiger Aufgaben durch die kommunalen Gebietskörperschaften unter Ausschöpfung der für die freiwillige Selbstverwaltung vorgehaltenen Finanzmittel kann dazu

---

Selbstverwaltungsrecht ausgehöhlt und einer sinnvollen Betätigung der Selbstverwaltung die finanzielle Grundlage entzogen werde; den Gemeinden müsse eine ausreichende zweckungebundene finanzielle Mindestausstattung gesetzlich garantiert werden, die so zu bemessen sei, dass die Gemeinden in die Lage versetzt würden, neben den Pflichtaufgaben des eigenen und des übertragenen Wirkungskreises noch freiwillige Selbstverwaltungsaufgaben zu übernehmen […]"; dazu *Matthias Dombert*, DVBl. 2006, S. 1136 (1138); *Friedrich Schoch*, Verfassungsrechtlicher Schutz der kommunalen Finanzautonomie, 1997, S. 139ff.; *ders.*, in: Dirk Ehlers/Walter Krebs (Hrsg.), Grundfragen des Verwaltungsrechts und des Kommunalrechts, 2000, S. 93 (102) mit dem Hinweis, aufgrund fehlender finanzieller Grundlagen dürfe ein substantieller Spielraum für die eigenverantwortliche Wahrnehmung freiwilliger Selbstverwaltungsaufgaben nicht verloren gehen.

[79] Nochmals aber auch Landesverfassungsgericht Sachsen-Anhalt, NVwZ-RR 2000, S. 1 (6): „Die Grenze eigener Leistungsfähigkeit gestattet es dem Landesgesetzgeber, […] auch den Kommunen […] eine Verschuldung zuzumuten."

[80] *Hartmut Maurer*, in: Hans-Günter Henneke/Hartmut Maurer/Friedrich Schoch, Die Kreise im Bundesstaat, 1994, S. 139 (147f.); *Friedrich Schoch/Joachim Wieland*, Finanzierungsverantwortung für gesetzgeberisch veranlasste kommunale Aufgaben, 1995, S. 166f.; *Stefan Mückl*, Finanzverfassungsrechtlicher Schutz der kommunalen Selbstverwaltung, 1998, S. 81; *Hans-Günter Henneke*, Aufgabenzuständigkeit im kreisangehörigen Raum, 1999, S. 17ff.; *Franz Cromme*, DVBl. 2000, S. 459 (463); ähnlich *Rolf Grawert*, VVDStRL 36 (1978), S. 277 (300); *Albert von Mutius*, in: Hans-Uwe Erichsen (Hrsg.), Kommunalverfassung heute und morgen – Bilanz und Ausblick, 1989, S. 61 (66).

führen, daß die Finanzmittel, die der Wahrnehmung von Selbstverwaltungsaufgaben vorbehalten sind, durch die Wahrnehmung gesetzlich vorgeschriebener Aufgaben aufgezehrt werden."[81]

Die legislative Ausgestaltung der kommunalen Finanzausstattung ist mithin auf die Wahl derjenigen Mittel beschränkt, mit denen eine Kompensation der finanziellen Folgen von Aufgabenkommunalisierungen erreicht werden soll.[82] Dabei ist nicht zuletzt zu berücksichtigen, dass dem Gesetzgeber die Erschließung neuer Steuerquellen offensteht:

„[W]enn [die Länder] nicht verpflichtet [sind], das Ausgleichsvolumen entsprechend zu erhöhen, dann [sind sie] aber verpflichtet, neue Steuerquellen zu erschließen, oder aber, sofern dies angesichts der Finanzlage ausgeschlossen ist, gehalten, die landesgesetzlich verursachten Kosten für die Erfüllung der Aufgaben des eigenen Wirkungskreises durch eine Verminderung der Zahl der Pflichtaufgaben bzw. eine Senkung der bei der Aufgabenerfüllung einzuhaltenden Standards zu reduzieren. Soweit es sich um bundesgesetzliche Aufgabenzuweisungen und Standards handelt, muss das Land einen entsprechenden Einfluss im Bundesrat geltend machen."[83]

c) *Weitere Abwägungsaspekte*

Neben der Leistungsfähigkeit der Länder können weitere bereichsspezifische Aspekte benannt werden, die die Ausgestaltung des Anspruchs der Gemeinden und Gemeindeverbände anleiten. Dabei handelt es sich um Gesichtspunkte, die auf der Grundlage der institutionellen Interpretation des Art. 28 Abs. 2 GG

---

[81] Niedersächsischer Staatsgerichtshof, DVBl. 1998, S. 185 (189); siehe auch *Hans-Günter Henneke*, DÖV 1998, S. 330 (334 f.), der im Hinblick auf den Vorbehalt der Leistungsfähigkeit feststellt, dass durch den kommunalen Finanzausgleich zunächst eine Grundausstattung der Gemeinden und Gemeindeverbände abgedeckt werden müsse; ferner *Ihno Gebhardt*, Das kommunale Selbstverwaltungsrecht, 2007, S. 209 ff.; kritisch *Herbert Mandelartz/Helmut Neumeyer*, DÖV 2000, S. 103 (111).

[82] Bayerischer Verfassungsgerichtshof, BayVBl. 1997, S. 303 ff.; dazu *Walter Schmitt Glaeser/Hans-Detlef Horn*, BayVBl. 1999, S. 353 (355); siehe ferner *Hubert Meyer*, ZG 1996, S. 165 (168); *Friedrich Schoch*, in: Dirk Ehlers/Walter Krebs (Hrsg.), Grundfragen des Verwaltungsrechts und des Kommunalrechts, 2000, S. 93 (124); *Hans-Günter Henneke*, in: Hans-Günter Henneke/Hermann Pünder/Christian Waldhoff (Hrsg.), Recht der Kommunalfinanzen, 2006, § 24, Rn. 196 ff.

[83] Niedersächsischer Staatsgerichtshof, NVwZ-RR 2001, S. 553 (557); Niedersächsischer Staatsgerichtshof, NdsVBl. 2008, S. 152 (156); siehe auch Thüringer Verfassungsgerichtshof, NVwZ-RR 2005, S. 665 (668); ferner *Hans-Günter Henneke*, DÖV 1998, S. 330 (335); *ders.*, DVBl. 1998, S. 1158 (1164); *ders.*, ZG 1999, S. 256 (263); *Friedrich Schoch*, AfK 2000, S. 225 (239); *ders.*, in: Dirk Ehlers/Walter Krebs (Hrsg.), Grundfragen des Verwaltungsrechts und des Kommunalrechts, 2000, S. 93 (124 f.); *Paul Schumacher*, LKV 2000, S. 98 (101 f.); *Hubert Meyer*, LKV 2000, S. 1 (4); *ders.*, NVwZ 2001, Sonderheft für Hermann Weber, S. 36 (38 f.); *Max-Emanuel Geis*, in: Max-Emanuel Geis (Hrsg.), Staat – Kirche – Verwaltung, Festschrift für Hartmut Maurer zum 70. Geburtstag, 2001, S. 79 (81); *Kyrill-A. Schwarz*, ZKF 2002, S. 242 (245); *Rudolf Wendt/Michael Elicker*, VerwArch 93 (2002), S. 187 (208 f., 216); *Barbara Remmert*, VerwArch 94 (2003), S. 459 (478 ff.); *Ihno Gebhardt*, Das kommunale Selbstverwaltungsrecht, 2007, S. 205 f.

ebenfalls von der Landesverfassungsgerichtsbarkeit entwickelt wurden – sie beanspruchen indes auch nach dem prinzipientheoretischen Deutungsansatz Geltung.

aa) Der Grundsatz der Verteilungssymmetrie

Vor allem ist bei der legislativen Ausgestaltung der kommunalen Finanzausstattung der Grundsatz der Verteilungssymmetrie zu berücksichtigen.[84]

(1) Herleitung und Bedeutung

Dieser Grundsatz lässt „dem Land und den Kommunen die jeweils verfügbaren Finanzmittel gleichermaßen aufgabengerecht zukommen“ und bringt nicht nur

> „die Gleichwertigkeit von Landes- und Kommunalaufgaben zum Ausdruck [...] [, sondern] verhindert [vielmehr auch], dass in Zeiten knapper Finanzen an Stelle einer gleichmäßigen Verteilung des Defizits primär das Land betroffen wird [...]. [...] [Der Grundsatz der Verteilungssymmetrie enthält folglich] eine Kollisionsregelung[[85]] für das normative Spannungsverhältnis zwischen den zur Aufgabenwahrnehmung der Kommunen ‚erforderlichen Mitteln‘ einerseits und der ‚finanziellen Leistungsfähigkeit‘ des Landes andererseits. Daraus folgt das Gebot einer gerechten und gleichmäßigen Verteilung bestehender Lasten.“

Während trotz der Bezugnahme auf die „Aufteilung des Defizits“ zunächst die Notwendigkeit des Ausgleichs der im übertragenen Wirkungskreis anfallenden Kosten nicht mit Hilfe der Verteilungssymmetrie widerlegt werden kann,[86] lässt sich die Geltung dieses Grundsatzes unter Bezugnahme auf die Judikatur der Landesverfassungsgerichtsbarkeit wie folgt begründen:

> „In Zeiten einer angespannten Finanzlage resultiert aus diesem Vorbehalt sowie dem daraus abgeleiteten Prinzip der Verteilungssymmetrie das Gebot einer gerechten und gleichmäßigen Verteilung bestehenden Lasten, d.h. einer ausgewogenen Aufteilung des Defizits auf Land und Kommunen durch eine beiderseitige Reduzierung der zur Erfüllung der jeweiligen Aufgaben zur Verfügung stehenden Mittel. Sofern Land und Kommunen zu anteilsmäßig gleich großen Einsparungen gezwungen sind, darf daher im Fal-

---

[84] Niedersächsischer Staatsgerichtshof, DVBl. 1998, S. 185 (187); Niedersächsischer Staatsgerichtshof, NVwZ-RR 2001, S. 553 (556f.); Niedersächsischer Staatsgerichtshof, NdsVBl. 2008, S. 152 (156f.); siehe auch Verfassungsgerichtshof Rheinland-Pfalz, DVBl. 2012, S. 432ff. mit dem Hinweis, eine rein mathematische Betrachtung könne im Einzelfall aus Gründen der Verteilungsgerechtigkeit durch verfassungsrechtlich gebotene Wertungen überlagert sein; ferner *Peter M. Huber/Stefan Storr*, Der kommunale Finanzausgleich als Verfassungsproblem, 1999, S. 111; *Carsten Maas*, Die verfassungsrechtliche Entfaltung kommunaler Finanzgarantien, 2004, S. 219ff.; *Ihno Gebhardt*, Das kommunale Selbstverwaltungsrecht, 2007, S. 204; kritisch *Thomas Ammermann*, Das Konnexitätsprinzip im kommunalen Finanzverfassungsrecht, 2007, S. 85.

[85] Staatsgerichtshof für das Land Baden-Württemberg, DVBl. 1999, S. 1351ff.; dazu auch *Karen Brems*, Die Aufgabenverlagerung des Landes Nordrhein-Westfalen auf die Kommunen und die Frage der Finanzierungsfolgen, 2006, S. 195ff.

[86] Ähnlich Niedersächsischer Staatsgerichtshof, DVBl. 1998, S. 185 (187).

le mangelnder finanzieller Leistungsfähigkeit des Landes das Volumen der [...] [kommunalen Finanzausstattung] hinter dem zurückbleiben, was für eine angemessene Wahrnehmung der zum eigenen Wirkungskreis der Gemeinden und Landkreise zählenden Aufgaben erforderlich ist."[87]

Der Grundsatz der Verteilungssymmetrie ist danach auf den „Grundsatz der Gleichrangigkeit der Aufgaben von Bund, Ländern und Gemeinden" zurückzuführen, der mit § 24 Abs. 1 StabG[88] eine einfachrechtliche Ausprägung gefunden hat.[89] Zur (verfassungsrechtlichen) Herleitung wird auf die Kompetenzordnung des Grundgesetzes und die dort ohne erkennbare Abstufungen verankerte Gleichwertigkeit von Bundes- und Landesaufgaben sowie den Aufgaben der Gemeinden und Gemeindeverbände verwiesen.[90] Diese Gleichwertigkeit ist zwingende Voraussetzung der Anwendbarkeit des Grundsatzes der Verteilungssymmetrie:[91] Sie stellt sicher, dass Art. 28 Abs. 2 GG die Wahrnehmung der Angelegenheiten der örtlichen Gemeinschaft nicht etwa nach Maßgabe der kommunalen Finanzausstattung gewährleistet, sondern die Finanzausstattung

---

[87] Niedersächsischer Staatsgerichtshof, NVwZ-RR 2001, S. 553 (556 f.); ferner Niedersächsischer Staatsgerichtshof, NdsVBl. 2008, S. 152 (156); siehe auch *Carsten Maas*, Die verfassungsrechtliche Entfaltung kommunaler Finanzgarantien, 2004, S. 135 ff.; *Karen Brems*, Die Aufgabenverlagerung des Landes Nordrhein-Westfalen auf die Kommunen und die Frage der Finanzierungsfolgen, 2006, S. 86 f., 195 ff.; *Ihno Gebhardt*, Das kommunale Selbstverwaltungsrecht, 2007, S. 206 ff.; *Thomas Ammermann*, Das Konnexitätsprinzip im kommunalen Finanzverfassungsrecht, 2007, S. 84 ff.; ferner Thüringer Verfassungsgerichtshof, NVwZ-RR 2005, S. 665 (668); Landesverfassungsgericht Mecklenburg-Vorpommern, LKV 2006, S. 461 (462); *Ferdinand Kirchhof*, in: Jörn Ipsen (Hrsg.), Kommunale Aufgabenerfüllung im Zeichen der Finanzkrise, 1995, S. 53 (61); *Hubert Meyer*, NVwZ 1999, S. 843 (846); *ders.*, LKV 2000, S. 1 (4); *Walter Schmitt Glaeser/Hans-Detlef Horn*, BayVBl. 1999, S. 353 (356); *Stefan Mückl*, DÖV 1999, S. 841 (851); *Uwe Volkmann*, DÖV 2001, S. 497 (502 f.); schließlich aber auch *Detlef Bayer*, DVBl. 1993, S. 1287 (1290); *Friedhelm Hufen*, DÖV 1998, S. 276 (283); *Thomas Würtenberger*, in: Josef Isensee (Hrsg.), Freiheit und Eigentum, Festschrift für Walter Leisner, 1999, S. 973 (983 ff.); *Hans-Günter Henneke*, NdsVBl. 2001, S. 233 (241); *ders.*, DVBl. 2003, S. 282 ff.

[88] Zur Regelung des § 2 des Sächsischen Finanzausgleichsgesetzes Verfassungsgericht des Landes Brandenburg, NVwZ-RR 2000, S. 129 (131); ferner *Ulf Gundlach*, LKV 2000, S. 7 (10); *Karen Brems*, Die Aufgabenverlagerung des Landes Nordrhein-Westfalen auf die Kommunen und die Frage der Finanzierungsfolgen, 2006, S. 201 ff.

[89] Kritisch *Herbert Mandelartz/Helmut Neumeyer*, DÖV 2000, S. 103 (109); *Karen Brems*, Die Aufgabenverlagerung des Landes Nordrhein-Westfalen auf die Kommunen und die Frage der Finanzierungsfolgen, 2006, S. 197 f.; ähnlich *Uwe Volkmann*, DÖV 2001, S. 497 (502).

[90] *Stefan Mückl*, Finanzverfassungsrechtlicher Schutz der kommunalen Selbstverwaltung, 1998, S. 72; *Ihno Gebhardt*, Das kommunale Selbstverwaltungsrecht, 2007, S. 204; siehe aber auch *Herbert Mandelartz/Helmut Neumeyer*, DÖV 2000, S. 103 (109); *Karen Brems*, Die Aufgabenverlagerung des Landes Nordrhein-Westfalen auf die Kommunen und die Frage der Finanzierungsfolgen, 2006, S. 198 f.

[91] Niedersächsischer Staatsgerichtshof, DVBl. 1998, S. 185 (187); Niedersächsischer Staatsgerichtshof, NVwZ-RR 2001, S. 553 (556 f.); ferner Landesverfassungsgericht Sachsen-Anhalt, NVwZ-RR 2000, S. 1 (5, 6); dazu auch *Hans-Günter Henneke*, DÖV 1998, S. 330 (334); *Alfred Katz*, DÖV 2000, S. 235 (238); *Friedrich Schoch*, AfK 2000, S. 225 (240); *Carsten Maas*, Die verfassungsrechtliche Entfaltung kommunaler Finanzgarantien, 2004, S. 219 ff.

vielmehr anhand der Aufgabengarantie der Gemeinden und Gemeindeverbände bemessen werden muss.[92]

(2) Zur Anwendung des Grundsatzes der Verteilungssymmetrie

Jede weitere, über den Gedanken der Gleichwertigkeit von Landes- und Kommunalaufgaben hinausgehende Präzisierung des Grundsatzes der Verteilungssymmetrie steht allerdings vor erheblichen Herausforderungen.[93] Die Aufgabengleichwertigkeit wird nämlich lediglich als prinzipielle Gleichwertigkeit verstanden, sodass jede Quantifizierung des Grundsatzes der Verteilungssymmetrie auf Bedenken stößt;[94] prinzipielle Gleichrangigkeit schließt nicht jede am Maßstab veränderter Rahmendbedingungen und gewandelter Präferenzvorstellungen orientierte Differenzierung aus.[95] Diese Erkenntnis kann nun aber gerade die prinzipientheoretische Interpretation des Art. 28 Abs. 2 GG konsistent aufgreifen: Danach ist der Grundsatz der Verteilungssymmetrie bei

[92] *Thomas Clemens*, NVwZ 1990, S. 834 (840); *Kyrill-A. Schwarz*, NVwZ 1996, S. 1182 (1185); *Friedhelm Hufen*, DÖV 1998, S. 276 (276); *Friedrich Schoch*, AfK 2000, S. 225 (227 f.); *ders.*, Jura 2001, S. 121 (128); *Matthias Falk*, Die kommunalen Aufgaben unter dem Grundgesetz, 2006, 133; *Ihno Gebhardt*, Das kommunale Selbstverwaltungsrecht, 2007, S. 199.

[93] *Herbert Mandelartz/Helmut Neumeyer*, DÖV 2000, S. 103 (109); *Karen Brems*, Die Aufgabenverlagerung des Landes Nordrhein-Westfalen auf die Kommunen und die Frage der Finanzierungsfolgen, 2006, S. 199; anders wohl *Carsten Maas*, Die verfassungsrechtliche Entfaltung kommunaler Finanzgarantien, 2004, S. 232 ff., der eine Aufgabenanalyse als Grundlage der Anwendung des Grundsatzes der Verteilungssymmetrie für erforderlich hält.

[94] Niedersächsischer Staatsgerichtshof, DVBl. 1998, S. 185 (188); Niedersächsischer Staatsgerichtshof, NVwZ-RR 2001, S. 553 (558): „Der Gesetzgeber hat seine Entscheidung, Fragen der Verteilungssymmetrie mit Hilfe einer Gegenüberstellung von Finanzierungssalden zu beurteilen, mit vertretbaren Argumenten begründet und auch dargetan, dass die Finanzierungssalden von Land und Kommunen in den letzten Jahren annähernd parallel verlaufen seien. Solange die Richtigkeit seiner Einschätzung nicht widerlegt ist, sind seine Entscheidungen mithin verfassungsrechtlich hinzunehmen."; siehe auch *Friedrich Schoch*, in: Dirk Ehlers/Walter Krebs (Hrsg.), Grundfragen des Verwaltungsrechts und des Kommunalrechts, 2000, S. 93 (127); ferner aber auch *Herbert Mandelartz/Helmut Neumeyer*, DÖV 2000, S. 103 (109 f.); *Uwe Volkmann*, DÖV 2001, S. 497 (502).

[95] Verfassungsgerichtshof für das Land Nordrhein-Westfalen, DVBl. 1993, S. 1205 (1206); Landesverfassungsgericht Sachsen-Anhalt, NVwZ-RR 2000, S. 1 (6); ähnlich Bayerischer Verfassungsgerichtshof, NVwZ-RR 1997, S. 301 (303); siehe auch Verfassungsgerichtshof Rheinland-Pfalz, DVBl. 2012, S. 432 (433): Der „Grundsatz der Verteilungssymmetrie lässt sich jedoch nicht auf eine bloße Rechengröße reduzieren"; ferner *Karen Brems*, Die Aufgabenverlagerung des Landes Nordrhein-Westfalen auf die Kommunen und die Frage der Finanzierungsfolgen, 2006, S. 198; kritisch *Hans-Günter Henneke*, in: Hans-Günter Henneke/Hermann Pünder/Christian Waldhoff (Hrsg.), Recht der Kommunalfinanzen, 2006, § 24, Rn. 255 ff.; auch der im Gegensatz zum aufgaben- und zugleich ausgabenorientierten Aspekt der Verteilungssymmetrie einnahmenorientierte Milbradtsche Gleichmäßigkeitsgrundsatz – kritisch dazu etwa *Friedrich Schoch*, in: Dirk Ehlers/Walter Krebs (Hrsg.), Grundfragen des Verwaltungsrechts und des Kommunalrechts, 2000, S. 93 (121) – stößt auf erhebliche Zweifel, siehe Verfassungsgerichtshof Brandenburg, NVwZ-RR 2000, S. 129 (131); *Carsten Maas*, Die verfassungsrechtliche Entfaltung kommunaler Finanzgarantien, 2004, S. 229 ff.; *Ihno Gebhardt*, Das kommunale Selbstverwaltungsrecht, 2007, S. 206 ff.; ferner Verfassungsgericht Mecklenburg-Vorpommern, LKV 2006, S. 461 (465 f.).

der legislativen Ausgestaltung der kommunalen Finanzausstattung als Gegenstand der Abwägung zu beachten. Lediglich eine prinzipielle Nachrangigkeit des Anspruchs der Gemeinden und Gemeindeverbände auf eine angemessene Finanzausstattung ist nach diesem Ansatz mit dem Grundsatz der Verteilungssymmetrie unvereinbar – „Kürzungen [dürfen] grundsätzlich nicht einseitig zu Lasten der Kommunen gehen".[96] Der Grundsatz der Verteilungssymmetrie kann sich daher durchaus zugunsten der Gemeinden und Gemeindeverbände auswirken.[97] Allerdings haben auch die Funktionen kommunaler Selbstverwaltung ihrerseits keinen unbedingten Vorrang vor dem Vorbehalt der Leistungsfähigkeit der Länder.[98]

bb) Der Gleichbehandlungsgrundsatz

Den Anspruch der Gemeinden und Gemeindeverbände auf eine angemessene Finanzausstattung präzisiert schließlich eine zentrale verfassungsrechtliche Direktive, die den Prozess der legislativen Ausgestaltung der kommunalen Finanzausstattung ebenfalls anleitet und das Verhältnis der Gemeinden und Gemeindeverbände untereinander betrifft: Der kommunale Gleichbehandlungsgrundsatz.[99] Der Verfassungsgerichtshof für das Land Nordrhein-Westfalen stellt dazu fest:

> „Art. 78 LV i. V. m. dem rechtsstaatlich determinierten Gleichheitssatz widerspricht es, bei der Ausgestaltung des kommunalen Finanzausgleichs bestimmte Gemeinden oder Gemeindeverbände sachwidrig zu benachteiligen oder zu bevorzugen. Dieses interkommunale Gleichbehandlungsgebot verbietet willkürliche, sachlich nicht vertretbare Differenzierungen."[100]

Prinzipientheoretisch gewendet: Die legislative Ausgestaltung der kommunalen Finanzausstattung widerspricht dem Gleichbehandlungsgrundsatz, „wenn für die getroffene Regelung jeder sachliche Grund fehlt. [Es ist] [...] nicht zu prü-

---

[96] Verfassungsgericht Mecklenburg-Vorpommern, LKV 2006, S. 461 (462); ferner Niedersächsischer Staatsgerichtshof, DVBl. 1998, S. 185 (187); siehe auch *Stefan Mückl*, Finanzverfassungsrechtlicher Schutz der kommunalen Selbstverwaltung, 1998, S. 72; *Uwe Volkmann*, DÖV 2001, S. 497 (502).

[97] Verfassungsgerichtshof Rheinland-Pfalz, DVBl. 2012, S. 432 ff.; zur Vorinstanz noch *Joachim Wieland*, in: Utz Schliesky (Hrsg.), Die Freiheit des Menschen in Kommune, Staat und Europa, Festschrift für Edzard Schmidt-Jortzig, 2011, S. 221 ff.

[98] Ähnlich *Uwe Volkmann*, DÖV 2001, S. 497 (503); siehe auch *Ihno Gebhardt*, Das kommunale Selbstverwaltungsrecht, 2007, S. 202.

[99] Verfassungsgericht Mecklenburg-Vorpommern, NordÖR 2011, S. 391 (392 f.); Verfassungsgerichtshof Rheinland-Pfalz, DVBl. 2012, S. 432 (434); ferner *Michael Inhester*, Kommunaler Finanzausgleich im Rahmen der Staatsverfassung, 1998, S. 160 f.; *Karen Brems*, Die Aufgabenverlagerung des Landes Nordrhein-Westfalen auf die Kommunen und die Frage der Finanzierungsfolgen, 2006, S. 207; *Thomas Ammermann*, Das Konnexitätsprinzip im kommunalen Finanzverfassungsrecht, 2007, S. 105 f.

[100] Verfassungsgerichtshof für das Land Nordrhein-Westfalen, DVBl. 1998, S. 1280 (1282); ferner Verfassungsgerichtshof für das Land Nordrhein-Westfalen, DVBl. 1993, S. 201 (204).

fen, ob der Normgeber die bestmögliche oder gerechteste Lösung gewählt hat."[101]

Der Gleichbehandlungsgrundsatz wird nach institutioneller Lesart überdies am Maßstab der horizontalen Bedarfsgerechtigkeit fortentwickelt. Die Funktionen des kommunalen Finanzausgleichs werden dabei einerseits wie folgt beschrieben:

„[D]ie Hauptfunktionen [des] [...] kommunalen Finanzausgleichs [bestehen] darin, die Finanzmittel der Kommunen (vertikal) aufzustocken, damit sie ihre Aufgaben erfüllen können (fiskalische Funktion), sowie die Finanzkraftunterschiede zwischen den Kommunen (horizontal) auszugleichen (redistributive Funktion)".[102]

Andererseits geht namentlich die Landesverfassungsgerichtsbarkeit davon aus, dass

„[d]er Gesetzgeber [...] durch den Finanzausgleich die von Gemeinde zu Gemeinde bestehenden Finanzkraftunterschiede nicht gänzlich nivellieren [darf].[[103]] Ungleichheiten sollen nicht eingeebnet, sondern nur gemildert werden. Das Sozialstaatsprinzip [...] und das Leitbild der ‚Einheitlichkeit der Lebensverhältnisse' [...] bzw. der ‚Herstellung gleichwertiger Lebensverhältnisse' [...] fordern lediglich ein annähernd gleiches Versorgungsniveau in den Gemeinden. Wesentliche Abweichungen im Stand der Verwaltungs-

[101] Verfassungsgerichtshof für das Land Nordrhein-Westfalen, DVBl. 1998, S. 1280 (1282); des Weiteren zieht der Verfassungsgerichtshof für das Land Nordrhein-Westfalen den Gedanken der Systemgerechtigkeit heran: „[W]illkürliche, sachlich nicht vertretbare Differenzierungen" sollen schon durch den Gedanken der Systemwidrigkeit indiziert werden, wonach der Gesetzgeber „[v]on einem selbst gesetzten Regelungssystem oder von ihm getroffenen Wertungen [...] abweichen [darf], wenn dies durch plausible Gründe gerechtfertigt und vertretbar ist", siehe Verfassungsgerichtshof für das Land Nordrhein-Westfalen, DVBl. 1997, S. 483 (485); ferner Verfassungsgerichtshof für das Land Nordrhein-Westfalen, DVBl. 1993, S. 1205 (1205); Verfassungsgerichtshof für das Land Nordrhein-Westfalen, DVBl. 1998, S. 1280 (1288); siehe dazu auch Verfassungsgerichtshof Rheinland-Pfalz, NVwZ 2006, S. 1050 (1051); Verfassungsgericht Mecklenburg-Vorpommern, NordÖR 2011, S. 391 (392); schließlich Niedersächsischer Staatsgerichtshof, NdsVBl. 2010, S. 236 (241 f.).

[102] Staatsgerichtshof des Landes Hessen, NVwZ 2013, S. 1151 (1152); ferner etwa Verfassungsgerichtshof Rheinland-Pfalz, DVBl. 2012, S. 432 (432); zur redistributiven Funktion auch *Albert von Mutius/Hans-Günter Henneke*, AfK 1985, S. 261 (265); *Hans-Günter Henneke*, Aufgabenzuständigkeit im kreisangehörigen Raum, 1992, S. 22.

[103] Siehe aber auch Verfassungsgerichtshof Rheinland-Pfalz, NVwZ-RR 1998, S. 607 (607): Ein „Finanzausgleich, der die Finanzquellen der Kommunen ergänzt und die Finanzkraftunterschiede zwischen den Kommunen abbaut", begegnet nur dem Verdikt der Verfassungswidrigkeit, wenn „[d]er Gesetzgeber [...] [, der] bei seiner Entscheidung für ein bestimmtes Ausgleichssystem und dessen Ausgestaltung ein weites Ermessen [hat]", „willkürlich" handelt; es sei nicht ausgeschlossen, „daß auch solche Ausgleichsregelungen, die systemimmanent in bestimmten Fällen nivellierend oder übernivellierend wirken, dann noch verfassungskonform sind, wenn sich dem Finanzausgleichssystem sachlich vertretbare Gründe hierfür entnehmen lassen, wenn also die gesetzliche Regelung in ihrem systematischen Zusammenhang nicht willkürlich erscheint [...]."; ähnlich Bayerischer Verfassungsgerichtshof ZFSH/SGB 2008, S. 82 ff.

leistungen der einzelnen Gemeinden und krasse Niveauunterschiede in der wirtschaftlichen und sozialen Betreuung ihrer Bürger sind zu vermeiden. Eine durch den Finanzausgleich bewirkte weitergehende Vereinheitlichung der Lebensverhältnisse wäre unvereinbar mit der gemeindlichen Selbstverwaltung. Eine Nivellierung der Gemeindefinanzen ließe sich mit dem der kommunalen Selbstverwaltung innewohnenden Grundsatz gemeindlicher Pluralität und Individualität nicht vereinbaren; sie würde die Eigenverantwortlichkeit der Selbstverwaltungsorgane aushöhlen".[104]

d) Abwägungsentscheidung

Bislang lässt sich hinsichtlich der kommunalen Finanzausstattung festhalten: Die kommunale Finanzausstattung bedarf der Ausgestaltung durch den Gesetzgeber. Der verfassungsrechtliche Rahmen dieser Ausgestaltung ist durch eine Abwägung zwischen den Funktionen kommunaler Selbstverwaltung und konfligierenden Rechtsprinzipien nach Maßgabe des Untermaßverbotes zu bestimmen. Einerseits ist dabei zu beachten, dass Gemeinden und Gemeindeverbände auf eine ausreichende Finanzausstattung angewiesen sind – ohne eine solche Finanzausstattung können sich die Funktionen kommunaler Selbstverwaltung nicht entfalten. Anderseits muss vor allem der Leistungsfähigkeit der Länder als konfligierendes Rechtsprinzip Rechnung getragen werden. Gründe, die das Fehlen finanzieller Mittel für die Wahrnehmung kommunalisierter Aufgaben rechtfertigen, sind – wie gezeigt – indes nicht ersichtlich: Jede Aufgabenübertragung würde anderenfalls zu Kostenersparnissen auf Landesebene zulasten der Gemeinden und Gemeindeverbände führen. Darüber hinaus sind bei der Abwägung der Grundsatz der Verteilungssymmetrie – der ebenfalls den finanziellen Ausgleich der im übertragenen Wirkungskreis anfallenden Kosten

---

[104] Verfassungsgerichtshof für das Land Nordrhein-Westfalen, OVGE 38, 312 (316); Verfassungsgerichtshof für das Land Nordrhein-Westfalen, DVBl. 1985, S. 685 (686); Verfassungsgerichtshof für das Land Nordrhein-Westfalen, DVBl. 1989, S. 151 (153); Verfassungsgerichtshof für das Land Nordrhein-Westfalen, DVBl. 1993, S. 1205 ff.; Verfassungsgerichtshof für das Land Nordrhein-Westfalen, DVBl. 1998, S. 1280 (1282); siehe auch Verfassungsgerichtshof für das Land Nordrhein-Westfalen, DVBl. 2011, S. 1155 (1157) mit dem Hinweis auf erhebliche „Abweichungen im Stand der Verwaltungsleistungen sowie mögliche Niveauunterschiede in der wirtschaftlichen und sozialen Betreuung der Bürger"; zum Harmonisierungsgebot und Nivellierungsverbot auch Bayerischer Verfassungsgerichtshof, BayVBl. 1998, S. 207 ff.; Verfassungsgerichtshof Rheinland-Pfalz, NVwZ-RR 1998, S. 607 ff.; Verfassungsgerichtshof Rheinland-Pfalz, DVBl. 2012, S. 432 (434); Niedersächsischer Staatsgerichtshof, NVwZ-RR 2001, S. 553 (559); Niedersächsischer Staatsgerichtshof, NdsVBl. 2010, S. 236 (239 ff.); Verfassungsgericht Mecklenburg-Vorpommern, NordÖR 2011, S. 391 (395); ferner BVerwGE 106, 280 (287); siehe auch *Hans Pagenkopf*, DÖV 1979, S. 613 ff.; *Paul Kirchhof*, DVBl. 1980, S. 711 (714, 719); *ders.*, in: Werner Hoppe (Hrsg.), Reform des kommunalen Finanzausgleichs, 1985, S. 1 (8); *Ingolf* Deubel, *Der kommunale Finanzausgleich* in Nordrhein-Westfalen, 1984, S. 20 f.; *Hans-Günter Henneke*, Jura 1987, S. 393 (395); *ders.*, in: Jörn Ipsen (Hrsg.), Kommunale Aufgabenerfüllung im Zeichen der Finanzkrise, 1995, S. 81 (105); *Michael Inhester*, Kommunaler Finanzausgleich im Rahmen der Staatsverfassung, 1998, S. 162 ff.; *Karen Brems*, Die Aufgabenverlagerung des Landes Nordrhein-Westfalen auf die Kommunen und die Frage der Finanzierungsfolgen, 2006, S. 211 f.

nicht obsolet macht – sowie der interkommunale Gleichbehandlungsgrundsatz zu berücksichtigen.

Abschließend lassen sich auch mit Blick auf die kommunale Finanzausstattung Aussagen zur Abwägungsentscheidung treffen: Die Abwägungsmethode bedingt zunächst, dass weder „[e]in Anspruch auf eine bestimmte Ausgestaltung des kommunalen Einnahmesystems […] [noch] ein Anspruch auf die Zuweisung bestimmter bzw. die Belassung einmal zugewiesener Einnahmequellen" existiert.[105] Verfassungsrechtlich ist der „Umfang der Mittel nicht fest[gelegt], die den Gemeinden aufgrund des Finanzausgleichs zur Disposition gestellt werden müssen; weder sind zahlenmäßig festgelegte Beträge noch bestimmte Quoten festgeschrieben […]."[106] Dementsprechend bestimmt insbesondere nicht schon ein Anstieg der Schlüsselzuweisungen des kommunalen Finanzausgleichs den verfassungsrechtlichen Rahmen der legislativen Ausgestaltung des Anspruchs der Gemeinden und Gemeindeverbände auf eine angemessene Finanzausstattung.[107] Gleiches gilt für die prozentuale Bezifferung einer „freien Spitze",[108] die das Bild eines rechnerisch quantifizierbaren An-

---

[105] Siehe Staatsgerichtshof des Landes Hessen, NVwZ 2013, S. 1151 (1152 f.): „Zwar war der Landesgesetzgeber im Grundsatz nicht gehindert, die Steuerverbundmasse um die in Rede stehenden Steuer- und Zuweisungsarten zu reduzieren. Eine ungerechtfertigte Revision früherer Verteilungsentscheidungen liegt hierin nicht. Denn dem Landesgesetzgeber steht es prinzipiell frei, veränderte Rahmenbedingungen, neue Erkenntnisse oder gewandelte Präferenzen bei der Umgestaltung des kommunalen Finanzausgleichs zu berücksichtigen, so dass ein Vertrauenstatbestand in den unveränderten Fortbestand eines einmal erreichten Standards nicht besteht"; ferner Niedersächsischer Staatsgerichtshof, NdsVBl. 2010, S. 236 (241).

[106] Verfassungsgerichtshof für das Land Nordrhein-Westfalen, DVBl. 1998, S. 1280 (1281); ferner Verfassungsgerichtshof für das Land Nordrhein-Westfalen, DVBl. 1993, S. 1205, (1205); nochmals auch Niedersächsischer Staatsgerichtshof, DVBl. 1998, S. 185 (187); Niedersächsischer Staatsgerichtshof, NdsVBl. 2008, S. 152 (156); Sächsischer Verfassungsgerichtshof, LKV 2001, S. 223 (227); Sächsischer Verfassungsgerichtshof, Urteil vom 26.8.2010, Az.: Vf. 129-VIII-09; dazu ferner *Gerd Wixforth*, Die gemeindliche Finanzhoheit und ihre Grenzen, 1962, S. 40; *Albert von Mutius/Hans-Günter Henneke*, Kommunale Finanzausstattung und Verfassungsrecht, 1985, S. 34; *Hans-Günter Henneke*, Jura 1987, S. 393 (395); *ders.*, ZG 1999, S. 256 (262); *Kay Waechter*, VerwArch 85 (1994), S. 208 (220); *Susanne Schmitt*, Inhalt, verfassungsrechtliche Stellung und Bedeutungsgehalt der kommunalen Finanzhoheit, 1996, S. 58; *Kyrill-A. Schwarz*, Finanzverfassung und kommunale Selbstverwaltung, 1996, S. 267 f.; *Stefan Mückl*, Finanzverfassungsrechtlicher Schutz der kommunalen Selbstverwaltung, 1998, S. 64 ff.; *Michael Inhester*, Kommunaler Finanzausgleich im Rahmen der Staatsverfassung, 1998, S. 81; *Herbert Mandelartz/Helmut Neumeyer*, DÖV 2000, S. 103 (105); *Uwe Volkmann*, DÖV 2001, S. 497 (500 f.); *Barbara Remmert*, VerwArch 94 (2003), S. 459 (481); *Karen Brems*, Die Aufgabenverlagerung des Landes Nordrhein-Westfalen auf die Kommunen und die Frage der Finanzierungsfolgen, 2006, S. 94 f.; *Thomas Ammermann*, Das Konnexitätsprinzip im kommunalen Finanzverfassungsrecht, 2007, S. 66; *Olaf Schmitt*, DÖV 2013, S. 52 (455).

[107] Siehe aber auch Niedersächsischer Staatsgerichtshof, NVwZ-RR 2001, S. 553 (558); kritisch *Thomas Ammermann*, Das Konnexitätsprinzip im kommunalen Finanzverfassungsrecht, 2007, S. 67 f.; ferner *Carsten Maas*, Die verfassungsrechtliche Entfaltung kommunaler Finanzgarantien, 2004, S. 144 ff.

[108] *Friedrich Schoch*, Verfassungsrechtlicher Schutz der kommunalen Finanzautonomie, 1997, S. 153 f.; *ders./Joachim Wieland*, Finanzierungsverantwortung für gesetzgeberisch ver-

spruchs der Gemeinden und Gemeindeverbände auf eine angemessene Finanzausstattung suggeriert:[109] Gegen das Modell einer solchen freien Spitze spricht schon, dass eine Präzisierung nicht gelungen ist und unterschiedliche Vorstellungen hinsichtlich der Quantifizierung[110] vertreten werden. Entscheidend ist ferner, dass die Bezugnahme auf das Gesamtvolumen der kommunalen Finanzmittel mit den Grundsätzen der Abwägungsmethode nicht in Einklang zu bringen ist.[111]

3. Exkurs: Prozeduralisierung des Anspruchs der Gemeinden und Gemeindeverbände auf eine angemessene Finanzausstattung

Angesichts der sich andeutenden Komplexität des Abwägungsvorgangs steht nach der institutionellen Lesart des Art. 28 Abs. 2 GG „[d]em Gesetzgeber [...] ein weiter Gestaltungsspielraum [...] [zu], in welcher Art und in welchem Umfang er den gemeindlichen Finanzausstattungsanspruch erfüllt und nach welchem System er die Finanzmittel auf die Gemeinden verteilt".[112]

---

anlasste kommunale Aufgaben, 1995, S. 189; *Rudolf Wendt*, in: Joachim Burmeister (Hrsg.), Verfassungsstaatlichkeit, Festschrift für Klaus Stern zum 65. Geburtstag, 1997, S. 603 (625); *Stefan Mückl*, Finanzverfassungsrechtlicher Schutz der kommunalen Selbstverwaltung, 1998, S. 106; *Friedhelm Hufen*, DÖV 1998, S. 276 (280); siehe auch *Olaf Otting*, DVBl. 1997, S. 1258 (1261); *Hans-Günter Henneke*, NdsVBl. 1998, S. 25 (31); *dens.*, ZG 1999, S. 256 (265 ff.); *Max-Emanuel Geis*, in: Max-Emanuel Geis (Hrsg.), Staat – Kirche – Verwaltung, Festschrift für Hartmut Maurer zum 70. Geburtstag, 2001, S. 79 (85); *Thomas Ammermann*, Das Konnexitätsprinzip im kommunalen Finanzverfassungsrecht, 2007, S. 73 ff.; ferner *Frank Lohse*, Kommunale Aufgaben, kommunaler Finanzausgleich und Konnexitätsprinzip, 2006, S. 123 ff.

[109] Kritisch Staatsgerichtshof Baden-Württemberg, DVBl. 1999, S. 1351 (1355 ff.); Verfassungsgerichtshof für das Land Nordrhein-Westfalen, DVBl. 1999, S. 391 (392); Landesverfassungsgericht Mecklenburg-Vorpommern, LKV 2006, S. 461 (462 f.); dazu auch *Helmut Mohl*, KStZ 1993, S. 86 (87 f.); *Michael Inhester*, Kommunaler Finanzausgleich im Rahmen der Staatsverfassung, 1998, S. 83 f.; *Thomas Würtenberger*, in: Josef Isensee (Hrsg.), Freiheit und Eigentum, Festschrift für Walter Leisner zum 70. Geburtstag, 1999, S. 973 (981); *Barbara Remmert*, LKV 2003, S. 258 (259); *Karen Brems*, Die Aufgabenverlagerung des Landes Nordrhein-Westfalen auf die Kommunen und die Frage der Finanzierungsfolgen, 2006, S. 90 ff.

[110] *Edzard Schmidt-Jortzig*, DÖV 1993, S. 973 (978); *Friedrich Schoch*, Verfassungsrechtlicher Schutz der kommunalen Finanzautonomie, 1997, S. 153 f.; *ders./Joachim Wieland*, Finanzierungsverantwortung für gesetzgeberisch veranlasste kommunale Aufgaben, 1995, S. 189, 205; *Rudolf Wendt*, in: Joachim Burmeister (Hrsg.), Verfassungsstaatlichkeit, Festschrift für Klaus Stern zum 65. Geburtstag, 1997, S. 603 (625); *Friedhelm Hufen*, DÖV 1998, S. 276 (280); *Stefan Korioth*, NVwZ 2005, S. 503 (504).

[111] Siehe auch *Thomas Würtenberger*, in: Josef Isensee (Hrsg.), Freiheit und Eigentum, Festschrift für Walter Leisner, 1999, S. 973 (981); *Barbara Remmert*, VerwArch 94 (2003), S. 459 (480); *Carsten Maas*, Die verfassungsrechtliche Entfaltung kommunaler Finanzgarantien, 2004, S. 147 ff.; *Thomas Ammermann*, Das Konnexitätsprinzip im kommunalen Finanzverfassungsrecht, 2007, S. 75.

[112] Siehe Verfassungsgerichtshof für das Land Nordrhein-Westfalen, DVBl. 1998, S. 1280 (1282); ferner Verfassungsgerichtshof für das Land Nordrhein-Westfalen, DVBl. 1993, S. 1205 (1205); siehe auch Bayerischer Verfassungsgerichtshof, BayVBl. 1997, S. 303 (305); Bayerischer Verfassungsgerichtshof, BayVBl. 1998, S. 207 (208).

Der vor diesem Hintergrund von der Landesverfassungsgerichtsbarkeit vorgeschlagenen Prozeduralisierung des Anspruchs auf eine angemessene Finanzausstattung der Gemeinden und Gemeindeverbände ist – anschließend an die Erkenntnisse im Kontext von Gebietsreformen[113] – abschließend aus der Perspektive der prinzipientheoretischen Lesart nachzugehen.

Namentlich der Staatsgerichtshof für das Land Baden-Württemberg hält eine „von außen […] bestimmte Festlegung der in einer konkreten Situation für die verfassungsrechtliche Mindestausstattung der Gemeinden und Gemeindeverbände erforderlichen Mittel" wegen eines Eingriffs in das autonome Selbstverwaltungsrecht der Gemeinden und Gemeindeverbände und in den weiten Gestaltungsspielraum des Gesetzgebers für unzulässig. Maßstäbe, Parameter, Kennziffern, Quoten oder gar Beträge für die verfassungsrechtliche Mindestausstattung dürften landesverfassungsgerichtlich nicht festgelegt werden.

„Die verfassungsgerichtliche Kontrolle der Entscheidungen des Haushalts-Gesetzgebers, in die jeweils auch der kommunale Finanzausgleich eingebunden sein muß, weil die kommunale Finanzgarantie unter dem Vorbehalt der finanziellen Leistungsfähigkeit des Landes steht, […] [stoße] auch deshalb an ihre Grenzen, weil die politischen Bewertungen im Rahmen der Feststellung des jeweiligen Staatshaushaltes und damit auch der Daten des kommunalen Finanzausgleichs verfassungsrechtlich weitgehend unwägbar, und damit nicht justiziabel sind."

Die landesverfassungsgerichtliche Kontrolle könne die kommunale Finanzhoheit daher nicht wirkungsvoll durchsetzen, soweit das Ergebnis solcher politischer Bewertungen Gegenstand der verfassungsrechtlichen Prüfung sei.

Aus diesem Grund greift der Staatsgerichtshof für das Land Baden-Württemberg mit Blick auf den Anspruch der Gemeinden und Gemeindeverbände auf eine angemessene Finanzausstattung auf prozedurale Mechanismen zurück. Dies führt allerdings nicht dazu,

„dass die Verfassungsgerichtsbarkeit mit dem rechtfertigenden Hinweis auf den ‚politischen' Charakter finanzausgleichsrechtlicher Entscheidungen des Gesetzgebers auf eine inhaltliche Kontrolle dieser Materie ganz verzichten muss bzw. darf. Vielmehr erscheint nur eine direkte, auf die Überprüfung inhaltlicher Richtigkeit abzielende Ergebniskontrolle des kommunalen Finanzausgleichs nicht möglich."[114]

---

[113] Dazu S. 276 ff.; zur Vergleichbarkeit der Argumentation *Thomas Ammermann*, Das Konnexitätsprinzip im kommunalen Finanzverfassungsrecht, 2007, S. 94 f.; *Ihno Gebhardt*, Das kommunale Selbstverwaltungsrecht, 2007, S. 175 f.

[114] Staatsgerichtshof für das Land Baden-Württemberg, DVBl. 1999, S. 1351 (1356 f.); ähnlich Bayerischer Verfassungsgerichtshof, ZFSH/SGB 2008, S. 82 (86); ferner *Hans-Günter Henneke*, DÖV 1998, S. 330 ff.; *ders.*, ZG 1999, S. 256 (278 ff.); *ders.*, in: Hans-Günter Henneke/Hermann Pünder/Christian Waldhoff (Hrsg.), Recht der Kommunalfinanzen, 2006, § 4, Rn. 21 ff., § 24, Rn. 296 ff.; *Thomas Würtenberger*, in: Josef Isensee (Hrsg.), Freiheit und Eigentum, Festschrift für Walter Leisner zum 70. Geburtstag, 1999, S. 973 (974 ff.); *Friedrich Schoch*, in: Dirk Ehlers/Walter Krebs (Hrsg.), Grundfragen des Verwaltungsrechts und des Kommunalrechts, 2000, S. 93 (128); *Hubert Meyer*, LKV 2000, S. 1 (5); *Uwe Volkmann*, DÖV

Über eine Anhörung von Gemeinden und Gemeindeverbänden hinaus formulierten prozedurale Steuerungsmechanismen Vorgaben für das

„Gesetzgebungsverfahren [...], welche dieses strukturieren und inhaltlich bestimmen, so dass der gesetzgeberische Entscheidungsprozess und damit letztlich auch dessen Ergebnis im Sinne einer gerichtlichen Nachprüfbarkeit rational nachvollziehbar sind. [...] Indem mit der Entscheidungs*findung* des Gesetzgebers wesentliche Determinanten seines Entscheidungs*ergebnisses* indirekt überprüft werden, ohne dass deshalb nur ein einziges richtiges Ergebnis in der Sache denkbar wäre, findet somit eine auf das Gesetzgebungsverfahren orientierte Kontrolle statt, die materielle Gesichtspunkte mittelbar einbezieht [...].“[115]

Das Argument der Versachlichung und Rationalisierung des Entscheidungsprozesses kann nun auch der prinzipientheoretische Deutungsansatz aufgreifen. Überdies ermöglicht es die prinzipientheoretische Lesart, den Prozeduralisierungsgedanken in ein stimmiges dogmatisches Konzept zu überführen: Die

---

2001, S. 497 (501); *Thomas Ammermann*, Das Konnexitätsprinzip im kommunalen Finanzverfassungsrecht, 2007, S. 93; *Ihno Gebhardt*, Das kommunale Selbstverwaltungsrecht, 2007, S. 217 ff.; kritisch *Helmut Goerlich*, DVBl. 1999, S. 1358 (1360 f.); *Ferdinand Kirchhof*, JZ 1999, S. 1054 (1055 ff.); *Max-Emanuel Geis*, in: Max-Emanuel Geis (Hrsg.), Staat – Kirche – Verwaltung, Festschrift für Hartmut Maurer zum 70. Geburtstag, 2001, S. 79 (86 ff.); zum Ganzen *Kyrill-A. Schwarz*, ZKF 1999, S. 266 ff.; *ders.*, ZKF 2000, S. 4 ff.; *Thomas Lenk/Anja Birke*, VBlBW 2000, S. 471 ff.; *Wolfgang Weiß*, ZKF 2001, S. 52 ff.; *Klaus Vetzberger*, LKV 2004, S. 433 (436 ff.); *Matthias Wohltmann*, ZG 2011, S. 377 ff.

[115] Thüringer Verfassungsgerichtshof, NVwZ-RR 2005, S. 665 (671); im Übrigen wird von der Landesverfassungsgerichtsbarkeit zwar kein formalisiertes Verfahren, zumindest aber eine Bedarfsanalyse gefordert und dem Gesetzgeber eine Begründungspflicht auferlegt, siehe Niedersächsischer Staatsgerichtshof, NdsVBl. 2010, S. 236 (241); Verfassungsgerichtshof Rheinland-Pfalz, DVBl. 2012, S. 432 (434); schließlich Staatsgerichtshof des Landes Hessen, NVwZ 2013, S. 1151 (1153): „Der Gesetzgeber kann seiner Verpflichtung zu einem aufgabengerechten Finanzausgleich deshalb nur nachkommen, wenn er bei der Ausgestaltung des vertikalen Finanzausgleichs zwischen Land und Kommunen die Höhe der zur kommunalen Aufgabenerfüllung erforderlichen Finanzmittel kennt, d.h. nachvollziehbar einschätzt [...]. Dies setzt eine nachvollziehbare Ermittlung des durch Aufgabenbelastung und Finanzkraft vorgezeichneten Bedarfs der Kommunen voraus [...]. Der Gesetzgeber muss daher den Finanzbedarf der Kommunen im Hinblick auf die pflichtigen Aufgaben realitätsgerecht ermitteln und unterliegt insofern auch einer Beobachtungs- und gegebenenfalls Nachbesserungspflicht [...]. Die wesentlichen Ergebnisse seiner Ermittlungen hat der Gesetzgeber in die Gesetzesmaterialien (z. B. die Gesetzesbegründung oder die Ausschussprotokolle) aufzunehmen und nachvollziehbar darzulegen [...]. Der *HessStGH* verkennt auch nicht, dass der Finanzbedarf der Kommunen nicht nach objektiven Kriterien eindeutig feststellbar ist. Aber dies verlangt die Hessische Verfassung vom Landesgesetzgeber auch nicht. Vielmehr hat er auch bei der Bedarfsanalyse Gestaltungs- und Einschätzungsspielräume.“; zur Beschränkung der landesverfassungsgerichtlichen Kontrolle der Bedarfsanalyse auf den Maßstab der Evidenz Niedersächsischer Staatsgerichtshof, NdsVBl. 2008, S. 152 (157); Sächsischer Verfassungsgerichtshof, Urteil vom 26.8.2010, Az.: Vf. 129-VIII-09; siehe aber auch Thüringer Verfassungsgerichtshof, LKV 2010, 220 ff. mit dem weitergehenden Hinweis: „Das Recht einer einzelnen Gemeinde auf kommunale Selbstverwaltung ist nicht verletzt, wenn trotz eines Verfahrensfehlers oder eines Abwägungsdefizits des Gesetzgebers ihre finanzielle Handlungs- und Gestaltungsfreiheit nicht beeinträchtigt ist.“

Abwägungsmethode beruht ganz grundsätzlich auf dem Gedanken der Prozeduralisierung, da diese den Abwägungsvorgang erleichtert.[116] Anders als im Kontext von Gebietsreformen ist mit Blick auf die kommunale Finanzausstattung allerdings zu berücksichtigen, dass der Prozeduralisierungsgedanke nach der Judikatur des Staatsgerichtshofes für das Land Baden-Württemberg nicht nur eine Anhörung der Gemeinden und Gemeindeverbände bedingt; vielmehr geht mit dem Prozeduralisierungsgedanken eine Zurücknahme der gerichtlichen Kontrolldichte einher. Auch dies lässt sich allerdings mit prinzipientheoretischen Erwägungen erklären: Zunächst kann – dies betont der Staatsgerichtshof für das Land Baden-Württemberg selbst – nicht die Gefahr einer Entmaterialisierung[117] geltend gemacht werden: Obschon „Daten des kommunalen Finanzausgleichs verfassungsrechtlich weitgehend unwägbar, und damit nicht justiziabel sind", kann die Maßgabe, dass die verfassungsrechtliche Gewährleistung kommunaler Selbstverwaltung

„verletzt [ist], wenn die vom Land gewährte finanzielle Ausstattung der Kommunen nur die Wahrnehmung ihrer pflichtigen, d. h. fremdbestimmten Aufgaben abdeckt, ohne ihnen einen Bereich eigenbestimmter Mittelverwendung zu belassen [...]",[118]

nicht im Wege einer Prozeduralisierung umgangen werden.[119] Im Übrigen entsprechen die entstehenden Gestaltungsspielräume gerade der hier vertretenen

---

116 Dazu schon S. 278 f.

117 Verfassungsgericht Sachsen-Anhalt, NVwZ-RR 2000, S. 1 (7 f.): „Die Landesverfassung enthält für die Finanzgarantien [...] [k]einen ausdrücklichen Verfahrensvorbehalt. [...] Das SachsAnhVerfG teilt zudem den Ansatz nicht, jegliche Kontrollentscheidung greife unzulässigerweise in einen weiteren Gestaltungsraum des Landesgesetzgebers oder sogar in die Autonomie der Kommunen ein [...]; denn ein ‚Gestaltungsspielraum' kann nur bestehen, soweit die Verfassung ihn dem Gesetzgeber einräumt, nicht aber über durch die Verfassung (‚materiell') gezogene Grenzen hinaus."; ähnlich Sächsischer Verfassungsgerichtshof, LKV 2001, S. 223 (227); dazu auch *Hans-Günter Henneke*, ZG 1999, S. 256 (282 f., 288 ff.); *Ferdinand Kirchhof*, JZ 1999, S. 1054 (1056 f.); *Kyrill-A. Schwarz*, ZKF 2000, S. 4 (9); *Thomas Ammermann*, Das Konnexitätsprinzip im kommunalen Finanzverfassungsrecht, 2007, S. 87 ff.; ferner *Max-Emanuel Geis*, in: Max-Emanuel Geis (Hrsg.), Staat – Kirche – Verwaltung, Festschrift für Hartmut Maurer zum 70. Geburtstag, 2001, S. 79 (91 f.).

118 Thüringer Verfassungsgerichtshof, NVwZ-RR 2005, S. 665 (668).

119 Verfassungsgericht Mecklenburg-Vorpommern, LKV 2006, S. 461 (463): „Das *MVVerfG* verkennt nicht die Schwierigkeiten einer wertenden Betrachtung darüber, ob der Kernbereich gewahrt ist oder nicht. Es sieht auch, dass es angesichts der Eigenverantwortlichkeit der Kommunen bedenklich für die Selbstverwaltung sein kann, wenn von außen her die Qualität ihrer Einnahmen- und Ausgabenpolitik gewürdigt wird. Das *MVVerfG* teilt jedoch nicht die Auffassung, eine materielle verfassungsrechtliche Kontrolle sei nicht möglich [...]. So kann die Frage aufgeworfen werden, ob die Betätigungsfelder der Gemeinden im Land unbeschadet ihrer Allzuständigkeit einer in der Realität generell vorhandenen Typik noch entsprechen, z. B. ob sie in den Bereichen Kultur und Förderung von Sport und örtlichem Vereinswesen aktiv sind; fehlt es daran, ist eine Verletzung des Kernbereichs indiziert. Auch hält das *MVVerfG* für einen geeigneten Weg, die Finanzausstattung der Kommunen in Mecklenburg-Vorpommern mit derjenigen in anderen Bundesländern unter Berücksichtigung der jeweiligen Besonderheiten zu vergleichen."

Konzeption: Nach der prinzipientheoretischen Interpretation des Art. 28 Abs. 2 GG gelangt lediglich das Untermaßverbot zur Anwendung.[120]

C. Landesverfassungsrechtliche Konnexitätsprinzipien

Trotz der Prozeduralisierung des Anspruchs der Gemeinden und Gemeindeverbände auf eine angemessene Finanzausstattung war dieser in der Vergangenheit nicht geeignet, die Krise der kommunalen Finanzausstattung abzuwenden.[121] Vielmehr wurden mit ausdrücklicher Billigung durch die Landesverfassungsgerichtsbarkeit staatliche Aufgaben ohne ausreichenden finanziellen Ausgleich kommunalisiert. Dies wirkt nach wie vor als eine wesentliche Ursache der Krise der kommunalen Finanzausstattung fort. Abhilfe soll – so vereinzelte Feststellungen – nicht möglich sein, solange ein Steuerfindungsrecht der Gemeinden und Gemeindeverbände fehlt[122] – die „Unfähigkeit zur Selbstfinanzierung [...] [ist allerdings] der gesetzlich veranlasste Regelfall"[123] und unmittelbare Folge einer dreistufigen Verwaltungsorganisation.[124] Die Landesverfassungsgesetzgeber haben daher in den vergangenen Jahren einen anderen Weg beschritten: Defizite der kommunalen Finanzausstattung führten zur Wieder-

---

120 Allgemein S. 141 ff.

121 Zu kommunalen Entschuldungsfonds *Ulrich Keilmann/Thomas Duve/Marc Gnädinger*, DÖV 2013, S. 631 ff.

122 *Gerd Wixforth*, Die gemeindliche Finanzhoheit und ihre Grenzen, 1962, S. 41; *Michael Inhester*, Kommunaler Finanzausgleich im Rahmen der Staatsverfassung, 1998, S. 76 f.; siehe auch *Friedhelm Hufen*, in: Max-Emanuel Geis (Hrsg.), Staat – Kirche – Verwaltung, Festschrift für Hartmut Maurer zum 70. Geburtstag, 2001, S. 1177 (1183); *Edzard Schmidt-Jortzig*, DVBl. 2007, S. 96 (100); *Matthias Gehm*, ZRP 2011, S. 143 ff.; ähnlich *Helmut Lecheler*, in: Franz-Ludwig Knemeyer (Hrsg.), Festschrift 75 Jahre Bayerischer Gemeindetag, 1987, S. 159 (174); ferner aber auch *Janbernd Oebbecke*, DVBl. 2013, S. 1409 ff., der darauf hinweist, dass nicht „die faktischen Einnahmen, sondern die Einnahmemöglichkeiten [...] die relevante Finanzausstattung der Gemeinden aus[mache]" und „[v]erfassungsrechtlich [...] die gebotene finanzielle Ausstattung der Kommunen durch die Einräumung von Einnahmemöglichkeiten erfolgen [kann], auch wenn das wegen der damit verbundenen politischen Erhebungslast bei den Kommunen unbeliebt ist"; das Bundesverwaltungsgericht deduziert aus § 75 Abs. 2 GO NRW schließlich eine Mitverantwortung der Gemeinden und Gemeindeverbände für die kommunale Finanzausstattung: „[Die] kommunale Finanzhoheit schließt nicht aus, im Wege der staatlichen Kommunalaufsicht eine Senkung der Realsteuerhebesätze zu beanstanden, wenn die betreffende Gemeinde sich in einer anhaltenden Haushaltsnotlage befindet und das von ihr vorgelegte Haushaltssicherungskonzept nicht erkennen lässt, wie der Einnahmeverlust ausgeglichen werden soll", siehe BVerwGE 138, 89 ff.

123 *Paul Kirchhof*, DVBl. 1980, S. 711 (713).

124 *Stefan Mückl*, in: Hans-Günter Henneke/Hermann Pünder/Christian Waldhoff (Hrsg.), Recht der Kommunalfinanzen, 2006, § 3, Rn. 15 f.; zur Reichweite des Art. 105 Abs. 2a GG BVerwG, JZ 2013, S. 45 ff.; dazu *Christian Waldhoff*, JZ 2013, S. 49 ff.; *Lutz Lammers*, DVBl. 2013, S. 348 ff.; *Rainer Wernsmann*, NVwZ 2013, S. 124 ff.

entdeckung sowie Normierung landesverfassungsrechtlicher Konnexitätsprinzipien.[125]

I. Überblick

Konnexitätsprinzipien begründen eine duale Struktur der kommunalen Finanzausstattung:[126] Neben den Anspruch der Gemeinden und Gemeindeverbände auf eine angemessen Finanzausstattung tritt ein aufgabenbezogener Mehrbelastungsausgleich:[127] Während der Anspruch der Gemeinden und Gemeindeverbände auf eine angemessene Finanzausstattung grundsätzlich keine Rücksicht auf einzelne Aufgaben nimmt,[128] verlangen landesverfassungsrechtliche Konnexitätsprinzipien eine Regelung zum Ausgleich der durch die Übertragung von Aufgaben verursachten Mehrbelastung.[129] Landesverfassungsrechtlichen Konnexitätsprinzipien liegt im Gegensatz zum Anspruch auf eine angemessene Finanzausstattung folglich der Gedanken der Gesetzeskausalität zugrunde,[130] der eine Freizeichnung von der Finanzierungslast übertragener Aufgaben verhindert.[131] Ungeachtet der föderalen Vielfalt[132] werden systematisierend strikte und

[125] Dazu *Hans-Günter Henneke*, Der Landkreis 2004, S. 152ff.; *ders.*, ZG 2005, S. 193ff.; *Karen Brems*, Die Aufgabenverlagerung des Landes Nordrhein-Westfalen auf die Kommunen und die Frage der Finanzierungsfolgen, 2006, S. 264ff.; *Stefan Mückl*, in: Hans-Günter Henneke/Hermann Pünder/Christian Waldhoff (Hrsg.), Recht der Kommunalfinanzen, 2006, § 3, Rn. 59f.; ferner *Walter Müller/Horst Meffert*, Der Gemeindehaushalt 2006, S. 121 ff.

[126] *Stefan Mückl*, Finanzverfassungsrechtlicher Schutz der kommunalen Selbstverwaltung, 1998, S. 83; *ders.*, DÖV 1999, S. 841 (843); *Friedrich Schoch*, in: Dirk Ehlers/Walter Krebs (Hrsg.), Grundfragen des Verwaltungsrechts und des Kommunalrechts, 2000, S. 93 (109f.); *ders./Joachim Wieland*, Finanzierungsverantwortung für gesetzgeberisch veranlasste kommunale Aufgaben, 1995, S. 158f.; *Karen Brems*, Die Aufgabenverlagerung des Landes Nordrhein-Westfalen auf die Kommunen und die Frage der Finanzierungsfolgen, 2006, S. 263, 291.

[127] *Friedrich Schoch/Joachim Wieland*, Finanzierungsverantwortung für gesetzgeberisch veranlasste kommunale Aufgaben, 1995, S. 155ff.; *Stefan Mückl*, Finanzverfassungsrechtlicher Schutz der kommunalen Selbstverwaltung, 1998, S. 77ff.; *ders.*, in: Hans-Günter Henneke/Hermann Pünder/Christian Waldhoff (Hrsg.), Recht der Kommunalfinanzen, 2006, § 3, Rn. 60, 66; *Hans-Günter Henneke*, Der Landkreis 2002, S. 378ff.; *ders.*, Der Landkreis 2004, S. 166ff.; *ders.*, ZG 2005, S. 193ff.; *Karen Brems*, Die Aufgabenverlagerung des Landes Nordrhein-Westfalen auf die Kommunen und die Frage der Finanzierungsfolgen, 2006, S. 257ff.

[128] *Michael Inhester*, Kommunaler Finanzausgleich im Rahmen der Staatsverfassung, 1998, S. 79; *Friedrich Schoch*, AfK 2000, S. 225 (237f.).

[129] *Friedrich Schoch/Joachim Wieland*, Finanzierungsverantwortung für gesetzgeberisch veranlasste kommunale Aufgaben, 1995, S. 156; *Stefan Mückl*, Finanzverfassungsrechtlicher Schutz der kommunalen Selbstverwaltung, 1998, S. 78; *ders.*, in: Hans-Günter Henneke/Hermann Pünder/Christian Waldhoff (Hrsg.), Recht der Kommunalfinanzen, 2006, § 3, Rn. 66.

[130] Siehe *Stefan Mückl*, in: Hans-Günter Henneke/Hermann Pünder/Christian Waldhoff (Hrsg.), Recht der Kommunalfinanzen, 2006, § 3, Rn. 61ff.

[131] *Stefan Mückl*, in: Hans-Günter Henneke/Hermann Pünder/Christian Waldhoff (Hrsg.), Recht der Kommunalfinanzen, 2006, § 3, Rn. 67.

[132] Kritisch zum induktiven Interpretationsansatz *Peter J. Tettinger*, in: Wolfgang Löwer/

relative Konnexitätsprinzipien[133] unterschieden. Anders als relative Konnexitätsprinzipien sollen strikte Konnexitätsprinzipien hinsichtlich der Rechtsfolgen Besonderheiten aufweisen:[134] Während erstere lediglich eine grundsätzliche Regelung der Kostendeckung verlangten,[135] verpflichteten strikte Konnexitätsprinzipien den Gesetzgeber nicht nur zu einer Kostendeckungsregelung, sondern auch zum vollständigen Ausgleich der kommunalen Mehrbelastung.[136]

Peter J. Tettinger (Hrsg.), Kommentar zur Verfassung des Landes Nordrhein-Westfalen, 2002, Art. 78, Rn. 115; *Karen Brems*, Die Aufgabenverlagerung des Landes Nordrhein-Westfalen auf die Kommunen und die Frage der Finanzierungsfolgen, 2006, S. 286; ausführlich zur Judikatur der Landesverfassungsgerichtsbarkeit *Hans-Günter Henneke*, in: Hans-Günter Henneke/Hermann Pünder/Christian Waldhoff (Hrsg.), Recht der Kommunalfinanzen, 2006, § 24, Rn. 30 ff.

133 Zur Unterscheidung strikter und relativer Konnexitätsprinzipien *Friedrich Schoch/Joachim Wieland*, Finanzierungsverantwortung für gesetzgeberisch veranlasste kommunale Aufgaben, 1995, S. 161 ff.; *Stefan Mückl*, Finanzverfassungsrechtlicher Schutz der kommunalen Selbstverwaltung, 1998, S. 201 ff.; *Karen Brems*, Die Aufgabenverlagerung des Landes Nordrhein-Westfalen auf die Kommunen und die Frage der Finanzierungsfolgen, 2006, S. 266 ff.

134 Ausführlich *Friedrich Schoch/Joachim Wieland*, Finanzierungsverantwortung für gesetzgeberisch veranlasste kommunale Aufgaben, 1995, S. 160 ff.

135 Die Begründung kommunaler Interessenquoten im Kontext relativer Konnexitätsprinzipien – dazu Niedersächsischer Staatsgerichtshof, DVBl. 1998, S. 185 (186); Niedersächsischer Staatsgerichtshof, NVwZ-RR 2001, S. 553 (554); Verfassungsgericht Sachsen-Anhalt, DVBl. 1998, S. 1288 (1289); ähnlich auch Verfassungsgericht Brandenburg, DÖV 1998, S. 336 (336 f.); siehe aber auch Thüringer Verfassungsgerichtshof, NVwZ-RR 2005, S. 665 (673): „[Landesverfassungsrechtliche Konnexitätsprinzipien zielen] allerdings nicht auf die Erstattung tatsächlich angefallener bzw. anfallender, sondern angemessener, also bei wirtschaftlicher Verwaltungstätigkeit notwendiger (Durchschnitts-)Kosten ab [...], [sodass] der Gesetzgeber Kostensenkungspotenziale z. B. organisatorischer oder personeller Art und zu Ersparnissen an anderer Stelle führende Synergieeffekte bei den kommunalen Selbstverwaltungsträgern erwägen [muss]. Diese kann er grundsätzlich ebenfalls pauschaliert bemessen, indem er von der eine Vielzahl verschiedener Aufgaben erfassenden Auftragskostenpauschale eine Interessenquote abzieht, welche die diversen Einsparungsmöglichkeiten und Kostenvorteile bei der Erfüllung all dieser Aufgaben zusammenfassend mit einem Prozentsatz bewertet. Danach hat die Festlegung einer Interessenquote mit der Zielsetzung, die Kommunen auch an den Kosten des übertragenen Wirkungskreises zu beteiligen, vor dem strikten Konnexitätsgebot [...] zwar keinen Bestand [...]. Die Interessenquote ist aber durchaus als zulässiges Mittel zur Konkretisierung der ‚Angemessenheit' der Aufwendungen für den übertragenen Wirkungskreis anzusehen. Allerdings dürfen Kostensenkungsspielräume der Kommunen nicht abstrakt und „ins Blaue hinein", sondern nur im Einklang mit den tatsächlichen Gegebenheiten pauschalierend bewertet werden. Maßstab ist dabei, dass jeder einzelnen Kommune die realistische und nicht nur theoretische Möglichkeit bleiben muss, durch zumutbare eigene Anstrengungen zu einem vollständigen Mehrbelastungsausgleich zu gelangen [...]." – vermag angesichts der Tatsache, dass schon die finanzielle Mindestausstattung als Gegenstand des Kernbereichs kommunaler Selbstverwaltung qualifiziert wird, nicht zu überzeugen, siehe *Hubert Meyer*, NVwZ 1999, S. 843 (846); *Karen Brems*, Die Aufgabenverlagerung des Landes Nordrhein-Westfalen auf die Kommunen und die Frage der Finanzierungsfolgen, 2006, S. 273 ff.

136 *Stefan Mückl*, in: Hans-Günter Henneke/Hermann Pünder/Christian Waldhoff (Hrsg.), Recht der Kommunalfinanzen, 2006, § 3, Rn. 64; siehe aber auch Thüringer Verfassungsgerichtshof, NVwZ-RR 2005, S. 665 (673).

II. Landesverfassungsrechtliche Konnexitätsprinzipien aus prinzipientheoretischer Perspektive

Im Anschluss an diesen knappen Überblick ist nun eine inhaltliche Annäherung zu versuchen und in diesem Zusammenhang auch das Verhältnis zwischen landesverfassungsrechtlichen Konnexitätsprinzipien und dem Anspruch der Gemeinden und Gemeindeverbände auf eine angemessen Finanzausstattung sowie deren Bedeutung für die kommunale Finanzausstattung insgesamt herauszuarbeiten.

1. *Dogmatische Grundlegung*

Zunächst zu den dogmatischen Grundlagen: Nach dem prinzipientheoretischen Deutungsansatz sind landesverfassungsrechtliche Konnexitätsprinzipien als *Rechtsprinzipien* zu qualifizieren. Dies lässt sich wie folgt begründen: Landesverfassungsrechtliche Konnexitätsprinzipien bedürfen der legislativen Ausgestaltung. Dem lässt sich nicht schon deren normative Struktur entgegenhalten, die zwischen Tatbestand und Rechtsfolge unterscheidet. Die Erfüllung der tatbestandlichen Voraussetzung führt zwar unmittelbar zum Eintreten einer Rechtsfolge (was für eine Qualifikation als Rechtsregel sprechen könnte). Die Rechtsfolgen sind aber auf den Erlass einer gesetzlichen Regelung gerichtet.[137] Verfassungsunmittelbar werden den Gemeinden und Gemeindeverbänden finanzielle Mittel folglich nicht gewährt.[138] Wendet man nun die kategoriale Unterscheidung zwischen Rechtsprinzipien und Rechtsregeln auf die entsprechenden landesverfassungsrechtlichen Gewährleistungen an, verfügen landesverfassungsrechtliche Konnexitätsprinzipien dementsprechend über die gleiche dogmatische Struktur wie der Anspruch der Gemeinden und Gemeindeverbände auf eine angemessene Finanzausstattung. Im Vergleich zum Anspruch der Gemeinden und Gemeindeverbände auf eine angemessene Finanzausstattung zeigt sich aber, dass ihr Festsetzungsgehalt[139] aufgrund der verfassungsunmittelbaren Festschreibung von Tatbestand und Rechtsfolge wesentlich höher ist. Der verfassungsrechtliche Rahmen der legislativen Ausgestaltung wird dadurch wesentlich enger abgesteckt, ohne dass landesverfassungsrechtliche Konnexitätsprinzipien dadurch zu Rechtsregeln werden. Nachfolgend ist daher der Festsetzungsgehalt landesverfassungsrechtlicher Konnexitätsprinzipien zu bestimmen, indem ihr genuin verfassungsrechtlicher Inhalt konkretisiert wird.

---

[137] OVG Niedersachsen, DVBl. 2013, S. 516ff.

[138] *Hans-Ullrich Gallwas*, in: Hartmut Bauer (Hrsg.), Wirtschaft im offenen Verfassungsstaat, Festschrift für Reiner Schmidt, 2006, S. 677 (686f.) mit dem Hinweis, dass erst den einfachgesetzlichen Vorschriften ein Leistungsanspruch entnommen werden könne, der im Wege der Verpflichtungsklage zu verfolgen sei.

[139] Allgemein dazu S. 106ff.

Nur über den Festsetzungsgehalt landesverfassungsrechtlicher Konnexitätsprinzipien hinaus kann sich der Gesetzgeber auf Gestaltungsspielräume bei der Ausgestaltung der kommunalen Finanzausstattung berufen.

Mit Hilfe dieser dogmatischen Einordnung wird die Bereichsdogmatik schließlich auch entlastet von inkonsistenten Einordnungsversuchen der überkommenen institutionellen Interpretation. Soweit sich diese Lesart überhaupt um eine dogmatische Einbindung bemüht, ordnet sie landesverfassungsrechtliche Konnexitätsprinzipien dem Randbereich kommunaler Selbstverwaltung zu,[140] wobei die Geltung der Lehre von den institutionellen Garantien auch für die entsprechenden landesverfassungsrechtlichen Gewährleistungen vorausgesetzt und unterstellt wird. Schon diese Zuordnung scheint – ganz unabhängig von den grundsätzlichen Schwächen der Lehre von den institutionellen Garantien – fraglich: Die finanzielle Mindestausstattung der Gemeinden und Gemeindeverbände, die verhindert, dass die Wahrnehmung freiwilliger Selbstverwaltungsangelegenheiten infolge einer unzureichenden Finanzausstattung unmöglich wird, wird im Allgemeinen nämlich dem Kernbereich kommunaler Selbstverwaltung zugeordnet. Landesverfassungsrechtliche Konnexitätsprinzipien stellen aber ebenfalls die Wahrnehmung freiwilliger Selbstverwaltungsangelegenheiten dadurch sicher, dass ein finanzieller Ausgleich für die Wahrnehmung der Aufgaben des übertragenen Wirkungskreises gewährt wird. Dementsprechend wäre eigentlich eine Zuordnung zum Kernbereich folgerichtig.

2. *Im Besonderen: Zum Festsetzungsgehalt landesverfassungsrechtlicher Konnexitätsprinzipien – dargestellt am Beispiel der nordrhein-westfälischen Rechtslage*

Blickt man ausgehend von den dogmatischen Erkenntnissen auf den Festsetzungsgehalt landesverfassungsrechtlicher Konnexitätsprinzipien am Beispiel der Verfassung des Landes Nordrhein-Westfalen, so zeigt sich, dass auch der nordrhein-westfälische Verfassungsgesetzgeber mit der Neufassung des Art. 78 Abs. 3 LV NRW eine Entscheidung zugunsten eines strikten Konnexitätsprinzips getroffen hat. Zwar regelte schon Art. 78 Abs. 3 LV NRW a. F. die Pflicht, die Übertragung von Aufgaben auf Gemeinden und Gemeindeverbände von einer gleichzeitigen Bestimmung über die Deckung der Kosten abhängig zu machen. Dennoch war die Deutung der Vorschrift als relatives Konnexitätsprinzip umstritten:[141] Der Verfassungsgerichtshof für das Land Nordrhein-Westfalen

[140] *Eberhard Schmidt-Aßmann*, in: Hans-Günter Henneke/Hubert Meyer (Hrsg.), Kommunale Selbstverwaltung zwischen Bewahrung, Bewährung und Entwicklung, Festgabe für Gernot Schlebusch zum 65. Geburtstag, 2006, S. 59 (81 f.); ferner *Hans-Günter Henneke*, ZG 2005, S. 193 ff.

[141] Dazu *Albert von Mutius/Hans-Günter Henneke*, DVBl. 1985, S. 689 ff.; *Jochen Dieckmann*, NWVBl. 1996, S. 409 (412 f.); *Hans-Günter Henneke*, DVBl. 1998, S. 1158

anerkannte lediglich eine Pflicht zur Sachregelung, nicht aber eine von den Vorschriften des kommunalen Finanzausgleichs zu unterscheidende duale Struktur der kommunalen Finanzausstattung.[142]

Andere Interpretationsansätze qualifizierten Art. 78 Abs. 3 LV NRW a. F. demgegenüber als relatives Konnexitätsprinzip, das eine Befassung mit den tatsächlich anfallenden Kosten notwendig mache und die Maßgabe enthalte, dass neben den Vorschriften des kommunalen Finanzausgleichs eine materielle Regelung über den Ausgleich der anfallenden Kosten zu treffen sei.[143] Solche relativen Konnexitätsprinzipien sind allerdings aufgrund des oftmals indifferenten Wortlautes landesverfassungsrechtlicher Bestimmungen mit Unsicherheiten verknüpft: Erstens wird die Existenz einer materiellen Kostendeckungspflicht im Anwendungsbereich relativer Konnexitätsprinzipien lediglich für den übertragenen Wirkungskreis bejaht und im Übrigen die Legislative auf sachliche Gründe für das Unterlassen einer zumindest teilweisen Kostenerstattung verpflichtet.[144] Zweitens wird für geringfügige Belastungen eine Verpflichtung zur

---

(1164 ff.); *ders.*, Der Landkreis 2003, S. 190 (207); *Hubert Meyer*, NVwZ 1999, S. 843 (845); *ders.*, LKV 2000, S. 1 (2 f.); zum Ganzen *Karen Brems*, Die Aufgabenverlagerung des Landes Nordrhein-Westfalen auf die Kommunen und die Frage der Finanzierungsfolgen, 2006, S. 254 ff., 287 ff.

[142] Verfassungsgerichtshof für das Land Nordrhein-Westfalen, DVBl. 1985, S. 685 (686); Verfassungsgerichtshof für das Land Nordrhein-Westfalen, DVBl. 1997, S. 483 (484); Verfassungsgerichtshof für das Land Nordrhein-Westfalen, DVBl. 1998, S. 1280 (1283 f.); Verfassungsgerichtshof für das Land Nordrhein-Westfalen, DVBl. 2001, S. 1595 (1600); zustimmend *Johannes Dietlein*, JöR 51 n.F. (2003), S. 343 (376 ff.); kritisch *Albert von Mutius/Hans-Günter Henneke*, DVBl. 1985, S. 689 ff.; *Jochen Dieckmann*, NWVBl. 1996, S. 409 (412 f.); *Hans-Günter Henneke*, DVBl. 1998, S. 1158 (1164 ff.); *Hubert Meyer*, NVwZ 1999, S. 843 (845); *ders.*, LKV 2000, S. 1 (2 f.); *Joachim Wieland*, in: Präsident des Verfassungsgerichtshofs für das Land Nordrhein-Westfalen (Hrsg.), Verfassungsgerichtsbarkeit in Nordrhein-Westfalen, Festschrift zum 50-jährigen Bestehen des Verfassungsgerichtshofs für das Land Nordrhein-Westfalen, 2002, S. 415 (424 ff.); *Alexander Schink*, NWVBl. 2005, S. 85 (86 f.); ferner *Friedrich Schoch*, Verfassungsrechtlicher Schutz der kommunalen Finanzautonomie, 1997, S. 169; *ders./Joachim Wieland*, Finanzierungsverantwortung für gesetzgeberisch veranlasste kommunale Aufgaben, 1995, S. 165 ff.; *Stefan Mückl*, Finanzverfassungsrechtlicher Schutz der kommunalen Selbstverwaltung, 1998, S. 215 ff.; *ders.*, DÖV 1999, S. 841 (843 f.); *Karen Brems*, Die Aufgabenverlagerung des Landes Nordrhein-Westfalen auf die Kommunen und die Frage der Finanzierungsfolgen, 2006, S. 254 ff., 287 ff.; *Ihno Gebhardt*, Das kommunale Selbstverwaltungsrecht, 2007, S. 179 ff.

[143] *Friedrich Schoch/Joachim Wieland*, Finanzierungsverantwortung für gesetzgeberisch veranlasste kommunale Aufgaben, 1995, S. 171; *Stefan Mückl*, Finanzverfassungsrechtlicher Schutz der kommunalen Selbstverwaltung, 1998, S. 163 ff.; *Karen Brems*, Die Aufgabenverlagerung des Landes Nordrhein-Westfalen auf die Kommunen und die Frage der Finanzierungsfolgen, 2006, S. 273 ff.

[144] *Friedrich Schoch/Joachim Wieland*, Finanzierungsverantwortung für gesetzgeberisch veranlasste kommunale Aufgaben, 1995, S. 171 ff.

Kostenerstattung verneint.[145] Unsicherheiten werden drittens im Hinblick auf den Umfang der Kostenerstattungspflicht erkennbar.[146]

Vor diesem Hintergrund war die Einführung eines strikten Konnexitätsprinzips[147] erklärtes Ziel[148] einer Verfassungsänderung sowie der Verabschiedung des Gesetzes zur Regelung eines Kostenfolgeabschätzungs- und eines Beteiligungsverfahrens gemäß Art. 78 Abs. 3 der Verfassung für das Land Nordrhein-Westfalen.[149] Neben der Verpflichtung, die Übertragung von Aufgaben auf die Gemeinden und Gemeindeverbände mit einer gleichzeitigen Bestimmung über die Deckung der Kosten zu verbinden, spezifiziert die Neufassung des Art. 78 Abs. 3 LV NRW im Hinblick auf die Verursachung einer wesentlichen Belastung durch die Übertragung oder Veränderung bestehender und übertragbarer Aufgaben: Durch Gesetz oder Rechtsverordnung muss aufgrund einer Kostenfolgeabschätzung ein entsprechender finanzieller und pauschal zu leistender Ausgleich für die entstehenden notwendigen, durchschnittlichen Aufwendungen geschaffen werden.[150] Mit der Verfassungsänderung soll-

---

[145] *Hans-Günter Henneke*, DÖV 1996, S. 713 (717); *ders.*, DVBl. 1998, S. 1158 (1165 f.); *Stefan Mückl*, Finanzverfassungsrechtlicher Schutz der kommunalen Selbstverwaltung, 1998, S. 221 f.; *ders.*, DÖV 1999, S. 841 (849); *Friedrich Schoch*, in: Dirk Ehlers/Walter Krebs (Hrsg.), Grundfragen des Verwaltungsrechts und des Kommunalrechts, 2000, S. 93 (119); *Hubert Meyer*, LKV 2000, S. 1 (6).

[146] Dazu *Kyrill-A. Schwarz*, Finanzverfassung und kommunale Selbstverwaltung, 1996, S. 148 f.; *ders.*, NVwZ 1996, S. 554 (555); *Hans-Günter Henneke*, NdsVBl. 1996, S. 9 (10); *ders.*, NdsVBl. 1998, S. 25 (27); *Friedrich Schoch*, Verfassungsrechtlicher Schutz der kommunalen Finanzautonomie, 1997, S. 165; *ders.*, in: Dirk Ehlers/Walter Krebs (Hrsg.), Grundfragen des Verwaltungsrechts und des Kommunalrechts, 2000, S. 93 (118); *ders./Joachim Wieland*, Finanzierungsverantwortung für gesetzgeberisch veranlasste kommunale Aufgaben, 1995, S. 172; *Stefan Mückl*, Finanzverfassungsrechtlicher Schutz der kommunalen Selbstverwaltung, 1998, S. 222; *ders.*, DÖV 1998, S. 841 (846); *Hubert Meyer*, NVwZ 1999, S. 843 (846).

[147] Verfassungsgerichtshof für das Land Nordrhein-Westfalen, Urteile vom 23. März 2010, Az.: 19/08, 21/08, 28/08, 29/08; Verfassungsgerichtshof für das Land Nordrhein-Westfalen, DVBl. 2010, S. 1561 (1562).

[148] LT-Drs. 13/5515, S. 20 mit dem expliziten und auf die vormalige Judikatur des Verfassungsgerichtshofes für das Land Nordrhein-Westfalen gemünzten Hinweis, dass der von Art. 78 Abs. 3 LV NRW in Bezug genommene Ausgleich nicht im Rahmen des kommunalen Finanzausgleichs gewährt werden dürfe; ferner *Marco Buschmann/Angela Freimuth*, NWVBl. 2005, S. 365 ff.; *Norbert Meier/Stefan Greiner*, NWVBl. 2005, S. 92 ff.; *dies.*, VerwArch 97 (2006), S. 293 (297 ff.); *Alexander Schink*, NWVBl. 2005, S. 85 ff.; *Karen Brems*, Die Aufgabenverlagerung des Landes Nordrhein-Westfalen auf die Kommunen und die Frage der Finanzierungsfolgen, 2006, S. 305 ff.

[149] GVBl. NRW 2004, S. 360 ff.; dazu *Norbert Meier/Stefan Greiner*, NWVBl. 2005, S. 92 ff.; *Alexander Schink*, NWVBl. 2005, S. 85 (89 ff.); zur Rechtslage in Rheinland-Pfalz *Horst Meffert/Walter Müller*, Konnexitätsausführungsgesetz Rheinland-Pfalz, 2008, passim.

[150] Das Verhältnis beider Verpflichtungen erschließt sich nicht auf den ersten Blick – *Hans-Ullrich Gallwas*, in: Hartmut Bauer (Hrsg.), Wirtschaft im offenen Verfassungsstaat, Festschrift für Reiner Schmidt, 2006, S. 677 (680 f.) schlägt für Art. 83 der Verfassung des Freistaates Bayern zwei mögliche Auslegungsvarianten vor: „Man kann die beiden Verpflichtungen als jeweils eigenständig ansehen, mit der Folge, dass die Verpflichtung zum finanziel-

ten Gemeinden und Gemeindeverbände zukünftig vor der Übertragung von Aufgaben ohne gleichzeitigen Ausgleich der finanziellen Mehrbelastungen geschützt und jede Beeinträchtigung des eigenen Wirkungskreises vermieden werden.[151] Damit enthält Art. 78 Abs. 3 LV NRW ein striktes Konnexitätsprinzip[152] – unabhängig davon, ob die vereinzelt in den übrigen landesverfassungsrechtlichen Vorschriften anzutreffende Terminologie eines angemessenen Ausgleichs[153] als Maßstab einer Kategorisierung der landesverfassungsrechtlichen Konnexitätsprinzipien dienlich ist,[154] fordert Art. 78 Abs. 3 LV NRW einen

---

len Ausgleich erst greift, wenn und soweit die konnexitätsrelevanten Kosten nicht durch andere Bestimmungen gedeckt werden. Man kann S. 2 allerdings auch als inhaltliche Vorgabe für die Verpflichtung nach S. 1 verstehen, also in dem Sinn, dass für Mehrbelastungen, die nicht anderweitig gedeckt sind, jedenfalls durch staatliche Leistungen ein entsprechender finanzieller Ausgleich zu schaffen ist. Für die zweite Lesart sprechen die besseren Gründe. Zunächst: Die erste führte zu einer Verdoppelung der staatlichen Pflicht, ohne dass es hierfür einen plausiblen Grund gäbe. Gewichtiger: Das Gebot der Gleichzeitigkeit verlöre seine Bedeutung, wenn für den Fall, dass gar keine oder nur unzulängliche Bestimmungen nach S. 1 getroffen wurden, unmittelbar kraft Verfassung und zwingend ein Ausgleich zu schaffen wäre. Bei einem solchen Verständnis würde eines der wesentlichen Anliegen des strikten Konnexitätsprinzips leer laufen, nämlich dass sich die staatlichen Stellen bei jeder Aufgabenübertragung auf die Kommunen die entstehenden Mehrkosten vergegenwärtigen und unter Berücksichtigung dessen ihre Entscheidung treffen sollen."

[151] LT-Drs. 13/5515, S. 20, 23.

[152] Verfassungsgerichtshof für das Land Nordrhein-Westfalen, Urteile vom 23. März 2010, Az.: 19/08, 21/08, 28/08, 29/08; *Alexander Schink*, NWVBl. 2005, S. 85 (87); *Marco Buschmann/Angela Freimuth*, NWVBl. 2005, S. 365 (367); *Karen Brems*, Die Aufgabenverlagerung des Landes Nordrhein-Westfalen auf die Kommunen und die Frage der Finanzierungsfolgen, 2006, S. 307f.; allgemein zu den Merkmalen strikter Konnexitätsprinzipien Staatsgerichtshof Baden-Württemberg, DÖV 1999, S. 73ff.; Sächsischer Verfassungsgerichtshof, LKV 2001, S. 223ff.; ferner *Friedrich Schoch/Joachim Wieland*, Finanzierungsverantwortung für gesetzgeberisch veranlasste kommunale Aufgaben, 1995, S. 163; *Friedrich Schoch*, in: Dirk Ehlers/Walter Krebs (Hrsg.), Grundfragen des Verwaltungsrechts und des Kommunalrechts, 2000, S. 93 (118); *Stefan Mückl*, Finanzverfassungsrechtlicher Schutz der kommunalen Selbstverwaltung, 1998, S. 208.

[153] Siehe Art. 87 Abs. 3 S. 3 der Verfassung des Landes Sachsen-Anhalt; Art. 93 Abs. 1 S. 2 der Verfassung des Freistaates Thüringen; ausführlich dazu Landesverfassungsgericht Sachsen-Anhalt, NVwZ-RR 1999, S. 393 (395); Landesverfassungsgericht Sachsen-Anhalt, NVwZ-RR 1999, S. 464 (465).

[154] Siehe *Stefan Mückl*, Finanzverfassungsrechtlicher Schutz der kommunalen Selbstverwaltung, 1998, S. 212f.; *ders.*, DÖV 1998, S. 841 (850f.), der eine Modifizierung strikter Konnexitätsprinzipien anerkennt, die eine Berücksichtigung sowohl der Leistungsfähigkeit der Gemeinden und Gemeindeverbände als auch des kommunalen Aufgabenbestandes bei der Bemessung eines angemessenen Ausgleichs zulässt; dazu auch *Ulf Gundlach*, LKV 1999, S. 201 (205); ähnlich *Paul Schumacher*, LKV 2000, S. 98 (99), der die landesverfassungsrechtliche Vorgabe eines angemessenen Ausgleichs als relatives Konnexitätsprinzip qualifiziert; kritisch gegenüber solchen Differenzierungen *Friedrich Schoch/Joachim Wieland*, Finanzierungsverantwortung für gesetzgeberisch veranlasste kommunale Aufgaben, 1995, S. 164; *Hans-Günter Henneke*, DVBl. 1995, S. 1179 (1180); *Rudolf Wendt*, in: Joachim Burmeister (Hrsg.), Verfassungsstaatlichkeit, Festschrift für Klaus Stern zum 65. Geburtstag, 1997, S. 603 (622f.); *ders./Michael Elicker*, VerwArch 93 (2002), S. 187 (198ff.); ferner Thüringer Verfas-

entsprechenden – und damit grundsätzlich vollständigen[155] – finanziellen Ausgleich.[156]

a) *Tatbestandliche Reichweite*

Tatbestandlich erfordert das nordrhein-westfälische Konnexitätsprinzip[157] die Übertragung oder Veränderung bestehender und übertragbarer Aufgaben; Aufgaben müssen ferner durch Gesetz oder Rechtsverordnung[158] übertragen werden, sodass reflexartige Mehrbelastungen nicht zu dessen Anwendung führen.[159] Zudem erlangen die bis zum Inkrafttreten des Art. 78 Abs. 3 LV NRW übertragenen Angelegenheiten für die Anwendung des strikten Konnexitätsprinzips keine Bedeutung.[160]

aa) *Übertragung neuer und Veränderung bestehender und übertragbarer Aufgaben*

Ob eine Übertragung neuer Aufgaben vorliegt, ist durch einen Vergleich der Rechtslagen vor und nach dem Inkrafttreten landesrechtlicher Regelungen zu ermitteln.[161] Konnexitätsrelevant sind dabei nur Handlungsverpflichtungen;

---

sungsgerichtshof, NVwZ-RR 2005, S. 665 ff.; zum Ganzen *Thomas Ammermann*, Das Konnexitätsprinzip im kommunalen Finanzverfassungsrecht, 2007, S. 136 ff.

[155] Dazu S. 332 ff.

[156] Siehe Art. 71 Abs. 3 S. 3 der Verfassung des Landes Baden-Württemberg; Art. 85 Abs. 2 der Verfassung des Freistaates Sachsen.

[157] Eingehend dazu *Andreas Engels*, VerwArch 102 (2011), S. 285 ff.

[158] Zu Art. 71 Abs. 3 der Verfassung des Landes Baden-Württemberg *Klaas Engelken*, Das Konnexitätsprinzip im Landesverfassungsrecht, 2009, S. 38 f.

[159] *Karen Brems*, Die Aufgabenverlagerung des Landes Nordrhein-Westfalen auf die Kommunen und die Frage der Finanzierungsfolgen, 2006, S. 311 f.

[160] Siehe § 2 Abs. 2 des nordrhein-westfälischen KonnexAG; dazu *Alexander Schink*, NWVBl. 2005, S. 85 (87); ferner *Jan Ziekow*, DÖV 2006, S. 489 (494); *Hans-Ullrich Gallwas*, in: Hartmut Bauer (Hrsg.), Wirtschaft im offenen Verfassungsstaat, Festschrift für Reiner Schmidt, 2006, S. 677 (679); *Peter M. Huber/Ferdinand Wollenschläger*, VerwArch 100 (2009), S. 305 (316).

[161] Dazu Landesverfassungsgericht Sachsen-Anhalt, DVBl. 2004, S. 434 (435); Verfassungsgerichtshof für das Land Nordrhein-Westfalen, DVBl. 2010, S. 1561 (1564); ferner *Utz Schliesky/Felix Welti*, NordÖR 2001, S. 465 (468); *Benno Kaplonek*, SächsVBl. 2007, S. 277 (278); siehe aber auch *Klaas Engelken*, Das Konnexitätsprinzip im Landesverfassungsrecht, 2009, S. 42 f., 59 f., der die Ersetzung einer bestehenden Aufgabenübertragungsregelung als Anwendungsfall landesverfassungsrechtlicher Konnexitätsprinzipien qualifiziert, ferner im Falle der Modifikation einer solchen Regelung die gesamte Aufgabe und nicht lediglich deren Modifikation für konnexitätsrelevant erachtet und lediglich das Vorliegen einer Mehrbelastung bezweifelt; schließlich Verfassungsgericht Brandenburg, DÖV 1998, S. 336 (336 f.); Verfassungsgericht Brandenburg, LKV 2002, S. 323 (324) – mit der weitergehenden Annahme eines Verschlechterungsverbotes; Verfassungsgericht Brandenburg, NVwZ-RR 2009, S. 185 (186) mit dem Hinweis, dass die Schaffung einer neuen Rechtsgrundlage für eine schon von den Gemeinden und Gemeindeverbänden wahrgenommene Aufgabe als Anwendungsfall strikter Konnexitätsprinzipien zu qualifizieren sei; kritisch dazu *Paul Schumacher*, LKV

gesetzlich eingeräumte Handlungsoptionen erfasst Art. 78 Abs. 3 LV NRW hingegen nicht.[162] Auch die Begründung von Finanzierungspflichten zulasten der Gemeinden und Gemeindeverbände ist als Aufgabenübertragung im Sinne des Art. 78 Abs. 3 S. 2 LV NRW zu qualifizieren.[163] Unerheblich ist im Hinblick auf den Anwendungsbereich des Art. 78 Abs. 3 LV NRW ferner, ob eine Aufgabe zuvor von einer anderen staatlichen Stelle wahrgenommen wurde.[164]

Auch die Erweiterung bestehender Aufgaben[165] führt schon nach dem Wortlaut des Art. 78 Abs. 3 S. 2 LV NRW[166] zur Anwendung des Konnexitätsprin-

---

2005, S. 41 (45); *Jan Ziekow*, DÖV 2006, S. 489 (494); anders auch Staatsgerichtshof Baden-Württemberg, DVBl. 1999, S. 1351 (1354); zum Ganzen *René Laier/Ralph Zimmermann*, SächsVBl. 2007, S. 149 ff.

[162] Dazu *Knut Engelbrecht*, BayVBl. 2007, S. 164 (165 f.); *Christian Zieglmeier*, NVwZ 2008, S. 270 (272).

[163] Ausdrücklich Art. 49 Abs. 5 S. 1 der Verfassung für Rheinland-Pfalz; *Stefan Mückl*, DÖV 1998, S. 841 (846 ff.); *Hubert Meyer*, LKV 2000, S. 1 (6); *Utz Schliesky/Felix Welti*, NordÖR 2001, S. 465 (467); *Friedrich Schoch*, VBlBW 2006, S. 122 (125); *Benno Kaplonek*, SächsVBl. 2007, S. 277 (284); *Iris Kemmler*, DÖV 2008, S. 983 (986); *Peter M. Huber/Ferdinand Wollenschläger*, VerwArch 100 (2009), S. 305 (319); anders wohl Staatsgerichtshof Baden-Württemberg, VBlBW 1998, S. 295 (304 f.); Landesverfassungsgericht Sachsen-Anhalt, NVwZ-RR 1999, S. 393 (395 f.); Landesverfassungsgericht Sachsen-Anhalt, NVwZ-RR 1999, S. 464 (465); *Ulf Gundlach*, LKV 1999, S. 201 (204); kritisch ferner *Klaas Engelken*, Das Konnexitätsprinzip im Landesverfassungsrecht, 2009, S. 28 f.; zum Ganzen *Helmut Petz*, DÖV 1991, S. 320 (323); *Thomas Ammermann*, Das Konnexitätsprinzip im kommunalen Finanzverfassungsrecht, 2007, S. 134 f.

[164] Dazu mit Blick auf Art. 85 Abs. 1 S. 3 der Verfassung des Freistaates Sachsen *Benno Kaplonek*, SächsVBl. 2007, S. 277 (278); zu Art. 71 Abs. 3 der Verfassung des Landes Baden-Württemberg *Friedrich Schoch*, VBlBW 2006, S. 122 (126); *Iris Kemmler*, DÖV 2008, S. 983 (985); *Klaas Engelken*, Das Konnexitätsprinzip im Landesverfassungsrecht, 2009, S. 40; anders für die interkommunale Aufgabenverlagerung *Frank Lohse*, Kommunale Aufgaben, kommunaler Finanzausgleich und Konnexitätsprinzip, 2006, S. 168; *Christian Zieglmeier*, NVwZ 2008, S. 270 (272); kritisch dazu Landesverfassungsgericht Sachsen-Anhalt, LKV 2005, S. 218 (219); *Oliver Junk*, Das Konnexitätsprinzip in der Bayerischen Verfassung, 2006, S. 122 f.; *Friedrich Schoch*, a. a. O., S. 122 (126); *Benno Kaplonek*, a. a. O., S. 277 (278); ferner *Peter M. Huber/Ferdinand Wollenschläger*, VerwArch 100 (2009), S. 305 (319); schließlich *Winfried Kluth*, in: Arno Bunzel/Stefanie Hanke (Hrsg.), „Wer zahlt die Zeche?" Das Konnexitätsprinzip – richtig angewandt, 2011, S. 31 (38 f.) unter Hinweis auf die Judikatur des Landesverfassungsgerichts Sachsen-Anhalt; zum Ganzen *Frank-Michael Fruhner*, LKV 2005, S. 200 (200 f.); *Thomas Ammermann*, Das Konnexitätsprinzip im kommunalen Finanzverfassungsrecht, 2007, S. 133.

[165] Zu Art. 71 Abs. 3 der Verfassung des Landes Baden-Württemberg, der die Aufgabenerweiterung in verschiedene Fallgruppen aufschlüsselt, *Klaas Engelken*, Das Konnexitätsprinzip im Landesverfassungsrecht, 2009, S. 79 ff.; abseits der Normierung solcher expliziten Tatbestände kann namentlich vor dem Hintergrund des Art. 78 Abs. 3 S. 4 LV NRW nicht davon ausgegangen werden, dass auch tatsächliche Veränderungen übertragener Aufgaben Konnexitätspflichten begründen; Gleiches gilt für Abweichungen von dem landesverfassungsrechtlichen Konnexitätsprinzipien grundsätzlich immanenten Verursacherprinzip, das eine Berücksichtigung nicht von den Bundesländern verursachter Aufgabenerweiterungen ausschließt.

[166] Siehe *Alexander Schink*, NWVBl. 2005, S. 85 (87 f.); ferner *René Laier/Ralph Zimmermann*, SächsVBl. 2007, S. 149 (152); mit Blick auf Art. 83 der Verfassung des Freistaates Bayern

zips.[167] Dies gilt zumindest in Nordrhein-Westfalen unabhängig von der Frage, ob diese Erweiterung als Übertragung einer neuen Aufgabe zu qualifizieren ist.[168] Art. 78 Abs. 3 LV NRW ist folglich auch anwendbar auf die Regelung spezifischer Anforderungen für die Aufgabenerfüllung, die einen hinreichenden Bezug zur kommunalen Aufgabenerfüllung aufweisen[169] – allgemeine Anforderungen, die für die staatliche Aufgabenerfüllung insgesamt gelten, lösen die Rechtsfolgen des nordrhein-westfälischen Konnexitätsprinzips demgegenüber nicht aus.[170]

Die Wahrnehmung von den nach der tradierten Interpretation des Art. 28 Abs. 2 GG als Existenzaufgaben[171] bezeichneten Pflichten der Gemeinden und Gemeindeverbände, die der kommunalen Selbstverwaltung wesensimmanent sind[172] – die Gesetzesbegründung verweist insoweit auf die Selbstorganisation der Gemeinden und Gemeindeverbände, die Organbildung sowie die eigene Personal- und (Vermögens-)Verwaltung –, beschreibt vor diesem Hintergrund keinen Anwendungsfall des Art. 78 Abs. 3 LV NRW.[173] Auch Änderungen der allgemeinen Rahmenbedingungen kommunaler Aufgabenwahrnehmung erlangen keine Bedeutung unabhängig davon, ob diese Änderungen zusätzliche finanzielle Belastungen für die Gemeinden und Gemeindeverbände zur Folge

---

Heinrich Amadeus Wolff, BayVBl. 2004, S. 129 (130); *Michael Deubert*, BayVBl. 2004, S. 136 ff.; *Knut Engelbrecht*, BayVBl. 2007, S. 164 ff.

[167] Allgemein Verfassungsgericht Brandenburg, LKV 2002, S. 323 (323 f.); Verfassungsgericht Brandenburg, DVBl. 2013, S. 852 ff.; *Hans-Günter Henneke*, in: Hans-Günter Henneke/Hermann Pünder/Christian Waldhoff (Hrsg.), Recht der Kommunalfinanzen, 2006, § 24, Rn. 61 ff.; anders wohl Staatsgerichtshof Baden-Württemberg, DVBl. 1999, S. 1351 (1353); zum Ganzen *Paul Schumacher*, LKV 2000, S. 98 (100 f.); *ders.*, LKV 2005, S. 41 ff.; *Benno Kaplonek*, LKV 2004, S. 150 ff.; *Friedrich Schoch*, VBlBW 2006, S. 122 ff.; *René Laier/Ralph Zimmermann*, SächsVBl. 2007, S. 149 (151 ff.).

[168] Dazu *Günther Macht/André Scharrer*, DVBl. 2008, S. 1150 (1152); *Klaas Engelken*, Das Konnexitätsprinzip im Landesverfassungsrecht, 2009, S. 43; *ders.*, NVwZ 2013, S. 1529 ff.

[169] Allgemein *Heinrich Amadeus Wolff*, BayVBl. 2004, S. 129 (131); *Jan Ziekow*, DÖV 2006, S. 489 (496); *Christian Zieglmeier*, NVwZ 2008, S. 270 (272 f.); *Christoph Worms*, DÖV 2008, S. 353 (359 f.); *Peter M. Huber/Ferdinand Wollenschläger*, VerwArch 100 (2009), S. 305 (317 f.).

[170] Siehe auch § 2 Abs. 3 des nordrhein-westfälischen KonnexAG; dazu *Alexander Schink*, NWVBl. 2005, S. 85 (90); ferner *Peter M. Huber/Ferdinand Wollenschläger*, VerwArch 100 (2009), S. 305 (318); *Heinrich Amadeus Wolff*, in: Josef Franz Lindner/Markus Möstl/Heinrich Amadeus Wolff, Verfassung des Freistaates Bayern, 2009, Art. 83, Rn. 114; zu Art. 71 Abs. 3 der Verfassung des Landes Baden-Württemberg *Klaas Engelken*, Das Konnexitätsprinzip im Landesverfassungsrecht, 2009, S. 96.

[171] Dazu auch S. 469.

[172] Dazu Landesverfassungsgericht Mecklenburg-Vorpommern, Urteil vom 26. November 2009, Az.: LVerfG 9/08 zur Umstellung der kommunalen Haushalts- und Rechnungsführung von der Kameralistik auf die Doppik; zur landesrechtlichen Umsetzung der Dienstleistungsrichtlinie *Jan Ziekow*, LKV 2009, S. 385 ff.; ferner *Christian Zieglmeier*, NVwZ 2008, S. 270 (272); *Iris Kemmler*, DÖV 2008, S. 983 (984).

[173] LT-Drs. 13/5515, S. 21; *Karen Brems*, Die Aufgabenverlagerung des Landes Nordrhein-Westfalen auf die Kommunen und die Frage der Finanzierungsfolgen, 2006, S. 309.

haben.[174] Vielmehr bestätigt sich auch mit Blick auf das nordrhein-westfälische Konnexitätsprinzip, dass Vorgaben, die allein die Organisation der Gemeinden und Gemeindeverbände, die kommunale Personalhoheit oder die kommunale Haushaltswirtschaft betreffen, keine Pflicht zum Ausgleich entstehender Mehrbelastungen begründen.[175] Auch mengenmäßige Änderungen, die die kommunale Aufgabenwahrnehmung nicht wesentlich berühren, sind jedenfalls angesichts der in Art. 78 Abs. 3 S. 2 LV NRW enthaltenen Beschränkung des Konnexitätsprinzips auf wesentliche Belastungen[176] nicht Gegenstand des Art. 78 Abs. 3 LV NRW.[177]

Schließlich verdeutlicht das nordrhein-westfälische Verfassungsrecht, dass der Aufgabenmonismus im Anwendungsbereich landesverfassungsrechtlicher Konnexitätsprinzipien letztlich unergiebig bleibt:[178] Obwohl der Aufgabenmonismus die Abgrenzung zwischen dem eigenen und dem übertragenen Wirkungskreis überwinden will,[179] nimmt nämlich auch Art. 78 Abs. 3 LV NRW auf den Begriff der Aufgabenübertragung Bezug. Die Wirkungskreise der Gemeinden und Gemeindeverbände sind dementsprechend insoweit zu unterscheiden, was lediglich dadurch erleichtert wird, dass nicht nur die Übertragung staatlicher Aufgaben, sondern auch die Verpflichtung zur Wahrnehmung freiwilliger Selbstverwaltungsaufgaben Art. 78 Abs. 3 LV NRW zur Anwendung bringt:[180] Wird die Art und Weise der Erfüllung pflichtiger Selbstverwal-

---

[174] *Jan Ziekow*, DÖV 2006, S. 489 (496); eingehend zur „Begründung besonderer Anforderungen an die kommunale Aufgabenerfüllung" im Sinne des Art. 71 Abs. 3 der Verfassung des Landes Baden-Württemberg *Klaas Engelken*, Das Konnexitätsprinzip im Landesverfassungsrecht, 2009, S. 95 ff.

[175] Allgemein *Klaas Engelken*, Das Konnexitätsprinzip im Landesverfassungsrecht, 2009, S. 27 f., der auf die Notwendigkeit der Außenwirkung hinweist; ferner *Knut Engelbrecht*, BayVBl. 2007, S. 164 (166); *Iris Kemmler*, DÖV 2008, S. 983 (986); *Christian Zieglmeier*, NVwZ 2008, S. 270 (272).

[176] Dazu S. 329 ff.

[177] Siehe § 2 Abs. 4 des nordrhein-westfälischen KonnexAG; dazu *Alexander Schink*, NWVBl. 2005, S. 85 (90); zu Art. 83 der Verfassung des Freistaates Bayern *Christian Zieglmeier*, NVwZ 2008, S. 270 (273).

[178] Dazu Thüringer Verfassungsgerichtshof, ThürVBl. 2005, S. 228 (230); ferner *Paul Schumacher*, LKV 2000, S. 98 (100); zu Art. 49 Abs. 5 der Verfassung für Rheinland-Pfalz *Christoph Worms*, DÖV 2008, S. 353 (357, 358).

[179] Dazu *Friedrich Schoch*, in: Dirk Ehlers/Walter Krebs (Hrsg.), Grundfragen des Verwaltungsrechts und des Kommunalrechts, 2000, S. 93 (109); *Hans-Günter Henneke*, in: Hans-Günter Henneke/Hermann Pünder/Christian Waldhoff (Hrsg.), Recht der Kommunalfinanzen, 2006, § 24, Rn. 20; siehe dazu auch schon *Jürgen Makswit*, Finanzierung kommunaler Fremdverwaltung, 1984, S. 115 ff., 171 f.; *Albert von Mutius/Hans-Günter Henneke*, Kommunale Finanzausstattung und Verfassungsrecht, 1985, S. 102 ff.

[180] Siehe § 2 Abs. 1 S. 1 des nordrhein-westfälischen KonnexAG; dazu *Alexander Schink*, NWVBl. 2005, S. 85 (89); ferner *Friedrich Schoch*, VBlBW 2006, S. 122 (125); *Benno Kaplonek*, SächsVBl. 2007, S. 277 (283 f.); zu Art. 83 der Verfassung des Freistaates Bayern *Hans-Ullrich Gallwas*, in: Hartmut Bauer (Hrsg.), Wirtschaft im offenen Verfassungsstaat, Festschrift für Reiner Schmidt, 2006, S. 677 (678, 679); *Knut Engelbrecht*, BayVBl. 2007, S. 164 (165 f.); *Christian Zieglmeier*, NVwZ 2008, S. 270 (272).

tungsaufgaben seitens des Gesetzgebers vorgegeben, scheidet eine alleinige Kostenverantwortung der Gemeinden und Gemeindeverbände letztlich aus.[181] Die Schutzfunktion landesverfassungsrechtlicher Konnexitätsprinzipien gebietet daher auch in diesem Zusammenhang deren Anwendung.[182] Zudem bezieht sich der Wortlaut des Art. 78 Abs. 3 S. 2 LV NRW ausdrücklich auf öffentliche Aufgaben – schon terminologisch umfasst die Regelung – im Gegensatz zum Begriff der staatlichen Aufgaben – daher sowohl übertragene Aufgaben als auch Selbstverwaltungsaufgaben.[183]

bb) Wesentliche Mehrbelastung der Gemeinden und Gemeindeverbände

Art. 78 Abs. 3 LV NRW setzt auf Tatbestandsseite ferner eine wesentliche Mehrbelastungen der Gemeinden und Gemeindeverbände voraus. Eine solche Mehrbelastung ist grundsätzlich gegeben, wenn landesrechtliche Regelungen erhöhte finanzielle Aufwendungen verursachen.[184] Bloße Neu- und Umnormierun-

---

[181] Dazu Staatsgerichtshof Baden-Württemberg, DVBl. 1998, S. 1276 (1277); Staatsgerichtshof Baden-Württemberg, DÖV 1999, S. 73 (74); Landesverfassungsgericht Sachsen-Anhalt, DVBl. 1998, S. 1288 (1289); Landesverfassungsgericht Sachsen-Anhalt, NVwZ-RR 1999, S. 393 (395); Landesverfassungsgericht Sachsen-Anhalt, NVwZ-RR 1999, S. 464 (465); Landesverfassungsgericht Sachsen-Anhalt, NVwZ-RR 2000, S. 1 (2f., 5f.); Sächsischer Verfassungsgerichtshof, LKV 2001, S. 223 (224f.); Landesverfassungsgericht Sachsen-Anhalt, DVBl. 2004, S. 434 (434f.); ferner *Friedrich Schoch*, ZG 1994, S. 246 (260); *ders.*, Verfassungsrechtlicher Schutz der kommunalen Finanzautonomie, 1997, S. 166f.; *Ulf Gundlach*, LKV 1999, S. 201 (203f.); *Paul Schumacher*, LKV 2000, S. 98 (100); *Utz Schliesky/Felix Welti*, NordÖR 2001, S. 465 (467); *René Laier/Ralph Zimmermann*, SächsVBl. 2007, S. 149 (151); siehe auch *Hartmut Maurer*, in: Hans-Günter Henneke/Hartmut Maurer/Friedrich Schoch, Die Kreise im Bundesstaat, 1994, S. 139 (149ff.); *Karen Brems*, Die Aufgabenverlagerung des Landes Nordrhein-Westfalen auf die Kommunen und die Frage der Finanzierungsfolgen, 2006, S. 289f.; *Hans-Günter Henneke*, in: Hans-Günter Henneke/Hermann Pünder/Christian Waldhoff (Hrsg.), Recht der Kommunalfinanzen, 2006, § 24, Rn. 47ff.

[182] *Hans-Günter Henneke*, in: Hans-Günter Henneke/Hermann Pünder/Christian Waldhoff (Hrsg.), Recht der Kommunalfinanzen, 2006, § 24, Rn. 49.

[183] Allgemein Staatsgerichtshof Baden-Württemberg, DÖV 1999, S. 73 (74); Thüringer Verfassungsgerichtshof, NVwZ-RR 2005, S. 665 (667); ferner *Hans-Ullrich Gallwas*, in: Hartmut Bauer (Hrsg.), Wirtschaft im offenen Verfassungsstaat, Festschrift für Reiner Schmidt, 2006, S. 677 (677, 679); *Oliver Junk*, Das Konnexitätsprinzip in der Bayerischen Verfassung, 2006, S. 114; *Iris Kemmler*, DÖV 2008, S. 983 (985); *Christian Zieglmeier*, NVwZ 2008, S. 270 (272); fraglich ist allerdings, ob auch die Standardsetzung im Bereich freiwilliger Selbstverwaltungsaufgaben als konnexitätsrelevant zu qualifizieren ist, könnten doch unter Berücksichtigung der genannten Auslegungsmaßstäbe auch freiwillige Selbstverwaltungsaufgaben unter den Begriff der bestehenden übertragbaren Aufgaben subsumiert werden, siehe mit Blick auf Art. 71 Abs. 3 der Verfassung des Landes Baden-Württemberg, der allerdings die Begründung besonderer Anforderungen an die Erfüllung bestehender, nicht übertragener Aufgaben explizit als konnexitätsrelevant anerkennt, *Klaas Engelken*, Das Konnexitätsprinzip im Landesverfassungsrecht, 2009, S. 95ff.

[184] Dazu *Benno Kaplonek*, SächsVBl. 2007, S. 277 (279f.) mit dem Hinweis, dass eine Aufgabenübertragung nicht kostenneutral ist, wenn sie durch Absetzung, Aufschub oder Qualitätsminderung anderer Aufgaben finanziert wird; ferner *Winfried Kluth*, JöR 51 n. F. (2003),

gen[185] verursachen daher grundsätzlich keine Mehrbelastung.[186] Darüber hinaus wird das Vorliegen einer Mehrbelastung davon abhängig gemacht, ob Gemeinden und Gemeindeverbände die betreffende Aufgabe zuvor schon freiwillig wahrgenommen haben.[187] Dem steht allerdings nicht nur entgegen, dass dadurch Anreize für eine weitgehende Vernachlässigung freiwilliger Selbstverwaltungsaufgaben geschaffen würden;[188] vielmehr würde auch verkannt, dass pflichtige Selbstverwaltungsaufgaben nicht mehr aufgegeben werden können und die finanzielle Belastung dauerhaft bestehen bleibt.[189]

Das Kriterium der Wesentlichkeit beschreibt überdies eine Bagatellgrenze.[190] Eine ausnahmslose Verpflichtung zum Mehrbelastungsausgleich würde nämlich politische Gestaltungsspielräume einengen.[191] Die Bemessung der Bagatellgrenze kann dabei nur aus der Perspektive der Gemeinden und Gemeindeverbände gelingen, sodass – ungeachtet der Versuche einer relativierenden Betrachtung[192] – Dauer und Intensität der Aufgabenwahrnehmung maßstabbildend

S. 459 (474 f.); *Thomas Ammermann*, Das Konnexitätsprinzip im kommunalen Finanzverfassungsrecht, 2007, S. 128.

185 Anders Verfassungsgericht Brandenburg, DÖV 1998, S. 336 (336 f.); Verfassungsgericht Brandenburg, LKV 2002, S. 323 (324); Verfassungsgericht Brandenburg, NVwZ-RR 2009, S. 185 (186) mit dem Hinweis, dass auch die Schaffung einer neuen Rechtsgrundlage für eine schon zuvor von den Gemeinden und Gemeindeverbänden wahrgenommene Aufgabe konnexitätsrelevant sei.

186 Staatsgerichtshof Baden-Württemberg, DVBl. 1999, S. 1351 (1354); *Thomas Ammermann*, Das Konnexitätsprinzip im kommunalen Finanzverfassungsrecht, 2007, S. 123 f.

187 Landesverfassungsgericht Sachsen-Anhalt, DVBl. 2004, S. 434 (436); ferner *Klaas Engelken*, Das Konnexitätsprinzip im Landesverfassungsrecht, 2009, S. 93 f.

188 *Hans-Günter Henneke*, in: Hans-Günter Henneke/Hermann Pünder/Christian Waldhoff (Hrsg.), Recht der Kommunalfinanzen, 2006, § 24, Rn. 98 f.; *Christoph Worms*, DÖV 2008, S. 353 (358 f.).

189 *Stefan Mückl*, Finanzverfassungsrechtlicher Schutz der kommunalen Selbstverwaltung, 1998, S. 203; *ders.*, DÖV 1998, S. 841 (846); *Paul Schumacher*, LKV 2000, S. 98 (100); *Friedrich Schoch*, AfK 2000, S. 225 (236); *ders.*, VBlBW 2006, S. 122 (127); *Iris Kemmler*, DVBl. 2008, S. 437 (478); ferner *Rudolf Wendt/Michael Elicker*, VerwArch 93 (2002), S. 187 (192 f.); *Bernd Aker*, VBlBW 2008, S. 258 (262); ausführlich *Thomas Ammermann*, Das Konnexitätsprinzip im kommunalen Finanzverfassungsrecht, 2007, S. 121 ff., 133.

190 LT-Drs. 13/5515, S. 21; Verfassungsgerichtshof für das Land Nordrhein-Westfalen, Urteile vom 23. März 2010, Az.: 19/08, 21/08, 28/08, 29/08; ferner *Alexander Schink*, NWVBl. 2005, S. 85 (88); *Karen Brems*, Die Aufgabenverlagerung des Landes Nordrhein-Westfalen auf die Kommunen und die Frage der Finanzierungsfolgen, 2006, S. 310; siehe aber auch *Norbert Meier/Stefan Greiner*, NWVBl. 2005, S. 92 (93 f.); anders *Marco Buschmann/Angela Freimuth*, NWVBl. 2005, S. 365 (367); zu Art. 83 der Verfassung des Freistaates Bayern *Christian Zieglmeier*, NVwZ 2008, S. 270 (274); zu Art. 49 Abs. 5 der Verfassung für Rheinland-Pfalz *Christoph Worms*, DÖV 2008, S. 353 (361); kritisch mit Blick auf Art. 71 Abs. 3 der Verfassung des Landes Baden-Württemberg *Iris Kemmler*, DÖV 2008, S. 983 (988 f.); zu Art. 57 Abs. 4 S. 2 der Verfassung des Landes Niedersachsen *Thomas Ammermann*, Das Konnexitätsprinzip im kommunalen Finanzverfassungsrecht, 2007, S. 178 f.; kritisch schließlich *Frank-Michael Fruhner*, LKV 2005, S. 200 (201).

191 Siehe *Hans-Günter Henneke*, Der Landkreis 2004, S. 152 (163).

192 *Thomas Ammermann*, Das Konnexitätsprinzip im kommunalen Finanzverfassungsrecht, 2007, S. 173; *Iris Kemmler*, DÖV 2008, S. 983 (988).

sind.[193] Zudem wird deutlich, dass die Bagatellgrenze nicht mit Blick auf die Gesamtheit der Gemeinden und Gemeindeverbände bemessen werden kann: Zwar gebietet Art. 78 Abs. 3 LV NRW keine kommunalindividuelle Betrachtung,[194] doch korrespondiert der Vorbehalt einer wesentlichen Mehrbelastung grundsätzlich mit der auf der Rechtsfolgenseite gebotenen durchschnittlichen Betrachtung der betroffenen Gemeinden und Gemeindeverbände.

b) Rechtsfolgen

Art. 78 Abs. 3 LV NRW erfordert auf Rechtsfolgenseite eine „gleichzeitige Bestimmung über die Deckung der Kosten". Das nordrhein-westfälische Konnexitätsprinzip statuiert damit zwar kein unmittelbares Junktim, das eine Regelung in den Vorschriften des aufgabenübertragenden Gesetzes verlangt[195] – Bestimmungen über die Deckung der Kosten sind aber dennoch in unmittelbarem Zusammenhang mit der Aufgabenübertragung zu treffen.[196] Angesichts der Funktion landesverfassungsrechtlicher Konnexitätsprinzipien, die finanziellen Auswirkungen der Aufgabenübertragung sichtbar zu machen, ist eine solche unmittelbare sachliche und zeitliche Nähe zwischen Aufgabenübertragung und Kostendeckungsregelung erforderlich.[197] Art. 78 Abs. 3 LV NRW will nämlich

---

[193] *Alexander Schink*, NWVBl. 2005, S. 85 (88).

[194] LT-Drs. 13/5515, S. 22; *Karen Brems*, Die Aufgabenverlagerung des Landes Nordrhein-Westfalen auf die Kommunen und die Frage der Finanzierungsfolgen, 2006, S. 311.

[195] Siehe mit Blick auf Art. 78 Abs. 3 LV NRW a. F. Verfassungsgerichtshof für das Land Nordrhein-Westfalen, NWVBl. 1997, S. 129 (130 f.); zur Neuregelung *Marco Buschmann/Angela Freimuth*, NWVBl. 2005, S. 365 (367); *Karen Brems*, Die Aufgabenverlagerung des Landes Nordrhein-Westfalen auf die Kommunen und die Frage der Finanzierungsfolgen, 2006, S. 312; ferner *Hans-Günter Henneke*, LKV 1993, S. 365 (367); *Utz Schliesky/Felix Welti*, NordÖR 2001, S. 465 (468).

[196] BVerfG, DVBl. 2001, S. 1415 (1420); ferner Landesverfassungsgericht Sachsen-Anhalt, NVwZ-RR 2000, S. 1 (3); Sächsischer Verfassungsgerichtshof, LKV 2001, S. 223 (224); Verfassungsgerichtshof für das Land Nordrhein-Westfalen, DVBl. 2010, S. 1561 (1561); ausführlich *Christoph Worms*, DÖV 2008, S. 353 (360 f.); anders wohl *Friedrich Schoch*, VBlBW 2006, S. 122 (126 f.); *Iris Kemmler*, DÖV 2008, S. 983 (987) mit dem weitergehenden Hinweis, um eine unübersichtliche Zersplitterung der Kostenfolgeregeln zu vermeiden, sei eine Bündelung von Kostendeckungsregelungen zu unterschiedlichen Aufgabenübertragungen zu empfehlen; dazu auch *Oliver Junk*, Das Konnexitätsprinzip in der Bayerischen Verfassung, 2006, S. 141.

[197] *Norbert Meier/Stefan Greiner*, NWVBl. 2005, S. 92 (93); *Karen Brems*, Die Aufgabenverlagerung des Landes Nordrhein-Westfalen auf die Kommunen und die Frage der Finanzierungsfolgen, 2006, S. 317; ferner Landesverfassungsgericht Sachsen-Anhalt, NVwZ-RR 2000, S. 1 (3); Landesverfassungsgericht Sachsen-Anhalt, DVBl. 2004, S. 434 (436) mit dem Hinweis, dass eine Regelung zur Kostendeckung zum selben Zeitpunkt wie die Aufgabenübertragung in Kraft treten müsse; dazu *Friedrich Schoch*, VBlBW 2006, S. 122 (127); *Benno Kaplonek*, SächsVBl. 2007, S. 277 (282); ähnlich Thüringer Verfassungsgerichtshof, NVwZ-RR 2005, S. 665 (672); siehe auch *Knut Engelbrecht*, BayVBl. 2007, S. 164 (166), der auf den Zeitrahmen bis zum Inkrafttreten der Aufgabenübertragung abstellt; zu Art. 83 der Verfassung des Freistaates Bayern schließlich *Hans-Ullrich Gallwas*, in: Hartmut Bauer (Hrsg.), Wirtschaft im offenen Verfassungsstaat, Festschrift für Reiner Schmidt, 2006, S. 677 (683 f.).

nicht nur die kommunale Finanzausstattung sicherstellen,[198] sondern schon die Entscheidung über die Aufgabenübertragung beeinflussen.[199] Die Frage der Aufgabenfinanzierung darf bei der Entscheidung über die Aufgabenübertragung folglich nicht ausgeklammert und einer späteren, vollständig unabhängigen Kostendeckungsregelung vorbehalten werden;[200] auch begegnet eine Aufspaltung, die dem Gesetzgeber die konnexitätsrelevante Grundentscheidung zubilligt und anderen Stellen in maßgeblichem Umfang die Regelung der Kostendeckung überantwortet, dem Verdikt der Verfassungswidrigkeit.[201]

aa) „[D]ie entstehenden notwendigen, durchschnittlichen Aufwendungen" als Leitbild der Rechtsfolgenregelung des Art. 78 Abs. 3 LV NRW

Hinsichtlich des Mehrbelastungsausgleichs unterscheidet Art. 78 Abs. 3 LV NRW zwischen einer Kostenfolgeabschätzung und dem entsprechenden finanziellen Ausgleich für die entstehenden notwendigen, durchschnittlichen Aufwendungen.[202] Kostenfolgeabschätzung und finanzieller Ausgleich stehen dabei in unmittelbarem Zusammenhang: Sowohl die Kostenfolgeabschätzung als auch der finanzielle Ausgleich werden im Anwendungsbereich des Art. 78 Abs. 3 LV NRW maßgeblich durch das Merkmal der notwendigen durchschnittlichen Aufwendungen bestimmt.[203] Dieses Leitbild der Rechtfolgenregelung des Art. 78 Abs. 3 LV NRW ist im Folgenden zu konkretisieren: Bringen strikte Konnexitätsprinzipien den Grundsatz der Gesetzeskausalität zum Ausdruck, muss jede Bemessungsgrundlage zunächst sicherstellen, dass eine Belastung der Gemeinden und Gemeindeverbände mit dem durch die Wahrnehmung

---

[198] *Alexander Schink*, NWVBl. 2005, S. 85 (86, 87 f.); allgemein zu den Funktionen landesverfassungsrechtlicher Konnexitätsprinzipien *Heinrich Amadeus Wolff*, BayVBl. 2004, S. 129 (130); *Hans-Ullrich Gallwas*, in: Hartmut Bauer (Hrsg.), Wirtschaft im offenen Verfassungsstaat, Festschrift für Reiner Schmidt, 2006, S. 677 (678); *Friedrich Schoch*, VBlBW 2006, S. 122 (124 f.); *Jan Ziekow*, DÖV 2006, S. 489 (491); *Günther Macht/André Scharrer*, DVBl. 2008, S. 1150 ff.; *Klaas Engelken*, Das Konnexitätsprinzip im Landesverfassungsrecht, 2009, S. 35 f.

[199] Staatsgerichtshof Baden-Württemberg, DVBl. 1998, S. 1276 (1279); Sächsischer Verfassungsgerichtshof, LKV 2001, S. 223 (225); siehe auch BVerfG, DVBl. 2001, S. 1415 (1419 f.).

[200] Dazu *Thomas Ammermann*, Das Konnexitätsprinzip im kommunalen Finanzverfassungsrecht, 2007, S. 135 f., 125.

[201] *Hans-Ullrich Gallwas*, in: Hartmut Bauer (Hrsg.), Wirtschaft im offenen Verfassungsstaat, Festschrift für Reiner Schmidt, 2006, S. 677 (684); ferner *Peter M. Huber/Ferdinand Wollenschläger*, VerwArch 100 (2009), S. 305 (327), die ebenfalls eine Regelung der Grundzüge der Finanzierung bereits im Akt der Aufgabenzuweisung fordern; ähnlich Verfassungsgericht Brandenburg, LKV 2002, S. 323 (328); *Knut Engelbrecht*, BayVBl. 2007, S. 164 (166).

[202] Ausführlich dazu *Janbernd Oebbecke*, in: Arno Bunzel/Stefanie Hanke (Hrsg.), „Wer zahlt die Zeche?" Das Konnexitätsprinzip – richtig angewandt, 2011, S. 63 ff.

[203] *Karen Brems*, Die Aufgabenverlagerung des Landes Nordrhein-Westfalen auf die Kommunen und die Frage der Finanzierungsfolgen, 2006, S. 313 f.; ferner *Stefan Mückl*, Finanzverfassungsrechtlicher Schutz der kommunalen Selbstverwaltung, 1998, S. 206.

staatlicher Aufgaben verursachten finanziellen Mehraufwand unterbleibt.[204] Der entsprechende finanzielle Ausgleich im Sinne des Art. 78 Abs. 3 LV NRW[205] setzt daher eine vollständige Kostenerstattung voraus[206] – nur eine solche vollständige Kostenerstattung bewirkt zudem mehr Kostenklarheit und -disziplin.[207] Dem kann nun nicht etwa entgegen gehalten werden, dass eine vollständige Kostenerstattung die Eigenverantwortlichkeit der kommunalen Aufgabenwahrnehmung schmälert:[208] Zwar kann die Aufgabenwahrnehmung grundsätzlich auch durch die Bereitstellung finanzieller Mittel beeinflusst werden,[209] verfassungsrechtlich gewährleistet ist die Eigenverantwortlichkeit der

---

[204] Zu Art. 85 Abs. 1 S. 3 der Verfassung des Freistaates Sachsen *Benno Kaplonek*, SächsVBl. 2007, S. 277 (2180); ferner *Friedrich Schoch/Joachim Wieland*, Finanzierungsverantwortung für gesetzgeberisch veranlasste kommunale Aufgaben, 1995, S. 171 ff.; *Stefan Mückl*, Finanzverfassungsrechtlicher Schutz der kommunalen Selbstverwaltung, 1998, S. 206 f.; siehe auch *Albert von Mutius/Hans-Günter Henneke*, DVBl. 1985, S. 689 (690).

[205] Anders im Hinblick auf landesverfassungsrechtliche Konnexitätsprinzipien, die lediglich einen angemessenen Ausgleich verlangen, Landesverfassungsgericht Sachsen-Anhalt, NVwZ-RR 1999, S. 96 (98); Landesverfassungsgericht Sachsen-Anhalt, NVwZ-RR 1999, S. 393 (395); Landesverfassungsgericht Sachsen-Anhalt, NVwZ-RR 2000, S. 1 (3); ferner *Stefan Mückl*, DÖV 1999, S. 841 (850); Aufgaben, die die Länder vor ihrer Übertragung selbst wahrgenommen haben, sollen dennoch einen Vollkostenausgleich erfordern, siehe *Ulf Gundlach*, LKV 1999, S. 201 (203); *Friedrich Schoch*, in: Dirk Ehlers/Walter Krebs (Hrsg.), Grundfragen des Verwaltungsrechts und des Kommunalrechts, 2000, S. 93 (118); *Rudolf Wendt/Michael Elicker*, VerwArch 93 (2002), S. 187 (209 ff.); zum Ganzen *Karen Brems*, Die Aufgabenverlagerung des Landes Nordrhein-Westfalen auf die Kommunen und die Frage der Finanzierungsfolgen, 2006, S. 268 ff.

[206] Verfassungsgerichtshof für das Land Nordrhein-Westfalen, Urteile vom 23. März 2010, Az.: 19/08, 21/08, 28/08, 29/08; Verfassungsgerichtshof für das Land Nordrhein-Westfalen, DVBl. 2010, S. 1561 (1562); ferner *Alexander Schink*, NWVBl. 2005, S. 85 (86); *Karen Brems*, Die Aufgabenverlagerung des Landes Nordrhein-Westfalen auf die Kommunen und die Frage der Finanzierungsfolgen, 2006, S. 314; mit Blick auf Art. 83 der Verfassung des Freistaates Bayern *Heinrich Amadeus Wolff*, BayVBl. 2004, S. 129 (130); *ders.*, in: Josef Franz Lindner/Markus Möstl/Heinrich Amadeus Wolff, Verfassung des Freistaates Bayern, 2009, Art. 83, Rn. 123; *Hans-Ullrich Gallwas*, in: Hartmut Bauer (Hrsg.), Wirtschaft im offenen Verfassungsstaat, Festschrift für Reiner Schmidt, 2006, S. 677 (681); *Knut Engelbrecht*, BayVBl. 2007, S. 164 (166); *Christian Zieglmeier*, NVwZ 2008, S. 270 (274); *Peter M. Huber/Ferdinand Wollenschläger*, VerwArch 100 (2009), S. 305 (329); ferner *Stefan Mückl*, Finanzverfassungsrechtlicher Schutz der kommunalen Selbstverwaltung, 1998, S. 208; *Friedrich Schoch*, in: Dirk Ehlers/Walter Krebs (Hrsg.), Grundfragen des Verwaltungsrechts und des Kommunalrechts, 2000, S. 93 (118); *ders.*, VBlBW 2006, S. 122 (127); *ders./Joachim Wieland*, Finanzierungsverantwortung für gesetzgeberisch veranlasste kommunale Aufgaben, 1995, S. 163; *Hans-Günter Henneke/Irene Vorholz*, LKV 2002, S. 297 (298).

[207] *Alexander Schink*, NWVBl. 2005, S. 85 (87); *Iris Kemmler*, DÖV 2008, S. 983 (983 f.).

[208] Ausführlich *Karen Brems*, Die Aufgabenverlagerung des Landes Nordrhein-Westfalen auf die Kommunen und die Frage der Finanzierungsfolgen, 2006, S. 300 ff.

[209] Bayerischer Verfassungsgerichtshof, BayVBl. 1997, S. 303 (307); Niedersächsischer Staatsgerichtshof, NVwZ-RR 2001, S. 553 (554); ferner *Heinrich Amadeus Wolff*, BayVBl. 2004, S. 129 (131); *Knut Engelbrecht*, BayVBl. 2007, S. 164 (168); *Iris Kemmler*, DÖV 2008, S. 983 (984 f.).

kommunalen Aufgabenwahrnehmung aber ohnehin lediglich im eigenen Wirkungskreis.

Nach Art. 78 Abs. 3 LV NRW steht der finanzielle Ausgleich ferner nicht unter dem Vorbehalt der Leistungsfähigkeit oder Finanzkraft des Landes.[210] Dies beruht auf der – unbeschadet der föderalen Vielfalt landesverfassungsrechtlicher Konnexitätsprinzipien verallgemeinerungsfähigen – Annahme, dass landesverfassungsrechtliche Konnexitätsprinzipien grundsätzlich einen finanzkraftunabhängigen Mehrbelastungsausgleich gewährleisten.[211] Insoweit zeigt sich letztlich auch, dass landesverfassungsrechtliche Konnexitätsprinzipien auf die finanzielle Mindestausstattung der Gemeinden und Gemeindeverbände zielen, die eine vollständige Kostendeckung im übertragenen Wirkungskreis verlangt.[212] Darüber hinaus unterscheidet Art. 78 Abs. 3 LV NRW nicht zwischen Zweckausgaben und Verwaltungsausgaben:[213] Der Mehrbelastungsausgleich muss daher grundsätzlich alle Kosten der Verwaltungstätigkeit – Zweckausgaben, Personal- und Sachkosten sowie Investitionskosten – berücksichtigen.[214] Mehrbelastungen, die nicht auf der Übertragung neuer oder Veränderung be-

---

[210] Verfassungsgerichtshof für das Land Nordrhein-Westfalen, Urteile vom 23. März 2010, Az.: 19/08, 21/08, 28/08, 29/08; Verfassungsgerichtshof für das Land Nordrhein-Westfalen, DVBl. 2010, S. 1561 (1562); *Alexander Schink*, NWVBl. 2005, S. 85 (88); anders *Marco Buschmann/Angela Freimuth*, NWVBl. 2005, S. 365 (368); dazu auch Staatsgerichtshof Baden-Württemberg, DÖV 1999, S. 73 (75); Sächsischer Verfassungsgerichtshof, LKV 2001, S. 223 (224); Verfassungsgericht Brandenburg, LKV 2002, S. 323 (324); ferner *Michael Deubert*, BayVBl. 2004, S. 136 (136 f.); *Friedrich Schoch*, VBlBW 2006, S. 122 (124); *Knut Engelbrecht*, BayVBl. 2007, S. 164 (167); *Benno Kaplonek*, SächsVBl. 2007, S. 277 (282); *Oliver Junk*, Das Konnexitätsprinzip in der Bayerischen Verfassung, 2006, S. 125; *Thomas Ammermann*, Das Konnexitätsprinzip im kommunalen Finanzverfassungsrecht, 2007, S. 173 f.; *Iris Kemmler*, DÖV 2008, S. 983 (988 f.); *Christian Zieglmeier*, NVwZ 2008, S. 270 (274); *Peter M. Huber/Ferdinand Wollenschläger*, VerwArch 100 (2009), S. 305 (329).

[211] Verfassungsgerichtshof für das Land Nordrhein-Westfalen, Urteile vom 23. März 2010, Az.: 19/08, 21/08, 28/08, 29/08; ferner Niedersächsischer Staatsgerichtshof, DVBl. 1995, S. 1175 (1177); Niedersächsischer Staatsgerichtshof, DVBl. 1998, S. 185 (186); Sächsischer Verfassungsgerichtshof, LKV 2001, S. 223 (224); *Hans-Günter Henneke*, in: Hans-Günter Henneke/Hermann Pünder/Christian Waldhoff (Hrsg.), Recht der Kommunalfinanzen, 2006, § 24, Rn. 22; anders mit Blick auf die Verfassung des Landes Sachsen-Anhalt Landesverfassungsgericht Sachsen-Anhalt, NVwZ-RR 2000, S. 1 (3).

[212] Dazu im Kontext des Anspruchs der Gemeinden und Gemeindeverbände auf eine angemessene Finanzausstattung S. 302 ff.

[213] Landesverfassungsgericht Sachsen-Anhalt, LKV 2005, S. 218 (219); *Friedrich Schoch*, VBlBW 2006, S. 122 (126).

[214] Siehe dazu *Olaf Dreher*, NordÖR 1998, S. 136 (140); *Stefan Mückl*, DÖV 1999, S. 841 (850); *Rudolf Wendt/Michael Elicker*, VerwArch 93 (2002), S. 187 (199); *André Röhl*, LKV 2007, S. 157 (158); ferner Landesverfassungsgericht Sachsen-Anhalt, DVBl. 2004, S. 434 (435); zu Art. 83 der Verfassung des Freistaates Bayern *Christian Zieglmeier*, NVwZ 2008, S. 270 (273); überdies *Heinrich Amadeus Wolff*, in: Josef Franz Lindner/Markus Möstl/Heinrich Amadeus Wolff, Verfassung des Freistaates Bayern, 2009, Art. 83, Rn. 119 mit dem Hinweis, dass der Rückgriff auf kommunale Ressourcen grundsätzlich ausreichend sei; zur Ausgleichspflicht für mittelbar verursachte Kosten schließlich *Marc Lahmann*, KommJur 2005, S. 127 (129); *Knut Engelbrecht*, BayVBl. 2007, S. 164 (167).

stehender Aufgaben beruhen, sind bei der Bemessung der notwendigen durchschnittlichen Aufwendungen hingegen nicht zugrunde zu legen;[215] Gleiches gilt für Aufwendungen, die über das wirtschaftlich erforderliche Maß hinausgehen.[216]

Schließlich geht aus der Verpflichtung zum Mehrbelastungsausgleich eine fortschreibungspflichtige Verantwortung hervor[217] – der Mehrbelastungsausgleich kann nicht lediglich als punktuelles Ereignis, sondern nur als andauernde, fortlaufende und mit einer permanenten Überprüfung einhergehende Verpflichtung verstanden werden.[218] Art. 78 Abs. 3 S. 4 LV NRW normiert aus diesem Grund ausdrücklich eine Verpflichtung zur Anpassung des Mehrbelastungsausgleichs.

bb) Realistische und nicht bloß theoretische Möglichkeit zum Vollkostenausgleich

Art. 78 Abs. 3 LV NRW intendiert indes keine Spitzabrechnung der Belastungswirkungen in den einzelnen Gemeinden und Gemeindeverbänden.[219] Gemeinden und Gemeindeverbände sind nämlich rechtlich und wirtschaftlich imstan-

---

[215] *Alexander Schink*, NWVBl. 2005, S. 85 (90); *Hans-Ullrich Gallwas*, in: Hartmut Bauer (Hrsg.), Wirtschaft im offenen Verfassungsstaat, Festschrift für Reiner Schmidt, 2006, S. 677 (680).

[216] *Knut Engelbrecht*, BayVBl. 2007, S. 164 (167); *Christian Zieglmeier*, NVwZ 2008, S. 270 (274).

[217] Verfassungsgericht Brandenburg, DÖV 1998, S. 336 (336 f.); Verfassungsgericht Brandenburg, LKV 2002, S. 323 (324); siehe aber auch Staatsgerichtshof Baden-Württemberg, DÖV 1999, S. 73 (75 f.); Sächsischer Verfassungsgerichtshof, Beschluss vom 14.8.2012, Az.: Vf. 97-VIII-11; kritisch *Klaas Engelken*, Das Konnexitätsprinzip im Landesverfassungsrecht, 2009, S. 77 f., der darauf hinweist, dass den landesverfassungsrechtlichen Konnexitätsprinzipien abseits spezifischer Regelungen eine Pflicht zur Anpassung oder Nachbesserung des Belastungsausgleichs nicht abgewonnen werden könne; allgemein zur Pflicht zur Nachbesserung prognostischer Gestaltungsentscheidungen aber *Rüdiger Breuer*, Der Staat 16 (1977), S. 21 (54); *Wolf-Rüdiger Schenke*, NJW 1979, S. 1321 (1326 f.); *Peter Badura*, in: Georg Müller (Hrsg.), Staatsorganisation und Staatsfunktion im Wandel, Festschrift für Kurt Eichenberger zum 60. Geburtstag, 1982, S. 481 (484 ff.); *Rupert Stettner*, DVBl. 1982, S. 1123 ff.; *Rudolf Steinberg*, Der Staat 26 (1987), S. 161 ff.

[218] Thüringer Verfassungsgerichtshof, NVwZ-RR 2005, S. 665 (672); ferner Verfassungsgericht Brandenburg, DÖV 1998, S. 336 (337); Staatsgerichtshof Baden-Württemberg, DVBl. 1998, S. 1276 (1279 f.); siehe auch *Friedrich Schoch*, AfK 2000, S. 225 (237); *dens.*, VBlBW 2006, S. 122 (127); *Benno Kaplonek*, SächsVBl. 2007, S. 277 (280 f.); *Klaas Engelken*, Das Konnexitätsprinzip im Landesverfassungsrecht, 2009, S. 77 f.

[219] LT-Drs. 13/5515, S. 21; Verfassungsgerichtshof für das Land Nordrhein-Westfalen, Urteile vom 23. März 2010, Az.: 19/08, 21/08, 28/08, 29/08; *Janbernd Oebbecke*, LT-Zuschrift 13/3696, S. 8; ferner *Norbert Meier/Stefan Greiner*, NWVBl. 2005, S. 92 (94); *Alexander Schink*, NWVBl. 2005, S. 85 (89); anders *Ferdinand Kirchhof*, LT-Zuschrift 13/3708, S. 3; allgemein Sächsischer Verfassungsgerichtshof, LKV 2001, S. 223 (225 f.); *Paul Schumacher*, LKV 2000, S. 98 (102); *Knut Engelbrecht*, BayVBl. 2007, S. 164 (167); *Christian Zieglmeier*, NVwZ 2008, S. 270 (274).

de, die entstehenden Kosten zu beeinflussen[220] – aus diesem Grund regelt Art. 78 Abs. 3 LV NRW auch einen „Ausgleich" und nicht etwa eine „Erstattung". Ferner spricht Art. 78 Abs. 3 LV NRW ausdrücklich von einem typisierenden und pauschalierenden Kostenausgleich der notwendigen durchschnittlichen Aufwendungen; zulässig sind dabei auch Anreize für einen wirtschaftlichen und sparsamen Gesetzesvollzug.[221]

Obwohl die Gesamtheit der betroffenen Gemeinden und Gemeindeverbände die Bemessungsgrundlage bildet,[222] ist nur eine solche Bemessung der notwendigen durchschnittlichen Aufwendungen verfassungsgemäß, die letztlich jeder Gemeinde und jedem Gemeindeverband die realistische und nicht nur theoretische Möglichkeit einräumt, durch zumutbare eigene Anstrengungen zu einem vollständigen Mehrbelastungsausgleich zu gelangen.[223] Der pauschalierte Mehrbelastungsausgleich erlaubt mit anderen Worten keine Abkehr von der Notwendigkeit eines Vollkostenausgleichs.[224] Die Pauschalierung des Mehrbelastungsausgleichs bringt lediglich zum Ausdruck, dass Besonderheiten im Ausgabeverhalten und der Bedarfsentwicklung einzelner Gemeinden und Gemeindeverbände bei der Bemessung der notwendigen durchschnittlichen Aufwendungen außer Betracht bleiben.[225] Dies bestätigt auch Art. 78 Abs. 3 S. 4 LV NRW, wonach eine Anpassung des finanziellen Ausgleichs notwendig ist, wenn nachträglich eine wesentliche Abweichung von der Kostenfolgeabschätzung festgestellt wird. Art. 78 Abs. 3 LV NRW steht daher auch der Annahme entgegen, dass eine gesonderte Berechnung und Abgeltung jeder einzelnen übertragenen Aufgabe nicht erforderlich und eine pauschalierte Zusammenfassung möglich sei, die Unterschiede bei der Erfüllung einzelner Aufgaben auffängt und Synergieeffekte berücksichtigt.[226]

---

[220] Staatsgerichtshof Baden-Württemberg, DVBl. 1998, S. 1276 (1278).

[221] Verfassungsgericht des Landes Brandenburg, LKV 2002, S. 323 (325); ferner *Christian Zieglmeier*, NVwZ 2008, S. 270 (273).

[222] LT-Drs. 13/5515, S. 22; *Wolfgang Rüfner*, LT-Zuschrift 13/3724, S. 1; kritisch *Friedrich Schoch/Joachim Wieland*, Aufgabenzuständigkeit und Finanzierungsverantwortung verbesserter Kinderbetreuung, 2004, S. 229 ff.; *Benno Kaplonek*, SächsVBl. 2007, S. 277 (280).

[223] Verfassungsgericht des Landes Brandenburg, LKV 2002, S. 323 (325); dazu *Hans-Günter Henneke*, Der Landkreis 2002, S. 378 ff.; *Paul Schumacher*, LKV 2005, S. 41 (42).

[224] *Friedrich Schoch*, AfK 2000, S. 225 (236).

[225] *Ferdinand Kirchhof*, LT-Zuschrift 13/3708, S. 3; *Karen Brems*, Die Aufgabenverlagerung des Landes Nordrhein-Westfalen auf die Kommunen und die Frage der Finanzierungsfolgen, 2006, S. 315; siehe auch Bayerischer Verfassungsgerichtshof, BayVBl. 1998, S. 207 (208); Staatsgerichtshof Baden-Württemberg, DÖV 1999, S. 73 (75); Verfassungsgericht Brandenburg, LKV 2002, S. 323 (324 f.); ferner *Utz Schliesky/Felix Welti*, NordÖR 2001, S. 465 (468); *Paul Schumacher*, LKV 2005, S. 41 (45 ff.); *Hans-Ullrich Gallwas*, in: Hartmut Bauer (Hrsg.), Wirtschaft im offenen Verfassungsstaat, Festschrift für Reiner Schmidt, 2006, S. 677 (682 f.); *Knut Engelbrecht*, BayVBl. 2007, S. 164 (169); *Peter M. Huber/Ferdinand Wollenschläger*, VerwArch 100 (2009), S. 305 (328 f.).

[226] Niedersächsischer Staatsgerichtshof, DVBl. 1998, S. 185 (186); Niedersächsischer Staatsgerichtshof, NVwZ-RR 2001, S. 553 (554); Verfassungsgericht Sachsen-Anhalt,

cc) Kostenfolgeabschätzung

(1) Zum Prognosecharakter der Kostenfolgeabschätzung

Trotz der verfassungsrechtlichen Vorgabe einer realistischen Möglichkeit zum vollständigen Mehrbelastungsausgleich ist die Bemessung der entstehenden notwendigen, durchschnittlichen Aufwendungen (in der praktischen Umsetzung) mit Unsicherheiten belastet. Dies ist (auch) auf spezifische Schwierigkeiten bei der Prognose zukünftig anfallender Verwaltungskosten zurückzuführen – nicht überzeugend ist im Kontext landesverfassungsrechtlicher Konnexitätsprinzipien demgegenüber die vom Staatsgerichtshof für das Land Baden-Württemberg betonte Unwägbarkeit zahlreicher Einflüsse auf den Anspruch der Gemeinden und Gemeindeverbände auf eine angemessene Finanzausstattung:[227] Tatbestand und Rechtsfolge landesverfassungsrechtlicher Konnexitätsprinzipien sind keiner Abwägung zugänglich; die Gestaltungsspielräume des Gesetzgebers beschränken sich allein auf die Art und Weise des Kostenausgleichs.[228] Schwierigkeiten bei der Ermittlung der durchschnittlichen notwendigen Kosten dürfen daher nicht dazu führen, dass von einer der Gesetzeskausalität entsprechenden Kostenfolgeabschätzung und Ausgleichsregelung Abstand genommen wird.[229]

Das sichtbar werdende Spannungsverhältnis ist vielmehr wie folgt aufzulösen: Die von Verfassungs wegen geforderte Kostenfolgeabschätzung[230] impliziert grundsätzlich einen verfassungsgerichtlich nur beschränkt überprüfbaren Prognosespielraum[231] – der Verfassungsgerichtshof für das Land Nordrhein-

DVBl. 1998, S. 1288 (1289); ähnlich Verfassungsgericht Brandenburg, DÖV 1998, S. 336 (336 f.).

[227] Dazu S. 313 ff.

[228] Siehe S. 320 f.

[229] Sächsischer Verfassungsgerichtshof, LKV 2001, S. 223 (226): „Bei den Anforderungen an die zum Zeitpunkt der Aufgabenübertragung vorzunehmende Mehrbelastungsprognose verkennt das Gericht nicht, dass die Ermittlung des bei den kommunalen Selbstverwaltungsträgern verursachten Mehraufwands schon aufgrund der Unterschiede beim Aufgabenanfall sowie der unterschiedlichen Struktur und Größe der jeweiligen Verwaltungsträger – aber auch wegen der spezifischen Probleme der Kostenermittlung im Bereich der öffentlichen Verwaltung – bei angemessenem Aufwand nur eingeschränkt möglich ist. Hinzu kommt, dass sich eine aussagekräftige Prognose im Fall einer auf Dauer angelegten Aufgabenübertragung letztlich nur auf einen begrenzten Zeitraum erstrecken kann. All dies enthebt den Gesetzgeber indessen nicht von seiner verfassungsrechtlichen Pflicht zur Gewährleistung einer den Anforderungen des Art. 85 Abs. 1 Satz 3 und Abs. 2 SächsVerf entsprechenden Kostendeckungs- und Ausgleichsregelung. Dass eine Mehrbelastungsprognose aus tatsächlichen Gründen unmöglich ist, lässt sich nicht feststellen.“; siehe auch *Hans-Günter Henneke*, Der Landkreis 2004, S. 166 (211); *dens.*, in: Hans-Günter Henneke/Hermann Pünder/Christian Waldhoff (Hrsg.), Recht der Kommunalfinanzen, 2006, § 24, Rn. 124 f.

[230] Zu den Regelungen des nordrhein-westfälischen Konnexitätsausführungsgesetzes *Alexander Schink*, NWVBl. 2005, S. 85 (90).

[231] *Peter M. Huber/Ferdinand Wollenschläger*, VerwArch 100 (2009), S. 305 (327); anders *Heinrich Amadeus Wolff*, in: Josef Franz Lindner/Markus Möstl/Heinrich Amadeus Wolff,

Westfalen betont diesbezüglich Unwägbarkeiten jeder Kostenfolgeabschätzung und misst sogar Unstimmigkeiten keine Relevanz bei, solange sie nur unerhebliche Auswirkungen auf das Prognoseergebnis haben.[232] Art. 78 Abs. 3 LV NRW verlangt angesichts der Notwendigkeit einer realistischen Möglichkeit, zum vollständigen Mehrbelastungsausgleich zu gelangen, zugleich aber eine fundierte Prognose[233] über die verursachten notwendigen Kosten und deren Beeinflussbarkeit.[234] Fundiert ist lediglich eine eigene Prognoseentscheidung, die dem Gebot der prozeduralen Sorgfalt entspricht; anderweitige Erkenntnisse sind nur

---

Verfassung des Freistaates Bayern, 2009, Art. 83, Rn. 120; siehe auch Verfassungsgericht des Landes Brandenburg, LKV 2002, S. 323 (325) mit dem Hinweis, die verfassungsgerichtliche Kontrolle hänge von der Art und den Besonderheiten der in Betracht zu ziehenden Umstände, den Möglichkeiten und Schwierigkeiten ihrer Prognostizierung und der Bedeutung der betroffenen Rechtsgüter ab.

[232] Verfassungsgerichtshof für das Land Nordrhein-Westfalen, Urteile vom 23. März 2010, Az.: 19/08, 21/08, 28/08 und 29/08; darüber hinaus gelangt der Verfassungsgerichtshof für das Land Nordrhein-Westfalen allerdings zu dem mit Art. 78 Abs. 3 LV NRW unvereinbaren Ergebnis, dass auch eine Schätzung, die im Ansatz oder in der Methode nicht offensichtlich fehlerhaft und eindeutig widerlegbar ist, Art. 78 Abs. 3 LV NRW gerecht werde.

[233] Anders Verfassungsgerichtshof für das Land Nordrhein-Westfalen, Urteile vom 23. März 2010, Az.: 19/08, 21/08, 28/08 und 29/08 mit dem Hinweis, dass die durch eine Aufgabenübertragung verursachten Kosten auf vernünftigen Erwägungen beruhend und einen Prognosespielraum in Anspruch nehmend präzise und nachvollziehbar zu schätzen seien, die Prognoseentscheidung aber dennoch nur beanstandet werden könne, wenn sie im Ansatz oder in der Methode offensichtlich fehlerhaft und eindeutig widerlegbar ist; kritisch dazu *Andreas Engels*, VerwArch 102 (2011), S. 285 ff.; siehe auch Verfassungsgericht des Landes Brandenburg, LKV 2002, S. 323 (325): „Diese Prognoseentscheidung unterliegt der verfassungsgerichtlichen Kontrolle, welche ihrerseits von der Art und gegebenenfalls den Besonderheiten der in Betracht zu ziehenden Umstände, den Möglichkeiten und Schwierigkeiten ihrer Prognostizierung und der Bedeutung der betroffenen Rechtsgüter abhängt".

[234] Thüringer Verfassungsgerichtshof, NVwZ-RR 2005, S. 665 (671, 672): „Die Bestimmungen des Art. 93 I 1, 2 ThürVerf. stellen zwar [...] unmittelbar keine Anforderungen an das Verfahren des kommunalen Finanzausgleichs, weshalb im Grundsatz von einer weitgehenden Gestaltungsfreiheit des Gesetzgebers auszugehen ist. Jedoch ergibt sich aus dem Inhalt und der Struktur beider Finanzgarantien, welche Belange der Gesetzgeber mit welchem Gewicht bei seiner Entscheidung zu berücksichtigen hat, welche Ermittlungs- und Beobachtungspflichten ihn dabei treffen und welche Beurteilungs- und Gestaltungsspielräume ihm im Einzelnen verbleiben. Diese, mit hinreichender Genauigkeit unmittelbar aus der Verfassung abzuleitenden verfahrensmäßigen Vorgaben kann der Gesetzgeber schlicht praktizieren, ohne sie zuvor – etwa durch ein Maßstäbegesetz – noch einmal gesetzlich institutionalisieren zu müssen" – „den Gesetzgeber [trifft] danach bei der Regelung des Mehrbelastungsausgleichs [...] eine Pflicht zur Ermittlung der auszugleichenden Kosten für übertragene staatliche Aufgaben"; ferner Verfassungsgericht Sachsen-Anhalt, NVwZ-RR 1999, S. 393 (395 f.): Die „Regelung über die Kostendeckung [muss] für die Kommunen erkennbar und nachprüfbar ist. Dabei sind die Kosten nachvollziehbar zu ermitteln [...]. Die Kostenregelung muß [daher] aus verfassungsrechtlicher Sicht bestimmten Mindestanforderungen genügen. Hierzu gehören Angaben, die den Kommunen Berechnungsmöglichkeiten in die Hände geben. Bei der Regelung der Kostendeckung der Kommunen verfügt der Gesetzgeber über einen weiten Spielraum. Welche Methode er wählt, ist seiner pflichtgemäßen Entscheidung überlassen. Denkbar sind Festbeträge, Pauschalierungen, Quoten, Prozentsätze oder Kostenzuschüsse."; dazu schließlich auch *Friedrich Schoch*, in: Dirk Ehlers/Walter Krebs (Hrsg.), Grundfragen des

nach eigenständiger Überprüfung ihrer Übertragbarkeit unter Berücksichtigung der örtlichen Verhältnisse zu berücksichtigen. Erforderlich ist somit eine gründliche Befassung mit den tatsächlichen Grundlagen der Prognoseentscheidung unter Ausschöpfung der Verhältnisse vor Ort. Zugängliche Erkenntnisquellen sind situationsgerecht auszuschöpfen und die voraussichtlichen Auswirkungen der Regelung sind so zuverlässig wie angesichts der Komplexität des jeweiligen Sachverhaltes nur möglich abzuschätzen.[235] Auch im Hinblick auf die rechtliche und wirtschaftliche Möglichkeit der Gemeinden und Gemeindeverbände, die bei der Wahrnehmung der übertragenen Aufgaben entstehenden Kosten durch eigenverantwortliches Handeln zu beeinflussen, bedarf es einer realistischen Einschätzung;[236] Gestaltungsspielräume und Kostensenkungspotentiale der Gemeinden und Gemeindeverbände dürfen nicht abstrakt und gleichsam ins Blaue hinein vorausgesetzt werden, sondern müssen im Einklang mit den tatsächlichen Gegebenheiten stehen.[237]

(2) Rechtsfolgen defizitärer Kostenfolgeabschätzungen und Anpassung des Belastungsausgleichs

Eine diesen Maßstäben genügende Kostenfolgeabschätzung ist einerseits selbst dann nicht verfassungsrechtlich defizitär, wenn sie sich im Nachhinein nicht bewahrheitet.[238] Mängel der Kostenfolgeabschätzung können andererseits aber auch nicht mit einem Hinweis auf die Verpflichtung zur Anpassung des Mehrbelastungsausgleichs übergangen werden.[239] Während die Fehlerhaftigkeit der Kostenfolgeabschätzung die Verpflichtung zum Mehrbelastungsausgleich unberührt lässt,[240] tragen die Gemeinden und Gemeindeverbände folglich auch

---

Verwaltungsrechts und des Kommunalrechts, 2000, S. 93 (119); *Winfried Kluth*, LKV 2009, S. 337 (341 f.).

[235] Verfassungsgericht des Landes Brandenburg, LKV 2002, S. 323 (325); dazu auch *Alexander Schink*, NWVBl. 2005, S. 85 (88 f.) mit dem Hinweis, Art. 78 Abs. 3 LV NRW verlange vom Gesetzgeber mehr als eine grobe Schätzung; ähnlich *Heinrich Amadeus Wolff*, in: Josef Franz Lindner/Markus Möstl/Heinrich Amadeus Wolff, Verfassung des Freistaates Bayern, 2009, Art. 83, Rn. 120.

[236] Dazu *Hans-Ullrich Gallwas*, in: Hartmut Bauer (Hrsg.), Wirtschaft im offenen Verfassungsstaat, Festschrift für Reiner Schmidt, 2006, S. 677 (682).

[237] Verfassungsgericht Brandenburg, LKV 2002, S. 323 (325); ferner Thüringer Verfassungsgerichtshof, NVwZ-RR 2005, S. 665 (673); dazu auch *Hans-Günter Henneke*, in: Hans-Günter Henneke/Hermann Pünder/Christian Waldhoff (Hrsg.), Recht der Kommunalfinanzen, 2006, § 24, Rn. 148 f.

[238] Staatsgerichtshof Baden-Württemberg, DVBl. 1998, S. 1276 (1279); Verfassungsgericht des Landes Brandenburg, LKV 2002, S. 323 (325); ferner *René Laier/Ralph Zimmermann*, SächsVBl. 2007, S. 149 (150).

[239] Anders Verfassungsgerichtshof für das Land Nordrhein-Westfalen, Urteile vom 23. März 2010, Az.: 19/08, 21/08, 28/08 und 29/08; kritisch dazu *Andreas Engels*, VerwArch 102 (2011), S. 285 ff.

[240] Staatsgerichtshof Baden-Württemberg, DÖV 1999, S. 73 (76 f.); Thüringer Verfassungsgerichtshof, NVwZ-RR 2005, S. 665 (672); ferner *Paul Schumacher*, LKV 2000, S. 98 (102 f.); *Utz Schliesky/Felix Welti*, NordÖR 2001, S. 465 (469); *Oliver Junk*, Das Konnexitätsprinzip

das Risiko der durch tatsächliche Veränderungen[241] verursachten Mehrbelastung.[242] Art. 78 Abs. 3 S. 4 LV NRW sieht nämlich lediglich die Anpassung des finanziellen Ausgleichs „für die Zukunft" vor;[243] der Kostenanstieg infolge tatsächlicher Veränderungen ist folglich allein bei der Anpassung des Mehrbelastungsausgleichs zu berücksichtigen, obwohl auch dieser kausal auf die Aufgabenübertragung zurückzuführen ist.[244]

(3) Exkurs: Prozeduralisierung und landesverfassungsrechtliche Konnexitätsprinzipien

Angesichts der Unwägbarkeiten der Kostenfolgeabschätzung ist Art. 78 Abs. 3 LV NRW schließlich auf eine flankierende Prozeduralisierung des Konnexitätsprinzips angewiesen.[245] Auch diese Prozeduralisierung geht anders als im Kontext des Anspruchs der Gemeinden und Gemeindeverbände auf eine angemessene Finanzausstattung allerdings nicht auf die Anwendung der Abwägungsmethode zurück; insoweit gilt ebenfalls, dass das Leitbild einer vollständigen Kostenausstattung nicht der Abwägung zugänglich ist. Lediglich vor dem Hintergrund des bestehenden Prognosespielraums kann der Mehrwert prozeduraler Mechanismen, die entscheidungsrelevante Umstände fachkundig analysie-

---

in der Bayerischen Verfassung, 2006, S. 281; *Benno Kaplonek*, SächsVBl. 2007, S. 277 (280 f.); *Christian Zieglmeier*, NVwZ 2008, S. 270 (273); *Peter M. Huber/Ferdinand Wollenschläger*, VerwArch 100 (2009), S. 305 (329); *Heinrich Amadeus Wolff*, in: Josef Franz Lindner/Markus Möstl/Heinrich Amadeus Wolff, Verfassung des Freistaates Bayern, 2009, Art. 83, Rn. 129; differenzierend *Knut Engelbrecht*, BayVBl. 2007, S. 164 (170); siehe aber auch Sächsischer Verfassungsgerichtshof, LKV 2001, S. 223 (225) mit dem Hinweis, das Konnexitätsprinzip der Verfassung des Freistaates Sachsen enthalte keine Nachbesserungspflicht; kritisch dazu *Friedrich Schoch/Joachim Wieland*, Finanzierungsverantwortung für gesetzgeberisch veranlasste kommunale Aufgaben, 1995, S. 164 f.; *Hubert Meyer*, LKV 2001, S. 297 (298).

241 Siehe aber auch Art. 71 Abs. 3 der Verfassung des Landes Baden-Württemberg, wonach „spätere nicht vom Land veranlasste Änderungen" konnexitätsrelevant sind.

242 Staatsgerichtshof Baden-Württemberg, DÖV 1999, S. 73 (77); siehe auch Sächsischer Verfassungsgerichtshof, LKV 2001, S. 223 (224) mit dem wohl fehlgehenden Hinweis, nachträglich entstehende Kosten seien im Rahmen des kommunalen Finanzausgleichs abzugelten; dazu *Andreas Wahl*, SächsVBl. 1996, S. 298 (298 f.); kritisch *Hans-Günter Henneke*, SächsVBl. 1996, S. 53 (59); *Stefan Mückl*, DÖV 1999, S. 841 (851); *Hubert Meyer*, NVwZ 1999, S. 843 (846); *Benno Kaplonek*, SächsVBl. 2007, S. 277 (280).

243 *Alexander Schink*, NWVBl. 2005, S. 85 (89); anders Nr. II. 2.5.3 der Bayerischen Konsultationsvereinbarung; dazu *Peter M. Huber/Ferdinand Wollenschläger*, VerwArch 100 (2009), S. 305 (327 f.).

244 Siehe zu Art. 71 Abs. 3 der Verfassung des Landes Baden-Württemberg aber auch *Iris Kemmler*, DÖV 2008, S. 983 (988).

245 LT-Drs. 13/5515, S. 20; Verfassungsgerichtshof für das Land Nordrhein-Westfalen, Urteile vom 23. März 2010, Az.: 19/08, 21/08, 28/08 und 29/08; siehe auch *Karen Brems*, Die Aufgabenverlagerung des Landes Nordrhein-Westfalen auf die Kommunen und die Frage der Finanzierungsfolgen, 2006, S. 346 ff., die jedoch auf einen Mangel konkret justiziabler Richtgrößen des entsprechenden Ausgleichs im Sinne des Art. 78 Abs. 3 LV NRW hinweist; ferner *Hans-Günter Henneke*, ZG 1999, S. 256 (280 ff.); *Hubert Meyer*, LKV 2000, S. 169 (170); *Utz Schliesky*, DÖV 2001, S. 714 (719).

ren, bewerten, gewichten und zum Ausgleich bringen,[246] auch für die Kostenfolgeabschätzung fruchtbar gemacht werden. Die Kostenfolgeabschätzung erfordert angesichts des bestehenden Prognosespielraums nämlich vor allem ein transparentes Verfahren.[247] Nur ein nachvollziehbaren Regeln unterworfenes Verfahren gewährleistet eine verfassungskonforme Anwendung des nordrhein-westfälischen Konnexitätsprinzips.[248]

Daher bestimmt Art. 78 Abs. 3 S. 4 LV NRW, dass in einem Ausführungsgesetz Bestimmungen über eine Beteiligung der kommunalen Spitzenverbände zu treffen sind.[249] Dieser Forderung ist der nordrhein-westfälische Landesgesetzgeber mit §§ 7, 8 des nordrhein-westfälischen KonnexAG nachgekommen, die in Erweiterung[250] allgemeiner Anhörungsrechte[251] der Gemeinden und Gemeindeverbände einen formalisierten partnerschaftlichen Dialog mit den kommunalen Spitzenverbänden vorsehen.[252] Der auf Verhandlungen und Verständigung angelegte partnerschaftliche Dialog ist nach dem nordrhein-westfälischen

---

[246] Staatsgerichtshof Baden-Württemberg, DVBl. 1999, S. 1351 (1355 ff.).

[247] Verfassungsgerichtshof für das Land Nordrhein-Westfalen, Urteile vom 23. März 2010, Az.: 19/08, 21/08, 28/08 und 29/08.

[248] Mit Blick auf den kommunalen Finanzausgleich Bayerischer Verfassungsgerichtshof, ZFSH/SGB 2008, S. 82 (86).

[249] Zu Art. 83 Abs. 7 der Verfassung des Freistaates Bayern *Peter M. Huber/Ferdinand Wollenschläger*, VerwArch 100 (2009), S. 305 (313 ff.); allgemein *Thomas Ammermann*, Das Konnexitätsprinzip im kommunalen Finanzverfassungsrecht, 2007, S. 185 ff.; zurückhaltender Verfassungsgericht Sachsen-Anhalt, NVwZ-RR 2000, S. 1 (7); Landesverfassungsgericht Mecklenburg-Vorpommern, LKV 2006, S. 461 (465); anders Staatsgerichtshof Baden-Württemberg, DVBl. 1999, S. 1351 (1355 ff.).

[250] Zum Ganzen *Thomas Ammermann*, Das Konnexitätsprinzip im kommunalen Finanzverfassungsrecht, 2007, S. 189 ff.

[251] Zur Justiziabilität des Art. 91 Abs. 4 der Verfassung des Freistaates Thüringen Thüringer Verfassungsgerichtshof, LKV 2005, S. 259 (260 f.); dazu *Christian Schrader*, VBlBW 2007, S. 81 ff.

[252] Der Verfassungsgerichtshof für das Land Nordrhein-Westfalen hat zwar die grundsätzliche Bindung des Gesetzgebers an die von ihm selbst gesetzten einfachgesetzlichen Maßstäbe anerkannt, im Anschluss jedoch ausreichen lassen, dass den kommunalen Spitzenverbänden Gelegenheit zur Stellungnahme gegeben wird, siehe Verfassungsgerichtshof für das Land Nordrhein-Westfalen, Urteile vom 23. März 2010, Az.: 19/08, 21/08, 28/08 und 29/08; § 8 des nordrhein-westfälischen KonnexAG, nach dem die abschließenden Stellungnahmen der kommunalen Spitzenverbände der Vorlage des Gesetzentwurfs zur Beschlussfassung durch die Landesregierung beizufügen sind, wenn eine Einigung über die Kostenfolgeabschätzung nicht herbeigeführt wird, und nach Beschlussfassung der Landesregierung über den Gesetzentwurf, der einen Belastungsausgleich regelt, der Entwurf einschließlich der Kostenfolgeabschätzung nach § 3 sowie die abschließenden Stellungnahmen der kommunalen Spitzenverbände mit einer Beschlussempfehlung dem Landtag zuzuleiten sind, wird dementsprechend nur eingeschränkte Bedeutung beigemessen; mit dieser Judikatur schmälert der Verfassungsgerichtshof für das Land Nordrhein-Westfalen freilich das wesentliche Anliegen der einfachgesetzlichen Vorschriften, wonach die Funktion der prozeduralen Sicherungsmechanismen nur erfüllt werden kann, wenn die gewonnenen Erkenntnisse Berücksichtigung im Ergebnis des Normsetzungsprozesses finden können; dazu auch *Matthias Hederich*, NdsVBl. 2005, S. 33 (34); *Dietrich Stöffler*, ThürVBl. 2006, S. 121 (122); *Thomas Ammermann*, Das Konnexitätsprinzip im kommunalen Finanzverfassungsrecht, 2007, S. 187 f.

Konnexitätsausführungsgesetz allerdings auf Gesetzesentwürfe der Landesregierung beschränkt; für Gesetzesentwürfe des Landtages formuliert § 10 des nordrhein-westfälischen KonnexAG, dass die Landesregierung zur Durchführung eines Beteiligungsverfahrens mit den kommunalen Spitzenverbänden aufgefordert werden kann.[253] Auch im Übrigen hat – obwohl der formalisierte partnerschaftliche Dialog im Sinne der §§ 7, 8 des nordrhein-westfälischen KonnexAG eine Verfahrensbeteiligung vorsieht, die über eine bloße Anhörung hinausgeht – die Verfahrensbeteiligung lediglich geringe Bedeutung[254] – die beratende Beteiligung der Gemeinden und Gemeindeverbände erweist sich als schwache Ausprägung des Prozeduralisierungsgedankens.[255] Da der Verfassungsgerichtshof für das Land Nordrhein-Westfalen zudem lediglich die zentralen Maßstäbe des nordrhein-westfälischen Konnexitätsausführungsgesetzes als Gegenstand der Gewährleistung des Art. 78 Abs. 3 LV NRW anerkennt,[256] besteht überdies die Gefahr einer Umgehung des einfachen Rechts.[257]

c) *Kommunalindividuelle Bedeutung des Art. 78 Abs. 3 LV NRW?*

Im Anschluss an die Untersuchung zur tatbestandlichen Reichweite des Art. 78 Abs. 3 LV NRW sowie dessen Rechtsfolgen lässt sich des Weiteren abschließend festhalten, dass kein kommunalindividueller Anspruch auf einen finanziellen Mehrbelastungsausgleich besteht.[258] Art. 78 Abs. 3 LV NRW bedingt lediglich, dass Bestimmungen über die Deckung der Kosten zu treffen sind und durch Gesetz oder Rechtsverordnung ein entsprechender finanzieller Ausgleich für die entstehenden notwendigen durchschnittlichen Aufwendungen zu schaffen ist. Schon ein verfassungsunmittelbarer Anspruch auf finanzielle Erstattungsleistungen besteht demnach nicht.[259]

Ähnlich wie im Kontext des Anspruchs der Gemeinden und Gemeindeverbände auf eine angemessene Finanzausstattung lässt sich insbesondere nach der prinzipientheoretischen Konzeption nun aber auch darauf verweisen, dass der Anspruch der Gemeinden und Gemeindeverbände auf eine gesetzliche Rege-

[253] *Karen Brems*, Die Aufgabenverlagerung des Landes Nordrhein-Westfalen auf die Kommunen und die Frage der Finanzierungsfolgen, 2006, S. 363 ff.

[254] Zur Justiziabilität Thüringer Verfassungsgerichtshof, LKV 2005, S. 259 (260 f.); Verfassungsgerichtshof für das Land Nordrhein-Westfalen, Urteile vom 23. März 2010, Az.: 19/08, 21/08, 28/08 und 29/08.

[255] *Norbert Meier/Stefan Greiner*, NWVBl. 2005, S. 92 (96); *Karen Brems*, Die Aufgabenverlagerung des Landes Nordrhein-Westfalen auf die Kommunen und die Frage der Finanzierungsfolgen, 2006, S. 368 ff.

[256] Siehe Verfassungsgerichtshof für das Land Nordrhein-Westfalen, Urteile vom 23. März 2010, Az.: 19/08, 21/08, 28/08 und 29/08.

[257] Verfassungsgerichtshof für das Land Nordrhein-Westfalen, Urteile vom 23. März 2010, Az.: 19/08, 21/08, 28/08 und 29/08.

[258] *Karen Brems*, Die Aufgabenverlagerung des Landes Nordrhein-Westfalen auf die Kommunen und die Frage der Finanzierungsfolgen, 2006, S. 318.

[259] Siehe schon S. 320 f.

lung die Pflicht des Gesetzgebers zur Ausgestaltung der kommunalen Finanzausstattung widerspiegelt; der Gesetzgeber ist insoweit an die verfassungsrechtlichen Vorgaben der Ausgestaltung der kommunalen Finanzausstattung gebunden. Auch den Vorgaben für die legislative Ausgestaltung des Mehrbelastungsausgleichs fehlt zunächst zwar eine kommunalindividuelle Dimension,[260] es muss lediglich die realistische und nicht nur theoretische Möglichkeit der Gemeinden und Gemeindeverbände bestehen, durch zumutbare eigene Anstrengungen zu einem vollständigen Mehrbelastungsausgleich zu gelangen. Diese Anforderung kann allerdings im Verfahren der kommunalen Verfassungsbeschwerde kommunalindividuell geltend gemacht werden:[261] Verstöße gegen Art. 78 Abs. 3 LV NRW sind mit kommunalindividuellen Defiziten des entsprechenden finanziellen Ausgleichs zu belegen.[262]

III. Zur dualen Struktur der kommunalen Finanzausstattung

Die vorangegangene Untersuchung hat den Tatbestand und die Rechtsfolgen des Art. 78 Abs. 3 LV NRW analysiert und damit – nach der prinzipientheoretischen Konzeption – dessen Festsetzungsgehalt bestimmt. Nur über diesen Festsetzungsgehalt hinaus bestehen nach dem prinzipientheoretischen Deutungsansatz Gestaltungsspielräume des Gesetzgebers, sie beschränken sich folglich auf die Art und Weise des Mehrbelastungsausgleichs. Spezifische Determinanten bei der Ausübung dieser Spielräume sind nicht ersichtlich – sodass abschließend die Bedeutung landesverfassungsrechtlicher Konnexitätsprinzipien für die kommunale Finanzausstattung beleuchtet werden kann.

Schon der Anspruch der Gemeinden und Gemeindeverbände auf eine angemessene Finanzausstattung soll sicherstellen, dass die finanzielle Mehrbelastung durch die Kommunalisierung staatlicher Aufgaben aufgefangen wird. Sofern dieser Anspruch insgesamt unter den Vorbehalt der Leistungsfähigkeit gestellt wird,[263] ist der Mehrwert landesverfassungsrechtlicher Konnexitätsprinzipien evident. Überdies haben die Erfahrungen der Vergangenheit ganz allgemein gezeigt, dass landesverfassungsrechtliche Konnexitätsprinzipien nicht etwa wegen des Anspruchs auf eine angemessene Finanzausstattung bedeutungslos sind.[264] Konnexitätsprinzipien verlangen anders als dieser Anspruch nämlich einen transparenten und nachvollziehbaren Mehrbelastungs-

---

260 Siehe S. 335 f.

261 *Oliver Junk*, Das Konnexitätsprinzip in der Bayerischen Verfassung, 2006, S. 164 f.; *Hans-Ullrich Gallwas*, in: Hartmut Bauer (Hrsg.), Wirtschaft im offenen Verfassungsstaat, Festschrift für Reiner Schmidt, 2006, S. 677 (686, 688); *Knut Engelbrecht*, BayVBl. 2007, S. 164 (169 f.); *Peter M. Huber/Ferdinand Wollenschläger*, VerwArch 100 (2009), S. 305 (329).

262 *Friedrich Schoch*, VBlBW 2006, S. 122 (125); *Knut Engelbrecht*, BayVBl. 2007, S. 164 (169 f.).

263 Zur divergierenden Judikatur der Landesverfassungsgerichtsbarkeit S. 289 ff.

264 Dazu *Winfried Kluth*, in: Arno Bunzel/Stefanie Hanke (Hrsg.), „Wer zahlt die Zeche?“

ausgleich[265] und gewährleisten dadurch, dass die Kommunalisierung einzelner Aufgaben nicht im kommunalen Finanzausgleich untergeht.[266] Zwar wird inzwischen auch der Anspruch der Gemeinden und Gemeindeverbände auf eine angemessene Finanzausstattung prozeduralen Anforderungen unterworfen,[267] des Weiteren impliziert der Anspruch der Gemeinden und Gemeindeverbände auch eine Beobachtungs- und Nachbesserungspflicht.[268] Nichtsdestotrotz sind landesverfassungsrechtliche Konnexitätsprinzipien eher in der Lage, die finanziellen Belastungen der Kommunalisierung von staatlichen Aufgaben sichtbar zu machen und zu vermeiden.[269] Der nordrhein-westfälische Gesetzgeber hat etwa ausdrücklich darauf hingewiesen,[270] dass der Mehrbelastungsausgleich nicht im Rahmen des kommunalen Finanzausgleichs gewährt werden darf.[271]

Das Konnexitätsprinzip – richtig angewandt, 2011, S. 31 (32); siehe auch *Friedrich Schoch*, AfK 2000, S. 225 (237 f.).

265 Zum Transparenzgebot mit Blick auf Art. 78 Abs. 3 LV NRW S. 341; allgemein ferner *Hartmut Maurer*, in: Hans-Günter Henneke/Hartmut Maurer/Friedrich Schoch, Die Kreise im Bundesstaat, 1994, S. 139 (147); *Hans-Günter Henneke*, DÖV 1996, S. 713 (717); *Hubert Meyer*, ZG 1996, S. 165 (170); *Friedrich Schoch*, AfK 2000, S. 225 (235); *ders./Joachim Wieland*, Finanzierungsverantwortung für gesetzgeberisch veranlasste kommunale Aufgaben, 1995, S. 163, 177 f.; *Karen Brems*, Die Aufgabenverlagerung des Landes Nordrhein-Westfalen auf die Kommunen und die Frage der Finanzierungsfolgen, 2006, S. 262 ff.

266 *Stefan Mückl*, Finanzverfassungsrechtlicher Schutz der kommunalen Selbstverwaltung, 1998, S. 224; *Friedrich Schoch*, in: Dirk Ehlers/Walter Krebs (Hrsg.), Grundfragen des Verwaltungsrechts und des Kommunalrechts, 2000, S. 93 (117); *Karen Brems*, Die Aufgabenverlagerung des Landes Nordrhein-Westfalen auf die Kommunen und die Frage der Finanzierungsfolgen, 2006, S. 256 f.

267 Dazu S. 313 ff.; zum so genannten Bedarfsmodell im Rahmen des kommunalen Finanzausgleichs *Matthias Wohltmann*, ZG 2012, S. 377 ff.; *Winfried Kluth*, in: Hans-Günter Henneke (Hrsg.), Kommunale Selbstverwaltung in der Bewährung, 2013, S. 116 (122 f.).

268 Verfassungsgericht Brandenburg, NVwZ-RR 2000, S. 129 (131); Thüringer Verfassungsgerichtshof, NVwZ-RR 2005, S. 665 ff.; Landesverfassungsgericht Mecklenburg-Vorpommern, LKV 2006, S. 461 (466); Niedersächsischer Staatsgerichtshof, NdsVBl. 2008, S. 152 (156); Verfassungsgerichtshof für das Land Nordrhein-Westfalen, DVBl. 2011, S. 1155 (1156); Verfassungsgerichtshof Rheinland-Pfalz, DVBl. 2012, S. 432 (434); Staatsgerichtshof des Landes Hessen, NVwZ 2013, S. 1151 (1153); ferner *Bernhard Stüer*, NordÖR 1999, S. 130 (131); *Hans-Günter Henneke*, in: Hans-Günter Henneke/Hermann Pünder/Christian Waldhoff (Hrsg.), Recht der Kommunalfinanzen, 2006, § 24, Rn. 240 ff.; *Thomas Ammermann*, Das Konnexitätsprinzip im kommunalen Finanzverfassungsrecht, 2007, S. 99; *Ihno Gebhardt*, Das kommunale Selbstverwaltungsrecht, 2007, S. 175 f.

269 *Hartmut Maurer*, in: Hans-Günter Henneke/Hartmut Maurer/Friedrich Schoch, Die Kreise im Bundesstaat, 1994, S. 139 (147); *Friedrich Schoch/Joachim Wieland*, Finanzierungsverantwortung für gesetzgeberisch veranlasste kommunale Aufgaben, 1995, S. 163; *Stefan Mückl*, DÖV 1999, S. 841 (843, 846).

270 Auch für Art. 83 Abs. 3 der Verfassung des Freistaates Bayern wurde der Ausschluss eines Nullsummenspiels vom Gesetzgeber angesprochen, siehe LT-Drs. 14/12011, S. 7.

271 LT-Drs. 13/5515, S. 20; ferner Niedersächsischer Staatsgerichtshof, DVBl. 1995, S. 1175 (1177); Niedersächsischer Staatsgerichtshof, DVBl. 1998, S. 185 (186); *Hartmut Maurer*, in: Hans-Günter Henneke/Hartmut Maurer/Friedrich Schoch, Die Kreise im Bundesstaat, 1994, S. 139 (158 f.); *Hans-Günter Henneke*, SächsVBl. 1996, S. 53 (60); *Stefan Mückl*, Finanzverfassungsrechtlicher Schutz der kommunalen Selbstverwaltung, 1998, S. 210 f.; *Friedrich*

§4 Abs. 2 des nordrhein-westfälischen KonnexAG, nach dem der finanzielle Ausgleich in den Einzelplänen der jeweils fachlich betroffenen Geschäftsbereiche der obersten Landesbehörden zu veranschlagen ist,[272] enthält daher eine entsprechende einfachgesetzliche Regelung.[273]

Mittelbare Auswirkungen auf den kommunalen Finanzausgleich sind dennoch nicht auszuschließen:[274] Mehrbelastungsausgleiche infolge landesverfassungsrechtlicher Konnexitätsprinzipien können sich nämlich auf die Leistungsfähigkeit der Länder auswirken,[275] die grundsätzlich im Rahmen der Ausgestaltung des Anspruchs der Gemeinden und Gemeindeverbände auf eine angemessene Finanzausstattung zu berücksichtigen ist. Derartige Auswirkungen sind allerdings nicht zwingend, ist doch die Kommunalisierung staatlicher Aufgaben regelmäßig mit der Erwartung verknüpft, Synergieeffekte nutzen und Kosteneinsparungspotentiale realisieren zu können; erfüllen sich diese Erwartungen nicht, würde überdies auch die Aufgabenerfüllung seitens der Länder die finanzielle Leistungsfähigkeit mindern. Der Anspruch der Gemeinden auf eine angemessene Finanzausstattung wäre daher lediglich betroffen, sofern Mehrbelastungsausgleiche unmittelbar eine Verringerung des kommunalen Finanzausgleichs bewirken[276] – landesverfassungsrechtliche Konnexitätsprinzipi-

---

Schoch, in: Dirk Ehlers/Walter Krebs (Hrsg.), Grundfragen des Verwaltungsrechts und des Kommunalrechts, 2000, S. 93 (116f.); *ders./Joachim Wieland*, Finanzierungsverantwortung für gesetzgeberisch veranlasste kommunale Aufgaben, 1995, S. 163f., 169f.; *Knut Engelbrecht*, BayVBl. 2007, S. 164 (168), *Heinrich Amadeus Wolff*, in: Josef Franz Lindner/Markus Möstl/Heinrich Amadeus Wolff, Verfassung des Freistaates Bayern, 2009, Art. 83, Rn. 127; *Peter M. Huber/Ferdinand Wollenschläger*, VerwArch 100 (2009), S. 305 (329).

[272] *Alexander Schink*, NWVBl. 2005, S. 85 (90f.).

[273] LT-Drs. 13/5515, S. 25f.; *Norbert Meier/Stefan Greiner*, NWVBl. 2005, S. 92 (93); *Karen Brems*, Die Aufgabenverlagerung des Landes Nordrhein-Westfalen auf die Kommunen und die Frage der Finanzierungsfolgen, 2006, S. 308; ferner Staatsgerichtshof Baden-Württemberg, DÖV 1999, S. 73 (75); Sächsischer Verfassungsgerichtshof, LKV 2001, S. 223 (226); *Friedrich Schoch*, VBlBW 2006, S. 122 (127); *Benno Kaplonek*, SächsVBl. 2007, S. 277 (282); *Knut Engelbrecht*, BayVBl. 2007, S. 164 (168); *André Röhl*, DÖV 2008, S. 368 (370f.); anders wohl *Marco Buschmann/Angela Freimuth*, NWVBl. 2005, S. 365 (367); *Paul Schumacher*, LKV 2005, S. 41 (42, 44); mit Blick auf die Verfassung des Landes Schleswig-Holstein *Utz Schliesky/Felix Welti*, NordÖR 2001, S. 465 (467f.); zur Bedeutung bundes- und landesverfassungsrechtlicher Schuldenbremsen *Kathrin Groh*, LKV 2010, S. 1ff.

[274] *Janbernd Oebbecke*, LT-Zuschrift 13/3696, S. 10; *Wolfgang Rüfner*, LT-Zuschrift 13/3724, S. 2; *Karen Brems*, Die Aufgabenverlagerung des Landes Nordrhein-Westfalen auf die Kommunen und die Frage der Finanzierungsfolgen, 2006, S. 294ff., 307ff.; ferner *Michael Inhester*, Kommunaler Finanzausgleich im Rahmen der Staatsverfassung, 1998, S. 157f.; *Paul Schumacher*, LKV 2000, S. 98 (100); *ders.*, LKV 2005, S. 41 (44); *Utz Schliesky/Felix Welti*, NordÖR 2001, S. 465 (469); schließlich *Thomas Ammermann*, Das Konnexitätsprinzip im kommunalen Finanzverfassungsrecht, 2007, S. 184, der zutreffend darauf hinweist, dass sich ein Automatismus im Sinne kommunizierender Röhren verbiete.

[275] *Carsten Maas*, Die verfassungsrechtliche Entfaltung kommunaler Finanzgarantien, 2004, S. 200ff.

[276] Niedersächsischer Staatsgerichtshof, DVBl. 1995, S. 1175 (1177); *Michael Inhester*, Kommunaler Finanzausgleich im Rahmen der Staatsverfassung, 1998, S. 156ff.; *Ulf Gund-*

en also das Gesamtvolumen der kommunalen Finanzausstattung nicht erhöhen.[277] Schon die Bemessung des Anspruchs der Gemeinden und Gemeindeverbände auf eine angemessene Finanzausstattung muss allerdings die Kommunalisierung staatlicher Aufgaben finanziell ausgleichen; wäre infolge einer „Subtraktionsmethode" die kommunale Finanzausstattung insoweit nicht mehr gewährleistet, wären bereits die verfassungsrechtlichen Grenzen der legislativen Ausgestaltung der kommunalen Finanzausstattung überschritten.

D. Das bundesverfassungsrechtliche Aufgabenübertragungsverbot

Auch der Bundesgesetzgeber ist angesichts der finanziellen Situation der Gemeinden und Gemeindeverbände nicht untätig geblieben. Er hat indes kein bundesverfassungsrechtliches Konnexitätsprinzip,[278] sondern ein bundesverfassungsrechtliches Aufgabenübertragungsverbot[279] (Art. 84 Abs. 1 S. 7, 85 Abs. 1 S. 2 GG) normiert. Unmittelbare Finanzbeziehungen zwischen Bund und Gemeinden sowie Gemeindeverbänden bestehen folglich nicht – vielmehr wird die Kommunalisierung staatlicher Aufgaben seitens des Bundes verfassungsrechtlich untersagt.[280]

Dadurch soll eine der Ursachen der mangelhaften kommunalen Finanzausstattung beseitigt werden – die angesichts des Anspruchs der Gemeinden und Gemeindeverbände auf eine angemessene Finanzausstattung eigentlich keine Ursache dieser Krise hätte sein dürfen: In der Vergangenheit bedingte eine Vielzahl von bundesgesetzlichen Aufgabenübertragungen auf Gemeinden und Gemeindeverbände[281] Defizite der kommunalen Finanzausstattung.[282] Nicht nur

---

lach, LKV 2000, S. 7 (9); *Herbert Mandelartz/Helmut Neumeyer*, DÖV 2000, S. 103 (110 f.); *Karen Brems*, Die Aufgabenverlagerung des Landes Nordrhein-Westfalen auf die Kommunen und die Frage der Finanzierungsfolgen, 2006, S. 294 ff.

[277] Staatsgerichtshof Baden-Württemberg, VBlBW 1994, S. 12 ff.; Verfassungsgerichtshof für das Land Nordrhein-Westfalen, NVwZ 1997, S. 793 (794); ferner *Detlef Bayer*, DVBl. 1993, S. 1287 (1290); *Ferdinand Kirchhof*, DVBl. 1995, S. 1057 (1059).

[278] Dazu *Christean Wagner/Dagmar Rechenbach*, ZRP 2003, S. 308 ff.

[279] Zum Begriff *Peter Selmer*, JuS 2006, S. 1052 (1056); *Jörn Ipsen*, NJW 2006, S. 2801 (2805); *Irene Kesper*, NdsVBl. 2006, S. 145 (154).

[280] Siehe *Friedrich Schoch*, in: Hans-Günter Henneke (Hrsg.), Kommunale Selbstverwaltung in der Bewährung, 2013, S. 11 (16), der darauf hinweist, dass es sich nicht um Bestimmungen des Finanzverfassungsrechts sondern vielmehr um solche handele, die dem Schutz der Autonomie der Länder, der Sicherung der kommunalen Selbstverwaltung und der Stärkung der finanziellen Leistungsfähigkeit dienen.

[281] BVerfGE 22, 180 (210); 77, 288 (299); dazu *Andreas Meßmann*, DÖV 2010, S. 726 ff.

[282] *Joachim Burmeister*, Verfassungstheoretische Neukonzeption der kommunalen Selbstverwaltungsgarantie, 1977, S. 39 ff.; *Stefan Mückl*, Finanzverfassungsrechtlicher Schutz der kommunalen Selbstverwaltung, 1998, S. 117 f., 253 ff.; *Friedrich Schoch*, in: Dirk Ehlers/Walter Krebs (Hrsg.), Grundfragen des Verwaltungsrechts und des Kommunalrechts, 2000,

angesichts fehlender verfassungsrechtlicher Pflichten des Bundes, sondern vielmehr mangels verfassungsrechtlicher Zulässigkeit[283] wurden bundesgesetzliche Aufgabenübertragungen nämlich nicht mit einer finanziellen Kompensation seitens des Bundes verbunden.[284] Die Übertragung von Aufgaben nach Art. 84 Abs. 1 2. Alt GG a. F. hing lediglich von der Zustimmung des Bundesrates ab.[285] Das Bundesverfassungsgericht erklärte eine solche Aufgabenübertragung überdies als punktuelle Annexregelung dann für zulässig,[286] wenn sie für den wirksamen Vollzug der materiellen Bestimmungen eines Bundesgesetzes notwendig war.[287] Es wäre sodann die Pflicht der Länder gewesen, die Finanzausstattung der Gemeinden und Gemeindeverbände auch mit Blick auf die Aufgabenübertragung seitens des Bundes sicherzustellen. Offensichtlich wurde diesem mehrschichtigen System aber nicht ausreichend Rechnung getragen.

S. 98 ff.; *ders./Joachim Wieland*, Finanzierungsverantwortung für gesetzgeberisch veranlasste kommunale Aufgaben, 1995, S. 116 ff.; *Stefan Korioth*, NVwZ 2005, S. 503 ff.; *Thomas Ammermann*, Das Konnexitätsprinzip im kommunalen Finanzverfassungsrecht, 2009, S. 197 ff.

283 *Jan Ziekow*, DÖV 2006, S. 489 (490 f.); *Hans-Günter Henneke*, DVBl. 2006, S. 867 (868); *Stefan Mückl*, in: Hans-Günter Henneke/Hermann Pünder/Christian Waldhoff (Hrsg.), Recht der Kommunalfinanzen, 2006, § 3, Rn. 99 f.; *Friedrich Schoch*, DVBl. 2007, S. 261 (262).

284 *Barbara Remmert*, VerwArch 94 (2003), S. 459 (463 ff.); *Hans-Günter Henneke*, Der Landkreis 1994, S. 141 ff.; *ders.*, in: Hans-Günter Henneke/Hermann Pünder/Christian Waldhoff (Hrsg.), Recht der Kommunalfinanzen, 2006, § 4, Rn. 30 ff.; *Bodo Pieroth*, in: Hermann Butzer (Hrsg.), Organisation und Verfahren im sozialen Rechtsstaat, Festschrift für Friedrich E. Schnapp zum 70. Geburtstag, 2008, S. 213 (216); zur These, Art. 104a Abs. 1 GG sei auch im Verhältnis von Bund und Gemeinden sowie Gemeindeverbänden anwendbar, *Norbert Achterberg*, DVBl. 1970, S. 125 (128); *Edzard Schmidt-Jortzig*, DÖV 1981, S. 393 (395 f.); *Albert von Mutius/Hans-Günter Henneke*, Kommunale Finanzausstattung und Verfassungsrecht, 1985, S. 79 f.; *Thilo Marauhn*, in: Markus Hoffmann/Christian Kromberg/Verena Roth/Bodo Wiegand (Hrsg.), Kommunale Selbstverwaltung im Spiegel von Verfassungsrecht und Verwaltungsrecht, 1996, S. 71 (95 f.).

285 Zum Zustimmungserfordernis *Friedrich Schoch*, Der Landkreis, 2004, S. 367 (367); *Hans-Günter Henneke*, DVBl. 2006, S. 867 (868, 869).

286 Kritisch *Friedrich Schoch*, ZfJ 2003, S. 301 (304 ff.); *ders.*, NVwZ 2004, S. 1273 (1275 ff.); *ders.*, DVBl. 2007, S. 261 (262); *ders./Joachim Wieland*, Finanzierungsverantwortung für gesetzgeberisch veranlasste kommunale Aufgaben, 1995, S. 119 ff.; *dies.*, Kommunale Aufgabenträgerschaft nach dem Grundsicherungsgesetz, 2003, S. 110 ff.; *dies.*, Aufgabenzuständigkeit und Finanzierungsverantwortung verbesserter Kinderbetreuung, 2004, S. 76 ff.; *Barbara Remmert*, VerwArch 94 (2003), S. 459 (460 ff.); siehe auch *Daniel Thürer*, Bund und Gemeinden, 1986, S. 27 ff.

287 BVerfGE 22, 180 (210); 77, 288 (299); siehe auch BVerfGE 119, 331 (356) mit dem Hinweis, dass die Rüge einer Verletzung des Art. 84 Abs. 1 GG jedenfalls im Verfahren der kommunalen Verfassungsbeschwerde nicht möglich sei; kritisch dazu *Friedrich Schoch*, DVBl. 2008, S. 937 (941 f.); *Hubert Meyer*, NVwZ 2008, S. 275 (276); *Stefan Korioth*, DVBl. 2008, S. 812 (813 f.); *Klaus Ritgen*, NdsVBl. 2008, S. 185 (187 f.).

I. Art. 84 Abs. 1 S. 7, 85 Abs. 1 S. 2 GG als abwägungsresistente Rechtsregel

Das bundesverfassungsrechtliche Aufgabenübertragungsverbot soll vor diesem Hintergrund strikte, umfassende und ausnahmslose Wirkung entfalten.[288] Dem kann zunächst aus dogmatischer Perspektive nachgegangen werden: Angesichts des universellen Geltungsanspruchs des prinzipientheoretischen Deutungsansatzes sind nämlich auch Art. 84 Abs. 1 S. 7, 85 Abs. 1 S. 2 GG im System der kategorialen Unterscheidung zwischen Rechtsprinzipien und Rechtsregeln zu verorten. Die strikte Wirkung des bundesverfassungsrechtlichen Aufgabenübertragungsverbotes ließe sich aus dieser Perspektive nur begründen, sofern Art. 84 Abs. 1 S. 7, 85 Abs. 1 S. 2 GG als Rechtsregeln zu qualifizieren sind – nur dann wären sie nicht der Abwägung zugänglich und ihr Geltungsanspruch würde nur in diesem Fall keine Ausnahmen kennen.

Die Zuordnung der Art. 84 Abs. 1 S. 7, 85 Abs. 1 S. 2 GG entweder zu den Rechtsprinzipien oder aber zu den Rechtsregeln kann nun nicht pauschal auf die Qualifikation der kommunalen Finanzausstattung als Gegenstand des ausgestaltungsbedürftigen existentialen Gewährleistungselementes Bezug nehmen. Dies würde zum einen schon der systematischen Stellung der Art. 84 Abs. 1 S. 7, 85 Abs. 1 S. 2 GG und zum anderen auch der differenzierten Anwendung der Prinzipientheorie auf die unterschiedlichen Gewährleistungselemente des Art. 28 Abs. 2 GG nicht gerecht. Daher ist die kategoriale Unterscheidung zwischen Rechtsprinzipien und Rechtsregeln von neuem heranzuziehen und mit Blick auf Art. 84 Abs. 1 S. 7, 85 Abs. 1 S. 2 GG zur Anwendung zu bringen. Den Maßstab bildet auch insoweit die Frage, ob das bundesverfassungsrechtliche Aufgabenübertragungsverbot ausgestaltungsbedürftig ist oder seine Anwendung aufgrund verfassungsrechtlicher Vorbehalte Ausnahmen zulässt.[289]

Danach ist das bundesverfassungsrechtliche Aufgabenübertragungsverbot als Rechtsregel zu qualifizieren: Weder bedürfen Art. 84 Abs. 1 S. 7, 85 Abs. 1 S. 2 GG der legislativen Ausgestaltung, noch erlaubt das bundesverfassungsrechtliche Aufgabenübertragungsverbot Ausnahmen. Das bundesverfassungsrechtliche Aufgabenübertragungsverbot ist deshalb bei seiner Anwendung abwägungsresistent. Dementsprechend bestätigt sich letztlich auch die strikte Wirkung der Art. 84 Abs. 1 S. 7, 85 Abs. 1 S. 2 GG. Jede Befassung mit dem bundesverfassungsrechtlichen Aufgabenübertragungsverbot muss folglich zuvörderst die tatbestandliche Reichweite der Art. 84 Abs. 1 S. 7, 85 Abs. 1 S. 2 GG bestimmen. An diese tatbestandliche Reichweite knüpfen die Rechtsfolgen des bundesverfassungsrechtlichen Aufgabenübertragungsverbotes unmittelbar an

---

[288] BVerfGE 119, 331 (359 f.); dazu *Friedrich Schoch*, DVBl. 2007, S. 261 (263); *Armin Dittmann*, in: Michael Sachs (Hrsg.), GG-Komm., 6. Aufl. 2011, Art. 84, Rn. 13.

[289] Allgemein zu den normstrukturtheoretischen Erkennungszeichen von Rechtsprinzipien S. 118 ff.

– allein die tatbestandlichen Voraussetzungen determinieren mithin die Reichweite des bundesverfassungsrechtlichen Aufgabenübertragungsverbotes.

II. Das bundesverfassungsrechtliche Aufgabenübertragungsverbot in der Diskussion – Fragen und Problemstellungen

Die Bestimmung der tatbestandlichen Reichweite stößt allerdings – angesichts des schlichten[290] und zugleich unmissverständlichen[291] Wortlautes der Art. 84 Abs. 1 S. 7, 85 Abs. 1 S. 2 GG erstaunlicherweise – auf erhebliche Schwierigkeiten. Erhellende Beispiele für diese Probleme sind etwa[292] die Nichtausfertigung des Verbraucherinformationsgesetzes[293] sowie die Diskussion über die verfassungsrechtliche Zulässigkeit des § 133b SGB XII, der zusätzlich zu den Leistungen nach § 35 SGB XII eine einmalige Weihnachtsbeihilfe gewährte.[294] Vor allem drei Problemkomplexe lassen sich anhand dieser Beispiele identifizieren, nämlich erstens der Begriff der Aufgabenübertragung, zweitens die nachträgliche Änderung und Erweiterung vormals übertragener Aufgaben sowie drittens der Begriff des Bundesgesetzes.

Diese Problemkomplexe lassen sich wie folgt näher veranschaulichen: Vor allem systematische Bestandsaufnahmen nehmen hinsichtlich des Begriffs der Aufgabenübertragung auf einen allgemeinen Staatsaufgabenbegriff Bezug;[295] die Vorschriften etwa des Verbraucherinformationsgesetzes werden im Anschluss daran als unzulässige Aufgabenübertragung qualifiziert.[296] Nach abweichender Interpretation soll dagegen nicht jede bundesrechtliche Pflicht, sondern

---

290 *Hans-Heinrich Trute*, in: Christian Starck (Hrsg.), Föderalismusreform, 2007, Rn. 174; ferner *Edzard Schmidt-Jortzig*, ZG 2005, S. 16 (21).

291 *Friedrich Schoch*, DVBl. 2007, S. 261 (263).

292 Zum Bundesstatistikgesetz überdies *Jan Ziekow*, VerwAch 104 (2013), S. 529 (568 ff.).

293 BT-Drs. 16/3866; siehe auch *Stephanie Schiedermair*, DÖV 2007, S. 726 ff.; *Wolfram Försterling*, ZG 2007, S. 36 (40 ff.); *Bodo Pieroth*, in: Hermann Butzer (Hrsg.), Organisation und Verfahren im sozialen Rechtsstaat, Festschrift für Friedrich E. Schnapp zum 70. Geburtstag, 2008, S. 213 (214); ferner *Friedrich Schoch*, DVBl. 2007, S. 261 ff.

294 BT-Drs. 16/3989; dazu *Friedrich Schoch*, DVBl. 2007, S. 261 (265); *Hans-Günter Henneke*, NdsVBl. 2007, S. 57 (66 f.); *ders.*, ZG 2007, S. 21 ff.; *Bodo Pieroth*, in: Hermann Butzer (Hrsg.), Organisation und Verfahren im sozialen Rechtsstaat, Festschrift für Friedrich E. Schnapp zum 70. Geburtstag, 2008, S. 213 (214 f.).

295 *Friedrich Schoch*, DVBl. 2007, S. 261 (263).

296 *Friedrich Schoch*, DVBl. 2007, S. 261 (265 ff.); ferner *Klaas Engelken*, VBlBW 2008, S. 457 (459), der unaufwändige Nebenpflichten und verwaltungsinterne Tätigkeiten nicht als Aufgabe im Sinne der Art. 84 Abs. 1 S. 7, 85 Abs. 1 S. 2 GG qualifiziert, die Vorschriften des Verbraucherinformationsgesetzes aber dennoch wegen Verstoßes gegen das bundesverfassungsrechtliche Aufgabenübertragungsverbot für verfassungswidrig hält; siehe auch *Hans-Günter Henneke*, ZG 2007, S. 21 (32).

lediglich ein umfangreicher, dauerhaft zu erledigender Tätigkeitsbereich eine Aufgabe im Sinne der Art. 84 Abs. 1 S. 7, 85 Abs. 1 S. 2 GG sein.[297]

Fraglich ist ferner, ob auch Änderungen oder Erweiterungen der vor Inkrafttreten des bundesverfassungsrechtlichen Aufgabenübertragungsverbotes auf die Gemeinden und Gemeindeverbände übertragenen Aufgaben verfassungswidrig sind. Zentrale Bedeutung erlangt nach einer Auffassung insoweit der Gedanke einer Aufgabentranslokation: Das bundesverfassungsrechtliche Aufgabenübertragungsverbot wird lediglich als Verbot bundesgesetzlicher Zuständigkeitsregelungen verstanden. Aufgabenvermehrungen begründeten demgegenüber nicht die Anwendbarkeit des bundesverfassungsrechtlichen Aufgabenübertragungsverbotes[298] – weswegen diese Auffassung letztlich die – schon der überholten Rechtslage bekannte – Differenzierung zwischen der Übertragung qualitativ neuer Aufgaben und der quantitativen Mehrung bestehender Aufgaben aufgreift.[299] Die abweichende Ansicht verweist demgegenüber auf die Kostenfolgen auch von Aufgabenvermehrungen.[300] Die Unterscheidung von Aufgabenübertragung einerseits und Aufgabenvermehrung andererseits bleibe im Anwendungsbereich der Art. 84 Abs. 1 S. 7, 85 Abs. 1 S. 2 GG daher ohne Bedeutung, sodass auch Änderungen und Erweiterungen der den Gemeinden und Gemeindeverbänden schon vor Inkrafttreten der Föderalismusreform I übertragenen Aufgaben zukünftig untersagt seien.[301] Ohne Berücksichtigung der Kostenfolgen wird in diesem Zusammenhang aber auch auf die Unterscheidung

---

[297] *Thomas Groß*, in: Karl Heinrich Friauf/Wolfram Höfling (Hrsg.), Berliner Kommentar zum Grundgesetz, Art. 84 (2007), Rn. 22.

[298] *Klaas Engelken*, VBlBW 2008, S. 457 ff.; *Bodo Pieroth*, in: Hermann Butzer (Hrsg.), Organisation und Verfahren im sozialen Rechtsstaat, Festschrift für Friedrich E. Schnapp zum 70. Geburtstag, 2008, S. 213 (218, 221 f.); *ders.*, in: Hans D. Jarass/Bodo Pieroth, GG-Komm., 12. Aufl. 2012, Art. 84, Rn. 7a, der zudem auf den Umstand hinweist, dass der vom Deutschen Landkreistag im Gesetzgebungsverfahren formulierte Hinweis auf eine Schutzlücke des bundesverfassungsrechtlichen Aufgabenübertragungsverbotes nicht aufgegriffen worden sei.

[299] *Peter M. Huber*, DÖV 2008, S. 844 (849); *ders./Ferdinand Wollenschläger*, VerwArch 100 (2009), S. 305 (307 ff.); *Christian Zieglmeier*, NVwZ 2008, S. 270 (271); *Christian Maiwald*, in: Bruno Schmidt-Bleibtreu/Hans Hofmann/Axel Hopfauf (Hrsg.), GG-Komm., 12. Aufl. 2011, Art. 125a, Rn. 3; *Friedrich Schoch*, in: Hans-Günter Henneke (Hrsg.), Kommunale Selbstverwaltung in der Bewährung, 2013, S. 11 (19 f.); siehe auch BT-Drs., 16/3971, S. 7; BT-Drs. 16/3989, S. 2; ferner *Irene Kesper*, NdsVBl. 2006, S. 145 (154); ähnlich *Thomas Groß*, in: Karl Heinrich Friauf/Wolfram Höfling (Hrsg.), Berliner Kommentar zum Grundgesetz, Art. 84 (2007), Rn. 22, der jedoch lediglich wesentliche Aufgabenerweiterungen als Verstoß gegen das bundesverfassungsrechtliche Aufgabenübertragungsverbot qualifiziert; kritisch dazu *Klaas Engelken*, BayVBl. 2011, S. 65 (70 ff.).

[300] *Hans-Heinrich Trute*, in: Christian Starck (Hrsg.), Föderalismusreform, 2007, Rn. 177.

[301] *Hans-Günter Henneke*, NdsVBl. 2007, S. 57 (66); *ders.*, in: Bruno Schmidt-Bleibtreu/Hans Hofmann/Axel Hopfauf (Hrsg.), GG-Komm., 12. Aufl. 2011, Art. 84, Rn. 24 ff.; siehe auch *Janna Knitter*, Das Aufgabenübertragungsverbot des Art. 84 Abs. 1 S. 7 GG, 2008, S. 165 ff.; *dies.*, ZG 2009, S. 18 (24); *dies.*, NdsVBl. 2009, S. 73 (74).

zwischen dem „Ob" und dem „Wie" der Aufgabenwahrnehmung verwiesen.[302] Von den genannten Auffassungen weicht schließlich eine Konzeption ab, die den Problemzusammenhang der Aufgabenvermehrung allein im Anwendungsbereich des Übergangsrechts nach Art. 125a Abs. 1 S. 1 GG verortet:[303] Da Art. 125a Abs. 1 S. 1 GG im Gegensatz zu Art. 125a Abs. 2 GG die Änderungskompetenz des Bundes nicht betreffe, seien Aufgabenvermehrungen grundsätzlich im Verhältnis zwischen Bundesländern und Gemeinden sowie Gemeindeverbänden zu betrachten.[304]

Schließlich führt der von Art. 84 Abs. 1 S. 7, 85 Abs. 1 S. 2 GG vorausgesetzte Begriff des Bundesgesetzes zu einer schon im unmittelbaren Zusammenhang mit dem Inkrafttreten des bundesverfassungsrechtlichen Aufgabenübertragungsverbotes geführten Diskussion: Mit Blick auf die bundesgesetzliche Regelung der Bauleitplanung wurde die Frage aufgeworfen, ob die verfassungsunmittelbare Zuweisung des eigenen Wirkungskreises als Aufgabenübertragung im Sinne der Art. 84 Abs. 1 S. 7, 85 Abs. 1 S. 2 GG zu qualifizieren ist.[305] Einerseits wird insoweit vertreten, dass die Zuweisung der Angelegenheiten der örtlichen Gemeinschaft durch Art. 28 Abs. 2 GG lex specialis gegenüber Art. 84 Abs. 1 S. 7, 85 Abs. 1 S. 2 GG sei und das bundesverfassungsrechtliche Aufgabenübertragungsverbot auch nicht auf die einfachgesetzliche Übertragung solcher Aufgaben Anwendung finden könne.[306] Andererseits wird auf den Wortlaut der Art. 84 Abs. 1 S. 7, 85 Abs. 1 S. 2 GG verwiesen und festgestellt, dass das bundesverfassungsrechtliche Aufgabenübertragungsverbot ohne erkennbare Ausnahmen Anwendung finde.[307]

---

302 Siehe *Martin Burgi*, DVBl. 2007, S. 70 (77); ähnlich *Michael Germann*, in: Winfried Kluth (Hrsg.), Föderalismusreformgesetz, 2007, Art. 84, 85 GG, Rn. 116.

303 BVerfGE 119, 331 (359 f.); siehe aber auch *Armin Dittmann*, in: Michael Sachs (Hrsg.), GG-Komm., 6. Aufl. 2011, Art. 84, Rn. 13, der die Frage nach der Existenz eines Aufgabenerweiterungsverbotes grundsätzlich im Kontext des Übergangsrechts anspricht, Art. 84 Abs. 1 S. 7 GG aber zumindest dann als Aufgabenerweiterungsverbot interpretiert, „wenn die materiell-rechtliche Erweiterung bestehender Aufgaben diesen eine wesentlich andere Bedeutung und Tragweite verleiht und die Gemeinden und Gemeindeverbände entsprechend stärker administrativ und finanziell belastet".

304 *Friedrich Schoch*, DVBl. 2007, S. 261 (263 f.); ferner *Matthias Kallerhoff*, Die übergangsrechtliche Fortgeltung von Bundesrecht, 2010, S. 81 f.; *ders.*, DVBl. 2011, S. 6 (8 ff., 11), der allerdings Klarstellungen und Konkretisierungen, die Regelung sekundärer Rechtsfolgen der Verletzung bestehener Pflichten sowie die Festschreibung bereits aus höherrangigem Recht resultierender Pflichten aus dem Anwendungsbereich des Art. 125a Abs. 1 S. 1 GG ausschließt.

305 Dazu BT-Drs. 16/2069, S. 4, 13; BR-Drs. 651/06, S. 17.

306 *Albert Ingold*, DÖV 2010, S. 134 (136 ff.); *ders.*, DÖV 2010, S. 732 f.; ferner *Christian Maiwald*, in: Bruno Schmidt-Bleibtreu/Hans Hofmann/Axel Hopfauf (Hrsg.), GG-Komm., 12. Aufl. 2011, Art. 125a, Rn. 3.

307 *Matthias Kallerhoff*, DVBl. 2011, S. 6 (8); ferner *Hans-Heinrich Trute*, in: Christian Starck (Hrsg.), Föderalismusreform, 2007, Rn. 175; *Bodo Pieroth*, in: Hermann Butzer (Hrsg.), Organisation und Verfahren im sozialen Rechtsstaat, Festschrift für Friedrich E. Schnapp zum 70. Geburtstag, 2008, S. 213 (226 ff.); *ders.*, in: Hans D. Jarass/Bodo Pieroth,

III. Tatbestandliche Reichweite des bundesverfassungsrechtlichen Aufgabenübertragungsverbotes

Ausgehend von diesen Vorbemerkungen soll nachfolgend die tatbestandliche Reichweite des bundesverfassungsrechtlichen Aufgabenübertragungsverbotes systematisch entfaltet werden.

1. *Aufgabenübertragungen vor dem Inkrafttreten der Art. 84 Abs. 1 S. 7, 85 Abs. 1 S. 2 GG*

Zunächst ist dabei der zeitliche Geltungsanspruch zu klären. Der amtlichen Begründung[308] kann entnommen werden, dass Adressat für bundesgesetzliche Aufgabenübertragungen nach dem Inkrafttreten des bundesverfassungsrechtlichen Aufgabenübertragungsverbotes allein die Bundesländer sind und eine Aufgabenübertragung auf Gemeinden und Gemeindeverbände nur noch im Wege landesrechtlicher Regelungen erfolgen kann. Der zeitliche Anwendungsbereich des bundesverfassungsrechtlichen Aufgabenübertragungsverbotes wird daher eindeutig durch das Übergangsrecht des Art. 125a Abs. 1 S. 1 GG bestimmt: Da Art. 125a Abs. 1 GG für die auf der Grundlage der abgelösten Rechtslage erlassenen bundesrechtlichen Vorschriften die Fortgeltung anordnet und zugleich eine Ersetzungskompetenz der Bundesländer statuiert,[309] wirken die vor dem Inkrafttreten des bundesverfassungsrechtlichen Aufgabenübertragungsverbotes wirksam gewordenen Aufgabenübertragungen grundsätzlich fort.[310]

2. *Zum Begriff der Aufgabenübertragung*

Über den zeitlichen Anwendungsbereich hinaus muss die tatbestandliche Entfaltung der Art. 84 Abs. 1 S. 7, 85 Abs. 1 S. 2 GG den Problemzusammenhang der Aufgabenänderung und -erweiterung berücksichtigen.

GG-Komm., 12. Aufl. 2012, Art. 84, Rn. 7; *Georg Hermes*, in: Horst Dreier (Hrsg.), GG-Komm, Bd. III, 2. Aufl. 2008, Art. 84, Rn. 72; *Klaas Engelken*, VBlBW 2008, S. 457 (466).

[308] Eingehend zur Diskussion im Vorfeld der Föderalismusreform I sowie zur Entstehungsgeschichte *Hans-Günter Henneke*, NdsVbl. 2004, S. 250 (259 ff.); *ders.*, in: Hans-Günter Henneke/Hermann Pünder/Christian Waldhoff (Hrsg.), Recht der Kommunalfinanzen, 2006, § 4, Rn. 36 ff.; *ders.*, NdsVBl. 2007, S. 57 (58 ff.); siehe auch *Bodo Pieroth*, in: Hermann Butzer (Hrsg.), Organisation und Verfahren im sozialen Rechtsstaat, Festschrift für Friedrich E. Schnapp zum 70. Geburtstag, 2008, S. 213 (217 f.); ferner *Deutscher Bundestag/Bundesrat*, Zur Sache 1/2005, S. 77 ff.; *Karl-Peter Sommermann*, Bittburger Gespräche, Jahrbuch 2005/I, 2006, S. 59 ff.

[309] Dazu *Rupert Stettner*, in: Horst Dreier (Hrsg.), GG-Komm., Bd. III, 2. Aufl. 2008, Art. 125a, Rn. 8 ff.

[310] *Christian Zieglmeier*, NVwZ 2008, S. 270 (271).

a) Relevanz des Aufgabenbegriffs

Insoweit sieht sich jede Annäherung an das bundesverfassungsrechtliche Aufgabenübertragungsverbot allerdings damit konfrontiert, dass Art. 84 Abs. 1 S. 7, 85 Abs. 1 S. 2 GG auf einen allgemeinen Aufgabenbegriff Bezug nehmen, der grundsätzlich die Schaffung eines umfangreichen und dauerhaft zu erledigenden Tätigkeitsbereiches betrifft.[311] Dennoch bestehende Unsicherheiten der Aufgabendefinition werden dadurch auch auf den Anwendungsbereich der Art. 84 Abs. 1 S. 7, 85 Abs. 1 S. 2 GG übertragen[312] und schlagen sich insbesondere in der Diskussion über die Existenz eines bundesverfassungsrechtlichen Verbotes von Aufgabenänderungen und -erweiterungen nieder: Mit Blick auf den allgemeinen Aufgabenbegriff lässt sich diese schon vorab in groben Zügen skizzierte Diskussion hier präzisierend nochmals wie folgt zusammenfassen: Unabhängig von der Frage, ob eine Aufgabe gleichsam von Null aus übertragen wird oder eine Teilzuständigkeit schon vorhanden war, schlägt ein Deutungsansatz im Anschluss an den allgemeinen Aufgabenbegriff eine Unterscheidung zwischen dem „Ob“ und dem „Wie“ der Aufgabenwahrnehmung vor. Danach soll lediglich die Veränderung bundesgesetzlicher Regelungen, die nicht die Zuständigkeit betreffen, sondern die Handlungsformen der Aufgabenerledigung, die zum Einsatz gebrachten Instrumente, die anwendbaren Verfahrensgrundsätze sowie die materiell-rechtlichen Standards[313] zum Gegenstand haben, nicht verfassungswidrig sein.[314] Der allgemeine Aufgabenbegriff bildet indes auch die Grundlage einer abweichenden Interpretation: Jede inhaltliche und namentlich kostenwirksame Änderung und Erweiterung von Aufgaben soll danach die An-

---

[311] Allgemein *Susanne Baer*, in: Wolfgang Hoffmann-Riem/Eberhard Schmidt-Aßmann/Andreas Voßkuhle (Hrsg.), Grundlagen des Verwaltungsrechts, Bd. I, 2. Aufl. 2012, § 11, Rn. 11; ferner *Matthias Kallerhoff*, DVBl. 2011, S. 6 (7), der auf die Durchführung eines eigenständigen Verwaltungsverfahrens verweist, das seinen Abschluss im Erlass eines Verwaltungsaktes findet und der Ausführung materieller Neuschöpfungen des Bundesrechts dient; schließlich *Friedrich Schoch*, in: Hans-Günter Henneke (Hrsg.), Kommunale Selbstverwaltung in der Bewährung, 2013, S. 11 (17), der verwaltungsinterne Tätigkeiten nicht dem Aufgabenbegriff zuordnet.

[312] Siehe *Janna Knitter*, ZG 2009, S. 18 (23 f.); *dies.*, NdsVBl. 2009, S. 73 (74), die in Anknüpfung an den Schutzzweck der Art. 84 Abs. 1 S. 7, 85 Abs. 1 S. 2 GG bei der Interpretation des bundesverfassungsrechtlichen Aufgabenübertragugsverbotes unterschiedliche Aufgabenbegriffe heranziehen will und für unerheblich erklärt, ob die Sachkompetenz der Gemeinden und Gemeindeverbände verändert werde.

[313] Anders *Hans-Günter Henneke*, in: Bruno Schmidt-Bleibtreu/Hans Hofmann/Axel Hopfauf (Hrsg.), GG-Komm., 12. Aufl. 2011, Art. 84, Rn. 25; wohl auch *Michael Germann*, in: Winfried Kluth (Hrsg.), Föderalismusreformgesetz, 2007, Art. 84, 85 GG, Rn. 123, der dem bundesverfassungsrechtlichen Aufgabenübertragungsverbot attestiert, „quer zur Grenze zwischen formellrechtlichen Regelungen im Sinne des Art. 84 Abs. 1 GG einerseits und materiellrechtlichen Regelungen auf der Grundlage einer Sachkompetenz des Bundes andererseits“ zu verlaufen.

[314] *Martin Burgi*, DVBl. 2007, S. 70 (77).

wendbarkeit des bundesverfassungsrechtlichen Aufgabenübertragungsverbotes begründen.[315]

Im Ergebnis erweist sich die zuletzt genannte Auffassung als nicht tragfähig. Nach dem allgemeinen Aufgabenbegriff kann dem bundesverfassungsrechtlichen Aufgabenübertragungsverbot ein Aufgabenänderungs- und -erweiterungsverbot nämlich nicht abgewonnen werden. Dies ergibt sich daraus, dass ein Verbot der Übertragung von Aufgaben lediglich Vorschriften betreffen kann, die eine Zuständigkeit der Gemeinden oder Gemeindeverbände begründen. Über den Inhalt der zugewiesenen Aufgaben trifft das bundesverfassungsrechtliche Aufgabenübertragungsverbot demgegenüber keine Aussage.[316] Eine Unterscheidung von Aufgabenzuweisungs- und Aufgabenbestimmungsnormen[317] wird damit zum tragenden Auslegungsmerkmal des bundesverfassungsrechtlichen Aufgabenübertragungsverbotes. Dieser Sichtweise können die negativen Kostenfolgen auch von Aufgabenänderungen und -erweiterungen nicht entgegen gehalten werden.[318] Damit würde nämlich die Bedeutung des allgemeinen Aufgabenbegriffs verkannt. Auch die Differenzierung zwischen der Übertragung qualitativ neuer Aufgaben und der quantitativen Vermehrung bestehender Aufgaben bleibt demzufolge ohne Bedeutung:[319] Normiert die Rechtslage vor Inkrafttreten des bundesverfassungsrechtlichen Aufgabenübertragungsverbotes eine die Zuständigkeit der Gemeinden und Gemeindeverbände begründende Aufgabenübertragung, die im Wege der einfachgesetzlichen Auslegung auch auf eine qualitativ neue Aufgabe zu erstrecken ist, liegt eine Verletzung des bundesverfassungsrechtlichen Aufgabenübertragungsverbotes nicht vor.

b) Bundesverfassungsrechtliches Aufgabenvermehrungsverbot?

aa) Landesverfassungsrechtliche Konnexitätsprinzipien als Auslegungshilfen?

Ungeachtet dieser Schlussfolgerungen aus dem allgemeinen Aufgabenbegriff wird dennoch versucht, ein bundesverfassungsrechtliches Aufgabenvermehrungsverbot zu begründen. Dieser Versuch nimmt im Wesentlichen auf die

---

[315] *Hans-Günter Henneke*, NdsVBl. 2006, S. 158 (162); *ders.*, NdsVBl. 2007, S. 57 (66); *ders.*, ZG 2007, S. 21 (28 ff.); *ders.*, NdsVBl. 2008, S. 1 (4); *ders.*, in: Bruno Schmidt-Bleibtreu/Hans Hofmann/Axel Hopfauf (Hrsg.), GG-Komm., 12. Aufl. 2011, Art. 84, Rn. 24 ff.; ähnlich *Michael Nierhaus/Sonja Rademacher*, LKV 2006, S. 385 (393); *Janna Knitter*, ZG 2009, S. 18 (26 ff.); anders wohl noch *Hans-Günter Henneke*, DVBl. 2006, S. 867 (869).

[316] *Bodo Pieroth*, in: Hermann Butzer (Hrsg.), Organisation und Verfahren im sozialen Rechtsstaat, Festschrift für Friedrich E. Schnapp zum 70. Geburtstag, 2008, S. 213 (221); *Andreas Meßmann*, DÖV 2010, S. 726 (726 f.); ferner *Friedrich Schoch*, in: Hans-Günter Henneke (Hrsg.), Kommunale Selbstverwaltung in der Bewährung, 2013, S. 11 (17).

[317] Zur Terminologie *Andreas Meßmann*, DÖV 2010, S. 726 ff.

[318] *Andreas Meßmann*, DÖV 2010, S. 726 (728).

[319] *Andreas Meßmann*, DÖV 2010, S. 726 (728).

Funktion des bundesverfassungsrechtlichen Aufgabenübertragungsverbotes Bezug, wonach ein allgemeines Durchgriffsverbot ausnahmslose Geltung[320] beanspruche. Ein bundesverfassungsrechtliches Aufgabenvermehrungsverbot wird ferner durch einen Vergleich mit solchen Regelungen zu begründen versucht, die am Maßstab landesverfassungsrechtlicher Konnexitätsprinzipien Ausgleichspflichten auslösen würden.[321] Art. 84 Abs. 1 S. 7, 85 Abs. 1 S. 2 GG verbieten danach die Verpflichtung zur Wahrnehmung von Selbstverwaltungsaufgaben, die Veränderung materieller Standards sowie die Verpflichtung der Gemeinden und Gemeindeverbände auf bundesrechtlich normierte organisationsrechtliche Vorkehrungen.[322]

Beide Argumente können indes nicht überzeugen. Schon die Funktionen der Art. 84 Abs. 1 S. 7, 85 Abs. 1 S. 2 GG können nicht zur Begründung eines Aufgabenvermehrungsverbotes herangezogen werden: Mit Hilfe der Wirkungsintensität des bundesverfassungsrechtlichen Aufgabenübertragungsverbotes lässt sich die tatbestandliche Reichweite der Art. 84 Abs. 1 S. 7, 85 Abs. 1 S. 2 GG nicht entfalten – erst im Anschluss an die Bestimmung dieser Reichweite kann die Wirkungsintensität des bundesverfassungsrechtlichen Aufgabenübertragungsverbotes ermittelt werden. Der Bezugnahme auf die Reichweite landesverfassungsrechtlicher Konnexitätsprinzipien steht des Weiteren deren föderale Uneinheitlichkeit entgegen; zudem fehlen aufgrund der divergierenden Systementscheidungen Gemeinsamkeiten.[323] Überdies ist auch im Kontext landesverfassungsrechtlicher Konnexitätsprinzipien die Unterscheidung zwischen Aufgabenübertragungen und Aufgabenvermehrungen umstritten: Sofern landesverfassungsrechtliche Vorgaben fehlen – Art. 78 Abs. 3 der Verfassung des Landes Nordrhein-Westfalen benennt beispielsweise auch die Veränderung bestehender und übertragbarer Aufgaben als Anwendungsfall des nordrhein-west-

---

[320] BVerfGE 119, 331 (359); ferner *Friedrich Schoch*, DVBl. 2007, S. 261 (263); *Joachim Wieland*, in: Hans-Günter Henneke (Hrsg.), Kommunen in den Föderalismusreformen I und II, 2008, S. 9 (18).

[321] *Michael Germann*, in: Winfried Kluth (Hrsg.), Föderalismusreformgesetz, 2007, Art. 84, 85 GG, Rn. 113 ff.; *Norbert Röttgen/Henner Jörg Boehl*, in: Rainer Holtschneider/Walter Schön (Hrsg.), Die Reform des Bundesstaates, 2007, S. 17 (24); siehe auch *Hans-Günter Henneke*, NdsVBl. 2007, S. 57 (65); *dens.*, NdsVBl. 2008, S. 1 (4); *dens.*, in: Bruno Schmidt-Bleibtreu/Hans Hofmann/Axel Hopfauf (Hrsg.), GG-Komm., 12. Aufl. 2011, Art. 84, Rn. 28.

[322] Siehe aber *Michael Germann*, in: Winfried Kluth (Hrsg.), Föderalismusreformgesetz, 2007, Art. 84, 85 GG, Rn. 117.

[323] Zum Vorschlag eines bundesverfassungsrechtlichen Konnexitätsprinzips nochmals *Christean Wagner/Dagmar Rechenbach*, ZRP 2003, S. 308 ff.; ferner *Stefan Mückl*, in: Hans-Günter Henneke/Hermann Pünder/Christian Waldhoff (Hrsg.), Recht der Kommunalfinanzen, 2006, § 3, Rn. 100.

fälischen Konnexitätsprinzips[324] –, lässt die Landesverfassungsgerichtsbarkeit eine einheitliche Judikatur vermissen.[325]

bb) Art. 84 Abs. 1 S. 7, 85 Abs. 1 S. 2 GG als kompetenzrechtliche Gewährleistungen

Darüber hinaus können auch teleologische Argumente, nach denen landesrechtliche Regelungen zur Kommunalisierung staatlicher Aufgaben gegenüber bundesrechtlichen Einflussnahmen abzuschirmen seien, ein bundesverfassungsrechtliches Aufgabenvermehrungsverbot nicht begründen.[326] Die Verfassungsänderung wurde zwar damit begründet, dass Adressaten für Aufgabenübertragungen durch den Bund zukünftig allein die Länder seien und dementsprechend die Kommunalisierung der betreffenden Aufgaben den Vorgaben des Landesverfassungsrechts genügen müsse.[327] Dass dadurch ein kommunalspezifischer und lückenloser Schutz durch das Zusammenspiel von bundesverfassungsgerichtlichem Aufgabenübertragungsverbot und landesverfassungsrechtlichen Konnexitätsprinzipien erreicht werden sollte, ist allerdings nicht erkennbar. Vielmehr sind die Vorschriften der Art. 84 Abs. 1 S. 7, 85 Abs. 1 S. 2 GG allein als Äquivalent des zweistufigen Staatsaufbaus zu verstehen:[328] Die Übertragung von Aufgaben auf die Gemeinden und Gemeindeverbände obliegt nunmehr ausschließlich den Ländern.

Die Aufgabenwahrnehmung bleibt demgegenüber nicht vollumfänglich von bundesgesetzlichen Einflussnahmen verschont. Die Ausübung seiner materiellen Gesetzgebungskompetenzen muss dem Bund nämlich auch nach dem In-

[324] Siehe dazu *Alexander Schink*, NWVBl. 2005, S. 85 (87 f.); ferner *René Laier/Ralph Zimmermann*, SächsVBl. 2007, S. 149 (152); mit Blick auf Art. 83 der Verfassung des Freistaates Bayern *Heinrich Amadeus Wolff*, BayVBl. 2004, S. 129 (130); *Knut Engelbrecht*, BayVBl. 2007, S. 164 ff.

[325] Dazu Verfassungsgericht Brandenburg, DÖV 1998, S. 336 (336 f.); Verfassungsgericht Brandenburg, LKV 2002, S. 323 (324); Verfassungsgericht Brandenburg, NVwZ-RR 2009, S. 185 (186) einerseits und Staatsgerichtshof Baden-Württemberg, DVBl. 1999, S. 1351 (1353) andererseits; zum Ganzen *Paul Schumacher*, LKV 2000, S. 98 (100 f.); *Benno Kaplonek*, LKV 2004, S. 150 ff.; *Hans-Günter Henneke*, in: Hans-Günter Henneke/Hermann Pünder/Christian Waldhoff (Hrsg.), Recht der Kommunalfinanzen, 2006, § 24, Rn. 61 ff.; *Friedrich Schoch*, VBlBW 2006, S. 122 ff.; *René Laier/Ralph Zimmermann*, SächsVBl. 2007, S. 149 (151 ff.); *Günther Macht/André Scharrer*, DVBl. 2008, S. 1150 (1152); *Klaas Engelken*, Das Konnexitätsprinzip im Landesverfassungsrecht, 2009, S. 43.

[326] *Hans-Günter Henneke*, DVBl. 2006, S. 867 (867 f.); *Norbert Röttgen/Henner Jörg Boehl*, in: Rainer Holtschneider/Walter Schön (Hrsg.), Die Reform des Bundesstaates, 2007, S. 17 (31); *Friedrich Schoch*, DVBl. 2007, S. 261 (263); *Michael Germann*, in: Winfried Kluth (Hrsg.), Föderalismusreformgesetz, 2007, Art. 84, 85 GG, Rn. 106.

[327] BT-Drs. 16/813, S. 15; dazu *Michael Germann*, in: Winfried Kluth (Hrsg.), Föderalismusreformgesetz, 2007, Art. 84, 85 GG, Rn. 107.

[328] *Friedrich Schoch*, DVBl. 2007, S. 261 (262, 263); ferner *Hans-Günter Henneke*, DVBl. 2006, S. 867 ff.; *ders.*, NdsVBl. 2008, S. 1 (4); *Martin Burgi*, DVBl. 2007, S. 70 (76); ähnlich *Stefan Korioth*, NVwZ 2005, S. 503 (508); *Jan Ziekow*, DÖV 2006, S. 489 (490).

krafttreten des bundesverfassungsrechtlichen Aufgabenübertragungsverbotes möglich bleiben. Dem kann nicht entgegen gehalten werden, dass das Verbot der Übertragung von Aufgaben nicht der Ausübung von Sachkompetenzen entgegenstehe.[329] Dies würde nämlich voraussetzen, dass jede Modifizierung bundesrechtlicher Vorgaben für die kommunale Aufgabenwahrnehmung nicht nur mit der Beseitigung bundesrechtlicher Aufgabenübertragungen, sondern vielmehr auch mit einer landesrechtlichen Ersetzung solcher Zuständigkeitsregelungen einhergeht – nur in diesem Fall könnten die Sachkompetenzen des Bundes weiter ausgeübt werden. Dass Modifikationen bundesrechtlicher Vorschriften nun tatsächlich mit der Streichung bundesrechtlicher Aufgabenübertragungen verbunden[330] und folglich die genannten Voraussetzungen in der Gesetzgebungspraxis gerade geschaffen wurden, vermag nicht über die Gefahr hinwegzutäuschen, dass der Bund zukünftig von der Ausübung seiner Sachkompetenz Abstand nehmen muss.[331]

Darüber hinaus sind Probleme bei der Anwendung des Übergangsrechts zu berücksichtigen: Zwar stößt die Streichung bundesrechtlicher Aufgabenübertragungen auch in Anbetracht der Vorschrift des Art. 125a Abs. 1 S. 2 GG nicht auf durchgreifende kompetenzielle Bedenken,[332] sofern in Anlehnung an die Interpretation des Art. 125a Abs. 1 GG a. F. auch im Kontext des Art. 125a Abs. 1 GG n. F. eine Kompetenz des Bundesgesetzgebers zur Anpassung fortgeltenden Bundesrechts angenommen wird.[333] Gleichwohl ist ein entsprechendes Vorgehen mit der spezifischen Herausforderung verknüpft, dass die Beteiligung des Bundesrates an der Gesetzgebung des Bundes eine Streichung bundesgesetzlicher Vorschriften verhindern könnte, sollten die Länder darauf bedacht sein, landesverfassungsrechtliche Konnexitätsprinzipien nicht zur Anwendung gelangen zu lassen.[334] Der Streit um die Umsetzung des Kinderförderungsgesetzes in Nordrhein-Westfalen hat dies plastisch vor Augen geführt: Nachdem eine Streichung der Zuständigkeitsregelung in § 69 SGB VIII a. F. nicht verhindert werden konnte, war der nordrhein-westfälische Gesetzgeber bemüht, die landesrechtliche Zuständigkeitsregelung wenigstens noch vor dem Außerkrafttreten der bundesrechtlichen Regelung zu normieren. Auf diese Weise sollte die

[329] *Hans-Günter Henneke*, NdsVBl. 2005, S. 201 (206); *ders.*, NdsVBl. 2007, S. 57 (66); *ders.*, NdsVBl. 2008, S. 1 (3 ff.).

[330] Zu den Änderungen des SGB VIII insoweit *Peter M. Huber/Ferdinand Wollenschläger*, VerwArch 100 (2009), S. 305 ff.; *Janna Knitter*, ZG 2009, S. 18 ff.; ferner BT-Drs. 16/10173, S. 10 f.; allgemein *Günther Macht/André Scharrer*, DVBl. 2008, S. 1150 (1151); *Klaas Engelken*, Das Konnexitätsprinzip im Landesverfassungsrecht, 2009, S. 52.

[331] *Peter M. Huber*, DÖV 2008, S. 844 (849).

[332] *Matthias Kallerhoff*, DVBl. 2011, S. 6 (12 f.); anders wohl *Günther Macht/André Scharrer*, DVBl. 2008, S. 1150 (1151).

[333] Eingehend zu Art. 125a Abs. 1 GG a. F. BVerfGE 111, 10 (31); 111, 226 (269); 112, 226 (250); ferner *Arndt Uhle*, in: Theodor Maunz/Günter Dürig (Begr.), Grundgesetz, Art. 125a (2006), Rn. 27 f.

[334] *Peter M. Huber/Ferdinand Wollenschläger*, VerwArch 100 (2009), S. 305 (308).

Konnexitätsrelevanz der landesrechtlichen Regelung verhindert werden; dem ist der Landesverfassungsgerichtshof für das Land Nordrhein-Westfalen allerdings nicht gefolgt.[335] Das sichtbar werdende Konfliktpotential wird überdies durch die ebenfalls im Zuge der Föderalismusreform geänderte Vorschrift des Art. 104a Abs. 4 GG gesteigert,[336] die im Interesse der Stärkung der Position der Länder einen Zustimmungstatbestand für Bundesgesetze mit Kostenfolgen vorsieht:[337] Die kumulierte Anwendung der Art. 84 Abs. 1 S. 7, 85 Abs. 1 S. 2, 125a Abs. 1 GG sowie Art. 104a Abs. 4 GG begründet die Gefahr, dass der Bundesgesetzgeber nicht nur Abstand von der Ausübung seiner Sachkompetenzen nimmt, sondern an ihrer Ausübung auch gehindert wird. Diese Gefahr lässt sich nur dadurch vermeiden, dass Art. 84 Abs. 1 S. 7, 85 Abs. 1 S. 2 GG insoweit zu Lasten der Gemeinden und Gemeindeverbände ausgelegt werden und ein bundesverfassungsrechtliches Aufgabenvermehrungsverbot nicht begründen.

c) Art. 125 Abs. 1 GG und Aufgabenänderungen und -erweiterungen

Kann das bundesverfassungsrechtliche Aufgabenübertragungsverbot somit nicht als Aufgabenvermehrungsverbot interpretiert werden, ist schließlich die – über die bisherigen Erwägungen hinausgehende – Bedeutung des Art. 125a Abs. 1 GG für den Problemzusammenhang der Aufgabenvermehrung zu beleuchten.[338] Art. 125a Abs. 1 GG könnte nämlich zunächst selbst als Aufgabenvermehrungsverbot verstanden werden: Art. 125a Abs. 1 S. 2 GG sieht eine ausdrückliche Ersetzungskompetenz zugunsten der Landesgesetzgeber vor.[339] Fallen sowohl die Sachkompetenz als auch die Kompetenz zur Aufgabenübertragung in den Zuständigkeitsbereich der Länder, würde ein Aufgabenvermehrungsverbot lediglich die kompetenzrechtliche Systematik des Art. 125 Abs. 1 GG widerspiegeln; auch die Gefahr, dass der Bundesgesetzgeber an der Ausübung seiner Gesetzgebungskompetenzen gehindert wird, bestünde in diesem Fall nicht.[340]

---

[335] Verfassungsgerichtshof für das Land Nordrhein-Westfalen, DVBl. 2010, S. 1561 ff.; siehe dazu auch *Friedrich Schoch*, in: Hans-Günter Henneke (Hrsg.), Kommunale Selbstverwaltung in der Bewährung, 2013, S. 11 (21 ff.).

[336] *Hans-Günter Henneke*, DVBl. 2006, S. 867 (869).

[337] *Hans-Günter Henneke*, NdsVBl. 2008, S. 1 (6 ff.).

[338] Fehl geht zunächst die These, dass die nach Art. 125a Abs. 1 GG fortgeltenden Zuständigkeitsnormen nicht dynamisch auf das jeweilige materielle Recht verwiesen und dementsprechend jede Aufgabenvermehrung als Aufgabenübertragung zu qualifizieren sei, siehe dazu aber *Hans Günter Henneke*, NdsVBl. 2007, S. 57 (67); *dens.*, ZG 2007, S. 21 (33); diese Auffassung lässt sich mit Art. 125a Abs. 1 GG nicht vereinbaren, siehe *Bodo Pieroth*, in: Hermann Butzer (Hrsg.), Organisation und Verfahren im sozialen Rechtsstaat, Festschrift für Friedrich E. Schnapp zum 70. Geburtstag, 2008, S. 213 (223 f.); *Klaas Engelken*, VBlBW 2008, S. 457 (461 f.).

[339] *Friedrich Schoch*, DVBl. 2007, S. 261 (264).

[340] *Friedrich Schoch*, DVBl. 2007, S. 261 (264 f.); ferner *Christoph Degenhart*, in: Michael Sachs (Hrsg.), GG-Komm., 6. Aufl. 2011, Art. 125a, Rn. 7; anders wohl *Matthias Kallerhoff*,

Mit Blick auf Art. 125a Abs. 1 GG ist aber zu berücksichtigen, dass die Sachkompetenz und die Kompetenz zur Aufgabenübertragung auch auseinanderfallen können. Der Begründung eines Aufgabenvermehrungsverbotes mit Hilfe des Art. 125a Abs. 1 GG steht dann entgegen, dass auch im Hinblick auf die Aufgabenwahrnehmung durch Gemeinden und Gemeindeverbände die Sachkompetenz dem Bund obliegt, während die Kompetenz zur Aufgabenübertragung vor dem Hintergrund der Art. 84 Abs. 1 S. 7, 85 Abs. 1 S. 2, 125a Abs. 1 GG ausschließlich den Ländern zusteht.[341] Dadurch würde gerade die Gefahr, dass der Bundesgesetzgeber an der Ausübung seiner Gesetzgebungskompetenzen gehindert wird, realisiert – die Begründung eines Aufgabenvermehrungsverbotes kann folglich auch im Kontext des Art. 125a Abs. 1 GG nicht überzeugen.

3. *„Änderung" und „Ersetzung" als Maßstäbe des Art. 125a Abs. 1 GG*

Während ein bundesverfassungsrechtliches Aufgabenvermehrungsverbot nicht überzeugend hergeleitet werden kann, ist im Kontext des Begriffs der Aufgabenübertragung das Übergangsrecht des Art. 125a Abs. 1 GG noch aus einer ganz anderen Perspektive in den Blick zu nehmen: Es wird nämlich der Versuch unternommen, die im Anwendungsbereich des Art. 125a Abs. 2 GG entwickelten Maßstäbe auf Art. 125a Abs. 1 GG zu übertragen und auf diese Weise eine grundsätzlich bejahte Aufgabenänderungs- und -erweiterungskompetenz des Bundesgesetzgebers zu begrenzen.[342] Art. 125a Abs. 2 GG regelt die „Änderung" bundesgesetzlicher Vorschriften, die sich von einer „Ersetzung" dadurch unterscheidet, dass lediglich einzelne bundesrechtliche Vorschriften modifiziert werden dürfen.[343] Dementsprechend soll auch die Kompetenz des Bundesgesetzgebers nach Art. 125a Abs. 1 GG auf „Änderungen" in diesem Sinne beschränkt sein. Eine Übertragung der Maßstäbe des Art. 125a Abs. 2 GG auf Art. 125a Abs. 1 GG würde allerdings die Gesetzgebungskompetenzen des Bundes ebenfalls einschränken:[344] Art. 125a Abs. 1 GG statuiert lediglich eine

---

DVBl. 2011, S. 6 (9), der Änderungen einzelner Vorschriften im Versammlungs- oder Gaststättenrecht für sinnvoll und angezeigt hält.

[341] *Friedrich Schoch*, DVBl. 2007, S. 261 (264f.); *ders.*, in: Hans-Günter Henneke (Hrsg.), Kommunale Selbstverwaltung in der Bewährung, 2013, S. 11 (25ff.); ähnlich *Hans-Günter Henneke*, NdsVBl. 2007, S. 57 (66); anders *Matthias Kallerhoff*, DVBl. 2011, S. 6 (9ff.), der aus teleologischer Perspektive auf die negativen Kostenfolgen für Gemeinden und Gemeindeverbände verweist, die den Bund an einer Nutzbarmachung bestehender Aufgabenzuweisungsnormen hindern und die Länder – die an der Regelung von Aufgabenbestimmungsnormen im Wege des Art. 104a Abs. 4 GG beteiligt sind – zum Erlass entsprechender Aufgabenzuweisungsnormen anhalten sollen.

[342] Siehe *Friedrich Schoch*, DVBl. 2007, S. 261 (265); *dens.*, in: Hans-Günter Henneke (Hrsg.), Kommunale Selbstverwaltung in der Bewährung, 2013, S. 11 (27); *Janna Knitter*, ZG 2009, S. 18 (20ff.).

[343] BVerfGE 111, 10 (29ff.).

[344] So aber *Matthias Kallerhoff*, DVBl. 2011, S. 6 (9); kritisch *Bodo Pieroth*, in: Hermann

Ersetzungsbefugnis der Bundesländer im Bereich der Kompetenz zur Aufgabenübertragung und lässt die Ausübung der Sachkompetenzen unberührt.[345] Die versuchte Begrenzung der Aufgabenänderungs- und -erweiterungskompetenz des Bundesgesetzgebers überzeugt dementsprechend nicht.

4. *Bundesverfassungsrechtliches Aufgabenübertragungsverbot und Selbstverwaltungsaufgaben*

Zum Abschluss der tatbestandlichen Entfaltung der Art. 84 Abs. 1 S. 7, 85 Abs. 1 S. 2 GG soll nunmehr noch die Bedeutung des bundesverfassungsrechtlichen Aufgabenübertragungsverbotes für Selbstverwaltungsaufgaben im Sinne des Art. 28 Abs. 2 GG beleuchtet werden. Auch diesbezüglich steht zunächst fest, dass eine Aufgabenvermehrung verfassungsrechtlich nicht untersagt ist.[346] Gleiches gilt – jedenfalls unter Berücksichtigung der im Anwendungsbereich landesverfassungsrechtlicher Konnexitätsprinzipien entwickelten Maßstäbe[347] – für eine deklaratorische Feststellung der Zuständigkeit der Gemeinden und Gemeindeverbände: Unabhängig von den divergierenden Systementscheidungen ist die im Anwendungsbereich landesverfassungsrechtlicher Konnexitätsprinzipien betonte Notwendigkeit einer Handlungsverpflichtung[348] und die fehlende Beeinträchtigung der kommunalen Aufgabenwahrnehmung durch deklaratorische Aufgabenübertragungen[349] maßstabbildend auch für Art. 84 Abs. 1 S. 7, 85 Abs. 1 S. 2 GG.[350]

Butzer (Hrsg.), Organisation und Verfahren im sozialen Rechtsstaat, Festschrift für Friedrich E. Schnapp zum 70. Geburtstag, 2008, S. 213 (223), der Art. 125a Abs. 2 GG und Art. 125a Abs. 1 GG nicht für vergleichbar hält.

[345] *Bodo Pieroth*, in: Hermann Butzer (Hrsg.), Organisation und Verfahren im sozialen Rechtsstaat, Festschrift für Friedrich E. Schnapp zum 70. Geburtstag, 2008, S. 213 (222); *Andreas Meßmann*, DÖV 2010, S. 726 (728).

[346] Anders wohl *Georg Hermes*, in: Horst Dreier (Hrsg.), GG-Komm., Bd. III, 2. Aufl. 2008, Art. 84, Rn. 72.

[347] Siehe etwa Landesverfassungsgericht Sachsen-Anhalt, DVBl. 2004, S. 434 (435).

[348] *Knut Engelbrecht*, BayVBl. 2007, S. 164 (165 f.); *Christian Zieglmeier*, NVwZ 2008, S. 270 (272).

[349] *Jan Ziekow*, DÖV 2006, S. 489 (492).

[350] Siehe *Bodo Pieroth*, in: Hermann Butzer (Hrsg.), Organisation und Verfahren im sozialen Rechtsstaat, Festschrift für Friedrich E. Schnapp zum 70. Geburtstag, 2008, S. 213 (227), der ebenfalls den im Kontext landesverfassungsrechtlicher Konnexitätsprinzipien entwickelten Argumentationsgang heranzieht; kritisch zu dieser Argumentation *Klaas Engelken*, VBlBW 2008, S. 457 (465), der auch Aufgabenverlagerungen innerhalb bundesgesetzlicher Regelungskomplexe sowie die Novation bundesgesetzlicher Vorschriften dem Aufgabenübertragungsverbot der Art. 84 Abs. 1 S. 7, 85 Abs. 1 S. 2 GG unterwirft und allein die Neubekanntmachung bundesgesetzlicher Vorschriften nicht dem Verdikt der Verfassungswidrigkeit zuführt; *ders.*, Das Konnexitätsprinzip im Landesverfassungsrecht, 2009, S. 42 f., 59 f. verneint aber die Anwendbarkeit landesverfassungsrechtlicher Konnexitätsprinzipien auf entsprechende Beispielsfälle im Landesrecht, da es an einer Mehrbelastung fehle; zum Ganzen *Andreas Meßmann*, DÖV 2010, S. 726 (729 f.), der Art. 28 Abs. 2 GG nur als Zuständig-

a) Beschneidung kommunaler Entscheidungsspielräume

Damit bleibt mit Blick auf Art. 28 Abs. 2 GG allein die Frage zu beantworten, ob bundesrechtliche Verpflichtungen zur Wahrnehmung freiwilliger Selbstverwaltungsangelegenheiten[351] durch das bundesverfassungsrechtliche Aufgabenübertragungsverbot ausgeschlossen werden.[352] Der Wortlaut der Art. 84 Abs. 1 S. 7, 85 Abs. 1 S. 2 GG – obwohl die Entstehungsgeschichte der Art. 84 Abs. 1 S. 7, 85 Abs. 1 S. 2 GG hinsichtlich der Aufgaben der Bauleitplanung Anhaltspunkte für eine restriktive Interpretation erkennen lässt[353] – liefert zunächst keine Anhaltspunkte für eine entsprechende Auslegung.[354] Allerdings lässt sich auch nicht behaupten, dass die bundesrechtliche Verpflichtung zur Wahrnehmung freiwilliger Selbstverwaltungsangelegenheiten sowohl die Aufgaben der Gemeinden und Gemeindeverbände als auch die Kompetenz der Länder zur Aufgabenübertragung gar nicht berühre;[355] bundesrechtliche Verpflichtungen zur Wahrnehmung freiwilliger Selbstverwaltungsaufgaben führen nämlich zu einer Verkürzung kommunaler Entscheidungsspielräume.[356] Dies spricht dafür, auch solche bundesrechtlichen Verpflichtungen als Aufgabenübertragung im Sinne der Art. 84 Abs. 1 S. 7, 85 Abs. 1 S. 2 GG zu qualifizieren.

b) Systematische Spezialität des Vorbehaltes „im Rahmen der Gesetze"?

Gegenteiliges begründet auch nicht die vermeintliche systematische Spezialität des Vorbehaltes „im Rahmen der Gesetze" nach Art. 28 Abs. 2 GG gegenüber dem bundesverfassungsrechtlichen Aufgabenübertragungsverbot.[357] Schon vor dem Inkrafttreten der Art. 84 Abs. 1 S. 7, 85 Abs. 1 S. 2 GG wurden bundesrechtliche Aufgabenübertragungen angesichts der aus Art. 84 GG a. F. abgeleiteten Maßstäbe nämlich nicht am Maßstab dieses Vorbehaltes gemessen. Auch

---

keitsregelung, nicht aber als Aufgabenübertragung qualifiziert; anders wohl *Albert Ingold*, DÖV 2010, S. 732 (732 f.), der zudem argumentiert, die Frage nach einer Verpflichtung zum Handeln sei eine inhaltliche Vorgabe, die nicht zu dem Problemaspekt der Aufgabenübertragung gerechnet werden könne.

[351] Zu § 1 Abs. 3 S. 1 BauGB *Michael Krautzberger*, in: Ulrich Battis/Michael Krautzberger/Rolf-Peter Löhr, BauGB, 11. Aufl. 2009, § 1, Rn. 25.

[352] Dazu *Klaas Engelken*, VBlBW 2008, S. 457 (466); *Friedrich Schoch*, in: Hans-Günter Henneke (Hrsg.), Kommunale Selbstverwaltung in der Bewährung, 2013, S. 11 (18).

[353] *Albert Ingold*, DÖV 2010, S. 134 (137 f.).

[354] *Hans-Heinrich Trute*, in: Christian Starck (Hrsg.), Föderalismusreform, 2007, Rn. 175; *Bodo Pieroth*, in: Hermann Butzer (Hrsg.), Organisation und Verfahren im sozialen Rechtsstaat, Festschrift für Friedrich E. Schnapp zum 70. Geburtstag, 2008, S. 213 (226 ff.); *ders.*, in: Hans D. Jarass/Bodo Pieroth, GG-Komm., 12. Aufl. 2012, Art. 84, Rn. 7; *Georg Hermes*, in: Horst Dreier (Hrsg.), GG-Komm, Bd. III, 2. Aufl. 2008, Art. 84, Rn. 72; *Klaas Engelken*, VBlBW 2008, S. 457 (466); *Andreas Meßmann*, DÖV 2010, S. 726 (730).

[355] *Andreas Meßmann*, DÖV 2010, S. 726 (730); anders *Albert Ingold*, DÖV 2010, S. 134 (137 f.).

[356] Dazu *Andreas Meßmann*, DÖV 2010, S. 726 (729 f., 731).

[357] Anders *Albert Ingold*, DÖV 2010, S. 134 (138); *ders.*, DÖV 2010, S. 732 f.

besteht in vorliegendem Zusammenhang nicht die Gefahr eines „Leerlauf[s] des Gesetzesvorbehaltes“[358], unterliegt doch nach der hier vertretenen Konzeption ohnehin nur die Eigenverantwortlichkeit der kommunalen Aufgabenerfüllung[359] dem Vorbehalt „im Rahmen der Gesetze“. Daher findet das bundesverfassungsrechtliche Aufgabenübertragungsverbot auch auf bundesrechtliche Regelungen Anwendung, die Gemeinden und Gemeindeverbände zur Wahrnehmung kommunaler Selbstverwaltungsaufgaben verpflichten. Dem steht schließlich auch nicht die Gefahr entgegen, dass legislative Gestaltungsspielräume künftig nicht mehr ausgeschöpft werden – dem Bundesgesetzgeber verbleibt gerade die Ausübung seiner Sachkompetenzen.[360]

IV. Zusammenspiel zwischen bundesverfassungsrechtlichem Aufgabenübertragungsverbot und landesverfassungsrechtlichen Konnexitätsprinzipien

Zusammenfassend lässt sich zur tatbestandlichen Reichweite der Art. 84 Abs. 1 S. 7, 85 Abs. 1 S. 2 GG festhalten: Das bundesverfassungsrechtliche Aufgabenübertragungsverbot findet erstens nicht auf Aufgabenübertragungen vor seinem Inkrafttreten Anwendung. Ein bundesverfassungsrechtliches Aufgabenvermehrungsverbot kann aus Art. 84 Abs. 1 S. 7, 85 Abs. 1 S. 2 GG zweitens nicht hergeleitet werden. Der Bundesgesetzgeber ist bei der Ausübung seiner Sachkompetenzen drittens auch nicht auf eine „Änderung“ im Sinne des Art. 125a Abs. 2 GG beschränkt. Als Aufgabenübertragung ist schließlich viertens auch die bundesrechtliche Verpflichtung zur Wahrnehmung freiwilliger Selbstverwaltungsangelegenheiten zu qualifizieren. Ausgehend von diesen Erkenntnissen ist nunmehr noch das Zusammenspiel zwischen Art. 84 Abs. 1 S. 7, 85 Abs. 1 S. 2 GG und landesverfassungsrechtlichen Konnexitätsprinzipien zu beleuchten.[361]

Der Blick auf dieses Zusammenspiel führt partiell zurück zu den landesverfassungsrechtlichen Konnexitätsprinzipien: Vor dem Hintergrund des bundesverfassungsrechtlichen Aufgabenübertragungsverbotes ist nunmehr der Problemzusammenhang der kumulativen Verantwortlichkeit für die Übertragung

---

358 So aber *Albert Ingold*, DÖV 2010, S. 134 (138).

359 Ähnlich *Andreas Meßmann*, DÖV 2010, S. 726 (731).

360 Dem steht nicht entgegen, dass der Bundesgesetzgeber im Bereich der kommunalen Selbstverwaltungsaufgaben gleichsam automatisch eine Beeinflussung des kommunalen Selbstverwaltungsrechts bewirkt, findet das bundesverfassungsrechtliche Aufgabenübertragungsverbot doch auf indirekte Folgen bundesgesetzlicher Aufgaben jedenfalls keine Anwendung, siehe *Michael Germann*, in: Winfried Kluth (Hrsg.), Föderalismusreformgesetz, 2007, Art. 84, 85 GG, Rn. 120 ff.; *Bodo Pieroth*, in: Hermann Butzer (Hrsg.), Organisation und Verfahren im sozialen Rechtsstaat, Festschrift für Friedrich E. Schnapp zum 70. Geburtstag, 2008, S. 213 (220).

361 Eingehend dazu *Jan Ziekow*, DÖV 2006, S. 489 ff.

von Aufgaben zu beleuchten – insoweit stellt sich insbesondere die Frage, wie das Bundes- und das Landesverfassungsrecht zusammenwirken, wenn eine Aufgabe inhaltlich durch bundesrechtliche Vorgaben ausgeformt und anschließend durch landesgesetzliche Regelungen den Gemeinden und Gemeindeverbänden zur Wahrnehmung übertragen wird. Auszugehen ist dabei von folgender Prämisse: Landesverfassungsrechtliche Konnexitätsprinzipien setzen grundsätzlich einen Verursachungsbeitrag der Länder voraus.[362] Beeinflussen die Länder weder die Zuweisung von Aufgaben an Gemeinden und Gemeindeverbände noch die inhaltliche Ausgestaltung der betreffenden Aufgaben,[363] fehlt folglich der normative Anknüpfungspunkt landesverfassungsrechtlicher Konnexitätsprinzipien;[364] deren Anwendungsbereich bleibt damit für ausschließlich bundes- oder europarechtlich[365] determinierte Einflüsse auf die Gemeinden und Gemeindeverbände verschlossen.[366]

1. *Zur Relevanz landesrechtlicher Gestaltungsspielräume*

Umgekehrt ist im Falle der kumulativen Verantwortlichkeit aber jeder landesrechtliche Verursachungsbeitrag grundsätzlich konnexitätsrelevant,[367] was allerdings einschränkend davon abhängig gemacht wird, dass den Ländern bei der Umsetzung bundes- oder europarechtlicher Vorgaben ein eigener Gestaltungsspielraum[368] verbleibt.[369]

---

362 Zum Gedanken der Gesetzeskausalität mit Blick auf landesverfassungsrechtliche Konnexitätsprinzipien S. 317 ff.; zuletzt etwa Verfassungsgericht des Landes Brandenburg, NVwZ-RR 2009, S. 185 (186).

363 Die deklaratorische Wiederholung bundesrechtlicher Aufgabenzuweisungen im Landesrecht soll den Anwendungsbereich landesverfassungsrechtlicher Konnexitätsprinzipien nicht eröffnen können, siehe *Jan Ziekow*, DÖV 2006, S. 489 (492); Gleiches gilt für die Mitwirkung des Bundesrates an der Gesetzgebung, siehe *Oliver Junk*, Das Konnexitätsprinzip in der Bayerischen Verfassung, 2006, S. 253 ff.; *Günther Macht/André Scharrer*, DVBl. 2008, S. 1150 (1153); *Peter M. Huber/Ferdinand Wollenschläger*, VerwArch 100 (2009), S. 305 (321 f.); anders wohl *Wolfgang Durner*, BayVBl. 2007, S. 161 (163); *Heinrich Amadeus Wolff*, in: Josef Franz Lindner/Markus Möstl/Heinrich Amadeus Wolff, Verfassung des Freistaates Bayern, 2009, Art. 83, Rn. 115.

364 Sächsischer Verfassungsgerichtshof, LKV 2001, S. 223 (227); *Jan Ziekow*, DÖV 2006, S. 489 (491 f.).

365 Zum Völkerrecht am Beispiel der schulischen Inklusion *Wolfram Höfling*, Rechtsfragen zur Umsetzung der Inklusion im Schulbereich, 2012, passim; *ders./Andreas Engels*, NWVBl. 2014, S. 1 ff.; siehe auch *Angela Faber/Verena Roth*, DVBl. 2010, S. 1193 (1203); *Markus Winkler*, NWVBl. 2011, S. 409 ff.; ferner *Cornelia Jäger*, NWVBl. 2013, S. 121 ff.

366 *Klaas Engelken*, NVwZ 2010, S. 618 ff.

367 *Utz Schliesky/Felix Welti*, NordÖR 2001, S. 465 (467); *Norbert Meier/Stefan Greiner*, NWVBl. 2005, S. 92 (96); *Jan Ziekow*, DÖV 2006, S. 489 (493, 495).

368 Anders *Klaas Engelken*, Das Konnexitätsprinzip im Landesverfassungsrecht, 2009, S. 47 ff.; *ders.*, NVwZ 2010, S. 618 ff.; *ders.*, DÖV 2011, S. 745 (747); ähnlich auch *Hans-Günter Henneke*, DVBl. 2011, S. 125 (132).

369 Siehe § 2 Abs. 1 des nordrhein-westfälischen KonnexAG, dazu Verfassungsgerichtshof

a) Landesrechtliche Zuständigkeitsregelungen

Mit Hilfe dieses Maßstabes ist daher der Anwendungsbereich landesverfassungsrechtlicher Konnexitätsprinzipien zu konkretisieren.[370] Gestaltungsspielräume bestehen zunächst, wenn den Landesgesetzgebern die Zuständigkeitsregelung obliegt[371] – inhaltliche Gestaltungsspielräume sind nämlich keine notwendige Voraussetzung für die Anwendbarkeit landesverfassungsrechtlicher Konnexitätsprinzipien.[372] Vielmehr ist schon jede landesrechtliche Zuständigkeitsregelung als ausreichender Verursachungsbeitrag zu qualifizieren, der zur Anwendung landesverfassungsrechtlicher Konnexitätsprinzipien zwingt.[373] Gleiches gilt auch für solche Spielräume, die in der praktischen Handhabung kaum auszuschöpfen sein dürften[374] – etwa wenn eine landesunmittelbare Verwaltungsorganisation gänzlich fehlt und dementsprechend eigentlich nur eine Aufgabenübertragung auf die Gemeinden und Gemeindeverbände in Betracht kommt.[375]

---

für das Land Nordrhein-Westfalen, DVBl. 2010, S. 1561 (1563); *Alexander Schink*, NWVBl. 2005, S. 85 (89); *Norbert Meier/Stefan Greiner*, NWVBl. 2005, S. 92 (96); ferner § 1 Abs. 2 des rheinland-pfälzischen KonnexAG, dazu *Christoph Worms*, DÖV 2008, S. 353 (358); zu Art. 83 der Verfassung des Freistaates Bayern Bayerischer Verfassungsgerichtshof, ZFSH/SGB 2008, S. 82 (86); *Klaus Hahnzog*, BayVBl. 2007, S. 321 (322); *Knut Engelbrecht*, BayVBl. 2007, S. 164 (165); *Christian Zieglmeier*, NVwZ 2008, S. 270 (270); *Heinrich Amadeus Wolff*, BayVBl. 2004, S. 129 (131); *ders.*, in: Josef Franz Lindner/Markus Möstl/Heinrich Amadeus Wolff, Verfassung des Freistaates Bayern, 2009, Art. 83, Rn. 115; zum Ganzen – sowie zur Frage, ob die Auswahl unter verschiedenen Gemeinden und Gemeindeverbänden einen derartigen Spielraum begründet – *Jan Ziekow*, DÖV 2006, S. 489 (492 f.); ferner *Benno Kaplonek*, SächsVBl. 2007, S. 277 (279); *Peter M. Huber/Ferdinand Wollenschläger*, VerwArch 100 (2009), S. 305 (320 f.).

370 *Jan Ziekow*, DÖV 2006, S. 489 (493, 495, 496).

371 Die begrenzte Reichweite solcher Gestaltungsspielräume wird aber schon dadurch sichtbar, dass eine durch landesrechtliche Vorschriften übertragene Aufgabe im Anschluss durch bundesrechtliche Vorgaben modifiziert werden kann – zwar berücksichtigt namentlich das Konnexitätsprinzip der Verfassung des Landes Nordrhein-Westfalen auch Veränderungen bestehender und übertragbarer Aufgaben, doch scheint ein Verursachungsbeitrag im Hinblick auf die nachträgliche Modifizierung durch bundesrechtliche Vorgaben fraglich, siehe dazu S. 367 f.; zum Ganzen *Klaas Engelken*, Das Konnexitätsprinzip im Landesverfassungsrecht, 2009, S. 88 ff.

372 *Jan Ziekow*, DÖV 2006, S. 489 (494); *Cornelia Jäger*, NWVBl. 2013, S. 121 (124); ferner *Hans-Günter Henneke*, in: Hans-Günter Henneke (Hrsg.), Kommunale Selbstverwaltung in der Bewährung, 2013, S. 55 (96 ff.); anders wohl *Alexander Schink*, NWVBl. 2005, S. 85 (89).

373 Verfassungsgerichtshof für das Land Nordrhein-Westfalen, DVBl. 2010, S. 1561 (1562 f.); ferner *Günther Macht/André Scharrer*, DVBl. 2008, S. 1150 (1152 f.); *Christian Zieglmeier*, NVwZ 2008, S. 270 (271); *Heinrich Amadeus Wolff*, in: Josef Franz Lindner/Markus Möstl/Heinrich Amadeus Wolff, Verfassung des Freistaates Bayern, 2009, Art. 83, Rn. 115; siehe auch *Ferdinand Kirchhof*, in: Rainer Pitschas (Hrsg.), Wege gelebter Verfassung in Recht und Politik – Festschrift für Rupert Scholz zum 70. Geburtstag 2007, 2007, S. 637 (649).

374 Anders *Klaas Engelken*, Das Konnexitätsprinzip im Landesverfassungsrecht, 2009, S. 48.

375 Die Frage, ob der verfassungsrechtliche Schutz kommunaler Selbstverwaltungsaufgaben der Annahme landesrechtlicher Gestaltungsspielräume entgegensteht, muss wohl nicht

b) *Außerkrafttreten bundesrechtlicher Aufgabenübertragungen*

Darüber hinaus macht das Außerkrafttreten bundesrechtlicher Zuständigkeitsregelungen[376] und deren landesrechtliche Ersetzung[377] eine weitere Präzisierung notwendig: Besteht keine bundesrechtliche Aufgabenübertragung (mehr), verfügen die Länder grundsätzlich über einen Gestaltungsspielraum – gleichwohl ist zu beachten, dass die Aufgaben der Gemeinden und Gemeindeverbände in diesem Fall eigentlich unberührt bleiben.[378] Landesverfassungsrechtliche Konnexitätsprinzipien gelangen angesichts der Notwendigkeit einer vergleichenden Betrachtung der Aufgaben der Gemeinden und Gemeindeverbände vor und nach dem Inkrafttreten der landesgesetzlichen Regelung[379] folglich nicht zur Anwendung. Etwas anderes kann allenfalls gelten,[380] wenn das Außerkrafttreten bundesrechtlicher Vorschriften zum Anlass einer bundes- oder landesrechtlichen Neugestaltung der Aufgabe genommen wird[381] – anderenfalls bestünde

beantwortet werden: Zwar wäre grundsätzlich denkbar, dass der Bundesgesetzgeber eine Verpflichtung zur Wahrnehmung von Selbstverwaltungsaufgaben formuliert und den Ländern nur die Möglichkeit bleibt, diese Verpflichtung an die verfassungsunmittelbar zuständige kommunale Ebene weiterzuleiten – doch kann dem bundesverfassungsrechtlichen Aufgabenübertragungsverbot grundsätzlich entnommen werden, dass schon eine bundesrechtliche Verpflichtung zur Wahrnehmung von Selbstverwaltungsaufgaben unzulässig ist. Während dieser Problemzusammenhang folglich grundsätzlich nicht auf die Ebene landesverfassungsrechtlicher Konnexitätsprinzipien durchschlägt, begründen landesverfassungsrechtliche Vorschriften, die namentlich die Gemeinden nicht nur zum Träger der Angelegenheiten der örtlichen Gemeinschaft, sondern vielmehr zum alleinigen Träger der öffentlichen Verwaltung erklären, Gefahren für die Wirksamkeit des Konnexitätsprinzips. Den drohenden Widerspruch zwischen solchen landesverfassungsrechtlichen Vorgaben und landesverfassungsrechtlichen Konnexitätsprinzipien vermag die skizzierte Auslegung des bundesverfassungsrechtlichen Aufgabenübertragungsverbotes nicht zu verhindern, bleibt für den Bundesgesetzgeber doch der Begriff der Selbstverwaltungsangelegenheiten im Sinne des Art. 28 Abs. 2 GG bindend. Auch die inhaltliche Einflussnahme des Bundesgesetzgebers auf die Wahrnehmung kommunaler Selbstverwaltungsaufgaben stellt die gerichtliche Durchsetzbarkeit landesverfassungsrechtlicher Konnexitätsprinzipien nicht vor größere Herausforderungen: Zwar können entsprechende Vorgaben mangels Aufgabenübertragung nicht als Verstoß gegen das Aufgabenübertragungsverbot qualifiziert werden, doch wäre ein denkbarer Verursachungsbeitrag ebensowenig konnexitätsrelevant: Mangels Verpflichtung zur Aufgabenwahrnehmung beschreibt die inhaltliche Ausgestaltung freiwilliger Selbstverwaltungsangelegenheiten grundsätzlich keinen Anwendungsfall des Konnexitätsprinzips.

[376] *Klaas Engelken*, Das Konnexitätsprinzip im Landesverfassungsrecht, 2009, S. 60 ff.

[377] *Peter M. Huber/Ferdinand Wollenschläger*, VerwArch 100 (2009), S. 305 (326); ferner *Benno Kaplonek*, SächsVBl. 2007, S. 277 (283).

[378] *Christian Zieglmeier*, NVwZ 2008, S. 270 (271).

[379] Nochmals Landesverfassungsgericht Sachsen-Anhalt, DVBl. 2004, S. 434 (435).

[380] Siehe aber nochmals Verfassungsgericht Brandenburg, DÖV 1998, S. 336 (336 f.); Verfassungsgericht Brandenburg, LKV 2002, S. 323 (324); Verfassungsgericht Brandenburg, NVwZ-RR 2009, S. 185 (186) mit dem Hinweis, dass die Schaffung einer neuen Rechtsgrundlage für eine schon zuvor von den Gemeinden und Gemeindeverbänden wahrgenommene Aufgabe als Anwendungsfall strikter Konnexitätsprinzipien zu qualifizieren sei.

[381] *Günther Macht/André Scharrer*, DVBl. 2008, S. 1150 (1154); *Christian Zieglmeier*, NVwZ 2008, S. 270 (271).

die Gefahr, dass auch schon vor dem Inkrafttreten des bundesverfassungsrechtlichen Aufgabenübertragungsverbotes sowie der landesverfassungsrechtlichen Konnexitätsprinzipien den Gemeinden und Gemeindeverbände übertragene Aufgaben nachträglich[382] dem Anwendungsbereich landesverfassungsrechtlicher Konnexitätsprinzipien unterworfen werden.[383] Hinsichtlich solcher Konnexitätsprinzipien, die auch die Veränderung von Aufgaben mit der Verpflichtung zum Mehrbelastungsausgleich verknüpfen, ist dabei eine Differenzierung zwischen Veränderungen, die zu einer qualitativ neuen Aufgabe führen, und Anpassungen, die lediglich eine quantitative Veränderung bestehender Aufgaben bewirken, entbehrlich.[384]

Eine solche Differenzierung hat der Verfassungsgerichtshof für das Land Nordrhein-Westfalen allerdings nicht für notwendig erachtet: Mit Blick auf die Konnexitätsrelevanz der Umsetzung des Kinderförderungsgesetzes stellt der Verfassungsgerichtshof für das Land Nordrhein-Westfalen vielmehr fest, dass die mit der angegriffenen Zuständigkeitsnorm bewirkte Aufgabenzuweisung im Kinder- und Jugendhilferecht als Übertragung neuer Aufgaben zu qualifizieren sei, da die Gemeinden und Gemeindeverbände erstmals durch eine landesgesetzliche Regelung zur Übernahme und Durchführung von Aufgaben verpflichtet worden seien. Darüber hinaus sei aufgrund der von den Vorschriften des Kinderförderungsgesetzes bewirkten inhaltlichen Modifikationen der Aufgabenwahrnehmung auch ein Fall einer konnexitätsrelevanten Veränderung bestehender Aufgaben gegeben.[385] Nach der Judikatur des Verfassungsgerichtshofes für das Land Nordrhein-Westfalen sind daher nicht lediglich die im Kin-

---

[382] Im Kontext der Umsetzung des Kinderförderungsgesetzes in Nordrhein-Westfalen war die Besonderheit zu berücksichtigen, dass eine landesrechtliche Zuständigkeitsbestimmung noch vor dem Außerkrafttreten der bundesrechtlichen Vorschriften in Kraft trat – dazu S. 357 f. –, was der Verfassungsgerichtshof für das Land Nordrhein-Westfalen allerdings nicht zum Anlass nahm, die Anwendbarkeit des landesverfassungsrechtlichen Konnexitätsprinzips zu verneinen, siehe Verfassungsgerichtshof für das Land Nordrhein-Westfalen, DVBl. 2010, S. 1561 ff.; zur Figur der antizipierten Aufgabenübertragung *Benno Kaplonek*, SächsVBl. 2007, S. 277 (279).

[383] Siehe aber auch Verfassungsgericht Brandenburg, DVBl. 2013, S. 852 ff., wonach eine deklaratorische landesrechtliche Zuständigkeitsnorm mit der Aufhebung einer Bundesregelung konstitutive Wirkung erlangt und deren Beibehaltung grundsätzlich eine konnexitätsrelevante Aufgabenübertragung darstellt; ferner *René Laier/Ralph Zimmermann*, ZG 2008, S. 355 ff., die eine generelle Pflicht der Landesgesetzgeber konstruieren, bundesrechtliche Aufgabenübertragungsnormen abzulösen und dadurch ein landesrechtliches Unterlassen zum Anknüpfungspunkt landesrechtlicher Konnexitätspflichten machen; kritisch *Klaas Engelken*, Das Konnexitätsprinzip im Landesverfassungsrecht, 2009, S. 53; *ders.*, NVwZ 2013, S. 1529 ff.

[384] Anders wohl *Günther Macht/André Scharrer*, DVBl. 2008, S. 1150 (1154).

[385] Verfassungsgerichtshof für das Land Nordrhein-Westfalen, DVBl. 2010, S. 1561 ff.; dazu *Klaas Engelken*, DÖV 2011, S. 745 ff.; *ders.*, NWVBl. 2011, S. 413 ff.; *Hans-Günter Henneke*, DVBl. 2011, S. 125 ff.; *Christian von Kraack*, NWVBl. 2011, S. 41 ff.; *ders.*, NWVBl. 2011, S. 418 ff.

derförderungsgesetz enthaltenen Aufgabenänderungen, sondern auch die schon vormals übertragenen Aufgaben konnexitätsrelevant.

2. *Landesrechtliches Unterlassen*

Die Bedeutung von Gestaltungsspielräumen ist schließlich mit Blick auf landesgesetzgeberisches Unterlassen zu beleuchten.[386] Grundsätzlich gilt für Aufgaben, die den Gemeinden und Gemeindeverbänden schon vor dem Inkrafttreten landesverfassungsrechtlicher Konnexitätsprinzipien übertragen wurden, dass das Unterlassen der Überprüfung landesrechtlicher Zuständigkeitsregelungen[387] nicht die Rechtsfolgen landesrechtlicher Konnexitätsprinzipien auslösen kann.[388] Der maßgebliche Verursachungsbeitrag wurde nämlich schon zu einem Zeitpunkt relevant, auf den deren Anwendungsbereich nicht zu erstrecken ist.[389] Diese Feststellung gilt grundsätzlich auch für das Außerkrafttreten bundesrechtlicher Zuständigkeitsregelungen, wodurch eine bislang deklaratorische landesrechtliche Vorschrift zur konstitutiven Zuständigkeitsregelung erstarkt.[390] Gleiches lässt sich für die bloße Änderung der Rechtsgrundlage einer schon vor dem Inkrafttreten landesverfassungsrechtlicher Konnexitätsprinzipien von den Gemeinden und Gemeindeverbänden wahrgenommene Aufgabe feststellen,[391] da die Aufgaben der Gemeinden und Gemeindeverbände auch insoweit unberührt bleiben.

Einschränkungen erfordert die Annahme der konnexitätsrechtlichen Irrelevanz landesrechtlichen Unterlassens schließlich aber mit Blick auf solche Aufgaben, die inhaltlich durch bundesrechtliche Vorgaben ausgeformt und durch

---

[386] *Klaas Engelken*, Das Konnexitätsprinzip im Landesverfassungsrecht, 2009, S. 47 ff.

[387] Auch die These, dass die Verpflichtung der Länder auf einen finanziellen Ausgleich nur entfällt, wenn die Zuständigkeitszuweisung zu Lasten der Gemeinden und Gemeindeverbände aus rechtlichen Gründen nicht rückholbar ist – dazu *Jan Ziekow*, DÖV 2006, S. 489 (495); kritisch *Günther Macht/André Scharrer*, DVBl. 2008, S. 1150 (1156 ff.) – knüpft grundsätzlich an ein landesgesetzgeberisches Unterlassen an.

[388] *Günther Macht/André Scharrer*, DVBl. 2008, S. 1150 (1153); *Christian Zieglmeier*, NVwZ 2008, S. 270 (271).

[389] Verfassungsgericht des Landes Brandenburg, NVwZ-RR 2009, S. 185 (186 f.); ferner *Günther Macht/André Scharrer*, DVBl. 2008, S. 1150 (1153 f.); *Christian Zieglmeier*, NVwZ 2008, S. 270 (271); *ders.*, NVwZ 2009, S. 1455 (1457); *Peter M. Huber/Ferdinand Wollenschläger*, VerwArch 100 (2009), S. 305 (323).

[390] *Günther Macht/André Scharrer*, DVBl. 2008, S. 1150 (1153 ff.); *Christian Zieglmeier*, NVwZ 2008, S. 270 (271).

[391] *Paul Schumacher*, LKV 2005, S. 41 (45); *Jan Ziekow*, DÖV 2006, S. 489 (494); *Benno Kaplonek*, SächsVBl. 2007, S. 277 (283); anders nochmals Verfassungsgericht Brandenburg, DÖV 1998, S. 336 (336 f.); Verfassungsgericht Brandenburg, LKV 2002, S. 323 (324); Verfassungsgericht Brandenburg, NVwZ-RR 2009, S. 185 (186) mit dem Hinweis, dass die Schaffung einer neuen Rechtsgrundlage für eine schon zuvor von den Gemeinden und Gemeindeverbänden wahrgenommene Aufgabe als Anwendungsfall strikter Konnexitätsprinzipien zu qualifizieren sei.

landesrechtliche Zuständigkeitsbestimmung den Gemeinden und Gemeindeverbänden übertragen werden, im Anschluss daran aber durch bundesrechtliche Vorgaben verändert werden. Diesbezüglich muss die Konnexitätsrelevanz der landesrechtlichen Zuständigkeitsbestimmung – anders als bei der bundesrechtlichen Veränderung von Aufgaben, deren Übertragung auf eine landesrechtliche Zuständigkeitsbestimmung zurückzuführen ist, die vor dem Inkrafttreten landesverfassungsrechtlicher Konnexitätsprinzipien wirksam geworden ist[392] – auch für die bundesrechtliche Neuregelung fortwirken: Landesrechtliche Zuständigkeitsregelungen dürfen insoweit nicht lediglich punktuell verstanden werden.[393]

E. Zusammenfassung

Die vielschichtigen Überlegungen zur kommunalen Finanzausstattung lassen sich wie folgt zusammenfassen: Art. 28 Abs. 2 GG gewährleistet ganz grundsätzlich die kommunale Finanzausstattung, ohne den Gemeinden und Gemeindeverbänden Finanzmittel verfassungsunmittelbar zuzuweisen. Nach der prinzipientheoretischen Interpretation bedarf die kommunale Finanzausstattung daher der legislativen Ausgestaltung. Die damit korrespondierende Ausgestaltungspflicht des Gesetzgebers können die Gemeinden und Gemeindeverbände als Anspruch auf eine angemessene Finanzausstattung geltend machen. Die verfassungsrechtlichen Grenzen der Ausgestaltung – und damit zugleich des Anspruchs der Gemeinden und Gemeindeverbände – sind durch eine Abwägung zwischen den Funktionen kommunaler Selbstverwaltung einerseits und der Leistungsfähigkeit der Länder, dem Grundsatz der Verteilungssymmetrie und dem interkommunalen Gleichbehandlungsgrundsatz andererseits nach Maßgabe des Untermaßverbotes zu ermitteln. Für den Abwägungsvorgang ist des Weiteren zu berücksichtigen, dass der Gesetzgeber die Wahrnehmung von Selbstverwaltungsangelegenheiten zu ermöglichen hat: Trotz des Vorbehaltes der Leistungsfähigkeit der Länder dürfen staatliche Aufgaben daher nicht kommunalisiert werden, wenn ein finanzieller Ausgleich fehlt; Gründe, die eine Entlastung der Länder auf Kosten der Gemeinden und Gemeindeverbände rechtfertigen könnten, sind nicht ersichtlich.

---

[392] Verfassungsgericht des Landes Brandenburg, NVwZ-RR 2009, S. 185 (186 f.); siehe aber auch *Günther Macht/André Scharrer*, DVBl. 2008, S. 1150 (1153), die auf die notwendige Anpassung des Belastungsausgleichs verweisen; dazu auch *Christian Zieglmeier*, NVwZ 2009, S. 1455 (1457).

[393] *Jan Ziekow*, DÖV 2006, S. 489 (495); *Hans-Günter Henneke*, VBlBW 2008, S. 321 (326); anders *Klaas Engelken*, DÖV 2011, S. 745 (750 f.); zumindest eine Anpassung des Mehrbelastungsausgleichs scheint – jedenfalls sofern entsprechende landesverfassungsrechtliche Verpflichtungen bestehen – unumgänglich; zum Konnexitätsausgleich als fortschreibungspflichtige Ausgleichspflicht S. 339 f.

Die Einsicht in die trotz allem bestehenden Defizite bei der Rechtsanwendung hat zur flächendeckenden Einführung landesverfassungsrechtlicher Konnexitätsprinzipien geführt. Obwohl diese nach dem prinzipientheoretischen Deutungsansatz dogmatisch ebenfalls als Rechtsprinzipien zu qualifizieren sind, verfügen sie im Gegensatz zum Anspruch der Gemeinden und Gemeindeverbände auf eine angemessene Finanzausstattung über einen höheren Festsetzungsgehalt. Dieser belässt den Landesgesetzgebern nur einen begrenzten Gestaltungsspielraum. Namentlich strikte Konnexitätsprinzipien verlangen nämlich nicht nur eine Kostenregelung, sondern auch einen aufgabenakzessorischen und vollständigen Ausgleich der kommunalen Mehrbelastung. Flankiert werden die landesrechtlichen Konnexitätsprinzipien schließlich durch das bundesverfassungsrechtliche Aufgabenübertragungsverbot. Als Rechtsregel steht es der bundesrechtlichen Übertragung von Aufgaben auf die Gemeinden und Gemeindeverbände ausnahmslos entgegen. Unsicherheiten ergeben sich allerdings in Fällen kumulativer Verantwortlichkeit: Namentlich Aufgabenvermehrungen im Mehrebenensystem verdeutlichen Unzulänglichkeiten des Zusammenspiels zwischen bundesverfassungsrechtlichem Aufgabenübertragungsverbot und landesverfassungsrechtlichen Konnexitätsprinzipien. Diese Unzulänglichkeiten blieben letztlich allenfalls bedeutungslos, wenn der Anspruch der Gemeinden und Gemeindeverbände auf eine angemessene Finanzausstattung die finanziellen Grundlagen kommunaler Selbstverwaltung schon grundlegend sicherstellt.

9. Kapitel

Die kommunale Binnenorganisation

Nachdem bislang die organisationsstrukturellen Grundbausteine, die territoriale Ausdehnung von Gemeinden und Gemeindeverbänden und schließlich deren Finanzausstattung Gegenstand der Untersuchung waren, ist die Betrachtung der existentialen Gewährleistungsdimension mit einer Annäherung an die kommunale Binnenorganisation abzuschließen.

A. Dogmatische Grundlegung: Die kommunale Binnenorganisation nach dem prinzipientheoretischen Deutungsansatz

Die kommunale Binnenorganisation lässt sich zunächst mit dem Begriff „Kommunalverfassungsrecht“ umschreiben, der neben der Existenz der Gemeinden und Gemeindeverbände auch den inneren Aufbau und die Struktur der Entscheidungsabläufe und folglich das Organisationsrecht kommunaler Selbstverwaltung in Bezug nimmt.[1] Die Zuordnung der kommunalen Binnenorganisation zum existentialen Gewährleistungselement des Art. 28 Abs. 2 GG beruht sodann darauf, dass auch das Kommunalverfassungsrecht – das Innenrecht der Gemeinden und Gemeindeverbände – nicht schon verfassungsunmittelbar festgeschrieben wird. Auch die kommunale Binnenorganisation wird vielmehr erst im Wege der Ausgestaltung durch den Gesetzgeber kreiert. Außer Frage steht, dass Art. 28 Abs. 2 GG eine solche legislative Ausgestaltung der kommunalen Binnenorganisation zwingend voraussetzt – Art. 28 Abs. 2 GG verpflichtet den Gesetzgeber auch insoweit zur legislativen Ausgestaltung.[2] Für die kommunale Binnenorganisation gilt nämlich, dass

> „Selbstverwaltung arbeitsfähig gemacht werden [muss]. Das Parlamentsgesetz formt die Einrichtung rechtlich – und nicht etwa formt die Einrichtung sich selbst kraft autonomen Rechts; Selbstverwaltung ist abgeleitete Staatsgewalt, nicht etwa Existenz kraft Selbsterzeugung. […] [D]ie Organisation der Willensbildung […] [bringt] die Rechtseinrichtung kommunaler Selbstverwaltung erst hervor.“[3]

---

[1] *Edzard Schmidt-Jortzig*, Kommunale Organisationshoheit, 1979, S. 155 f.

[2] Allgemein zur Ausgestaltungspflicht des Gesetzgebers S. 142 f.

[3] *Wolfgang Löwer*, in: Ingo von Münch/Philip Kunig (Hrsg.), GG-Komm., Bd. I, 6. Aufl. 2012, Art. 28, Rn. 67.

I. Maßstäbe der legislativen Ausgestaltung der kommunalen Binnenorganisation: Funktionsgerechte Entscheidungsstrukturen – Repräsentationsprinzip – Gewaltenteilung

Auch mit Blick auf die kommunale Binnenorganisation sind demzufolge die verfassungsrechtlichen Grenzen der legislativen Ausgestaltung bereichsspezifisch zu bestimmen.[4] Nach dem prinzipientheoretischen Deutungsansatz muss der Gesetzgeber zunächst die Funktionen kommunaler Selbstverwaltung beachten[5] – die Binnenorganisation der Gemeinden und Gemeindeverbände muss vor allem Möglichkeiten zur Partizipation eröffnen. Die partizipative Funktion kommunaler Selbstverwaltung muss nach der prinzipientheoretischen Interpretation des Art. 28 Abs. 2 GG aber auch mit konfligierenden Rechtsprinzipien abgewogen werden. Bereichsspezifisch sind insoweit erstens der Grundsatz funktionsgerechter Organ- und Entscheidungsstrukturen, zweitens Art. 28 Abs. 1 S. 2 GG und drittens der Gedanke der intrafunktionalen Gewaltenteilung zu berücksichtigen. Erst aus einer Abwägung[6] am Maßstab des Untermaßverbotes[7] ergibt sich der verfassungsrechtliche Rahmen der Ausgestaltung der kommunalen Binnenorganisation. Gerade die föderale Vielfalt[8] verdeutlicht, dass bei der Ausgestaltung der kommunalen Binnenorganisation ein weiter Gestaltungsspielraum des Gesetzgebers besteht.[9]

---

[4] Siehe *Reinhard Hendler*, Selbstverwaltung als Ordnungsprinzip, 1984, S. 310 f., der auf den Umstand aufmerksam macht, dass „nichts gewonnen wäre, wenn die mit Hilfe einer Selbstverwaltungsinstitution gegenüber dem Staat gesicherte Freiheit aufgrund einer freiheitswidrigen Ausgestaltung des institutionsinternen Willensbildungs- und Entscheidungsprozesses wieder verlorenginge".

[5] Ähnlich *Eberhard Schmidt-Aßmann*, in: Peter Selmer (Hrsg.), Gedächtnisschrift für Wolfgang Martens, 1987, S. 249 (262 f.); zum Zusammenhang zwischen kommunaler Binnenorganisation und den Funktionen kommunaler Selbstverwaltung auch *Rolf Grawert*, VVDStRL 36 (1978), S. 277 (312 f.).

[6] Zur Anwendung der Abwägungsmethode auch *Utz Schliesky*, ZG 1999, S. 91 (106); ähnlich *Sebastian Müller-Franken*, in: Gilbert H. Gornig (Hrsg.), Staat – Wirtschaft – Gemeinde, Festschrift für Werner Frotscher zum 70. Geburtstag, 2007, S. 657 (675 ff.); siehe aber auch *Peter M. Huber*, AöR 126 (2001), S. 165 (195), der den Gedanken funktionsgerechter Organ- und Entscheidungsstrukturen im Kontext von Bürgerbegehren und Bürgerentscheid einer Abwägung mit der partizipativen Funktion kommunaler Selbstverwaltung gerade entzieht; zum Ganzen *Franz-Ludwig Knemeyer*, DVBl. 1998, S. 113 (114).

[7] Anders *Utz Schliesky*, ZG 1999, S. 91 (106), der auf ein Optimierungsgebot Bezug nimmt.

[8] Zu jüngeren Entwicklungen *Veith Mehde*, DVBl. 2010, S. 465 ff.; zur Rechtslage in Nordrhein-Westfalen *Bernd Köster*, NWVBl. 2008, S. 49 ff.; ferner *Hermann Hill*, Die Rolle des Bürgers in der Gemeindeverfassung unter dem Einfluss der Territorialreform, 1979, S. 176 ff.; *Hans-Günter Henneke*, in: Hans-Günter Henneke (Hrsg.), Aktuelle Entwicklungen der inneren Kommunalverfassung, 1996, S. 11 ff.; *Franz-Ludwig Knemeyer*, JuS 1998, S. 193 ff.; *Jörn Ipsen*, in: Günter Püttner/Thomas Mann (Hrsg.), Handbuch der kommunalen Wissenschaft und Praxis, Bd. I, 3. Aufl. 2007, § 24, Rn. 20 ff.; siehe aber auch *Utz Schliesky*, AfK 1998, S. 308 (311 ff.); zur Stellung der Gemeinderatsmitglieder schließlich *Bongcheol Kim*, DVBl. 2012, S. 734 ff.

[9] Dazu auch schon S. 206 ff.; siehe auch *Sebastian Müller-Franken*, in: Gilbert H. Gornig

1. Der Grundsatz funktionsgerechter Organ- und Entscheidungsstrukturen

Die Ausgestaltung der kommunalen Binnenorganisation muss vor allem dem Grundsatz funktionsgerechter Organ- und Entscheidungsstrukturen Rechnung tragen, Gemeinden und Gemeindeverbände müssen danach mit den zur Wahrnehmung der Angelegenheiten der örtlichen Gemeinschaft notwendigen personellen, sachlich-instrumentellen und organisatorischen Strukturen ausgestattet werden.[10] Eigentlich verlangt der Grundsatz funktionsgerechter Organ- und Entscheidungsstrukturen, dass Aufgaben von denjenigen Stellen wahrgenommen werden, die nach ihrer Struktur geeignet sind, die betreffenden Aufgaben angemessen wahrzunehmen;[11] darüber hinaus erfordert die Begründung von Entscheidungskompetenzen aber auch die Entscheidungsfähigkeit der jeweiligen Stelle als unverzichtbare Voraussetzung der Zuweisung von Entscheidungsgewalt.[12] Gemeinden und Gemeindeverbände, die von Verfassungs wegen mit der Aufgabenwahrnehmung im eigenen Wirkungskreis betraut werden, müssen folglich über die zur Wahrnehmung der Angelegenheiten der örtlichen Gemeinschaft erforderlichen Strukturen verfügen.[13]

Grundsätzlich stehen der Grundsatz funktionsgerechter Organ- und Entscheidungsstrukturen und die partizipative Funktion kommunaler Selbstverwaltung nun in einem Spannungsverhältnis zueinander:[14] Eine Vielzahl von

---

(Hrsg.), Staat – Wirtschaft – Gemeinde, Festschrift für Werner Frotscher zum 70. Geburtstag, 2007, S. 657 (678); ferner *Rudolf Streinz*, Die Verwaltung 16 (1983), S. 293 (301); *Otmar Jung*, ZG 1998, S. 295 ff.; *Utz Schliesky*, ZG 1999, S. 91 (95, 109).

[10] *Thomas Groß*, Das Kollegialprinzip in der Verwaltungsorganisation, 1999, S. 199 ff.; *Helmuth Schulze-Fielitz*, in: Paul Kirchhof (Hrsg.), Staaten und Steuern, Festschrift für Klaus Vogel zum 70. Geburtstag, 2000, S. 311 (320 ff.); zuletzt aber auch *Winfried Kluth*, VerwArch 102 (2011), S. 525 ff.; mit Blick auf Art. 28 Abs. 2 GG *Rolf Grawert*, VVDStRL 36 (1978), S. 277 (312); *Utz Schliesky*, AfK 1998, S. 308 (310).

[11] *Ernst-Wolfgang Böckenförde*, Die Organisationsgewalt im Bereich der Regierung, 1964, S. 79; *Thomas von Danwitz*, Der Staat 35 (1996), S. 329 (335); ferner *Otto Küster*, AöR 75 (1949), S. 397 (404 ff.).

[12] Allgemein *Rupert Stettner*, Grundfragen einer Kompetenzlehre, 1983, S. 76 f.; *Thomas von Danwitz*, Der Staat 35 (1996), S. 329 (335).

[13] Siehe *Peter M. Huber*, AöR 126 (2001), S. 165 (193 f.); *Sebastian Müller-Franken*, in: Gilbert H. Gornig (Hrsg.), Staat – Wirtschaft – Gemeinde, Festschrift für Werner Frotscher zum 70. Geburtstag, 2007, S. 657 (677); ferner *Georg Christoph von Unruh*, DÖV 1986, S. 217 (223).

[14] *Cornelius Thum*, BayVBl. 1998, S. 193 (196); *Otmar Jung*, BayVBl. 1998, S. 225 (227); *Utz Schliesky*, ZG 1999, S. 91 (112); zum antiplebiszitären Vorwurf, Bürgerbegehren und Bürgerentscheid seien mit einer latenten Missbrauchsgefahr belastet, die Gemeinwohlferne, Irrationalität, Inkonsistenz und Punktualität provoziere, *Peter Krause*, in: Josef Isensee/Paul Kirchhof (Hrsg.), Handbuch des Staatsrechts der Bundesrepublik Deutschland, Bd. III, 3. Aufl. 2005, § 35, Rn. 48; *Sebastian Müller-Franken*, Der Staat 44 (2005), S. 19 (28); kritisch *Christoph Degenhart*, in: Klaus Stern (Hrsg.), Gedächtnisschrift für Joachim Burmeister, 2005, S. 87 (95 f.); ferner *Matthias Klatt*, Der Staat 50 (2011), S. 3 (20 ff.), der auf empirische Befunde – *Michael Hermann/Heiri Leuthold*, in: Markus Freitag/Uwe Wagschal (Hrsg.), Direkte Demokratie, Bestandsaufnahmen und Wirkungen im internationalen Vergleich, 2007,

Möglichkeiten zur Partizipation kann der Funktionsfähigkeit der Organ- und Entscheidungsstrukturen abträglich sein.[15] Daher lässt sich weder mit Hilfe der partizipativen Funktion kommunaler Selbstverwaltung[16] noch unter Rückgriff auf den Grundsatz funktionsgerechter Organ- und Entscheidungsstrukturen[17] der verfassungsrechtliche Rahmen der legislativen Ausgestaltung der kommunalen Binnenorganisation abschließend umschreiben; die partizipative Funktion kommunaler Selbstverwaltung ist vielmehr mit dem Grundsatz funktionsgerechter Entscheidungsstrukturen abzuwägen. Ungeachtet des dabei bestehenden Gestaltungsspielraums lässt sich die Abwägungsentscheidung des Gesetzgebers in zweifacher Hinsicht konkretisieren: Evident ungeeignete Entscheidungsstrukturen stoßen zunächst auf durchgreifende verfassungsrechtliche Bedenken[18] und lassen sich auch nicht mit der partizipativen Funktion kommunaler Selbstverwaltung rechtfertigen. Darüber hinaus muss die legislative Ausgestaltung der kommunalen Binnenorganisation dem Grundsatz funktionsgerechter Entscheidungsstrukturen jedenfalls im Wege der Moderation Rechnung tragen:[19] Partizipation bedarf der Koordination, damit diese zugunsten der Wahrnehmung von Angelegenheiten der örtlichen Gemeinschaft nutzbar gemacht werden kann.[20]

2. *Aus allgemeinen, unmittelbaren, freien, gleichen und geheimen Wahlen hervorgegangene Vertretungen des Volkes*

Die legislative Ausgestaltung der kommunalen Binnenorganisation wird ferner dirigiert durch die verfassungsunmittelbare Maßgabe des Art. 28 Abs. 1 S. 2 GG, wonach in Gemeinden und Kreisen eine aus allgemeinen, unmittelbaren,

---

S. 277 ff. – hinweist; gleichwohl können institutionsgefährdende Entwicklungen nicht schon grundsätzlich ausgeschlossen werden, siehe *Albert von Mutius*, in: Ständige Deputation des Deutschen Juristentages (Hrsg.), Verhandlungen des dreiundfünfzigsten Deutschen Juristentages, Bd. I, 1980, E 71.

[15] *Peter M. Huber*, AöR 126 (2001), S. 165 (194); *Martin Paus/Ansgar Schmidt*, JA 2012, S. 48 (52); ferner *Christoph Brüning*, in: Hans-Günter Henneke (Hrsg.), Kommunale Selbstverwaltung in der Bewährung, 2013, S. 253 (271 f.); siehe aber auch *Utz Schliesky*, AfK 1998, S. 308 (333).

[16] Dazu *Willi Blümel*, VVDStRL 36 (1978), S. 171 (228 ff.); *Eberhard Schmidt-Aßmann*, DVBl. 1996, S. 533 (537, 538); *Hans-Günter Henneke/Klaus Ritgen*, DÖV 2010, S. 665 (667).

[17] Siehe *Utz Schliesky*, ZG 1999, S. 91 (101), der dem Gedanken funktionsgerechter Organ- und Entscheidungsstrukturen keine Bedeutung für die intrafunktionale Kompetenzverteilung beimisst.

[18] *Thomas von Danwitz*, Der Staat 35 (1996), S. 329 (348).

[19] Zum Interdependenzmanagement der Gemeinden und Gemeindeverbände, das über eine Moderatorenrolle hinausgeht, *Renate Mayntz*, PVS-Sonderheft 26 (1996), S. 148 (160); *Lars Holtkamp*, in: Janbernd Oebbecke (Hrsg.), Nicht-normative Steuerung in dezentralen Systemen, 2005, S. 15 (27 ff.); *Lars Holtkamp/Jörg Bogumil/Leo Kißler*, Kooperative Demokratie, 2006, S. 225 f.

[20] *Markus Götz*, Politische Steuerung in der Kommune, 2000, S. 202, 225 f.

freien, gleichen[21] und geheimen Wahlen hervorgegangene Vertretung des Volkes bestehen muss. Daraus folgt trotz der Regelung des Art. 28 Abs. 1 S. 4 GG grundsätzlich[22] die Geltung des Repräsentationsprinzips.[23] Zugleich ist aus der Notwendigkeit einer aus allgemeinen, unmittelbaren, freien, gleichen und geheimen Wahlen hervorgegangenen Vertretung des Volkes die Geltung des Mehrheitsprinzips[24] herzuleiten. Um den verfassungsrechtlichen Rahmen der legislativen Ausgestaltung der kommunalen Binnenorganisation zu bestimmen, sind auch diese Prinzipien mit der partizipativen Funktion kommunaler Selbstverwaltung abzuwägen.

Für die Abwägungsentscheidung lassen sich ebenfalls einige Gesichtspunkte festhalten: Ganz grundsätzlich erweist sich die Notwendigkeit einer aus allgemeinen, unmittelbaren, freien, gleichen und geheimen Wahlen hervorgegangenen Vertretung des Volkes als ambivalent. Wahlen im Sinne des Art. 28 Abs. 1 S. 2 GG sowie die Mitwirkung in den gewählten Vertretungen des Volkes sind nämlich selbst Ausdruck der partizipativen Funktion kommunaler Selbstverwaltung, sodass die Abwägung mit Blick auf Art. 28 Abs. 1 S. 2 GG asymmetrisch erfolgt. Nichtsdestotrotz ist zu berücksichtigen, dass das Repräsentationsprinzip mit anderen Ausdrucksformen der partizipativen Funktion kommunaler Selbstverwaltung in Konflikt geraten kann: Aus dem Repräsentationsprinzip folgt nämlich, dass der Vertretung des Volkes intrafunktionale Kompetenzen in substantiellem Umfang vorbehalten bleiben müssen[25] – wes-

[21] Zu kommunalwahlrechtlichen Sperrklauseln BVerfGE 120, 82 (114); *Hans Meyer*, in: Günter Püttner/Thomas Mann (Hrsg.), Handbuch der kommunalen Wissenschaft und Praxis, Bd. I, 3. Aufl. 2007, § 20, Rn. 70 ff.; *Timo Hebeler*, LKRZ 2008, S. 407 ff.; *Markus Krajewski*, DÖV 2008, S. 345 ff.; *Dirk Ehlers*, in: Utz Schliesky (Hrsg.), Die Freiheit des Menschen in Kommune, Staat und Europa, Festschrift für Edzard Schmidt-Jortzig, 2011, S. 153 ff.; *Johannes Dietlein/Daniel Riedel*, Zugangshürden im Kommunalwahlrecht. Zur Zulässigkeit moderater Sperrklauseln unterhalb von fünf Prozent zur Sicherung der Funktionsfähigkeit der Räte und Kreistage in Nordrhein-Westfalen, 2012, passim.

[22] Zur Geltung des Repräsentationsprinzips für Gemeindeverbände *Klaus Stern*, DÖV 1975, S. 515 (516); *Rudolf Streinz*, Die Verwaltung 16 (1983), S. 293 (301 f.); *Werner Frotscher*, in: Albert von Mutius (Hrsg.), Selbstverwaltung im Staat der Industriegesellschaft, Festgabe zum 70. Geburtstag von Georg Christoph von Unruh, 1983, S. 127 (144); *Walter Schmitt Glaeser*, DÖV 1998, S. 824 (828 f.); *Utz Schliesky*, ZG 1999, S. 91 (94, 108 f.); *Sebastian Müller-Franken*, in: Gilbert H. Gornig (Hrsg.), Staat – Wirtschaft – Gemeinde, Festschrift für Werner Frotscher zum 70. Geburtstag, 2007, S. 657 (671).

[23] *Meinhard Schröder*, Grundlagen und Anwendungsbereich des Parlamentsrechts, 1979, S. 344 ff.

[24] BVerfGE 1, 299 (315); 2, 1 (12 f.); 5, 85 (198); 29, 154 (165); *Werner Heun*, Das Mehrheitsprinzip in der Demokratie, 1983, S. 41 ff.; *Ulrich Scheuner*, Das Mehrheitsprinzip in der Demokratie, 1973, S. 13 ff.

[25] BVerfGE 47, 253 (275); *Gabriele Wurzel*, Gemeinderat als Parlament?, 1975, S. 110 ff.; *Rolf Grawert*, VVDStRL 36 (1978), S. 277 (327); *Peter M. Huber*, AöR 126 (2001), S. 165 (188 f.); *Dirk Ehlers*, in: Thomas Mann/Günter Püttner (Hrsg.), Handbuch der kommunalen Wissenschaft und Praxis, Bd. I, 3. Aufl. 2007, § 21, Rn. 3; ferner *Meinhard Schröder*, Grundlagen und Anwendungsbereich des Parlamentsrechts, 1979, S. 437; siehe aber auch *Fabian Wittrek*, JöR 53 n.F. (2005), S. 111 (179).

wegen repräsentative und plebiszitäre Formen der Willensbildung einander durchaus widersprechen können.[26] Dies ergibt sich auch aus folgenden Überlegungen: Angesichts der überkommenen Bedeutung demokratischer Wahlen wird ein Vorrang des Repräsentationsprinzips begründet,[27] sodass plebiszitäre Formen der Willensbildung allenfalls ergänzend[28] vorgesehen werden dürfen.[29] Eine Vielzahl solcher Formen würde daher eine unzulässige Schwächung der Vertretung des Volkes im Sinne des Art. 28 Abs. 1 S. 2 GG bewirken.[30] Überdies widerspräche auch eine gleichheitswidrige Elitenherrschaft mittels plebiszitärer Formen der Willensbildung[31] dem Mehrheitsprinzip. Die legislative Ausgestaltung der kommunalen Binnenorganisation muss daher gewährleisten, dass das Mehrheitsprinzip nicht nur bei repräsentativen, sondern auch plebiszitären Formen der Willensbildung zur Anwendung gelangt – zugleich müssen aus Gründen des Minderheitenschutzes Sachentscheidungen aber grundsätzlich auch reversibel bleiben.[32]

Schließlich wird auch die zunehmende Parteipolitisierung der Vertretung des Volkes im Sinne des Art. 28 Abs. 1 S. 2 GG als Gefahr für die partizipative Funktion kommunaler Selbstverwaltung ausgemacht,[33] was allem voran mit der

---

[26] *Georg Christoph von Unruh*, in: Norbert Achterberg (Hrsg.), Öffentliches Recht und Politik, Festschrift für Hans Ulrich Scupin zum 70. Geburtstag, 1973, S. 391 (411 f.); *Albert von Mutius*, in: Ständige Deputation des Deutschen Juristentages (Hrsg.), Verhandlungen des dreiundfünfzigsten Deutschen Juristentages, Bd. I, 1980, E 71 f.; *Sebastian Müller-Franken*, in: Gilbert H. Gornig (Hrsg.), Staat – Wirtschaft – Gemeinde, Festschrift für Werner Frotscher zum 70. Geburtstag, 2007, S. 657 (672).

[27] Dazu *Werner Frotscher*, DVBl. 1989, S. 541 (547 f.); *ders./Ingo Knecht*, DÖV 2005, S. 797 (798); *Peter M. Huber*, AöR 126 (2001), S. 165 (183 ff.); *Josef Isensee*, in: Metin Akyürek (Hrsg.), Verfassung in Zeiten des Wandels. Demokratie – Föderalismus – Rechtsstaatlichkeit. Symposion zum 60. Geburtstag von Heinz Schäffer, 2002, S. 53 (60 f.).

[28] *Karsten Bugiel*, Volkswille und repräsentative Entscheidung, 1991, S. 453 f.; *Walter Schmitt Glaeser*, DÖV 1998, S. 824 (828); *Utz Schliesky*, ZG 1999, S. 91 (94).

[29] *Rudolf Streinz*, Die Verwaltung 16 (1983), S. 293 (299 f.); *Utz Schliesky*, ZG 1999, S. 91 (106); *Sebastian Müller-Franken*, in: Gilbert H. Gornig (Hrsg.), Staat – Wirtschaft – Gemeinde, Festschrift für Werner Frotscher zum 70. Geburtstag, 2007, S. 657 (672); ferner *Ingwer Ebsen*, DVBl. 1984, S. 1107 (1110 f.); *Thomas von Danwitz*, DVBl. 1996, S. 134 (135); *Peter M. Huber*, AöR 126 (2001), S. 165 (188 ff.).

[30] Siehe *Rolf Grawert*, VVDStRL 36 (1978), S. 277 (319): „Verfassungsrechtliche Erheblichkeit haben derartige Bedenken allerdings erst, wenn die Entscheidungsfähigkeit der repräsentativen Gemeindeorgane in Frage gestellt wird."; ferner *Erika Spiegel*, AfK 1999, S. 3 (20); *Paul von Kodolitsch*, AfK 2000, S. 199 (206); *Everhard Holtmann*, in: Werner Blessing/Heinrich Pehle (Hrsg.), Die Zukunftsfähigkeit der Stadt in Vergangenheit und Gegenwart, 2004, S. 225 ff.

[31] Dazu mit Blick auf Bürgerbegehren und Bürgerentscheid *Sebastian Müller-Franken*, in: Gilbert H. Gornig (Hrsg.), Staat – Wirtschaft – Gemeinde, Festschrift für Werner Frotscher zum 70. Geburtstag, 2007, S. 657 (676); *ders.*, DÖV 2005, S. 489 (493 ff.); siehe aber auch *Christoph Brüning*, in: Hans-Günter Henneke (Hrsg.), Kommunale Selbstverwaltung in der Bewährung, 2013, S. 253 (272 f.).

[32] Siehe dazu am Beispiel von Bürgerbegehren und Bürgerentscheid *Utz Schliesky*, ZG 1999, S. 91 (97).

[33] Zum oftmals abweichend akzentuierten Verhältnis von kommunaler Selbstverwaltung

Verdrängung der konkordanzdemokratischen durch die konkurrenzdemokratische Entscheidungsfindung begründet wird.[34] Für die Abwägungsentscheidung des Gesetzgebers lässt sich insoweit festhalten: Führt die Parteipolitisierung dazu, dass Wahlen im Sinne des Art. 28 Abs. 1 S. 2 GG sowie die Mitwirkung in den gewählten Vertretungen des Volkes die partizipative Funktion kommunaler Selbstverwaltung nicht mehr zum Ausdruck bringen, müssten im Wege der legislativen Ausgestaltung andere Möglichkeiten zur Partizipation geschaffen werden. Diesem Gedanken entspricht es letztlich, dass in der Direktwahl der Bürgermeister und Landräte eine Kompensation der zunehmenden Parteipolitisierung erblickt wird.[35]

3. *Zur intrafunktionalen Gewaltenteilung*

Ein dritter Aspekt leitet den legislativen Abwägungsprozess an: Der intrafunktionale Gewaltenteilungsgrundsatz.[36] Auf diesen Grundsatz nimmt die tradierte Ausgestaltung der kommunalen Binnenorganisation ebenfalls Bezug, indem sie intrafunktionale Kompetenzen zusammenfasst und unterschiedlichen Organen zuordnet.[37] Dies muss überraschen, sprechen doch weder Art. 28 Abs. 1 S. 2 GG oder Art. 28 Abs. 2 GG einen solchen Grundsatz ausdrücklich an;[38] zur Begründung kann auch kaum auf den allgemeinen Grundsatz der Gewaltentei-

und (Partei)Politik S. 264 f.; zur (Partei)Politsierung in vorliegendem Zusammenhang *Willi Blümel*, VVDStRL 36 (1978), S. 171 (221 ff.); *Gerhard Banner*, AfK 1982, S. 26 ff.; *ders.*, DÖV 1984, S. 364 ff.; *Hinrich Lehmann-Grube*, DÖV 1985, S. 1 ff.; *Maximilian Wallerath*, DÖV 1986, S. 533 (537 f.); *Hans-Günter Henneke/Klaus Ritgen*, DÖV 2010, S. 665 (667); kritisch *Erwin Schleberger*, in: Hans-Uwe Erichsen (Hrsg.), Kommunalverfassung heute und morgen – Bilanz und Ausblick, 1989, S. 25 (27 f.).

[34] *Lars Holtkamp*, DÖV 2008, S. 94 (96 ff.); ferner *Franz-Ludwig Knemeyer/Katrin Jahndel*, Parteien in der kommunalen Selbstverwaltung, 1991, S. 26; *Hans Herbert von Arnim*, DÖV 2007, S. 221 (222 f.); anders wohl *Paul von Kodolitsch*, AfK 2000, S. 199 (212).

[35] *Franz-Ludwig Knemeyer*, in: Jörn Ipsen (Hrsg.), Kontinuität oder Reform – Die Gemeindeverfassung auf dem Prüfstand, 1990, S. 37 (54); siehe auch BVerfGE 120, 82 (116).

[36] Zum Begriff *Meinhard Schröder*, Grundlagen und Anwendungsbereich des Parlamentsrechts, 1979, S. 436; unverkennbar ist allerdings eine spezifische Verengung des Organbegriffs im Kommunalverfassungsrecht, siehe *Jörn Ipsen*, in: Bernd Becker (Hrsg.), Festschrift für Werner Thieme zum 70. Geburtstag, 1993, S. 829 (832 f.); *dens.*, in: Günter Püttner/Thomas Mann (Hrsg.), Handbuch der kommunalen Wissenschaft und Praxis, Bd. I, 3. Aufl. 2007, § 24, Rn. 13 ff.; zur intrafunktionalen Gewaltenteilung im Kontext der Kommunalisierung staatlicher Aufgaben S. 519 ff.

[37] Eingehend zum Begriff der Geschäfte der laufenden Verwaltung *Anna Leisner-Egensperger*, VerwArch 100 (2009), S. 161 ff.; allgemein zum Verhältnis von gewählter Vertretungskörperschaft und beamteter Verwaltung *Wolfgang Holler/Karl-Heinz Nassmacher*, in: Rainer Frey (Hrsg.), Kommunale Demokratie, 1979, S. 141 ff.; *Robert Hess*, in: Oscar W. Gabriel (Hrsg.), Kommunalpolitik im Wandel der Gesellschaft, 1979, S. 119 ff.; *Hermann Schönfelder*, Rat und Verwaltung im kommunalen Spannungsfeld, 1979, passim.

[38] Allgemein *Walter Leisner*, in: Hans Spanner (Hrsg.), Festgabe für Theodor Maunz, 1971, S. 267 ff.; *Hinrich Lehmann-Grube*, DÖV 1985, S. 1 (3); *Annette Buß*, Das Machtgefüge in der heutigen Kommunalverfassung, 2002, S. 32 ff.; zum Ganzen *Hermann Edler von Hoff-*

lung Bezug genommen werden, unterscheidet dieser doch lediglich die klassischen Formen staatlichen Handelns.[39] Drei unterschiedliche Erwägungen begründen dennoch den Grundsatz der intrafunktionalen Gewaltenteilung.

a) *Grundlagen und Herleitung*

Zunächst trägt die intrafunktionale Gewaltenteilung erstens den Grenzen der Leistungsfähigkeit kollegial organisierter Gremien Rechnung und stellt diesen eine hierarchisch strukturierte Bürokratie an die Seite, um eine effektive Aufgabenwahrnehmung zu gewährleisten.[40] Das Nebeneinander von körperschaftlichem Trägerorgan und Körperschaftsvorstand entspricht damit letztlich der Erkenntnis *Max Webers*, der nicht nur die Notwendigkeit von Kontrollmechanismen demokratisch legitimierter Instanzen gegenüber der Bürokratie betonte, sondern auch die fachliche Spezialisierung und Professionalisierung eines Verwaltungsapparates als notwendige Voraussetzungen einer effektiven Umsetzung demokratisch legitimierter Entscheidungen anerkannte.[41]

Zweitens lässt sich der Grundsatz der intrafunktionalen Gewaltenteilung auch mit der körperschaftlichen Organisationsstruktur von Gemeinden und Gemeindeverbänden begründen:[42] Führende und kontrollierende Funktionen werden auch außerhalb der kommunalen Selbstverwaltung grundsätzlich dem körperschaftlichen Trägerorgan zugeordnet, aus Gründen der Freihheitssicherung und Machtbeschränkung wird der Körperschaftsvorstand kompetenzabgrenzend tätig.[43]

Damit hängt drittens zusammen, dass das Nebeneinander von körperschaftlichem Trägerorgan und Körperschaftsvorstand nicht nur eine freiheitssichernde und machtbeschränkende Funktion hat, sondern auch den Gedanken objek-

---

mann, DÖV 1954, S. 326 f.; *Leopold Jansen*, DÖV 1954, S. 328 ff.; *Maximilian Wallerath*, DÖV 1986, S. 533 (534); anders wohl *Hans Herbert von Arnim*, DVBl. 1997, S. 749 (755).

[39] *Meinhard Schröder*, Grundlagen und Anwendungsbereich des Parlamentsrechts, 1979, S. 434 ff.; siehe aber auch BVerfGE 48, 64 (89): „Es läßt sich mit dem Grundsatz der Gewaltenteilung nicht ohne weiteres vereinen, wenn dieselbe Person Gemeindebediensteter ist und zugleich dem Rat der Gemeinde angehört […]. Gerade in Gemeinden ist die Gefahr gewisser Verflechtungen auf lokaler Ebene nicht von der Hand zu weisen. Dementsprechend haben die Länder durchgängig Unvereinbarkeitsregelungen für den kommunalen Bereich getroffen."

[40] *Maximilian Wallerath*, DÖV 1986, S. 533 (538 f.).

[41] *Max Weber*, Wirtschaft und Gesellschaft, 5. Aufl. 1980, S. 27 ff.; kritisch zu *Max Webers* Idealtypus bürokratischer Herrschaft *Rudolf Steinberg*, Politik und Verwaltungsorganisation, 1979, S. 229 ff.; mit Blick auf Art. 28 Abs. 2 GG *Maximilian Wallerath*, DÖV 1986, S. 533 (534 f.); zum negativ belasteten Vorwurf einer zunehmenden Büokratisierung ferner *Albert von Mutius*, in: Ständige Deputation des Deutschen Juristentages (Hrsg.), Verhandlungen des dreiundfünfzigsten Deutschen Juristentages, Bd. I, 1980, E 74 f.

[42] Siehe aber auch *Maximilian Wallerath*, DÖV 1986, S. 533 (536 ff.), der „Verflechtungen zwischen politischer und administrativer Ebene" betont.

[43] Zum Ganzen *Meinhard Schröder*, Grundlagen und Anwendungsbereich des Parlamentsrechts, 1979, S. 438 f.

tivitätssichernder Distanz[44] zum Ausdruck bringt.[45] Rechtsstaatliche Entscheidungsprozesse verlangen grundsätzlich nach Distanz zwischen Entscheidungsorgan und Entscheidungsgegenstand.[46] Schon das Repräsentationsprinzip[47] ist daher mit verfahrensrechtlichen sowie legitimatorischen Distanzgeboten in Gestalt von Entscheidungsverboten verknüpft.[48] Kommunalrechtliche Vorschriften normieren ebenfalls ausnahmslos Befangenheitsvorschriften.[49] Darüber hinaus schaffen aus rechtsstaatlicher Perspektive parlamentsgesetzliche Regelungen Distanz.[50] Auf diese zielt auch der klassische Grundsatz der Gewaltenteilung.[51] Auch Entscheidungen der Exekutive dürfen allerdings nicht von der Selbstbetroffenheit der Entscheidungsorgane überlagert werden.[52] Kommunale Selbstverwaltung bildet insoweit keinen Ausnahmefall, der rechtsstaatlichen Anforderungen entzogen ist.[53] Die legislative Ausgestaltung der kommunalen Binnenorganisation muss daher eine von Art. 28 Abs. 2 GG gerade intendierte „Verkürzung der objektivitätssichernden Distanz zwischen Entscheidungsfindung und Interessenbetroffenheit" – deren Bedeutung durch Art. 28 Abs. 1 S. 2 GG nicht verringert wird[54] – selbst zurücknehmen und kompensieren.[55] Sie erfordert ein

---

[44] Eingehend *Heinrich Lang*, Gesetzgebung in eigener Sache, 2007, S. 229 ff.

[45] Dazu *Meinhard Schröder*, Grundlagen und Anwendungsbereich des Parlamentsrechts, 1979, S. 440 f.

[46] *Eberhardt Schmidt-Aßmann*, in: Josef Isensee/Paul Kirchhof (Hrsg.), Handbuch des Staatsrechts der Bundesrepublik Deutschland, Bd. II, 3. Aufl. 2004, § 26, Rn. 25; ferner *Katharina Sobota*, Das Prinzip Rechtsstaat, 1997, S. 147, 504; *Helmuth Schulze-Fielitz*, in: Horst Dreier (Hrsg.), GG-Komm., Bd. II, 2. Aufl. 2006, Art. 20 (Rechtsstaat), Rn. 49, 209.

[47] Plebiszitäre Formen der Willensbildung vermitteln das demokratische Distanzgebot demgegenüber durch Finanzvorbehalte, siehe *Eberhard Schmidt-Aßmann*, AöR 116 (1991), S. 329 (354); *Heinrich Lang*, Gesetzgebung in eigener Sache, 2007, S. 423 ff.

[48] Umfassend *Heinrich Lang*, Gesetzgebung in eigener Sache, 2007, S. 275 ff.

[49] Dazu *Heinrich Lang*, Gesetzgebung in eigener Sache, 2007, S. 476 ff.

[50] Siehe *Heinrich Lang*, Gesetzgebung in eigener Sache, 2007, S. 232.

[51] *Heinrich Lang*, Gesetzgebung in eigener Sache, 2007, S. 234 ff.; *Eberhardt Schmidt-Aßmann*, in: Josef Isensee/Paul Kirchhof (Hrsg.), Handbuch des Staatsrechts der Bundesrepublik Deutschland, Bd. II, 3. Aufl. 2004, § 26, Rn. 25.

[52] *Helmuth Schulze-Fielitz*, in: Horst Dreier (Hrsg.), GG-Komm., Bd. II, 2. Aufl. 2006, Art. 20 (Rechtsstaat), Rn. 209; ausführlich *Michael Fehling*, Verwaltung zwischen Unparteilichkeit und Gestaltungsaufgabe, 2001, S. 195 ff., 216 ff.; zu Art. 28 Abs. 2 GG *Michael Glage*, Mitwirkungsverbote in den Gemeindeordnungen, 1995, S. 11 ff.; *Heinrich Lang*, Gesetzgebung in eigener Sache, 2007, S. 476 ff.

[53] *Eberhard Schmidt-Aßmann*, in: Peter Selmer (Hrsg.), Gedächtnisschrift für Wolfgang Martens, 1987, S. 249 (255 f.); *Gunnar Folke Schuppert*, AöR 114 (1989), S. 127 ff.

[54] *Michael Fehling*, Verwaltung zwischen Unparteilichkeit und Gestaltungsaufgabe, 2001, S. 216 ff.

[55] *Eberhard Schmidt-Aßmann*, in: Everhardt Franßen (Hrsg.), Bürger – Richter – Staat, Festschrift für Horst Sendler, 1991, S. 121 (127).

„sinnvoll gegliedertes System [...], das sich aus einem um das kommunale Vertretungsorgan zentrierten politischen und einem dem Hauptverwaltungsbeamten zugeordneten administrativen Systemteil zusammensetzt."[56]

b) Die Abwägungsentscheidung im Einzelnen

Der verfassungsrechtliche Rahmen der legislativen Ausgestaltung der kommunalen Binnenorganisation ist nun auch dadurch zu bestimmen, dass die Funktionen kommunaler Selbstverwaltung mit dem Grundsatz der intrafunktionalen Gewaltenteilung abgewogen werden. Insoweit erweist sich der Abwägungsvorgang ebenfalls als asymmetrisch: Wahlen im Sinne des Art. 28 Abs. 1 S. 2 GG sowie die Mitwirkung in den gewählten Vertretungen des Volkes sind Ausdruck der partizipativen Funktion kommunaler Selbstverwaltung, weswegen der Abwägungsvorgang zunächst wie folgt aussehen könnte: Die Bedeutung des körperschaftlichen Trägerorgans bringt die partizipative Funktion kommunaler Selbstverwaltung zum Ausdruck, während die Gewichtung des Körperschaftsvorstandes dem Grundsatz der intrafunktionalen Gewaltenteilung Rechnung trägt. Eine solche Abwägung würde allerdings missachten, dass nicht nur die Legitimation des Körperschaftsvorstandes mit der Direktwahl der Bürgermeister und Landräte[57] strukturell aufgewertet wurde, sondern damit ebenfalls der partizipativen Funktion kommunaler Selbstverwaltung Ausdruck verliehen wird. Die Ausgestaltung des Verhältnisses von körperschaftlichem Trägerorgan und Körperschaftsvorstand erfordert dementsprechend eine mehrdimensionale Betrachtung.

Für die Abwägungsentscheidung des Gesetzgebers lässt sich insoweit Folgendes festhalten: Der Körperschaftsvorstand erfährt durch die Einführung der Direktwahl einen strukturellen Machtzuwachs, der eine Schwächung des körperschaftlichen Trägerorgans bedingt.[58] Die Landesgesetzgeber haben vor die-

---

[56] *Eberhard Schmidt-Aßmann*, in: Everhardt Franßen (Hrsg.), Bürger-Richter – Staat, Festschrift für Horst Sendler, 1991, S. 121 (127); siehe aber auch *Manfred Miller*, DVBl. 1986, S. 1131 (1134), der eine asymmetrische Kompetenzzuordnung konstatiert.

[57] Allgemein *Jörn Ipsen*, in: Günter Püttner/Thomas Mann (Hrsg.), Handbuch der kommunalen Wissenschaft und Praxis, Bd. I, 3. Aufl. 2007, § 24, Rn. 20 ff.; *Hans-Günter Henneke/Klaus Ritgen*, DÖV 2010, S. 665 ff.; siehe auch *Janbernd Oebbecke*, VVDStRL 62 (2003), S. 366 (380), der in der Direktwahl eine Abkehr von der Ökonomisierung der kommunalen Binnenorganisation erblickt; zur direkten Abwahl des Bürgermeisters *Doris Böhme*, DÖV 2012, S. 55 ff.; allgemein zur Bestimmung des Wahltages Verfassungsgerichtshof für das Land Nordrhein-Westfalen, DÖV 2009, S. 676 ff.; *Michael Droege*, DÖV 2009, S. 649 ff.; *Christian Waldhoff*, JZ 2009, S. 144 ff.; *Angelika Vetter*, ZParl 2009, S. 788 ff.; zur demokratischen Notwendigkeit kommunaler Stichwahlen Verfassungsgerichtshof für das Land Nordrhein-Westfalen, DÖV 2009, S. 634; *Julian Krüper*, DÖV 2009, S. 758 ff.

[58] *Jörg Bogumil*, Modernisierung lokaler Politik, 2001, S. 245; ferner *Werner Fortscher*, in: Albert von Mutius (Hrsg.), Selbstverwaltung im Staat der Industriegesellschaft, Festgabe zum 70. Geburtstag von Georg Christoph von Unruh, 1983, S. 127 (139); *Friedrich Schoch*, NVwZ 1990, S. 801 (804); *Utz Schliesky*, AfK 1998, S. 308 (311 ff.); *Hans-Günter Henneke/Klaus Ritgen*, DÖV 2010, S. 665 (668, 770).

sem Hintergrund versucht, im Zuge der Einführung der Direktwahl durch Änderungen bei der Kompetenzverteilung diesen Machtzuwachs zu kompensieren,[59] die intrafunktionale Stärkung des körperschaftlichen Trägerorgans sollte ein Ungleichgewicht verhindern.[60] Gleichwohl ist oftmals die Dominanz des Körperschaftsvorstandes unübersehbar geworden.[61] Selbst dessen rechtlich verfasste Dominanz stößt mit Blick auf die partizipative Funktion kommunaler Selbstverwaltung indes nicht auf durchgreifende verfassungsrechtliche Bedenken:[62] Die partizipative Funktion kommunaler Selbstverwaltung nimmt nicht allein auf das körperschaftliche Trägerorgan Bezug.[63] Die Direktwahl des Körperschaftsvorstandes verwirklicht die partizipative Funktion kommunaler Selbstverwaltung ebenfalls.[64] Dem steht nicht entgegen, dass sich die Logik von Sach- und Personalvoten grundsätzlich unterscheidet und die Direktwahl des Körperschaftsvorstandes mit charismatischen Inszenierungen verbunden sein kann.[65] Lässt man zudem den Grundsatz funktionsgerechter Organ- und Entscheidungsstrukturen in die Betrachtung einfließen, lassen sich sogar Argumente finden, die gegen eine kompensatorische Schwächung durch Modifikationen der intrafunktionalen Kompetenzverteilung streiten.[66] Verfassungswidrig wäre die legislative Ausgestaltung des Verhältnisses von körperschaftlichem Trägerorgan und Körperschaftsvorstand jedenfalls erst, wenn ein systeminadäquates organisationsrechtliches Gefüge geschaffen wird. Mit dieser Vorgabe gerät die Direktwahl des Körperschaftsvorstandes allerdings nicht in Konflikt.[67] Gleiches gilt auch für eine Direktwahl des Körperschaftsvorstandes, die nicht mit einer äquivalenten Stärkung der Einflussnahmemöglichkeiten auf die

---

[59] *Hans-Günter Henneke*, Verwaltung und Management 1999, S. 132 (135); *ders./Klaus Ritgen*, DÖV 2010, S. 665 (668f.); *Paul von Kodolitsch*, AfK 2000, S. 199 (210f.).

[60] Dazu *Paul von Kodolitsch*, AfK 2000, S. 199 (200f.).

[61] Siehe *Paul von Kodolitsch*, AfK 2000, S. 199 (200f.).

[62] Zur Kompatibilität der Urwahl des Bürgermeisters mit der überkommenen kommunalen Binnenorganisation *Annette Buß*, Das Machtgefüge in der heutigen Kommunalverfassung, 2002, S. 177f.; ferner *Otto Gönnewein*, AöR 81 (1954), S. 214 (235); *Gert Hoffmann*, DÖV 1994, S. 621 (628).

[63] Ähnlich *Hans-Günter Henneke/Klaus Ritgen*, DÖV 2010, S. 665 (667).

[64] Dazu *Hans-Georg Wehling*, AfK 1989, S. 110ff.; *Anne-Kathrin Lingk*, Die Reform der nordrhein-westfälischen Kommunalverfassung, 1999, S. 113ff.; *Annette Buß*, Das Machtgefüge in der heutigen Kommunalverfassung, 2002, S. 151ff.; *Hans-Günter Henneke/Klaus Ritgen*, DÖV 2010, S. 665 (668f.); zweifelhaft scheint allenfalls die Zuordnung der Direktwahl des Bürgermeisters entweder zu den repräsentativen oder aber den plebiszitären Formen der Willensbildung, dazu *Rainer Nickel*, in: Markus Hoffmann (Hrsg.), Kommunale Selbstverwaltung im Spiegel von Verfassungsrecht und Verwaltungsrecht, 1995, S. 145 (152); *Hartmut Maurer*, ÖGZ 10/1989, S. 14ff.

[65] *Roland Roth*, in: Eckhart Schröter (Hrsg.), Empirische Policy- und Verwaltungsforschung, 2001, S. 133 (141).

[66] *Hans-Günter Henneke/Klaus Ritgen*, DÖV 2010, S. 665 (670).

[67] *Hans-Günter Henneke/Klaus Ritgen*, DÖV 2010, S. 665 (670); ähnlich BVerfGE 120, 87 (117) mit dem Hinweis auf eine „besondere institutionelle Unabhängigkeit" des unmittelbar gewählten Bürgermeisters.

Zusammensetzung von Gemeinde- und Landkreisvertretungen etwa im Wege des Kumulierens und Panaschierens[68] verbunden wird.[69]

II. Kommunale Binnenorganisation und kommunale Organisationshoheit

Trotz der vielschichtigen Überlegungen lässt sich der prinzipientheoretische Deutungsansatz mit Blick auf die kommunale Binnenorganisation nochmals wie folgt auf den Punkt bringen: Die kommunale Binnenorganisation bedarf der Ausgestaltung durch den Gesetzgeber. Der verfassungsrechtliche Rahmen dieser Ausgestaltung ist durch eine Abwägung zwischen den Funktionen kommunaler Selbstverwaltung einerseits und konfligierenden Rechtsprinzipien andererseits zu bestimmen; den Abwägungsmaßstab bildet das Untermaßverbot. Als konfligierende Rechtsprinzipien sind bereichsspezifisch zu nennen: Der Grundsatz funktionsgerechter Organ- und Entscheidungsstrukturen, die Notwendigkeit einer aus allgemeinen, unmittelbaren, freien, gleichen und geheimen Wahlen hervorgegangene Vertretung des Volkes, die die Geltung des Repräsentations- sowie des Mehrheitsprinzip bedingt, und der Grundsatz der intrafunktionalen Gewaltenteilung.

Ausgehend von diesen Erkenntnissen stößt die dogmatische Rekonstruktion der kommunalen Binnenorganisation noch auf die Herausforderung, wie die Ausgestaltungsbedürftigkeit der kommunalen Binnenorganisation einerseits mit der so genannten kommunalen Organisationshoheit[70] andererseits „kompatibilisiert“ werden kann: Inhaltlich meint die kommunale Organisationshoheit die Befugnis der Gemeinden und Gemeindeverbände, Aufbau und Zusammenwirken einschließlich der Aufgabenabläufe und Entscheidungszuständigkeiten[71] der Beschluss- und Vollzugsorgane sowie gemeindeinterner räumlicher Untergliederungen, gemeindeeigener Einrichtungen und Betriebe zu regeln.[72]

---

[68] *Hans Meyer*, in: Günter Püttner/Thomas Mann (Hrsg.), Handbuch der kommunalen Wissenschaft und Praxis, Bd. I, 3. Aufl. 2007, § 20, Rn. 80 ff.; *Dirk Ehlers*, in: Günter Püttner/Thomas Mann (Hrsg.), Handbuch der kommunalen Wissenschaft und Praxis, Bd. I, 3. Aufl. 2007, § 21, Rn. 8; ferner *Albert von Mutius*, in: Ständige Deputation des Deutschen Juristentages (Hrsg.), Verhandlungen des dreiundfünfzigsten Deutschen Juristentages, Bd. I, 1980, E 222 f.

[69] So aber *Hans Herbert von Arnim*, DVBl. 1997, S. 749 (756).

[70] Zur verfassungsrechtlichen Gewährleistung der kommunalen Organisationshoheit schon *Heinrich Rosin*, Hirts Annalen des Deutschen Reiches 1883, S. 265 (309 f.); *Albert Haenel*, Deutsches Staatsrecht, Bd. I, 1892, S. 138; *Hans Peters*, Grenzen der kommunalen Selbstverwaltung in Preußen, 1926, S. 31 ff.; *Rudolf Elleringmann*, Begriff und Wesen der körperschaftlichen Selbstverwaltung, 1936, S. 40; *Heinrich Siedentopf*, Die Verwaltung 4 (1971), S. 279 (293).

[71] BVerfG, NVwZ 2002, S. 72 (73).

[72] BVerfGE 8, 256 (258); ferner *Horst Dreier*, in: Horst Dreier (Hrsg.), GG-Komm., Bd. II, 2. Aufl. 2006, Art. 28, Rn. 133.

Diese Organisationshoheit könnte der hier zugrunde gelegten Annahme widersprechen, dass die kommunale Binnenorganisation der legislativen Ausgestaltung bedarf – wären Gemeinden und Gemeindeverbände verfassungsunmittelbar zur Selbstorganisation befähigt, könnte die kommunale Binnenorganisation nicht als ausgestaltungsbedürftig qualifiziert werden.

1. Die institutionelle Sichtweise der kommunalen Organisationshoheit: Grundlagen und Schwächen

a) Zur Judikatur des Bundesverfassungsgerichts

Das Bundesverfassungsgericht hat aus institutioneller Perspektive die kommunale Organisationshoheit insbesondere in drei Entscheidungen näher konturiert. Mit Blick auf die verfassungsrechtliche Zulässigkeit der Krankenhausfinanzierungsumlage in Rheinland-Pfalz steckt das Bundesverfassungsgericht zunächst die Reichweite der kommunalen Organisationshoheit ab: Die kommunale Organisationshoheit wird grundsätzlich dem Merkmal der Eigenverantwortlichkeit der kommunalen Aufgabenwahrnehmung zugeordnet.[73] Allerdings verschafft das Bundesverfassungsgericht der kommunalen Organisationshoheit auch im übertragenen Wirkungskreis Geltung,[74] indem es eine organisatorische und eine inhaltliche Dimension der eigenverantwortlichen Regelung der Angelegenheiten der örtlichen Gemeinschaft unterscheidet.[75] Obwohl nach dem Wortlaut des Art. 28 Abs. 2 GG die Eigenverantwortlichkeit der Aufgabenerfüllung nur im eigenen Wirkungskreis gewährleistet sei, beanspru-

---

[73] BVerfGE 83, 363 (382); siehe auch BVerfGE 91, 228 (236); dazu *Friedrich Schoch*, in: Hans Günter Henneke/Hubert Meyer (Hrsg.), Kommunale Selbstverwaltung zwischen Bewahrung, Bewährung und Entwicklung, Festgabe für Gernot Schlebusch zum 65. Geburtstag, 2006, S. 11 (44); ferner *Horst Dressler*, Die Organisations- und Personalhoheit der Gemeinden, 1963, S. 44f.; *Josef Isensee*, Subsidiaritätsprinzip und Verfassungsrecht, 1968, S. 246; *Wolfgang Brückner*, Organisationsgewalt des Staates im kommunalen Bereich, 1974, S. 156ff.; kritisch *Hans Vietmeier*, Die staatlichen Aufgaben der Kommunen und ihrer Organe, 1992, S. 246f.

[74] BVerfGE 8, 256 (258); *Eckart Fadinger*, Die Rechtsstellung der Gemeinden im übertragenen Wirkungskreis, 1969, S. 96ff.; *Wolfgang Brückner*, Die Organisationsgewalt des Staates im kommunalen Bereich, 1974, S. 159f.; ferner *Edzard Schmidt-Jortzig*, Kommunale Organisationshoheit, 1979, S. 188ff., der darauf abstellt, dass eine Überantwortung fremder Aufgaben nicht zu einem Verlust der sachlichen Steuerung führe, die Eigenständigkeit der Gemeinden und Gemeindeverbände aber Berücksichtigung finden müsse; siehe auch *Walter Frenz*, VerwArch 86 (1995), S. 378 (388f.), der auf die Gefahr der Aushöhlung der kommunalen Organisationshoheit hinweist; ähnlich mit Blick auf die kommunale Personalhoheit *Heinrich Amadeus Wolff*, VerwArch 100 (2009), S. 280 (286); das Bundesverfassungsgericht hat allerdings ausdrücklich darauf hingewiesen, dass im Randbereich zwischen Selbstverwaltungsaufgaben und Aufgaben des übertragenen Wirkungskreises zu unterscheiden sei, BVerfGE 52, 95 (109ff.); 91, 228 (241).

[75] Zur Terminologie *Franz-Ludwig Knemeyer/Matthias Wehr*, VerwArch 92 (2001), S. 317 (336).

che die organisatorische Dimension der kommunalen Organisationshoheit auch im übertragenen Wirkungskreis Geltung.[76] Darüber hinaus bringt das Bundesverfassungsgericht mit der kommunalen Organisationshoheit die Rechtsformenwahl bei der kommunalen Aufgabenwahrnehmung in Verbindung und ergänzt die kommunale Organisationshoheit durch die kommunale Kooperationshoheit.[77] Gemeinden sowie Gemeindeverbände sind danach berechtigt, Aufgaben des eigenen oder übertragenen Wirkungskreises gemeinsam wahrzunehmen;[78] gesetzliche Vorgaben für die Kooperation zwischen Gemeinden und Gemeindeverbänden beeinträchtigen nach dieser Konzeption die kommunale Organisationshoheit.[79]

Auf solche Beeinträchtigungen wendet das Bundesverfassungsgericht schließlich – vor allem in der Entscheidung zur Bestellung kommunaler Frauen-

---

[76] BVerfGE 83, 363 (382); siehe dazu auch BVerfGE 91, 228 (241): „Organisationsrechtliche Entscheidungen sind freilich fast immer mit materiellen Auswirkungen verbunden. Durch sie wird – etwa mittels organisatorischer Verselbständigung eines bestimmten Aufgabenbereichs – über Gewichtung und Qualität der Aufgabenerledigung in nicht unerheblichem Umfang mitentschieden, und auch inhaltlich können dadurch Verwaltungsentscheidungen präformiert werden. Die Befugnis des Gesetzgebers, den Gemeinden Vorgaben zu ihrer Organisation zu machen, verschafft diesem daher mittelbar auch Einfluß auf die Aufgabenerledigung. Dies ist mit der Regelungskompetenz des Gesetzgebers zur Organisation der Gemeinden unausweichlich verbunden und auch gewollt. Durch die Möglichkeit organisatorischer Rahmensetzungen soll der Gesetzgeber auf eine effektive Aufgabenerledigung durch die Gemeinden hinwirken können. Ungeachtet dessen steht dem Staat die Entscheidung über die Organisation der Gemeinden nicht alleine zu. Indem Art. 28 Abs. 2 GG den Gemeinden eine eigenverantwortliche Aufgabenerledigung und damit auch organisatorische Gestaltungsbefugnisse verbürgt, verpflichtet er den Gesetzgeber, bei der Ausgestaltung des Kommunalrechts den Gemeinden eine Mitverantwortung für die organisatorische Bewältigung ihrer Aufgaben einzuräumen. Seine Vorgaben dürfen die Gemeinden aus der ihnen von der Verfassung zugewiesenen Verantwortung nicht verdrängen. Die Organisation der Gemeinden regelt sich so erst aus dem Ineinandergreifen von staatlicher Vorgabe und kommunaler Ausfüllung. Daraus folgt nicht nur, wie durch den Kernbereich gesichert ist, daß den Gemeinden insgesamt nennenswerte organisatorische Befugnisse verbleiben müssen; es muß ihnen auch ein hinreichender organisatorischer Spielraum bei der Wahrnehmung der je einzelnen Aufgabenbereiche offengehalten werden. Dabei spielen allerdings Unterschiede zwischen Selbstverwaltungsaufgaben und Aufgaben im übertragenen Wirkungskreis eine Rolle. Für keinen Aufgabenbereich darf jedoch ausgeschlossen werden, daß die Gemeinden zumindest im Bereich der inneren Organisation auch selbst noch auf die besonderen Anforderungen am Ort durch eigene organisatorische Maßnahmen reagieren können."; zum Ganzen *Walter Frenz*, VerwArch 86 (1995), S. 378 ff.; *Utz Schliesky*, Die Verwaltung 38 (2005), S. 339 ff.

[77] BVerfG, NVwZ 1987, S. 123 (124); *Edzard Schmidt-Jortzig*, in: Albert von Mutius (Hrsg.), Selbstverwaltung im Staat der Industriegesellschaft, Festgabe zum 70. Geburtstag von Georg Christoph von Unruh, 1983, S. 525 ff.; *Martin Burgi*, in: Matthias Ruffert (Hrsg.), Recht und Organisation, Symposion für Meinhard Schröder zum 60. Geburtstag, 2002, 2003, S. 55 (68); kritisch *Janbernd Oebbecke*, Zweckverbandsbildung und Selbstverwaltungsgarantie, 1982, S. 67 ff.

[78] *Horst Dreier*, in: Horst Dreier (Hrsg.), GG-Komm., Bd. II, 2. Aufl. 2006, Art. 28, Rn. 138.

[79] BVerfG, NVwZ 1987, S. 123 (124).

beauftragter[80] – die Kern- und Randbereichsdogmatik an. Für den Kernbereich stellt das Bundesverfassungsgericht fest, dass

„eine umfassende Steuerung der kommunalen Organisation durch staatliche Instanzen dem vom Verfassungsgeber vorgefundenen und dem Art. 28 Abs. 2 GG zugrundeliegenden Begriff der kommunalen Selbstverwaltung [widerspricht], die eine dezentrale und eigenverantwortliche Wahrnehmung der kommunalen Aufgaben sichern will. Der Kernbereich der kommunalen Selbstverwaltung verbietet Regelungen, die eine eigenständige organisatorische Gestaltungsfähigkeit der Kommunen im Ergebnis ersticken würden. Dies wäre der Fall, bei einer Regelungsdichte, die den Gemeinden die Möglichkeit nähme, eine Hauptsatzung zu erlassen oder ihnen hierbei keinerlei Entscheidungsspielraum mehr beließe, oder wenn die Organisation der Gemeinden durch staatliche Behörden beliebig steuerbar wäre."[81]

Den Randbereichsschutz präzisiert das Bundesverfassungsgericht wie folgt:

„Auch im Vorfeld der Sicherung des Kernbereichs entfaltet die Gewährleistung des Art. 28 Abs. 2 Satz 1 GG aus ihrer normativen Intention, den Gemeinden die Möglichkeit eigenverantwortlicher Aufgabenwahrnehmung zu garantieren, Rechtswirkungen [...]. Allerdings gilt für die Organisationshoheit – anders als für die Bestimmung der gemeindlichen Aufgaben [...] – nicht ein Prinzip der ‚Allzuständigkeit', nach dem die Gemeinden grundsätzlich alle Fragen ihrer Organisationshoheit selbst zu entscheiden hätten. Die prinzipielle Allzuständigkeit, von der in Art. 28 Abs. 2 Satz 1 GG die Rede ist, bezieht sich allein auf die örtlichen Angelegenheiten und damit die sachlichen Aufgaben, nicht aber auf die Organisation der Gemeinde. Deren Maß und Bezugspunkt liegt in der Eigenverantwortlichkeit der Gemeinden. Für die kommunale Organisation gilt auch nicht ein Prinzip der Eigenorganisation der Gemeinde, demgegenüber jede staatliche Vorgabe einer spezifischen Rechtfertigung bedürfte. Dies ist weder [...] historisch begründet, noch entspricht dem die derzeitige Ausformung des Kommunalrechts. Dieses setzt mit seinen zahlreichen Regelungen zur Organisation der Gemeinden ersichtlich eine weitgehende Befugnis des staatlichen Gesetzgebers voraus, der Regelung von Organisationsstrukturen seine Vorstellungen zugrunde zu legen. Die Organisationshoheit ist mithin von vornherein nur relativ gewährleistet. Sie kann nicht nur aus Gründen, die außerhalb ihrer selbst liegen, zurückgenommen werden, sie wird auch als Prinzip selbst durch staatliche Regelungen inhaltlich ausgeformt und mit Grenzen versehen. Organisationsvorgaben können etwa auch mit dem Ziel der Verwaltungsvereinfachung sowie der Wirtschaftlichkeit und Sparsamkeit der Verwaltung oder dem Wunsch nach Übersichtlichkeit begründet werden."[82]

---

[80] Dazu *Klaus Lange*, Kommunale Frauenbeauftragte, 1993, passim; *Ingrid Alice Mayer*, NVwZ 1994, S. 1183 ff.; *dies.*, Die kommunale Frauenbeauftragte in Baden-Württemberg, 2. Aufl. 2000, passim.

[81] BVerfGE 91, 228 (238 f.).

[82] BVerfGE 91, 228 (238 f.); dazu *Ingrid Alice Mayer*, NVwZ 1995, S. 663 f.; anders Niedersächsischer Staatsgerichtshof, NVwZ 1997, S. 58 (59) mit dem Hinweis, die Grenzen der Beeinflussung der kommunalen Organisationshoheit könnten nicht abstrakt ermittelt werden, sondern seien dem Grundsatz der Verhältnismäßigkeit zu entnehmen; dazu auch *Frank Niebaum*, DÖV 1996, S. 900 ff.; *Ulrike Fritsch/Sybille Wankel*, NVwZ 1997, S. 43 ff.; zur Maßstabbildung mit Hilfe des Übermaßverbotes ferner Verfassungsgericht Sachsen-Anhalt, NVwZ 1999, S. 760 (761); dazu *Monika Böhm*, NVwZ 1999, S. 721 ff.; siehe auch Verfassungs-

b) Unzulänglichkeiten der Kern- und Randbereichsdogmatik

Auffällig sind insoweit vor allem zwei Dinge: Das Bundesverfassungsgericht ordnet die kommunale Organisationshoheit dem Merkmal der Eigenverantwortlichkeit zu und konterkariert diese Zuordnung anschließend durch die Unterscheidung zwischen einer organisatorischen und einer inhaltlichen Dimension. Zudem bleibt nicht nur der Kern-, sondern auch der Randbereichsschutz vage – die kommunale Organisationshoheit ist nach dem Bundesverfassungsgericht von vornherein relativ gewährleistet. Vor diesem Hintergrund stößt die Anwendung der Lehre von den institutionellen Garantien auf die kommunale Kooperationshoheit insgesamt auf durchgreifende Bedenken. Insbesondere die Zuordnung der kommunalen Kooperationshoheit zum Merkmal der Eigenverantwortlichkeit sowie die anschließende Unterscheidung zwischen einer organisatorischen und einer inhaltlichen Dimension können nicht überzeugen. Eine solche Unterscheidung ist nämlich schon mit dem Wortlaut des Art. 28 Abs. 2 GG nicht vereinbar: Die Reichweite des Merkmals der Eigenverantwortlichkeit wird durch den Begriff der Angelegenheiten der örtlichen Gemeinschaft bestimmt[83] und kann nicht auf den übertragenen Wirkungskreis erstreckt werden. Dementsprechend qualifiziert ein abweichender Ansatz die kommunale Organisationshoheit auch als unspezifisches Gewährleistungselement des Art. 28 Abs. 2 GG.[84] Selbst dann kann die Anwendung der Lehre von den institutionellen Garantien allerdings nicht überzeugen: Eine tragfähige Anwendung der Kern- und Randbereichsdogmatik ist bislang nicht gelungen.[85]

gerichtshof für das Land Nordrhein-Westfalen, NVwZ 2002, S. 1502 (1503); zum Ganzen Verfassungsgericht Brandenburg, DVBl. 2000, S. 981 (986 f.).

[83] Siehe *Franz-Ludwig Knemeyer/Matthias Wehr*, VerwArch 92 (2001), S. 317 (337); ähnlich *Dirk Ehlers*, DVBl. 2000, S. 1301 (1309); ferner *Walter Frenz*, VerwArch 86 (1995), S. 378 (388).

[84] BVerwG, DVBl. 1984, S. 679 (680 f.); *Hans Wilhelm Wolff*, Die Organisationsgewalt der Gemeinden, 1958, S. 70 ff.; *Friedrich Hohrmann*, Bundesgesetzliche Organisation landesunmittelbarer Selbstverwaltungskörperschaften, 1967, S. 182; ferner *Eberhard Schmidt-Aßmann*, in: Hans-Günter Henneke/Hubert Meyer (Hrsg.), Kommunale Selbstverwaltung zwischen Bewahrung, Bewährung und Entwicklung, Festgabe für Gernot Schlebusch zum 65. Geburtstag, 2006, S. 59 (78), der dem Vermittlungsbegriff der kommunalen Hoheiten attestiert, eine Vielzahl von Handlungsmöglichkeiten – Aufgaben und Erfüllungsarten – zu bündeln, ohne eine isoliert eigenverantwortliche kommunale Entscheidungsbefugnis verfassungsrechtlich zu gewährleisten; siehe auch *Klaus Stern*, in: BK, Art. 28 (1964), Rn. 82, der im Hinblick auf die kommunale Organisationshoheit eine Überlagerung von Rechtssubjektsgarantie und Rechtsinstitutionsgarantie feststellt; schließlich *Edzard Schmidt-Jortzig*, Kommunale Organisationshoheit, 1979, S. 72 ff., der davon ausgeht, dass die verfassungsrechtliche Gewährleistung der Regelung der Angelegenheiten der örtlichen Gemeinschaft nicht zugleich einen für die Aufgabenwahrnehmung notwendigen Verwaltungsapparat umfasst und demzufolge die kommunale Organisationshoheit nicht als Gegenstand der gemeindlichen Aufgabengarantie qualifiziert werden kann.

[85] Dazu *Walter Frenz*, VerwArch 86 (1995), S. 378 (382 ff.).

2. *Die kommunale Organisationshoheit in prinzipientheoretischer Deutung*

Der prinzipientheoretischen Interpretation des Art. 28 Abs. 2 GG gelingt es demgegenüber, die kommunale Organisationshoheit mit Hilfe eines stringenten Deutungsansatzes auch im übertragenen Wirkungskreis zur Anwendung zu bringen. Aus prinzipientheoretischer Perspektive ist davon auszugehen, dass die kommunale Organisationshoheit weder der Aufgabengarantie der Gemeinden und Gemeindeverbände noch dem Merkmal der Eigenverantwortlichkeit zugeordnet werden kann.[86] Vor allem das Merkmal der Eigenverantwortlichkeit gewährleistet folglich nur das Unbehelligtbleiben von inhaltlichen Einflussnahmen, nicht aber die kommunale Organisationshoheit[87] – diese liegt dem Merkmal der Eigenverantwortlichkeit gerade voraus.[88] Vielmehr gilt es zu berücksichtigen, dass Art. 28 Abs. 2 GG die Einrichtung der Gemeinden und Gemeindeverbände als ausgestaltungsbedürftiges Rechtsprinzip gewährleistet.[89] Diesem existentialen Gewährleistungselement ist auch die kommunale Organisationshoheit zuzuordnen.

a) *Ausgestaltungsbedürftigkeit der kommunalen Organisationshoheit*

Eine derartige Zuordnung hat zunächst den Vorteil, dass der Zusammenhang zwischen der Eigenverantwortlichkeit der kommunalen Aufgabenwahrnehmung und der Aufgabengarantie der Gemeinden und Gemeindeverbände bestehen bleibt und die kommunale Organisationshoheit dennoch im übertragenen Wirkungskreis zur Anwendung gelangt.[90] Für das existentiale Gewährleistungselement hat die Unterscheidung zwischen beiden Aufgabenkreisen keine Bedeutung. Begründen lässt sich diese Zuordnung im Übrigen mit der Ausgestaltungsbedürftigkeit auch der kommunalen Organisationshoheit[91] – insoweit

---

[86] Ähnlich *Klaus Rennert*, JuS 2008, S. 29 (30); siehe auch *Kay Waechter*, AöR 135 (2010), S. 327 ff., der zwar zwischen abschließend normierten Schutzgütern der Selbstverwaltung, der Ausgestaltung der Grundlagen der Selbstverwaltung und Eingriffen in die ausgestaltete Selbstverwaltung unterscheidet, die kommunalen Hoheiten aber nicht dem ausgestaltungsbedürftigen Gewähleistungselement zuordnet und gleichwohl zu der Feststellung gelangt, dass jedenfalls die äußere Kommunalverfassung der legislativen Ausgestaltung zugänglich ist.

[87] *Bert Schaffarzik*, DÖV 1996, S. 152 (156).

[88] *Edzard Schmidt-Jortzig*, Kommunale Organisationshoheit, 1979, S. 74 ff.

[89] Auf das Subjekt kommunaler Selbstverwaltung greift auch *Edzard Schmidt-Jortzig*, Kommunale Organisationshoheit, 1979, S. 161 ff. zurück; ähnlich *Bert Schaffarzik*, DÖV 1996, S. 152 (155 ff.); *Utz Schliesky*, Die Verwaltung 38 (2005), S. 339 (344 f.); kritisch *Herbert Bethge*, Die Verwaltung 15 (1982), S. 205 (220 ff.).

[90] *Edzard Schmidt-Jortzig*, Kommunale Organisationshoheit, 1979, S. 161 ff.; *Bert Schaffarzik*, DÖV 1996, S. 152 (156); *Utz Schliesky*, Die Verwaltung 38 (2005), S. 339 (345).

[91] Dazu schon *Hugo Preuß*, Das städtische Amtsrecht in Preußen, 1902, S. 153, der von Organisationshoheit kraft Gesetzes spricht.

ist auf die Ausführungen zur kommunalen Binnenorganisation Bezug zu nehmen.

Grundlegend ist dabei die Erkenntnis, dass die kommunale Binnenorganisation erst im Wege der legislativen Ausgestaltung hervorgebracht wird. Dementsprechend kann nicht eine dieser kommunalen Binnenorganisation vorausliegende kommunale Organisationshoheit verfassungsunmittelbar gewährleistet sein.[92] Zwar verlangt Art. 28 Abs. 1 S. 2 GG, dass das Volk eine Vertretung haben muss, die aus allgemeinen, unmittelbaren, freien, gleichen und geheimen Wahlen hervorgegangen ist. Damit ist eine funktionsgerechte Handlungsfähigkeit der Gemeinden und Gemeindeverbände aber nicht schon verfassungsunmittelbar hergestellt; es fehlen gerade rechtliche Organisationsstrukturen zur kommunalen Aufgabenwahrnehmung.[93] Anhaltspunkte, die die Ausgestaltungsbedürftigkeit der kommunalen Organisationshoheit bestätigen, finden sich – trotz ihrer institutionellen Prägung – schließlich auch in der Judikatur des Bundesverfassungsgerichts: Sie betont, Gemeinden und Gemeindeverbände müssten zur Wahrnehmung ihrer Aufgaben befähigt werden.[94] Die organisationsrechtliche Handlungsfähigkeit der Gemeinden und Gemeindeverbände wird daher auch nach dem Bundesverfassungsgericht nicht schon von Verfassungs wegen hergestellt.

b) Grenzen der legislativen Ausgestaltung der kommunalen Organisationshoheit

Nach prinzipientheoretischer Deutung lassen sich die kommunale Binnenorganisation und die kommunale Organisationshoheit daher wie folgt „kompatibilisieren": Bedarf die kommunale Organisationshoheit der legislativen Ausgestaltung, sind die verfassungsrechtlichen Grenzen auch dieser Ausgestaltung mit Hilfe einer Abwägung zwischen den Funktionen kommunaler Selbstverwaltung und konfligierenden Rechtsprinzipien nach Maßgabe des Untermaßverbotes zu bestimmen.[95] Die legislative Ausgestaltung der kommunalen Orga-

---

[92] Anders *Edzard Schmidt-Jortzig*, Kommunale Organisationshoheit, 1979, S. 161 ff., 219 ff.; ferner *Hans Wilhelm Wolff*, Die Organisationsgewalt der Gemeinden und ihre Grenzen bei der Gliederung der Gemeindeverwaltung, 1958, S. 78 f.; *Erich Becker*, in: Hochschule für Verwaltungswissenschaften Speyer (Hrsg.), Zur Struktur der deutschen Verwaltung, 1967, S. 68 (69); *Herbert Bethge*, Die Verwaltung 15 (1982), S. 205 (222); *Bert Schaffarzik*, DÖV 1996, S. 152 (158).

[93] Die Notwendigkeit der legislativen Ausgestaltung der kommunalen Organisationshoheit kann demgegenüber nicht mit Hilfe des institutionellen Gesetzesvorbehaltes begründet werden, siehe dazu BVerfG, DVBl. 1987, S. 135 (136); BVerfG, NVwZ 1995, S. 677 (677 f.); *Ferdinand Kirchhof*, Die Einrichtung von Bürgerämtern in Gemeinden und Kreisen, 1998, S. 13.

[94] BVerfGE 91, 228 (238).

[95] Anders wohl BVerfGE 91, 228 (240) mit dem Hinweis, die kommunale Organisationshoheit sei nur relativ gewährleistet und könne „nicht nur aus Gründen, die außerhalb ihrer

nisationshoheit muss folglich für ein Mindestmaß an Handlungs- und tatsächlicher Bewegungsfreiheit[96] sorgen, ohne dass dadurch die funktionsgerechte Binnenorganisation von Gemeinden und Gemeindeverbänden beeinträchtigt wird.[97] Art. 28 Abs. 2 GG gewährleistet dementsprechend nicht, dass Gemeinden und Gemeindeverbände dazu berufen sein müssen, die kommunale Binnenorganisation umfassend selbst zu regeln.[98] Diese Befugnis kann vielmehr erst durch eine – verfassungskonforme – Ausgestaltung der kommunalen Binnenorganisation entstehen.[99]

3. *Exkurs: Kommunale Hoheiten im Übrigen*

Die Überlegungen zur kommunalen Organisationshoheit zeigen, dass die dogmatischen Grundlagen der so genannten kommunalen Hoheiten insgesamt unsicher sind. Nach Maßgabe der prinzipientheoretischen Interpretation des Art. 28 Abs. 2 GG kann zunächst die kommunale Organisationshoheit unmittelbar in Verbindung mit der kommunalen Binnenorganisation der Gemeinden und Gemeindeverbände gebracht und als Gegenstand des ausgestaltungsbedürftigen existentialen Gewährleistungselementes qualifiziert werden. Die verfassungsrechtlichen Grenzen der legislativen Ausgestaltung ergeben sich aus der Anwendung der Abwägungsmethode nach Maßgabe des Untermaßverbotes. Diese Deutung hebt sich ab von der institutionellen Sicht, die nicht nur die Organisationshoheit, sondern auch die übrigen kommunalen Hoheiten als verfassungsunmittelbare Gewährleistungsgegenstände versteht, die auf heuristische Weise typisierte Ausschnitte aus dem Gesamtumfang kommunaler Selbstverwaltung zusammenfassen.[100] Vor diesem Hintergrund ist es angezeigt, neben der kommunalen Organisationshoheit auch die übrigen kommunalen Hoheiten[101] in den Blick zu nehmen. Nachfolgend ist zu klären, ob diese Hoheiten

selbst liegen, zurückgenommen werden, sie [werde] auch als Prinzip selbst durch staatliche Regelungen inhaltlich ausgeformt und mit Grenzen versehen".

[96] Dazu *Edzard Schmidt-Jortzig*, Kommunale Organisationshoheit, 1979, S. 171; ferner *Rudolf Elleringmann*, Begriff und Wesen der körperschaftlichen Selbstverwaltung, 1936, S. 40 ff.

[97] *Peter Lerche*, DÖV 1969, S. 46 (46); *Edzard Schmidt-Jortzig*, Kommunale Organisationshoheit, 1979, S. 171; *Gerd Schmidt-Eichstaedt*, Bundesgesetze und Gemeinden, 1981, S. 131.

[98] Kritisch *Edzard Schmidt-Jortzig*, Kommunale Organisationshoheit, 1979, S. 224.

[99] Siehe *Edzard Schmidt-Jortzig*, Kommunale Organisationshoheit, 1979, S. 224.

[100] *Horst Dreier*, in: Horst Dreier (Hrsg.), GG-Komm., Bd. II, 2. Aufl. 2006, Art. 28, Rn. 130.

[101] Siehe dazu *Klaus Lange*, Kommunalrecht, 2013, Kapitel 1, Rn. 57, der den überkommenen Gemeindehoheiten lediglich exemplarischen Charakter beimisst; ferner *Jan Ziekow*, VerwArch 104 (2013), S. 529 ff., der eine „kommunale Informationshoheit" herausbildet, die „die Befugnis der Gemeinden [umfasst], eigenverantwortlich darüber entscheiden zu können, welche Informationen sie für eine funktionsgerechte Aufgabenwahrnehmung benötigt, wie sie sie erheben, auswerten und nutzen will sowie in welcher Form ein Informationsmanage-

nach der prinzipientheoretischen Interpretation ebenfalls dem existentialen Gewährleistungselement des Art. 28 Abs. 2 GG zugeordnet werden können und der legislativen Ausgestaltung bedürfen oder ob sie Gegenstand entweder des Merkmals der Eigenverantwortlichkeit oder der Aufgabengarantie der Gemeinden und Gemeindeverbände sind.

a) Gebietshoheit

Die Gebietshoheit trägt zunächst dem Territorialitätsprinzip Rechnung,[102] formuliert damit ein Strukturmerkmal jeder Gebietskörperschaft und steht folglich in unmittelbarem Zusammenhang mit den organisationsstrukturellen Grundlagen kommunaler Selbstverwaltung. Dies verdeutlicht, dass die Gebietshoheit keinesfalls dem Merkmal der Eigenverantwortlichkeit zugeordnet werden kann: Wenn Art. 28 Abs. 2 GG eine legislative Ausgestaltung der organisationsstrukturellen Grundlagen kommunaler Selbstverwaltung voraussetzt, erstreckt sich diese auch auf die kommunale Gebietshoheit. Aus diesem Grund ist die kommunale Gebietshoheit ebenfalls den ausgestaltungsbedürftigen organisationstrukturellen Grundlagen kommunaler Selbstverwaltung zuzuordnen.

b) Kooperationshoheit

Gleiches gilt auch für die kommunale Kooperationshoheit, die die kommunale Organisationshoheit in spezifischer Weise zum Ausdruck bringt.[103] Ohne eine legislative Ausgestaltung der kommunalen Kooperationshoheit sind Gemeinden und Gemeindeverbände nicht zur kommunalen Zusammenarbeit imstande – es fehlt den Gemeinden und Gemeindeverbänden auch insoweit die notwendige rechtliche Handlungsfähigkeit.[104] Der Gesetzgeber ist daher aufgerufen, die kommunale Kooperationshoheit unter Berücksichtigung der Funktionen kommunaler Selbstverwaltung sowie konfligierender Rechtsprinzipien nach Maßgabe des Untermaßverbotes auszugestalten. Bei dieser Ausgestaltung sprechen die Funktionen kommunaler Selbstverwaltung angesichts der gemeinsamen Verantwortlichkeit für die Aufgabenwahrnehmung eher gegen interkommunale Kooperationsformen. Der Gesetzgeber muss aber auch beachten, dass die kommunale Kooperationshoheit zu den historisch überkommenen Gestaltungsinstrumenten kommunaler Selbstverwaltung gehört.[105] Des Weiteren ist anerkannt, dass „Kommunalverwaltung [...] [nicht] ohne Kooperation [...]

ment betrieben werden soll und welche Informationen wem wie zugänglich gemacht werden sollen."

[102] *Klaus Stern*, in: BK, Art. 28 (1964), Rn. 98; kritisch *Klaus Lange*, Kommunalrecht, 2013, Kapitel 1, Rn. 58 ff.

[103] *Horst Dreier*, in: Horst Dreier (Hrsg.), GG-Komm., Bd. II, 2. Aufl. 2006, Art. 28, Rn. 138.

[104] Zur Aufgabenwahrnehmung im Wege interkommunaler Kooperation S. 496 ff.

[105] *Thorsten Ingo Schmidt*, Kommunale Kooperation, 2005, S. 32 ff., 56 f.

[auskommt]“:[106] Angelegenheiten der örtlichen Gemeinschaft haben einen gewissen Verflechtungsgrad, der interkommunale Kooperation im Interesse der effektiven Aufgabenwahrnehmung erfordert.[107] Dementsprechend lässt sich zwar der „Schutz des herkömmlichen Kooperationsarsenals [...] [nicht begründen], wohl aber das Verbot seines ersatzlosen Fortfalls“.[108]

c) Personalhoheit

Die Personalhoheit ist nach der institutionellen Deutung verfassungsunmittelbar gewährleisteter Gegenstand des Art. 28 Abs. 2 GG – Gemeinden[109] und Gemeindeverbände[110] sind danach Dienstherren, Dienstaufsicht und Disziplinargewalt,[111] des Weiteren umfasst die Personalhoheit die Entscheidung über die Schaffung von Stellen einschließlich ihrer haupt- oder ehrenamtlichen Besetzung[112] und die Auswahl, Anstellung, Beförderung sowie Entlassung von Personal.[113] Ungeachtet zahlreicher Vorgaben des Beamten- und Arbeitsrechts sowie tarifvertragsrechtlicher Einflussnahmen[114] ist die verfassungsrechtliche Gewährleistung der kommunalen Personalhoheit danach grundsätzlich anerkannt. Die Zuordnung der kommunalen Personalhoheit zum Merkmal der Eigenverantwortlichkeit widerspricht allerdings ebenfalls dessen Zusammenhang mit der Aufgabengarantie der Gemeinden und Gemeindeverbände; die Geltung der kommunalen Personalhoheit sowohl im eigenen als auch im übertragenen Wirkungskreis[115] kann mit einer solchen Zuordnung nicht begründet werden.[116]

---

[106] *Thorsten Ingo Schmidt*, Kommunale Kooperation, 2005, S. 9f.; *Janbernd Oebbecke*, in: Thomas Mann/Günter Püttner (Hrsg.), Handbuch der kommunalen Wissenschaft und Praxis, Bd. I, 3. Aufl. 2007, § 29, Rn. 6; siehe aber auch *Alexander Schink*, in: Edzard Schmidt-Jortzig/Alexander Schink, Subsidiaritätsprinzip und Kommunalordnung, 1982, S. 25 (100ff.), der feststellt, bei der gebotenen historischen Betrachtungsweise müsse eine Zuordnung der Kooperationshoheit zur Gewährleistung des Art. 28 Abs. 2 GG zweifelhaft erscheinen.

[107] *Wolfgang Loschelder*, in: Albert von Mutius (Hrsg.), Selbstverwaltung im Staat der Industriegesellschaft, Festgabe zum 70. Geburtstag von Georg Christoph von Unruh, 1983, S. 381 (397).

[108] Dazu *Wolfgang Loschelder*, in: Albert von Mutius (Hrsg.), Selbstverwaltung im Staat der Industriegesellschaft, Festgabe zum 70. Geburtstag von Georg Christoph von Unruh, 1983, S. 381 (397).

[109] BVerfGE 1, 167 (175); 7, 358 (364); 8, 332 (359); 9, 268 (290); 17, 172 (181 f.); 91, 228 (245).

[110] BVerfGE 8, 332 (359); 83, 363 (382f.).

[111] Zum Ganzen *Heinrich Amadeus Wolff*, VerwArch 100 (2009), S. 280 (281).

[112] *Helmut Lecheler*, in: Albert von Mutius (Hrsg.), Selbstverwaltung im Staat der Industriegesellschaft, Festgabe zum 70. Geburtstag von Georg Christoph von Unruh, 1984, S. 541 ff.; *Horst Dreier*, in: Horst Dreier (Hrsg.), GG-Komm., Bd. II, 2. Aufl. 2006, Art. 28, Rn. 139; ferner *Andrea Gemein*, Die Personalhoheit der Gemeinden, 1998, passim.

[113] BVerfGE 17, 172 (181 f.).

[114] *Helmut Lecheler*, in: Albert von Mutius (Hrsg.), Selbstverwaltung im Staat der Industriegesellschaft, Festgabe zum 70. Geburtstag von Georg Christoph von Unruh, 1984, S. 541 ff.

[115] BAGE 76, 125 ff.; *Heinrich Amadeus Wolff*, VerwArch 100 (2009), S. 280 (286).

[116] Anders BVerfGE 83, 363 (382); *Heinrich Amadeus Wolff*, VerwArch 100 (2009), S. 280 (284 f.).

Aus diesem Grund sind Berührungspunkte der kommunalen Personalhoheit mit der kommunalen Organisationshoheit in den Blick zu nehmen,[117] bildet die kommunale Organisationshoheit doch einen Rahmen, den die kommunale Personalhoheit ausfüllt.[118] Beamten- sowie arbeitsrechtliche Vorgaben schaffen dementsprechend erst die Voraussetzungen der Personalhoheit der Gemeinden und Gemeindeverbände.[119] Dadurch wird die Unterscheidung zwischen kommunalspezifischen, eingreifenden und neutralen, ausgestaltenden legislativen Vorgaben obsolet,[120] auch müssen normative nicht von administrativen[121] Befugnissen abgegrenzt werden.[122] Vielmehr sind prinzipientheoretische Maßstäbe anzulegen, wonach sich der verfassungsrechtliche Rahmen der legislativen Ausgestaltung der kommunalen Personalhoheit nach einer Abwägung zwischen den Funktionen kommunaler Selbstverwaltung und konfligierenden Rechtsprinzipien nach Maßgabe des Untermaßverbotes[123] bestimmt. Verfassungsrechtlich wird folglich allein die Schaffung von Möglichkeiten zur Einflussnahme auf Personalentscheidungen vorausgesetzt, die letztlich die Wahr-

[117] *Heinrich Amadeus Wolff*, VerwArch 100 (2009), S. 280 (282).

[118] Siehe *Heinrich Amadeus Wolff*, VerwArch 100 (2009), S. 280 (283).

[119] *Heinrich Amadeus Wolff*, VerwArch 100 (2009), S. 280 (289); demzufolge können die in der Vergangenheit als Beeinträchtigungen der kommunalen Personalhoheit qualifizierten Maßnahmen – staatliche Genehmigungsvorbehalte (BVerfGE 8, 332 [359]; BVerwGE 31, 345 [355]), Einstellungpflichten (BVerfGE 17, 172 [183]), Übernahmepflichten (BVerfGE 17, 172 [181]; *Heinrich Amadeus Wolff*, a. a. O., S. 280 [287]), die Ausgliederung kommunalen Personals (BVerfGE 17, 172 [185]; 119, 331 [381]), die geschlechterspezifische Beschränkung des Bewerberkreises (BVerfGE 91, 228 [245]), die Erklärung von Kommunalbeamten zu Hilfsbeamten der Staatsanwaltschaft (*Rolf Stober*, DVBl. 1985, S. 81 [85 f.]), wohl auch die legislative Regelung der Besoldung (*Hans Peter Ipsen*, DÖV 1955, S. 225 [228]; kritisch dazu *Heinrich Amadeus Wolff*, a. a. O., S. 280 [293]) – nur als Ausgestaltung der kommunalen Personalhoheit qualifiziert werden.

[120] Anders *Heinrich Amadeus Wolff*, VerwArch 100 (2009), S. 280 (290 ff.), der eine Abgrenzung nach der Intensität der Beeinträchtigung der kommunalen Personalhoheit vornehmen will; siehe auch *Ewald Andrews*, Entwicklung und Umfang der gemeindlichen Personalhoheit, 1959, S. 148; *Eberhard Schmidt-Aßmann*, in: Klaus König (Hrsg.), Öffentlicher Dienst, Festschrift für Carl Hermann Ule zum 70. Geburtstag am 26. Februar 1977, 1977, S. 461 (465).

[121] *Hugo Preuß*, Das städtische Amtsrecht in Preußen, 1902, S. 295 forderte, dass Gemeinden und Gemeindeverbände zur Auswahl der am besten qualifizierten Personen berechtigt sein müssen; gesetzliche Qualifikationsanforderungen wirken sich allerdings auch auf derartige administrative Befugnisse aus, siehe *Edzard Schmidt-Jortzig*, Kommunale Organisationshoheit, 1979, S. 180 f.

[122] *Helmut Lecheler*, in: Albert von Mutius (Hrsg.), Selbstverwaltung im Staat der Industriegesellschaft, Festgabe zum 70. Geburtstag von Georg Christoph von Unruh, 1984, S. 541 (543 f.); *Eberhard Schmidt-Aßmann*, in: Klaus König (Hrsg.), Öffentlicher Dienst, Festschrift für Carl Hermann Ule zum 70. Geburtstag am 26. Februar 1977, 1977, S. 461 (464 ff.); *Heinrich Amadeus Wolff*, VerwArch 100 (2009), S. 280 (291).

[123] Trotz des institutionellen Deutungsansatzes dazu *Heinrich Amadeus Wolff*, VerwArch 100 (2009), S. 280 (292), der auf ein Gebot sachgerechter Ausgestaltung rekurriert.

nehmung von Angelegenheiten der örtlichen Gemeinschaft in eigener Verantwortung ermöglichen.[124]

d) Finanzhoheit

Art. 28 Abs. 2 S. 3 GG[125] gewährleistet ausdrücklich die Grundlagen der finanziellen Eigenverantwortung, die mit dem Stichwort der kommunalen Finanzhoheit seit jeher verfassungsrechtlich anerkannt sind.[126] Ungeachtet der divergierenden Terminologie[127] wird diese Finanzhoheit als die Befugnis zur eigenverantwortlichen Einnahmen- und Ausgabenwirtschaft[128] im Rahmen eines gesetzlich geordneten Haushaltsrechts verstanden.[129] Gemeinden und Gemeindeverbände haben danach das Recht, Haushaltspläne aufzustellen, zu vollziehen und den Vollzug zu kontrollieren. Nach der institutionellen Interpretation ist jede staatliche Beeinflussung als rechtfertigungsbedürftige Beeinträchtigung des Art. 28 Abs. 2 GG zu qualifizieren.[130]

Der institutionelle Deutungsansatz kann indes auch mit Blick auf die kommunale Finanzhoheit nicht überzeugen. Dem liegen zwei Erwägungen zugrunde: Die Zuordnung der kommunalen Finanzhoheit zum Merkmal der Eigenverantwortlichkeit kann erstens die Einheitlichkeit der Finanzgarantie im eigenen und im übertragenen Wirkungskreis[131] nicht begründen. Zweitens ist auch mit Blick auf die kommunale Finanzhoheit entscheidend, dass die Voraussetzungen der kommunalen Einnahmen- und Haushaltswirtschaft nicht verfassungsunmittelbar gewährleistet werden. Demzufolge bedarf auch die kommunale Finanzhoheit der legislativen Ausgestaltung. Deswegen ist nach der prinzipientheoretischen Interpretation des Art. 28 Abs. 2 GG auch die kommunale Finanzhoheit dem ausgestaltungsbedürftigen existentialen Gewährleistungs-

---

[124] *Heinrich Amadeus Wolff*, VerwArch 100 (2009), S. 280 (291); ähnlich *Horst Dressler*, Die Organisations- und Personalhoheit der Gemeinden, 1963, S. 58; *Walter Grafe*, DÖV 1955, S. 650 (651); *Eberhard Schmidt-Aßmann*, in: Klaus König (Hrsg.), Öffentlicher Dienst, Festschrift für Carl Hermann Ule zum 70. Geburtstag am 26. Februar 1977, 1977, S. 461 (466).

[125] Ausführlich zur Bedeutung dieser Regelung für die kommunale Finanzausstattung S. 292 f.

[126] Siehe BVerfGE 52, 95 (117); 71, 25 (36).

[127] *Rolf Grawert*, in: Albert von Mutius (Hrsg.), Selbstverwaltung im Staat der Industriegesellschaft, Festgabe zum 70. Geburtstag von Georg Christoph von Unruh, 1983, S. 578 ff.; *Paul Kirchhof*, in: Günter Püttner (Hrsg.), Handbuch der kommunalen Wissenschaft und Praxis, Bd. 6, 2. Aufl. 1985, S. 3 (10 f.).

[128] *Susanne Schmitt*, Inhalt, verfassungsrechtliche Stellung und Bedeutungsgehalt der kommunalen Finanzhoheit, 1996, S. 54 f.

[129] BVerfGE 26, 228 (244); 71, 22 (36); *Klaus Stern*, in: BK, Art. 28 (1964), Rn. 99; *Horst Dreier*, in: Horst Dreier (Hrsg.), GG-Komm., Bd. II, 2. Aufl. 2006, Art. 28, Rn. 142; *Michael Nierhaus*, in: Michael Sachs (Hrsg.), GG-Komm., 6. Aufl. 2011, Art. 28, Rn. 84.

[130] *Hermann Pünder*, Haushaltsrecht im Umbruch, 2003, S. 35 f.

[131] *Susanne Schmitt*, Inhalt, verfassungsrechtliche Stellung und Bedeutungsgehalt der kommunalen Finanzhoheit, 1996, S. 54 ff.

element zuzuordnen. Der Gesetzgeber muss danach die Voraussetzungen der kommunalen Einnahmen- und Haushaltswirtschaft schaffen[132] – er hat dabei die Funktionen kommunaler Selbstverwaltung mit konfligierenden Rechtsprinzipien nach Maßgabe des Untermaßverbotes abzuwägen. Dieser Annahme steht Art. 28 Abs. 2 S. 3 GG nicht etwa entgegen: Art. 28 Abs. 2 S. 3 GG ist der Judikatur des Bundesverfassungsgerichts[133] geschuldet und gewährleistet die Befugnis der Gemeinden und Gemeindeverbände zur eigenverantwortlichen Einnahmen- und Ausgabenwirtschaft lediglich ganz allgemein.[134] Aussagen über die dogmatische Struktur der kommunalen Finanzhoheit trifft Art. 28 Abs. 2 S. 3 GG nicht.

e) Rechtsetzungshoheit

Art. 28 Abs. 2 GG gewährleistet überdies die kommunale Rechtsetzungshoheit.[135] Nach überkommener Auffassung sind Gemeinden und Gemeindeverbände danach zum Erlass von Satzungen, nicht aber zum Erlass von Rechtsverordnungen befugt.[136] Dies wird darauf zurückgeführt, dass kommunale Selbstverwaltung ein Mindestmaß an Handlungs- und tatsächlicher Bewegungsfreiheit voraussetze. Die Tätigkeit der Gemeinden und Gemeindeverbände erschöpfe sich

> „nicht in den üblichen Handlungen der staatlichen vollziehenden Gewalt: Realakte, interne und externe Einzel-Rechtsakte, exekutive Rechtsetzungsakte (Rechtsverordnungen), Privatrechtsakte. Sie besitzt [...] [gerade] nicht die aus dem Stadtrecht des Mittelalters hervorgegangene spezifisch selbstverwaltungsrechtliche Rechtsetzungsbefugnis der (autonomen) Satzung."[137]

---

[132] Zu Art. 109 Abs. 4 GG *Johannes Hellermann*, Örtliche Daseinsvorsorge und gemeindliche Selbstverwaltung, 2000, S. 189ff.; *Hermann Pünder*, Haushaltsrecht im Umbruch, 2003, S. 37f.

[133] *Klaus Vogelgesang*, in: Karl Heinrich Friauf/Wolfram Höfling (Hrsg.), Berliner Kommentar zum Grundgesetz, Art. 28 (2002), Rn. 164.

[134] BVerfGE 22, 180 (208); 26, 228 (244); 71, 25 (36); ferner BVerfG, NVwZ 1999, S. 520 (521); BVerfG, LKV 1994, S. 145.

[135] BVerfG, DVBl. 1982, S. 27 (28).

[136] *Horst Dreier*, in: Horst Dreier (Hrsg.), GG-Komm., Bd. II, 2. Aufl. 2006, Art. 28, Rn. 143; anders *Eberhard Schmidt-Aßmann*, Die kommunale Rechtsetzung im Gefüge der administrativen Handlungsformen und Rechtsquellen, 1981, S. 25ff.; zum Anwendungsvorrang von Rechtsverordnungen auch gegenüber gemeindlichen und gemeindeverbandlichen Satzungen *Markus Heintzen*, Die Verwaltung 29 (1995), S. 17 (32ff.).

[137] *Klaus Stern*, in: BK, Art. 28 (1964), Rn. 105; *Gerd Schmidt-Eichstaedt*, Bundesgesetze und Gemeinden, 1981, S. 157; *Edzard Schmidt-Jortzig*, DVBl. 1990, S. 920 (921); *Hartmut Maurer*, DÖV 1993, S. 184 (188).

Fraglich ist nun, ob Art. 28 Abs. 2 S. 1 GG den Gemeinden und Gemeindeverbänden[138] verfassungsunmittelbar[139] die Befugnis zum Erlass von Satzungen einräumt.[140] Jedenfalls könnte diese Befugnis keine Geltung im übertragenen Wirkungskreis[141] beanspruchen: Die Unterscheidung zwischen eigenem und übertragenem Wirkungskreis betrifft auch die Reichweite der Regelungsbefugnis im Sinne des Art. 28 Abs. 2 S. 1 GG.[142] Selbst eine verfassungsunmittelbar gewährleistete Befugnis zum Erlass von Satzungen im eigenen Wirkungskreis ist aber nicht mit der Lehre vom Vorbehalt des Gesetzes vereinbar. Auch im Rahmen des Art. 28 Abs. 2 GG kann nämlich nicht auf die Bereitstellung einfachgesetzlicher Eingriffsgrundlagen verzichtet werden.[143] Gemeinden und Gemeindeverbände dürfen in grundrechtsrelevanten Bereichen die Angelegenheiten der örtlichen Gemeinschaft daher nur regeln, wenn der Gesetzgeber einfachgesetzliche Eingriffsgrundlagen geschaffen hat. Insoweit sind ihnen nicht nur Eingriffe in Freiheit und Eigentum – auf die die Lehre vom Vorbehalt des Gesetzes gleichwohl nicht beschränkt ist[144] –, sondern vielmehr auch alle we-

---

[138] Zur These, dass der Exekutive für unwesentliche Regelungen ein originäres Recht zum Erlass von Verwaltungsnormen mit gesetzesgleicher Allgemeinverbindlichkeit zukomme, *Eberhard Schmidt-Aßmann*, in: Paul Kirchhof (Hrsg.), Staaten und Steuern, Festschrift für Klaus Vogel zum 70. Geburtstag, 2000, S. 477 (479 ff.); *Anna Leisner*, JZ 2002, S. 219 (221 ff.); *Rainer Wahl*, in: Eberhard Schmidt-Aßmann (Hrsg.), Festgabe 50 Jahre Bundesverwaltungsgericht, 2003, S. 571 (582 ff.); *Johannes Saurer*, VerwArch 97 (2006), S. 249 (262 ff.); ferner *Arnd Uhle*, Parlament und Rechtsverordnung, 1999, passim; *Thomas Sauerland*, Die Verwaltungsvorschrift im System der Rechtsquellen, 2005, passim; *Johannes Saurer*, Die Funktion der Rechtsverordnung, 2005, passim; *Anja Baars*, Rechtsfolgen fehlerhafter Verwaltungsvorschriften, 2010, passim.

[139] Exekutive Normsetzung durch Verwaltungsvorschriften wird demgegenüber unmittelbar und originär den verfassungsrechtlichen Funktionen der vollziehenden Gewalt zugeordnet, siehe *Markus Möstl*, DVBl. 2011, S. 1076 (1078).

[140] *Valentin Lohr*, Satzungsgewalt und Staatsaufsicht, 1963, S. 152 ff.; *Klaus Stern*, in: BK, Art. 28 (1964), Rn. 105; *Eberhard Schmidt-Aßmann*, Die kommunale Rechtsetzung im Gefüge der administrativen Handlungsformen und Rechtsquellen, 1981, S. 7 ff.; *ders.*, in: Albert von Mutius (Hrsg.), Selbstverwaltung im Staat der Industriegesellschaft, Festgabe zum 70. Geburtstag von Georg Christoph von Unruh, 1983, S. 607 ff.; *Herbert Bethge*, NVwZ 1983, S. 577 (578 f.); *Hartmut Maurer*, DÖV 1993, S. 184 (187 f.).

[141] Dazu *Peter Badura*, DÖV 1963, S. 561 (562); *Klaus Stern*, in: BK, Art. 28 (1964), Rn. 105; *Hartmut Maurer*, DÖV 1993, S. 184 (188, 189 f.).

[142] *Eberhard Schmidt-Aßmann*, Die kommunale Rechtsetzung im Gefüge der administrativen Handlungsformen und Rechtsquellen, 1981, S. 9 f.; *Hartmut Maurer*, DÖV 1993, S. 184 (189 f.).

[143] Siehe *Dirk Ehlers*, DVBl. 2000, S. 1301 (1306 f.), der die Lehre vom Vorbehalt des Gesetzes nicht nur im Verhältnis zwischen Staat und Bürger zur Anwendung bringt, sondern diese vielmehr auch als Instrument der gesetzgeberischen Ausgestaltung kommunaler Selbstverwaltung ansieht.

[144] Allgemein *Fritz Ossenbühl*, in: Josef Isensee/Paul Kirchhof (Hrsg.), Handbuch des Staatsrechts der Bundesrepublik Deutschland, Bd. V, 3. Aufl. 2007, § 101, Rn. 35 ff.; kritisch *Hermann Heller*, VVDStRL 4 (1928), S. 98 (121), der für den Vorbehalt des Gesetzes feststellte, „[w]as [zu ihm] gehört, welche Gegenstände die Gesetzgebung ergreift, das bestimmt

sentlichen Entscheidungen im Sinne der Wesentlichkeitstheorie[145] untersagt – namentlich grundrechtsrelevante Satzungen bedürfen folglich einer parlamentsgesetzlichen Grundlage.[146]

aa) Zur Lehre vom Vorbehalt des Gesetzes

Dieser Annahme werden im Wesentlichen zwei Argumente entgegen gehalten: Zum einen soll Art. 28 Abs. 2 GG eine Bereichsausnahme sowohl von der Lehre vom Vorbehalt des Gesetzes als auch von der Wesentlichkeitstheorie begründen, die ihrer Anwendung schon grundsätzlich entgegensteht. Zum anderen wird Art. 28 Abs. 2 GG als verfassungsunmittelbarer Gesetzesvorbehalt qualifiziert, der der Geltung der Lehre vom Vorbehalt des Gesetzes zwar nicht schon grundsätzlich entgegensteht, ein Tätigwerden des Gesetzgebers mit Blick auf Art. 28 Abs. 2 GG aber dennoch obsolet macht.

Das Konzept einer Bereichsausnahme vom Vorbehalt des Gesetzes stützt sich auf die Eigenverantwortlichkeit der kommunalen Aufgabenerledigung: Die eigenverantwortliche Regelung der Angelegenheiten der örtlichen Gemeinschaft werde von der Lehre vom Vorbehalt des Gesetzes unmöglich gemacht.[147] Die Geltung der Lehre vom Vorbehalt des Gesetzes könne daher im Anwendungsbereich des Art. 28 Abs. 2 GG systematisch nicht gerechtfertigt werden.[148] Der Lehre vom Vorbehalt des Gesetzes stelle Art. 28 Abs. 2 GG einen spezifischen „Verwaltungsvorbehalt"[149] entgegen, der parlamentsgesetzliche Regelungen unnötig mache.[150] Eine solche Bereichsausnahme vom Vorbehalt des Gesetzes

---

nicht die Logik und nicht eine theoretische Formel, sondern Tradition, Zweckmäßigkeit, Machtlage und Rechtsbewußtsein".

[145] Zur so genannten Wesentlichkeitstheorie BVerfGE 33, 1 (10ff.); 33, 125 (158f.); 33, 303 (307); 34, 165 (192f.); 41, 251 (259f.); 45, 400 (417f.); 47, 46 (48f.); 58, 257 (268); 61, 260 (275); 88, 103 (116); kritisch *Michael Kloepfer*, JZ 1984, S. 685 (692).

[146] Dazu *Herbert Bethge*, NVwZ 1983, S. 577ff.; *Friedrich Schoch*, NVwZ 1990, S. 801ff.; *Hartmut Maurer*, DÖV 1993, S. 184 (188f.); ferner *Eberhard Schmidt-Aßmann*, Die kommunale Rechtsetzung im Gefüge der administrativen Handlungsformen und Rechtsquellen, 1981, S. 8f.; *ders.*, in: Ständige Deputation des deutschen Juristentages (Hrsg.), Verhandlungen des achtundfünfzigsten Deutschen Juristentages, Bd. II, 1990, N 8 (16).

[147] Zum Ganzen *Klaus Rennert*, Die Verwaltung 53 (2002), S. 319 (345ff.).

[148] Dazu mit Blick auf das Kommunalwirtschaftsrecht *Johannes Hellermann*, Örtliche Daseinsvorsorge und gemeindliche Selbstverwaltung, 2000, S. 169f.

[149] Allgemein *Hans Peters*, Die Verwaltung als eigenständige Staatsgewalt, 1965, passim; *Ernst Forsthoff*, Der Staat der Industriegesellschaft, 1971, S. 105; *Meinhard Schröder*, DVBl. 1984, S. 814ff.; *Hartmut Maurer*, VVDStRL 43 (1985), S. 135ff.; *Friedrich E. Schnapp*, VVDStRL 43 (1985), S. 172ff.; siehe auch *Eberhard Schmidt-Aßmann*, VVDStRL 34 (1976), S. 221 (229ff.); *ders.*, AöR 116 (1991), S. 329 (364f.); *Martin Bullinger*, JZ 1984, S. 1001ff.; *Winfried Brohm*, DVBl. 1986, S. 321ff.; *Horst Dreier*, Die Verwaltung 1992, S. 137ff.; auch das Bundesverfassungsgericht hat darauf hingewiesen, dass ein Höchstmaß an gesetzlicher Determination nicht verfassungsrechtlich geboten sei, vielmehr müsse die Leistungsfähigkeit der Exekutive ebenfalls Berücksichtigung finden, siehe BVerfGE 49, 89 (139f.).

[150] Mit Blick auf das Kommunalwirtschaftsrecht *Johannes Hellermann*, Örtliche Daseinsvorsorge und gemeindliche Selbstverwaltung, 2000, S. 169f.

kann indes nicht überzeugen,[151] ein Selbstverwaltungsvorbehalt lässt sich auf der Grundlage des Art. 28 Abs. 2 GG nicht begründen.[152] Zwar betont das Bundesverfassungsgericht zugunsten einer der Regierung vorbehaltenen Domäne exekutiver Verantwortung die demokratische Legitimation der Exekutive und das Gebot einer funktionsgerechten – auf eine geeignete Organisation, Zusammensetzung, Funktion und Verfahrensweise rekurrierenden – Organisationsstruktur;[153] darauf bezugnehmend werden sodann der Verwaltung vorbehaltene Spielräume hergeleitet.[154] Mit Blick auf das Kommunalwirtschaftsrecht – in dessen Zusammenhang die Diskussion oftmals geführt wird –[155] kann nun aber nicht in Zweifel gezogen werden, dass Art. 28 Abs. 2 GG lediglich im interkommunalen Verhältnis sowie gegenüber dem Bund und den Ländern Anwendung findet.[156] Im Verhältnis zwischen Gemeinden sowie Gemeindeverbänden und Bürgern müssen – nicht nur mit Blick auf das Kommunalwirtschaftsrecht[157] –

[151] BVerfGE 33, 125 (157ff.); siehe auch BVerwGE 90, 359 (363); BVerwG, NVwZ 2005, S. 963f.; ferner *Robert Daubner*, NVwZ 1995, S. 33 (34); *Jochen Dieckmann*, in: Eberhard Schmidt-Aßmann (Hrsg.), Festgabe 50 Jahre Bundesverwaltungsgericht, 2003, S. 815 (835f.); mit Blick auf das Kommunalwirtschaftsrecht *Wolfgang Löwer*, Energieversorgung zwischen Staat, Gemeinde und Wirtschaft, 1989, S. 220; *Eberhard Schmidt-Aßmann*, in: Uwe Hüffer (Hrsg.), Berg- und Energierecht vor den Fragen der Gegenwart, Festschrift für Fritz Fabricius zum 70. Geburtstag, 1989, S. 251 (261); *ders.*, in: Everhardt Franßen (Hrsg.), Bürger – Richter – Staat, Festschrift für Horst Sendler, 1991, S. 121 (131); ähnlich *Johannes Hellermann*, Örtliche Daseinsvorsorge und gemeindliche Selbstverwaltung, 2000, S. 140, 167; kritisch zum Ganzen *Friedhelm Hufen*, in: Max-Emanuel Geis (Hrsg.), Staat – Kirche – Verwaltung, Festschrift für Hartmut Maurer zum 70. Geburtstag, 2001, S. 1177 (1187).

[152] Siehe *Peter Badura*, DÖV 1963, S. 561 (562); *Eberhard Schmidt-Aßmann*, in: Albert von Mutius (Hrsg.), Selbstverwaltung im Staat der Industriegesellschaft, Festgabe zum 70. Geburtstag von Georg Christoph von Unruh, 1983, S. 607 (620); *dens.*, in: Uwe Hüffer (Hrsg.), Berg- und Energierecht vor den Fragen der Gegenwart, Festschrift für Fritz Fabricius zum 70. Geburtstag, 1989, S. 251 (261); *dens.*, in: Everhardt Franßen (Hrsg.), Bürger – Richter – Staat, Festschrift für Horst Sendler, 1991, S. 121 (131); *Herbert Bethge*, NVwZ 1983, S. 577 (579f.); *Friedel Erlenkämper*, NVwZ 1990, S. 116 (132); *Friedrich Schoch*, NVwZ 1990, S. 801 (803); anders *Fritz Ossenbühl*, in: Josef Isensee/Paul Kirchhof (Hrsg.), Handbuch des Staatsrechts der Bundesrepublik Deutschland, Bd. V, 3. Aufl. 2007, § 101, Rn. 70, der einen (Selbst)Verwaltungsvorbehalt nicht nur der Wesentlichkeitstheorie, sondern ferner auch der Lehre vom Vorbehalt des Gesetzes entgegenhält.

[153] BVerfGE 49, 89 (124ff.); 67, 100 (139); 68, 1 (86); ferner BVerfGE 95, 1 (15), dazu *Volker Busse*, DÖV 1989, S. 45ff.

[154] Dazu *Horst Dreier*, Die Verwaltung 1992, S. 137 (154).

[155] Mit Blick auf das Steuerrecht *Hans-Jürgen Papier*, Die finanzrechtlichen Gesetzesvorbehalte und das grundgesetzliche Demokratieprinzip, 1973, S. 211.

[156] Eingehend mit Blick auf das Kommunalwirtschaftsrecht *Wolfgang Löwer*, Energieversorgung zwischen Staat, Gemeinde und Wirtschaft, 1989, S. 217ff.; *ders.*, DVBl. 1991, S. 132 (140f.); ferner *Peter Badura*, DÖV 1963, S. 561 (562); *ders.*, DÖV 1998, S. 818 (823); *Herbert Bethge*, NVwZ 1983, S. 577 (579); *Winfried Kluth*, Grenzen kommunaler Wettbewerbsteilnahme, 1988, S. 47f.; *Eberhard Schmidt-Aßmann*, in: Everhardt Franßen (Hrsg.), Bürger – Richter – Staat, Festschrift für Horst Sendler, 1991, S. 121 (131); *Fritz Ossenbühl*, DÖV 1992, S. 1 (8); *Andrea Krebs*, Rechtliche Grundlagen und Grenzen kommunaler Elektrizitätsversorgung, 1996, S. 70ff.; *Hans-Günter Henneke*, NdsVBl. 1998, S. 273 (280).

[157] Relativierend *Dietrich Jesch*, Gesetz und Verwaltung, 2. Aufl. 1962, S. 32f.; *Hans Meyer*,

demgegenüber sowohl die Lehre vom Vorbehalt des Gesetzes als auch die Wesentlichkeitstheorie Anwendung finden.[158]

Art. 28 Abs. 2 GG ersetzt auch nicht die nach der Lehre vom Vorbehalt des Gesetzes notwendigen parlamentsgesetzlichen Eingriffsgrundlagen.[159] Die exzeptionelle Anordnung der demokratischen Legitimation nach Art. 28 Abs. 1 S. 2 GG führt nämlich nicht dazu, dass kommunale Satzungen mit formellen Gesetzen vergleichbar wären;[160] Gleiches gilt für die pluralistische Zusammensetzung der kommunalen Vertretungsorgane.[161] Diese sind keine – angesichts fehlender parlamentarischer Insignien unvollkommenen, aber gleichwohl dem Bereich der Legislative zuzurechnenden – Parlamente[162] – „Ortsgesetzgeber" halten einem Vergleich mit den Parlamenten von Bund und Ländern nicht stand.[163] Obwohl Gemeinden und Gemeindeverbände Strukturmerkmale auf-

---

Die Finanzverfassung der Gemeinden, 1969, S. 50 ff.; *Wolfgang Jakob*, DÖV 1970, S. 666 (670 ff.); *Albert Janssen*, Über die Grenzen des legislativen Zugriffsrechts, 1990, S. 128 f.; *Lars-Christian Adler*, Das Satzungsrecht der Gemeinden als verfassungsrechtlich eigenständiges Rechtsetzungsrecht?, 1997, S. 147 f.; zum Ganzen *Gabriele Wurzel*, Gemeinderat als Parlament, 1975, passim; *Rainer Frey/Karl-Heinz Naßmacher*, AfK 1975, S. 195 ff.; *Hermann Schönfelder*, Rat und Verwaltung im kommunalen Spannungsfeld, 1979, passim; *Yvonne Ott*, Der Parlamentscharakter der Gemeindevertretung, 1994, passim; *Stefanie Engel-Boland*, Gemeindliches Satzungsrecht und Gesetzesvorbehalt, 1999, passim.

158 Anders mit Blick auf das Kommunalwirtschaftsrecht *Johannes Hellermann*, Örtliche Daseinsvorsorge und gemeindliche Selbstverwaltung, 2000, S. 140 ff., der Art. 28 Abs. 2 GG rechtliche Bedeutung auch für das Verhältnis zwischen Staat und Bürger beimisst und folglich die Anwendbarkeit der Wesentlichkeitstheorie verneint, die Anwendbarkeit der Lehre vom Vorbehalt des Gesetzes demgegenüber aber bejaht; ähnlich *Klaus Stern/Günter Püttner*, Die Gemeindewirtschaft, 1965, S. 156, 173; *Walter Frenz*, Die Verwaltung 28 (1995), S. 33 (50); *Hans-Wolfgang Arndt*, Kreislaufwirtschaft und kommunale Entsorgung, 1996, S. 25 f.; *Karl Heinrich Friauf*, in: Jürgen F. Baur/Karl Heinrich Friauf, Energierechtsreform zwischen Europarecht und kommunaler Selbstverwaltung, 1997, S. 55 (73 ff.).

159 Siehe aber auch *Hans Herbert von Arnim*, AöR 113 (1988), S. 1 (21, 24 f.); kritisch *Wolfgang Jakob*, DÖV 1970, S. 666 ff.; *Karl-Ulrich Meyn*, Gesetzesvorbehalt und Rechtsetzungsbefugnis der Gemeinden, 1977, S. 15 ff.; *Albert Bleckmann*, DVBl. 1987, S. 1085 ff.

160 *Eberhard Schmidt-Aßmann*, in: Everhardt Franßen (Hrsg.), Bürger – Richter – Staat, Festschrift für Horst Sendler, 1991, S. 121 (132).

161 BVerfGE 65, 283 (289); *Eberhard Schmidt-Aßmann*, Die kommunale Rechtssetzung im Gefüge der administrativen Handlungsformen und Rechtsquellen, 1981, S. 7; *ders.*, in: Peter Selmer (Hrsg.), Gedächtnisschrift für Wolfgang Martens, 1987, S. 249 (259 f.); *Herbert Bethge*, NVwZ 1983, S. 577 (579); *Franz-Ludwig Knemeyer*, in: Dieter Schwab (Hrsg.), Staat, Kirche, Wissenschaft in einer pluralistischen Gesellschaft, Festschrift zum 65. Geburtstag von Paul Mikat, 1989, S. 741 ff.; kritisch *Friedrich Schoch*, NVwZ 1990, S. 801 (803), der auch die kommunale Rechtsetzung an die für das Verwaltungshandeln geltenden rechtsstaatlichen Sicherungen bindet; anders *Yvonne Ott*, Der Parlamentscharakter der Gemeindevertretung, 1994, S. 151 ff.; ferner *Gerd Schmidt-Eichstaedt*, in: Ernst Füsslin (Hrsg.), Kommunale Selbstverwaltung in der Gegenwart, Festschrift für Richard Seeger, 1987, S. 113 (119 f.); *Heiko Faber*, in: AK-GG, Art. 28 Abs. 1 II. Abs. 2 (2002), Rn. 24.

162 Anders *Heiko Faber*, in: AK-GG, Art. 28 Abs. 1 II. Abs. 2 (2002), Rn. 28.

163 BVerfGE 65, 283 (289); ferner BVerfGE 6, 104 (115 f.); 32, 346 (361); 78, 344 (348); siehe auch *Eberhard Schmidt-Aßmann*, Die kommunale Rechtssetzung im Gefüge der administrativen Handlungsformen und Rechtsquellen, 1981, S. 7; *ders.*, in: Peter Selmer (Hrsg.), Ge-

weisen, die „auch einen staatlichen Verband kennzeichnen“,[164] konkurrieren sie nicht mit Bund und Ländern, sondern lediglich mit der unmittelbaren Staatsverwaltung. Kommunale Satzungen sind daher exekutive Normsetzung, weswegen auch alle rechtsstaatlichen Anforderungen an diese Normsetzung gegenüber den Gemeinden und Gemeindeverbänden wirksam werden:[165] Der rechtsstaatliche Distanzschutz ist im Wege parlamentsgesetzlicher Regelungen folglich auch gegenüber kommunalen Satzungen zu gewährleisten.[166]

bb) Wesentlichkeitstheorie

Findet die Lehre vom Vorbehalt des Gesetzes auch mit Blick auf Art. 28 Abs. 2 GG Anwendung, ist allenfalls fraglich, ob die demokratische Legitimation kommunaler Selbstverwaltung eine Bereichsausnahme von der Wesentlichkeitstheorie rechtfertigt – danach wären parlamentsgesetzliche Grundlagen nicht für die Gesamtheit kommunaler Satzungen[167] notwendig.[168] Einer solchen Bereichsausnahme steht nun nicht schon die Geltung der Lehre vom Vorbehalt des Gesetzes entgegen: Die Wesentlichkeitslehre hat sich von ihrem Ursprung – der Lehre vom Vorbehalt des Gesetzes – weitgehend gelöst.[169] Daher könnte das Merkmal der Eigenverantwortlichkeit der kommunalen Aufgabenwahrnehmung zumindest einer schematischen Anwendung der Wesentlichkeitstheorie entgegenstehen.[170] Die Wesentlichkeitstheorie etabliert aber ohnehin keinen Totalvorbehalt,[171] der Gemeinden die eigenverantwortliche Regelung der

dächtnisschrift für Wolfgang Martens, 1987, S. 249 (259 f.); *ders.*, in: Ständige Deputation des Deutschen Juristentages (Hrsg.), Verhandlungen des achtundfünfzigsten Deutschen Juristentages, Bd. II, 1990, N 8 (10); *Klaus Werner Lotz*, BayVBl. 1983, S. 385 (389); *Herbert Bethge*, NVwZ 1983, S. 577 (579); *Dirk Ehlers*, Jura 1988, S. 337 ff.; zum Ganzen *Gabriele Wurzel*, Gemeinderat als Parlament?, 1975, passim; *Meinhard Schröder*, Grundlagen und Anwendungsbereich des Parlamentsrechts, 1979, S. 27 ff.; *Yvonne Ott*, Der Parlamentscharakter der Gemeindevertretung, 1994, passim; *Christine Dolderer*, DÖV 2009, S. 146 ff.

164 BVerfGE 83, 37 (54).

165 *Friedrich Schoch*, NVwZ 1990, S. 801 (803); ferner *Herbert Bethge*, NVwZ 1983, S. 577 (579), der auf den spezifisch kompetenzrechtlichen Gehalt grundrechtlicher Gesetzesvorbehalte rekurriert; siehe auch *Jörn Ipsen*, JZ 1990, S. 789 ff.

166 *Friedrich Schoch*, NVwZ 1990, S. 801 (803); ferner *Peter Badura*, DÖV 1963, S. 561 (562); *Eberhard Schmidt-Aßmann*, Die kommunale Rechtssetzung im Gefüge der administrativen Handlungsformen und Rechtsquellen, 1981, S. 8 f.

167 Siehe dazu *Eberhard Schmidt-Aßmann*, Die kommunale Rechtsetzung im Gefüge der administrativen Handlungsformen und Rechtsquellen, 1981, S. 5 ff.; *Hartmut Maurer*, DÖV 1993, S. 184 (186 f.).

168 *Eberhard Schmidt-Aßmann*, in: Ständige Deputation des Deutschen Juristentages (Hrsg.), Verhandlungen des achtundfünfzigsten Deutschen Juristentages, Bd. II, 1990, N 8 (16).

169 *Fritz Ossenbühl*, in: Josef Isensee/Paul Kirchhof (Hrsg.), Handbuch des Staatsrechts der Bundesrepublik Deutschland, Bd. V, 3. Aufl. 2007, § 101, Rn. 52.

170 Allgemein *Fritz Ossenbühl*, in: Josef Isensee/Paul Kirchhof (Hrsg.), Handbuch des Staatsrechts der Bundesrepublik Deutschland, Bd. V, 3. Aufl. 2007, § 101, Rn. 55.

171 Siehe BVerfGE 49, 89 (124 f.) mit dem Hinweis, dass „[d]as Grundgesetz […] dem Parlament nicht einen allumfassenden Vorrang bei grundlegenden Entscheidungen zu[spricht].“

Angelegenheiten der örtlichen Gemeinschaft unmöglich macht.[172] Eine Bereichsausnahme von der Wesentlichkeitstheorie ist demzufolge nicht anzuerkennen.

cc) Rechtsetzungshoheit und Ausgestaltungsbedürftigkeit

Festzuhalten ist somit, dass die Rechtsetzungsbefugnis der Gemeinden und Gemeindeverbände nicht schon verfassungsunmittelbar gewährleistet wird. Nach dem prinzipientheoretischen Deutungsansatz ist die kommunale Rechtsetzungshoheit dementsprechend dem ausgestaltungsbedürftigen existentialen Gewährleistungselement zuzuordnen.[173] Dies hat zur Folge, dass die Regelungsbefugnis nicht – wie dies die institutionelle Deutung des Art. 28 Abs. 2 GG vorschlägt – auf das überkommene Erscheinungsbild der Gemeinden und Gemeindeverbände[174] verengt werden kann.[175] Vielmehr ist der verfassungsrechtliche Rahmen der legislativen Ausgestaltung der kommunalen Rechtssetzungshoheit durch eine Abwägung zwischen den Funktionen kommunaler Selbstverwaltung und konfligierenden Rechtsprinzipien zu bestimmen, nach Maßgabe des Untermaßverbotes sind danach parlamentsgesetzliche Grundlagen für den Erlass kommunaler Satzungen bereitzustellen. Hinsichtlich der Abwägungsentscheidung ist zu berücksichtigen, dass Satzungen eine autonome und gestalterische Rechtsetzung ermöglichen.[176] Rechtsverordnungen bringen demgegenüber nicht den Gedanken der Dezentralisierung, sondern lediglich den der Dekonzentration zum Ausdruck.[177] Daher muss die legislative Ausge-

---

[172] Mit Blick auf das Kommunalwirtschaftsrecht *Johannes Hellermann*, Örtliche Daseinsvorsorge und gemeindliche Selbstverwaltung, 2000, S. 140, 169 f.; ähnlich *Günter Püttner*, Die öffentlichen Unternehmen, 2. Aufl. 1985, S. 123; anders *Wolfgang Löwer*, Energieversorgung zwischen Staat, Gemeinde und Wirtschaft, 1989, S. 146 f., 224.

[173] Ähnlich *Kay Waechter*, AöR 135 (2010), S. 327 (352); siehe auch *Hans Peters*, Grenzen der kommunalen Selbstverwaltung in Preußen, 1926, S. 36, 38; *ders.*, in: Gerhard Anschütz/Richard Thoma (Hrsg.), Handbuch des Deutschen Staatsrechts, Bd. II, 1932, S. 264 ff.; *ders.*, Lehrbuch der Verwaltung 1949, S. 287; *Peter Badura*, DÖV 1963, S. 561 (562); *Martin Burgi*, VerwArch 90 (1999), S. 70 (93 f.); anders *Fritz Fleiner*, Institutionen des Deutschen Verwaltungsrechts, 8. Aufl. 1928, S. 80; *Julius Hatschek*, Lehrbuch des deutschen und preußischen Verwaltungsrechts, 7./8. Aufl. 1931, S. 55 ff.

[174] *Klaus Stern*, in: BK, Art. 28 (1964), Rn. 105; siehe auch BVerfGE 12, 319 (325).

[175] *Peter Badura*, DÖV 1963, S. 561 (565); ferner *Eberhard Schmidt-Aßmann*, Die kommunale Rechtsetzung im Gefüge der administrativen Handlungsformen und Rechtsquellen, 1981, S. 31 ff., der neben Satzungen und Rechtsverordnungen inneradministrative Rechtsetzungsakte zu den Handlungsinstrumentarien von Gemeinden und Gemeindeverbänden zählt.

[176] *Eberhard Schmidt-Aßmann*, Die kommunale Rechtsetzung im Gefüge der administrativen Handlungsformen und Rechtsquellen, 1981, S. 11; *Hartmut Maurer*, DÖV 1993, S. 184 (185, 191 f.); auch das Bundesverfassungsgericht stellt im Zusammenhang mit allgemeinen Definitionsversuchen einen Bezug zum Begriff der Autonomie her, siehe BVerfGE 10, 20 (49 f.); 33, 125 (156).

[177] *Eberhard Schmidt-Aßmann*, Die kommunale Rechtsetzung im Gefüge der administrativen Handlungsformen und Rechtsquellen, 1981, S. 25.

staltung der kommunalen Rechtsetzungshoheit zumindest darauf achten, dass Satzungen und Rechtsverordnungen nicht beliebig austauschbare Handlungsinstrumente kommunaler Selbstverwaltung sind.[178]

f) Planungshoheit

Abschließend ist die Planungshoheit in den Blick zu nehmen, die das Recht der Gemeinden auf Planung und Regelung der Bodennutzung in ihrem Gebiet beschreibt[179] – die Befugnis, bei der Aufgabenwahrnehmung aufgrund von Analysen und Prognosen erkennbarer Entwicklungen ein Konzept zu erarbeiten, das den einzelnen Verwaltungsvorgängen Rahmen und Ziel gibt.[180] Die institutionelle Interpretation des Art. 28 Abs. 2 GG ordnet auch die Planungshoheit oftmals der Eigenverantwortlichkeit der kommunalen Aufgabenwahrnehmung zu und benennt sie als Methode der Sachaufgabenerledigung;[181] beeinträchtigt werde die Planungshoheit insbesondere durch die überörtliche Planung, wenn Vorhaben eine hinreichend bestimmte gemeindliche Planung nachhaltig stören oder wesentliche Teile des Gemeindegebietes einer durchsetzbaren Planung entzogen werden.[182] Dem ist ebenfalls nicht zu folgen: Den primären Anknüpfungspunkt der Planungshoheit bilden die Angelegenheiten der örtlichen Gemeinschaft.[183] Das Aufstellen von Plänen wird dadurch selbst zur Angelegenheit der örtlichen Gemeinschaft, sodass die Planungshoheit allenfalls der Aufgabengarantie der Gemeinden und Gemeindeverbände zuzuordnen ist. Ob Art. 28 Abs. 2 GG neben der örtlichen Bauleitplanung[184] eine umfassende kom-

---

[178] Eingehend *Eberhard Schmidt-Aßmann*, Die kommunale Rechtsetzung im Gefüge der administrativen Handlungsformen und Rechtsquellen, 1981, S. 26ff.

[179] BVerwGE 74, 124 (132); 81, 95 (106); siehe ferner BVerfGE 56, 298 (313f.); BVerwGE 31, 263 (265); 90, 96 (100); 100, 388 (392); *Bernd Widera*, Zur verfassungsrechtlichen Gewährleistung gemeindlicher Planungshoheit, 1985, passim; *Alma Werner-Jensen*, Planungshoheit und kommunale Selbstverwaltung, 2006, passim; *Reinhard Hendler*, in: Utz Schliesky (Hrsg.), Die Freiheit des Menschen in Kommune, Staat und Europa, Festschrift für Edzard Schmidt-Jortzig, 2011, S. 209ff.; zum weitergehenden „Selbstgestaltungsrecht" der Gemeinden und Gemeindeverbände BVerwG, NVwZ-RR 1999, S. 554ff.

[180] *Eberhard Schmidt-Aßmann/Hans Christian Röhl*, in: Eberhard Schmidt-Aßmann (Hrsg.), Besonderes Verwaltungsrecht, 14. Aufl. 2008, 1. Kapitel, Rn. 23; am Beispiel des § 36 BauGB BVerwGE 122, 13 (17); *Friedrich Schoch*, NVwZ 2012, S. 777ff.

[181] *Friedrich Schoch*, in: Hans Günter Henneke/Hubert Meyer (Hrsg.), Kommunale Selbstverwaltung zwischen Bewahrung, Bewährung und Entwicklung, Festgabe für Gernot Schlebusch zum 65. Geburtstag, 2006, S. 11 (48).

[182] BVerwGE 74, 124 (132); 97, 203 (211f.); 100, 388 (394).

[183] *Janbernd Oebbecke*, in: Wilfried Erbguth (Hrsg.), Planung, Festschrift für Werner Hoppe zum 70. Geburtstag, 2000, S. 239 (240f.); *Eberhard Schmidt-Aßmann*, in: Hans-Günter Henneke/Hubert Meyer (Hrsg.), Kommunale Selbstverwaltung zwischen Bewahrung, Bewährung und Entwicklung, Festgabe für Gernot Schlebusch zum 65. Geburtstag, 2006, S. 59 (78); mit Blick auf die Schulentwicklungsplanung *Markus Winkler*, DÖV 2011, S. 686 (687f.).

[184] BVerfGE 76, 107 (117); BVerwGE 112, 274 (291).

munale Planungshoheit gewährleistet,[185] ist dementsprechend von der Reichweite der Aufgabengarantie der Gemeinden und Gemeindeverbände abhängig.[186]

III. Kommunale Binnenorganisation und Kommunalwirtschaftsrecht

Die Überlegungen zu den kommunalen Hoheiten haben verschiedentlich gezeigt, dass auch eine besondere Nähebeziehung[187] zwischen der kommunalen Binnenorganisation und dem Kommunalwirtschaftsrecht besteht.[188] Diese Nähebeziehung soll zum Abschluss der Erörterungen zur kommunalen Binnenorganisation näher beleuchtet werden.

1. Das Kommunalwirtschaftsrecht in der Diskussion

Einigkeit besteht zunächst dahingehend, dass Art. 28 Abs. 2 GG auch mit Blick auf das Kommunalwirtschaftsrecht ausschließlich Bedeutung im Verhältnis zwischen Gemeinden und Gemeindeverbänden einerseits und Bund und Ländern anderseits hat, gegenüber privaten Wirtschaftsteilnehmern hingegen keine Wirkung entfaltet.[189] Darüber hinaus ist die Bedeutung des Art. 28 Abs. 2 GG für die wirtschaftliche Betätigung von Gemeinden und Gemeindeverbänden umstritten.[190]

Nach einer Ansicht enthält Art. 28 Abs. 2 GG keine Aussage über die Zulässigkeit wirtschaftlicher Betätigung. Sie soll vielmehr von einer legislativen Ausgestaltung abhängig sein,[191] die den „allgemeinen Lehren der Staatsaufgaben-

---

[185] Dazu BVerfG, NVwZ 1999, S. 520 (521); BVerfGE 103, 332 (370); ferner *Eberhard Schmidt-Aßmann*, in: Hans-Günter Henneke/Hubert Meyer (Hrsg.), Kommunale Selbstverwaltung zwischen Bewahrung, Bewährung und Entwicklung, Festgabe für Gernot Schlebusch zum 65. Geburtstag, 2006, S. 59 (79).

[186] Ausführlich dazu S. 455 ff.

[187] *Hans-Uwe Erichsen*, Gemeinde und Private im wirtschaftlichen Wettbewerb, 1987, S. 13; *Martin Burgi*, in: Matthias Ruffert (Hrsg.), Recht und Organisation, Staatsrecht – Verwaltungsrecht – Europarecht – Völkerrecht, 2003, S. 55 (68 ff.); siehe aber auch *Johannes Hellermann*, Örtliche Daseinsvorsorge und gemeindliche Selbstverwaltung, 2000, S. 225 ff.

[188] *Edzard Schmidt-Jortzig*, Kommunale Organisationshoheit, 1979, S. 156 f.; siehe auch *Helmuth Schulze-Fielitz*, in: Hans-Günter Henneke (Hrsg.), Organisation kommunaler Aufgabenerfüllung, 1998, S. 223 (245 ff.).

[189] Mit Blick auf das Kommunalwirtschaftsrecht *Gabriele Britz*, Örtliche Energieversorgung nach nationalem und europäischem Recht, 1994, S. 81; *Andrea Krebs*, Rechtliche Grundlagen und Grenzen kommunaler Elektrizitätsversorgung, 1996, S. 70 ff.; anders *Johannes Hellermann*, Örtliche Daseinsvorsorge und gemeindliche Selbstverwaltung, 2000, S. 138 ff.

[190] Ausführlich *Johannes Hellermann*, Örtliche Daseinsvorsorge und gemeindliche Selbstverwaltung, 2000, S. 145 ff.

[191] Siehe *Wolfgang Löwer*, Energieversorgung zwischen Staat, Gemeinden und Wirtschaft, 1989, S. 217 ff.; *dens.*, DVBl. 1991, S. 132 (140), der Art. 28 Abs. 2 GG nicht als Aufgaben- und Befugnisnorm, sondern als staatsorganisationsrechtliches Ordnungsprinzip qualifiziert;

wahl" gerecht werden müsse.[192] Die gegenteilige Ansicht beruft sich demgegenüber auf Art. 28 Abs. 2 GG.[193] Lediglich das Ausmaß der verfassungsrechtlich zulässigen wirtschaftlichen Betätigung regelt Art. 28 Abs. 2 GG danach nicht. Allerdings bleibt die Kategorisierung von verwaltender und privatwirtschaftlicher Tätigkeit nach diesem Ansatz undeutlich:[194] Einerseits soll die wirtschaftliche Betätigung von Gemeinden und Gemeindeverbänden als verwaltende und zugleich privatwirtschaftliche Tätigkeit zu qualifizieren sein;[195] andererseits wird – mit der Folge engerer verfassungsrechtlicher Voraussetzungen – die wirtschaftliche Betätigung nur als Verwaltungstätigkeit qualifiziert, sofern Gemeinden und Gemeindeverbände Aufgaben der Daseinsvorsorge wahrnehmen.[196] Die verfassungsrechtliche Zulässigkeit der wirtschaftlichen Betätigung wird schließlich engeren verfassungsrechtlichen Voraussetzungen dadurch unterworfen, dass Gemeinden und Gemeindeverbänden das Recht der Selbstbestimmung über die Handlungs- und Erscheinungsformen nur nach Maßgabe des Gemeinwohls zuerkannt wird. Die wirtschaftliche Betätigung muss nach diesem Ansatz stets der Wahrnehmung öffentlicher Aufgaben entsprechen.[197]

2. *Kommunalwirtschaftsrecht aus institutioneller Perspektive*

Angesichts der umfangreichen Diskussion über das Kommunalwirtschaftsrecht ist für die nachfolgende Untersuchung von der Prämisse auszugehen, dass Art. 28 Abs. 2 GG die wirtschaftliche Betätigung von Gemeinden und Gemeindeverbänden grundsätzlich legitimiert. Diese Prämisse lässt sich damit begründen, dass das Kommunalwirtschaftsrecht „seit jeher das Wesen der kommunalen Selbstverwaltung" prägte und vor diesem Hintergrund nicht davon ausgegangen werden kann, dass Art. 28 Abs. 2 GG diese Entwicklung unberücksichtigt lässt.[198] Sofern das Kommunalwirtschaftsrecht nun mit Art. 28 Abs. 2 GG

ähnlich *Volker Emmerich*, Die kommunalen Versorgungsunternehmen zwischen Wirtschaft und Verwaltung, 1970, S. 62.

[192] *Wolfgang Löwer*, Energieversorgung zwischen Staat, Gemeinde und Wirtschaft, 1989, S. 225; *ders.*, DVBl. 1991, S. 132 (140 f.).

[193] *Foroud Shirvani*, DÖV 2011, S. 865 (869).

[194] Zum Ganzen *Johannes Hellermann*, Örtliche Daseinsvorsorge und gemeindliche Selbstverwaltung, 2000, S. 146 ff.

[195] *Klaus Stern/Günter Püttner*, Die Gemeindewirtschaft, 1965, S. 54 ff.

[196] *Wolfgang Rüfner*, Formen öffentlicher Verwaltung im Bereich der Wirtschaft, 1967, S. 414; *Hans H. Klein*, Teilnahme des Staates am wirtschaftlichen Wettbewerb, 1968, S. 90 ff.; *Peter Badura*, in: Ingo von Münch (Hrsg.), Staatsrecht – Völkerrecht – Europarecht, Festschrift für Hans-Jürgen Schlochauer zum 75. Geburtstag am 28. März 1981, 1981, S. 3 (6 f.); *ders.*, ZHR 146 (1982), S. 448 (457 ff.).

[197] *Joachim Burmeister*, in: Albert von Mutius (Hrsg.), Selbstverwaltung im Staat der Industriegesellschaft, Festgabe zum 70. Geburtstag von Georg Christoph von Unruh, 1983, S. 623 (645 ff.).

[198] *Rupert Scholz*, Das Wesen und die Entwicklung der gemeindlichen öffentlichen Einrichtungen, 1967, S. 74 ff.; *ders.*, DÖV 1976, S. 441 (442); ferner *Klaus Stern*, in: BK, Art. 28

in Verbindung gebracht wird, geht der institutionelle Deutungsansatz davon aus, dass die wirtschaftliche Betätigung von Gemeinden und Gemeindeverbänden selbst nicht als Angelegenheit der örtlichen Gemeinschaft zu qualifizieren ist. Vielmehr sei das Kommunalwirtschaftsrecht dem Merkmal der Eigenverantwortlichkeit zuzuordnen – bei der wirtschaftlichen Betätigung handele es sich um eine Modalität der kommunalen Aufgabenwahrnehmung.[199] Diese Sichtwei-

---

(1964), Rn. 86, 123; *ders.*, AfK 1964, S. 81 (87); *ders./Joachim Burmeister*, Die kommunalen Sparkassen, 1972, S. 58 ff.; *Arnold Köttgen*, in: Arnold Köttgen, Kommunale Selbstverwaltung zwischen Krise und Reform, 1968, S. 151 ff.; *Klaus Grupp*, ZHR 140 (1976), S. 367 (372 ff.); *Jürgen W. Hidien*, Gemeindliche Betätigung rein erwerbswirtschaftlicher Art und „öffentlicher Zweck" kommunaler wirtschaftlicher Unternehmen, 1981, S. 51 ff.; *Peter Badura*, in: Ingo von Münch (Hrsg.), Staatsrecht – Völkerrecht – Europarecht, Festschrift für Hans-Jürgen Schlochauer zum 75. Geburtstag am 28. März 1981, 1981, S. 3 (8 ff.); *Joachim Burmeister*, in: Albert von Mutius (Hrsg.), Selbstverwaltung im Staat der Industriegesellschaft, Festgabe zum 70. Geburtstag von Georg Christoph von Unruh, 1983, S. 623 (623 f.); *Joachim Wieland*, in: Hans-Günter Henneke (Hrsg.), Optimale Aufgabenerfüllung im Kreisgebiet?, 1998, S. 193 (193 f., 195); *Matthias Ruffert*, VerwArch 92 (2001), S. 27 (32); *Christian Scharpf*, GewArch 2005, S. 1 (2); *Wolf Templin*, VerwArch 100 (2009), S. 529 (541 ff.); *Sönke E. Schulz/Jakob Tischer*, GewArch 2014, S. 1 (2); ausführlich *Johannes Hellermann*, Örtliche Daseinsvorsorge und gemeindliche Selbstverwaltung, 2000, S. 16 ff.

[199] Siehe *Matthias Ruffert*, VerwArch 92 (2001), S. 27 (32 f.), der zunächst das Merkmal der Eigenverantwortlichkeit bemüht und im Anschluss konstatiert, dass „für die kommunale wirtschaftliche Betätigung in erster Linie die Organisationshoheit zum Tragen [kommt], wenn man davon ausgeht, dass die Autonomie der Organisation auch die Freiheit umfasst, innerhalb der gewählten Organisation geeignete Handlungsformen zu wählen"; ferner *Sönke E. Schulz/Jakob Tischer*, GewArch 2014, S. 1 (2); allgemein zur Organisationsentscheidung der Gemeinden und Gemeindeverbände *Wolfgang Engel*, Grenzen und Formen der mittelbaren Kommunalverwaltung, 1981, passim; *Winfried Kluth*, Grenzen kommunaler Wettbewerbsteilnahme, 1988, S. 10 f.; *Jan Bodanowitz*, Organisationsformen für die kommunale Abwasserbeseitigung, 1993, S. 65 ff.; *Werner Schnappauf*, BayVBl. 1993, S. 578 ff.; *Peter Schoepke*, VBlBW 1994, S. 81 ff.; *Alexander Schink*, VerwArch 85 (1994), S. 251 (267 ff.); *ders.*, NVwZ 2002, S. 129 (133); *Günter Püttner*, RdJB 1995, S. 187 ff.; *ders.*, in: Günter Püttner (Hrsg.), Reform des Gemeindewirtschaftsrechts, 2002, S. 143 ff.; *Thomas Mann*, NVwZ 1996, S. 557 f.; *Paul Glauben*, ZG 1997, S. 148 (148 f.); *Friedrich Wilhelm Held*, WiVerw 1998, S. 264 (266); *Rolf Grawert*, in: Klaus Grupp (Hrsg.), Planung – Recht – Rechtsschutz, Festschrift für Willi Blümel zum 70. Geburtstag am 6. Januar 1999, 1999, S. 119 (125); *Matthias Ruffert*, NVwZ 2000, S. 763 (763); *Martin Pagenkopf*, GewArch 2000, S. 177 (178 f.); *Lars Böttcher/Michael Krömker*, NZG 2001, S. 590 ff.; *Klaus Rennert*, Die Verwaltung 53 (2002), S. 319 (324); *Eberhard Schmidt-Aßmann*, in: Mathias Habersack (Hrsg.), Festschrift für Peter Ulmer zum 70. Geburtstag, 2003, S. 1015 (1021); *Franz-Ludwig Knemeyer*, in: Franz Zehetner (Hrsg.), Festschrift für Hans-Ernst Folz, 2003, S. 145 ff.; kritisch *Thorsten Koch*, Der rechtliche Status kommunaler Unternehmen in Privatrechtsform, 1994, S. 24 ff.; zur pflichtgemäßen Ausübung des damit verbundenen Organisationsermessens *Johannes Hellermann*, Örtliche Daseinsvorsorge und gemeindliche Selbstverwaltung, 2000, S. 226 ff.; *ders.*, in: Werner Hoppe/Michael Uechtritz (Hrsg.), Handbuch kommunale Unternehmen, 3. Aufl. 2012, § 7; *Christoph Brüning*, VerwArch 100 (2009), S. 453 (460 ff.); *Rainer Pitschas/Katrin Schoppa*, in: Thomas Mann/Günter Püttner (Hrsg.), Handbuch der kommunalen Wissenschaft und Praxis, Bd. II, 2011, § 43; *Michael Uechtritz/Hans-Joachim Reck*, in: Werner Hoppe/Michael Uechtritz/Hans-Joachim Reck (Hrsg.), Handbuch kommunale Unternehmen, 3. Aufl. 2012, § 16; zur Diskussion über den Vorrang öffentlich-rechtlicher Organisationsformen *Dirk Ehlers*, Verwaltung in Privatrechtsform, 1984, S. 64 ff.; *ders.*, DVBl. 1997, S. 137 (141); *ders.*,

se stößt allerdings auf diejenigen Bedenken,[200] die schon hinsichtlich der kommunalen Hoheiten im Allgemeinen aufgezeigt wurden: Die Bezugnahme auf das Merkmal der Eigenverantwortlichkeit hat zur Folge, dass die wirtschaftliche Betätigung der Gemeinden und Gemeindeverbände im übertragenen Wirkungskreis nicht als verfassungsrechtlich gewährleistet angesehen werden kann.

3. *Prinzipientheoretische Einordnung des Kommunalwirtschaftsrechts*

Nach dem prinzipientheoretischen Deutungsansatz werden solche Ungereimtheiten vermieden. Danach ist nämlich auch die wirtschaftliche Betätigung von Gemeinden und Gemeindeverbänden nicht als verfassungsunmittelbar gewährleistete Befugnis, sondern als Gegenstand des ausgestaltungsbedürftigen existentialen Gewährleistungselementes zu qualifizieren.

a) Ausgestaltungsbedürftigkeit des Kommunalwirtschaftsrechts

Diese Zuordnung beruht auf der Annahme, dass auch das Kommunalwirtschaftsrecht der legislativen Ausgestaltung bedarf.[201] Ohne die Bereitstellung kommunalwirtschaftlicher Organisationsformen sind Gemeinden und Gemeindeverbände nämlich nicht zu wirtschaftlicher Betätigung – verstanden etwa im Sinne des § 107 Abs. 1 S. 3 GO NRW als die Betätigung in Form von wirtschaftlichen Unternehmen[202] – befähigt.[203] „[D]urch [die] Schaffung eines

---

DVBl. 1998, S. 497 (505); *Klaus Rennert*, Die Verwaltung 53 (2002), S. 319 (331 f.); ferner *Wolfgang Rüfner*, Formen öffentlicher Verwaltung im Bereich der Wirtschaft, 1967, S. 353 ff.; *Hans H. Klein*, Die Teilnahme des Staates am wirtschaftlichen Wettbewerb, 1968, S. 237 ff.; *Manfred Zuleeg*, VerwArch 73 (1982), S. 384 (397 f.); *Günter Püttner*, Die öffentlichen Unternehmen, 2. Aufl. 1985, S. 81 ff.; allgemein zur institutional choice *Nikolaus Müller*, Rechtsformenwahl bei der Erfüllung öffentlicher Aufgaben (Institutional choice), 1993, passim; *Gunnar Folke Schuppert*, in: Dieter Grimm (Hrsg.), Staatsaufgaben, 1994, S. 647 ff.; *ders.*, in: Wolfgang Hoffmann-Riem/Eberhard Schmidt-Aßmann/Andreas Voßkuhle (Hrsg.), Grundlagen des Verwaltungsrechts, Bd. I, 2. Aufl. 2012, § 16, Rn. 183 ff.

[200] *Martin Burgi*, in: Matthias Ruffert (Hrsg.), Recht und Organisation, Staatsrecht – Verwaltungsrecht – Europarecht – Völkerrecht, 2003, S. 55 (63 ff.) qualifiziert das Kommunalwirtschaftsrecht als Gegenstand des Verwaltungsorganisationsrechts und konstatiert dennoch Parallelen zur gemeindlichen und gemeindeverbandlichen Organisationshoheit.

[201] Anders *Christian Scharpf*, GewArch 2005, S. 1 (2); *Kay Waechter*, AöR 135 (2010), S. 327 (350); *Sönke E. Schulz/Jakob Tischer*, GewArch 2014, S. 1 (2); siehe aber auch *Christoph Engel*, in: Hans-Günter Henneke (Hrsg.), Organisation kommunaler Aufgabenwahrnehmung, 1998, S. 145 (169 f.), der auf den institutionellen Vorbehalt des Gesetzes sowie die Gefahr der Begründung von Nebenhaushalten hinweist; ähnlich *Peter Unruh*, DÖV 1997, S. 653 (661 f.); ferner *Friedrich E. Schnapp*, DÖV 1990, S. 826 ff.; *Bernhard Kempen*, Die Formenwahlfreiheit der Verwaltung, 1996, S. 123 ff.

[202] Zur Begriffsbildung im Landesrecht, das teilweise nicht auf die Betätigung in Form wirtschaftlicher Unternehmen, sondern auf die wirtschaftliche Betätigung im Allgemeinen abstellt, *Klaus Lange*, Kommunalrecht, 2013, Kapitel 14 Rn. 9 ff.

[203] Aus grundrechtlicher Perspektive *Wolfgang Löwer*, Energieversorgung zwischen Staat, Gemeinde und Wirtschaft, 1989, S. 148 f., 234 f.; kritisch *Georg Hermes*, Der Staat 31 (1992),

Kommunalunternehmens [beispielsweise] als Anstalt des öffentlichen Rechts [werden] sowohl flexible als auch der Verantwortungsklarheit dienende Organisationsstrukturen [...] [erst bereitgestellt]."[204]

Die Ausgestaltungsbedürftigkeit des Kommunalwirtschaftsrechts lässt sich ferner auch mit der Lehre vom Vorbehalt des Gesetzes begründen:[205] Deren Geltung auch für das Kommunalwirtschaftsrecht beruht auf den Auswirkungen der wirtschaftlichen Betätigung von Gemeinden und Gemeindeverbänden auf die grundrechtlich geschützte Betätigung privater Konkurrenten.[206] Diese Auswirkungen sind allerdings umstritten.

aa) Grundrechtsrelevanz des Kommunalwirtschaftsrechts

Überwiegend wird die kommunale Wirtschaftstätigkeit als grundrechtsirrelevant eingestuft.[207] Das Bundesverfassungsgericht geht davon aus, dass Art. 12 GG weder der Zulassung privater Konkurrenz entgegenstehe[208] noch einen bestimmten Geschäftsumfang oder bloße Erwerbsmöglichkeiten gewährleiste[209] und folglich die staatliche Konkurrenz nur als Grundrechtseingriff zu qualifizieren sei, wenn ein staatlicher Verdrängungswettbewerb stattfinde oder sonstige empfindliche Belastungen festzustellen seien.[210] Auch das Bundesverwaltungsgericht qualifiziert staatliche Konkurrenz lediglich als eine systemimma-

S. 281 ff.; zum Gedanken der Einheit der Verwaltung im vorliegenden Zusammenhang *Helmuth Schulze-Fielitz*, in: Hans-Günter Henneke (Hrsg.), Organisation kommunaler Aufgabenerfüllung, 1998, S. 223 (230 ff.); ferner *Wolfgang Graf Vitzthum*, AöR 104 (1979), S. 580 (625 ff.); *Gunnar Folke Schuppert*, DÖV 1987, S. 757 (761); *ders.*, in: Jörn Ipsen (Hrsg.), Privatisierung öffentlicher Aufgaben, 1994, S. 17 ff.; *ders.*, in: Klaus König/Heinrich Siedentopf (Hrsg.), Öffentliche Verwaltung in Deutschland, 1997, S. 269 ff.; *Friedrich Schoch*, DVBl. 1994, S. 1 (9).

[204] Trotz institutionellem Deutungsansatz so auch *Horst Dreier*, in: Horst Dreier (Hrsg.), GG-Komm., Bd. II, 2. Aufl. 2006, Art. 28, Rn. 135.

[205] Dazu mit Blick auf die kommunale Rechtsetzung S. 396 ff.; im vorliegenden Zusammenhang *Johannes Hellermann*, Örtliche Daseinsvorsorge und gemeindliche Selbstverwaltung, 2000, S. 167.

[206] Allgemein *Markus Möstl*, Grundrechtsbindung öffentlicher Wirtschaftstätigkeit, 1999, S. 89 ff.; *Peter Selmer*, in: Rolf Stober/Hanspeter Vogel (Hrsg.), Wirtschaftliche Betätigung der öffentlichen Hand, 2000, S. 75 ff.; *Stefan Storr*, Der Staat als Unternehmer, 2001, S. 152 ff.; mit Blick auf Art. 28 Abs. 2 GG *Dirk Ehlers*, in: Ständige Deputation des Deutschen Juristentages (Hrsg.), Verhandlungen des vierundsechzigsten Deutschen Juristentages, Bd. I, 2002, E 47 f.; *Klaus Rennert*, JZ 2003, S. 385 (395 f.); *Jörn Ipsen*, ZHR 170 (2006), S. 422 ff.; kritisch *Hans D. Jarass*, DÖV 2002, S. 489 (494).

[207] BVerwGE 39, 329 (336); *Utz Schliesky*, Öffentliches Wettbewerbsrecht, 1997, S. 194 ff.; *Peter Selmer*, in: Rolf Stober/Hanspeter Vogel (Hrsg.), Wirtschaftliche Betätigung der öffentlichen Hand, 2000, S. 75 ff.; *Hans D. Jarass*, DÖV 2002, S. 489 (492 ff.); *ders.*, Reform des Kommunalwirtschaftsrechts, 2005, passim.

[208] BVerfGE 34, 252 (256); 55, 261 (269); BVerwGE 39, 329 (336).

[209] BVerfGE 34, 252 (256); 105, 252 (265).

[210] *Stefan Storr*, Der Staat als Unternehmer, 2001, S. 159 ff.; *Joachim Wieland*, in: Horst Dreier (Hrsg.), GG, Bd. I, 3. Aufl. 2013, Art. 12, Rn. 74.

nente Verschärfung der marktwirtschaftlichen Konkurrenz, die nicht an Art. 12 GG zu messen sei, solange privates Wirtschaften nicht unmöglich gemacht werde.[211] Ungeachtet dieser Judikatur wird die Grundrechtsrelevanz der wirtschaftlichen Betätigung von Gemeinden und Gemeindeverbänden zunehmend aber auch betont.[212] Staatliche Konkurrenz beeinträchtigt danach mittelbar den privaten Wettbewerb[213] und die Marktposition privater Konkurrenten.[214]

Freiheitliche Grundrechtsausübung und staatliches Handeln sind – ganz im Sinne der zuletzt genannten Ansicht – kategorial zu unterscheiden, sodass jede Parallelisierung von staatlicher und privater Wirtschaftstätigkeit fehlgeht.[215] Weder handelt es sich bei staatlicher Wettbewerbsteilnahme um eine liberalinterventionistische Systemimmanenz[216] noch kann bei staatlicher Wirtschaftstätigkeit von marktwirtschaftlicher Konkurrenz gesprochen werden:[217] Staatliche

---

211 BVerwGE 39, 329 (336); 71, 183 (193); BVerwG, DVBl. 1996, S. 152 (153).

212 *Peter J. Tettinger*, NJW 1998, S. 3473 (3474); *Markus Heintzen*, Rechtliche Grenzen und Vorgaben für eine wirtschaftliche Betätigung von Kommunen im Bereich der gewerblichen Gebäudereinigung, 1999, S. 23 ff.; *Johann-Christian Pielow*, NWVBl. 1999, S. 369 (375 f.); *ders.*, Grundstrukturen öffentlicher Versorgung in Europa, 2001, S. 492 ff., 511 ff., 701 ff.; *Ulrich Hösch*, Die kommunale Wirtschaftstätigkeit, 2000, S. 50 ff.; *Rainer Cosson*, DVBl. 1999, S. 891 (896); *Janbernd Oebbecke*, in: Maximilian Wallerath (Hrsg.), Kommunen im Wettbewerb, 2001, S. 13 (20); *Karl-Josef Faßbender*, DÖV 2005, S. 89 (98); *Jörg Walendy*, Theorie kommunaler Wettbewerbsunternehmen, 2008, S. 243 ff.; allgemein *Karl-Oskar Schmittat*, ZHR 148 (1984), S. 428 (449); *Winfried Kluth*, Grenzen kommunaler Wettbewerbsteilnahme, 1988, S. 63 ff.; *ders.*, WiVerw 2000, S. 184 (197 ff.); *Ferdinand Kopp*, GewArch 1988, S. 353 (360); *Fritz Ossenbühl*, AöR 115 (1990), S. 1 (13); *Utz Schliesky*, Öffentliches Wettbewerbsrecht, 1997, S. 83 ff.; *ders.*, DVBl. 1999, S. 78 (79 ff.); *Thorsten Matthias Helm*, Rechtspflicht zur Privatisierung, 1999, S. 146; *Peter Selmer*, in: Rolf Stober/Hanspeter Vogel (Hrsg.), Wirtschaftliche Betätigung der öffentlichen Hand, 2000, S. 75 (81); *Walter Frenz*, DÖV 2000, S. 802 (808); *Stefan Storr*, Der Staat als Unternehmer, 2001, S. 160 ff.; *Thomas Mann*, Die öffentlich-rechtliche Gesellschaft, 2002, S. 93 ff.; *Stephan Rixen*, Sozialrecht als öffentliches Wirtschaftsrecht, 2005, S. 270 ff.

213 *Rupert Scholz*, in: Theodor Maunz/Günter Dürig (Begr.), Grundgesetz, Art. 12 (2006), Rn. 319 f.; ferner *Jens-Peter Schneider*, DVBl. 2000, S. 1250 ff., der auf die Steuerungswirkung staatlicher Marktteilnahme verweist; siehe auch *Christian Scharpf*, GewArch 2005, S. 1 (3 ff.).

214 *Wolfram Cremer*, DÖV 2003, S. 921 (927); ferner *Josef Isensee*, DB 1979, S. 145 (148), der darauf hinweist, dass vor dem Hintergrund der Finanzierung der öffentlichen Hand durch Steuern die staatliche Wettbewerbsteilnahme die Vorteile der Privatwirtschaft genieße, ohne deren Nachteile in Kauf zu nehmen; ähnlich *Wolfgang Löwer*, ZBB 1993, S. 108 (109); *ders.*, Energieversorgung zwischen Staat, Gemeinde und Wirtschaft, 1989, S. 140 ff.

215 *Albert Krölls*, GewArch 1992, S. 281 (283); *Peter Selmer*, in: Rolf Stober/Hanspeter Vogel (Hrsg.), Wirtschaftliche Betätigung der öffentlichen Hand, 2000, S. 75 (81); *Stefan Storr*, Der Staat als Unternehmer, 2001, S. 161.

216 Dazu *Gerold Ambrosius*, Der Staat als Unternehmer, 1984, S. 61; ähnlich *Martin Bullinger*, in: Wolfgang Hoffmann-Riem/Eberhard Schmidt-Aßmann (Hrsg.), Öffentliches Recht und Privatrecht als wechselseitige Auffangordnungen, 1996, S. 239 (257), der vor dem Hintergrund einer vermeintlich notwendigen Beweglichkeit der staatlichen Aufgabenerfüllung die wirtschaftliche Tätigkeit wohl auch der Gemeinden und Gemeindeverbände allein der zivilrechtlichen Dogmatik unterwerfen will.

217 Allerdings ist nach dem Bundesverfassungsgericht der Gedanke des funktionsfähigen Wettbewerbs nicht geeignet, die abwehrrechtliche Grundrechtsdimension zu aktivieren –

Wettbewerbsteilnahme realisiert nicht die „unsichtbare Hand des Marktes" – staatliche Wettbewerbsteilnahme bewirkt aufgrund des marktmanipulativen Potentials[218] vielmehr eine qualitative Veränderung der marktwirtschaftlichen Konkurrenz.[219] Dass die staatliche Wettbewerbsteilnahme nicht auf eine unmittelbare Beeinflussung der Marktteilnehmer zielt, sondern eine Beeinflussung der Konsumenten bezweckt, ändert nichts an dieser Feststellung.[220]

bb) Grundrechtsrelevanz und Ausgestaltungsbedürftigkeit

Gilt die Lehre vom Vorbehalt des Gesetzes aufgrund dieser Erwägungen auch für die wirtschaftliche Betätigung von Gemeinden und Gemeindeverbänden, ist das Kommunalwirtschaftsrecht grundsätzlich der legislativen Ausgestaltung zugänglich und bedürftig. Dem können schließlich auch nicht vermeintliche Besonderheiten des Kommunalwirtschaftsrechts entgegen gehalten werden, wonach die legislative Programmierbarkeit der wirtschaftlichen Betätigung von Gemeinden und Gemeindeverbänden fehle.[221] Wie bereits festgestellt,[222] ist mit Hilfe des Merkmals der Eigenverantwortlichkeit eine Bereichsausnahme von der Lehre vom Vorbehalt des Gesetzes nicht zu begründen.[223] Im Ergebnis bedarf das Kommunalwirtschaftsrecht daher der legislativen Ausgestaltung – nach dem prinzipientheoretischen Deutungsansatz ist der Gesetzgeber demzufolge aufgerufen, die Organisationsformen und Handlungsinstrumente für die wirtschaftliche Betätigung der Gemeinden und Gemeindeverbände bereitzustellen. Dabei ist er an die Funktionen kommunaler Selbstverwaltung einerseits und an konfligierende Rechtsprinzipien andererseits gebunden, die verfassungsrechtlichen Grenzen der Ausgestaltung ergeben sich auch insoweit aus einer Abwägung der widerstreitenden Rechtsprinzipien nach Maßgabe des Untermaßverbotes.

Wettbewerb ist nach Ansicht des Bundesverfassungsgerichts keine natürliche private Ordnung, sondern ein Ordnungsmechanismus, der rechtlicher Ausgestaltung zugänglich ist, weswegen die Gewährleistung dieses Wettbewerbs nicht die abwehrrechtliche Grundrechtsdimension aktiviert, siehe BVerfGE 105, 252 (265ff.); 106, 275 (298ff.); 115, 205 (229ff.).

[218] *Stefan Storr*, Der Staat als Unternehmer, 2001, S. 165f.

[219] *Peter Selmer*, in: Rolf Stober/Hanspeter Vogel (Hrsg.), Wirtschaftliche Betätigung der öffentlichen Hand, 2000, S. 75 (81); *Stefan Storr*, Der Staat als Unternehmer, 2001, S. 161.

[220] *Stefan Storr*, Der Staat als Unternehmer, 2001, S. 165.

[221] Ähnlich *Johannes Hellermann*, Örtliche Daseinsvorsorge und gemeindliche Selbstverwaltung, 2000, S. 169.

[222] Siehe dazu mit Blick auf die kommunale Rechtsetzung S. 396ff.

[223] Anders *Johannes Hellermann*, Örtliche Daseinsvorsorge und gemeindliche Selbstverwaltung, 2000, S. 169f.

b) Verfassungsrechtliche Grenzen der legislativen Ausgestaltung des Kommunalwirtschaftsrechts

Mit Blick auf das Kommunalwirtschaftsrecht ist nunmehr das „Abwägungsmaterial“ bereichsspezifisch zu bestimmen – zurückgegriffen werden kann insoweit auf überkommene „Schranken“[224], die nach dem institutionellen Interpretationsansatz verfassungsunmittelbar der wirtschaftlichen Betätigung der Gemeinden und Gemeindeverbände Grenzen ziehen. Dabei sind allerdings die Unterschiede zwischen beiden dogmatischen Konstruktionen im Auge zu behalten, die einer schlichten Übertragung dieser Schranken auf das prinzipientheoretische Modell entgegenstehen.

aa) Partizipative Funktion kommunaler Selbstverwaltung

Der Gesetzgeber hat auch hinsichtlich der wirtschaftlichen Betätigung der Gemeinden und Gemeindeverbände vor allem die partizipative Funktion kommunaler Selbstverwaltung zu berücksichtigen.[225] Diese Funktion spricht grundsätzlich eher gegen die wirtschaftliche Betätigung: Werden Aufgaben von kommunalen Unternehmen wahrgenommen, ist davon insbesondere die partizipative Funktion kommunaler Selbstverwaltung betroffen. Das Tätigwerden kommunaler Unternehmen setzt nämlich Entscheidungsspielräume voraus, könnte anderenfalls doch auf ihre organisatorische Verselbstständigung verzichtet werden.[226] Die „Autonomisierung“ der wirtschaftlichen Betätigung von Gemeinden und Gemeindeverbänden darf nun die partizipative Funktion kommunaler Selbstverwaltung keinesfalls verdrängen.[227] Vielmehr muss das Kommunalwirtschaftsrecht die partizipative Funktion zumindest im Wege der Steuerung und Kontrolle[228] der wirtschaftlichen Betätigung von Gemeinden und Gemein-

---

[224] *Johannes Hellermann*, Örtliche Daseinsvorsorge und gemeindliche Selbstverwaltung, 2000, S. 153 ff., 204 ff.; kritisch *Jörg Ennuschat*, NWVBl. 2009, S. 1 ff.

[225] Ähnlich *Klaus Rennert*, Die Verwaltung 53 (2002), S. 319 (331 f.), der gesetzliche Vorrangregelungen zugunsten öffentlich-rechtlicher Organisationsformen nicht als Beeinträchtigung der verfassungsrechtlichen Gewährleistung kommunaler Selbstverwaltung qualifiziert.

[226] *Heidrun Abromeit*, PVS 26 (1985), S. 287 (292 ff.); *Reiner Schmidt*, ZGR 1996, S. 345 (349); *Monika Kuban*, in: Michael Schöneich (Hrsg.), Reformen im Rathaus, 1996, S. 99 (100 f.); *Franz-Ludwig Knemeyer*, in: Hans-Günter Henneke (Hrsg.), Organisation kommunaler Aufgabenerfüllung, 1998, S. 131 (141).

[227] *Helmuth Schulze-Fielitz*, in: Hans-Günter Henneke (Hrsg.), Organisation kommunaler Aufgabenerfüllung, 1998, S. 223 (235 ff.); *Markus Götz*, Politische Steuerung in der Kommune, 2000, S. 154.

[228] Zur Aufsicht über Gemeinden und Gemeindeverbände *Matthias Ruffert*, VerwArch 92 (2001), S. 27 ff.; *Ingo Erting*, NVwZ 2009, S. 1339 ff.; *Christoph Brüning*, DÖV 2010, S. 553 ff.; zur Notwendigkeit einer ununterbrochenen Legitimation kommunaler Unternehmen *Thomas von Danwitz*, AöR 120 (1995), S. 595 (607); *Walter Krebs*, Die Verwaltung 29 (1996), S. 309 (317); *Rainer Wahl*, in: Hans-Günter Henneke (Hrsg.), Organisation kommunaler Aufgabenerfüllung, 1998, S. 15 (29 ff.); *Franz-Ludwig Knemeyer*, in: Hans-Günter Henneke

deverbänden absichern.[229] Zwar kann dies mit dem Gedanken einer effektiven Unternehmensführung in Konflikt geraten,[230] eine unzulässige Politisierung kommunaler Wirtschaftsunternehmen liegt darin gleichwohl nicht.[231] Die ver-

(Hrsg.), Organisation kommunaler Aufgabenerfüllung, 1998, S. 131 (139 f.); *Stefan Storr*, Der Staat als Unternehmer, 2001, S. 67 ff.; *Thomas Mann*, JZ 2002, S. 819 (821); kritisch *Günter Püttner*, Die öffentlichen Unternehmen, 2. Aufl. 1985, S. 136 f.

[229] Siehe dazu *Frido Wagener*, in: Frido Wagener (Hrsg.), Verselbständigung von Verwaltungsträgern, 1976, S. 31 (40); *Günter Püttner*, DÖV 1983, S. 697 (699 f.); *Peter Eichhorn*, in: Hans-Uwe Erichsen (Hrsg.), Kommunalverfassung heute und morgen – Bilanz und Ausblick, 1989, S. 108 (110 ff.); *ders.*, in: Jens Harms/Christoph Reichard (Hrsg.), Die Ökonomisierung des öffentlichen Sektors, 2003, S. 175 (176 f.); *Dirk Ehlers*, NWVBl. 1991, S. 397 (401 f.); *ders.*, DVBl. 1997, S. 137 (141); *Gerhard Banner*, in: Hermann Hill/Helmut Klages (Hrsg.), Qualitäts- und erfolgsorientiertes Verwaltungsmanagement – Aktuelle Tendenzen und Entwürfe, 1993, S. 57 (58); *ders.*, in: Michael Nierhaus (Hrsg.), Kommunale Selbstverwaltung, 1996, S. 81 (82 f.); *Dietrich Budäus*, in: Gerhard Banner/Christoph Reichard (Hrsg.), Kommunale Managementkonzepte in Europa: Anregungen für die deutsche Reformdiskussion, 1993, S. 163 (168); *Ingeborg E. Schäfer*, Die Verwaltung 26 (1993), S. 39 ff.; *Stefan Machura*, ZögU 1994, S. 156 ff.; *ders.*, StWStP 1996, S. 533 (544 ff.); *Helmut Siekmann*, Jahrbuch für Neue Politische Ökonomie 15 (1996), S. 282 (303 f.); *Joachim Wieland*, in: Hans-Günter Henneke (Hrsg.), Stärkung der kommunalen Handlungs- und Entfaltungsspielräume, 1996, S. 17 (24 f.); *Christoph Gröpl*, in: Markus Hoffmann (Hrsg.), Kommunale Selbstverwaltung im Spiegel von Verfassungs- und Verwaltungsrecht 1996, S. 99 (104 f.); *Rainer Wahl*, in: Eberhard Schmidt-Aßmann/Wolfgang Hoffmann-Riem (Hrsg.), Verwaltungsorganisationsrecht als Steuerungsressource, 1997, S. 301 (316); *Christoph Engel*, in: Hans-Günter Henneke (Hrsg.), Organisation kommunaler Aufgabenwahrnehmung, 1998, S. 145 (154 ff.); *Ludwig Theuvsen*, Ergebnis- und Marktsteuerung öffentlicher Unternehmen, 2001, S. 138 ff.; *Peter Kolbe*, in: Kai Birkholz (Hrsg.), Public Management – eine neue Generation in Wissenschaft und Praxis, Festschrift für Christoph Reichard, 2006, S. 61 ff.; allgemein zur Bedeutung von Steuerung und Kontrolle für die partizipative Funktion kommunaler Selbstverwaltung *Jörg Bogumil/Lars Holtkamp*, in: Stefan Lange/Uwe Schimank (Hrsg.), Governance und gesellschaftliche Integration, 2004, S. 147 (151); ferner *Friedrich Schoch*, DÖV 1993, S. 377 (381); *Rainer Wahl*, in: Hans-Günter Henneke (Hrsg.), Organisation kommunaler Aufgabenerfüllung, 1998, S. 15 (31 f.); *Helmuth Schulze-Fielitz*, in: Hans-Günter Henneke (Hrsg.), Organisation kommunaler Aufgabenerfüllung, 1998, S. 223 (243 f.); *Franz-Ludwig Knemeyer*, in: Hans-Günter Henneke (Hrsg.), Organisation kommunaler Aufgabenerfüllung, 1998, S. 131 (139 f.); anders *Hans-Peter Schwintowski*, NVwZ 2001, S. 607 (612); *ders.*, ZögU 2003, S. 283 (301 f.); ähnlich *Christoph Engel*, in: Hans-Günter Henneke (Hrsg.), Organisation kommunaler Aufgabenwahrnehmung, 1998, S. 145 (154 ff.); *Matthias Ganske*, Corporate Governance im öffentlichen Unternehmen, 2004, S. 160, 216 f.; siehe auch *Holger Altmeppen*, NJW 2003, S. 2561 ff.; *Peter Eichhorn*, in: Jens Harms/Christoph Reichard (Hrsg.), Die Ökonomisierung des öffentlichen Sektors, 2003, S. 175 ff.; *Wolfram Bremeier/Hans Brinckmann/Werner Kilian/Karsten Schneider*, ZögU 2005, S. 267 ff.; *Dietrich Budäus*, in: Rudolf X. Ruter/Katrin Sahr/Georg Graf Waldersee (Hrsg.), Ein Kodex für öffentliche Unternehmen, 2005, S. 15 ff.; zu Reformmodellen *Hermann Hill*, BB 1997, S. 425 (430); *Friedrich Wilhelm Held*, WiVerw 1998, S. 264 (285 f.); *Jens Wolf*, GewArch 1999, S. 177 (182).

[230] *Franz-Ludwig Knemeyer*, KommJur 2007, S. 241 ff.; *Martin Leder*, DÖV 2008, S. 173 (174); ferner *Helmut Siekmann*, Jahrbuch für Neue Politische Ökonomie 15 (1996), S. 282 (303 f.); *Frank Sollondz*, LKV 2003, S. 297 (298 f.).

[231] Siehe aber auch *Christoph Engel*, in: Hans-Günter Henneke (Hrsg.), Organisation kommunaler Aufgabenwahrnehmung, 1998, S. 145 (162 ff.); *Miriam Parmentier*, DVBl. 2002, S. 1378 (1382).

meintlich wettbewerbsverzerrende Steuerung und Kontrolle kommunaler Unternehmen[232] ist nämlich der partizipativen Funktion kommunaler Selbstverwaltung geschuldet und drängt wirtschaftliche Gläubigerinteressen[233] zurück.[234]

Für die Abwägungsentscheidung des Gesetzgebers lassen sich insoweit folgende Gesichtspunkte festhalten: Namentlich privatrechtliche Organisationsformen können Steuerungs- und Kontrollschwächen begründen,[235] die als Untersteuerung[236] bezeichnet werden. Zum einen wird versucht, diese Untersteuerung durch Einwirkungspflichten zu kompensieren;[237] zum anderen sollen nach dem Gesellschaftsrecht zulässige Weisungs- und Aufsichtsrechte[238] als funktio-

[232] Dazu *Jörg Walendy*, Theorie kommunaler Wettbewerbsunternehmen, 2008, S. 260ff.; ferner *Christoph Engel*, in: Hans-Günter Henneke (Hrsg.), Organisation kommunaler Aufgabenwahrnehmung, 1998, S. 145 (159ff.); *Thomas Edeling/Erhard Stölting/Dieter Wagner*, Öffentliche Unternehmen, 2004, S. 55f., 60f., 77f.

[233] Siehe dazu *Hans-Peter Schwintowski*, NJW 1995, S. 1316 (1318f.); *ders.*, in: Maximilian Wallerath (Hrsg.), Kommunen im Wettbewerb, 2001, S. 131 (137); ferner *Oliver Zugmaier*, BayVBl. 2001, S. 233 (236); *Jörn Axel Kämmerer*, DVBl. 2008, S. 1005 (1008); zum Ganzen aber auch *Jens Wolf*, Anstalt des öffentlichen Rechts als Wettbewerbsunternehmen, 2002, S. 165ff.; *Knut Waldmann*, NVwZ 2008, S. 284ff.

[234] Ähnlich *Franz-Ludwig Knemeyer*, in: Hans-Günter Henneke (Hrsg.), Organisation kommunaler Aufgabenerfüllung, 1998, S. 131 (141); ferner *Gunnar Folke Schuppert*, in: Theo Thiemeyer (Hrsg.), Instrumentalfunktion öffentlicher Unternehmen, 1990, S. 141ff.; *Hubertus Gersdorf*, Öffentliche Unternehmen im Spannungsfeld zwischen Demokratie- und Wirtschaftlichkeitsprinzip, 2000, S. 225.

[235] *Günter Nesselmüller*, Rechtliche Einwirkungsmöglichkeiten der Gemeinden auf ihre Eigengesellschaften, 1977, S. 73ff., 91ff.; *Hermann Hill*, BB 1997, S. 425ff.; *Stefan Storr*, NordÖR 2005, S. 94ff.

[236] *Dietrich Budäus*, in: Gerhard Banner/Christoph Reichard (Hrsg.), Kommunale Managementkonzepte in Europa: Anregungen für die deutsche Reformdiskussion, 1993, S. 163 (168); *Rainer Wahl*, in: Hans-Günter Henneke (Hrsg.), Organisation kommunaler Aufgabenerfüllung, 1998, S. 15 (21).

[237] Dazu *Dirk Ehlers*, Verwaltung in Privatrechtsform, 1984, S. 130ff.; *ders.*, DÖV 1986, S. 897 (904f.); *ders.*, DVBl. 1997, S. 137 (143ff.); ferner *Günter Püttner*, DVBl. 1975, S. 353ff.; *ders.*, DÖV 1983, S. 697 (703); *Willy Spannowsky*, DVBl. 1992, S. 1072 (1073); *ders.*, ZGR 1996, S. 400ff.; *Reiner Schmidt*, ZGR 1996, S. 345 (350f.); *Markus Möstl*, Grundrechtsbindung öffentlicher Wirtschaftstätigkeit, 1999, S. 26ff.; *Hubertus Gersdorf*, Öffentliche Unternehmen im Spannungsfeld zwischen Demokratie und Wirtschaftlichkeitsprinzip, 2000, S. 223ff.; *Walter Georg Leisner*, GewArch 2009, S. 337ff.; *Thomas Mann*, VBlBW 2010, S. 7ff.; ferner *Wolfgang Hoffmann-Riem*, in: Wolfgang Hoffmann-Riem/Eberhard Schmidt-Aßmann (Hrsg.), Öffentliches Recht und Privatrecht als wechselseitige Auffangordnungen, 1996, S. 261 (301ff.); *Hans-Heinrich Trute*, in: Wolfgang Hoffmann-Riem/Eberhard Schmidt-Aßmann (Hrsg.), Öffentliches Recht und Privatrecht als wechselseitige Auffangordnungen, 1996, S. 167 (197ff.).

[238] *Dirk Ehlers*, Verwaltung in Privatrechtsform, 1984, S. 144f.; *ders.*, JZ 1990, S. 1089 (1093f.); *Günter Püttner*, Die öffentlichen Unternehmen, 2. Aufl. 1985, S. 235; *Frank Engellandt*, Die Einflußnahme der Kommunen auf ihre Kapitalgesellschaften über das Anteilseignerorgan, 1995, passim; *Wolfgang Kahl*, in: Wolfgang Hoffmann-Riem/Eberhard Schmidt-Aßmann/Andreas Voßkuhle (Hrsg.), Grundlagen des Verwaltungsrechts, Bd. III, 2009, § 47, Rn. 151; zum fakultativen Aufsichtsrat einer GmbH BVerwGE 140, 300ff.; *Walter Pauly/Yvonne Schüler*, DÖV 2012, S. 339ff.; *Christian Ziche/Daniel Herrmann*, DÖV 2014, S. 111ff.

nale Äquivalente öffentlich-rechtlicher Steuerungsmöglichkeiten dienen.[239] Beide Ansätze können die weitgehende Verselbstständigung kommunaler Unternehmen gegenüber dem demokratisch gebotenen Autorisations-, Legitimations- und Kontrollzusammenhang indes kaum verhindern[240] – die Ursache hierfür liegt im Verlust gerade öffentlich-rechtlicher Steuerungsinstrumente,[241] die nicht adäquat durch gesellschaftsrechtliche Mechanismen substituiert werden können.[242] Vor allem privatrechtliche Organisationsformen rufen daher Steuerungs- und Kontrolldefizite hervor.[243]

bb) „Schranken" des Kommunalwirtschaftsrechts

(1) Öffentliche Zwecksetzung

Neben den grundsätzlichen Erwägungen zur Ausgestaltung des Kommunalwirtschaftsrechts sind nunmehr die „Schranken" der wirtschaftlichen Betätigung der Gemeinden und Gemeindeverbände nach institutioneller Deutung zu betrachten. Einfachgesetzlich wird die wirtschaftliche Betätigung zunächst auf die Verfolgung unmittelbarer öffentlicher Zwecke[244] verpflichtet.[245] Derartige

[239] *Reiner Schmidt*, ZGR 1996, S. 358 ff.; *Frank Engellandt*, DÖV 1996, S. 71 ff.; ferner *Horst Dreier*, Hierarchische Verwaltung im demokratischen Staat, 1991, S. 258 ff.; *Gunnar Folke Schuppert*, DÖV 1998, S. 831 (833); *Martin Burgi*, Funktionale Privatisierung und Verwaltungshilfe, 1999, S. 319 ff.; *Thomas Groß*, Das Kollegialprinzip in der Verwaltungsorganisation, 1999, S. 271 ff.; *Wolfgang Kahl*, Die Staatsaufsicht, 2000, S. 386 ff.

[240] *Ernst T. Kraft*, Das Verwaltungsgesellschaftsrecht, 1982, S. 128 ff.; *Horst Dreier*, Hierarchische Verwaltung im demokratischen Staat, 1991, S. 259 f.; *Wolfgang Kahl*, in: Wolfgang Hoffmann-Riem/Eberhard Schmidt-Aßmann/Andreas Voßkuhle (Hrsg.), Grundlagen des Verwaltungsrechts, Bd. III, 2009, § 47, Rn. 148.

[241] Zur Lehre vom Verwaltungsgesellschaftsrecht *Dirk Ehlers*, Verwaltung in Privatrechtsform, 1984, S. 124 ff.; siehe aber auch *Hubertus Gersdorf*, Öffentliche Unternehmen im Spannungsfeld zwischen Demokratie- und Wirtschaftlichkeitsprinzip, 2002, S. 254 ff.; ferner *Willy Spannowsky*, DVBl. 1992, S. 1072 (1073 ff.); *Mathias Habersack*, ZGR 1996, S. 544 (555).

[242] *Wolfgang Kahl*, in: Wolfgang Hoffmann-Riem/Eberhard Schmidt-Aßmann/Andreas Voßkuhle (Hrsg.), Grundlagen des Verwaltungsrechts, Bd. III, 2009, § 47, Rn. 149; ferner *Dirk Ehlers*, JZ 1990, S. 1089 (1093).

[243] Siehe *Stefan Storr*, Der Staat als Unternehmer, 2001, S. 537 ff., der zudem die Notwendigkeit betont, dem drohenden Transparenzverlust durch die Wahl privatrechtlicher Organisationsformen entgegenzuwirken, um eine Versickerung der Legitimation öffentlicher Unternehmen zu verhindern; zum Transparenzgedanken auch *Ernst-Joachim Mestmäcker*, Die sichtbare Hand des Rechts, 1978, passim; *Walter Leisner*, Der unsichtbare Staat, 1994, passim.

[244] BVerfGE 61, 82 (107); *Peter Badura*, DÖV 1998, S. 818 (821); *Christoph Engel*, in: Hans-Günter Henneke (Hrsg.), Organisation kommunaler Aufgabenwahrnehmung, 1998, S. 145 (219); *Dirk Ehlers*, Jura 1999, S. 212 (214); *ders.*, NWVBl. 2000, S. 1 (5 f.); *ders.*, in: Ständige Deputation des Deutschen Juristentages (Hrsg.), Verhandlungen des vierundsechzigsten Deutschen Juristentages, Bd. I, 2002, E 71; *Wolfgang Weiß*, Privatisierung und Staatsaufgaben, 2002, S. 229; *Klaus Rennert*, JZ 2003, S. 385 (390); *Dirk Hauser*, Wirtschaftliche Betätigung, 2004, S. 126; *Karl-Josef Faßbender*, DÖV 2005, S. 89 (99); zum Hochschulbetrieb als Betätigungsfeld kommunaler Wirtschaftsunternehmen *Ferdinand Wollenschläger/Julia Faber*, in: Georg Jochum (Hrsg.), Grenzüberschreitendes Recht – Crossing Frontiers, Festschrift für Kay Hailbronner, 2013, S. 811 ff.

Regelungen spiegeln aus prinzipientheoretischer Sicht eine verfassungsrechtliche Grenze der Ausgestaltung des Kommunalwirtschaftsrechts wider: Gemeinden und Gemeindeverbände sind von Verfassungs wegen lediglich zur Aufgabenwahrnehmung im eigenen Wirkungskreis berufen.[246] Schon aus diesem Grund darf das Kommunalwirtschaftsrecht nicht die Verfolgung anderer Zwecke legitimieren.[247] Dem kann auch nicht der übertragene Wirkungskreis entgegengehalten werden, der Gemeinden und Gemeindeverbände auch über Art. 28 Abs. 2 GG hinaus zur Aufgabenwahrnehmung berechtigt,[248] wird doch auch insoweit die Verfolgung öffentlicher Zwecke vorausgesetzt.

Zwar ist der Begriff des öffentlichen Zwecks weitestgehend konturenlos[249] – jedenfalls ein isoliertes Gewinnstreben[250] kann aber nicht als öffentlicher Zweck qualifiziert werden.[251] Dies lässt sich im Wesentlichen mit drei Argumenten be-

---

245 Ausführlich zur Instrumentalthese *Gerhard Himmelmann*, in: Theo Thiemeyer (Hrsg.), Instrumentalfunktion öffentlicher Unternehmen, 1990, S. 73 ff.; *Helmut Siekmann*, in: Rolf Stober/Hanspeter Vogel (Hrsg.), Wirtschaftliche Betätigung der öffentlichen Hand, 1999, S. 103 (128); *Thomas Mann*, Die öffentlich-rechtliche Gesellschaft, 2002, S. 14 f.; *Peter Eichhorn*, New Governance öffentlicher Unternehmen, in: Jens Harms/Christoph Reichard (Hrsg.), Die Ökonomisierung des öffentlichen Sektors, 2003, S. 175 (179 f.); *Wolfgang Weiß*, AöR 128 (2003), S. 91 (96); *Jörg Walendy*, Theorie kommunaler Wettbewerbsunternehmen, 2008, S. 41 ff.

246 *Joachim Burmeister*, in: Albert von Mutius (Hrsg.), Selbstverwaltung im Staat der Industriegesellschaft, Festgabe zum 70. Geburtstag von Georg Christoph von Unruh, 1983, S. 623 (645 ff.); *Eberhard Schmidt-Aßmann*, in: Mathias Habersack (Hrsg.), Festschrift für Peter Ulmer zum 70. Geburtstag, 2003, S. 1015 (1016); *Hans D. Jarass*, DÖV 2002, S. 489 (497 f.); *Hans-Jürgen Papier*, DVBl. 2003, S. 686 (688); siehe auch *Markus Heintzen*, Rechtliche Grenzen und Vorgaben für eine wirtschaftliche Betätigung von Kommunen im Bereich der gewerblichen Gebäudereinigung, 1999, S. 35 ff., der auf die Verpflichtung namentlich der Gemeinden zur Regelung der Angelegenheiten der örtlichen Gemeinschaft Bezug nimmt, die auch im Rahmen der wirtschaftlichen Betätigung Geltung beanspruche; zum Ganzen *Janbernd Oebbecke*, NVwZ 1988, S. 393 ff.; *Matthias Ruffert*, VerwArch 92 (2001), S. 27 (38 ff.).

247 *Janbernd Oebbecke*, ZHR 164 (2000), S. 375 (382); *Dirk Ehlers*, in: Ständige Deputation des Deutschen Juristentages (Hrsg.), Verhandlungen des vierundsechzigsten Deutschen Juristentages, Bd. I, 2002, E 70 ff.; *Werner Meyer*, WiVerw 2003, S. 57 (61); *Eberhard Schmidt-Aßmann*, in: Mathias Habersack (Hrsg.), Festschrift für Peter Ulmer zum 70. Geburtstag, 2003, S. 1015 (1018 f.); anders wohl *Markus Moraing*, WiVerw 1998, S. 233 (246); *Johannes Hellermann*, Örtliche Daseinsvorsorge und gemeindliche Selbstverwaltung, 2000, S. 157; *Hans D. Jarass*, Kommunale Wirtschaftsunternehmen, 2002, S. 34; *ders.*, NWVBl. 2002, S. 335 (338); *ders.*, DÖV 2002, S. 489 (498); *Thorsten Franz*, Gewinnerzielung durch kommunale Daseinsvorsorge, 2005, S. 58 ff.

248 Kritisch *Dirk Ehlers*, in: Jörn Ipsen (Hrsg.), Kommunalwirtschaft im Umbruch, 2001, S. 10 (16).

249 *Dirk Ehlers*, DVBl. 1998, S. 497 (500); *Utz Schliesky*, DVBl. 1999, S. 78 (81); *Michael Ronellenfitsch*, DÖV 1999, S. 705 (707); *Alexander Schink*, NVwZ 2002, S. 129 (132); *Hans-Peter Schwintowski*, ZögU 2003, S. 283 (295).

250 Kritisch zur Geeignetheit kommunalwirtschaftlicher Betätigung, Gewinne zu erzielen, *Christoph Engel*, in: Hans-Günter Henneke (Hrsg.), Organisation kommunaler Aufgabenwahrnehmung, 1998, S. 145 (153 ff., 162).

251 Siehe BVerfGE 61, 82 (107 f.); BVerwGE 39, 329 (333 f.); *Klaus Grupp*, ZHR 140 (1976), S. 367 (370 ff.); *Jürgen Hidien*, Gemeindliche Betätigung rein erwerbswirtschaftlicher Art

gründen: Erstens ist auf den grundrechtlichen Rechtfertigungsbedarf[252] der kommunalen Wirtschaftsbetätigung zurückzugreifen:[253] Gewinnstreben rechtfertigt die mit der wirtschaftlichen Betätigung der Gemeinden und Gemeindeverbände einhergehenden Grundrechtsbeeinträchtigungen nicht.[254] Zweitens folgt die Unzulässigkeit der Gewinnerzielungsabsicht aus dem Gedanken der Steuerstaatlichkeit.[255] Die grundgesetzliche Entscheidung für den Steuerstaat ist eine Fundamentalentscheidung,[256] wonach die Finanzierung im Wege der

---

und „öffentlicher Zweck" kommunaler wirtschaftlicher Unternehmen, 1981, S. 71 ff.; *Dirk Ehlers*, JZ 1990, S. 1089 ff.; *ders.*, in: Ständige Deputation des Deutschen Juristentages (Hrsg.), Verhandlungen des vierundsechzigsten Deutschen Juristentages, Bd. I, 2002, E 41 ff.; *Wolfgang Löwer*, VVDStRL 60 (2001), S. 416 (424 ff.); *Thomas Mann*, JZ 2002, S. 819 (820 f.); *Günter Püttner*, DÖV 2002, S. 731 (734 f.); *Franz-Ludwig Knemeyer*, in: Franz Zehetner (Hrsg.), Festschrift für Hans-Ernst Folz, 2003, S. 145 (161); anders *Olaf Otting*, Neues Steuerungsmodell und rechtliche Betätigungsspielräume der Kommunen, 1997, S. 166 ff.; *ders.*, DVBl. 1997, S. 1258 (1262); siehe auch *Hans-Joachim Reck*, DVBl. 2009, S. 1546 (1549 f., 1551).

[252] Zur Grundrechtsrelevanz des Kommunalwirtschaftsrechts S. 406 ff.

[253] *Albert Krölls*, GewArch 1992, S. 281 ff.; *Helge Sodan*, DÖV 2000, S. 361 ff.; *Klaus Rennert*, Die Verwaltung 53 (2002), S. 319 (348); *Markus Moraing*, in: Günter Püttner (Hrsg.), Zur Reform des Gemeindewirtschaftsrechts, 2002, S. 41 ff.; *Rolf Stober*, NJW 2002, S. 2357 ff.; *Sven Eisenmenger*, Neuregelung des öffentlichen Unternehmensrechts?, 2004, S. 110.

[254] Siehe *Josef Isensee*, in: Rolf Stödter (Hrsg.), Hamburg, Deutschland, Europa, Beiträge zum deutschen und europäischen Verfassungs-, Verwaltungs- und Wirtschaftsrecht, Festschrift für Hans Peter Ipsen zum 70. Geburtstag, 1977, S. 409 (431 f.), der konstatiert, der in der staatlichen Wirtschaftsteilnahme liegende Grundrechtseingriff halte dem Erforderlichkeitskriterium nicht stand, da stets die Möglichkeit der Bedarfsdeckung durch Steuern bestehe.

[255] Zum Ganzen *Wolfram Höfling*, in: Ständige Deputation des Deutschen Juristentages (Hrsg.), Verhandlungen des achtundsechzigsten Deutschen Juristentages, Bd. I, 2010, F 25 ff.; zur Steuerstaatlichkeit BVerfGE 78, 249 (266 f.); 93, 319 (342 f.); ferner BVerfGE 105, 185 (193 f.); siehe auch *Josef Isensee*, in: Rolf Stödter (Hrsg.), Hamburg, Deutschland, Europa, Beiträge zum deutschen und europäischen Verfassungs-, Verwaltungs- und Wirtschaftsrecht, Festschrift für Hans Peter Ipsen zum 70. Geburtstag, 1977, S. 409 ff.; *Ferdinand Kirchhof*, Die Verwaltung 21 (1988), S. 137 ff.; *Albert Krölls*, GewArch 1992, S. 281 (286); *ders.*, Grundgesetz und kapitalistische Marktwirtschaft, 1994, S. 189; *Klaus Vogel/Christian Waldhoff*, in: BK, Vorbem. z. Art. 104a-115 (1997), Rn. 337 ff.; *Christof Gramm*, Der Staat 36 (1997), S. 267 ff.; *Ute Sacksofsky*, Umweltschutz durch nicht-steuerliche Abgaben, 2000, S. 126 f.; *Stefan Storr*, Der Staat als Unternehmer, 2001, S. 126 ff.; *Christian Jahndorf*, Grundlagen der Staatsfinanzierung durch Kredite und alternative Finanzierungsformen im Finanzverfassungs- und Europarecht, 2003, S. 3 ff.; *Arndt Schmehl*, Das Äquivalenzprinzip im Recht der Staatsfinanzierung, 2004, S. 68 ff.; *Helmut Siekmann*, Die Staatsfinanzierung nach dem Grundgesetz, 2005, S. 403 ff.

[256] Zur Ordnungsfunktion der Finanzverfassung BVerfGE 55, 274 (300 f.); *Karl Heinrich Friauf*, in: Institut für Völkerrecht und Ausländisches Öffentliches Recht der Universität zu Köln (Hrsg.), Festschrift für Hermann Jahrreiß zum 80. Geburtstag, 1974, S. 45 (55); *ders.*, in: Günther Schmölders (Hrsg.), Der Bürger als Objekt der staatlichen Finanzpolitik, Festschrift für Willy Haubrichs zum 65. Geburtstag, 1976, S. 103 (106 f.); *Klaus Vogel/Christian Waldhoff*, in: BK, Vorbem. z. Art. 104a-115 (1997), Rn. 333; *Stefan Korioth*, Der Finanzausgleich zwischen Bund und Ländern, 1997, S. 1, 55; kritisch *Ute Sacksofsky*, Umweltschutz durch nicht-steuerliche Abgaben, 2000, S. 168 ff.

Steuererhebung erfolgt.[257] Staatliche Einnahmen werden demnach grundsätzlich durch die Beteiligung des Staates am Gewinn privatwirtschaftlichen Tätigwerdens erzielt.[258] Zwar statuiert die Finanzverfassung kein Verbot staatlicher Wettbewerbsteilnahme[259] – isoliertes Gewinnstreben scheidet als öffentlicher Zweck staatlicher Marktteilnahme aber dennoch aus.[260] Schließlich kann drittens auf die in Art. 105 Abs. 1 GG genannten Finanzmonopole Bezug genommen werden, die abschließend staatliche Einnahmequellen abseits der Steuererhebung eröffnen.[261] Aus den genannten Gründen kann überdies auch nicht überzeugend begründet werden, dass isoliertes Gewinnstreben der mittelbaren Erfüllung öffentlicher Zwecke dient:[262] Defizite der kommunalen Finanzausstattung erlauben angesichts der grundgesetzlichen Entscheidung für den Steuerstaat keine Ausnahmen von der Notwendigkeit einer öffentlichen Zwecksetzung.[263]

(2) Räumliche Grenzen

Gemeinden und Gemeindeverbände können sich darüber hinaus grundsätzlich nur innerhalb der jeweiligen territorialen Grenzen wirtschaftlich betätigen,[264]

---

[257] *Klaus Vogel*, in: Josef Isensee/Paul Kirchhof (Hrsg.), Handbuch des Staatsrechts der Bundesrepublik Deutschland, Bd. II, 3. Aufl. 2004, § 30, Rn. 70; *Arndt Schmehl*, Das Äquivalenzprinzip im Recht der Staatsfinanzierung, 2004, S. 68 ff.

[258] BVerfGE 93, 319 (342 f.); *Rolf Stober*, ZHR 145 (1981), S. 565 (587); *ders.*, BB 1989, S. 716 (719); *Dirk Ehlers*, Verwaltung in Privatrechtsform, 1984, S. 92 ff.; *ders.*, JZ 1990, S. 1089 (1091); *Wilfried Berg*, GewArch 1990, S. 225 (230); *Thomas Mann*, JZ 2002, S. 819 (820); kritisch *Volker Emmerich*, Das Wirtschaftsrecht der öffentlichen Unternehmen, 1969, S. 86 ff.; *Alfred Dickersbach*, WiVerw 1983, S. 187 (202).

[259] *Klaus Vogel/Christian Waldhoff*, in: BK, Vorbem. z. Art. 104a-115 (1997), Rn. 333.

[260] Siehe *Peter Selmer*, in: Rolf Stober/Hanspeter Vogel (Hrsg.), Wirtschaftliche Betätigung der öffentlichen Hand, 2000, S. 75 (88 f.), der zur Begründung auch auf den Gedanken der Lastengleichheit und das Gleichheitsgrundrecht des Art. 3 Abs. 1 GG verweist; zur Bedeutung grundrechtlicher Gewährleistungen auch *Winfried Kluth*, in: Rolf Stober/Hanspeter Vogel (Hrsg.), Wirtschaftliche Betätigung der öffentlichen Hand, 2000, S. 23 (27 ff.); *Thomas Dünchheim/Franz-Josef Schöne*, DVBl. 2009, S. 146 (149); kritisch *Arndt Schmehl*, Das Äquivalenzprinzip im Recht der Staatsfinanzierung, 2004, S. 86 ff.

[261] So auch *Wolfgang Löwer*, VVDStRL 60 (2001), S. 416 (421).

[262] *Johannes Hellermann*, Öffentliche Daseinsvorsorge und gemeindliche Selbstverwaltung, 2000, S. 154; *Gabriele Britz*, NVwZ 2001, S. 380 (382); *Wolfram Cremer*, DÖV 2003, S. 921 (922).

[263] Anders *Olaf Otting*, Neues Steuerungsmodell und rechtliche Betätigungsspielräume der Kommunen, 1997, S. 166 ff.; *ders.*, DVBl. 1997, S. 1258 (1262); zur „Substanzerhaltung" *Stefan Geiger/Jaron Aßmann*, DVBl. 2012, S. 1276 (1278); siehe auch *Wolfram Cremer*, DÖV 2003, S. 921 (922); *Hans-Joachim Reck*, DVBl. 2009, S. 1546 (1549 f.); schließlich *Jens-Peter Schneider*, DVBl. 2000, S. 1250 (1255), der dennoch die isolierte Gewinnerzielungsabsicht nicht als legitimen öffentlichen Zweck anerkennt.

[264] BVerwG, NVwZ 2005, S. 958 (959); *Torsten Heilshorn*, Gebietsbezug der Kommunalwirtschaft, 2003, passim; *ders.*, VerwArch 96 (2005), S. 88 ff.; *ders.*, VBlBW 2007, S. 166 ff.; *Bernd Uhlenhut*, Wirtschaftliche Betätigung der Gemeinden außerhalb ihres Gebietes, 2004, passim; *Caroline Scheps*, Das Örtlichkeitsprinzip im kommunalen Wirtschaftsrecht, 2005, passim; *Jörg Walendy*, Theorie kommunaler Wettbewerbsunternehmen, 2008, S. 66 ff.; ferner

die eigenständige Erweiterung ihres Tätigkeitsbereichs stößt auf durchgreifende Bedenken.[265] Art. 28 Abs. 2 GG verlangt nämlich, dass auch die wirtschaftliche Betätigung auf das jeweilige Hoheitsgebiet der Gemeinden und Gemeindeverbände beschränkt bleibt.[266] Etwas anderes lässt sich auch nicht mit Hilfe der funktionalen Unterscheidung zwischen der kompetenzgebundenen Wahrnehmung von Angelegenheiten der örtlichen Gemeinschaft und der wirtschaftlichen Betätigung von Gemeinden und Gemeindeverbänden herleiten,[267] wonach die jeweiligen territorialen Grenzen für die wirtschaftliche Betätigung der Gemeinden und Gemeindeverbände gerade ohne Bedeutung bleiben sollen.[268] Eine solche Unterscheidung geht angesichts der hier zugrunde gelegten Prämisse, dass Art. 28 Abs. 2 GG auch die kommunalwirtschaftliche Tätigkeit legitimiert, fehl.

Friedrich Wilhelm Held, in: Hans-Günter Henneke (Hrsg.), Optimale Aufgabenerfüllung im Kreisgebiet?, 1998, S. 181 ff.; *ders.*, NWVBl. 2000, S. 201 (202 f., 205 f.); *Jürgen Kühling*, NJW 2001, S. 177 ff.; *Christoph Brüning*, DVBl. 2004, S. 1451 ff.; *Christian Scharpf*, NVwZ 2005, S. 148 ff.; *Frauke Brosius-Gersdorf*, AöR 130 (2005), S. 392 ff.; *Hans D. Jarass*, DVBl. 2006, S. 1 ff.; *Johanna Wolff*, DÖV 2011, S. 721 ff.

[265] *Joachim Burmeister*, in: Albert von Mutius (Hrsg.), Selbstverwaltung im Staat der Industriegesellschaft, Festgabe zum 70. Geburtstag von Georg Christoph von Unruh, 1983, S. 623 (645 ff.); *Eberhard Schmidt-Aßmann*, in: Mathias Habersack (Hrsg.), Festschrift für Peter Ulmer zum 70. Geburtstag, 2003, S. 1015 (1016); *Hans D. Jarass*, DÖV 2003, S. 489 (497 f.); ferner *Thorsten Koch*, Der rechtliche Status kommunaler Unternehmen in Privatrechtsform, 1994, S. 191 ff.; *Rolf Grawert*, in: Klaus Grupp (Hrsg.), Planung – Recht – Rechtsschutz, Festschrift für Willi Blümel zum 70. Geburtstag am 6. Januar 1999, 1999, S. 119 (125 f.); *Markus Heintzen*, NVwZ 2000, S. 743 (744).

[266] *Dirk Ehlers*, Verwaltung in Privatrechtsform, S. 113 ff.; *ders.*, JZ 1990, S. 1089 (1095); *ders.*, DVBl. 1998, S. 497 (503 ff.); *ders.*, NWVBl. 2000, S. 1 (6); *Friedrich Wilhelm Held*, WiVerw 1998, S. 264 (266, 280 f.); *Hans-Günter Henneke*, NdsVBl. 1998, S. 273 (278 f.); *ders.*, NdsVBl. 1999, S. 1 (9); *Frauke Brosius-Gersdorf*, AöR 130 (2005), S. 392 (405); ferner BVerfGE 12, 205 (246); kritisch *Alfons Gern*, NJW 2002, S. 2593 (2595); *Hans-Jürgen Papier*, DVBl. 2003, S. 686 (688); *Hans D. Jarass*, DVBl. 2006, S. 1 (3).

[267] Siehe dazu aber *Hans H. Klein*, Die Teilnahme des Staates am wirtschaftlichen Wettbewerb, 1968, S. 149 f.; *Alfred Dickersbach*, WiVerw 1983, S. 187 (193 f.); *Günter Püttner*, Die Öffentlichen Unternehmen, 2. Aufl. 1985, S. 163 f.; *Peter Badura*, in: Jürgen F. Baur (Hrsg.), Festschrift für Ernst Steindorff zum 70. Geburtstag am 13. März 1990, 1990, S. 835 (838); *Markus Moraing*, WiVerw 1998, S. 233 (244 f.); *Johannes Hellermann/Joachim Wieland*, Der Schutz des Selbstverwaltungsrechts der Kommunen gegenüber Einschränkungen ihrer wirtschaftlichen Betätigung im nationalen und europäischen Recht, 1995, S. 352 ff.; *dies.*, in: Günter Püttner (Hrsg.), Zur Reform des Gemeindewirtschaftsrechts, 2002, S. 117 (135 ff.); *Joachim Wieland*, in: Hans-Günter Henneke (Hrsg.), Optimale Aufgabenerfüllung im Kreisgebiet?, 1998, S. 193 (196 f.); *Johannes Hellermann*, Örtliche Daseinsvorsorge und gemeindliche Selbstverwaltung, 2000, S. 157 f.; *Hans D. Jarass*, Kommunale Wirtschaftsunternehmen im Wettbewerb, 2002, S. 38; ähnlich *Olaf Otting*, Neues Steuerungsmodell und rechtliche Betätigungsspielräume der Kommunen, 1997, S. 198 f.; *Hans-Peter Schwintowski*, in: Ulrich Büdenbender (Hrsg.), Das neue Energierecht in der Bewährung, Bestandsaufnahme und Perspektiven, Festschrift zum 65. Geburtstag von Professor Dr. Jürgen F. Baur, 2002, S. 339 (345).

[268] Ausführlich *Johannes Hellermann*, Örtliche Daseinsvorsorge und gemeindliche Selbstverwaltung, 2000, S. 157 f.; kritisch *Johanna Wolff*, DÖV 2011, S. 721 (723).

(a) Wirtschaftliche Betätigung „extra muros"

Im Wege der Ausgestaltung des Kommunalwirtschaftsrechts kann gleichwohl die wirtschaftliche Betätigung „extra muros" legitimiert werden[269] – wobei eine uneingeschränkte Erweiterung der Handlungsfähigkeit den verfassungsrechtlichen Vorgaben indes nicht gerecht würde.[270] Der Gesetzgeber hat vielmehr drei zentrale Gesichtspunkte zu berücksichtigen: Die wirtschaftliche Betätigung „extra muros" muss erstens grundsätzlich von der Zustimmung der betroffenen Gemeinden und Gemeindeverbände abhängig gemacht werden.[271] Anderenfalls blieben die mit der wirtschaftlichen Betätigung „extra muros" verbundenen Beeinträchtigungen anderer Gemeinden und Gemeindeverbände unberücksichtigt. Gleichwohl ist ein entsprechender Zustimmungsvorbehalt nicht als Hochzonung von Angelegenheiten der örtlichen Gemeinschaft zu qualifizieren[272] oder von Verfassungs wegen auf solche Interessen zu beschränken, die nicht lediglich die eigene wirtschaftliche Betätigung vor Konkurrenz schützen sollen;[273] der zulässige Umfang des Zustimmungsvorbehaltes richtet sich vielmehr nach der Verzichtbarkeit der kommunalen Aufgabenwahrnehmung.[274] Zweitens

---

[269] *Markus Möstl*, BayVBl. 1999, S. 547 (553); *Janbernd Oebbecke*, ZHR 164 (2000), S. 375 (387 f.); *Markus Heintzen*, NVwZ 2000, S. 743 (744); *Jürgen Kühling*, NJW 2001, S. 177 (179); *Gabriele Britz*, NVwZ 2001, S. 380 (385); *Alexander Schink*, NVwZ 2002, S. 129 (136); *Annette Guckelberger*, BayVBl. 2006, S. 293 (295 ff.); *Martin Leder*, DÖV 2008, S. 173 (180); *Thomas Dünchheim/Franz-Josef Schöne*, DVBl. 2009, S. 146 (153); *Michael Uechtritz/Olaf Otting/Udo Olgemöller*, in: Werner Hoppe/Michael Uechtritz (Hrsg.), Handbuch kommunale Unternehmen, 3. Aufl. 2012, § 6, Rn. 22 ff.; siehe auch *Frauke Brosius-Gersdorf*, AöR 130 (2005), S. 392 (408 ff.), die allerdings den Vorbehalt „im Rahmen der Gesetze" als Grundlage der Ausgestaltung kommunaler Selbstverwaltung heranzieht; kritisch *Friedrich Wilhelm Held*, WiVerw 1998, S. 264 (266 f.); *Rolf Grawert*, in: Klaus Grupp (Hrsg.), Planung – Recht – Rechtsschutz, Festschrift für Willi Blümel zum 70. Geburtstag am 6. Januar 1999, 1999, S. 119 (225); *Hubert Meyer*, LKV 2000, S. 321 (323); *Dirk Ehlers*, in: Jörn Ipsen (Hrsg.), Kommunalwirtschaft im Umbruch, 2001, S. 10 (29 f.); *Alfons Gern*, NJW 2002, S. 2593 ff.; zur europarechtlichen Würdigung des Örtlichkeitsprinzips *Wolfgang Weiß*, DVBl. 2003, S. 564 (567 ff.); *Hans-Joachim Reck*, DVBl. 2009, S. 1546 (1552 ff.); *Christopher Wenzl*, Das Örtlichkeitsprinzip im europäischen Binnenmarkt, 2007, passim; *Ulrich Ehricke*, Die Vereinbarkeit des kommunalen Örtlichkeitsprinzips mit dem EG-Recht, 2009, passim; *Martin Burgi*, Neuer Ordnungsrahmen für die energiewirtschaftliche Betätigung der Kommunen, 2010, passim.

[270] *Dirk Ehlers*, DVBl. 1998, S. 497 (504); *dens.*, NWVBl. 2000, S. 1 (5); *Janbernd Oebbecke*, ZHR 164 (2000), S. 375 (385); *Florian Becker*, DÖV 2000, S. 1032 (1036 f.); *Christina Lux*, NWVBl. 2000, S. 7 (9); *Friedrich Wilhelm Held*, NWVBl. 2000, S. 201 (202); *Jürgen Kühling*, NJW 2001, S. 177 (179); *Hans D. Jarass*, Kommunale Wirtschaftsunternehmen im Wettbewerb, 2002, S. 40; *ders.*, DÖV 2003, S. 489 (500); *Alexander Schink*, NVwZ 2002, S. 129 (136); *Eberhard Schmidt-Aßmann*, in: Mathias Habersack (Hrsg.), Festschrift für Peter Ulmer zum 70. Geburtstag, 2003, S. 1015 (1022); *Frauke Brosius-Gersdorf*, AöR 130 (2005), S. 392 (407).

[271] *Florian Becker*, DÖV 2000, S. 1032 (1037); *Frauke Brosius-Gersdorf*, AöR 130 (2005), S. 392 (399 f., 419 ff.); *Christian Scharpf*, NVwZ 2005, S. 148 (151); anders *Markus Heintzen*, NVwZ 2000, S. 743 (745 f.); *Helmut Köhler*, BayVBl. 2000, S. 1 (9).

[272] Siehe aber auch *Jürgen Kühling*, NJW 2001, S. 177 (179 f.).

[273] Anders *Florian Becker*, DÖV 2000, S. 1032 (1037).

[274] Siehe dazu im Kontext der kommunalen Aufgabengarantie S. 479 ff.; im vorliegenden Zusammenhang *Eberhard Schmidt-Aßmann*, in: Mathias Habersack (Hrsg.), Festschrift für

können aus kompetenzrechtlichen Gründen keine länderübergreifenden Lösungen getroffen werden.[275] Demgegenüber begegnet drittens eine Ausgestaltung des Kommunalwirtschaftsrechts, die die wirtschaftliche Betätigung von Gemeinden und Gemeindeverbänden auch im Ausland legitimiert, keinen verfassungsrechtlichen Bedenken,[276] solange die Wahrnehmung öffentlicher Zwecke gewährleistet bleibt.[277]

(b) *Gewinnmitnahme und akzidentielle wirtschaftliche Betätigung*

Schließlich darf im Wege der Ausgestaltung des Kommunalwirtschaftsrechts ein isoliertes Gewinnstreben „extra muros" nicht für zulässig erklärt werden.[278] Zwar wird die verfassungsrechtliche Legitimität akzidentieller wirtschaftlicher Betätigung außerhalb des Gemeinde- und Gemeindeverbandsgebietes mit der Zulässigkeit der bloßen Gewinnmitnahme[279] zu begründen versucht.[280] Auch die Gewinnmitnahme erlaubt indes kein isoliertes Gewinnstreben – auch nicht im Interesse der Substanzerhaltung:[281] Gemeinden und Gemeindeverbände sind nicht befugt, eine profitable Wirtschaftstätigkeit (außerhalb ihres Gebietes) wahrzunehmen, um die unrentable Wahrnehmung von Angelegenheiten der

---

Peter Ulmer zum 70. Geburtstag, 2003, S. 1015 (1023); *Frauke Brosius-Gersdorf*, AöR 130 (2005), S. 392 (418 ff.); ferner *Klaus Rennert*, Die Verwaltung 53 (2002), S. 319 (339 ff.), der betont, dass das Nachbarschaftsverhältnis der gesetzlichen Ausgestaltung zugänglich sei, die allerdings stets auf die partizipative Funktion kommunaler Selbstverwaltung Rücksicht nehmen müsse.

[275] *Dirk Ehlers*, NWVBl. 2000, S. 1 (6); *Jürgen Kühling*, NJW 2001, S. 177 (181); *Alexander Schink*, NVwZ 2002, S. 129 (136).

[276] *Martin Burgi*, in: Carl-Eugen Eberle (Hrsg.), Der Wandel des Staates vor den Herausforderungen der Gegenwart, Festschrift für Winfried Brohm, 2002, S. 35 (40); *Alexander Schink*, NVwZ 2002, S. 129 (135); *Frauke Brosius-Gersdorf*, AöR 130 (2005), S. 392 (401 f., 416).

[277] *Eberhard Schmidt-Aßmann*, in: Mathias Habersack (Hrsg.), Festschrift für Peter Ulmer zum 70. Geburtstag, 2003, S. 1015 (1023).

[278] Dazu *Christoph Brüning*, DVBl. 2004, S. 1451 (1453), der „[k]askadenartig [...] auf jeder Stufe [...] [einen] Bezug zu lokalen Aufgaben [...] [fordert], womit zwangsläufig auch ein Bezug zum Gemeindegebiet hergestellt werden muss"; ferner *Annette Guckelberger*, BayVBl. 2006, S. 293 (297), die die überörtliche Tätigkeit nicht zwingend an eine Regelung von Angelegenheiten der örtlichen Gemeinschaft binden will, sondern lediglich auf die Verfolgung öffentlicher Zwecke beschränkt; aus europarechtlicher Perspektive *Markus Heintzen*, NVwZ 2000, S. 743 (744 f.); *Thomas Karst*, DÖV 2002, S. 809 (815); anders wohl *Hans D. Jarass*, DVBl. 2006, S. 1 (9); *Martin Leder*, DÖV 2008, S. 173 (180).

[279] *Hermann Pünder*, DVBl. 1997, S. 1353 (1357 f.); *Dirk Ehlers*, DVBl. 1998, S. 497 (500); *Alexander Schink*, NVwZ 2002, S. 129 (134).

[280] *Dirk Ehlers*, DVBl. 1998, S. 497 (504 f.); *Friedrich Wilhelm Held*, NWVBl. 2000, S. 201 (202); *Alfons Gern*, NJW 2002, S. 2593 (2595); *Werner Meyer*, WiVerw 2003, S. 57 (83 ff.); ferner *Bernd Uhlenhut*, Wirtschaftliche Betätigung der Gemeinden außerhalb ihres Gebietes, 2004, S. 108 ff.; *Frauke Brosius-Gersdorf*, AöR 130 (2005), S. 392 (406 f.); *Hans D. Jarass*, DVBl. 2006, S. 1 (7 f.).

[281] Dazu aber auch *Markus Moraing*, WiVerw 1998, S. 233 (257).

örtlichen Gemeinschaft zu subventionieren.[282] Die Randnutzung[283] ist demgegenüber grundsätzlich zulässig;[284] bestehende Kapazitäten dürfen wirtschaftlich verwertet und gewinnbringend eingesetzt werden.[285] Auch diese Randnutzung darf allerdings nicht dazu führen, dass die öffentliche Zwecksetzung verloren geht.[286]

cc) Abwägungsaspekte im Übrigen

Über diese tradierten „Schranken" des Kommunalwirtschaftsrechts hinaus lassen sich weitere Abwägungsaspekte herausarbeiten: Die legislative Ausgestaltung des Kommunalwirtschaftsrechts ist zunächst nicht an ein allgemeines Subsidiaritätsprinzip[287] gebunden.[288] Die wirtschaftliche Betätigung Privater genießt

---

[282] *Jörn Ipsen*, in: Jörn Ipsen (Hrsg.), Recht, Staat, Gemeinwohl, Festschrift für Dietrich Rauschning, 2001, S. 645 (652); *Eberhard Schmidt-Aßmann*, in: Mathias Habersack (Hrsg.), Festschrift für Peter Ulmer zum 70. Geburtstag, 2003, S. 1015 (1018); anders *Olaf Otting*, Neues Steuerungsmodell und rechtliche Betätigungsspielräume der Kommunen, 1997, S. 166 ff.; *ders.*, DVBl. 1997, S. 1258 (1262); ähnlich *Johannes Hellermann*, Örtliche Daseinsvorsorge und gemeindliche Selbstverwaltung, 2000, S. 154; *Gabriele Britz*, NVwZ 2001, S. 380 (382); *Hans D. Jarass*, Kommunale Wirtschaftsunternehmen im Wettbewerb, 2002, S. 91 ff.; *ders.*, DÖV 2002, S. 489 (497 ff.); *ders.*, Reform des Kommunalwirtschaftsrechts, 2005, S. 52; *Dirk Hauser*, Wirtschaftliche Betätigung von Kommunen, 2004, S. 126.

[283] Dazu *Hermann Hill*, BB 1997, S. 425 (429 f.); *Peter Badura*, DÖV 1998, S. 818 (820 f.); *Claus Enkler*, ZG 1998, S. 328 (334 f.); *Hans-Günter Henneke*, NdsVBl. 1999, S. 1 (4); *Alexander Schink*, NVwZ 2002, S. 129 (134 f.).

[284] *Winfried Kluth*, Grenzen kommunaler Wettbewerbsteilnahme, 1988, S. 12; *Jörg Walendy*, Theorie kommunaler Wettbewerbsunternehmen, 2008, S. 58 ff.; *Sabine A. Winnik*, Die abfallwirtschaftliche Betätigung der Gemeinden, 2009, S. 122 f.; ferner Verfassungsgerichtshof Rheinland-Pfalz, NVwZ 2000, S. 801 (803); differenzierend *Thorsten Franz*, Gewinnerzielung durch kommunale Daseinsvorsorge, 2005, S. 79.

[285] *Stefan Storr*, Der Staat als Unternehmer, 2001, S. 124 ff.

[286] *Dirk Ehlers*, Verwaltung in Privatrechtsform, 1984, S. 94 ff.; *Hans H. Klein*, Die Teilnahme des Staates am wirtschaftlichen Wettbewerb, 1968, S. 190 ff.; *Peter Badura*, DÖV 1998, S. 818 (821); *Claus Enkler*, ZG 1998, S. 328 (341); *Winfried Kluth*, in: Rolf Stober/Hanspeter Vogel, Wirtschaftliche Betätigung der öffentlichen Hand, 2000, S. 23 (29 f., 36 f.); *Eberhard Schmidt-Aßmann*, in: Mathias Habersack (Hrsg.), Festschrift für Peter Ulmer zum 70. Geburtstag, 2003, S. 1015 (1018 f.); *Martin Leder*, DÖV 2008, S. 173 (180).

[287] Dazu im vorliegenden Zusammenhang *Johannes Hellermann*, Örtliche Daseinsvorsorge und gemeindliche Selbstverwaltung, 2000, S. 158 ff.; *Friedrich Wilhelm Held*, NWVBl. 2000, S. 201 (203); *Stefan Storr*, Der Staat als Unternehmer, 2001, S. 429 ff.; *Wolfgang Weiß*, Privatisierung und Staatsaufgaben, 2002, S. 128 ff.; *Jörg Walendy*, Theorie kommunaler Wettbewerbsunternehmen, 2008, S. 81 ff.; wesentliche Merkmale des Subsidiaritätsgedankens werden zudem bereits in der Forderung nach einem öffentlichen Zweck erblickt, siehe *Hermann Hill*, Kommunen im wirtschaftlichen Wettbewerb, 1998, S. 48; *Dirk Ehlers*, DVBl. 1998, S. 497 (501); *Peter Badura*, DÖV 1998, S. 818 (821 f.); *Ulrich Hösch*, DÖV 2000, S. 393 (402); *Wolfgang Löwer*, VVDStRL 60 (2001), S. 416 (439).

[288] *Dirk Ehlers*, JZ 1990, S. 1089 (1096); *Matthias Ruffert*, VerwArch 92 (2001), S. 27 (44 ff.); *Michael Ronellenfitsch*, in: Josef Isensee/Paul Kirchhof (Hrsg.), Handbuch des Staatsrechts der Bundesrepublik Deutschland, Bd. IV, 3. Aufl. 2006, § 98, Rn. 34; *Hans-Joachim Reck*, DVBl. 2009, S. 1546 (1550).

angesichts der allenfalls rudimentären Kodifizierung einer Wirtschaftsverfassung[289] abseits grundrechtlicher Gewährleistungen keinen verfassungsrechtlichen Vorrang.[290] Die einfachgesetzliche Bindung der wirtschaftlichen Betätigung von Gemeinden und Gemeindeverbänden an den Gedanken der Subsidiarität[291] erweist sich allerdings als zulässige Ausgestaltung des Kommunalwirtschaftsrechts.[292] Des Weiteren begrenzt der Gedanke der Leistungsfähigkeit[293] den eigenen Wirkungskreis der Gemeinden und Gemeindeverbände,[294] daran ist auch das Kommunalwirtschaftsrecht gebunden. Ob der Gesetzgeber die Gemeinden und Gemeindeverbände über deren Leistungsfähigkeit hinaus zur wirtschaftlichen Betätigung legitimieren kann, scheint überdies fraglich, würde dadurch doch letztlich der partizipativen Funktion ihre Substanz entzogen.

Ferner ist die wirtschaftliche Betätigung einfachrechtlichen – europarechtlich durch Art. 101 f. AEUV beeinflussten – Wettbewerbsregeln[295] unterworfen.[296] Nach der prinzipientheoretischen Interpretation des Art. 28 Abs. 2 GG gestalten auch solche Regelungen das Kommunalwirtschaftsrecht lediglich aus. Verfassungsrechtliche Grenzen werden dabei nicht überschritten: Ein Gebot, wonach die kommunalwirtschaftliche Tätigkeit von wettbewerbsrechtlichen Einflüssen auszusparen ist, kann nicht hergeleitet werden.[297] Allerdings über-

---

[289] BVerfGE 50, 290 (338); *Dirk Ehlers*, JZ 1990, S. 1089 (1089); *Peter Badura*, in: Joachim Burmeister (Hrsg.), Verfassungsstaatlichkeit, Festschrift für Klaus Stern zum 65. Geburtstag, 1997, S. 409 ff.; *Fritz Ossenbühl*, in: Dietrich Murswiek (Hrsg.), Staat – Souveränität – Verfassung, Festschrift für Helmut Quaritsch zum 70. Geburtstag, 2000, S. 235 ff.; *Hans-Jürgen Papier*, in: Lerke Osterloh (Hrsg.), Staat, Wirtschaft, Finanzverfassung, Festschrift für Peter Selmer zum 70. Geburtstag, 2004, S. 459 ff.; *Matthias Ruffert*, AöR 134 (2009), S. 197 ff.

[290] Mit Blick auf das (Kommunal)Wirtschaftsrecht dazu aber auch *Helge Sodan*, DÖV 2000, S. 361 (368); *Ulrich Hösch*, DÖV 2000, S. 393 (396); *ders.*, WiVerw 2000, S. 159 (171 f.).

[291] Dazu *Friedrich Schoch*, DÖV 1993, S. 377 (379 f.); *Dirk Ehlers*, NWVBl. 2000, S. 1 ff.

[292] Siehe aber auch *Johannes Hellermann*, Örtliche Daseinsvorsorge und gemeindliche Selbstverwaltung, 2000, S. 217 ff.; *Helmut Brede*, ZögU 2003, S. 176 (180).

[293] Im vorliegenden Zusammenhang *Ulrich Hösch*, DVBl. 1998, S. 497 (502).

[294] Dazu im Kontext der gemeindlichen Aufgabengarantie S. 470 f.

[295] Zur Bedeutung des Kartellrechts *Walter Odersky*, in: Peter Badura (Hrsg.), Wege und Verfahren des Verfassungslebens, Festschrift für Peter Lerche zum 65. Geburtstag, 1993, S. 949 ff.; *Siegfried Broß*, VerwArch 87 (1996), S. 731 ff.

[296] Siehe *Siegfried Broß*, in: Willi Erdmann (Hrsg.), Festschrift für Henning Piper, 1996, S. 107 ff.; *Hans-Jürgen Papier*, DVBl. 2003, S. 686 (690); anders wohl *Hans-Uwe Erichsen*, Gemeinde und Private im wirtschaftlichen Wettbewerb, 1987, S. 36 ff.; kritisch *Utz Schliesky*, Die Verwaltung 38 (2005), S. 339 (363 f.), der die Unterscheidung von Staat und Gesellschaft zugunsten eines öffentlichen Wettbewerbsrechts fruchtbar machen will.

[297] Siehe *Joachim Burmeister*, in: Albert von Mutius (Hrsg.), Selbstverwaltung im Staat der Industriegesellschaft, Festgabe zum 70. Geburtstag von Georg Christoph von Unruh, 1983, S. 623 (638), der im Anschluss an die Unterscheidung zwischen Staat und Gesellschaft konstatiert: „Daher ist die Anwendung von privat(wirtschafts-)rechtlichen Normen, etwa von Bestimmungen des GWB oder UWG, auf die wirtschaftliche Betätigung der Gemeinden methodisch und dogmatisch nur haltbar, wenn diesen Bestimmungen insoweit die Qualität von kompetenzbegründenden oder -limitierenden Regelungen, d. h. die Geltungsqualität von organisationsrechtlichen Zuständigkeitsregelungen, beigelegt wird."

zeugt aus einfachrechtlicher Perspektive eine Auslegung der §§ 3 ff. UWG nicht, die angesichts der fehlenden – inzwischen allerdings umstrittenen – drittschützenden Wirkung kommunalrechtlicher Vorschriften[298] einen Verstoß gegen kommunalwirtschaftliche Subsidiaritätsklauseln als sittenwidriges Wettbewerbsverhalten qualifiziert.[299] Der Marktzutritt ist grundsätzlich von den Anforderungen im Wettbewerb zu unterscheiden.[300]

Schließlich sind einfachgesetzliche Differenzierungen zwischen wirtschaftlichen und nichtwirtschaftlichen Unternehmen[301] sowie explizite Bereichsausnahmen von einfachgesetzlichen Vorgaben für bestimmte wirtschaftliche Tätigkeiten der Gemeinden und Gemeindeverbände nicht schon verfassungsrechtlich angezeigt. Eine solche Systembildung ist aber ebenfalls Ausdruck der legislativen Gestaltungsfreiheit[302] – erst wenn dadurch beispielsweise die öffentliche Zwecksetzung umgangen würde, erwiese sich eine entsprechende Ausgestaltung des Kommunalwirtschaftsrechts als verfassungswidrig.

B. Ökonomisierung und Europäisierung der kommunalen Binnenorganisation

Neben der dogmatischen Grundlegung nach dem prinzipientheoretischen Deutungsansatz ist von Bedeutung, dass die kommunale Binnenorganisation einer immer stärkeren Ökonomisierungs- sowie Europäisierungsdynamik ausgesetzt ist.[303] Insbesondere die Gemeinden sehen sich vor allem mit einer ökonomi-

[298] BVerwGE 39, 329 (336); BVerwG, DVBl. 1996, S. 152 (153); BGHZ 150, 343 ff.; BGH, NJW 2003, S. 586 ff.; siehe aber auch Verfassungsgerichtshof Rheinland-Pfalz, NVwZ 2000, S. 801 ff.; OVG Nordrhein-Westfalen, NWVBl. 2003, S. 462 ff.; zum Ganzen *Peter Badura*, DÖV 1998, S. 818 (821); *Markus Kaltenborn*, WuW 2000, S. 488 (495); *Stefanie Schmahl*, LKV 2000, S. 47 (51); *Martin Pagenkopf*, GewArch 2000, S. 184 (197); *Joachim Wieland*, Die Verwaltung 36 (2003), S. 225 ff.; *Clemens Antweiler*, NVwZ 2003, S. 1466 (1468); *Angela Faber*, DVBl. 2003, S. 761 ff.; *Christian Scharpf*, GewArch 2004, S. 317 (321); *Volker Stehlin/Martin Grabolle*, VBlBW 2007, S. 41 (42); *Herbert Freese*, NdsVBl. 2009, S. 192 ff.; *Sebastian Roling*, NdsVBl. 2009, S. 10 (12 ff.); *ders.*, NVwZ 2009, S. 226 ff.; *Angela Henke*, NordÖR 2010, S. 335 ff.; *Thomas Jungkamp*, NVwZ 2010, S. 546 ff.; *Günter Püttner*, DVBl. 2010, S. 1189 (1191); *Ariane Berger*, DÖV 2010, S. 118 ff.; *Friedrich Schoch*, in: Ivo Appel (Hrsg.), Öffentliches Recht im offenen Staat, Festschrift für Rainer Wahl zum 70. Geburtstag, 2011, S. 573 ff.

[299] Anders auch BGHZ 150, 343 (347 f.).

[300] Siehe *Hans-Jürgen Papier*, DVBl. 2003, S. 686 (690); *Martin Leder*, DÖV 2008, S. 173 (176 f.).

[301] Dazu etwa *Norbert Schulz*, BayVBl. 1997, S. 518 (520); *Martin Leder*, DÖV 2008, S. 173 (174 f.); *Matthias Knauff*, WiVerw 2011, S. 79 (83).

[302] Kritisch *Hans Fischerhof*, DÖV 1957, S. 305 (314); *Christoph Reichard*, in: Peter Eichhorn/Christoph Reichard/Gunnar Folke Schuppert, Kommunale Wirtschaft im Wandel, 2000, S. 15 (18); *Ulrich Hösch*, WiVerw 2000, S. 159 (168); *Uwe Steckert*, Kommunalwirtschaft im Wettbewerb, 2002, S. 57 ff.

[303] Kritisch *Eberhard Laux*, DÖV 1993, S. 1083 (1088); siehe auch *Klaus Lenk*, in: Jörg Bogumil/Leo Kißler (Hrsg.), Verwaltungsmodernisierung und lokale Demokratie, 1997,

schen Verwaltungsmodernisierung konfrontiert.[304] Ein solcher „entrepreneurial spirit“[305] wird teilweise einfachgesetzlich unmittelbar vorgegeben; überwiegend wird dessen Umsetzung den Gemeinden und Gemeindeverbänden indes mit Hilfe von Experimentierklauseln[306] anheimgestellt. Eingeläutet wird dabei ein Paradigmenwechsel:[307] Obschon die kommunale Binnenorganisation auch den Leitbildern *Max Webers*[308] nie vollumfänglich gerecht wurde,[309] führt die Verwaltungsmodernisierung nunmehr zur Anwendung betriebswirtschaftlicher Konzepte[310] in Gestalt von Managementtechniken und Organisationsprinzipien.[311] Vermeintliche (ökonomische) Defizite sollen dadurch abgebaut werden;[312] Stichworte wie „Neue Institutionenökonomik“ und „wissenschaftlicher Managerialismus“[313] bestimmen die Diskussion.

S. 145 (148 ff.); ferner *Jörn Ipsen*, DVBl. 1998, S. 801 (805); unter Berufung auf die Systemtheorie ähnlich *Klaus König*, VerwArch 87 (1996), S. 19 (36); *ders.*, in: Klaus Lüder (Hrsg.), Staat und Verwaltung, Fünfzig Jahre Hochschule für Verwaltungswissenschaften Speyer, 1997, S. 399 (423), der allerdings dem Gedanken einer Hybridisierung, die eine neue Qualität funktionaler Ausdifferenzierung und Systemrationalität öffentlicher Verwaltung bewirkt, nicht grundsätzlich jede Überzeugungskraft abspricht; kritisch zur Terminologie *ders.*, DVBl. 1997, S. 239 (240).

304 Dazu *Christoph Reichard*, Umdenken im Rathaus, 1994, passim; *Maximilian Wallerath*, VerwArch 88 (1997), S. 1 (5).

305 Ausführlich *David Osborne/Ted Gaebler*, Reinventing Government, 1992, passim.

306 *Heinrich Siedentopf*, DÖV 1995, S. 193; *Klaus Lange*, DÖV 1995, S. 770 ff.; *Christoph Brüning*, DÖV 1997, S. 278 ff.; *Bernd Grzeszick*, Die Verwaltung 30 (1997), S. 545 ff.; *Wolfgang Beck/Claudia Schürmeier*, LKV 2004, S. 488 ff.

307 Dazu *Gunnar Folke Schuppert*, in: Wolfgang Hoffmann-Riem/Eberhard Schmidt-Aßmann/Andreas Voßkuhle (Hrsg.), Grundlagen des Verwaltungsrechts, Bd. I, 2. Aufl. 2012, § 16, Rn. 110 f.

308 *Max Weber*, Wirtschaft und Gesellschaft, 5. Aufl. 1980, S. 551 ff.

309 Siehe *Renate Mayntz*, Soziologie der öffentlichen Verwaltung, 4. Aufl. 1997, S. 112 f.; *Maximilian Wallerath*, VerwArch 88 (1997), S. 1 (8 f.); ferner *Karl Loewenstein*, Max Webers staatspolitische Auffassungen in der Sicht unserer Zeit, 1965, S. 38; *Timo Hebeler*, Die Verwaltung 37 (2004), S. 119 ff.

310 *Andreas Osner*, in: Eva Lang (Hrsg.), Kommunen vor neuen Herausforderungen, Festschrift für Werner Noll zum 65. Geburtstag, 1996, S. 49 (50); *Christoph Reichard*, Die Verwaltung 36 (2003), S. 389 ff.

311 *Sabine Dahm*, Das Neue Steuerungsmodell auf Bundes- und Länderebene sowie die Neuordnung der öffentlichen Finanzkontrolle in der Bundesrepublik Deutschland, 2002, S. 101 ff.

312 *Rolf Krähmer*, VR 1993, S. 415 ff.; *Michael Blume*, in: Gerhard Banner/Christoph Reichard (Hrsg.), Kommunale Managementkonzepte, 1993, S. 143 ff.; *Hermann Hill*, in: Eberhard Schmidt-Aßmann/Wolfgang Hoffmann-Riem (Hrsg.), Verwaltungsorganisationsrecht als Steuerungsressource, 1997, S. 65 (71); *Dietrich Budäus/Stefanie Finger*, Die Verwaltung 90 (1999), S. 313 ff.; *Eckhard Schröter*, in: Bernhard Blanke/Frank Nullmeier/Christoph Reichard/Göttrik Wewer (Hrsg.), Handbuch zur Verwaltungsreform, 4. Aufl. 2011, S. 79 ff.

313 *Veith Mehde*, Neues Steuerungsmodell und Demokratieprinzip, 2000, S. 41.

I. Das Neue Steuerungsmodell im Überblick

Zentrales Anliegen der Verwaltungsmodernisierung ist die Umsetzung der Modernisierungsansätze des New Public Management.[314] Trotz der Heterogenität dieser Modernisierungsansätze sind strukturelle Leitlinien erkennbar: Hierarchische Strukturen und Weisungsstränge sollen ablöst werden.[315] Die Managementperspektive[316] soll eine effiziente[317] und kostengünstige[318] Steuerung im Wege der Dezentralisierung und der Transparenz gewährleisten.[319] Die Anwendung von Managementkonzepten sowie eine starke Marktorientierung[320] füh-

---

[314] *Dietrich Budäus*, Public Management: Konzepte und Verfahren zur Modernisierung öffentlicher Verwaltungen, 4. Aufl. 1994, S. 40 ff.; *Wulf Dambrowski/Claus Precht*, Public Management, 1995, S. 271 ff.; *Jörg Bogumil*, in: Edgar Grande/Rainer Prätorius (Hrsg.), Modernisierung des Staates?, 1997, S. 21 ff.; *Sandford Borins/Gernod Grüning*, in: Dietrich Budäus/Peter Conrad/Georg Schreyögg (Hrsg.), New Public Management, 1998, S. 11 ff.; *Christoph Reichard/Manfred Röber*, in: Eckhard Schröter (Hrsg.), Empirische Policy- und Verwaltungsforschung, lokale, nationale und internationale Perspektiven, Festschrift für Hellmut Wollmann zum 65. Geburtstag, 2001, S. 371 ff.; *Frank Hendriks/Pieter Tops*, VerwArch 92 (2001), S. 560 ff.; *Eckhard Schröter*, in: Bernhard Blanke/Frank Nullmeier/Christoph Reichard/Göttrik Wewer (Hrsg.), Handbuch zur Verwaltungsreform, 4. Aufl. 2011, S. 79 ff.; *Andreas Voßkuhle*, in: Wolfgang Hoffmann-Riem/Eberhard Schmidt-Aßmann/Andreas Voßkuhle (Hrsg.), Grundlagen des Verwaltungsrechts, Bd. I, 2. Aufl. 2012, § 1, Rn. 50 ff.; *Gunnar Folke Schuppert*, in: Wolfgang Hoffmann-Riem/Eberhard Schmidt-Aßmann/Andreas Voßkuhle (Hrsg.), Grundlagen des Verwaltungsrechts, Bd. I, 2. Aufl. 2012, § 16, Rn. 112 ff.

[315] *Sabine Dahm*, Das Neue Steuerungsmodell auf Bundes- und Länderebene sowie die Neuordnung der öffentlichen Finanzkontrolle in der Bundesrepublik Deutschland, 2002, S. 104 ff.; ferner *Eberhard Laux*, AfK 1995, S. 229 (243 ff.).

[316] Dazu *Oliver Lepsius*, Die Verwaltung 32 (1999), S. 429 ff.

[317] *Joachim Kottke*, AfK 1987, S. 226 ff.; *Dietrich Trähnhardt*, in: Dieter Schimanke (Hrsg.), Stadtdirektor oder Bürgermeister, 1989, S. 15 ff.; *Gerhard Banner*, in: Jörg Bogumil/Leo Kißler (Hrsg.), Verwaltungsmodernisierung und lokale Demokratie, 1997, S. 125 (126 f.); kritisch *Jörg Bogumil/Stephan Grohs/Sabine Kuhlmann*, PVS-Sonderheft 37 (2006), S. 151 (168); *Lars Holtkamp*, VerwArch 99 (2008), S. 259 (268 ff.); zu Transaktions- und Implementationskosten des Neuen Steuerungsmodells *Hellmut Wollmann*, Die Verwaltung 32 (1999), S. 345 (371); *Sabine Kuhlmann/Hellmut Wollmann*, in: Werner Jann/Manfred Röber/Hellmut Wollmann (Hrsg.), Public Management – Grundlagen, Wirkungen, Kritik, 2006, S. 371 ff.

[318] *Klaus König*, DÖV 1997, S. 265 ff.; kritisch *Maximilian Wallerath*, DÖV 1997, S. 57 (58); ferner *Friedrich Hausmann*, DÖV 1996, S. 732 (735 f.); *Helmuth Schulze-Fielitz*, in: Hans-Günter Henneke (Hrsg.), Organisation kommunaler Aufgabenerfüllung, 1998, S. 223 (225); *Hermann Pünder*, in: Hans-Günter Henneke/Hermann Pünder/Christian Waldhoff (Hrsg.), Recht der Kommunalfinanzen, 2006, § 5, Rn. 37.

[319] *Christoph Reichard*, Die Verwaltung 36 (2003), S. 389 ff.; *Dietrich Budäus*, in: Dietrich Budäus/Peter Conrad/Georg Schreyögg (Hrsg.), New Public Management, 1998, S. 1 ff.; *Werner Jann*, in: Bernhard Blanke/Frank Nullmeier/Christoph Reichard/Göttrik Wewer (Hrsg.), Handbuch zur Verwaltungsreform, 4. Aufl. 2011, S. 67 ff.; *Gunnar Folke Schuppert*, in: Wolfgang Hoffmann-Riem/Eberhard Schmidt-Aßmann/Andreas Voßkuhle (Hrsg.), Grundlagen des Verwaltungsrechts, Bd. I, 2. Aufl. 2012, § 16, Rn. 112.

[320] Kritisch *Janbernd Oebbecke*, VVDStRL 62 (2003), S. 366 (385 ff.); zum mit Art. 91d GG auch auf verfassungsrechtlicher Ebene verankerten – dazu etwa *Margrit Seckelmann*, DVBl. 2010, S. 1284 ff.; *dies.*, in: Bernhard Blanke/Frank Nullmeier/Christoph Reichard/

ren zu einer Trennung der strategischen und operativen Verantwortung und zugleich zu dezentralen Organisationsstrukturen, deren Steuerung ziel- und ergebnisorientiert erfolgt.[321]

Das Neue Steuerungsmodell dient dabei als heterogenes,[322] zugleich aber systematisierendes[323] und die bisherige Verwaltungsmodernisierung ablösendes[324] Reformkonzept. Der Aufbau einer unternehmensähnlichen, dezentralen Führungs- und Organisationsstruktur, deren Outputsteuerung sowie Aktivierung durch Wettbewerb und Kundenorientierung stehen im Vordergrund.[325] Wesentlich für das Neue Steuerungsmodell sind ein Kontraktmanagement sowie klare Verantwortungsstrukturen; vor allem das Kontraktmanagement erfordert eine dezentrale Gesamtverantwortung, die ihrerseits nach Handlungsspielräumen sowie dezentraler Ressourcenverantwortung verlangt. Kompensierende Steuerungs- und Controllingstrukturen, die einer Autonomisierung entgegenwirken, vervollständigen – idealtypisch – das Neue Steuerungsmodell.[326]

Göttrik Wewer (Hrsg.), Handbuch zur Verwaltungsreform, 4. Aufl. 2011, S. 571 ff. – Benchmarkingkonzept *Ferdinand Schuster*, in: Thomas Edeling/Werner Jann/Dieter Wagner (Hrsg.), Reorganisationsstrategien in Wirtschaft und Verwaltung, 2001, S. 201 ff.; *ders.*, Der interkommunale Leistungsvergleich als Wettbewerbssurrogat, 2001, passim; *Sabine Dahm*, Das Neue Steuerungsmodell auf Bundes- und Länderebene sowie die Neuordnung der öffentlichen Finanzkontrolle in der Bundesrepublik Deutschland, 2002, S. 43 ff.; *Sabine Kuhlmann*, VerwArch 94 (2003), S. 99 ff.; allgemein zur Evaluation *Hellmut Wollmann*, VerwArch 93 (2002), S. 418 ff.

321 *Christoph Reichard/Manfred Röber*, in: Eckhard Schröter (Hrsg.), Empirische Policy- und Verwaltungsforschung, lokale, nationale und internationale Perspektiven, Festschrift für Hellmut Wollmann zum 65. Geburtstag, 2001, S. 371 ff.; *Gunnar Folke Schuppert*, in: Wolfgang Hoffmann-Riem/Eberhard Schmidt-Aßmann/Andreas Voßkuhle (Hrsg.), Grundlagen des Verwaltungsrechts, Bd. I, 2. Aufl. 2012, § 16, Rn. 114.

322 *Veith Mehde*, Neues Steuerungsmodell und Demokratieprinzip, 2000, S. 81 ff.

323 *Andreas Voßkuhle*, in: Wolfgang Hoffmann-Riem/Eberhard Schmidt-Aßmann/Andreas Voßkuhle (Hrsg.), Grundlagen des Verwaltungsrechts, Bd. I, 2. Aufl. 2012, § 1, Rn. 53.

324 *Hermann Hill*, in: Martin Morlok/Rupert Windisch/Manfred Miller (Hrsg.), Rechts- und Organisationsprobleme der Verwaltungsmodernisierung, 1997, S. 18 (22 f.).

325 *Ralf Kleinfeld/Ralf Heidemann/Frank Treutler*, in: Ralf Kleinfeld (Hrsg.), Kommunalpolitik, 1996, S. 157 ff.; *Jens-Peter Schneider*, in: Eberhard Schmidt-Aßmann/Wolfgang Hoffmann-Riem (Hrsg.), Verwaltungsorganisationsrecht als Steuerungsressource, 1997, S. 103 (111 ff.); *Jan Ziekow*, in: Eberhard Schmidt-Aßmann/Wolfgang Hoffmann-Riem (Hrsg.), Verwaltungsorganisationsrecht als Steuerungsressource, 1997, S. 349 (356 ff.); *Günther E. Braun*, Die Verwaltung 32 (1999), S. 377 ff.; *Veith Mehde*, Neues Steuerungsmodell und Demokratieprinzip, 2000, S. 85 ff.; *Werner Jann*, in: Bernhard Blanke/Frank Nullmeier/Christoph Reichard/Göttrik Wewer (Hrsg.), Handbuch zur Verwaltungsreform, 4. Aufl. 2011, S. 98 ff.; *Frank Nullmeier*, in: Bernhard Blanke/Frank Nullmeier/Christoph Reichard/Göttrik Wewer (Hrsg.), Handbuch zur Verwaltungsreform, 4. Aufl. 2011, S. 465 ff.; *Andreas Voßkuhle*, in: Wolfgang Hoffmann-Riem/Eberhard Schmidt-Aßmann/Andreas Voßkuhle (Hrsg.), Grundlagen des Verwaltungsrechts, Bd. I, 2. Aufl. 2012, § 1, Rn. 53 ff.; *Gunnar Folke Schuppert*, in: Wolfgang Hoffmann-Riem/Eberhard Schmidt-Aßmann/Andreas Voßkuhle (Hrsg.), Grundlagen des Verwaltungsrechts, Bd. I, 2. Aufl. 2012, § 16, Rn. 117 ff.

326 *Peter Eichhorn*, in: Hans-Uwe Erichsen (Hrsg.), Kommunale Verwaltung im Wandel, 1999, S. 117 ff.; *Sabine Dahm*, Das Neue Steuerungsmodell auf Bundes- und Länderebene so-

1. Grundannahmen und Konzeption

a) Trennung von Politik und Verwaltung

Das Neue Steuerungsmodell ist mithin geprägt von den Leitgedanken der Dezentralisierung,[327] Pluralisierung[328] und Entflechtung[329] und zielt auf eine klare Verantwortungsteilung zwischen Politik und Verwaltung.[330] Obwohl eine strikte Trennung von Entscheidungsfindung und Entscheidungsvollzug der überkommenen Ausgestaltung der kommunalen Binnenorganisation widerspricht,[331] wird „Politik" mit der Vertretung des Volkes im Sinne des Art. 28 Abs. 1 S. 2 GG und „Verwaltung" mit dem Amt der Bürgermeister und Landrä-

---

wie die Neuordnung der öffentlichen Finanzkontrolle in der Bundesrepublik Deutschland, 2002, S. 31 f.; *Werner Jann*, in: Bernhard Blanke/Frank Nullmeier/Christoph Reichard/Göttrik Wewer (Hrsg.), Handbuch zur Verwaltungsreform, 4. Aufl. 2011, S. 67 ff.; *Gunnar Folke Schuppert*, in: Wolfgang Hoffmann-Riem/Eberhard Schmidt-Aßmann/Andreas Voßkuhle (Hrsg.), Grundlagen des Verwaltungsrechts, Bd. I, 2. Aufl. 2012, § 16, Rn. 118.

[327] *Hans Peter Bull*, in: Jörn Ipsen (Hrsg.), Verwaltungsreform – Herausforderung für Staat und Kommunen, 1996, S. 69 (70); *Hermann Pünder*, in: Hans-Günter Henneke/Hermann Pünder/Christian Waldhoff (Hrsg.), Recht der Kommunalfinanzen, 2006, § 5, Rn. 9; *Foroud Schirvani*, DÖV 2008, S. 1 (4); kritisch zum Begriff *Christoph Gröpl*, Haushaltsrecht und Reform, 2001, S. 234 f.

[328] *Walter Krebs*, in: Eberhardt Schmidt-Aßmann/Wolfgang Hoffmann-Riem (Hrsg.), Verwaltungsorganisationsrecht als Steuerungsressource, 1997, S. 339 (340).

[329] *Veith Mehde*, Neues Steuerungsmodell und Demokratieprinzip, 2000, S. 86 f.

[330] KGSt-Bericht 5/1993, S. 16 f.; KGSt-Bericht 10/1996, S. 24; dazu *Gerhard Banner*, AfK 1982, S. 26 ff.; *ders.*, DÖV 1984, S. 364 ff.; *ders.*, in: Dieter Fischer/Rainer Frey/Peter Paziorek (Hrsg.), Kommunalverfassung in Nordrhein-Westfalen – Sind unsere Städte noch zu regieren?, 1989, S. 59 ff.; *ders.*, in: Hermann Hill/Helmut Klages (Hrsg.), Qualitäts- und erfolgsorientiertes Verwaltungsmanagement, 1993, S. 57 (62 ff.); *ders.*, Das neue Steuerungsmodell der KGSt, in: Roland Dumont du Voitel (Hrsg.), Dienstleistungsunternehmen Stadt, 1994, S. 26 (30); *Klaus Deckert/Ferdinand Wind*, Das neue Steuerungsmodell, 1996, S. 31; *Hermann Janning*, in: Christoph Reichard/Hellmut Wollmann (Hrsg.), Kommunalverwaltung im Modernisierungsschub?, 1996, S. 152 (157); *Adelheid Zeis*, Ein neues kommunales Haushaltsrecht für ein Neues Steuerungsmodell, 1999, S. 145 ff.; *Peter Schaad*, DÖV 2000, S. 22 (25 f.); *Hubert Meyer*, DÖV 2000, S. 449 (454 f.); *Heinz Weller*, in: Albert Günther (Hrsg.), Verwaltungsmodernisierung, Anforderungen – Erfahrungen – Perspektiven, Festschrift 10 Jahre Institut für Kommunal- und Verwaltungswissenschaften NRW, 2000, S. 110 ff.; *Jörg Bogumil*, VerwArch 93 (2002), S. 129 (135 ff.); *Arthur Benz*, Die Verwaltung 36 (2003), S. 361 (364); ähnlich *Hans-Günter Henneke*, DVBl. 1995, S. 1064 ff.; kritisch zur Trennbarkeit von Politik und Verwaltung *ders.*, Der Landkreis 1996, S. 447 (449); schließlich *Albert von Mutius*, in: Joachim Burmeister (Hrsg.), Verfassungsstaatlichkeit, Festschrift für Klaus Stern zum 65. Geburtstag, 1997, S. 685 (708); *Jörn Ipsen*, DVBl. 1998, S. 801 (807), die behaupten, die Direktwahl des Bürgermeisters überfordere das Neue Steuerungsmodell; allgemein auch *Jörn Ipsen*, in: Janbernd Oebbecke/Dirk Ehlers/Alexander Schink/Dörte Diemert (Hrsg.), Kommunalverwaltung in der Reform, 2004, S. 19 ff.; zu strukturell bedingten Verflechtungen von Politik und Verwaltung *Paul von Kodolitsch*, AfK 2000, S. 199 (207 ff.).

[331] *Olaf Otting*, Neues Steuerungsmodell und rechtliche Betätigungsspielräume der Kommunen, 1997, S. 55; *Veith Mehde*, Neues Steuerungsmodell und Demokratieprinzip, 2000, S. 87 f.

te gleichgesetzt.[332] Eine Grundlage findet diese Trennung von Politik und Verwaltung darin, dass die Politik auf die strategische Führung beschränkt[333] und die Möglichkeit der Einflussnahme auf die Art und Weise der Aufgabenwahrnehmung zurückgedrängt werden soll.[334] Die Trennung der Verantwortlichkeiten ist danach allerdings nicht nur Voraussetzung für effiziente und kostengünstige Organisationsstrukturen;[335] vielmehr soll auch der Übersteuerung durch eine Befassung mit spezifischen Problemlagen einerseits sowie der Untersteuerung aufgrund fehlender fachlicher und zeitlicher Ressourcen[336] andererseits entgegengewirkt werden.[337]

aa) Kontrakte

Als umfassendes – auch innerhalb der Verwaltung zur Anwendung gelangendes und das Modell der Einzelweisung ablösendes[338] – Gestaltungsinstrument sollen Kontrakte[339] Zielabsprachen über einen festgelegten Zeitraum formulieren und zugleich die politische Einwirkung auf den Einzelfall verhindern.[340] Gegenstand der Zielvereinbarungen sind Produkte[341] als Leistungen der Verwaltung und – ausgehend von einer Zusammenführung der Fach- und Ressourcen-

---

[332] KGSt-Bericht Nr. 5/1993, S. 16; KGSt-Bericht Nr. 10/1996, S. 9.

[333] *Wolfgang Hoffmann-Riem*, in: Wolfgang Hoffmann-Riem/Eberhard Schmidt-Aßmann (Hrsg.), Verwaltungsorganisationsrecht als Steuerungsressource, 1997, S. 355 (384); *Hermann Hill*, DÖV 2001, S. 793 (803); *Hermann Pünder*, in: Hans-Günter Henneke/Hermann Pünder/Christian Waldhoff (Hrsg.), Recht der Kommunalfinanzen, 2006, § 5, Rn. 36.

[334] KGSt-Bericht 10/1996, S. 10; siehe aber auch *Klaus König*, in: Klaus Lüder (Hrsg.), Staat und Verwaltung, Fünfzig Jahre Hochschule für Verwaltungswissenschaften Speyer, 1997, S. 399 (419); *Jörg Bogumil*, VerwArch 93 (2002), S. 129 (134); kritisch *Hellmut Wollmann*, Die Verwaltung 32 (1999), S. 345 (356 ff., 365 ff.), der vor dem Hintergrund einer „Parlamentarisierung" kommunaler Selbstverwaltung – dazu *ders.*, in: Dieter Grunow/Hellmut Wollmann (Hrsg.), Lokale Verwaltungsreform in Aktion: Fortschritte und Fallstricke, 1998, S. 400 (404 ff.); *ders.*, in: Hellmut Wollmann/Roland Roth (Hrsg.), Kommunalpolitik, 2. Aufl. 1999, S. 50 ff. – dennoch eine funktionale Neubestimmung der kommunalen Binnenorganisation fordert.

[335] KGSt-Bericht 10/1996, S. 16.

[336] Dazu *Wolfgang Holler/Karl-Heinz Naßmacher*, in: Rainer Frey (Hrsg.), Kommunale Demokratie, 1976, S. 141 (155), die eine entsprechende Stärkung der körperschaftlichen Vertretungsorgane für notwendig halten.

[337] KGSt-Bericht 10/1996, S. 16.

[338] KGSt-Bericht 4/1998, S. 10, 16; KGSt-Bericht 8/1995, S. 31; KGSt-Bericht 5/1993, S. 17; dazu *Veith Mehde*, Neues Steuerungsmodell und Demokratieprinzip, 2000, S. 110 f.).

[339] Dazu *Patrick Sensburg*, Der kommunale Verwaltungskontrakt, 2004, passim; kritisch *Hans Peter Bull*, in: Jörn Ipsen (Hrsg.), Verwaltungsreform – Herausforderung für Staat und Kommunen, 1996, S. 69 (75); ferner *Maximilian Wallerath*, DÖV 1997, S. 57 ff.; *Hermann Pünder*, DÖV 1998, S. 63 ff.; zur Kompensation konsensorientierter Defizite des Kontraktmanagements sowie zu den Herausforderungen der Durchsetzung bestehender Kontrakte *Veith Mehde*, Neues Steuerungsmodell und Demokratieprinzip, 2000, S. 146 ff.

[340] KGSt-Bericht Nr. 4/1998, S. 10.

[341] *Hermann Hill*, ZG 1998, S. 101 (103); kritisch *Hans Peter Bull*, in: Jörn Ipsen (Hrsg.), Verwaltungsreform – Herausforderung für Staat und Kommunen, 1996, S. 69 (76); *Jörg Bogu-*

verantwortung[342] – die Bereitstellung eigenverantwortlich zu bewirtschaftender[343] Budgets als Gegenleistung der Politik.[344] Mit Hilfe dieser Produkt- und Outputorientierung sollen entstehende Kosten identifiziert und die Steuerung der Verwaltungstätigkeit verbessert werden.[345] Die Definition von Produkten ist daher besonders wichtig: Es besteht die Gefahr politischer Vorgaben,[346] zudem wird die Zusammenfassung von Produkten in Produktplänen erforderlich.[347] Die Kosten der Produkte bilden sodann die Grundlage für die Bemessung der Budgets. Dass ein Anstieg der Kosten für die Herstellung von Produkten grundsätzlich nur innerhalb des Budgets ausgeglichen werden kann,[348] bedingt allerdings, dass die Voraussetzungen kostengünstigen Handelns durch Verantwortungsspielräume der Verwaltung geschaffen werden müssen.[349]

bb) Wettbewerbsgedanke

Ferner gelangt ein mehrdimensionaler Wettbewerbsgedanke zur Anwendung, mit dessen Hilfe Kostensenkungspotentiale realisiert werden sollen: Austauschbeziehungen innerhalb der Verwaltung müssen sich nach dem Neuen Steuerungsmodell nicht nur dem Vergleich mit Angeboten Dritter stellen – was die Entscheidung über die Herstellung eigener Produkte beeinflusst.[350] Vergleiche zwischen Gemeinden und Gemeindeverbänden sollen überdies effizienzsteigernde und kostensenkende Konkurrenzsituationen schaffen, die das Feh-

---

mil, VerwArch 93 (2002), S. 129 (133 ff.); zum Ganzen *Veith Mehde*, Neues Steuerungsmodell und Demokratieprinzip, 2000, S. 153 f.

[342] KGSt-Bericht Nr. 12/1991, S. 17; KGSt-Bericht Nr. 6/1993, S. 20; *Werner Jann*, in: Hermann Hill/Helmut Klages (Hrsg.), Qualitäts- und erfolgsorientiertes Verwaltungsmanagement – Aktuelle Tendenzen und Entwürfe, 1993, S. 77 (88); *Dietrich Budäus*, Public Management: Konzepte und Verfahren zur Modernisierung öffentlicher Verwaltungen, 4. Aufl. 1994, S. 55; *Wulf Dambrowski/Claus Precht*, Public Management, 1995, S. 144; *Peter Eichhorn*, in: Carl Böhret (Hrsg.), Gesellschaftlich denken – kommunal handeln, Festschrift für Christian Roßkopf zum 65. Geburtstag, 1995, S. 223 (229); *Olaf Otting*, Neues Steuerungsmodell und rechtliche Betätigungsspielräume der Kommunen, 1997, S. 18; *Gunnar Schwarting*, Effizienz in der Kommunalverwaltung, 1997, S. 21.

[343] Zum Begriff der Intrapreneure *Hermann Pünder*, Kommunales Haushaltsrecht im Umbruch, 2003, S. 28; *ders.*, in: Hans-Günter Henneke/Hermann Pünder/Christian Waldhoff (Hrsg.), Recht der Kommunalfinanzen, 2006, § 5, Rn. 51.

[344] KGSt-Bericht Nr. 5/1993, S. 17; KGSt-Bericht Nr. 10/1996, S. 20.

[345] KGSt-Bericht Nr. 8/1994; dazu *Veith Mehde*, Neues Steuerungsmodell und Demokratieprinzip, 2000, S. 93.

[346] KGSt-Bericht Nr. 8/1994, S. 11 ff.

[347] KGSt-Bericht Nr. 8/1994, S. 11.

[348] KGSt-Bericht Nr. 5/1993, S. 17.

[349] KGSt-Bericht Nr. 5/1993, S. 18; KGSt-Bericht Nr. 8/1994, S. 15.

[350] KGSt-Bericht Nr. 5/1993, S. 23; KGSt-Bericht 8/1996, S. 26; siehe aber auch *Klaus Lüder*, DÖV 1996, S. 93 (96 f.).

len regulärer Marktbedingungen[351] ersetzen.[352] Schließlich sollen im Wege des Benchmarkings[353] kostensenkende Anreizstrukturen erzeugt sowie Lernprozesse angeleitet werden.[354]

cc) Finanzberichte

Standardisierte Finanzberichte nehmen die dezentralisierte Ressourcenverantwortung[355] zum Zwecke der zentralen Gesamtsteuerung schließlich ein Stück weit zurück.[356] Zudem sollen strategische und operative Controllingstrukturen – die informationstechnische Infrastrukturen[357] voraussetzen – entscheidungsrelevante Informationen erfassen, die den Vollzug abgeschlossener Kontrakte effektuieren[358] und eine transparente Zieldefinition, Budgetaufstellung und Produktbeschreibung begünstigen.[359] Solche Controllingstrukturen erfordern indes ein Berichtswesen,[360] das Abweichungen aufzeigt, analysiert und zugleich Abhilfemöglichkeiten vorschlägt.[361]

b) Flankierende Mechanismen zur Qualitätssicherung und Kostensenkung

Ergänzt wird das Neue Steuerungsmodell durch ein Qualitätsmanagement.[362] Das outputorientierte – nicht als formales Verfahren ausgestaltete[363] – Quali-

---

[351] Siehe *Klaus König*, Zur Kritik eines neuen öffentlichen Managements, 1995, S. 62, 99 f.; *ders.*, in: Klaus Lüder (Hrsg.), Staat und Verwaltung, Fünfzig Jahre Hochschule für Verwaltungswissenschaften Speyer, 1997, S. 399 (423); *Christoph Reichard*, in: Klaus König/Natascha Füchtner (Hrsg.), „Schlanker Staat" – Verwaltungsmodernisierung im Bund, 1998, S. 305 ff.

[352] KGSt-Bericht Nr. 5/1993, S. 22, KGSt-Bericht Nr. 6/1998, S. 10; ferner *Klaus Lüder*, DÖV 1996, S. 93 (98); *Bernd Adamaschek*, in: Hans-Uwe Erichsen (Hrsg.), Kommunale Verwaltung im Wandel, 1999, S. 125 ff.

[353] KGSt-Bericht Nr. 8/1996, S. 22, 37.

[354] KGSt-Bericht Nr. 8/1995, S. 39; KGSt-Bericht Nr. 12/1996, S. 11.

[355] Zur Erstreckung des Dezentralisierungsgedankens auf die Binnenorganisation der Verwaltung KGSt-Bericht 5/1993, S. 18; KGSt-Bericht Nr. 14/1994, S. 14; zum Ganzen *Veith Mehde*, Neues Steuerungsmodell und Demokratieprinzip, 2000, S. 110 f.

[356] KGSt-Bericht Nr. 6/1993, S. 20; zum Ganzen *Klaus Lüder*, DÖV 1993, S. 265 ff.; *Wolfgang Ossadnik*, Die Verwaltung 26 (1993), S. 57 ff.; *Christoph Reichard*, in: Klaus König/Heinrich Siedentopf (Hrsg.), Öffentliche Verwaltung in Deutschland, 2. Aufl. 1997, S. 641 (650).

[357] KGSt-Bericht Nr. 14/1994, S. 27; ferner *Albert von Mutius*, in: Joachim Burmeister (Hrsg.), Verfassungsstaatlichkeit, Festschrift für Klaus Stern zum 65. Geburtstag, 1997, S. 685 (700).

[358] KGSt-Bericht 14/1994, S. 32; ferner *Wolfgang Hoffmann-Riem*, in: Eberhard Schmidt-Aßmann/Wolfgang Hoffmann-Riem (Hrsg.), Verwaltungskontrolle, 2001, S. 325 (337).

[359] KGSt-Bericht Nr. 15/1994, S. 17; zum Ganzen *Klaus Homann*, Verwaltungscontrolling, 2005, passim; *Kuno Schedler*, in: Bernhard Blanke/Frank Nullmeier/Christoph Reichard/Göttrik Wewer (Hrsg.), Handbuch zur Verwaltungsreform, 4. Aufl. 2011, S. 236 ff.

[360] KGSt-Bericht Nr. 10/1995, S. 22; KGSt-Bericht Nr. 15/1994, S. 37, 43.

[361] KGSt-Bericht Nr. 15/1994, S. 37.

[362] KGSt-Bericht Nr. 6/1995, S. 13; KGSt-Bericht Nr. 8/1997, S. 7.

[363] *Veith Mehde*, Neues Steuerungsmodell und Demokratieprinzip, 2000, S. 112 f.

tätsmanagement soll die Aufgabenwahrnehmung dokumentieren und überprüfen und einer absoluten Kostenorientierung entgegenwirken.[364] Als Maßstab des Qualitätsmanagements dient auch der Gedanke der Bürgerorientierung.[365] Zwar wird die Bürgerorientierung nicht als strukturelles Organisationsprinzip verstanden; Gemeinden und Gemeindeverbände sind nach dem Neuen Steuerungsmodell aber gleichwohl Dienstleistungsunternehmen, deren Funktionsfähigkeit am Maßstab der Kundenorientierung[366] beurteilt wird.[367] Mit Hilfe des Qualitätsmanagements sollen daher legitime Kundenerwartungen identifiziert und befriedigt werden.[368] Im Wege einer tripolaren Konstruktion[369] – nämlich zwischen Politik, Verwaltung und Bürgern – schafft das Qualitätsmanagement überdies Möglichkeiten zur aktiven Mitwirkung.[370]

2. *Zur verfassungsrechtlichen Tragfähigkeit des Neuen Steuerungsmodells*

Obwohl das Neue Steuerungsmodell bislang keine normative Ausprägung gefunden hat,[371] sind der Prüfung seiner verfassungsrechtlichen Kompatibilität die nachfolgenden Überlegungen gewidmet. Klarzustellen sind dabei ausgehend von den bisherigen Erkenntnissen einige Grundannahmen: Seine Umsetzung[372] unterstellt, wäre nach dem prinzipientheoretischen Deutungsansatz das Neue Steuerungsmodell als eine spezifische Form der legislativen Ausgestal-

---

[364] KGSt-Bericht Nr. 6/1995, S. 25.

[365] KGSt-Bericht Nr. 8/1997, S. 12; siehe aber auch KGSt-Bericht 6/1995, S. 27.

[366] Siehe *Leo Kißler*, in: Jörg Bogumil/Leo Kißler (Hrsg.), Verwaltungsmodernisierung und lokale Demokratie – Risiken und Chancen eines Neuen Steuerungsmodells für die lokale Demokratie, 1997, S. 95 ff.; *Stephan Articus*, DfK 2002, S. 6 (14); kritisch zur Terminologie *Hans Peter Bull*, in: Jörn Ipsen (Hrsg.), Verwaltungsreform – Herausforderung für Staat und Kommunen, 1996, S. 69 (72 f.); ferner *Eberhard Laux*, AfK 1995, S. 227 (246); *Klaus König*, DVBl. 1997, S. 239 (240).

[367] *Gerhard Banner*, VOP 1/1991, S. 6 ff.; siehe auch KGSt-Bericht, Nr. 5/1993, S. 13; ferner *Klaus Deckert/Ferdinand Wind*, Das neue Steuerungsmodell, 1996, S. 73; *Dietrich Budäus/Stefanie Finger*, Die Verwaltung 90 (1999), S. 313 (325); *Veith Mehde*, Neues Steuerungsmodell und Demokratieprinzip, 2000, S. 104 ff.; *Sabine Dahm*, Das Neue Steuerungsmodell auf Bundes- und Länderebene sowie die Neuordnung der öffentlichen Finanzkontrolle in der Bundesrepublik Deutschland, 2002, S. 45 f.

[368] *Veith Mehde*, Neues Steuerungsmodell und Demokratieprinzip, 2000, S. 104 f.

[369] *Veith Mehde*, Neues Steuerungsmodell und Demokratieprinzip, 2000, S. 107 ff.

[370] KGSt-Bericht Nr. 13/1997, S. 11.

[371] Zu den Ursachen der zurückhaltenden – dazu auch *Dietrich Budäus/Stefanie Finger*, Die Verwaltung 32 (1999), S. 313 (328); *Jörg Bogumil/Stephan Grohs/Sabine Kuhlmann/Anna K. Ohm*, Zehn Jahre Neues Steuerungsmodell, 2007, passim – Umsetzung des Neuen Steuerungsmodells *Carl Böhret*, VR 1996, S. 325 ff.; *Manfred Neumann*, VR 1999, S. 85 ff.; *Peter Schaad*, DÖV 2000, S. 22 ff.; zu methodischen Herausforderungen *Veith Mehde*, Neues Steuerungsmodell und Demokratieprinzip, 2000, S. 303 ff.

[372] *Albert von Mutius*, in: Joachim Burmeister (Hrsg.), Verfassungsstaatlichkeit, Festschrift für Klaus Stern zum 65. Geburtstag, 1997, S. 685 (712 ff.); *Janbernd Oebbecke*, DÖV 1998, S. 853 ff.; *Jan Ziekow*, in: Wolfgang Hoffmann-Riem/Eberhard Schmidt-Aßmann (Hrsg.), Verwaltungsverfahren und Verwaltungsverfahrensgesetz, 2002, S. 349 (376 ff.).

tung der kommunalen Binnenorganisation zu bewerten. Verfassungsrechtlich wäre eine Umsetzung des Neuen Steuerungsmodells dementsprechend zulässig, wenn die verfassungsrechtlichen Grenzen der legislativen Ausgestaltung der kommunalen Binnenorganisation gewahrt blieben. Erneut ist daher die Abwägung zwischen den Funktionen kommunaler Selbstverwaltung und konfligierenden Rechtsprinzipien in den Blick zu nehmen, nach der diese verfassungsrechtlichen Grenzen der legislativen Ausgestaltung zu bestimmen sind. Näherer Aufmerksamkeit bedürfen dabei die partizipative Funktion kommunaler Selbstverwaltung, der Grundsatz der intrafunktionalen Gewaltenteilung sowie die demokratische Legitimation kommunaler Selbstverwaltung.

Hinsichtlich der demokratischen Legitimation kommunaler Selbstverwaltung gilt dabei Folgendes: Die bisherigen Ausführungen haben ergeben, dass kommunale Selbstverwaltung auf einer demokratischen Legitimationsgrundlage beruht und der Partizipationsaspekt damit in Übereinstimmung gebracht werden muss.[373] Hier wird nun aber nicht nur die partizipative Funktion kommunaler Selbstverwaltung als Prüfungsmaßstab relevant – vielmehr ist angesichts der Reformvorschläge des Neuen Steuerungsmodells darüber hinaus auch auf die demokratischen Legitimationsgrundlagen kommunaler Selbstverwaltung als allgemeine Voraussetzung für eine ausreichend legitimierte Ausübung von Staatsgewalt einzugehen.

a) Mitgliedschaftlich-partizipative Komponente kommunaler Selbstverwaltung

Zunächst gerät das Neue Steuerungsmodell in Konflikt mit der partizipativen Funktion kommunaler Selbstverwaltung.[374] Zwar verwirklicht das Neue Steuerungsmodell den Gedanke der Kundenorientierung – womit aber gleichwohl ein Bedeutungsverlust des überkommenen Partizipationsaspektes einhergeht: Erstens nimmt die Kundenorientierung lediglich auf einen Konsumentenstatus Bezug.[375] Zweitens reduziert die Trennung von Politik und Verwaltung die Bedeutung des körperschaftlichen Trägerorgans; dies beeinträchtigt gerade die überkommenen Möglichkeiten zur Partizipation. Überdies wird mittelbar auch die Bedeutung der Wahlen nach Art. 28 Abs. 1 S. 2 GG sowie der ehrenamtlichen Betätigung im körperschaftlichen Trägerorgan eingeschränkt.[376] Auf

[373] Ausführlich S. 196 ff.

[374] Ähnlich *Ingeborg E. Schäfer*, Bürokratische Macht und demokratische Gesellschaft, 1994, S. 39; *Annette Buß*, Das Machtgefüge in der heutigen Kommunalverfassung, 2002, S. 162.

[375] *Thomas Klie/Thomas Meysen*, DÖV 1998, S. 452 (457).

[376] *Manfred Röber*, in: Christoph Reichard/Hellmut Wollmann (Hrsg.), Kommunalverwaltung im Modernisierungsschub?, 1996, S. 98 (105); *Hellmut Wollmann*, in: Dieter Grunow/Hellmut Wollmann (Hrsg.), Lokale Verwaltungsreform in Aktion, 1998, S. 59 ff.; *ders.*, Die Verwaltung 32 (1999), S. 345 (366 f.); kritisch zur Dominanz ökonomischer Kriterien *Maximilian Wallerath*, VerwArch 88 (1997), S. 1 (11 ff.); *Helmuth Schulze-Fielitz*, in:

durchgreifende verfassungsrechtliche Bedenken stößt das Neue Steuerungsmodell deswegen aber nicht. Die legislative Ausgestaltung der kommunalen Binnenorganisation ist nach der prinzipientheoretischen Konzeption der partizipativen Funktion kommunaler Selbstverwaltung nämlich lediglich nach Maßgabe des Untermaßverbotes verpflichtet. Obwohl das Neue Steuerungsmodell den Gedanken der Partizipation funktionalisiert, widerspricht es angesichts der Kundenorientierung der partizipativen Funktion kommunaler Selbstverwaltung damit nicht schon prinzipiell.

Dem kann auch nicht entgegen gehalten werden, dass mit dem Neuen Steuerungsmodell oftmals die Forderung nach Privatisierungen kommunaler Aufgaben verbunden wird.[377] Zwar werden mit der Privatisierung[378] die Möglichkeiten zur Partizipation zusätzlich dezimiert, da sich die Rolle der Gemeinden und Gemeindeverbände insoweit auf die Wahrnehmung der Gewährleistungsverantwortung beschränkt.[379] Allerdings sind Privatisierungsbestrebungen auch losgelöst vom Neuen Steuerungsmodell von erheblicher Bedeutung,[380] das Neue Steuerungsmodell ist zudem nicht von der Privatisierung kommunaler Aufgaben abhängig – weswegen sich verfassungsrechtliche Zweifel gerade am Neuen Steuerungsmodell letztlich nicht begründen lassen.

b) *Intrafunktionale Gewaltenteilung im Neuen Steuerungsmodell*

Allerdings ist die im Neuen Steuerungsmodell angelegte Trennung von Politik und Verwaltung und vor allem der damit einhergehende Bedeutungsverlust der Politik am Maßstab der intrafunktionalen Gewaltenteilung zu messen.[381] Das Neue Steuerungsmodell könnte mit diesem Grundsatz nämlich unvereinbar sein, wenn die Beschränkung auf strategische Führungsaufgaben und der Verlust von Einflussnahmemöglichkeiten auf die Aufgabenwahrnehmung im Einzelfall die Bedeutung des körperschaftlichen Trägerorgans in unzulässiger Weise beschränken. Dies lässt sich indes nicht begründen: Die intrafunktionale Gewaltenteilung verlangt lediglich, dass dem körperschaftlichen Trägerorgan die wichtigsten Führungs- und Kontrollaufgaben vorbehalten bleiben.[382] Die Trennung von Politik und Verwaltung, wonach die Rolle der Politik auf die Wahrnehmung strategischer Führungsaufgaben beschränkt ist, führt nicht zum

Hans-Günter Henneke (Hrsg.), Organisation kommunaler Aufgabenerfüllung, 1998, S. 223 (229 f., 242 f., 245 ff.); siehe auch *Susanne Ast*, VerwArch 100 (2003), S. 574 ff., die auf die Notwendigkeit der ganzheitlichen Planung und Steuerung hinweist; ferner *Niklas Luhmann*, VerwArch 56 (1965), S. 303 (307).

[377] *Thomas Klie/Thomas Meysen*, DÖV 1998, S. 452 (454 f., 456 f.).

[378] *Hellmut Wollmann*, DfK 2002, S. 24 (37).

[379] *Thomas Klie/Thomas Meysen*, DÖV 1998, S. 452 (456 f.).

[380] Allgemein dazu mit Blick auf die Aufgabengarantie der Gemeinden S. 479 ff.

[381] Dazu S. 377 ff.

[382] *Dirk Ehlers*, in: Thomas Mann/Günter Püttner (Hrsg.), Handbuch der kommunalen Wissenschaft und Praxis, Bd. I, 3. Aufl. 2007, § 21, Rn. 3.

Verlust solcher Aufgaben; sie stößt daher nicht auf durchgreifende verfassungsrechtliche Bedenken.[383]

c) Ablösung hierarchischer Strukturen

Schließlich hat das Neue Steuerungsmodell Auswirkungen auch auf das Legitimationsgefüge kommunaler Selbstverwaltung – ihm wird vorgeworfen, durch Änderungen der Weisungsgebundenheit Legitimationsdefizite zu verursachen.[384] Zur Klärung dieses Vorwurfes ist von folgendem Ausgangsbefund auszugehen: Die sachlich-inhaltliche Legitimation staatlichen Handelns beruht ganz allgemein auf dem Gedanken der Verantwortlichkeit,[385] der seinerseits Möglichkeiten zur Einflussnahme auf die Aufgabenwahrnehmung voraussetzt.[386] Das Bundesverfassungsgericht hat die Weisungsgebundenheit dementsprechend der sachlich-inhaltlichen Legitimation zugeordnet:

„[Der] Zurechnungszusammenhang zwischen Volk und staatlicher Herrschaft wird vor allem durch die Wahl des Parlaments, durch die von ihm beschlossenen Gesetze als Maßstab der vollziehenden Gewalt, durch den parlamentarischen Einfluss auf die Politik der Regierung sowie durch die grundsätzliche Weisungsgebundenheit der Verwaltung gegenüber der Regierung hergestellt.[387]

Hierarchische Strukturen und Weisungsgebundenheit sind dementsprechend Synonyme für die sachlich-inhaltliche Legitimation staatlichen Handelns[388] –

[383] *Albert von Mutius*, in: Joachim Burmeister (Hrsg.), Verfassungsstaatlichkeit, Festschrift für Klaus Stern zum 65. Geburtstag, 1997, S. 685 (696); *Maximilian Wallerath*, VerwArch 88 (1997), S. 1 (10); *Veith Mehde*, Neues Steuerungsmodell und Demokratieprinzip, 2000, S. 361 ff.

[384] Zur Aufsicht *Rainer Pitschas*, DÖV 1998, S. 907 ff.; *Gunnar Folke Schuppert*, DÖV 1998, S. 831 ff.; *Foroud Shirvani*, DVBl. 2009, S. 29 ff.; zur Finanzkontrolle *Sabine Dahm*, Das Neue Steuerungsmodell auf Bundes- und Länderebene sowie die Neuordnung der öffentlichen Finanzkontrolle in der Bundesrepublik Deutschland, 2004, passim.

[385] *Christoph Möllers*, VerwArch 93 (2002), S. 22 (33); *ders.*, Gewaltengliederung, 2005, S. 48 ff.

[386] *Veith Mehde*, Neues Steuerungsmodell und Demokratieprinzip, 2000, S. 186 f.; *ders.*, DVBl. 2001, S. 13 ff.

[387] BVerfGE 93, 37 (67); 83, 60 (72); siehe auch *Lorenz von Stein*, Die Verwaltungslehre, Teil I/2, 2. Aufl. 1869, S. 345 ff.; *Walter Krebs*, Kontrolle in staatlichen Entscheidungsprozessen, 1997, S. 120 ff.; *Ernst-Wolfgang Böckenförde*, in: Josef Isensee/Paul Kirchhof (Hrsg.), Handbuch des Staatsrechts der Bundesrepublik Deutschland, Bd. II, 3. Aufl. 2004, § 24, Rn. 21; siehe aber auch *Thomas Groß*, Das Kollegialprinzip in der Verwaltungsorganisation, 1999, S. 184 ff.

[388] *Horst Dreier*, Hierarchische Verwaltung im demokratischen Staat, 1991, S. 125 ff.; *Ernst Thomas Emde*, Die demokratische Legitimation der funktionalen Selbstverwaltung, 1991, S. 337 ff.; *Matthias Jestaedt*, Demokratieprinzip und Kondominialverwaltung, 1993, S. 302 ff.; ferner *Niklas Luhmann*, Organisation und Entscheidung, 2000, S. 20; anders *Hans Heinrich Trute*, in: Eberhard Schmidt-Aßmann/Wolfgang Hoffmann-Riem (Hrsg.), Verwaltungsorganisationsrecht als Steuerungsressource, 1997, S. 249 (276 ff.); *ders.*, in: Wolfgang Hoffmann-Riem/Eberhard Schmidt-Aßmann/Andreas Voßkuhle (Hrsg.), Grundlagen des Verwaltungsrechts, Bd. I, 2. Aufl. 2012, § 6, Rn. 39; zum Modell einer sekundären Hierarchi-

alternative Legitimationsmodelle erscheinen demgegenüber als rechtfertigungsbedürftige Atypik.[389]

aa) Hierarchische Strukturen und sachlich-inhaltliche Legitimation kommunaler Selbstverwaltung

Dies gilt grundsätzlich auch für Gemeinden und Gemeindeverbände. Die Vertretung des Volkes im Sinne des Art. 28 Abs. 1 S. 2 GG ist unmittelbar demokratisch legitimiert, sodass hierarchische Strukturen ihren Ausgangspunkt grundsätzlich dort nehmen müssen.[390] Allerdings ist zu berücksichtigen, dass durch die Direktwahl von Bürgermeistern und Landräten ein zweites unmittelbar demokratisch legitimiertes Organ hinzutritt.[391] Das Legitimationsobjekt, auf das hierarchische Strukturen bezogen sein müssen, lässt sich demzufolge austauschen. Auch die Direktwahl der Bürgermeister und Landräte dispensiert allerdings nicht von der Notwendigkeit hierarchischer Organisations- sowie inneradministrativer Weisungsstrukturen.[392] Das Neue Steuerungsmodell etabliert nun anstelle von Einzelweisungen ein Kontraktmanagement,[393] das paritätische Konsensszenarien suggeriert, die mit hierarchischen Organisations- sowie inneradministrativen Weisungsstrukturen nicht in Einklang zu bringen sind. Vor diesem Hintergrund könnte das Neue Steuerungsmodell den Anforderungen der sachlich-inhaltlichen Legitimation kommunaler Selbstverwaltung widersprechen:[394] Das Kontraktmanagement, das die Ergebnisverantwortung delegiert und die Aufgabenwahrnehmung ständigen Einflussnahmen entzieht, ersetzt die Ordnungsreserve der Weisungsgebundenheit[395] nämlich nicht.[396]

bb) Zum „hinreichenden Legitimationsniveau" kommunaler Selbstverwaltung

Gleichwohl stellt sich die Frage, ob damit angesichts der Judikatur des Bundesverfassungsgerichts zum hinreichenden Legitimationsniveau[397] das verfassungs-

sierung *Dirk Baecker*, Organisation als System, 1999, S. 198 ff.; *ders.*, Organisation und Management, 2003, S. 26 f.

[389] BVerfGE 93, 37, (66 ff.); 83, 60 (72 f.).

[390] *Veith Mehde*, Neues Steuerungsmodell und Demokratieprinzip, 2000, S. 240.

[391] *Veith Mehde*, Neues Steuerungsmodell und Demokratieprinzip, 2000, S. 250.

[392] *Matthias Jestaedt*, Demokratieprinzip und Kondominialverwaltung, 1993, S. 529; *Veith Mehde*, Neues Steuerungsmodell und Demokratieprinzip, 2000, S. 250.

[393] Ausführlich *Veith Mehde*, Neues Steuerungsmodell und Demokratieprinzip, 2000, S. 315 ff., 363 ff.; ferner *Rolf Krähmer*, Das Tilburger Modell der Verwaltungsorganisation und Verwaltungsführung, 1992, S. 24; *Werner Thieme*, DÖV 1997, S. 948 (952 f.).

[394] *Albert von Mutius*, in: Joachim Burmeister (Hrsg.), Verfassungsstaatlichkeit, Festschrift für Klaus Stern zum 65. Geburtstag, 1997, S. 685 (708 ff.), siehe dazu aber auch *Veith Mehde*, Neues Steuerungsmodell und Demokratieprinzip, 2000, S. 317 ff.

[395] *Horst Dreier*, Hierarchische Verwaltung im demokratischen Staat, 1991, S. 210.

[396] *Veith Mehde*, Neues Steuerungsmodell und Demokratieprinzip, 2000, S. 320 ff.

[397] BVerfGE 49, 89 (125); 83, 60 (72); 93, 37 (66 f.); 107, 59 (87); dazu *Eberhard Schmidt-Aßmann*, Das allgemeine Verwaltungsrecht als Ordnungsidee, 2. Aufl. 2006, 2. Kap., Rn. 98;

rechtlich geforderte „Legitimationsminimum“ unterschritten wird. Insbesondere nach der Neuen Verwaltungsrechtswissenschaft ermöglicht das Postulat des hinreichenden Legitimationsniveaus nämlich die Abkehr von hierarchischen Organisationsstrukturen[398] sowie die Rezeption demokratietheoretischer Modelle,[399] die „eine den Regelungsstrukturen angemessene Legitimationsstruktur“ etablieren.[400] Neben personell-organisatorischen und sachlich-inhaltlichen Formen demokratischer Legitimationen wird dabei insbesondere die Legitimation durch Organisation und Verfahren[401] anerkannt; ferner soll eine Outputorientierung[402] den Verzicht auf „Legitimationsketten“[403] kompensieren,[404] die an die Akzeptanz[405] und Richtigkeit[406] der Aufgabenwahrnehmung anknüpft und

Hans Heinrich Trute, in: Wolfgang Hoffmann-Riem/Eberhard Schmidt-Aßmann/Andreas Voßkuhle (Hrsg.), Grundlagen des Verwaltungsrechts, Bd. I, 2. Aufl. 2012, § 6, Rn. 57, die lediglich eine begrenzte Ausgleichsfähigkeit, nicht aber gänzliche Austauschbarkeit der unterschiedlichen Legitimationsformen anerkennen; ferner *Ernst-Wolfgang Böckenförde*, in: Josef Isensee/Paul Kirchhof (Hrsg.), Handbuch des Staatsrechts der Bundesrepublik Deutschland, Bd. II, 3. Aufl. 2004, § 24, Rn. 23.

398 *Hans Heinrich Trute*, in: Wolfgang Hoffmann-Riem/Eberhard Schmidt-Aßmann/Andreas Voßkuhle (Hrsg.), Grundlagen des Verwaltungsrechts, Bd. I, 2. Aufl. 2012, § 6, Rn. 35 ff.; ferner *Rainer Wahl*, in: Wolfgang Hoffmann-Riem/Eberhard Schmidt-Aßmann (Hrsg.), Reform des Allgemeinen Verwaltungsrechts, 1993, S. 177 (196 ff.).

399 Allgemein *Hubertus Buchstein*, PVS 38 (1997), S. 128 ff.; *Manfred G. Schmidt*, Demokratietheorien, 3. Aufl. 2000, passim.

400 *Brun-Otto Bryde*, StWStP 1994, S. 305 ff.; *Christoph Möllers*, VerwArch 93 (2002), S. 22 (31 ff.); *Hans Heinrich Trute*, in: Wolfgang Hoffmann-Riem/Eberhard Schmidt-Aßmann/Andreas Voßkuhle (Hrsg.), Grundlagen des Verwaltungsrechts, Bd. I, 2. Aufl. 2012, § 6, Rn. 42 ff.

401 *Eberhard Schmidt-Aßmann*, in: Eberhard Schmidt-Aßmann/Wolfgang Hoffmann-Riem (Hrsg.), Verwaltungsorganisationsrecht als Steuerungsressource, 1997, S. 9 (62); *Hans Heinrich Trute*, in: Wolfgang Hoffmann-Riem/Eberhard Schmidt-Aßmann/Andreas Voßkuhle (Hrsg.), Grundlagen des Verwaltungsrechts, Bd. I, 2. Aufl. 2012, § 6, Rn. 42, 43 f., 47 f.

402 Zur legitimatorischen Outputorientierung *Fritz W. Scharpf*, Demokratietheorie zwischen Utopie und Anpassung, 1970, S. 21; *Utz Schliesky*, Souveränität und Legitimität von Herrschaftsgewalt, 2004, S. 601 ff.; *Christoph Möllers*, Gewaltengliederung, 2005, S. 37 ff.; *Hans Heinrich Trute*, in: Wolfgang Hoffmann-Riem/Eberhard Schmidt-Aßmann/Andreas Voßkuhle (Hrsg.), Grundlagen des Verwaltungsrechts, Bd. I, 2. Aufl. 2012, § 6, Rn. 53.

403 *Brun-Otto Bryde*, in: Redaktion Kritische Justiz (Hrsg.), Demokratie und Grundgesetz, 2000, S. 59 (67); *Thomas Groß*, Grundlinien einer pluralistischen Interpretation des Demokratieprinzips, in: Redaktion Kritische Justiz (Hrsg.), Demokratie und Grundgesetz, 2000, S. 93 ff.

404 *Wolfgang Hoffmann-Riem*, in: Wolfgang Hoffmann-Riem/Eberhard Schmidt-Aßmann/Gunnar Folke Schuppert, Reform des Allgemeinen Verwaltungsrechts, 1993, S. 115 (133 ff.); *ders.*, DVBl. 1994, S. 1381 (1382); *ders.*, DÖV 1997, S. 433 (438); *ders.*, in: Eberhard Schmidt-Aßmann/Wolfgang Hoffmann-Riem (Hrsg.), Verwaltungsorganisationsrecht als Steuerungsressource, 1997, S. 355 (376).

405 Dazu *Max Weber*, Wirtschaft und Gesellschaft, 5. Aufl. 1980, S. 16 f., der allerdings den Aspekt der faktischen Akzeptanz als Modus der Legitimität qualifiziert; zur legitimatorischen Funktion der Akzeptanz *Eberhard Schmidt-Aßmann*, Das allgemeine Verwaltungsrecht als Ordnungsidee, 2. Aufl. 2006, 2. Kap., Rn. 103 ff.; *Niels Petersen*, JöR 58 n.F. (2010), S. 137 (142 f.); ferner *Thomas Württenberger*, Die Akzeptanz von Verwaltungsentscheidungen, 1996, passim.

406 *Helmut Schelsky*, Der Mensch in der wissenschaftlichen Zivilisation, 1961, S. 21 ff.; zur

nicht zuletzt das Neue Steuerungsmodell legitimiert.[407] Vom Bundesverfassungsgericht wird die Legitimation durch Organisation und Verfahren allerdings bislang lediglich mit Blick auf die funktionale Selbstverwaltung anerkannt.[408] Im Übrigen nimmt das Bundesverfassungsgericht nach wie vor auf die institutionell-funktionelle, organisatorisch-personelle und sachlich-inhaltliche Legitimation Bezug,[409] wobei die Weisungsgebundenheit obligatorisch für ein hinreichendes Legitimationsniveau bleibt.[410]

Dem lassen sich indes mehrere Aspekte entgegenhalten: Zunächst kann Verantwortlichkeit angesichts der von der „principal-agent"-Theorie[411] herausgearbeiteten Informationsasymmetrien nicht im Wege der Weisungsgebundenheit sichergestellt werden.[412] Überdies setzt Weisungsgebundenheit die Möglichkeit zur Einflussnahme voraus[413] – wodurch zumindest mittelbar die Recht- und Zweckmäßigkeit der Aufgabenwahrnehmung in Bezug genommen wird. Dann beruht die legitimatorische Bedeutung hierarchischer Strukturen sowie der Weisungsgebundenheit aber letztlich auf dem Streben nach inhaltlich richtigen Verwaltungsentscheidungen. Unter dieser Voraussetzung kann die Weisungsgebundenheit sodann nicht als obligatorische Voraussetzung der sachlich-inhaltlichen Legitimation qualifiziert werden; sie muss vielmehr durch Steuerungs- und Kontrollarrangements ersetzbar sein, die die Recht- und Zweckmäßigkeit der Aufgabenwahrnehmung ebenfalls gewährleisten und eine Korrelation von Verantwortlichkeit und Einflussnahme herstellen.[414] Für das Neue Steuerungsmodell ist aber dennoch zu betonen, dass ein Steuerungs- und Kontrollarrangement fehlt, das die Recht- und Zweckmäßigkeit der Aufgabenwahr-

---

„Wiederbelebung" des Topos der Entscheidungsrichtigkeit im Zuge einer legitimatorischen Outputorientierung *Sebastian Müller-Franken*, AöR 134 (2009), S. 542 (555).

[407] *Jens-Peter Schneider*, in: Eberhard Schmidt-Aßmann/Wolfgang Hoffmann-Riem (Hrsg.), Verwaltungsorganisationsrecht als Steuerungsressource, 1997, S. 103 (137).

[408] BVerfGE 107, 59 (94ff.).

[409] BVerfGE 49, 89 (125); 83, 60 (72); 93, 37 (66f.); dazu *Veith Mehde*, Neues Steuerungsmodell und Demokratieprinzip, 2000, S. 197f.; *Hans Heinrich Trute*, in: Wolfgang Hoffmann-Riem/Eberhard Schmidt-Aßmann/Andreas Voßkuhle (Hrsg.), Grundlagen des Verwaltungsrechts, Bd. I, 2. Aufl. 2012, § 6, Rn. 14.

[410] *Ernst Thomas Emde*, Die demokratische Legitimation der funktionalen Selbstverwaltung, 1991, S. 344; *Horst Dreier*, Hierarchische Verwaltung im demokratischen Staat, 1991, S. 138; *Matthias Jestaedt*, Demokratieprinzip und Kondominialverwaltung, 1993, S. 322ff.

[411] Dazu *Klaus König*, VerwArch 88 (1997), S. 545 (562); *Dietrich Budäus/Stefanie Finger*, Die Verwaltung 32 (1999), S. 313 (339).

[412] *Veith Mehde*, Neues Steuerungsmodell und Demokratieprinzip, 2000, S. 444ff.; ähnlich *Thomas Groß*, Das Kollegialprinzip in der Verwaltungsorganisation, 1999, S. 188f.

[413] *Janbernd Oebbecke*, Weisungs- und unterrichtungsfreie Räume, 1986, S. 67; kritisch *Veith Mehde*, Neues Steuerungsmodell und Demokratieprinzip, 2000, S. 510ff.

[414] *Veith Mehde*, Neues Steuerungsmodell und Demokratieprinzip, 2000, S. 555f.; in diese Richtung streitet nicht zuletzt die dogmatische Konstruktion des Demokratieprinzips als Rechtsprinzip, siehe dazu *Hans Heinrich Trute*, in: Wolfgang Hoffmann-Riem/Eberhard Schmidt-Aßmann/Andreas Voßkuhle (Hrsg.), Grundlagen des Verwaltungsrechts, Bd. I, 2. Aufl. 2012, § 6, Rn. 16.

nehmung sicherstellt.[415] Zwar wird dem Kontraktmanagement attestiert, im Wege der Outputsteuerung die von der „principal-agent"-Theorie herausgearbeiteten Informationsasymmetrien überwinden zu können.[416] Ist aber die Bindungswirkung von Kontrakten der Disposition der Beteiligten zugänglich,[417] fehlen adäquate Steuerungsmechanismen.

Daher lässt sich Folgendes zusammenfassen: Nach dem prinzipientheoretischen Deutungsansatz wäre eine Umsetzung des Neuen Steuerungsmodells als eine spezifische Form der legislativen Ausgestaltung der kommunalen Binnenorganisation zu qualifizieren. Der Gesetzgeber müsste im Falle der Umsetzung des Neuen Steuerungsmodells folglich den verfassungsrechtlichen Determinanten der Ausgestaltung der kommunalen Binnenorganisation gerecht werden. Diese ergeben sich grundsätzlich aus einer Abwägung zwischen den Funktionen kommunaler Selbstverwaltung und konfligierenden Rechtsprinzipien nach Maßgabe des Untermaßverbotes; konfligierende Rechtsprinzipien sind der Grundsatz der intrafunktionalen Gewaltenteilung sowie der Grundsatz der demokratischen Legitimation kommunaler Selbstverwaltung. Für das Neue Steuerungsmodell lässt sich im Hinblick auf diese Abwägung festhalten, dass es nicht über ein ausreichendes Steuerungs- und Kontrollarrangement verfügt, das die Recht- und Zweckmäßigkeit der Aufgabenwahrnehmung sowie eine Korrelation von Verantwortlichkeit und Einflussnahme gewährleistet – seine idealtypische Umsetzung würde mithin die Grenzen der legislativen Ausgestaltung der kommunalen Binnenorganisation überschreiten.

II. Kommunales Haushaltsrecht „im Umbruch"

1. Kommunales Haushaltsrecht und Neues Steuerungsmodell

Die Ökonomisierung der kommunalen Binnenorganisation betrifft in besonderer Weise auch das kommunale Haushaltsrecht[418] – der Reformprozess ist mittlerweile unumkehrbar.[419] Besondere Bedeutung hat das (kommunale) Haushaltsrecht auch im Neuen Steuerungsmodell: Der Haushaltsplan bildet als essentielles Steuerungsinstrument die Grundlage des Kontraktmanagements

[415] *Albert von Mutius*, in: Joachim Burmeister (Hrsg.), Verfassungsstaatlichkeit, Festschrift für Klaus Stern zum 65. Geburtstag, 1997, S. 685 (710); anders *Hermann Hill*, NVwZ 2002, S. 1059 (1060 f.), der das Kontraktmanagement nicht nur als gleichwertiges Substitut der Weisung erachtet, sondern Zielvereinbarungen weitergehende Funktionen beimisst; siehe auch *Veith Mehde*, Neues Steuerungsmodell und Demokratieprinzip, 2000, S. 577 ff.

[416] *Veith Mehde*, Neues Steuerungsmodell und Demokratieprinzip, 2000, S. 578.

[417] *Janbernd Oebbecke*, DÖV 1998, S. 853 (857).

[418] Zur Effektivitäts- und Effizienzsteigerung *Hermann Pünder*, in: Hans-Günter Henneke/Hermann Pünder/Christian Waldhoff (Hrsg.), Recht der Kommunalfinanzen, 2006, § 5, Rn. 15 ff.

[419] *Helmut Klages*, in: Hermann Hill/Helmut Klages (Hrsg.), Jenseits der Experimentierklausel, 1996, S. 7 (8 ff.).

zwischen Politik und Verwaltung.[420] Die Zusammenführung der Fach- und Ressourcenverantwortung[421] bedingt nämlich nicht nur die Bereitstellung von Produktbudgets – damit einher geht auch die Notwendigkeit der Budgetbemessung.[422] Die dezentrale Ressourcenverantwortung setzt folglich die Ablösung des kameralistischen Geldverbrauchskonzepts durch ein umfassendes Ressourcenverbrauchskonzept voraus,[423] mit dessen Hilfe sich Produkte als Kostenträger einer Kosten- und Leistungsrechnung ausweisen lassen.[424] Der Haushaltsplan wird so zu einem zentralen Instrument einer outputorientierten Ressourcensteuerung.[425]

Obwohl auch Modifikationen der Kameralistik in Gestalt der Einführung von Kostenarten-, Kostenstellen- und Kostenträgerrechnungen die Einführung eines Ressourcenverbrauchskonzepts grundsätzlich ermöglichen,[426] greift das Neue Steuerungsmodell auf die Doppik zurück,[427] die ihrerseits zwischen Ergebnis-, Finanz- und Vermögensrechnung unterscheidet.[428] Die doppelte Buch-

[420] KGSt-Bericht Nr. 19/1996, S. 21; KGSt-Bericht Nr. 4/1998, S. 17; dazu *Veith Mehde*, Neues Steuerungsmodell und Demokratieprinzip, 2000, S. 98 ff.; zum Haushaltsplan *ders.*, in: Hans-Günter Henneke/Heinz Strobl/Dörte Diemert (Hrsg.), Recht der kommunalen Haushaltswirtschaft, 2008, § 5, 6.

[421] Dazu aber auch *Hans Peter Bull*, in: Jörn Ipsen (Hrsg.), Verwaltungsreform – Herausforderung für Staat und Kommunen, 1996, S. 69 (70); *Maximilian Wallerath*, Die Verwaltung 33 (2000), S. 351 (367); *Markus Göbel/Guido Lauen*, Die Verwaltung 35 (2002), S. 263 (276); *Hermann Pünder*, in: Hans-Günter Henneke/Hermann Pünder/Christian Waldhoff (Hrsg.), Recht der Kommunalfinanzen, 2006, § 5, Rn. 34 f.; zur Notwendigkeit ausreichender Koordination *Kuno Schedler*, in: Philippe Mastronardi/Kuno Schedler (Hrsg.), New Public Management in Staat und Recht, 1998, S. 121 (147 ff.); *Andreas Lasar*, Dezentrale Organisation in der Kommunalverwaltung, 2001, S. 25 ff.

[422] KGSt-Bericht Nr. 8/1995, S. 22; dazu *Andreas Osner*, Kommunale Organisations-, Haushalts- und Politikreform, 2001, S. 219; *Hermann Pünder*, in: Hans-Günter Henneke/Hermann Pünder/Christian Waldhoff (Hrsg.), Recht der Kommunalfinanzen, 2006, § 5, Rn. 31.

[423] KGSt-Bericht 1/1995, S. 9 ff.

[424] Zum Ganzen *Dierk Meyer-Pries*, in: Michael Schöneich (Hrsg.), Reformen im Rathaus, 1996, S. 129 (162 ff.); *Heinrich Mäding*, ZKF 1997, S. 98 (100); *Hermann Pünder*, Kommunales Haushaltsrecht im Umbruch, 2003, S. 355 ff.; *ders.*, in: Hans-Günter Henneke/Hermann Pünder/Christian Waldhoff (Hrsg.), Recht der Kommunalfinanzen, 2006, § 5, Rn. 10.

[425] KGSt-Bericht 5/1993, S. 21; KGSt-Bericht 10/1995, S. 17.

[426] *Christoph Gröpl*, Haushaltsrecht und Reform, 2001, S. 427 ff.; *Hermann Pünder*, in: Hans-Günter Henneke/Hermann Pünder/Christian Waldhoff (Hrsg.), Recht der Kommunalfinanzen, 2006, § 5, Rn. 11.

[427] Dazu *Rüdiger Voigt*, in: Heinrich Mäding/Rüdiger Voigt (Hrsg.), Kommunalfinanzen im Umbruch, 1998, S. 13 (32 f.); *Hermann Janning*, in: Hans-Uwe Erichsen (Hrsg.), Kommunale Verwaltung im Wandel, 1999, S. 133 ff.

[428] Umfassend *Hermann Pünder*, Kommunales Haushaltsrecht im Umbruch, 2003, S. 393 ff.; *ders.*, Der Landkreis 2005, S. 18 ff.; *ders.*, in: Hans-Günter Henneke/Hermann Pünder/Christian Waldhoff (Hrsg.), Recht der Kommunalfinanzen, 2006, § 5, Rn. 11; siehe auch *Philipp Häfner*, Doppelte Buchführung für Gemeinden nach dem NKF (Neues kommunales Finanzmanagement), 2. Aufl. 2005, passim; *Heinz Strobl*, in: Hans-Günter Henneke/Heinz Strobl/Dörte Diemert (Hrsg.), Recht der kommunalen Haushaltswirtschaft, 2008, § 4; *Martin Thormann*, DVBl. 2009, S. 1346 ff.; *Inge Wulf/Jutta Wibke Freymuth*, DÖV 2012, S. 346 ff.

führung findet danach als Rechnungssystem Anwendung, um die Voraussetzung einer outputorientierten Ressourcensteuerung zu schaffen.[429] Die Einführung der Doppik erweist sich indes nicht als einzige haushaltsrechtliche Ausprägung des Neuen Steuerungsmodells: Aufgrund der Zusammenführung der Fach- und Ressourcenverantwortung sollen Einzelzuweisungen im Haushaltsplan durch ein System der Budgetierung ersetzt werden,[430] das letztlich die sachliche Spezialität des Haushaltsplanes relativiert.[431] Zudem modifiziert das Neue Steuerungsmodell den Grundsatz der Gesamtdeckung:[432] Über die bisherige Beweglichkeit von Finanzmitteln[433] hinaus können danach Mehrausgaben durch Minderausgaben kompensiert und Mehreinnahmen zur Deckung von Ausgaben eingesetzt werden, die von den Vorgaben des Haushaltsplanes abweichen.[434] Verwendungszwecke werden folglich kaum noch vorgegeben.[435] Schließlich sind auch in zeitlicher Hinsicht Besonderheiten des Neuen Steuerungsmodells unverkennbar: Die Möglichkeit zur Übertragung von Haushaltsmitteln durchbricht den Grundsatz der Periodizität;[436] Gleiches gilt für die

---

[429] *Hermann Pünder*, Kommunales Haushaltsrecht im Umbruch, 2003, S. 461 ff.; *ders.*, in: Hans-Günter Henneke/Hermann Pünder/Christian Waldhoff (Hrsg.), Recht der Kommunalfinanzen, 2006, § 27, Rn. 26; *ders.*, in: Jörn Ipsen (Hrsg.), Unternehmen Kommune?, 2007, S. 130 ff.; *Wolfgang Berens/Dietrich Budäus/Ernst Buschor/Edmund Fischer/Klaus Lüder/Ehrhard Mundhenke/Hannes Streim*, DÖV 2008, S. 109 ff.; siehe aber auch *Werner Thieme*, DÖV 2008, S. 433 ff.

[430] KGSt-Bericht Nr. 6/1993; zum Begriff der Budgetierung *Heinrich Albers*, ZKF 1995, S. 2 ff.; *Christoph Gröpl*, Haushaltsrecht und Reform, 2001, S. 277 ff:; ferner *Heinrich Mäding*, ZKF 1997, S. 98 ff.; *Birgit Frischmuth/Paul von Kodolitsch*, in: Heinrich Mäding (Hrsg.), Zwischen Überforderung und Selbstbehauptung – Städte unter dem Primat der Ökonomie, 1999, S. 181 (201 ff.); zum Ganzen *Veith Mehde*, Neues Steuerungsmodell und Demokratieprinzip, 2000, S. 100 f., 334 ff.; *Hermann Pünder*, Kommunales Haushaltsrecht im Umbruch, 2003, S. 328 ff., 366 f.

[431] *Hermann Pünder*, in: Hans-Günter Henneke/Hermann Pünder/Christian Waldhoff (Hrsg.), Recht der Kommunalfinanzen, 2006, § 5, Rn. 40, § 27, Rn. 47; siehe auch *Christine Ahlgrimm*, Neugestaltung des öffentlichen Haushaltswesens auf der Grundlage des Ressourcenverbrauchs, 1999, S. 129.

[432] *Hermann Pünder*, in: Hans-Günter Henneke/Hermann Pünder/Christian Waldhoff (Hrsg.), Recht der Kommunalfinanzen, 2006, § 5, Rn. 40; ferner *Klaus Lange*, DÖV 1995, S. 770 (772); *Gunnar Schwarting*, Effizienz in der Kommunalverwaltung, 1997, S. 152 ff.; *Christine Ahlgrimm*, Neugestaltung des öffentlichen Haushaltswesens auf der Grundlage des Ressourcenverbrauchs, 1999, S. 124 f.

[433] Dazu *Christoph Gröpl*, Haushaltsrecht und Reform, 2001, S. 294 f.

[434] Siehe *Hermann Pünder*, Kommunales Haushaltsrecht im Umbruch, 2003, S. 367 f., 486 ff.; *dens.*, in: Hans-Günter Henneke/Hermann Pünder/Christian Waldhoff (Hrsg.), Recht der Kommunalfinanzen, 2006, § 5, Rn. 28 f., § 27, Rn. 46.

[435] *Hanno Kube*, DÖV 2000, S. 810 (812); *Erwin Böhm*, in: Jürgen Bunde/Rolf-Dieter Postlep (Hrsg.), Controlling in Kommunalverwaltungen, 1994, S. 145 (149 f.); *Hermann Pünder*, in: Hans-Günter Henneke/Hermann Pünder/Christian Waldhoff (Hrsg.), Recht der Kommunalfinanzen, 2006, § 27, Rn. 46.

[436] *Hermann Pünder*, in: Hans-Günter Henneke/Hermann Pünder/Christian Waldhoff (Hrsg.), Recht der Kommunalfinanzen, 2006, § 27, Rn. 48.

Möglichkeit zur Belastung künftiger Haushaltsjahre,[437] wodurch politische Gestaltungsmöglichkeiten limitiert werden.[438]

2. *Ökonomisierung des kommunalen Haushaltsrechts und Verfassungsrecht*

Vor diesem Hintergrund ist Zweifeln an der verfassungsrechtlichen Legitimität der haushaltsrechtlichen Ausprägungen des Neuen Steuerungsmodells nachzugehen. Auch insoweit ist aus prinzipientheoretischer Sicht von der Prämisse auszugehen, dass die haushaltsrechtlichen Ausprägungen des Neuen Steuerungsmodells als spezifische Form der Ausgestaltung des kommunalen Haushaltsrechts zu qualifizieren sind; es ist daran zu erinnern, dass auch das kommunale Haushaltsrecht auf eine legislative Ausgestaltung angewiesen ist – die kommunale Finanzhoheit besteht lediglich im Rahmen eines gesetzlich geordneten Haushaltsrechts.[439] Dementsprechend sind die haushaltsrechtlichen Ausprägungen des Neuen Steuerungsmodells an den verfassungsrechtlichen Determinanten der legislativen Ausgestaltung des kommunalen Haushaltsrechts zu messen. Der Gesetzgeber muss die Funktionen kommunaler Selbstverwaltung mit konfligierenden Rechtsprinzipien nach Maßgabe des Untermaßverbotes abwägen. Bereichsspezifisch werden hierbei die partizipative Funktion kommunaler Selbstverwaltung, der Grundsatz der intrafunktionalen Gewaltenteilung sowie die demokratische Legitimation kommunaler Selbstverwaltung relevant.

a) Partizipative Funktion kommunaler Selbstverwaltung

Mit der partizipativen Funktion kommunaler Selbstverwaltung scheinen die haushaltsrechtlichen Ausprägungen des Neuen Steuerungsmodells zunächst nicht in Konflikt zu geraten. Dem geltenden kommunalen Haushaltsrecht sind nämlich vor allem plebiszitäre Formen der Willensbildung fremd;[440] dies könn-

[437] Siehe *Hermann Pünder*, Kommunales Haushaltsrecht im Umbruch, 2003, S. 368 ff.

[438] *Hanno Kube*, DÖV 2000, S. 810 (811); *Hermann Pünder*, in: Hans-Günter Henneke/Hermann Pünder/Christian Waldhoff (Hrsg.), Recht der Kommunalfinanzen, 2006, § 27, Rn. 49.

[439] Allgemein S. 393 f.

[440] Mit Blick auf das schleswig-holsteinische Landesverfassungsrecht dazu BVerfGE 102, 176 ff.: „Das Verbot von Volksinitiativen über den Haushalt des Landes gemäß Art. 41 Abs. 2 LV schließt alle Initiativen für Gesetze aus, die gewichtige staatliche Einnahmen oder Ausgaben auslösen und damit den Haushalt des Landes wesentlich beeinflussen."; zu finanzwirksamen Plebisziten *Dorothea Seckler*, Das Gebot der Wirtschaftlichkeit und Sparsamkeit in Bürgerbegehren und Bürgerentscheid, 2000, S. 257 ff.; *Dieter Birk/Rainer Wernsmann*, DVBl. 2000, S. 669 ff.; *Jessica Kertels/Stefan Brink*, NVwZ 2003, S. 435 ff.; *Peter Badura*, in: L. Osterloh (Hrsg.), Staat, Wirtschaft, Finanzverfassung, Festschrift für Peter Selmer zum 70. Geburtstag, 2004, S. 19 ff.; *Janbernd Oebbecke*, Die Verwaltung 37 (2004), S. 105 (110 f.); *Josef Isensee*, in: Klaus Grupp (Hrsg.), Recht, Kultur, Finanzen, Festschrift für Reinhard Mußgnug zum 70. Geburtstag am 26. Oktober 2005, 2005, S. 101 ff.; *Sebastian Müller-Franken*, Der

te dafür sprechen, dass der Gedanke der Partizipation im Kontext des kommunalen Haushaltsrechts eine grundsätzlich geringere Bedeutung hat. Allerdings berührt das Neue Steuerungsmodell die politischen Kontrollkompetenzen der Volksvertretung im Sinne des Art. 28 Abs. 1 S. 2 GG, da die Budgetierung die sachliche Spezialität des Haushaltsplans relativiert.[441] Jede Verkürzung des politischen Einflussbereiches verkürzt mittelbar nun auch die Bedeutung der Wahlen nach Art. 28 Abs. 1 S. 2 GG sowie der ehrenamtlichen Betätigung im körperschaftlichen Trägerorgan und demzufolge die partizipative Funktion kommunaler Selbstverwaltung.[442] Die verfassungsrechtlichen Grenzen der Ausgestaltung des kommunalen Haushaltsrechts werden aber gleichwohl nicht überschritten, muss doch die Ausgestaltung der kommunalen Binnenorganisation lediglich das Untermaßverbot beachten und folglich nur ein Mindestmaß an Partizipation gewährleisten.[443]

b) *Intrafunktionale Gewaltenteilung im kommunalen Haushaltsrecht*

Angesichts der Verschiebungen im Kompetenzgefüge zulasten der Volksvertretung im Sinne des Art. 28 Abs. 1 S. 2 GG[444] sind die haushaltsrechtlichen Ausprägungen des Neuen Steuerungsmodells auch am Maßstab des Grundsatzes der intrafunktionalen Gewaltenteilung zu messen. Der verfassungsrechtliche Rahmen der legislativen Ausgestaltung wird indes auch insoweit nicht verletzt.[445] Zur Begründung lassen sich zwei Argumente anführen: Erstens gewährleistet der Grundsatz der intrafunktionalen Gewaltenteilung dem kommunalen Trägerorgan lediglich die wichtigsten Führungs- und Kontrollaufgaben.[446] Die Aufstellung des Gesamthaushaltes bleibt indes auch im Neuen Steuerungsmodell Aufgabe der Volksvertretung im Sinne des Art. 28 Abs. 1 S. 2 GG.[447] Zwar werden angesichts der Zusammenführung der Fach- und Ressour-

---

Staat 44 (2005), S. 19 ff.; *Mario Martini*, Wenn das Volk (mit)entscheidet…, 2011, S. 42 ff.; *Matthias Klatt*, Der Staat 50 (2011), S. 3 ff.; schließlich *Thomas von Danwitz*, DÖV 1992, S. 601 (607), der feststellt, dass Plebiszite nicht den ausreichenden Sachverstand gewährleisteten, der im Haushaltsrecht erforderlich sei; zum Modell des Bürgerhaushaltes aber auch S. 219 f.

[441] *Joachim Linck*, ZG 1997, S. 1 (5 f.).

[442] *Hellmut Wollmann*, Die Verwaltung 32 (1999), S. 345 (366 f.).

[443] Dazu *Hellmut Wollmann*, Die Verwaltung 32 (1999), S. 345 (373 f.); ferner *Manfred Röber*, in: Christoph Reichard/Hellmut Wollmann (Hrsg.), Kommunalverwaltung im Modernisierungsschub?, 1996, S. 98 (105).

[444] *Siegfried Bauer*, KKZ 1995, S. 185 (191); *Joachim Linck*, ZG 1997, S. 1 ff.; ähnlich *Veith Mehde*, Neues Steuerungsmodell und Demokratieprinzip, 2000, S. 368; siehe aber auch *Eberhard Schmidt-Elsaeßer*, in: Hermann Hill/Helmut Klages (Hrsg.), Die Rolle des Parlaments in der Neuen Steuerung, 1998, S. 9 ff.; *Christoph Gröpl*, Haushaltsrecht und Reform, 2001, S. 286 f.

[445] Anders *Joachim Linck*, ZG 1997, S. 1 (16).

[446] *Dirk Ehlers*, in: Thomas Mann/Günter Püttner (Hrsg.), Handbuch der kommunalen Wissenschaft und Praxis, Bd. I, 3. Aufl. 2007, § 21, Rn. 3.

[447] KGSt-Bericht Nr. 10/1996, S. 22.

cenverantwortung die Einzelzuweisungen im Haushaltsplan durch ein System der Budgetierung ersetzt. Zugleich werden aber Möglichkeiten zur kooperativen Festlegung von outputorientierten Leistungszielen geschaffen.[448] Die Kompetenzen des kommunalen Trägerorgans werden daher nicht auf ein bloß formales Budgetbewilligungsrecht beschränkt,[449] wichtige Führungs- und Kontrollaufgaben bleiben folglich erhalten. Zweitens ist maßgeblich, dass der Grundsatz der intrafunktionalen Gewaltenteilung nicht allein mit der exzeptionellen Stellung des Budgetrechts als essentieller Gegenstand parlamentarischer Kompetenzen[450] korrespondiert. Die Bezugnahme auf das parlamentarische Budgetrecht, das der Exekutive lediglich den Vollzug des Haushaltsplans zubilligt und eine Verknüpfung der Aufstellung des Haushaltsplans mit Vorgaben für die Aufgabenwahrnehmung nach Art. 110 Abs. 4 GG untersagt, kann auf das kommunale Haushaltsrecht nämlich nicht übertragen werden.[451] Der intrafunktionale Gewaltenteilungsgrundsatz bringt gerade nicht die Trennung der klassischen drei Staatsgewalten zum Ausdruck – vielmehr zählen sowohl das körperschaftliche Trägerorgan als auch der Körperschaftsvorstand zur exekutiven Gewalt. Dementsprechend stieße auch eine legislative Ausgestaltung des kommunalen Haushaltsrechts, die das Budgetrecht nicht dem körperschaftlichen Trägerorgan zuordnet, wohl nicht auf durchgreifende verfassungsrechtliche Bedenken, sofern dem Trägerorgan ausreichende Führungs- und Kontrollaufgaben im Übrigen vorbehalten blieben.

Schließlich zeigt auch ein Vergleich zwischen den haushaltsrechtlichen Ausprägungen des Neuen Steuerungsmodells und dem kommunalen Haushaltsrecht in seiner überkommenen Gestalt, dass die Bedeutung des kommunalen Trägerorgans nicht in unzulässiger Weise beeinträchtigt wird. Die Budgetfunktionen – seine Koordinations-, Staatslenkungs-, Außensteuerungs-, Legitimations-, Informations- und Kontrollfunktion[452] – sind nämlich auch im geltenden kommunalen Haushaltsrechts von Defiziten geprägt: Die kommunale Haushaltswirtschaft wird einerseits durch bundes- und landesrechtliche Vorgaben präjudiziert.[453] Andererseits sind die Einflussnahmemöglichkeiten der Volksvertretung im Sinne des Art. 28 Abs. 1 S. 2 GG auf den Inhalt des Haushaltsplans gering,[454] wird der Haushaltsplan doch oftmals auch als Exekutivbudget

---

[448] *Hermann Pünder*, in: Hans-Günter Henneke/Hermann Pünder/Christian Waldhoff (Hrsg.), Recht der Kommunalfinanzen, 2006, § 5, Rn. 46 f.

[449] Siehe *Susanne Ast*, VerwArch 100 (2003), S. 574 (581).

[450] Dazu *Veith Mehde*, Neues Steuerungsmodell und Demokratieprinzip, 2000, S. 204 ff.; ferner *Horst Dreier*, in: Eberhardt Schmidt-Aßmann/Wolfgang Hoffmann-Riem (Hrsg.), Effizienz als Herausforderung an das Verwaltungsrecht, 1998, S. 59 ff.

[451] Anders *Joachim Linck*, ZG 1997, S. 1 (15).

[452] *Werner Heun*, Staatshaushalt und Staatsleitung, 1989, S. 269 ff.

[453] Dazu *Albert von Mutius*, VVDStRL 42 (1984), S. 147 (167).

[454] *Hermann Pünder*, in: Hans-Günter Henneke/Hermann Pünder/Christian Waldhoff (Hrsg.), Recht der Kommunalfinanzen, 2006, § 27, Rn. 16; ferner *Wolfgang von Zwehl/Georg*

beschrieben, das angesichts unverkennbarer Informationsasymmetrien lediglich als Gesamtprogramm seitens der Legislative legitimiert wird.[455] Hinzu kommt, dass auch nach überkommener kommunaler Haushaltswirtschaft unspezifische Finanzziele, nicht aber zweckgebundene Leistungsziele vorgegeben werden.[456] Auch die Kontrolle des Haushaltsvollzuges nimmt ferner auf den Inhalt kommunaler Aufgabenerfüllung keinen Einfluss.[457]

c) Demokratische Legitimation der kommunalen Haushaltswirtschaft

Schließlich sind die Verschiebungen im Kompetenzgefüge zulasten der Volksvertretung im Sinne des Art. 28 Abs. 1 S. 2 GG auch aus der Perspektive der demokratischen Legitimation der kommunalen Haushaltswirtschaft zu beleuchten.[458] Die diesbezüglich bisher geführte Diskussion lässt sich folgendermaßen zusammenfassen: Zentrale Bedeutung für die demokratische Legitimation der kommunalen Haushaltswirtschaft besitzt der Gedanke der Transparenz.[459] Vor dem Hintergrund der Dezentralisierung der Fach- und Ressourcenverantwortung wird darauf verwiesen, dass die Produktorientierung im Neuen Steuerungsmodell Möglichkeiten zur Einflussnahme der Volksvertretung im Sinne des Art. 28 Abs. 1 S. 2 GG gerade verstärke. Unspezifische Finanzziele würden zudem durch die Vorgabe zweckgebundener Leistungsziele ersetzt, wodurch ein haushaltsrechtliches Steuerungsdefizit vermieden werde.[460] Ferner würden auch im kommunalen Haushaltsrecht strategische und

---

Michael Zupancic, DÖV 1990, S. 223 (224); *Lerke Osterloh*, StWStP 1997, S. 79 (80f.); *Christoph Gröpl*, Haushaltsrecht und Reform, 2001, S. 283; *Petra Brangsch/Lutz Brangsch*, Haushalt, Haushaltspolitik und Demokratie, 2005, S. 13f.

[455] *Hermann Pünder*, in: Hans-Günter Henneke/Hermann Pünder/Christian Waldhoff (Hrsg.), Recht der Kommunalfinanzen, 2006, § 27, Rn. 14.

[456] *Gerhard Banner*, in: Christoph Reichard/Hellmut Wollmann (Hrsg.), Kommunalverwaltung im Modernisierungsschub?, 1996, S. 141 (143); *Ralf Kleinfeld/Ralf Heidemann/Frank Treutler*, in: Ralf Kleinfeld (Hrsg.), Kommunalpolitik, 1996, S. 157 (170f.); *Jochen Dieckmann*, in: Michael Schöneich (Hrsg.), Reformen im Rathaus, 1996, S. 19 (24); *Hermann Pünder*, in: Hans-Günter Henneke/Hermann Pünder/Christian Waldhoff (Hrsg.), Recht der Kommunalfinanzen, 2006, § 27, Rn. 15.

[457] *Hermann Pünder*, in: Hans-Günter Henneke/Hermann Pünder/Christian Waldhoff (Hrsg.), Recht der Kommunalfinanzen, 2006, § 27, Rn. 17f.

[458] Dazu *Veith Mehde*, Neues Steuerungsmodell und Demokratieprinzip, 2000, S. 334ff.; *Hermann Pünder*, Kommunales Haushaltsrecht im Umbruch, 2003, S. 52ff.; *ders.*, in: Hans-Günter Henneke/Hermann Pünder/Christian Waldhoff (Hrsg.), Recht der Kommunalfinanzen, 2006, § 5, Rn. 38ff., § 27, Rn. 45ff.; siehe aber auch *Matthias Jestaedt*, Demokratieprinzip und Kondominialverwaltung, 1993, S. 338f., der die Steuerungs- und Legitimationswirkungen des parlamentarischen Budgetrechts für marginal hält.

[459] *Hermann Pünder*, in: Hans-Günter Henneke/Hermann Pünder/Christian Waldhoff (Hrsg.), Recht der Kommunalfinanzen, 2006, § 5, Rn. 45.

[460] *Hermann Pünder*, Kommunales Haushaltsrecht im Umbruch, 2003, S. 316f.; *ders.*, in: Hans-Günter Henneke/Hermann Pünder/Christian Waldhoff (Hrsg.), Recht der Kommunalfinanzen, 2006, § 5, Rn. 46; ferner *Adelheid Zeis*, Ein neues kommunales Haushaltsrecht für ein Neues Steuerungsmodell, 1999, S. 136f.; *Hermann Hill*, DÖV 2001, S. 793 (794); ähn-

operative Controllingstrukturen[461] zur Anwendung gebracht, die einen Kompetenzzuwachs der Verwaltung kompensierten.[462] Schließlich verstärke die Direktwahl der Bürgermeister und der Landräte die demokratische Legitimation der kommunalen Haushaltswirtschaft.[463] Legitimatorische Defizite des Neuen Steuerungsmodells werden im Ergebnis folglich nicht festgestellt.[464]

Zu dieser Diskussion lässt sich aus prinzipientheoretischer Perspektive anmerken, dass die Direktwahl der Bürgermeister und Landräte verfassungsrechtlich zwar nicht vorgeschrieben ist. Dennoch wird auf diese Weise der kommunalen Haushaltswirtschaft in der Tat eine hinreichende demokratische Legitimation vermittelt.[465] Die dezentrale Fach- und Ressourcenverantwortung führt daher lediglich zu einer Delegation von Entscheidungskompetenzen innerhalb der unmittelbar demokratisch legitimierten Verwaltung.[466] Legitimationsdefizite sind folglich nicht zu erkennen, solange ausreichende Möglichkeiten der Einflussnahme seitens der Bürgermeister und Landräte bestehen.[467]

III. Europäisierung der kommunalen Binnenorganisation

Neben die Ökonomisierung tritt als weiterer Einflussfaktor, der die kommunale Binnenorganisation (zunehmend) prägt, schließlich der Prozess der Europäisierung.[468]

---

lich *Hanno Kube*, DÖV 2000, S. 810 (813); siehe aber auch *Veith Mehde*, Neues Steuerungsmodell und Demokratieprinzip, 2000, S. 338 ff.

461 Zum Berichtswesen im kommunalen Haushaltsrecht *Hermann Hill*, ZG 1998, S. 101 (105); *Klaus Lüder*, DÖV 2000, S. 837 (838).

462 *Christine Ahlgrimm*, Neugestaltung des öffentlichen Haushaltswesens auf der Grundlage des Ressourcenverbrauchs, 1999, S. 130; *Hermann Pünder*, in: Hans-Günter Henneke/Hermann Pünder/Christian Waldhoff (Hrsg.), Recht der Kommunalfinanzen, 2006, § 5, Rn. 49; siehe aber auch *Horst Dreier*, in: Wolfgang Hoffmann-Riem/Eberhard Schmidt-Aßmann (Hrsg.), Effizienz als Herausforderung an das Verwaltungsrecht, 1998, S. 59 (104).

463 Dazu *Hermann Pünder*, Kommunales Haushaltsrecht im Umbruch, 2003, S. 148 ff.

464 Zur These, dass der autonome Verzicht auf die tradierten Steuerungsansätze des Haushaltsplanes keine legitimatorischen Defizite begründet, *Joachim Linck*, ZG 1997, S. 1 (4, 16); *Christoph Gröpl*, Haushaltsrecht und Reform, 2001, S. 220 ff.; *Timo Hebeler*, VR 2002, S. 76 (79 f.); *Hermann Pünder*, in: Hans-Günter Henneke/Hermann Pünder/Christian Waldhoff (Hrsg.), Recht der Kommunalfinanzen, 2006, § 5, Rn. 41.

465 Ähnlich *Hubert Meyer*, DÖV 2000, S. 449 (452).

466 *Veith Mehde*, Neues Steuerungsmodell und Demokratieprinzip, 2000, S. 333; *Hermann Pünder*, in: Hans-Günter Henneke/Hermann Pünder/Christian Waldhoff (Hrsg.), Recht der Kommunalfinanzen, 2006, § 5, Rn. 43.

467 Dazu *Ralf Kleinfeld/Ralf Heidemann/Frank Treutler*, in: Ralf Kleinfeld (Hrsg.), Kommunalpolitik, 1996, S. 157 (245 f.).

468 Allgemein *Dirk Ehlers*, in: Hans-Uwe Erichsen (Hrsg.), Kommunale Verwaltung im Wandel, 1999, S. 21 ff.

1. *Einflüsse des Europarechts – dargestellt an Referenzbeispielen*

Die Einflüsse des Europarechts zeigen sich vor allem in folgenden Bereichen: Mittelbare europarechtliche Einflüsse folgen daraus, dass die verwaltungsverfahrensrechtlichen Organisationsstrukturen der Mitgliedstaaten die ordnungsgemäße Durchführung des Europarechts sicherstellen müssen.[469] Die verwaltungsorganisations- und verwaltungsverfahrensrechtliche Autonomie der Mitgliedstaaten ist dabei europarechtlich anerkannt.[470] Als Beispiel mag Art. 6 Abs. 1 der Richtlinie 2006/123/EG über Dienstleistungen im Binnenmarkt dienen,[471] der die Einrichtung einheitlicher Ansprechpartner fordert[472] und in Verbindung mit Art. 8 der Richtlinie die Einführung des E-Government forciert.[473] Die Einrichtung einheitlicher Ansprechpartner wird als Paradigmenwechsel[474] bezeichnet, der die Entwicklung des Verwaltungsorganisations- sowie Verwaltungsverfahrensrechts aus der Sachmaterie heraus ablöst.[475] Eine unmittelbare Europäisierung der kommunalen Binnenorganisation ist damit nun allerdings nicht verbunden: Art. 6 Abs. 2 der Richtlinie bestimmt, dass die Schaffung einheitlicher Ansprechpartner gerade nicht das innerstaatliche Kompetenzgefüge berührt. Die Einrichtung einheitlicher Ansprechpartner realisiert damit allein das verwaltungswissenschaftliche Konzept des One-Stop-Government, das eine Trennung von Front-Office und Back-Office vorsieht,[476] aber keine Kompetenzzuweisungen zugunsten des Front-Office erfordert.[477] Zudem anerkennt die Richtlinie Umsetzungsspielräume,[478] sodass Anpassungen der kommunalen Binnenorganisation nicht zwingend sind.

---

[469] *Walter Frenz*, VerwArch 86 (1995), S. 378 (391); *Utz Schliesky*, Die Verwaltung 38 (2005), S. 339 (347).

[470] *Stefan Kadelbach*, Allgemeines Verwaltungsrecht unter europäischem Einfluss, 1999, S. 110 ff.; *Martin Burgi*, VVDStRL 62 (2003), S. 405 (439 ff.).

[471] *Utz Schliesky*, Die Verwaltung 38 (2005), S. 339 (346 ff.).

[472] *Christian Ernst*, DVBl. 2009, S. 953 ff.

[473] Allgemein *Andreas Voßkuhle*, in: Wolfgang Hoffmann-Riem/Eberhard Schmidt-Aßmann/Andreas Voßkuhle (Hrsg.), Handbuch des Verwaltungsrechts, Bd. I, 2. Aufl. 2012, § 1, Rn. 65 ff.; ferner *Robert F. Heller/Eike Richter*, DVBl. 2010, S. 345 ff.; *Markus Reiners*, VerwArch 103 (2012), S. 269 ff.

[474] *Utz Schliesky*, DVBl. 2005, S. 887 (891); *Christoph Ohler*, BayVBl. 2006, S. 261 (264); anders *Ulrich Ramsauer*, NordÖR 2008, S. 417 (418).

[475] *Christian Ernst*, DVBl. 2009, S. 953 (956).

[476] *Andreas Dietz*, DÖV 2005, S. 772 (773); *Alexander Windoffer*, DVBl. 2006, S. 1210 (1213); *ders.*, NVwZ 2007, S. 495 (497); *Edwin Schulz*, One-Stop Government, 2007, S. 15 ff.; *Utz Schliesky*, in: Utz Schliesky (Hrsg.), Die Umsetzung der EU-Dienstleistungsrichtlinie in der deutschen Verwaltung, 2008, S. 1 (5).

[477] *Christian Ernst*, DVBl. 2009, S. 953 (954).

[478] *Christian Ernst*, DVBl. 2009, S. 953 (955 f.); *Ralf Jahn*, GewArch 2010, S. 150 ff.; *Thomas Günther*, GewArch 2010, S. 437 ff.

Unmittelbaren Einfluss nimmt das europäische Recht[479] auf die kommunale Binnenorganisation demgegenüber durch die Gewährleistung der aktiven und passiven Wahlberechtigung für Unionsbürger nach Art. 22 AEUV.[480] Auch das Kommunalwirtschaftsrecht unterliegt neben primärrechtlichen Einflüssen nach Art. 14 AEUV auch sekundärrechtlichen Vorgaben,[481] insbesondere im Bereich wettbewerbsrechtlicher Regelungen sowie im Kontext des Vergaberechts. Besondere Herausforderungen hält dabei § 99 Abs. 1 GWB bereit: Während aus der Perspektive der Gemeinden und Gemeindeverbände letztlich unerheblich ist, ob die Auftragsvergabe an kommunale Unternehmen ohne eigene Rechtspersönlichkeit oder an privatrechtlich organisierte kommunale Unternehmen[482] erfolgt,[483] ist nach der Judikatur des Europäischen Gerichtshofes nur die Auftragsvergabe an kommunale Unternehmen im Wege der „in-house-Vergabe" oder der Dienstleistungskonzession vergaberechtlich bedeutungslos,[484] die die Gemeinden oder Gemeindeverbände wie eigene Dienststellen kontrollieren können; zudem dürfen solche kommunalen Unternehmen Leistungen im Wesentlichen[485] nur für die Gemeinden und Gemeindeverbände erbringen, die an ihnen unmittelbar oder mittelbar beteiligt sind.[486] Im Übrigen verleiht auch

---

479 *Matthias Ruffert*, in: Thomas Mann/Günter Püttner (Hrsg.), Handbuch der kommunalen Wissenschaft und Praxis, Bd. I, 3. Aufl. 2007, § 38, Rn. 18 ff.

480 Dazu *Stephan Hobe/Dirk Biehl/Nicolai Schroeter*, Europarechtliche Einflüsse auf das Recht der kommunalen Selbstverwaltung, 2004, S. 34 f.; *Sigrid von Zimmermann-Wienhues*, Kommunale Selbstverwaltung in einer Europäischen Union, 1997, S. 91 ff.

481 *Matthias Ruffert*, in: Thomas Mann/Günter Püttner (Hrsg.), Handbuch der kommunalen Wissenschaft und Praxis, Bd. I, 3. Aufl. 2007, § 38, Rn. 28 ff.; *Jan Peters*, Die Dogmatik der Kommunalwirtschaft zwischen national- und europäisch-normativer Konzeption, 2012, S. 201 ff.

482 Zur interkommunalen Zusammenarbeit EuGH, NVwZ 2009, S. 898 ff.; dazu *Christoph Brüning*, DVBl. 2009, S. 1539 ff.; *Tanja Struvel*, EuZW 2009, S. 805 ff.; *Wolfgang Veldboer/Christoph Eckert*, DÖV 2009, S. 859 ff.; zu kommunalen Gemeinschaftsunternehmen *Wolfram Krohn*, NZBau 2009, S. 222 ff.; allgemein zur horizontalen „in-house-Vergabe" *Gerhard Dabringhausen*, NZBau 2009, S. 616 ff.; zum Ganzen *Olav Wagner/Heiko Piesbergen*, NVwZ 2012, S. 653 ff.

483 *Utz Schliesky*, Die Verwaltung 38 (2005), S. 339 (363 f.).

484 Kritisch *Utz Schliesky*, Die Verwaltung 38 (2005), S. 339 (363 f.), der die Beeinflussung gemeindlicher und gemeindeverbandlicher Organisationsentscheidungen durch das europäische Wettbewerbsrecht ablehnt; siehe aber auch *Friedrich Schoch*, NVwZ 2008, S. 241 (246).

485 *Thorsten Siegel*, NVwZ 2008, S. 7 ff.; *Franz Josef Hölzl/Tibor Fedke*, DVBl. 2010, S. 759 ff.; *Holger Schröder*, NVwZ 2011, S. 776 ff.

486 EUGH, Rs. C-107/98, Slg. 1999, I-8121 (8154); EUGH, Rs. C-26/03, Slg. 2005, I-1 (48 f.); EUGH, Rs. C-458/03, Slg. 2005, I-8585 ff.; EUGH, Rs. C-29/04, Slg. 2005, I-9705 ff.; EUGH, Rs. C-340/04, Slg. 2006, I-4137 ff.; EUGH, Rs. C-410/04, Slg. 2006, I-3303 ff.; EUGH, Rs. C-295/05, Slg. 2007, I-2999 ff.; zum Ganzen *Christian Hüser*, Ausschreibungspflichten bei der Privatisierung öffentlicher Aufgaben, 2005, passim; *Karsten Hardraht*, In-House-Geschäfte und europäisches Vergaberecht, 2006, passim; ferner *Holger Heinbuch/Jochen Bohne*, NVwZ 2004, S. 177 ff.; *Sascha Michaels*, NZBau 2004, S. 27 ff.; *Meinrad Dreher*, NZBau 2004, S. 14 ff.; *Ulf-Dieter Pape/Henning Holz*, NJW 2005, S. 2264 ff.; *Christian Scharpf*, EuZW 2005, S. 295 ff.; *Oliver Hatting/Bettina Ruhland*, NWVBl. 2006, S. 405 ff.; *Markus Söbbeke*, DÖV 2006, S. 996 ff.; *Jost Pietzker*, NVwZ 2007, S. 1225 ff.; *Bettina Ruh-*

das Beihilfenrecht der Art. 107 f. AEUV nicht zuletzt dem Kommunalwirtschaftsrecht eine europarechtliche Prägung.[487] Zuwendungen von Gemeinden und Gemeindeverbänden, die den Wettbewerb verfälschen, sind grundsätzlich untersagt. Allerdings ist nach der Judikatur des Europäischen Gerichtshofes ungeachtet der Vorschrift des Art. 106 Abs. 2 AEUV[488] schon der Tatbestand der Art. 107 f. AEUV nicht erfüllt, wenn kommunale Unternehmen tatsächlich mit der Wahrnehmung öffentlicher Zwecke betraut worden sind, die Berechnungsgrundlagen zuvor objektiv und transparent aufgestellt wurden, die Zuwendungen nicht über das erforderliche Maß hinausgehen und die Höhe der Zuwendungen entweder anhand einer Kostenanalyse ermittelt oder die kommunalen Unternehmen im Wege eines Vergabeverfahrens ausgewählt worden sind.[489] Auch die Gründung kommunaler Unternehmen bleibt grundsätzlich von einer europäischen Beihilfenkontrolle ausgespart.[490]

2. *Kommunale Selbstverwaltung und Europarecht*

Vor allem nach der institutionellen Interpretation des Art. 28 Abs. 2 GG ist die Europäisierung der kommunalen Binnenorganisation als Beeinträchtigung der Verfassungsgarantie der kommunalen Selbstverwaltung zu qualifizieren.[491] Diese Sichtweise erhebt namentlich mit Blick auf das Kommunalwirtschafts-

land, ThürVBl. 2007, S. 177 ff.; *Franz Jürgen Säcker/Maik Wolf*, WRP 2007, S. 282 ff.; *Matthias Christian Orlowski*, NZBau 2007, S. 80 ff.; *Martin Leder*, DÖV 2008, S. 173 (177); *Walter Frenz*, NZBau 2008, S. 673 ff.; *Jürgen Kühling*, WiVerw 2008, S. 239 ff.; *Martin Burgi*, in: Ständige Deputation des Deutschen Juristentages (Hrsg.), Verhandlungen des siebenundsechzigsten Deutschen Juristentages, Bd. I, 2008, D. 75 f.; *Gerald Sander*, VBlBW 2009, S. 161 ff.; weiterführend *Jan Ziekow/Thorsten Siegel*, VerwArch 96 (2005), S. 119 ff.; *Andreas Kersting/Thomas Siems*, DVBl. 2005, S. 477 ff.; *Martin Müller/Gerrit Brauser-Jung*, NVwZ 2007, S. 884 ff.; *Thorsten Siegel*, DVBl. 2008, S. 1486 ff.; *Jürgen Kühling*, NVwZ 2010, S. 1257 ff.; *Hans-Christian Hausmann*, NVwZ 2013, S. 760 ff.; *Oskar Maria Geitel*, NVwZ 2013, S. 765 ff.

[487] *Ralf von Ameln*, in: Hans-Uwe Erichsen (Hrsg.), Kommunale Verwaltung im Wandel, 1999, S. 69 ff.; weiterführend *Christian Koenig/Martin Busch*, GewArch 2011, S. 181 ff.

[488] Dazu *Reiner Schmidt*, Der Staat 42 (2003), S. 225 ff.; *Stefanie Schmahl*, WiVerw 2011, S. 96 (107 ff.).

[489] EUGH, Rs. C-53/00, Slg. 2001, I-9067 ff.; EUGH, Rs. C-280/00, Slg. 2003, I-7747 ff.; dazu *Claudio Franzius*, NJW 2003, S. 3029 ff.; *Jörn Axel Kämmerer*, NVwZ 2004, S. 28 (31); *Christian Heinze*, DÖV 2004, S. 428 ff.; *Carsten Jennert*, NVwZ 2004, S. 425 ff.; *Lorenz Wachinger*, ZögU 2004, S. 56 ff.; *Michael Ronellenfitsch*, VerwArch 95 (2004), S. 425 ff.; *Oliver Dörr*, NZBau 2005, S. 167 ff.

[490] *Wolfgang Kleine/Lucas Flöther/Gregor Bräuer*, NVwZ 2002, S. 1046 ff.; *Peter Schimanek*, NZBau 2005, S. 304 (306 ff.).

[491] *Manfred Zuleeg*, in: Albert von Mutius (Hrsg.), Selbstverwaltung im Staat der Industriegesellschaft, Festgabe zum 70. Geburtstag von Georg Christoph von Unruh, 1983, S. 91 ff.; *Friedrich Schoch*, VerwArch 81 (1990), S. 18 (51 ff.); *Anne Cathaly-Stelkens*, Kommunale Selbstverwaltung und Ingerenz des Gemeinschaftsrechts, 1996, passim; *Thomas Schäfer*, Die deutsche kommunale Selbstverwaltung in der Europäischen Union, 1998, S. 31 ff.; *Stefanie Schmahl*, DÖV 1999, S. 852 ff.; *Stephan Hobe/Dirk Biehl/Nicolai Schroeter*, Europarechtliche Einflüsse auf das Recht der kommunalen Selbstverwaltung, 2004, S. 129 ff.; kritisch *Matthias*

recht den Vorwurf, das Europarecht verschärfe die Krise der kommunalen Finanzausstattung[492] und mache eine wirtschaftliche Betätigung von Gemeinden und Gemeindeverbänden unmöglich.[493] Sie wird Art. 28 Abs. 2 GG indes nicht gerecht. Wie dargelegt, bedarf die kommunale Binnenorganisation nach dem prinzipientheoretischen Ansatz als Gegenstand des existentialen Gewährleistungselementes der legislativen Ausgestaltung.[494] Daher kann auch mit Blick auf das Europarecht nicht von Eingriffen in das Selbstverwaltungsrecht gesprochen werden – aus nationaler Perspektive sind europarechtliche Einflüsse auf die kommunale Binnenorganisation vielmehr als spezielle Form der Ausgestaltung zu qualifizieren.

Allerdings gelten die verfassungsrechtlichen Maßstäbe dieser Ausgestaltung nicht für das Europarecht, sodass eine nationale Systembildung nicht ausreicht.[495] Grenzen der Europäisierung der kommunalen Binnenorganisation können sich letztlich nur aus dem Europarecht selbst ergeben. Die Suche nach einer Gewährleistung kommunaler Selbstverwaltung im Europarecht ist allerdings bislang erfolglos geblieben: Eine solche Gewährleistung kann nicht aus dem Demokratieprinzip des Europarechts [496] hergeleitet werden; Gleiches gilt für die europarechtliche Vorgabe der Bürgernähe nach Art. 1 Abs. 2 EUV.[497] Auch die nationale Identität im Sinne des Art. 6 Abs. 3 EUV a. F. begründet

Ruffert, in: Thomas Mann/Günter Püttner (Hrsg.), Handbuch der kommunalen Wissenschaft und Praxis, Bd. I, 3. Aufl. 2007, § 38, Rn. 41 ff.

[492] Dazu *Klaus Rennert*, JZ 2003, S. 385 (389).

[493] *Jost Pietzker*, in: Hans-Uwe Erichsen (Hrsg.), Kommunale Verwaltung im Wandel, 1999, S. 59 ff.; *Martin Burgi*, VVDStRL 62 (2003), S. 405 (441 ff.); *Hans-Jürgen Papier*, DVBl. 2003, S. 686 (692 f.); *Jörg Walendy*, Theorie kommunaler Wettbewerbsunternehmen, 2008, S. 196.

[494] Ausführlich S. 371 ff.

[495] Zur Bedeutung des Art. 23 Abs. 1 S. 3 GG *Stephan Hobe/Dirk Biehl/Nicolai Schroeter*, Europarechtliche Einflüsse auf das Recht der kommunalen Selbstverwaltung, 2004, S. 111 ff., 139 ff.; *Alexander Schink*, DVBl. 2005, S. 861 (864); *Maik Möller*, Subsidiaritätsprinzip und kommunale Selbstverwaltung, 2009, S. 220 ff.; kritisch *Angela Faber*, DVBl. 1991, S. 1126 (1131); *Hermann-Josef Blanke*, DVBl. 1993, S. 819 (821); *Walter Frenz*, in: Markus Hoffmann (Hrsg.), Kommunale Selbstverwaltung im Spiegel von Verfassungsrecht und Verwaltungsrecht, 1995, S. 9 (16 f.); *Klaus Stern*, in: Rudolf Wendt (Hrsg.), Staat – Wirtschaft – Steuern, Festschrift für Karl Heinrich Friauf, 1996, S. 75 (80 ff.).

[496] *Jens Kaltenborn*, Der Schutz der kommunalen Selbstverwaltung im Recht der Europäischen Union, 1996, S. 51 ff.; *Peter J. Tettinger*, in: Hans-Günter Henneke (Hrsg.), Kommunale Perspektiven im zusammenwachsenden Europa, 2002, S. 145 (155); *Hans-Jürgen Papier*, DVBl. 2003, S. 686 (695); anders *Günter Seele*, Der Kreis aus europäischer Sicht, 1991, S. 57 f.; *Manfred Zuleeg*, in: Albert von Mutius (Hrsg.), Selbstverwaltung im Staat der Industriegesellschaft, Festgabe zum 70. Geburtstag von Georg Christoph von Unruh, 1983, S. 91 (93).

[497] *Stephan Hobe/Dirk Biehl/Nicolai Schroeter*, Europarechtliche Einflüsse auf das Recht der kommunalen Selbstverwaltung, 2004, S. 82; *Peter J. Tettinger*, in: Klaus Stern (Hrsg.), Gedächtnisschrift für Joachim Burmeister, 2004, S. 439 (452 ff.); *Matthias Ruffert*, in: Thomas Mann/Günter Püttner (Hrsg.), Handbuch der kommunalen Wissenschaft und Praxis, Bd. I, 3. Aufl. 2007, § 38, Rn. 8; *Maik Möller*, Subsidiaritätsprinzip und kommunale Selbstverwaltung, 2009, S. 245.

keine europarechtliche Gewährleistung kommunaler Selbstverwaltung.[498] Schließlich ist die Europäische Charta der kommunalen Selbstverwaltung weder Bestandteil des Europarechts noch von allen Mitgliedstaaten anerkannt,[499] sodass auch hier die Suche nach einer europarechtlichen Gewährleistung kommunaler Selbstverwaltung erfolglos bleibt.[500]

3. Implizite Anerkennung der prinzipientheoretischen Deutung kommunaler Selbstverwaltung im Europarecht?

Nunmehr berücksichtigt allerdings nicht nur das europarechtliche Subsidiaritätsprinzip des Art. 5 Abs. 3 EUV – anders als Art. 5 Abs. 3 EUV a. F.[501] – die regionale oder lokale Ebene der Mitgliedstaaten,[502] vielmehr achtet die Europäische Union gemäß Art. 4 Abs. 2 S. 1 EUV auch die nationale Identität der Mitgliedstaaten, die in ihren grundlegenden politischen und verfassungsmäßigen Strukturen einschließlich der regionalen und lokalen Selbstverwaltung zum Ausdruck kommt.[503] Damit besitzt Art. 28 Abs. 2 GG mittlerweile eine europa-

---

[498] *Matthias Ruffert*, in: Thomas Mann/Günter Püttner (Hrsg.), Handbuch der kommunalen Wissenschaft und Praxis, Bd. I, 3. Aufl. 2007, § 38, Rn. 8; *Maik Möller*, Subsidiaritätsprinzip und kommunale Selbstverwaltung, 2009, S. 245 ff.; anders *Jens Kaltenborn*, Der Schutz der kommunalen Selbstverwaltung im Recht der Europäischen Union, 1996, S. 70 ff.; ferner *Stefan Ulrich Pieper*, DVBl. 1993, S. 705 (710); *Alfons Gern*, NVwZ 1996, S. 532 (533).

[499] *Angela Faber*, DVBl. 1991, S. 1126 (1128 f.); *Hermann-Josef Blanke*, DVBl. 1993, S. 819 (825); *Horst Heberlein*, DVBl. 1994, S. 1213 (1216); *Stephan Hobe/Dirk Biehl/Nicolai Schroeter*, Europarechtliche Einflüsse auf das Recht der kommunalen Selbstverwaltung, 2004, S. 92 f.; *Peter J. Tettinger*, in: Klaus Stern (Hrsg.), Gedächtnisschrift für Joachim Burmeister, 2004, S. 439 (447 f.); *Matthias Ruffert*, in: Thomas Mann/Günter Püttner (Hrsg.), Handbuch der kommunalen Wissenschaft und Praxis, Bd. I, 3. Aufl. 2007, § 38, Rn. 8; anders *Bert Schaffarzik*, Handbuch der Europäischen Charta der kommunalen Selbstverwaltung, 2002, S. 608 ff.

[500] Anders *Alexander Martini*, Gemeinden in Europa, 1992, S. 143 ff.; *ders./Wolfgang Müller*, BayVBl. 1993, S. 161 ff., die einen allgemeinen Rechtsgrundsatz kommunaler Selbstverwaltung annehmen; kritisch *Horst Heberlein*, BayVBl. 1993, S. 676 (677 f.); *Martin Thies*, Zur Situation der gemeindlichen Selbstverwaltung im europäischen Einigungsprozeß, 1995, S. 53 ff.; *Friedrich Schoch*, in: Hans-Günter Henneke (Hrsg.), Kommunen in Europa – Herausforderungen und Chancen, 1999, S. 11 (29); *Maik Möller*, Subsidiaritätsprinzip und kommunale Selbstverwaltung, 2009, S. 238 ff.

[501] Dazu *Sigrid von Zimmermann-Wienhues*, Kommunale Selbstverwaltung in einer Europäischen Union, 1997, S. 247 f.; *Matthias Werner Schneider*, Kommunaler Einfluß in Europa, 2004, S. 592, 599; *Peter J. Tettinger*, in: Klaus Stern (Hrsg.), Gedächtnisschrift für Joachim Burmeister, 2004, S. 439 (449 ff.); *Matthias Ruffert*, in: Thomas Mann/Günter Püttner (Hrsg.), Handbuch der kommunalen Wissenschaft und Praxis, Bd. I, 3. Aufl. 2007, § 38, Rn. 8; anders *Maik Möller*, Subsidiaritätsprinzip und kommunale Selbstverwaltung, 2009, S. 247 ff.; ferner *Gerhard Konow*, DÖV 1993, S. 405 (408); *Heinrich Hoffschulte*, in: Franz-Ludwig Knemeyer (Hrsg.), Europa der Regionen – Europa der Kommunen, 1994, S. 135 ff.; *Hermann-Josef Blanke*, ZG 1995, S. 193 (201).

[502] *Maik Möller*, Subsidiaritätsprinzip und kommunale Selbstverwaltung, 2009, S. 280 ff.

[503] Zum Ganzen *Joachim Schwind*, in: Utz Schliesky (Hrsg.), Die Freiheit des Menschen in Kommune, Staat und Europa, Festschrift für Edzard Schmidt-Jortzig, 2011, S. 133 ff.

rechtliche Dimension.[504] Dass auch das Europarecht die nationale Identität einschließlich des Art. 28 Abs. 2 GG achtet, begründet zwar keine eigenständige Gewährleistung kommunaler Selbstverwaltung, verlangt aber nach einem Ausgleich zwischen europäischer und nationaler Identität.[505] Dementsprechend verhindert auch Art. 4 Abs. 2 S. 1 EUV nicht a limine europarechtliche Einflussnahmen auf die kommunale Selbstverwaltung.[506] Die europarechtliche Maßstabbildung ist aber grundsätzlich vergleichbar mit derjenigen nach Maßgabe der prinzipientheoretischen Interpretation des Art. 28 Abs. 2 GG:[507] Namentlich europarechtliche Einflussnahmen auf das Kommunalwirtschaftsrecht, die den Handlungsspielraum der Gemeinden und Gemeindeverbände zurücknehmen, zugleich aber die partizipative Funktion kommunaler Selbstverwaltung bewahren, können auch am Maßstab des Art. 4 Abs. 2 S. 1 EUV nicht als unzulässige Beeinträchtigung qualifiziert werden.[508]

C. *Zusammenfassung*

Die Ausführungen zur kommunalen Binnenorganisation haben Folgendes gezeigt: Nach der prinzipientheoretischen Interpretation des Art. 28 Abs. 2 GG ist die kommunale Binnenorganisation dem existentialen Gewährleistungselement zuzuordnen. Dies beruht auf der Ausgestaltungsbedürftigkeit auch der kommunalen Binnenorganisation: Die gesetzliche Organisation der Willensbildung bringt die Rechtseinrichtung kommunaler Selbstverwaltung erst hervor – die Strukturen der kommunalen Willensbildung werden nicht etwa schon verfassungsunmittelbar bereitgestellt. Der verfassungsrechtliche Rahmen dieser Ausgestaltung ist im Wege der Abwägung zwischen den Funktionen kommunaler Selbstverwaltung und konfligierenden Rechtsprinzipien zu bestimmen. Konfligierende Rechtsprinzipien sind insoweit der Grundsatz funktionsgerechter Organisations- und Entscheidungsstrukturen, die Notwendigkeit einer aus demokratischen Wahlen hervorgegangenen Vertretung des Volkes im Sinne des Art. 28 Abs. 2 GG sowie das Gebot der intrafunktionalen Gewalten-

---

[504] *Utz Schliesky*, NdsVBl. 2004, S. 57 (57 f.); *Heinrich Hoffschulte*, DVBl. 2005, S. 202 (204); ferner *Thomas von Danwitz*, ZG 2005, S. 1 (2); *Kay Ruge*, WiVerw 2008, S. 263 (264 f.).

[505] *Armin Hatje*, in: Jürgen Schwarze (Hrsg.), EU-Kommentar, 3. Aufl. 2012, Art. 4 EUV, Rn. 14; *Rudolf Streinz*, in: Rudolf Streinz (Hrsg.), EUV/AEUV, 2. Aufl. 2012, Art. 4 EUV, Rn. 16, 19.

[506] *Matthias Ruffert*, in: Thomas Mann/Günter Püttner (Hrsg.), Handbuch der kommunalen Wissenschaft und Praxis, Bd. I, 3. Aufl. 2007, § 38, Rn. 15 f.

[507] Mit Blick auf Art. 106 AEUV *Jan Peters*, Die Dogmatik der Kommunalwirtschaft zwischen national- und europäisch-normativer Konzeption, 2012, S. 286 ff.; allgemein zur Anwendung prinzipientheoretischer Maßstäbe im europäischen Recht *Christoph Görisch*, Demokratische Verwaltung durch Unionsagenturen, 2009, S. 66 ff.

[508] Ähnlich *Matthias Ruffert*, in: Thomas Mann/Günter Püttner (Hrsg.), Handbuch der kommunalen Wissenschaft und Praxis, Bd. I, 3. Aufl. 2007, § 38, Rn. 42.

teilung. Den Abwägungsmaßstab bildet das Untermaßverbot. Die prinzipientheoretische Konzeption vermeidet damit vor allem diejenigen Unzulänglichkeiten, die sich aus der Zuordnung der kommunalen Organisationshoheit zum Merkmal der Eigenverantwortlichkeit – wie sie insbesondere vom institutionellen Deutungsansatz vertreten wird – ergeben. Es bedarf keiner Unterscheidung zwischen einer organisatorischen und einer inhaltlichen Dimension der kommunalen Organisationshoheit, zudem lässt sich mit Hilfe der prinzipientheoretischen Sichtweise die kommunale Binnenorganisation sowohl für den eigenen als auch den übertragenen Wirkungskreis einheitlich rekonstruieren. Die Geltung des Untermaßverbotes vermeidet zudem Unsicherheiten, die der auch mit Blick auf die kommunale Binnenorganisation undeutlich gebliebenen Kern- und Randbereichsdogmatik anhaften.

Dieser Konzeption steht auch nicht die so genannte kommunale Organisationshoheit entgegen: Gemeinden und Gemeindeverbände sind von Verfassungs wegen nicht zur Selbstorganisation befähigt. Der Gesetzgeber muss ihnen daher erst ein Mindestmaß an Möglichkeiten zur Selbstorganisation bereitstellen – er hat die kommunale Organisationshoheit lediglich dahingehend zu verwirklichen, dass den Gemeinden und Gemeindeverbänden ein Mindestmaß an Möglichkeiten zur Selbstorganisation verbleibt. Gleiches gilt für die übrigen so genannten kommunalen Hoheiten. Darüber hinaus ist nach der prinzipientheoretischen Interpretation des Art. 28 Abs. 2 GG auch das Kommunalwirtschaftsrecht ausgestaltungsbedürftig und somit dem existentialen Gewährleistungselement zuzuordnen. Die verfassungsrechtlichen Grenzen der Ausgestaltung können insoweit bereichsspezifisch wie folgt bestimmt werden: Die partizipative Funktion kommunaler Selbstverwaltung muss zunächst durch effektive Steuerungs- und Kontrollmechanismen sichergestellt werden; anderenfalls würde der Partizipationsaspekt durch die Autonomisierung kommunaler Unternehmen verdrängt. Ferner sind bei der Ausgestaltung durch den Gesetzgeber die überkommenen „Schranken" der wirtschaftlichen Betätigung von Gemeinden und Gemeindeverbänden zu berücksichtigen; ein verfassungsrechtliches Subsidiaritätsprinzip lässt sich aus dem Grundgesetz demgegenüber nicht ableiten.

Vor dem Hintergrund ihrer Ausgestaltungsbedürftigkeit kann sich die kommunale Binnenorganisation der Ökonomisierung und Europäisierung nicht entziehen. Sie wird insoweit nicht nur nach Maßgabe des Neuen Steuerungsmodells fortentwickelt, sondern unterliegt auch europarechtlichen Einflüssen. Namentlich das Kommunalwirtschaftsrecht muss wettbewerbs-, vergabe- und beihilfenrechtlichen Vorgaben gerecht werden. Das Verfassungsrecht steht diesen Entwicklungen nicht schon prinzipiell entgegen. Verfassungsrechtliche Maßstäbe der ökonomisierenden Ausgestaltung der kommunalen Binnenorganisation ergeben sich ebenfalls allein aus der Anwendung der Abwägungsmethode nach Maßgabe des Untermaßverbotes. Das „Neue Steuerungsmodell" und dessen haushaltsrechtliche Ausprägungen widersprechen diesen Maßstäben nicht schon grundsätzlich. Auch insoweit werden Möglichkeiten zur Partizipation eröffnet, die dem Untermaßverbot genügen. Allerdings kann sich die idealtypische Ausformung des Neuen Steuerungsmodells nicht dem Vorwurf entziehen, Legitimationsdefizite zu begründen. Unmittelbare europarechtliche Vorgaben können überdies nur aus der Perspektive des Europarechts betrachtet werden. Gemäß Art. 4 Abs. 2 S. 1 EUV achtet die Europäische Union auch die nationale Identität der Mitgliedstaaten, die in ihren grundlegenden politischen und verfassungsmäßigen Strukturen einschließlich der regionalen und lokalen Selbstverwaltung zum Ausdruck kommt. Das Europarecht normiert damit dem nationalen Verfassungsrecht vergleichbare Maßstäbe: Eine europarechtliche Fortentwicklung der kommunalen Binnenorganisation bleibt möglich und ist nur daran zu messen, ob die nationale Identität der Mitgliedstaaten, die in ihren grundlegenden politischen und verfassungsmäßigen Strukturen einschließlich der regionalen und lokalen Selbstverwaltung zum Ausdruck kommt, ausreichend beachtet wird.

3. Teil

Die Aufgabengarantien der Gemeinden und Gemeindeverbände

Während die vorangegangenen Überlegungen sich mit dem ausgestaltungsbedürftigen Rechtsprinzip des existentialen Gewährleistungselementes kommunaler Selbstverwaltung beschäftigt haben und seine einzelnen Bestandteile sowie die verfassungsrechtlichen Grenzen ihrer legislativen Ausgestaltung bestimmt wurden, sind nunmehr die Aufgabengarantien der Gemeinden und Gemeindeverbände in den Blick zu nehmen. Ausgehend von der prinzipientheoretischen Unterscheidung zwischen Rechtsprinzipien und Rechtsregeln ist die Aufgabengarantie der Gemeinden dabei als Rechtsregel zu qualifizieren.[1] Weder bedürfen die Angelegenheiten der örtlichen Gemeinschaft einer legislativen Ausgestaltung noch ist die Aufgabengarantie der Gemeinden legislativen Beeinträchtigungen zugänglich; der Vorbehalt „im Rahmen der Gesetze" bezieht sich lediglich auf die Eigenverantwortlichkeit der Aufgabenwahrnehmung.[2] Demgegenüber ist die Aufgabengarantie der Gemeindeverbände ein Rechtsprinzip. Schon der Wortlaut des Art. 28 Abs. 2 S. 2 GG verdeutlicht, dass die Aufgaben der Gemeindeverbände einer legislativen Ausgestaltung bedürfen. Gemeindeverbände „haben lediglich im Rahmen ihres gesetzlichen Aufgabenbereiches nach Maßgabe der Gesetze das Recht der Selbstverwaltung." Die Aufgabengarantien der Gemeinden und Gemeindeverbände sind demnach unverwechselbar geschieden.[3] Ihrer divergierenden dogmatischen Konstruktion ist im Folgenden nachzugehen, indem zunächst der Inhalt der Rechtsregel der Aufgabengarantie der Gemeinden bestimmt wird – im unmittelbaren Anschluss ist die Aufgaben-

[1] Siehe dazu schon S. 145 ff.; anders etwa *Klaus Rennert*, Die Verwaltung 53 (2002), S. 319 (322), der die gemeindliche Aufgabengarantie als „Prinzip" qualifiziert.

[2] Siehe S. 90 ff., 147 ff.

[3] *Peter Lerche*, DÖV 1969, S. 46 (48); *Albert von Mutius*, in: Albert von Mutius (Hrsg.), Selbstverwaltung im Staat der Industriegesellschaft, Festgabe zum 70. Geburtstag von Georg Christoph von Unruh, 1983, S. 227 (244 f.); *Hans-Jürgen Papier*, DVBl. 1984, S. 453 (456); *Alexander Schink*, VerwArch 81 (1990), S. 385 (394); eingehend *Willi Blümel*, Das verfassungsrechtliche Verhältnis von Gemeinden und Landkreisen, 1979 S. 26 ff.; *ders.*, VerwArch 75 (1984), S. 197 (316 f.); ferner *Gerd Schmidt-Eichstaedt*, Bundesgesetze und Gemeinden, 1981, S. 125, der den Begriff der verfassungsrechtlich imperfekten Ergänzungskörperschaften verwendet; siehe aber auch *Edzard Schmidt-Jortzig*, DÖV 1984, S. 821 (827 f.); *dens.*, DÖV 1993, S. 973 (979), der von einem einheitlichen Substratsockel ausgeht; kritisch dazu *Friedrich Schoch*, in: Hans-Günter Henneke/Hartmut Maurer/Friedrich Schoch, Die Kreise im Bundesstaat, 1994, S. 9 (22 f.).

garantie der Gemeindeverbände zu analysieren und der verfassungsrechtliche Rahmen ihrer legislativen Ausgestaltung zu bestimmen.

10. Kapitel

Angelegenheiten der örtlichen Gemeinschaft: Die Aufgabengarantie der Gemeinden als Rechtsregel

Da die Aufgabengarantie der Gemeinden als Rechtsregel zu qualifizieren ist, bedürfen die „Angelegenheiten der örtlichen Gemeinschaft" einer sorgfältigen Definition,[1] ist nach der prinzipientheoretischen Interpretation des Art. 28 Abs. 2 GG die Aufgabengarantie der Gemeinden doch keiner legislativen Ausgestaltung zugänglich und der Begriff der Angelegenheiten der örtlichen Gemeinschaft dementsprechend ein genuin verfassungsrechtlicher. Die Konkretisierungsarbeit kann dabei im Ausgangspunkt auf Erkenntnisse der institutionellen Deutung des Art. 28 Abs. 2 GG zurückgreifen. Dies muss überraschen: Die institutionelle Lesart macht auch die Aufgabengarantie der Gemeinden der legislativen Ausgestaltung zugänglich,[2] hält aber dennoch eine inhaltliche Konkretisierung der Angelegenheiten der örtlichen Gemeinschaft für notwendig[3] – eine konsequente Anwendung der Lehre von den institutionellen Garantien hätte eigentlich allein eine Annäherung an den Kern- und Randbereichsschutz verlangt, dem die Ausgestaltung der Aufgabengarantie der Gemeinden nach institutioneller Konzeption verpflichtet ist. Gleichwohl beschreibt das Bundesverfassungsgericht die

„Angelegenheiten der örtlichen Gemeinschaft [als] diejenigen Bedürfnisse und Interessen, die in der örtlichen Gemeinschaft wurzeln oder auf sie einen spezifischen Bezug haben [...], die also den Gemeindeeinwohnern gerade als solchen gemeinsam sind, indem sie das Zusammenleben und -wohnen der Menschen in der (politischen) Gemeinde betreffen; auf die Verwaltungskraft der Gemeinde kommt es hierfür nicht an. Es liegt auf der Hand, daß diese Angelegenheiten keinen ein für allemal feststehenden Aufgabenkreis bilden; ebenso ist deutlich, daß dieser auch nicht für alle Gemeinden unerachtet etwa ihrer Einwohnerzahl, flächenmäßigen Ausdehnung und Struktur gleich sein kann."[4]

---

[1] *Gerd Schmidt-Eichstaedt*, Bundesgesetze und Gemeinden, 1981, S. 135.

[2] BVerfGE 79, 127 (151 f.); kritisch *Heinz W. Korte*, VerwArch 61 (1970), S. 3 (51); zum Ganzen *Friedrich Schoch*, VerwArch 81 (1990), S. 18 (27, 34 f., 37).

[3] Siehe BVerwG, JZ 2009, S. 1167 (1168) mit dem Hinweis, „[d]er bundesrechtliche Rechtsbegriff der Angelegenheiten der örtlichen Gemeinschaft [sei][...] kein inhaltsloser disponibler Begriff, sondern [...] vom Sinne der grundgesetzlichen Selbstverwaltungsgarantie her zu verstehen und auch zu interpretieren".

[4] BVerfGE 79, 127 (151).

A. Angelegenheiten der örtlichen Gemeinschaft

Der Versuch, diejenigen Bedürfnisse und Interessen als Gegenstand der Aufgabengarantie der Gemeinden zu benennen, die in der örtlichen Gemeinschaft wurzeln oder auf sie einen spezifischen Bezug haben, ist für die verfassungsunmittelbare Definition der Angelegenheiten der örtlichen Gemeinschaft allerdings unzureichend – die Anwendung der Aufgabengarantie der Gemeinden als Rechtsregel wird dadurch noch nicht ermöglicht. Im Folgenden soll daher versucht werden, das Kompositum „Angelegenheiten der örtlichen Gemeinschaft" im Anschluss an die Judikatur des Bundesverfassungsgerichts durch eine Entfaltung seiner einzelnen Bestandteile zu bestimmen.

I. Angelegenheiten und Verwaltungsaufgaben

Insoweit drängt sich zunächst der Begriff der Angelegenheiten als Konkretisierungsobjekt auf – der sich im Ergebnis allerdings als unergiebig erweist: Die eigenverantwortliche Regelung der Angelegenheiten der örtlichen Gemeinschaft ist staatliche Aufgabenwahrnehmung,[5] sodass die Begriffe „Angelegenheiten" und „Verwaltungsaufgaben"[6] deckungsgleich sind.[7] Daher könnte allenfalls die Kategorie der Verwaltungsaufgaben nähere Erkenntnisse zum Inhalt der Aufgabengarantie versprechen. Der Begriff der Verwaltungsaufgaben ist seinerseits aber kaum geeignet, die Angelegenheiten der örtlichen Gemeinschaft zu definieren – ihm kommt lediglich eine deskriptive Funktion zu.[8] Trotz unterschiedlicher Typisierungen und Kategorisierungen[9] lassen sich – in Abgrenzung namentlich zu Zielen, Zwecken, Kompetenzen und Befugnissen sowie Funktionen – als Begriffsmerkmale ihr prospektiver Charakter sowie eine Handlungstendenz ausmachen.[10] Verwaltungsaufgaben sind – in Anlehnung an den Begriff der Staatsaufgaben – daher Aufgaben, deren staatliche Wahrneh-

---

[5] Dazu in vorliegendem Zusammenhang *Matthias Falk*, Die kommunalen Aufgaben unter dem Grundgesetz, 2006, S. 38ff.

[6] Zur Übereinstimmung der Begriffe „Verwaltungs-" und „Staatsaufgaben" *Friedrich Schoch*, DVBl. 1994, S. 962 (962); *ders.*, Jura 2008, S. 672 (675).

[7] Ähnlich *Hans Peter Bull*, Die Staatsaufgaben nach dem Grundgesetz, 1973, S. 51; anders *Matthias Falk*, Die kommunalen Aufgaben unter dem Grundgesetz, 2006, 25f., der dem Begriff der Angelegenheiten eine höhere Abstraktionsebene zumisst.

[8] *Susanne Baer*, in: Wolfgang Hoffmann-Riem/Eberhard Schmidt-Aßmann (Hrsg.), Grundlagen des Verwaltungsrechts, Bd. I, 2. Aufl. 2012, § 11, Rn. 4, 9, 30ff.

[9] Siehe dazu *Susanne Baer*, in: Wolfgang Hoffmann-Riem/Eberhard Schmidt-Aßmann (Hrsg.), Grundlagen des Verwaltungsrechts, Bd. I, 2. Aufl. 2012, § 11, Rn. 23ff.

[10] *Susanne Baer*, in: Wolfgang Hoffmann-Riem/Eberhard Schmidt-Aßmann (Hrsg.), Grundlagen des Verwaltungsrechts, Bd. I, 2. Aufl. 2012, § 11, Rn. 11; ähnlich *Hans Peter Bull*, Die Staatsaufgaben nach dem Grundgesetz, 1973, S. 43ff.; *Matthias Falk*, Die kommunalen Aufgaben unter dem Grundgesetz, 2006, 23ff.

mung verfassungsrechtlich legitimiert ist.[11] Eine Präzisierung der Angelegenheiten der örtlichen Gemeinschaft gelingt damit letztlich aber nicht, sodass prägend für die Aufgabengarantie der Gemeinden der Begriff der örtlichen Gemeinschaft sein muss.

II. Die örtliche Gemeinschaft als Abgrenzungsmerkmal

Auch der Begriff der örtlichen Gemeinschaft ermöglicht eine Konkretisierung der Aufgabengarantie der Gemeinden allerdings nur bedingt – das Kriterium der Örtlichkeit ist nämlich mit zahlreichen Unsicherheiten und nicht zuletzt mit den Herausforderungen von Stadt-Umland-Problematiken[12] sowie des demografischen Wandels[13] belastet. Schon der institutionellen Interpretation des Art. 28 Abs. 2 GG und insbesondere der Judikatur des Bundesverfassungsgerichts wird vor diesem Hintergrund vorgehalten, die Diskrepanz zwischen der tatsächlichen Bedeutung der Gemeinden einerseits und Modellvorstellungen andererseits, die Gemeinden als autonome und gegenüber staatlichen Beein-

---

[11] Eingehend *Martin Burgi*, Funktionale Privatisierung und Verwaltungshilfe, 1999, S. 20 ff.; ferner *Josef Isensee*, in: Josef Isensee/Paul Kirchhof (Hrsg.), Handbuch des Staatsrechts der Bundesrepublik Deutschland, Bd. IV, 3. Aufl. 2006, § 73, Rn. 12 ff.; in vorliegendem Zusammenhang auch *Matthias Falk*, Die kommunalen Aufgaben unter dem Grundgesetz, 2006, S. 34 ff.; allgemein ferner *Hans Peters*, in: Rolf Dietz (Hrsg.), Festschrift für Hans Carl Nipperdey zum 70. Geburtstag, 21. Januar 1965, Bd. II, 1965, S. 877 ff.

[12] Siehe dazu *Klaus Stern/Günter Püttner*, Grundfragen zur Verwaltungsreform im Stadt-Umland, 2. Aufl. 1969, passim; *Frido Wagener*, in: Hans Schneider (Hrsg.), Im Dienst an Recht und Staat, Festschrift für Werner Weber zum 70. Geburtstag, 1974, S. 957 ff.; *dens.*, in: Günter Püttner (Hrsg.), Handbuch der kommunalen Wissenschaft und Praxis, Bd. 2, 2. Aufl. 1982, S. 413 ff.; ferner *Eberhard Schmidt-Aßmann*, DÖV 1973, S. 109 ff.; *Karl-Heinz Rothe*, DVBl. 1975, S. 529 ff.; *Meinhard Schröder*, Die Verwaltung 12 (1979), S. 1 ff.; *Günter Seele*, in: Albert von Mutius (Hrsg.), Selbstverwaltung im Staat der Industriegesellschaft, Festgabe zum 70 Geburtstag von Georg Christoph von Unruh, 1983, S. 405 ff.; *Friedrich Schoch*, in: Hans-Günter Henneke/Hartmut Maurer/Friedrich Schoch, Die Kreise im Bundesstaat, 1994, S. 9 (56 ff.); *Michael Kilian/Ernst Müllers*, VerwArch 89 (1999), S. 25 ff.; *Folkert Kiepe*, in: Hermann Hill (Hrsg.), Kommunale Selbstverwaltung – Zukunfts- oder Auslaufmodell?, 2005, S. 215 ff.; zu den Folgen für die kommunale Finanzausstattung *Werner Hoppe*, DVBl. 1992, S. 117 ff.

[13] Zu den Auswirkungen des demographischen Wandels auf Gemeinden und Gemeindeverbände *Heinrich Mäding*, in: Hermann Hill (Hrsg.), Kommunale Selbstverwaltung – Zukunfts- oder Auslaufmodel?, 2005, S. 20 ff.; *Hartmut Bauer*, in: Hartmut Bauer/Christiane Büchner/Olaf Gründel (Hrsg.), Demographie im Wandel. Herausforderungen für die Kommunen, 2006, S. 11 ff.; *Walter Müller*, in: Paul Gans/Ansgar Schmitz-Veltin (Hrsg.), Demographische Trends in Deutschland. Folgen für Städte und Regionen, 2006, S. 84 ff.; *Frauke Brosius-Gersdorf*, VerwArch 98 (2007), S. 317 ff.; ferner *Matthias Koziol*, DfK 2004, S. 69 ff.; siehe auch *Hendrik Bednarz*, Demographischer Wandel und kommunale Selbstverwaltung, 2010, passim

trächtigungen verfassungsrechtlich gewährleistete soziale Raumgemeinschaften qualifizieren,[14] sei unübersehbar geworden.[15]

1. Angelegenheiten der örtlichen Gemeinschaft – Annäherungsversuche in der Diskussion

a) Funktionales Selbstverwaltungsverständnis und verfassungstheoretische Neukonzeption der kommunalen Selbstverwaltungsgarantie

Das funktionale Selbstverwaltungsverständnis[16] will diese Diskrepanz durch Instrumente der Mitwirkung (Anhörung, Mitsprache und Entscheidungsbeteiligung) in überörtlichen Verwaltungseinrichtungen überwinden und zugleich die Unterscheidung von kommunaler Selbstverwaltung und staatlicher Aufga-

---

[14] Zur Unterscheidung zwischen örtlichen und überörtlichen Angelegenheiten und den damit einhergehenden Unsicherheiten *Willi Blümel*, VVDStRL 36 (1978), S. 171 (245); *Rolf Grawert*, VVDStRL 36 (1978), S. 277 (286 ff., 292 ff.); *Albert von Mutius*, in: Ständige Deputation des Deutschen Juristentages (Hrsg.), Verhandlungen des dreiundfünfzigsten Deutschen Juristentages, Bd. I, 1980, E 18 f.; *ders.*, in: Albert von Mutius (Hrsg.), Selbstverwaltung im Staat der Industriegesellschaft, Festgabe zum 70. Geburtstag von Georg Christoph von Unruh, 1983, S. 227 (236 f., 242 f., 244 ff.); *Wolf Weber*, Selbstverwaltung und Demokratie in den Gemeinden nach der Gebietsreform, 1982, S. 100 ff.; *Franz-Ludwig Knemeyer*, in: Albert von Mutius (Hrsg.), Selbstverwaltung im Staat der Industriegesellschaft, Festgabe zum 70. Geburtstag von Georg Christoph von Unruh, 1983, S. 209 (221 f.).

[15] Siehe dazu schon S. 20 f.; nochmals *Joachim Burmeister*, Verfassungstheoretische Neukonzeption der kommunalen Selbstverwaltungsgarantie, 1977, S. 6 ff.; ferner *Ulrich Scheuner*, AfK 1962, S. 149 ff.; *ders.*, AfK 1969, S. 209 ff.; *ders.*, AfK 1973, S. 1 (14); *Günter Seele*, in: Hans Schneider (Hrsg.), Im Dienst an Recht und Staat, Festschrift für Werner Weber zum 70. Geburtstag, 1974, 1974, S. 873 ff.; *Klaus Lange*, in: Hans Schneider (Hrsg.), Im Dienst an Recht und Staat, Festschrift für Werner Weber zum 70. Geburtstag, 1974, S. 851 ff.; *Gerd-Jürgen Richter*, Verfassungsprobleme der kommunalen Funktionalreform, 1977, S. 52 ff.; *Ralf Seidel*, Die verfassungsrechtliche Aufgabenverteilung zwischen Gemeinden und Landkreisen, 1993, S. 88 f.; eingehend *Ernst Pappermann*, DÖV 1973, S. 505 (508); *ders.*, JuS 1973, S. 689 (691 f.); *ders.*, VerwArch 65 (1974), S. 163 (173 ff.); *ders.*, DÖV 1975, S. 181 (186 f.); dazu auch *Alexander Schink*, in: Edzard Schmidt-Jortzig/Alexander Schink, Subsidiaritätsprinzip und Kommunalordnung, 1982, S. 25 (57 ff.); *Horst Heinrich Koch/Hans-Peter Steinmetz*, JA 1982, S. 386 (390 ff.); kritisch *Edzard Schmidt-Jortzig*, DVBl. 1977, S. 801 (803 f.); *ders.*, Kommunale Organisationshoheit, 1979, S. 47 ff.; *Franz-Ludwig Knemeyer*, in: Albert von Mutius (Hrsg.), Selbstverwaltung im Staat der Industriegesellschaft, Festgabe zum 70. Geburtstag von Georg Christoph von Unruh, 1983, S. 209 (221 f.).

[16] Zum so genannten Kompensationsmodell *Willi Blümel*, VVDStRL 36 (1978), S. 171 (245 ff.); *ders.*, in: Albert von Mutius (Hrsg.), Selbstverwaltung im Staat der Industriegesellschaft, Festgabe zum 70. Geburtstag von Georg Christoph von Unruh, 1983, S. 265 (279 f.), der allerdings nicht die Konkretisierung der gemeindlichen Aufgabengarantie einem Kompensationsmodell unterwirft, sondern lediglich „die […] unvermeidlichen Beschränkungen der gemeindlichen Selbstverwaltung“ im Wege der Kompensation rechtfertigt; dazu auch *Winfried Brohm*, DVBl. 1984, S. 293 (296); ähnlich *Eberhard Schmidt-Aßmann*, Grundfragen des Städtebaurechts, 1972, S. 131; *ders.*, AöR 101 (1976), S. 520 ff.; kritisch *Friedhelm Hufen*, in: Max-Emanuel Geis (Hrsg.), Staat – Kirche – Verwaltung, Festschrift für Hartmut Maurer zum 70. Geburtstag, 2001, 1177 (1184, 1188).

benwahrnehmung einebnen.[17] *Joachim Burmeisters* „verfassungstheoretische Neukonzeption" der kommunalen Selbstverwaltungsgarantie nimmt demgegenüber[18] zwar Bezug auf den Begriff der örtlichen Gemeinschaft. Aufgaben, die aufgrund des Gemeinwohlinteresses der staatlichen Wahrnehmung obliegen, zugleich aber auf das Gebiet der Gemeinden beschränkt bleiben, anerkennt diese Konzeption dennoch nicht als Aufgaben im Sinne des Art. 28 Abs. 2 S. 1 GG;[19] die Unterscheidung zwischen kommunaler Selbstverwaltung und staatlicher Aufgabenwahrnehmung und die kompetenzbegründende sowie zugleich kompetenzbewahrende Bezugnahme auf die Angelegenheiten der örtlichen Gemeinschaft sollen danach vielmehr abgelöst werden. Gemeinden seien zur Wahrnehmung staatlicher Aufgaben berufen, sofern Belange der örtlichen Gemeinschaft betroffen sind – die staatliche Aufgabenwahrnehmung, die unmittelbar die örtliche Gemeinschaft betrifft, obliege den Gemeinden. Die verfassungstheoretische Neukonzeption der kommunalen Selbstverwaltungsgarantie verwirft dementsprechend erstens die Unterscheidung zwischen eigenem und übertragenem Wirkungskreis. Beeinträchtigungen der gemeindlichen Allzuständigkeit werden zweitens am Übermaßverbot gemessen und setzen die Einräumung von Mitsprache- und Mitentscheidungsrechten voraus. Der Vorbehalt „im Rahmen der Gesetze" gilt drittens lediglich als rahmenrechtlicher Schrankenvorbehalt, der Gestaltungsspielräume einfordert und auf das Merkmal der Eigenverantwortlichkeit bezogen ist.[20]

---

[17] *Wolfgang Roters*, Kommunale Mitwirkung an höherstufigen Entscheidungsprozessen, 1975, passim; ferner *Ernst Pappermann*, DÖV 1975, S. 181 (182 f.); siehe auch *Ulrich Scheuner*, AfK 1973, S. 1 (14, 35 ff.); *Peter Badura*, in: Hans Schneider (Hrsg.), Im Dienst an Recht und Staat, Festschrift für Werner Weber zum 70. Geburtstag, 1974, S. 911 (929); kritisch dazu *Willi Blümel*, in: Albert von Mutius (Hrsg.), Selbstverwaltung im Staat der Industriegesellschaft, Festgabe zum 70. Geburtstag von Georg Christoph von Unruh, 1983, S. 265 (279); *Franz-Ludwig Knemeyer*, in: Albert von Mutius (Hrsg.), Selbstverwaltung im Staat der Industriegesellschaft, Festgabe zum 70. Geburtstag von Georg Christoph von Unruh, 1983, S. 209 (216 f.); *ders.*, DVBl. 1976, S. 380 ff.; *Winfried Brohm*, DVBl. 1984, S. 293 (296); ausführlich *Konrad Ulrich*, DÖV 1978, S. 73 ff.; *Richard Pfaff*, VerwArch 70 (1979), S. 1 (8 ff.); schließlich *Albert von Mutius*, in: Ständige Deputation des Deutschen Juristentages (Hrsg.), Verhandlungen des dreiundfünfzigsten Deutschen Juristentages, Bd. I, 1980, E 20 ff., der zudem auf das Merkmal der Eigenverantwortlichkeit hinweist.

[18] Zu den Unterschieden *Joachim Burmeister*, Verfassungstheoretische Neukonzeption der kommunalen Selbstverwaltungsgarantie, 1977, S. 15 ff.

[19] *Joachim Burmeister*, Verfassungstheoretische Neukonzeption der kommunalen Selbstverwaltungsgarantie, 1977, S. 20 f.; ähnlich *Ernst Forsthoff*, in: Ernst Forsthoff, Rechtsstaat im Wandel, Verfassungsrechtliche Abhandlungen 1950–1964, 1964, S. 114 (125 f.); *Gerhard Seibert*, Die Gewährleistung gemeindlicher Selbstverwaltung durch das Grundgesetz, 1966, S. 16 ff.; *Ulrich Scheuner*, AfK 1973, S. 1 (23 ff.)

[20] *Joachim Burmeister*, Verfassungstheoretische Neukonzeption der kommunalen Selbstverwaltungsgarantie, 1977, S. 69 ff., 84 ff., 96 f., 105 ff., 116 ff., 142 ff., 163 ff.

b) Kritik: Unterscheidung von eigenem und übertragenem Wirkungskreis

Namentlich das Modell *Joachim Burmeisters* widerspricht allerdings schon dem Wortlaut des Art. 28 Abs. 2 S. 1 GG, der nicht auf die örtlichen Angelegenheiten der Gemeinschaft, sondern vielmehr auf die Angelegenheiten der örtlichen Gemeinschaft Bezug nimmt.[21] Die Aufgabengarantie der Gemeinden erfordert ausweislich dieses Wortlautes einen Bereich originärer Selbstverwaltungsangelegenheiten[22] und folgt damit gerade nicht[23] dem Weinheimer Entwurf.[24] Vorausgesetzt wird damit zugleich eine Unterscheidung von eigenem und übertragenem Wirkungskreis[25] – die Angelegenheiten der örtlichen Gemeinschaft betreffen allein den eigenen Wirkungskreis der Gemeinden.[26] Nicht zuletzt die partizipative Funktion kommunaler Selbstverwaltung bestätigt die Annahme, dass zwischen eigenem und übertragenem Wirkungskreis zu unterscheiden ist:[27] Jede Abkehr von der kompetenzbegründenden und zugleich kompetenzbewahrenden Bedeutung der Angelegenheiten der örtlichen Gemeinschaft lässt Art. 28 Abs. 2 S. 1 GG allein mit der Funktion der administrativen Dezentralisierung zurück.[28] Gerade

---

[21] Anders *Joachim Burmeister*, Verfassungstheoretische Neukonzeption der kommunalen Selbstverwaltungsgarantie, 1977, S. 70f.; ähnlich *Günter Seele*, Die besonderen staatlichen Exekutivbefugnisse im Bereich der kommunalen Selbstverwaltung, 1964, S. 144f.

[22] Kritisch *Joachim Burmeister*, Verfassungstheoretische Neukonzeption der kommunalen Selbstverwaltungsgarantie, 1977, S. 99ff.; siehe auch *Hans-Hermann Dehmel*, Übertragener Wirkungskreis, 1970, S. 110f.; anders *Willi Blümel*, VVDStRL 36 (1978), S. 171 (209).

[23] Eingehend *Matthias Falk*, Die kommunalen Aufgaben unter dem Grundgesetz, 2006, 158ff.

[24] *Joachim Burmeister*, Verfassungstheoretische Neukonzeption der kommunalen Selbstverwaltungsgarantie, 1977, S. 76ff., 116ff.

[25] Dazu *Matthias Falk*, Die kommunalen Aufgaben unter dem Grundgesetz, 2006, 104ff.; *Joachim Kronisch*, Aufgabenverlagerung und gemeindliche Aufgabengarantie, 1993, S. 105, 114; ferner *Maik Möller*, Subsidiaritätsprinzip und kommunale Selbstverwaltung, 2009, S. 162f.; siehe auch *Hans-Hermann Dehmel*, Übertragener Wirkungskreis, 1970, S. 109f.; *Heinz W. Korte*, VerwArch 61 (1970), S. 3ff.; zur Unterscheidung von dualistischer und monistischer Aufgabenstruktur *Jörg Henkel*, Die Kommunalisierung von Staatsaufgaben, 2010, S. 66ff.

[26] *Edzard Schmidt-Jortzig*, DÖV 1993, S. 973 (976f.); ferner *Franz-Ludwig Knemeyer*, DÖV 1988, S. 397ff.; siehe aber auch *Martin Burgi*, Die Verwaltung 42 (2009), S. 155 (171), der im Zuge einer dogmatischen Konsolidierung der Kommunalisierung staatlicher Aufgaben den Schutz des Art. 28 Abs. 2 GG auch auf die als Pflichtaufgaben ohne Weisung übertragenen Aufgaben erstrecken will.

[27] Ähnlich *Winfried Brohm*, DVBl. 1984, S. 293 (294, 295f.); siehe auch BVerfGE 79, 127 (151): „[A]ndererseits [ist] der grundgesetzlich gewollten Teilnahme der Bürger an der öffentlichen Verwaltung ihr Betätigungsfeld zuzuordnen."

[28] Kritisch *Joachim Burmeister*, Verfassungstheoretische Neukonzeption der kommunalen Selbstverwaltungsgarantie, 1977, S. 102ff., der namentlich der institutionellen Dogmatik vorhält, kein wirksames Konzept gegen eine Schwächung der kommunalen Selbstverwaltungsgarantie entwickelt zu haben.

„[i]m örtlichen und deshalb überschaubaren Raum findet der Bürger [aber] ein Feld von Angelegenheiten, die ihn und seine Umwelt unmittelbar berühren. Hier engagiert er sich deshalb am ehesten, versucht seine Interessen zur Geltung zu bringen und auf den Entscheidungsprozess der Verwaltung einzuwirken.“[29]

Dem steht nicht entgegen, dass die Unterscheidung von eigenem und übertragenem Wirkungskreis nicht zuletzt auf einer Gegenüberstellung von Staat und Gesellschaft beruht und kommunale Selbstverwaltung ursprünglich dem gesellschaftlichen Bereich zugeordnet wurde.[30] Da nunmehr auch die eigenverantwortliche Regelung der Angelegenheiten der örtlichen Gemeinschaft staatliche Aufgabenwahrnehmung ist, hat diese Gegenüberstellung zwar an Bedeutung verloren.[31] Damit wird aber die Unterscheidung von eigenem und übertragenem Wirkungskreis nicht obsolet: Der Begriff der Angelegenheiten der örtlichen Gemeinschaft ermöglicht vielmehr eine Abgrenzung zwischen den gemeindlichen Kompetenzen einerseits und den Aufgaben anderer staatlicher Stellen andererseits.[32] Der Begriff der örtlichen Gemeinschaft dient dementsprechend auch noch dann als Differenzierungsmerkmal, wenn die Regelung der Angelegenheiten der örtlichen Gemeinschaft als staatliche Aufgabenwahrnehmung qualifiziert wird.[33] Festzuhalten ist daher, dass bei der Bestimmung der Angelegenheiten zwischen dem eigenen Wirkungskreis der Gemeinden und der Übertragung staatlicher Aufgaben zu unterscheiden ist – die Angelegenheiten der örtlichen Gemeinschaft im Sinne des Art. 28 Abs. 2 GG meinen nur den eigenen Wirkungskreis. Die Aufgaben des eigenen Wirkungskreises werden nun grundsätzlich durch das Merkmal der Eigenverantwortlichkeit der Aufgabenerfül-

---

[29] *Alexander Schink*, in: Edzard Schmidt-Jortzig/Alexander Schink, Subsidiaritätsprinzip und Kommunalordnung, 1982, S. 25 (72); ferner *Wolfgang Loschelder*, Kommunale Selbstverwaltungsgarantie und gemeindliche Gebietsgestaltung, 1976, S. 214 ff.; *Bernhard Stüer*, Funktionalreform und kommunale Selbstverwaltung, 1980, S. 73 ff.; *Edzard Schmidt-Jortzig*, DVBl. 1980, S. 1 (9).

[30] Ausführlich S. 73 ff.; nochmals *Joachim Kronisch*, Aufgabenverlagerung und gemeindliche Aufgabengarantie, 1993, S. 105 ff.; *Maik Möller*, Subsidiaritätsprinzip und kommunale Selbstverwaltung, 2009, S. 72 f., 160 f.

[31] *Heinz W. Korte*, VerwArch 61 (1970), S. 3 (8); *Franz-Ludwig Knemeyer*, DÖV 1988, S. 397 (398 f.); *Maik Möller*, Subsidiaritätsprinzip und kommunale Selbstverwaltung, 2009, S. 161.

[32] *Martin Oldiges*, in: Klaus Stern (Hrsg.), Gedächtnisschrift für Joachim Burmeister, 2004, S. 269 (272); ferner *Heinz W. Korte*, VerwArch 61 (1970), S. 3 (11 f., 25, 31 ff.); *Gerd Schmidt-Eichstaedt*, Bundesgesetze und Gemeinden, 1981, S. 128, 131 f.; *Albert von Mutius*, in: Albert von Mutius (Hrsg.), Selbstverwaltung im Staat der Industriegesellschaft, Festgabe zum 70. Geburtstag von Georg Christoph von Unruh, 1983, S. 227 (244 ff.); *Maik Möller*, Subsidiaritätsprinzip und kommunale Selbstverwaltung, 2009, S. 164 f.; ferner *Georg Christoph von Unruh*, Der Staat 4 (1965), S. 441 (468); *ders.*, DÖV 1974, S. 649 (650); *ders.*, DÖV 1977, S. 467 (469); anders *Hans-Hermann Dehmel*, Übertragener Wirkungskreis, 1970, S. 32 ff., 62 f., 103 ff.; *Joachim Burmeister*, Verfassungstheoretische Neukonzeption der kommunalen Selbstverwaltungsgarantie, 1977, S. 23 ff., 70 ff.

[33] So aber *Joachim Burmeister*, Verfassungstheoretische Neukonzeption der kommunalen Selbstverwaltungsgarantie, 1977, S. 25 f.

lung sichtbar gemacht.[34] Darauf kann es bei der Bestimmung der Angelegenheiten der örtlichen Gemeinschaft aber letztlich nicht ankommen: Einfachgesetzliche Vorgaben zur Weisungsgebundenheit der Gemeinden[35] sind für die Konkretisierung der Aufgabengarantie der Gemeinden nicht relevant, sondern müssen ihrerseits den Vorgaben des Art. 28 Abs. 2 S. 1 GG gerecht werden.[36]

2. *Angelegenheiten der örtlichen Gemeinschaft: Bestimmung nach Maßgabe „einer räumlichen (örtlich) und einer soziologischen (Gemeinschaft) Komponente"*

Dementsprechend bezeichnet das Bundesverfassungsgericht zutreffend nur diejenigen Bedürfnisse und Interessen als Gegenstand der Aufgabengarantie der Gemeinden, die in der örtlichen Gemeinschaft wurzeln oder auf sie einen spezifischen Bezug haben;[37] Rücksicht auf das Merkmal der Eigenverantwortlichkeit nimmt das Bundesverfassungsgericht hingegen nicht. Es bestimmt den Inhalt der Angelegenheiten der örtlichen Gemeinschaft vielmehr nach Maßgabe „einer räumlichen (örtlich) und einer soziologischen (Gemeinschaft) Komponente."[38]

---

[34] *Klaus Lange*, in: Ekkehart Stein (Hrsg.), Festschrift für Helmut Ridder zum siebzigsten Geburtstag, 1989, S. 63 (67); ferner *Hans Peters*, Grenzen der kommunalen Selbstverwaltung in Preußen, 1926, S. 186 ff.; *Heinz W. Korte*, VerwArch 61 (1970), S. 3 (24 ff.); *Georg Christoph von Unruh*, DÖV 1977, S. 467 ff.; *Franz-Ludwig Knemeyer*, DVBl. 1984, S. 23 (29); *ders.*, DÖV 1988, S. 397 (398 f.).

[35] *Maik Möller*, Subsidiaritätsprinzip und kommunale Selbstverwaltung, 2009, S. 163 f.; siehe auch *Heinz W. Korte*, VerwArch 61 (1970), S. 3 (28 ff.); *Edzard Schmidt-Jortzig*, DÖV 1993, S. 973 (974); *Matthias Falk*, Die kommunalen Aufgaben unter dem Grundgesetz, 2006, 106 ff.

[36] *Maik Möller*, Subsidiaritätsprinzip und kommunale Selbstverwaltung, 2009, S. 163 f.; ferner *Heinz W. Korte*, VerwArch 61 (1970), S. 3 (28); *Joachim Kronisch*, Aufgabenverlagerung und gemeindliche Aufgabengarantie, 1993, S. 117; *Matthias Falk*, Die kommunalen Aufgaben unter dem Grundgesetz, 2006, S. 104 ff.

[37] BVerfGE 79, 127 (151 f.); ferner BVerfGE 110, 370 (400).

[38] *Albert von Mutius*, in: Albert von Mutius (Hrsg.), Selbstverwaltung im Staat der Industriegesellschaft, Festgabe zum 70. Geburtstag von Georg Christoph von Unruh, 1983, S. 227 (245); ferner *ders.*, in: Ständige Deputation des Deutschen Juristentages (Hrsg.), Verhandlungen des dreiundfünfzigsten Deutschen Juristentages, Bd. I, 1980, E 18; zuvor schon *Lorenz von Stein*, Die Verwaltungslehre, Bd. I/2, 2. Aufl. 1869, S. 128 ff.; siehe auch *Karl Josef Partsch*, in: Max-Planck-Institut für Ausländisches Öffentliches Recht und Völkerrecht (Hrsg.), Völkerrechtliche und staatsrechtliche Abhandlungen, Carl Bilfinger zum 75. Geburtstag am 21. Januar 1954, 1954, S. 301 ff.; *Hans Peter Conrady*, DVBl. 1970, S. 408 ff.; *Heinz W. Korte*, VerwArch 61 (1970), S. 3 (8); *Edzard Schmidt-Jortzig*, DVBl. 1977, S. 801 (804); *ders.*, Verfassungsmäßige und soziologische Legitimation gemeindlicher Selbstverwaltung heute, 1980, S. 17; *ders.*, DÖV 1984, S. 821 (823 f.); *ders.*, DÖV 1989, S. 142 (145); *ders.*, in: Hans-Uwe Erichsen (Hrsg.), Kommunalverfassung heute und morgen – Bilanz und Ausblick, 1989, S. 23 (24); *Georg Christoph von Unruh*, DÖV 1977, S. 467 ff.; anders wohl *Gerd Schmidt-Eichstaedt*, Bundesgesetze und Gemeinden, 1981, S. 137 ff., der die Kongruenz von Entscheidungsfindung und Entscheidungsauswirkung zum wesentlichen Konkretisierungsmerkmal erhebt und eine

a) Zur räumlichen Dimension der Angelegenheiten der örtlichen Gemeinschaft

Zunächst müssen Angelegenheiten der örtlichen Gemeinschaft also solche Aufgaben sein, die im jeweiligen Gemeindegebiet anfallen. Allgemeinpolitische Fragestellungen können der Aufgabengarantie der Gemeinden[39] nicht zugeordnet werden.[40] Damit ist ein abschließendes Konkretisierungsmerkmal der Aufgabengarantie indes nicht benannt: Wären alle Aufgaben, die im Gebiet der jeweiligen Gemeinden anfallen, Gegenstand der Aufgabengarantie der Gemeinden, würde die Unterscheidung zwischen eigenem und übertragenem Wirkungskreis erneut obsolet, des Weiteren wären Parallelen zum Weinheimer Entwurf[41] offenkundig. Zugleich wäre auch jede Kommunalisierung staatlicher Aufgaben zumindest mit dem Einwand der Ineffektivität konfrontiert: Kommunalisiert werden könnten letztlich nur überörtliche Aufgaben, die die Gemeinden aufgrund ihres begrenzten Bezugsraumes aber wohl nur defizitär wahrnehmen könnten.

Angelegenheiten der örtlichen Gemeinschaft können dementsprechend nur einen Ausschnitt aus denjenigen Aufgaben beschreiben, die im Gemeindegebiet anfallen.[42] Keinesfalls statuiert Art. 28 Abs. 2 GG das verwaltungspolitische Ideal einer einheitlichen – und mit der Kommunalisierung staatlicher Aufgaben

---

Differenzierung nach Maßgabe der Kategorien der Informationsgewinnung, der Informationsverarbeitung sowie der Entscheidung vornimmt; ähnlich *Alexander Schink*, in: Edzard Schmidt-Jortzig/Alexander Schink, Subsidiaritätsprinzip und Kommunalordnung, 1982, S. 25 (58f.); zum Ganzen *Joachim Kronisch*, Aufgabenverlagerung und gemeindliche Aufgabengarantie, 1993, S. 36f.

[39] Zur Unterscheidung von Befassungs- und Erledigungskompetenz *Martin Burgi*, VerwArch 90 (1999), S. 70 (83); kritisch *Alexis von Komorowski*, Der Staat 37 (1998), S. 122ff.

[40] BVerfGE 8, 122 (134); 79, 127 (151); dazu *Albert von Mutius*, in: Ständige Deputation des Deutschen Juristentages (Hrsg.), Verhandlungen des dreiundfünfzigsten Deutschen Juristentages, Bd. I, 1980, E 148ff.; *ders.*, in: Albert von Mutius (Hrsg.), Selbstverwaltung im Staat der Industriegesellschaft, Festgabe zum 70. Geburtstag von Georg Christoph von Unruh, 1983, S. 227 (261f.); *Friedrich Schoch*, VerwArch 81 (1990), S. 18 (30); *Matthias Falk*, Die kommunalen Aufgaben unter dem Grundgesetz, 2006, 137; ferner *Bertold Huber*, NVwZ 1982, S. 662ff.; *Ulrich Penski*, ZRP 1983, S. 161ff.; *Arnulf Schmitt-Kammler*, DÖV 1983, S. 869ff.; *Wolfgang Graf Vitzthum*, JA 1983, S. 557ff.; *Dieter Blumenwitz*, in: Albert von Mutius (Hrsg.), Selbstverwaltung im Staat der Industriegesellschaft, Festgabe zum 70. Geburtstag von Georg Christoph von Unruh, 1983, S. 747ff.; *Michael Uechtritz*, NVwZ 1983, S. 334f.; *ders./Hans Schlarmann*, DVBl. 1984, S. 939ff.; *Edzard Schmidt-Jortzig*, DÖV 1989, S. 142 (146f.); *Siegwin Süß*, BayVBl. 1983, S. 513ff.; anders wohl *Jochen Hofmann*, DVBl. 1984, S. 116ff.; zu Städtepartnerschaften BVerwGE 87, 237 (238); zur kommunalen Entwicklungszusammenarbeit *Christian Athenstaedt*, DÖV 2013, S. 835ff.

[41] Kritisch *Matthias Falk*, Die kommunalen Aufgaben unter dem Grundgesetz, 2006, 158ff.; ferner *Joachim Kronisch*, Aufgabenverlagerung und gemeindliche Aufgabengarantie, 1993, S. 112ff., 116f.

[42] *Joachim Kronisch*, Aufgabenverlagerung und gemeindliche Aufgabengarantie, 1993, S. 116; ähnlich *Christoph Brüning*, in: Hans-Günter Henneke (Hrsg.), Kommunale Selbstverwaltung in der Bewährung, 2013, S. 253 (263f.); anders *Willi Thiele*, DVBl. 1980, S. 10ff.; *Gerd Schmidt-Eichstaedt*, Bundesgesetze und Gemeinden, 1981, S. 137f.; siehe auch *Heinz W. Korte*, VerwArch 61 (1970), S. 3 (33f.).

angestrebten – Exekutive.[43] Dies verdeutlichen auch monistische landesverfassungsrechtliche Gewährleistungen, die den Gemeinden ausdrücklich die Wahrnehmung aller öffentlichen Angelegenheiten in ihrem Gebiet zuweisen.[44] Im Ergebnis kann sich die Bestimmung der Angelegenheiten der örtlichen Gemeinschaft folglich nicht allein an räumlich-örtlichen Bezügen[45] orientieren.[46] Vielmehr muss neben der örtlichen Komponente vor allem auf solche Aufgaben Bezug genommen werden, „die in der örtlichen Gemeinschaft wurzeln oder auf sie einen spezifischen Bezug haben".[47] Diese Wendung des Bundesverfassungsgerichts ist daher nachfolgend näher zu analysieren.

b) *„Aufgaben, die in der örtlichen Gemeinschaft wurzeln oder auf sie einen spezifischen Bezug haben"*

Dabei zeigt sich, dass die Bezugnahme auf solche Aufgaben mit erheblichen Unschärfen verbunden ist. Schon in tatsächlicher Hinsicht hat auch das Bundesverfassungsgericht anerkannt, dass sich die Aufgabengarantie der Gemeinden weder in zeitlicher Hinsicht noch für alle Gemeinden ohne Rücksicht auf

---

[43] Dazu *Erich Becker*, in: Karl August Bettermann/Hans Carl Nipperdey (Hrsg.), Die Grundrechte, Bd. IV/2, 1962, S. 673 (715); ferner *Jörg Henkel*, Die Kommunalisierung von Staatsaufgaben, 2010, S. 28 f.; mit Blick auf die Kreise *Eberhard Laux*, in: Verein für die Geschichte der Deutschen Landkreise e. V. (Hrsg.), Der Kreis, Bd. I, 1972, S. 93 (93 ff.).

[44] Zum Totalitätsprinzip *Ute Lusche*, Die Selbstverwaltungsaufgaben der Landkreise, 1998, S. 102 ff.

[45] Gleichwohl bleiben die Angelegenheiten stets an die räumliche Ausdehnung der Gemeinden gebunden, siehe *Klaus Stern*, in: BK, Art. 28 (1964), Rn. 86; *Alexander Schink*, in: Edzard Schmidt-Jortzig/Alexander Schink, Subsidiaritätsprinzip und Kommunalordnung, 1982, S. 25 (57); *Albert von Mutius*, in: Albert von Mutius (Hrsg.), Selbstverwaltung im Staat der Industriegesellschaft, Festgabe zum 70. Geburtstag von Georg Christoph von Unruh, 1983, S. 227 (245 f.); *Willi Blümel*, VerwArch 75 (1984), S. 197 (307); *Edzard Schmidt-Jortzig*, DÖV 1989, S. 142 (146).

[46] *Albert von Mutius*, in: Albert von Mutius (Hrsg.), Selbstverwaltung im Staat der Industriegesellschaft, Festgabe zum 70. Geburtstag von Georg Christoph von Unruh, 1983, S. 227 (245); ferner *Edzard Schmidt-Jortzig*, DVBl. 1980, S. 1 (4 ff.); siehe auch *Alexander Schink*, in: Edzard Schmidt-Jortzig/Alexander Schink, Subsidiaritätsprinzip und Kommunalordnung, 1982, S. 25 (57, 58 f.), der allerdings im Ergebnis ebenfalls auf die örtliche Verwaltungsentscheidung Bezug nimmt; anders wohl *Franz-Ludwig Knemeyer*, DVBl. 1976, S. 380 (383); *ders.*, in: Albert von Mutius (Hrsg.), Selbstverwaltung im Staat der Industriegesellschaft, Festgabe zum 70. Geburtstag von Georg Christoph von Unruh, 1983, S. 209 (221 f.); *ders.*, DVBl. 1984, S. 23 (24 f.); *Gerd Schmidt-Eichstaedt*, Bundesgesetze und Gemeinden, 1981, S. 137 ff.

[47] *Albert von Mutius*, Jura 1982, S. 28 (30); *ders.*, in: Albert von Mutius (Hrsg.), Selbstverwaltung im Staat der Industriegesellschaft, Festgabe zum 70. Geburtstag von Georg Christoph von Unruh, 1983, S. 227 (245 f.); *Joachim Kronisch*, Aufgabenverlagerung und gemeindliche Aufgabengarantie, 1993, S. 36; *Matthias Falk*, Die kommunalen Aufgaben unter dem Grundgesetz, 2006, 132; ferner *Edzard Schmidt-Jortzig*, Verfassungsmäßige und soziologische Legitimation gemeindlicher Selbstverwaltung heute, 1980, S. 17; *ders.*, DVBl. 1980, S. 1 (4 ff.); *ders.*, DÖV 1993, S. 973 (974); *Winfried Brohm*, DÖV 1989, S. 429 (431); *Kyrill-A. Schwarz*, NVwZ 1996, S. 1182 (1183).

Einwohnerzahl und Gemeindegebiet einheitlich betrachten lässt.[48] Ebenfalls aus tatsächlicher Perspektive ist zu bedenken, dass Angelegenheiten der örtlichen Gemeinschaft der latenten Gefahr einer faktischen Entörtlichung ausgesetzt sind.[49] Wirken die Angelegenheiten der örtlichen Gemeinschaft kompetenzbegründend und zugleich kompetenzbewahrend, betrifft die faktische Entörtlichung die Aufgabengarantie der Gemeinden unmittelbar.[50] Die Aufgabengarantie der Gemeinden kann sich folglich nicht dem Umstand entziehen, dass die „raumrelevanten Daseinsfunktionen des menschlichen Lebens [...] nicht mehr auf den Raum einer Gemeinde [...] [beschränkt sind]".[51]

Sowohl die Unterschiedlichkeit der Gemeinden als auch der Prozess der Entörtlichung haben bislang allerdings auch nicht dazu geführt, dass keine Angelegenheiten der örtlichen Gemeinschaft mehr auszumachen wären:

> „Zwar mag durch die Entwicklung von Kommunikationstechnik und allgemeiner Infrastruktur die emotionale Geschlossenheit der örtlichen Gemeinschaft sich gelockert, ja weitgehend verflüchtigt haben und das Bezugsgebiet für die Verwirklichung der Lebensbedürfnisse erheblich größer geworden sein. Die anthropologischen Voraussetzungen wie Solidaritätsbedürfnis, Heimatverbundenheit, Integrationsverlangen, Engagementbereitschaft und Partizipationsdrang bei Gestaltung der unmittelbaren Lebensbereiche sind jedoch erstaunlich gleich geblieben."[52]

Trotz Unschärfen in tatsächlicher Hinsicht ist daher keine Abkehr von jeder differenzierenden Betrachtung angezeigt.[53] Es sind vielmehr diejenigen Begriffsmerkmale der örtlichen Gemeinschaft herauszustellen, die Aufgaben zu Angelegenheiten machen, die in der örtlichen Gemeinschaft wurzeln oder auf sie einen spezifischen Bezug haben.

aa) Anwendung der funktionsbezogenen Dogmatik

Das Bundesverfassungsgericht schlägt diesbezüglich eine historische Betrachtung vor,[54] mit deren Hilfe vor allem der Kernbereich der Aufgabengarantie der

---

[48] BVerfGE 79, 127 (152); 110, 370 (401).

[49] BVerfGE 76, 107 (118); ferner BVerfGE 79, 127 (148).

[50] Dazu *Willi Blümel*, Das verfassungsrechtliche Verhältnis von Gemeinden und Landkreisen, 1979, S. 14 ff.; *Albert von Mutius*, in: Albert von Mutius (Hrsg.), Selbstverwaltung im Staat der Industriegesellschaft, Festgabe zum 70. Geburtstag von Georg Christoph von Unruh, 1983, S. 227 (231 ff.); *Theodor Maunz*, BayVBl. 1984, S. 417 (420 f.); *Friedrich Schoch*, VerwArch 81 (1990), S. 18 (30 f.); kritisch *Joachim Burmeister*, Verfassungstheoretische Neukonzeption der kommunalen Selbstverwaltungsgarantie, 1977, S. 21 f.; siehe auch *Rolf Grawert*, VVDStRL 36 (1978), S. 277 (286 f.).

[51] *Winfried Brohm*, DVBl. 1984, S. 293 (295).

[52] *Edzard Schmidt-Jortzig*, DÖV 1989, S. 142 (146); siehe auch *dens.*, Verfassungsmäßige und soziologische Legitimation gemeindlicher Selbstverwaltung heute, 1980, S. 9 ff.

[53] *Franz-Ludwig Knemeyer*, DVBl. 1984, S. 23 (25).

[54] Nach institutioneller Lesart dazu auch *Albert von Mutius*, in: Albert von Mutius (Hrsg.), Selbstverwaltung im Staat der Industriegesellschaft, Festgabe zum 70. Geburtstag von Georg Christoph von Unruh, 1983, S. 227 (243); kritisch *Willi Blümel*, Das verfassungsrechtliche

Gemeinden bestimmt werden soll, der nach institutioneller Konzeption vom Gesetzgeber uneingeschränkt zu wahren ist: „Bei der Bestimmung des Kernbereichs ist in besonderer Weise der geschichtlichen Entwicklung und den verschiedenen Erscheinungsformen der Selbstverwaltung Rechnung zu tragen.“[55] Diesbezüglich führt das Bundesverfassungsgericht aus, dass

> „[...] zum Wesensgehalt der gemeindlichen Selbstverwaltung kein gegenständlich bestimmter oder nach feststehenden Merkmalen bestimmbarer Aufgabenkatalog gehört, wohl aber die Befugnis, sich aller Angelegenheiten der örtlichen Gemeinschaft, die nicht durch Gesetz bereits anderen Trägern öffentlicher Verwaltung übertragen sind, ohne besonderen Kompetenztitel anzunehmen (‚Universalität‘ des gemeindlichen Wirkungskreises).“[56]

Eine solche historische Betrachtung vermag erste Anhaltspunkte zu liefern, reicht aber für die abschließende Bestimmung der Aufgabengarantie der Gemeinden nicht aus. Mit ihrer Hilfe lässt sich nämlich die Wandelbarkeit der Angelegenheiten der örtlichen Gemeinschaft nicht abbilden,[57] was etwa die Beispiele der Gefahrenabwehr und der Sozialhilfe[58] veranschaulichen. Das Kompositum „Angelegenheiten der örtlichen Gemeinschaft“ ist vielmehr ebenfalls mit Hilfe der Funktionen kommunaler Selbstverwaltung zu bestimmen – die im Rahmen der prinzipientheoretischen Lesart bislang lediglich zur Bestimmung derjenigen Grenzen herangezogen wurden, die der Gesetzgeber bei der Ausgestaltung des existentialen Gewährleistungselementes zu wahren hat.[59] Aus institutioneller Sicht konstatiert in diesem Sinne auch das Bundesverfassungsgericht, „der grundgesetzlich gewollten Teilnahme der Bürger an der öffentlichen Verwaltung [sei] ihr Betätigungsfeld zuzuordnen“,[60] und ergänzt nachfolgend:

> „Für die örtliche Ebene der Gemeinden fordert Art. 28 Abs. 2 Satz 1 GG eine mit wirklicher Verantwortlichkeit ausgestattete Einrichtung der Selbstverwaltung, durch die den Bürgern eine wirksame Teilnahme an den Angelegenheiten des Gemeinwesens ermöglicht wird [...]. Hierfür gewährleistet Art. 28 Abs. 2 Satz 1 GG den Gemeinden einen

---

Verhältnis von Gemeinden und Landkreisen, 1979, S. 14 ff.; *Winfried Brohm*, DVBl. 1984, S. 293 (297); *Alexander Schink*, VerwArch 81 (1990), S. 385 (398); eingehend *Gerd-Jürgen Richter*, Verfassungsprobleme der kommunalen Funktionalreform, 1977, S. 146 f., 181.

[55] BVerfGE 79, 127 (146); ferner BVerfGE 1, 167 (178); 7, 358 (364); 8, 322 (360); 11, 266 (274); 17, 172 (182); 22, 180 (205); 26, 172 (180); 38, 258 (278 f.), 50, 195 (201); 59, 216 (226); 76, 107 (118).

[56] BVerfGE 79, 127 (146).

[57] *Willi Blümel*, VerwArch 73 (1982), S. 329 (342 f.); *ders.*, in: Albert von Mutius (Hrsg.), Selbstverwaltung im Staat der Industriegesellschaft, Festgabe zum 70. Geburtstag von Georg Christoph von Unruh, 1983, S. 227 (272 ff.); *Albert von Mutius*, in: Albert von Mutius (Hrsg.), Selbstverwaltung im Staat der Industriegesellschaft, Festgabe zum 70. Geburtstag von Georg Christoph von Unruh, 1983, S. 265 (236); *Edzard Schmidt-Jortzig*, DÖV 1989, S. 142 (145); *Matthias Falk*, Die kommunalen Aufgaben unter dem Grundgesetz, 2006, 134.

[58] Dazu *Matthias Falk*, Die kommunalen Aufgaben unter dem Grundgesetz, 2006, 134.

[59] Zur Bedeutung der funktionsbezogenen Dogmatik S. 155 ff.

[60] BVerfGE 79, 127 (151, 153).

eigenen Aufgabenbereich sowie die Eigenverantwortlichkeit ihrer Aufgabenwahrnehmung und sichert so die notwendigen Wirkungsbedingungen einer gemeindlichen Selbstverwaltung."[61]

bb) Angelegenheiten der örtlichen Gemeinschaft im Einzelnen

Bezugnehmend auf die Funktionen kommunaler Selbstverwaltung ist daher eine Annäherung an diejenigen Kriterien zu versuchen, die Aufgaben zu Angelegenheiten machen, die in der örtlichen Gemeinschaft wurzeln oder auf sie einen spezifischen Bezug haben.

(1) Enumerationsmethode

Die frühe Judikatur des Bundesverfassungsgerichts, die eine Annäherung durch eine beispielhafte Aufzählung versucht, kann insoweit nicht überzeugen: Kulturelle Aufgaben wie Theater und Museen, die Versorgungs- und Verkehrsbetriebe, die Krankenhäuser, die Sportanlagen, die Jugendherbergen, die Altersheime, die Unterhaltung von Handels- und Fachschulen, die Wasserversorgung, das Meldewesen, die Einrichtung und Erhaltung der Volksschulgebäude und der Berufsschulen, das Straßen-, Kassen-, Haushalts- sowie das Rechnungswesen sind danach Angelegenheiten der örtlichen Gemeinschaft.[62] Eine ähnliche Konzeption findet sich auch in Art. 83 Abs. 1 der Verfassung des Freistaates Bayern, der beispielhaft die Verwaltung des Gemeindevermögens und der Gemeindebetriebe, den örtlichen Verkehr nebst Straßen- und Wegebau, die Versorgung der Bevölkerung mit Wasser, Licht, Gas und elektrischer Kraft, die Einrichtungen zur Sicherung der Ernährung, die Ortsplanung, den Wohnungsbau und die Wohnungsaufsicht, die örtliche Polizei, den Feuerschutz, die örtliche Kulturpflege, das Volks- und Berufsschulwesen und die Erwachsenenbildung, das Vormundschaftswesen und die Wohlfahrtspflege, das örtliche Gesundheitswesen, die Ehe- und Mütterberatung sowie die Säuglingspflege, die Schulhygiene und die körperliche Ertüchtigung der Jugend, die öffentlichen Bäder, die Totenbestattung und die Erhaltung ortsgeschichtlicher Denkmäler und Bauten aufzählt. Derartige Enumerationsmethoden sind ebenfalls historisierend und deshalb unzulänglich; sie widersprechen der Wandelbarkeit der Aufgabengarantie der Gemeinden und laufen gleichzeitig Gefahr, neue Aufgaben nicht der Aufgabengarantie der Gemeinden zuordnen zu können. Dies widerspricht aber gerade Art. 28 Abs. 2 S. 1 GG, der auf alle Angelegenheiten der

---

[61] BVerfGE 107, 1 (12); ferner BVerfGE 110, 370 (400); siehe auch *Heinz W. Korte*, VerwArch 61 (1970), S. 3 (11 f.); ähnlich *Alexander Schink*, in: Edzard Schmidt-Jortzig/Alexander Schink, Subsidiaritätsprinzip und Kommunalordnung, 1982, S. 25 (70 ff.); *ders.*, VerwArch 81 (1990), S. 385 (406 ff.); *Maik Möller*, Subsidiaritätsprinzip und kommunale Selbstverwaltung, 2009, S. 173.

[62] BVerfGE 6, 104 (116).

örtlichen Gemeinschaft Bezug nimmt.[63] Beiden Umständen muss folglich durch die Benennung abstrakter Kriterien Rechnung getragen werden, die im Einzelfall eine Zuordnung von Aufgaben zur Aufgabengarantie des Art. 28 Abs. 2 S. 2 GG erlauben.

(2) Abstrakte Begriffsbildung und Schwerpunktsetzung

Solche abstrakten Kriterien lassen sich wie folgt umschreiben: Zu den Angelegenheiten der örtlichen Gemeinschaft zählen Aufgaben, die auf den in einem wirtschaftlich, ökologisch, strukturell gleichförmigen und emotional überschaubaren Raum entstandenen Zusammenhang nachbarschaftlicher Verbundenheit Bezug nehmen, der durch Solidaritätsbedürfnis, Heimatverbundenheit, Integrationsverlangen, Engagement und Partizipationsdrang bei der Gestaltung der unmittelbaren Lebensbereiche gekennzeichnet ist.[64]

„Systematisch fußt der besondere Sinngehalt des Begriffes ‚örtliche Gemeinschaft' damit auf dem empirischen und gefühlsmäßigen Faktum, daß das Beieinanderwohnen von Menschen auf einem überschaubaren und denselben Bedingungen von Natur, politischer Umwelt, Wirtschaftsstruktur etc. ausgesetzten Raum Sonderbeziehungen hervorbringt, aus denen ein spezifisches Verhältnis nachbarschaftlicher Zusammengehörigkeit entsteht und übereinstimmende Interessen erwachsen."[65] „‚Örtlich' ist danach der Bereich, in welchem sich Gemeinschaft im Sinne gefühlsmäßiger Einheit räumlich entfaltet, und ‚Gemeinschaft' meint nicht einen Zusammenschluß beliebiger, indifferenter Vielheiten, sondern allein den der örtlichen, d.h. mit dem konkreten Raum und Boden innerlich verwurzelten Gemeinsamkeit des Wohnens. ‚Örtliche Gemeinschaft' kann mithin definiert werden als der in einem wirtschaftlich, ökologisch, strukturell gleichförmigen und überschaubaren Raum entstandene Zusammenhang nachbarschaftlicher Verbundenheit."[66]

Die Bildung von Schwerpunkten der gemeindlichen Tätigkeit erlaubt eine weitere Annäherung an die Aufgabengarantie der Gemeinden: Angelegenheiten

---

[63] BVerfGE 79, 127 (151); ferner BVerfGE 1, 167 (175); 8, 122 (134); 21, 117 (128); 23, 353 (365); dazu *Matthias Falk*, Die kommunalen Aufgaben unter dem Grundgesetz, 2006, 137 ff.; eingehend *Heinz W. Korte*, VerwArch 61 (1970), S. 3 (34 ff.); ferner *Winfried Brohm*, DVBl. 1984, S. 293 (297), der neben dem Sprachgebrauch und der geschichtlichen Entwicklung, in der sich typische Aufgaben der Gemeinden herausgebildet hätten, die Funktion der kommunalen Selbstverwaltung in den Blick nimmt, die die Aspekte der Orts- und Sachnähe sowie die Partizipation und Integration betrifft.

[64] *Albert von Mutius*, in: Albert von Mutius (Hrsg.), Selbstverwaltung im Staat der Industriegesellschaft, Festgabe zum 70. Geburtstag von Georg Christoph von Unruh, 1983, S. 227 (245 f.); ähnlich *Edzard Schmidt-Jortzig*, DVBl. 1977, S. 801 (804), der die Angelegenheiten der örtlichen Gemeinschaft als Aufgaben umschreibt, an denen „jeder räumlich-ideellen Einheit tätig ‚gelegen' ist, also die von ihr zu bewältigenden kollektiven Interessen, Wünsche, Probleme, Bedürfnisse – was immer hierunter im einzelnen rechnen mag und sich zunächst mit anderen Kompetenzen überschneiden kann".

[65] *Edzard Schmidt-Jortzig*, DÖV 1989, S. 142 (146); kritisch *Gerd Schmidt-Eichstaedt*, Bundesgesetze und Gemeinden, 1981, S. 137, der ein psychologisch-soziologisches Moment nicht für erforderlich erachtet.

[66] *Edzard Schmidt-Jortzig*, DÖV 1989, S. 142 (146).

der örtlichen Gemeinschaft lassen sich mit dem Begriff der Dienstleistung umschreiben, der die technische Versorgung der Bevölkerung, kulturelle Tätigkeiten, soziale Aufgaben unter Berücksichtigung eines Generationenverlaufes[67] sowie die Bautätigkeit der Gemeinden betrifft.[68] Darüber hinaus können hinsichtlich derjenigen Aufgaben, die in der örtlichen Gemeinschaft wurzeln oder auf sie einen spezifischen Bezug haben, systematisierend integrale und summative Aufgaben unterschieden werden:[69] Integrale Aufgaben sind zunächst auf das jeweilige Hoheitsgebiet der Gemeinden bezogen und bezeichnen solche Angelegenheiten, die gemeinsame Bedürfnisse der Bürger betreffen.[70] Summative Aufgaben sind demgegenüber auf die Summe solcher Bedürfnisse gerichtet und betreffen folglich überindividuelle Interessen.[71] Schließlich kann die abstrakte Begriffsbildung und Schwerpunktsetzung mit Hilfe einer negativen Abgrenzung abgeschlossen werden: Danach sind Angelegenheiten der örtlichen Gemeinschaft nicht – wie im Zuge der verfassungstheoretischen Neukonzeption der kommunalen Selbstverwaltungsgarantie vorgeschlagen – mit den Begriffen der Nebensächlichkeit oder der Belanglosigkeit zu umschreiben.[72] Ferner geht die Unterscheidung zwischen Existenzaufgaben und Zweckaufgaben fehl:[73] Existenzaufgaben, die die Selbstorganisation der Gemeinden betreffen,[74] können grundsätzlich nicht der Aufgabengarantie der Gemeinden zugeordnet werden; die Selbstorganisation der Gemeinde ist vielmehr Gegenstand der kommunalen Binnenorganisation.[75]

---

[67] Dazu *Martin Burgi*, DVBl. 2007, S. 70 ff.; ähnlich *Edzard Schmidt-Jortzig*, DVBl. 1977, S. 801 (803 f.), der auf „die gefühlsabhängigen sozialen Gegebenheiten des menschlichen Wesens" Bezug nimmt; zur diesbezüglichen Bedeutung der Gemeindeverbände *Eberhard Eichenhofer*, in: Hans-Günter Henneke (Hrsg.), Künftige Funktionen und Aufgaben der Kreise im sozialen Bundesstaat, 2004, S. 83 ff.

[68] Dazu *Winfried Brohm*, DVBl. 1984, S. 293 (297); ähnlich *Peter Michael Mombaur*, in: Albert von Mutius (Hrsg.), Selbstverwaltung im Staat der Industriegesellschaft, Festgabe zum 70. Geburtstag von Georg Christoph von Unruh, 1983, S. 503 (508 ff.).

[69] *Matthias Falk*, Die kommunalen Aufgaben unter dem Grundgesetz, 2006, 151 f.

[70] *Matthias Falk*, Die kommunalen Aufgaben unter dem Grundgesetz, 2006, 151.

[71] *Matthias Falk*, Die kommunalen Aufgaben unter dem Grundgesetz, 2006, 151; zum Ganzen *Heinz W. Korte*, VerwArch 61 (1970), S. 3 (42 f.).

[72] Anders *Joachim Burmeister*, Verfassungstheoretische Neukonzeption der kommunalen Selbstverwaltungsgarantie, 1977, S. 73.

[73] *Matthias Falk*, Die kommunalen Aufgaben unter dem Grundgesetz, 2006, 150 f.; ferner *Albert von Mutius*, in: Ständige Deputation des Deutschen Juristentages (Hrsg.), Verhandlungen des dreiundfünfzigsten Deutschen Juristentages, Bd. I, 1980, E 19.

[74] *Matthias Falk*, Die kommunalen Aufgaben unter dem Grundgesetz, 2006, 150; siehe auch *Heinz W. Korte*, VerwArch 61 (1970), S. 3 (42 f.).

[75] Dazu auch *Albert von Mutius*, in: Albert von Mutius (Hrsg.), Selbstverwaltung im Staat der Industriegesellschaft, Festgabe zum 70. Geburtstag von Georg Christoph von Unruh, 1983, S. 227 (246 f.).

cc) Leistungsfähigkeit

Über diese abstrakte Begriffsbildung und Schwerpunktsetzung hinaus lassen sich Hilfskriterien herausarbeiten, die die Aufgabengarantie der Gemeinden weiter eingrenzen. Zunächst ist bei deren Bestimmung grundsätzlich das Kriterium der Leistungsfähigkeit zu beachten. Zwar soll es nach dem Bundesverfassungsgericht gerade nicht auf die Verwaltungskraft der Gemeinden[76] ankommen;[77] auch eine Hochzonung von Aufgaben ist danach erst zulässig, wenn die Aufgabenwahrnehmung durch Gemeinden zu einem unverhältnismäßigen Kostenanstieg führen würde.[78] Dem lässt sich aber entgegenhalten, dass das Bundesverfassungsgericht selbst hinsichtlich der Angelegenheiten der örtlichen Gemeinschaft auf die Merkmale der Größe, der Einwohnerzahl sowie der Struktur der Gemeinden und des Weiteren auf eine ordnungsgemäße Aufgabenerfüllung, letztlich also zumindest mittelbar auf die Verwaltungskraft der Gemeinden Bezug nimmt.[79] Der Inhalt der Aufgabengarantie der Gemeinden wird also letztlich doch mit Hilfe des Maßstabes der Leistungsfähigkeit bestimmt.

Dies bedarf allerdings der doppelten Präzisierung: Erstens darf die Verwaltungskraft der Gemeinden nach den bisherigen Erkenntnissen nicht anhand der kommunalen Finanzausstattung bemessen werden. Dies würde nämlich dazu führen, dass der Inhalt der verfassungsunmittelbar gewährleisteten Aufgabengarantie der Gemeinden nur nach Maßgabe der – nach hier vertretenem Ansatz ausgestaltungsbedürftigen – kommunalen Finanzausstattung gewährleistet würde.[80] Aus diesem Grund kann die Verwaltungskraft der Gemeinden allen-

---

[76] Zum Begriff *Erhard Mäding*, DÖV 1967, S. 325ff.

[77] BVerfGE 79, 127 (149f.); anders noch BVerfGE 8, 122 (134); 50, 195 (201), 52, 95 (120); dazu *Albert von Mutius*, in: Ständige Deputation des Deutschen Juristentages (Hrsg.), Verhandlungen des dreiundfünfzigsten Deutschen Juristentages, Bd. I, 1980, E 19; siehe aber auch *Heinz W. Korte*, VerwArch 61 (1970), S. 3 (46ff.), der einen Zuständigkeitszuwachs der höheren Gebietskörperschaft aus Gründen des Gemeinwohls anerkennt und folglich dem Einwand entgeht, die Bezugnahme auf die Leistungskraft dürfe nicht dazu führen, dass Gemeinden Angelegenheiten der örtlichen Gemeinschaft lediglich aus finanziellen Gründen unerledigt lassen.

[78] BVerfGE 79, 127 (153); dazu *Ute Lusche*, Die Selbstverwaltungsaufgaben der Landkreise, 1998, S. 54ff.; siehe aber auch noch BVerfGE 8, 122 (134); 23, 353 (368); 26, 228 (239); zum Ganzen *Albert von Mutius*, in: Ständige Deputation des Deutschen Juristentages (Hrsg.), Verhandlungen des dreiundfünfzigsten Deutschen Juristentages, Bd. I, 1980, E 19; *ders.*, Jura 1982, S. 28 (31); *Volker Hassel*, VR 1984, S. 145 (151); *Edzard Schmidt-Jortzig*, DÖV 1989, S. 142 (147); *Friedrich Schoch*, VerwArch 81 (1990), S. 18 (34f.); *Eberhard Schmidt-Aßmann*, in: Everhardt Franßen (Hrsg.), Bürger – Richter – Staat, Festschrift für Horst Sendler zum Abschied aus seinem Amt, 1991, S. 121 (128).

[79] *Matthias Falk*, Die kommunalen Aufgaben unter dem Grundgesetz, 2006, 132f.; *Alexander Schink*, VerwArch 81 (1990), S. 385 (404f.); siehe ferner *Kay Waechter*, AöR 135 (2010), S. 327 (356), der auf die Notwendigkeit einer landeseinheitlichen Aufgabenerfüllung rekurriert.

[80] Siehe auch *Matthias Falk*, Die kommunalen Aufgaben unter dem Grundgesetz, 2006, 133, der auf die durchschnittliche Finanzausstattung der Gemeinden Bezug nehmen will.

falls mit Hilfe solcher Gesichtspunkte bestimmt werden, die keine Bezüge zur kommunalen Finanzausstattung aufweisen.[81] Unter dieser Voraussetzung sind Angelegenheiten der örtlichen Gemeinschaft solche Aufgaben, die die Verwaltungskraft der Gemeinden nicht übersteigen.[82] Zweitens darf die Leistungskraft der Gemeinden auch nicht mit Blick auf die Möglichkeit zur interkommunalen Kooperation bestimmt werden:[83] Im Wege der interkommunalen Kooperation ließe sich nämlich die Leistungsfähigkeit der Gemeinden beliebig erweitern. Dadurch würde die faktische Entörtlichung von Angelegenheiten der örtlichen Gemeinschaft gewissermaßen umgekehrt und dem Merkmal der Leistungsfähigkeit jegliche Kontur abgesprochen.[84]

dd) Effizienz- und Kostenaspekte

Effizienz- und Kostengesichtspunkte haben bei der Bestimmung des Kreises der Angelegenheiten der örtlichen Gemeinschaft demgegenüber unberücksichtigt zu bleiben. Insoweit lässt sich ebenfalls Bezug nehmen auf die Judikatur des Bundesverfassungsgerichts, wonach eine Hochzonung von Aufgaben erst zulässig ist, wenn eine Aufgabenwahrnehmung der Gemeinden zu einem unverhältnismäßigen Kostenanstieg führen würde. Hierzu führt das Bundesverfassungsgericht aus:

> „Eine zentralistisch organisierte Verwaltung könnte [...] in vielerlei Hinsicht rationeller und billiger arbeiten; die Verfassung setzt diesen ökonomischen Erwägungen jedoch den politisch-demokratischen Gesichtspunkt der Teilnahme der örtlichen Bürgerschaft an der Erledigung ihrer öffentlichen Aufgaben [...] entgegen und gibt ihm den Vorzug. Der Staat ist daher zunächst darauf beschränkt sicherzustellen, daß *die Gemeinden* ihre Angelegenheiten nach den Grundsätzen der Wirtschaftlichkeit und Sparsamkeit erfüllen;

---

[81] Siehe aber mit Blick auf die Kreise auch *Erhard Mäding*, in: Verein für die Geschichte der Deutschen Landkreise e. V. (Hrsg.), Der Kreis, Bd. I, 1972, S. 186 (197f.), der Finanzmitteln eine Schlüsselbedeutung bei der Bemessung der Verwaltungskraft einräumt.

[82] *Alexander Schink*, in: Edzard Schmidt-Jortzig/Alexander Schink, Subsidiaritätsprinzip und Kommunalordnung, 1982, S. 25 (59ff.); *ders.*, VerwArch 81 (1990), S. 385 (404ff.), der anführt, dass das Ziel jeglicher Verwaltungstätigkeit die Verwirklichung des Gemeinwohls sein müsse und folglich eine sachgerechte und zugleich effiziente und effektive Aufgabenerfüllung geboten sei; ähnlich auch *Wolf Templin*, VerwArch 100 (2009), S. 529 (543f.); ferner *Maik Möller*, Subsidiaritätsprinzip und kommunale Selbstverwaltung, 2009, S. 176.

[83] Anders *Matthias Falk*, Die kommunalen Aufgaben unter dem Grundgesetz, 2006, 134f.; zum Ganzen *Alexander Schink*, in: Edzard Schmidt-Jortzig/Alexander Schink, Subsidiaritätsprinzip und Kommunalordnung, 1982, S. 25 (96ff.); *Albert von Mutius*, in: Albert von Mutius (Hrsg.), Selbstverwaltung im Staat der Industriegesellschaft, Festgabe zum 70. Geburtstag von Georg Christoph von Unruh, 1983, S. 227 (250), die die interkommunale Aufgabenerfüllung der Zuständigkeit namentlich der Kreise nachordnen.

[84] Ähnlich *Hans-Günter Henneke*, Aufgabenzuständigkeit im kreisangehörigen Raum, 1992, S. 54f.; anders *Thorsten Ingo Schmidt*, Kommunale Kooperation, 2005, S. 57ff., der „eine Kooperation verfassungsrechtlich wenigstens insoweit [...] [schützen will], als sie der Herstellung einer anderen Gemeinden vergleichbaren Leistungsfähigkeit dient"; siehe auch *Klaus Lange*, Kommunalrecht, 2013, Kapitel 1, Rn. 46.

daß andere Aufgabenträger in größeren Erledigungsräumen dieselbe Aufgabe insgesamt wirtschaftlicher erledigen könnten, gestattet – jedenfalls grundsätzlich – keinen Aufgabenentzug."[85]

Aus prinzipientheoretischer Sicht sind mit Blick auf Effizienz- und Kostenaspekte folgende Klarstellungen nötig: Die Ausführungen des Bundesverfassungsgerichts stehen im Zusammenhang mit der Rechtfertigung der Aufgabenhochzonung; eine solche Rechtfertigung ist nach der prinzipientheoretischen Interpretation des Art. 28 Abs. 2 GG nicht möglich. Die Ausführungen lassen sich dennoch für eine Annäherung an die Aufgabengarantie der Gemeinden auch aus prinzipientheoretischer Sicht fruchtbar machen: Prinzipientheoretisch gewendet ist es nicht von Kosten- und Effizienzgesichtspunkten abhängig, ob Aufgaben in der örtlichen Gemeinschaft wurzeln oder auf sie einen spezifischen Bezug haben.

Diese Feststellung sieht sich indes in Frage gestellt durch eine funktionsgerechte Interpretation des Grundsatzes der Gewaltenteilung.

„Die [...] als Grundsatz normierte organisatorische und funktionelle Unterscheidung und Trennung der Gewalten dient [– so das Bundesverfassungsgericht –] zumal der Verteilung von politischer Macht und Verantwortung sowie der Kontrolle der Machtträger; sie zielt auch darauf ab, daß staatliche Entscheidungen möglichst richtig, das heißt von den Organen getroffen werden, die dafür nach ihrer Organisation, Zusammensetzung, Funktion und Verfahrensweise über die besten Voraussetzungen verfügen, und sie will auf eine Mäßigung der Staatsgewalt insgesamt hinwirken."[86]

Diese funktionsgerechte Interpretation des Grundsatzes der Gewaltenteilung ist angesichts der vertikalen Dezentralisierung nun auch auf die kommunale Selbstverwaltung anwendbar.[87] Effizienz- und Kostenaspekte berücksichtigt die funktionsgerechte Interpretation des Grundsatzes der Gewaltenteilung aber gleichwohl nicht.[88] Dementsprechend führt auch eine ineffiziente und kostenintensive Aufgabenwahrnehmung durch Gemeinden nicht dazu, dass entsprechende Aufgaben aus dem Kreis der Angelegenheiten der örtlichen Gemeinschaft auszuschließen sind.

---

[85] BVerfGE 79, 127 (153); ferner BVerfGE 107, 1 (12); 110, 370 (400).

[86] Grundlegend BVerfGE 68, 1 (86); dazu *Thomas von Danwitz*, Der Staat 35 (1996), S. 329 ff.

[87] Dazu *Alexander Schink*, VerwArch 81 (1990), S. 385 (404).

[88] Siehe auch *Thomas von Danwitz*, Der Staat 35 (1996), S. 329 (334 ff.), der allein auf funktional-rechtliche, kompetenzrechtliche und verfahrensrechtliche Kriterien Bezug nimmt.

3. *„Daseinsvorsorge" und Subsidiarität: Unzulängliche Hilfskonstruktionen zur Konkretisierung des Begriffs der Angelegenheiten der örtlichen Gemeinschaft*

a) „Daseinsvorsorge" – kein hilfreicher Terminus

Die bislang versuchte Annäherung an die Aufgabengarantie der Gemeinden wird man schließlich nicht durch einen Rückgriff auf Hilfskonstruktionen wie die „Daseinsvorsorge" oder ein allgemeines Subsidiaritätsprinzip ersetzen können. Vielfach ist zwar versucht worden, die Angelegenheiten der örtlichen Gemeinschaft mit Hilfe dieser Figuren zu konkretisieren. Schon bei *Ernst Forsthoff* bleibt zunächst der Begriff für die Daseinsvorsorge[89] aber konturenarm: Er fand ursprünglich als Synonym für die Darbringung von Leistungen Anwendung, die in „modernen massentümlichen Lebensformen" – neben der sozialen Fürsorge sowie der Fürsorge in Fällen der Armut, Krankheit oder sonstigen Not[90] – lebensnotwendig sind.[91] Begriffsprägende Merkmale konnte *Ernst Forsthoff* jedoch nicht entwickeln;[92] es blieb bei einer lediglich kasuistischen Entfaltung.[93] Undeutlich waren auch die dogmatischen Auswirkungen:[94] Der Begriff der Daseinsvorsorge wurde zwar als Rechtsbegriff verstanden, diente aber eigentlich zur Umschreibung der leistenden Verwaltung.[95] *Ernst Forsthoff* brachte den Begriff der Daseinsvorsorge im Übrigen zunächst auch nicht mit der kommunalen Selbstverwaltung in Verbindung,[96] sondern erstreckte ihn allgemein auf Gegenstände der leistenden Verwaltung.[97] Erst mit Blick auf Art. 28 Abs. 2 GG wich er von seiner ursprünglichen Einschätzung ab.[98]

---

[89] *Ernst Forsthoff*, Die Verwaltung als Leistungsträger, 1938, passim; dazu *Dieter Scheidemann*, Der Begriff Daseinsvorsorge, 1991, passim; ferner *Jens Kersten*, Der Staat 2005, S. 543 ff.; *Hans Peter Bull*, Der Staat 47 (2008), S. 1 (2 ff.); *Markus Krajewski*, VerwArch 99 (2008), S. 174 (176 ff.); siehe auch *Peter Michael Mombaur*, in: Albert von Mutius (Hrsg.), Selbstverwaltung im Staat der Industriegesellschaft, Festgabe zum 70. Geburtstag von Georg Christoph von Unruh, 1983, S. 503 ff.

[90] *Ernst Forsthoff*, Die Verwaltung als Leistungsträger, 1938, S. 26.

[91] *Ernst Forsthoff*, Die Verwaltung als Leistungsträger, 1938, S. 7; ähnlich *Hans Peter Bull*, Der Staat 47 (2008), S. 1 (3 f., 6 ff.), der in der staatlichen Grundversorgung, die für eine menschenwürdige Existenz in der Gesellschaft unverzichtbar ist, ein Äquivalent des Begriffs der Daseinsvorsorge erblickt; zu Paralellen zur Wohlfahrtsstaatlichkeit *Walter Georg Leisner*, WiVerw 2011, S. 55 (65 f.).

[92] *Markus Krajewski*, VerwArch 99 (2008), S. 174 (175); siehe aber auch *Wolfgang Löwer*, DVBl. 1991, S. 132 (136), der konstatiert, der Begriff der Daseinsvorsorge sei auch in der Lehre *Ernst Forsthoffs* „bloße Deskription".

[93] *Ernst Forsthoff*, Die Verwaltung als Leistungsträger, 1938, S. 7, 41 f.

[94] *Jens Kersten*, Der Staat 2005, S. 543 (553 f.); *Wolfgang Rüfner*, in: Gilbert H. Gornig (Hrsg.), Staat – Wirtschaft – Gemeinde, Festschrift für Werner Frotscher zum 70. Geburtstag, 2007, S. 423 (424); siehe aber auch *Hans Peter Bull*, Der Staat 47 (2008), S. 1 (5 ff.).

[95] *Ernst Forsthoff*, Die Verwaltung als Leistungsträger, 1938, S. 47, 22 ff.

[96] *Ernst Forsthoff*, Die Verwaltung als Leistungsträger, 1938, S. 48 f.

[97] Zu Art. 87e, f GG *Walter Georg Leisner*, WiVerw 2011, S. 55 (61 f.).

[98] *Ernst Forsthoff*, Die Daseinsvorsorge und die Kommunen, 1958, S. 79; dazu auch *Walter*

Solche Unsicherheiten im Umgang mit dem Begriff der Daseinsvorsorge sind auch im Zuge unterschiedlicher Rezeptionsversuche nicht ausgeräumt worden. Insbesondere blieb unklar, ob „Daseinsvorsorge" normative oder lediglich deskriptive Bedeutung hat.[99] Die Diskussion lässt sich wie folgt skizzieren: Einerseits wird dem Begriff der Daseinsvorsorge normative Bedeutung beigemessen. Die dann notwendige Begriffspräzisierung wird mit Hilfe der Merkmale der Zweckorientierung[100] sowie der konkurrierenden staatlichen Wirtschaftsteilnahme[101] versucht. Abweichende Präzisierungsversuche[102] widersprechen hingegen der Lehre *Ernst Forsthoffs*, indem alle Leistungen der Verwaltung ungeachtet ihrer Lebensnotwendigkeit dem Begriff der Daseinsvorsorge zugeordnet werden.[103] Angesichts der fehlenden Begriffsbildung wird andererseits aber auch eine nur deskriptive Systematisierungsfunktion des Begriffs der Daseinsvorsorge anerkannt.[104] Wenig hilfreich ist in diesem Zusammenhang schließlich die Judikatur des Bundesverfassungsgerichts, die auf den Begriff der Daseinsvorsorge Bezug nimmt, aber lediglich die Entscheidung über die Errichtung oder Auflösung von öffentlichen Einrichtungen der kommunalen Daseinsvorsorge der Gemeindevertretung im Sinne des Art. 28 Abs. 1 S. 2 GG zuweist.[105] Die Diskussion wurde zuletzt[106] infolge der europarechtlichen Renaissance des Begriffs der Daseinsvorsorge[107] – der Gegensatz zwischen dem Begriff der Daseinsvorsorge und Art. 14 AEUV, Art. 106 Abs. 2 AEUV blieb dabei oftmals

---

Georg Leisner, WiVerw 2011, S. 55 (57 f.), der den Begriff der Daseinsvorsorge „von jeher schwerpunktmäßig [als] Aufgabenbereich [der kommunalen Selbstverwaltung]" qualifiziert; ähnlich *Matthias Knauff*, WiVerw 2011, S. 79 (80), der auf ein „historisches Kontinuum" hinweist; ausführlich *Johannes Hellermann*, Örtliche Daseinsvorsorge und gemeindliche Selbstverwaltung, 2000, S. 1 f., 16 ff.

[99] Zum Ganzen *Markus Krajewski*, VerwArch 99 (2008), S. 174 (174, 177 f.).

[100] *Peter Badura*, DÖV 1966, S. 624 (630 f.).

[101] *Hans H. Klein*, Die Teilnahme des Staates am wirtschaftlichen Wettbewerb, 1968, S. 18 f.; zum Ganzen auch *Hans Fischerhof*, DÖV 1960, S. 41 (42 ff.).

[102] Dazu *Markus Krajewski*, VerwArch 99 (2008), S. 174 (177).

[103] *Ernst Forsthoff*, Der Staat der Industriegesellschaft, 2. Aufl. 1971, S. 12 f., 77; *ders.*, Lehrbuch des Verwaltungsrechts, 10. Aufl. 1973, S. 370; dazu auch *Walter Georg Leisner*, WiVerw 2011, S. 55 (66).

[104] *Fritz Ossenbühl*, DÖV 1971, S. 513 (517); *Johann-Christian Pielow*, Grundstrukturen öffentlicher Versorgung, 2001, S. 367 f.

[105] BVerfGE 120, 82 (115 ff.); ferner BVerfG, NVwZ 1995, S. 370 (371); BVerfG, NVwZ 1999, S. 520 (520); ausführlich dazu *Markus Krajewski*, VerwArch 99 (2008), S. 174 (180 ff., 190).

[106] Eingehend zur Bedeutung des Begriffs der Daseinsvorsorge im Konzept der Gewährleistungsstaatlichkeit *Matthias Knauff*, Der Gewährleistungsstaat: Reform der Daseinsvorsorge, 2004, S. 59 ff.; ferner *Hans Peter Bull*, Der Staat 47 (2008), S. 1 (9 f.).

[107] *Markus Möstl*, in: Michael Brenner (Hrsg.), Der Staat des Grundgesetzes, Festschrift für Peter Badura zum siebzigsten Geburtstag, 2004, S. 951 (955); ferner *Stefan Storr*, DÖV 2002, S. 357 ff.; *Hans-Jürgen Papier*, DVBl. 2003, S. 686 ff.; *Markus Krajewski*, DÖV 2005, S. 665 ff.; *ders.*, in: Alice Wagner/Valentin Wedl (Hrsg.), Bilanz und Perspektiven zum Europäischen Recht, 2007, S. 433 ff.; *ders.*, VerwArch 99 (2008), S. 174 (178 ff.); *Claudio Franzius*, Der Staat 45 (2006), S. 547 ff.; umfassend *Christian Linder*, Daseinsvorsorge in der Verfas-

unberücksichtigt[108] – aufgegriffen.[109] „Daseinsvorsorge" soll infolge der europarechtlichen Begriffsbildung als zivilisatorische Grundversorgung[110] zu verstehen sein, die wesentliche Güter und Dienstleistungen einschließlich der notwendigen Infrastruktur[111] bereitstellt.[112] Auch dies – so eine kritische Einschätzung – führt allerdings nicht dazu, dass dem Begriff der Daseinsvorsorge normative Bedeutung beizumessen ist: „Daseinsvorsorge" fasse lediglich einzelne Leistungen[113] begrifflich zusammen, ohne dass daraus Rechtsfolgen abgeleitet werden könnten.[114]

Vor diesem Hintergrund lässt sich mit Blick auf den Begriff der Daseinsvorsorge für die Aufgabengarantie der Gemeinden festhalten: Angesichts der fehlenden begrifflichen Präzisierung und der bestrittenen normativen Geltungskraft können die Angelegenheiten der örtlichen Gemeinschaft nicht mit Hilfe des Begriffs der Daseinsvorsorge bestimmt werden. Vor allem die pauschale Bezugnahme auf Gegenstände der leistenden Verwaltung wird des Weiteren der Aufgabengarantie der Gemeinden nicht gerecht.[115] Gleiches gilt letztlich auch für die Weiterentwicklung der „Daseinsvorsorge" zur „örtlich gebundenen Daseinsvorsorge"[116] – insoweit fehlt ebenfalls eine ausreichende Präzisierung.[117]

b) Subsidiaritäts„prinzip"

Auch das allgemeine Subsidiaritätsprinzip kann eine Präzisierung der Aufgabengarantie der Gemeinden nicht leisten.[118] Nach der gegenteiligen Ansicht be-

---

sungsordnung der Europäischen Union, 2004, passim; *Jana Essebier*, Dienstleistungen von allgemeinem wirtschaftlichem Interesse und Wettbewerb, 2005, passim.

[108] Dazu *Markus Krajewski*, VerwArch 99 (2008), S. 174 (179f.); *Wolfgang Weiß*, EuR 2011, Beiheft 2, S. 47ff.

[109] *Michael Ronellenfitsch*, in: Willi Blümel (Hrsg.), Ernst Forsthoff: Kolloquium aus Anlaß des 100. Geburtstages von Prof. Dr. Dr. h. c. Ernst Forsthoff, 2003, S. 51 (73); *Reiner Schmidt*, Der Staat 42 (2003), S. 225 (229); zum Ganzen *Markus Krajewski*, VerwArch 99 (2008), S. 174ff.; ausführlich *Roman Ringwald*, Daseinsvorsorge als Rechtsbegriff, 2008, passim.

[110] *Georg Christoph von Unruh*, DÖV 2005, S. 779 (781).

[111] Eingehend *Walter Georg Leisner*, WiVerw 2011, S. 55 (70ff.).

[112] Dazu *Reiner Schmidt*, Der Staat 42 (2003), S. 225ff.; *Hans Peter Bull*, Der Staat 47 (2008), S. 1 (1); umfassend *Lorenz Jellinghaus*, Zwischen Daseinsvorsorge und Infrastruktur, 2006, passim.

[113] Zu Art. 83 Abs. 1 der Verfassung des Freistaates Bayern *Matthias Knauff*, WiVerw 2011, S. 79 (82).

[114] Ausführlich dazu *Markus Krajewski*, VerwArch 99 (2008), S. 174 (192ff.).

[115] Allgemein *Markus Krajewski*, VerwArch 99 (2008), S. 174 (195).

[116] *Matthias Knauff*, WiVerw 2011, S. 79 (81).

[117] Siehe dazu aber *Matthias Knauff*, WiVerw 2011, S. 79 (81f.).

[118] Zum verfassungsrechtlichen Subsidiaritätsprinzips *Uwe Bernzen*, Das Subsidiaritätsprinzip als Prinzip des deutschen Staatsrechts, 1966, passim; *Josef Isensee*, Subsidiaritätsprinzip und Verfassungsrecht, 1968, passim; *ders.*, in: Peter Blickle/Thomas O. Hüglin/Dieter Wyduckel (Hrsg.), Subsidiarität als rechtliches und politisches Ordnungsprinzip in Kirche, Staat und Gesellschaft, 2002, S. 129ff.; *Rüdiger Zuck*, Subsidiaritätsprinzip und Grundgesetz, 1968, passim; *Benedikt P. Kuttenkeuler*, Die Verankerung des Subsidiaritätsprinzips im

trifft das Subsidiaritätsprinzip nicht nur das Verhältnis von Staat und Gesellschaft,[119] sondern durchdringt vielmehr auch die staatlichen Organisationsstrukturen.[120] Mit Blick auf die Aufgabengarantie der Gemeinden soll das Subsidiaritätsprinzip dann folgendermaßen zur Anwendung gebracht werden:[121] Einerseits sei Art. 28 Abs. 2 GG selbst Ausdruck des Subsidiaritätsprinzips[122] und andererseits sei auch die Hochzonung von Aufgaben[123] an seinem Maßstab zu messen.[124] Das Subsidiaritätsprinzip beinhaltet danach das „Recht der Gemeinde, alle Angelegenheiten wahrzunehmen, die sie aus eigener Kraft selbstverantwortlich wahrzunehmen imstande ist."[125]

Grundgesetz: ein Beitrag zur Bedeutung des Subsidiaritätsprinzips für die Kompetenzabgrenzung im Bundesstaat, 1998, passim; *Wolfram Moersch*, Leistungsfähigkeit und Grenzen des Subsidiaritätsprinzips, 2001, passim; ferner *Roman Herzog*, Der Staat 2 (1963), S. 399 ff.; *Alois Baumgartner*, in: Knut W. Nörr/Thomas Oppermann (Hrsg.), Subsidiarität: Idee und Wirklichkeit – Zur Reichweite eines Prinzips in Deutschland und Europa, 1997, S. 13 ff.; *Otfried Höffe*, in: Knut W. Nörr/Thomas Oppermann (Hrsg.), Subsidiarität: Idee und Wirklichkeit – Zur Reichweite eines Prinzips in Deutschland und Europa, 1997, S. 49 ff.; *Maik Möller*, Subsidiaritätsprinzip und kommunale Selbstverwaltung, 2009, S. 81 ff.

119 *Maik Möller*, Subsidiaritätsprinzip und kommunale Selbstverwaltung, 2009, S. 91 ff.

120 Siehe *Heinz W. Korte*, VerwArch 61 (1970), S. 3 ff.; *Maik Möller*, Subsidiaritätsprinzip und kommunale Selbstverwaltung, 2009, S. 102 ff.; kritisch *Edzard Schmidt-Jortzig*, in: Edzard Schmidt-Jortzig/Alexander Schink, Subsidiaritätsprinzip und Kommunalordnung, 1982, S. 1 (7 f.).

121 Zum Ganzen *Ute Lusche*, Die Selbstverwaltungsaufgaben der Landkreise, 1998, S. 60 ff.; kritisch zur Herleitung eines Bestandsschutzes für Gemeinden und Gemeindeverbände aus dem Subsidiaritätsprinzip *Horst Heberlein*, NVwZ 1995, S. 1052 (1054); *Maik Möller*, Subsidiaritätsprinzip und kommunale Selbstverwaltung, 2009, S. 158 f.

122 *Maik Möller*, Subsidiaritätsprinzip und kommunale Selbstverwaltung, 2009, S. 77 ff.; zur Deutung des Art. 28 Abs. 2 GG als kommunalspezifisches und im Verhältnis zwischen Gemeinden und Gemeindeverbänden gültiges Subsidiaritätsprinzip *Franz-Ludwig Knemeyer*, NJW 1980, S. 1140 (1146); *ders.*, in: Albert von Mutius (Hrsg.), Selbstverwaltung im Staat der Industriegesellschaft, Festgabe zum 70. Geburtstag von Georg Christoph von Unruh, 1983, S. 209 (220); *Gerd-Jürgen Richter*, DÖV 1980, S. 419 ff.; *Hans-Hermann Schröer*, DÖV 1984, S. 550 (551 f.); siehe auch *Willi Blümel*, VVDStRL 36 (1978), S. 171 (236); *ders.*, VerwArch 75 (1984), S. 197 (208 f., 317 f.), der allerdings konstatiert, ein im Verhältnis zwischen Gemeinden und Gemeindeverbänden gültiges Subsidiaritätsprinzip habe „mit einem allgemeinen verfassungsrechtlichen Subsidiaritätsprinzip überhaupt nichts zu tun"; kritisch *Georg Christoph von Unruh*, DVBl. 1980, S. 903 (904); *Edzard Schmidt-Jortzig*, in: Edzard Schmidt-Jortzig/Alexander Schink, Subsidiaritätsprinzip und Kommunalordnung, 1982, S. 1 (20 ff.); *ders.*, DÖV 1984, S. 821 (829 f.); ferner *Wolfgang Andriske*, Aufgabenneuverteilung im Kreis, 1978, S. 77 ff.; zum Ganzen *Alexander Schink*, in: Edzard Schmidt-Jortzig/Alexander Schink, Subsidiaritätsprinzip und Kommunalordnung, 1982, S. 25 (45 ff.).

123 Zur Frage, ob der Gedanke der Subsidiarität einen Vorrang gemeindlicher und gemeindeverbandlicher Kooperation impliziert, *Alexander Schink*, in: Edzard Schmidt-Jortzig/Alexander Schink, Subsidiaritätsprinzip und Kommunalordnung, 1982, S. 25 (96 ff.).

124 *Josef Isensee*, Subsidiaritätsprinzip und Verfassungsrecht, 1968, S. 243 ff.; *Ralf Seidel*, Die verfassungsrechtliche Aufgabenverteilung zwischen Gemeinden und Landkreisen, 1993, S. 139, 143 f.; *Maik Möller*, Subsidiaritätsprinzip und kommunale Selbstverwaltung, 2009, S. 134 ff., 159 ff.; kritisch *Edzard Schmidt-Jortzig*, in: Edzard Schmidt-Jortzig/Alexander Schink, Subsidiaritätsprinzip und Kommunalordnung, 1982, S. 1 (18 f.).

125 *Maik Möller*, Subsidiaritätsprinzip und kommunale Selbstverwaltung, 2009, S. 170 f.;

Diese Überlegungen können nach der hier vertretenen Konzeption nicht überzeugen: Ganz grundsätzlich erweist sich das Subsidiaritätsprinzip nämlich nicht als taugliche Deutungsgrundlage. Nach der prinzipientheoretischen Interpretation des Art. 28 Abs. 2 GG ist die Aufgabengarantie der Gemeindeverbände als Rechtsregel zu qualifizieren, deren Inhalt nicht mit Hilfe eines Rechtsprinzips[126] bestimmt werden kann.

4. Verbleibende Unsicherheiten: Begriffsschwächen und legislativer Einschätzungsspielraum

Zusammenfassend lässt sich nach den vorstehenden Überlegungen festhalten: Der Inhalt der Aufgabengarantie der Gemeinden ist zunächst nach Maßgabe einer räumlichen Komponente zu bestimmen. Sodann zählen nur solche Aufgaben zu den Angelegenheiten im Sinne des Art. 28 Abs. 2 S. 1 GG, die in der örtlichen Gemeinschaft wurzeln oder auf sie einen spezifischen Bezug haben; es geht dabei um Aufgaben, die dem in einem wirtschaftlich, ökologisch und strukturell gleichförmigen sowie überschaubaren Raum entstandenen Zusammenhang nachbarschaftlicher Verbundenheit Rechnung tragen. Trotz dieser Annäherung an die Aufgabengarantie verbleiben Unschärfen. Diese ergeben sich daraus, dass die Angelegenheiten der örtlichen Gemeinschaft weder in zeitlicher Hinsicht noch für alle Gemeinden einheitlich bestimmt werden können; ferner sind Berührungspunkte örtlicher und überörtlicher Aufgaben unverkennbar, die eine eindeutige Zuordnung von Aufgaben oftmals nicht zulassen.[127] Aus diesem Grund muss letztlich auch der prinzipientheoretische Deu-

---

ferner *Christian Schrader*, Die kommunalen Spitzenverbände und der Schutz der kommunalen Selbstverwaltungsgarantie, 2004, S. 51; kritisch *Ute Lusche*, Die Selbstverwaltungsaufgaben der Landkreise, 1998, S. 59 ff.; ferner *Heinz W. Korte*, VerwArch 61 (1970), S. 3 (26 ff.), der das Subsidiaritätsprinzip für die dogmatische Rekonstruktion von Auftragsangelegenheiten nutzbar macht.

[126] Zum Prinzipiencharakter des Subsidiaritätsprinzips *Josef Isensee*, Subsidiaritätsprinzip und Verfassungsrecht, 1968, S. 73 f.; *Brigitte Gutknecht*, in: Johannes Hengstschläger (Hrsg.), Für Staat und Recht, Festschrift für Herbert Schambeck, 1994, S. 921 (924); *Peter Häberle*, in: Alois Riklin/Gerard Batliner (Hrsg.), Subsidiarität: ein interdisziplinäres Symposium, 1994, S. 267 (300 f.); *Maik Möller*, Subsidiaritätsprinzip und kommunale Selbstverwaltung, 2009, S. 44 f., 45 ff.

[127] Dazu *Franz-Ludwig Knemeyer*, in: Albert von Mutius (Hrsg.), Selbstverwaltung im Staat der Industriegesellschaft, Festgabe zum 70. Geburtstag von Georg Christoph von Unruh, 1983, S. 209 (221 f.); *ders.*, DVBl. 1984, S. 23 (25); ähnlich *Maik Möller*, Subsidiaritätsprinzip und kommunale Selbstverwaltung, 2009, S. 176; ferner *Heinz W. Korte*, VerwArch 61 (1970), S. 3 (44 ff.), der feststellt, dass die konkrete örtliche Bezogenheit erst verloren gehe, wenn die überörtlichen Interessen über einen Minimalstand hinauswachsen und überwiegen, und aus dem Subsidiaritätsprinzip eine Vermutung deduziert; allgemein *Friedrich Schoch*, DVBl. 1995, S. 1047 (1052), der konstatiert, dass bestimmte Aufgaben „in einer Hinsicht als gemeindliche Aufgabe, in einem anderen Bezug als übergemeindlich Kreisaufgabe [...] [erscheinen könnten]".

tungsansatz anerkennen, dass der Begriff der örtlichen Gemeinschaft vage bleibt. Daher ist dem Gesetzgeber bei der Bestimmung einzelner Aufgabenzuständigkeiten ein Einschätzungsspielraum zuzubilligen.

Ein derartiger Ansatz findet sich – wenngleich dogmatisch (wohl) anders verortet[128] – auch im institutionellen Interpretationsmodell.[129] Hierzu führt das Bundesverfassungsgericht aus, dass

> „[d]ie Prüfung, ob und inwieweit die fragliche Aufgabe sich als Angelegenheit der örtlichen Gemeinschaft darstellt, [...] differenziert nach der Größe der betroffenen Gemeinden vorgenommen werden [muss] [...]. Bei der Einschätzung der örtlichen Bezüge einer Aufgabe und ihres Gewichts kommt dem Gesetzgeber ein Einschätzungsspielraum zu. [...] [D]er Gesetzgeber [darf] typisieren; er braucht nicht jeder einzelnen Gemeinde und grundsätzlich auch nicht jeder insgesamt gesehen unbedeutenden Gruppe von Gemeinden Rechnung zu tragen. Dies folgt schon aus dem notwendig generellen Charakter seiner Regelung [...]. Im Streitfall ist zu prüfen, ob die gesetzgeberische Einschätzung von Maß und Gewicht der örtlichen Bezüge einer Aufgabe in Ansehung des unbestimmten Verfassungsbegriffs ‚Angelegenheiten der örtlichen Gemeinschaft' vertretbar ist. Die Einschätzungsprärogative des Gesetzgebers ist dabei um so enger und die gerichtliche Kontrolle um so intensiver, je mehr als Folge der gesetzlichen Regelung die Selbstverwaltung der Gemeinden an Substanz verliert."[130]

Diese Ausführungen bleiben (wohl) auf die Rechtfertigung der Aufgabenhochzonung gerichtet. Sie können aber im Rahmen der prinzipientheoretischen Interpretation des Art. 28 Abs. 2 GG auch mit Blick auf die Annäherung an die Angelegenheiten der örtlichen Gemeinschaft fruchtbar gemacht werden. Dort wirken sich die vom Bundesverfassungsgericht genannten Schwierigkeiten nämlich – wie gezeigt – ebenfalls aus. Eine solche Konzeption widerspricht auch nicht dem Verständnis der Aufgabengarantie der Gemeinden als Rechtsregel: Mit Blick auf die kategoriale Unterscheidung zwischen Rechtsprinzipien und Rechtsregeln wurde grundlegend darauf hingewiesen, dass Rechtsnormen, die unbestimmte Rechtsbegriffe enthalten, Rechtsregeln sind, solange sie nicht der Abwägung zugänglich sind.[131] Legislative Einschätzungsprärogativen stehen einer Zuordnung der Aufgabengarantie der Gemeinden zu den Rechtsregeln

---

[128] Siehe *Alexander Schink*, VerwArch 81 (1990), S. 385 (413 f.), der einen Einschätzungsspielraum aufgrund der Regelungsbefugnis des Gesetzgebers für legitim erachtet und sowohl auf die Frage der Eignung und Erforderlichkeit einer gesetzlichen Regelung als auch die Einschätzung, ob eine Angelegenheit für die kommunale Selbstverwaltung von Bedeutung ist, Bezug nimmt.

[129] Allgemein BVerfGE 79, 127 (153, 154); ferner *Hans-Jürgen Papier*, DVBl. 1984, S. 453 (455 f.); *Alexander Schink*, VerwArch 81 (1990), S. 385 ff.; *Joachim Kronisch*, Aufgabenverlagerung und gemeindliche Aufgabengarantie, 1993, S. 69 f.; *Walter Frenz*, Die Verwaltung 28 (1995), S. 33 (60 f.); *Maik Möller*, Subsidiaritätsprinzip und kommunale Selbstverwaltung, 2009, S. 178 ff.; schließlich *Friedrich Schoch*, in: Hans-Günter Henneke/Hartmut Maurer/Friedrich Schoch, Die Kreise im Bundesstaat, 1994, S. 9 (25 ff.); siehe aber auch *dens.*, VerwArch 81 (1990), S. 18 (38); kritisch *Dirk Frers*, DVBl. 1989, S. 449 (450).

[130] BVerfGE 79, 127 (153 f.).

[131] Mit Blick auf die Angelegenheiten der örtlichen Gemeinschaft dazu schon S. 146 f.

daher nicht entgegen – sie führen nicht zur Anwendung der Abwägungsmethode, sondern betreffen lediglich die judikative Kontrolldichte gegenüber der ausgestaltenden Legislative.

B. Sonderproblem: Zur Zulässigkeit der Privatisierung von Angelegenheiten der örtlichen Gemeinschaft

Mit der vorangegangenen Untersuchung ist die Analyse der Aufgabengarantie der Gemeinden nicht abgeschlossen. Diese kann nämlich aus zwei weiteren Perspektiven beleuchtet werden: Den gemeindlichen Aufgabenbereich prägen Privatisierungs- und Kommunalisierungsprozesse. Zunächst ist die Privatisierung von Angelegenheiten der örtlichen Gemeinschaft in den Blick zu nehmen. Dabei muss vor allem die Frage aufgeworfen werden, ob das „Recht" der Gemeinden auch die Pflicht enthält, „alle Angelegenheiten der örtlichen Gemeinschaft im Rahmen der Gesetze in eigener Verantwortung zu regeln".

Für das „folkloristisch[e]"[132] Beispiel eines Weihnachtsmarktes[133] hat das Bundesverwaltungsgericht nämlich eine solche Pflicht der Gemeinden „zur grundsätzlichen Sicherung und Wahrung des Aufgabenbestandes, der zu den Angelegenheiten des örtlichen Wirkungskreises gehört", statuiert.[134] Den Gemeinden wird dabei die Entscheidung vorenthalten, ob freiwillige Angelegenheiten der örtlichen Gemeinschaft wahrgenommen werden sollen.[135] Obwohl auch die Privatisierung der Angelegenheiten der örtlichen Gemeinschaft von Art. 28 Abs. 2 GG geschützt werde, dürfe eine solche Privatisierung nicht zur Aushöhlung der verfassungsrechtlichen Gewährleistung kommunaler Selbstverwaltung führen. Ein Aufgabenbestand, „der in seiner Gesamtheit den Namen Selbstverwaltung noch verdiene", müsse vielmehr von den Gemeinden wahrgenommen werden.[136]

---

[132] *Markus Winkler*, JZ 2009, S. 1169 (1170).

[133] Allgemein dazu *Christoph Gröpl*, GewArch 1995, S. 367 ff.; *Alexander Windoffer*, GewArch 2013, S. 265 ff.; *Michael Kniesel*, GewArch 2013, S. 270 ff.

[134] BVerwG, JZ 2009, S. 1167 (1169).

[135] Zustimmend *Markus Winkler*, JZ 2009, S. 1169 (1170); *Ulrich Schönleiter*, GewArch 2009, S. 486 f.; kritisch *Friedrich Schoch*, DVBl. 2009, S. 1533 ff.

[136] Dazu *Markus Winkler*, JZ 2009, S. 1169 (1170); ähnlich wohl schon *Johannes Hellermann*, Öffentliche Daseinsvorsorge und gemeindliche Selbstverwaltung, 2000, S. 233 f., der Auswirkungen der Organisationsentscheidung der Gemeinden und Gemeindeverbände zugunsten privatrechtlicher Organisationsformen auch auf die gemeindliche und gemeindeverbandliche Aufgabengarantie feststellt.

I. Zur kommunalen „Selbstverwaltungspflicht" – kritische Analyse der Entscheidung des Bundesverwaltungsgerichts zum Verbot der materiellen Privatisierung eines Weihnachtsmarktes

1. Einbettung der bundesverwaltungsgerichtlichen Entscheidung in die Privatisierungsdebatte

Das Bundesverwaltungsgericht benennt als Gegenstand einer solchen Pflicht „öffentliche Einrichtungen mit kulturellem, sozialen und traditionsbildenden Hintergrund", die „schon lange Zeit in der bisherigen kommunalen Alleinverantwortung lagen",[137] und betont eine „wirkungsvolle Selbstverwaltung und die effektive Wahrnehmung der ureigenen Angelegenheiten der örtlichen Gemeinschaft".[138] Schon damit widerspricht das Bundesverwaltungsgericht zunächst dem Dogma der institutionellen Interpretation, dass Art. 28 Abs. 2 GG keinen gegenständlich bestimmten oder nach feststehenden Merkmalen bestimmbaren Aufgabenkatalog gewährleistet.[139] Im Übrigen lässt das Bundesverwaltungsgericht auch eine Begründung der Pflicht der Gemeinden zur grundsätzlichen Sicherung und Wahrung des Aufgabenbestandes, der zu den Angelegenheiten des örtlichen Wirkungskreises gehört, vermissen.[140] Stattdessen nimmt es ganz undifferenziert auf den – oftmals als bloß heuristisch[141] qualifizierten, inzwischen gleichwohl normativ rezipierten – Begriff der Privatisierung[142] Bezug.

Der Privatisierungsbegriff bezieht sich aber keineswegs auf eine homogene[143] Erscheinung.[144] Als „Bündelungsbegriff" beschreibt er vielmehr „Umverteilungsprozesse zwischen dem öffentlichen und dem privaten Sektor" ganz unterschiedlicher Art.[145] Eine Systematisierung dieser Umverteilungsprozesse gelingt – trotz existierender Mischformen und Differenzierungen[146] – weitgehend mit Hilfe von vier unterschiedlichen Privatisierungsformen.[147]

---

[137] BVerwG, JZ 2009, S. 1167 (1168).

[138] BVerwG, JZ 2009, S. 1167 (1168).

[139] Siehe *Markus Winkler*, JZ 2009, S. 1169 (1170).

[140] *Friedrich Schoch*, DVBl. 2008, S. 1533 (1535).

[141] Siehe *Hartmut Bauer*, VVDStRL 54 (1995), S. 243 (251); ferner *Wolfgang Kahl/Christian Weißenberger*, Jura 2009, S. 194 (195); kritisch *Rolf Stober*, NJW 2008, S. 2301 (2302).

[142] Dazu *Friedrich Schoch*, in: Rolf Stürner (Hrsg.), Die Bedeutung der Rechtsdogmatik für die Rechtsentwicklung, 2010, S. 91 (95).

[143] Zum sektorierten Charakter der Privatisierung sowie zum Fehlen einer übergreifenden Programmatik *Jörn Axel Kämmerer*, DVBl. 2008, S. 1005 (1011).

[144] *Friedrich Schoch*, Jura 2008, S. 672 (674); *ders.*, in: Rolf Stürner (Hrsg.), Die Bedeutung der Rechtsdogmatik für die Rechtsentwicklung, 2010, S. 91 (92).

[145] *Friedrich Schoch*, in: Rolf Stürner (Hrsg.), Die Bedeutung der Rechtsdogmatik für die Rechtsentwicklung, 2010, S. 91 (95).

[146] Dazu *Friedrich Schoch*, in: Rolf Stürner (Hrsg.), Die Bedeutung der Rechtsdogmatik für die Rechtsentwicklung, 2010, S. 91 (104 ff.).

[147] Zum Ganzen *Friedrich Schoch*, DVBl. 1994, S. 962 (962 f.); *ders.*, in: Rolf Stürner

a) Vermögens- und Organisationsprivatisierung – im Argumentationskontext des Bundesverwaltungsgerichts erkennbar ohne Relevanz

Die Vermögensprivatisierung betrifft zunächst die Übertragung von Vermögensgegenständen auf Private und beschreibt daher die Eigentumsprivatisierung.[148] Die Organisationsprivatisierung meint demgegenüber die Aufgabenerfüllung in privatrechtlicher Organisationsform.[149] Ein grundsätzlicher Umverteilungsprozess zwischen dem öffentlichen und dem privaten Sektor findet dabei also nicht statt: Die Aufgabenverantwortung und -durchführung verbleibt grundsätzlich im staatlichen Verantwortungsbereich.[150] Beide Privatisierungstypen sind für den vorliegenden Argumentationskontext des Bundesverwaltungsgerichts erkennbar ohne Relevanz.

b) Funktionale Privatisierung

Auch die funktionale Privatisierung belässt die jeweiligen Aufgaben im staatlichen Verantwortungsbereich. Sie ermöglicht aber eine Aufgabenwahrnehmung durch Private als Verwaltungshelfer; die Übertragung von Hoheitsrechten setzt dabei eine Beleihung durch Gesetz oder auf Grund eines Gesetzes voraus.[151] Eine echte „Verantwortungsteilung" ist mit der funktionalen Privatisierung gleichwohl nicht verbunden: Die Verantwortung des privaten Sektors bleibt grundsätzlich auf das Verhältnis zum staatlichen Sektor beschränkt,[152] sodass

(Hrsg.), Die Bedeutung der Rechtsdogmatik für die Rechtsentwicklung, 2010, S. 91 (103 ff.); ferner *Torsten Lämmerzahl*, Die Beteiligung Privater an der Erledigung öffentlicher Aufgaben, 2007, S. 96 ff.; anders etwa *Jörn Axel Kämmerer*, Privatisierung, 2001, S. 28 ff.; *ders.*, DVBl. 2008, S. 1005 (1006); *Gregor Kirchhof*, AöR 132 (2007), S. 214 (236 ff.); *Martin Burgi*, in: Ständige Deputation des Deutschen Juristentages (Hrsg.), Verhandlungen des siebenundsechzigsten Deutschen Juristentages, Bd. I, 2008, D 32 ff.; mit Blick auf die Kommunalisierung von Angelegenheiten der örtlichen Gemeinschaft *Karl-Hermann Kästner*, in: Peter Baumeister (Hrsg.), Staat, Verwaltung und Rechtsschutz, Festschrift für Wolf-Rüdiger Schenke zum 70. Geburtstag, 2011, S. 863 ff.

[148] *Friedrich Schoch*, in: Rolf Stürner (Hrsg.), Die Bedeutung der Rechtsdogmatik für die Rechtsentwicklung, 2010, S. 91 (104); kritisch dazu *Jörn Axel Kämmerer*, DVBl. 2008, S. 1005 (1008).

[149] Allgemein *Friedrich Schoch*, in: Rolf Stürner (Hrsg.), Die Bedeutung der Rechtsdogmatik für die Rechtsentwicklung, 2010, S. 91 (103); ferner *Rolf Stober*, NJW 1984, S. 449 ff.; mit Blick auf die kommunale Selbstverwaltung *Wolfgang Graf Vitzthum*, AöR 104 (1979), S. 580 ff.; ausführlich *Dirk Ehlers*, Verwaltung in Privatrechtsform, 1984, S. 74 ff.; *Thorsten Franz*, Gewinnerzielung durch kommunale Daseinsvorsorge, 2005, S. 202 ff.;

[150] *Friedrich Schoch*, DVBl. 1994, S. 962 (973); *Christof Gramm*, Privatisierung und notwendige Staatsaufgaben, 2001, S. 110; *Rolf Stober*, NJW 2008, S. 2301 (2307); in vorliegendem Zusammenhang *Katrin Stein*, DVBl. 2010, S. 563 (566).

[151] Eingehend zum Ganzen *Martin Burgi*, Funktionale Privatisierung und Verwaltungshilfe, 1999, S. 45 ff.; *Friedrich Schoch*, in: Rolf Stürner (Hrsg.), Die Bedeutung der Rechtsdogmatik für die Rechtsentwicklung, 2010, S. 91 (103 f.).

[152] Zur Verantwortung des privaten Sektors *Kay Waechter*, Verwaltungsrecht im Gewährleistungsstaat, 2008, S. 196 ff.

die privaten und staatlichen Interessen „konvergent, nicht aber strukturidentisch sind".[153] Die funktionale Privatisierung berührt die Eigenrationalitäten des privaten sowie des staatlichen Sektors folglich nicht.[154]

Das Bundesverwaltungsgericht erachtet eine funktionale Privatisierung von Angelegenheiten der örtlichen Gemeinschaft nun grundsätzlich für zulässig. Für Märkte, Messen, aber auch für Weihnachtsmärkte, kann danach die unmittelbare Verwaltungszuständigkeit einer kommunalen Eigengesellschaft übertragen werden.[155] Einem Zusammenwirken von Gemeinden und Dritten bei der Wahrnehmung der Angelegenheiten der örtlichen Gemeinschaft in Gestalt von Betreiber- und Betriebsführungsmodellen sowie Konzessionsmodellen steht Art. 28 Abs. 2 S. 1 GG nach dem Bundesverwaltungsgericht ebenfalls nicht entgegen. Vorausgesetzt wird allerdings, dass der Gemeinde jedenfalls Kontroll- und Einwirkungsrechte vorbehalten bleiben:[156]

„[D]ie Gemeinde [darf sich] im Interesse einer wirksamen Wahrnehmung [...] [des] örtlichen Wirkungskreises, der ausschließlich der Gemeinde, letztlich zum Wohle der Gemeindeangehörigen, anvertraut ist, nicht ihrer gemeinwohlorientierten Handlungsspielräume begeben. [...] Anderenfalls hätten es die Gemeinden selbst in der Hand, den Inhalt der kommunalen Selbstverwaltung durch Abstoßen oder Nichtwahrnehmung ihrer ureigenen Aufgaben auszuhöhlen. Um ein Unterlaufen des ihr anvertrauten Aufgabenbereichs zu verhindern, muss sich die Gemeinde grundsätzlich zumindest Einwirkungs- und Steuerungsmöglichkeiten vorbehalten, wenn sie die Angelegenheiten des örtlichen Wirkungskreises anderen übertragen will."[157]

c) *Materielle Privatisierung*

Die materielle Aufgabenprivatisierung meint schließlich die Aufgabenverlagerung vom öffentlichen auf den privaten Sektor.[158] Eine solche Aufgabenverlagerung stößt nicht schon grundsätzlich auf durchgreifende verfassungsrechtliche

---

[153] *Jörn Axel Kämmerer*, DVBl. 2008, S. 1005 (1007f.); *Foroud Shirvani*, DÖV 2011, S. 865 (866f.); kritisch zum Begriff der Verantwortungsteilung *Friedrich Schoch*, Jura 2008, S. 672 (678); *ders.*, NVwZ 2008, S. 241 (244); anders wohl *Andreas Voßkuhle*, in: Gunnar Folke Schuppert (Hrsg.), Jenseits von Privatisierung und „schlankem" Staat, 1999, S. 47 (49ff.); *Wolfgang Hoffmann-Riem*, in: Paul Kirchhof (Hrsg.), Staaten und Steuern, Festschrift für Klaus Vogel zum 70. Geburtstag, 2000, S. 47 (48, 52); differenzierend *Torsten Lämmerzahl*, Die Beteiligung Privater an der Erledigung öffentlicher Aufgaben, 2007, S. 199ff.

[154] Dazu *Andreas Voßkuhle*, VVDStRL 62 (2003), S. 266 (307); zum Ganzen ferner *Hans-Heinrich Trute*, in: Gunnar Folke Schuppert (Hrsg.), Jenseits von Privatisierung und „schlankem" Staat, 1999, S. 13ff.; *Helmuth Schulze-Fielitz*, in: Wolfgang Hoffmann-Riem/Eberhard Schmidt-Aßmann/Andreas Voßkuhle (Hrsg.), Grundlagen des Verwaltungsrechts, Bd. I, 2. Aufl. 2012, § 12, Rn. 161f.

[155] BVerwG, JZ 2009, S. 1167 (1169).

[156] BVerwG, JZ 2009, S. 1167 (1169).

[157] BVerwG, JZ 2009, S. 1167 (1168).

[158] *Friedrich Schoch*, in: Rolf Stürner (Hrsg.), Die Bedeutung der Rechtsdogmatik für die Rechtsentwicklung, 2010, S. 91 (104).

Bedenken:[159] Weder ein formaler Staatsaufgabenbegriff[160] noch der Funktionsvorbehalt des Art. 33 Abs. 4 GG begründen ein allgemeines Privatisierungsverbot – insbesondere Art. 33 Abs. 4 GG schützt das Berufsbeamtentum lediglich vor einer dauerhaften Ausübung hoheitlicher Befugnisse in bedeutendem Umfang durch Nichtbeamte und verlangt ferner eine Beleihung durch Gesetz oder aufgrund eines Gesetzes.[161] Dementsprechend hat auch das Bundesverwaltungsgericht jedenfalls explizit ein generelles materielles Privatisierungsverbot mit Blick auf die Angelegenheiten der örtlichen Gemeinschaft nicht ausgesprochen,[162] zugleich aber ein bereichsspezifisches materielles Privatisierungsverbot[163] entwickelt:

„Aus dem Gebot der Sicherung und Wahrung des Aufgabenbestandes der Gemeinden ergibt sich [danach], dass eine vollständige Übertragung von Aufgaben besonderer sozialer, kultureller und traditioneller Prägung wie ein Weihnachtsmarkt, an Dritte nicht zulässig ist. In welcher Weise die Gemeinde ihren Einflussbereich auf die Wahrnehmung für derartige Angelegenheiten des örtlichen Wirkungskreises sich vorbehält, etwa durch eine funktionale oder formelle Privatisierung, ist dabei eine Frage ihres Ermessens."[164]

2. *Argumente und Gegenargumente: Die kommunale „Selbstverwaltungspflicht" in der Diskussion*

Schon vor der Entscheidung des Bundesverwaltungsgerichts war eine Pflicht der Gemeinden zur Sicherung und Wahrung des Aufgabenbestandes, der zu den Angelegenheiten des örtlichen Wirkungskreises gehört, angenommen worden.[165] Zugrunde lag dem die Annahme, dass sich „[d]ie Gemeinde [...] ihrer

---

[159] Ausführlich *Martin Burgi*, Funktionelle Privatisierung und Verwaltungshilfe, 1999, S. 175 ff.; ferner *Franz-Joseph Peine*, DÖV 1997, S. 353 ff.; *Thomas Mayen*, DÖV 2001, S. 110 ff.; mit Blick auf Art. 28 Abs. 2 GG *Michael Ronellenfitsch*, DÖV 1999, S. 705 ff.

[160] *Friedrich Schoch*, DVBl. 2009, S. 1533 (1536); allgemein *Lerke Osterloh*, VVDStRL 54 (1995), S. 204 (207).

[161] *Jörn Axel Kämmerer*, Privatisierung, 2001, S. 214 ff.; *Johannes Masing*, in: Horst Dreier (Hrsg.), GG-Komm., Bd. II, 2. Aufl. 2006, Art. 33, Rn. 70; *Friedrich Schoch*, Jura 2008, S. 672 (681); anders wohl *Udo Di Fabio*, JZ 1999, S. 585 (592).

[162] Siehe *Alfred Katz*, NVwZ 2010, S. 405 (405, 407), der jede Deduktion eines Privatisierungsverbotes aus der Judikatur des Bundesverwaltungsgerichts als Überinterpretation apostrophiert; ferner *Katrin Stein*, DVBl. 2010, S. 563 (569).

[163] *Friedrich Schoch*, DVBl. 2009, S. 1533 (1533).

[164] BVerwG, JZ 2009, S. 1167 (1169).

[165] *Klaus Vogelgesang*, in: Karl Heinrich Friauf/Wolfram Höfling (Hrsg.), Berliner Kommentar zum Grundgesetz, Art. 28 (2001), Rn. 116; *Hubert Meyer*, NVwZ 2001, S. 766 (767); *Felix Welti*, JA 2006, S. 871 (871); ferner *Uwe Lübking*, in: Hubert Meyer/Maximilian Wallerath (Hrsg.), Gemeinden und Kreise in der Region, 2004, S. 128 (130), der eine allgemeine Pflicht der Gemeinden annimmt, im Rahmen ihrer Leistungsfähigkeit für eine ordnungsgemäße Verwaltung zu sorgen und die dafür erforderlichen Einrichtungen zu schaffen; anders wohl *Georg Christoph von Unruh*, Der Staat 4 (1965), S. 411 (460); *ders.*, DÖV 1977, S. 467 (470), der den Gemeinden attestiert, „nach dem Verfassungstext auch ‚zum Untätigsein berechtigt' [zu sein]"; siehe auch *Friedrich E. Schnapp*, Zuständigkeitsverteilung zwischen Kreis

Verantwortung dem Bürger gegenüber nicht durch Entlassung ihrer wesentlichen Aufgaben in den privaten Bereich entziehen [dürfe]";[166] auch die Regelung der Angelegenheiten der örtlichen Gemeinschaft sei staatliche Aufgabenwahrnehmung.[167] Ergänzend trat die Eigenverantwortlichkeit der kommunalen Aufgabenerfüllung hinzu, wonach „hoheitliche Befugnisse [der Gemeinde] [...] nicht etwa ‚privatnützig' zugeordnet [seien]"; „Selbstverwaltung gleich welcher Art [...] [sei] kein Eigenrecht der betreffenden Organisation, sondern [...] [diene vielmehr] der Selbstbestimmung der gleichsam ‚hinter dem Kollektiv stehenden' Individuen".[168]

Zuletzt gaben die Herausforderungen des demografischen Wandels Anlass, Art. 28 Abs. 2 GG nicht nur als Selbstverwaltungsrecht, sondern auch als Selbstverwaltungspflicht zu verstehen.[169] Trotz dieser breiten Anerkennung einer Selbstverwaltungspflicht im Allgemeinen ist namentlich die Judikatur des Bundesverwaltungsgerichts auf Widerspruch gestoßen: Sie sei unvereinbar mit der Judikatur des Bundesverfassungsgerichts, wonach obligatorische Staatsaufgaben[170] zwar ein Privatisierungsverbot begründen könnten, zu diesen obligatori-

und kreisangehörigen Gemeinden, 1973, S. 23, der konstatiert, dass „die ‚Verpflichtung' einer Gemeinde nur darin bestehen [kann], eine tatsächlich auf örtlicher Ebene anfallende Aufgabe daraufhin zu überprüfen, ob sie zu den Angelegenheiten öffentlicher Verwaltung gehört und ob sie durch die Gemeinde erledigt werden soll"; schließlich aber auch *Heinz W. Korte*, VerwArch 61 (1970), S. 3 (37 f.), der eine umfassende Pflicht zum Tätigwerden betont.

[166] Mit Blick auf den Begriff der Privatisierung *Franz-Ludwig Knemeyer*, WiVerw 1978, S. 64 (73); *Wolfgang Graf Vitzthum*, AöR 104 (1979), S. 580 (626); *Willi Thiele*, GewArch 1980, S. 105 (106); ferner *Bernhard Gromoll*, Rechtliche Grenzen der Privatisierung öffentlicher Aufgaben, 1982, S. 222 ff., der allerdings auf die einfachgesetzliche Verpflichtung zur Schaffung gemeindlicher Einrichtungen rekurriert; allgemein *Alexander Schink*, in: Edzard Schmidt-Jortzig/Alexander Schink, Subsidiaritätsprinzip und Kommunalordnung, 1982, S. 25 (74 f.), der die in Art. 28 Abs. 2 GG enthaltene verfassungsrechtliche Grundentscheidung betont, die auch gegenüber den Gemeinden und Gemeindeverbänden Geltungskraft beanspruche; ähnlich *Albert von Mutius*, in: Ständige Deputation des Deutschen Juristentages (Hrsg.), Verhandlungen des dreiundfünfzigsten Deutschen Juristentages, Bd. I, 1980, E 42; *Albert Krölls*, GewArch 1995, S. 129 (142); *Jörn Axel Kämmerer*, JZ 1996, S. 1042 (1047); *Martin Burgi*, Funktionale Privatisierung und Verwaltungshilfe, 1999, S. 307 f.; kritisch *Hermann Schumacher*, LKV 1995, S. 135 (136).

[167] *Klaus Stern*, in: BK, Art. 28 (1964), Rn. 92; ferner wohl *Christoph Gröpl*, in: Markus Hofmann (Hrsg.), Kommunale Selbstverwaltung im Spiegel von Verfassungsrecht und Verwaltungsrecht, 1996, S. 99 (104 f.); siehe auch *Erich Becker*, in: Karl August Bettermann/Hans Carl Nipperdey (Hrsg.), Die Grundrechte, Bd. IV/2, 1962, S. 673 (717); *Rupert Scholz*, Das Wesen und die Entwicklung der gemeindlichen öffentlichen Einrichtungen, 1967, S. 224 ff.; *Hans-Christoph Reusch*, Gemeindliche Rechtspflichten auf dem Gebiet der Daseinsvorsorge, 1970, S. 75 ff.

[168] *Stephan Tomerius/Tilmann Breitkreuz*, DVBl. 2003, S. 426 (428 f.).

[169] Siehe *Frauke Brosius-Gersdorf*, VerwArch 98 (2007), S. 317 ff.

[170] Dazu *Friedrich Schoch*, Jura 2008, S. 672 (680); *ders.*, in: Winfried Kluth (Hrsg.), Wirtschaft – Verwaltung – Recht, Festschrift für Rolf Stober, 2008, S. 559 (566 ff.); *Katrin Stein*, DVBl. 2010, S. 563 (567); allgemein zur Privatisierung obligatorischer Staatsaufgaben *Martin Burgi*, Funktionale Privatisierung und Verwaltungshilfe, 1999, S. 194 ff.; *Christoph Gramm*, Privatisierung und notwendige Staatsaufgaben, 2001, S. 190 ff.

schen Staatsaufgaben die Daseinsvorsorge aber gerade nicht gehöre.[171] Ein materielles Privatisierungsverbot könne mit Blick auf Art. 28 Abs. 2 GG daher nur einfachgesetzlich im Wege kommunaler Pflichtaufgaben begründet werden,[172] die den Gemeinden und Gemeindeverbänden eine Wahrnehmungspflicht auferlegen und nur das Tätigwerden privater Verwaltungshelfer zulassen.[173] Diese „privatisierungsfreundliche" Auffassung nimmt darüber hinaus auf die Gewährleistungspflicht der Gemeinden Bezug, die zur Wahrnehmung der Angelegenheiten der örtlichen Gemeinschaft durch eigenes Tätigwerden nur dann anhalte, wenn für lebenswichtige Güter und Dienstleistungen ein Markt inexistent oder ein Marktversagen zu konstatieren sei.[174] Eine Pflicht der Gemeinden zur grundsätzlichen Sicherung und Wahrung des Aufgabenbestandes, der zu den Angelegenheiten des örtlichen Wirkungskreises gehört, könne daher nur nach Maßgabe dieser Gewährleistungsverantwortung bestehen. Im Übrigen könnten kommunale Aufgaben auch von Privaten wahrgenommen werden.[175] Art. 28 Abs. 2 GG räume den Gemeinden das Recht ein, „im Bereich freiwilliger Selbstverwaltungsaufgaben eine materielle Privatisierung vorzunehmen"; im Übrigen operiere das

> „Verfassungsrecht in Bezug auf Privatisierungsmaßnahmen von Verwaltungsträgern grundsätzlich nicht mit Verboten [...], sondern mit dem Konzept der staatlichen Gewährleistungsverantwortung".[176]

Allerdings findet die Judikatur des Bundesverwaltungsgerichts auch Zustimmung. Ausgangspunkt ist dabei die schon zuvor anerkannte Selbstverwaltungspflicht, wonach Art. 28 Abs. 2 S. 1 GG nicht „‚schrankenlose Selbstentledigung' oder ‚Regellosigkeit'", „sondern gemeinwohlerfüllende kommunale Aufgabenwahrnehmung unter Beachtung der verfassungs- und kommunalrechtlichen Ordnung" bedeute.[177] Die Gemeinwohlorientierung der Angelegenheiten der örtlichen Gemeinschaft könne Art. 28 Abs. 2 GG zu einem Aufgabenwahrnehmungsgebot verdichten, das den Gemeinden eine vorbehaltlose Aufgabe der eigenverantwortlich wahrgenommenen Angelegenheiten der örtlichen Gemeinschaft untersage. Allerdings sei nur

---

[171] Mit Blick auf die funktionale Privatisierung BVerfGE 107, 59 (93); zu Art. 28 Abs. 2 GG *Katrin Stein*, DVBl. 2010, S. 563 (567).

[172] Anders wohl *Christoph Brüning*, VerwArch 100 (2009), S. 453 (456), der die Gemeinden auch bei pflichtigen Selbstverwaltungsaufgaben zur Gewährleistung, nicht aber zur eigenen Betätigung verpflichtet sieht.

[173] *Friedrich Schoch*, Jura 2008, S. 672 (681); *ders.*, in: Rolf Stürner (Hrsg.), Die Bedeutung der Rechtsdogmatik für die Rechtsentwicklung, 2010, S. 91 (98).

[174] *Dirk Ehlers*, DVBl. 2009, S. 1456 (1456 f.).

[175] *Dirk Ehlers*, DVBl. 2009, S. 1456 (1456).

[176] *Friedrich Schoch*, DVBl. 2008, S. 1533 (1535, 1537).

[177] *Alfred Katz*, NVwZ 2010, S. 405 (406).

„[d]ie Entledigung von besonders gemeinwohlprägenden, traditionsbildenden und ähnlichen Kommunalaufgaben an Dritte [...] ohne angemessene und ausreichende Steuerungs- und Kontrollrechte eine unzulässige Selbstbeschränkung der Selbstverwaltungsgarantie,“

sodass Art. 28 Abs. 2 GG lediglich ein „Verbot der vollständigen, uneingeschränkten Entäußerung von kommunalen Aufgaben“ enthalte, im Übrigen aber eine „hinreichende gemeinwohlsichernde ‚Regulierung‘“ im Sinne eines „Gewährleistungsverantwortungskonzept[es]“ verlange.[178]

„Je gemeinwohlintensiver, kommunalpolitisch bedeutsamer eine Angelegenheit der örtlichen Gemeinschaft sich darstellt, je stärker eine breite Einwohnerbetroffenheit vorliegt usw., desto weniger darf sich eine Kommune ihrer gemeinwohlorientierten Handlungsspielräume begeben oder gar eine materielle Privatisierung betreiben, es sei denn, sie behält sich die zur wirkungsvollen Wahrnehmung der kommunalen Selbstverwaltungsaufgaben erforderlichen Steuerungs-, Einfluss- und Überwachungsrechte vor.“[179]

II. Versuch einer systematisierenden Neuorientierung nach prinzipientheoretischen Maßstäben

In der bisherigen Diskussion werden zahlreiche Aspekte der Privatisierung von Angelegenheiten der örtlichen Gemeinschaft miteinander vermengt. Im Folgenden soll daher versucht werden, diese Aspekte zunächst zu strukturieren und anschließend im Einzelnen näher zu beleuchten. Dabei ist zunächst davon auszugehen, dass Art. 28 Abs. 2 GG tatsächlich eine Selbstverwaltungspflicht normiert. Zur Begründung ist im Wesentlichen auf folgende Aspekte hinzuweisen: Art. 28 Abs. 2 GG sichert den Gemeinden nicht nur einen bestimmten Aufgabenbereich zu, sondern überträgt ihnen auch die Entscheidung über das „Ob“ der Aufgabenwahrnehmung: Gemeinden dürfen die Angelegenheiten der örtlichen Gemeinschaft eigenverantwortlich regeln. Das Merkmal der Eigenverantwortlichkeit impliziert aber dennoch eine kommunale Selbstverwaltungspflicht:[180] „[H]oheitliche Befugnisse [sind der Gemeinde nämlich] [...] nicht etwa ‚privatnützig‘ zugeordnet“.[181] Die Regelung der Angelegenheiten der örtlichen Gemeinschaft ist vielmehr staatliche Aufgabenerfüllung. Das Merkmal der Eigenverantwortlichkeit ist daher als kommunale Selbstverwaltungspflicht zu verstehen, wie staatlichen Aufgaben ganz allgemein die Pflicht zur Aufgabenwahrnehmung innewohnt. Die Aufgabengarantie der Gemeinden hat nicht

---

[178] *Alfred Katz*, NVwZ 2010, S. 405 (407 f.).

[179] *Alfred Katz*, NVwZ 2010, S. 405 (410).

[180] Dazu *Friedrich Schoch*, Privatisierung der Abfallentsorgung, 1992, S. 52 ff.; *ders.*, DVBl. 1994, S. 1 (5 f.); zurückhaltender wohl *ders.*, DVBl. 2009, S. 1533 (1535, 1537); zum Ganzen *Dirk Ehlers*, DÖV 1986, S. 897 (903); ähnlich *Jürgen Grabbe*, Verfassungsrechtliche Grenzen der Privatisierung kommunaler Aufgaben, 1979, S. 88; *Werner Hauser*, Die Wahl der Organisationsform kommunaler Einrichtungen, 1987, S. 66.

[181] Nochmals *Stephan Tomerius/Tilmann Breitkreuz*, DVBl. 2003, S. 426 (428 f.).

lediglich ein „Recht" der Gemeinden zum Gegenstand, alle Angelegenheiten der örtlichen Gemeinschaft im Rahmen der Gesetze in eigener Verantwortung zu regeln – mit dem Merkmal der Eigenverantwortlichkeit korrespondiert die Pflicht der Gemeinden zur grundsätzlichen Sicherung und Wahrung des Aufgabenbestandes, der zu den Angelegenheiten des örtlichen Wirkungskreises gehört.[182]

Im Anschluss an diese grundlegende Feststellung stellt sich die Frage nach der Reichweite der kommunalen Selbstverwaltungspflicht. Insoweit basiert die weitere Untersuchung auf der Annahme, dass sich das Ausmaß der kommunalen Selbstverwaltungspflicht nach dem Konzept der Gewährleistungsverantwortung bemisst,[183] das auch bei der Privatisierung von Angelegenheiten der örtlichen Gemeinschaft Anwendung findet.[184] Die Geltung des Konzepts der Gewährleistungsverantwortung kann mit folgenden Überlegungen begründet werden: Anknüpfungspunkt für die Gewährleistungsverantwortung ist ganz grundsätzlich das Sozialstaatsprinzip, dem zwar ebenfalls kein Privatisierungsverbot, gleichwohl aber eine Verpflichtung zur Wahrnehmung lebensnotwendiger Ver- und Entsorgungsaufgaben abgewonnen wird.[185] Dies muss auch im Kontext der kommunalen Selbstverwaltung gelten – die Regelung der Angelegenheiten der örtlichen Gemeinschaft ist nämlich staatliche Aufgabenwahrnehmung, sodass auch den Gemeinden eine Gewährleistungsverantwortung obliegt.[186] Auch sie trifft dabei allerdings keine Erfüllungs-, sondern lediglich eine Auffangverantwortung zur „Ergebnissicherung".[187] Über eine solche Auffang-

[182] Nochmals *Klaus Stern*, in: BK, Art. 28 (1964), Rn. 92.

[183] Grundlegend *Gunnar Folke Schuppert*, Verwaltungswissenschaft, 2000, S. 415 ff.; *Wolfgang Weiß*, Privatisierung und Staatsaufgaben, 2002, S. 291 ff.; *Andreas Voßkuhle*, VVDStRL 62 (2003), S. 266 (304 ff.); *Matthias Knauff*, Der Gewährleistungsstaat: Reform der Daseinsvorsorge, 2004, S. 74 ff.; *ders.*, VerwArch 98 (2007), S. 382 ff.; ferner *Claudio Franzius*, Der Staat 42 (2003), S. 493 ff.; *ders.*, Der Staat 45 (2006), S. 547 ff.; *ders.*, Gewährleistung im Recht, 2009, S. 24 ff.; *Wolfgang Hoffmann-Riem*, in: Gunnar Folke Schuppert (Hrsg.), Der Gewährleistungsstaat – Ein Leitbild auf dem Prüfstand, 2005, S. 89 ff.; *Hubertus Gersdorf*, JZ 2008, S. 831 (833 f.); kritisch zum Begriff des Gewährleistungsstaates *Friedrich Schoch*, in: Helmuth Schulze-Fielitz (Hrsg.), Staatsrechtslehre als Wissenschaft, 2007, S. 177 (207).

[184] Zur kommunalen Gewährleistungsverantwortung aber auch *Gabriele Britz*, Die Verwaltung 37 (2004), S. 145 ff.

[185] BVerfGE 22, 180 (204); ausführlich *Jörn Axel Kämmerer*, Privatisierung, 2001, S. 177 ff.; siehe auch *Friedrich Schoch*, DVBl. 1994, S. 962 (970); *Alfons Gern*, DÖV 2009, S. 269 (272); zum Gewährleistungsverwaltungsrecht als Privatisierungsfolgenrecht *Peter Badura*, in: Rainer Grote (Hrsg.), Die Ordnung der Freiheit, Festschrift für Christian Starck zum siebzigsten Geburtstag, 2007, S. 153 (160 ff.); zur Bedeutung der grundrechtlichen Schutzpflichtendimension *Wolfgang Hoffmann-Riem*, in: Gunnar Folke Schuppert (Hrsg.), Der Gewährleistungsstaat – Ein Leitbild auf dem Prüfstand, 2005, S. 89 (93 f.); *Martin Eifert*, Die Verwaltung 39 (2006), S. 309 (319); *Peter Badura*, in: Rainer Grote (Hrsg.), Die Ordnung der Freiheit, Festschrift für Christian Starck zum siebzigsten Geburtstag, 2007, S. 153 (154).

[186] *Friedrich Schoch*, in: Hans-Uwe Erichsen (Hrsg.), Kommunale Verwaltung im Wandel, 1999, S. 101 (108 ff.); *Katrin Stein*, DVBl. 2010, S. 563 (568).

[187] Allgemein *Friedrich Schoch*, NVwZ 2008, S. 241 (244, 245); *Jörn Axel Kämmerer*,

verantwortung hinaus verlangt die Gewährleistungsverantwortung von den Gemeinden die Regulierung und Überwachung der tätig werdenden Privaten, um eine ordnungsgemäße Aufgabenerfüllung sicherzustellen.[188]

1. Gewährleistungsverantwortung und autonome Privatisierung von Angelegenheiten der örtlichen Gemeinschaft

Unter Zugrundelegung der vorab skizzierten Prämissen – Art. 28 Abs. 2 GG normiert grundsätzlich eine kommunale Selbstverwaltungspflicht, deren Reichweite sich nach dem Konzept der Gewährleistungsverantwortung bestimmt – kann nunmehr die Privatisierung von Angelegenheiten der örtlichen Gemeinschaft näher in den Blick genommen werden. Zunächst ist dabei die autonome Privatisierung zu beleuchten, bei der die Gemeinden die Entscheidung zugunsten einer Organisationsprivatisierung, einer funktionalen oder materiellen Privatisierung treffen. Dabei wird zu zeigen sein, dass sich die Gewährleistungsverantwortung der Gemeinden nach der hier zugrunde gelegten prinzipientheoretischen Interpretation als mehrschichtig erweist: Zunächst sind die Gemeinden unter Berücksichtigung der bisherigen Erkenntnisse selbst verpflichtet, ihrer Gewährleistungsverantwortung nachzukommen. Entscheidend ist aber, dass sie dazu oftmals nicht schon von Verfassungs wegen befähigt sind

---

DVBl. 2008, S. 1005 (1107); ferner *Helmuth Schulze-Fielitz*, in: Wolfgang Hoffmann-Riem/Eberhard Schmidt-Aßmann/Andreas Voßkuhle (Hrsg.), Grundlagen des Verwaltungsrechts, Bd. I, 2. Aufl. 2012, § 12, Rn. 166, der zwischen einer Einstands- und Abfederungsverantwortung differenziert; zu den Herausforderungen der Auffangverantwortung aber auch *Wolfgang Hoffmann-Riem*, in: Gunnar Folke Schuppert (Hrsg.), Der Gewährleistungsstaat – Ein Leitbild auf dem Prüfstand, 2005, S. 89 (97); ferner *Friedrich Schoch*, Jura 2008, S. 672 (683); *ders.*, NVwZ 2008, S. 241 (247) mit dem Hinweis auf das Fehlen von Personal und Fachwissen sowie der notwendigen Infrastruktur; dazu aber auch *Andreas Voßkuhle*, VVDStRL 62 (2003), S. 266 (326).

[188] *Eberhardt Schmidt-Aßmann*, in: Wolfgang Hoffmann-Riem/Eberhard Schmidt-Aßmann/Andreas Voßkuhle (Hrsg.), Reform des Allgemeinen Verwaltungsrechts, 1993, S. 11 (43 f.); *Hartmut Bauer*, VVDStRL 54 (1995), S. 243 (278 ff.); *Gunnar Folke Schuppert*, Die Verwaltung 31 (1998), S. 415 ff.; *ders.*, Verwaltungswissenschaft, 2000, S. 406 f.; *Wolfgang Hoffmann-Riem*, in: Paul Kirchhof (Hrsg.), Staaten und Steuern, Festschrift für Klaus Vogel zum 70. Geburtstag, 2000, S. 47 (52 ff.); *Reinhard Ruge*, Die Gewährleistungsverantwortung des Staates und der Regulatory State, 2004, S. 162 ff.; *Helmuth Schulze-Fielitz*, in: Wolfgang Hoffmann-Riem/Eberhard Schmidt-Aßmann/Andreas Voßkuhle (Hrsg.), Grundlagen des Verwaltungsrechts, Bd. I, 2. Aufl. 2012, § 12, Rn. 148 ff.; mit Blick auf Art. 28 Abs. 2 GG *Dirk Ehlers*, DVBl. 2009, S. 1456 (1456 f.); ferner *Angelika Benz*, Die Verwaltung 28 (1995), S. 337 ff.; *Wolfgang Weiß*, DVBl. 2002, S. 1167 (1173 ff.); *Horst Dreier*, in: Ulfried Neumann/Lorenz Schulz (Hrsg.), Verantwortung in Recht und Moral, 2000, S. 9 ff.; *ders.*, DÖV 2002, S. 537 (542 f.); zur Notwendigkeit ausreichender Einwirkungs- und Kontrollrechte *Hans-Heinrich Trute*, in: Gunnar Folke Schuppert/Friedhelm Neidhardt (Hrsg.), Gemeinwohl – Auf der Suche nach Substanz, 2002, S. 329 (331 ff.); *Friedrich Schoch*, NVwZ 2008, S. 241 (246); *Rolf Stober*, NJW 2008, S. 2301 (2308); zum Begriff der Regulierung *Thomas von Danwitz*, DÖV 2004, S. 977 ff.; *Anselm Christian Thoma*, Regulierte Selbstregulierung im Ordnungsverwaltungsrecht, 2008, S. 35 ff.; *Friedrich Schoch*, NVwZ 2008, S. 241 (245 ff.).

– für die Wahrnehmung der gemeindlichen Gewährleistungsverantwortung müssen vielmehr organisatorische Voraussetzungen geschaffen werden.[189] Dies führt nach dem prinzipientheoretischen Ansatz nun dazu, dass im Zusammenhang mit der autonomen Privatisierung von Angelegenheiten der örtlichen Gemeinschaft nicht nur die Rolle der Gemeinden, sondern auch die Rolle des Gesetzgebers zu beleuchten ist. Angesichts der Ausgestaltungsbedürftigkeit der kommunalen Binnenorganisation[190] können die organisatorischen Voraussetzungen zur Wahrnehmung der Gewährleistungsverantwortung nämlich nur vom Gesetzgeber geschaffen werden. Im Folgenden ist daher der Frage nachzugehen, welchen verfassungsrechtlichen Determinanten die diesbezügliche Ausgestaltung der kommunalen Binnenorganisation unterworfen ist.

a) Organisationsprivatisierung

Für die Organisationsprivatisierung müssen schon die notwendigen Organisationsformen des Privatrechts vom Gesetzgeber bereitgestellt werden – zur Organisationsprivatisierung sind die Gemeinden nicht etwa verfassungsunmittelbar befähigt: Das Kommunalwirtschaftsrecht bedarf der legislativen Ausgestaltung. Bei dieser Ausgestaltung ist der Gesetzgeber an die partizipative Funktion kommunaler Selbstverwaltung nach Maßgabe des Untermaßverbotes gebunden;[191] als konfligierende Rechtsprinzipien sind die zugunsten von Organisationsprivatisierungen angeführten Effektivitäts- und Wirtschaftlichkeitsaspekte zu berücksichtigen.[192] Für die Abwägungsentscheidung des Gesetzgebers lassen sich ergänzend zu den Ausführungen zur Ausgestaltung des Kommunalwirtschaftsrechts im Allgemeinen[193] folgende Gesichtspunkte festhalten: Die Bereitstellung von Organisationsformen des Privatrechts zum Zwecke der Organisationsprivatisierung darf die partizipative Funktion kommunaler Selbstverwaltung nicht konterkarieren, die Entpolitisierung der Angelegenheiten der örtlichen Gemeinschaft im Wege der Organisationsprivatisierung wird der

---

[189] Siehe *Gabriele Britz*, Die Verwaltung 37 (2004), S. 145 (162); anders wohl *Martin Burgi*, Funktionale Privatisierung und Verwaltungshilfe, 1999, S. 304: „Veränderungen in der Aufgabenverteilungsstruktur innerhalb eines Aufgabenfeldes, beispielsweise der Rückzug von der kommunalen Eigenwahrnehmung zugunsten der Förderung und Überwachung privater Aufgabenträger, [unterfallen] der kommunalen Organisationshoheit [...] nicht, auch wenn mit ihnen regelmäßig organisatorische Umstellungen einhergehen dürften".

[190] Ausführlich S. 371 ff.

[191] Eingehend S. 402 ff.; siehe aber auch *Dirk Ehlers*, DÖV 1986, S. 897 (903), der mit Blick auf die Entscheidung der Gemeinden zur Organisationsprivatisierung der Gemeinden das Übermaßverbot aktiviert.

[192] Effektivitäts- und Wirtschaftlichkeitsargumente begründen allerdings kein verfassungsrechtlich fundiertes Privatisierungsgebot, siehe *Johannes Hellermann*, Örtliche Daseinsvorsorge und gemeindliche Selbstverwaltung, 2000, S. 159 ff.; ferner *Klaus König/Angelika Benz*, in: Klaus König/Angelika Benz (Hrsg.), Privatisierung und staatliche Regulierung, 1997, S. 13 (56 f.).

[193] Dazu S. 409 ff..

partizipativen Funktion kommunaler Selbstverwaltung grundsätzlich nicht gerecht.[194] Jede (Organisations)Privatisierung von Angelegenheiten der örtlichen Gemeinschaft bringt nämlich einen Verantwortungsverlust mit sich:[195] Privatrechtliche Organisationsformen suggerieren nicht nur Unabhängigkeit, vielmehr soll

„die Verwaltung von den starren Fesseln des öffentlich-rechtlichen Organisationsrechts befreit werden, um ein flexibleres, transparenteres, effizienteres und unbürokratischeres Verwaltungshandeln zu ermöglichen".[196]

Vor diesem Hintergrund darf der Gesetzgeber den Gemeinden privatrechtliche Organisationsformen zum Zwecke der Organisationsprivatisierung nur zur Verfügung stellen, wenn ihnen insbesondere ausreichende Weisungs- und Aufsichtsbefugnisse vorbehalten bleiben.[197] Ausreichende Kontrollmöglichkeiten müssen sichergestellt werden,[198] um die Durchsetzung politischer Vorgaben – die mit Gesellschaftsinteressen kollidieren können – zu ermöglichen.[199] Die

---

[194] Allgemein S. 409 ff.; ergänzend *Walter Frenz*, Die Verwaltung 28 (1995), S. 33 (50 f.); ferner *Friedrich Schoch*, DÖV 1993, S. 377 (382 f.); *ders.*, DVBl. 1994, S. 1 (3, 9); *ders.*, DVBl. 1994, S. 962 (970), der die Organisationsprivatisierung als Umgehungs- und Vermeidungsstrategie tituliert; siehe auch *Walter Schmitt Glaeser/Hans-Detlef Horn*, BayVBl. 1993, S. 1 (9), die auf die Beeinträchtigung der politisch-demokratischen Funktion kommunaler Selbstverwaltung Bezug nehmen; schließlich *Katrin Stein*, DVBl. 2010, S. 563 (566), die eine Erfüllung gemeinwohlbedeutsamer Aufgaben bei abnehmender Gesetzesbindung, rechtsstaatlicher Kontrolle und demokratischer Verantwortlichkeit konstatiert; zum Verlust der Öffentlichkeit auch *Markus Faber*, NVwZ 2003, S. 1317 ff.; ferner *Peter Badura*, in: Rainer Grote (Hrsg.), Die Ordnung der Freiheit, Festschrift für Christian Starck zum siebzigsten Geburtstag, 2007, S. 153 (162); *Janbernd Oebbecke*, VBlBW 2010, S. 1 (2).

[195] *Albert Krölls*, GewArch 1995, S. 129 (142), der eine Auflösung der Einheit der Kommunalverwaltung feststellt und eine Einschränkung der Steuerungs- und Kontrollmöglichkeiten der Gemeinden konstatiert.

[196] *Rolf Stober*, NJW 1984, S. 449 (452); zur Autonomisierung der wirtschaftlichen Betätigung von Gemeinden und Gemeindeverbänden S. 409 ff.; zur „autonomiesichernden" Kraft des Gesellschaftsrechts allerdings *Jörn Axel Kämmerer*, DVBl. 2008, S. 1005 (1010), der zugleich aber auf die Möglichkeit von Beherrschungs- und Gewinnabführungsverträgen hinweist; kritisch dazu *Dirk Ehlers*, DVBl. 1997, S. 137 (141); ferner *Sabine Kraft-Zörcher*, ThürVBl. 2008, S. 1 ff.

[197] Dazu schon S. 409 ff.

[198] Siehe dazu auch S. 409 ff.; im vorliegenden Zusammenhang *Thomas von Danwitz*, AöR 120 (1995), S. 595 (603 ff.); *Christoph Brüning*, Der Private bei der Erledigung kommunaler Aufgaben, 1997, S. 107 ff.; *ders.*, VerwArch 100 (2009), S. 453 (470); *Friedrich Schoch*, Jura 2008, S. 672 (683); siehe aber auch *Georg Meiski*, BayVBl. 2006, S. 300 ff.; *Peter Ganzer/Bernd Tremml*, GewArch 2010, S. 141 ff.; zu § 394 AktG zuletzt *Thomas Bettenburg/Boris Weirauch*, DÖV 2012, S. 352 ff.

[199] Dazu auch S. 410 f.; ferner *Klaus Rennert*, Die Verwaltung 53 (2002), S. 319 (332), der mit Blick auf die partizipative Funktion kommunaler Selbstverwaltung konstatiert: „Rat und Bürgermeister müssen auf die strategischen und operativen Geschäftsentscheidungen des Unternehmens den maßgeblichen Einfluss erhalten und behalten, und die Geschäftsführung des Unternehmens muss umgekehrt den Gemeindeorganen Rechenschaft legen, um deren dauernde Kontrolle zu sichern."

partizipative Funktion des Art. 28 Abs. 2 S. 1 GG wird nämlich nicht dadurch ersetzt,

> „dass die [...] Privatisierung einer gemeindlichen Aufgabe der Entscheidung der demokratisch legitimierten (Art. 28 Abs. 1 Satz 2 GG) kommunalen Vertretungskörperschaft obliegt".[200]

Die partizipative Funktion kommunaler Selbstverwaltung stellt dementsprechend sicher, dass die organisatorischen Voraussetzungen zur Wahrnehmung der Gewährleistungsverantwortung der Gemeinden geschaffen werden – die Bereitstellung privatrechtlicher Organisationsformen seitens des Gesetzgebers muss einhergehen mit der Einräumung von Einflussnahmemöglichkeiten zur Sicherstellung einer ordnungsgemäßen Aufgabenerfüllung.

b) Funktionale und materielle Privatisierung

Neben der Organisationsprivatisierung sind nunmehr die funktionale und materielle Privatisierung von Angelegenheiten der örtlichen Gemeinschaft in den Blick zu nehmen. Auch insoweit ist klarzustellen, dass den Gemeinden die Wahrnehmung der Gewährleistungsverantwortung obliegt. Auch hier ist aber die Frage aufzuwerfen, ob der Gesetzgeber organisatorische Voraussetzungen für die Wahrnehmung der gemeindlichen Gewährleistungsverantwortung schaffen muss und welchen verfassungsrechtlichen Grenzen eine solche Ausgestaltung unterworfen ist.

aa) Zur Notwendigkeit der legislativen Ausgestaltung

Ganz grundsätzlich lässt sich feststellen, dass auch im Falle der funktionalen und materiellen Privatisierung die Wahrnehmung der gemeindlichen Gewährleistungsverantwortung organisatorischer Voraussetzungen bedarf, die der Gesetzgeber erst im Wege der legislativen Ausgestaltung bereitstellen muss. Zur Begründung können zwei wesentliche Aspekte angeführt werden: Erstens hat schon der Funktionsvorbehalt des Art. 33 Abs. 4 GG zur Folge, dass die funktionale und materielle Aufgabenprivatisierung eine Beleihung durch Gesetz oder aufgrund eines Gesetzes voraussetzen. Zweitens erfordert die funktionale Privatisierung eine Leistungs- und Kontrollverantwortung der Gemeinden,[201] die

---

[200] Dazu *Friedrich Schoch*, DVBl. 2009, S. 1533 (1537); siehe aber auch *dens.*, Privatisierung der Abfallentsorgung, 1992, S. 54; ähnlich *Stephan Tomerius/Tilmann Breitkreuz*, DVBl. 2003, S. 426 (433); *Martin Thormann*, in: Gilbert H. Gornig (Hrsg.), Staat – Wirtschaft – Gemeinde, Festschrift für Werner Frotscher zum 70. Geburtstag, 2007, S. 747 (758 ff.); *Martin Burgi*, Funktionale Privatisierung und Verwaltungshilfe, 1999, S. 303.

[201] *Friedrich Schoch*, Jura 2008, S. 672 (683); *Helmuth Schulze-Fielitz*, in: Wolfgang Hoffmann-Riem/Eberhard Schmidt-Aßmann/Andreas Voßkuhle, Grundlagen des Verwaltungsrechts, Bd. I, 2. Aufl. 2012, § 12, Rn. 164; siehe auch *Albert von Mutius*, LKV 1996, S. 177 (178 f.).

insbesondere einer spezifischen Vertragsgestaltung bedarf.[202] Notwendig ist daher ein kommunalspezifisches Regulierungs- und Vergaberegime:[203] Erst dadurch wird bei der funktionalen Privatisierung die Auswahl der „richtigen Organisationsform [...] [sowie] des jeweiligen Kooperationspartners" gewährleistet.[204] Gleiches gilt auch für die materielle Privatisierung. Diese setzt ebenfalls rechtliche Rahmenbedingungen voraus, die die Vereinbarung umfangreicher Pflichtenkataloge einschließlich entsprechender Kontrollbefugnisse und Haftungsregelungen, Vergütungsregelungen mit Anpassungsklauseln sowie Kündigungs- und Rückfallrechte ermöglichen.[205]

bb) Verfassungsrechtliche Grenzen der legislativen Ausgestaltung

Zur Wahrnehmung ihrer Gewährleistungsverantwortung sind die Gemeinden auch im Falle der funktionalen und materiellen Privatisierung folglich nicht schon verfassungsunmittelbar befähigt. Vielmehr sind diesbezügliche organisatorische Voraussetzungen ebenfalls – wenn auch nicht in einem der Organisationsprivatisierung vergleichbaren Umfang – vom Gesetzgeber zu schaffen. Auch mit Blick auf die funktionale und materielle Privatisierung ist daher dessen Abwägungsentscheidung zwischen den Funktionen kommunaler Selbstverwaltung und konfligierenden Rechtsprinzipien nach Maßgabe des Untermaßverbotes in den Blick zu nehmen. Für die funktionale Privatisierung lässt sich insoweit festhalten, dass sie „das gemeindliche Letztentscheidungsrecht erheblich" gefährdet.[206] Der Gesetzgeber muss aus diesem Grund die partizipative Funktion kommunaler Selbstverwaltung dadurch verwirklichen, dass er durch legislative Vorgaben für die Vertragsgestaltung den „strategischen [...] [Einfluss] einer Kommune auf ihre Trabanten" sicherstellt.[207] Gleiches gilt grundsätzlich auch für die materielle Privatisierung:[208] Obwohl diese einen Verlust unmittelbarer Gestaltungsfähigkeit durch „das autonome Tätigwerden eines privaten Konzes-

---

[202] *Christoph Brüning*, Der Private bei der Erledigung kommunaler Aufgaben, 1997, S. 160ff.; *Thomas Mann*, in: Willy Spannowsky (Hrsg.), Erscheinungsbilder eines sich wandelnden Verwaltungsrechts, Festschrift für Günter Püttner zum 70. Geburtstag, 2007, S. 109 (122ff.).

[203] *Martin Burgi*, NVwZ 2001, S. 601ff.; ferner *Klaus Rennert*, Die Verwaltung 53 (2002), S. 319 (338); *Stephan Tomerius/Tilmann Breitkreuz*, DVBl. 2003, S. 426 (435); zu Anwendungsproblemen *Matthias Knauff*, WiVerw 2011, S. 79 (91f.); zur Bedeutung des Vergaberechts *Friedrich Schoch*, Jura 2008, S. 672 (682f.); siehe aber auch *dens.*, NVwZ 2008, S. 241 (246f.); *Katrin Stein*, DVBl. 2010, S. 563 (570).

[204] *Martin Burgi*, NVwZ 2001, S. 601 (606).

[205] *Martin Burgi*, NVwZ 2001, S. 601 (606).

[206] *Stephan Tomerius/Tilmann Breitkreuz*, DVBl. 2003, S. 426 (433); ferner *Wolfgang Graf Vitzthum*, AöR 104 (1979), S. 580 (606ff., 625ff.); *Dirk Ehlers*, NWVBl. 1991, S. 397ff.; *Detlef Sack*, DfK 2006, S. 25 (34ff.).

[207] Siehe *Christoph Brüning*, VerwArch 100 (2009), S. 453 (473).

[208] Dazu *Matthias Knauff*, WiVerw 2011, S. 79 (82f., 89ff.), der eine gewährleistungsstaatliche Aufgabenwahrnehmung als normativ fundiertes Idealbild apostrophiert.

sionärs" bedeutet[209] und sich die Rolle der Gemeinden auf die Organisation und Überwachung sowie Finanzierung der Wahrnehmung der Angelegenheiten der örtlichen Gemeinschaft beschränkt,[210] muss auch insoweit die partizipative Funktion kommunaler Selbstverwaltung zumindest nach Maßgabe des Untermaßverbotes verwirklicht werden. Dies kann der Gesetzgeber folgendermaßen erreichen: „Private Konzessionäre" müssen mit Hilfe eines qualitäts- und preisbezogenen Vergabeprozesses ausgewählt werden, der zudem eine Verpflichtung auf gemeindliche Maßstäbe der Aufgabenwahrnehmung gewährleistet und angesichts einer „latente[n] Erfüllungsverantwortung"[211] Rückholoptionen vorsieht.[212] Dadurch bleiben Möglichkeiten zur Partizipation grundsätzlich erhalten und die partizipative Funktion jedenfalls nach Maßgabe des Untermaßverbotes gewahrt.[213]

Neben den genannten Aspekten sind zwei weitere Gesichtspunkte für die Abwägungsentscheidung des Gesetzgebers von Bedeutung: Zunächst kann im Rahmen der materiellen Privatisierung im Sinne der regulierten Selbstregulierung[214] grundsätzlich auch die dargestellte Regulierung privatisiert werden.[215] Spätestens dann ist aber fraglich, ob die legislative Ausgestaltung die partizipative Funktion kommunaler Selbstverwaltung noch ausreichend zur Geltung bringt. Abschließend tritt eine Erwägung hinzu, die das Kompetenzgefüge zwischen körperschaftlichem Trägerorgan und Körperschaftsvorstand in die Betrachtung einbezieht – diesbezüglich hatte die bisherige Untersuchung ergeben, dass bei der Ausgestaltung der kommunalen Binnenorganisation der Grundsatz der intrafunktionalen Gewaltenteilung zu berücksichtigen ist.[216] In dieser Hinsicht ist nun zu beachten, dass die Gewährleistungsverantwortung regelmäßig den Bürgermeistern und Landräten auferlegt wird[217] – was allerdings nicht dazu führen darf, dass im Kontext der funktionalen und materiellen

---

[209] *Martin Burgi*, NVwZ 2001, S. 601 (603); *Matthias Knauff*, WiVerw 2011, S. 79 (91).

[210] *Matthias Knauff*, WiVerw 2011, S. 79 (91); kritisch *Dirk Ehlers*, DVBl. 1997, S. 137 (137).

[211] *Bernward Wollenschläger*, Effektive staatliche Rückholoption bei gesellschaftlicher Schlechterfüllung, 2006, S. 148.

[212] Mit Blick auf die Gemeinden *Franz-Ludwig Knemeyer*, in: Hans-Günter Henneke (Hrsg.), Organisation kommunaler Aufgabenerfüllung, 1998, S. 131 (141); *Matthias Knauff*, WiVerw 2011, S. 79 (91); allgemein *Gunnar Folke Schuppert*, in: Eckhard Schröter (Hrsg.), Empirische Policy- und Verwaltungsforschung, lokale, nationale und intenationale Perspektiven, Festschrift für Hellmut Wollmann zum 65. Geburtstag, 2001, S. 399 (411); *Matthias Knauff*, DÖV 2009, S. 581 (583).

[213] Zum Ganzen *Matthias Knauff*, WiVerw 2011, S. 79 (91).

[214] *Martin Eifert*, in: Wolfgang Hoffmann-Riem/Eberhard Schmidt-Aßmann/Andreas Voßkuhle (Hrsg.), Grundlagen des Verwaltungsrechts, Bd. I, 2. Aufl. 2012, § 19, Rn. 52 ff.

[215] Allgemein dazu *Jörn Axel Kämmerer*, DVBl. 2008, S. 1005 (1014 f.); *Peter Collin*, JZ 2011, S. 274 ff.

[216] Zur Ausgestaltung der kommunalen Binnenorganisation sowie zum Grundsatz der intrafunktionalen Gewaltenteilung S. 371 ff.

[217] Siehe *Martin Burgi*, NVwZ 2001, S. 601 (602); *Detlef Sack*, DfK 2006, S. 25 (35); zur Schwächung des Einflusses der kommunalen Vertretungsorgane auch *Jörg Bogumil/Lars*

Privatisierung der Grundsatz der intrafunktionalen Gewaltenteilung unterlaufen wird.[218] Eine unzulässige Beeinträchtigung dieses Grundsatzes kann allerdings erst angenommen werden, wenn dem körperschaftlichen Trägerorgan nicht länger die wichtigsten Führungs- und Kontrollaufgaben vorbehalten bleiben.[219]

2. *Heteronome Privatisierung von Angelegenheiten der örtlichen Gemeinschaft*

Neben der autonomen Entscheidung der Gemeinden für eine Privatisierung der Angelegenheiten der örtlichen Gemeinschaft ist nunmehr der heteronome Privatisierungsprozess in den Blick zu nehmen. Dabei werden Gemeinden von Gesetzes wegen zur Privatisierung von Angelegenheiten der örtlichen Gemeinschaft gezwungen.[220] Es ist daher zu fragen, ob es sich bei der heteronomen Privatisierung um einen Aufgabenentzug handelt. Der institutionelle Deutungsansatz gelangt insoweit zu dem Ergebnis, dass die heteronome funktionale[221] sowie materielle Privatisierung eine Beeinträchtigung der Aufgabengarantie der Gemeinden darstellen.[222] Überträgt man diese Einschätzung auf den prinzipientheoretischen Deutungsansatz, müsste die heteronome funktionale sowie materielle Privatisierung von Angelegenheiten der örtlichen Gemeinschaft als verfassungswidrig angesehen werden: Die Aufgabengarantie der Gemeinden ist als Rechtsregel zu qualifizieren, Beeinträchtigungen können grundsätzlich nicht gerechtfertigt werden.[223] Die heteronome Organisationsprivati-

Holtkamp, in: Jens Libbe/Stephan Tomerius/Jan Hendrik Trapp (Hrsg.), Liberalisierung und Privatisierung kommunaler Aufgabenerfüllung, 2002, S. 71 ff.

[218] Allgemein zum Grundsatz der intrafunktionalen Gewaltenteilung S. 377 ff.

[219] Dazu mit Blick auf das Neue Steuerungsmodell S. 431.

[220] Zur heteronomen Privatisierung *Joachim Wieland/Johannes Hellermann*, Der Schutz des Selbstverwaltungsrechts der Kommunen gegenüber Einschränkungen ihrer wirtschaftlichen Betätigung im nationalen und europäischen Recht, 1995, S. 26 ff.; *dies.*, DVBl. 1996, S. 401 (407 f.); *Martin Burgi*, Funktionale Privatisierung und Verwaltungshilfe, 1999, S. 296 f., 298 ff.; *Johannes Hellermann*, Örtliche Daseinsvorsorge und gemeindliche Selbstverwaltung, 2000, S. 170 ff.; ferner *Jürgen Grabbe*, Verfassungsrechtliche Grenzen der Privatisierung kommunaler Aufgaben, 1979, S. 87; *Karl Heinrich Friauf*, in: Jürgen F. Baur/Karl Heinrich Friauf, Energierechtsreform zwischen Europarecht und kommunaler Selbstverwaltung, 1997, S. 55 (75).

[221] Zur heteronomen funktionalen Privatisierung *Martin Burgi*, Funktionale Privatisierung und Verwaltungshilfe, 1999, S. 304 ff., der die Möglichkeit der Rechtfertigung eines mit der heteronomen funktionalen Privatisierung verknüpften Aufgabenentzuges anerkennt.

[222] Ähnlich *Joachim Wieland*, NdsVBl. 2009, S. 33 (36); *ders.*, in: Ständige Deputation des Deutschen Juristentages (Hrsg.), Verhandlungen des siebenundsechzigsten Deutschen Juristentages, Bd. II/1, 2009, M 11 (M 21), der zumindest eine durch zwingende Gründe des Gemeinwohls rechtfertigungsfähige Beeinträchtigung der verfassungsrechtlich gewährleisteten Entscheidungsfreiheit der Gemeinden konstatiert; dazu auch *Albert Krölls*, GewArch 1995, S. 129 (142); anders wohl *Klaus Rennert*, Die Verwaltung 53 (2002), S. 319 (325 f.).

[223] Allgemein dazu S. 145 ff.

sierung wäre demgegenüber nicht als unzulässige Beeinträchtigung zu bewerten: Sie betrifft lediglich die kommunale Organisationshoheit, die nach der hier vertretenen Auffassung der legislativen Ausgestaltung bedarf;[224] eine Verletzung der verfassungsrechtlichen Grenzen dieser Ausgestaltung ist mit Blick auf die heteronome Organisationsprivatisierung nicht erkennbar.

Auch mit Blick auf die funktionale und materielle Privatisierung darf nun aber nicht vorschnell eine unzulässige Beeinträchtigung der Aufgabengarantie der Gemeinden angenommen werden. Es ist vielmehr zu berücksichtigen, dass Angelegenheiten der örtlichen Gemeinschaft grundsätzlich Verwaltungsaufgaben sind – auch die Wahrnehmung der Angelegenheiten der örtlichen Gemeinschaft ist staatliche Aufgabenwahrnehmung.[225] An dieser Stelle lässt sich nun erneut das Konzept der Gewährleistungsstaatlichkeit in die Betrachtung einbeziehen:[226] Knüpft das Konzept der Gewährleistungsstaatlichkeit an den allgemeinen Staatsaufgabenbegriff an, könnte sich auch die kommunale Selbstverwaltung diesem Konzept nicht entziehen – die Gewährleistungsverantwortung der Gemeinden wäre unter dieser Voraussetzung als Äquivalent der eigenen Aufgabenwahrnehmung im Sinne des Art. 28 Abs. 2 GG zu qualifizieren,[227] obwohl mit der funktionalen sowie materiellen Privatisierung nicht zuletzt die Möglichkeiten zur Partizipation erheblich reduziert werden.[228] Nichtsdestotrotz wäre angesichts der verbleibenden Gewährleistungsverantwortung der Gemeinden ein Kompetenzverlust im Falle der heteronomen Privatisierung nicht festzustellen.[229] Deswegen hängt es wohl vom Konzept der Gewährleistungsstaatlichkeit ab, wie die heteronome funktionale und materielle Privatisierung von Angelegenheiten der örtlichen Gemeinschaft zu bewerten ist. Der

---

[224] Zur Ausgestaltungsbedürftigkeit der kommunalen Binnenorganisation S. 371 ff.

[225] Siehe dazu mit Blick auf die Frage nach einem subjektiven Recht auf kommunale Selbstverwaltung S. 73 ff.

[226] Ähnlich *Christoph Brüning*, VerwArch 100 (2009), S. 453 (456), der mit Blick auf kommunale Pflichtaufgaben feststellt, dass auch bei Pflichtaufgaben die unbedingte gesetzliche Verpflichtung grundsätzlich nur auf das „Ob" der Aufgabenerledigung und nicht auf die Art und Weise der Erledigung bezogen ist, und folglich einer Modifikationen der kommunalen Verantwortungsstrukturen im Wege der funktionalen und materiellen Privatisierung keine Bedeutung für die kommunale Aufgabengarantie beimisst.

[227] Anders wohl *Walter Frenz*, Die Verwaltung 28 (1995), S. 33 (50 f.), der von einem Entzug des kommunalen Aufgabenfeldes spricht; ähnlich *Joachim Wieland/Johannes Hellermann*, Der Schutz des Selbstverwaltungsrechts der Kommunen gegenüber Einschränkungen ihrer wirtschaftlichen Betätigung im nationalen und europäischen Recht, 1995, S. 28; *Johannes Hellermann*, Örtliche Daseinsvorsorge und gemeindliche Selbstverwaltung, 2000, S. 171, 179; siehe aber auch *Klaus Rennert*, Die Verwaltung 53 (2002), S. 319 (338); *Maik Möller*, Subsidiaritätsprinzip und kommunale Selbstverwaltung, 2009, S. 193 f.

[228] *Klaus Rennert*, Die Verwaltung 53 (2002), S. 319 (326).

[229] Siehe *Markus Heintzen*, Rechtliche Grenzen und Vorgaben für eine wirtschaftliche Betätigung von Kommunen im Bereich der gewerblichen Gebäudereinigung, 1999, S. 39, der annimmt, die Umwandlung von Kommunal- in Privatwirtschaft sei kein Aufgabenentzug, da die Privatwirtschaft keine Staatsaufgaben wahrnehme.

prinzipientheoretische Deutungsansatz erlaubt insoweit keine spezifischen Erkenntnisse: Sowohl nach institutioneller als auch nach prinzipientheoretischer Lesart stellt sich gleichermaßen die Frage, ob die heteronome funktionale und materielle Privatisierung die Aufgabengarantie der Gemeinden berührt. Unterschiede zwischen beiden Deutungsansätzen ergeben sich erst mit Blick auf die Rechtsfolgen: Nach der prinzipientheoretischen Interpretation des Art. 28 Abs. 2 GG ist jede Beeinträchtigung der Aufgabengarantie des Art. 28 Abs. 2 S. 1 GG verfassungswidrig.

C. *Exkurs: Interkommunale Kooperation*

Die Diskussion über eine kommunale Selbstverwaltungspflicht hat des Weiteren auch Bedeutung für die interkommunale Kooperation – insoweit wird ebenfalls relevant, dass die Gemeinden Aufgaben nicht selbstständig, sondern vielmehr gemeinsam wahrnehmen, dazu können sie überdies auch von Gesetzes wegen verpflichtet werden. Die interkommunale Kooperation ist vor diesem Hintergrund zunächst aus der Perspektive der kommunalen Selbstverwaltungspflicht zu beleuchten, sodann stellt sich die Frage nach der verfassungsrechtlichen Zulässigkeit gesetzgeberischer Kooperationspflichten.

I. Unzureichendes Problembewusstsein in der Judikatur des Bundesverwaltungsgerichts sowie des Bundesverfassungsgerichts

Diese Zusammenhänge werden in der Judikatur des Bundesverwaltungsgerichts sowie des Bundesverfassungsgerichts oftmals vernachlässigt.[230] Das Bundesverwaltungsgericht beschränkt sich auf die Feststellung, bei einer freiwilligen Übertragung von Angelegenheiten der örtlichen Gemeinschaft[231] scheide eine Verletzung von Art. 28 Abs. 2 GG grundsätzlich aus.[232] Das Bundesverfassungsgericht hatte in einer jüngeren Entscheidung demgegenüber keine Zweifel

230 Siehe aber auch *Albert von Mutius*, in: Ständige Deputation des Deutschen Juristentages (Hrsg.), Verhandlungen des dreiundfünfzigsten Deutschen Juristentages, Bd. I, 1980, E 41 f.

231 Der Europäische Gerichtshof judizierte, dass eine öffentliche Stelle ihre im allgemeinen Interesse liegenden Aufgaben entweder mit ihren eigenen Mitteln oder in Zusammenarbeit mit anderen öffentlichen Stellen erfüllen könne, ohne gezwungen zu sein, sich an externe Einrichtungen zu wenden, die nicht zu ihren Dienststellen gehören, siehe EuGH, Rs. C-480/06, Slg 2009, I-4747 ff.; dazu *Turgut Pencereci*, LKV 2005, S. 137 (140 ff.); *Christoph Brüning*, DVBl. 2009, S. 1539 ff.

232 Mit Blick auf § 203 Abs. 1 BauGB, wonach die Landesregierung oder die von ihr bestimmte Behörde im Einvernehmen mit der Gemeinde durch Rechsverordnung bestimmen kann, dass die nach diesem Gesetzbuch der Gemeinde obliegenden Aufgaben auf eine andere Gebietskörperschaft übertragen werden oder auf einen Verband, an dessen Willensbildung die Gemeinde mitwirkt, BVerwG, NVwZ 2008, S. 423 (426); zur freiwilligen Übertragung

daran, dass die zwangsweise Zuordnung zu Verwaltungsgemeinschaften[233] auf der Grundlage des Gesetzes über die kommunale Gemeinschaftsarbeit in Sachsen-Anhalt den Anforderungen aus Art. 28 Abs. 2 GG genügt.[234] Danach ist

„[d]ie Verwaltungsgemeinschaft keine der Mitgliedsgemeinde übergeordnete Organisationsstufe im Verwaltungsaufbau des Landes Sachsen-Anhalt mit eigenem Aufgabenzugriffsrecht im Bereich der Angelegenheiten der örtlichen Gemeinschaft. Die Mitgliedsgemeinden von Verwaltungsgemeinschaften bleiben eigenständige Gebietskörperschaften. Betroffen ist in erster Linie die administrative, nicht die bürgerschaftlich-demokratische Dimension kommunaler Selbstverwaltung. Die Universalität des gemeindlichen Wirkungskreises bleibt den Mitgliedsgemeinden einer Verwaltungsgemeinschaft erhalten. Der Gesetzgeber gibt den Mitgliedsgemeinden für die Erfüllung ihrer Verwaltungsaufgaben vielmehr einen neuen Rechtsrahmen vor."[235]

Die zwangsweise Zuordnung zu Verwaltungsgemeinschaften ist nach Auffassung des Bundesverfassungsgerichts folglich an der kommunalen Organisationshoheit zu messen. Mit Blick auf die Kernbereichsdogmatik stellt das Bundesverfassungsgericht sodann klar, dass

„[d]ie Zuordnung [...] [von Gemeinden] zu Verwaltungsgemeinschaften [...] nicht den Kernbereich ihrer Eigenverantwortlichkeit [berührt]. [...] Ein Eingriff in den Kernbereich des kommunalen Selbstverwaltungsrechts liegt [...] vor allem deshalb nicht [vor], weil gerade sie es ermöglicht, die politisch-demokratische Eigenständigkeit und Identität kleiner Gemeinden im Übrigen zu bewahren. Zudem wird der Verlust einer eigenständigen Aufgabenerfüllung im Bereich der örtlichen Angelegenheiten durch effektive Weisungs- und Mitwirkungsrechte der Gemeinden auf der Ebene der Verwaltungsgemeinschaft kompensiert."[236]

Auch eine Verletzung des Randbereichsschutzes nimmt das Bundesverfassungsgericht nicht an:

„Der Zwang zur Gemeinschaft und die Trennung von Aufgaben- und Vollzugszuständigkeit kann die gemeindliche Selbstverwaltung in ihrer Umsetzungskraft schwächen.

---

von Selbstverwaltungsaufgaben im Rahmen einer Verwaltungsvereinbarung auf eine Verwaltungsgemeinschaft zur Erfüllung im eigenen Namen BVerwG, NVwZ 2007, S. 584 (585).

[233] Schon zuvor judizierte das Bundesverfassungsgericht, dass die zwangsweise Zuordnung zu Ämtern auf der Grundlage der Amtsordnung für Schleswig-Holstein nicht auf eine Aushöhlung der Selbstverwaltung und eine Entziehung der den Kern der Selbstverwaltung bildenden Tätigkeit der Gemeinden, sondern vielmehr auf eine Befreiung der Gemeinden von der verwaltungstechnischen Arbeit ziele. Eine solche Regelung sei aber verfassungsrechtlich unbedenklich, da den Gemeinden die wesentlichen Hoheitsrechte unbenommen blieben oder nur unwesentlich eingeschränkt würden. Die den Ämtern übertragenen Selbstverwaltungsaufgaben seien im Vergleich zu denen der Gemeinden und Landkreise unbedeutend; das Schwergewicht ihrer Zuständigkeiten liege auf verwaltungstechnischem Gebiet sowie auf den ihnen übertragenen Aufgaben nach Weisung. Im Bereich der Selbstverwaltungsangelegenheiten nähmen sie neben der verwaltungstechnischen Abwicklung lediglich in einem engbegrenzten Umfang Selbstverwaltungsaufgaben wahr, siehe BVerfGE 52, 95 (116f., 121ff.).

[234] BVerfGE 107, 1 (11ff.).

[235] BVerfGE 107, 1 (16ff.).

[236] BVerfGE 107, 1 (18ff.).

Ebenso wie eine Eingemeindung führt auch die Bildung von Verwaltungsgemeinschaften zu einer Konzentration von Verwaltungstätigkeiten am Sitz der Verwaltungsgemeinschaft. Sie kann eine bürgerschaftliche Teilhabe in entfernten Gemeinden unter Umständen schwächen. [...] Soweit es bei den kleinen Gemeinden einerseits an der notwendigen Verwaltungskraft fehlte, andererseits die Identifikation der Bürger mit ihrer politisch funktionstüchtigen Heimatgemeinde erhalten bleiben sollte, sollten die kleinen Gemeinden durch das Verwaltungsamt einer Verwaltungsgemeinschaft von Verwaltungsarbeiten entlastet werden. Hierbei handelt es sich um eine vertretbare Ausfüllung des Rahmens, den das in Art. 28 Abs. 2 Satz 1 GG normierte Aufgaben- und Verantwortungsverteilungsprinzip vorgibt".[237]

Grundsätzlich lässt sich angesichts der aufgeworfenen Problemzusammenhänge feststellen, dass die bundesverwaltungsgerichtliche sowie bundesverfassungsgerichtliche Judikatur unterkomplex bleibt: Namentlich das Bundesverwaltungsgericht lässt mit Blick auf die interkommunale Kooperation jedes Bewusstsein für die Bedeutung der kommunalen Selbstverwaltungspflicht vermissen. Das Bundesverfassungsgericht anerkennt demgegenüber zwar, dass die zwangsweise Zuordnung zu Verwaltungsgemeinschaften an der kommunalen Organisationshoheit zu messen ist. Angesichts der unzulänglichen Zuordnung dieser Organisationshoheit zum Merkmal der Eigenverantwortlichkeit sowie der Anwendung der Kern- und Randbereichsdogmatik kann die von der institutionellen Sichtweise geprägte Judikatur aber nicht überzeugen.[238]

II. Interkommunale Kooperation aus prinzipientheoretischer Perspektive

Im Folgenden soll daher versucht werden, ein tragfähiges Konzept zur näheren Entfaltung der interkommunalen Kooperation unter Berücksichtigung prinzipientheoretischer Maßstäbe zu entwickeln. Dies kann indes nur gelingen, wenn in diesem Konzept die verschiedenen Erscheinungsformen interkommunaler Kooperation unterschieden werden. Deshalb ist zunächst zwischen der freiwilligen und der zwangsweisen Kooperation zu unterscheiden, darüber hinaus sind verschiedene Erscheinungsformen der interkommunalen Kooperation auseinanderzuhalten: Nach der Judikatur des Bundesverfassungsgerichts meint der Begriff der interkommunalen Kooperation zwar jedes Zusammenwirken in außerrechtlicher, informell-rechtlicher oder rechtsförmlicher Gestalt.[239] Unterschiedliche Formen interkommunaler Kooperation lassen sich dennoch im Wesentlichen in zwei Gruppen zusammenfassen: Mehrstufige kommunale Organisationseinheiten[240] sind vor allem Verbandsgemeinden und Samtgemeinden in

[237] BVerfGE 107, 1 (20ff.).

[238] Allgemein dazu schon S. 382ff.

[239] Dazu *Thorsten Ingo Schmidt*, Kommunale Kooperation, 2005, S. 2ff.

[240] Siehe dazu *Walter Bogner*, in: Thomas Mann/Günter Püttner (Hrsg.), Handbuch der kommunalen Wissenschaft und Praxis, Bd. I, 3. Aufl. 2007, § 13; ferner *Wolfgang Loschelder*,

Rheinland-Pfalz sowie Sachsen-Anhalt und Niedersachen,[241] Ämter in Schleswig-Holstein, Brandenburg und Mecklenburg-Vorpommern sowie Verwaltungsgemeinschaften in Baden-Württemberg, Bayern, Sachsen, Sachsen-Anhalt und Thüringen.[242] Zur kommunalen Gemeinschaftsarbeit[243] zählen demgegenüber vor allem die Organisationsform des Zweckverbandes,[244] privatrechtliche Organisationsformen[245] sowie Zweckvereinbarungen und Arbeitsgemeinschaften.[246]

---

in: Albert von Mutius (Hrsg.), Selbstverwaltung im Staat der Industriegesellschaft, Festgabe zum 70. Geburtstag von Georg Christoph von Unruh, 1983, S. 381 (384); ähnlich *Christoph Brüning*, VBlBW 2011, S. 46 (49 ff.); ferner *Janbernd Oebbecke*, in: Thomas Mann/Günter Püttner (Hrsg.), Handbuch der kommunalen Wissenschaft und Praxis, Bd. I, 3. Aufl. 2007, § 29, Rn. 12, der im Zusammenhang mit der kommunalen Gemeinschaftsarbeit auf Verwaltungsverbände und Verwaltungsgemeinschaften rekurriert; schließlich *Edzard Schmidt-Jortzig*, in: Albert von Mutius (Hrsg.), Selbstverwaltung im Staat der Industriegesellschaft, Festgabe zum 70. Geburtstag von Georg Christoph von Unruh, 1983, S. 525 (526), der allerdings punktuelle und generelle kommunalverfassungsbezogene Zusammenschlüsse unterscheidet.

241 Dazu *Matthias Falk*, Die kommunalen Aufgaben unter dem Grundgesetz, 2006, S. 207 f., der auf den Umstand hinweist, dass Verbandsgemeinden und Samtgemeinden als Gemeindeverbände zu qualifizieren sind – siehe auch Verfassungsgerichtshof Rheinland-Pfalz, AS RP-SL 12, 239 ff.; Niedersächsischer Staatsgerichtshof, NdsVBl. 2008, S. 37 ff., wonach sich eine Samtgemeinde „als öffentlich-rechtliche Körperschaft i. S. d. Art. 57 Abs. 1 gleichfalls auf die Gewährleistung kommunaler Selbstverwaltung berufen [kann]" – und folglich am verfassungsrechtlichen Schutz des Art. 28 Abs. 2 S. 2 GG teilhat; siehe auch *Enikö Zsinka*, DÖV 2013, S. 61 ff.; zum Verhältnis zwischen Samtgemeinde und Mitgliedsgemeinden auch BVerwG, NVwZ-RR 2008, S. 131 f., wonach durch die Erhebung einer Samtgemeindeumlage die Selbstverwaltungsgarantie der Mitgliedsgemeinden schon nicht berührt wird.

242 *Walter Bogner*, in: Thomas Mann/Günter Püttner (Hrsg.), Handbuch der kommunalen Wissenschaft und Praxis, Bd. I, 3. Aufl. 2007, § 13, Rn. 13 ff.

243 Zu den Erscheinungsformen *Janbernd Oebbecke*, in: Thomas Mann/Günter Püttner (Hrsg.), Handbuch der kommunalen Wissenschaft und Praxis, Bd. I, 3. Aufl. 2007, § 29, Rn. 8 f.; ferner *Karl-Heinz Rothe*, Das Recht der interkommunalen Zusammenarbeit in der Bundesrepublik Deutschland, 1965, S. 27 ff.; zur Typologie der interkommunalen Kooperation auch *Joachim Jens Hesse/Alexander Götz*, Kooperation statt Fusion?, 2006, S. 20 ff.; terminologisch abweichend *Wilhelm Duvenbeck*, Interkommunale Zusammenarbeit und Art. 28 Abs. 2 GG, 1966, S. 14 ff.

244 Allgemein zur interkommunalen Gemeinschaftsarbeit *Janbernd Oebbecke*, in: Thomas Mann/Günter Püttner (Hrsg.), Handbuch der kommunalen Wissenschaft und Praxis, Bd. I, 3. Aufl. 2007, § 29, Rn. 8 f.

245 Dazu *Dirk Ehlers*, DVBl. 1997, S. 137 ff.; *Thorsten Ingo Schmidt*, Kommunale Kooperation, 2005, S. 21 ff.

246 Siehe *Sabine Kraft-Zörcher/Reinhard Neubauer*, LKV 2010, S. 193 ff.; zur gemeinsamen kommunalen Anstalt etwa *Thorsten Koch*, NdsVBl. 2004, S. 150 (150 f.); zum Ganzen *Thorsten Ingo Schmidt*, Kommunale Kooperation, 2005, S. 25 ff.; *Janbernd Oebbecke*, in: Thomas Mann/Günter Püttner (Hrsg.), Handbuch der kommunalen Wissenschaft und Praxis, Bd. I, 3. Aufl. 2007, § 29, Rn. 9.

1. Heteronome interkommunale Kooperation

a) Mehrstufige kommunale Organisationseinheiten

Unter Zugrundelegung der aufgezeigten Differenzierungen ist mit der heteronomen interkommunalen Kooperation in Gestalt von mehrstufigen kommunalen Organisationseinheiten zu beginnen[247] – obwohl sich insoweit weiterer Differenzierungsbedarf aufdrängt: Unterschiedliche Erscheinungsformen mehrstufiger kommunaler Organisationseinheiten lassen sich unterscheiden, die ihrerseits in zwei Gruppen zusammengefasst werden können.

aa) „Hochzonung" von Angelegenheiten der örtlichen Gemeinschaft

Zunächst kann den Gemeinden die Wahrnehmung von Angelegenheiten der örtlichen Gemeinschaft entzogen werden: Angesichts des „Auseinanderklaffens von ‚Verwaltungslast und Verwaltungskraft'"[248] nehmen etwa Verbandsgemeinden auf der Grundlage des §67 der Gemeindeordnung Rheinland-Pfalz Angelegenheiten der örtlichen Gemeinschaft wahr – diese Verbandsgemeinden kennzeichnet also gerade nicht die vom Bundesverfassungsgericht in seiner Judikatur akzentuierte „Trennung von Aufgaben- und Vollzugszuständigkeit".[249] Auch Verwaltungsgemeinschaften im Sinne des §7 des sächsischen Gesetzes über kommunale Zusammenarbeit nehmen in Gestalt der Pflichtverbände nach §3 des sächsischen Gesetzes über kommunale Zusammenarbeit Angelegenheiten der örtlichen Gemeinschaft wahr.[250] Zudem schließt §4 Abs. 2 der Amtsordnung für Schleswig-Holstein die Hochzonung der Angelegenheiten der örtlichen Gemeinschaft zugunsten der Ämter nicht aus.[251]

Solche Varianten der heteronomen interkommunalen Kooperation sind aus verfassungsrechtlicher Perspektive wie folgt zu bewerten: Nehmen Gemeinden nicht (mehr) alle Angelegenheiten der örtlichen Gemeinschaft wahr, widerspricht die zwangsweise Zuordnung von Gemeinden zu derartigen Organisationseinheiten nach prinzipientheoretischer Lesart der Aufgabengarantie des

---

[247] Dazu *Albert von Mutius*, in: Ständige Deputation des Deutschen Juristentages (Hrsg.), Verhandlungen des dreiundfünfzigsten Deutschen Juristentages, Bd. I, 1980, E 140ff., der „einen besonders schwerwiegenden Eingriff in die Organisationshoheit" konstatiert.

[248] Allgemein *Wolfgang Loschelder*, in: Albert von Mutius (Hrsg.), Selbstverwaltung im Staat der Industriegesellschaft, Festgabe zum 70. Geburtstag von Georg Christoph von Unruh, 1983, S. 381 (387).

[249] Nochmals BVerfGE 107, 1 (21); siehe auch BVerwG, NVwZ 1984, S. 378ff.: „Die Übertragung der Selbstverwaltungsaufgabe der Wasserversorgung von den Ortsgemeinden auf die Verbandsgemeinden berührt [...] [nicht] den Kernbereich der Selbstverwaltung der Ortsgemeinden. Die Übertragung der Wasserversorgung auf die Verbandsgemeinde ist aus Gründen des Gemeinwohls hinreichend legitimiert".

[250] *Gerhard Oehler*, LKV 1992, S. 72ff.

[251] Zum Ganzen *Walter Bogner*, in: Thomas Mann/Günter Püttner (Hrsg.), Handbuch der kommunalen Wissenschaft und Praxis, Bd. I, 3. Aufl. 2007, §13, Rn. 23, 34, 37ff.

Art. 28 Abs. 2 S. 1 GG:[252] Die Aufgabengarantie der Gemeinden ist als Rechtsregel zu qualifizieren, deren Beeinträchtigung nicht zulässig ist[253] – weswegen diese Form der heteronomen interkommunalen Kooperation auf durchgreifende verfassungsrechtliche Bedenken stößt.[254] Dass Verbandsgemeinden als Gemeindeverbände zu qualifizieren sind, steht dem nicht entgegen: Die Aufgabengarantie der Gemeinden beansprucht auch im Verhältnis zu den Gemeindeverbänden Geltung.[255] Nicht zu überzeugen vermag schließlich auch das Argument, die zwangsweise Zuordnung von Gemeinden zu mehrstufigen kommunalen Organisationseinheiten bewahre „die politisch-demokratische Eigenständigkeit und Identität kleiner Gemeinden".[256] Die Aufgabengarantie auch solcher Gemeinden wird nämlich durch die Aufgabenhochzonung verletzt.[257]

bb) Trennung der Aufgaben- und Vollzugszuständigkeit

Andere mehrstufige kommunale Organisationseinheiten unterscheiden sich von der zuvor dargestellten Aufgabenhochzonung dadurch, dass die Aufgabengarantie der Gemeinden grundsätzlich unberührt bleibt. Die Zuordnung zu solchen mehrstufigen kommunalen Organisationseinheiten führt lediglich zu einer Trennung der Aufgaben- und Vollzugszuständigkeit im eigenen Wirkungskreis.[258] Nach § 68 Abs. 1 der Gemeindeordnung Rheinland-Pfalz führen etwa die Verbandsgemeinden die Verwaltungsgeschäfte der Ortsgemeinden in deren Namen und in deren Auftrag und sind dabei an Beschlüsse der Ortsgemeinderäte und an Entscheidungen der Ortsbürgermeister gebunden. Auch

[252] Aus institutioneller Perspektive etwa Verfassungsgericht Brandenburg, LKV 2002, S. 516 ff.; ferner *Matthias Falk*, Die kommunalen Aufgaben unter dem Grundgesetz, 2006, 205, der ebenfalls die Möglichkeit der Rechtfertigung der Aufgabenhochzonung anerkennt und einen verbleibenden Einfluss der Gemeinden in den Organen der mehrstufigen kommunalen Organisationseinheiten berücksichtigt; zur Judikatur der Landesverfassungsgerichtsbarkeit auch *Walter Bogner*, in: Thomas Mann/Günter Püttner (Hrsg.), Handbuch der kommunalen Wissenschaft und Praxis, Bd. I, 3. Aufl. 2007, § 13, Rn. 11 f.; schließlich *Janbernd Oebbecke*, in: Thomas Mann/Günter Püttner (Hrsg.), Handbuch der kommunalen Wissenschaft und Praxis, Bd. I, 3. Aufl. 2007, § 29, Rn. 18.

[253] Allgemein S. 145 ff.

[254] Zum Ganzen *Matthias Falk*, Die kommunalen Aufgaben unter dem Grundgesetz, 2006, S. 204 ff., der eine mögliche Einflussnahme auf die Aufgabenwahrnehmung in den Organen der mehrstufigen kommunalen Organisationseinheiten nicht als Regelung der Angelegenheiten der örtlichen Gemeinschaft im Sinne des Art. 28 Abs. 2 GG qualifiziert.

[255] BVerfGE 79, 127 (150); dazu mit Blick auf die Kreise S. 529 f.

[256] BVerfGE 107, 1 (20); ähnlich Staatsgerichtshof Baden-Württemberg, NJW 1976, S. 2205 ff.; Bayerischer Verfassungsgerichtshof, BayVBl. 1982, S. 652 ff.; Bayerischer Verfassungsgerichtshof, BayVBl. 1984, S. 235 ff.; siehe auch *Gerhard Oehler*, LKV 1992, S. 72 (72 ff.); ferner *Wolfgang Loschelder*, in: Albert von Mutius (Hrsg.), Selbstverwaltung im Staat der Industriegesellschaft, Festgabe zum 70. Geburtstag von Georg Christoph von Unruh, 1983, S. 381 (390 f., 398); *Ihno Gebhardt*, Das kommunale Selbstverwaltungsrecht, 2007, S. 139 ff.; siehe aber auch *Marc Seuberlich*, Der moderne Staat 1/2012, S. 105 (118 ff.).

[257] Siehe dazu *Thorsten Ingo Schmidt*, Kommunale Kooperation, 2005, S. 59 f.

[258] Dazu BVerfGE 107, 1 (21).

dem Pflichtverband nach § 134 Abs. 4 S. 1 der Kommunalverfassung Brandenburg wird nach § 135 Abs. 2 der Kommunalverfassung Brandenburg die Aufgabe zugewiesen, die amtsangehörigen Gemeinden bei der Wahrnehmung der gesetzlichen Aufgaben zu unterstützen sowie auf deren Erfüllung hinzuwirken. Zudem besorgt das Amt nach § 135 Abs. 3 der Kommunalverfassung Brandenburg die Kassen- und Rechnungsführung und die Vorbereitung der Aufstellung der Haushaltspläne sowie deren Durchführung für die amtsangehörigen Gemeinden.[259] Nach § 4 Abs. 3 der Amtsordnung für Schleswig-Holstein besorgt das Amt ebenfalls die Kassengeschäfte oder die Aufgaben der Finanzbuchhaltung und die Vorbereitung der Aufstellung der Haushaltspläne für die amtsangehörigen Gemeinden; ferner hat das Amt nach § 4 Abs. 4 der Amtsordnung für Schleswig-Holstein über die öffentlichen Aufgaben, die mehrere amtsangehörige Gemeinden betreffen und eine gemeinsame Abstimmung erfordern, zu beraten und auf ihre Erfüllung hinzuwirken. Des Weiteren bestimmt § 127 Abs. 1 der Kommunalverfassung Mecklenburg-Vorpommern, dass das Amt im Einvernehmen mit dem Bürgermeister die Beschlüsse und Entscheidungen der Gemeindeorgane vorbereitet und ausführt. In Angelegenheiten der laufenden Verwaltung der Gemeinde entscheidet ebenfalls das Amt. Für Angelegenheiten von geringer wirtschaftlicher Bedeutung sowie für gesetzlich oder tariflich gebundene Entscheidungen gilt diese Maßgabe nur, wenn der Bürgermeister die Entscheidungsbefugnis dem Amt übertragen hat. Darüber hinaus kann die Gemeinde nach Anhörung des Amtes mit Zustimmung der Rechtsaufsichtsbehörde beschließen, einzelne Selbstverwaltungsaufgaben selbst durchzuführen. Nach § 127 Abs. 2 der Kommunalverfassung Mecklenburg-Vorpommern besorgt das Amt überdies die Kassengeschäfte und führt das Rechnungswesen sowie die Veranlagung und Erhebung der Gemeindeabgaben für die amtsangehörigen Gemeinden. Zudem bereitet das Amt die Aufstellung der Haushaltspläne vor. Schließlich hat das Amt nach § 127 Abs. 3 der Kommunalverfassung Mecklenburg-Vorpommern über die öffentlichen Aufgaben, die mehrere amtsangehörige Gemeinden betreffen und eine gemeinsame Abstimmung erfordern, zu beraten und auf ihre Erfüllung hinzuwirken.

Obwohl die Gemeinden der Verwaltungsgemeinschaften die Angelegenheiten der örtlichen Gemeinschaft wahrnehmen, führen auch die Pflichtverbände gemäß Art. 2 Abs. 1 Nr. 2 der Verwaltungsgemeinschaftsordnung für den Freistaat Bayern nach Art. 4 Abs. 2 der Verwaltungsgemeinschaftsordnung für den Freistaat Bayern die Angelegenheiten der örtlichen Gemeinschaft als Behörden der Gemeinden nach Weisung aus. Den Verwaltungsgemeinschaften obliegen dabei die verwaltungsmäßige Vorbereitung und der verwaltungsmäßige Vollzug der Beschlüsse der Gemeinden sowie die Besorgung der laufenden Verwal-

[259] Zur vormaligen Amtsordnung für das Land Brandenburg noch *Michael Nierhaus*, LKV 1995, S. 5 (10 f.).

tungsangelegenheiten, die für die Gemeinden keine grundsätzliche Bedeutung haben und keine erheblichen Verpflichtungen erwarten lassen. Nach Art. 4 Abs. 5 der Verwaltungsgemeinschaftsordnung für den Freistaat Bayern sollen die Verwaltungsgemeinschaften die Gemeinden ferner bei der Erfüllung der übrigen gemeindlichen Aufgaben beraten. Gleichlautend bestimmt § 47 Abs. 2 der Thüringer Gemeinde- und Landkreisordnung, dass die Gemeinden die Angelegenheiten der örtlichen Gemeinschaft wahrnehmen, die Verwaltungsgemeinschaften die Angelegenheiten der örtlichen Gemeinschaft aber als Behörde der Gemeinden nach Weisung ausführen. Den Verwaltungsgemeinschaften obliegen ebenfalls die verwaltungsmäßige Vorbereitung und der verwaltungsmäßige Vollzug der Beschlüsse der Gemeinden sowie die Besorgung der laufenden Verwaltungsangelegenheiten, die für die Gemeinden keine grundsätzliche Bedeutung haben und keine erheblichen Verpflichtungen erwarten lassen. Nach § 8 Abs. 1 des sächsischen Gesetzes über kommunale Zusammenarbeit erledigt schließlich der Verwaltungsverband nach Weisung der Gemeinden die Vorbereitung und den Vollzug der Beschlüsse der Gemeinden, die Besorgung der Geschäfte der laufenden Verwaltung sowie die Vertretung der Gemeinden in gerichtlichen Verfahren und förmlichen Verwaltungsverfahren, soweit der Verwaltungsverband nicht selbst Beteiligter ist. Nach § 9 des sächsischen Gesetzes über kommunale Zusammenarbeit berät und unterstützt der Verwaltungsverband zudem die Gemeinden bei der Erfüllung ihrer Aufgaben.

Angesichts der Trennung der Aufgaben- und Vollzugszuständigkeit kann die verfassungsrechtliche Maßstabbildung hinsichtlich derartiger mehrstufiger kommunaler Organisationseinheiten nicht mit Hilfe der Aufgabengarantie der Gemeinden gelingen: In den genannten Fällen obliegen den mehrstufigen kommunalen Organisationseinheiten lediglich die verwaltungsmäßige Vorbereitung und der verwaltungsmäßige Vollzug als Behörde der Gemeinden. Darüber hinaus besorgen sie die laufenden Verwaltungsangelegenheiten, die für die Mitgliedsgemeinden keine grundsätzliche Bedeutung haben und keine erheblichen Verpflichtungen erwarten lassen. Den Gemeinden wird für die Wahrnehmung von Angelegenheiten der örtlichen Gemeinschaft auf diese Weise lediglich eine leistungsfähige Verwaltung zur Verfügung gestellt.[260] Eine solche Hochzonung des Vollzugs der Angelegenheiten der örtlichen Gemeinschaft auf einen „[integrativen] Bestandteil der in ihrem ‚Bestand' [...] unangetasteten, örtlichen, sprich gemeindlichen Verwaltungsebene"[261] tangiert die Aufgabengarantie der

[260] Mit Blick auf Verwaltungsgemeinschaften *Gerhard Oehler*, LKV 1992, S. 72 (73).

[261] Siehe *Wolfgang Kahl*, BayVBl. 1997, S. 298 (299), der allerdings eine rechtliche oder faktische Übertragung der Willensbildung auf Verwaltungsgemeinschaften als einen „so [...] [weitgehenden] Schritt [erachtet], daß dieser in Anbetracht der genannten verfassungsrechtlichen Vorgaben keinen Bestand haben [...] [könne]. Damit [...] [werde] nämlich, wenn auch nicht formal, gleichwohl aber faktisch-materiell eine weitere, bürgerfernere Ebene einbezogen, die zu einer Abschwächung der der kommunalen Selbstverwaltung innewohnenden, partizipatorisch-demokratischen Idee [...] [führt] und zu deren Rechtfertigung der bloße Ver-

Gemeinden nicht. Auch das Bundesverfassungsgericht bemüht zur verfassungsrechtlichen Maßstabbildung deshalb die kommunale Organisationshoheit und stellt fest, dass

„[m]it der Einbindung in eine Verwaltungsgemeinschaft [...] einer Gemeinde keine durch Art. 28 Abs. 2 GG geschützten Aufgaben im Bereich der örtlichen Angelegenheiten entzogen [werden]".[262]

Tatsächlich ist die Trennung der Aufgaben- und Vollzugszuständigkeit an der kommunalen Organisationshoheit zu messen – nach der prinzipientheoretischen Interpretation des Art. 28 Abs. 2 GG ist allerdings zu berücksichtigen, dass die kommunale Organisationshoheit der legislativen Ausgestaltung bedarf.[263] Dementsprechend bleibt nach dieser Lesart die so genannte negative Kooperationshoheit ohne Bedeutung.[264] Maßstabbildend ist vielmehr, dass der Gesetzgeber bei der Ausgestaltung der kommunalen Binnenorganisation die Funktionen kommunaler Selbstverwaltung mit konfligierenden Rechtsprinzipien nach Maßgabe des Untermaßverbotes abwägen muss; er hat folglich für ein Mindestmaß an Handlungs- und tatsächlicher Bewegungsfreiheit der Gemeinden und Gemeindeverbände zu sorgen.[265] Mit Blick auf die kommunale Kooperationshoheit sind für diesen Abwägungsvorgang folgende Gesichtspunkte bereichsspezifisch zu berücksichtigen: Einerseits setzt Art. 28 Abs. 2 GG grundsätzlich die kommunale Kooperationshoheit voraus, sodass sich das Mindestmaß an Handlungs- und Bewegungsfreiheit der Gemeinden und Gemeindeverbände auch auf die interkommunale Kooperation erstrecken muss.[266] Andererseits zwingt die partizipative Funktion kommunaler Selbstverwaltung den Gesetzgeber dazu, die kommunale Kooperationshoheit nur zurückhaltend auszugestalten:

„[D]ie Aussonderung lokaler Angelegenheiten aus der zentralen staatlichen Trägerschaft [...] [läuft nämlich leer], wenn nicht die örtlich Betroffenen sie als ‚eigene' begreifen und als Gruppe zu ihrer eigenverantwortlichen Gestaltung bereit sind".[267]

---

weis auf eine Effizienzsteigerung als ‚Grund des Gemeininteresses' nicht [...] [ausreichen würde]".

[262] BVerfGE 107, 1 (13; 20 f.).

[263] Allgemein S. 371 ff.

[264] Zur negativen Kooperationshoheit *Edzard Schmidt-Jortzig*, in: Albert von Mutius (Hrsg.), Selbstverwaltung im Staat der Industriegesellschaft, Festgabe zum 70. Geburtstag von Georg Christoph von Unruh, 1983, S. 525 (537 ff.); *Thorsten Ingo Schmidt*, Kommunale Kooperation, 2005, S. 59 ff.; *Janbernd Oebbecke*, in: Thomas Mann/Günter Püttner (Hrsg.), Handbuch der kommunalen Wissenschaft und Praxis, Bd. I, 3. Aufl. 2007, § 29, Rn. 16; mit Blick auf Zweckverbände *Joachim Suerbaum*, in: Janbernd Oebbecke/Dirk Ehlers/Martin Klein/Dörte Diemert (Hrsg.), Zwischen kommunaler Kooperation und Verwaltungsreform, 2006, S. 49 (55 ff.); *Christoph Brüning*, VBlBW 2011, S. 46 (47).

[265] Zur kommunalen Organisationshoheit aus prinzipientheoretischer Perspektive S. 382 ff.

[266] Dazu schon S. 390 f.

[267] *Wolfgang Loschelder*, in: Albert von Mutius (Hrsg.), Selbstverwaltung im Staat der Industriegesellschaft, Festgabe zum 70. Geburtstag von Georg Christoph von Unruh, 1983,

Mit Blick auf mehrstufige kommunale Organisationseinheiten, die eine Trennung der Aufgaben- und Vollzugszuständigkeit bewirken, zeigt sich nun, dass den Gemeinden gerade keine Handlungs- und Bewegungsfreiheit eingeräumt wird – sie werden vielmehr von Gesetzes wegen in derartigen Organisationseinheiten zusammengefasst. Ein Verstoß gegen die verfassungsrechtlichen Grenzen der Ausgestaltung der kommunalen Organisations- und Kooperationshoheit lässt sich gleichwohl nicht feststellen. Verfassungsrechtlich vorausgesetzt wird lediglich ein Mindestmaß an Handlungs- und Bewegungsfreiheit. Entsprechende Organisationseinheiten, die den Gemeinden zur Wahrnehmung von Angelegenheiten der örtlichen Gemeinschaft eine leistungsfähige Verwaltung zur Verfügung stellen, stoßen daher nicht auf durchgreifende verfassungsrechtliche Bedenken.

b) Heteronome kommunale Gemeinschaftsarbeit

Neben mehrstufigen kommunalen Organisationseinheiten ist auch die kommunale Gemeinschaftsarbeit als heteronome Gemeinschaftsarbeit denkbar – vor allem kommt eine kommunalaufsichtsrechtlich erzwungene[268] oder gesetzlich vorausgesetzte Zweckverbandsbildung[269] in Betracht.[270] Eine solche heteronome Zweckverbandsbildung wird nach der institutionellen Interpretation des Art. 28 Abs. 2 GG als milderes Mittel gegenüber der Hochzonung von Angelegenheiten der örtlichen Gemeinschaft angesehen und folglich als gerechtfertigte Beeinträchtigung der Aufgabengarantie der Gemeinden eingestuft.[271] Dieser Ansatz verkennt allerdings den hier zugrunde gelegten Regelcharakter der Aufgabengarantie der Gemeinden: Danach stößt jede Beeinträchtigung dieser Aufgabengarantie auf durchgreifende verfassungsrechtliche Bedenken.[272]

S. 381 (388), der einen Zielkonflikt zwischen hinreichender Verwaltungskraft und gewachsener Örtlichkeit konstatiert.

[268] Zu Zweckvereinbarungen als Instrument der Kommunalaufsicht *Janbernd Oebbecke*, in: Thomas Mann/Günter Püttner (Hrsg.), Handbuch der kommunalen Wissenschaft und Praxis, Bd. I, 3. Aufl. 2007, § 29, Rn. 73.

[269] *Thorsten Ingo Schmidt*, Kommunale Kooperation, 2005, S. 27 ff.; *Matthias Falk*, Die kommunalen Aufgaben unter dem Grundgesetz, 2006, S. 213 ff.

[270] Siehe *Janbernd Oebbecke*, in: Thomas Mann/Günter Püttner (Hrsg.), Handbuch der kommunalen Wissenschaft und Praxis, Bd. I, 3. Aufl. 2007, § 29, Rn. 34, 39, der allerdings „[d]ie Bildung von Pflichtverbänden [...] von Verfassungs wegen regelmäßig auf Pflichtaufgaben beschränkt"; zum Ganzen auch *Edzard Schmidt-Jortzig*, in: Albert von Mutius (Hrsg.), Selbstverwaltung im Staat der Industriegesellschaft, Festgabe zum 70. Geburtstag von Georg Christoph von Unruh, 1983, S. 525 (535 ff.); *Janbernd Oebbecke*, Gemeindeverbandsrecht Nordrhein-Westfalen, 1984, Rn. 430 ff.

[271] Dazu *Alexander Schink*, DVBl. 1983, S. 1165 (1173); *Wolfgang Loschelder*, in: Albert von Mutius (Hrsg.), Selbstverwaltung im Staat der Industriegesellschaft, Festgabe zum 70. Geburtstag von Georg Christoph von Unruh, 1983, S. 381 (398); ferner *Ihno Gebhardt*, Das kommunale Selbstverwaltungsrecht, 2007, S. 148 ff.

[272] Allgemein S. 145 ff.

Auch die heteronome kommunale Gemeinschaftsarbeit führt nun zur Hochzonung von Angelegenheiten der örtlichen Gemeinschaft zugunsten von Zweckverbänden, weswegen sie der Rechtsregel des Art. 28 Abs. 2 S. 2 GG widerspricht.[273] Sie ist nach prinzipientheoretischer Lesart folglich nicht mit der Aufgabengarantie der Gemeinden vereinbar. Auch die von der institutionellen Sichtweise behauptete Alternativität zwischen der heteronomen Zweckverbandsbildung und der Aufgabenhochzonung zulasten der Gemeinden erlaubt keine abweichende Beurteilung. Die Qualifikation der Aufgabengarantie des Art. 28 Abs. 2 S. 1 GG als Rechtsregel steht jeder Argumentation entgegen, die die Aufgabenhochzonung mit einer Steigerung der Verwaltungs- und Leistungskraft der Gemeinden[274] im Wege der Kooperation[275] zu rechtfertigen versucht.

2. *Autonome interkommunale Zusammenarbeit nach der prinzipientheoretischen Interpretation des Art. 28 Abs. 2 GG*

Während bislang heteronome Erscheinungsformen der interkommunalen Kooperation im Vordergrund standen, sind angesichts des einleitend aufgezeigten Differenzierungsbedarfs nunmehr autonome Erscheinungsformen zu untersuchen. Hier zeigt eine Bestandaufnahme des Landesrechts folgendes Bild: Anders als die heteronome interkommunale Zusammenarbeit[276] ist die autonome Hochzonung von Angelegenheiten der örtlichen Gemeinschaft auf Verbands- und Samtgemeinden, Ämter sowie Verwaltungsgemeinschaften sowie die Befugnis zur autonomen Bildung mehrstufiger kommunaler Organisationseinheiten überwiegend einfachgesetzlich vorgesehen.[277] Gleiches gilt für die autonome Bildung von Zweckverbänden und Arbeitsgemeinschaften sowie den Abschluss

---

[273] Anders aus der Perspektive der institutionellen Interpretation *Alexander Schink*, DVBl. 1983, S. 1165 (1172 f.), der lediglich einen Vorrang freiwilliger Lösungen konstatiert.

[274] Siehe *Janbernd Oebbecke*, DÖV 1983, S. 99 ff.; *dens.*, in: Thomas Mann/Günter Püttner (Hrsg.), Handbuch der kommunalen Wissenschaft und Praxis, Bd. I, 3. Aufl. 2007, § 29, Rn. 2 f.; *Wilhelm Bogner*, ThürVBl. 1992, S. 217 ff.; zur Bedeutung von Stadt-Umland-Problematiken *Thorsten Ingo Schmidt*, Kommunale Kooperation, 2005, S. 15 f.; *Utz Schliesky*, in: Thomas Mann/Günter Püttner (Hrsg.), Handbuch der kommunalen Wissenschaft und Praxis, Bd. I, 3. Aufl. 2007, § 30.

[275] *Janbernd Oebbecke*, in: Thomas Mann/Günter Püttner (Hrsg.), Handbuch der kommunalen Wissenschaft und Praxis, Bd. I, 3. Aufl. 2007, § 29, Rn. 1; zur Kooperation mit Privaten *Matthias Storck*, DVBl. 2011, S. 69 ff.

[276] Siehe § 125 Abs. 6 der Kommunalverfassung Mecklenburg-Vorpommern; § 46 Abs. 1 der Thüringer Kommunalordnung; Art. 2 der Verwaltungsgemeinschaftsordnung für den Freistaat Bayern; § 3 Abs. 1 des Sächsischen Gesetzes über kommunale Zusammenarbeit.

[277] Siehe § 59 der Gemeindeordnung Baden-Württemberg; § 97 S. 1 der Niedersächsischen Kommunalverfassung; § 67 Abs. 3 der Gemeindeordnung Rheinland-Pfalz; § 1 Abs. 2 S. 1 des Gesetzes über die Verbandsgemeinde in Sachsen-Anhalt; § 134 der Kommunalverfassung Brandenburg; § 3 Abs. 1 des Sächsischen Gesetzes über kommunale Zusammenarbeit.

von Zweckvereinbarungen.[278] Angesichts dieser Bestandsaufnahme ist eine verfassungsrechtliche Maßstabbildung sowohl für autonome mehrstufige kommunale Organisationseinheiten als auch für die autonome kommunale Gemeinschaftsarbeit erforderlich. Dabei könnte von Bedeutung sein, dass die autonome interkommunale Kooperation einen Verantwortungsverlust für die einzelne Gemeinde bedeutet: Sie hat grundsätzlich zur Folge, dass

„die Zuständigkeit, Eigenverantwortlichkeit und Bürgerschaftlichkeit der Selbstverwaltung [beeinträchtigt wird], weil die Kommune nicht mehr die alleinige Trägerin der Kommunalverwaltung in ihrem Gebiet bleibt, nicht mehr uneingeschränkt selbst über die Wahrnehmung der kommunalen Aufgaben befinden kann und der Verantwortungsbereich der Volksvertretung geschmälert wird".[279] „Der bürgerschaftliche Einfluss wird mediatisiert und damit reduziert".[280]

Vor diesem Hintergrund könnte die verfassungsrechtliche Maßstabbildung unter Rückgriff auf die Figur der kommunalen Selbstverwaltungspflicht erfolgen.[281]

Ein solcher Rückgriff bleibt nach der prinzipientheoretischen Deutung des Art. 28 Abs. 2 GG indes unvollständig. Auch mit Blick auf die autonome interkommunale Kooperation ist nämlich zu berücksichtigen, dass Gemeinden nicht schon verfassungsunmittelbar zur Kooperation befähigt sind[282] und der Ge-

---

278 Dazu *Janbernd Oebbecke*, in: Thomas Mann/Günter Püttner (Hrsg.), Handbuch der kommunalen Wissenschaft und Praxis, Bd. I, 3. Aufl. 2007, § 29, Rn. 29 ff.

279 *Dirk Ehlers*, DVBl. 1997, S. 137 (139).

280 *Janbernd Oebbecke*, in: Thomas Mann/Günter Püttner (Hrsg.), Handbuch der kommunalen Wissenschaft und Praxis, Bd. I, 3. Aufl. 2007, § 29, Rn. 5; ferner *Albert von Mutius*, in: Ständige Deputation des Deutschen Juristentages (Hrsg.), Verhandlungen des dreiundfünfzigsten Deutschen Juristentages, Bd. I, 1980, E 21 f.; *ders.*, in: Albert von Mutius (Hrsg.), Selbstverwaltung im Staat der Industriegesellschaft, Festgabe zum 70. Geburtstag von Georg Christoph von Unruh, 1983, S. 227 (256 f.); *Thorsten Ingo Schmidt*, Kommunale Kooperation, 2005, S. 11, 12 f.; siehe auch *Alexander Schink*, DVBl. 1983, S. 1165 (1174), der „[e]ine Mitsprache bei der Durchführung der Sachaufgabe oder auch nur deren Kontrolle durch die dafür kompetenten Selbstverwaltungsorgane [...] bei Formen interkommunaler Zusammenarbeit [für] kaum mehr möglich [erachtet]" und des Weiteren den Verlust des Zusammenhangs mit anderen Angelegenheiten der örtlichen Gemeinschaft betont; schließlich *ders.*, DVBl. 1982, S. 769 (774 f.); *ders.*, in: Edzard Schmidt-Jortzig/Alexander Schink, Subsidiaritätsprinzip und Kommunalordnung, 1982, S. 25 (105 ff.); *Sabine Kraft-Zörcher*, ThürVBl. 2008, S. 1 (3 f.).

281 Siehe dazu Landesverfassungsgericht Schleswig-Holstein, NordÖR 2010, S. 155 ff.; ferner aber auch *Thorsten Ingo Schmidt*, Kommunale Kooperation, 2005, S. 140, der die autonome Hochzonung von Angelegenheiten der örtlichen Gemeinschaft auf Zweckverbände dem „Wie" der Aufgabenwahrnehmung zuordnet; kritisch dazu *Matthias Falk*, Die kommunalen Aufgaben unter dem Grundgesetz, 2006, 205 f.

282 Dazu schon S. 390 f.; nach institutioneller Interpretation wird mit der positiven Kooperationshoheit demgegenüber die Handlungs- und Bewegungsfreiheit der Gemeinden verfassungsunmittelbar vorausgesetzt, siehe dazu *Edzard Schmidt-Jortzig*, in: Albert von Mutius (Hrsg.), Selbstverwaltung im Staat der Industriegesellschaft, Festgabe zum 70. Geburtstag von Georg Christoph von Unruh, 1983, S. 525 (529 f.); *Thorsten Ingo Schmidt*, Kommunale Kooperation, 2005, S. 56 ff.; kritisch wohl *Janbernd Oebbecke*, Zweckverbandsbildung und Selbstverwaltungsgarantie, 1982, S. 67 ff.; *ders.*, Gemeindeverbandsrecht Nordrhein-Westfa-

setzgeber folglich erst deren Voraussetzungen im Wege der legislativen Ausgestaltung der kommunalen Binnenorganisation schaffen muss.[283] Daher sind erneut die verfassungsrechtlichen Grenzen der legislativen Ausgestaltung der kommunalen Organisations- und Kooperationshoheit in den Blick zu nehmen – dabei ist daran zu erinnern, dass der Gesetzgeber grundsätzlich die Funktionen kommunaler Selbstverwaltung mit konfligierenden Rechtsprinzipien nach Maßgabe des Untermaßverbotes abwägen und ein Mindestmaß an Handlungs- und Bewegungsfreiheit auch mit Blick auf interkommunale Kooperationen schaffen muss.[284] Für die Ausgestaltung der kommunalen Kooperationshoheit durch den Gesetzgeber lässt sich allerdings auch festhalten: „[…] [Eine] Verkümmerung der Gemeinden und Gemeindeverbände zu bloßen Holding-Einheiten entspricht nicht dem verfassungsrechtlichen Leitbild der kommunalen Selbstverwaltung".[285]

Der Gesetzgeber ist gehalten, die partizipative Funktion kommunaler Selbstverwaltung zumindest nach Maßgabe des Untermaßverbotes[286] zu verwirkli-

len, 1984, Rn. 55 ff.; *ders.*, in: Thomas Mann/Günter Püttner (Hrsg.), Handbuch der kommunalen Wissenschaft und Praxis, Bd. I, 3. Aufl. 2007, § 29, Rn. 19 f., der neben der Notwendigkeit einer gesetzlichen Grundlage eine Rechtfertigung durch Gründe des Gemeinwohls fordert; differenzierend *Alexander Schink*, DVBl. 1982, S. 769 (774 ff.); des Weiteren wirft auch die Kooperation von Gemeinden, Gemeindeverbänden sowie sonstigen Körperschaften des öffentlichen Rechts und Privaten Unsicherheiten mit Blick auf die Verbandskompetenz – dazu *Matthias Falk*, Die kommunalen Aufgaben unter dem Grundgesetz, 2006, 213 ff. – sowie der demokratischen Legitimation – dazu *Werner Schroeder*, Die Verwaltung 34 (2001), S. 205 (220 ff.) – auf; dazu aber auch *Janbernd Oebbecke*, a. a. O., § 29, Rn. 82, der mit Blick auf kommunale Arbeitsgemeinschaften konstatiert, gesetzliche Regelungen hätten lediglich deklaratorische Funktion, da Gemeinden und Gemeindeverbände auch ohne legislative Vorgaben zur inhaltlichen Abstimmung bei der Wahrnehmung von Angelegenheiten der örtlichen Gemeinschaft imstande seien.

283 Ähnlich *Wolfgang Loschelder*, in: Albert von Mutius (Hrsg.), Selbstverwaltung im Staat der Industriegesellschaft, Festgabe zum 70. Geburtstag von Georg Christoph von Unruh, 1983, S. 381 (400); *Thorsten Ingo Schmidt*, Kommunale Kooperation, 2005, S. 70 f.; mit Blick auf Zweckverbände auch *Christoph Brüning*, VBlBW 2011, S. 46 (48), der des Weiteren die Notwendigkeit einer gesetzlichen Grundlage für gemeindegebietsüberschreitende Tätigkeiten in Gestalt von mandatierenden interkommunalen Kooperationen betont; siehe aber auch *Janbernd Oebbecke*, in: Thomas Mann/Günter Püttner (Hrsg.), Handbuch der kommunalen Wissenschaft und Praxis, Bd. I, 3. Aufl. 2007, § 29, Rn. 6, der die Notwendigkeit der legislativen Ausgestaltung der kommunalen Kooperationshoheit außer Acht lässt und konstatiert, dass „[j]ede Entscheidung über die Eingehung einer Kooperation […] [folglich] eine verantwortliche Entscheidung, ein Abwägen des Für und Wider voraus[setzt]"; ähnlich *Alexander Schink*, DVBl. 1982, S. 769 (775); schließlich *Edzard Schmidt-Jortzig*, in: Albert von Mutius (Hrsg.), Selbstverwaltung im Staat der Industriegesellschaft, Festgabe zum 70. Geburtstag von Georg Christoph von Unruh, 1983, S. 525 (530 f.), der auf eine „eigenständig getroffene sowie demokratisch entsprechend verantwortete Organisationsentscheidung der Gemeinde" verweist und „[g]egen eine (extensive) Ausnutzung der Kooperationshoheit […] nur verfassungspolitisch argumentieren [will]".

284 Allgemein dazu S. 390 f.

285 *Dirk Ehlers*, DVBl. 1997, S. 137 (141).

286 Dazu *Thorsten Ingo Schmidt*, Kommunale Kooperation, 2005, S. 71; ähnlich *Janbernd*

chen. Dies kann er allerdings auch dadurch erreichen, dass die mittelbare Einflussnahme der Gemeinden auf die Wahrnehmung der Angelegenheiten der örtlichen Gemeinschaft sichergestellt bleibt, würde doch auch in diesem Fall der partizipativen Funktion kommunaler Selbstverwaltung ausreichend Rechnung getragen. Eine solche mittelbare Einflussnahme ist bei der interkommunalen Kooperation regelmäßig gegeben,[287] selbst eine weite Handlungs- und Bewegungsfreiheit der Gemeinden im Kontext der interkommunalen Kooperation würde den verfassungsrechtlichen Vorgaben daher gerecht.

„[I]nterkommunale Zusammenarbeit [...] [muss daher nicht] nur angestrebt werden, wenn entweder die Finanz- oder Verwaltungskraft einer Kommune allein nicht ausreicht oder durch die Zusammenarbeit Synergieeffekte erzielt werden, welche die Verluste für die kommunale Selbstverwaltung überwiegen".[288]

Oebbecke, in: Thomas Mann/Günter Püttner (Hrsg.), Handbuch der kommunalen Wissenschaft und Praxis, Bd. I, 3. Aufl. 2007, § 29, Rn. 23; *ders.*, NVwZ 2010, S. 665 (667), der allerdings ein interkommunales Kooperationsverbot mit Blick auf die gemeindlichen und gemeindeverbandlichen Existenzaufgaben statuiert und jede Rekonstruktion der verfassungsrechtlichen Gewährleistung kommunaler Selbstverwaltung, die Existenzaufgaben nicht der gemeindlichen Aufgabengarantie zuordnet, ablehnt; ferner *Werner Schroeder*, Die Verwaltung 34 (2001), S. 205 (212); kritisch *Edzard Schmidt-Jortzig*, in: Albert von Mutius (Hrsg.), Selbstverwaltung im Staat der Industriegesellschaft, Festgabe zum 70. Geburtstag von Georg Christoph von Unruh, 1983, S. 525 (532); anders auch *Alexander Schink*, DVBl. 1982, S. 769 (775), der eine „Berechtigung zu interkommunaler Kooperation nur dann [...] [anerkennt], wenn die Kommunen eine Aufgabe selbst nicht sachgerecht und effektiv wahrnehmen können"; schließlich Brandenburgisches Verfassungsgericht, LKV 2002, S. 516 ff. mit dem Hinweis auf eine Beeinträchtigung der Planungshoheit der Gemeinden durch die Übertragung der Zuständigkeit für die Flächennutzungsplanung auf die brandenburgischen Ämter infolge eines freiwilligen Zusammenschlusses benachbarter Gemeinden, die allerdings als „Hochzonung" an der gemeindlichen Aufgabengarantie gemessen wird; dazu *Ihno Gebhardt*, Das kommunale Selbstverwaltungsrecht, 2007, S. 105 ff.; *Stefanie Schmahl*, DVBl. 2003, S. 1300 ff.; *Michael Nierhaus*, in: Klaus Stern (Hrsg.), Gedächtnisschrift für Joachim Burmeister, 2004, S. 245 ff.

[287] Brandenburgisches Verfassungsgericht, LKV 2002, S. 516 (518, 519); ferner *Sonja Johanna Kohout*, Kartellvergaberecht und interkommunale Zusammenarbeit, 2008, S. 181 f., die ausreichende Mitsprache- und Kontrollrechte der Gemeinden und Gemeindeverbände als notwendige Voraussetzung interkommunaler Kooperation erachtet; siehe auch *Wolfgang Loschelder*, in: Albert von Mutius (Hrsg.), Selbstverwaltung im Staat der Industriegesellschaft, Festgabe zum 70. Geburtstag von Georg Christoph von Unruh, 1983, S. 381 (397 f.); *Werner Schroeder*, Die Verwaltung 34 (2001), S. 205 (219, 221 ff.); nach Art. 71 Abs. 1 S. 1 der Verfassung des Landes Baden-Württemberg ist allerdings Zweckverbänden ebenfalls das Recht der Selbstverwaltung zuerkannt; Gleiches gilt für „die sonstigen öffentlich-rechtlichen Körperschaften" nach Art. 57 der Niedersächsischen Verfassung.

[288] *Dirk Ehlers*, DVBl. 1997, S. 137 (139).

D. *Kommunalisierung staatlicher Aufgaben – zugleich zur Unterscheidung von eigenem und übertragenem Wirkungskreis*

Jede Befassung mit der Aufgabengarantie der Gemeinden bleibt unvollständig, solange über den Begriff der Angelegenheiten der örtlichen Gemeinschaft hinaus nicht auch der übertragene Wirkungskreis der Gemeinden untersucht ist. Dieser weist nämlich vielfältige Berührungspunkte mit den unterschiedlichen Gewährleistungselementen des Art. 28 Abs. 2 GG und insbesondere mit der Aufgabengarantie der Gemeinden auf. Bislang wurde der übertragene Wirkungskreis an zwei Stellen relevant: Vor allem haben die vorstehenden Ausführungen gezeigt, dass die Kommunalisierung von Aufgaben angesichts der verfassungsrechtlichen Vorgaben für die Ausgestaltung der kommunalen Finanzausstattung die Bereitstellung ausreichender finanzieller Mittel zur Aufgabenwahrnehmung voraussetzt; dies ergibt sich aus dem Anspruch der Gemeinden auf eine angemessene Finanzausstattung und wird durch landesverfassungsrechtliche Konnexitätsprinzipien nochmals betont.[289] Die Kommunalisierung staatlicher Aufgaben ist darüber hinaus auch im Kontext territorialer Neugliederungen von Bedeutung: Der Gedanke der Leistungsfähigkeit wird oftmals mit Blick auf den übertragenen Wirkungskreis bestimmt – diesbezüglich wurde darauf hingewiesen, dass solche Bestrebungen den verfassungsrechtlichen Voraussetzungen für territoriale Neugliederungen zuwiderlaufen.[290] Letztlich konnte im Zuge der bisherigen Überlegungen die Bedeutung des übertragenen Wirkungskreises folglich in unmittelbarem thematischem Zusammenhang erörtert werden. Deshalb ist nunmehr der Blick erneut auf den übertragenen Wirkungskreis und dessen Bedeutung für die Aufgabengarantie der Gemeinden zu richten. Sodann ist allerdings auch auf die kommunale Binnenorganisation zurückzukommen – diese Abschichtung der Argumentation beruht auf der Einsicht, dass das Verhältnis von kommunaler Binnenorganisation und übertragenem Wirkungskreis von zahlreichen Einzelfragen der Aufgabenkommunalisierung geprägt wird und dies für eine zusammenhängende Problemerörterung im Kontext der gemeindlichen Aufgabenwahrnehmung spricht.

I. Die Kommunalisierung staatlicher Aufgaben – eine Bestandsaufnahme

Den Ausgangspunkt der neuerlichen Überlegungen zum übertragenen Wirkungskreis bildet die Kommunalisierung staatlicher Aufgaben, die eine „Herabzonung" staatlicher Aufgaben auf Gemeinden und Gemeindeverbände be-

[289] Ausführlich dazu S. 283ff.
[290] Dazu S. 271.

schreibt.[291] Oftmals wird diese Kommunalisierung staatlicher Aufgaben mit der Pflicht der Gemeinden und Gemeindeverbände zur Aufgabenwahrnehmung verbunden – es gehört indes nicht zu den konstitutiven Merkmalen der Aufgabenkommunalisierung, dass Aufgaben den Gemeinden und Gemeindeverbänden als Pflichtaufgaben übertragen werden.[292]

1. *Formen der Kommunalisierung staatlicher Aufgaben*

Unterschieden werden können zunächst die Varianten der echten sowie der unechten Kommunalisierung:[293] Als unecht wird diejenige Kommunalisierung staatlicher Aufgaben bezeichnet, die die betreffenden Aufgaben nicht den Selbstverwaltungsangelegenheiten der Gemeinden zuordnet.[294] Besondere Relevanz besitzt insoweit die Organleihe der Bürgermeister und Landräte[295] und die Kommunalisierung staatlicher Aufgaben als Auftragsangelegenheiten.[296] Demgegenüber betrifft die echte Kommunalisierung staatlicher Aufgaben nicht die Herabzonung staatlicher Aufgaben als Fremdaufgaben, sondern die Zuwei-

---

[291] *Martin Burgi*, Die Verwaltung 42 (2009), S. 155 (156); *Jörg Henkel*, Die Kommunalisierung von Staatsaufgaben, 2010, S. 84 ff.; *Carsten Kremer*, VerwArch 102 (2011), S. 242 (245).

[292] *Martin Burgi*, Die Verwaltung 42 (2009), S. 155 (156).

[293] *Helmut Wollmann*, LKV 1997, S. 105 ff.; ferner *Wolf-Uwe Sponer*, LKV 2006, S. 337 (345); *Martin Burgi*, Die Verwaltung 42 (2009), S. 155 (163 ff.); *Carsten Kremer*, VerwArch 102 (2011), S. 242 (246 f.); kritisch *Jörg Henkel*, Die Kommunalisierung von Staatsaufgaben, 2010, S. 86 ff.

[294] Siehe aber auch *Jörg Henkel*, Die Kommunalisierung von Staatsaufgaben, 2010, S. 95 ff., der darauf hinweist, dass die kommunale Organisationshoheit die Angelegenheiten der örtlichen Gemeinschaft und die den Gemeinden übertragenen Aufgaben umfasst; dazu aus prinzipientheoretischer Perspektive schon S. 382 ff.; nochmals auch BVerfGE 83, 363 (382); 107, 1 (14) mit dem Hinweis, dass sich hinsichtlich der kommunalen Organisationshoheit die Reichweite der verfassungsrechtlichen Gewährleistung kommunaler Selbstverwaltung auch auf den übertragenen Wirkungskreis erstreckt; ähnlich mit Blick auf die gemeindeverbandliche Personalhoheit BVerfGE 119, 331 (381); zum Ganzen *Utz Schliesky*, Die Verwaltung 38 (2005), S. 339 (340 ff.); *Wolfgang Göke*, in: Hans-Günter Henneke/Hubert Meyer (Hrsg.), Kommunale Selbstverwaltung zwischen Bewahrung, Bewährung und Entwicklung, Festgabe für Gernot Schlebusch zum 65. Geburtstag, 2006, S. 83 (91).

[295] Dazu *Hellmut Wollmann*, in: Jörg Bogumil/Werner Jann/Frank Nullmeier (Hrsg.), Politik und Verwaltung, Auf dem Weg zu einer postmanagerialen Verwaltungsforschung, 2006, S. 424 (437); *Stefanie Klaes*, DVBl. 2009, S. 1298 ff.; ferner *Jörg Henkel*, Die Kommunalisierung von Staatsaufgaben, 2010, S. 111 ff. mit dem Hinweis, dass anders als die übrigen Formen der Kommunalisierung staatlicher Aufgaben die Organleihe der Fruchtbarmachung spezifischen Orts- und Fachwissens des entliehenen Kommunalorgans diene; zum Merkmal der Dauerhaftigkeit *Franz-Ludwig Knemeyer*, DÖV 1988, S. 397 (402 f.); *Hans Schlarmann/Olaf Otting*, VBlBW 1999, S. 121 (122).

[296] Ausführlich *Martin Burgi*, Die Verwaltung 42 (2009), S. 155 (163 ff.), der zudem die „Angliederung" einer staatlichen Sonderbehörde an Gemeinden und Gemeindeverbände als unechte Kommunalisierung qualifiziert; dazu auch *Jörg Henkel*, Die Kommunalisierung von Staatsaufgaben, 2010, S. 130 ff.

sung von Aufgaben zur eigenverantwortlichen Wahrnehmung.[297] Sodann werden die teilweise sowie vollständige echte Kommunalisierung staatlicher Aufgaben unterschieden: Während die Kommunalisierung staatlicher Aufgaben als Pflichtaufgaben nach Weisung als teilweise echte Kommunalisierung qualifiziert wird,[298] soll die Kommunalisierung staatlicher (Pflicht)Aufgaben ohne Weisung der vollständigen echten Kommunalisierung zuzuordnen sein.[299]

2. *Erfolgsbedingungen der Kommunalisierung staatlicher Aufgaben*

Die Kommunalisierung staatlicher Aufgaben führt zur Dekonzentration sowie Dezentralisation der Aufgabenwahrnehmung[300] und erfolgt daher „aus Gründen der Ortsnähe und Zweckmäßigkeit"[301] sowie der Bürgerbeteiligung und Gestaltungsvielfalt.[302] Im Vordergrund stehen allerdings oftmals finanzielle Aspekte:[303] Die Kommunalisierung staatlicher Aufgaben soll eine wirtschaftliche(re) Aufgabenerfüllung ermöglichen.[304] Anders als noch vom Bundesverfassungsgericht mit Blick auf die Hochzonung von Angelegenheiten der örtlichen Gemeinschaft behauptet,[305] wird die Aufgabenwahrnehmung durch Gemein-

---

[297] Zum Begriff der Fremdverwaltung *Edzard Schmidt-Jortzig*, JuS 1979, S. 488 (489); *ders.*, DÖV 1981, S. 393 ff.; kritisch *Georg Christoph von Unruh*, DÖV 1977, S. 467 (469 f.); *Franz-Ludwig Knemeyer*, DVBl. 1984, S. 23 (28 f.); *ders.*, DÖV 1988, S. 397 (400 f.); zum Ganzen *Martin Oldiges*, DÖV 1989, S. 873 (881); *Jörg Henkel*, Die Kommunalisierung von Staatsaufgaben, 2010, S. 94 ff.

[298] Anders wohl *Carsten Kremer*, VerwArch 102 (2011), S. 242 (246 f.), der zu den Merkmalen der echten Kommunalisierung die Weisungsfreiheit sowie das Mitwirken der Vertretung des Volkes in Gemeinden und Kreisen im Sinne des Art. 28 Abs. 1 S. 2 GG zählt.

[299] Zum Ganzen *Martin Burgi*, Die Verwaltung 42 (2009), S. 155 (165).

[300] *Martin Burgi*, Die Verwaltung 42 (2009), S. 155 (156).

[301] Dazu *Helmut Petz*, DÖV 1991, S. 320 (323); *Falk Ebinger/Jörg Bogumil*, in: Angelika Vetter/Hubert Heinelt (Hrsg.), Lokale Politikforschung heute, 2008, S. 165 (168); siehe auch *Jörg Henkel*, Die Kommunalisierung von Staatsaufgaben, 2010, S. 166 ff., der ein verfassungsrechtliches Gebot der Stärkung der ortsnahen Verwaltung aus dem Sozialstaatsprinzip ableitet.

[302] *Martin Burgi*, Die Verwaltung 42 (2009), S. 155 (161 f.); *Carsten Kremer*, VerwArch 102 (2011), S. 242 (247, 249).

[303] Zum Ganzen *Falk Ebinger/Jörg Bogumil*, in: Angelika Vetter/Hubert Heinelt (Hrsg.), Lokale Politikforschung heute, 2008, S. 165 (174); *Carsten Kremer*, VerwArch 102 (2011), S. 242 (247); ferner *Veith Mehde*, in: Martin Burgi/Manfred Palmen (Hrsg.), Symposium. Die Verwaltungsstrukturreform des Landes Nordrhein-Westfalen, 2008, S. 37 (50, 53 f.); *Martin Burgi*, Die Verwaltung 42 (2009), S. 155 (156); am Beispiel der Umweltverwaltung allgemein auch *Falk Ebinger*, VerwArch 100 (2009), S. 55 (57); eingehend *Jörg Henkel*, Die Kommunalisierung von Staatsaufgaben, 2010, S. 36 ff., 164 f.; am Beispiel des Landes Baden-Württemberg auch *Markus Reiners*, VBlBW 2008, S. 281 ff.

[304] *Martin Burgi*, Die Verwaltung 42 (2009), S. 155 (156 f.); fiskalische Interessen vermögen gleichwohl keine Kommunalisierungspflicht zu begründen; anders wohl *Jörg Henkel*, Die Kommunalisierung von Staatsaufgaben, 2010, S. 33 ff., 164 f., 188 f., 192, 196 f., 199 ff. mit dem Hinweis auf die Gemeinwohlpflichtigkeit allen staatlichen Handelns.

[305] BVerfGE 79, 127 (153).

den und Gemeindeverbände mithin nicht länger als Effizienzhindernis qualifiziert.[306] Lediglich vereinzelt wird darauf hingewiesen, Gemeinden könnten die betreffenden Aufgaben oftmals nicht ohne zusätzliche Kosten oder fachliche Qualitätseinbußen wahrnehmen.[307] Gleiches gilt für den Vorwurf, die Heterogenität der Wahrnehmung staatlicher Aufgaben[308] sowie deren Politisierung im Falle der Wahrnehmung durch Gemeinden und Gemeindeverbände[309] sprächen gegen die Kommunalisierung staatlicher Aufgaben. Als Erfolgsbedingung ist lediglich deren Kommunalisierungsfähigkeit[310] anerkannt:[311] Besonderheiten bei der Aufgabenwahrnehmung oder des Landesorganisationsrechts könnten der Kommunalisierung staatlicher Aufgaben entgegenstehen. In diesem Fall drohe nicht nur das Ziel der Kostenersparnis verfehlt zu werden; vielmehr sei die Kommunalisierung dann auch mit der Gefahr des „kalten Aufgabenabbaus" infolge von Ressourcenauszehrung und dem Verlust von Fachkompetenzen verbunden.[312]

3. Zulässigkeit der Kommunalisierung staatlicher Aufgaben: Argumente und Gegenargumente in der bisherigen Diskussion

Allerdings wird die Kommunalisierung staatlicher Aufgaben auch mit zwei grundlegenden Einwänden konfrontiert.[313]

---

[306] *Veith Mehde*, in: Martin Burgi/Manfred Palmen (Hrsg.), Symposium. Die Verwaltungsstrukturreform des Landes Nordrhein-Westfalen, 2008, S. 37 (63); *Jörg Henkel*, Die Kommunalisierung von Staatsaufgaben, 2010, S. 209; rechtsvergleichend *Stephan Grohs/Jörg Bogumil/Sabine Kuhlmann*, Der moderne Staat 1/2012, S. 125 ff.

[307] Dazu *Hans-Otto Kneip*, VerwArch 91 (2000), S. 566 (577 ff.); *Falk Ebinger*, VerwArch 100 (2009), S. 55 (56, 64 ff.); *ders.*, in: Sabine Kuhlmann/Jörg Bogumil (Hrsg.), Kommunale Aufgabenwahrnehmung im Wandel. Kommunalisierung, Regionalisierung und Territorialreform in Deutschland und Europa, 2010, S. 47 (57 f.); *Carsten Kremer*, VerwArch 102 (2011), S. 242 (249).

[308] Dazu *Jörg Henkel*, Die Kommunalisierung staatlicher Aufgaben, 2010, S. 212 ff., der mit Blick auf die Kommunalisierung staatlicher Aufgaben den Maßstab einer grundrechtlich fundierten „Vollzugsgleichheit" problematisiert.

[309] Siehe *Martin Burgi*, Die Verwaltung 42 (2009), S. 155 (171, 175 f.), der zwar die Vorzüge des Organisationstyps Selbstverwaltung betont, allerdings auch vor einer systemimmanenten Politisierung der Aufgabenwahrnehmung warnt; dazu auch *Jörg Bogumil*, in: Martin Burgi/Manfred Palmen (Hrsg.), Symposium, Die Verwaltungsstrukturreform des Landes Nordrhein-Westfalen, 2008, S. 145 (154); *Jörg Henkel*, Die Kommunalisierung von Staatsaufgaben, 2010, S. 63 f.

[310] Dazu auch *Helmut Petz*, DÖV 1991, S. 320 (324 f.).

[311] *Joachim Jens Hesse*, in: Jörn Ipsen (Hrsg.), Verwaltungsorganisation in Flächenstaaten, 2008, S. 13 (18 ff.); *Falk Ebinger/Jörg Bogumil*, in: Angelika Vetter/Hubert Heinelt (Hrsg.), Lokale Politikforschung heute, 2008, S. 165 (189 f.); *Falk Ebinger*, VerwArch 100 (2009), S. 55 (67 ff.); *Jörg Bogumil*, in: Martin Burgi/Manfred Palmen (Hrsg.), Symposium, Die Verwaltungsstrukturreform des Landes Nordrhein-Westfalen, 2008, S. 145 ff.

[312] *Martin Burgi*, Die Verwaltung 42 (2009), S. 155 (158 f.).

[313] Siehe ferner *Joachim Burmeister*, Verfassungstheoretische Neukonzeption der kommunalen Selbstverwaltungsgarantie, 1977, S. 126 ff., der auf der Grundlage seiner divergierenden

a) Ideengeschichtliche Einwände

Zum einen stößt die Kommunalisierung staatlicher Aufgaben auf Bedenken, die ideengeschichtlich fundiert sind. Danach soll schon die Zuordnung der Regelung der Angelegenheiten der örtlichen Gemeinschaft zur staatlichen Aufgabenwahrnehmung dem Zusammenhang von individueller Freiheit und kommunaler Selbstverwaltung widersprechen. Die wesentliche Ursache der „Krise der kommunalen Selbstverwaltung" liege nämlich darin begründet, dass Art. 28 Abs. 2 GG lediglich eine dezentralisierende Funktion beigemessen werde. Art. 28 Abs. 2 GG müsse tatsächlich aber als subjektives Recht der Gemeinden anerkannt werden, sodass diese auch im Bereich der Auftragsangelegenheiten nicht „einfach" als Bestandteil der Verwaltungsorganisation qualifiziert werden könnten. Zudem sei es jedenfalls

> „sinnvoll und angemessen, die Auftragsangelegenheiten nicht einfach bei der Verwaltungsspitze anzusiedeln, sondern den Grundsätzen der ‚süddeutschen Ratsverfassung' entsprechend, dem Gemeinderat als zentralem Selbstverwaltungsorgan zumindest für die selbstverwaltungsrelevanten Bereiche Entscheidungskompetenzen einzuräumen."[314]

Diese ideengeschichtlich aufgeladene Kritik kann indes nicht überzeugen – aufgrund der Zuordnung der Regelung der Angelegenheiten der örtlichen Gemeinschaft zur staatlichen Aufgabenwahrnehmung erweist sich die Kommunalisierung staatlicher Aufgaben als grundsätzlich zulässig.[315] Dies zeigt schon die entstehungsgeschichtliche Perspektive:[316] Auftragsangelegenheiten wurden während der Beratungen des Parlamentarischen Rates als selbstverständlich vorausgesetzt.[317] Inzwischen normieren Art. 84 Abs. 1 S. 7 GG und Art. 85 Abs. 1 S. 2 GG zwar ein bundesverfassungsrechtliches Kommunalisierungsverbot.[318] Die Kommunalisierung staatlicher Aufgaben seitens der Länder wird dadurch aber nicht untersagt.[319] Ein Kommunalisierungsverbot auch für die Länder wird von einer abweichenden Ansicht dennoch wie folgt zu begründen versucht: Die

---

Interpretation des Art. 28 Abs. 2 GG die Zulässigkeit der Aufgabenübertragung gänzlich ablehnt.

[314] *Friedhelm Hufen*, in: Max-Emanuel Geis (Hrsg.), Staat – Kirche – Verwaltung, Festschrift für Hartmut Maurer zum 70. Geburtstag, 2001, 1177 (1178 ff.), der im Übrigen aber der tradierten Dogmatik folgt und aufgrund der defizitären Finanzausstattung in jeder zusätzlichen Aufgabe den faktischen Entzug von Selbstverwaltungsaufgaben erblickt; ähnlich *Carsten Kremer*, VerwArch 102 (2011), S. 242 (246 f.).

[315] Siehe dazu *Hans Schäfer*, DÖV 1960, S. 641 (647); *Hubert Görg*, DÖV 1961, S. 41 (45 f.); *Fritz Rietdorf*, DÖV 1962, S. 593 (603 ff.); *Arnold Köttgen*, Die Gemeinde und der Bundesgesetzgeber, 1957, S. 78 f.; *Diether Haun*, Die Bundesaufsicht in Bundesauftragsangelegenheiten, 1972, S. 108 f.

[316] Dazu *Matthias Falk*, Die kommunalen Aufgaben unter dem Grundgesetz, 2006, 112; *Jörg Henkel*, Die Kommunalisierung von Staatsaufgaben, 2010, S. 66 f.

[317] *Klaus-Berto von Doemming/Rudolf Werner Füsslein/Werner Matz*, JöR 1 n. F. (1951), S. 256, 257.

[318] Ausführlich dazu S. 346 ff.

[319] Siehe *Jörg Henkel*, Die Kommunalisierung von Staatsaufgaben, 2010, S. 35 ff.

Kommunalisierung staatlicher Aufgaben soll danach im föderalen Bundesstaat nicht der Organisationsgewalt, sondern der materiellen Gesetzgebungskompetenz zuzuordnen sein;[320] dies hätte zur Folge, dass die Kommunalisierung staatlicher Aufgaben seitens der Länder nur zulässig wäre, wenn diesen auch die materielle Gesetzgebungskompetenz zusteht.[321] Eine derartige Argumentation kann allerdings ebenfalls nicht überzeugen:[322] Art. 84 Abs. 1 GG setzt nämlich die Heranziehung der Gemeinden und Gemeindeverbände zur Aufgabenwahrnehmung geradezu voraus.[323]

b) *Verstaatlichungsthese*

Zum anderen wird die Unzulässigkeit der Kommunalisierung staatlicher Aufgaben mit dem Vorwurf begründet, Gemeinden würden dadurch verstaatlicht[324] und ungeachtet der finanziellen Auswirkungen ihrer Selbstverwaltung beraubt.[325] Verhindern lasse sich dies nur im Wege der echten Kommunalisierung, die den Gemeinden die eigenverantwortliche Wahrnehmung der übertragenen staatlichen Aufgaben garantiere.[326] Dadurch könnten Intransparenz und eine fragwürdige Kumulation staatlicher und kommunaler Kompetenzen vermieden werden.[327]

Dieser Verstaatlichungsthese steht schon entgegen, dass Art. 28 Abs. 2 GG die Eigenverantwortlichkeit der kommunalen Aufgabenwahrnehmung nur im eigenen, nicht aber im übertragenen Wirkungskreis garantiert – lediglich landesverfassungsrechtliche Totalitätsprinzipien[328] gewährleisten den Gemeinden

---

[320] Zu formellen landesverfassungsrechtlichen Anforderungen *Jörg Henkel*, Die Kommunalisierung von Staatsaufgaben, 2010, S. 175 ff., der zudem auf die Möglichkeit hinweist, dass angesichts der Regelung des Art. 85 Abs. 1 S. 1 GG die Zuweisung von Aufgaben an eine Stelle der landesunmittelbaren Verwaltung als Kommunalisierungsverbot wirken kann.

[321] Dazu *Joachim Burmeister*, Verfassungstheoretische Neukonzeption der kommunalen Selbstverwaltungsgarantie, 1977, S. 134; anders *Alexander Schink*, DVBl. 1983, S. 1165 (1167).

[322] Zum Ganzen auch *Klaus Lange*, DÖV 2007, S. 820 (820 f.).

[323] Siehe zu Art. 84 Abs. 1 GG a. F. *Nadim Hermes*, Maßstab und Grenzen der Übertragung staatlicher Aufgaben auf die Gemeinden und Landkreise, 2007, S. 19; nach dem Inkrafttreten der Föderalismusreform I dazu *Jörg Henkel*, Die Kommunalisierung von Staatsaufgaben, 2010, S. 176.

[324] *Bernhard Stüer*, DVBl. 1980, S. 22 (22 f.); *Utz Schliesky*, VerwArch 99 (2008), S. 313 (335); *Hellmut Wollmann*, in: Angelika Vetter/Hubert Heinelt (Hrsg.), Lokale Politikforschung heute, 2008, S. 197 (203, 215); ähnlich *Veith Mehde*, in: Martin Burgi/Manfred Palmen (Hrsg.), Symposium. Die Verwaltungsstrukturreform des Landes Nordrhein-Westfalen, 2008, S. 37 (62).

[325] Kritisch *Jörg Henkel*, Die Kommunalisierung von Staatsaufgaben, 2010, S. 250; ferner *Heinz Koglin*, VR 2007, S. 417 (418).

[326] *Martin Burgi*, Die Verwaltung 42 (2009), S. 155 (173); ferner *Jörg Henkel*, Die Kommunalisierung von Staatsaufgaben, 2010, S. 198 f.

[327] Dazu *Jörg Henkel*, Die Kommunalisierung von Staatsaufgaben, 2010, S. 264 f.; siehe auch *Max Hirschberger*, Organleihe – Begriff und Rechtmäßigkeit, 1989, S. 104 ff.

[328] Zur Interpretation landesverfassungsrechtlicher Totalitätsprinzipien als Kommunali-

und Gemeindeverbänden die eigenverantwortliche Aufgabenwahrnehmung auch im übertragenen Wirkungskreis.[329] Dementsprechend lässt sich eine Pflicht zur echten Kommunalisierung nicht begründen.[330] Vielmehr müssen im Zuge der Kommunalisierung Aufsichts- und Weisungsbefugnisse gerade vorbehalten bleiben. Sicherzustellen sind nämlich die Einheitlichkeit der Aufgabenwahrnehmung sowie eine ausreichende demokratische Legitimation,[331] sodass die Forderung nach einer vollständigen echten Kommunalisierung staatlicher Aufgaben nicht durchgreifen kann.[332] Umgekehrt steht der unterschiedliche Ableitungszusammenhang der demokratischen Legitimation im eigenen und übertragenen Wirkungskreis der Kommunalisierung staatlicher Aufgaben aber auch nicht entgegen:[333] Gemeinden sind von Verfassungs wegen zwar lediglich zur Regelung der Angelegenheiten der örtlichen Gemeinschaft berufen. Im übertragenen Wirkungskreis fehlt hingegen eine Rückanbindung an das Legitimationssubjekt im Sinne des Art. 28 Abs. 1 S. 2 GG.[334] Dieses Legitimationsdefizit wird durch Weisungsvorbehalte im übertragenen Wirkungskreis indes kompensiert.[335]

Darüber hinaus ist den Ländern die echte Kommunalisierung derjenigen Aufgaben, die ihnen der Bund zur Wahrnehmung übertragen hat, in bestimmten Fällen ohnehin verwehrt:[336] Art. 84 Abs. 5 GG sieht vor, dass der Bundesregierung durch Bundesgesetz, das der Zustimmung des Bundesrates bedarf, zur Ausführung von Bundesgesetzen die Befugnis verliehen werden kann, für besondere Fälle Einzelweisungen zu erteilen. Diese Weisungsbefugnis darf nun nicht im Wege der echten Kommunalisierung unterlaufen werden – die betref-

---

sierungspflichten *Jörg Henkel*, Die Kommunalisierung von Staatsaufgaben, 2010, S. 168 ff.; ähnlich Niedersächsischer Staatsgerichtshof, NdsVBl. 2008, S. 37 (39).

329 Dazu *Jörg Henkel*, Die Kommunalisierung von Staatsaufgaben, 2010, S. 243 ff.

330 Anders *Jörg Henkel*, Die Kommunalisierung von Staatsaufgaben, 2010, S. 238; siehe aber auch *Andreas Bovenschulte*, Gemeindeverbände als Organisationsformen kommunaler Selbstverwaltung, 2000, S. 262, der die Auswahl unter verschiedenen Spielarten der Kommunalisierung staatlicher Aufgaben als ausschließlich politische Entscheidung qualifiziert.

331 *Hans-Hermann Dehmel*, Übertragener Wirkungskreis, 1970, S. 116; *Martin Burgi*, Die Verwaltung 42 (2009), S. 155 (173 ff.).

332 *Martin Burgi*, Die Verwaltung 42 (2009), S. 155 (173 ff.).

333 Dazu *Jörg Henkel*, Die Kommunalisierung von Staatsaufgaben, 2010, S. 227 ff.; ferner *Joachim Kronisch*, Aufgabenverlagerung und gemeindliche Aufgabengarantie, 1993, S. 118 ff.; siehe aber auch *Matthias Falk*, Die kommunalen Aufgaben unter dem Grundgesetz, 2006, S. 124 ff., der mit Blick auf die unterschiedlichen Legitimationsgrundlagen auf die Notwendigkeit von Weisungsrechten hinweist und den körperschaftlichen Vertretungsvorstand zur Aufgabenwahrnehmung heranziehen will.

334 *Matthias Falk*, Die kommunalen Aufgaben unter dem Grundgesetz, 2006, S. 126.

335 Siehe *Matthias Falk*, Die kommunalen Aufgaben unter dem Grundgesetz, 2006, S. 126; ferner *Joachim Kronisch*, Aufgabenverlagerung und gemeindliche Aufgabengarantie, 1993, S. 120; kritisch *Jörg Henkel*, Die Kommunalisierung von Staatsaufgaben, 2010, S. 243.

336 Siehe *Dieter Haun*, Die Bundesaufsicht in Bundesauftragsangelegenheiten, 1972, S. 108 f.; dazu auch *Joachim Burmeister*, Verfassungstheoretische Neukonzeption der kommunalen Selbstverwaltungsgarantie, 1977, S. 133 f.

fenden Aufgaben müssen folglich als Pflichtaufgaben mit Weisungsbefugnissen kommunalisiert werden.[337] Gleiches gilt für die Bundesaufsichtsverwaltung nach Art. 85 Abs. 3 GG.[338]

II. Zur dogmatischen Einordnung der Kommunalisierung staatlicher Aufgaben

Auch wenn die Kommunalisierung staatlicher Aufgaben nicht schon auf grundsätzliche verfassungsrechtliche Bedenken stößt, bedarf doch der Klärung, welche Grenzen Art. 28 Abs. 2 GG der Kommunalisierung setzt. Nach institutioneller Lesart des Art. 28 Abs. 2 GG wird die Kommunalisierung staatlicher Aufgaben den gleichen verfassungsrechtlichen Anforderungen unterworfen wie die Hochzonung von Angelegenheiten der örtlichen Gemeinschaft:[339] Aufgrund der finanziellen Auswirkungen sei die Kommunalisierung staatlicher Aufgaben als faktischer Eingriff[340] in die Aufgabengarantie der Gemeinden zu qualifizieren, der nach dem Bundesverfassungsgericht durch einen ausreichenden finanziellen Ausgleich gerechtfertigt werden kann.[341] Die Kommunalisierung staatlicher Aufgaben ist demzufolge zulässig, solange die Gemeinden aus finanzieller Perspektive die Möglichkeit zur Wahrnehmung auch von Angelegenheiten der örtlichen Gemeinschaft haben.[342] Abweichende Konzeptionen wenden demgegenüber das Aufgabenverteilungsprinzip „umgekehrt" an.[343]

---

337 *Max-Emanuel Geis*, Kommunalrecht, 2008, § 7, Rn. 18.

338 *Max-Emanuel Geis*, Kommunalrecht, 2008, § 7, Rn. 19; ähnlich *Jörg Henkel*, Die Kommunalisierung von Staatsaufgaben, 2010, S. 242, der auf bundesrechtliche sowie landesverfassungsrechtliche Maßgaben rekurriert.

339 *Carsten Kremer*, VerwArch 102 (2011), S. 242 (258).

340 Allgemein zu faktischen Eingriffen BVerfGE 79, 127 (155); 83, 363 (381); dazu *Stefan Mückl*, ZG 1998, S. 196 (196); zur Kommunalisierung staatlicher Aufgaben *Friedhelm Hufen*, DÖV 1998, S. 276 ff., der ferner die Figur des kumulativen Eingriffs zur Anwendung bringt; siehe auch *Helmut Petz*, DÖV 1991, S. 320 (325); *Kyrill-A. Schwarz*, NVwZ 1996, S. 554 (554); *ders.*, NVwZ 1997, S. 237 ff.; *Rudolf Wendt*, in: Joachim Burmeister (Hrsg.), Verfassungsstaatlichkeit, Festschrift für Klaus Stern zum 65. Geburtstag, 1997, S. 601 ff.; *Nadim Hermes*, Maßstab und Grenzen der Übertragung staatlicher Aufgaben auf die Gemeinden und Landkreise, 2007, S. 83 ff.

341 Allgemein *Matthias Ruffert*, ThürVBl. 2006, S. 265 (268); *Veith Mehde*, in: Martin Burgi/Manfred Palmen (Hrsg.), Symposium. Die Verwaltungsstrukturreform des Landes Nordrhein-Westfalen, 2008, S. 37 (60 ff.).

342 Siehe BVerfGE 119, 331 (354).

343 *Matthias Falk*, Die kommunalen Aufgaben unter dem Grundgesetz, 2006, 152; ferner *Helmut Petz*, DÖV 1991, S. 320 (326); *Maximilian Wallerath*, in: Hermann Butzer (Hrsg.), Organisation und Verfahren im sozialen Rechtsstaat, Festschrift für Friedrich E. Schnapp zum 70. Geburtstag, 2008, S. 695 (701 f.); aus der Judikatur der Landesverfassungsgerichtsbarkeit Landesverfassungsgericht Sachsen-Anhalt, LKV 2007, S. 125 (126); Niedersächsischer Staatsgerichtshof, NdsVBl. 2008, S. 37 (40); Verfassungsgerichtshof für das Land Nordrhein-Westfalen, NWVBl. 2010, S. 269 (270); siehe aber auch *Barbara Remmert*, VerwArch 94 (2003), S. 459 (471 ff.); *Jörg Henkel*, Die Kommunalisierung von Staatsaufgaben, 2010,

1. Kommunalisierung staatlicher Aufgaben und gemeindliche Aufgabengarantie

Die institutionelle Argumentation stellt zunächst zutreffend nicht darauf ab, dass die Kommunalisierung staatlicher Aufgaben (auch) eine „Stärkung kommunaler Selbstverwaltung" bewirkt. Zwar obliegen den Gemeinden im übertragenen Wirkungskreis die Sachverhaltsermittlung, die Auslegung der einfachgesetzlichen Vorgaben sowie der Aufgabenvollzug.[344] Zudem sind Berührungspunkte zwischen den Aufgaben des übertragenen Wirkungskreises und Angelegenheiten der örtlichen Gemeinschaft möglich, die aufgrund von Synergieeffekten einen größeren organisatorischen Spielraum auch bei der Aufgabenwahrnehmung im eigenen Wirkungskreis schaffen können.[345] Aufgaben des übertragenen Wirkungskreises können gleichwohl die Angelegenheiten der örtlichen Gemeinschaft nicht ersetzen[346] – „bürgerschaftliche Anteilnahme hängt von der existentiellen Berührung durch die betreffenden Angelegenheiten sowie von der Initiativfreiheit beim Anpacken der Belange als einer praxisgesteuerten Spontaneität des Zugriffs ab".[347] Zudem verdeutlicht die unechte Kommunalisierung, dass der übertragene Wirkungskreis mit dem Recht der Gemeinden, alle Angelegenheiten der örtlichen Gemeinschaft im Rahmen der Gesetze in eigener Verantwortung zu regeln, nicht vergleichbar ist:[348] Gemeinden sind insoweit nicht zur eigenverantwortlichen Aufgabenwahrnehmung befugt.

Darüber hinaus kann der prinzipientheoretische Deutungsansatz durchaus an die Erwägungen des Bundesverfassungsgerichts anschließen – auch danach ist der finanzielle Ausgleich für die Aufgabenwahrnehmung im übertragenen Wirkungskreis in den Blick zu nehmen. Allerdings ist dieser nach der prinzipientheoretischen Lesart nicht als Rechtfertigung faktischer Eingriffe zu qualifizieren, bei richtiger Betrachtung führt der finanzielle Ausgleich vielmehr dazu, dass schon kein (faktischer) Eingriff in die Aufgabengarantie der Gemeinden angenommen werden kann. Dies beruht nicht allein auf der Annahme, dass

S. 181 ff., die eine Umkehrung der Aufgabenverteilungsregelung des Art. 28 Abs. 2 GG und die Schlussfolgerung, dass überörtliche Aufgaben aus spezifischen Gründen von Stellen der landesunmittelbaren Verwaltung wahrzunehmen sind, ablehnen; kritisch auch *Bernhard Stüer*, DVBl. 1980, S. 22 (23); *ders.*, in: Hubert Meyer/Maximilian Wallerath (Hrsg.), Gemeinden und Kreise in der Region, 2004, S. 33 (41), *ders.*, DVBl. 2007, S. 1267 (1268 ff.), der für die Anwendung der verfassungsrechtlichen Maßstäbe für kommunale Gebietsreformen plädiert.

344 Ähnlich *Nadim Hermes*, Maßstab und Grenzen der Übertragung staatlicher Aufgaben auf die Gemeinden und Landkreise, 2007, S. 94 mit Blick auf die kommunale Organisations- und Personalhoheit; zu weiteren Grenzen der Kommunalisierung staatlicher Aufgaben *Winfried Brohm*, DÖV 1986, S. 397 (399); *Helmut Petz*, DÖV 1991, S. 320 (324).

345 *Winfried Brohm*, DÖV 1986, S. 397 (399); *Helmut Petz*, DÖV 1991, S. 320 (324).

346 Anders *Winfried Brohm*, DÖV 1986, S. 397 (399); ferner *Jörg Henkel*, Die Kommunalisierung von Staatsaufgaben, 2010, S. 193 f.

347 *Edzard Schmidt-Jortzig*, DVBl. 1977, S. 801 (806).

348 *Helmut Petz*, DÖV 1991, S. 320 (324); siehe auch *Winfried Kluth*, in: Hubert Meyer/Maximilian Wallerath (Hrsg.), Gemeinden und Kreise in der Region, 2004, S. 65 (73 ff.).

Beeinträchtigungen der als Rechtsregel zu qualifizierenden Aufgabengarantie der Gemeinden nach prinzipientheoretischen Maßstäben nicht gerechtfertigt werden können. Entscheidend ist vielmehr, dass landesverfassungsrechtliche Konnexitätsprinzipien einen finanziellen Ausgleich im unmittelbaren Zusammenhang mit der Aufgabenübertragung fordern.[349] Eine Beeinträchtigung der Aufgabengarantie kann im Falle eines solchen Ausgleichs nicht angenommen werden,[350] weswegen der finanzielle Ausgleich für die Aufgabenwahrnehmung im übertragenen Wirkungskreis auch nicht in den Kontext der Eingriffsrechtfertigung gestellt werden kann.

2. *Kommunalisierung staatlicher Aufgaben und kommunale Binnenorganisation*

Gerät die Kommunalisierung staatlicher Aufgaben nicht mit der Aufgabengarantie der Gemeinden in Konflikt, ist abschließend – wie eingangs angedeutet – erneut die kommunale Binnenorganisation in den Blick zu nehmen. Die Kommunalisierung staatlicher Aufgaben wirft nämlich nicht nur Fragen im Kontext der Aufgabengarantie der Gemeinden auf. Vielmehr sind auch Auswirkungen auf die kommunale Binnenorganisation unverkennbar.[351] Diesbezüglich ist hervorzuheben, dass insbesondere im Wege der unechten Kommunalisierung Aufgaben nicht der Gemeinde als solcher übertragen werden. Vielmehr geht mit der unechten Kommunalisierung oftmals eine Festlegung der Organzuständigkeiten einher[352] – zur Aufgabenwahrnehmung werden die Bürgermeister und Landräte herangezogen.[353] Noch viel deutlicher wird die Festlegung der Organ-

---

[349] Ausführlich dazu S. 331 ff.

[350] Ähnlich aus der Perspektive der institutionellen Interpretation wohl Thüringer Verfassungsgerichtshof, NVwZ-RR 2005, S. 665 (669) mit dem Hinweis, der Kommunalisierung staatlicher Aufgaben könne keine Eingriffsqualität beigemessen werden; ähnlich *Jörg Henkel*, Die Kommunalisierung von Staatsaufgaben, 2010, S. 189 ff., der allerdings neben der Notwendigkeit eines finanziellen Ausgleichs unterschiedliche Rechtfertigungsebenen anerkennt und nachvollziehbare Gemeinwohlgründe sowie die Vereinbarkeit der Kommunalisierung staatlicher Aufgaben mit dem Wesen der kommunalen Selbstverwaltung fordert.

[351] Dazu nach Maßgabe der institutionellen Interpretation *Jörg Henkel*, Die Kommunalisierung von Staatsaufgaben, 2010, S. 194 ff., der allerdings eine „Pflicht zur Organisation" konstatiert und jede wehrfähige Position der Gemeinden und Gemeindeverbände ablehnt, da auch nach landesverfassungsrechtlichen Konnexitätsprinzipien die Erweiterung von Existenzaufgaben nicht kompensationsfähig sei; siehe auch *Hermann Hill*, Die Rolle des Bürgers in der Gemeindeverfassung unter dem Einfluss der Territorialreform, 1979, S. 30, der feststellt, dass der „Aktionsraum Gemeinde [...] höchstens soviel Entscheidungsbefugnisse haben [dürfe], daß die Aufgaben von Umfang, Bedeutung, Komplexität und Schwierigkeitsgrad her noch überschaubar sind"; ähnlich *Willi Blümel*, VVDStRL 36 (1978), S. 171 (243), der die Verlagerung staatlicher Aufgaben trotz der dadurch erreichten Orts- und Bürgernähe nicht als Mittel zur Stärkung der kommunalen Selbstverwaltung akzeptiert.

[352] Eingehend *Jörg Henkel*, Die Kommunalisierung von Staatsaufgaben, 2010, S. 105 ff.

[353] Zum Ganzen *Winfried Kluth*, in: Hubert Meyer/Maximilian Wallerath (Hrsg.), Ge-

zuständigkeit im Falle der Organleihe, die begriffsnotwendig auf die Bürgermeister und Landräte zurückgreift.[354] Einflüsse auf die kommunale Binnenorganisation sind damit offensichtlich: Bürgermeistern und Landräten werden zusätzliche Aufgaben übertragen, sodass sich die Gewichte innerhalb des kommunalen Organisationsgefüges verschieben können.[355]

a) *Kommunalisierung staatlicher Aufgaben als Ausgestaltung der kommunalen Binnenorganisation*

Solche Auswirkungen auf die kommunale Binnenorganisation stoßen allerdings nicht schon grundsätzlich auf verfassungsrechtliche Bedenken: Während sie nach der institutionellen Deutung durch sachliche Gründe zu rechtfertigen sind,[356] ist nach der hier vertretenen prinzipientheoretischen Konzeption für die verfassungsrechtliche Maßstabbildung die Ausgestaltungsbedürftigkeit der kommunalen Binnenorganisation in den Blick zu nehmen – auch im Zuge der Kommunalisierung staatlicher Aufgaben müssen die verfassungsrechtlichen Grenzen der Ausgestaltung der kommunalen Binnenorganisation gewahrt bleiben. Grundsätzlich sind diese Grenzen im Wege der Abwägung zwischen den Funktionen kommunaler Selbstverwaltung und konfligierenden Rechtsprinzipien nach Maßgabe des Untermaßverbotes zu bestimmen; als konfligierende Rechtsprinzipien wurden ganz allgemein der Grundsatz funktionsgerechter Organ- und Entscheidungsstrukturen, der Grundsatz der intrafunktionalen Gewaltenteilung sowie die Notwendigkeit demokratischer Wahlen im Sinne des Art. 28 Abs. 2 GG herausgearbeitet.[357]

b) *Verfassungsrechtliche Grenzen der Ausgestaltung der kommunalen Binnenorganisation*

Unter Zugrundelegung dieser Maßstäbe ist nunmehr die hier relevante Zunahme von fachlichen und politischen Entscheidungskompetenzen der Bürgermeister und Landräte näher zu untersuchen.[358] Dabei zeigt sich, dass die Kommunalisierung staatlicher Aufgaben allenfalls zu einer proportionalen Verände-

---

meinden und Kreise in der Region, 2004, S. 65 (71 ff.); *Sabine Kuhlmann*, PVS-Sonderheft 37 (2006), S. 397 (406); *Jörg Henkel*, Die Kommunalisierung von Staatsaufgaben, 2010, S. 105 ff.

[354] Zum Ganzen *Jörg Henkel*, Die Kommunalisierung von Staatsaufgaben, 2010, S. 269 ff.

[355] *Jörg Henkel*, Die Kommunalisierung von Staatsaufgaben, 2010, S. 265; ferner *Max Hirschberger*, Organleihe – Begriff und Rechtmäßigkeit, 1989, S. 165.

[356] Dazu *Jörg Henkel*, Die Kommunalisierung von Staatsaufgaben, 2010, S. 265 f., der auf eine zu „erwartende bessere Verwaltungsperformance" und die „Verwirklichung von Gemeinwohlaspekten" Bezug nimmt; zur Subsidiarität der Organleihe ferner *Hans Vietmeier*, Die staatlichen Aufgaben der Kommunen und ihrer Organe, 1992, S. 186.

[357] Allgemein dazu S. 371 ff.

[358] *Winfried Kluth*, in: Hubert Meyer/Maximilian Wallerath (Hrsg.), Gemeinden und Kreise in der Region, 2004, S. 65 (72); *Hubert Meyer*, Der Landkreis 2004, S. 432 (434 f.); ferner *Hans-Georg Wehling*, in: Stefan Brink/Heinrich Amadeus Wolff (Hrsg.), Gemeinwohl

rung bei den Entscheidungskompetenzen führt: Die Entscheidungszuständigkeit des körperschaftlichen Trägerorgans im eigenen Wirkungskreis bleibt unberührt; ihm werden lediglich im übertragenen Wirkungskreis keine neuen Aufgaben zugewiesen.[359] Allerdings könnte auch eine solche proportionale Veränderung die partizipative Funktion kommunaler Selbstverwaltung beeinträchtigen:[360] Jeder Bedeutungsverlust der Volksvertretung im Sinne des Art. 28 Abs. 1 S. 2 GG könnte trotz unverändertem Aufgabenbestand zu einem Bedeutungsverlust der überkommenen Partizipationsmöglichkeiten führen.[361]

Allerdings bleibt diese These äußerst vage – ein Verfassungsverstoß kann zumindest angesichts der Geltung des Untermaßverbotes jedenfalls nicht festgestellt werden:[362] Zunächst bleiben die Möglichkeiten zur Partizipation im eigenen Wirkungskreis unberührt. Darüber hinaus ist auch die Direktwahl der Bürgermeister und Landräte in die Betrachtung einzubeziehen, die Partizipation auch dann ermöglicht, wenn deren Organzuständigkeit im Rahmen der Kommunalisierung staatlicher Aufgaben unmittelbar festgelegt wird. Schließlich ist eine Beeinträchtigung der überkommenen Partizipationsmöglichkeiten gänzlich auszuschließen, wenn auf die Festlegung der Organzuständigkeit verzichtet wird[363] – weswegen ohnehin nicht jede Form der Kommunalisierung staatlicher Aufgaben mit Bedenken konfrontiert werden kann.[364] Ferner genügt aber selbst die Kommunalisierung staatlicher Aufgaben, die mit der Festlegung der Organzuständigkeiten verbunden wird, den verfassungsrechtlichen Anforderungen. Dies ergibt sich aus folgenden Überlegungen: Die partizipative Funktion kommunaler Selbstverwaltung bestimmt die verfassungsrechtlichen Grenzen der legislativen Ausgestaltung nicht allein. Vielmehr bedarf es einer Abwägung namentlich mit dem Grundsatz funktionsgerechter Organ- und Entscheidungsstrukturen. Der Gesetzgeber hat bei seiner Abwägungsentscheidung demzufolge auch zu beachten, dass die Kommunalisierung staatlicher

---

und Verantwortung, Festschrift für Hans Herbert von Arnim zum 65. Geburtstag, 2004, S. 429 (439 f.).

[359] Dazu *Jörg Henkel*, Die Kommunalisierung staatlicher Aufgaben, 2010, S. 260.

[360] *Winfried Kluth*, in: Hubert Meyer/Maximilian Wallerath (Hrsg.), Gemeinden und Kreise in der Region, 2004, S. 65 (72); im Anschluss daran *Carsten Kremer*, VerwArch 102 (2011), S. 242 (248); kritisch *Jörg Henkel*, Die Kommunalisierung von Staatsaufgaben, 2010, S. 250 ff.; wohl auch *Matthias Falk*, Die kommunalen Aufgaben unter dem Grundgesetz, 2006, S. 125 f.; ferner *Franz-Ludwig Knemeyer*, in: Gerhard Seiler (Hrsg.), Gelebte Demokratie, Festschrift für Manfred Rommel, 1997, S. 83 ff.

[361] *Winfried Kluth*, in: Hubert Meyer/Maximilian Wallerath (Hrsg.), Gemeinden und Kreise in der Region, 2004, S. 65 (75).

[362] Ähnlich *Winfried Kluth*, in: Hubert Meyer/Maximilian Wallerath (Hrsg.), Gemeinden und Kreise in der Region, 2004, S. 65 (75).

[363] Siehe dazu *Friedhelm Hufen*, in: Max-Emanuel Geis (Hrsg.), Staat – Kirche – Verwaltung, Festschrift für Hartmut Maurer zum 70. Geburtstag, 2001, 1177 (1192); *Carsten Kremer*, VerwArch 102 (2011), S. 242 (246 f.).

[364] *Winfried Kluth*, in: Hubert Meyer/Maximilian Wallerath (Hrsg.), Gemeinden und Kreise in der Region, 2004, S. 65 (77 f.).

Aufgaben das körperschaftliche Trägerorgan überlasten könnte,[365] wenn ihm zu viele Entscheidungszuständigkeiten übertragen werden.[366] Eine solche Überlastung ließe sich mit dem Gedanken der Kommunalisierungsfähigkeit[367] allenfalls bedingt verhindern: Danach ist lediglich die Kommunalisierung solcher Aufgaben erfolgversprechend, die sich zur Wahrnehmung durch Gemeinden und Gemeindeverbände eignen.[368] Damit ließe sich zwar der qualitativen Überforderung des körperschaftlichen Trägerorgans,[369] nicht aber dessen quantitativer Überlastung entgegenwirken.

E. Zusammenfassung

Die vielschichtigen Überlegungen zur Aufgabengarantie der Gemeinden lassen sich wie folgt zusammenfassen: Nach der prinzipientheoretischen Interpretation des Art. 28 Abs. 2 GG ist die Aufgabengarantie der Gemeinden als Rechtsregel zu qualifizieren, deren Inhalt verfassungsunmittelbar bestimmt wird und keiner Beeinträchtigung auf der Grundlage des Vorbehaltes „im Rahmen der Gesetze" zugänglich ist. Jede Annäherung an den Inhalt der Aufgabengarantie hat deren räumliche Komponente ebenso zu berücksichtigen wie den Begriff der örtlichen Gemeinschaft. Daraus folgt, dass nur solche Aufgaben Angelegenheiten der örtlichen Gemeinschaft sind, die in der örtlichen Gemeinschaft wurzeln oder auf sie einen spezifischen Bezug haben; sie müssen der grundgesetzlich gewollten Teilnahme der Bürger an der öffentlichen Verwaltung ihr Betätigungsfeld zuordnen. Hilfskonstruktionen wie der Begriff „Daseinsvorsorge" oder das Subsidiaritätsprinzip können den Inhalt der Aufgabengarantie der Gemeinden demgegenüber nicht bestimmen.

Privatisierungsprozesse, interkommunale Kooperationen und Aufgabenkommunalisierungen beeinflussen das Tätigkeitsfeld der Gemeinden und müssen auf Auswirkungen auf die Aufgabengarantie der Gemeinden untersucht werden. Insoweit lassen sich folgende Feststellungen treffen: Die eigenverantwortliche Regelung der Angelegenheiten der örtlichen Gemeinschaft korrespondiert mit einer Pflicht der Gemeinden zur grundsätzlichen Sicherung und

---

365 Ähnlich *Jörg Henkel*, Die Kommunalisierung von Staatsaufgaben, 2010, S. 196 ff., 261, 285 ff., der die Zuständigkeiten des körperschaftlichen Trägerorgans auf bedeutsame Angelegenheiten beschränken will.

366 *Albert von Mutius*, in: Albert von Mutius (Hrsg.), Selbstverwaltung im Staat der Industriegesellschaft, Festgabe zum 70. Geburtstag von Georg Christoph von Unruh, 1983, S. 227 (258).

367 Siehe aber auch *Martin Burgi*, Die Verwaltung 42 (2009), S. 155 (168), der die Kommunalisierungsfähigkeit staatlicher Aufgaben mit dem Gedanken der Wirtschaftlichkeit in Verbindung bringt.

368 Siehe dazu schon S. 512 f.

369 *Jörg Henkel*, Die Kommunalisierung von Staatsaufgaben, 2010, S. 196 ff.

Wahrung des Aufgabenbestandes, der zu den Angelegenheiten des örtlichen Wirkungskreises gehört. Deren Reichweite richtet sich nach dem Konzept der Gewährleistungsverantwortung. Die organisatorischen Voraussetzungen der Wahrnehmung dieser Gewährleistungsverantwortung müssen allerdings vom Gesetzgeber im Wege der Ausgestaltung geschaffen werden. Ohne den Gesetzgeber sind die Gemeinden dementsprechend nicht schon verfassungsunmittelbar zur Privatisierung von Angelegenheiten der örtlichen Gemeinschaft befugt. Vergleichbares gilt für die interkommunale Kooperation: Da die kommunale Kooperationshoheit ebenfalls ausgestaltungsbedürftig ist, müssen die organisatorischen Voraussetzungen auch der interkommunalen Kooperation erst vom Gesetzgeber geschaffen werden. Die Kommunalisierung staatlicher Aufgaben betrifft schließlich die Aufgabengarantie der Gemeinden grundsätzlich nicht, solange der Gesetzgeber seiner verfassungsrechtlichen Pflicht nachkommt und die Gemeinden mit ausreichenden finanziellen Mitteln ausstattet. Kommunalisierungsprozesse wirken sich allerdings auf die kommunale Binnenorganisation aus, da namentlich die unechte Kommunalisierung sowie die Organleihe zu einer Verschiebung der Machtverhältnisse zwischen körperschaftlichem Trägerorgan und Körperschaftsvorstand führen können. Maßstabbildend sind insoweit folgende Gesichtspunkte: Die kommunale Binnenorganisation bedarf der legislativen Ausgestaltung, sodass der Gesetzgeber auch im Rahmen der Kommunalisierung staatlicher Aufgaben den verfassungsrechtlichen Grenzen dieser Ausgestaltung gerecht werden muss. Weder darf daher die partizipative Funktion noch der intrafunktionale Gewaltenteilungsgrundsatz oder der Grundsatz funktionsgerechter Organ- und Entscheidungsstrukturen unbeachtet bleiben.

11. Kapitel

Die Aufgabengarantie der Gemeindeverbände

Während Art. 28 Abs. 2 S. 1 GG die Aufgabengarantie der Gemeinden in Gestalt einer Rechtsregel gewährleistet, nimmt Art. 28 Abs. 2 S. 2 GG für die Gemeindeverbände auf einen gesetzlich bestimmten Aufgabenbereich Bezug. Die Aufgabengarantie der Gemeindeverbände ist dementsprechend schon nach dem Wortlaut des Art. 28 Abs. 2 S. 2 GG auf eine legislative Ausgestaltung angewiesen und kann aus prinzipientheoretischer Perspektive nur als Rechtsprinzip qualifiziert werden. Nachfolgend ist daher die Ausgestaltungsbedürftigkeit der Aufgabengarantie der Gemeindeverbände näher zu beleuchten, zudem ist der verfassungsrechtliche Rahmen der legislativen Ausgestaltung zu bestimmen.

A. Die Aufgabengarantie der Gemeindeverbände als ausgestaltungsbedürftiges Rechtsprinzip

Mit Blick auf die Ausgestaltungsbedürftigkeit der Aufgabengarantie der Gemeindeverbände kann zunächst auf durchaus zustimmungswürdige Erkenntnisse der institutionellen Deutung des Art. 28 Abs. 2 GG zurückgegriffen werden. Namentlich das Bundesverfassungsgericht stellt nämlich ganz im Sinne der hier vertretenen Ausgestaltungsbedürftigkeit der Aufgabengarantie der Gemeindeverbände fest, dass

> „[d]as Recht der Selbstverwaltung [...] den Gemeindeverbänden nach Art. 28 Abs. 2 Satz 2 GG für die Ausgestaltung ihres Aufgabenbereichs nur eingeschränkt gewährleistet [ist]. Anders als bei den Gemeinden (Art. 28 Abs. 2 Satz 1 GG) beschreibt die Verfassung die Aufgaben der Kreise nicht selbst, sondern überantwortet dies dem Gesetzgeber [...].“[1]

I. Zur Judikatur des Bundesverfassungsgerichts

1. Darstellung und Analyse

Hinsichtlich der Grenzen des Gestaltungsspielraums des Gesetzgebers ergänzt das Bundesverfassungsgericht:

---

[1] BVerfGE 119, 331 (352 ff.).

„Dessen Gestaltungsspielraum bei der Regelung des Aufgabenbereichs der Kreise findet erst dort Grenzen, wo verfassungsrechtliche Gewährleistungen des Selbstverwaltungsrechts der Kreise entwertet würden. Der Gesetzgeber darf diese Gewährleistung nicht unterlaufen, indem er keine Aufgaben zuweist, die in der von der Verfassung selbst gewährten Eigenverantwortlichkeit wahrgenommen werden könnten. Der Gesetzgeber muss deshalb einen Mindestbestand an Aufgaben zuweisen, die die Kreise unter vollkommener Ausschöpfung der auch ihnen gewährten Eigenverantwortlichkeit erledigen können."[2]

Für zukünftige Änderungen des Aufgabenbestandes stellt das Bundesverfassungsgericht schließlich klar:

„Nicht nur ein Entzug von Aufgaben [...], sondern auch eine Aufgabenzuweisung kann in das Recht auf Selbstverwaltung eingreifen, wenn dadurch die Möglichkeit eingeschränkt wird, Selbstverwaltungsaufgaben wahrzunehmen, die zum verfassungsrechtlich geschützten Aufgabenbestand gehören [...]. Anders als bei den Gemeinden spricht bei den Gemeindeverbänden die Vermutung zunächst gegen einen Eingriff in das Selbstverwaltungsrecht; da diese auf einen gesetzlich beschriebenen Aufgabenbestand verwiesen sind, bedeutet eine Änderung in aller Regel nicht einen Eingriff in den verfassungsrechtlich garantierten Aufgabenbestand, sondern eine neue Umschreibung seines Umfangs. Ein Eingriff in das verfassungsrechtlich garantierte Selbstverwaltungsrecht der Gemeindeverbände kann erst angenommen werden, wenn die Übertragung einer neuen Aufgabe ihre Verwaltungskapazitäten so sehr in Anspruch nimmt, dass sie nicht mehr ausreichen, um einen Mindestbestand an zugewiesenen Selbstverwaltungsaufgaben des eigenen Wirkungskreises wahrzunehmen [...]."[3]

Diese Überlegungen decken sich grundsätzlich mit der prinzipientheoretischen Interpretation des Art. 28 Abs. 2 GG, wonach die Aufgabengarantie der Gemeindeverbände auf eine legislative Ausgestaltung angewiesen ist.[4] Der Gesetz-

---

[2] BVerfGE 119, 331 (352 ff.).

[3] BVerfGE 119, 331 (354 f.).

[4] Allgmein dazu S. 149; aus institutioneller Perspektive dazu auch *Alexander Schink*, in: Edzard Schmidt-Jortzig/Alexander Schink, Subsidiaritätsprinzip und Kommunalordnung, 1982, S. 25 (65 ff.); *ders.*, DVBl. 1983, S. 1165 (1171); *ders.*, VerwArch 81 (1990), S. 385 (409), der auf ein qualitatives und quantitatives Mindestmaß rekurriert, das für eine effiziente Selbstverwaltung notwendig ist; ferner *Peter Lerche*, DÖV 1969, S. 46 (46); siehe auch *Hans-Jürgen Papier*, DVBl. 1984, S. 453 (455), der allerdings einen Aufgabenbereich substantieller Art für verfassungsrechtlich erforderlich erachtet; ähnlich *Albert von Mutius*, in: Albert von Mutius (Hrsg.), Selbstverwaltung im Staat der Industriegesellschaft, Festgabe zum 70. Geburtstag von Georg Christoph von Unruh, 1983, S. 227 (247 f.), der einen typischen, historisch überkommenen Aufgabenbereich als verfassungsunmittelbar gewährleistet ansieht; auch das Bundesverwaltungsgericht nahm zunächst auf einen „dem Herkommen entsprechenden angemessenen Wirkungskreis" Bezug, siehe BVerwGE 6, 19 (23); dazu *Thomas Clemens*, NVwZ 1990, S. 834 (842); *Hans Tiedken*, in: Albert von Mutius (Hrsg.), Selbstverwaltung im Staat der Industriegesellschaft, Festgabe zum 70. Geburtstag von Georg Christoph von Unruh, 1983, S. 341 (343); zum Ganzen *Andreas Bovenschulte*, Gemeindeverbände als Organisationsformen kommunaler Selbstverwaltung, 2000, S. 220 ff., der allerdings der gemeindeverbandlichen Aufgabengarantie lediglich ein quantitatives Mindestmaß abgewinnen will; kritisch *Ute Lusche*, Die Selbstverwaltungsaufgaben der Landkreise, 1998, S. 81 ff.

geber ist danach aufgerufen, nach Maßgabe des Untermaßverbotes[5] die verfassungsrechtlich gewährleistete Aufgabengarantie der Gemeindeverbände mit Inhalt zu füllen; Bestandsschutz für die tradierte Ausgestaltung gewährt Art. 28 Abs. 2 GG nicht.[6]

2. *Kritische Rezeption*

Anzumerken ist allerdings auch, dass die Ausführungen des Bundesverfassungsgerichts auf überwiegend kritische Reaktionen gestoßen sind.[7] Vor allem wird dem Bundesverfassungsgericht vorgeworfen, ohne jeden klarstellenden Hinweis die überkommene Judikatur zur Aufgabengarantie der Gemeindeverbände verworfen zu haben.[8] Anknüpfungspunkt der Kritik sind dabei diejenigen Feststellungen, die sich auf zukünftige Änderungen des Aufgabenbestandes der Gemeindeverbände beziehen. Diesbezüglich wird ausgeführt:

> „Wenn den (Land-)Kreisen Aufgaben zur freiwilligen Wahrnehmung oder als weisungsfreie Pflichtaufgaben gesetzlich zugewiesen sind (eigener Wirkungskreis), dann unterfallen sie nach bisheriger Doktrin (als gesetzliche Ausgestaltung und Formung der institutionellen Garantie kommunaler Selbstverwaltung) dem Schutzgehalt des Art. 28 Abs. 2 Satz 2 GG.“[9]

Zudem bleibe eine historisch überkommene Aufgabengarantie der Gemeindeverbände von einer allein auf den Wortlaut des Art. 28 Abs. 2 S. 2 GG bezogenen Interpretation unberücksichtigt.[10]

---

[5] Anders *Hans-Günter Henneke*, Aufgabenzuständigkeit im kreisangehörigen Raum, 1992, S. 34 f.; *ders.*, DÖV 2002, S. 463 (467); *ders.*, ZG 2002, S. 72 (94); siehe auch *Jörn Ipsen*, ZG 1994, S. 194 (203 f.); ferner *Maik Möller*, Subsidiaritätsprinzip und kommunale Selbstverwaltung, 2009, S. 180 ff., der „jedenfalls die Landkreise am verfassungsrechtlichen Prinzip dezentraler Aufgabenverteilung [teilhaben lässt]“; als fehlgehend ist gleichwohl die Feststellung des Bundesverfassungsgerichts zu qualifizieren, Art. 28 Abs. 2 S. 2 GG garantiere die Wahrnehmung freiwilliger Selbstverwaltungsaufgaben seitens der Gemeindeverbände nicht, siehe BVerfGE 119, 331 (355).

[6] Allgemein zur „Umgestaltung“ S. 143 f.

[7] Zustimmend aber *Daniela Winkler*, VerwArch 99 (2008), S. 509 (524 f.); siehe auch *Stefan Korioth*, DVBl. 2008, S. 812 (813); *Klaus Ritgen*, NdsVBl. 2008, S. 185 ff.; ferner *Walter Frenz*, JA 2010, S. 39 ff.

[8] *Friedrich Schoch*, DVBl. 2008, S. 937 (938); *Winfried Kluth*, ZG 2008, S. 292 (295); *Joachim Wieland*, Der Landkreis 2008, S. 184 (186).

[9] *Friedrich Schoch*, DVBl. 2008, S. 937 (938); siehe auch *Winfried Kluth*, ZG 2008, S. 292 (300 f.), der behauptet, institutionelle Garantien basierten nicht nur konstruktiv auf einfachgesetzlichen Rechtspositionen, vielmehr knüpften „zahlreiche Landesverfassungen [mit der] auch für die Landkreise [...] [gewährleisteten] Allzuständigkeit der Aufgabenwahrnehmung in ihrem Gebiet [...] an das gesetzlich vorgeprägte Aufgabenverständnis [...] [an]“.

[10] *Winfried Kluth*, ZG 2008, S. 292 (297); siehe auch *Jörn Ipsen*, in: Hubert Meyer/Maximilian Wallerath (Hrsg.), Gemeinden und Kreise in der Region, 2004, S. 17 (18 f.); ferner *Hubert Meyer*, NVwZ 2008, S. 275 (275 f.), der auf ein Mindestmaß an typischen, historisch überkommenen Aufgaben rekurriert.

Die Annahme, „bei den Gemeinden [spreche] die Vermutung zunächst gegen einen Eingriff in das Selbstverwaltungsrecht",[11] wurde darüber hinaus folgendem Einwand ausgesetzt: „Landkreise [könnten sich nach dem Bundesverfassungsgericht] unter Berufung auf ihr Selbstverwaltungsrecht praktisch nie gegen einen Aufgabenentzug zur Wehr setzen".[12] „Abgeschnitten [...] [werde] den Landkreisen [...] auch die auf gemeindlicher Ebene zulässige Argumentation, dass sich die Zuweisung neuer Aufgaben auf die so genannte freie Spitze im eigenen Wirkungskreis nachteilig auswirkt."[13] Zwar habe das Bundesverfassungsgericht anerkannt, dass die Zuweisung neuer Aufgaben die Aufgabengarantie der Gemeindeverbände beeinträchtigen könne; gleichwohl gewährleiste Art. 28 Abs. 2 S. 2 GG danach keine freiwilligen Selbstverwaltungsaufgaben, sodass die Voraussetzungen einer entsprechenden Beeinträchtigung im Wege der Zuweisung neuer Aufgaben nicht erfüllt werden könnten.[14] Zusammenfassend wird die Judikatur des Bundesverfassungsgerichts als insgesamt „unterkomplex" beschrieben:

> „Immer dann, wenn der Schutzbereich bzw. Schutzgehalt beeinträchtigt ist, steht auch schon die Verfassungswidrigkeit fest [...]; denn wenn von vornherein nur ein nicht antastbarer ‚Mindestbestand' geschützt ist, markiert dessen Beeinträchtigung automatisch die Rechtsverletzung".[15]

II. Die Aufgabengarantie der Gemeindeverbände nach der prinzipientheoretischen Interpretation des Art. 28 Abs. 2 GG

Die behaupteten Brüche in der Judikatur des Bundesverfassungsgerichts lassen sich zunächst nicht erkennen: Das Bundesverfassungsgericht judizierte schon im Vorfeld seiner Entscheidung zu den Hartz IV-Arbeitsgemeinschaften, dass Art. 28 Abs. 2 S. 2 GG keine verfassungsunmittelbare Aufgabengarantie der Gemeindeverbände enthalte und diese der legislativen Ausgestaltung bedürfe.[16] Nur eine solche Deutung der Aufgabengarantie der Gemeindeverbände wird zudem dem Wortlaut des Art. 28 Abs. 2 S. 2 GG gerecht; weder „der erhebliche Aufwand einer unmittelbaren demokratischen Legitimation"[17] noch die parti-

---

[11] BVerfGE 119, 331 (354).

[12] *Winfried Kluth*, ZG 2008, S. 292 (297).

[13] *Winfried Kluth*, ZG 2008, S. 292 (300); *Friedrich Schoch*, DVBl. 2008, S. 937 (939 f.).

[14] *Friedrich Schoch*, DVBl. 2008, S. 937 (943).

[15] Siehe *Friedrich Schoch*, DVBl. 2008, S. 937 (940, 943), der zudem einen divergierenden Eingriffsbegriff des Bundesverfassungsgerichts kritisiert.

[16] BVerfGE 83, 363 (383); dazu *Matthias Falk*, Die kommunalen Aufgaben unter dem Grundgesetz, 2006, 173.

[17] Siehe *Alexander Schink*, VerwArch 81 (1990), S. 385 (410, 413), der die Entziehung gemeindeverbandlicher Selbstverwaltungsaufgaben von überwiegenden Gemeinwohlgründen abhängig machen will; ferner *Albert von Mutius*, in: Albert von Mutius (Hrsg.), Selbstverwaltung im Staat der Industriegesellschaft, Festgabe zum 70. Geburtstag von Georg Christoph

zipative Funktion kommunaler Selbstverwaltung sind demgegenüber geeignet, eine verfassungsunmittelbare Gewährleistung von Aufgaben der Gemeindeverbände zu begründen.[18] Für die weitere Untersuchung kann daher festgehalten werden: Die Aufgabengarantie der Gemeindeverbände bedarf der legislativen Ausgestaltung nach Maßgabe des Untermaßverbotes.[19] Insoweit stimmt die prinzipientheoretische Interpretation mit den Ausführungen des Bundesverfassungsgerichts überein. Im Folgenden sind nun die verfassungsrechtlichen Grenzen dieser Ausgestaltung zu bestimmen – hinsichtlich dieser Grenzen lassen sich ebenfalls Berührungspunkte zwischen der prinzipientheoretischen Sichtweise und der Judikatur des Bundesverfassungsgerichts erkennen.

B. Verfassungsrechtliche Grenzen einer legislativen Ausgestaltung der Aufgabengarantie der Gemeindeverbände

I. Vorrang der Aufgabengarantie der Gemeinden

Die legislative Ausgestaltung der Aufgabengarantie der Gemeindeverbände[20] darf zunächst nicht zu einer Beeinträchtigung der Aufgabengarantie der Gemeinden führen.[21] Dies folgt aus der hier vertretenen Qualifikation der Aufga-

von Unruh, 1983, S. 227 (247); *Hans-Jürgen Papier*, DVBl. 1984, S. 453 (455); *Hubert Meyer*, NVwZ 2008, S. 275 (276).

[18] Anders *Winfried Kluth*, ZG 2008, S. 292 (301 ff.), der angesichts der Beeinträchtigung der Reichweite und des Umfangs der demokratischen Partizipation auch den Entzug gesetzlich zugewiesener Aufgaben als Eingriff in das Selbstverwaltungsrecht der Landkreise qualifiziert; auch das Bundesverfassungsgericht hat auf den Umstand aufmerksam gemacht, dass jedenfalls die Allzuständigkeit namentlich der Kreise verfassungsrechtlich nicht intendiert sei, siehe BVerfGE 79, 127 (150 f.).

[19] Allgemein dazu S. 142 f.

[20] Dazu *Edzard Schmidt-Jortzig*, DÖV 1984, S. 821 (826); *Joachim Kronisch*, Aufgabenverlagerung und gemeindliche Aufgabengarantie, 1993, S. 56, die mit Blick auf die Geltung der gemeindlichen Aufgabengarantie im Verhältnis zwischen Gemeinden und Gemeindeverbänden auf den Umstand hinweisen, dass die gesetzliche Aufgabenverlagerung „vom Staat selbst komme".

[21] Siehe aber auch *Joachim Kronisch*, Aufgabenverlagerung und gemeindliche Aufgabengarantie, 1993, S. 55 f., 62, der darauf hinweist, dass nach Maßgabe der institutionellen Interpretation zwischen staatlichen und kreislichen Ingerenzen unterschieden werden müsse, und konstatiert, dass die interkommunale Geltung der kommunalen Selbstverwaltungsgarantie nur wenig Berücksichtigung erfahren habe; ferner *Alexander Schink*, in: Edzard Schmidt-Jortzig/Alexander Schink, Subsidiaritätsprinzip und Kommunalordnung, 1982, S. 25 (33, 53 ff.), der zunächst auf den Grundsatz der Ausschließlichkeit von Zuständigkeiten rekurriert, sodann aber auch darauf hinweist, dass institutionelle Garantien allein staatsgerichtet seien, und gleichwohl zu dem Schluss gelangt, Art. 28 Abs. 2 GG enthalte eine verfassungsrechtliche Grundentscheidung; zur These, die verfassungsrechtliche Gewährleistung kommunaler Selbstverwaltung sei lediglich staatsgerichtet, *Friedrich E. Schnapp*, Zuständigkeitsverteilung zwischen Kreis und kreisangehörigen Gemeinden, 1973, S. 34; *Georg Christoph von Unruh*, DVBl. 1975, S. 1 ff.; *ders.*, DVBl. 1980, S. 903 (904); kritisch dazu *Gerd-Jürgen Richter*, Verfas-

bengarantie der Gemeinden als Rechtsregel. Auch das Bundesverfassungsgericht stellt insoweit fest: „[...] [Das] Aufgabenverteilungsprinzip gilt zugunsten kreisangehöriger Gemeinden auch gegenüber den Kreisen."[22] Aus der Perspektive der prinzipientheoretischen Interpretation handelt es sich allerdings eher um eine mittelbare Geltung: Der Gesetzgeber darf bei der legislativen Ausgestaltung der Aufgabengarantie der Gemeindeverbände die gemeindliche Aufgabengarantie nicht beeinträchtigen. Modelle eines „Leistungs- und Verwaltungsverbundes im kreisangehörigen Raum"[23] werden dieser Vorgabe nicht gerecht.[24] Beruht die Aufgabengarantie der Gemeinden auf dem Merkmal der Örtlichkeit, kann dementsprechend die Aufgabengarantie der Gemeindeverbände folglich

---

sungsprobleme der kommunalen Funktionalreform, 1977, S. 152 f.; *Albert von Mutius*, in: Ständige Deputation des Deutschen Juristentages (Hrsg.), Verhandlungen des dreiundfünfzigsten Deutschen Juristentages, Bd. I, 1980, E 31; *Karl Heinrich Friauf/Rudolf Wendt*, Rechtsfragen der Kreisumlage, 1980, S. 40 ff.

[22] BVerfGE 79, 127 (150); zuvor hatte das Bundesverfassungsgericht allerdings festgestellt, dass „die Kreise und die kreisangehörigen Gemeinden im Laufe der geschichtlichen Entwicklung zu einer Gemeinschaft geworden [seien], die nicht nur territorial, sondern auch nach Zweckbestimmung und Funktion aufs engste verbunden und verflochten ist", siehe BVerfGE 23, 353 (368); 58, 177 (196); zum Ganzen *Willi Blümel*, Das verfassungsrechtliche Verhältnis von Gemeinden und Landkreisen, 1979, S. 26 ff.; *ders.*, in: Albert von Mutius (Hrsg.), Selbstverwaltung im Staat der Industriegesellschaft, Festgabe zum 70. Geburtstag von Georg Christoph von Unruh, 1983, S. 265 (278 f.); *ders.*, VerwArch 75 (1984), S. 197 (208 f., 311 f.); *Alexander Schink*, in: Edzard Schmidt-Jortzig/Alexander Schink, Subsidiaritätsprinzip und Kommunalordnung, 1982, S. 25 (53 ff.); *ders.*, VerwArch 81 (1990), S. 385 (408); *Franz-Ludwig Knemeyer*, in: Albert von Mutius (Hrsg.), Selbstverwaltung im Staat der Industriegesellschaft, Festgabe zum 70. Geburtstag von Georg Christoph von Unruh, 1983, S. 209 (220 ff.); *Werner Thieme*, DVBl. 1983, S. 965 (967, 968); *Winfried Brohm*, DVBl. 1984, S. 293 (295 f.); *ders.*, DÖV 1986, S. 397 (399); *Edzard Schmidt-Jortzig*, DÖV 1984, S. 821 (825 f.); *Friedrich Schoch*, VerwArch 81 (1990), S. 18 (28); *Maik Möller*, Subsidiaritätsprinzip und kommunale Selbstverwaltung, 2009, S. 184 ff.; zu abweichenden Begründungsansätzen *Joachim Kronisch*, Aufgabenverlagerung und gemeindliche Aufgabengarantie, 1993, S. 55 f.; anders *Friedrich E. Schnapp*, Zuständigkeitsverteilung zwischen Kreis und kreisangehörigen Gemeinden, 1973, S. 34; zum Ganzen *Georg Christoph von Unruh*, DVBl. 1980, S. 903 ff.

[23] Siehe *Ernst Pappermann*, DÖV 1973, S. 505 (508); *dens.*, VerwArch 65 (1974), S. 163 (172 ff.); *dens.*, DÖV 1975, S. 181 (182 f., 186 f.); *dens.*, DVBl. 1976, S. 766 ff.; ähnlich *Ulrich Scheuner*, AfK 1973, S. 1 (35 ff.); siehe auch *Hans Tiedken*, in: Albert von Mutius (Hrsg.), Selbstverwaltung im Staat der Industriegesellschaft, Festgabe zum 70. Geburtstag von Georg Christoph von Unruh, 1983, S. 341 (344).

[24] *Franz-Ludwig Knemeyer*, DVBl. 1976, S. 380 ff.; *ders.*, in: Albert von Mutius (Hrsg.), Selbstverwaltung im Staat der Industriegesellschaft, Festgabe zum 70. Geburtstag von Georg Christoph von Unruh, 1983, S. 209 (215 ff.); *Willi Blümel*, VVDStRL 36 (1978), S. 171 (238 ff.); *Winfried Brohm*, DVBl. 1984, S. 293 (295 f.); *ders.*, DÖV 1986, S. 397 (399); *Friedrich Schoch*, VerwArch 81 (1990), S. 18 (28); ferner BVerfGE 79, 127 (152) mit dem Hinweis, Art. 28 Abs. 2 GG differenziere nicht zwischen „‚lokal-örtlichen' (Gemeinde-) und ‚regional-örtlichen' (Kreis-)Aufgaben"; siehe aber auch *Werner Thieme*, in: Albert von Mutius (Hrsg.), Selbstverwaltung im Staat der Industriegesellschaft, Festgabe zum 70. Geburtstag von Georg Christoph von Unruh, 1983, S. 1155 (1167 f.).

nur mit Hilfe des komplementären Merkmals der Überörtlichkeit beschrieben werden.[25]

II. Kreisaufgabentypen und Funktionen der Kreise

Neben der Aufgabengarantie der Gemeinde bestehen weitere verfassungsrechtliche Grenzen der legislativen Ausgestaltung der Aufgabengarantie der Gemeindeverbände – Parallelen zwischen der prinzipientheoretischen Konzeption und der Rechtsprechung des Bundesverfassungsgerichts sind insoweit allerdings kaum noch ersichtlich: Nach dem Bundesverfassungsgericht muss der verfassungsrechtlich geforderte Mindestbestand nämlich

> „für sich genommen und im Vergleich zu zugewiesenen staatlichen Aufgaben ein Gewicht haben, das der institutionellen Garantie der Kreise als Selbstverwaltungskörperschaften gerecht wird. Würden ihnen neben einem Schwergewicht an Aufgaben im übertragenen Wirkungskreis nur ganz randständige, in Bedeutung und Umfang nebensächliche Selbstverwaltungsaufgaben des eigenen Wirkungskreises zugewiesen, so wäre die Garantie des Art. 28 Abs. 2 Satz 2 GG durch den Gesetzgeber umgangen und entwertet".[26]

Die Anwendung der Prinzipientheorie erfordert demgegenüber eine Abwägung zwischen den Funktionen kommunaler Selbstverwaltung und konfligierenden Rechtsprinzipien nach Maßgabe des Untermaßverbotes. Der Gesetzgeber ist folglich vor allem an die partizipative Funktion kommunaler Selbstverwaltung gebunden.[27] Aufgaben, die als Gegenstand der Aufgabengarantie der Gemeindeverbände bestimmt werden, müssen daher mit dieser partizipativen Funktion korrespondieren.[28]

---

[25] *Franz-Ludwig Knemeyer*, DVBl. 1984, S. 23 (27); *Alexander Schink*, VerwArch 81 (1990), S. 385 (410); siehe auch *Willi Blümel*, VerwArch 75 (1984), S. 197 (302 ff.); *dens.*, VVDStRL 36 (1978), S. 171 (237 f., 240); *Rolf Grawert*, VVDStRL 36 (1978), S. 277 (280 ff., 286 ff.); *Jochen Hofmann*, Abfallbeseitigung und kommunale Selbstverwaltung, BayVBl. 1984, S. 289 ff.; ferner *Hans-Jürgen Papier*, DVBl. 1984, S. 453 (456), der allerdings kein striktes Subsidiaritätsprinzip anerkennt, sondern ein durch Beurteilungs- und Prognosespielräume relativiertes Übermaßverbot favorisiert; zum Ganzen *Volker Hassel*, VR 1984, S. 145 ff.; *Joachim Kronisch*, Aufgabenverlagerung und gemeindliche Aufgabengarantie, 1993, S. 49 ff.; anders *Edzard Schmidt-Jortzig*, Zur Verfassungsmäßigkeit von Kreisumlagesätzen, 1977, S. 20, 22; *ders.*, in: Edzard Schmidt-Jortzig/Alexander Schink, Subsidiaritätsprinzip und Kommunalordnung, 1982, S. 1 (21 ff.); *ders.*, DÖV 1984, S. 821 (827 f.); siehe auch noch BVerwGE 67, 321 (322 ff.); dazu *Frido Wagener*, in: Frido Wagener (Hrsg.), Kreisfinanzen, 1982, S. 1 (16); *Peter Weides*, NVwZ 1984, S. 155 (157).

[26] BVerfGE 119, 331 (352 ff.).

[27] Ähnlich *Albert von Mutius*, in: Albert von Mutius (Hrsg.), Selbstverwaltung im Staat der Industriegesellschaft, Festgabe zum 70. Geburtstag von Georg Christoph von Unruh, 1983, S. 227 (247); *Alexander Schink*, VerwArch 81 (1990), S. 385 (410).

[28] Siehe auch *Karl Heinrich Friauf/Rudolf Wendt*, Rechtsfragen der Kreisumlage, 1980, S. 8, die konstatieren, dass auch mit Blick auf die gemeindeverbandliche Aufgabengarantie die „Wahrnehmung ortsbezogener, bürgernaher und Bürgerengagement erheischender Aufga-

Gegen jede Art der Maßstabbildung ist nun grundlegend der Einwand erhoben worden, dass

> „[d]as [Grundgesetz] […] es […] im Gegensatz zur Rechtslage bei den Gemeinden offen[lässt], nach welchen Maßstäben der Gesetzgeber diese Selbstverwaltung näher bestimmen will; der Gesetzgeber ist nicht etwa gehalten, die ‚typischen' Züge dieser Art von Selbstverwaltung, die sich in geschichtlicher Entwicklung herausgebildet haben, fortzuführen, er ist auch berechtigt, traditionell gesicherte Bestände an Selbstverwaltung dieser Art abzustreifen, wenn er nur die Selbstverwaltung der Gemeindeverbände in lebendiger Form überhaupt fortführt, und das heißt zugleich, wenn er ihnen ein ausreichendes Maß an Selbstverwaltung belässt oder neu zuweist."[29]

Daran ist richtig, dass Art. 28 Abs. 2 S. 2 GG keinen bestimmten Inhalt der Aufgabengarantie der Gemeindeverbände verfassungsrechtlich gewährleistet.[30] Gemeindeverbände können angesichts der Ausgestaltungsbedürftigkeit ihrer Aufgabengarantie „gegen einen gesetzlichen Aufgabenentzug [etwa] zugunsten der kreisangehörigen Gemeinden [nicht] in gleicher Weise wie diese Gemeinden (im umgekehrten Fall)" die verfassungsrechtliche Gewährleistung des Art. 28 Abs. 2 S. 2 GG aktivieren.[31] Auf eine Bestimmung der verfassungsrechtlichen

---

ben" im Vordergrund stehe, und des Weiteren auf das Bundesverfassungsgericht (BVerfGE 6, 19 [23]) rekurrieren, das einen dem Herkommen entsprechenden angemessenen Wirkungskreis verlangt.

[29] *Peter Lerche*, DÖV 1969, S. 46 (49); ähnlich *Ute Lusche*, Die Selbstverwaltungsaufgaben der Landkreise, 1998, S. 100 ff., die dem Grundgesetz detaillierte Vorgaben hinsichtlich Aufgabentypus, Inhalt und Qualität von Selbstverwaltungsaufgaben der Gemeindeverbände nicht abgewinnen will; siehe auch *Frido Wagener*, in: Frido Wagener (Hrsg.), Kreisfinanzen, 1982, S. 1 (23 f.), der auf eine „letztlich nur politisch zu […] [begründende] Wertungs- und Zweckmäßigkeitsfrage" hinweist; in diese Richtung auch *Klaus Stern*, in: Verein für die Geschichte der Deutschen Landkreise e. V. (Hrsg.), Der Kreis, Bd. I, 1972, S. 156 (175); kritisch *Willi Blümel*, Das verfassungsrechtliche Verhältnis von Gemeinden und Landkreisen, 1979, S. 28 f.; ferner *Alexander Schink*, in: Edzard Schmidt-Jortzig/Alexander Schink, Subsidiaritätsprinzip und Kommunalordnung, 1982, S. 25 (66 f.), der einen dem Herkommen entsprechenden Wirkungskreis annimmt und eine historische Betrachtungsweise sowie die Zwecksetzung der Gemeindeverbände, überörtliche Aufgaben zu erfüllen, zur Begründung anführt.

[30] Nochmals BVerfGE 119, 331 (352 ff.); ferner *Hans-Günter Henneke*, Aufgabenzuständigkeit im kreisangehörigen Raum, 1992, S. 35, der namentlich den Kreisen die Aufgabentrias der übergemeindlichen, ergänzenden und ausgleichenden Kreisaufgaben von Verfassungs wegen zuspricht, ohne dem Grundgesetz detaillierte Vorgaben hinsichtlich Inhalt und Ausmaß der Aufgabentypen abzugewinnen; ähnlich *Friedrich Schoch*, in: Hans-Günter Henneke/Hartmut Maurer/Friedrich Schoch, Die Kreise im Bundesstaat, 1994, S. 9 (29, 30 ff.), der von Verfassungs wegen nur eine Ergänzungs- und Ausgleichsfunktion im Grundgesetz verankert sieht; ferner *Martin Beckmann*, DVBl. 1990, S. 1193 (1196 f.); *Edzard Schmidt-Jortzig*, DÖV 1993, S. 973 (982).

[31] *Willi Blümel*, VerwArch 75 (1984), S. 197 (319 f.); anders *Alexander Schink*, in: Edzard Schmidt-Jortzig/Alexander Schink, Subsidiaritätsprinzip und Kommunalordnung, 1982, S. 25 (69 f.); mit Blick auf das Verhältnis von interkommunaler Gemeinschaftsarbeit und gemeindeverbandlicher Aufgabengarantie *ders.*, DVBl. 1983, S. 1165 (1172); *Edzard Schmidt-Jortzig*, in: Albert von Mutius (Hrsg.), Selbstverwaltung im Staat der Industriegesellschaft, Festgabe zum 70. Geburtstag von Georg Christoph von Unruh, 1983, S. 525 (533 ff.); *Werner Schroeder*, Die Verwaltung 34 (2001), S. 205 (231); allgemein *Albert von Mu-*

Grenzen der legislativen Ausgestaltung kann dennoch nicht verzichtet werden: Anderenfalls würde die Unterscheidung von eigenem und übertragenem Wirkungskreis für Gemeindeverbände aufgehoben.

Vor diesem Hintergrund soll nachfolgend die prinzipientheoretische Maßstabbildung am Beispiel des eigenen Wirkungskreises der Kreise näher betrachtet werden. Ganz allgemein werden den Kreisen diejenigen Aufgaben zuerkannt, die „auf der gemeindlichen Ebene überhaupt nicht oder nicht sachgerecht wahrgenommen werden können und damit den Angelegenheiten der örtlichen Gemeinschaft nicht zuzurechnen sind".[32] Kreisaufgaben sind danach „diejenigen Aufgaben [...], die über das Gebiet oder über die Leistungsfähigkeit der kreisangehörigen Gemeinden hinausgehen".[33] Unterschieden werden insoweit übergemeindliche, ergänzende sowie ausgleichende Aufgaben.[34]

1. Übergemeindliche Aufgaben

Übergemeindliche Aufgaben nehmen auf das Hoheitsgebiet der Kreise sowie die gemeinsamen Bedürfnisse der Einwohner Bezug.[35] Damit ist grundsätzlich

---

tius, in: Albert von Mutius (Hrsg.), Selbstverwaltung im Staat der Industriegesellschaft, Festgabe zum 70. Geburtstag von Georg Christoph von Unruh, 1983, S. 227 (256 f.); *Wolfgang Loschelder*, in: Albert von Mutius (Hrsg.), Selbstverwaltung im Staat der Industriegesellschaft, Festgabe zum 70. Geburtstag von Georg Christoph von Unruh, 1983, S. 381 (400 ff.); *Christoph Brüning*, VBlBW 2011, S. 46 (47); schließlich aber auch *Dirk Ehlers*, DVBl. 1997, S. 225 (228).

[32] *Alexander Schink*, VerwArch 81 (1990), S. 385 (412); ferner *Albert von Mutius*, in: Albert von Mutius (Hrsg.), Selbstverwaltung im Staat der Industriegesellschaft, Festgabe zum 70. Geburtstag von Georg Christoph von Unruh, 1983, S. 227 (248); kritisch *Friedrich Schoch*, VerwArch 81 (1990), S. 18 (43 f., 47).

[33] *Frido Wagener*, in: Frido Wagener (Hrsg.), Kreisfinanzen, 1982, S. 1 (18); siehe auch *Karl Heinrich Friauf/Rudolf Wendt*, Rechtsfragen der Kreisumlage, 1980, S. 26.

[34] Grundlegend *Frido Wagener*, Die Städte im Landkreis, 1955, S. 230 ff.; *ders.*, in: Frido Wagener (Hrsg.), Kreisfinanzen, 1982, S. 1 (18 ff.); dazu aber auch *Thorsten Ingo Schmidt*, DÖV 2013, S. 509 ff.; siehe zur Ergänzungs- und Ausgleichsfunktion der Kreise ferner BVerfGE 23, 353 (368); 58, 177 (196); 79, 127 (152); zum Ganzen *Friedrich E. Schnapp*, Zuständigkeitsverteilung zwischen Kreis und kreisangehörigen Gemeinden, 1973, S. 7 ff.; *Willi Blümel*, VVDStRL 36 (1978), S. 171 (237 f., 241 ff.); *ders.*, Das verfassungsrechtliche Verhältnis von Gemeinden und Landkreisen, 1979, S. 27 f.; *ders.*, VerwArch 75 (1984), S. 197 (305 f.); *Karl Heinrich Friauf/Rudolf Wendt*, Rechtsfragen der Kreisumlage, 1980, S. 26 ff.; *Hans-Günter Henneke*, Aufgabenzuständigkeit im kreisangehörigen Raum, 1992, S. 29 ff.; siehe aber auch *Alexander Schink*, in: Edzard Schmidt-Jortzig/Alexander Schink, Subsidiaritätsprinzip und Kommunalordnung, 1982, S. 25 (35 ff.); *dens.*, DVBl. 1983, S. 1165 (1171); *dens.*, VerwArch 81 (1990), S. 385 (410 f.); differenzierend *Werner Hoppe*, Die Begriffe Gebietskörperschaft und Gemeindeverband und der Rechtscharakter der nordrhein-westfälischen Landschaftsverbände, 1958, S. 53 ff.; *Georg Christoph von Unruh*, Der Kreis, 1964, S. 246 ff.; *Matthias Falk*, Die kommunalen Aufgaben unter dem Grundgesetz, 2006, S. 179 ff.; kritisch *Ute Lusche*, Die Selbstverwaltungsaufgaben der Landkreise, 1998, S. 84 ff.

[35] Dazu *Friedrich E. Schnapp*, Zuständigkeitsverteilung zwischen Kreis und kreisangehörigen Gemeinden, 1973, S. 7; ferner *Matthias Falk*, Die kommunalen Aufgaben unter dem

ein Aspekt angesprochen, der vor allem der partizipativen Funktion kommunaler Selbstverwaltung Rechnung trägt.[36] Auch macht die Bezugnahme auf gemeinsame Bedürfnisse der Einwohner deutlich,[37] dass Gemeindeverbände „Gebietskörperschaften mit unmittelbarer ‚Mitgliedschaft' der ansässigen wahlberechtigten Bürger" sind.[38] Die Beschränkung auf übergemeindliche Aufgaben wahrt ferner den Vorrang der Aufgabengarantie der Gemeinden. Betroffen sind lediglich Aufgaben, die

> „wegen ihres die Kommunalgrenzen überschreitenden Charakters von einer kreisangehörigen Gemeinde – ungeachtet ihrer Finanz- und Verwaltungskraft – auch nicht theoretisch wahrgenommen werden [...] [können]".[39]

Grundgesetz, 2006, S. 174, 176, 179, 195, der auf Aufgaben Bezug nimmt, die „den im Kreis lebenden Personen aufgrund ihres Zusammenlebens im Kreisgebiet gemeinsam sind", gleichwohl namentlich den Kreisen aufgrund ihrer bundkörperschaftlichen Struktur aber auch die Angelegenheiten der Gemeinschaft der kreisangehörigen Gemeinden als eigene Aufgaben zuerkennt und feststellt, dass die „Ziele dieser Aufgaben sich nicht aus den unmittelbaren Interessen der Kreiseinwohner ableiten [lassen]", schließlich allerdings konzediert, dass entsprechende Aufgaben wohl nur „im Bereich der Existenzaufgaben" anzutreffen sind; ähnlich *Friedrich Schoch*, DVBl. 1995, S. 1047 (1049), der auf die gemeinsamen Bedürfnisse der Einwohner der Landkreise rekurriert; siehe aber auch *dens.*, in: Hans-Günter Henneke/Hartmut Maurer/Friedrich Schoch, Die Kreise im Bundesstaat, 1994, S. 9 (29f.); überdies *Alexander Schink*, in: Edzard Schmidt-Jortzig/Alexander Schink, Subsidiaritätsprinzip und Kommunalordnung, 1982, S. 25 (76), der auf den Umstand hinweist, dass Gemeinden und Gemeindeverbände zur Wahrnehmung eigener Angelegenheiten berufen seien; dazu auch *Hans-Günter Henneke*, in: Hans-Günter Henneke/Hermann Pünder/Christian Waldhoff (Hrsg.), Recht der Kommunalfinanzen, 2006, § 14, Rn. 47ff., der auf kreisintegrale Aufgaben rekurriert; zum Ganzen *Georg Christoph von Unruh*, DVBl. 1973, S. 1 (7); kritisch zur Kategorie der kreisörtlichen Aufgaben *Edzard Schmidt-Jortzig*, DÖV 1993, S. 973 (982); ablehnend gegenüber einem Kreisbewusstsein *Willi Blümel*, VVDStRL 36 (1978), S. 171 (218f.); *Albert von Mutius*, in: Ständige Deputation des Deutschen Juristentages (Hrsg.), Verhandlungen des dreiundfünfzigsten Deutschen Juristentages, Bd. I, 1980, E 209; ferner *Ute Lusche*, Die Selbstverwaltungsaufgaben der Landkreise, 1998, S. 84, die allein den in der Judikatur des Bundesverfassungsgerichts zur Definition der Gebietskörperschaften herangezogenen Zusammenhang von „Personen, Fläche und Gewalt" als maßgeblich erachtet; anders aber etwa *Georg Christoph von Unruh*, in: Verein für die Geschichte der Deutschen Landkreise e. V. (Hrsg.), Der Kreis, Bd. I, 1972, S. 11 (42); *Eberhard Schmidt-Aßmann*, DVBl. 1996, S. 533 (538); inhaltlich werden oftmals soziale Aufgaben in Bezug genommen, siehe *Gernot Schlebusch*, in: Hans-Günter Henneke (Hrsg.), Künftige Funktionen und Aufgaben der Kreise im sozialen Bundesstaat, 2004, S. 187ff.

[36] Dazu auch *Friedrich Schoch*, VerwArch 81 (1990), S. 18 (36f.), der ausgehend von der institutionellen Interpretation konstatiert, dass „allein die Erledigung der überörtlichen Aufgaben durch die Kreise der Diskussion entzogen ist"; ähnlich BVerfGE 79, 127 (152); ferner *Hans-Günter Henneke*, Aufgabenzuständigkeit im kreisangehörigen Raum, 1992, S. 42ff.; *Dirk Ehlers*, DVBl. 1997, S. 225 (225).

[37] Ähnlich *Alexander Schink*, in: Edzard Schmidt-Jortzig/Alexander Schink, Subsidiaritätsprinzip und Kommunalordnung, 1982, S. 25 (67).

[38] *Georg Christoph von Unruh*, Der Kreis, 1965, S. 232ff.; *ders.*, in: Verein für die Geschichte der Deutschen Landkreise e. V. (Hrsg.), Der Kreis, Bd. I, 1972, S. 11ff.

[39] *Friedrich E. Schnapp*, Zuständigkeitsverteilung zwischen Kreis und kreisangehörigen Gemeinden, 1973, S. 8; siehe auch *Karl Heinrich Friauf/Rudolf Wendt*, Rechtsfragen der

Schließlich widerspricht die Zuordnung übergemeindlicher Aufgaben zur Aufgabengarantie der Gemeindeverbände nach prinzipientheoretischer Lesart auch nicht der gemeindlichen Kooperationshoheit: Angesichts der Ausgestaltungsbedürftigkeit befähigt diese die Gemeinden nicht verfassungsunmittelbar zur Wahrnehmung überörtlicher Aufgaben.[40]

2. *Ergänzende Aufgaben*

Mit dem Begriff der ergänzenden Aufgaben werden diejenigen Aufgaben beschrieben, die die Leistungsfähigkeit kreisangehöriger Gemeinden übersteigen[41] und folglich von

> „einzelnen kreisangehörigen Gemeinden nicht […] wahrgenommen werden können oder deren Wahrnehmung durch eine kreisangehörige Gemeinde aus Gründen rationeller Erledigung ungeeignet ist".[42]

Kreisumlage, 1980, S. 26f., die allerdings aus der Perspektive der institutionellen Interpretation die Existenzaufgaben der Gemeindeverbände zur Konkretisierung der überörtlichen Aufgaben heranziehen; dazu auch *Manfred Woite*, Die Kompetenzaufteilung im Landkreis und Amt, 1963, S. 86f.; *Matthias Falk*, Die kommunalen Aufgaben unter dem Grundgesetz, 2006, S. 179; zum Ganzen *Alexander Schink*, in: Edzard Schmidt-Jortzig/Alexander Schink, Subsidiaritätsprinzip und Kommunalordnung, 1982, S. 25 (34, 35ff.), der allerdings auf Aufgaben rekurriert, „die wegen ihrer flächenhaften Natur eine Erledigung durch den Kreis bedingen oder deren Erfüllung durch die gemeindliche Handlungsebene ‚technisch sinnlos' und damit absolut unangemessen wäre"; ähnlich *Karl-Theodor Simon*, Die Kompetenz, 1963, S. 43ff.; kritisch dazu *Friedrich E. Schnapp*, a.a.O., S. 8.

[40] Dazu schon S. 390f.; zum vermeintlichen Vorrang der interkommunalen Kooperation vor dem Aufgabenzugriff der Kreise aber *Rolf Grawert*, DVBl. 1971, S. 484 (485); kritisch *Friedrich E. Schnapp*, Zuständigkeitsverteilung zwischen Kreis und kreisangehörigen Gemeinden, 1973, S. 8f., 31ff.; *Ulrich Scheuner*, AfK 1973, S. 1 (18); *Karl Heinrich Friauf/Rudolf Wendt*, Rechtsfragen der Kreisumlage, 1980, S. 32f.; zum Ganzen auch *Janbernd Oebbecke*, Zweckverbandsbildung und Selbstverwaltungsgarantie, 1982, S. 67ff.; *Alexander Schink*, in: Edzard Schmidt-Jortzig/Alexander Schink, Subsidiaritätsprinzip und Kommunalordnung, 1982, S. 25 (96ff.); *Ute Lusche*, Die Selbstverwaltungsaufgaben der Landkreise, 1998, S. 90ff.; *Wolfgang Loschelder*, in: Albert von Mutius (Hrsg.), Selbstverwaltung im Staat der Industriegesellschaft, Festgabe zum 70. Geburtstag von Georg Christoph von Unruh, 1983, S. 381 (400f.).

[41] Siehe dazu BVerwG, NVwZ 1996, S. 1222 (1222f.): „[D]er Landesgesetzgeber [ist] durch die verfassungsrechtliche Garantie der gemeindlichen Selbstverwaltung nicht gehindert […], den Kreisen mittels einer an die mangelnde Leistungsfähigkeit der kreisangehörigen Gemeinden anknüpfenden Generalklausel Aufgaben zuzuweisen, die herkömmlich mit dem Begriff ‚Ergänzungs- und Ausgleichsaufgaben' umschrieben werden"; siehe auch BVerwG, NVwZ 1998, S. 63 (63); ferner *Alexander Schink*, in: Edzard Schmidt-Jortzig/Alexander Schink, Subsidiaritätsprinzip und Kommunalordnung, 1982, S. 25 (38ff.); *Friedrich E. Schnapp*, Zuständigkeitsverteilung zwischen Kreis und kreisangehörigen Gemeinden, 1973, S. 9; *Eberhard Schmidt-Aßmann*, DVBl. 1996, S. 533 (535); *Ute Lusche*, Die Selbstverwaltungsaufgaben der Landkreise, 1998, S. 130ff.

[42] *Friedrich E. Schnapp*, Zuständigkeitsverteilung zwischen Kreis und kreisangehörigen Gemeinden, 1973, S. 9; siehe auch *Heinrich Siedentopf*, DVBl. 1975, S. 13 (19); *Karl Heinrich Friauf/Rudolf Wendt*, Rechtsfragen der Kreisumlage, 1980, S. 28.

Die Zuordnung solcher Aufgaben zum eigenen Wirkungskreis der Gemeindeverbände droht zunächst der Aufgabengarantie der Gemeinden zu widersprechen: Die bisherige Untersuchung hat ergeben, dass sich diese Aufgabengarantie zwar nicht auf solche Aufgaben erstreckt, die die Leistungsfähigkeit der Gemeinden übersteigen – die Leistungsfähigkeit kann aber gerade nicht anhand der Finanzausstattung der Gemeinden bemessen werden.[43]

Nehmen ergänzende Aufgaben nun aber gerade auf die fehlende finanzielle Leistungsfähigkeit der Gemeinden Bezug,[44] lässt sich dies mit deren Aufgabengarantie nicht in Einklang bringen.[45] Ergänzende Aufgaben können allenfalls dem eigenen Wirkungskreis der Kreise zugeordnet werden, wenn die kommunale Finanzausstattung nicht als Abgrenzungskriterium herangezogen wird.[46]

---

[43] Zum Merkmal der Leistungsfähigkeit S. 470f.

[44] BVerwG, NVwZ 1996, S. 1222 (1223); siehe auch BVerwG, NVwZ 1998, S. 63 (64); ferner *Friedrich E. Schnapp*, Zuständigkeitsverteilung zwischen Kreis und kreisangehörigen Gemeinden, 1973, S. 9.

[45] Anders BVerwG, NVwZ 1996, S. 1222 (1223): „Da die Ergänzungs- und Ausgleichsaufgaben dem Kreis keine vollen, sondern nur subsidiäre Kompetenzen nach Maßgabe der Leistungsfähigkeit der Gemeinden eröffnen und die zu regelnden Angelegenheiten grundsätzlich in der Zuständigkeit der Gemeinden belassen, wird durch die Zuweisung dieser Aufgaben der verfassungsrechtliche Zuständigkeitsvorrang der Gemeinden in den Angelegenheiten der örtlichen Gemeinschaft nicht mißachtet, sondern im Gegenteil in seiner grundsätzlichen Geltung bestätigt. Soweit die Zuweisung den Übergang bislang gemeindlicher Kompetenzen auf den Kreis ermöglicht, wird sie durch die historisch gewachsene Arbeitsteilung zwischen dem Kreis und den kreisangehörigen Gemeinden gerechtfertigt."; siehe auch BVerwG, NVwZ 1998, S. 63ff.; dazu aber auch *Hans-Günter Henneke*, NVwZ 1996, S. 1181f. mit dem Hinweis, dass die fehlende Leistungsfähigkeit nicht zur Entörtlichung der Angelegenheiten der örtlichen Gemeinschaft führe, die Wahrnehmung ergänzender Aufgaben namentlich durch Kreise angesichts der fehlenden Leistungsfähigkeit aber gleichwohl gerechtfertigt werden könne; ferner *ders.*, Aufgabenzuständigkeit im kreisangehörigen Raum, 1992, S. 48, der feststellt, dass „[es] [d]em Land [...] nicht gestattet [sei], sich seiner Pflicht zu einem aufgabengerechten kommunalen Finanzausgleich zu entziehen, indem es die Kreise berechtigt und/oder verpflichtet, anstelle aller oder einzelner kreisangehöriger Gemeinden diesen vom Gesetzgeber zur pflichtigen Erledigung zugewiesene Aufgaben mangels hinreichender Finanzkraft der Gemeinden selbst als Ergänzungsaufgabe zu erfüllen oder als Ausgleichsaufgabe die Erfüllung in einzelnen Gemeinden zu finanzieren."; *Dirk Ehlers*, DVBl. 1997, S. 225 (226); kritisch *Franz-Ludwig Knemeyer*, NVwZ 1996, S. 29 (30f.), der die Zuweisung von ergänzenden Aufgaben und Ausgleichsaufgaben zum eigenen Wirkungskreis der Gemeindeverbände als Beeinträchtigung der gemeindlichen Aufgabengarantie qualifiziert; ähnlich *Martin Beckmann*, DVBl. 1990, S. 1193 (1196f.); *Kyrill-A. Schwarz*, NVwZ 1996, S. 1182 (1185); zum Ganzen auch *Raimund Wimmer*, Administrative und finanzielle Unterstützung kreisangehöriger Gemeinden und Verbandsgemeinden durch die Landkreise, 1990, S. 20ff.; *ders.*, NVwZ 1998, S. 28ff.; *Friedel Erlenkämper*, NVwZ 1995, S. 649 (653); ferner *Friedrich Schoch*, Die aufsichtsbehördliche Genehmigung der Kreisumlage, 1995, S. 52, der einen Vorrang der gemeindlichen Aufgabengarantie betont; ausführlich *Matthias Falk*, Die kommunalen Aufgaben unter dem Grundgesetz, 2006, S. 182ff., der zwischen der substituierenden und kooperierenden Wahrnehmung von Ergänzungsaufgaben differenziert und die Zugriffsmöglichkeit der Kreise auf Angelegenheiten der örtlichen Gemeinschaft kritisiert.

[46] Siehe dazu S. 470f.; anders *Karl Heinrich Friauf/Rudolf Wendt*, Rechtsfragen der Kreisumlage, 1980, S. 28, die Aufgaben in den Blick nehmen, deren „isolierte Wahrnehmung im

Bezugnahmen auf die Leistungsfähigkeit der Gemeinden abseits der finanziellen Leistungsfähigkeit berühren die Aufgabengarantie der Gemeinden nämlich nicht.[47] Des Weiteren kommt als Ergänzungsaufgabe auch die „Befugnis zur begrenzten Hilfestellung" in Betracht,[48] sofern sowohl örtliche als auch über-

---

Verwaltungsraum nur einer kreisangehörigen Gemeinde technisch sinnlos oder höchst unzweckmäßig wäre", und ausdrücklich auf die finanzielle Leistungsfähigkeit der kreisangehörigen Gemeinden Bezug nehmen; ferner *Hans-Günter Henneke*, in: Hans-Günter Henneke/Hermann Pünder/Christian Waldhoff (Hrsg.), Recht der Kommunalfinanzen, 2006, § 14, Rn. 77, der auf die Finanz- und Verwaltungskraft der Gemeinden abstellt.

[47] Dazu aus der Perspektive der institutionellen Interpretation *Alexander Schink*, in: Edzard Schmidt-Jortzig/Alexander Schink, Subsidiaritätsprinzip und Kommunalordnung, 1982, S. 25 (39), der feststellt, dass „es [...] [ergänzende] Kreisaufgaben a prioiri nicht gibt"; ferner *Friedrich E. Schnapp*, Zuständigkeitsverteilung zwischen Kreis und kreisangehörigen Gemeinden, 1973, S. 9, der konstatiert: „Wenn jede kreisangehörige Gemeinde eine ausreichende Leistungsfähigkeit besitzt, um alle (freiwilligen Selbst-)Verwaltungsaufgaben in wünschenswerter Weise zu erfüllen, d. h., wenn auf mangelnde Finanzkraft, technische Unwirtschaftlichkeit, personelle Unzulänglichkeit oder zu geringe Einwohnerzahl und damit Verwaltungsfrequenz keinerlei Rücksicht genommen zu werden braucht, dann hat der Landkreis keine ergänzende Aufgabe mehr zu erfüllen"; ähnlich *Hans-Günter Henneke*, Aufgabenzuständigkeit im kreisangehörigen Raum, 1992, S. 44, 51 ff., der Gemeindeaufgaben als ergänzende Kreisaufgaben qualifiziert, die die Leistungsfähigkeit einzelner Gemeinden unabhängig von der jeweiligen Finanzausstattung übersteigen; anders wohl *Karl Heinrich Friauf/Rudolf Wendt*, Rechtsfragen der Kreisumlage, 1980, S. 29, die auch solche Aufgaben den ergänzenden Aufgaben zuordnen, die „in einer oder mehreren Gemeinden zugleich als örtliche Aufgabe erledigt [...] [werden können]", gleichwohl aber namentlich von den Kreisen auch zusammengefasst und durchgeführt werden, „wenn dadurch eine Gemeinde in ihrem Selbstverwaltungsbereich berührt wird und eine konkurrierende Tätigkeit des Kreises auf ihrem Gebiet hinnehmen muß"; ähnlich *Matthias Falk*, Die kommunalen Aufgaben unter dem Grundgesetz, 2006, S. 180 f., der auf eine legislative Typisierungsbefugnis Bezug nimmt – dazu aber auch BVerwG, NVwZ 1996, S. 1222 (1224), ferner *Friedrich Schoch*, DVBl. 1995, S. 1047 (1050 f.), der eine generalklauselartige Aufgabenzuweisung, die eine flexible Betrachtung einzelner kreisangehöriger Gemeinden ermöglicht, für zulässig erachtet; siehe aber auch *dens.*, in: Hans-Günter Henneke/Hartmut Maurer/Friedrich Schoch, Die Kreise im Bundesstaat, 1994, S. 9 (26 f.); ferner *Roman Schnur*, Die Verwaltung 19 (1986), S. 39 (59 ff.); schließlich auch *Dirk Ehlers*, DVBl. 1997, S. 225 (227); *Hans-Günter Henneke*, in: Hans-Günter Henneke/Hermann Pünder/Christian Waldhoff (Hrsg.), Recht der Kommunalfinanzen, 2006, § 14, Rn. 64 ff.; kritisch *Raimund Wimmer*, NVwZ 1998, S. 28 (29 f.); siehe auch BVerfGE 23, 353 (369) mit dem allgemeinen Hinweis auf häufige Überschneidungen der Aufgaben von Kreisen und Gemeinden; kritisch *Alexander Schink*, a.a.O., S. 25 (40, 85 ff.), der zwar eine überlappende Aufgabenerfüllung durch Gemeinden und Kreise feststellt, allerdings ein Prioritätsprinzip sowie die Möglichkeit konkurrierender Doppelzuständigkeiten von Gemeinden und Kreisen anerkennt; kooperative Ergänzungsaufgaben – dazu auch *Matthias Falk*, a. a. O., S. 183 ff. – widersprächen der Aufgabengarantie der Gemeinden ebenfalls nicht, könnten Aufgaben doch zugleich örtliche und überörtliche Belange betreffen; zu übergemeindlichen Aufgaben sowie Ergänzungs- und Ausgleichsaufgaben mit Blick auf die Judikatur des Bundesverfassungsgerichts, die die Leistungsfähigkeit als Abgrenzungsmerkmal ablehnt, *Martin Beckmann*, DVBl. 1990, S. 1193 ff.; *Ute Lusche*, Die Selbstverwaltungsaufgaben der Landkreise, 1998, S. 123 ff.

[48] *Hans-Günter Henneke*, in: Hans-Günter Henneke/Hermann Pünder/Christian Waldhoff (Hrsg.), Recht der Kommunalfinanzen, 2006, § 14, Rn. 77.

örtliche Bezüge der jeweiligen Aufgabe gegeben sind.[49] Demgegenüber können Aufgaben, auf deren Wahrnehmung die Gemeinden lediglich verzichten, nicht zu den ergänzenden Aufgaben gezählt werden.[50]

Schließlich ist auch mit Blick auf ergänzende Aufgaben nicht nur die Aufgabengarantie der Gemeinden, sondern auch die partizipative Funktion kommunaler Selbstverwaltung zu beachten.[51] Danach können den Kreisen nur solche Aufgaben zugewiesen werden, die Bezüge zu den gemeinsamen Bedürfnissen ihrer Einwohner erkennen lassen. Dass Ergänzungsaufgaben (und auch Ausgleichsaufgaben) vom Kreis zu dem Zweck wahrgenommen werden, die Einwohner im Kreisgebiet gleichmäßig zu versorgen und zu betreuen,[52] reicht diesbezüglich nicht aus.

3. *Ausgleichsaufgaben*

Ausgleichsaufgaben werden schließlich als „jene zusätzlichen Agenden [bezeichnet], die ausdrücklich auf die Herbeiführung eines ausgleichenden, lastenverteilenden Effekts gerichtet sind".[53] Sie betreffen finanzielle Zuwendungen, die Beratung kreisangehöriger Gemeinden sowie deren organisatorische Unterstützung, um eine eigenverantwortliche Regelung von Angelegenheiten der örtlichen Gemeinschaft zu ermöglichen.[54]

a) Finanzielle Zuwendungen

Problemabschichtend kann zunächst festgestellt werden, dass derartige Ausgleichsaufgaben die Aufgabengarantie der Gemeinden grundsätzlich unberührt

---

[49] Zur „Kompetenz-Kompetenz" namentlich der Kreise *Friedrich Schoch*, in: Hans-Günter Henneke/Hartmut Maurer/Friedrich Schoch, Die Kreise im Bundesstaat, 1994, S. 9 (31 f.).

[50] Dazu aber *Alexander Schink*, in: Edzard Schmidt-Jortzig/Alexander Schink, Subsidiaritätsprinzip und Kommunalordnung, 1982, S. 25 (84 f.).

[51] Ähnlich *Dirk Ehlers*, DVBl. 1997, S. 225 (227), der zumindest ein Tätigwerden gegen den Willen der kreisangehörigen Gemeinden als aufgedrängte Subventionierung qualifiziert, die die gemeindliche Aufgabengarantie tangiert.

[52] BVerwG, NVwZ 1996, S. 1222 (1223); BVerwG, NVwZ 1998, S. 63 (64); ferner *Hans-Günter Henneke*, Aufgabenzuständigkeit im kreisangehörigen Raum, 1992, S. 63; *ders.*, DVBl. 1993, S. 900 (901); *ders.*, in: Hans-Günter Henneke/Hermann Pünder/Christian Waldhoff (Hrsg.), Recht der Kommunalfinanzen, 2006, § 14, Rn. 56; *Ute Lusche*, Die Selbstverwaltungsaufgaben der Landkreise, 1998, S. 152; *Maik Möller*, Subsidiaritätsprinzip und kommunale Selbstverwaltung, 2009, S. 188.

[53] *Friedrich E. Schnapp*, Zuständigkeitsverteilung zwischen Kreis und kreisangehörigen Gemeinden, 1973, S. 11; ferner *Alexander Schink*, in: Edzard Schmidt-Jortzig/Alexander Schink, Subsidiaritätsprinzip und Kommunalordnung, 1982, S. 25 (41 ff.); *Matthias Falk*, Die kommunalen Aufgaben unter dem Grundgesetz, 2006, S. 192 ff.

[54] *Friedrich E. Schnapp*, Zuständigkeitsverteilung zwischen Kreis und kreisangehörigen Gemeinden, 1973, S. 11; ferner *Heinz Gottfried Nawratil*, Der Ausgleich zwischen den Gemeinden als Aufgabe der Landkreise, 1964, S. 165 ff.; *Karl Heinrich Friauf/Rudolf Wendt*, Rechtsfragen der Kreisumlage, 1980, S. 34.

lassen.[55] Die legislative Ausgestaltung der Aufgabengarantie der Gemeindeverbände, die finanzielle Zuwendungen gegenüber den Gemeinden legitimiert,[56] stößt folglich nicht schon auf grundsätzliche Bedenken.[57]

aa) Kreisumlage

Eine andere Betrachtung ist aber möglicherweise dann angezeigt, wenn solche Ausgleichsaufgaben im Wege der Kreisumlage finanziert werden.[58] Die konkrete Ausgestaltung der Kreisumlage, die ihrerseits in Art. 106 Abs. 6 S. 6 GG eine verfassungsrechtliche Basis gefunden hat,[59] muss sich nach prinzipientheoretischer Lesart nämlich in dem Rahmen bewegen, der durch die verfassungsrechtlichen Vorgaben zur Ausgestaltung insbesondere der gemeindlichen Finanzausstattung abgesteckt wird.[60] Selbst nach institutioneller Interpretation wird die Kreisumlage an die Bedingung geknüpft, dass „der Kreis bei der Aufgabenbe-

---

[55] BVerwG, NVwZ 1996, S. 1222 (1223); BVerwG, NVwZ 1998, S. 63 (65); siehe auch *Franz-Ludwig Knemeyer*, NVwZ 1996, S. 29 (31); *Ute Lusche*, Die Selbstverwaltungsaufgaben der Landkreise, 1998, S. 153.

[56] Eingehend *Hans-Günter Henneke*, in: Hans-Günter Henneke/Hermann Pünder/Christian Waldhoff (Hrsg.), Recht der Kommunalfinanzen, 2006, § 14, Rn. 82 ff.; siehe aber auch *Alexander Schink*, in: Edzard Schmidt-Jortzig/Alexander Schink, Subsidiaritätsprinzip und Kommunalordnung, 1982, S. 25 (42 ff.); ferner *Hans-Günter Henneke*, DVBl. 1993, S. 900 (902); *Ute Lusche*, Die Selbstverwaltungsaufgaben der Landkreise, 1998, S. 154.

[57] BVerfG, NVwZ 1996, S. 1222 (1224); BVerwG, NVwZ 1998, S. 63 (65); dazu aber auch *Friedrich Schoch*, in: Hans-Günter Henneke/Hartmut Maurer/Friedrich Schoch, Die Kreise im Bundesstaat, 1994, S. 9 (17); *Raimund Wimmer*, NVwZ 1998, S. 28 (30); ferner *Hans-Günter Henneke*, Aufgabenzuständigkeit im kreisangehörigen Raum, 1992, S. 55 ff.; *Ute Lusche*, Die Selbstverwaltungsaufgaben der Landkreise, 1998, S. 184 ff.

[58] Siehe dazu *Hans-Günter Henneke*, Aufgabenzuständigkeit im kreisangehörigen Raum, 1992, S. 65 ff.; *Edzard Schmidt-Jortzig/Utz Schliesky*, AfK 1994, S. 165 ff.; ferner *Horst Hacker*, in: Verein für die Geschichte der Deutschen Landkreise e. V. (Hrsg.), Der Kreis, Bd. II, 1976, S. 357 ff.; allgemein zur Finanzierung der Kreise *Franz-Carl Rehm*, in: Verein für die Geschichte der Deutschen Landkreise e. V. (Hrsg.), Der Kreis, Bd. II, 1976, S. 269 ff.; *Werner Partzig*, in: Verein für die Geschichte der Deutschen Landkreise e. V. (Hrsg.), Der Kreis, Bd. II, 1976, S. 329 ff.; *Carl-August Conrad*, in: Albert von Mutius (Hrsg.), Selbstverwaltung im Staat der Industriegesellschaft, Festgabe zum 70. Geburtstag von Georg Christoph von Unruh, 1983, S. 357 ff.; *Hans-Günter Henneke*, in: Utz Schliesky (Hrsg.), Die Freiheit des Menschen in Kommune, Staat und Europa, Festschrift für Edzard Schmidt-Jortzig, 2011, S. 233 ff.

[59] BVerfGE 83, 363 (391 ff.); Verfassungsgerichtshof Rheinland-Pfalz, DÖV 1998, S. 505 (507); *Hans-Günter Henneke*, in: Hans-Günter Henneke/Hermann Pünder/Christian Waldhoff (Hrsg.), Recht der Kommunalfinanzen, 2006, § 14, Rn. 8 f.

[60] Ausführlich dazu S. 283 ff.; ähnlich *Hans-Günter Henneke*, Aufgabenzuständigkeit im kreisangehörigen Raum, 1992, S. 74 ff., der allerdings die Bestimmung der Höhe der Kreisumlagesätze als „Teil der Finanzhoheit und damit des Selbstverwaltungsrechts der Kreise" bezeichnet; anders *Karl Heinrich Friauf/Rudolf Wendt*, Rechtsfragen der Kreisumlage, 1980, S. 37 f., die den Finanzbedarf der Kreise als gerichtlich nachprüfbaren unbestimmten Rechtsbegriff qualifizieren; siehe auch Verfassungsgerichtshof für das Land Nordrhein-Westfalen, NWVBl. 1996, S. 426 (428) mit dem Hinweis, dass keine Rechtsverpflichtung der Kreise bestehe, vor Erhebung der Kreisumlage auf eine Wahrnehmung freiwilliger Kreisaufgaben zu

stimmung Rücksicht auf die Finanzlage der Gemeinden nehmen [muss]" und „seine Aktivitäten nicht übermäßig und unzumutbar auf Kosten der Gemeinden ausweiten [darf]", sodass „diese [...] die Möglichkeit zur kraftvollen, eigenverantwortlichen Betätigung verlieren".[61] Die Erhebung der Kreisumlage darf folglich die angemessene Finanzausstattung der Gemeinden nicht in Frage stellen[62] – notwendig sind Mechanismen,[63] mit deren Hilfe die angemessene Finanzausstattung sowohl der Gemeinden als auch der Gemeindeverbände sicherge-

verzichten; dazu *Hans-Georg Franzke*, in: Hans-Uwe Erichsen (Hrsg.), Kommunale Verwaltung im Wandel, 1999, S. 177 (183 f.).

[61] *Dirk Ehlers*, DVBl. 1997, S. 225 (230), der zudem darauf hinweist, dass andere Einnahmequellen namentlich der Kreise nicht zulasten der Kreisumlage verschont werden dürften; siehe auch BVerwG, DVBl. 2013, S. 858 (859): „Dabei ist von Bedeutung, dass der Kreis nicht nur die Befugnis zur einseitigen Erhebung der Kreisumlage hat, sondern dass er in bestimmter Hinsicht auch über das Ausmaß seiner Kreistätigkeit disponiert und damit seinen eigenen Finanzbedarf enger oder weiter stecken kann. Das darf er nicht beliebig; vielmehr muss er die grundsätzlich gleichrangigen Interessen der kreisangehörigen Gemeinden in Rechnung stellen. Dem Berufungsgericht ist deshalb darin beizupflichten, dass der Kreis seine eigenen Aufgaben und Interessen nicht einseitig und rücksichtslos gegenüber den Aufgaben und Interessen der kreisangehörigen Gemeinden durchsetzen darf. Es ist allenfalls dahin zu ergänzen, dass der Kreis auch verpflichtet ist, nicht nur den eigenen Finanzbedarf, sondern auch denjenigen der umlagepflichtigen Gemeinden zu ermitteln und seine Entscheidungen in geeigneter Form – etwa im Wege einer Begründung der Ansätze seiner Haushaltssatzung – offenzulegen, um den Gemeinden und gegebenenfalls den Gerichten eine Überprüfung zu ermöglichen."; aus der Judikatur der Landesverfassungsgerichtsbarkeit ferner Niedersächsischer Staatsgerichtshof, NdsVBl. 1998, S. 43 (46); Verfassungsgerichtshof Rheinland-Pfalz, DÖV 1998, S. 505 (510); zum Ganzen *Hans-Günter Henneke*, in: Hans-Günter Henneke/Hermann Pünder/Christian Waldhoff (Hrsg.), Recht der Kommunalfinanzen, 2006, § 14, Rn. 20 ff., 91 ff., 118, der namentlich die Kreise bei der Aufgabenbestimmung zur Rücksicht auf die Finanzausstattung der Gemeinden verpflichtet, denen die zur Erfüllung ihrer Aufgaben erforderliche finanzielle Mindestausstattung verbleiben müsse; zurückhaltender *Alexander Schink*, DVBl. 2003, S. 417 (421), der ein Willkürverbot statuiert und konstatiert, dass die „Kreisumlage [...] nicht jedes vernünftige und vertretbare Maß übersteigen [darf]"; anders *Edzard Schmidt-Jortzig*, Zur Verfassungsmäßigkeit von Kreisumlagesätzen, 1977, S. 40 f., der im Gegensatz zu einer auf die Gesamtumstände abstellenden Abwägungsentscheidung eine absolute Grenze der Kreisumlage aus der gemeindlichen Aufgabengarantie deduziert.

[62] Zur Gefahr einer „Ventilfunktion" der Kreisumlage *Hans-Günter Henneke*, BayVBl. 1990, S. 651 (652 ff.); *ders.*, Aufgabenzuständigkeit im kreisangehörigen Raum, 1992, S. 6, 60, 72 f., der zudem davon ausgeht, dass die Kreise ihre freiwilligen Aufgaben nicht uferlos ausweiten und im Wege der Kreisumlage finanzieren dürfen; dazu auch *Albert von Mutius*, in: Albert von Mutius (Hrsg.), Selbstverwaltung im Staat der Industriegesellschaft, Festgabe zum 70. Geburtstag von Georg Christoph von Unruh, 1983, S. 227 (257); *Friedrich Schoch*, VerwArch 81 (1990), S. 18 (48).

[63] Zur Bedeutung und Reichweite der Genehmigungspflicht der Kreisumlage *Hans-Günter Henneke*, Aufgabenzuständigkeit im kreisangehörigen Raum, 1992, S. 79; *ders.*, in: Hans-Günter Henneke/Hermann Pünder/Christian Waldhoff (Hrsg.), Recht der Kommunalfinanzen, 2006, § 14, Rn. 148 ff., der Genehmigungserfordernisse als Einschränkung des Selbstverwaltungsrechts der Kreise qualifiziert; siehe auch *Friedrich Schoch*, Die aufsichtsbehördliche Genehmigung der Kreisumlage, 1995, S. 104 ff.; zur Bedeutung verfahrensrechtlicher Vorgaben für die Festsetzung der Kreisumlage *ders.*, in: Hans-Günter Henneke/Hartmut Maurer/Friedrich Schoch, Die Kreise im Bundesstaat, 1994, S. 9 (34 ff.).

stellt werden kann.[64] Des Weiteren finden auch die horizontalen Maßstäbe der Ausgestaltung der kommunalen Finanzausstattung Anwendung.[65] Angesichts der Geltung des Untermaßverbotes[66] wird diesen Anforderungen allerdings auch eine Kreisumlage gerecht, die grundsätzlich die „Abwälzung der finanziellen Belastungen" zugunsten der Gemeindeverbände ermöglicht.[67]

bb) Partizipative Funktion kommunaler Selbstverwaltung

Fraglich ist aber, ob finanzielle Zuwendungen der Kreise an kreisangehörige Gemeinden der partizipativen Funktion kommunaler Selbstverwaltung ausreichend Rechnung tragen.[68] Da die fehlende finanzielle Leistungsfähigkeit nicht zur Entörtlichung von Angelegenheiten der örtlichen Gemeinschaft führt, dienen finanzielle Zuwendungen grundsätzlich der Wahrnehmung von Angelegenheiten der örtlichen Gemeinschaft und lassen somit Bezüge zu den gemeinsamen Bedürfnissen der Einwohner der Kreise vermissen.[69] Finanzielle Zuwen-

---

[64] BVerwG, NVwZ 1996, S. 1222 (1224 f.); BVerwG, NVwZ 1998, S. 63 (65); BVerwG, DVBl. 2013, S. 858 ff.: „[Die Kreisumlage] [...] muss [...] den Anforderungen entsprechen, die das Verfassungsrecht für die Finanzausstattung der Gemeinden vorgibt [...]; und ihre Wirkungen dürfen nicht dazu führen, dass die verfassungsgebotene finanzielle Mindestausstattung der Gemeinden unterschritten wird"; ferner *Hans-Günter Henneke*, in: Hans-Günter Henneke/Hermann Pünder/Christian Waldhoff (Hrsg.), Recht der Kommunalfinanzen, 2006, § 14, Rn. 91, 105 f., 119.

[65] Dazu *Dirk Ehlers*, DVBl. 1997, S. 225 (227), der eine „Übernivellierung" bestehender Unterschiede zwischen kreisangehörigen Gemeinden im Wege der Kreisumlage ausschließt; ferner *Matthias Falk*, Die kommunalen Aufgaben unter dem Grundgesetz, 2006, 193, der Ausgleichsleistungen auf pflichtige Selbstverwaltungsaufgaben beschränken will.

[66] Anders wohl Hessischer Verfassungsgerichtshof, DVBl. 1999, S. 840 (841 f.) mit dem Hinweis auf die Notwendigkeit einer Abwägung zwischen Ergänzungs- und Ausgleichsaufgaben einerseits und der gemeindlichen Finanzhoheit andererseits; dazu auch *Hans-Günter Henneke*, in: Hans-Günter Henneke/Hermann Pünder/Christian Waldhoff (Hrsg.), Recht der Kommunalfinanzen, 2006, § 14, Rn. 98, 118, der allerdings die Kreisumlagequote als verfassungswidrig qualifiziert, „wenn sie jedes vernünftige und vertretbare Maß übersteigt, der Kreis mit ihr willkürlich und rücksichtslos zulasten der kreisangehörigen Gemeinden seine kreispolitischen Interessen verfolgt und die Kreisumlage objektiv geeignet ist, eine unzumutbare Belastung der Finanzkraft der Gemeinden dergestalt zu bewirken, dass sie die Möglichkeit zur kraftvollen eigenverantwortlichen Betätigung verlieren".

[67] *Hans-Günter Henneke*, in: Hans-Günter Henneke/Hermann Pünder/Christian Waldhoff (Hrsg.), Recht der Kommunalfinanzen, 2006, § 14, Rn. 36 f.; aus der Judikatur der Landesverfassungsgerichtsbarkeit Staatsgerichtshof Baden-Württemberg, VBlBW 1998, S. 295 (298).

[68] Ähnlich *Hans-Günter Henneke*, in: Hans-Günter Henneke/Hermann Pünder/Christian Waldhoff (Hrsg.), Recht der Kommunalfinanzen, 2006, § 14, Rn. 85, der auf örtliche Aufgaben rekurriert, „die sich durch regionale Zusammenhänge, Langfristigkeit der Aufgabenstellung und Höhe des Finanzbedarfs hervorheben" und folglich von „überörtliche[r] Bedeutung" sind.

[69] Auch nach der institutionellen Interpretation werden allgemeine Deckungsmittel und zweckfreie Investitionspauschalen als unzulässig qualifiziert, siehe *Hans-Günter Henneke*, in: Hans-Günter Henneke/Hermann Pünder/Christian Waldhoff (Hrsg.), Recht der Kommunalfinanzen, 2006, § 14, Rn. 84; ähnlich BVerfG, NVwZ 1996, S. 1222 (1225).

dungen werden der partizipativen Funktion der kommunalen Selbstverwaltung folglich nicht gerecht.

b) Beratung und organisatorische Unterstützung

Neben finanziellen Zuwendungen werden auch die Beratung und organisatorische Unterstützung der kreisangehörigen Gemeinden als Ausgleichsaufgaben der Kreise umschrieben. Sie tragen damit dem Umstand Rechnung, dass „die Kreise zusammen mit ihren Gemeinden die verwaltungsmäßige Versorgung innerhalb ihres Gebietes an die Versorgung der kreisfreien Städte anpassen [sollen]".[70] Eine Beeinträchtigung der Aufgabengarantie der Gemeinden ist insoweit ebenfalls nicht ersichtlich – den Gemeinden wird die Wahrnehmung der Angelegenheiten der örtlichen Gemeinschaft ermöglicht.[71] Auch die Beratung sowie organisatorische Unterstützung tragen allerdings nicht der partizipativen Funktion kommunaler Selbstverwaltung Rechnung: Bezüge gerade zu den gemeinsamen Bedürfnissen der Einwohner der Kreise sind nicht erkennbar.

C. Zusammenfassung

Die Aufgabengarantie der Gemeindeverbände ist nach der prinzipientheoretischen Interpretation des Art. 28 Abs. 2 GG ein Rechtsprinzip. Dies beruht auf der (auch von der institutionellen Deutung anerkannten) Ausgestaltungsbedürftigkeit dieser Aufgabengarantie. Die verfassungsrechtlichen Grenzen der Ausgestaltung sind nach prinzipientheoretischer Lesart im Wege der Abwägung zwischen den Funktionen kommunaler Selbstverwaltung und konfligierenden Rechtsprinzipien nach Maßgabe des Untermaßverbotes zu bestimmen. Die institutionelle Deutung, wonach die Kreise überörtliche Aufgaben wahrnehmen und ihnen eine Ergänzungs- und Ausgleichsfunktion zukommt, kann daher nicht vollständig überzeugen: Aufgaben, die den Gemeinden als Selbstverwaltungsaufgaben zugewiesen werden, müssen mit der partizipativen Funktion kommunaler Selbstverwaltung korrespondieren und deswegen Bezüge zu den gemeinsamen Bedürfnissen der Einwohner der Kreise aufweisen – auch sie müssen der grundgesetzlich gewollten Teilnahme der Bürger an der öffentlichen Verwaltung ihr Betätigungsfeld zuordnen. Jedenfalls Ausgleichsaufgaben lassen solche Bezüge vermissen.

---

[70] *Karl Heinrich Friauf/Rudolf Wendt*, Rechtsfragen der Kreisumlage, 1980, S. 36 f.

[71] Zum Verhältnis von Ausgleichsaufgaben und ergänzenden Aufgaben nach institutioneller Interpretation BVerwG, NVwZ 1996, S. 1222 (1224); *Alexander Schink*, in: Edzard Schmidt-Jortzig/Alexander Schink, Subsidiaritätsprinzip und Kommunalordnung, 1982, S. 25 (93); *Ute Lusche*, Die Selbstverwaltungsaufgaben der Landkreise, 1998, S. 179 ff.

4. Teil

Das modale Gewährleistungselement

Die bereichsspezifische Entfaltung der prinzipientheoretischen Interpretation des Art. 28 Abs. 2 GG soll nachfolgend mit einer näheren Betrachtung der Eigenverantwortlichkeit der kommunalen Aufgabenwahrnehmung abgeschlossen werden. Dabei ist daran zu erinnern, dass sich das Merkmal der Eigenverantwortlichkeit dogmatisch von den zuvor untersuchten Gewährleistungselementen unterscheidet: Das „Ob, Wann und Wie" der kommunalen Aufgabenerfüllung bedarf keiner gesetzlichen Ausgestaltung.[1] Das modale Gewährleistungselement steht allerdings unter dem Vorbehalt „im Rahmen der Gesetze" und ist dementsprechend rechtfertigungsfähigen Beeinträchtigungen seitens des Gesetzgebers ausgesetzt. Aus diesem Grund ist auch die Eigenverantwortlichkeit der kommunalen Aufgabenwahrnehmung als *Rechtsprinzip* zu qualifizieren.[2] Angesichts der von den bislang untersuchten Gewährleistungselementen abweichenden Begründung dieser Zuordnung sind nachfolgend Besonderheiten zu erörtern: Zunächst muss der Inhalt der verfassungsunmittelbar gewährleisteten Eigenverantwortlichkeit der kommunalen Aufgabenwahrnehmung herausgearbeitet werden. Anschließend sind die verfassungsrechtlichen Grenzen legislativer Beeinträchtigungen zu bestimmen.

---

[1] Ähnlich wohl *Hans-Günter Henneke*, ZG 1994, S. 212 (240).

[2] Ausführlich dazu S. 149ff.

12. Kapitel

Eigenverantwortlichkeit kommunaler Aufgabenwahrnehmung

Unstreitig ist, dass „Gemeinden wie Gemeindeverbänden [...] gleichermaßen das Recht [...] [zusteht], ihren jeweiligen verfassungsrechtlich oder gesetzlich zugewiesenen eigenen Aufgabenbereich eigenverantwortlich zu regeln.“[1] Zahlreiche Einzelfragen sind demgegenüber klärungsbedürftig.

A. *„Eigenverantwortlichkeit“ in der Judikatur des Bundesverfassungsgerichts*

Nach institutioneller Interpretation ist – wie im Zusammenhang mit der kommunalen Binnenorganisation schon angesprochen[2] – bereits die Reichweite des Merkmals der Eigenverantwortlichkeit unsicher. Anfangs judizierte das Bundesverfassungsgericht noch, dass Art. 28 Abs. 2 S. 1 GG den Gemeinden einen alle örtlichen Angelegenheiten umfassenden Aufgabenbereich sowie „die Befugnis zur eigenverantwortlichen Führung der Geschäfte in diesem Bereich“ garantiert und den Gemeindeverbänden im Rahmen ihres gesetzlichen Aufgabenbereiches die Eigenverantwortlichkeit gewährleistet.[3]

I. Reichweite der Eigenverantwortlichkeit

Inzwischen ist hingegen eine Differenzierung zwischen den sachlichen Aufgaben der Gemeinden sowie Gemeindeverbände und einem der Aufgabenerfüllung vorgelagerten, sowohl auf den eigenen als auch auf den übertragenen Wirkungskreis erstreckten Bereich etabliert,[4] der die Organisations-, Personal- und Finanzhoheit einschließt.[5] Maßgeblich ist dabei eine Trennung zwischen organisatorischer und inhaltlicher Autonomie:

---

[1] *Franz-Ludwig Knemeyer/Matthias Wehr*, VerwArch 32 (2001), S. 317 (333 f.); siehe auch *Heinz W. Korte*, VerwArch 61 (1970), S. 3 (22 f.).

[2] Dazu S. 382.

[3] BVerfGE 21, 117 (128 f.); 23, 353 (365); 26, 228 (237 f.); 50, 195 (201); 56, 298 (312); 59, 216 (226); 79, 127 (143).

[4] Grundlegend BVerfGE 83, 363 (382).

[5] *Franz-Ludwig Knemeyer/Matthias Wehr*, VerwArch 32 (2001), S. 317 (336 f.).

„Staatliche Reglementierung, die die Art und Weise der Aufgabenerledigung nach Maßgabe der Gesetze betrifft, kann die Gemeinde nur für den Umkreis ihrer örtlichen Angelegenheiten, nicht dagegen auch hinsichtlich der ihr übertragenen überörtlichen Angelegenheiten abwehren [...]; das Recht zur Organisation der Gemeindeverwaltung [...] leitet sich demgegenüber aus der Garantie der eigenverantwortlichen Regelung nicht nur bezüglich bestimmter Sachaufgaben, sondern für die gesamte Verwaltung her.“[6]

Ergänzend hebt das Bundesverfassungsgericht sodann hervor, für keinen Aufgabenbereich dürfe ausgeschlossen werden, dass „die Gemeinden zumindest im Bereich der inneren Organisation auch selbst noch auf die besonderen Anforderungen am Ort durch eigene organisatorische Maßnahmen reagieren können“.[7] Zusammenfassend lässt sich aus den Ausführungen des Bundesverfassungsgerichts Folgendes ableiten: Das Merkmal der Eigenverantwortlichkeit wird nicht einheitlich auf die Aufgabengarantie der Gemeinden bezogen. Die Unterscheidung zwischen organisatorischer und inhaltlicher Autonomie führt vielmehr dazu, dass insbesondere die kommunale Organisations-, Personal- und Finanzhoheit den Gemeinden und Gemeindeverbänden nach dieser Konzeption ganz grundsätzlich zusteht; die Art und Weise der Aufgabenerledigung ist ihnen demgegenüber nur im eigenen Wirkungskreis überlassen.

II. Verfassungsrechtliche Determinanten legislativer Beeinträchtigungen

Auch die verfassungsrechtlichen Determinanten, denen legislative Beeinträchtigungen des modalen Gewährleistungselementes gerecht werden müssen, bleiben nach dem institutionellen Deutungsansatz undeutlich. Das Bundesverfassungsgericht verzichtet weitgehend auf eine Befassung mit dem Kernbereich der Eigenverantwortlichkeit der kommunalen Aufgabenwahrnehmung.[8] Lediglich mit Blick auf die Organisationshoheit weist es darauf hin, Art. 28 Abs. 2 GG stehe gesetzlichen Regelungen entgegen, die eine eigenständige organisatorische Gestaltungsfähigkeit der Gemeinden und Gemeindeverbände ersticken.[9]

Für den Randbereich gilt demgegenüber folgende Maßgabe:

„Beläßt der Gesetzgeber den Gemeinden bei der Ausgestaltung ihrer Organisation in dieser Weise für ihre verschiedenen Aufgabenbereiche Raum zu selbstverantwortlichen

[6] BVerfGE 83, 363 (382).

[7] BVerfGE 91, 228 (241); weitergehend *Friedhelm Hufen*, in: Max-Emanuel Geis (Hrsg.), Staat – Kirche – Verwaltung, Festschrift für Hartmut Maurer zum 70. Geburtstag, 2001, S. 1177 (1190 f.), der auch im Bereich des übertragenen Wirkungskreises die Fachaufsicht dem Grundsatz der Verhältnismäßigkeit unterwerfen will.

[8] Zum Kernbereich auch BVerfG, DVBl. 1982, S. 27 (28); zum Ganzen *Franz-Ludwig Knemeyer/Matthias Wehr*, VerwArch 32 (2001), S. 317 (339); siehe aber auch *Alexander Schink*, DVBl. 1983, S. 1165 (1170).

[9] BVerfGE 91, 228 (238 f.); dazu schon S. 383 ff.

Maßnahmen, findet eine Kontrolle dahin, ob die von ihm getroffenen Organisationsentscheidungen auf hinreichend gewichtigen Zielsetzungen beruhen, nicht statt".[10]

Als Prüfungsmaßstab tritt bereichsspezifisch der Verhältnismäßigkeitsgrundsatz hinzu,[11] dessen Verhältnis zur Kern- und Randbereichsdogmatik allerdings ebenfalls unklar bleibt: Eingriffe in die Planungshoheit einzelner Gemeinden können danach durch überörtliche Interessen von höherem Gewicht und unter Berücksichtigung des Verhältnismäßigkeitsgrundsatzes gerechtfertigt werden.[12]

B. *„Eigenverantwortlichkeit" prinzipientheoretisch betrachtet*

Nicht zuletzt die skizzierten Unsicherheiten werden dafür verantwortlich gemacht, dass in der Vergangenheit legislative Vorgaben eine zunehmende Fremddeterminierung der kommunalen Aufgabenwahrnehmung bewirkt haben.[13] Darüber hinaus sei die gesteigerte Normdichte vor allem auf die „Komplexität

[10] BVerfGE 91, 228 (241 f.); siehe auch schon S. 383 ff.

[11] Eingehend dazu aus institutioneller Perspektive *Franz-Ludwig Knemeyer*, NJW 1980, S. 1140 (1143 f.); ferner *Albert von Mutius*, in: Hans-Uwe Erichsen (Hrsg.), Kommunalverfassung heute und morgen – Bilanz und Ausblick, 1989, S. 61 (64), der bei der Anwendung des Verhältnismäßigkeitsprinzips die Aspekte der Unmittelbarkeit der Aufgabenerledigung, der Möglichkeit der Einzelfallentscheidung und der möglichst umfassenden Entscheidungskompetenz sowie vollständigen Entscheidungsbefugnis heranzieht; anders wohl *Maik Möller*, Subsidiaritätsprinzip und kommunale Selbstverwaltung, 2009, S. 202 f., der auf den Subsidiaritätsgedanken rekurriert und ein „Mindestmaß kommunaler Eigenverantwortlichkeit" fordert, im Vorfeld einer Bezugnahme auf den Grundsatz der Verhältnismäßigkeit aber gleichzeitig konstatiert: „Der Gesetzgeber muss darlegen, dass die Gemeinden die Aufgabe ohne seinen Eingriff nicht sachgemäß in eigener Verantwortung und selbständig bewältigen können oder das gesamtstaatliche Belange den Eingriff zwingend erfordern."; auch das Bundesverfassungsgericht konstruiert mit Blick auf die kommunale Organisationshoheit eine „weitgehende Befugnis des staatlichen Gesetzgebers", die eine Kontrolle, ob die legislativen Organisationsentscheidungen auf hinreichend gewichtigen Zielsetzungen beruhen, nicht impliziert, wenn „der Gesetzgeber den Gemeinden bei der Ausgestaltung ihrer Organisation [...] Raum zu selbstverantwortlichen Maßnahmen [belässt]", BVerfGE 91, 228 (240); dazu *Franz-Ludwig Knemeyer/Matthias Wehr*, VerwArch 32 (2001), S. 317 (342).

[12] BVerfGE 103, 332 (366 f.).

[13] *Hans-Günter Henneke*, ZG 1994, S. 212 ff.; zuvor *Franz-Ludwig Knemeyer*, NJW 1980, S. 1140 (1140 f.); *Georg-Berndt Oschatz*, DVBl. 1980, S. 736 ff.; *Ernst Pappermann*, DVBl. 1981, S. 1040 (1041); *Alexander Schink*, DVBl. 1983, S. 1165 (1169 f.); *Winfried Brohm*, DVBl. 1984, S. 293 (295); ausführlich ferner *Willi Blümel*, VVDStRL 36 (1978), S. 171 (190 ff.); *Albert von Mutius*, in: Ständige Deputation des deutschen Juristentages (Hrsg.), Verhandlungen des dreiundfünfzigsten Deutschen Juristentages, Bd. I, 1980, E 57 ff.; *Edzard Schmidt-Jortzig*, Gemeindliche Selbstverwaltung in der Bewährung, 1982, S. 21 f.; siehe aber auch *Hermann Hill*, in: Ständige Deputation des Deutschen Juristentages (Hrsg.), Verhandlungen des achtundfünfzigsten Deutschen Juristentages, Bd. I, 1990, D 15, der von einer zunehmenden selbstprogrammierten und selbstverantwortlichen Erfüllung öffentlicher Aufgaben und Gestaltung sozialer Wirklichkeit durch die Verwaltung ausgeht.

und Kompliziertheit der sozialen, ökonomischen, ökologischen, kulturellen und technischen Bedingungen der heutigen Industriegesellschaft", die Erwartungshaltung der Bürger gegenüber dem Staat, nicht zuletzt aber auch auf das Bedürfnis einheitlicher Lebensverhältnisse zurückzuführen.[14] Die bundes- und landeseinheitliche Verwirklichung des sozialen Rechtsstaates habe zur Folge, dass den Gemeinden und Gemeindeverbänden keine oder lediglich eingeschränkte Gestaltungsspielräume zuerkannt würden. Dies bringe ein „tiefes latentes Mißtrauen" gegenüber der kommunalen Selbstverwaltung „gepaart mit der Überzeugung, daß einzig der Staat gerechte und sachangemessene, bei den begrenzten Ressourcen einen effizienten Mitteleinsatz gewährleistende Entscheidungen zu treffen vermag", mit sich. Die Wahrnehmung der Angelegenheiten der örtlichen Gemeinschaft, deren Umfang und Rechtsqualität sowie der Autonomiegrad kommunaler Selbstverwaltung unterlägen einem ständigen Wandel, sodass fast keine Aufgabenfelder mehr verblieben, die völlig eigenständig gestaltet werden können.[15]

Zumindest einige der genannten Unsicherheiten lassen sich nun mit Hilfe des prinzipientheoretischen Deutungsansatzes ausräumen. Danach ist nämlich der Judikatur des Bundesverfassungsgerichts in zentralen Fragen zu widersprechen: Die nach institutioneller Interpretation als Gegenstände der Eigenverantwortlichkeit qualifizierten Hoheitsrechte der Gemeinden und Gemeindeverbände sind weder Gegenstand des modalen Gewährleistungselementes kommunaler Selbstverwaltung noch der Aufgabengarantie der Gemeinden und Gemeindeverbände. Sie sind vielmehr der ausgestaltungsbedürftigen kommunalen Binnenorganisation zuzuordnen. Dies macht die Unterscheidung zwischen einer organisatorischen und einer inhaltlichen Dimension des Merkmals der Eigenverantwortlichkeit hinfällig. Dieses ist allein auf „die [inhaltliche] Freiheit vor staatlicher Reglementierung hinsichtlich der Art und Weise der Aufgabenerledigung"[16] bezogen.[17]

Eine solche Freiheit vor staatlicher Reglementierung ist nach dem prinzipientheoretischen Modell verfassungsunmittelbar gewährleistet und muss vor dem Hintergrund der funktionsbezogenen Dogmatik[18] mit Hilfe der Funktionen kommunaler Selbstverwaltung wie folgt präzisiert werden: Schon aufgrund der Möglichkeiten zur verantwortlichen Betätigung im Gemeinwesen (partizipative Funktion) ergibt sich zwingend die Notwendigkeit einer Regelung der gemeindlichen und gemeindeverbandlichen Selbstverwaltungsaufgaben in eigener

---

[14] Ausführlich *Hans-Günter Henneke*, ZG 1994, S. 212 (224 ff.); siehe auch *Franz-Ludwig Knemeyer*, NJW 1980, S. 1140 (1142); *Albert von Mutius*, in: Ständige Deputation des Deutschen Juristentages (Hrsg.), Verhandlungen des dreiundfünfzigsten Deutschen Juristentages, Bd. I, 1980, E 65 f.

[15] *Hans-Günter Henneke*, ZG 1994, S. 212 (225 f., 228 f.).

[16] *Franz-Ludwig Knemeyer/Matthias Wehr*, VerwArch 32 (2001), S. 317 (334).

[17] Dazu schon S. 383 f.

[18] Siehe dazu S. 155 ff.

Verantwortung.[19] Zudem ist eine „gewaltenhemmende Funktion [...] nur dann gewährleistet [...], wenn die Macht tatsächlich auf die einzelnen Glieder verteilt ist“ (dezentralisierende Funktion).[20] Dementsprechend lässt sich das Merkmal der Eigenverantwortlichkeit dahingehend beschreiben, dass Gemeinden und Gemeindeverbände zur Entscheidung über das „‚Ob‘, ‚Wann‘ und ‚Wie‘ der Aufgabenwahrnehmung“[21] berufen sind. Das modale Gewährleistungselement gewährleistet einen Handlungs- und Entfaltungsspielraum, der grundsätzlich frei zu sein hat von staatlichen Einflussnahmen „beim Ermessen der Zielprojektion, Zweckmäßigkeit und Form bezüglich jener Verwaltungstätigkeiten, welche sich sämtlich auf alle Stufen des Ablaufvorgangs der Aufgabenerfüllung beziehen“.[22]

C. „[I]m Rahmen der Gesetze“ – Zulässigkeit von Beeinträchtigungen des Merkmals der Eigenverantwortlichkeit im Einzelnen

Der weiteren Untersuchung ist ausgehend von dem prinzipientheoretischen Deutungsansatz daher die Erkenntnis zugrunde zu legen, dass Art. 28 Abs. 2 GG die inhaltliche Freiheit vor staatlicher Reglementierung hinsichtlich der Art und Weise der Aufgabenerledigung verfassungsunmittelbar gewährleistet, Beeinträchtigungen dieser Freiheit aber auf der Grundlage des Vorbehaltes „im Rahmen der Gesetze“ zulässig sind.[23] Dies ist auch nach der institutionellen Lesart des Art. 28 Abs. 2 GG anerkannt, muss insoweit aber überraschen: Trotz der Annahme, Art. 28 Abs. 2 GG sei insgesamt ausgestaltungsbedürftig, wird der Vorbehalt „im Rahmen der Gesetze“ auch mit Blick auf die Eigenverantwortlichkeit der kommunalen Aufgabenerfüllung im Sinne eines Gesetzesvorbehaltes verstanden.[24] Dieses Verständnis des Vorbehaltes „im Rahmen der Ge-

---

[19] In vorliegendem Zusammenhang *Heinz W. Korte*, VerwArch 61 (1970), S. 3 (22 f.); ferner *Edzard Schmidt-Jortzig*, DVBl. 1990, S. 920 (924), der formuliert: „Gesunde Selbstverwaltung setzt hinreichenden Gestaltungsraum und wirksame Gestaltungsmittel voraus.“; ähnlich *ders.*, DVBl. 1977, S. 801 (805 f.); *Franz-Ludwig Knemeyer*, NJW 1980, S. 1140 (1146).

[20] Mit Blick auf das Merkmal der Eigenverantwortlichkeit *Heinz W. Korte*, VerwArch 61 (1970), S. 3 (22); siehe auch *Franz-Ludwig Knemeyer*, NJW 1980, S. 1140 (1140 f.).

[21] *Maik Möller*, Subsidiaritätsprinzip und kommunale Selbstverwaltung, 2009, S. 200; ferner *Hans-Günter Henneke*, ZG 1994, S. 212 (233); *Horst Dreier*, in: Horst Dreier (Hrsg.), GG-Komm., Bd. II, 2. Aufl. 2006, Art. 28, Rn. 114.

[22] *Hans-Günter Henneke*, ZG 1994, S. 212 (232).

[23] Das Bundesverfassungsgericht fordert insoweit eine spezifische Betroffenheit in dem Sinne, dass der Gesetzgeber unmittelbar regelnde Vorgaben für die Art und Weise der Aufgabenerfüllung setzt oder zielgerichtet auf die Erfüllung der Aufgabe Einfluß nimmt, siehe BVerfG (K), BayVBl. 1999, S. 243 ff.

[24] BVerfGE 79, 127 (143).

setze“ als Ausgestaltungs- *und* Eingriffsvorbehalt erweist sich indes auch mit Blick auf das modale Gewährleistungselement als unzulänglich.[25]

I. Gesetze im Sinne des Vorbehaltes „im Rahmen der Gesetze“

Die Reichweite des Vorbehaltes „im Rahmen der Gesetze“ kann der Sache nach gleichwohl in Anlehnung an die institutionelle Konstruktion bestimmt werden, der prinzipientheoretische Deutungsansatz kann insoweit auf Erkenntnisse der überkommenen Interpretation des Art. 28 Abs. 2 GG zurückgreifen: Das Bundesverfassungsgericht qualifizierte zunächst lediglich formelle Gesetze als Anwendungsbeispiel des Vorbehaltes „im Rahmen der Gesetze“;[26] später schloss es sich einer materiellen Sichtweise an, nach der auch Rechtsverordnungen, die auf einer Art. 80 Abs. 1 S. 2 GG entsprechenden Ermächtigung beruhen, den Anforderungen des Art. 28 Abs. 2 S. 1 GG genügen müssen.[27] Ferner zählten „alle vom Staat erlassenen Rechtsnormen [...], die Außenwirkung gegenüber der Kommune entfalten“, und folglich auch Raumordnungsprogramme zu den Gesetzen im Sinne des Art. 28 Abs. 2 S. 1 GG.[28] Das Bundesverwaltungsgericht hat überdies Satzungen namentlich der Kreise als Gegenstand des Vorbehaltes „im Rahmen der Gesetze“ anerkannt.[29]

II. Grenzen des Vorbehaltes „im Rahmen der Gesetze“: Anwendung der Abwägungsmethode

Die Interpretation des Vorbehaltes „im Rahmen der Gesetze“ als Gesetzesvorbehalt führt nach der institutionellen Interpretation dazu, dass verfassungsrechtliche Gegenschranken nach Maßgabe der Kern- und Randbereichsdogmatik entwickelt werden, denen grundsätzlich zulässige legislative Beeinträchtigungen der Eigenverantwortlichkeit der kommunalen Aufgabenwahrnehmung genügen müssen. Anderenfalls – so dieser Interpretationsansatz – werde der Vorbehalt „im Rahmen der Gesetze“ zur Achillesferse des Art. 28 Abs. 2 GG.[30] Die Maßstabbildung ist allerdings nicht nur in der Judikatur des Bundesverfassungsgerichts unklar geblieben.[31] Auch im Übrigen konnte das überkommene Deutungsmuster eine leistungsfähige Dogmatik kaum entfalten:

---

[25] Allgemein dazu schon S. 94 ff.

[26] BVerfGE 1, 167 (175 f.); dazu *Hans Peter Ipsen*, DÖV 1955, S. 225 (226).

[27] BVerfGE 26, 28 (237); 56, 298 (309); 71, 25 (34); dazu *Joachim Kronisch*, Aufgabenverlagerung und gemeindliche Aufgabengarantie, 1993, S. 39.

[28] BVerfGE 76, 107 (117).

[29] BVerwGE 101, 99 (111 f.); siehe dazu aber auch *Markus Heintzen*, Die Verwaltung 29 (1996), S. 17 (33 f.); zum Gewohnheitsrecht ferner Verfassungsgerichtshof für das Land-Nordrhein-Westfalen, DVBl. 1982, S. 1043 f.; siehe aber auch BVerfG, NVwZ 1987, S. 124.

[30] *Horst Dreier*, in: Horst Dreier (Hrsg.), GG, Bd. II, 2. Aufl. 2006, Art. 28, Rn. 124.

[31] Dazu schon S. 69 ff.

Das Übermaßverbot wird auch insoweit „nicht als Maßstab genereller Eingriffe" herangezogen.[32] Die vereinzelt gebliebene Bezugnahme des Bundesverfassungsgerichts auf den Verhältnismäßigkeitsgrundsatz[33] sei – so heißt es – eine bereichsspezifische Modifizierung der verfassungsrechtlichen Gewährleistung kommunaler Selbstverwaltung.[34] Darüber hinaus wird die vom Bundesverfassungsgericht angewendete Kern- und Randbereichsdogmatik dadurch zu präzisieren versucht, dass das Aufgabenverteilungsprinzip des Art. 28 Abs. 2 S. 1 GG auch mit Blick auf das modale Gewährleistungselement zur Anwendung gebracht wird.[35]

1. *Prinzipientheorie und Abwägungsmethode*

Nach der prinzipientheoretischen Interpretation des Art. 28 Abs. 2 GG sind für die Bestimmung der verfassungsrechtlichen Gegenschranken demgegenüber folgende Erkenntnisse der bisherigen Untersuchung nochmals in Erinnerung zu rufen: Erstens legitimiert der Vorbehalt „im Rahmen der Gesetze" Beeinträchtigungen der verfassungsunmittelbar gewährleisteten Eigenverantwortlichkeit; aus diesem Grund ist das Merkmal der Eigenverantwortlichkeit als Rechtsprinzip zu qualifizieren.[36] Legt man nun zweitens die Maßstäbe der Prinzipientheorie an, gilt Folgendes: Beeinträchtigungen verfassungsunmittelbar gewährleisteter Rechtsprinzipien sind grundsätzlich nur zulässig, wenn sie durch kollidierende Rechtsprinzipien gerechtfertigt werden. Es bedarf dann einer Abwägung nach Maßgabe des Übermaßverbotes.[37] Unter Zugrundelegung dieser Maßstäbe ist nach dem prinzipientheoretischen Deutungsansatz die verfassungsrechtliche Zulässigkeit von Beeinträchtigungen des modalen Gewährleistungselementes durch eine Abwägung zwischen dem Merkmal der Eigenverantwortlichkeit und konfligierenden Rechtsprinzipien zu bestimmen.

---

[32] *Franz-Ludwig Knemeyer/Matthias Wehr*, VerwArch 32 (2001), S. 317 (341).

[33] *Alexander Schink*, DVBl. 1983, S. 1165 (1170); *Winfried Brohm*, DVBl. 1984, S. 293 (298); *Hans-Günter Henneke*, ZG 1994, S. 212 (240); ausgehend von einer divergierenden dogmatischen Rekonstruktion kommunaler Selbstverwaltung auch *Joachim Burmeister*, Verfassungstheoretische Neukonzeption der kommunalen Selbstverwaltungsgarantie, 1977, S. 136 ff.; mit Blick auf die gemeindliche Aufgabengarantie *Willi Blümel*, in: Albert von Mutius (Hrsg.), Selbstverwaltung im Staat der Industriegesellschaft, Festgabe zum 70. Geburtstag von Georg Christoph von Unruh, 1983, S. 265 (283 ff.); *Hans-Jürgen Papier*, DVBl. 1984, S. 453 ff.; *Alexander Schink*, VerwArch 81 (1990), S. 385 (398 ff.).

[34] BVerwG, NVwZ-RR 1989, S. 377 (379 f.).

[35] *Walter Frenz*, Die Verwaltung 28 (1995), S. 33 (52, 56 ff.); ferner *Eberhardt Schmidt-Aßmann*, in: Everhardt Franßen (Hrsg.), Bürger – Richter – Staat, Festschrift für Horst Sendler, 1991, S. 121 (137); ähnlich wohl auch *Matthias Falk*, Die kommunalen Aufgaben unter dem Grundgesetz, 2006, S. 145 ff.; kritisch *Hans-Günter Henneke*, ZG 1994, S. 212 (240); zum Gebot der kompetenziellen Rücksichtnahme *Winfried Brohm*, DÖV 1989, S. 429 (438).

[36] Ausführlich nochmals S. 149 ff.

[37] Siehe dazu S. 151.

2. *Das Übermaßverbot als Maßstab der Abwägungsentscheidung*

a) Geltung und Inhalt des Übermaßverbotes

Soweit das Übermaßverbot auch nach institutioneller Deutung Anwendung findet,[38] wird gelegentlich dessen Konkretisierung mit Hilfe einer Stufenlehre vorgeschlagen: Beeinträchtigungen des „Ob" der Aufgabenwahrnehmung sollen danach mit vernünftigen Erwägungen des Gemeinwohls, Beeinträchtigungen des „Wie" der Aufgabenwahrnehmung mit dem dringend erforderlichen Schutz wichtiger, überörtlich bedeutsamer Rechtsgüter, namentlich der Gleichwertigkeit der Lebensverhältnisse, und Beeinträchtigungen der kommunalen Hoheiten mit der Abwehr nachweisbarer oder höchstwahrscheinlich schwerer Gefahren für ein überragend wichtiges, überörtlich bedeutsames Rechtsgut zu rechtfertigen sein.[39] Dies vermag angesichts fehlender verfassungsrechtlicher Anknüpfungspunkte indes nicht zu überzeugen. Das Übermaßverbot ist vielmehr einheitlich – paradox formuliert – mit einem Unbestimmtheitsgebot[40] zu konkretisieren:[41] Beeinträchtigungen des modalen Gewährleistungselementes kommunaler Selbstverwaltung können „grundsätzlich nur offene, auf das Typische sich beschränkende gesetzliche Regelungen für die Erledigung der die örtliche Gemeinschaft betreffenden Angelegenheiten" sein.[42] Wird diese Offenheit

---

[38] *Franz-Ludwig Knemeyer*, NJW 1980, S. 1140 (1143); *Alexander Schink*, in: Edzard Schmidt-Jortzig/Alexander Schink, Subsidiaritätsprinzip und Kommunalordnung, 1982, S. 25 (81); *ders.*, DVBl. 1983, S. 1165 (1170); *Hermann Hill*, in: Ständige Deputation des Deutschen Juristentages (Hrsg.), Verhandlungen des achtundfünfzigsten Deutschen Juristentages, Bd. I, 1990, D 14; *Hans-Günter Henneke*, ZG 1994, S. 212 (240).

[39] Grundlegend *Gerd Schmidt-Eichstaedt*, Bundesgesetze und Gemeinden, 1981, S. 160 ff.; dazu auch *Jörn Ipsen*, in: Jörn Ipsen/Carl Schinkel (Hrsg.), Aufsicht über die Städte – Kontrolle oder Kondominium? Referate im Rahmen des Städteforums Lüneburg am 2. Dezember 1985, 1986, S. 5 (6); *Hans-Günter Henneke*, ZG 1994, S. 212 (241 f.).

[40] Zum Gebot einer kommunalspezifischen Gesetzesgestaltung, das auf eine Reduktion eines zu hohen Detaillierungsgrades gesetzlicher Tatbestände drängt, *Eberhard Schmidt-Aßmann*, in: Ständige Deputation des Deutschen Juristentages (Hrsg.), Verhandlungen des achtundfünfzigsten Deutschen Juristentages, Bd. II, 1990, N 8 (15); *ders.*, in: Everhardt Franßen (Hrsg.), Bürger – Richter – Staat, Festschrift für Horst Sendler, 1991, S. 121 (133); ferner auch *Gerd Schmidt-Eichstaedt*, Bundesgesetze und Gemeinden, 1981, S. 147, 162, der neben dem Unbestimmtheitsgebot auch ein Kompensationsgebot postuliert, das Einschränkungen der Eigenverantwortlichkeit mit Hilfe von Mitwirkungsrechten an höherstufigen Entscheidungsprozessen kompensiert.

[41] Dazu *Hans-Günter Henneke*, ZG 1994, S. 212 (242).

[42] *Hans-Günter Henneke*, ZG 1994, S. 212 (243); ähnlich wohl *Albert von Mutius*, in: Ständige Deputation des Deutschen Juristentages (Hrsg.), Verhandlungen des dreiundfünfzigsten Deutschen Juristentages, Bd. I, 1980, E 45 f., der die Unmittelbarkeit der Aufgabenerledigung, die Möglichkeit der Einzelfallentscheidung, eine umfassende Entscheidungskompetenz, eine vollständige Entscheidungsbefugnis sowie eine eigenverantwortliche Entscheidung als relevante Parameter benennt.

übermäßig zurückgenommen, liegt eine unzulässige Beeinträchtigung des modalen Gewährleistungselementes vor.[43]

b) Insbesondere: Kommunale Satzungen

Dies zeigt sich in besonderer Weise bei kommunalen Satzungen. Die kommunale Rechtssetzung muss nämlich grundsätzlich „freier gestellt werden" als die administrative Aufgabenwahrnehmung der staatsunmittelbaren Verwaltung.[44] Zwar gelten der Vorrang sowie der Vorbehalt des Gesetzes auch für kommunale Satzungen; gesetzliche Vorgaben müssen indes dem skizzierten Unbestimmtheitsgebot genügen[45] und daher gewährleisten, dass kommunale Satzungen nicht fortlaufend mit legislativen Detailregelungen in Konflikt geraten.[46]

Darüber hinaus soll nach einer weitergehenden Ansicht auch die gerichtliche Kontrolldichte im Bereich kommunaler Satzungen zurückzunehmen sein.[47] Dies lässt sich allerdings nicht begründen:[48] Kommunale Satzungen sind keine

---

[43] *Gerd Schmidt-Eichstaedt*, Bundesgesetze und Gemeinden, 1981, S. 157, der mit Blick auf die Eigenverantwortlichkeit bei der Regelung von Einzelfällen durch Verwaltungsakt die Einräumung von Ermessens- und Beurteilungsspielräumen sowie die Ausfüllung von unbestimmten Rechtsbegriffen durch Gemeinden und Gemeindeverbände fordert.

[44] *Eberhard Schmidt-Aßmann*, in: Peter Badura/Horst Dreier (Hrsg.), Festschrift 50 Jahre Bundesverfassungsgericht, 2001, S. 803 (812); ferner *ders.*, in: Ständige Deputation des Deutschen Juristentages (Hrsg.), Verhandlungen des achtundfünfzigsten Deutschen Juristentages, Bd. II, 1990, N 8 (11), der zur Begründung auf die demokratische Legitimation der Gemeinden und Kreise – dazu aber auch *Friedrich Schoch*, NVwZ 1990, S. 801 (803 f.), der einem „Mehrwert an demokratischer Legitimation der kommunalen Selbstverwaltung [...] keine Vermutung für die Rechtsstaatlichkeit (Rechtmäßigkeit) von Maßnahmen (Satzungen)" abgewinnt und ergänzt: „Das idyllische Bild eines nach ausgiebiger politischer Debatte und nach sorgfältiger Abwägung der (rechtlich geschützen) Interessen ergehenden autonomen Satzungsbeschlusses durch die kommunale Vertretungskörperschaft kann nicht gesehen werden." – abstellt; zuvor schon *ders.*, Die kommunale Rechtsetzung im Gefüge der administrativen Handlungsformen und Rechtsquellen, 1981, S. 29, der mit Blick auf kommunale Rechtsverordnungen konstatiert: „Der im Kern staatlichen Ausrichtung des Polizeirechts als des Hauptanwendungsgebiets gemeindlicher Verordnungsgebung entsprechen stärkere Ingerenzrechte der Aufsichtsbehörden. Diese sind im Grund schon in der Charakterisierung der gemeindlichen gefahrenabwehrenden Tätigkeit als Auftragsangelegenheit bzw. Weisungsaufgabe angelegt."

[45] *Eberhard Schmidt-Aßmann*, Die kommunale Rechtsetzung im Gefüge der administrativen Handlungsformen und Rechtsquellen, 1981, S. 7 f.; *Friedrich Schoch*, NVwZ 1990, S. 801 (803).

[46] *Eberhard Schmidt-Aßmann*, in: Ständige Deputation des Deutschen Juristentages (Hrsg.), Verhandlungen des achtundfünfzigsten Deutschen Juristentages, Bd. II, 1990, N 8 (15 f.).

[47] Eingehend *Hermann Hill*, in: Ständige Deputation des Deutschen Juristentages (Hrsg.), Verhandlungen des achtundfünfzigsten Deutschen Juristentages, Bd. I, 1990, D 13, 41 ff.; zur These, die gerichtliche Kontrolle kommunaler Satzungen könne Misstrauen und politische Vertrauensverluste bei den Bürgern im Hinblick auf die Rechtmäßigkeit und Ordnungsgemäßheit der Arbeit der gemeindlichen Organe begründen, *Heinz Janning*, DVBl. 1983, S. 401 (410, 412); *Alexander Schink*, ZG 1986, S. 33 (52).

[48] Siehe *Friedrich Schoch*, NVwZ 1990, S. 801 (804), der konstatiert: „Unter Einbeziehung

Produkte gesetzgeberischer Tätigkeit, sondern vielmehr administrative Normgebung.[49] Daher verbietet schon die Gesetzesbindung der Exekutive eine generelle Einschränkung der gerichtlichen Kontrolldichte.[50] Die Forderung nach einer Stärkung der kommunalen Satzungshoheit gegenüber der Judikative widerspricht zudem der Rechtsschutzgarantie des Art. 19 Abs. 4 GG.[51] Gestaltungs-, Beurteilungs- und Ermessensspielräume, die eine letztverbindliche Entscheidung im Wege kommunaler Satzungen erlauben, können den Gemeinden und Gemeindeverbänden allenfalls vom Gesetzgeber eingeräumt werden.[52]

Das modale Gewährleistungselement darf nun nicht als eine solche Ermächtigung missverstanden werden:[53] Die Zulässigkeit legislativer Beeinträchtigungen hat nämlich zur Folge, dass der Umfang der gerichtlichen Kontrolldichte sich nicht generell, sondern nur nach den jeweiligen legislativen Vorgaben bestimmen lässt.[54] Da kommunale Satzungen administrative Selbstprogrammierung im Rahmen gesetzlicher Vorgaben sind,[55] darf die Unbestimmtheit legisla-

---

der materiellen Rechtspositionen des von einer Satzung bzw. von deren Vollzug betroffenen Bürgers muß wegen der Rechtsschutzgarantie des Art. 19 IV GG jede pauschale Forderung nach einer Reduktion der gerichtlichen Kontrollintensität bei kommunalen Satzungen zurückgewiesen werden."

[49] BVerfGE 65, 283 (289); 78, 344 (348); ausführlich *Hermann Hill*, in: Ständige Deputation des Deutschen Juristentages (Hrsg.), Verhandlungen des achtundfünfzigsten Deutschen Juristentages, Bd. I, 1990, D 13 f.; siehe dazu auch *Christian-Friedrich Menger*, VerwArch 63 (1972), S. 447 (450); *Herbert Bethge*, NVwZ 1983, S. 577 (579).

[50] *Friedrich Schoch*, NVwZ 1990, S. 801 (804).

[51] *Edzard Schmidt-Jortzig*, NJW 1983, S. 967 (968); *Hermann Hill*, in: Ständige Deputation des Deutschen Juristentages (Hrsg.), Verhandlungen des achtundfünfzigsten Deutschen Juristentages, Bd. I, 1990, D 14; *Eberhard Schmidt-Aßmann*, in: Ständige Deputation des Deutschen Juristentages (Hrsg.), Verhandlungen des achtundfünfzigsten Deutschen Juristentages, Bd. II, 1990, N 8 (10); eingehend *Friedrich Schoch*, NVwZ 1990, S. 801 (802 f.); ferner *Wilderich Fehrmann*, DÖV 1983, S. 311 (319 f.); *Alexander Schink*, ZG 1986, S. 33 (46); zum Ganzen *Edzard Schmidt-Jortzig*, NJW 1983, S. 967 (968); *Günter Gaentzsch*, DVBl. 1985, S. 29 (23); *Hans-Jürgen Papier*, DÖV 1986, S. 621 (627).

[52] *Friedrich Schoch*, NVwZ 1990, S. 801 (804); ferner *Hans-Jürgen Papier*, DÖV 1986, S. 621 (625); *Hermann Hill*, in: Ständige Deputation des Deutschen Juristentages (Hrsg.), Verhandlungen des achtundfünfzigsten Deutschen Juristentages, Bd. I, 1990, D 108 f.; ähnlich *Edzard Schmidt-Jortzig*, NJW 1983, S. 967 (968).

[53] Ähnlich *Edzard Schmidt-Jortzig*, NJW 1983, S. 967 (968), der feststellt, dass „[e]in Gutteil der kommunalen Klagen über den dominierenden Zugriff der Verwaltungsrechtsprechung […] im Grunde gar nicht diese selbst [trifft], sondern den Gesetzgeber" und ergänzt: „Wo insoweit die Legislative jedoch sündigt, kann die Rechtsprechung den Zustand nicht salvieren."

[54] Siehe *Hermann Hill*, in: Ständige Deputation des Deutschen Juristentages (Hrsg.), Verhandlungen des achtundfünfzigsten Deutschen Juristentages, Bd. I, 1990, D 14 f., der konstatiert, dass die „kommunale Satzungsgebung im Hinblick auf die gerichtliche Kontrolle gem. Art. 20 Abs. 3 GG auch dem Maßstab der Gesetze unterworfen [ist]" und „genau geprüft werden [muss], inwieweit die gesetzlichen Handlungsmaßstäbe in Selbstverwaltungsangelegenheiten nicht besonders häufig eine Ermächtigung zu letztverbindlicher Verwaltungsentscheidung und damit eine Einschränkung der gerichtlichen Kontrolldichte enthalten."

[55] *Eberhard Schmidt-Aßmann*, in: Ständige Deputation des Deutschen Juristentages

tiver Vorgaben allerdings auch nicht zum Anlass einer gerichtlichen „Ausfüllungs- und Verdichtungskompetenz“ genommen werden, die das Merkmal der Eigenverantwortlichkeit missachtet.[56] Die Unbestimmtheit legislativer Vorgaben begründet vielmehr kommunale Ermessens-, Beurteilungs-, Prognose- und Einschätzungsermächtigungen.[57] Die gerichtliche Kontrolle kann folglich das Normsetzungsermessen nicht durch eigene Wertungsmaßstäbe ersetzen, sondern die Wertungen des Normgebers nur nachvollziehen.[58]

3. *Konfligierendes Rechtsprinzip: Gleichwertigkeit der Lebensverhältnisse*

Vorrangige Bedeutung für die Abwägungsentscheidung hat das Postulat der Gleichwertigkeit der Lebensverhältnisse. Nach der institutionellen Deutung des Art. 28 Abs. 2 GG ist dieser Gedanke der Gleichwertigkeit sowohl bei der Hochzonung von Aufgaben[59] als auch bei der Beeinträchtigung des modalen Gewährleistungselementes als Rechtfertigungsgrund zu berücksichtigen. Die Gleichwertigkeit der Lebensverhältnisse hat danach verfassungsrechtliche Qualität und die Funktion, ein existentes Leistungsgefälle weitgehend abzubauen und eine gleichwertige Lebensqualität und Chancengleichheit zu schaffen; identische Lebensbedingungen fordere die Gleichwertigkeit der Lebensverhältnisse demgegenüber nicht, geographisch vorgegebene und gewachsene äußere Lebensbedingungen seien grundsätzlich hinzunehmen.[60]

Diese Erkenntnisse lassen sich für die prinzipientheoretische Interpretation grundsätzlich fruchtbar machen. Der Grundsatz der Gleichwertigkeit der Le-

(Hrsg.), Verhandlungen des achtundfünfzigsten Deutschen Juristentages, Bd. II, 1990, N 8 (11).

[56] *Eberhard Schmidt-Aßmann*, in: Ständige Deputation des Deutschen Juristentages (Hrsg.), Verhandlungen des achtundfünfzigsten Deutschen Juristentages, Bd. II, 1990, N 8 (16); siehe auch *Edzard Schmidt-Jortzig*, NJW 1983, S. 967 (968), der feststellt: „Halten sich die Normierungen in Grenzen [...], bleibt zwangsläufig auch die Kontrolldichte der Rechtsprechung limitiert.“

[57] *Hermann Hill*, in: Ständige Deputation des Deutschen Juristentages (Hrsg.), Verhandlungen des achtundfünfzigsten Deutschen Juristentages, Bd. I, 1990, D 108 f.; siehe aber auch *Edzard Schmidt-Jortzig*, NJW 1983, S. 967 (972); anders *Gerd Schmidt-Eichstaedt*, Bundesgesetze und Gemeinden, 1981, S. 196 f.; *ders.*, DVBl. 1985, S. 645 (649).

[58] *Eberhard Schmidt-Aßmann*, in: Ständige Deputation des Deutschen Juristentages (Hrsg.), Verhandlungen des achtundfünfzigsten Deutschen Juristentages, Bd. II, 1990, N 8 (20 f.).

[59] *Alexander Schink*, in: Edzard Schmidt-Jortzig/Alexander Schink, Subsidiaritätsprinzip und Kommunalordnung, 1982, S. 25 (79 ff.).

[60] *Alexander Schink*, in: Edzard Schmidt-Jortzig/Alexander Schink, Subsidiaritätsprinzip und Kommunalordnung, 1982, S. 25 (80); zum Ganzen *Franz-Ludwig Knemeyer*, NJW 1980, S. 1140 (1143 f.); ferner *Ulrich Scheuner*, AfK 1973, S. 1 (16); *Georg Poetzsch-Heffter*, in: Albert von Mutius (Hrsg.), Selbstverwaltung im Staat der Industriegesellschaft, Festgabe zum 70. Geburtstag von Georg Christoph von Unruh, 1983, S. 111 (113); kritisch *Rolf Grawert*, VVDStRL 36 (1978), S. 277 (294).

bensverhältnisse ist danach zunächst als verfassungsrechtliches Rechtsprinzip anzuerkennen,[61] das mit dem Merkmal der Eigenverantwortlichkeit der kommunalen Aufgabenwahrnehmung konfligiert. Angesichts der Anwendung der Abwägungsmethode ist aber nachdrücklich darauf hinzuweisen, dass die Gleichwertigkeit der Lebensverhältnisse keinen grundsätzlichen Vorrang genießt.[62] Das Postulat der Gleichwertigkeit muss vielmehr mit dem Merkmal der Eigenverantwortlichkeit abgewogen werden. Wann das Übermaßverbot insoweit konkret verletzt ist, muss letztlich für jeden Fall[63] gesondert geprüft werden. Allgemein lässt sich nur sagen, dass der Gemeinde grundsätzlich ein möglichst großer Entscheidungsspielraum einzuräumen ist.[64] Für die Abwägungsentscheidung des Gesetzgebers ist darüber hinaus zu berücksichtigen, dass jede Beeinträchtigung der Eigenverantwortlichkeit die partizipative Funktion kommunaler Selbstverwaltung in Frage stellt. Detaillierte gesetzliche Vorgaben können nämlich dazu führen, dass die Freiheit zur Unterschiedlichkeit der Lebensverhältnisse verloren geht und kommunale Selbstverwaltung nicht mehr

---

[61] Kritisch *Friedhelm Hufen*, in: Max-Emanuel Geis (Hrsg.), Staat – Kirche – Verwaltung, Festschrift für Hartmut Maurer zum 70. Geburtstag, 2001, S. 1177 (1184 f., 1189), der formuliert: „Die dritte und sicher folgenreichste Ursache für den Verlust an Eigenständigkeit ist das Dogma von der Gleichwertigkeit oder gar Einheitlichkeit der Lebensverhältnisse. Diese Formulierung ist im Grundgesetz nur an zwei speziellen und eher versteckten Stellen, und zwar im Rahmen klarer Kompetenzvorschriften, erwähnt und wird gleichwohl zum zentralen Verfassungsgrundsatz hochstilisiert und sogleich in Stellung gebracht, wenn sich leise Differenzierungswünsche äußern."; ähnlich *Günter Püttner*, DÖV 1977, S. 472 (474); *Raimund Wimmer*, DVBl. 1982, S. 62 (64 f.); anders *Heinz Weyl*, DÖV 1980, S. 813 (817).

[62] *Hans-Günter Henneke*, ZG 1994, S. 212 (244); ferner *Bruno Merk*, in: Ständige Deputation des Deutschen Juristentages (Hrsg.), Verhandlungen des dreiundfünfzigsten Deutschen Juristentages, Bd. II, 1980, N 10 (24), nach dem Art. 28 Abs. 2 GG „Unterschiede in der Wertung und Wahrnehmung von Aufgaben [...] und damit ein gewisses Leistungsgefälle" legitimiert und es „mit der Zielsetzung des Grundgesetzes unvereinbar wäre [...], die kommunale Selbstverwaltung nur zu akzeptieren, wenn und so lange ihr Ergebnis den staatlichen Wünschen und Vorstellungen entspricht"; siehe auch *Ernst Pappermann*, DVBl. 1981, S. 1040 (1044), der konstatiert: „Den Teilräumen der Bundesrepublik sind unterschiedliche, an den speziellen örtlichen Möglichkeiten orientierte Versorgungsstandards zuzubilligen."; zum Ganzen *Alexander Schink*, in: Edzard Schmidt-Jortzig/Alexander Schink, Subsidiaritätsprinzip und Kommunalordnung, 1982, S. 25 (80); *Hermann Hill*, in: Ständige Deputation des Deutschen Juristentages (Hrsg.), Verhandlungen des achtundfünfzigsten Deutschen Juristentages, Bd. I, 1990, D 15 f.

[63] Dazu *Franz-Ludwig Knemeyer*, NJW 1980, S. 1140 (1144); kritisch *Walter Frenz*, Die Verwaltung 28 (1995), S. 33 (62 f.), der eine Einzelfallkasuistik des Bundesverfassungsgerichts ablehnt; allerdings ist zu berücksichtigen, dass legislative Beeinträchtigungen – nicht zuletzt aufgrund der Feststellung, dass Gemeinden und Gemeindeverbände nicht individuell verfassungsrechtlich gewährleitet werden – lediglich einer generalisierenden und typisierenden Betrachtung unterzogen werden können, dazu nach überkommener Interpretation des Art. 28 Abs. 2 GG *Hans-Jürgen Papier*, DVBl. 1984, S. 453 (455).

[64] *Winfried Brohm*, DVBl. 1984, S. 293 (298); ferner *Franz-Ludwig Knemeyer*, NJW 1980, S. 1140 (1143), der „[n]ur in besonders wichtigen Fällen" eine Einschränkung der Eigenverantwortlichkeit akzeptiert.

spürbar und beeinflussbar ist.[65] Der Verhältnismäßigkeitsgrundsatz muss daher gewährleisten, dass „[d]ie staatlichen Instanzen [...] ihren Perfektionsdrang und den Wunsch nach möglichster Mitsprache in sämtlichen Lebensbereichen [...] [zügeln]".[66]

4. *Legislative Einschätzungsprärogative*

Angesichts dieser unverkennbaren Vagheit der Abwägungsmethode ist abschließend die Frage aufzuwerfen, ob sich der Gesetzgeber auf eine Einschätzungsprärogative berufen kann. Für die Aufgabengarantie der Gemeinden wurde schon auf die Notwendigkeit einer legislativen Einschätzungsprärogative hingewiesen. Dem lag die – wohl auf die Rechtfertigung der Aufgabenhochzonung bezogene – Auffassung des Bundesverfassungsgerichts zugrunde, wonach die gerichtliche Kontrolldichte auf den Maßstab der Vertretbarkeit zu reduzieren ist.[67] Um diese Judikatur für den prinzipientheoretischen Deutungsansatz fruchtbar machen zu können, war hinsichtlich der Aufgabengarantie der Gemeinden ein erheblicher Argumentationsaufwand notwendig: Angesichts der Qualifikation der Aufgabengarantie der Gemeinden als Rechtsregel können Beeinträchtigungen nicht gerechtfertigt werden, gleichwohl machte die Unbestimmtheit des Begriffs der örtlichen Gemeinschaft eine legislative Einschätzungsprärogative erforderlich.[68]

Ein vergleichbarer Argumentationsaufwand besteht nun mit Blick auf die Eigenverantwortlichkeit der kommunalen Aufgabenerfüllung nicht. Insoweit geht es nämlich nach dem prinzipientheoretischen Deutungsansatz – inhaltlich mit der institutionellen Sichtweise übereinstimmend – um die Rechtfertigung legislativer Beeinträchtigungen. Die Annahme einer Einschätzungsprärogative beruht folglich auch im Kontext der prinzipientheoretischen Rekonstruktion darauf, dass ein

> „stringentes, gesetzgeberische Beurteilungs- und Prognosespielräume ausschließendes Verhältnismäßigkeitsprinzip [...] dem Grundgesetz nur als Mittel eindeutiger Eingriffsabwehr bei schwerwiegenden Einwirkungen in besonders wesentliche Rechtspositionen bekannt [ist]."

Dementsprechend findet auch mit Blick auf die Eigenverantwortlichkeit „das Übermaßverbot in seiner durch legislatorische Beurteilungs- und Prognosespielräume relativierten Geltungskraft [...] Anwendung [...]." Insgesamt ist im

---

[65] *Friedhelm Hufen*, in: Max-Emanuel Geis (Hrsg.), Staat – Kirche – Verwaltung, Festschrift für Hartmut Maurer zum 70. Geburtstag, 2001, S. 1177 (1185, 1189).

[66] *Edzard Schmidt-Jortzig*, DVBl. 1990, S. 920 (925).

[67] Siehe nochmals BVerfGE 79, 127 (154); auch das Bundesverwaltungsgericht hatte zuvor Gestaltungs-, Beurteilungs- und Typisierungsspielräume und -prärogativen des Gesetzgebers anerkannt, BVerwG, DÖV 1984, S. 164 (165 ff.).

[68] Ausführlich dazu S. 477 ff.

Anschluss an die Judikatur des Bundesverfassungsgerichts folglich eine Vertretbarkeitskontrolle angezeigt: Beeinträchtigungen der Eigenverantwortlichkeit können grundsätzlich mit „vernünftigen und sachgerechten sowie verfassungslegitimen Gründen des Gemeinwohls" legitimiert werden; auch für das modale Gewährleistungselement kommunaler Selbstverwaltung ist hinsichtlich der Geeignetheit und Erforderlichkeit allerdings zu berücksichtigen, dass

„[sich] [d]er Gesetzgeber [...] an einer sachgerechten und vertretbaren Beurteilung des erreichbaren Materials orientiert haben [...] und die ihm zugänglichen Erkenntnisquellen ausgeschöpft haben [muss], um die voraussichtlichen Auswirkungen seiner Regelung so zuverlässig wie möglich abschätzen zu können."[69]

III. Exkurs: Die Kommunalaufsicht

Eigenverantwortlichkeit bedeutet nicht die Freiheit von jeder Gesetzes- und Rechtsbindung. Deshalb schließt „die kommunale Eigenverantwortlichkeit [...] [auch insbesondere] nicht die Rechtsaufsicht aus":[70] Die Gesetzmäßigkeit der Wahrnehmung der Angelegenheiten der örtlichen Gemeinschaft wird gerade im Wege der Aufsicht sichergestellt,[71] wobei Aufsichtsmittel[72] repressiver oder

---

[69] Zum Ganzen (nochmals) *Hans-Jürgen Papier*, DVBl. 1984, S. 453 (456).

[70] *Joachim Kronisch*, Aufgabenverlagerung und gemeindliche Aufgabengarantie, 1993, S. 125; ferner *Walter Frenz*, Die Verwaltung 28 (1995), S. 33 (38), der die Rechtsaufsicht nicht als Beeinträchtigung kommunaler Selbstverwaltung erachtet; zur Rechtsaufsicht auch BVerfGE 6, 104 (118); 8, 122 (137); 26, 172 (181); 78, 331 (341); siehe auch *Matthias Ruffert*, VerwArch 92 (2001), S. 27 (31), der feststellt, dass die Kommunalaufsicht „Vorbehalt und Vorrang des Gesetzes auf kommunaler Ebene ab[sichert] und [...] dadurch zugleich die Einhaltung des demokratischen Prinzips [garantiert], indem sie verhindert, dass die Selbstverwaltung unter Missachtung der Grenzen ihrer in der Betroffenenpartizipation wurzelnden Legitimation aus dem für einen jeweils übergeordneten Rahmen legitimierten Landes-, Bundes- oder Gemeinschaftsrecht ausschert"; eingehend *Albert von Mutius*, in: Ständige Deputation des Deutschen Juristentages (Hrsg.), Verhandlungen des dreiundfünfzigsten Deutschen Juristentages, Bd. I, 1980, E 79 ff.

[71] Ausführlich *Hermann Hill*, in: Ständige Deputation des Deutschen Juristentages (Hrsg.), Verhandlungen des achtundfünfzigsten Deutschen Juristentages, Bd. I, 1990, D 28 ff.; ferner *Franz-Ludwig Knemeyer*, in: Thomas Mann/Günter Püttner (Hrsg.), Handbuch der kommunalen Wissenschaft und Praxis, Bd. I, 3. Aufl. 2007, § 12, Rn. 36 ff.; zur Aufsicht über die kommunalwirtschaftliche Betätigung der Gemeinden und Gemeindeverbände *Matthias Ruffert*, VerwArch 92 (2001), S. 27 ff.; zur kommunalen Finanzkontrolle *Walter Klappstein*, in: Albert von Mutius (Hrsg.), Selbstverwaltung im Staat der Industriegesellschaft, Festgabe zum 70. Geburtstag von Georg Christoph von Unruh, 1983, S. 479 ff.; *Udo Müller*, NVwZ 1993, S. 334 ff.; *Joachim Wieland*, DVBl. 1999, S. 1470 ff.

[72] Eingehend *Reimer Bracker*, in: Albert von Mutius (Hrsg.), Selbstverwaltung im Staat der Industriegesellschaft, Festgabe zum 70. Geburtstag von Georg Christoph von Unruh, 1983, S. 459 (466 ff.); ferner *Franz-Ludwig Knemeyer*, JuS 2000, S. 521 ff.; *Thomas Pfeiffer*, ThürVBl. 2007, S. 201 ff.

präventiver[73] Natur sein können.[74] Auch diese Rechtsaufsicht ist nun als Beeinträchtigung des modalen Gewährleistungselementes zu qualifizieren, deren verfassungsrechtliche Zulässigkeit auf den Vorbehalt „im Rahmen der Gesetze" zurückgeführt werden muss. Dem „Freisein von staatlichen Einflußnahmen" und dem „prinzipiellen Fehlen jeglicher Weisungsunterworfenheit"[75] widerspricht nämlich nicht erst die Fach-, sondern vielmehr auch schon die Rechtsaufsicht.[76] Diesbezüglich ist eine spezifische Maßstabbildung indes nicht erforderlich, da zunächst „[a]lle Aufsichtsmittel, die der Gemeinde verbindlich etwas vorschreiben wollen, [...] einer gesetzlichen Grundlage [bedürfen]."[77] Nicht

[73] *Hermann Hill*, in: Ständige Deputation des Deutschen Juristentages (Hrsg.), Verhandlungen des achtundfünfzigsten Deutschen Juristentages, Bd. I, 1990, D 34ff.; ferner *Christoph Brüning/Klaus Vogelgesang*, Die Kommunalaufsicht, 2. Aufl. 2009, Rn. 80ff.; kritisch zu Genehmigungsvorbehalten *Paul-Peter Humpert*, DVBl. 1990, S. 804 (805)

[74] *Hermann Hill*, in: Ständige Deputation des Deutschen Juristentages (Hrsg.), Verhandlungen des achtundfünfzigsten Deutschen Juristentages, Bd. I, 1990, D 28f.; nach der Judikatur des Bundesverfassungsgerichts bildet die Rücksichtnahme im Gegensatz zur Vormundschaft das die Kommunalaufsicht dirigierende Prinzip, siehe BVerfGE 8, 122 (137); 58, 177 (195); 78, 331 (342); dementsprechend sei die Beratung als Form der präventiven Kommunalaufsicht wichtigstes Instrument, Beanstandung und Ersatzvornahme als repressive Mittel dagegen nur in Ausnahmefällen einzusetzen, BVerfGE 6, 104 (118).

[75] *Joachim Kronisch*, Aufgabenverlagerung und gemeindliche Aufgabengarantie, 1993, S. 125; ferner *Horst Dreier*, in: Horst Dreier (Hrsg.), GG, Bd. II, 2. Aufl. 2006, Art. 28, Rn. 114; zuvor *Erich Becker*, in: Karl August Bettermann/Hans Carl Nipperdey (Hrsg.), Bd. IV/2, 1962, S. 673 (718), der auf eine Wahrnehmung kommunaler Selbstverwaltungsaufgaben ohne Weisung und Vormundschaft des Staates rekurriert; ähnlich *Franz-Ludwig Knemeyer*, in: Albert von Mutius (Hrsg.), Selbstverwaltung im Staat der Industriegesellschaft, Festgabe zum 70. Geburtstag von Georg Christoph von Unruh, 1983, S. 209 (222f.).

[76] Siehe *Friedrich Schoch*, Jura 2006, S. 188 (189), der feststellt: „Die Kommunalaufsicht wird dadurch nicht etwa zu einem Element der kommunalen Selbstverwaltung, sondern zu ihrem Gegenstück"; ähnlich auch *Jörn Ipsen*, in: Jörn Ipsen/Carl Schinkel (Hrsg.), Aufsicht über die Städte – Kontrolle oder Kondominium? Referate im Rahmen des Städteforums Lüneburg am 2. Dezember 1985, 1986, S. 5 (6), der erst den Vorbehalt rahmenrechtlicher Regelungen als Institutionalisierung der Kommunalaufsicht qualifiziert und im Übrigen Art. 28 Abs. 2 S. 1 GG allerdings die Verpflichtung gesetzlicher Regelungen auf eine Rahmenfunktion entnimmt; siehe ferner *Albert von Mutius*, in: Ständige Deputation des Deutschen Juristentages (Hrsg.), Verhandlungen des dreiundfünfzigsten Deutschen Juristentages, Bd. I, 1980, E 20, der „[jede] Weisung und Vormundschaft des Staates" als dem modalen Gewährleistungselement kommunaler Selbstverwaltung zuwiderlaufend apostrophiert; schließlich *Edzard Schmidt-Jortzig*, DVBl. 1990, S. 920 (920, 923), der darauf hinweist, dass „beim Satzungsrecht die Sachentscheidungen dezentralisiert [werden]", gleichwohl aber konstatiert: „Die staatliche Kontrolle ist insoweit Korrelat der hoheitlichen Dezentralisation und erfaßt die Kommunen konstitutiv, unabdingbar und konsequent."; ambivalent *Rolf Stober*, in: Siegfried Magiera (Hrsg.), Verwaltungswissenschaft und Verwaltungspraxis in nationaler und transnationaler Perspektive, Festschrift für Heinrich Siedentopf zum 70. Geburtstag, 2008, S. 485 (487ff.), der „die Aufsicht über die Kommunen [...] als Essentiale der Selbstverwaltung" qualifiziert; ferner auch *Alexander Schink*, VerwArch 81 (1990), S. 385 (393), der das modale Gewährleistungselement lediglich mit der „Freiheit von Zweckmäßigkeitsweisungen" umschreibt.

[77] *Hermann Hill*, in: Ständige Deputation des Deutschen Juristentages (Hrsg.), Verhandlungen des achtundfünfzigsten Deutschen Juristentages, Bd. I, 1990, D 29; ähnlich *Reimer*

erst die Aufsicht, sondern schon deren gesetzliche Grundlagen[78] beeinträchtigen daher die Eigenverantwortlichkeit der kommunalen Aufgabenwahrnehmung,[79] sodass das modale Gewährleistungselement folglich schon durch die verfassungsrechtlichen Grenzen der Zulässigkeit legislativer Beeinträchtigung abgesichert wird. Da Aufsichtsmittel allerdings auch im Einzelfall die Eigenverantwortlichkeit beinträchtigen können,[80] muss das Übermaßverbot[81] überdies auch im Einzelfall zur Anwendung gelangen.[82]

Bracker, in: Albert von Mutius (Hrsg.), Selbstverwaltung im Staat der Industriegesellschaft, Festgabe zum 70. Geburtstag von Georg Christoph von Unruh, 1983, S. 459 (459), der betont, dass die Staatsaufsicht Korrelat „der Gemeindefreiheit und der ihr gesetzten Grenzen [ist]"; siehe auch *Franz-Ludwig Knemeyer*, in: Thomas Mann/Günter Püttner (Hrsg.), Handbuch der kommunalen Wissenschaft und Praxis, Bd. I, 3. Aufl. 2007, § 12, Rn. 10, 42; ferner *Janbernd Oebbecke*, DÖV 2001, S. 406 (409ff.); dazu schließlich aber auch *Matthias Ruffert*, VerwArch 92 (2001), S. 27 (37f.), der auf die Verwendung unbestimmter Rechtsbegriffe verweist.

[78] Zur Bedeutung des Europarechts *Christoph Brüning/Klaus Vogelgesang*, Die Kommunalaufsicht, 2. Aufl. 2009, Rn. 37ff.; *Dirk Ehlers*, DÖV 2001, S. 412ff.

[79] *Friedrich Schoch*, NVwZ 1990, S. 801 (802); siehe aber auch *Franz-Ludwig Knemeyer*, NJW 1980, S. 1140 (1141, 1145, 1147), der gleichwohl die Notwendigkeit betont, die Kommunalaufsicht einem normativen Regime zu unterwerfen, dass die Eigenverantwortlichkeit der Regelung der Angelegenheiten der örtlichen Gemeinschaft sicherstellt; einer Beeinträchtigung des modalen Gewährleistungselementes kommunaler Selbstverwaltung steht auch nicht die neben der Wächterfunktion anerkannte Schutzfunktion der Kommunalaufsicht entgegen – eingehend zu den Funktionen der Kommunalaufsicht *ders.*, in: Thomas Mann/Günter Püttner (Hrsg.), Handbuch der kommunalen Wissenschaft und Praxis, Bd. I, 3. Aufl. 2007, § 12, Rn. 13ff.; *Christoph Brüning/Klaus Vogelgesang*, Die Kommunalaufsicht, 2. Aufl. 2009, Rn. 74ff.

[80] Dazu nach tradierter Interpretation *Reimer Bracker*, in: Albert von Mutius (Hrsg.), Selbstverwaltung im Staat der Industriegesellschaft, Festgabe zum 70. Geburtstag von Georg Christoph von Unruh, 1983, S. 459 (463); siehe aber auch BVerfGE 8, 122 (137); ferner *Christoph Brüning/Klaus Vogelgesang*, Die Kommunalaufsicht, 2. Aufl. 2009, Rn. 42.

[81] *Hermann Hill*, in: Ständige Deputation des Deutschen Juristentages (Hrsg.), Verhandlungen des achtundfünfzigsten Deutschen Juristentages, Bd. I, 1990, D 29; ferner *Reimer Bracker*, in: Albert von Mutius (Hrsg.), Selbstverwaltung im Staat der Industriegesellschaft, Festgabe zum 70. Geburtstag von Georg Christoph von Unruh, 1983, S. 459 (465); siehe auch *Franz-Ludwig Knemeyer*, NJW 1980, S. 1140 (1147); *Christoph Brüning/Klaus Vogelgesang*, Die Kommunalaufsicht, 2. Aufl. 2009, Rn. 151, 155ff., die die Kommunalaufsicht ferner nicht einem Subsidiaritätsgrundsatz unterwerfen; dazu schließlich aber auch BVerfGE 8, 122 (137) mit dem Hinweis, die Rechtsaufsicht impliziere einen Ermessensspielraum; schließlich *Matthias Wehr*, BayVBl. 2001, S. 705ff.; zur Bedeutung des Legalitäts- sowie des Opportunitätsprinzips *ders.*, BayVBl. 1999, S. 193ff.; zum Ganzen auch *Hartmut Borchert*, DÖV 1978, S. 721ff.; *Thorsten Franz*, JuS 2004, S. 937 (938); *Friedrich Schoch*, Jura 2006, S. 188 (195).

[82] Allgemein BVerfG, NVwZ 1989, S. 45 (46) mit dem Hinweis, dass „[s]oweit unbestimmte Rechtsbegriffe Spielräume belassen, [...] diese den Gemeinden, nicht der Aufsichtsbehörde [eröffnet seien]"; ähnlich *Thorsten Franz*, JuS 2004, S. 937 (937); siehe aber auch *Hermann Hill*, in: Ständige Deputation des Deutschen Juristentages (Hrsg.), Verhandlungen des achtundfünfzigsten Deutschen Juristentages, Bd. I, 1990, D 41, der mit Hilfe unbestimmter Rechtsbegriffe im Rahmen einer Genehmigungserteilung Spielräume der Aufsichtsbehörde eröffnet.

C. Zusammenfassung

Nach Maßgabe der prinzipientheoretischen Interpretation des Art. 28 Abs. 2 GG ist die Garantie der Eigenverantwortlichkeit der kommunalen Aufgabenwahrnehmung als *Rechtsprinzip* zu qualifizieren, legislative Beeinträchtigungen können aufgrund des Vorbehaltes „im Rahmen der Gesetze" gerechtfertigt werden. Die verfassungsrechtlichen Grenzen solcher zulässiger Beeinträchtigungen sind mit Hilfe der Abwägungsmethode zu bestimmen: Das modale Gewährleistungselement ist mit konfligierenden Rechtsprinzipien – insbesondere dem Grundsatz der Gleichwertigkeit der Lebensverhältnisse – abzuwägen. Dabei gilt der Maßstab des Übermaßverbotes. Inhaltliche Vorgaben zur Wahrnehmung der Angelegenheiten der örtlichen Gemeinschaft müssen grundsätzlich ein Unbestimmtheitsgebot wahren. Die gerichtliche Kontrolldichte ist dabei auf den Maßstab der Vertretbarkeit beschränkt.[83]

---

[83] Siehe aber auch *Edzard Schmidt-Jortzig*, NJW 1983, S. 967 (972), der die Notwendigkeit der judikativen Kontrolle der die kommunale Tätigkeit reglementierenden und beschneidenden Gesetze betont, die im Rahmen der Diskussion über das Verhältnis zwischen kommunalem Satzungsrecht und gerichtlicher Kontrolle nicht in Vergessenheit geraten dürfe.

Zusammenfassung

Die dogmatische Rekonstruktion des Art. 28 Abs. 2 GG auf prinzipientheoretischer Grundlage lässt sich wie folgt zusammenfassen: Das Erscheinungsbild kommunaler Selbstverwaltung hat sich stark gewandelt und verändert sich weiter. Mit diesen Veränderungen hat die Dogmatik der Verfassungsgarantie der kommunalen Selbstverwaltung nicht Schritt gehalten. Grundlegende Strukturen der dogmatischen Konstruktion der unterschiedlichen Gewährleistungselemente des Art. 28 Abs. 2 GG wurden vom Bundesverfassungsgericht in seiner „Rastede"-Entscheidung formuliert und seitdem kaum in Frage gestellt: Das Bundesverfassungsgericht qualifiziert Art. 28 Abs. 2 GG als institutionelle Garantie, die der gesetzlichen Ausgestaltung bedarf. Auf Differenzierungen zwischen den einzelnen Gewährleistungselementen verzichtet der institutionelle Deutungsansatz, zudem werden auch rechtliche Weiterentwicklungen – wie etwa das bundesverfassungsrechtliche Aufgabenübertragungsverbot oder landesverfassungsrechtliche Konnexitätsprinzipien – nicht in das vorherrschende dogmatische Konzept eingebunden. Vor allem die fehlende Differenzierung zwischen den einzelnen Gewährleistungselementen des Art. 28 Abs. 2 GG führt zu zahlreichen Inkonsistenzen und Rationalitätsverlusten. Dies gilt umso mehr, als die Lehre von den institutionellen Garantien selbst zahlreiche Schwächen aufweist: Grundlegende Bedenken sind insoweit darauf zurückzuführen, dass sie ihren Gegenstand nicht bestimmen kann. Darüber, welche verfassungsrechtlichen Gewährleistungen als institutionelle Garantie zu qualifizieren sind, gibt die Lehre von institutionellen Garantien keine Auskunft.

Jede dogmatische Rekonstruktion des Art. 28 Abs. 2 GG hat zwingend zwischen den verschiedenen Gewährleistungselementen des Art. 28 Abs. 2 GG zu unterscheiden. Die Verfassungsgarantie kommunaler Selbstverwaltung bedarf nämlich nicht vollumfänglich der gesetzlichen Ausgestaltung: Jedenfalls die eigenverantwortliche Regelung der Angelegenheiten der örtlichen Gemeinschaft ist verfassungsunmittelbar gewährleistet. Gemeinden und Gemeindeverbände sind lediglich in ihrer Existenz auf eine legislative Ausgestaltung angewiesen. Keine brauchbare Alternative zur institutionellen Interpretation liefert vor diesem Hintergrund die Interpretation des Art. 28 Abs. 2 GG als Recht (Kompetenz) auf Selbstverwaltung. Dieser Ansatz trägt der Notwendigkeit einer Differenzierung zwischen den unterschiedlichen Gewährleistungselementen des Art. 28 Abs. 2 GG ebenfalls nicht Rechnung. Ein Recht auf Selbstverwaltung kann nicht erklären, dass jedenfalls Gemeinden und Gemeindeverbände als Träger eines sochen Rechts der gesetzlichen Ausgestaltung bedürfen.

Die dogmatische Rekonstruktion auf prinzipientheoretischer Grundlage geht demgegenüber davon aus, dass Art. 28 Abs. 2 GG zunächst ein *Rechtsprinzip* gewährleistet, das die Existenz von Gemeinden und Gemeindeverbänden betrifft. Der Gesetzgeber hat die Pflicht, Gemeinden und Gemeindeverbände als juristische Personen des öffentlichen Rechts zu kreieren. Die verfassungsrechtlichen Grenzen sind dabei durch eine Abwägung zwischen dem Rechtsprinzip kommunaler Selbstverwaltung und konfligierenden Rechtsprinzipien nach Maßgabe des *Untermaßverbotes* zu ermitteln. Die Wahrnehmung der Angelegenheiten der örtlichen Gemeinschaft ist demgegenüber – anders als die Aufgabengarantie der Gemeindeverbände, die aufgrund ihrer Ausgestaltungsbedürftigkeit ebenfalls als *Rechtsprinzip* konstruiert ist – verfassungsunmittelbar gewährleistet und folglich als *Rechtsregel* zu qualifizieren. Weder bedarf die Aufgabengarantie der Gemeinden der legislativen Ausgestaltung, noch findet der Vorbehalt „im Rahmen der Gesetze" auf diese Aufgabengarantie Anwendung. Zwar hat ein solcher Vorbehalt grundsätzlich zur Folge, dass entsprechende Rechtsnormen den Rechtsprinzipien zuzuordnen sind; sie gebieten angesichts des Vorbehalts, dass etwas – relativ bezogen auf die rechtlichen und tatsächlichen Möglichkeiten – in einem möglichst hohen Maße realisiert wird. Beeinträchtigungen der Aufgabengarantie der Gemeinden sind angesichts der begrenzten Reichweite des Vorbehaltes „im Rahmen der Gesetze" aber gerade nicht zulässig. Die Eigenverantwortlichkeit der Aufgabenwahrnehmung ist schließlich nicht als Rechtsregel, sondern ebenfalls als *Rechtsprinzip* gewährleistet. Diese Einordnung beruht auf dem Vorbehalt „im Rahmen der Gesetze": Gesetzgeberische Beeinträchtigungen sind insoweit nach Maßgabe einer Abwägung mit konfligierenden Rechtsprinzipien zulässig; den Maßstab bildet dabei das *Übermaßverbot*.

Diese prinzipientheoretische Grundlegung muss schließlich durch eine funktionale Dogmatik ergänzt werden. Auch im Anwendungsbereich des Art. 28 Abs. 2 GG ist nämlich die Frage zu beantworten, wie verfassungsrechtliche Gewährleistungen den Gesetzgeber binden können, wenn dieser die Gewährleistungsgegenstände selbst hervorbringt. Dazu sind folgende Aspekte zu berücksichtigen: Art. 28 Abs. 2 GG verfügt nach prinzipientheoretischen Maßstäben über einen genuin verfassungsrechtlichen Gewährleistungsinhalt, der im Zuge der Ausgestaltung der Einrichtung der Gemeinden und Gemeindeverbände sowie der Aufgabengarantie der Gemeindeverbände auf Seiten der kommunalen Selbstverwaltung mit konfligierenden Rechtsprinzipien abzuwägen ist. Diesen Gewährleistungsinhalt kann die Prinzipientheorie selbst aber nicht bestimmen. Er muss vielmehr durch Auslegung der Verfassungsgarantie kommunaler Selbstverwaltung ermittelt werden. Aus teleologischer Perspektive ergibt sich dabei, dass die zentrale Doppelfunktion kommunaler Selbstverwaltung den Gewährleistungsinhalt des Art. 28 Abs. 2 GG bildet. Diese Doppelfunktion kommunaler Selbstverwaltung hat nun nicht nur die Aufgabe, dem ausgestaltenden Gesetzgeber verfassungsrechtliche Grenzen zu ziehen. Vielmehr ist sie auch hinsichtlich der Aufgabengarantie der Gemeinden sowie der Eigenverantwortlichkeit der kommunalen Aufgabenerfüllung von Bedeutung. Bei der Auslegung der verfassungsunmittelbar garantierten Gewährleistungselemente muss die Doppelfunktion kommunaler Selbstverwaltung ebenfalls beachtet werden.

Inhaltlich lässt sich diese Doppelfunktion wie folgt umschreiben: Kommunale Selbstverwaltung hat eine dezentralisierende und eine partizipative Funktion. Der Gedanke der Partizipation darf allerdings nicht zu einer Abkehr von den demokratischen Legitimationsgrundlagen kommunaler Selbstverwaltung führen. Er muss vielmehr stets mit diesen Legitimationsgrundlagen in Übereinstimmung gebracht werden. Im Übrigen ist der Gedanke der Partizipation weit zu verstehen, sodass Wahlen im Sinne des Art. 28 Abs. 1 S. 2 GG, direktdemokratische Elemente, sonstige Formen der Beteiligung der Aktivbürgerschaft und nicht zuletzt das Ehrenamt der partizipativen Funktion kommunaler Selbstverwaltung Ausdruck verleihen.

Die dogmatische Grundlegung ist für die einzelnen Gewährleistungselemente näher zu entfalten. Zunächst muss der verfassungsrechtliche Rahmen der Ausgestaltung der Einrichtung der Gemeinden und Gemeindeverbände bereichsspezifisch bestimmt werden. Der Gesetzgeber muss Gemeinden und Gemeindeverbände als organisationsrechtliche Grundbausteine des Art. 28 Abs. 2 GG bereitstellen. Nach der prinzipientheoretischen Interpretation des Art. 28 Abs. 2 GG ist der Gesetzgeber dabei an die Funktionen kommunaler Selbstverwaltung nach Maßgabe des Untermaßverbotes gebunden. Daraus folgt, dass schon die organisationsrechtlichen Grundbausteine kommunaler Selbstverwaltung die Voraussetzungen für Dezentralisierung und Partizipation schaffen müssen. Dem wird der Gesetzgeber mit der Figur der öffentlich-rechtlichen Gebietskörperschaften grundsätzlich gerecht. Auch die territorialen Grundlagen einzelner Gemeinden und Gemeindeverbände bedürfen der legislativen Ausgestaltung, deren verfassungsrechtliche Grenzen ebenfalls mit Hilfe einer Abwägung zwischen den Funktionen kommunaler Selbstverwaltung und konfligierenden Rechtsprinzipien nach Maßgabe des Untermaßverbotes zu bestimmen sind. Die Funktionen kommunaler Selbstverwaltung kommen dabei in den Merkmalen der Überschaubarkeit und Bürgernähe zum Ausdruck; mit ihnen konfligiert der Gedanke der Leistungsfähigkeit. Der Gesetzgeber muss folglich gewährleisten, dass die räumliche Ausdehnung von Gemeinden und Gemeindeverbänden Partizipation grundsätzlich erlaubt – zugleich muss der Gebietszuschnitt von Gemeinden und Gemeindeverbänden aber auch dem Interesse an einer leistungsfähigen und kostengünstigen Verwaltung genügen.

Art. 28 Abs. 2 GG gewährleistet auch die kommunale Finanzausstattung, ohne den Gemeinden und Gemeindeverbänden Finanzmittel verfassungsunmittelbar zuzuweisen. Die kommunale Finanzausstattung bedarf nach der prinzipientheoretischen Interpretation daher ebenfalls der legislativen Ausgestaltung. Die Ausgestaltungspflicht des Gesetzgebers korrespondiert insoweit mit einem Anspruch der Gemeinden auf eine angemessene Finanzausstattung. Bei der Abwägung zwischen den Funktionen kommunaler Selbstverwaltung und konfligierenden Rechtsprinzipien nach Maßgabe des Untermaßverbotes sind neben dem Gedanken der Partizipation vor allem die Leistungsfähigkeit der Länder, der Grundsatz der Verteilungssymmetrie und der interkommunale Gleichbehandlungsgrundsatz zu berücksichtigen. Der Gesetzgeber hat aber nichtsdestotrotz die Wahrnehmung von Selbstverwaltungsangelegenheiten finanziell zu ermöglichen: Trotz des Vorbehaltes der Leistungsfähigkeit dürfen die Länder staatliche Aufgaben nicht kommunalisieren, wenn deren finanzielle Folgen nicht ausgeglichen werden; Gründe, die eine Entlastung der Länder auf Kosten der Gemeinden und Gemeindeverbände rechtfertigen könnten, sind nicht ersichtlich.

Die Wahrnehmung von Selbstverwaltungsangelegenheiten stellen inzwischen auch das bundesverfassungsrechtliche Aufgabenübertragungsverbot sowie landesverfassungsrechtliche Konnexitätsprinzipien sicher. Diese „Ergänzungsgarantien" sind mit Hilfe der Prinzipientheorie dogmatisch wie folgt zu strukturieren: Landesverfassungsrechtliche Konnexitätsprinzipien sind nach dem prinzipientheoretischen Deutungsansatz dogmatisch ebenfalls als *Rechtsprinzipien* zu qualifizieren. Sie verlangen eine gesetzliche Regelung über den Kostenausgleich und bedürfen daher der legislativen Ausgestaltung. Sie verfügen im Gegensatz zum Anspruch der Gemeinden und Gemeindeverbände auf eine angemessene Finanzausstattung aber über einen *höheren Festsetzungsgehalt*. Dieser belässt den Landesgesetzgebern lediglich einen begrenzten Gestaltungsspielraum. Namentlich strikte Konnexitätsprinzipien verlangen nicht nur eine Kostenregelung, sondern auch einen aufgabenakzessorischen und vollständigen Ausgleich der kommunalen Mehrbelastung. Das Aufgabenübertragungsverbot der Art. 84 Abs. 1 S. 7, 85 Abs. 1 S. 2 GG ist demgegenüber eine *Rechtsregel*, da es verfassungsunmittelbar Rechtsfolgen festlegt. Es steht der bundesrechtlichen Übertragung von Aufgaben auf die Gemeinden und Gemeindeverbände ausnahmslos entgegen. Ein Aufgabenerweiterungs- oder -vermehrungsverbot ist ihm allerdings nicht zu entnehmen. Unsicherheiten ergeben sich ferner mit Blick auf kumulative Verursachungsbeiträge: Namentlich Aufgabenänderungen und -erweiterungen im Mehrebenensystem machen Lücken des bestehenden Systems offensichtlich. Solche Lücken lassen sich nur schließen, wenn ergänzend der Anspruch der Gemeinden und Gemeindeverbände auf eine angemessene Finanzausstattung die finanziellen Grundlagen kommunaler Selbstverwaltung sicherstellt.

Die *kommunale Binnenorganisation* ist nach der prinzipientheoretischen Interpretation des Art. 28 Abs. 2 GG ebenfalls ausgestaltungsbedürftig und aus diesem Grund dem *Rechtsprinzip* kommunaler Selbstverwaltung zuzuordnen. Die gesetzliche Organisation der Willensbildung bringt die Rechtseinrichtung kommunaler Selbstverwaltung erst hervor. Die notwendigen Strukturen der kommunalen Willensbildung werden nicht schon verfassungsunmittelbar gewährleistet. Gleiches gilt für die so genannte kommunale Organisationshoheit: Gemeinden und Gemeindeverbände sind von Verfassungs wegen nicht zur Selbstorganisation befähigt. Der Gesetzgeber muss dementsprechend die kommunale Binnenorganisation ausgestalten. Als konfligierende Rechtsprinzipien sind insoweit der Grundsatz funktionsgerechter Organisations- und Entscheidungsstrukturen, die Notwendigkeit einer aus demokratischen Wahlen hervorgegangenen Vertretung des Volkes im Sinne des Art. 28 Abs. 2 GG sowie das Gebot der intrafunktionalen Gewaltenteilung zu beachten. Bei der Ausgestaltung der kommunalen Binnenorganisation muss der Gesetzgeber vor allem die partizipative Funktion dadurch verwirklichen, dass er Gemeinden und Gemeindeverbänden die Möglichkeit zur Selbstorganisation einräumt. Angesichts der Geltung des Untermaßverbotes muss die kommunale Organisationshoheit Gemeinden und Gemeindeverbänden aber lediglich ein Mindestmaß an Möglichkeiten zur Selbstorganisation eröffnen.

Neben den so genannten kommunalen Hoheiten im Übrigen (Gebietshoheit, Kooperationshoheit, Personalhoheit, Finanzhoheit, Rechtsetzungshoheit) ist nach der prinzipientheoretischen Interpretation des Art. 28 Abs. 2 GG auch das Kommunalwirtschaftsrecht ausgestaltungsbedürftig. Die verfassungsrechtlichen Grenzen der Ausgestaltung können insoweit bereichsspezifisch wie folgt bestimmt werden: Zunächst muss die partizipative Funktion kommunaler Selbstverwaltung im Wege effektiver Steuerungs- und Kontrollmechanismen abgesichert werden. Anderenfalls würden die überkommenen Möglichkeiten zur Partizipation durch die Autonomisierung kommunaler Unternehmen verdrängt. Darüber hinaus sind bei der Ausgestaltung durch den Gesetzgeber die so genannten „Schranken" der wirtschaftlichen Betätigung von Gemeinden und Gemeindeverbänden zu berücksichtigen; ein verfassungsrechtliches Subsidiaritätsprinzip lässt sich aus dem Grundgesetz indes nicht ableiten.

Vor dem Hintergrund ihrer Ausgestaltungsbedürftigkeit kann sich die kommunale Binnenorganisation der Ökonomisierung und Europäisierung nicht entziehen. Sie wird insoweit nicht nur nach Maßgabe des Neuen Steuerungsmodells fortentwickelt, sondern unterliegt auch europarechtlichen Einflüssen. Namentlich das Kommunalwirtschaftsrecht muss wettbewerbs-, vergabe- und beihilfenrechtlichen Vorgaben gerecht werden. Das „Neue Steuerungsmodell" widerspricht den Maßstäben der legislativen Ausgestaltung der kommunalen Binnenorganisation grundsätzlich nicht. Auch insoweit werden Möglichkeiten zur Partizipation eröffnet, die dem Untermaßverbot genügen. Allerdings kann sich die idealtypische Ausformung des Neuen Steuerungsmodells nicht dem Vorwurf entziehen, Legitimationsdefizite zu begründen. Unmittelbare europarechtliche Vorgaben können demgegenüber nur aus der Perspektive des Europarechts betrachtet werden. Gemäß Art. 4 Abs. 2 S. 1 EUV achtet die Europäische Union auch die nationale Identität der Mitgliedstaaten, die in ihren grundlegenden politischen und verfassungsmäßigen Strukturen einschließlich der regionalen und lokalen Selbstverwaltung zum Ausdruck kommt. Das Europarecht normiert damit durchaus dem nationalen Verfassungsrecht – nach dem hier zugrunde gelegten Verständnis – vergleichbare Maßstäbe.

Anders als das Rechtsprinzip kommunaler Selbstverwaltung ist die *Aufgabengarantie der Gemeinden* nicht auf eine legislative Ausgestaltung angewiesen. Die Kompetenz der Gemeinden zur Wahrnehmung der Angelegenheiten der örtlichen Gemeinschaft gewährleistet Art. 28 Abs. 2 GG verfassungsunmittelbar; der Vorbehalt „im Rahmen der Gesetze" findet auf die Aufgabengarantie der Gemeinden keine Anwendung. Beeinträchtigungen der gemeindlichen Aufgabengarantie können folglich nicht gerechtfertigt werden, nach prinzipientheoretischen Maßstäben handelt es sich bei der Aufgabengarantie der Gemeinden aus diesem Grund um eine *Rechtsregel*. Die dementsprechend zwingend notwendige inhaltliche Annäherung an die Aufgabengarantie hat deren räumliche Komponente ebenso zu berücksichtigen wie den Begriff der örtlichen Gemeinschaft. Daraus folgt, dass nur solche Aufgaben Angelegenheiten der örtlichen Gemeinschaft sind, die in der örtlichen Gemeinschaft wurzeln oder auf sie einen spezifischen Bezug haben. Sie müssen der grundgesetzlich gewollten Teilnahme der Bürger an der öffentlichen Verwaltung ihr Betätigungsfeld zuordnen. Der Begriff der Daseinsvorsorge sowie ein allgemeines Subsidiaritätsprinzip sind dagegen ohne erkenntnisfördernde Bedeutung.

Die Privatisierung von Angelegenheiten der örtlichen Gemeinschaft und die Kommunalisierung von staatlichen Aufgaben stehen mit dieser Aufgabengarantie der Gemeinden in Zusammenhang, bedürfen aber einer gesonderten problemabschichtenden Analyse: Die eigenverantwortliche Regelung der Angelegenheiten der örtlichen Gemeinschaft korrespondiert grundsätzlich mit einer Pflicht der Gemeinden zur Sicherung und Wahrung eines Aufgabenbestandes, der zu den Angelegenheiten des örtlichen Wirkungskreises gehört. Die Reichweite dieser Pflicht richtet sich nach dem Konzept der Gewährleistungsverantwortung. Die organisatorischen Voraussetzungen der Wahrnehmung dieser Gewährleistungsverantwortung müssen allerdings vom Gesetzgeber im Wege der legislativen Ausgestaltung geschaffen werden; ohne den Gesetzgeber sind die Gemeinden nicht schon verfassungsunmittelbar zur Privatisierung von Angelegenheiten der örtlichen Gemeinschaft befähigt. Vergleichbares gilt für die interkommunale Kooperation: Da die kommunale Kooperationshoheit ebenfalls ausgestaltungsbedürftig ist, müssen die organisatorischen Voraussetzungen auch der interkommunalen Kooperation erst vom Gesetzgeber geschaffen werden. Die Kommunalisierung staatlicher Aufgaben betrifft die Aufgabengarantie der Gemeinden demgegenüber nicht, sofern der Gesetzgeber seiner verfassungsrechtlichen Pflicht nachkommt, die Gemeinden ausreichend mit finanziellen Mitteln auszustatten. Zu beachten sind allerdings die Auswirkungen der Kommunalisierung staatlicher Aufgaben auf die kommunale Binnenorganisation: Sie kann zu einer Verschiebung der Machtverhältnisse zwischen körperschaftlichem Trägerorgan und Körperschaftsvorstand führen. Maßstabbildend sind daher folgende Gesichtspunkte: Da die kommunale Binnenorganisation der legislativen Ausgestaltung bedarf, muss der Gesetzgeber auch im Rahmen der Kommunalisierung staatlicher Aufgaben den verfassungsrechtlichen Grenzen dieser Ausgestaltung gerecht werden. Weder darf die partizipative Funktion noch der intrafunktionale Gewaltenteilungsgrundsatz oder der Grundsatz funktionsgerechter Organ- und Entscheidungsstrukturen unbeachtet bleiben.

Die *Aufgabengarantie der Gemeindeverbände* bedarf anders als die Aufgabengarantie der Gemeinden der legislativen Ausgestaltung. Dies ergibt sich schon aus dem Wortlaut des Art. 28 Abs. 2 S. 2 GG. Grenzen der Ausgestaltung markiert zunächst die Aufgabengarantie der Gemeinden: Der Gesetzgeber darf auch bei der Ausgestaltung der Aufgabengarantie der Gemeindeverbände den Gemeinden keine Aufgaben entziehen. Darüber hinaus muss die Zuweisung von Selbstverwaltungsangelegenheiten vor allem der partizipativen Funktion kommunaler Selbstverwaltung entsprechen. Dieser Funktion genügen nur solche Aufgaben, die nach Maßgabe des Untermaßverbotes Bezüge zu den gemeinsamen Bedürfnissen der überörtlichen Gemeinschaft insbesondere in den Kreisen aufweisen und dementsprechend der Partizipation in besonderem Maße zugänglich sind. Die nach der institutionellen Lesart den Kreisen beigemessene überörtliche Funktion sowie deren Ergänzungs- und Ausgleichsfunktion genügen den prinzipientheoretischen Maßstäben nicht vollumfänglich. Insbesondere Ausgleichsaufgaben lassen Bezüge zu den gemeinsamen Bedürfnissen der Einwohner der Kreise vermissen.

Schließlich ist die *Eigenverantwortlichkeit* der kommunalen Aufgabenerfüllung *verfassungsunmittelbar gewährleistet*. Gemeinden und Gemeindeverbände können danach grundsätzlich selbst über das „Ob", „Wann" und „Wie" der Wahrnehmung von Selbstverwaltungsangelegenheiten entscheiden. Der Gesetzgeber ist auf der Grundlage des Vorbehaltes „im Rahmen der Gesetze" allerdings befugt, Vorgaben für die kommunale Aufgabenwahrnehmung zu machen. Entsprechende Vorgaben müssen indes durch konfligierende Rechtsprinzipien nach Maßgabe des *Übermaßverbotes* gerechtfertigt werden. Insbesondere das Interesse an der Gleichwertigkeit der Lebensverhältnisse darf nicht dazu führen, dass kommunale Entscheidungsspielräume übermäßig reduziert werden.

Literatur

Anne van Aaken, „Rational Choice“ in der Rechtswissenschaft, 2003
– Normative Grundlagen der ökonomischen Theorie, in: Anne van Aaken/Stefanie Schmidt-Lübbert (Hrsg.), Beiträge zur ökonomischen Theorie im Öffentlichen Recht, 2003, S. 89ff.
– Vom Nutzen der ökonomischen Theorie für das öffentliche Recht: Methode und Anwendungsmöglichkeiten, in: Marc Bungenberg (Hrsg.), Recht und Ökonomik, 2004, S. 1ff.
Aulis Aarnio, Taking Rules Seriously, ARSP, Beiheft 42 (1990), S. 180ff.
Gunther Abel, Die Bedeutung der Lehre von den Einrichtungsgarantien für die Auslegung des Bonner Grundgesetzes, 1964
Heidrun Abromeit, Öffentlicher Zweck und öffentliche Kontrolle, PVS 26 (1985), S. 287ff.
Norbert Achterberg, Antinomien verfassungsgestaltender Grundentscheidungen, Der Staat 8 (1969), S. 159ff.
– Die interkörperschaftliche Haftung im Bundesstaat am Beispiel der Bundesrepublik Deutschland, DVBl. 1970, S. 125ff.
– Die Gesellschaftsbezogenheit der Grundrechte, in: Friedrich Kaulbach (Hrsg.), Recht und Gesellschaft, Festschrift für Helmut Schelsky zum 65. Geburtstag, 1978, S. 1ff.
Bernd Adamaschek, Wettbewerb in der öffentlichen Verwaltung, in: Hans-Uwe Erichsen (Hrsg.), Kommunale Verwaltung im Wandel, 1999, S. 125ff.
Michael Adams, Ökonomische Theorie des Rechts, 2. Aufl. 2004
Lars-Christian Adler, Das Satzungsrecht der Gemeinden als verfassungsrechtlich eigenständiges Rechtsetzungsrecht?, 1997
Christine Ahlgrimm, Neugestaltung des öffentlichen Haushaltswesens auf der Grundlage des Ressourcenverbrauchs, 1999
Bernd Aker, Die Neufassung der Konnexitätsregelung in der Verfassung des Landes Baden-Württemberg, VBlBW 2008, S. 258ff.
Heinrich Albers, „Budgetierung“ – neue Wunderwaffe zur Lösung der Haushaltsprobleme?, ZKF 1995, S. 2ff.
– Wirksamkeit des Selbstverwaltungsrechts in Zeiten der Finanzkrise, in: Hans-Günter Henneke/Hubert Meyer (Hrsg.), Kommunale Selbstverwaltung zwischen Bewahrung, Bewährung und Entwicklung, Festgabe für Gernot Schlebusch zum 65. Geburtstag, 2006, S. 151ff.
Robert Alexy, Theorie juristischer Argumentation, 1978
– Zum Begriff des Rechtsprinzips, Rechtstheorie, Beiheft 1 (1979), S. 59ff.
– Theorie der Grundrechte, 1985
– Rechtsregeln und Rechtsprinzipien, ARSP, Beiheft 25 (1985), S. 13ff.
– Juristische Begründung, System und Kohärenz, in: Okko Behrends (Hrsg.), Rechtsdogmatik und praktische Vernunft, 1990, S. 95ff.

– Grundrechte als subjektive Rechte und als objektive Normen, Der Staat 29 (1990), S. 49 ff.
– Zur Kritik des Rechtspositivismus, ARSP, Beiheft 37 (1990), S. 9 ff.
– Begriff und Geltung des Rechts, 1992
– Rights, Legal Reasoning and Rational Discourse, Ratio Juris 5 (1992), S. 143 ff.
– Die Idee einer prozeduralen Theorie der juristischen Argumentation, in: Robert Alexy, Recht, Vernunft, Diskurs, 1995, S. 94 ff.
– Zum Begriff des Rechtsprinzips, in: Robert Alexy, Recht, Vernunft, Diskurs, 1995, S. 177 ff.
– Rechtssystem und praktische Vernunft, in: Robert Alexy, Recht, Vernunft, Diskurs, 1995, S. 213 ff.
– Individuelle Rechte und kollektive Güter, in: Robert Alexy, Recht, Vernunft, Diskurs, 1995, S. 232 ff.
– Grundrechte als subjektive Rechte und als objektive Normen, in: Robert Alexy, Recht, Vernunft, Diskurs, 1995, S. 262 ff.
– My Philosophy of Law: The Institutionalisation of Reason, in: Luc J. Wintgens (Hrsg.), The Law in Philosophical Perspectives, 1999, S. 23 ff.
– Zur Struktur der Rechtsprinzipien, in: Bernd Schilcher/Peter Koller/Bernd-Christian Funk (Hrsg.), Regeln, Prinzipien und Elemente im System des Rechts, 2000, S. 31 ff.
– Verfassungsrecht und einfaches Recht – Verfassungsgerichtsbarkeit und Fachgerichtsbarkeit, VVDStRL 61 (2002), S. 7 ff.
– Die Gewichtsformel, in: Joachim Jickeli (Hrsg.), Gedächtnisschrift für Jürgen Sonnenschein, 2003, S. 771 ff.
– On Balancing and Subsumption. A Structural Comparison, Ratio Juris 16 (2003), S. 433 ff.
– Ideales Sollen, in: Laura Clérico/Jan-R. Sieckmann (Hrsg.), Grundrechte, Prinzipien und Argumentation, 2009, S. 21 ff.
– Grundrechte und Verhältnismäßigkeit, in: Utz Schliesky (Hrsg.), Die Freiheit des Menschen in Kommune, Staat und Europa, Festschrift für Edzard Schmidt-Jortzig, 2011, S. 3 ff.
Holger Altmeppen, Die Einflussrechte der Gemeindeorgane in einer kommunalen GmbH, NJW 2003, S. 2561 ff.
Gerold Ambrosius, Der Staat als Unternehmer, 1984
Ralf von Ameln, Europarechtliche Determinanten der kommunalen Wirtschaftsförderung, in: Hans-Uwe Erichsen (Hrsg.), Kommunale Verwaltung im Wandel, 1999, S. 69 ff.
Thomas Ammermann, Das Konnexitätsprinzip im kommunalen Finanzverfassungsrecht, 2007
Ewald Andrews, Entwicklung und Umfang der gemeindlichen Personalhoheit, 1959
Wolfgang Andriske, Aufgabenneuverteilung im Kreis, 1978
Gerhard Anschütz, Theorien über den Begriff der gesetzgebenden Gewalt, 2. Aufl. 1901
– Die Verfassung des Deutschen Reichs vom 11. August 1919, 1. Aufl. 1921, 14. Aufl. 1933
– Diskussionsbeitrag, VVDStRL 3 (1927), S. 47 ff.
– Diskussionsbeitrag, VVDStRL 4 (1928), S. 74 ff.
Clemens Antweiler, Öffentlich-rechtliche Unterlassungsansprüche gegen kommunale Wirtschaftstätigkeit, NVwZ 2003, S. 1466 ff.

Rodolfo Arango, Der Begriff der sozialen Grundrechte, 2001
Johann Christoph von Aretin/Karl von Rotteck, Staatsrecht der constitutionellen Monarchie, 3. Teil, 2. Aufl. 1840
Andreas von Arnauld, Die normtheoretische Begründung des Verhältnismäßigkeitsgrundsatzes, JZ 2000, S. 276 ff.
Hans-Wolfgang Arndt, Kreislaufwirtschaft und kommunale Entsorgung, 1996
Hans Herbert von Arnim, Wirtschaftlichkeit als Rechtsprinzip, 1988
– Gemeindliche Selbstverwaltung und Demokratie, AöR 113 (1988), S. 1 ff.
– Möglichkeiten unmittelbarer Demokratie auf Gemeindeebene, DÖV 1990, S. 85 ff.
– Auf dem Weg zur optimalen Gemeindeverfassung?, DVBl. 1997, S. 749 ff.
– Die politische Durchsetzung der Kommunalverfassungsreform der neunziger Jahre, DÖV 2002, S. 585 ff.
– Parteien in der Kritik, DÖV 2007, S. 221 ff.
Stephan Articus, Zukunft Stadt? Stadt der Zukunft! Anmerkungen zur Situation und Zukunft der kommunalen Selbstverwaltung in Deutschland, DfK 2002, S. 6 ff.
Susanne Ast, Verwaltungsreformen ohne Ziel?, VerwArch 100 (2003), S. 574 ff.
Christian Athenstaedt, Aktuelle Tendenzen in der kommunalen Entwicklungszusammenarbeit, DÖV 2013, S. 835 ff.
Marietta Auer, Materialisierung, Flexibilisierung, Richterfreiheit, 2005
Ino Augsberg/Steffen Augsberg, Prognostische Elemente in der Rechtsprechung des Bundesverfassungsgerichts, VerwArch 98 (2007), S. 290 ff.
Steffen Augsberg, Die aktuelle Methodendiskussion: eine wissenschaftstheoretische Renaissance?, in: Andreas Funke/Jörn Lüdemann (Hrsg.), Öffentliches Recht und Wissenschaftstheorie, 2009, S. 145 ff.
Anja Baars, Rechtsfolgen fehlerhafter Verwaltungsvorschriften, 2010
Peter Badura, Rechtsetzung durch Gemeinden, DÖV 1963, S. 561 ff.
– Die Daseinsvorsorge als Verwaltungszweck der Leistungsverwaltung und der soziale Rechtsstaat, DÖV 1966, S. 624 ff.
– Entwicklungsplanung und gemeindliche Selbstverwaltung, in: Hans Schneider (Hrsg.), Im Dienst an Recht und Staat, Festschrift für Werner Weber zum 70. Geburtstag, 1974, S. 911 ff.
– Die Erfüllung öffentlicher Aufgaben und die Unternehmenszwecke bei der wirtschaftlichen Betätigung der öffentlichen Hand, in: Ingo von Münch (Hrsg.), Staatsrecht – Völkerrecht – Europarecht, Festschrift für Hans-Jürgen Schlochauer zum 75. Geburtstag am 28. März 1981, 1981, S. 3 ff.
– Die verfassungsrechtliche Pflicht des gesetzgebenden Parlaments zur „Nachbesserung" von Gesetzen, in: Georg Müller (Hrsg.), Staatsorganisation und Staatsfunktion im Wandel, Festschrift für Kurt Eichenberger zum 60. Geburtstag, 1982, S. 481 ff.
– Die wirtschaftliche Betätigung der öffentlichen Hand mit besonderer Berücksichtigung der öffentlich-rechtlichen Wettbewerbs-Versicherungsunternehmen, ZHR 146 (1982), S. 448 ff.
– Die politische Freiheit in der Demokratie, in: Willy Brandt (Hrsg.), Ein Richter, ein Bürger, ein Christ, Festschrift für Helmut Simon, 1987, S. 193 ff.
– Grundrechte der Gemeinde?, BayVBl. 1989, S. 1 ff.
– Die Wirtschaftstätigkeit der öffentlichen Hand und die neue Sicht des Gesetzesvorbehalts, in: Jürgen F. Baur (Hrsg.), Festschrift für Ernst Steindorff zum 70. Geburtstag am 13. März 1990, 1990, S. 835 ff.

– Staatsziele und Garantie der Wirtschaftsverfassung in Deutschland und Europa, in: Joachim Burmeister (Hrsg.), Verfassungsstaatlichkeit, Festschrift für Klaus Stern zum 65. Geburtstag, 1997, S. 409 ff.
– Wirtschaftliche Betätigung der Gemeinde zur Erfüllung von Angelegenheiten der örtlichen Gemeinschaft im Rahmen der Gesetze, DÖV 1998, S. 818 ff.
– Die Entscheidung über die Staatsaufgaben und ihre Finanzierung in der parlamentarischen Demokratie, in: L. Osterloh (Hrsg.), Staat, Wirtschaft, Finanzverfassung, Festschrift für Peter Selmer zum 70. Geburtstag, 2004, S. 19 ff.
– Privatisierung von Aufgaben der Leistungsverwaltung, in: Rainer Grote (Hrsg.), Die Ordnung der Freiheit, Festschrift für Christian Starck zum siebzigsten Geburtstag, 2007, S. 153 ff.

Dirk Baecker, Organisation als System, 1999
– Organisation und Management, 2003

Susanne Baer, Verwaltungsaufgaben, in: Wolfgang Hoffmann-Riem/Eberhard Schmidt-Aßmann/Andreas Voßkuhle (Hrsg.), Grundlagen des Verwaltungsrechts, Bd. I, 2. Aufl. 2012, § 11

Hansjürgen Bals, Grundzüge des Neuen Steuerungsmodells, in: Hans-Günter Henneke/Heinz Strobl/Dörte Diemert (Hrsg.), Recht der kommunalen Haushaltswirtschaft, 2008, § 2.

Gerhard Banner, Kommunale Steuerung zwischen Gemeindeordnung und Parteipolitik, DÖV 1984, S. 364 ff.
– Reform der Gemeindeverfassung, Der (Ober-)Bürgermeister als Verwaltungschef – Ein mögliches Modell?, in: Dieter Fischer/Rainer Frey/Peter Paziorek (Hrsg.), Kommunalverfassung in Nordrhein-Westfalen – Sind unsere Städte noch zu regieren?, 1989, S. 59 ff.
– Von der Behörde zum Dienstleistungsunternehmen. Die Kommunen brauchen ein neues Steuerungsmodell, VOP 1/1991, S. 6 ff.
– Konzern Stadt, in: Hermann Hill/Helmut Klages (Hrsg.), Qualitäts- und erfolgsorientiertes Verwaltungsmanagement – Aktuelle Tendenzen und Entwürfe, 1993, S. 57 ff.
– Das neue Steuerungsmodell der KGSt, in: Roland Dumont du Voitel (Hrsg.), Dienstleistungsunternehmen Stadt, 1994, S. 26 ff.
– Kommunale Verwaltungsmodernisierung und die Kommunalpolitiker, in: Christoph Reichard/Hellmut Wollmann (Hrsg.), Kommunalverwaltung im Modernisierungsschub?, 1996, S. 141 ff.
– Kommunale Dienstleistungen zwischen Gemeinwohlauftrag, Bürgerschaft und Markt, in: Michael Nierhaus (Hrsg.), Kommunale Selbstverwaltung, 1996, S. 81 ff.
– Das Demokratie- und Effizienzpotential des Neuen Steuerungsmodells ausschöpfen!, in: Jörg Bogumil/Leo Kißler (Hrsg.), Verwaltungsmodernisierung und lokale Demokratie, 1997, S. 125 ff.
– Zur politisch-administrativen Steuerung in der Kommune, AfK 1982, S. 26 ff.

Katarina Barley, Das Kommunalwahlrecht für Ausländer nach der Neuordnung des Art. 28 Abs. 1 S. 3 GG, 1999

Franz Barrios, Die spezielle Labilität der Gemeindeebene im Bundesstaat, 2003

Richard Bartelsperger, Das Verfassungsrecht der Länder in der gesamtstaatlichen Verfassungsordnung, in: Josef Isensee/Paul Kirchhof (Hrsg.), Handbuch des Staatsrechts der Bundesrepublik Deutschland, Bd. VI, 3. Aufl. 2008, § 128

Ulrich Battis, Partizipation im Städtebaurecht, 1976

Ulrich Battis/Michael Krautzberger/Rolf-Peter Löhr, Baugesetzbuch, 11. Aufl. 2009

Hartmut Bauer, Geschichtliche Grundlagen der Lehre vom subjektiven öffentlichen Recht, 1986
– Subjektiv-öffentliche Rechte des Staates – Zugleich ein Beitrag zur Lehre vom subjektiven öffentlichen Recht, DVBl. 1986, S. 208 ff.
– Privatisierung von Verwaltungsaufgaben, VVDStRL 54 (1995), S. 243 ff.
– Demographische Herausforderungen für die Kommunen – Einführende Problemskizze, in: Hartmut Bauer/Christiane Büchner/Olaf Gründel (Hrsg.), Demographie im Wandel. Herausforderungen für die Kommunen, 2006, S. 11 ff.
– Zukunftsthema „Rekommunalisierung", DÖV 2012, S. 329 ff.
Siegfried Bauer, Kaufmännische Buchführung in der öffentlichen Verwaltung, Ressourcenverbrauch statt Geldverbauch – wohin steuern die Neuen Steuerungsmodelle?, KKZ 1995, S. 185 ff.
Alois Baumgartner, „Jede Gesellschaftstätigkeit ist ihrem Wesen nach subsidiär" – Zur anthropologischen und theologischen Begründung der Subsidiarität, in: Knut W. Nörr/Thomas Oppermann (Hrsg.), Subsidiarität: Idee und Wirklichkeit – Zur Reichweite eines Prinzips in Deutschland und Europa, 1997, S. 13 ff.
Fritz Baur, Die „Naßauskiesung" – oder wohin treibt der Eigentumsschutz?, NJW 1982, S. 1734 ff.
Detlef Bayer, Staatliche Gemeindefinanzierung und Verfassungsrecht, DVBl. 1993, S. 1287 ff.
Michael D. Bayles, Principles of Law, 1987
Wolfgang Beck/Claudia Schürmeier, Die kommunalrechtliche Experimentierklausel als Reforminstrument, LKV 2004, S. 488 ff.
Erich Becker, Gemeindliche Selbstverwaltung, 1941
– Entwicklung der deutschen Gemeinden und Gemeindeverbände im Hinblick auf die Gegenwart, in: Hans Peters (Hrsg.), Handbuch der kommunalen Wissenschaft und Praxis, Bd. I, 1956, S. 62 ff.
– Die Selbstverwaltung als verfassungsrechtliche Grundlage der kommunalen Ordnung in Bund und Ländern, in: Hans Peters (Hrsg.), Handbuch der kommunalen Wissenschaft und Praxis, Bd. I, 1956, S. 113 ff.
– Das staatspolitische Vermächtnis des Freiherrn vom Stein, DÖV 1957, S. 740 ff.
– Die Selbstverwaltung des Volkes in den Gemeinden des 19. Jahrhunderts, in: Aus Geschichte und Landeskunde, Franz Steinbach zum 65. Geburtstag gewidmet von seinen Freunden und Schülern, 1960, S. 535 ff.
– Kommunale Selbstverwaltung, in: Karl August Bettermann/Hans Carl Nipperdey (Hrsg.), Die Grundrechte, Bd. IV/2, 1962, S. 673 ff.
– Kommunalverwaltung und Staatsverwaltung, in: Hochschule für Verwaltungswissenschaften Speyer (Hrsg.), Zur Struktur der deutschen Verwaltung, 1967, S. 68 ff.
Florian Becker, Grenzenlose Kommunalwirtschaft, DÖV 2000, S. 1032 ff.
Gary S. Becker, Der ökonomische Ansatz zur Erklärung menschlichen Verhaltens, 2. Aufl. 1993
Martin Beckmann, Die Wahrnehmung von Ausgleichs- und Ergänzungsaufgaben durch die Kreise und ihre Finanzierung über die Kreisumlage, DVBl. 1990, S. 1193 ff.
Hendrik Bednarz, Demographischer Wandel und kommunale Selbstverwaltung, 2010
Peter Behrens, Die ökonomischen Grundlagen des Rechts, 1986
Ulrich Bender, Theorien der gemeindlichen Selbstverwaltung – Das Selbstverwaltungsrecht als Naturrecht, 1962

Angelika Benz, Privatisierung und Deregulierung – Abbau von Staatsaufgaben?, Die Verwaltung 28 (1995), S. 337 ff.

Arthur Benz, Kooperative Verwaltung, 1994

– Status und Perspektiven der politikwissenschaftlichen Verwaltungsforschung, Die Verwaltung 36 (2003), S. 361 ff.

– (Hrsg.), Governance – Regieren in komplexen Regelsystemen. Eine Einführung, 2004

– Einleitung: Governance – Modebegriff oder nützliches sozialwissenschaftliches Konzept, in: Arthur Benz (Hrsg.), Governance – Regieren in komplexen Regelsystemen, 2004, S. 11 ff.

Stefan Benzing/Christoph Knill/Michael Bauer, Hemmt das Konnexitätsprinzip politische Innovationen?, DÖV 2007, S. 550 ff.

Wolfgang Berens/Dietrich Budäus/Ernst Buschor/Edmund Fischer/Klaus Lüder/Ehrhard Mundhenke/Hannes Streim, Zum nicht mehr vertretbaren kameralen Haushalts- und Rechnungswesen in einem demokratischen Gemeinwesen, DÖV 2008, S. 109 ff.

Wilfried Berg, Demokratie und kommunale Selbstverwaltung, StuGR 1979, S. 345 ff.

– Allzuständigkeit der Gemeinden und gesetzlich zugewiesene Aufgaben der Landkreise und Bezirke, in: Franz-Ludwig Knemeyer (Hrsg.), Bayerische Gemeinden, Bayerischer Gemeindetag, Festschrift 75 Jahre Bayerischer Gemeindetag, 1987, S. 135 ff.

– Die wirtschaftliche Betätigung des Staates als Verfassungsproblem, GewArch 1990, S. 225 ff.

Ariane Berger, Das kommunalrechtliche Subsidiaritätsgebot als subjektives öffentliches Recht, DÖV 2010, S. 118 ff.

Humberto Bergmann Avila, Theorie der Rechtsprinzipien, 2006

Uwe Berlit, Anmerkung zum Beschluss des BVerfG v. 26. Oktober 1994, 2 BvR 445/91, DVBl. 1995, S. 293 ff.

Edmund Bernatzik, Kritische Studien über den Begriff der juristischen Person und über die juristische Persönlichkeit der Behörden insbesondere, AöR 5 (1890), S. 169 ff.

Wolfgang Bernet, Zu Grundfragen der kommunalen Gemeindeverwaltungs- und Kreisgebietsreform in den neuen Ländern, LKV 1993, S. 393 ff.

Uwe Bernzen, Das Subsidiaritätsprinzip als Prinzip des deutschen Staatsrechts, 1966

Herbert Bethge, Die Aktualisierung der kommunalen Selbstverwaltungsgarantie durch die Verfassungsgerichtsbarkeit bei der Überprüfung staatlicher Neugliederungsgesetze, Die Verwaltung 6 (1973), S. 403 ff.

– Aktuelle Aspekte der Verfassungsgarantie der kommunalen Selbstverwaltung, Die Verwaltung 15 (1982), S. 205 ff.

– Das Selbstverwaltungsrecht im Spannungsfeld zwischen institutioneller Garantie und grundrechtlicher Freiheit, in: Albert von Mutius (Hrsg.), Selbstverwaltung im Staat der Industriegesellschaft, Festgabe zum 70. Geburtstag von Georg Christoph von Unruh, 1983, S. 149 ff.

– Parlamentsvorbehalt und Rechtssatzvorbehalt für die Kommunalverwaltung, NVwZ 1983, S. 577 ff.

Thomas Bettenburg/Boris Weirauch, Transparenz nicht um jeden Preis?, DÖV 2012, S. 352 ff.

Karl August Bettermann, Rundfunkfreiheit und Rundfunkorganisation, DVBl. 1963, S. 41 ff.

Karl-Jürgen Bieback, Die öffentliche Körperschaft, 1976

Dieter Birk/Rainer Wernsmann, Volksgesetzgebung über Finanzen, DVBl. 2000, S. 669 ff.
Diether Bischoff, Kommunale Neugliederung und Selbstverwaltungsgarantie, 1972
Hermann-Josef Blanke, Die kommunale Selbstverwaltung im Zuge fortschreitender Integration, DVBl. 1993, S. 819 ff.
– Normativität und Justitiabilität des gemeinschaftsrechtlichen Subsidiaritätsprinzips, ZG 1995, S. 193 ff.
– Government und Governance im 21. Jahrhundert, in: Siegfried Magiera (Hrsg.), Verwaltungswissenschaft und Verwaltungspraxis in nationaler und transnationaler Perspektive, Festschrift für Heinrich Siedentopf zum 70. Geburtstag, 2008, S. 721 ff.
Hermann-Josef Blanke/Hans-Peter Hufschlag, Kommunale Selbstverwaltung im Spannungsfeld zwischen Partizipation und Effizienz, JZ 1998, S. 653 ff.
Albert Bleckmann, Inhalt und Umfang des Gesetzesvorbehalts bei Gemeindesatzungen, DVBl. 1987, S. 1085 ff.
– Begründung und Anwendungsbereich des Verhältnismäßigkeitsprinzips, JuS 1994, S. 177 ff.
Albert Bleckmann/Franziska Helm, Die Grundrechtsfähigkeit juristischer Personen, DVBl. 1992, S. 9 ff.
Hermann Blodig, Die Selbstverwaltung als Rechtsbegriff, 1894
Mareike Blömker, Local Governance in internationaler Perspektive, 2010
Michael Blume, Tilburg: Modernes betriebswirtschaftlich orientiertes Verwaltungsmanagement, in: Gerhard Banner/Christoph Reichard (Hrsg.), Kommunale Managementkonzepte in Europa: Anregungen für die deutsche Reformdiskussion, 1993, S. 143 ff.
Willi Blümel, Gemeinden und Kreise vor den öffentlichen Aufgaben der Gegenwart, VVDStRL 36 (1978), S. 171 ff.
– Das verfassungsrechtliche Verhältnis von Gemeinden und Landkreisen, 1979
– Festsetzung von Lärmschutzbereichen und gemeindliche Selbstverwaltungsgarantie, VerwArch 73 (1982), S. 329 ff.
– Wesensgehalt und Schranken des kommunalen Selbstverwaltungsrechts, in: Albert von Mutius (Hrsg.), Selbstverwaltung im Staat der Industriegesellschaft, Festgabe zum 70. Geburtstag von Georg Christoph von Unruh, 1983, S. 265 ff.
– Das verfassungsrechtliche Verhältnis der kreisangehörigen Gemeinden zu den Kreisen, VerwArch 75 (1984), S. 197 ff.
Dieter Blumenwitz, Kommunale Außenpolitik, in: Albert von Mutius (Hrsg.), Selbstverwaltung im Staat der Industriegesellschaft, Festgabe zum 70. Geburtstag von Georg Christoph von Unruh, 1983, S. 747 ff.
Ernst-Wolfgang Böckenförde, Die Organisationsgewalt im Bereich der Regierung, 1964
– Entstehung und Wandel des Rechtsstaatsbegriffs, in: Horst Ehmke (Hrsg.), Festschrift für Adolf Arndt zum 65. Geburtstag, 1969, S. 53 ff.
– Organ, Organisation, Juristische Person, in: Christian-Friedrich Menger (Hrsg.), Fortschritte des Verwaltungsrechts, Festschrift für Hans J. Wolff zum 75. Geburtstag, 1973, S. 269 ff.
– Grundrechtstheorie und Grundrechtsinterpretation, NJW 1974, S. 1529 ff.
– Die Methoden der Verfassungsinterpretation, NJW 1976, S. 2089 ff.
– Gesetz und gesetzgebende Gewalt, 2. Aufl. 1981

– Die Eigenart des Staatsrechts und der Staatsrechtswissenschaft, in: Norbert Achterberg (Hrsg.), Recht und Staat im sozialen Wandel, Festschrift für Hans Ulrich Scupin zum 80. Geburtstag, 1983, S. 317 ff.
– Zur Lage der Grundrechtsdogmatik nach 40 Jahren Grundgesetz, 1989
– Grundrechte als Grundsatznormen – Zur gegenwärtigen Lage der Grundrechtsdogmatik, Der Staat 29 (1990), S. 1 ff.
– Grundrechte als Grundsatznormen – Zur gegenwärtigen Lage der Grundrechtsdogmatik, in: Ernst-Wolfgang Böckenförde, Staat, Verfassung, Demokratie, 1991, S. 159 ff.
– Die Bedeutung der Unterscheidung von Staat und Gesellschaft im demokratischen Sozialstaat der Gegenwart, in: Ernst-Wolfgang Böckenförde, Recht, Staat, Freiheit, 1991, S. 209 ff.
– Verfassungsgerichtsbarkeit: Strukturfragen, Organisation, Legitimation, NJW 1999, S. 9 ff.
– Schutzbereich, Eingriff, verfassungsimmanente Schranken. Zur Kritik gegenwärtiger Grundrechtsdogmatik, Der Staat 42 (2003), S. 165 ff.
– Demokratie als Verfassungsprinzip, in: Josef Isensee/Paul Kirchhof (Hrsg.), Handbuch des Staatsrechts der Bundesrepublik Deutschland, Bd. II, 3. Aufl. 2004, § 24

Jan Bodanowitz, Organisationsformen für die kommunale Abwasserbeseitigung, 1993

Volker Boehme-Neßler, Electronic Government: Internet und Verwaltung, NVwZ 2001, S. 374 ff.

Gustav Boehmer, Art. 154, Erbrecht, in: Hans Carl Nipperdey (Hrsg.), Die Grundrechte und Grundpflichten der Reichsverfassung, Bd. III, 1930, S. 250 ff.

Florian Boettcher, Kommunale Haushaltsdefizite: Umfang, Ursachen und Lösungsmöglichkeiten, Der moderne Staat 1/2012, S. 65 ff.
– Zur Frage der kommunalen Finanzausstattung – Finanzwissenschaftliche Möglichkeiten der Bestimmung einer aufgabenangemessenen Finanzausstattung, DÖV 2013, S. 460 ff.

Armin von Bogdandy, Gubernative Rechtsetzung, 2000
– Demokratisch, demokratischer, am demokratischsten?, in: Joachim Bohnert (Hrsg.), Verfassung – Philosophie – Kirche, Festschrift für Alexander Hollerbach zum 70. Geburtstag, 2001, S. 363 ff.

Walter Bogner, Mehrstufige kommunale Organisationseinheiten, in: Thomas Mann/Günter Püttner (Hrsg.), Handbuch der kommunalen Wissenschaft und Praxis, Bd. I, 3. Aufl. 2007, § 13

Wilhelm Bogner, Stärkung der Verwaltungs- und Leistungskraft kreisangehöriger Gemeinden durch ergänzende Verbände, ThürVBl. 1992, S. 217 ff.

Harald Bogs, Selbstverwaltung und menschliche Selbstverwirklichung, in: Albert von Mutius (Hrsg.), Selbstverwaltung im Staat der Industriegesellschaft, Festgabe zum 70. Geburtstag von Georg Christoph von Unruh, 1983, S. 41 ff.

Jörg Bogumil, Modernisierung des Staates durch Public Management, in: Edgar Grande/Rainer Prätorius (Hrsg.), Modernisierung des Staates?, 1997, S. 21 ff.
– Modernisierung lokaler Politik, 2001
– Die Umgestaltung des Verhältnisses zwischen Rat und Verwaltung – das Grundproblem der Verwaltungsmodernisierung, VerwArch 93 (2002), S. 129 ff.
– Verwaltungsstrukturreformen in den Bundesländern. Abschaffung oder Reorganisation der Bezirksregierungen, ZG 2007, S, 246 ff.

– Erfolgsbedingungen für Kommunalisierungen. Erfahrungen aus aktuellen Verwaltungsstrukturreformen, in: Martin Burgi/Manfred Palmen (Hrsg.), Symposium. Die Verwaltungsstrukturreformen des Landes Nordrhein-Westfalen, 2008, S. 145 ff.
– Die Zukunft der ehrenamtlichen Kommunalverwaltung, Die Verwaltung 43 (2010), S. 151 ff.
Jörg Bogumil/Falk Ebinger, Machtgewinn der Kommunen? – Zum Urteil des Landesverfassungsgerichts Mecklenburg-Vorpommern über die Kreisstrukturreform, in: Christiane Büchner/Jochen Franzke/Michael Nierhaus (Hrsg.), Verfassungsrechtliche Anforderungen an Kreisgebietsreformen – Zum Urteil des Landesverfassungsgerichts Mecklenburg-Vorpommern, 2008, S. 13 ff.
Jörg Bogumil/Lars Holtkamp, Kommunale Verwaltungsmodernisierung und Bürgerschaftliches Engagement, in: Rolf G. Heinze/Thomas Olk (Hrsg.), Bürgerengagement in Deutschland – Bestandsaufnahme und Perspektiven, 2001, S. 549 ff.
– Liberalisierung und Privatisierung kommunaler Aufgaben – Auswirkungen auf das kommunale Entscheidungssystem, in: Jens Libbe/Stephan Tomerius/Jan Hendrik Trapp (Hrsg.), Liberalisierung und Privatisierung kommunaler Aufgabenerfüllung, 2002, S. 71 ff.
– Bürgerkommune konkret, 2002
– Das Reformmodell Bürgerkommune, 2003
– Local Governance und gesellschaftliche Integration, in: Stefan Lange/Uwe Schimank (Hrsg.), Governance und gesellschaftliche Integration, 2004, S. 147 ff.
– Bürgerkommune, in: Bernhard Blanke/Frank Nullmeier/Christoph Reichard/Göttrik Wewer (Hrsg.), Handbuch zur Verwaltungsreform, 4. Aufl. 2011, S. 177 ff.
Jörg Bogumil/Stephan Grohs/Sabine Kuhlmann, Ergebnisse und Wirkungen kommunaler Verwaltungsmodernisierung in Deutschland, in: Jörg Bogumil/Werner Jann/Frank Nullmeier (Hrsg.), Politik und Verwaltung, PVS-Sonderheft 37 (2006), S. 151 ff.
Jörg Bogumil/Stephan Grohs/Sabine Kuhlmann/Anna K. Ohm, Zehn Jahre Neues Steuerungsmodell, 2007
Erwin Böhm, Dezentralisierung von Entscheidungskompetenzen vor dem Hintergrund des geltenden Haushaltsrechts, in: Jürgen Bunde/Rolf-Dieter Postlep (Hrsg.), Controlling in Kommunalverwaltungen, 1994, S. 145 ff.
Monika Böhm, Frauenbeauftragte und kommunale Organisationshoheit, NVwZ 1999, S. 721 ff.
Doris Böhme, Die direkte Abwahl von Bürgermeistern, DÖV 2012, S. 55 ff.
Rolf Böhme, Die Städte in der Finanzkrise, in: Jörn Ipsen (Hrsg.), Kommunale Aufgabenerfüllung im Zeichen der Finanzkrise, 1995, S. 25 ff.
Carl Böhret, Gewollt ist noch nicht verwirklicht – Chancen und Hemmungen bei der Modernisierung von Landesverwaltungen, VR 1996, S. 325 ff.
Hartmut Borchert, Legalitätsprinzip oder Opportunitätsgrundsatz für die Kommunalaufsicht?, DÖV 1978, S. 721 ff.
Sandford Borins/Gernod Grüning, New Public Management – Theoretische Grundlagen und Kritik, in: Dietrich Budäus/Peter Conrad/Georg Schreyögg (Hrsg.), New Public Management, 1998, S. 11 ff.
Conrad Bornhak, Preußisches Staatsrecht, Bd. II, 2. Aufl. 1912
Martin Borowski, Prinzipien als Grundrechtsnormen, ZÖR 53 (1998), S. 307 ff.
– Grundrechtliche Leistungsrechte, JöR 50 n. F. (2002), S. 301 ff.
– Die Glaubens- und Gewissensfreiheit des Grundgesetzes, 2006, S. 195 ff.
– Grundrechte als Prinzipien, 2. Aufl. 2007

Wolfgang Bott, Rechtsprechung und Gebietsreform, 1977

Lars Böttcher/Michael Krömker, Abschied von der kommunalen AG in NW?, NZG 2001, S. 590 ff.

Andreas Bovenschulte, Gemeindeverbände als Organisationsformen kommunaler Selbstverwaltung, 2000

Andreas Bovenschulte/Annette Buß, Plebiszitäre Bürgermeisterverfassungen – Der Umbruch im Kommunalverfassungsrecht, 1996

Ronald Brachmann, Zum Stand der Verwaltungsreform in Sachsen-Anhalt, LKV 1996, S. 34 ff.

Reimer Bracker, Theorie und Praxis der Kommunalaufsicht, in: Albert von Mutius (Hrsg.), Selbstverwaltung im Staat der Industriegesellschaft, Festgabe zum 70. Geburtstag von Georg Christoph von Unruh, 1983, S. 459 ff.

Petra Brangsch/Lutz Brangsch, Haushalt, Haushaltspolitik und Demokratie, 2005

Günther E. Braun, Konzept des integrierten Kommunalmanagements, Die Verwaltung 32 (1999), S. 377 ff.

Hermann Brause, Der Begriff der Selbstverwaltung in Deutschland, 1900

Helmut Brede, In der Zange – Unternehmen der öffentlichen Hand unter dem Druck von Subsidiaritätsprinzip und Marktöffnung in Deutschland, ZögU 2003, S. 176 ff.

Wolfram Bremeier/Hans Brinckmann/Werner Kilian/Karsten Schneider, Die Bedeutung des Corporate Governance Kodex für kommunale Unternehmen, ZögU 2005, S. 267 ff.

Karen Brems, Die Aufgabenverlagerung des Landes Nordrhein-Westfalen auf die Kommunen und die Frage der Finanzierungsfolgen, 2006

Rüdiger Breuer, Selbstverwaltung und Mitverwaltung Beteiligter im Widerstreit verfassungsrechtlicher Postulate, Die Verwaltung 10 (1977), S. 1 ff.

– Legislative und administrative Prognoseentscheidungen, Der Staat 16 (1977), S. 21 ff.

– Grundrechte als Anspruchsnormen, in: Otto Bachof (Hrsg.), Verwaltungsrecht zwischen Freiheit, Teilhabe und Bindung, Festgabe aus Anlaß des 25jährigen Bestehens des Bundesverwaltungsgerichts, 1978, S. 89 ff.

– Die verfassungsrechtliche Kontrolle von Prognosen des Landesgesetzgebers, in: Präsident des Verfassungsgerichtshofs für das Land Nordrhein-Westfalen (Hrsg.), Verfassungsgerichtsbarkeit in Nordrhein-Westfalen, Festschrift zum 50-jährigen Bestehen des Verfassungsgerichtshofs für das Land Nordrhein-Westfalen, 2002, S. 293 ff.

– Staatsrecht und Gerechtigkeit – Antworten auf juristische Herausforderungen in existentiellen Grenzsituationen, in: Bernd Bender (Hrsg.), Rechtsstaat zwischen Sozialgestaltung und Rechtsschutz, Festschrift für Konrad Redeker, 1993, S. 11 ff.

Gabriele Britz, Örtliche Energieversorgung nach nationalem und europäischem Recht, 1994

– Die Mitwirkung Privater an der Wahrnehmung öffentlicher Aufgaben durch Einrichtungen des öffentlichen Rechts, VerwArch 91 (2000), S. 418 ff.

– Funktion und Funktionsweise öffentlicher Unternehmen im Wandel – Zu den jüngsten Entwicklungen im Recht der kommunalen Wirtschaftsunternehmen, NVwZ 2001, S. 380 ff.

– „Kommunale Gewährleistungsverantwortung" – Ein Allgemeines Element des Regulierungsrechts in Europa?, Die Verwaltung 37 (2004), S. 145 ff.

Winfried Brohm, Strukturen der Wirtschaftsverwaltung, 1969

– Die Selbstverwaltung der Gemeinden im Verwaltungssystem der Bundesrepublik, DVBl. 1984, S. 293 ff.

– Die Eigenständigkeit der Gemeinden, DÖV 1986, S. 397 ff.
– Die staatliche Verwaltung als eigenständige Gewalt und die Grenzen der Verwaltungsgerichtsbarkeit, DVBl. 1986, S. 321 ff.
– Gemeindliche Selbstverwaltung und staatliche Raumplanung, DÖV 1989, S. 429 ff.
Dierk Bröring, Die Verwaltungsgemeinschaft, 1973
Frauke Brosius-Gersdorf, Wirtschaftliche Betätigung von Gemeinden außerhalb ihres Gebiets, AöR 130 (2005), S. 392 ff.
– Demografischer Wandel und Daseinsvorsorge, VerwArch 98 (2007), S. 317 ff.
Siegfried Broß, Zur Grundrechtsfähigkeit juristischer Personen des öffentlichen Rechts, VerwArch 77 (1986), S. 65 ff.
– Ausgewählte Probleme des Wettbewerbs der öffentlichen Hand, VerwArch 87 (1996), S. 731 ff.
– Überlegungen zum Wettbewerb der öffentlichen Hand, in: Willi Erdmann (Hrsg.), Festschrift für Henning Piper, 1996, S. 107 ff.
Wolfgang Brückner, Die Organisationsgewalt des Staates im kommunalen Bereich, 1974
Winfried Brugger, Zum Zusammenspiel von Prinzipien und Regeln im Bereich der Rechtsfortbildung. Das Beispiel Folgenbeseitigungsanspruch, in: Bernd Schilcher/Peter Koller/Bernd-Christian Funk (Hrsg.), Regeln, Prinzipien und Elemente im System des Rechts, 2000, S. 221 ff.
– Georg Jellineks Statuslehre: national und international, AöR 136 (2011), S. 1 ff.
Christoph Brüning, Der Private bei der Erledigung kommunaler Aufgaben, 1997
– Die kommunalrechtlichen Experimentierklauseln, DÖV 1997, S. 278 ff.
– Mittelbare Beteiligungen der Kommunen im grenzüberschreitenden Wettbewerb, DVBl. 2004, S. 1451 ff.
– (Re-)Kommunalisierung von Aufgaben aus privater Hand – Maßstäbe und Grenzen, VerwArch 100 (2009), S. 453 ff.
– Interkommunale Zusammenarbeit in der Entsorgungswirtschaft aus vergaberechtlicher Sicht, DVBl. 2009, S. 1539 ff.
– Zur Reanimation der Staatsaufsicht über die Kommunalwirtschaft, DÖV 2010, S. 553 ff.
– Rechtliche Grundlagen der interkommunalen Zusammenarbeit, VBlBW 2011, S. 46 ff.
– Die Rolle des Bürgers bei Funktional- und Territorialreformen auf kommunaler Ebene, ZG 2012, S. 155 ff.
– Neujustierung repräsentativer, direkt-demokratischer und partizipatorischer Elemente im Kommunalverfassungsrecht de lege lata und de lege ferenda, in: Hans-Günter Henneke (Hrsg.), Kommunale Selbstverwaltung in der Bewährung, 2013, S. 253 ff.
Christoph Brüning/Klaus Vogelgesang, Die Kommunalaufsicht, 2. Aufl. 2009
Brun-Otto Bryde, Die bundesrepublikanische Volksdemokratie als Irrweg der Demokratietheorie, StWStP 1994, S. 305 ff.
– Das Demokratieprinzip des Grundgesetzes als Optimierungsaufgabe, in: Redaktion Kritische Justiz (Hrsg.), Demokratie und Grundgesetz, 2000, S. 59 ff.
Hubertus Buchstein, Demokratietheorie, PVS 38 (1997), S. 128 ff.
Delf Buchwald, Prinzipien des Rechtsstaates, 1996
– Konflikte zwischen Regeln, Prinzipien und Elementen im Rechtssystem, in: Bernd Schilcher/Peter Koller/Bernd-Christian Funk (Hrsg.), Regeln, Prinzipien und Elemente im System des Rechts, 2000, S. 83 ff.
Dietrich Budäus, Kommunale Verwaltungen in der Bundesrepublik Deutschland zwischen Leistungsdefizit und Modernisierungsdruck, in: Gerhard Banner/Christoph

Reichard (Hrsg.), Kommunale Managementkonzepte in Europa: Anregungen für die deutsche Reformdiskussion, 1993, S. 163 ff.
– Public Management – Konzepte und Verfahren zur Modernisierung öffentlicher Verwaltungen, 4. Aufl. 1994
– Von der bürokratischen Steuerung zum New Public Management – Einführung, in: Dietrich Budäus/Peter Conrad/Georg Schreyögg (Hrsg.), New Public Management, 1998, S. 1 ff.
– Vertrauensbildung durch einen Public Corporate Governance Kodex, in: Rudolf X. Ruter/Katrin Sahr/Georg Graf Waldersee (Hrsg.), Ein Kodex für öffentliche Unternehmen, 2005, S. 15 ff.
Dietrich Budäus/Dennis Hilgers, Mutatis mutandis: Rekommunalisierung zwischen Euphorie und Staatsversagen, DÖV 2013, S. 701 ff.
Dietrich Budäus/Stefanie Finger, Stand und Perspektiven der Verwaltungsreform in Deutschland, Die Verwaltung 32 (1999), S. 313 ff.
Karsten Bugiel, Volkswille und repräsentative Entscheidung, 1991
Ottmar Bühler, Die subjektiv-öffentlichen Rechte und ihr Schutz in der deutschen Verwaltungsrechtsprechung, 1914
– Die Selbstverwaltungskörper, in: Gerhard Anschütz/Richard Thoma (Hrsg.), Handbuch des Deutschen Staatsrechts, Bd. I, 1930, S. 697 ff.
Hans Peter Bull, Die Staatsaufgaben nach dem Grundgesetz, 1973
– Privatisierung öffentlicher Aufgaben, VerwArch 86 (1995), S. 621 ff.
– Neue Steuerungsmodelle als Teil der Verwaltungsreform?, in: Jörn Ipsen (Hrsg.), Verwaltungsreform – Herausforderung für Staat und Kommunen, 1996, S. 69 ff.
– Über den richtigen Gebietszuschnitt von Ländern und Verwaltungsbezirken, NordÖR 2003, S. 438 ff.
– Daseinsvorsorge im Wandel der Staatsformen, Der Staat 47 (2008), S. 1 ff.
– Kommunale Selbstverwaltung heute – Idee, Ideologie und Wirklichkeit, DVBl. 2008, S. 1 ff.
– Die Krise der Verwaltungstheorie, VerwArch 103 (2012), S. 1 ff.
Hans Peter Bull/Veith Mehde, Der rationale Finanzausgleich – ein Gesetzgebungsauftrag ohnegleichen, DÖV 2000, S. 305 ff.
Rudolf Büllersbach, eGovernment – Sackgasse oder Erfolgsstory, DVBl. 2005, S. 606 ff.
Martin Bullinger, Das Ermessen der öffentlichen Verwaltung, JZ 1984, S. 1001 ff.
– Die funktionelle Unterscheidung von öffentlichem Recht und Privatrecht als Beitrag zur Beweglichkeit von Verwaltung und Wirtschaft in Europa, in: Wolfgang Hoffmann-Riem/Eberhard Schmidt-Aßmann (Hrsg.), Öffentliches Recht und Privatrecht als wechselseitige Auffangordnungen, 1996, S. 239 ff.
Christian Bumke, Der Grundrechtsvorbehalt, 1998
– Die Pflicht zur konsistenten Gesetzgebung, Der Staat 49 (2010), S. 77 ff.
Deutscher Bundestag/Bundesrat, Dokumentation der Kommission von Bundestag und Bundesrat zur Modernisierung der bundesstaatlichen Ordnung, Zur Sache 1/2005
Martin Burgi, Funktionale Privatisierung und Verwaltungshilfe, 1999
– Kommunale Alleingänge in der Umwelt- und Sozialpolitik, VerwArch 90 (1999), S. 70 ff.
– Kommunales Privatisierungsfolgenrecht: Vergabe, Regulierung und Finanzierung, NVwZ 2001, S. 601 ff.
– Verwaltungsorganisation und Verwaltungsmodernisierung in Nordrhein-Westfalen, NWVBl. 2001, S. 1 ff.

– Die Repolitisierung der Staatswirtschaft in europäischer Perspektive, in: Carl-Eugen Eberle (Hrsg.), Der Wandel des Staates vor den Herausforderungen der Gegenwart, Festschrift für Winfried Brohm, 2002, S. 35 ff.
– Neue Organisations- und Kooperationsformen im europäisierten kommunalen Wirtschaftsrecht – ein Plädoyer für die kommunale Organisationshoheit, in: Matthias Ruffert (Hrsg.), Recht und Organisation, Staatsrecht – Verwaltungsrecht – Europarecht – Völkerrecht, Symposion für Meinhard Schröder zum 60. Geburtstag, 2002, 2003, S. 55 ff.
– Selbstverwaltung angesichts von Europäisierung und Ökonomisierung, VVDStRL 62 (2003), S. 405 ff.
– Der Grundsatz der Wirtschaftlichkeit im Verwaltungsrecht, in: Hermann Butzer (Hrsg.), Wirtschaftlichkeit durch Organisations- und Verfahrensrecht, 2004, S. 53 ff.
– Die Landschaftsverbände am Beginn einer neuen Verwaltungsreform, NWVBl. 2004, S. 131 ff.
– Künftige Aufgaben der Kommunen im sozialen Bundesstaat, DVBl. 2007, S. 70 ff.
– Privatisierung öffentlicher Aufgaben – Gestaltungsmöglichkeiten, Grenzen, Regelungsbedarf, Gutachten D zum siebenundsechzigsten Deutschen Juristentag, in: Ständige Deputation des Deutschen Juristentages (Hrsg.), Verhandlungen des siebenundsechzigsten Deutschen Juristentages, Bd. I, 2008
– Kommunalisierung: Konzept, Rechtsrahmen und Folgefragen, in: Martin Burgi/Manfred Palmen, Symposium. Die Verwaltungsstrukturreform des Landes Nordrhein-Westfalen, 2008, S. 73 ff.
– Kommunalisierung als gestaltungsbedürftiger Wandel von Staatlichkeit und von Selbstverwaltung, Die Verwaltung 42 (2009), S. 155 ff.
– Neuer Ordnungsrahmen für die energiewirtschaftliche Betätigung der Kommunen, 2010
– Kommunalrecht, 4. Aufl. 2012
– Das Bedarfserörterungsverfahren: Eine Reformoption für die Bürgerbeteiligung bei Großprojekten, NVwZ 2012, S. 277 ff.
– Privatisierung und Rekommunalisierung aus rechtswissenschaftlicher Sicht, NdsVBl. 2012, S. 225 ff.

Martin Burgi/Bettina Ruhland, Regionale Selbstverwaltung durch die Landschaftsverbände in Nordrhein-Westfalen im Spiegel von Rechtsprechung und Rechtsliteratur, 2003

Bernhard Burkholz, Teilnahme von Unionsbürgern an kommunalen Bürgerentscheiden?, DÖV 1995, S. 816 ff.

Joachim Burmeister, Verfassungstheoretische Neukonzeption der kommunalen Selbstverwaltungsgarantie, 1977
– Rechtsprobleme bei der Durchführung von Verwaltungsreformen, insbesondere der Gebietsreform, DÖV 1979, S. 385 ff.
– Die kommunale Verfassungsbeschwerde im System der verfassungsgerichtlichen Verfahrensarten, JA 1980, S. 17 ff.
– Grundfragen der kommunalen Wirtschaftsbetätigung, in: Albert von Mutius (Hrsg.), Selbstverwaltung im Staat der Industriegesellschaft, Festgabe zum 70. Geburtstag von Georg Christoph von Unruh, 1983, S. 623 ff.

Erich Busch, Die Entwicklung des Selbstverwaltungsbegriffes im deutschen Verwaltungsrechte, 1919

Marco Buschmann/Angela Freimuth, Das Prinzip der strikten Konnexität im neuen Art. 78 Abs. 3 der Landesverfassung von Nordrhein-Westfalen, NWVBl. 2005, S. 365 ff.
Annette Buß, Das Machtgefüge in der heutigen Kommunalverfassung, 2002
Volker Busse, Der Kernbereich exekutiver Eigenverantwortung im Spannungsfeld der staatlichen Gewalten, DÖV 1989, S. 45 ff.
Franz Bydlinski, Über prinzipiell-systematische Rechtsfindung im Privatrecht, 1995
Claus-Wilhelm Canaris, Grundrechte und Privatrecht, AcP 184 (1984), S. 201 ff.
– Grundrechtseinwirkungen und Verhältnismäßigkeitsprinzip in der richterlichen Anwendung und Fortbildung des Privatrechts, JuS 1989, S. 161 ff.
Anne Cathaly-Stelkens, Kommunale Selbstverwaltung und Ingerenz des Gemeinschaftsrechts, 1996
Ralph Christensen/Kent D. Lerch, Dass das Ganze das Wahre ist, ist nicht ganz unwahr, JZ 2007, S. 438 ff.
Wolfgang Clausen, Kreisgebietsreform in Mecklenburg-Vorpommern, 1991
Thomas Clemens, Kommunale Selbstverwaltung und institutionelle Garantie: Neue verfassungsrechtliche Vorgaben durch das BVerfG, NVwZ 1990, S. 834 ff.
Laura Clérico, Die Struktur der Verhältnismäßigkeit, 2001
Ronald H. Coase, The Nature of the Firm, Economica 11 (1937), S. 386 ff.
– The Problem of Social Cost, Journal of Law and Economics 1960, S. 1 ff.
Peter Collin, Privatisierung und Etatisierung als komplementäre Gestaltungsprozesse, JZ 2011, S. 274 ff.
Carl-August Conrad, Finanzierung der Selbstverwaltung im Kreis, in: Albert von Mutius (Hrsg.), Selbstverwaltung im Staat der Industriegesellschaft, Festgabe zum 70. Geburtstag von Georg Christoph von Unruh, 1983, S. 357 ff.
Hans Peter Conrady, „Angelegenheiten der örtlichen Gemeinschaft" nach Art. 28 Abs. 2 GG?, DVBl. 1970, S. 408 ff.
Ion Contiades, Verfassungsgesetzliche Staatsstrukturbestimmungen, 1967
Matthias Cornils, Die Ausgestaltung der Grundrechte, 2005
– Rationalitätsanforderungen an die parlamentarische Rechtsetzung im demokratischen Rechtsstaat, DVBl. 2011, S. 1053 ff.
Rainer Cosson, Begrenzungen kommunaler wirtschaftlicher Betätigung im Bereich der Abfallwirtschaft, DVBl. 1999, S. 891 ff.
Wolfram Cremer, Freiheitsgrundrechte, 2003
– Gewinnstreben als öffentliche Unternehmen legitimierender Zweck: Die Antwort des Grundgesetzes, DÖV 2003, S. 921 ff.
Franz Cromme, Besteht ein Rechtsanspruch von Gemeinden auf Bedarfszuweisungen?, DVBl. 2000, S. 459 ff.
Edwin Czerwick, Bürokratie und Demokratie, 2001
Gerhard Dabringhausen, Horizontale Inhouse-Geschäfte, NZBau 2009, S. 616 ff.
Prodromos Dagtoglou, Der Private in der Verwaltung als Fachmann und Interessenvertreter, 1964
– Partizipation Privater an Verwaltungsentscheidungen, DVBl. 1972, S. 710 ff.
Sabine Dahm, Das Neue Steuerungsmodell auf Bundes- und Länderebene sowie die Neuordnung der öffentlichen Finanzkontrolle in der Bundesrepublik Deutschland, 2002
Wulf Dambrowski/Claus Precht, Public Management, 1995

Philipp Dann, Verfassungsgerichtliche Kontrolle gesetzgeberischer Rationalität, Der Staat 49 (2010), S. 630 ff.
Thomas von Danwitz, Plebiszitäre Elemente in der staatlichen Willensbildung, DÖV 1992, S. 601 ff.
– Bürgerbegehren in der kommunalen Willensbildung, DVBl. 1996, S. 134 ff.
– Der Grundsatz funktionsgerechter Organstruktur – Verfassungsvorgaben für staatliche Entscheidungsstrukturen und ihre gerichtliche Kontrolle, Der Staat 35 (1996), S. 329 ff.
– Richtungsentscheidungen des Verfassungsvertrags für die Europäische Union – Versuch einer ersten Bewertung, ZG 2005, S. 1 ff.
– Vom Verwaltungsprivat- zum Verwaltungsgesellschaftsrecht – Zu Begründung und Reichweite öffentlich-rechtlicher Ingerenzen in der mittelbaren Kommunalverwaltung, AöR 120 (1995), S. 595 ff.
– Was ist eigentlich Regulierung?, DÖV 2004, S. 977 ff.
Robert Daubner, Kommunale Satzungsbefugnis auf dem Gebiet des Abfallrechts, NVwZ 1995, S. 33 ff.
Rainer Dechsling, Das Verhältnismäßigkeitsgebot, 1989
Klaus Deckert/Ferdinand Wind, Das neue Steuerungsmodell, 1996
Christoph Degenhart, Systemgerechtigkeit und Selbstbindung des Gesetzgebers als Verfassungspostulat, 1972
– Direkte Demokratie, in: Klaus Stern (Hrsg.), Gedächtnisschrift für Joachim Burmeister, 2005, S. 87 ff.
Hans-Hermann Dehmel, Übertragener Wirkungskreis, 1970
Wolfgang Denkhaus, Die neue Institutionenökonomik und das Govenancekonzept im Verwaltungsrecht, in: Marc Bungenberg (Hrsg.), Recht und Ökonomik, 2004, S. 33 ff.
Bodo Dennewitz, Die institutionelle Garantie, 1932
– Die Lehre von der institutionellen Garantie, RVerwBl. 1935, S. 955 ff.
Erhard Denninger, Freiheitsordnung – Wertordnung – Pflichtordnung, JZ 1975, S. 545 ff.
Erhard Denninger/Wolfgang Hoffmann-Riem/Hans-Peter Schneider/Ekkehart Stein (Hrsg.), Kommentar zum Grundgesetz für die Bundesrepublik Deutschland, 3. Aufl.
Otto Depenheuer, Unmittelbare Bürgerbeteiligung mit lediglich beratender Wirkung, in: Jörg-Detlef Kühne/Friedrich Meissner (Hrsg.), Züge unmittelbarer Demokratie in der Gemeindeverfassung, 1977, S. 151 ff.
Ingolf Deubel, Der kommunale Finanzausgleich in Nordrhein-Westfalen, 1984
Michael Deubert, Direkte Demokratie und unmittelbare Bürgerbeteiligung, 1987
– „Wer anschafft, soll auch bezahlen" – Zur Einfügung des Konnexitätsprinzips in Art. 83 Abs. 3 BV, BayVBl. 2004, S. 136 ff.
Udo Di Fabio, Privatisierung und Staatsvorbehalt, JZ 1999, S. 585 ff.
– Zur Theorie eines grundrechtlichen Wertesystems, in: Detlef Merten/Hans-Jürgen Papier (Hrsg.), Handbuch der Grundrechte, Bd. II, 2006, § 46
Alfred Dickersbach, Die wirtschaftliche Betätigung der öffentlichen Hand im Verhältnis zur Privatwirtschaft aus öffentlich-rechtlicher Sicht, WiVerw 1983, S. 187 ff.
Jochen Dieckmann, Bürger, Rat und Verwaltung, in: Michael Schöneich (Hrsg.), Reformen im Rathaus, 1996, S. 19 ff.
– Gesetzgebung und kommunale Verantwortung, NWVBl. 1996, S. 409 ff.
– Kommunale Selbstverwaltung, in: Eberhard Schmidt-Aßmann (Hrsg.), Festgabe 50 Jahre Bundesverwaltungsgericht, 2003, S. 815 ff.

Johannes Dietlein, Die Verfassungsentwicklung in Nordrhein-Westfalen in den vergangenen 25 Jahren, JöR 51 n.F. (2003), S. 343 ff.
Johannes Dietlein/Daniel Riedel, Zugangshürden im Kommunalwahlrecht. Zur Zulässigkeit moderater Sperrklauseln unterhalb von fünf Prozent zur Sicherung der Funktionsfähigkeit der Räte und Kreistage in Nordrhein-Westfalen, 2012
Andreas Dietz, Konzeptionelle Überlegungen zur Genehmigung aus einer Hand, DÖV 2005, S. 772 ff.
Armin Dittmann, Kommunalverbandsrecht, in: Norbert Achterberg/Günter Püttner/Thomas Würtenberger (Hrsg.), Besonderes Verwaltungsrecht, Bd. II, 2. Aufl. 2000, § 18
Klaus-Berto von Doemming/Rudolf Werner Füsslein/Werner Matz, Entstehungsgeschichte der Artikel des Grundgesetzes, JöR 1 n. F. (1951), S. 1 ff.
Christine Dolderer, Wie viel Parlament ist ein Gemeinderat?, DÖV 2009, S. 146 ff.
Michael Dolderer, Objektive Grundrechtsgehalte, 2000
Rudolf Dolzer/Wolfgang Kahl/Christian Waldhoff/Karin Graßhof (Hrsg.), Bonner Kommentar zum Grundgesetz
Matthias Dombert, Verfassungsrechtliche Anforderungen an Gebietsreformen auf Gemeinde-, Ämter- und Kreisebene, in: Hubert Meyer/Maximilian Wallerath (Hrsg.), Gemeinden und Kreise in der Region, 2004, S. 47 ff.
– Kreisgebietsreform in Mecklenburg-Vorpommern: juristisches Neuland oder verfassungsrechtlicher Irrweg?, Der Landkreis 2005, S. 526 ff.
– Zur finanziellen Mindestausstattung von Kommunen, DVBl. 2006, S. 1136 ff.
Peter Donhauser, Formen und Möglichkeiten gemeindlicher Zusammenarbeit zur Stärkung der Verwaltungskraft, 1970
Oliver Dörr, Infrastrukturförderung (nur) nach Ausschreibung?, NZBau 2005, S. 167 ff.
Meinrad Dreher, Das In-house-Geschäft, NZBau 2004, S. 14 ff.
Olaf Dreher, ...die eine oder andere wichtige Ergänzung unserer Verfassung, NordÖR 1998, S. 136 ff.
Horst Dreier, Hierarchische Verwaltung im demokratischen Staat, 1991
– Zur „Eigenständigkeit" der Verwaltung, Die Verwaltung 25 (1992), S. 137 ff.
– Dimensionen der Grundrechte, 1993
– Der Kampf um das Budgetrecht als Kampf um die staatliche Steuerungsherrschaft, in: Eberhardt Schmidt-Aßmann/Wolfgang Hoffmann-Riem (Hrsg.), Effizienz als Herausforderung an das Verwaltungsrecht, 1998, S. 59 ff.
– Verantwortung im demokratischen Verfassungsstaat, in: Ulfried Neumann/Lorenz Schulz (Hrsg.), Verantwortung in Recht und Moral, 2000, S. 9 ff.
– Die drei Staatsgewalten im Zeichen von Europäisierung und Privatisierung, DÖV 2002, S. 537 ff.
– Grundlagen und Grundzüge staatlichen Verfassungsrechts: Deutschland, in: Armin von Bogdandy/Pedro Cruz Villalón/Peter M. Huber (Hrsg.), Handbuch Ius Publicum Europaeum, Bd. I, 2007, § 1
– (Hrsg.), GG-Komm., Bd. I, 3. Aufl. 2013, Bd. II, 2. Aufl. 2006, Bd. III, 2. Aufl. 2008
Ralf Dreier, Der Rechtsstaat im Spannungsverhältnis zwischen Gesetz und Recht, JZ 1985, S. 353 ff.
– Der Begriff des Rechts, in: Ralf Dreier, Recht – Staat – Vernunft, 1991, S. 95 ff.
Horst Dressler, Die Organisations- und Personalhoheit der Gemeinden, 1963
Michael Droege, Herrschaft auf Zeit, DÖV 2009, S. 649 ff.
Heinz Duchhardt, Stein – Eine Biographie, 2007

– „Gemeingeist“ versus „Dienst-Mechanismus“, DÖV 2007, S. 853 ff.
Thomas Dünchheim/Franz-Josef Schöne, Privat vor Staat? – Die Novellierung des kommunalen Wirtschaftsrechts in NRW, DVBl. 2009, S. 146 ff.
Wolfgang Durner, Das Konnexitätsprinzip des Art. 83 Abs. 3 BV und das Abstimmungsverhalten der Staatsregierung im Bundesrat, BayVBl. 2007, S. 161 ff.
– Konnexitätsprinzip und Aufgabenkommunalisierung, in: Martin Burgi/Manfred Palmen (Hrsg.), Symposium. Die Verwaltungsstrukturreformen des Landes Nordrhein-Westfalen, 2008, S. 119 ff.
Ulrike Dustmann, Die Regelung von Bürgerbegehren und Bürgerentscheid in den Kommunalverfassungen der Flächenstaaten der Bundesrepublik Deutschland, 2000
Thomas Duve, Die Wiederentdeckung der kommunalen Insolvenz im Kontext bestehender Präventions- und Sanierungsstrategien, DÖV 2009, S. 574 ff.
Wilhelm Duvenbeck, Interkommunale Zusammenarbeit und Art. 28 Abs. 2 GG, 1966
Ronald Dworkin, Bürgerrechte ernstgenommen, 1984
Falk Ebinger, Vollzug trotz Reform? Die Umweltverwaltungen der Länder im Wandel, VerwArch 100 (2009), S. 55 ff.
– Kommunalisierungen in den Ländern – Legitim – Erfolgreich – Gescheitert?, in: Sabine Kuhlmann/Jörg Bogumil (Hrsg.), Kommunale Aufgabenwahrnehmung im Wandel. Kommunalisierung, Regionalisierung und Territorialreform in Deutschland und Europa, 2010, S. 47 ff.
Falk Ebinger/Jörg Bogumil, Grenzen der Subsidiarität – Verwaltungsreform und Kommunalisierung in den Ländern, in: Angelika Vetter/Hubert Heinelt (Hrsg.), Lokale Politikforschung heute, 2008, S. 165 ff.
Ingwer Ebsen, Bürgerbeteiligung durch die Gemeindevertretung und repräsentative Demokratie, DVBl. 1984, S. 1107 ff.
Thomas Edeling/Erhard Stölting/Dieter Wagner, Öffentliche Unternehmen, 2004
Hermann Edler von Hoffmann, Zur Gewaltenteilung im Gemeindeverfassungsrecht, DÖV 1954, S. 326 f.
Dirk Ehlers, Verwaltung in Privatrechtsform, 1984
– Die Entscheidung der Kommunen für eine öffentlich-rechtliche oder privatrechtliche Organisation ihrer Einrichtungen und Unternehmen, DÖV 1986, S. 897 ff.
– Die Volksvertretung auf Gemeinde- und Kreisebene, Jura 1988, S. 337 ff.
– Die wirtschaftliche Betätigung der öffentlichen Hand in der Bundesrepublik Deutschland, JZ 1990, S. 1089 ff.
– Die Klagearten und besonderen Sachentscheidungsvoraussetzungen im Kommunalverfassungsstreitverfahren, NVwZ 1990, S. 105 ff.
– Zur Reform der Kommunalverfassung in Nordrhein-Westfalen, NWVBl. 1991, S. 397 ff.
– Die Ergänzungs- und Ausgleichsaufgaben der Kreise und ihre Finanzierung, DVBl. 1997, S. 225 ff.
– Interkommunale Zusammenarbeit in Gesellschaftsform, DVBl. 1997, S. 137 ff.
– Rechtsprobleme der Kommunalwirtschaft, DVBl. 1998, S. 497 ff.
– Steuerung kommunaler Aufgabenerfüllung durch das Gemeinschaftsrecht, in: Hans-Uwe Erichsen (Hrsg.), Kommunale Verwaltung im Wandel, 1999, S. 21 ff.
– Die Zulässigkeit einer erwerbswirtschaftlichen Betätigung der öffentlichen Hand, Jura 1999, S. 212 ff.

– Die verfassungsrechtliche Garantie der kommunalen Selbstverwaltung, in: Dirk Ehlers/Walter Krebs (Hrsg.), Grundfragen des Verwaltungsrechts und des Kommunalrechts, 2000, S. 59ff.
– Die verfassungsrechtliche Garantie der kommunalen Selbstverwaltung, DVBl. 2000, S. 1301ff.
– Das neue Kommunalwirtschaftsrecht in Nordrhein-Westfalen, NWVBl. 2000, S. 1ff.
– Die Möglichkeiten und Grenzen kommunaler Wirtschaftsbetätigung, in: Jörn Ipsen (Hrsg.), Kommunalwirtschaft im Umbruch, 2001, S. 10ff.
– Kommunalaufsicht und europäisches Gemeinschaftsrecht, DÖV 2001, S. 412ff.
– Anmerkung zu Verfassungsgerichtshof für das Land Nordrhein-Westfalen, Urteil v. 26. Juni 2001, Az.: VerfGH 28, 30/00, DVBl. 2001, S. 1601ff.
– Die Staatsgewalt in Ketten, in: Heiko Faber (Hrsg.), Demokratie in Staat und Wirtschaft, Festschrift für Ekkehart Stein zum 70. Geburtstag, 2002, S. 125ff.
– Empfiehlt es sich, das Recht der öffentlichen Unternehmen im Spannungsfeld von öffentlichem Auftrag und Wettbewerb national und gemeinschaftsrechtlich neu zu regeln?, Gutachten E für den vierundsechzigsten Deutschen Juristentag, in: Ständige Deputation des Deutschen Juristentages (Hrsg.), Verhandlungen des vierundsechzigsten Deutschen Juristentages, Bd. I, 2002
– Die Gemeindeverwaltung, in: Thomas Mann/Günter Püttner (Hrsg.), Handbuch der kommunalen Wissenschaft und Praxis, Bd. I, 3. Aufl. 2007, § 21
– Anmerkung zu BVerwG, Urteil vom 27. Mai 2009, Az.: 8 C 10.08, DVBl. 2009, S. 1456ff.
– Das letzte Relikt der Fünf-Prozent-Sperrklausel im Kommunalwahlrecht, in: Utz Schliesky (Hrsg.), Die Freiheit des Menschen in Kommune, Staat und Europa, Festschrift für Edzard Schmidt-Jortzig, 2011, S. 153ff.
Otto Ehrensberger, Verfassungsrechtliche Fragen im Grenzgebiet zwischen kommunaler Selbstverwaltung und freier Wirtschaft, DÖV 1956, S. 129ff.
Ulrich Ehricke, Die Vereinbarkeit des kommunalen Örtlichkeitsprinzips mit dem EG-Recht, 2009
Kurt Eichenberger, Vom Umgang mit Strukturprinzipien des Verfassungsstaates, in: Joachim Burmeister (Hrsg.), Verfassungsstaatlichkeit, Festschrift für Klaus Stern zum 65. Geburtstag, 1997, S. 457ff.
Eberhard Eichenhofer, Kommunale Sozialpolitik im aktivierenden Wohlfahrtsstaat, in: Hans-Günter Henneke (Hrsg.), Künftige Funktionen und Aufgaben der Kreise im sozialen Bundesstaat, 2004, S. 83ff.
Peter Eichhorn, Führungskonzeptionen für kommunale Unternehmen, in: Hans-Uwe Erichsen (Hrsg.), Kommunalverfassung heute und morgen – Bilanz und Ausblick, 1989, S. 108ff.
– Von der Ämterverwaltung zu Dienstleistungszentren, in: Carl Böhret (Hrsg.), Gesellschaftlich denken – kommunal handeln, Festschrift für Christian Roßkopf zum 65. Geburtstag, 1995, S. 223ff.
– Controlling als Instrument zur Steuerung öffentlicher Verwaltungen, in: Hans-Uwe Erichsen (Hrsg.), Kommunale Verwaltung im Wandel, 1999, S. 117ff.
– New Governance öffentlicher Unternehmen, in: Jens Harms/Christoph Reichard (Hrsg.), Die Ökonomisierung des öffentlichen Sektors, 2003, S. 175ff.
Horst Eidenmüller, Effizienz als Rechtsprinzip, 3. Aufl. 2005
Martin Eifert, Electronic Government als gesamtstaatliche Organisationsaufgabe, ZG 2001, S. 115ff.

– Innovationen in und durch Netzwerkorganisationen: Relevanz, Regulierung und staatliche Einbindung, in: Martin Eifert/Wolfgang Hoffmann-Riem (Hrsg.), Innovation und rechtliche Regulierung, 2002, S. 88 ff.
– Electronic Government, 2006
– Die geteilte Kontrolle, Die Verwaltung 39 (2006), S. 309 ff.
– Regulierungsstrategien, in: Wolfgang Hoffmann-Riem/Eberhard Schmidt-Aßmann/Andreas Voßkuhle (Hrsg.), Grundlagen des Verwaltungsrechts, Bd. I, 2. Aufl. 2012, § 19
Sven Eisenmenger, Neuregelung des öffentlichen Unternehmensrechts?, 2004
Dieter Eißel, Kommunale Netzwerke als neue Formen konzertierter Aktion, in: Johannes Klotz/Heinz Zielinski (Hrsg.), Europa 2000, 1999, S. 171 ff.
Rudolf Elleringmann, Begriff und Wesen der körperschaftlichen Selbstverwaltung, 1936
Thomas Ellwein, Perspektiven der kommunalen Selbstverwaltung in Deutschland, AfK 1997, S. 1 ff.
Hartmut Elsenhans/Roland Kulke/Christian Roschmann, Verwaltungsreform in Deutschland: Das neue System des Managements als Anwendung der New-Public-Management-Theorie und der Krise des Wohlfahrtsstaats, Die Verwaltung 38 (2005), S. 315 ff.
Ernst Thomas Emde, Die demokratische Legitimation der funktionalen Selbstverwaltung, 1991
Volker Emmerich, Das Wirtschaftsrecht der öffentlichen Unternehmen, 1969
– Die kommunalen Versorgungsunternehmen zwischen Wirtschaft und Verwaltung, 1970
Wolfgang Enderlein, Abwägung in Recht und Moral, 1992
Christoph Engel, Innen- und Außensteuerung, in: Hans-Günter Henneke (Hrsg.), Organisation kommunaler Aufgabenwahrnehmung, 1998, S. 145 ff.
– Offene Gemeinwohldefinitionen, Rechtstheorie 32 (2001), S. 23 ff.
– Freiheit und Autonomie, in: Detlef Merten/Hans-Jürgen Papier (Hrsg.), Handbuch der Grundrechte, Bd. II, 2006, § 33
Wolfgang Engel, Grenzen und Formen der mittelbaren Kommunalverwaltung, 1981
Stefanie Engel-Boland, Gemeindliches Satzungsrecht und Gesetzesvorbehalt, 1999
Kai Engelbrecht/Thomas Schwabenbauer, Das schleswig-holsteinische Amt im Wandel zum verfassungswidrigen Gemeindeverband? – Zum Urteil des Schleswig-Holsteinischen Landesverfassungsgerichts vom 26. Februar 2010, DÖV 2010, S. 916 ff.
Knut Engelbrecht, Schutzschild der Kommunen vor finanzieller Überforderung? – Das Konnexitätsprinzip des Art. 83 Abs. 3 BV, BayVBl. 2007, S. 164 ff.
Christian Engeli, Neuanfänge der Selbstverwaltung nach 1945, in: Günter Püttner (Hrsg.), Handbuch der kommunalen Wissenschaft und Praxis, Bd. 1, 2. Aufl. 1981, S. 114 ff.
Klaas Engelken, Einbeziehung der Unionsbürger in kommunale Abstimmungen (Bürgerentscheide, Bürgerbegehren)?, NVwZ 1995, S. 432 ff.
– Nochmals – Teilnahme von Unionsbürgern an kommunalen Bürgerentscheiden, DÖV 1996, S. 737 ff.
– Kommunen und bundesrechtliche Aufgaben nach der Föderalismusreform I, VBlBW 2008, S. 457 ff.
– Das Konnexitätsprinzip im Landesverfassungsrecht, 2009
– Die Reichweite des landesverfassungsrechtlichen Konnexitätsprinzips bei Umsetzung von EU-Richtlinien, NVwZ 2010, S. 618 ff.

– Wenn der Bund seine alten Aufgabenzuweisungen an Kommunen aufhebt, DÖV 2011, S. 745 ff.
– Zum Urteil des VerfGH NRW über die Konnexitätsfolgen des Kinderförderungsgesetzes, NWVBl. 2011, S. 413 ff.
– Zustimmungspflichten bei Bundesgesetzen auf ihren Kern zurückgeführt, BayVBl. 2011, S. 65 ff.
– „In Wahlen und Abstimmungen“, Zur Bedeutung und Herkunft dieser Worte in Art. 20 Abs. 2 Satz 2 GG, DÖV 2013, S. 301 ff.
– Schlusswort: Replik auf Otmar Jung, DÖV 2013, S. 759 f.
– Konnexitätsansprüche der Kommunen gegen die Länder eventuell weit über den Kita-Ausbau hinaus, NVwZ 2013, S. 1529 ff.

Frank Engellandt, Die Einflußnahme der Kommunen auf ihre Kapitalgesellschaften über das Anteilseignerorgan, 1995
– Zustimmungsvorbehalte zugunsten der Kommunalaufsicht und der Kommunalparlamente in Gesellschaftsverträgen kommunaler Unternehmen, DÖV 1996, S. 71 ff.

Andreas Engels, Kostenfolgeabschätzung und Evaluation als Elemente landesverfassungsrechtlicher Konnexitätsprinzipien, VerwArch 102 (2011), S. 285 ff.
– Die gerichtliche Durchsetzbarkeit des Konnexitätsprinzips, in: Arno Bunzel/Stefanie Hanke (Hrsg.), „Wer zahlt die Zeche?“ Das Konnexitätsprinzip – richtig angewandt, 2011, S. 45 ff.

Lorenz Engi, Governance – Umrisse und Problematik eines staatstheoretischen Leitbildes, Der Staat 47 (2008), S. 571 ff.

Claus Enkler, Wirtschaftliche Betätigung der Kommunen in neuen Geschäftsfeldern, ZG 1998, S. 328 ff.

Jörg Ennuschat, Kommunalwirtschaftsrecht – Prüfungsmaßstab im Vergaberechtsschutz?, NVwZ 2008, S. 966 ff.
– Kommunalwirtschaftsrechtsfreie Kommunalwirtschaft?, NWVBl. 2009, S. 1 ff.

Wilfried Erbguth, Verstärkung der Elemente unmittelbarer Bürgerbeteiligung auf kommunaler Ebene, DÖV 1995, S. 793 ff.
– Verstärkung der Elemente unmittelbarer Bürgerbeteiligung auf kommunaler Ebene – praktische Erfahrung mit der bisherigen Handhabung, in: Hans-Günter Henneke (Hrsg.), Aktuelle Entwicklungen der inneren Kommunalverfassung, 1996, S. 115 ff.
– Modellvorhaben Verwaltungsreform Mecklenburg-Vorpommern? – Anmerkungen aus rechtlicher Sicht, LKV 2004, S. 1 ff.
– Zur gescheiterten Kreisgebietsreform in Mecklenburg-Vorpommern, DÖV 2008, S. 152 ff.
– Infrastrukturgroßprojekte: Akzeptanz durch Verfahren und Raumordnung, DÖV 2012, S. 821 ff.

Hans-Uwe Erichsen, Der Innenrechtsstreit, in: Hans-Uwe Erichsen (Hrsg.), System des verwaltungsgerichtlichen Rechtsschutzes, Festschrift für Carl-Friedrich Menger zum 70. Geburtstag, 1985, S. 211 ff.
– Gemeinde und Private im wirtschaftlichen Wettbewerb, 1987
– Die Landschaftsverbände, NWVBl. 1995, S. 1 ff.

Friedel Erlenkämper, Entwicklungen im Kommunalrecht, NVwZ 1990, S. 116 ff.
– Entwicklungen im Kommunalrecht, NVwZ 1995, S. 649 ff.

Christian Ernst, Die Einführung eines einheitlichen Ansprechpartners i.S. der EU-Dienstleistungsrichtlinie durch das 4. Gesetz zur Änderung verwaltungsverfahrensrechtlicher Vorschriften, DVBl. 2009, S. 953 ff.

– Das Demokratieprinzip im kommunalen Gefüge, NVwZ 2010, S. 816 ff.
Tobias Ernst, Modernisierung der Wirtschaftsverwaltung durch moderne Kommunikation, 2005
Ingo Erting, Bankaufsichtsrechtliche Grenzen kommunaler Darlehnsgeschäfte, NVwZ 2009, S. 1339 ff.
Jürgen Eschenbach, Der verfassungsrechtliche Schutz des Eigentums, 1996
Theodor Eschenburg, Mythos und Wirklichkeit der kommunalen Selbstverwaltung, in: Theodor Eschenburg, Zur politischen Praxis in der Bundesrepublik, Bd. II, 1966, S. 139 ff.
Jana Essebier, Dienstleistungen von allgemeinem wirtschaftlichem Interesse und Wettbewerb, 2005
Josef Esser, Grundsatz und Norm in der richterlichen Form des Privatrechts, 4. Aufl. 1990
Hans-Ulrich Evers, Reform oder Liquidation der Landkreise?, DVBl. 1969, S. 765 ff.
Wolfgang Ewer, Der Ausschluss von Bürgerentscheiden auf dem Gebiet der Bauleitplanung, in: Utz Schliesky (Hrsg.), Die Freiheit des Menschen in Kommune, Staat und Europa, Festschrift für Edzard Schmidt-Jortzig, 2011, S. 191 ff.
– Kein Volksentscheid über die Zulassung von Infrastrukturprojekten, NJW 2011, S. 1328 ff.
Angela Faber, Die Zukunft kommunaler Selbstverwaltung und der Gedanke der Subsidiarität in den Europäischen Gemeinschaften, DVBl. 1991, S. 1126 ff.
– Aktuelle Entwicklungen des Drittschutzes gegen die kommunale wirtschaftliche Betätigung, DVBl. 2003, S. 761 ff.
– Insolvenzfähigkeit von Kommunen, DVBl. 2005, S. 938 ff.
Angela Faber/Verena Roth, Die Umsetzung der UN-Behindertenrechtskonvention durch die Schulgesetzgebung der Länder, DVBl. 2010, S. 1193 ff.
Heiko Faber, Die Macht der Gemeinden, 1982
– Erwiderung auf den Beitrag von Henneke und Ritgen zum 250. Geburtstag des Freiherrn vom Stein und zu seiner Bedeutung für die kommunale Selbstverwaltung, DVBl. 2008, S. 437 f.
Markus Faber, Privatisierung streng geheim! – Öffentlichkeitsdefizite bei kommunalen Privatisierungen im Spannungsfeld zu den Anforderungen des Demokratieprinzips, NVwZ 2003, S. 1317 ff.
Eckart Fadinger, Die Rechtsstellung der Gemeinden im übertragenen Wirkungskreis, 1969
Matthias Falk, Die kommunalen Aufgaben unter dem Grundgesetz, 2006
Karl-Josef Faßbender, Rechtsschutz privater Konkurrenten gegen kommunale Wirtschaftsbetätigung, DÖV 2005, S. 89 ff.
Michael Fehling, Verwaltung zwischen Unparteilichkeit und Gestaltungsaufgabe, 2001
– Kosten-Nutzen-Analysen als Maßstab für Verwaltungsentscheidungen, VerwArch 95 (2004), S. 443 ff.
Wilderich Fehrmann, Kommunalverwaltung und Verwaltungsgerichtsbarkeit, DÖV 1983, S. 311 ff.
Hans Georg Fischer, Bürgerbegehren und Bürgerentscheid – ein neues Element unmittelbarer Demokratie in der Kommunalverfassung von Nordrhein-Westfalen, NWVBl. 1995, S. 366 ff.
Heinz Fischer-Heidlberger, Die Rechtsstellung der Mitgliedsgemeinden in der Verwaltungsgemeinschaft, 1983

Hans Fischerhof, Öffentliche Versorgung mit Wasser, Gas, Elektrizität und öffentliche Verwaltung, DÖV 1957, S. 305 ff.
– „Daseinsvorsorge" und wirtschaftliche Betätigung der Gemeinden, DÖV 1960, S. 41 ff.
Fritz Fleiner, Institutionen des Deutschen Verwaltungsrechts, 8. Aufl. 1928
Wolfram Försterling, Kompetenzrechtliche Probleme nach der Föderalismusreform, ZG 2007, S. 36 ff.
Ernst Forsthoff, Die öffentliche Körperschaft im Bundesstaat, 1931
– Die Krise der Gemeindeverwaltung im heutigen Staat, 1932
– Nationalsozialismus und Selbstverwaltung, in: Hans Frank (Hrsg.), Deutsches Verwaltungsrecht, 1937, S. 176 ff.
– Die Verwaltung als Leistungsträger, 1938
– Die Daseinsvorsorge und die Kommunen, 1958
– Die Umbildung des Verfassungsgesetzes, in: Hans Barion (Hrsg.), Festschrift für Carl Schmitt zum 70. Geburtstag, 1959, S. 35 ff.
– Problematik der Verfassungsauslegung, 1961
– Die Daseinsvorsorge und die Kommunen, in: Ernst Forsthoff, Rechtsstaat im Wandel, Verfassungsrechtliche Abhandlungen 1950–1964, 1964, S. 114 ff.
– Der Staat der Industriegesellschaft, 1971
– Lehrbuch des Verwaltungsrechts, Bd. I, 10. Aufl. 1973
Friedrich Franz von Mayer, Über Verwaltungs-Recht und -Rechtspflege, Zeitschrift für die gesamte Staatswissenschaft 12 (1856), S. 284 ff.
Thorsten Franz, Die Staatsaufsicht über die Kommunen, JuS 2004, S. 937 ff.
– Gewinnerzielung durch kommunale Daseinsvorsorge, 2005
Claudio Franzius, Auf dem Weg zu mehr Wettbewerb im ÖPNV – Zum „Altmark Trans" Urteil des EuGH, NJW 2003, S. 3029 ff.
– Der „Gewährleistungsstaat" – ein neues Leitbild für den sich wandelnden Staat?, Der Staat 42 (2003), S. 493 ff.
– Die europäische Dimension des Gewährleistungsstaates, Der Staat 45 (2006), S. 547 ff.
– Governance und Regelungsstrukturen, VerwArch 97 (2006), S. 186 ff.
– Gewährleistung im Recht, 2009
Hans-Georg Franzke, Rechtsfragen der Kreisumlage, in: Hans-Uwe Erichsen (Hrsg.), Kommunale Verwaltung im Wandel, 1999, S. 177 ff.
Herbert Freese, Die geringe Steuerwirkung von echten Subsidiaritätsklauseln im Gemeindewirtschaftsrecht, NdsVBl. 2009, S. 192 ff.
Walter Frenz, Die Grundrechtsberechtigung juristischer Personen des öffentlichen Rechts bei grundrechtssichernder Tätigkeit, VerwArch 85 (1994), S. 22 ff.
– Kommunale Selbstverwaltung und europäische Integration, in: Markus Hoffmann (Hrsg.), Kommunale Selbstverwaltung im Spiegel von Verfassungsrecht und Verwaltungsrecht, 1995, S. 9 ff.
– Der Schutz der kommunalen Organisationshoheit, VerwArch 86 (1995), S. 378 ff.
– Gemeindliche Selbstverwaltungsgarantie und Verhältnismäßigkeit, Die Verwaltung 28 (1995), S. 33 ff.
– Wettbewerbsrechtliche Absicherung privater Entsorgungsverantwortung, DÖV 2000, S. 802 ff.
– Vergaberecht und institutionalisierte PPP, NZBau 2008, S. 673 ff.
– Recht auf kommunale Selbstverwaltung für Gemeinden und Kreise, JA 2010, S. 39 ff.

Dirk Frers, Zum Verhältnis zwischen Gemeinde und Gemeindeverband nach Art. 28 II GG, DVBl. 1989, S. 449ff.

Rainer Frey/Karl-Heinz Naßmacher, Parlamentarisierung der Kommunalpolitik, AfK 1975, S. 195ff.

Karl Heinrich Friauf, Zur Problematik des verfassungsrechtlichen Vertrages, AöR 88 (1963), S. 257ff.

– Öffentlicher Haushalt und Wirtschaft, VVDStRL 27 (1969), S. 1ff.

– Öffentliche Sonderlasten und Gleichheit der Steuerbürger, in: Institut für Völkerrecht und Ausländisches Öffentliches Recht der Universität zu Köln (Hrsg.), Festschrift für Hermann Jahrreiß zum 80. Geburtstag, 1974, S. 45ff.

– Zur Zulässigkeit von außersteuerlichen Sonderabgaben, in: Günther Schmölders (Hrsg.), Der Bürger als Objekt der staatlichen Finanzpolitik, Festschrift für Willy Haubrichs zum 65. Geburtstag, 1976, S. 103ff.

– Energierechtsreform und kommunale Energieversorgung, in: Jürgen F. Baur/Karl Heinrich Friauf, Energierechtsreform zwischen Europarecht und kommunaler Selbstverwaltung, 1997, S. 55ff.

Karl Heinrich Friauf/Wolfram Höfling (Hrsg.), Berliner Kommentar zum Grundgesetz

Karl Heinrich Friauf/Rudolf Wendt, Rechtsfragen der Kreisumlage, 1980

Karl Friedrichs, Juristische Personen, VerwArch 23 (1915), S. 1ff.

Ernst Friesenhahn, Über Begriff und Arten der Rechtsprechung unter besonderer Berücksichtigung der Staatsgerichtsbarkeit nach dem Grundgesetz und den westdeutschen Landesverfassungen, in: Festschrift Richard Thoma zum 75. Geburtstag, 1950, S. 21ff.

– Die verfassungsrechtliche Garantie der kommunalen Selbstverwaltung in der Bundesrepublik Deutschland und im Land Nordrhein-Westfalen und die Rechtsprechung der Verfassungsgerichte, in: Peter Saladin (Hrsg.), Der Staat als Aufgabe, Gedenkschrift für Max Imboden, 1972, S. 115ff.

Birgit Frischmuth/Paul von Kodolitsch, Bürger – Rat – Verwaltung: Neue Rollenverteilung in der Kommunalpolitik, in: Heinrich Mäding (Hrsg.), Zwischen Überforderung und Selbstbehauptung – Städte unter dem Primat der Ökonomie, 1999, S. 181ff.

Ulrike Fritsch/Sybille Wankel, Verpflichtung von Kommunen zur Bestellung einer hauptberuflichen Frauenbeauftragten, NVwZ 1997, S. 43ff.

Jochen-Konrad Fromme, Die kommunale Selbstverwaltung bei der Ergänzung des Grundgesetzes, ZRP 1992, S. 431ff.

Werner Frotscher, Selbstverwaltung und Demokratie, in: Albert von Mutius (Hrsg.), Selbstverwaltung im Staat der Industriegesellschaft, Festgabe zum 70. Geburtstag von Georg Christoph von Unruh, 1983, S. 127ff.

– Direkte Demokratie in der Weimarer Verfassung, DVBl. 1989, S. 541ff.

Werner Frotscher/Ingo Knecht, Bürgerbegehren zur Festlegung der Zahl hauptamtlicher Beigeordneter, DÖV 2005, S. 797ff.

Frank-Michael Fruhner, Konnexitätsprinzip und Funktionalreform in Sachsen-Anhalt, LKV 2005, S. 200ff.

Jockel Fuchs, Dritte Säule – oder was?, Die Verwaltung 4 (1971), S. 385ff.

Malte Fügemann, Landkreise und kreisfreie Städte im Blick des Reform-Gesetzgebers – Verfassungsrechtliche Anforderungen an die nächste kommunale Gebietsreform, SächsVBl. 2006, S. 1ff.

Hans Fülster, Staatsrecht in Frage und Antwort, Bd. II, o. J.

Bernd-Christian Funk, Regeln und Prinzipien in Teilsystemen des Rechts, dargestellt am Beispiel des Verwaltungsrechts, in: Bernd Schilcher/Peter Koller/Bernd-Christian Funk (Hrsg.), Regeln, Prinzipien und Elemente im System des Rechts, 2000, S. 259ff.

Dietrich Fürst, Kommunale Entscheidungsprozesse, 1975

– Die Stadt – neue Herausforderungen und Chancen für den Staat, Der moderne Staat 1/2012, S. 25ff.

Oscar W. Gabriel, Das Volk als Gesetzgeber – Bürgerbegehren und Bürgerentscheide in der Kommunalpolitik aus der Perspektive der empirischen Forschung, ZG 1999, S. 299ff.

– Die Bürgergemeinde als neues Leitbild der Kommunalpolitik – Anspruch und Wirklichkeit, in: Wolfgang Schuster/Klaus-Peter Murawski (Hrsg.), Die regierbare Stadt, 2002, S. 139ff.

Günter Gaentzsch, Wie kann das Planungsrecht weniger rechtsmittelanfällig gemacht werden?, DVBl. 1985, S. 29ff.

– Gesetzmäßigkeit und Wirtschaftlichkeit der Verwaltung: Beißt oder verträgt sich das?, DÖV 1998, S. 952ff.

Hans-Ullrich Gallwas, Die Ausgleichspflicht des Staates im Rahmen des „strikten Konnexitätsprinzips" nach Art. 83 Abs. 3 BV, in: Hartmut Bauer (Hrsg.), Wirtschaft im offenen Verfassungsstaat, Festschrift für Reiner Schmidt, 2006, S. 677ff.

Matthias Ganske, Corporate Governance im öffentlichen Unternehmen, 2004

Peter Ganzer/Bernd Tremml, Die Verschwiegenheitspflichten der Aufsichtsratsmitglieder einer kommunalen Eigengesellschaft in der Rechtsform einer mitbestimmten GmbH – dargestellt anhand der Rechtslage in Bayern, GewArch 2010, S. 141ff.

Klaus Ferdinand Gärditz, Hochschulorganisation und verwaltungsrechtliche Systembildung, 2009

Adolf Gasser, Gemeindefreiheit als Rettung Europas, 2. Aufl. 1947

Ihno Gebhardt, Das kommunale Selbstverwaltungsrecht, 2007

Arnold Gehlen, Demokratisierung, in: Hochschule für Verwaltungswissenschaften (Hrsg.), Demokratie und Verwaltung, 25 Jahre Hochschule für Verwaltungswissenschaften Speyer, 1972, S. 179ff.

Matthias Gehm, Die Diskussion um die Einführung einer kommunalen Einkommensteuer, ZRP 2011, S. 143ff.

Stefan Geiger/Jaron Aßmann, Chancen und Grenzen der Expansionsmöglichkeiten kommunaler Energieversorgungsunternehmen, DVBl. 2012, S. 1276ff.

Willi Geiger, Gegenwartsprobleme der Verfassungsgerichtsbarkeit aus deutscher Sicht, in: Thomas Berberich/Wolfgang Holl/Kurt-Jürgen Maaß (Hrsg.), Neue Entwicklungen im öffentlichen Recht, 1979, S. 131ff.

Max-Emanuel Geis, Der Methoden- und Richtungsstreit in der Weimarer Staatsrechtslehre, JuS 1989, S. 91ff.

– „Political question doctrine" im Recht des kommunalen Finanzausgleichs?, in: Max-Emanuel Geis (Hrsg.), Staat – Kirche – Verwaltung, Festschrift für Hartmut Maurer zum 70. Geburtstag, 2001, S. 79ff.

– Kommunalrecht, 2008

Oskar Maria Geitel, EuGH präzisiert Anforderungen an interkommunale Kooperationen, Unanwendbarkeit der Gesetze über die interkommunale Gemeinschaftsarbeit?, NVwZ 2013, S. 765ff.

Martin Gellermann, Grundrechte in einfachgesetzlichem Gewande, 2000

Andrea Gemein, Die Personalhoheit der Gemeinden, 1998
Karl Friedrich von Gerber, Grundzüge eines Systems des deutschen Staatsrechts, 3. Aufl. 1880
Alfons Gern, Rechtsschutz der Kommunen in der Europäischen Union, NVwZ 1996, S. 532 ff.
– Wirtschaftliche Betätigung der Gemeinden außerhalb des Gemeindegebiets, NJW 2002, S. 2593 ff.
– Privatisierung des Forderungsmanagements der Kommunen, DÖV 2009, S. 269 ff.
Hubertus Gersdorf, Öffentliche Unternehmen im Spannungsfeld zwischen Demokratie- und Wirtschaftlichkeitsprinzip, 2000
– Privatisierung öffentlicher Aufgaben – Gestaltungsmöglichkeiten, Grenzen, Regelungsbedarf, JZ 2008, S. 831 ff.
Karl Gertler, Auswirkungen der Politik- und Verwaltungsreform Sachsen-Anhalts auf die Landkreise, LKV 1998, S. 426 ff.
Otto von Gierke, Das deutsche Genossenschaftsrecht, Bd. I, 1868, Bd. II, 1873
– Die Genossenschaftstheorie und die deutsche Rechtsprechung, 1887
– Die Grundbegriffe des Staatsrechts und die neuesten Staatstheorien, 1915
Friedrich Giese, Verfassung des Deutschen Reiches vom 11. August 1919, 1. Aufl. 1919, 2. Aufl. 1920
Paul Glauben, Wirtschaftliche Betätigung der Kommunen in Privatrechtsform, ZG 1997, S. 148 ff.
Friedrich Glum, Das Recht der Selbstverwaltung der Gemeinden und Gemeindeverbände nach Art. 127 der Reichsverfassung, AöR 56 (1929), S. 379 ff.
Oscar Gluth, Die Lehre von der Selbstverwaltung im Lichte formaler Begriffsbestimmungen, 1887
Rudolf von Gneist, Verwaltung, Justiz, Rechtsweg, Staatsverwaltung und Selbstverwaltung nach englischen und deutschen Verhältnissen mit besonderer Rücksicht auf Verwaltungsreformen und Kreis-Ordnungen in Preußen, 1869
– Die preußische Kreis-Ordnung in ihrer Bedeutung für den inneren Ausbau des deutschen Verfassungs-Staates, 1870
Markus Göbel/Guido Lauen, Die Modernisierung der modernen Verwaltung, Die Verwaltung 35 (2002), S. 263 ff.
Helmut Goerlich, Werteordnung und Grundgesetz, 1973
– Anmerkung zum Urteil des Staatsgerichtshofes für das Land Baden-Württemberg vom 10. Mai 1999, Az.: GR 2/97, DVBl. 1999, S. 1358 ff.
Wolfgang Göke, Die eigenen Angelegenheiten der Kommunen nach Art. 57 Abs. 1 NV, in: Hans-Günter Henneke/Hubert Meyer (Hrsg.), Kommunale Selbstverwaltung zwischen Bewahrung, Bewährung und Entwicklung, Festgabe für Gernot Schlebusch zum 65. Geburtstag, 2006, S. 83 ff.
Otto Gönnewein, Zu einigen Fragen des heutigen Gemeinderechts, AöR 81 (1954), S. 214 ff.
– Gemeinderecht, 1963
Hubert Görg, Bundesauftragsangelegenheiten der Gemeinden und Gemeindeverbände und ihre Pflichtaufgaben nach Weisung, DÖV 1961, S. 41 ff.
Frank Görgens, Die Verwaltungsgemeinschaft nach baden-württembergischen Gemeinderecht als neuer Typ einer gemeindlichen Verwaltungsreform, 1977
Christoph Görisch, Landschaftsverbandliche Aufgaben(wahrnehmung) im Lichte des kommunalen Selbstverwaltungsrechts, NWVBl. 2002, S. 418 ff.

– Demokratische Verwaltung durch Unionsagenturen, 2009
Markus Götz, Politische Steuerung in der Kommune, 2000
Jürgen Grabbe, Verfassungsrechtliche Grenzen der Privatisierung kommunaler Aufgaben, 1979
Eberhard Grabitz, Freiheit und Verfassungsrecht, 1976
Walter Grafe, Gemeindliche Personalhoheit unter Selbstverwaltungsgarantie, DÖV 1955, S. 650 ff.
Christof Gramm, Vom Steuerstaat zum gebührenfinanzierten Dienstleistungsstaat, Der Staat 36 (1997), S. 267 ff.
– Privatisierung und notwendige Staatsaufgaben, 2001
Reinhard Granderath, Die kommunale Gebietsreform in der Praxis des Bundesverfassungsgerichts, DÖV 1973, S. 332 ff.
Rolf-Richard Grauhan, Zur politischen Theorie der Stadt, AfK 1962, S. 88 ff.
Rolf Grawert, Rechtsfragen der grenzüberschreitenden Zusammenarbeit von Gemeinden, DVBl. 1971, S. 484 ff.
– Gemeinden und Kreise vor den öffentlichen Aufgaben der Gegenwart, VVDStRL 36 (1978), S. 277 ff.
– Diskussionsbeitrag, VVDStRL 36 (1978), S. 381 f.
– Kommunale Finanzhoheit und Steuerhoheit, in: Albert von Mutius (Hrsg.), Selbstverwaltung im Staat der Industriegesellschaft, Festgabe zum 70. Geburtstag von Georg Christoph von Unruh, 1983, S. 587 ff.
– Die Kommunen im Länderfinanzausgleich, 1989
– Zuständigkeitsgrenzen der Kommunalwirtschaft, in: Klaus Grupp (Hrsg.), Planung – Recht – Rechtsschutz, Festschrift für Willi Blümel zum 70. Geburtstag am 6. Januar 1999, 1999, S. 119 ff.
– Staatsvolk und Staatsangehörigkeit, in: Josef Isensee/Paul Kirchhof (Hrsg.), Handbuch des Staatsrechts der Bundesrepublik Deutschland, Bd. II, 3. Aufl. 2004, § 16
Kristoffel Grechenig/Martin Gelter, Divergente Evolution des Rechtsdenkens – Von amerikanischer Rechtsökonomie und deutscher Dogmatik, RabelsZ 72 (2008), S. 513 ff.
Peter Gril, Alexys Version einer transzendental-pragmatischen Begründung der Diskursregeln im Unterschied zu Habermas, ARSP 83 (1997), S. 206 ff.
Christian Groh, Neuanfänge der kommunalen Selbstverwaltung nach 1945, in: Thomas Mann/Günter Püttner (Hrsg.), Handbuch der Kommunalen Wissenschaft und Praxis, Bd. I, 3. Aufl. 2007, § 8
Kathrin Groh, Schuldenbremse und kommunale Selbstverwaltungsgarantie, LKV 2010, S. 1 ff.
Stephan Grohs/Jörg Bogumil/Sabine Kuhlmann, Überforderung, Erosion oder Aufwertung der Kommunen in Europa? Eine Leistungsbilanz im westeuropäischen Vergleich, Der moderne Staat 1/2012, S. 125 ff.
Bernhard Gromoll, Rechtliche Grenzen der Privatisierung öffentlicher Aufgaben, 1982
Christoph Gröpl, Die Privatisierung von Messen, Märkten und Volksfesten, GewArch 1995, S. 367 ff.
– Möglichkeiten und Grenzen der Privatisierung kommunaler Aufgaben, in: Markus Hofmann (Hrsg.), Kommunale Selbstverwaltung im Spiegel von Verfassungsrecht und Verwaltungsrecht, 1996, S. 99 ff.
– Haushaltsrecht und Reform, 2001

– Ökonomisierung von Verwaltung und Verwaltungsrecht, VerwArch 93 (2002), S. 459 ff.
– Wirtschaftlichkeit und Sparsamkeit staatlichen Handelns, in: Josef Isensee/Paul Kirchhof (Hrsg.), Handbuch des Staatsrechts der Bundesrepublik Deutschland, Bd. V, 3. Aufl. 2007, § 121
Rolf Gröschner, Der homo oeconomicus und das Menschenbild des Grundgesetzes, in: Christoph Engel/Martin Morlok (Hrsg.), Öffentliches Recht als ein Gegenstand ökonomischer Forschung, 1998, S. 31 ff.
Thomas Groß, Das Kollegialprinzip in der Verwaltungsorganisation, 1999
– Grundlinien einer pluralistischen Interpretation des Demokratieprinzips, in: Redaktion Kritische Justiz (Hrsg.), Demokratie und Grundgesetz, 2000, S. 93 ff.
– Ökonomisierung der Verwaltungsgerichtsbarkeit und des Verwaltungsprozessrechts, Die Verwaltung 34 (2001), S. 371 ff.
– Die Informatisierung der Verwaltung, VerwArch 95 (2004), S. 400 ff.
– Stuttgart 21: Folgerungen für Demokratie und Verwaltungsverfahren, DÖV 2011, S. 510 ff.
Stefan Grundmann, Methodenpluralismus als Aufgabe, RabelZ 61 (1997), S. 423 ff.
Markus Grünewald, Bestätigungsgesetz und weitere wichtige Entscheidungen des Verfassungsgerichts des Landes Brandenburg zur landesweiten Gemeindegebietsreform nach dem 18.12.2003, LKV 2005, S. 56 ff.
Klaus Grupp, Wirtschaftliche Betätigung der öffentlichen Hand unter dem Grundgesetz, ZHR 140 (1976), S. 367 ff.
– Rechtsfragen der abschließenden Überprüfung prognostischer Entscheidungen bei der kommunalen Gebietsreform, in: Joachim Burmeister (Hrsg.), Verfassungsstaatlichkeit, Festschrift für Klaus Stern zum 65. Geburtstag, 1997, S. 1099 ff.
Bernd Grzeszick, Öffnungsklauseln für die Kommunalverwaltung, Die Verwaltung 30 (1997), S. 545 ff.
– Läßt sich eine Verfassung kalkulieren?, JZ 2003, S. 647 ff.
– Rationalitätsanforderungen an die parlamentarische Rechtsetzung im demokratischen Rechtsstaat, VVDStRL 71 (2012), S. 49 ff.
Berthold Grzywatz, Staat und Gemeinde im 19. Jahrhundert, AfK 1995, S. 30 ff.
Annette Guckelberger, Die wirtschaftliche Betätigung kommunaler Unternehmen außerhalb des Gemeindegebiets, BayVBl. 2006, S. 293 ff.
– Formen von Öffentlichkeit und Öffentlichkeitsbeteiligung im Umweltverwaltungsrecht, VerwArch 103 (2012), S. 31 ff.
– Die Rekommunalisierung privatisierter Leistungen in Deutschland, VerwArch 104 (2013), S. 161 ff.
Ulf Gundlach, Die „Finanzgarantie" des Art 87 III der Verfassung des Landes Sachsen-Anhalt, LKV 1999, S. 201 ff.
– Die Kommunen im Steuer- und Abgabenstaat, LKV 2000, S. 7 ff.
Dietrich Gunst, Gebietsreform, Bürgerwille und Demokratie, AfK 1990, S. 189 ff.
Klaus Günther, Der Sinn für Angemessenheit, 1988
Thomas Günther, Die Einführung des Einheitlichen Ansprechpartners in Nordrhein-Westfalen, GewArch 2010, S. 437 ff.
Elke Gurlit, Neue Formen der Bürgerbeteiligung? – Planung und Zulassung von Projekten in der parlamentarischen Demokratie, JZ 2012, S. 833 ff.
Christoph Gusy, Die Offenheit des Grundgesetzes, JöR 33 n. F. (1984), S. 105 ff.
– Parlamentarischer Gesetzgeber und Bundesverfassungsgericht, 1985

– Brauchen wir eine juristische Staatslehre?, JöR 55 n. F. (2007), S. 41 ff.
Brigitte Gutknecht, Das Subsidiaritätsprinzip als Grundsatz des Europarechts, in: Johannes Hengstschläger (Hrsg.), Für Staat und Recht, Festschrift für Herbert Schambeck, 1994, S. 921 ff.
Peter Häberle, Öffentliches Interesse als juristisches Problem, 1970
– Verfassungsprinzipien „im" Verwaltungsverfahrensgesetz, in: Walter Schmitt Glaeser (Hrsg.), Verwaltungs-Verfahren, Festschrift zum 50-jährigen Bestehen des Richard Boorberg Verlags, 1977, S. 47 ff.
– Die Wesensgehaltsgarantie des Art. 19 Abs. 2 GG, 3. Aufl. 1983
– Subsidiarität aus Sicht der vergleichenden Verfassungslehre, in: Alois Riklin/Gerard Batliner (Hrsg.), Subsidiarität: ein interdisziplinäres Symposium, 1994, S. 267 ff.
– Verfassungsstaatliche Textstufen in Sachen kommunaler Selbstverwaltung – eine Skizze, in: Siegfried Magiera (Hrsg.), Verwaltungswissenschaft und Verwaltungspraxis in nationaler und transnationaler Perspektive, Festschrift für Heinrich Siedentopf zum 70. Geburtstag, 2008, S. 411 ff.
Jürgen Habermas, Drei normative Modelle der Demokratie: Zum Begriff deliberativer Politik, in: Herfried Münkler (Hrsg.), Die Chancen der Freiheit, Grundprobleme der Demokratie, 1992, S. 11 ff.
– Faktizität und Geltung, 4. Aufl. 1994
Mathias Habersack, Private public partnership – Gemeinschaftsunternehmen zwischen Privaten und öffentlicher Hand, ZGR 1996, S. 544 ff.
Horst Hacker, Der Landkreis im Zwiespalt der Begriffe, DÖV 1955, S. 236 ff.
– Die Kreisumlage, in: Verein für die Geschichte der Deutschen Landkreise e. V. (Hrsg.), Der Kreis, Bd. II, 1976, S. 357 ff.
Ulrich Häde, Finanzausgleich, 1996
Albert Haenel, Deutsches Staatsrecht, Bd. I, 1892
Philipp Häfner, Doppelte Buchführung für Gemeinden nach dem NKF (Neues kommunales Finanzmanagement), 2. Aufl. 2005
Gerd Hager, Rechtspraktische und rechtspolitische Notizen zu Bürgerbegehren und Bürgerentscheid, VerwArch 84 (1993), S. 97 ff.
Klaus Hahnzog, Lebendige Bayerische Verfassung – Weiterentwicklung und Revitalisierung, BayVBl. 2007, S. 321 ff.
Karl-Eberhard Hain, Der Gesetzgeber in der Klemme zwischen Übermaß- und Untermaßverbot?, DVBl. 1993, S. 982 ff.
– Das Untermaßverbot in der Kontroverse, ZG 1996, S. 75 ff.
– Die Grundsätze des Grundgesetzes, 1999
– Diskurstheorie und Menschenrechte – eine kritische Bestandsaufnahme, Der Staat 40 (2001), S. 193 ff.
– Freiheit unter Friedlichkeitsvorbehalt? – eine rechtsphilosophische und methodologische Kritik, ARSP, Beiheft 104 (2005), S. 157 ff.
– Unbestimmter Rechtsbegriff und Beurteilungsspielraum – ein dogmatisches Problem rechtstheoretisch betrachtet, in: Rainer Grote (Hrsg.), Die Ordnung der Freiheit, Festschrift für Christian Starck zum siebzigsten Geburtstag, 2007, S. 35 ff.
Lutz Hambusch, Die Rechtsstellung des Landesverbandes Lippe, 1971
Alexander Hamilton/James Madison/John Jay, Die Federalist Papers, 1993
Alexander Hanebeck, Der demokratische Bundesstaat des Grundgesetzes, 2004
Karsten Hardraht, In-House-Geschäfte und europäisches Vergaberecht, 2006

Bernd J. Hartmann, Eigeninteresse und Gemeinwohl bei Wahlen und Abstimmungen, AöR 134 (2009), S. 1 ff.
Volker Hassel, Rechtsfolgen kommunaler Gebietsreform, 1975
– Zur Stellung der Gemeinde innerhalb der Landesverwaltung – Anmerkungen zum „Rastede-Urteil" des Bundesverwaltungsgerichts, VR 1984, S. 145 ff.
Julius Hatschek, Die Selbstverwaltung in politischer und juristischer Bedeutung, 1898
– Das Wesen der Selbstverwaltung, in: Karl Freiherr von Stengel/Max Fleischmann (Hrsg.), Wörterbuch des Deutschen Staats- und Verwaltungsrechts, Bd. II, 2. Aufl. 1914, S. 419 ff.
– Lehrbuch des deutschen und preußischen Verwaltungsrechts, 7./8. Aufl. 1931
Oliver Hatting/Bettina Ruhland, Kooperation zwischen Kommunen und öffentlichen oder privaten Partnern im Visier des Vergaberechts, NWVBl. 2006, S. 405 ff.
Dieter Haun, Die Bundesaufsicht in Bundesauftragsangelegenheiten, 1972
Maurice Hauriou, La Théorie de l'Institution et de la Fondation, Essai de Vitalisme social, Cahiers de la Nouvelle Journée 4 (1925), S. 1 ff.
Michael Haus/Hubert Heinelt, Neue Formen des Regierens auf lokaler Ebene, in: Michael Haus/Hubert Heinelt/Björn Egner/Christine König (Hrsg.), Partizipation und Führung in der lokalen Politik, 2005, S. 15 ff.
Jürgen Hauschild, Selbstverwaltung als Organisationsprinzip in Staat und Wirtschaft, in: Albert von Mutius (Hrsg.), Selbstverwaltung im Staat der Industriegesellschaft, Festgabe zum 70. Geburtstag von Georg Christoph von Unruh, 1983, S. 79 ff.
Dirk Hauser, Wirtschaftliche Betätigung von Kommunen, 2004
Werner Hauser, Die Wahl der Organisationsform kommunaler Einrichtungen, 1987
Bernd Häusler, Zur Abschaffung der Bezirksregierungen, oder: ein Jahr Verwaltungsmodernisierung in Niedersachsen, NdsVBl. 2004, S. 145 ff.
Friedrich Hausmann, Kosten- und Leistungsrechnung, DÖV 1996, S. 732 ff.
Hans-Christian Hausmann, Höhere Anforderungen bei interkommunalen In-House-Geschäften, Das verschärfte Kontrollkriterium gegen eine Umgehung des Vergabenrechts, NVwZ 2013, S. 760 ff.
Timo Hebeler, Budgetierung und Budgetrecht, VR 2002, S. 76 ff.
– Moderne Verwaltungsorganisation und moderne Personalentwicklung im Lichte der Herrschaftssoziologie Max Webers, Die Verwaltung 37 (2004), S. 119 ff.
– Das Ende kommunalwahlrechtlicher Sperrklauseln, LKRZ 2008, S. 407 ff.
– Ist der Gesetzgeber verfassungsrechtlich verpflichtet, Gesetze zu begründen?, DÖV 2010, S. 754 ff.
Horst Heberlein, Der Schutz der kommunalen Selbstverwaltung in der europäischen Integration – eine Replik, BayVBl. 1993, S. 676 ff.
– Maastricht – ein Erfolg für die kommunale Selbstverwaltung?, DVBl. 1994, S. 1213 ff.
– Subsidiarität und kommunale Selbstverwaltung, NVwZ 1995, S. 1052 ff.
Philipp Heck, Begriffsbildung und Interessenjurisprudenz, 1932
Matthias Hederich, Die Anhörung der kommunalen Spitzenverbände im Gesetzgebungsverfahren, NdsVBl. 2005, S. 33 ff.
Heinrich Heffter, Die deutsche Selbstverwaltung im 19. Jahrhundert, 2. Aufl. 1969
Torsten Heilshorn, Gebietsbezug der Kommunalwirtschaft, 2003
– Sollte die überörtliche kommunale Wirtschaftstätigkeit durch die Gemeindeordnungen zugelassen werden?, VerwArch 96 (2005), S. 88 ff.

– Die Neufassung der kommunalwirtschaftlichen Subsidiaritätsklausel und des Gebietsbezuges kommunaler Unternehmen in Baden-Württemberg, VBlBW 2007, S. 166ff.

Holger Heinbuch/Jochen Bohne, Sind Stadtwerke Inhouse-fähig?, NVwZ 2004, S. 177ff.

Hubert Heinelt, Governance auf lokaler Ebene, in: Arthur Benz (Hrsg.), Governance – Regieren in komplexen Systemen, 2004, S. 29ff.

Markus Heintzen, Das Rangverhältnis von Rechtsverordnung und Satzung, Die Verwaltung 29 (1995), S. 17ff.

– Rechtliche Grenzen und Vorgaben für eine wirtschaftliche Betätigung von Kommunen im Bereich der gewerblichen Gebäudereinigung, 1999

– Zur Tätigkeit kommunaler (Energieversorgungs-)Unternehmen außerhalb der kommunalen Gebietsgrenzen, NVwZ 2000, S. 743ff.

Christian Heinze, Genehmigungen und Zuschüsse für den Kraftfahrzeug-Linienverkehr nach dem Altmark-Urteil des EuGH vom 24. Juli 2003, DÖV 2004, S. 428ff.

Friedrich Wilhelm Held, Kommunalwirtschaftliche Betätigung – begrenzt auf das Örtlichkeitsprinzip, in: Hans-Günter Henneke (Hrsg.), Optimale Aufgabenerfüllung im Kreisgebiet?, 1998, S. 181ff.

– Ist das kommunale Wirtschaftsrecht noch zeitgemäß?, WiVerw 1998, S. 264ff.

– Die Zukunft der Kommunalwirtschaft mit der privaten Wirtschaft, NWVBl. 2000, S. 201ff.

Hans Helfritz, Aktuelle Fragen des Beamtenrechts, Amt und Volk, 1932

Hermann Heller, Der Begriff des Gesetzes in der Reichsverfassung, VVDStRL 4 (1928), S. 98ff.

– Staatslehre, 1934

Robert F. Heller/Eike Richter, Das Recht als erfolgskritischer und reformstrategischer Faktor im E-Government, DVBl. 2010, S. 345ff.

Johannes Hellermann, Örtliche Daseinsvorsorge und gemeindliche Selbstverwaltung, 2000

– Handlungsformen und Handlungsinstrumentarien wirtschaftlicher Betätigung, in: Werner Hoppe/Michael Uechtritz/Hans-Joachim Reck (Hrsg.), Handbuch kommunale Unternehmen, 3. Aufl. 2012, § 7

Johannes Hellermann/Joachim Wieland, Der Schutz des Selbstverwaltungsrechts der Kommunen gegenüber Einschränkungen ihrer wirtschaftlichen Betätigung im nationalen und europäischen Recht, 1995

– Die wirtschaftliche Betätigung der Kommunen außerhalb ihres Gebiets, in: Günter Püttner (Hrsg.), Zur Reform des Gemeindewirtschaftsrechts, 2002, S. 117ff.

Niclas Hellermann, Die Zulässigkeit kommunaler Bürgerhaushalte, DVBl. 2011, S. 1195ff.

Thorsten Matthias Helm, Rechtspflicht zur Privatisierung, 1999

Reinhard Hendler, Die bürgerschaftliche Mitwirkung an der städtebaulichen Planung, 1977

– Selbstverwaltung als Ordnungsprinzip, 1984

– Wirtschaftliche Selbstverwaltung im Staat der Gegenwart, DÖV 1986, S. 657ff.

– Zu den Vorzügen und Nachteilen verstärkter Bürgerbeteiligung auf kommunaler Ebene, Der Landkreis 1995, S. 321ff.

– Vorzüge und Nachteile verstärkter Bürgerbeteiligung auf kommunaler Ebene, in: Hans-Günter Henneke (Hrsg.), Aktuelle Entwicklungen der inneren Kommunalverfassung, 1996, S. 101ff.

– Grundbegriffe der Selbstverwaltung, in: Thomas Mann/Günter Püttner (Hrsg.), Handbuch der kommunalen Wissenschaft und Praxis, Bd. I, 3. Aufl. 2007, § 1
– Das Prinzip Selbstverwaltung, in: Josef Isensee/Paul Kirchhof (Hrsg.), Handbuch des Staatsrechts der Bundesrepublik Deutschland, Bd. VI, 3. Aufl. 2008, § 143
– Zum Verhältnis von gemeindlicher Bauleitplanung und Raumordnungsplanung, in: Utz Schliesky (Hrsg.), Die Freiheit des Menschen in Kommune, Staat und Europa, Festschrift für Edzard Schmidt-Jortzig, 2011, S. 209 ff.
Frank Hendriks/Pieter Tops, Der Wind des Wandels: New Public Management in der niederländischen Gemeindeverwaltung, VerwArch 92 (2001), S. 560 ff.
Angela Henke, Wirtschaftliche Betätigung von Gemeinden, NordÖR 2010, S. 335 ff.
Jörg Henkel, Die Kommunalisierung von Staatsaufgaben, 2010
Hans-Günter Henneke, Der kommunale Finanzausgleich – Verfassungsrechtliche Vorgaben und landesgesetzliche Ausgestaltung, Jura 1987, S. 393 ff.
– Reform der Kreisfinanzen, BayVBl. 1990, S. 651 ff.
– Aufgabenzuständigkeit im kreisangehörigen Raum, 1992
– Gewährung von Unterstützungszahlungen an kreisangehörige Gemeinden und Verbandsgemeinden, DVBl. 1993, S. 900 ff.
– Aufgabengerechte Finanzausstattung der Landkreise als Grundlage der kommunalen Selbstverwaltung, LKV 1993, S. 365 ff.
– Die beabsichtigte Erweiterung des Art. 28 Abs. 2 GG – ein Danaergeschenk für Kreise und Gemeinden?, Der Landkreis 1993, S. 212 ff.
– Die vorgebliche „Stärkung der kommunalen Selbstverwaltung“ durch die Empfehlungen der Gemeinsamen Verfassungskommission aus Sicht der Kreise, in: Hans-Günter Henneke/Hartmut Maurer/Friedrich Schoch (Hrsg.), Die Kreise im Bundesstaat, 1994, S. 61 ff.
– Der kommunale Finanzausgleich, DÖV 1994, S. 1 ff.
– Stärkung der kommunalen Selbstverantwortung, DÖV 1994, S. 705 ff.
– Der Finanzbedarf der kommunalen Gebietskörperschaften, NdsVBl. 1994, S. 49 ff.
– Kommunale Eigenverantwortung bei zunehmender Normdichte, ZG 1994, S. 212 ff.
– Verwaltungseffizienz und Betroffenenakzeptanz, Leitbildgerechtigkeit und politische Durchsetzbarkeit, NVwZ 1994, S. 555 ff.
– Folgen des unmittelbaren Aufgabendurchgriffs des Bundes auf die Kommunen, Der Landkreis 1994, S. 141 ff.
– Probleme des kommunalen Finanzausgleichs, in: Jörn Ipsen (Hrsg.), Kommunale Aufgabenerfüllung im Zeichen der Finanzkrise, 1995, S. 81 ff.
– Die innere Kommunalverfassung – Zur künftigen Austarierung des Verhältnisses von effizienter Verwaltung, steuernder Vertretungskörperschaft und verstärkter Bürgerbeteiligung, DVBl. 1995, S. 1064 ff.
– Anmerkung zu Niedersächsischer Staatsgerichtshof, Beschluss v. 15. August 1995, Az.: StGH 2, 3, 6, 7, 8, 9, 10/93, DVBl. 1995, S. 1179 ff.
– Das richtige Maß von Unmittelbarkeit und Distanz bei kommunalen Bürgerbegehren und -entscheiden, ZG 1996, S. 1 ff.
– „Wer bestellt, bezahlt“ Zur Verpflichtung des Landes zum vollen finanziellen Ausgleich bei Aufgabenübertragungen nach Art 85 Abs 2 der Sächsischen Verfassung, SächsVBl. 1996, S. 53 ff.
– Finanzierungsverantwortung im Bundesstaat, DÖV 1996, S. 713 ff.
– BVerwG bestätigt Ergänzungs- und Ausgleichsaufgaben der Kreise, NVwZ 1996, S. 1181 f.

- Jenseits von Bückeburg, NdsVBl. 1996, S. 9ff.
- Reform der Kommunalverfassung in Zeiten der Verwaltungsmodernisierung, in: Hans-Günter Henneke (Hrsg.), Aktuelle Entwicklungen der inneren Kommunalverfassung, 1996, S. 11ff.
- Selbstverwaltung der Kreise zwischen Politikgestaltung und Verwaltungsmanagement, Der Landkreis 1996, S. 447ff.
- Der Gewährleistungsgehalt der kommunalen Ertragskompetenzen in Art. 106 GG sowie Art. 28 Abs. 2 Satz 3 GG, Der Landkreis 1997, S. 482ff.
- Begrenzt die finanzielle Leistungsfähigkeit des Landes den Anspruch der Kommunen auf eine aufgabenangemessene Finanzausstattung?, DÖV 1998, S. 330ff.
- Gewinnerzielung und Arbeitsplatzsicherung als Legitimation kommunalwirtschaftlicher Betätigung?, NdsVBl. 1998, S. 273ff.
- Jenseits von Bückeburg (Zweite Folge) – Gesetzgeberische Bindungen und Gestaltungsspielräume für den kommunalen Finanzausgleich, NdsVBl. 1998, S. 25ff.
- Kennt Finanznot kein Verfassungsgebot?, DVBl. 1998, S. 1158ff.
- Verfassungsänderungen zwischen Placebo-Effekten und tagespolitisch motivierten Einzelfallregelungen, ZG 1999, S. 1ff.
- Selbstverwaltungssicherung durch Organisation und Verfahren, ZG 1999, S. 256ff.
- Das Recht der Kommunalwirtschaft in Gegenwart und Zukunft, NdsVBl. 1999, S. 1ff.
- Das Verhältnis von Politik und Verwaltung in den Kommunalverfassungen der deutschen Länder. Miteinander oder Gegeneinander, Verwaltung und Management 1999, S. 132ff.
- Jenseits von Bückeburg (Dritte und letzte Folge), NdsVBl. 2001, S. 233ff.
- Sind Gemeindeverbände dem aufgabenumverteilenden Gesetzgeber schutzlos ausgeliefert?, DÖV 2002, S. 463ff.
- Verfassungsrechtlicher Schutz der Gemeindeverbände vor gesetzlichem Aufgabenentzug im dualistischen und monistischen Modell, ZG 2002, S. 72ff.
- Was unterscheidet ein striktes Konnexitätsprinzip von einer verfassungsrechtlich garantierten Flexibilisierung der Verbundmasse im kommunalen Finanzausgleich?, Der Landkreis 2002, S. 378ff.
- Gestaltungsspielraum bei der Kreisumlagefestsetzung, DVBl. 2003, S. 282ff.
- Landesverfassungsrechtliche Finanzgarantien der Kommunen zwischen normativen Neuregelungen und verfassungsgerichtlicher Ausformung, Der Landkreis 2003, S. 190ff.
- KoMbO 2004 – ein Werkstattbericht zur Föderalismusreform, NdsVbl. 2004, S. 250ff.
- Durchbruch bei Verankerung des Konnexitätsprinzips im Landesverfassungsrecht, Der Landkreis 2004, S. 152ff.
- Landesverfassungsrechtliche Finanzgarantien der Kommunen im Spiegel der Rechtsprechung, Der Landkreis 2004, S. 166ff.
- Föderalismusreform am Verfassungstag auf Eis gelegt – Bleibt frisch, was bisher an Vernünftigem erreicht wurde?, NdsVBl. 2005, S. 201ff.
- Neupositionierung der Kommunen im Bundesstaat, ZG 2005, S. 193ff.
- Finanzrecht in der Reform, in: Hans-Günter Henneke/Hermann Pünder/Christian Waldhoff (Hrsg.), Recht der Kommunalfinanzen, 2006, § 4
- Besonderheiten der Einnahmen der Kreise und anderer kommunaler Gebietskörperschaften im Überblick, in: Hans-Günter Henneke/Hermann Pünder/Christian Waldhoff (Hrsg.), Recht der Kommunalfinanzen, 2006, § 14

– Grundstrukturen des kommunalen Finanzausgleichs, in: Hans-Günter Henneke/ Hermann Pünder/Christian Waldhoff (Hrsg.), Recht der Kommunalfinanzen, 2006, § 25
– Auf Eis gelegte Föderalismusreform von Großer Koalition wieder aufgetaut – Nicht alles ist frisch geblieben, was an Vernünftigem erreicht wurde, NdsVBl. 2006, S. 158 ff.
– Die Kommunen in der Föderalismusreform, DVBl. 2006, S. 867 ff.
– Entwicklungen der inneren Kommunalverfassung am Beispiel der Kreisordnungen, DVBl. 2007, S. 87 ff.
– Verpflichtung der Kommunen zur Ausführung neuer oder erweiterter Sozialleistungstatbestände durch den Bund?, ZG 2007, S. 21 ff.
– Durch Bundesgesetze dürfen Gemeinden und Gemeindeverbänden Aufgaben nicht übertragen werden, NdsVBl. 2007, S. 57 ff.
– Selbst-Verwaltung in Gemeinden und Kreisen als Pluralisierungsfaktor, in: Hans-Heinrich Trute (Hrsg.), Allgemeines Verwaltungsrecht – zur Tragfähigkeit eines Konzepts, 2008, S. 17 ff.
– Erfasst das runderneuerte Konnexitätsprinzip in Baden-Württemberg Aufgabenerweiterungen des Bundes nach der Föderalismusreform I, VBlBW 2008, S. 321 ff.
– Föderalismusreform II – „Rolle rückwärts" beim Verbot des bundesunmittelbaren Aufgabendurchgriffs auf die Kommunen, NdsVBl. 2008, S. 1 ff.
– Begrenzt die finanzielle Leistungsfähigkeit des Landes den Anspruch der Kommunen auf eine aufgabenangemessene Finanzausstattung? – Eine Dauerfrage im Lichte neuer Entwicklungen, DÖV 2008, S. 857 ff.
– Pecunia nervus rerum – Der Kampf um eine funktionsadäquate Finanzausstattung der Landkreise, in: Utz Schliesky (Hrsg.), Die Freiheit des Menschen in Kommune, Staat und Europa, Festschrift für Edzard Schmidt-Jortzig, 2011, S. 233 ff.
– Wer der Bestellung zustimmt, muss sie adressieren und bezahlen, DVBl. 2011, S. 125 ff.
– Wutbürger in Verantwortung: Partizipation und direkte Demokratie in Kommunen und den Ländern, DVBl. 2012, S. 1972 ff.
– Effizientere Erfüllung öffentlicher Aufgaben durch intensivierte bürgerschaftliche Mitwirkung?, ZG 2012, S. 228 ff.
– Neuregelung des Verschuldungsregimes durch Art. 109 GG und den Fiskalpakt mit ihren Auswirkungen auf Bund, Länder und Kommunen, in: Hans-Günter Henneke (Hrsg.), Kommunale Selbstverwaltung in der Bewährung, 2013, S. 55 ff.
– Gefährdungen kommunaler Selbstbestimmung in Deutschland, DÖV 2013, S. 825 ff.
Hans-Günter Henneke/Irene Vorholz, Anwendung des strikten Konnexitätsprinzips am Beispiel des AG-BSHG Bbg, LKV 2002, S. 297 ff.
Hans-Günter Henneke/Klaus Ritgen, Aktivierung bürgerschaftlicher Selbst-Verwaltung in Städten, Kreisen und Gemeinden – zur Bedeutung der Lehren des Freiherrn vom Stein für die kommunale Selbstverwaltung der Gegenwart, DVBl. 2007, S. 1253 ff.
– Die Direktwahl der Landräte – Rechtliche Grundlagen, kommunale Praxis und verfassungsrechtliche Vorgaben, DÖV 2010, S. 665 ff.
Wilhelm Hennis, Demokratisierung, 1970
Tobias Herbst, Die These der einzig richtigen Entscheidung, JZ 2012, S. 891 ff.
Matthias Herdegen, Gewissensfreiheit und Normativität des positiven Rechts, 1989
Sebastian Herlt, Das Urteil des Landesverfassungsgerichtes von Mecklenburg-Vorpommern zur Kreisgebietsreform – eine rechtswissenschaftliche Analyse, 2010
Michael Hermann/Heiri Leuthold, Zwischen Konsens und Polarisierung, Volksabstimmungen und Parlamentsentscheide im direkten Vergleich, in: Markus Freitag/Uwe

Wagschal (Hrsg.), Direkte Demokratie, Bestandsaufnahmen und Wirkungen im internationalen Vergleich, 2007, S. 277 ff.

Georg Hermes, Kommunale Energieversorgung zwischen hoheitlicher Aufgabenwahrnehmung und wirtschaftlicher Betätigung Privater, Der Staat 31 (1992), S. 281 ff.

Nadim Hermes, Maßstab und Grenzen der Übertragung staatlicher Aufgaben auf die Gemeinden und Landkreise, 2007

Rudolf Hermann Herrnritt, Grundlagen des Verwaltungsrechts, 1921

Carsten Herzberg/Anja Röcker/Yves Sintomer, Von Porto Alegre nach Europa: Möglichkeiten und Grenzen des Bürgerhaushaltes, in: Jochen Franzke/Heinz Kleger (Hrsg.), Kommunaler Bürgerhaushalt in Theorie und Praxis am Beispiel Potsdams, 2006, S. 188 ff.

Hans Herzfeld, Demokratie und Selbstverwaltung in der Weimarer Epoche, 1957

Roman Herzog, Subsidiaritätsprinzip und Staatsverfassung, Der Staat 2 (1963), S. 339 ff.

Robert Hess, Rat und Verwaltung in der gemeindlichen Willensbildung, in: Oscar W. Gabriel (Hrsg.), Kommunalpolitik im Wandel der Gesellschaft, 1979, S. 119 ff.

Joachim Jens Hesse, Regierungs- und Verwaltungsreformen im Ländervergleich, in: Hans-Günter Henneke (Hrsg.), Künftige Funktionen und Aufgaben der Kreise im sozialen Bundesstaat, 2004, S. 109 ff.

– Regierungs- und Verwaltungsreform als gesamtstaatliche Aufgabe, in: Hans-Günter Henneke (Hrsg.), Kommunale Verwaltungsstrukturen der Zukunft, 2006, S. 141 ff.

– Determinanten einer Reform der Verwaltungsorganisation, in: Jörn Ipsen (Hrsg.), Verwaltungsorganisation in Flächenstaaten, 2008, S. 13 ff.

Joachim Jens Hesse/Alexander Götz, Kooperation statt Fusion?, 2006

Jürgen Hesse, Materielle Beschränkungen der gesetzgeberischen Freiheit bei der Neugliederung von Landkreisen, 1971

Konrad Hesse, Grundzüge des Verfassungsrechts der Bundesrepublik Deutschland, 20. Aufl. 1995

Karl Maria Hettlage, Die Gemeinden in der Finanzverfassung, AfK 1964, S. 1 ff.

Werner Heun, Das Mehrheitsprinzip in der Demokratie, 1983

– Staatshaushalt und Staatsleitung, 1989

– Der staatsrechtliche Positivismus in der Weimarer Republik, Der Staat 28 (1989), S. 377 ff.

Andreas Heusch, Der Grundsatz der Verhältnismäßigkeit im Staatsorganisationsrecht, 2003

Theodor Heuss, Demokratie und Selbstverwaltung, 1921

Heinz-Willi Heynckes, Der Unterausschuss Kommunales und die Verfahrensvorgaben der Geschäftsordnung des Deutschen Bundestages, ZParl 2013, S. 812 ff.

Jürgen W. Hidien, Gemeindliche Betätigung rein erwerbswirtschaftlicher Art und „öffentlicher Zweck" kommunaler wirtschaftlicher Unternehmen, 1981

– Die Quadratur der Umsatzsteuer – Zur Kritik der „kleinen" Gemeindefinanzreform, DVBl. 1998, S. 617 ff.

– Die Gemeindefinanzen im bundesstaatlichen Finanzausgleich, in: Hans-Günter Henneke/Hermann Pünder/Christian Waldhoff (Hrsg.), Recht der Kommunalfinanzen, 2006, § 26

Hermann Hill, Die Rolle des Bürgers in der Gemeindeverfassung unter dem Einfluss der Territorialreform, 1979

– Die politisch-demokratische Funktion der kommunalen Selbstverwaltung nach der Reform, 1987

– Soll das kommunale Satzungsrecht gegenüber staatlicher und gerichtlicher Kontrolle gestärkt werden? Gutachten D für den achtundfünfzigsten Deutschen Juristentag, in: Ständige Deputation des Deutschen Juristentages (Hrsg.), Verhandlungen des achtundfünfzigsten Deutschen Juristentages, Bd. I, 1990
– Potentiale und Perspektiven der Verwaltungsmodernisierung, in: Martin Morlok/Rupert Windisch/Manfred Miller (Hrsg.), Rechts- und Organisationsprobleme der Verwaltungsmodernisierung, 1997, S. 18 ff.
– Neue Organisationsformen in der Staats- und Kommunalverfassung, in: Eberhard Schmidt-Aßmann/Wolfgang Hoffmann-Riem (Hrsg.), Verwaltungsorganisationsrecht als Steuerungsressource, 1997, S. 65 ff.
– In welchen Grenzen ist kommunalwirtschaftliche Betätigung Daseinsvorsorge?, BB 1997, S. 425 ff.
– Kommunen im wirtschaftlichen Wettbewerb, 1998
– Gesetzgebung und Verwaltungsmodernisierung, ZG 1998, S. 101 ff.
– Zur Sicherung des parlamentarischen Budgetrechts im Neuen Steuerungsmodell, DÖV 2001, S. 793 ff.
– Zur Rechtsdogmatik von Zielvereinbarungen in Verwaltungen, NVwZ 2002, S. 1059 ff.
– Partnerschaften und Netzwerke – Staatliches Handeln in der Bürgergesellschaft, BayVBl. 2002, S. 321 ff.
– Good Governance – Konzepte und Kontexte, in: Gunnar Folke Schuppert (Hrsg.), Governance-Forschung. Vergewisserung über Stand und Entwicklungslinien, 2005, S. 220 ff.
– Wandel von Verwaltungskultur und Kompetenzen im digitalen Zeitalter, DVBl. 2014, S. 85 ff.

Christian Hillgruber, Die Herrschaft der Mehrheit – Grundlagen und Grenzen des demokratischen Majoritätsprinzips, AöR 127 (2002), S. 460 ff.

Gerhard Himmelmann, Grenzen der Instrumentalisierung öffentlicher Unternehmen, in: Theo Thiemeyer (Hrsg.), Instrumentalfunktion öffentlicher Unternehmen, 1990, S. 73 ff.

Karl Reinhard Hinkel, Zur Erfolgskontrolle der Gebietsreform, DÖV 1983, S. 180 ff.
– Zur Situation der kommunalen Selbstverwaltung, NVwZ 1985, S. 225 ff.

Lothar Hirschberg, Der Grundsatz der Verhältnismäßigkeit, 1981

Nikolaos-Komnénos Hlépas, Unterschiedliche rechtliche Behandlung von Großgemeinden und Kleingemeinden, 1990

Stephan Hobe/Dirk Biehl/Nicolai Schroeter, Europarechtliche Einflüsse auf das Recht der kommunalen Selbstverwaltung, 2004

Hans Henning von Hoerner, Staatliche Aufgabenübertragung und kommunaler Finanzausgleich, in: Ferdinand Kirchhof/Hubert Meyer (Hrsg.), Finanzausgleich im Flächenbundesland, 1996, S. 36 ff.

Otfried Höffe, Subsidiarität als staatsphilosophisches Prinzip?, in: Knut W. Nörr/Thomas Oppermann (Hrsg.), Subsidiarität: Idee und Wirklichkeit – Zur Reichweite eines Prinzips in Deutschland und Europa, 1997, S. 49 ff.

Gert Hoffmann, Zur Situation des Kommunalverfassungsrechts nach den Gesetzgebungen in den neuen Bundesländern, DÖV 1994, S. 621 ff.

Wolfgang Hoffmann-Riem, Verwaltungsrechtsreform – Ansätze am Beispiel des Umweltschutzes, in: Wolfgang Hoffmann-Riem/Eberhard Schmidt-Aßmann/Gunnar Folke Schuppert, Reform des Allgemeinen Verwaltungsrechts, 1993, S. 115 ff.

– Reform des Allgemeinen Verwaltungsrechts – Vorüberlegungen, DVBl. 1994, S. 1381 ff.
– Öffentliches Recht und Privatrecht als wechselseitige Auffangordnungen – Systematisierung und Entwicklungsperspektiven, in: Wolfgang Hoffmann-Riem/Eberhard Schmidt-Aßmann (Hrsg.), Öffentliches Recht und Privatrecht als wechselseitige Auffangordnungen, 1996, S. 261 ff.
– Organisationsrecht als Steuerungsressource. Perspektiven der verwaltungsrechtlichen Systembildung, in: Eberhard Schmidt-Aßmann/Wolfgang Hoffmann-Riem (Hrsg.), Verwaltungsorganisationsrecht als Steuerungsressource, 1997, S. 355 ff.
– Effizienz als Herausforderung an das Verwaltungsrecht – Einleitende Problemskizze, in: Wolfgang Hoffmann-Riem/Eberhard Schmidt-Aßmann (Hrsg.), Effizienz als Herausforderung an das Verwaltungsrecht, 1998, S. 11 ff.
– Verwaltungsrecht in der Informationsgesellschaft – Einleitende Problemskizze, in: Wolfgang Hoffmann-Riem/Eberhard Schmidt-Aßmann (Hrsg.), Verwaltungsrecht in der Informationsgesellschaft, 2000, S. 9 ff.
– Verantwortungsteilung als Schlüsselbegriff moderner Staatlichkeit, in: Paul Kirchhof (Hrsg.), Staaten und Steuern, Festschrift für Klaus Vogel zum 70. Geburtstag, 2000, S. 47 ff.
– Verwaltungskontrolle – Perspektiven, in: Eberhard Schmidt-Aßmann/Wolfgang Hoffmann-Riem (Hrsg.), Verwaltungskontrolle, 2001, S. 325 ff.
– Methoden einer anwendungsorientierten Verwaltungsrechtswissenschaft, in: Eberhard Schmidt-Aßmann/Wolfgang Hoffmann-Riem (Hrsg.), Methoden der Verwaltungsrechtswissenschaft, 2004, S. 9 ff.
– Grundrechtsanwendung unter Rationalitätsanspruch, Der Staat 43 (2004), S. 203 ff.
– Das Recht des Gewährleistungsstaates, in: Gunnar Folke Schuppert (Hrsg.), Der Gewährleistungsstaat – Ein Leitbild auf dem Prüfstand, 2005, S. 89 ff.
– Governance im Gewährleistungsstaat. Vom Nutzen der Governance-Perspektive für die Rechtswissenschaft, in: Gunnar Folke Schuppert (Hrsg.), Governance-Forschung. Vergewisserung über Stand und Entwicklungslinien, 2005, S. 195 ff.
– Risiko- und Innovationsrecht im Verbund, Die Verwaltung 38 (2005), S. 145 ff.
– Tendenzen in der Verwaltungsrechtsentwicklung, DÖV 2007, S. 433 ff.

Heinrich Hoffschulte, Kommunale und regionale Selbstverwaltung im Europa der Regionen – zur Rolle der vierten Ebene in der Europäischen Union, in: Franz-Ludwig Knemeyer (Hrsg.), Europa der Regionen – Europa der Kommunen, 1994, S. 135 ff.
– Kommunale Selbstverwaltung im Entwurf des EU-Verfassungsvertrages, DVBl. 2005, S. 202 ff.

Wolfram Höfling, Offene Grundrechtsinterpretation, 1987
– Vertragsfreiheit, 1991
– Konnexitätsprinzip und Verwaltungsstrukturreform, Der Städtetag 2008, S. 17 ff.
– Finanzmarktregulierung, Welche Regelungen empfehlen sich für den deutschen und europäischen Finanzsektor?, Gutachten F zum achtundsechzigsten Deutschen Juristentag, in: Ständige Deputation des Deutschen Juristentages (Hrsg.), Verhandlungen des achtundsechzigsten Deutschen Juristentages, Bd. I, 2010
– Rechtsfragen zur Umsetzung der Inklusion im Schulbereich, 2012

Wolfram Höfling/Andreas Engels, Finanzverfassungsrechtliche Aspekte des Kinderförderungsgesetzes – eine Skizze, RdJB 2008, S. 292 ff.

Jochen Hofmann, Abfallbeseitigung und kommunale Selbstverwaltung, BayVBl. 1984, S. 289 ff.

– Die verfassungs- und kommunalrechtliche Zulässigkeit von Gemeinderatsbeschlüssen zu verteidigungspolitischen Fragen, DVBl. 1984, S. 116ff.

Wolfgang Hofmann, Die Entwicklung der kommunalen Selbstverwaltung von 1848 bis 1918, in: Thomas Mann/Günter Püttner (Hrsg.), Handbuch der kommunalen Wissenschaft und Praxis, Bd. I, 3. Aufl. 2007, § 5

Friedrich Hohrmann, Bundesgesetzliche Organisation landesunmittelbarer Selbstverwaltungskörperschaften, 1967

Michael Hokkeler, Neue institutionelle Arrangements für kommunale Leistungen aus der Perspektive von E-Government, in: Hermann Hill (Hrsg.), Kommunale Selbstverwaltung – Zukunfts- oder Auslaufmodell?, 2005, S. 163ff.

Wolfgang Holler/Karl-Heinz Nassmacher, Rat und Verwaltung im Prozeß kommunalpolitischer Willensbildung, in: Rainer Frey (Hrsg.), Kommunale Demokratie, 1979, S. 141ff.

Alexander Hollerbach, Auflösung der rechtsstaatlichen Verfassung?, AöR 85 (1960), S. 241ff.

Günther Holstein, Von Aufgaben und Zielen heutiger Staatsrechtswissenschaft, AöR 50 (1926), S. 1ff.

– Elternrecht, Reichsverfassung und Schulverwaltungssystem, AöR 51 (1927), S. 187ff.

– Diskussionsbeitrag, VVDStRL 3 (1927), S. 55ff.

Lars Holtkamp, Bürgerbeteiligung in Städten und Gemeinden, 2000

– Kommunale Beteiligung an Entscheidungsprozessen der Bundesländer, ZParl 2001, S. 19ff.

– Das Leitbild der Bürgerkommune und die Interessenlage der kommunalen Entscheidungsträger, in: Michael Haus (Hrsg.), Bürgergesellschaft, soziales Kapital und lokale Politik, 2002, S. 129ff.

– Neue Formen kommunaler Bürgerbeteiligung – Netzwerkeuphorie und Beteiligungsrealität, in: Janbernd Oebbecke (Hrsg.), Nicht-normative Steuerung in dezentralen Systemen, 2005, S. 15ff.

– Kommunale Konkordanz- und Konkurrenzdemokratie, 2007

– Local Governance, in: Arthur Benz/Susanne Lütz/Uwe Schimank/Georg Simonis (Hrsg.), Handbuch Governance, 2007, S. 366ff.

– Lob der Hierarchie? Erfolgsbedingungen effizienzorientierter Verwaltungsreformen, VerwArch 99 (2008), S. 259ff.

– Modelle kommunaler Selbstverwaltung im Praxistest, DÖV 2008, S. 94ff.

– Verwaltungsreformen – Problemorientierte Einführung in die Verwaltungswissenschaft, 2012

Lars Holtkamp/Thomas Bathge, Lokale Bürgerbeteiligung in der Haushaltskrise, Der moderne Staat 1/2012, S. 47ff.

Lars Holtkamp/Jörg Bogumil/Leo Kißler, Kooperative Demokratie, 2006

Everhard Holtmann, Haben politische Parteien in der Kommunalpolitik noch eine Zukunft – zur Vereinbarkeit parteienstaatlicher Konkurrenzdemokratie und kommunaler Selbstverwaltung, in: Werner Blessing/Heinrich Pehle (Hrsg.), Die Zukunftsfähigkeit der Stadt in Vergangenheit und Gegenwart, 2004, S. 225ff.

Franz Josef Hölzl/Tibor Fedke, Tracking Stocks: Inhouse-Geschäfte und interkommunale Zusammenarbeit auch bei Beteiligung Privater? – Zur Zulässigkeit von Auftragsvergaben/Unternehmenstransaktionen unter privater Beteiligung ohne Ausschreibung nach dem GWB, DVBl. 2010, S. 759ff.

Klaus Homann, Verwaltungscontrolling, 2005

Werner Hoppe, Die Begriffe Gebietskörperschaft und Gemeindeverband und der Rechtscharakter der nordrhein-westfälischen Landschaftsverbände, 1958
– Die kommunale Gebietsreform im Spannungsfeld von Neuordnungsmodellen und Einzelmaßnahmen, DVBl. 1971, S. 473 ff.
– Verfassungsrechtliche und verwaltungspolitische Aspekte der kommunalen Gebietsreform, in: Alfred Hartlieb von Wallthor/Franz Petri (Hrsg.), Grundfragen der Gebiets- und Verwaltungsreform in Deutschland, 1973, S. 63 ff.
– Die kommunale Verfassungsbeschwerde vor Landesverfassungsgerichten, in: Christian Starck/Klaus Stern (Hrsg.), Landesverfassungsgerichtsbarkeit, Bd. 2, 1983, S. 257 ff.
– Der Anspruch der Kommunen auf aufgabengerechte Finanzausstattung, DVBl. 1992, S. 117 ff.
– Probleme des verfassungsgerichtlichen Rechtsschutzes der kommunalen Selbstverwaltung, in: Klaus Grupp (Hrsg.), Kommunale Selbstverwaltung in Deutschland und Europa, 1995, S. 67 ff.
Werner Hoppe/Hans-Werner Rengeling, Rechtsschutz bei der kommunalen Gebietsreform, 1973
Werner Hoppe/Bernhard Stüer, Die kommunale Gebietsreform in den östlichen Bundesländern, DVBl. 1992, S. 641 ff.
Ernst Horneffer, Demokratie und Selbstverwaltung, 1927
Felix Hornfischer, Die Insolvenzfähigkeit von Kommunen, 2010
Ulrich Hösch, Die kommunale Wirtschaftstätigkeit, 2000
– Öffentlicher Zweck und wirtschaftliche Betätigung von Kommunen, DÖV 2000, S. 393 ff.
– Wirtschaftliche Betätigung von gemeindlichen Unternehmen und von Privaten – ein Vergleich, WiVerw 2000, S. 159 ff.
Walther Hubatsch, Die Stein-Hardenbergschen Reformen, 1977
Bertold Huber, Die Erklärung des Gemeindegebiets zur „atomwaffenfreien Zone", NVwZ 1982, S. 662 ff.
Ernst Rudolf Huber, Bedeutungswandel der Grundrechte, AöR 23 (1933), S. 1 ff.
– Deutsche Verfassungsgeschichte seit 1789, Bd. 1, 1957
Hans Huber, Soziale Verfassungsrechte?, in: Ernst Forsthoff (Hrsg.), Rechtsstaatlichkeit und Sozialstaatlichkeit, 1954, S. 1 ff.
Peter M. Huber, Die neue Verfassung des Freistaats Thüringen, LKV 1994, S. 121 ff.
– Die Vorgaben des Grundgesetzes für kommunale Bürgerbegehren und Bürgerentscheide, AöR 126 (2001), S. 165 ff.
– Volksgesetzgebung und Ewigkeitsgarantie, 2003
– Das Verbot der Mischverwaltung – de constitutione lata et ferenda, DÖV 2008, S. 844 ff.
Peter M. Huber/Stefan Storr, Der kommunale Finanzausgleich als Verfassungsproblem, 1999
Peter M. Huber/Ferdinand Wollenschläger, Durchgriffsverbot und landesverfassungsrechtliches Konnexitätsgebot, VerwArch 100 (2009), S. 305 ff.
Friedhelm Hufen, Aufgabenentzug durch Aufgabenüberlastung, DÖV 1998, S. 276 ff.
– Die Zukunft der kommunalen Selbstverwaltung, in: Max-Emanuel Geis (Hrsg.), Staat – Kirche – Verwaltung, Festschrift für Hartmut Maurer zum 70. Geburtstag, 2001, S. 1177 ff.

Paul-Peter Humpert, Bürgerantrag, Bürgerentscheid und Bürgerbegehren in der Kommunalverfassung der neuen Bundesländer, DÖV 1990, S. 999ff.
– Die Zulässigkeitsanforderungen an staatliche Genehmigungsvorbehalte im Recht der kommunalen Selbstverwaltungsträger, DVBl. 1990, S. 804ff.
Christian Hüser, Ausschreibungspflichten bei der Privatisierung öffentlicher Aufgaben, 2005
Stefan Huster, Rechte und Ziele, 1993
Shu-Perng Hwang, Verfassungsgerichtliche Abwägung: Gefährdung der gesetzgeberischen Spielräume?, AöR 133 (2008), S. 606ff.
– Grundrechtsoptimierung durch (Kelsensche) Rahmenordnung, Der Staat 49 (2010), S. 456ff.
– Materialisierung durch Entmaterialisierung, Zur Kritik der Schmitt-Schule am wertorientierten Grundrechtsverständnis unter dem GG, Der Staat 52 (2013), S. 219ff.
Albert Ingold, Das Aufgabenübertragungsverbot aus Art. 84 Abs. 1 Satz 7 GG als Hindernis für die bauplanungsrechtliche Gesetzgebung des Bundes?, DÖV 2010, S. 134ff.
– Nochmals: Das Aufgabenübertragungsverbot (Art. 84 Abs. 1 Satz 7 GG), DÖV 2010, S. 732f.
Michael Inhester, Kommunaler Finanzausgleich im Rahmen der Staatsverfassung, 1998
Gunther Ipsen, Freiherr vom Stein, Staatsmann der Deutschen, DÖV 1957, S. 737ff.
Hans Peter Ipsen, Gemeindliche Personalhoheit unter Selbstverwaltungsgarantie, DÖV 1955, S. 225ff.
Jörn Ipsen, Staatliche Ingerenzen und gemeindliche Selbstverwaltung, in: Jörn Ipsen/ Carl Schinkel, Aufsicht über die Städte – Kontrolle oder Kondominium?, Referate im Rahmen des Städteforums Lüneburg am 2. Dezember 1985, 1986, S. 5ff.
– Soll das kommunale Satzungsrecht gegenüber staatlicher und gerichtlicher Kontrolle gestärkt werden?, JZ 1990, S. 789ff.
– Kommunale Selbstverwaltung im Spannungsfeld von Gemeinden und Kreisen – Rastede und seine Folgen, in: Juristische Gesellschaft Osnabrück-Emsland (Hrsg.), Vorträge zur Rechtsentwicklung der achtziger Jahre, 1991, S. 193ff.
– Die Doppelspitze in der niedersächsischen Kommunalverfassung – Versuch einer Strukturanalyse, in: Bernd Becker (Hrsg.), Festschrift für Werner Thieme zum 70. Geburtstag, 1993, S. 829ff.
– Schutzbereich der Selbstverwaltungsgarantie nach Art. 28 Abs. 2 GG und Einwirkungsmöglichkeiten des Gesetzgebers, ZG 1994, S. 194ff.
– Grundfragen der kommunalen Verwaltungsreform, DVBl. 1998, S. 801ff.
– Wirtschaftliche Betätigung der Gemeinden als kommunalrechtliche und verfassungsrechtliche Fragestellung, in: Jörn Ipsen (Hrsg.), Recht, Staat, Gemeinwohl, Festschrift für Dietrich Rauschning, 2001, S. 645ff.
– Die (verfassungs-)rechtliche Stellung der Landkreise im Verwaltungsgefüge der Bundesrepublik Deutschland, in: Hubert Meyer/Maximilian Wallerath (Hrsg.), Gemeinden und Kreise in der Region, 2004, S. 17ff.
– Die Abschaffung der Doppelspitze: Bestandsaufnahme einer Reform, in: Janbernd Oebbecke/Dirk Ehlers/Alexander Schink/Dörte Diemert (Hrsg.), Kommunalverwaltung in der Reform, 2004, S. 19ff.
– Kreisfreie Samtgemeinde – ein Sonderorganisationsmodell für Niedersachsen?, NdsVBl. 2005, S. 313ff.
– Niedersächsisches Kommunalrecht, 3. Aufl. 2006
– Rechtsschutz gegen kommunale Wirtschaftstätigkeit, ZHR 170 (2006), S. 422ff.

– Die Kompetenzverteilung zwischen Bund und Ländern nach der Föderalismusnovelle, NJW 2006, S. 2801 ff.
– Die Entwicklung der Kommunalverfassung in Deutschland, in: Günter Püttner/Thomas Mann (Hrsg.), Handbuch der kommunalen Wissenschaft und Praxis, Bd. I, 3. Aufl. 2007, § 24
Hermann Isay, Rechtsnorm und Entscheidung, 1929
Josef Isensee, Subsidiaritätsprinzip und Verfassungsrecht, 1968
– Steuern als Staatsform, in: Rolf Stödter (Hrsg.), Hamburg, Deutschland, Europa, Beiträge zum deutschen und europäischen Verfassungs-, Verwaltungs- und Wirtschaftsrecht, Festschrift für Hans Peter Ipsen zum 70. Geburtstag, 1977, S. 409 ff.
– Privatwirtschaftliche Expansion öffentlich-rechtlicher Versicherer, DB 1979, S. 145 ff.
– Das Grundrecht als Abwehrrecht und als staatliche Schutzpflicht, in: Josef Isensee/Paul Kirchhof (Hrsg.), Handbuch des Staatsrechts der Bundesrepublik Deutschland, Bd. V, 1992, § 111
– Grundrechtsvoraussetzungen und Verfassungserwartungen an die Grundrechtsausübung, in: Josef Isensee/Paul Kirchhof (Hrsg.), Handbuch des Staatsrechts der Bundesrepublik Deutschland, Bd. V, 1992, § 115
– Das Dilemma der Freiheit im Grundrechtsstaat, in: Karl-Hermann Kästner (Hrsg.), Festschrift für Martin Heckel zum siebzigsten Geburtstag, 1999, S. 739 ff.
– Vorbehalt der Verfassung, in: Josef Isensee (Hrsg.), Freiheit und Eigentum, Festschrift für Walter Leisner, 1999, S. 359 ff.
– Der antiplebiszitäre Zug des Grundgesetzes – Verfassungsrecht im Widerspruch zum Zeitgeist, in: Metin Akyürek (Hrsg.), Verfassung in Zeiten des Wandels. Demokratie – Föderalismus – Rechtsstaatlichkeit. Symposion zum 60. Geburtstag von Heinz Schäffer, 2002, S. 53 ff.
– Subsidiarität – Das Prinzip und seine Prämissen, in: Peter Blickle/Thomas O. Hüglin/Dieter Wyduckel (Hrsg.), Subsidiarität als rechtliches und politisches Ordnungsprinzip in Kirche, Staat und Gesellschaft, 2002, S. 129 ff.
– Plebiszit unter Finanzvorbehalt, in: Klaus Grupp (Hrsg.), Recht, Kultur, Finanzen, Festschrift für Reinhard Mußgnug zum 70. Geburtstag am 26. Oktober 2005, 2005, S. 101 ff.
– Staatsaufgaben, in: Josef Isensee/Paul Kirchhof (Hrsg.), Handbuch des Staatsrechts der Bundesrepublik Deutschland, Bd. IV, 3. Aufl. 2006, § 73
– Idee und Gestalt des Föderalismus im Grundgesetz, in: Josef Isensee/Paul Kirchhof (Hrsg.), Handbuch des Staatsrechts der Bundesrepublik Deutschland, Bd. VI, 3. Aufl. 2008, § 126
– Was heißt Freiheit?, in: Utz Schließky (Hrsg.), Die Freiheit des Menschen in Kommune, Staat und Europa, Festschrift für Edzard Schmidt-Jortzig, 2011, S. 269 ff.
Clemens Jabloner, Stufung und „Entstufung" des Rechts, ZÖR 60 (2005), S. 163 ff.
Cornelia Jäger, Und wer zahlt den Belastungsausgleich bei Aufgabenübertragungen durch Bundes-, Europa- und Völkerrecht? – Aktuelle Fragen rund um die nordrhein-westfälische Konnexitätsregelung, NWVBl. 2013, S. 121 ff.
Ralf Jahn, Der „Einheitliche Ansprechpartner" in Bayern – Ein erster Überblick, GewArch 2010, S. 150 ff.
Christian Jahndorf, Grundlagen der Staatsfinanzierung durch Kredite und alternative Finanzierungsformen im Finanzverfassungs- und Europarecht, 2003
Wolfgang Jakob, Eingriff kommunaler Satzungen in „Freiheit und Eigentum", DÖV 1970, S. 666 ff.

Werner Jann, Neue Wege in der öffentlichen Verwaltung, in: Hermann Hill/Helmut Klages (Hrsg.), Qualitäts- und erfolgsorientiertes Verwaltungsmanagement – Aktuelle Tendenzen und Entwürfe, 1993, S. 77ff.
– Der Wandel verwaltungspolitischer Leitbilder: Von Management zu Governance?, in: Klaus König (Hrsg.), Deutsche Verwaltung an der Wende zum 21. Jahrhundert, 2002, S. 279ff.
– Governance als Reformstrategie – Vom Wandel und der Bedeutung verwaltungspolitischer Leitbilder, in: Gunnar Folke Schuppert (Hrsg.), Governance-Forschung. Vergewisserung über Stand und Entwicklungslinien, 2005, S. 21ff.
– Verwaltungswissenschaft, Policy-Forschung und Managementlehre, in: Bernhard Blanke/Frank Nullmeier/Christoph Reichard/Göttrik Wewer (Hrsg.), Handbuch zur Verwaltungsreform, 4. Aufl. 2011, S. 67ff.
– Neues Steuerungsmodell, in: Bernhard Blanke/Frank Nullmeier/Christoph Reichard/Göttrik Wewer (Hrsg.), Handbuch zur Verwaltungsreform, 4. Aufl. 2011, S. 98ff.
Heinz Janning, Kommunalverwaltung und Verwaltungsgerichtsbarkeit, DVBl. 1983, S. 401ff.
Hermann Janning, Neue Steuerungsmodelle im Spannungsverhältnis von Politik und Verwaltung, in: Christoph Reichard/Hellmut Wollmann (Hrsg.), Kommunalverwaltung im Modernisierungsschub?, 1996, S. 152ff.
– Kommunales Haushaltsrecht vs. Doppelte Buchführung, in: Hans-Uwe Erichsen (Hrsg.), Kommunale Verwaltung im Wandel, 1999, S. 133ff.
Leopold Jansen, Die Gemeindeordnung des Landes Nordrhein-Westfalen vom 21.10.1952 und der Grundsatz der Gewaltenteilung, DÖV 1954, S. 328ff.
Nils Jansen, Die Abwägung von Grundrechten, Der Staat 36 (1997), S. 27ff.
– Die Struktur der Gerechtigkeit, 1998
Albert Janssen, Über die Grenzen des legislativen Zugriffsrechts, 1990
Hans D. Jarass, Die Freiheit der Massenmedien, 1978
– Kommunale Wirtschaftsunternehmen im Wettbewerb, 2002
– Kommunale Wirtschaftsunternehmen und Verfassungsrecht, DÖV 2002, S. 489ff.
– Die Vorgaben des Gemeinderechts für rechtlich selbstständige Unternehmen der Kommunen, NWVBl. 2002, S. 335ff.
– Reform des Kommunalwirtschaftsrechts, 2005
– Aktivitäten kommunaler Unternehmen außerhalb des Gemeindegebiets, insbesondere im öffentlichen Personennahverkehr, DVBl. 2006, S. 1ff.
Hans D. Jarass/Bodo Pieroth, Grundgesetz für die Bundesrepublik Deutschland, 12. Aufl. 2012
Georg Jellinek, System der subjektiven öffentlichen Rechte, 2. Aufl. 1905
– Allgemeine Staatslehre, 3. Aufl. 1914
Walter Jellinek, Verwaltungsrecht, 2. Aufl. 1931
Lorenz Jellinghaus, Zwischen Daseinsvorsorge und Infrastruktur, 2006
Carsten Jennert, Finanzierung und Wettbewerb in der Daseinsvorsorge nach Altmark Trans, NVwZ 2004, S. 425ff.
Dietrich Jesch, Gesetz und Verwaltung, 2. Aufl. 1962
Bernhard Jestaedt, Kommunale Gemeinschaftsarbeit im Spannungsfeld der Gemeinden und Gemeindeverbände, 1966
Matthias Jestaedt, Demokratieprinzip und Kondominalverwaltung, 1993
– Grundrechtsentfaltung im Gesetz, 1999

– Verfassungsrecht und einfaches Recht – Verfassungsgerichtsbarkeit und Fachgerichtsbarkeit, DVBl. 2001, S. 1309 ff.
– Selbstverwaltung als „Verbundbegriff“, Die Verwaltung 35 (2002), S. 293 ff.
– Demokratische Legitimation – quo vadis, JuS 2004, S. 649 ff.
– Das mag in der Theorie richtig sein ..., 2006
– Die Abwägungslehre – ihre Stärken und ihre Schwächen, in: Otto Depenheuer (Hrsg.), Staat im Wort, Festschrift für Josef Isensee, 2007, S. 253 ff.
– Deutsche Rechtswissenschaft im Kontext von Europäisierung und Internationalisierung, JZ 2012, S. 1 ff.
Rudolf von Jhering, Geist des römischen Rechts auf den verschiedenen Stufen seiner Entwicklung, Bd. III, 1865
Otmar Jung, Jüngste plebiszitäre Entwicklungstendenzen in Deutschland auf Landesebene, JöR 41 n. F. (1993), S. 29 ff.
– Grundgesetz und Volksentscheid, 1994
– Die Praxis direkter Demokratie unter den neuen Landesverfassungen, ZG 1998, S. 295 ff.
– Kommunale Direktdemokratie mit Argusaugen gesehen, BayVBl. 1998, S. 225 ff.
– Zur Bedeutung der „Abstimmungen“ in Art. 20 Abs. 2 Satz 2 GG, DÖV 2013, S. 753 ff.
Thomas Jungkamp, Rechtsschutz privater Konkurrenz gegen die wirtschaftliche Betätigung der Gemeinden, NVwZ 2010, S. 546 ff.
Oliver Junk, Das Konnexitätsprinzip in der Bayerischen Verfassung, 2006
Stefan Kadelbach, Allgemeines Verwaltungsrecht unter europäischem Einfluss, 1999
Wolfgang Kahl, Das Innenverhältnis von Verwaltungsgemeinschaft und Mitgliedsgemeinde, BayVBl. 1997, S. 298 ff.
– Die Staatsaufsicht, 2000
– Vom weiten Schutzbereich zum engen Gewährleistungsgehalt, Der Staat 43 (2004), S. 167 ff.
– Parlamentarische Steuerung der internationalen Verwaltungsvorgänge, in: Hans-Heinrich Trute (Hrsg.), Allgemeines Verwaltungsrecht – zur Tragfähigkeit eines Konzepts, 2008, S. 71 ff.
– Begriff, Funktionen und Konzepte von Kontrolle, in: Wolfgang Hoffmann-Riem/Eberhard Schmidt-Aßmann/Andreas Voßkuhle (Hrsg.), Grundlagen des Verwaltungsrechts, Bd. III, 2009, § 47
Wolfgang Kahl/Christian Weißenberger, Die Privatisierung kommunaler öffentlicher Einrichtungen: Formen – Grenzen – Probleme, Jura 2009, S. 194 ff.
Matthias Kallerhoff, Die übergangsrechtliche Fortgeltung von Bundesrecht, 2010
– Art. 125a I 1 GG im Zusammenspiel mit dem kommunalen Durchgriffsverbot der Art. 84 I 7, Art. 85 I 2 GG, DVBl. 2011, S. 6 ff.
Jens Kaltenborn, Der Schutz der kommunalen Selbstverwaltung im Recht der Europäischen Union, 1996
Markus Kaltenborn, Gemeinden im Wettbewerb mit Privaten, WuW 2000, S. 488 ff.
Matthias Kammer, Informatisierung der Verwaltung, VerwArch 95 (2004), S. 418 ff.
Jörn Axel Kämmerer, Verfassungsstaat auf Diät?, JZ 1996, S. 1042 ff.
– Privatisierung, 2001
– Strategien zur Daseinsvorsorge, NVwZ 2004, S. 28 ff.
– Privatisierung und Staatsaufgaben: Versuch einer Zwischenbilanz, DVBl. 2008, S. 1005 ff.

Hermann Kantorowicz, Rechtswissenschaft und Soziologie, in: Hermann Kantorowicz, Rechtswissenschaft und Soziologie, 1962, S. 117 ff.
Benno Kaplonek, Finanzkraftunabhängiger Mehrbelastungsausgleich nach Art. 85 Abs. 2 SächsVerf. für Pflichtaufgaben jeder Art?, LKV 2004, S. 150 ff.
– Zur Anwendung von Art. 85 Abs. 1 Satz 3 und Abs. 2 SächsVerf, SächsVBl. 2007, S. 277 ff.
Pia Karger/Oliver Rüß/Nadia vom Scheidt, E-Goverment, in: Bernhard Blanke/Frank Nullmeier/Christoph Reichard/Göttrik Wever (Hrsg.), Handbuch zur Verwaltungsreform, 4. Aufl. 2011, S. 186 ff.
Thomas Karst, Die Garantie kommunaler Selbstverwaltung im Spannungsfeld zwischen konservativer Verfassungslehre und faktischen Marktzwängen, DÖV 2002, S. 809 ff.
Karl-Hermann Kästner, Privatisierung kommunaler Einrichtungen – eine rechtliche Bestandsaufnahme, in: Peter Baumeister (Hrsg.), Staat, Verwaltung und Rechtsschutz, Festschrift für Wolf-Rüdiger Schenke zum 70. Geburtstag, 2011, S. 863 ff.
Alfred Katz, Gemeindefinanzsystem an der Schwelle zum 21. Jahrhundert, DÖV 2000, S. 235 ff.
– Verantwortlichkeiten und Grenzen bei „Privatisierung" kommunaler Aufgaben, NVwZ 2010, S. 405 ff.
Alfred Katz/Klaus Ritgen, Bedeutung und Gewicht der kommunalen Selbstverwaltungsgarantie – Ist das Recht auf Selbstverwaltung verfassungsrechtlich „wegwägbar"?, DVBl. 2008, S. 1525 ff.
Arthur Kaufmann, Rechtsphilosophie, 2. Aufl. 1997
Erich Kaufmann, Das Wesen des Völkerrechts und die clausula rebus sic stantibus, 1911
– Die Gleichheit vor dem Gesetz im Sinne des Art. 109 WRV, VVDStRL 3 (1927), S. 2 ff.
– Diskussionsbeitrag, VVDStRL 4 (1928), S. 77 ff.
Ulrich Keilmann/Thomas Duve/Marc Gnädinger, Kommunale Entschuldungsfonds – Administrative Programmumsetzung und Wirkungen auf die kommunalen Haushalte am Beispiel des Landes Hessen, DÖV 2013, S. 631 ff.
Hans Kelsen, Allgemeine Staatslehre, 1925
– Vom Wesen und Wert der Demokratie, 2. Aufl. 1929
– Wesen und Entwicklung der Staatsgerichtsbarkeit, VVDStRL 5 (1929), S. 30 ff.
– Reine Rechtslehre, 2. Aufl. 1960
– Allgemeine Theorie der Normen, 1979
Iris Kemmler, Finanzbeziehungen zwischen Ländern und Kommunen – Die Neuregelungen des Art. 71 Abs. 3 LV Bad.-Württ. und des Gesetzes zur Stärkung des Konnexitätsprinzips, DÖV 2008, S. 983 ff.
Bernhard Kempen, Die Formenwahlfreiheit der Verwaltung, 1996
Markus Kenntner, Zehn Jahre nach „Rastede" – Zur dogmatischen Konzeption der kommunalen Selbstverwaltung, DÖV 1998, S. 701 ff.
Jens Kersten, Georg Jellinek und die klassische Staatslehre, 2000
– Die Entwicklung des Konzepts der Daseinsvorsorge im Werk von Ernst Forsthoff, Der Staat 44 (2005), S. 543 ff.
Andreas Kersting/Thomas Siems, Ausschreibungspflicht für staatliche Kooperationen?, DVBl. 2005, S. 477 ff.
Norbert Kersting, Evaluation dialogischer Beteiligungsinstrumente, in: Norbert Kersting (Hrsg.), Politische Beteiligung, 2008, S. 270 ff.
Jessica Kertels/Stefan Brink, Quod licet jovi – Volksgesetzgebung und Budgetrecht, NVwZ 2003, S. 435 ff.

Irene Kesper, Reform des Föderalismus in der Bundesrepublik Deutschland, NdsVBl. 2006, S. 145 ff.

Folkert Kiepe, Stadtregion als Handlungsebene, in: Hermann Hill (Hrsg.), Kommunale Selbstverwaltung – Zukunfts- oder Auslaufmodell?, 2005, S. 215 ff.

Michael Kilian/Ernst Müllers, Möglichkeiten zur Bewältigung von Stadt-Umland-Problemen in großstädtischen Verdichtungsräumen, VerwArch 89 (1999), S. 25 ff.

Bongcheol Kim, Die individuellen Mitwirkungsrechte der Gemeinderatsmitglieder – hinsichtlich der Gleichheit aller Gemeinderatsmitglieder und des Minderheitenschutzprinzips, DVBl. 2012, S. 734 ff.

Thorsten Kingreen, Die Bedeutung der gemeinderechtlichen Beanstandung für die Zulässigkeit des Kommunalverfassungsstreitverfahrens, DVBl. 1995, S. 1337 ff.

Gebhard Kirchgässner, Es gibt keinen Gegensatz zwischen dem Menschenbild des Grundgesetzes und dem homo oeconomicus!, in: Christoph Engel/Martin Morlok (Hrsg.), Öffentliches Recht als Gegenstand ökonomischer Forschung, 1998, S. 49 ff.

– Homo oeconomicus, 2. Aufl. 2000

Ferdinand Kirchhof, Vom Steuerstaat zum Abgabenstaat, Die Verwaltung 21 (1988), S. 137 ff.

– Gemeinden und Kreise in der bundesstaatlichen Finanzverfassung, in: Jörn Ipsen (Hrsg.), Kommunale Aufgabenerfüllung im Zeichen der Finanzkrise, 1995, S. 53 ff.

– Das Finanzsystem der Landkreise, DVBl. 1995, S. 1057 ff.

– Die Einrichtung von Bürgerämtern in Gemeinden und Kreisen, 1998

– Anmerkung zum Urteil des Staatsgerichtshofes für das Land Baden-Württemberg vom 10. Mai 1999, Az.: GR 2/97, JZ 1999, S. 1054 ff.

– Die Beeinflussung der Organisationsautonomie der Länder durch Gesetze des Bundes, in: Rainer Pitschas (Hrsg.), Wege gelebter Verfassung in Recht und Politik – Festschrift für Rupert Scholz zum 70. Geburtstag 2007, 2007, S. 637 ff.

– Stellungnahme zu den Entwürfen der Koalitionsfraktionen (LT-Drs. 13/4424) und der Fraktion der CDU (LT-Drs. 13/2279), LT-Zuschrift 13/3708

Gregor Kirchhof, Rechtsfolgen der Privatisierung, AöR 132 (2007), S. 214 ff.

Paul Kirchhof, Der Finanzausgleich als Grundlage kommunaler Selbstverwaltung, DVBl. 1980, S. 711 ff.

– Die kommunale Finanzhoheit, in: Günter Püttner (Hrsg.), Handbuch der kommunalen Wissenschaft und Praxis, Bd. 6, 2. Aufl. 1985, S. 3 ff.

– Rechtliche Rahmenbedingungen des kommunalen Finanzausgleichs, in: Werner Hoppe (Hrsg.), Reform des kommunalen Finanzausgleichs, 1985, S. 1 ff.

– Brauchen wir ein erneuertes Grundgesetz?, 1992

Christian Kirchner, Ökonomische Theorie des Rechts, 1997

Gunter Kisker, Insichprozess und Einheit der Verwaltung, 1968

– Gruppenmitbestimmung in der öffentlichen Verwaltung, DÖV 1972, S. 520 ff.

Leo Kißler, „Kundenorientierung" der Kommunalverwaltung – Eine dritte Säule der lokalen Demokratie?, in: Jörg Bogumil/Leo Kißler (Hrsg.), Verwaltungsmodernisierung und lokale Demokratie – Risiken und Chancen eines Neuen Steuerungsmodells für die lokale Demokratie, 1997, S. 95 ff.

Stefanie Klaes, Die kommunale Auftragsverwaltung – eine zweifelhafte Alternative zur Organleihe des Landrats?, DVBl. 2009, S. 1298 ff.

Helmut Klages, Jenseits der Experimentierklausel – oder zurück ins Diesseits?, in: Hermann Hill/Helmut Klages (Hrsg.), Jenseits der Experimentierklausel, 1996, S. 7 ff.

Walter Klappstein, Kommunale Selbstverwaltung und Finanzkontrolle, in: Albert von Mutius (Hrsg.), Selbstverwaltung im Staat der Industriegesellschaft, Festgabe zum 70. Geburtstag von Georg Christoph von Unruh, 1983, S. 479 ff.

Matthias Klatt, Die Zulässigkeit des finanzwirksamen Plebiszits, Der Staat 50 (2011), S. 3 ff.

Matthias Klatt/Moritz Meister, Verhältnismäßigkeit als universelles Verfassungsprinzip, Der Staat 51 (2012), S. 159 ff.

Matthias Klatt/Johannes Schmidt, Abwägung unter Unsicherheit, AöR 132 (2012), S. 545 ff.

Klaus-Viktor Kleerbaum/Manfred Palmen, Gemeindeordnung Nordrhein-Westfalen, 2008

Friedrich Klein, Institutionelle Garantien und Rechtsinstitutsgarantien, 1934

Hans H. Klein, Die Teilnahme des Staates am wirtschaftlichen Wettbewerb, 1968

– Demokratie und Selbstverwaltung, in: Roman Schnur (Hrsg.), Festschrift für Ernst Forsthoff zum 70. Geburtstag, 1972, S. 165 ff.

Wolfgang Kleine/Lucas Flöther/Gregor Bräuer, Die Reorganisation der kommunalen Immobilienwirtschaft – Privatisierung aus vergaberechtlicher Sicht, NVwZ 2002, S. 1046 ff.

Ralf Kleinfeld/Ralf Heidemann/Frank Treutler, Neue Steuerungsmodelle in der Kommunalverwaltung – Eine Zwischenbilanz, in: Ralf Kleinfeld (Hrsg.), Kommunalpolitik, 1996, S. 157 ff.

Jan Henrik Klement, Vom Nutzen einer Theorie, die alles erklärt, JZ 2008, S. 756 ff.

– Schlusswort, JZ 2009, S. 560 ff.

Tanja Klenk/Frank Nullmeier, Public Governance als Reformstrategie, 2003

Thomas Klie/Thomas Meysen, Neues Steuerungsmodell und Bürgerschaftliches Engagement, DÖV 1998, S. 452 ff.

Michael Kloepfer, Der Vorbehalt des Gesetzes im Wandel, JZ 1984, S. 685 ff.

Hans Klüber, Das Gemeinderecht in den Ländern der Bundesrepublik Deutschland, 1972

Winfried Kluth, Grenzen kommunaler Wettbewerbsteilnahme, 1988

– Funktionale Selbstverwaltung, 1997

– Öffentlich-rechtliche Zulässigkeit gewinnorientierter staatlicher und kommunaler Tätigkeit, in: Rolf Stober/Hanspeter Vogel (Hrsg.), Wirtschaftliche Betätigung der öffentlichen Hand, 2000, S. 23 ff.

– Eingriff durch Konkurrenz, WiVerw 2000, S. 184 ff.

– Demokratische Legitimation in der funktionalen Selbstverwaltung – Grundzüge und Grundprobleme, in: Friedrich E. Schnapp (Hrsg.), Funktionale Selbstverwaltung und Demokratieprinzip – am Beispiel der Sozialversicherung, 2001, S. 17 ff.

– Zehn Jahre Verfassungsentwicklung in Sachsen-Anhalt – 1992–2002, JöR 51 n.F. (2003), S. 459 ff.

– Die öffentlich-rechtlichen Körperschaften, in: Hans Julius Wolff/Otto Bachof/Rolf Stober, Verwaltungsrecht, Bd. III, 5. Aufl. 2004, § 87

– Kommunale Selbstverwaltung kontra (staatliche) Verwaltungseffizienz? Selbstverwaltungsaufgaben und übertragener Wirkungskreis, in: Hubert Meyer/Maximilian Wallerath (Hrsg.), Gemeinden und Kreise in der Region, 2004, S. 65 ff.

– (Hrsg.), Föderalismusreformgesetz, 2007

– Der grundgesetzliche Schutz der Landkreise vor Aufgabenübertragung und Aufgabenentzug, ZG 2008, S. 292 ff.

– Das kommunale Konnexitätsprinzip der Landesverfassungen – Überblick über Rechtssetzung und Rechtsprechung, LKV 2009, S. 337 ff.
– Grundlagen und Begriffe des Konnexitätsprinzips, in: Arno Bunzel/Stefanie Hanke (Hrsg.), „Wer zahlt die Zeche?" Das Konnexitätsprinzip – richtig angewandt, 2011, S. 31 ff.
– Funktionsgerechte Organstrukturen – ein Verfassungsgebot?, VerwArch 102 (2011), S. 525 ff.
– Aufgabengerechte und anreizorientierte Ausgestaltung der kommunalen Einnahmestruktur, in: Hans-Günter Henneke (Hrsg.), Kommunale Selbstverwaltung in der Bewährung, 2013, S. 116 ff.

Matthias Knauff, Der Gewährleistungsstaat: Reform der Daseinsvorsorge, 2004
– Regulierungsverwaltungsrechtlicher Rechtsschutz, VerwArch 98 (2007), S. 382 ff.
– Gewährleistungsstaatlichkeit in Krisenzeiten: Der Gewährleistungsstaat in der Krise?, DÖV 2009, S. 581 ff.
– Die Kommunen als Träger der Daseinsvorsorge, WiVerw 2011, S. 79 ff.

Hans-Otto Kneip, Abgrenzung und Koordination von Staats- und Kommunalverwaltung auf Kreisebene in Hessen, VerwArch 91 (2000), S. 566 ff.

Franz-Ludwig Knemeyer, Das Anhörungsverfahren im Rahmen der bayerischen Gebietsreform, BayVBl. 1971, S. 371 ff.
– Dezentralisation als Mittel vertikaler Gewaltenteilung überholt?, DVBl. 1976, S. 380 ff.
– Privatisierung öffentlicher Aufgaben, WiVerw 1978, S. 64 ff.
– Gewährleistung des notwendigen Handlungs- und Entfaltungsspielraums der kommunalen Selbstverwaltung, NJW 1980, S. 1140 ff.
– Die Entwicklung der kommunalen Selbstverwaltung im Spiegel von Verfassungen und Kommunalordnungen, in: Arno Buschmann (Hrsg.), Festschrift für Rudolf Gmür zum 70. Geburtstag 28. Juli 1983, 1983, S. 137 ff.
– Gemeindefreiheit – kommunale Selbstverwaltung – als Stütze der Demokratie, in: Fried Esterbauer (Hrsg.), Von der freien Gemeinde zum föderalistischen Europa, Festschrift für Adolf Gasser zum 80. Geburtstag, 1983, S. 285 ff.
– Kommunale Selbstverwaltung im Wandel, in: Norbert Achterberg (Hrsg.), Recht und Staat im sozialen Wandel, Festschrift für Hans Ulrich Scupin zum 80. Geburtstag, 1983, S. 797 ff.
– Die verfassungsrechtliche Gewährleistung des Selbstverwaltungsrechts der Gemeinden und Landkreise, in: Albert von Mutius (Hrsg.), Selbstverwaltung im Staat der Industriegesellschaft, Festgabe zum 70. Geburtstag von Georg Christoph von Unruh, 1983, S. 209 ff.
– Kommunale Neugliederung vor den Landesverfassungsgerichten, in: Christian Starck/Klaus Stern (Hrsg.), Landesverfassungsgerichtsbarkeit, Bd. III, 1983, S. 143 ff.
– Das verfassungsrechtliche Verhältnis der Kommunen zueinander und zum Staat, DVBl. 1984, S. 23 ff.
– Die Stellung der bayerischen Gemeinden nach Grundgesetz, Bayerischer Verfassung und bayerischen Landesgesetzen, in: Franz-Ludwig Knemeyer (Hrsg.), Bayerische Gemeinden, Bayerischer Gemeindetag, Festschrift 75 Jahre Bayerischer Gemeindetag, 1987, S. 97 ff.
– Die bayerischen Gemeinden als Grundrechtsträger, BayVBl. 1988, S. 129 ff.
– Aufgabenkategorien im kommunalen Bereich, DÖV 1988, S. 397 ff.

– Kommunales Selbstverwaltungsrecht und Finanzausstattung der Gemeinden – Die Gemeinden in der Finanzverfassung, Der Städtetag 1988, S. 330 ff.
– Parlamentarisierung der Stadträte und Stadtregierung?, in: Dieter Schwab (Hrsg.), Staat, Kirche, Wissenschaft in einer pluralistischen Gesellschaft, Festschrift zum 65. Geburtstag von Paul Mikat, 1989, S. 741 ff.
– Erfahrungen mit der Süddeutschen Gemeindeverfassung, in: Jörn Ipsen (Hrsg.), Kontinuität oder Reform – Die Gemeindeverfassung auf dem Prüfstand, 1990, S. 37 ff.
– Staat – Kommunen, Gemeinden – Landkreise, Der Staat 29 (1990), S. 406 ff.
– Kommunale Gebietsreformen in den neuen Bundesländern, LKV 1992, S. 177 ff.
– Kommunale Wirtschaftsunternehmen zwischen Eigenverantwortlichkeit und Kontrollen – Eigengesellschaft oder Eigenbetrieb, Der Städtetag 1992, S. 317 ff.
– Verwaltungs- und Gebietsreformen in den jungen Bundesländern, Die Verwaltung 26 (1993), S. 273 ff.
– Bürgerbeteiligung und Kommunalpolitik, 1995
– Erhebung der Kreisumlage, NVwZ 1996, S. 29 ff.
– Stärkung kommunaler Selbstverwaltung durch Stärkung örtlicher Demokratie, in: Burkhardt Ziemske (Hrsg.), Staatsphilosophie und Rechtspolitik, Festschrift für Martin Kriele zum 65. Geburtstag, 1997, S. 1141 ff.
– Der süddeutsche Verwaltungschef und der Gemeinderat, in: Gerhard Seiler (Hrsg.), Gelebte Demokratie, Festschrift für Manfred Rommel, 1997, S. 83 ff.
– Das selbständige Kommunalunternehmen des Öffentlichen Rechts in Bayern, in: Hans-Günter Henneke (Hrsg.), Organisation kommunaler Aufgabenerfüllung, 1998, S. 131 ff.
– Direkte Demokratie und funktionsfähige kommunale Selbstverwaltung, DVBl. 1998, S. 113 ff.
– Die duale Rat-Bürgermeister-Verfassung als Leitverfassung nach den Kommunalverfassungsreformen, JuS 1998, S. 193 ff.
– Gemischte Demokratie – ein Wesensmerkmal kommunaler Selbstverwaltung, in: Josef Isensee (Hrsg.), Freiheit und Eigentum, Festschrift für Walter Leisner zum 70. Geburtstag, 1999, S. 911 ff.
– Kommunale Selbstverwaltung neu denken, DVBl. 2000, S. 876 ff.
– Staatsaufsicht über Kommunen, JuS 2000, S. 521 ff.
– Grundzüge eines modernen kommunalen Unternehmensrechts, in: Franz Zehetner (Hrsg.), Festschrift für Hans-Ernst Folz, 2003, S. 145 ff.
– Die Staatsaufsicht über die Gemeinden und Kreise (Kommunalaufsicht), in: Thomas Mann/Günter Püttner (Hrsg.), Handbuch der kommunalen Wissenschaft und Praxis, Bd. I, 3. Aufl. 2007, § 12
– Kommunale Steuerung und unternehmerische Freiheit – ein lösbarer Spagat, KommJur 2007, S. 241 ff.
Franz-Ludwig Knemeyer/Katrin Jahndel, Parteien in der kommunalen Selbstverwaltung, 1991
Franz-Ludwig Knemeyer/Matthias Wehr, Die Garantie der kommunalen Selbstverwaltung nach Art. 28 Abs. 2 GG in der Rechtsprechung des Bundesverfassungsgerichts, VerwArch 92 (2001), S. 317 ff.
Michael Kniesel, Veranstaltung traditioneller Märkte durch Kommunen – Wahlfreiheit zwischen straßen-, gewerbe- oder kommunalrechtlicher Durchführung?, GewArch 2013, S. 270 ff.
Janna Knitter, Das Aufgabenübertragungsverbot des Art. 84 Abs. 1 S. 7 GG, 2008

– Das Verbot der Aufgabenübertragung auf die Kommunen und die Behandlung von Altfällen, ZG 2009, S. 18 ff.
– Möglichkeiten der Kommunen, sich gegen eine gem. Art. 84 Abs. 1 Satz 7 GG unzulässige Aufgabenübertragung zur Wehr zu setzen, NdsVBl. 2009, S. 73 ff.
Franz Knöpfle, Die Körperschaften des öffentlichen Rechts im formellen Sinn, in: Willi Blümel (Hrsg.), Verwaltung im Rechtsstaat, Festschrift für Carl Hermann Ule zum 80. Geburtstag, 1987, S. 93 ff.
Holger Knudsen, Auswirkungen des Verlustes des Kreissitzes, 1979
Hans-Joachim Koch, Die normtheoretische Basis der Abwägung, in: Wilfried Erbguth (Hrsg.), Abwägung im Recht, 1996, S. 9 ff.
– Rechtsprinzipien im Bauplanungsrecht, in: Bernd Schilcher/Peter Koller/Bernd-Christian Funk (Hrsg.), Regeln, Prinzipien und Elemente im System des Rechts, 2000, S. 245 ff.
Michael Koch, Die Thüringer Landgemeinde, ThürVBl. 2011, S. 265 ff.
Thorsten Koch, Der rechtliche Status kommunaler Unternehmen in Privatrechtsform, 1994
– Das neue niedersächsische Recht der kommunalen Zusammenarbeit, NdsVBl. 2004, S. 150 ff.
Horst Heinrich Koch/Hans-Peter Steinmetz, Grundlagen des Rechts auf kommunale Selbstverwaltung, JA 1982, S. 386 ff.
Paul von Kodolitsch, Miteinander oder gegeneinander? Zum schwierigen Verhältnis von Rat und Verwaltung, AfK 2000, S. 199 ff.
Otto Koellreutter, Literatur, AöR 22 (1932), S. 110 ff.
– Deutsches Staatsrecht, 1953
Christian Koenig/Martin Busch, Quersubventionierung im kommunalen Konzern – EU-beihilfenrechtliche Grenzen, GewArch 2011, S. 181 ff.
Heinz Koglin, Kreisgebietsreform, Strukturreform und Selbstverwaltung, VR 2007, S. 417 ff.
Sonja Johanna Kohout, Kartellvergaberecht und interkommunale Zusammenarbeit, 2008
Helmut Köhler, Das neue kommunale Unternehmensrecht in Bayern, BayVBl. 2000, S. 1 ff.
Peter Kolbe, Public Corporate Governance. Grundsätzliche Probleme und Spannungsfelder der Überwachung öffentlicher Unternehmen, in: Kai Birkholz (Hrsg.), Public Management – eine neue Generation in Wissenschaft und Praxis, Festschrift für Christoph Reichard, 2006, S. 61 ff.
Peter Koller (Hrsg.), Institution und Recht, Grazer Internationales Symposion zu Ehren von Ota Weinberger, 1994
Ottmar Kollmann, Nochmals – Zur verfassungsrechtlichen Sicherung der Selbstverwaltung, DÖV 1951, S. 145 ff.
Alexis von Komorowski, Äußerungsrecht der kommunalen Volksvertretungen und gemeindliche Verbandskompetenz, Der Staat 37 (1998), S. 122 ff.
Klaus König, „Neue" Verwaltung oder Verwaltungsmodernisierung: Verwaltungspolitik in den 90er Jahren, DÖV 1993, S. 349 ff.
– Zur Kritik eines neuen öffentlichen Managements, 1995
– Unternehmerisches oder exekutives Management – die Perspektive der klassischen öffentlichen Verwaltung, VerwArch 87 (1996), S. 19 ff.

– Drei Welten der Verwaltungsmodernisierung, in: Klaus Lüder (Hrsg.), Staat und Verwaltung, Fünfzig Jahre Hochschule für Verwaltungswissenschaften Speyer, 1997, S. 399 ff.
– Verwaltungsmodernisierung im internationalen Vergleich, DÖV 1997, S. 265 ff.
– Der Verwaltungsstaat in Deutschland, VerwArch 88 (1997), S. 545 ff.
– Markt und Wettbewerb als Staats- und Verwaltungsprinzipien, DVBl. 1997, S. 239 ff.
– Good Governance – a Steering and Value Conzept for the Modern Administrative State, in: Joan Corkery (Hrsg.), Governance: Concepts and Applications, 1999, S. 67 ff.
– Zur Manageralisierung und Ökonomisierung der Öffentlichen Verwaltung, 2000
– Öffentliches Management und Governance als Verwaltungskonzepte, DÖV 2001, S. 617 ff.
– Governance als Steuerungskonzept, in: Klaus König/Markus Adam/Benedikt Speer/Christian Theobald, Governance als entwicklungs- und transformationspolitisches Konzept, 2002, S. 9 ff.
– Moderne öffentliche Verwaltung, 2008
– Verwaltungswissenschaft im Zeichen der Globalisierung und Europäisierung, in: Siegfried Magiera (Hrsg.), Verwaltungswissenschaft und Verwaltungspraxis in nationaler und transnationaler Perspektive, Festschrift für Heinrich Siedentopf zum 70. Geburtstag, 2008, S. 793 ff.
Klaus König/Angelika Benz, Privatisierung und staatliche Regulierung, in: Klaus König/Angelika Benz (Hrsg.), Privatisierung und staatliche Regulierung, 1997, S. 13 ff.
Michael König, Kodifizierung von Leitlinien der Verwaltungsmodernisierung, VerwArch 96 (2005), S. 44 ff.
Gerhard Konow, Zum Subsidiaritätsprinzip des Vertrags von Maastricht, DÖV 1993, S. 405 ff.
Ferdinand Kopp, Der Schutz des Bürgers gegenüber wirtschaftlichen Maßnahmen der öffentlichen Hand, durch die der Wettbewerb verfälscht wird, GewArch 1988, S. 353 ff.
Karl Korinsky, Der kommunale Finanzausgleich in der Bundesrepublik Deutschland, 1971
Stefan Korioth, Der Finanzausgleich von Bund und Ländern, 1997
– Entlastung der Kommunen durch unmittelbare Finanzbeziehungen zum Bund?, NVwZ 2005, S. 503 ff.
– Leistungsträgerschaft und Kostentragung bei der Grundsicherung für Arbeitsuchende (SGB II) – Aufgabenwahrnehmung aus „einer Hand“ zwischen reformiertem Grundgesetz und Bundesverfassungsgericht, DVBl. 2008, S. 812 ff.
Heinz W. Korte, Die Aufgabenverteilung zwischen Gemeinde und Staat unter besonderer Berücksichtigung des Subsidiaritätsprinzips, VerwArch 61 (1970), S. 3 ff.
Reinhart Koselleck, Preußen zwischen Reform und Revolution, 1967
Bernd Köster, Die Reform der Gemeindeordnung durch das Gesetz zur Stärkung der kommunalen Selbstverwaltung – GO-Reformgesetz, NWVBl. 2008, S. 49 ff.
Arnold Köttgen, Die Krise der kommunalen Selbstverwaltung, 1931
– Die rechtsfähige Verwaltungseinheit, 1939
– Das Grundrecht der deutschen Universität, 1956
– Wesen und Rechtsform der Gemeinden und Gemeindeverbände, in: Hans Peters (Hrsg.), Handbuch der kommunalen Wissenschaft und Praxis, Bd. I, 1956, S. 185 ff.
– Die Gemeinden und der Bundesgesetzgeber, 1957

– Die Organisationsgewalt, VVDStRL 16 (1958), S. 154 ff.
– Sicherung der gemeindlichen Selbstverwaltung, 1960
– Die wirtschaftliche Betätigung der Gemeinden, in: Arnold Köttgen, Kommunale Selbstverwaltung zwischen Krise und Reform, 1968, S. 151 ff.
– Sicherung der gemeindlichen Selbstverwaltung, in: Arnold Köttgen, Kommunale Selbstverwaltung zwischen Krise und Reform, 1968, S. 193 ff.

Joachim Kottke, Die Gemeindeordnungen für den Freistaat Bayern und die Niedersächsische Gemeindeordnung im Praxisvergleich, AfK 1987, S. 226 ff.

Matthias Koziol, Folgen des demographischen Wandels für die kommunale Infrastruktur, DfK 2004, S. 69 ff.

Christian von Kraack, Die Gretchenfrage „Konnexität" – Zwei grundlegende Punkte geklärt, NWVBl. 2011, S. 41 ff.
– Nochmals: Zum Urteil des VerfGH NRW über die Konnexitätsfolgen des Kinderförderungsgesetzes, NWVBl. 2011, S. 418 ff.

Ernst T. Kraft, Das Verwaltungsgesellschaftsrecht, 1982

Sabine Kraft-Zörcher, Kontrolle der kommunalen Aufgabenerfüllung durch Stadt- und Gemeinderäte, ThürVBl. 2008, S. 1 ff.

Sabine Kraft-Zörcher/Reinhard Neubauer, Die kommunale Arbeitsgemeinschaft – eine Chance, kommunale Selbstverwaltung zu sichern, LKV 2010, S. 193 ff.

Rolf Krähmer, Das Tilburger Modell der Verwaltungsorganisation und Verwaltungsführung, 1992
– Das Konzernmodell der Verwaltungsorganisation und Verwaltungsführung, VR 1993, S. 415 ff.

Markus Krajewski, Öffentliche Dienstleistungen im Europäischen Verfassungsrecht, DÖV 2005, S. 665 ff.
– Leistungen der Daseinsvorsorge im Gemeinschaftsrecht – Freier Wettbewerb oder öffentliche Aufgabe?, in: Alice Wagner/Valentin Wedl (Hrsg.), Bilanz und Perspektiven zum Europäischen Recht, 2007, S. 433 ff.
– Rechtsbegriff Daseinsvorsorge?, VerwArch 99 (2008), S. 174 ff.
– Kommunalwahlrechtliche Sperrklauseln im föderativen System, DÖV 2008, S. 345 ff.

Peter H. Krämer, Die bürgerschaftliche Selbstverwaltung unter den Notwendigkeiten des egalitären Sozialstaates, 1970

Peter Krause, Verfassungsrechtliche Möglichkeiten unmittelbarer Demokratie, in: Josef Isensee/Paul Kirchhof (Hrsg.), Handbuch des Staatsrechts der Bundesrepublik Deutschland, Bd. III, 3. Aufl. 2005, § 35

Daniel Krausnick, Erosionen der örtlichen Selbstverwaltung, VerwArch 102 (2011), S. 359 ff.

Andrea Krebs, Rechtliche Grundlagen und Grenzen kommunaler Elektrizitätsversorgung, 1996

Walter Krebs, Bürgerbeteiligung, in: Hans-Uwe Erichsen (Hrsg.), Kommunalverfassung heute und morgen – Bilanz und Ausblick, 1989, S. 29 ff.
– Notwendigkeit und Struktur eines Verwaltungsgesellschaftsrechts, Die Verwaltung 29 (1996), S. 309 ff.
– Kontrolle in staatlichen Entscheidungsprozessen, 1997
– Neue Bauformen des Organisationsrechts und ihre Einbeziehung in das Allgemeine Verwaltungsrecht, in: Eberhardt Schmidt-Aßmann/Wolfgang Hoffmann-Riem (Hrsg.), Verwaltungsorganisationsrecht als Steuerungsressource, 1997, S. 339 ff.

Carsten Kremer, Kommunalisierung als Element der Verwaltungsreform, VerwArch 102 (2011), S. 242 ff.
Holger Kremser, Bundesverfassungsrechtliche Zulässigkeit von Landeskommunalkammern in Gestalt eines Zweikammersystems, in: Markus Hoffmann (Hrsg.), Kommunale Selbstverwaltung im Spiegel von Verfassungsrecht und Verwaltungsrecht, 1996, S. 161 ff.
Martin Kriele, Theorie der Rechtsgewinnung, 1967
Wolfram Krohn, In-house-Fähigkeit kommunaler Gemeinschaftsunternehmen, NZBau 2009, S. 222 ff.
Albert Krölls, Grundrechtliche Schranken der wirtschaftlichen Betätigung der öffentlichen Hand, GewArch 1992, S. 281 ff.
– Grundgesetz und kapitalistische Marktwirtschaft, 1994
– Rechtliche Grenzen der Privatisierungspolitik, GewArch 1995, S. 129 ff.
Michael Kromer, Bürgerbeteiligung in der Gemeinde – Ein systematischer Überblick, DVBl. 1985, S. 143 ff.
Joachim Kronisch, Aufgabenverlagerung und gemeindliche Aufgabengarantie, 1993
Birgit Kropshofer, Unmittelbare Bürgerbeteiligung mit lediglich beratender Wirkung, in: Jörg-Detlef Kühne/Friedrich Meissner (Hrsg.), Züge unmittelbarer Demokratie in der Gemeindeverfassung, 1977, S. 141 ff.
Herbert Krüger, Allgemeine Staatslehre, 2. Aufl. 1966
Julian Krüper, Kommunale Stichwahlen als demokratisches Wettbewerbsgebot, DÖV 2009, S. 758 ff.
Monika Kuban, Konzern Stadt: Die Steuerung der Beteiligungen, in: Michael Schöneich (Hrsg.), Reformen im Rathaus, 1996, S. 99 ff.
Hanno Kube, Neue Steuerung im Haushaltsrecht – Ein Kompetenzengefüge außer Balance?, DÖV 2000, S. 810 ff.
Jürgen Kühling, Verfassungs- und kommunalrechtliche Probleme grenzüberschreitender Wirtschaftsbetätigung der Gemeinden, NJW 2001, S. 177 ff.
– Möglichkeiten und Grenzen effizienter Daseinsvorsorge durch externe Auftragsvergabe im Gemeinschaftsrecht, WiVerw 2008, S. 239 ff.
– Künftige vergaberechtliche Anforderungen an kommunale Immobiliengeschäfte, NVwZ 2010, S. 1257 ff.
Jürgen Kühling/Florian Wintermeier, Die Bauleitplanung als Gegenstand plebiszitärer Bürgerbeteiligung, DVBl. 2012, S. 317 ff.
Sabine Kuhlmann, Benchmarking auf dem Prüfstand: Kosten, Nutzen und Wirkungen interkommunaler Leistungsvergleiche in Deutschland, VerwArch 94 (2003), S. 99 ff.
– Kommunen zwischen Staat und Markt: Lokalmodelle und -reformen im internationalen Vergleich, DfK 2006, S. 84 ff.
– Wandel lokaler Verwaltung in Kontinentaleuropa – ein deutsch-französischer Vergleich, PVS-Sonderheft 37 (2006), S. 397 ff.
Sabine Kuhlmann/Hellmut Wollmann, Transaktionskosten von Verwaltungsreformen: ein „missing link" der Evaluationsforschung, in: Werner Jann/Manfred Röber/Hellmut Wollmann (Hrsg.), Public Management – Grundlagen, Wirkungen, Kritik, 2006, S. 371 ff.
Jörg-Detlef Kühne, Zur Typologie und verfassungsrechtlichen Einordnung von Volksabstimmungen – eine rechtsvergleichende Einführung, in: Jörg-Detlef Kühne/Friedrich Meissner (Hrsg.), Züge unmittelbarer Demokratie in der Gemeindeverfassung, 1977, S. 17 ff.

Philip Kunig, Das Rechtsstaatsprinzip, 1986
Adrian Künzler, Effizienz oder Wettbewerbsfreiheit, 2008
Otto Küster, Das Gewaltenproblem im modernen Staat, AöR 75 (1949), S. 397 ff.
Benedikt P. Kuttenkeuler, Die Verankerung des Subsidiaritätsprinzips im Grundgesetz: ein Beitrag zur Bedeutung des Subsidiaritätsprinzips für die Kompetenzabgrenzung im Bundesstaat, 1998
Paul Laband, Das Staatsrecht des Deutschen Reiches, Bd. I, 1876, 2. Aufl. 1888, 5. Aufl. 1911; Bd. II, 5. Aufl. 1911
– Deutsches Reichsstaatsrecht, 7. Aufl. 1919
Konrad Lachmayer, Effizienz als Verfassungsprinzip, in: Marc Bungenberg (Hrsg.), Recht und Ökonomik, 2004, S. 135 ff.
Karl-Heinz Ladeur, Von der Verwaltungshierarchie zum administrativen Netzwerk?, Die Verwaltung 26 (1993), S. 137 ff.
– Das Bundesverfassungsgericht als „Bürgergericht"?, Rechtstheorie 31 (2000), S. 67 ff.
– Die Regulierung von Selbstregulierung und die Herausbildung einer Logik der Netzwerke, Die Verwaltung, Beiheft 4 (2001), S. 59 ff.
– Kritik der Abwägung in der Grundrechtsdogmatik, 2004
– Der Staat gegen die Gesellschaft, 2006
– Die Beobachtung der kollektiven Dimension der Grundrechte durch eine liberale Grundrechtstheorie, Der Staat 50 (2011), S. 493 ff.
Marc Lahmann, Das neue Konnexitätsprinzip in der Verfassung für Rheinland-Pfalz, KommJur 2005, S. 127 ff.
René Laier/Ralph Zimmermann, Zur Dogmatik der Konnexität des kommunalen Mehrbelastungsausgleichs nach Art. 85 Abs. 1 Satz 3, Abs. 2 der Verfassung des Freistaats Sachsen im Falle einer „Umnormierung", SächsVBl. 2007, S. 149 ff.
– Wer bestellt, bezahlt – wer nicht bestellt, bezahlt auch, ZG 2008, S. 355 ff.
Lutz Lammers, Das kommunale Steuerfindungsrecht aus Art. 28 Abs. 2 GG – Begründung und Folgen eines grundgesetzlich gewährleisteten subjektiven Rechts aus Art. 28 Abs. 2 GG auf Übertragung und Ausübung der Kompetenz aus Art. 105 Abs. 2a GG, DVBl. 2013, S. 348 ff.
Torsten Lämmerzahl, Die Beteiligung Privater an der Erledigung öffentlicher Aufgaben, 2007
Heinrich Lang, Gesetzgebung in eigener Sache, 2007
Klaus A. Lang, Kommunen und Selbstverwaltung im Wandel – zugleich ein Beitrag zu den Kommunalreformen in den ostdeutschen Bundesländern am Beispiel Sachsen-Anhalts, in: Michaela Wittinger (Hrsg.), Verfassung – Völkerrecht – Kulturgüterschutz, Festschrift für Wilfried Fiedler zum 70. Geburtstag, 2011, S. 189 ff.
Klaus Lange, Die Organisation der Region, 1968
– Die Entwicklung des kommunalen Selbstverwaltungsgedankens und seine Bedeutung in der Gegenwart, in: Hans Schneider (Hrsg.), Im Dienst an Recht und Staat, Festschrift für Werner Weber zum 70. Geburtstag, 1974, S. 851 ff.
– „Staat und Gesellschaft" in der Dogmatik des Kommunalrechts – Zur Bedeutung insbesondere der kommunalen Aufgabenarten, in: Ekkehart Stein (Hrsg.), Festschrift für Helmut Ridder zum siebzigsten Geburtstag, 1989, S. 63 ff.
– Die kommunalrechtliche Experimentierklausel, DÖV 1995, S. 770 ff.
– Kommunale Frauenbeauftragte, 1993
– Zur Problematik einer isolierten Regionalkreisbildung, DÖV 1996, S. 684 ff.

– Probleme der (isolierten) Regionalkreisbildung, in: Hans-Günter Henneke (Hrsg.), Optimale Aufgabenerfüllung im Kreisgebiet?, 1998, S. 157 ff.
– Orientierungsverluste im Kommunalrecht: Wer verantwortet was?, DÖV 2007, S. 820 ff.
– Kommunalrecht, 2013
Stefan Langer, Gemeindliches Selbstgestaltungsrecht und überörtliche Raumplanung, VerwArch 80 (1989), S. 352 ff.
Heinrich-Wilhelm Langrehr, Die Auswirkungen der Privatisierung gemeindlicher Aufgaben auf die kommunale Selbstverwaltung, in: Götz Frank (Hrsg.), Die Gemeinde, Festschrift zum 70. Geburtstag von Heiko Faber, 2007, S. 89 ff.
Karl Larenz, Richtiges Recht, 1979
– Methodenlehre der Rechtswissenschaft, 6. Aufl. 1991
Andreas Lasar, Dezentrale Organisation in der Kommunalverwaltung, 2001
Gerhard Lassar, Reichsverfassung und örtliche Landesverwaltung, RVerwBl. 1929, S. 524 f.
Michael Laßleben, Zwischenbericht zur Funktionalreform in Thüringen, ThürVBl. 1995, S. 11 ff.
Eberhard Laux, Kommunale Selbstverwaltung im Staat der siebziger Jahre, AfK 1970, S. 217 ff.
– Die administrative Funktion des Kreises, in: Verein für die Geschichte der Deutschen Landkreise e. V. (Hrsg.), Der Kreis, Bd. I, 1972, S. 93 ff.
– Kommunale Selbstverwaltung als politisches Prinzip, Wege der Diskussion, in: Albert von Mutius (Hrsg.), Selbstverwaltung im Staat der Industriegesellschaft, Festgabe zum 70. Geburtstag von Georg Christoph von Unruh, 1983, S. 51 ff.
– Kommunale Selbstverwaltung, Überprüfung einer politischen Idee, in: Freiherr-vom-Stein-Gesellschaft (Hrsg.), Cappenberger Gespräch der Freiherr-vom-Stein-Gesellschaft, Bd. 19 (1984), S. 9 ff.
– Brückenschläge – Zur Anwendung betriebswirtschaftlicher Konzepte im kommunalen Bereich, DÖV 1993, S. 1083 ff.
– Über kommunale Organisationspolitik, AfK 1995, S. 229 ff.
Helmut Lecheler, Die Personalhoheit der Gemeinden, in: Albert von Mutius (Hrsg.), Selbstverwaltung im Staat der Industriegesellschaft, Festgabe zum 70. Geburtstag von Georg Christoph von Unruh, 1984, S. 541 ff.
– Die Einflußnahmen der Legislative, Exekutive und Judikative auf die gemeindliche Selbstverwaltung, in: Franz-Ludwig Knemeyer (Hrsg.), Festschrift 75 Jahre Bayerischer Gemeindetag, 1987, S. 159 ff.
– Der öffentliche Dienst, in: Josef Isensee/Paul Kirchhof (Hrsg.), Handbuch des Staatsrechts der Bundesrepublik Deutschland, Bd. V, 3. Aufl. 2007, § 110
Norbert Lechner, Marktgesellschaft und die Veränderung von Politikmustern, Zeitschrift für kritische Sozialwissenschaft, 1994, S. 549 ff.
Martin Leder, Kohärenz und Wirksamkeit des kommunalen Wirtschaftsrechts im wettbewerbsrechtlichen Umfeld, DÖV 2008, S. 173 ff.
Hinrich Lehmann-Grube, Der Einfluß politischer Vertretungskörperschaften auf die Verwaltung, DÖV 1985, S. 1 ff.
Gerhard Leibholz, Das Prinzip der Selbstverwaltung und der Art. 28 Abs. 2 Grundgesetz, DVBl. 1973, S. 715 ff.
Adalbert Leidinger, Region und Selbstverwaltung, NWVBl. 1991, S. 325 ff.
Anna Leisner, Verwaltungsgesetzgebung durch Erlasse, JZ 2002, S. 219 ff.

Walter Leisner, Grundrechte und Privatrecht, 1960
– Von der Verfassungsmäßigkeit der Gesetze zur Gesetzmäßigkeit der Verfassung, 1964
– Effizienz als Rechtsprinzip, 1971
– Gewaltenteilung innerhalb der Gewalten, in: Hans Spanner (Hrsg.), Festgabe für Theodor Maunz, 1971, S. 267 ff.
– Eigentumswende?, DVBl. 1983, S. 61 ff.
– Der unsichtbare Staat, 1994
– Der Abwägungsstaat: Verhältnismäßigkeit als Gerechtigkeit?, 1997
– „Abwägung überall" – Gefahr für den Rechtsstaat, NJW 1997, S. 636 ff.
– Demokratie, 1998
Walter Georg Leisner, Weisungsrechte der öffentlichen Hand gegenüber ihren Vertretern in gemischt-wirtschaftlichen Unternehmen, GewArch 2009, S. 337 ff.
– Daseinsvorsorge: Begriff, Bedeutung, Grenzen, WiVerw 2011, S. 55 ff.
Anna Leisner-Egensperger, „Geschäfte der laufenden Verwaltung" im Kommunalrecht, VerwArch 100 (2009), S. 161 ff.
– Die Finanzausgleichsgesetze der Länder und das kommunale Selbstverwaltungsrecht, DÖV 2010, S. 705 ff.
– Rekommunalisierung und Grundgesetz, Verfassungsrechtliche Kriterien, Grenzen und Konsequenzen, NVwZ 2013, S. 1110 ff.
– Die Folgerichtigkeit – Systemsuche als Problem für Verfassungsbegriff und Demokratiegebot, DÖV 2013, S. 533 ff.
Klaus Lenk, Kommunale Politik erschöpft sich nicht im Management der kommunalen Eigenproduktion, in: Jörg Bogumil/Leo Kißler (Hrsg.), Verwaltungsmodernisierung und lokale Demokratie, 1997, S. 145 ff.
– Electronic Government als Schlüssel zur Modernisierung der öffentlichen verwaltung, in: Klaus Lenk/Roland Traunmüller (Hrsg.), Öffentliche Verwaltung und Informationstechnik, 1999, S. 123 ff.
– Zur Bedeutung von Information und Kommunikation in der Verwaltung. Ausserrechtliche Grundlagen für das Verwaltungsrecht in der Informationsgesellschaft, in: Wolfgang Hoffmann-Riem/Eberhard Schmidt-Aßmann (Hrsg.), Verwaltungsrecht in der Informationsgesellschaft, 2000, S. 59 ff.
Thomas Lenk/Anja Birke, Die Länder im Zwiespalt – Einige finanzwissenschaftliche Anmerkungen zum kommunalen Finanzausgleichsurteil des Staatsgerichtshofes unter Berücksichtigung des Bundesverfassungsgerichtsurteils zum Länderfinanzausgleich 1999, VBlBW 2000, S. 471 ff.
Oliver Lepsius, Die Ökonomik als neue Referenzwissenschaft für die Staatsrechtslehre?, Die Verwaltung 32 (1999), S. 429 ff.
– Institution, in: Werner Heun (Hrsg.), Evangelisches Staatslexikon, 4. Aufl. 2006, Sp. 1004 ff.
Peter Lerche, Übermaß und Verfassungsrecht, 1961
– Das Bundesverfassungsgericht und die Verfassungsdirektiven, AöR 90 (1965), S. 341 ff.
– Zur Verfassungsposition der Landkreise, DÖV 1969, S. 46 ff.
– Grundrechtlicher Schutzbereich, Grundrechtsprägung und Grundrechtseingriff, in: Josef Isensee/Paul Kirchhof (Hrsg.), Handbuch des Staatsrechts der Bundesrepublik Deutschland, Bd. V, 1992, § 121

– Die Verfassung als Quelle von Optimierungsgeboten?, in: Joachim Burmeister (Hrsg.), Verfassungsstaatlichkeit, Festschrift für Klaus Stern zum 65. Geburtstag, 1997, S. 197ff.
Franz Lieber, Über bürgerliche Freiheit und Selbstverwaltung, 1980
Joachim Linck, Budgetierung – Abdankung der Parlamente und kommunalen Vertretungen?, ZG 1997, S. 1ff.
Karl Linckelmann, Zum staatsrechtlichen Lehrbegriff der „mittelbaren Staatsverwaltung", DÖV 1959, S. 561ff.
Christian Linder, Daseinsvorsorge in der Verfassungsordnung der Europäischen Union, 2004
Josef Franz Lindner/Markus Möstl/Heinrich Amadeus Wolff, Verfassung des Freistaates Bayern, 2009
Anne-Kathrin Lingk, Die Reform der nordrhein-westfälischen Kommunalverfassung, 1999
Gerhard Lintz, Die politischen Parteien im Bereich der kommunalen Selbstverwaltung, 1973
Uwe Lipinski, Abstimmungen des Bundesvolkes nach Art. 20 Abs. 2 Satz 2 GG – das verletzte Verfassungsverbot, BayVBl. 2011, S. 649ff.
Gernot Lissack, Das kommunale Selbstverwaltungsrecht nach bayerischem Verfassungs- und Verfassungsprozessrecht, 2000
Edgar Loenig, Lehrbuch des Deutschen Verwaltungsrechts, 1884
Karl Loewenstein, Erscheinungsformen der Verfassungsänderung, 1931
– Max Webers staatspolitische Auffassungen in der Sicht unserer Zeit, 1965
Valentin Lohr, Satzungsgewalt und Staatsaufsicht, 1963
Frank Lohse, Kommunale Aufgaben, kommunaler Finanzausgleich und Konnexitätsprinzip, 2006
Wolfgang Looschelder, Die Befugnis des Gesetzgebers zur Disposition zwischen Gemeinde- und Kreisebene, 1986
Dieter Lorenz, Zur Problematik des verwaltungsgerichtlichen Insichprozesses, AöR 93 (1968), S. 308ff.
– Der Organstreit vor dem Bundesverfassungsgericht, in: Christian Starck (Hrsg.), Bundesverfassungsgericht und Grundgesetz, Festgabe aus Anlaß des 25jährigen Bestehens des Bundesverfassungsgerichts, Bd. I, 1976, S. 225ff.
– Die Kontrolle von Tatsachenentscheidungen und Prognoseentscheidungen, insbesondere in den Neugliederungsverfahren, in: Christian Starck/Klaus Stern (Hrsg.), Landesverfassungsgerichtsbarkeit, Bd. III, 1983, S. 193ff.
Wolfgang Loschelder, Kommunale Selbstverwaltungsgarantie und gemeindliche Gebietsgestaltung, 1976
– Selbstverwaltung durch mehrstufige Aufgabenerfüllung auf kommunaler Ebene, in: Albert von Mutius (Hrsg.), Selbstverwaltung im Staat der Industriegesellschaft, Festgabe zum 70 Geburtstag von Georg Christoph von Unruh, 1983, S. 381ff.
Erich Walter Lotz, Die Reformen des Freiherrn vom Stein und die Selbstverwaltung der Gegenwart, DVBl. 1957, S. 1ff.
Klaus Werner Lotz, Kommunalverwaltung und Verwaltungsgerichtsbarkeit, BayVBl. 1983, S. 385ff.
Wolfgang Löwer, Energieversorgung zwischen Staat, Gemeinde und Wirtschaft, 1989
– Energieversorgung zwischen Staat, Gemeinde und Wirtschaft, DVBl. 1991, S. 132ff.
– Privatisierung von Sparkassen, ZBB 1993, S. 108ff.

– Der Staat als Wirtschaftssubjekt und Auftraggeber, VVDStRL 60 (2001), S. 416 ff.
– Zuständigkeiten und Verfahren des Bundesverfassungsgerichts, in: Josef Isensee/Paul Kirchhof (Hrsg.), Handbuch des Staatsrechts der Bundesrepublik Deutschland, Bd. III, 3. Aufl. 2005, § 70
Wolfgang Löwer/Jörg Menzel, Die Rechtsprechung der neuen Landesverfassungsgerichte zum Kommunalrecht, ZG 1997, S. 90 ff.
– Plebiszitäre Gesetzgebung ernst genommen, NdsVBl. 2003, S. 89 ff.
Wolfgang Löwer/Peter J. Tettinger (Hrsg.), Kommentar zur Verfassung des Landes Nordrhein-Westfalen, 2002
Gertrude Lübbe-Wolff, Die Grundrechte als Eingriffsabwehrrechte, 1988
Uwe Lübking, Zukunftsfähige Gemeinden und Ämter: Perspektiven künftiger Aufgaben und Strukturen, in: Hubert Meyer/Maximilian Wallerath, Gemeinden und Kreise in der Region, 2004, S. 128 ff.
Klaus Lüder, „Triumph des Marktes im öffentlichen Sektor?" – Einige Anmerkungen zur aktuellen Verwaltungsreformdiskussion, DÖV 1996, S. 93 ff.
– Konzeptionelle Grundlagen des Neuen Kommunalen Haushaltswesens, 1998
– Konzeptionelle Grundlagen des Neuen Kommunalen Rechnungswesens, 2. Auf. 1999
– Reform des öffentlichen Haushalts- und Rechnungswesens und Finanzkontrolle, DÖV 2000, S. 837 ff.
– Das Speyerer Verfahren vor dem Hintergrund neuer internationaler Entwicklungen im öffentlichen Rechnungswesen, in: Hermann Hill (Hrsg.), Bestandsaufnahme und Perspektive des Haushalts- und Finanzmanagements, 2005, S. 35 ff.
Niklas Luhmann, Kann die Verwaltung wirtschaftlich handeln?, VerwArch 51 (1960), S. 97 ff.
– Die Grenzen einer betriebswirtschaftlichen Verwaltungslehre, VerwArch 56 (1965), S. 303 ff.
– Recht und Automation in der öffentlichen Verwaltung, 1966
– Legitimation durch Verfahren, 1969
– Politische Planung, 1971
– Organisation und Entscheidung, 2000
Jörn von Luke/Heinrich Reinermann, Speyerer Definition von Electronic Government, in: Heinrich Reinermann/Jörn von Lucke (Hrsg.), Electronic Government in Deutschland, 2002, S. 1 ff
Ute Lusche, Die Selbstverwaltungsaufgaben der Landkreise, 1998
Ernst Wilhelm Luthe, Optimierende Sozialgestaltung, 2001
Christina Lux, Das neue kommunale Wirtschaftsrecht in Nordrhein-Westfalen, NWVBl. 2000, S. 7 ff.
Carsten Maas, Die verfassungsrechtliche Entfaltung kommunaler Finanzgarantien, 2004
Donald Neil MacCormick/Ota Weinberger, Grundlagen des institutionalistischen Rechtspositivismus, 1985
Günther Macht/André Scharrer, Landesverfassungsrechtliche Konnexitätsprinzipien und Föderalismusreform, DVBl. 2008, S. 1150 ff.
Stefan Machura, Die Kontrolle öffentlicher Unternehmen, 1993
– Kontrolle öffentlicher Unternehmen durch eine mehrdimensionale Strategie, ZögU 1994, S. 156 ff.
– Die Gemeinde als Unternehmer, StWStP 1996, S. 533 ff.
Erhard Mäding, Verwaltungskraft, DÖV 1967, S. 325 ff.

– Innere Organisation der Kreisverwaltung, in: Verein für die Geschichte der Deutschen Landkreise e. V. (Hrsg.), Der Kreis, Bd. I, 1972, S. 186ff.
Heinrich Mäding, Die Budgethoheit der Räte/Kreistage im Spannungsverhältnis zur dezentralen Ressourcenverantwortung, ZKF 1997, S. 98ff.
– Haushaltswirtschaft im Spannungsverhältnis zwischen Haushaltskonsolidierung und Reform, in: Eckhard Schröter (Hrsg.), Empirische Policy- und Verwaltungsforschung, 2001, S. 359ff.
– Herausforderungen und Konsequenzen des demographischen Wandels für die Städte, in: Hermann Hill (Hrsg.), Kommunale Selbstverwaltung – Zukunfts- oder Auslaufmodel?, 2005, S. 20ff.
Stefan Magen, Die Garantie kommunaler Selbstverwaltung, JuS 2006, S. 404ff.
Ute Mager, Einrichtungsgarantien, 2003
Claudia Mainzer, Die dogmatische Figur der Einrichtungsgarantie, 2003
Dilip David Maitra, Regeln und Prinzipien, 2006
Jürgen Makswit, Finanzierung kommunaler Fremdverwaltung, 1984
Herbert Mandelartz/Helmut Neumeyer, Kommunale Finanzprobleme und kommunaler Finanzausgleich – Verfassungsgerichte der Länder als Nothelfer, DÖV 2000, S. 103ff.
Hermann von Mangoldt/Friedrich Klein, Das Bonner Grundgesetz, Bd. I, 2. Aufl. 1957
Hermann von Mangoldt/Friedrich Klein/Christian Starck (Hrsg.), GG-Komm., Bd. II, 6. Aufl. 2010, Bd. III, 6. Aufl. 2010
Thomas Mann, Die „Kommunalunternehmen“ – Rechtsformalternative im kommunalen Wirtschaftsrecht, NVwZ 1996, S. 557f.
– Die öffentlich-rechtliche Gesellschaft, 2002
– Öffentliche Unternehmen im Spannungsfeld von öffentlichem Auftrag und Wettbewerb, JZ 2002, S. 819ff.
– Bewältigung komplexer Verwaltungsaufgaben mit Hilfe der Public-Private-Partnerships, in: Willy Spannowsky (Hrsg.), Erscheinungsbilder eines sich wandelnden Verwaltungsrechts, Festschrift für Günter Püttner zum 70. Geburtstag, 2007, S. 109ff.
– Berufliche Selbstverwaltung, in: Josef Isensee/Paul Kirchhof (Hrsg.), Handbuch des Staatsrechts der Bundesrepublik Deutschland, Bd. VI, 3. Aufl. 2008, § 146
– Steuernde Einflüsse der Kommunen in ihren Gesellschaften, VBlBW 2010, S. 7ff.
Gerrit Manssen, Privatrechtsgestaltung durch Hoheitsakt, 1994
Thilo Marauhn, Selbstverwaltungsrechte und aufgabenangemessene Finanzausstattung kommunaler Gebietskörperschaften in Europa, in: Markus Hoffmann/Christian Kromberg/Verena Roth/Bodo Wiegand (Hrsg.), Kommunale Selbstverwaltung im Spiegel von Verfassungsrecht und Verwaltungsrecht, 1996, S. 71ff.
Dieter Martin, Formen und Funktionen eines Gemeindeverbandes auf der Mittelstufe der Verwaltung, 1971
Alexander Martini, Gemeinden in Europa, 1992
Alexander Martini/Wolfgang Müller, Der Schutz der kommunalen Selbstverwaltung in der europäischen Integration durch nationales Verfassungsrecht und gemeinschaftsrechtliche allgemeine Rechtsgrundsätze, BayVBl. 1993, S. 161ff.
Mario Martini, Der Markt als Instrument hoheitlicher Verteilungslenkung, 2007
– Wenn das Volk (mit)entscheidet…, 2011
Manfred Jürgen Matschke/Thomas Hering, Kommunale Finanzierung, 1998
Theodor Maunz, Deutsches Staatsrecht, 1. Aufl. 1951
– Die Verankerung des Gemeinderechts im Grundgesetz, BayVBl. 1984, S. 417ff.

– Die kommunale Allzuständigkeit, in: Walther Fürst (Hrsg.), Festschrift für Wolfgang Zeidler, Bd. II, 1987, S. 1157 ff.
Theodor Maunz/Bruno Schmidt-Bleibtreu/Franz Klein/Herbert Bethge (Hrsg.), Bundesverfassungsgesetz
Theodor Maunz/Günter Dürig (Begr.), Grundgesetz
Hartmut Maurer, Der Verwaltungsvorbehalt, VVDStRL 43 (1985), S. 135 ff.
– Subjektive öffentliche Rechte des Staates, DVBl. 1986, S. 208 ff.
– Rechtsfragen kommunaler Satzungsgebung, DÖV 1993, S. 184 ff.
– Verfassungsrechtliche Grundlagen der kommunalen Selbstverwaltung, DVBl. 1995, S. 1037 ff.
– Plebiszitäre Elemente in der repräsentativen Demokratie, 1997
– Die Direktwahl des Bürgermeisters in der Bundesrepublik Deutschland – rechtliche Grundlagen und praktische Erfahrungen, ÖGZ 10/1989, S. 14 ff.
– Die Finanzgarantie der Landkreise zwischen Bund und Ländern, in: Hans-Günter Henneke/Hartmut Maurer/Friedrich Schoch, Die Kreise im Bundesstaat, 1994, S. 139 ff.
– Kontinuitätsgewähr und Vertrauensschutz, in: Josef Isensee/Paul Kirchhof (Hrsg.), Handbuch des Staatsrechts der Bundesrepublik Deutschland, Bd. IV, 3. Aufl. 2006, § 79
– Der verfassungsgerichtliche Rechtsschutz der Gemeinden, politischen Parteien und Kirchen, in: Rainer Grote (Hrsg.), Die Ordnung der Freiheit, Festschrift für Christian Starck zum siebzigsten Geburtstag, 2007, S. 335 ff.
Thomas Mayen, Privatisierung öffentlicher Aufgaben – Rechtliche Grenzen und rechtliche Möglichkeiten, DÖV 2001, S. 110 ff.
Franz Mayer, Selbstverwaltung und demokratischer Staat, in: Hochschule für Verwaltungswissenschaften Speyer (Hrsg.), Demokratie und Verwaltung, 25 Jahre Hochschule für Verwaltungswissenschaften Speyer, 1972, S. 327 ff.
Ingrid Alice Mayer, Die Rechtsstellung der kommunalen Frauenbeauftragten, NVwZ 1994, S. 1183 ff.
– Verpflichtung der Gemeinden zur Bestellung einer Gleichstellungsbeauftragten, NVwZ 1995, S. 663 f.
– Die kommunale Frauenbeauftragte in Baden-Württemberg, 2. Aufl. 2000
Otto Mayer, Deutsches Verwaltungsrecht, Bd. I, 3. Aufl. 1924; Bd. II, 3. Aufl. 1924
Peter Cornelius Mayer-Tasch, Die Bürgerinitiativbewegung, 1976
Renate Mayntz, Kommunale Handlungsspielräume und kommunale Praxis, in: Renate Mayntz (Hrsg.), Kommunale Wirtschaftsförderung, 1981, S. 154 ff.
– Policy-Netzwerke und die Logik von Verhandlungssystemen, PVS-Sonderheft 24 (1993), S. 39 ff.
– Politische Steuerung. Aufstieg, Niedergang und Transformation einer Theorie, PVS-Sonderheft 26 (1996), S. 148 ff.
– Soziologie der öffentlichen Verwaltung, 4. Aufl. 1997
– Governance im modernen Staat, in: Arthur Benz (Hrsg.), Governance – Regieren in komplexen Systemen, 2004, S. 65 ff.
– Governance-Theory als fortentwickelte Steuerungstheorie?, in: Gunnar Folke Schuppert (Hrsg.), Governance-Forschung. Vergewisserung über Stand und Entwicklungslinien, 2005, S. 11 ff.

Renate Mayntz/Fritz Scharpf, Steuerung und Selbstorganisation in staatsnahen Sektoren, in: Renate Mayntz/Fritz Scharpf (Hrsg.), Gesellschaftliche Selbstregulierung und politische Steuerung, 1995, S. 9 ff.
Christoph Mecking, Die Regionalebene in Deutschland, 1995
Sabine Mecking/Janbernd Oebbecke (Hrsg.), Zwischen Effizienz und Legitimität, Kommunale Gebiets- und Funktionalreformen in der Bundesrepublik Deutschland in historischer und aktueller Perspektive, 2009
Horst Meffert/Walter Müller, Konnexitätsausführungsgesetz Rheinland-Pfalz, 2008
Veith Mehde, Neues Steuerungsmodell und Demokratieprinzip, 2000
– Regeln und Prinzipien im Recht der Staats- und Verwaltungsorganisation, Die Verwaltung 34 (2001), S. 93 ff.
– Die Ministerverantwortlichkeit nach dem Grundgesetz, DVBl. 2001, S. 13 ff.
– Die Entwicklung von Verwaltungswissenschaft und Verwaltungsreform in den letzten fünf Jahrzehnten, in: Jan Ziekow (Hrsg.), Entwicklungslinien der Verwaltungspolitik, 2007, S. 25 ff.
– Das Ende der Regionalkreise? – Zur Entscheidung des Landesverfassungsgerichts Mecklenburg-Vorpommern, NordÖR 2007, S. 331 ff.
– Haushaltsplanung und -aufstellung, in: Hans-Günter Henneke/Heinz Strobl/Dörte Diemert (Hrsg.), Recht der kommunalen Haushaltswirtschaft, 2008, § 5
– Planung, Aufstellung und Beratung des Haushalts, in: Hans-Günter Henneke/Heinz Strobl/Dörte Diemert (Hrsg.), Recht der kommunalen Haushaltswirtschaft, 2008, § 6.
– Verwaltungsstrukturreform als Element der Verwaltungsmodernisierung, in: Martin Burgi/Manfred Palmen (Hrsg.), Symposium. Die Verwaltungsstrukturreform des Landes Nordrhein-Westfalen, 2008, S. 37 ff.
– Aktuelle Entwicklungen im Kommunalrecht der Bundesländer – Vom Ende zum Anfang der Geschichte, DVBl. 2010, S. 465 ff.
Veith Mehde/Stefanie Hanke, Gesetzgeberische Begründungspflichten und -obliegenheiten, ZG 2010, S. 381 ff.
Ernst von Meier, Das Verwaltungsrecht, in: Franz von Holtzendorff (Hrsg.), Encyklopädie der Rechtswissenschaft in systematischer Bearbeitung, Teil I, 3. Aufl. 1877, S. 881 ff.
Norbert Meier/Stefan Greiner, Die Neufassung des Art. 78 III LVerf NRW – Einführung eines strikten Konnexitätsprinzips?, NWVBl. 2005, S. 92 ff.
– Rechtliche Handlungsmöglichkeiten der Kommunen bei finanzieller Überforderung durch landes- und bundesgesetzliche Aufgabenzuweisungen und gleichzeitiger Verpflichtung zum Haushaltsausgleich, VerwArch 97 (2006), S. 293 ff.
Christiane Meis, Verfassungsrechtliche Beziehungen zwischen Bund und Gemeinden, 1989
Georg Meiski, Über die Verschwiegenheitspflichten kommunaler Mandatsträger als Aufsichtsräte in kommunalen Eigengesellschaften in Form der GmbH, BayVBl. 2006, S. 300 ff.
Friedrich Meissner, Probleme von Bürgerbegehren und Bürgerentscheid im Deutschen Gemeinderecht, in: Jörg-Detlef Kühne/Friedrich Meissner (Hrsg.), Züge unmittelbarer Demokratie in der Gemeindeverfassung, 1977, S. 161 ff.
Christian Friedrich Menger, Kommunale Satzungen als Strafnormen?, VerwArch 63 (1972), S. 447 ff.

– Entwicklung der Selbstverwaltung im Verfassungsstaat der Neuzeit, in: Albert von Mutius (Hrsg.), Selbstverwaltung im Staat der Industriegesellschaft, Festgabe zum 70. Geburtstag von Georg Christoph von Unruh, 1983, S. 25ff.
Eberhard Menzel, Das Ende der institutionellen Garantie, AöR 67 (1936/37), S. 32ff.
Hans-Joachim Menzel, Legitimation staatlicher Herrschaft durch Partizipation Privater, 1980
Bruno Merk, Referat, in: Ständige Deputation des Deutschen Juristentages (Hrsg.), Verhandlungen des dreiundfünfzigsten Deutschen Juristentages, Bd. II, 1980, N 10ff.
Adolf Julius Merkl, Allgemeines Verwaltungsrecht, 1927
– Prolegomena einer Theorie des rechtlichen Stufenbaues, in: Adolf Julius Merkl, Gesammelte Schriften, Bd. I/1, 1993, S. 437ff
Klaus Meßerschmidt, Gesetzgebungsermessen, 2000
Andreas Meßmann, Das Aufgabenübertragungsverbot aus Art. 84 Abs. 1 Satz 7 GG: Hindernis für die Erweiterung bereits übertragener Aufgaben und die Übertragung von Angelegenheiten der örtlichen Gemeinschaft?, DÖV 2010, S. 726ff.
Ernst-Joachim Mestmäcker, Die sichtbare Hand des Rechts, 1978
Georg Meyer, Lehrbuch des Deutschen Staatsrechtes, 2. Aufl. 1885
Hans Meyer, Die Finanzverfassung der Gemeinden, 1969
– Die kommunale Neuordnung als verfassungsgerichtliches Problem, DÖV 1971, S. 801ff.
– Diskussionsbeitrag, VVDStRL 52 (1993), S. 159ff.
– Kommunalwahlrecht, in: Günter Püttner/Thomas Mann (Hrsg.), Handbuch der kommunalen Wissenschaft und Praxis, Bd. I, 3. Aufl. 2007, § 20
– Liegt die Zukunft Mecklenburg-Vorpommerns im 19. Jahrhundert?, NVwZ 2008, S. 24ff.
– Volksabstimmungen im Bund: Verfassungslage nach Zeitgeist?, JZ 2012, S. 538ff.
Hubert Meyer, Ämterverfassung und Kreisgebietsreform in Mecklenburg-Vorpommern, LKV 1993, S. 399ff.
– Kommunaler Finanzausgleich – Verfassungsrechtliche Determinanten und gesetzgeberische Handlungsspielräume, ZG 1996, S. 165ff.
– Finanzierung fremdbestimmter kommunaler Aufgaben – Harmonie und Dissonanzen in der neueren Rechtsprechung der Landesverfassungsgerichte, NVwZ 1999, S. 843ff.
– Mit Recht Steuern: Das „Was" und „Wie" im kommunalen Kompetenzgefüge und im Haushaltsrecht, DÖV 2000, S. 449ff.
– „Delegiere, teile und herrsche" oder verfassungsrechtliche Finanzgarantien für Kommunen?, LKV 2000, S. 1ff.
– Zwischen Gestaltungsrecht und Willkür: Der kommunale Finanzausgleich in der Hand des Gesetzgebers. Anmerkungen zur Novellierung des Finanzausgleichsgesetzes Mecklenburg-Vorpommern, LKV 2000, S. 169ff.
– Nichtwirtschaftliche Betätigung der Kommunen: Spiel ohne Grenzen?, LKV 2000, S. 321ff.
– Kommunale Selbstverwaltung als objektive Rechtsinstitutionsgarantie, NVwZ 2001, S. 766ff.
– Die kommunale Finanzgarantie als Herausforderung für die Landesverfassungsgerichte, NVwZ 2001, Sonderheft für Hermann Weber, S. 36ff.
– Wässriger Wein aus Sachsen zur dualen kommunalen Finanzgarantie, LKV 2001, S. 297ff.

– Zukunftsfähige Gemeinden und Gemeindestrukturen in Mecklenburg-Vorpommern, Arbeit und Ergebnisse der Enquete-Kommission, LKV 2003, S. 11 ff.
– Zwischen Klagen und Hoffen: Perspektiven für Reformen der Kommunalfinanzen, in: Janbernd Oebbecke/Dirk Ehlers/Alexander Schinke/Dörte Diemert (Hrsg.), Kommunalverwaltung in der Reform, 2004, S. 114 ff.
– Kommunales Ehrenamt und die Verwaltungsreform, Der Landkreis 2004, S. 432 ff.
– Verfassungsrechtliche Aspekte einer Regionalkreisbildung im Flächenbundesstaat, LKV 2005, S. 233 ff.
– Verwaltungsreform als Chance für den ländlichen Raum, Der Landkreis 2005, S. 520 ff.
– Flächendeckende und isolierte Regionalkreisbildungen – ein Zukunftsansatz?, in: Hans-Günter Henneke (Hrsg.), Kommunale Verwaltungsstrukturen der Zukunft, 2006, S. 113 ff.
– Regionalkreise oder Landkreise in der Region?, in: Hans-Günter Henneke/Hubert Meyer, Kommunale Selbstverwaltung zwischen Bewahrung, Bewährung und Entwicklung, Festgabe für Gernot Schlebusch zum 65. Geburtstag, 2006, S. 231 ff.
– Regionalkreisbildung: Länder zu Landkreisen?, DÖV 2006, S. 929 ff.
– Funktional- und Gebietsreformen in den Bundesländern – Chance und Risiken für die kommunale Selbstverwaltung, DVBl. 2007, S. 78 ff.
– Lehrstück über Demokratie in überschaubaren kommunalen Strukturen, NVwZ 2007, S. 1024 ff.
– Überschaubarkeit und Ehrenamt: Prägende Elemente kreislicher Selbstverwaltung, NdsVBl. 2007, S. 265 ff.
– Das SGB II als Ernstfall des Föderalismus, NVwZ 2008, S. 275 ff.
– Aktuelle Entfaltungen kommunaler Einflussmöglichkeiten im bundesdeutschen Verfassungsrecht, in: Utz Schliesky (Hrsg.), Die Freiheit des Menschen in Kommune, Staat und Europa, Festschrift für Edzard Schmidt-Jortzig, 2011, S. 113 ff.
– Ergebnisse und Perspektiven der Gebiets- und Funktionalreformen des letzten Jahrzehnts, in: Hans-Günter Henneke (Hrsg.), Kommunale Selbstverwaltung in der Bewährung, 2013, S. 157 ff.
– Gebiets- und Verwaltungsreformen des letzten Jahrzehnts im Spiegel der Verfassungsrechtsprechung, NVwZ 2013, S. 1177 ff.
Werner Meyer, Kommunalwirtschaftsrecht und kommunale Handwerkstätigkeiten, WiVerw 2003, S. 57 ff.
Dierk Meyer-Pries, Das kommunale Haushalts- und Rechnungswesen als Management-Instrument, in: Michael Schöneich (Hrsg.), Reformen im Rathaus, 1996, S. 129 ff.
Klaus Meyer-Schwickerath, Selbstverwaltung in höheren Kommunalverbänden, in: Albert von Mutius (Hrsg.), Selbstverwaltung im Staat der Industriegesellschaft, Festgabe zum 70 Geburtstag von Georg Christoph von Unruh, 1983, S. 439 ff.
Karl-Ulrich Meyn, Gesetzesvorbehalt und Rechtsetzungsbefugnis der Gemeinden, 1977
– Thüringer Kommunalordnung und Verfassungsrecht, LKV 1995, S. 265 ff.
Sascha Michaels, Der Anwendungsbereich des Vergaberechts bei der Rekommunalisierung von Entsorgungsleistungen, NZBau 2004, S. 27 ff.
Manfred Miller, Von der bürgerschaftlichen Mitwirkung zum Parteienprivileg, DVBl. 1986, S. 1131 ff.
– Regionalisierung nur der Strukturpolitik?, LKV 1996, S. 50 ff.
– Die Funktionalreform in den neuen Bundesländern, LKV 1998, S. 216 ff.

Wolfram Moersch, Leistungsfähigkeit und Grenzen des Subsidiaritätsprinzips, 2001
Martin Moeser, BIDs und kommunale Governance, 2011
Helmut Mohl, Zur Übertragung von Pflichtaufgaben durch den Bundesgesetzgeber auf die Kommunen ohne gleichzeitige Zuweisung von Finanzmitteln, KStZ 1993, S. 86ff.
Maik Möller, Subsidiaritätsprinzip und kommunale Selbstverwaltung, 2009
Christoph Möllers, Staat als Argument, 2000
– Theorie, Praxis und Interdisziplinarität in der Verwaltungsrechtswissenschaft, VerwArch 93 (2002), S. 22ff.
– Gewaltengliederung, 2005
– Netzwerk als Kategorie des Organisationsrechts – Zur juristischen Beschreibung dezentraler Steuerung, in: Janbernd Oebbecke (Hrsg.), Nicht-normative Steuerung in dezentralen Systemen, 2005, S. 285ff.
Peter Michael Mombaur, Daseinsvorsorge in Gemeinden und Kreisen, in: Albert von Mutius (Hrsg.), Selbstverwaltung im Staat der Industriegesellschaft, Festgabe zum 70. Geburtstag von Georg Christoph von Unruh, 1983, S. 503ff.
Markus Moraing, Kommunales Wirtschaftsrecht vor dem Hintergrund der Liberalisierung der Märkte, WiVerw 1998, S. 233ff.
– Kommunale Wirtschaft zwischen Wettbewerb und Gemeindewirtschaftsrecht, in: Günter Püttner (Hrsg.), Zur Reform des Gemeindewirtschaftsrechts, 2002, S. 41ff.
Martin Morlok, Vom Reiz und Nutzen, von den Schwierigkeiten und den Gefahren der Ökonomischen Theorie für das Öffentliche Recht, in: Christoph Engel/Martin Morlok (Hrsg.), Öffentliches Recht als Gegenstand ökonomischer Forschung, 1998, S. 1ff.
– Demokratie und Wahlen, in: Peter Badura (Hrsg.), Festschrift 50 Jahre Bundesverfassungsgericht, Bd. II, 2001, S. 559ff.
Markus Möstl, Grundrechtsbindung öffentlicher Wirtschaftstätigkeit, 1999
– Zur Zulässigkeit kommunaler Telekommunikationsdienstleistungen, BayVBl. 1999, S. 547ff.
– Renaissance und Rekonstruktion des Daseinsvorsorgebegriffs unter dem Europarecht, in: Michael Brenner (Hrsg.), Der Staat des Grundgesetzes, Festschrift für Peter Badura zum siebzigsten Geburtstag, 2004, S. 951ff.
– Rechtsetzung der europäischen und nationalen Verwaltungen, DVBl. 2011, S. 1076ff.
Stefan Muckel, Bürgerbegehren und Bürgerentscheid – wirksame Instrumente unmittelbarer Demokratie in den Gemeinden?, NVwZ 1997, S. 223ff.
Stefan Mückl, Finanzverfassungsrechtlicher Schutz der kommunalen Selbstverwaltung, 1998
– Bundesgesetzliche Aufgabenzuweisungen an die kommunale Ebene, ZG 1998, S. 196ff.
– Kommunale Selbstverwaltung und aufgabengerechte Finanzausstattung – Das Konnexitätsprinzip in der Rechtsprechung der Landesverfassungsgerichte, DÖV 1999, S. 841ff.
– Konnexitätsprinzip in der Verfassungsordnung von Bund und Ländern, in: Hans-Günter Henneke/Hermann Pünder/Christian Waldhoff (Hrsg.), Recht der Kommunalfinanzen, 2006, § 3
Bernhard Müller/Hans-Heinrich Trute, Stadt-Umland-Probleme und Gebietsreform in Sachsen, 1996
Felix Müller, Ökonomische Theorie des Rechts, in: Sonja Buckel/Ralph Christensen/Andreas Fischer-Lescano (Hrsg.), Neue Theorien des Rechts, 2. Aufl. 2009, S. 351ff.
Friedrich Müller, Positivität der Grundrechte, 2. Aufl. 1990

– Juristische Methodik, 7. Aufl. 1997
Friedrich Müller/Ralph Christensen, Juristische Methodik, Bd. I, 9. Aufl. 2004
Martin Müller/Gerrit Brauser-Jung, Öffentlich-Private-Partnerschaften und Vergaberecht, NVwZ 2007, S. 884 ff.
Nikolaus Müller, Rechtsformenwahl bei der Erfüllung öffentlicher Aufgaben (Institutional choice), 1993
Udo Müller, Zur Frage der Notwendigkeit der überörtlichen Finanzkontrolle in Hessen, NVwZ 1993, S. 334 ff.
Walter Müller, Räumliche Auswirkungen des demographischen Wandels auf die öffentlichen Finanzen, in: Paul Gans/Ansgar Schmitz-Veltin (Hrsg.), Demographische Trends in Deutschland. Folgen für Städte und Regionen, 2006, S. 84 ff.
Walter Müller/Horst Meffert, „Wer bestellt, der bezahlt!" Die Einführung des Konnexitätsprinzips in Rheinland-Pfalz, Der Gemeindehaushalt 2006, S. 121 ff.
Sebastian Müller-Franken, Maßvolles Verwalten, 2004
– Plebiszitäre Demokratie und Haushaltsgewalt, Der Staat 44 (2005), S. 19 ff.
– Unmittelbare Demokratie und Direktiven der Verfassung, DÖV 2005, S. 489 ff.
– Bürgerentscheid und kommunale Finanzhoheit, in: Gilbert H. Gornig (Hrsg.), Staat – Wirtschaft – Gemeinde, Festschrift für Werner Frotscher zum 70. Geburtstag, 2007, S. 657 ff.
– Staatspraxis und Verfassungsauslegung. Zur Bedeutung der praktischen Handhabung der Verfassung durch staatliche Organe für die Auslegung des Grundgesetzes, in: Otto Depenheuer, Staat im Wort, Festschrift für Josef Isensee, 2007, S. 229 ff.
– Die demokratische Legitimation öffentlicher Gewalt in Zeiten der Globalisierung, AöR 134 (2009), S. 542 ff.
Ingo von Münch (Hrsg.), Grundgesetz-Kommentar, Bd. II, 2. Aufl. 1983
Ingo von Münch/Philip Kunig (Hrsg.), Grundgesetz-Kommentar, Bd. I, 6. Aufl. 2012
Max Munding, Die Verwaltungsreformen in Baden-Württemberg, VBlBW 2004, S. 448 ff.
Andreas Musil, Das BVerfG und die demokratische Legitimation der funktionalen Selbstverwaltung, DÖV 2004, S. 116 ff.
Hans Müthling, Zur verfassungsrechtlichen Sicherung der Selbstverwaltung, DÖV 1951, S. 33 f.
Albert von Mutius, Grundfälle zum Kommunalrecht, JuS 1977, S. 455 ff.
– Sind weitere rechtliche Maßnahmen zu empfehlen, um den notwendigen Handlungs- und Entfaltungsspielraum der kommunalen Selbstverwaltung zu gewährleisten?, Gutachten E für den dreiundfünfzigsten Deutschen Juristentag, in: Ständige Deputation des Deutschen Juristentages (Hrsg.), Verhandlungen des dreiundfünfzigsten Deutschen Juristentages, Bd. I, 1980
– Das Selbstverwaltungsrecht der Gemeinden und Gemeindeverbände, Jura 1982, S. 28 ff.
– Örtliche Aufgabenerfüllung, in: Albert von Mutius (Hrsg.), Selbstverwaltung im Staat der Industriegesellschaft, Festgabe zum 70. Geburtstag von Georg Christoph von Unruh, 1983, S. 227 ff.
– Die Steuerung des Verwaltungshandelns durch Haushaltsrecht und Haushaltskontrolle, VVDStRL 42 (1984), S. 147 ff.
– Zulässigkeit und Grenzen der Fremdsteuerung der Kommunen durch Gesetz und Finanzen, in: Hans-Uwe Erichsen (Hrsg.), Kommunalverfassung heute und morgen – Bilanz und Ausblick, 1989, S. 61 ff.

– Gemeinden und Landkreise in der Verfassung Mecklenburg-Vorpommern, LKV 1996, S. 177 ff.
– Neues Steuerungsmodell in der Kommunalverwaltung, in: Joachim Burmeister (Hrsg.), Verfassungsstaatlichkeit, Festschrift für Klaus Stern zum 65. Geburtstag, 1997, S. 685 ff.
Albert von Mutius/Hans-Günter Henneke, Kommunale Finanzausstattung und Verfassungsrecht, 1985
– Kommunale Selbstverwaltung und Aufgabenübertragung und Kostendeckungsregelungen durch den Landesgesetzgeber, DVBl. 1985, S. 689 ff.
– Verfassungsrechtliche Anforderungen an die Durchführung des Kommunalen Finanzausgleichs – dargestellt am Beispiel Nordrhein-Westfalens, AfK 1985, S. 261 ff.
Klaus Otto Nass, Die deutschen Kommunen in der Europäischen Union, in: Götz Frank (Hrsg.), Die Gemeinde, Festschrift zum 70. Geburtstag von Heiko Faber, 2007, S. 57 ff.
Hiltrud Naßmacher, Keine Erneuerung der Demokratie „von unten". Zur Bedeutung direktdemokratischer Beteiligungsverfahren, ZParl 1997, S. 445 ff.
Karl-Heinz Naßmacher, Funktionen politischen Personals in lokalen Vertretungskörperschaften (Kommunalparlamenten), ZParl 1973, S. 550 ff.
Hans Nawiasky, Diskussionsbeitrag, VVDStRL 4 (1928), S. 90 ff.
Heinz Gottfried Nawratil, Der Ausgleich zwischen den Gemeinden als Aufgabe der Landkreise, 1964
Günter Nesselmüller, Rechtliche Einwirkungsmöglichkeiten der Gemeinden auf ihre Eigengesellschaften, 1977
Martin Nettesheim, Demokratisierung der Europäischen Union und Europäisierung der Demokratietheorie – Wechselwirkungen bei der Herausbildung eines europäischen Demokratieprinzips, in: Hartmut Bauer/Peter M. Huber/Karl-Peter Sommermann (Hrsg.), Demokratie in Europa, 2005, S. 143 ff.
Robert Neuhoff, Kommunale Selbstverwaltung und Bonner Grundgesetz, DÖV 1952, S. 259 ff.
Ernst Neukamp, Der Begriff der Selbstverwaltung im Rechtssinne, AöR 4 (1889), S. 525 ff.
Manfred Neumann, Hohe Hürden auf dem Weg zu einer „schlanken" Bundesverwaltung, VR 1999, S. 85 ff.
Peter Neumann, Bürgerbegehren und Bürgerentscheid, in: Günter Püttner/Thomas Mann (Hrsg.), Handbuch der kommunalen Wissenschaft und Praxis, Bd. I, 3. Aufl. 2007, § 18
Rainer Nickel, Direkte Demokratie in den Gemeinden: Ein Vergleich amerikanischer und bundesdeutscher Konzepte kommunaler Selbstverwaltung, in: Markus Hoffmann (Hrsg.), Kommunale Selbstverwaltung im Spiegel von Verfassungsrecht und Verwaltungsrecht, 1995, S. 145 ff.
Frank Niebaum, Zur Frauenbeauftragten-Entscheidung des Niedersächsischen Staatsgerichtshofes, DÖV 1996, S. 900 ff.
Hans Niemeier, Bund und Gemeinden, 1972
Michael Nierhaus, Die Gemeindeordnung des Landes Brandenburg, LKV 1995, S. 5 ff.
– Der kommunale Finanzausgleich – Maßstäbe des Verfassungsgerichts des Landes Brandenburg, in: Max-Emanuel Geis (Hrsg.), Staat – Kirche – Verwaltung, Festschrift für Hartmut Maurer zum 70. Geburtstag, 2001, S. 239 ff.

– Zur Hochzonung der Flächennutzungsplanung auf die Ämter im Lande Brandenburg – ein neues Rastede?, in: Klaus Stern (Hrsg.), Gedächtnisschrift für Joachim Burmeister, 2004, S. 245 ff.
– Verfassungsrechtlicher Anspruch der Kommunen auf finanzielle Mindestausstattung, LKV 2005, S. 1 ff.
Michael Nierhaus/Sonja Rademacher, Die große Staatsreform als Ausweg aus der Föderalismusfalle?, LKV 2006, S. 385 ff.
Frank Nolte, E-Government in der Verwaltungsreform: Der große Sprung nach vorn?, DÖV 2007, S. 941 ff.
Frank Nullmeier, Output-Steuerung und Performance Measurement, in: Bernhard Blanke/Frank Nullmeier/Christoph Reichard/Göttrik Wewer (Hrsg.), Handbuch zur Verwaltungsreform, 4. Aufl. 2011, S. 465 ff.
Klaus Obermayer, Mitbestimmung in der Kommunalverwaltung, 1973
Claus-Henning Obst, Chancen direkter Demokratie, 1986
Walter Odersky, Kartellrechtliche Kontrolle des Handelns der öffentlichen Hand, in: Peter Badura (Hrsg.), Wege und Verfahren des Verfassungslebens, Festschrift für Peter Lerche zum 65. Geburtstag, 1993, S. 949 ff.
Janbernd Oebbecke, Zweckverbandsbildung und Selbstverwaltungsgarantie, 1982
– Zweckverbände und kommunale Gebietsreform in Nordrhein-Westfalen, DÖV 1983, S. 99 ff.
– Gemeindeverbandsrecht Nordrhein-Westfalen, 1984
– Weisungs- und unterrichtungsfreie Räume in der Verwaltung, 1986
– Individualrechtsschutz gegen Überschreitungen der gemeindlichen Verbandskompetenz, NvWZ 1988, S. 393 ff.
– Demokratische Legitimation nicht-kommunaler Selbstverwaltung, VerwArch 81 (1990), S. 349 ff.
– Die unterfinanzierte Kommunalverwaltung, Die Verwaltung 29 (1996), S. 323 ff.
– Überlegungen zur Größe von Verwaltungseinheiten, in: Hans-Günter Henneke (Hrsg.), Optimale Aufgabenerfüllung im Kreisgebiet?, 1998, S. 47 ff.
– Verwaltungssteuerung im Spannungsfeld von Rat und Verwaltung, DÖV 1998, S. 853 ff.
– Ausfallhaftung für zahlungsunfähige Kommunen?, in: Hans-Uwe Erichsen (Hrsg.), Kommunale Verwaltung im Wandel, 1999, S. 165 ff.
– Die verfassungsrechtlich gewährleistete Planungshoheit der Gemeinden, in: Wilfried Erbguth (Hrsg.), Planung, Festschrift für Werner Hoppe zum 70. Geburtstag, 2000, S. 239 ff.
– Die örtliche Begrenzung kommunaler Wirtschaftstätigkeit, ZHR 164 (2000), S. 375 ff.
– Kommunalverfassungsrechtliche Aspekte wirtschaftlicher Betätigung der öffentlichen Hand, in: Maximilian Wallerath (Hrsg.), Kommunen im Wettbewerb, 2001, S. 13 ff.
– Kommunalaufsicht – nur Rechtsaufsicht oder mehr?, DÖV 2001, S. 406 ff.
– Selbstverwaltung angesichts von Europäisierung und Ökonomisierung, VVDStRL 62 (2003), S. 366 ff.
– Überlegungen zur Verwaltungsreform in Nordrhein-Westfalen, in: Janbernd Oebbecke/Dirk Ehlers/Alexander Schinke/Dörte Diemert (Hrsg.), Kommunalverwaltung in der Reform, 2004, S. 42 ff.
– Nicht bürgerrechtsfähige Angelegenheiten, Die Verwaltung 37 (2004), S. 105 ff.

– Kommunale Gemeinschaftsarbeit, in: Thomas Mann/Günter Püttner (Hrsg.), Handbuch der kommunalen Wissenschaft und Praxis, Bd. I, 3. Aufl. 2007, § 29
– Die Kommune als Konzern – Einführung in die Thematik, VBlBW 2010, S. 1 ff.
– Materielle Verfassungsmäßigkeit kommunaler Gebietsreformen, in: Veith Mehde (Hrsg.), Staat, Verwaltung, Information, Fetschrift für Hans Peter Bull zum 75. Geburtstag, 2011, S. 715 ff.
– Die Kosten- und Mehrbelastungsermittlung, in: Arno Bunzel/Stefanie Hanke (Hrsg.), „Wer zahlt die Zeche?" Das Konnexitätsprinzip – richtig angewandt, 2011, S. 63 ff.
– Reaktionen des Rechts auf kommunale Finanzprobleme, DVBl. 2013, S. 1409 ff.
– Stellungnahme zu den Entwürfen der Koalitionsfraktionen (LT-Drs. 13/4424) und der Fraktion der CDU (LT-Drs. 13/2279), LT-Zuschrift 13/3696

Gerhard Oehler, Die Verwaltungsgemeinschaft als Alternative zur Einheitsgemeinde in den neuen Bundesländern, LKV 1992, S. 72 ff.

Stefan Oeter, Erprobung der konstitutionellen politischen Ökonomie an Einzelfragen – Föderalismus, in: Christoph Engel/Martin Morlok (Hrsg.), Öffentliches Recht als Gegenstand ökonomischer Forschung, 1998, S. 119 ff.

Karl Oettle, Elemente der Ökonomisierung des Verwaltungshandelns, Die Verwaltung 32 (1999), S. 291 ff.

Christoph Ohler, Der Binnenmarkt als Herausforderung an die Verwaltungsorganisation in den Mitgliedstaaten, BayVBl. 2006, S. 261 ff.

Tatsuji Ohno, Selbstverwaltung, Selbstregierung und Freiheit – Franz Lieber und Rudolf Gneist in Deutschland und Japan, JöR 56 n. F. (2008), S. 75 ff.

Martin Oldiges, Verbandskompetenz, DÖV 1989, S. 873 ff.
– Die Gemeinde im übertragenen Wirkungskreis, in: Klaus Stern (Hrsg.), Gedächtnisschrift für Joachim Burmeister, 2004, S. 269 ff.

Matthias Christian Orlowski, Zulässigkeit und Grenzen der In-house-Vergabe, NZBau 2007, S. 80 ff.

David Osborne/Ted Gaebler, Reinventing Government, 1992

Georg-Berndt Oschatz, Erscheinungen der Verrechtlichung in der Staatsverwaltung und Kommunalverwaltung, DVBl. 1980, S. 736 ff.

Andreas Osner, Theorie der Unternehmung und Praxis des Neuen Steuerungsmodells, in: Eva Lang (Hrsg.), Kommunen vor neuen Herausforderungen, Festschrift für Werner Noll zum 65. Geburtstag, 1996, S. 49 ff.
– Kommunale Organisations-, Haushalts- und Politikreform, 2001

Wolfgang Ossadnik, Entwicklung eines Controlling für öffentliche Verwaltungen, Die Verwaltung 26 (1993), S. 57 ff.

Fritz Ossenbühl, Daseinsvorsorge und Verwaltungsprivatrecht, DÖV 1971, S. 513 ff.
– Die Kontrolle von Tatsachenfeststellungen und Prognoseentscheidungen durch das Bundesverfassungsgericht, in: Christian Starck (Hrsg.), Bundesverfassungsgericht und Grundgesetz – Festgabe aus Anlaß des 25jährigen Bestehens des Bundesverfassungsgerichts, Bd. I, 1976, S. 464 ff.
– Die Interpretation der Grundrechte in der Rechtsprechung des Bundesverfassungsgerichts, NJW 1976, S. 2100 ff.
– Die Freiheiten des Unternehmers nach dem Grundgesetz, AöR 115 (1990), S. 1 ff.
– Rechtliche Aspekte der Elektrizitätsversorgung in den neuen Bundesländern, DÖV 1992, S. 1 ff.

– Maßhalten mit dem Übermaßverbot, in: Peter Badura (Hrsg.), Wege und Verfahren des Verfassungslebens, Festschrift für Peter Lerche zum 65. Geburtstag, 1993, S. 151 ff.
– Abwägung im Verfassungsrecht, DVBl. 1995, S. 904 ff.
– Staat und Markt in der Verfassungsordnung, in: Dietrich Murswiek (Hrsg.), Staat – Souveränität – Verfassung, Festschrift für Helmut Quaritsch zum 70. Geburtstag, 2000, S. 235 ff.
– Vorrang und Vorbehalt des Gesetzes, in: Josef Isensee/Paul Kirchhof (Hrsg.), Handbuch des Staatsrechts der Bundesrepublik Deutschland, Bd. V, 3. Aufl. 2007, § 101

Lerke Osterloh, Privatisierung von Verwaltungsaufgaben, VVDStRL 54 (1995), S. 204 ff.
– Budgetierung und parlamentarisches Budgetrecht aus juristischer Sicht, StWStP 1997, S. 79 ff.

Yvonne Ott, Der Parlamentscharakter der Gemeindevertretung, 1994

Gerhard Otte, Die Anwendung von Rechtsnormen mit und ohne Spielraum, in: Bernd Schilcher/Peter Koller/Bernd-Christian Funk (Hrsg.), Regeln, Prinzipien und Elemente im System des Rechts, 2000, S. 143 ff.

Olaf Otting, Neues Steuerungsmodell und rechtliche Betätigungsspielräume der Kommunen, 1997
– Öffentlicher Zweck, Finanzhoheit und fairer Wettbewerb – Spielräume kommunaler Erwerbswirtschaft, DVBl. 1997, S. 1258 ff.

Olaf Otting/Andreas Neun, Die brandenburgische Gemeindestrukturreform, LKV 2002, S. 558 ff.

Hans Pagenkopf, Harmonisierungsgebote und Nivellierungsverbote im bundesstaatlichen Finanzausgleich, DÖV 1979, S. 613 ff.

Martin Pagenkopf, Einige Betrachtungen zu den Grenzen für privatwirtschaftliche Betätigung der Gemeinden – Grenzen für die Grenzzieher?, GewArch 2000, S. 177 ff.

Manfred Palmen/Klaus Schönenbroicher, Die Verwaltungsstrukturreform in Nordrhein-Westfalen, NVwZ 2008, S. 1173 ff.

Ulf-Dieter Pape/Henning Holz, Die Voraussetzungen vergabefreier In-house-Geschäfte, NJW 2005, S. 2264 ff.

Hans-Jürgen Papier, Die finanzrechtlichen Gesetzesvorbehalte und das grundgesetzliche Demokratieprinzip, 1973
– Interkommunaler Kompetenzkonflikt, DVBl. 1984, S. 453 ff.
– Zur verwaltungsgerichtlichen Kontrolldichte, DÖV 1986, S. 621 ff.
– Verfassungsfragen des kommunalen Ausländerwahlrechts, KritV 1987, S. 309 ff.
– Rechtsfragen zur Finanzausstattung der Bezirke, BayVBl. 1994, S. 737 ff.
– Der Wandel der Lehre von Ermessens- und Beurteilungsspielräumen als Reaktion auf die staatliche Finanzkrise, in: Wolfgang Hoffmann-Riem/Eberhard Schmidt-Aßmann (Hrsg.), Effizienz als Herausforderung an das Verwaltungsrecht, 1998, S. 231 ff.
– Kommunale Daseinsvorsorge im Spannungsfeld zwischen nationalem Recht und Gemeinschaftsrecht, DVBl. 2003, S. 686 ff.
– Wirtschaftsverfassung in der Wirtschaftsordnung der Gegenwart, in: Lerke Osterloh (Hrsg.), Staat, Wirtschaft, Finanzverfassung, Festschrift für Peter Selmer zum 70. Geburtstag, 2004, S. 459 ff.

Ernst Pappermann, Zur Problematik der Kreisentwicklungsplanung, DÖV 1973, S. 505 ff.
– Das zwischengemeindliche Nachbarrecht – BVerwGE 40, 323, JuS 1973, S. 689 ff.
– Zum Problem der Sonderstellung größerer Städte im Kreis, VerwArch 65 (1974), S. 163 ff.

– Verwaltungsverbund im kreisangehörigen Raum, DÖV 1975, S. 181 ff.
– Die Zielrichtung der Selbstverwaltungsgarantie, DVBl. 1976, S. 766 ff.
– Zur Einengung der kommunalen Selbstverwaltung durch staatliche Bürokratie, DVBl. 1981, S. 1040 ff.
Ernst Pappermann/Frank Stollmann, Kreisgebietsreform in den neuen Bundesländern – Kriterien für den Zuschnitt des Kreisgebietes und die Bestimmung des Kreissitzes, NVwZ 1993, S. 240 ff.
Miriam Parmentier, Das Vertrauen in die öffentliche Hand – ein Konzernvertrauen, DVBl. 2002, S. 1378 ff.
Karl Josef Partsch, Angelegenheiten der örtlichen Gemeinschaft (Art. 28 Abs. 2 Satz 1 des Grundgesetzes), in: Max-Planck-Institut für Ausländisches Öffentliches Recht und Völkerrecht (Hrsg.), Völkerrechtliche und staatsrechtliche Abhandlungen, Carl Bilfinger zum 75. Geburtstag am 21. Januar 1954, 1954, S. 301 ff.
Werner Partzig, Die Kreise im kommunalen Finanzausgleich, in: Verein für die Geschichte der Deutschen Landkreise e. V. (Hrsg.), Der Kreis, Bd. II, 1976, S. 329 ff.
Andreas Paulick, Ausgewählte Haftungsfragen im Recht des Zweckverbands, DÖV 2009, S. 110 ff.
Christoph G. Paulus, Überlegungen zur Insolvenzfähigkeit von Gemeinden, ZinsO 2003, S. 869 ff.
Walter Pauly/Yvonne Schüler, Der Aufsichtsrat kommunaler GmbHs zwischen Gemeindewirtschafts- und Gesellschaftsrecht, DÖV 2012, S. 339 ff.
Martin Paus/Ansgar Schmidt, Das Grundgesetz und die direkte Demokratie auf staatlicher und kommunaler Ebene, JA 2012, S. 48 ff.
Arne Pautsch, Regionsbildung – Alternative zur Kreisorganisation in Niedersachsen?, NordÖR 2009, S. 108 ff.
Mehrdad Payandeh, Das Gebot der Folgerichtigkeit: Rationalitätsgewinn oder Irrweg der Grundrechtsdogmatik?, AöR 136 (2011), S. 578 ff.
Peter Paziorek, Mittelbare und unmittelbare Wahl der Landschaftsversammlung in Nordrhein-Westfalen, 1983
Franz-Joseph Peine, Systemgerechtigkeit, 1985
– Grenzen der Privatisierung – verwaltungsrechtliche Aspekte, DÖV 1997, S. 353 ff.
Turgut Pencereci, Quo vadis interkommunale Zusammenarbeit?, LKV 2005, S. 137 ff.
Ulrich Penski, Gemeindliche Zuständigkeit und staatliche Verteidigungspolitik, ZRP 1983, S. 161 ff.
– Rechtsgrundsätze und Rechtsregeln, JZ 1989, S. 105 ff.
Peter Pernthaler, Die verfassungsrechtlichen Schranken der Selbstverwaltung in Österreich, 1967
Anne Peters, Theorie einer Verfassung Europas, 2001
– Die Ausfüllung der Spielräume der Verwaltung durch Wirtschaftlichkeitserwägungen, DÖV 2001, S. 749 ff.
Hans Peters, Zentralisation und Dezentralisation, 1928
– Grenzen der kommunalen Selbstverwaltung in Preußen, 1926
– Die Satzungsgewalt innerstaatlicher Verbände, in: Gerhard Anschütz/Richard Thoma (Hrsg.), Handbuch des Deutschen Staatsrechts, Bd. II, 1932, S. 264 ff.
– Lehrbuch der Verwaltung, 1949
– Freiherr vom Stein und unsere Zeit, DÖV 1957, S. 744 ff.

– Die Gemeinde in der Rechtsprechung des Bundesverfassungsgerichts und des Bundesverwaltungsgerichts, in: Helmut R. Külz/Richard Naumann (Hrsg.), Staatsbürger und Staatsgewalt, Bd. II, 1963, S. 203 ff.
– Die Verwaltung als eigenständige Staatsgewalt, 1965
– Öffentliche und staatliche Aufgaben, in: Rolf Dietz (Hrsg.), Festschrift für Hans Carl Nipperdey zum 70. Geburtstag, 21. Januar 1965, Bd. II, 1965, S. 877 ff.
– Die kommunale Selbstverwaltung und das Subsidiaritätsprinzip, AfK 1967, S. 5 ff.
Jan Peters, Die Dogmatik der Kommunalwirtschaft zwischen national- und europäisch-normativer Konzeption, 2012
Michaela Peters, Grundrechte als Regeln und Prinzipien, ZÖR 51 (1996), S. 159 ff.
Niels Petersen, Braucht die Rechtswissenschaft eine empirische Wende?, Der Staat 49 (2010), S. 435 ff.
– Demokratie und Grundgesetz, JöR 58 n. F. (2010), S. 137 ff.
– Gesetzgeberische Inkonsistenz als Beweiszeichen, Eine rechtsvergleichende Analyse der Funktion von Konsistenzargumenten in der Rechtsprechung, AöR 138 (2013), S. 108 ff.
Helmut Petz, Aufgabenübertragung und kommunales Selbstverwaltungsrecht, DÖV 1991, S. 320 ff.
Richard Pfaff, Die Gemeinden als legitime und legale Repräsentanten von Bürgerinteressen, VerwArch 70 (1979), S. 1 ff.
Thomas Pfeiffer, Kommunalaufsicht, ThürVBl. 2007, S. 201 ff.
Frank Pfeil, Der gesetzliche Abschluss der Gemeindegebietsreform im Freistaat Sachsen, Überblick zum Ablauf, zu den Zielen und Leitsätzen sowie den Ergebnissen eines umfänglichen Reformprozesses, LKV 2000, S. 129 ff.
Petra Pfisterer, Kommunale Selbstverwaltung und Lokale Governance vor dem Hintergrund des europäischen Integrationsprozesses, 2008
Johann-Christian Pielow, Gemeindewirtschaft im Gegenwind? – Zu den rechtlichen Grenzen kommunaler Wettbewerbsteilnahme am Beispiel der Telekommunikation, NWVBl. 1999, S. 369 ff.
– Grundstrukturen öffentlicher Versorgung in Europa, 2001
– Neue Verwaltungsstrukturen durch Regionalisierung?, in: Hans-Günter Henneke (Hrsg.), Künftige Funktionen und Aufgaben der Kreise im sozialen Bundesstaat, 2004, S. 137 ff.
Stefan Ulrich Pieper, Subsidiaritätsprinzip – Strukturprinzip der Europäischen Union, DVBl. 1993, S. 705 ff.
Bodo Pieroth, Materiale Rechtsfolgen grundgesetzlicher Kompetenz- und Organisationsnormen, AöR 114 (1989), S. 422 ff.
– Das Verbot bundesgesetzlicher Aufgabenübertragung an Gemeinden, in: Hermann Butzer (Hrsg.), Organisation und Verfahren im sozialen Rechtsstaat, Festschrift für Friedrich E. Schnapp zum 70. Geburtstag, 2008, S. 213 ff.
Bodo Pieroth/Andreas Meßmann, Interpretationsprobleme des Art. 84 Abs. 1 GG nach der Föderalismusreform, in: Bundesverband Evangelische Behindertenhilfe e. V. u. a. (Hrsg.), Föderalismusreform und Behindertenhilfe. Zwei Gutachten im Auftrag der Fachverbände der Behindertenhilfe, 2008, S. 9 ff.
Jost Pietzker, Gemeinschaftsrechtliche Determinanten des Vergabewesens, in: Hans-Uwe Erichsen (Hrsg.), Kommunale Verwaltung im Wandel, 1999, S. 59 ff.
– Organstreit, in: Peter Badura (Hrsg.), Festschrift 50 Jahre Bundesverfassungsgericht, Bd. II, 2001, S. 587 ff.

– Grenzen des Vergaberechts, NVwZ 2007, S. 1225 ff.
Rainer Pitschas, Struktur- und Funktionswandel der Aufsicht im Neuen Verwaltungsmanagement, DÖV 1998, S. 907 ff.
– Kommunale Selbstverwaltung und Mediation. Zur Notwendigkeit neutraler Streitschlichtung in Konflikten mit der lokalen Zivilgesellschaft, in: Carl-Eugen Eberle (Hrsg.), Der Wandel des Staates vor den Herausforderungen der Gegenwart, Festschrift für Winfried Brohm zum 70. Geburtstag, 2002, S. 709 ff.
Rainer Pitschas/Katrin Schoppa, Kriterien für die Wahl der Rechtsform, in: Thomas Mann/Günter Püttner (Hrsg.), Handbuch der kommunalen Wissenschaft und Praxis, Bd. II, 2011, § 43
Jürgen Poeschel, Zum verfassungspolitischen Problem der Region, DÖV 2004, S. 421 ff.
Georg Poetzsch-Heffter, Selbstverwaltung und Bundesstaatlichkeit, in: Albert von Mutius (Hrsg.), Selbstverwaltung im Staat der Industriegesellschaft, Festgabe zum 70. Geburtstag von Georg Christoph von Unruh, 1983, S. 111 ff.
Hans Pohl, Wurzeln und Anfänge der Selbstverwaltung, dargestellt am Beispiel der Städte, in: Albert von Mutius (Hrsg.), Selbstverwaltung im Staat der Industriegesellschaft, Festgabe zum 70. Geburtstag von Georg Christoph von Unruh, 1983, S. 3 ff.
Johannes Popitz, Der Finanzausgleich und seine Bedeutung für die Finanzlage des Reichs, der Länder und Gemeinden, 1930
Ralf Poscher, Grundrechte als Abwehrrechte, 2003
– Einsichten, Irrtümer und Selbstmissverständnis der Prinzipientheorie, in: Jan-R. Sieckmann (Hrsg.), Die Prinzipientheorie der Grundrechte, 2007, S. 59 ff.
– Theorie eines Phantoms – Die erfolglose Suche der Prinzipientheorie nach ihrem Gegenstand, Rechtswissenschaft 2010, S. 349 ff.
Hugo Preuß, Franz Lieber, ein Bürger zweier Welten, 1886
– Gemeinde, Staat, Reich als Gebietskörperschaften, 1889
– Das städtische Amtsrecht in Preußen, 1902
– Die Entwicklung des deutschen Städtewesens, Bd. I, 1906
– Selbstverwaltung, Demokratie, Staat, Souveränität, in: Rechts- und staatswissenschaftliche Fakultät der Kaiser-Wilhelms-Universität Straßburg (Hrsg.), Staatsrechtliche Abhandlungen, Festgabe für Paul Laband zum fünfzigsten Jahrestage der Doktor-Promotion, Bd. II, 1908, S. 199 ff.
– Selbstverwaltung, in: Josef Brix/Hugo Lindemann/Otto Most/Hugo Preuß/Albert Südekum (Hrsg.), Handwörterbuch der Kommunalwissenschaften, Bd. III, 1924, S. 768 ff.
Ulrich K. Preuß, Zum staatsrechtlichen Begriff des Öffentlichen, 1969
Axel Priebs, Die Bildung der Region Hannover und ihre Bedeutung für die Zukunft stadtregionaler Organisationsstrukturen, DÖV 2002, S. 144 ff.
– Entwicklung, Stand und Perspektiven stadtregionaler Planungs- und Verwaltungsinstitutionen in Deutschland, DÖV 2010, S. 503 ff.
Hermann Pünder, Die kommunale Betätigung auf dem Telekommunikationssektor, DVBl. 1997, S. 1353 ff.
– Zur Verbindlichkeit der Kontrakte zwischen Politik und Verwaltung im Rahmen des Neuen Steuerungsmodells, DÖV 1998, S. 63 ff.
– Haushaltsrecht im Umbruch, 2003
– Nach hundert Jahren Diskussion: Abschied von der Kameralistik, Die Gemeindekasse 2005, S. 225 ff.

– Der „doppische“ Kommunalhaushalt – ein neuer Rechnungsstil für eine neue Kommunalverwaltung, Der Landkreis 2005, S. 18ff.
– Kommunales Haushaltsrecht in der Reform – von der Kameralistik zur Doppik, in: Hans-Günter Henneke/Hermann Pünder/Christian Waldhoff (Hrsg.), Recht der Kommunalfinanzen, 2006, § 5
– Kommunales Haushaltsrecht – System und Bewertung, in: Hans-Günter Henneke/Hermann Pünder/Christian Waldhoff (Hrsg.), Recht der Kommunalfinanzen, 2006, § 27
– Die Kommunen vor den Herausforderungen der Doppik, in: Jörn Ipsen (Hrsg.), Unternehmen Kommune?, 2007, S. 130ff.
Günter Püttner, Zur Anhörung von Gemeinden wegen Gebietsänderung oder Auflösung, AöR 95 (1970), S. 610ff.
– Die Einwirkungspflicht – Zur Problematik öffentlicher Einrichtungen in Privatrechtsform, DVBl. 1975, S. 353ff.
– Die staatspolitische Funktion der kommunalen Selbstverwaltung im demokratischen Staatswesen, in: Deutscher Landkreistag (Hrsg.), Gefährdung und Chancen der kommunalen Selbstverwaltung, Bd. II, 1974, S. 14ff.
– Gemeinden und Kreise vor den öffentlichen Aufgaben der Gegenwart, DÖV 1977, S. 472ff.
– Kommunalrecht und Vollzug von Bundesrecht durch die Gemeinden, in: Otto Bachof (Hrsg.), Verwaltungsrecht zwischen Freiheit, Teilhabe und Bindung, Festgabe aus Anlaß des 25jährigen Bestehens des Bundesverwaltungsgerichts, 1978, S. 499ff.
– Öffentliche Unternehmen als Instrument staatlicher Politik, DÖV 1983, S. 697ff.
– Die öffentlichen Unternehmen, 2. Aufl. 1985
– Gefährdungen der kommunalen Selbstverwaltung, DÖV 1994, S. 552ff.
– Alternative Rechtsformen kommunaler Einrichtungen, RdJB 1995, S. 187ff.
– Rechtsform kommunaler Unternehmen, in: Günter Püttner (Hrsg.), Reform des Gemeindewirtschaftsrechts, 2002, S. 143ff.
– Neue Regelungen für öffentliche Unternehmen?, DÖV 2002, S. 731ff.
– Die Zukunft der kommunalen Selbstverwaltung in Deutschland, in: Klaus Stern (Hrsg.), Gedächtnisschrift für Joachim Burmeister, 2004, S. 301ff.
– Verwaltungslehre, 4. Aufl. 2007
– Zum Verhältnis von Demokratie und Selbstverwaltung, in: Thomas Mann/Günter Püttner (Hrsg.), Handbuch der Kommunalen Wissenschaft und Praxis, Bd. I, 3. Aufl. 2007, § 19
– Kommunale Selbstverwaltung, in: Josef Isensee/Paul Kirchhof (Hrsg.), Handbuch des Staatsrechts der Bundesrepublik Deutschland, Bd. VI, 3. Aufl. 2008, § 144
– 200 Jahre Preußische Städteordnung, DÖV 2008, S. 973ff.
– Daseinsvorsorge und Wettbewerb von Stadtwerken, DVBl. 2010, S. 1189ff.
Marius Raabe, Grundrechte und Erkenntnis, 1998
Gustav Radbruch, Rechtsphilosophie, 3. Aufl. 1932
Eberhard Ramin, Die Geschichte der Selbstverwaltungsidee seit dem Freiherrn vom Stein, 1972
Ulrich Ramsauer, Änderungsbedarf im Verwaltungsverfahrensrecht aufgrund der Dienstleistungs-Richtlinie, NordÖR 2008, S. 417ff.
Ulrich Ramsauer/Tobias Frische, Das E-Government-Gesetz, NVwZ 2013, S. 1505ff.
Frank Raue, Müssen Grundrechtsbeschränkungen wirklich verhältnismäßig sein?, AöR 131 (2006), S. 79ff.

Thomas Rautenberg, Ein Vergleich der vier großen Regionalverbände Deutschlands, DVBl. 2003, S. 768 ff.

Joseph Raz, Legal Principles and the Limits of Law, The Yale Law Journal 81 (1972), S. 823 ff.

Rechtswissenschaftliche Fakultät der Universität Münster (Hrsg.), Recht und Institution, Helmut Schelsky Gedächtnissymposion, 1985

Hans-Joachim Reck, Kommunale Unternehmen brauchen fairen Zugang zu Markt und Wettbewerb, DVBl. 2009, S. 1546 ff.

Hermann Reffken, Die „Zweistufigkeit der Verwaltung" in Niedersachsen – Eine kritische Bestandsaufnahme am Beispiel der Wasserwirtschaftsverwaltung, NdsVBl. 2006, S. 177 ff.

Manfred Rehbinder, New Public Management – Rückblick, Kritik und Ausblick, in: Carl-Eugen Eberle (Hrsg.), Der Wandel des Staates vor den Herausforderungen der Gegenwart, Festschrift für Winfried Brohm zum 70. Geburtstag, 2002, S. 727 ff.

Franz-Carl Rehm, Finanzverfassung und Finanzhoheit der Kreise, in: Verein für die Geschichte der Deutschen Landkreise e. V. (Hrsg.), Der Kreis, Bd. II, 1976, S. 269 ff.

Erich Rehn, Repräsentative Demokratie durch bürgerschaftliche Mitwirkung in der Kommunalverwaltung, in: Albert von Mutius (Hrsg.), Selbstverwaltung im Staat der Industriegesellschaft, Festgabe zum 70. Geburtstag von Georg Christoph von Unruh, 1983, S. 305 ff.

Christoph Reichard, Umdenken im Rathaus, 1994

– Neue Ansätze der Führung und Leitung, in: Klaus König/Heinrich Siedentopf (Hrsg.), Öffentliche Verwaltung in Deutschland, 2. Aufl. 1997, S. 641 ff.

– Wettbewerbselemente in der öffentlichen Verwaltung – Kommentierung aus wissenschaftlicher Sicht, in: Klaus König/Natascha Füchtner (Hrsg.), „Schlanker Staat" – Verwaltungsmodernisierung im Bund, 1998, S. 305 ff.

– Kommunale Wirtschaft unter Anpassungsdruck, in: Peter Eichhorn/Christoph Reichard/Gunnar Folke Schuppert, Kommunale Wirtschaft im Wandel, 2000, S. 15 ff.

– Verwaltungsmodernisierung in Deutschland in internatonaler Perspektive, in: Maximilian Wallerath (Hrsg.), Verwaltungserneuerung, 2001, S. 13 ff.

– Zum Stand der öffentlichen Betriebswirtschaftslehre, Die Verwaltung 36 (2003), S. 389 ff.

Christoph Reichard/Manfred Röber, Konzept und Kritik des New Public Management, in: Eckhard Schröter (Hrsg.), Empirische Policy- und Verwaltungsforschung, lokale, nationale und internationale Perspektiven, Festschrift für Hellmut Wollmann zum 65. Geburtstag, 2001, S. 371 ff.

Franz Reimer, Verfassungsprinzipien, 2001

Heinrich Reinermann, Über die Veränderbarkeit des Seins: Scheitern Verwaltungsreformen?, in: Siegfried Magiera (Hrsg.), Verwaltungswissenschaft und Verwaltungspraxis in nationaler und transnationaler Perspektive, Festschrift für Heinrich Siedentopf zum 70. Geburtstag, 2008, S. 821 ff.

Markus Reiners, Schlankere Staatsarchitektur in Baden-Württemberg, VBlBW 2008, S. 281 ff.

– E-Government und E-Procurement in Stuttgart, VerwArch 103 (2012), S. 269 ff.

Marion Reiser, Zwischen Ehrenamt und Berufspolitik, 2006

Barbara Remmert, Die verfassungsrechtliche Stellung der Gemeinden bei der Zuweisung überörtlicher Aufgaben durch Bundesgesetz, VerwArch 94 (2003), S. 459 ff.

– Der Anspruch der Berliner Bezirke auf eine finanzielle Mindestausstattung, LKV 2003, S. 258 ff.
Klaus Rennert, Die „geisteswissenschaftliche Richtung" in der Staatsrechtslehre der Weimarer Republik, 1987
– Kommunalwirtschaft und Selbstverwaltungsgarantie, Die Verwaltung 53 (2002), S. 319 ff.
– Der Selbstverwaltungsgedanke im kommunalen Wirtschaftsrecht, JZ 2003, S. 385 ff.
– Die Klausur im Kommunalrecht, JuS 2008, S. 29 ff., 119 ff., 211 ff.
Thilo Rensmann, Werteordnung und Verfassung, 2007
Maximilian Reßing, Prinzipien als Normen mit zwei Geltungsebenen, ARSP 95 (2009), S. 28 ff.
Hans-Christoph Reusch, Gemeindliche Rechtspflichten auf dem Gebiet der Daseinsvorsorge, 1970
Gerd-Jürgen Richter, Verfassungsprobleme der kommunalen Funktionalreform, 1977
– Verfassungstheoretische Neukonzeption der kommunalen Selbstverwaltungsgarantie?, DVBl. 1978, S. 784 ff.
– Kommunale Selbstverwaltung im Verhältnis verschiedener Selbstverwaltungsträger, DÖV 1980, S. 419 ff.
Robert Andreas Riedertauer, Über Munizipal- und Gemeindewesen nach historischen Standpunkten, 1818
Thomas Riehm, Abwägungsentscheidungen in der praktischen Rechtsanwendung, 2006
Fritz Rietdorf, Die Organisation der Landesverwaltung in Nordrhein-Westfalen, DÖV 1962, S. 593 ff.
Hans-Justus Rinck, Parteienstaat und Selbstverwaltung, JZ 1961, S. 73 ff.
Roman Ringwald, Daseinsvorsorge als Rechtsbegriff, 2008
Alfred Rinken, Die Erosion des Öffentlichen, in: Friedhelm Hufen (Hrsg.), Verfassungen zwischen Recht und Politik, Festschrift zum 70. Geburtstag für Hans-Peter Schneider, 2008, S. 97 ff.
Klaus Ritgen, Bürgerbegehren und Bürgerentscheid, 1997
– Zu den thematischen Grenzen von Bürgerbegehren und Bürgerentscheid, NVwZ 2000, S. 129 ff.
– Selbstverwaltungsgarantie und Mischverwaltungsverbot als Schranken der Organisationsgewalt des Bundes, NdsVBl. 2008, S. 185 ff.
Stephan Rixen, Sozialrecht als öffentliches Wirtschaftsrecht, 2005
Manfred Röber, Über einige Missverständnisse in der verwaltungswissenschaftlichen Modernisierungsdebatte: ein Zwischenruf, in: Christoph Reichard/Hellmut Wollmann (Hrsg.), Kommunalverwaltung im Modernisierungsschub?, 1996, S. 98 ff.
– Der „Bürgerhaushalt" – ein Instrument zur Demokratisierung der Haushaltsplanung? Konzept, Verlauf und Ergebnisse eines Pilotprojekts im Bezirk Lichtenberg von Berlin, in: Deutsches Institut für Urbanistik (Hrsg.), Brennpunkt Stadt, Festschrift für Heinrich Mäding zum 65. Geburtstag, 2006, S. 455 ff.
Michael Rodi, Die kommunale Finanzausstattung im Lichte des Verfassungsrechts, in: Maximilian Wallerath (Hrsg.), Kommunale Finanzen im Bundesstaat, 2003, S. 57 ff.
André Röhl, Kommunale Selbstverwaltung und finanzverfassungsrechtlicher Dualismus in Mecklenburg-Vorpommern, LKV 2007, S. 157 ff.
– Finanzverfassungsrechtlicher Dualismus in der Sackgasse?: Konsultation statt Konnexitätsprinzip zur Verbesserung der kommunalen Einbindung in das föderale System, DÖV 2008, S. 368 ff.

Sebastian Roling, Die Entwertung der niedersächsischen Subsidiaritätsklausel, NVwZ 2009, S. 226 ff.

– Trotz echter Subsidiaritätsklausel kein Drittschutz für private Wettbewerber in Niedersachsen?, NdsVBl. 2009, S. 10 ff.

Daniel Rölle/Sabine Druml, Vertrauen in die öffentliche Verwaltung – Eine konzeptionelle Betrachtung, DÖV 2013, S. 540 ff.

Manfred Rommel, Zur Lage der Kommunalverwaltung nach 30 Jahren Grundgesetz, DÖV 1979, S. 362 ff.

Ulrich Rommelfanger, Das konsultative Referendum, 1988

Michael Ronellenfitsch, Zur Verfassungsmäßigkeit der Landkreisreform in Baden-Württemberg, DÖV 1972, S. 191 ff.

– Staat und Markt – Rechtliche Grenzen einer Privatisierung kommunaler Aufgaben, DÖV 1999, S. 705 ff.

– Daseinsvorsorge als Rechtsbegriff, in: Willi Blümel (Hrsg.), Ernst Forsthoff: Kolloquium aus Anlaß des 100. Geburtstages von Prof. Dr. Dr. h. c. Ernst Forsthoff, 2003, S. 51 ff.

– Das Altmark-Urteil des Europäischen Gerichtshofs, VerwArch 95 (2004), S. 425 ff.

– Wirtschaftliche Betätigung des Staates, in: Josef Isensee/Paul Kirchhof (Hrsg.), Handbuch des Staatsrechts der Bundesrepublik Deutschland, Bd. IV, 3. Aufl. 2006, § 98

– Neuere Diskussion: Privatisierung und Rekommunalisierung, in: Werner Hoppe/Michael Uechtritz/Hans-Joachim Reck (Hrsg.), Handbuch kommunale Unternehmen, 3. Aufl. 2012, § 2

James N. Rosenau, Governance, Order and Change in World Politics, in: James N. Rosenau/Ernst Otto Czempiel (Hrsg.), Governance without Government: Order and Change in World Politics, 1992, S. 1 ff.

Heinrich Rosin, Souveränität, Staat, Gemeinde, Selbstverwaltung, Hirts Annalen des Deutschen Reiches 1883, S. 265 ff.

– Das Recht der öffentlichen Genossenschaften, 1886

Helge Rossen, Grundrechte als Regeln und Prinzipien, in: Christoph Grabenwarter (Hrsg.), Allgemeinheit der Grundrechte und Vielfalt der Gesellschaft, 1994, S. 41 ff.

Dietrich Roßmüller, Schutz der kommunalen Finanzausstattung durch Verfahren, 2009

Wolfgang Roters, Kommunale Mitwirkung an höherstufigen Entscheidungsprozessen, 1975

Petra Roth, Gemeindefinanzreform gescheitert – was nun?, in: Hermann Hill (Hrsg.), Kommunale Selbstverwaltung – Zukunfts- oder Auslaufmodell?, 2005, S. 71 ff.

Roland Roth, Die Kommune als Ort der Bürgerbeteiligung, in: Ansgar Klein/Rainer Schmalz-Bruns (Hrsg.), Politische Beteiligung und Bürgerengagement in Deutschland, 1997, S. 404 ff.

– Auf dem Wege zur Bürgerkommune? Bürgerschaftliches Engagement und Kommunalpolitik in Deutschland zu Beginn des 21. Jahrhunderts, in: Eckhart Schröter (Hrsg.), Empirische Policy- und Verwaltungsforschung, 2001, S. 133 ff.

Wolfgang Roth, Faktische Eingriffe in Freiheit und Eigentum, 1994

– Verwaltungsrechtliche Organstreitigkeiten, 2001

Björn Rothe, Kreisgebietsreform und ihre verfassungsrechtlichen Grenzen, 2004

Karl-Heinz Rothe, Das Recht der interkommunalen Zusammenarbeit in der Bundesrepublik Deutschland, 1965

– Neue kommunale Aufgabenträger für Ballungsräume, DVBl. 1975, S. 529 ff.

Norbert Röttgen/Henner Jörg Boehl, Abweichung statt Zustimmung. Die Re-Adjustierung des Verhältnisses von Bundestag und Bundesrat durch Änderung des Artikels 84 GG, in: Rainer Holtschneider/Walter Schön (Hrsg.), Die Reform des Bundesstaates, 2007, S. 17 ff.
Jochen Rozek, Die Unterscheidung von Eigentumsbindung und Enteignung, 1998
Wilfried Rudloff, Die kommunale Selbstverwaltung in der Weimarer Zeit, in: Thomas Mann/Günter Püttner (Hrsg.), Handbuch der kommunalen Wissenschaft und Praxis, Bd. I, 3. Aufl. 2007, § 6
Matthias Ruffert, Kommunalwirtschaft und Landes-Wirtschaftsverfassung, NVwZ 2000, S. 763 ff.
– Vorrang der Verfassung und Eigenständigkeit des Privatrechts, 2001
– Grundlagen und Maßstäbe einer wirkungsvollen Aufsicht über die kommunale wirtschaftliche Betätigung, VerwArch 92 (2001), S. 27 ff.
– Die Europäisierung der Verwaltungsrechtslehre, Die Verwaltung 36 (2003), S. 293 ff.
– Die Globalisierung als Herausforderung an das Öffentliche Recht, 2004
– Verfassungsrechtlicher Rahmen für eine Gebiets- und Funktionalreform im Freistaat Thüringen, ThürVBl. 2006, S. 265 ff.
– Unions- und gemeinschaftsrechtliche Einwirkungen auf die kommunale Selbstverwaltung, in: Thomas Mann/Günter Püttner (Hrsg.), Handbuch der kommunalen Wissenschaft und Praxis, Bd. I, 3. Aufl. 2007, § 38
– Zur Leistungsfähigkeit der Wirtschaftsverfassung, AöR 134 (2009), S. 197 ff.
Wolfgang Rüfner, Formen öffentlicher Verwaltung im Bereich der Wirtschaft, 1967
– Daseinsvorsorge in Deutschland vor den Anforderungen der Europäischen Union, in: Gilbert H. Gornig (Hrsg.), Staat – Wirtschaft – Gemeinde, Festschrift für Werner Frotscher zum 70. Geburtstag, 2007, S. 423 ff.
– Bemerkungen zur Anhörung im Hauptausschuss des Landtages NRW zum Konnexitätsprinzip am 5. Februar 2004, LT-Zuschrift 13/3724
Kay Ruge, Verwaltungsreformen in den Bundesländern – ein Überblick, in: Hans-Günter Henneke (Hrsg.), Kommunale Verwaltungsstrukturen der Zukunft, 2006, S. 91 ff.
– Verwaltungsreformen in den Bundesländern, in: Martin Nolte/Utz Schliesky (Hrsg.), Verwaltungsmodernisierung durch Funktional- und Strukturreform, Entbürokratisierung und E-Government, 2007, S. 69 ff.
– Kommentar zu den Auswirkungen des Protokolls über Dienste von allgemeinem Interesse auf Daseinsvorsorge und Vergaberecht, WiVerw 2008, S. 263 ff.
Reinhard Ruge, Die Gewährleistungsverantwortung des Staates und der Regulatory State, 2004
Bettina Ruhland, Vergaberechtsfreie Inhouse-Geschäfte – Zulässigkeit und Grenzen, ThürVBl. 2007, S. 177 ff.
Benjamin Rusteberg, Der grundrechtliche Gewährleistungsgehalt, 2009
Bernd Rüthers, Die unbegrenzte Auslegung, 1968
– Institutionelles Rechtsdenken im Wandel der Verfassungsepochen, 1970
Bernd Rüthers/Christian Fischer/Axel Birk, Rechtstheorie mit Juristischer Methodenlehre, 6. Aufl. 2011
Johannes Rux, Direkte Demokratie in Deutschland, 2008
Hans Ryffel, Der demokratische Gedanke im politischen und sozialen Bereich, in: Hochschule für Verwaltungswissenschaften (Hrsg.), Demokratie und Verwaltung, 25 Jahre Hochschule für Verwaltungswissenschaften Speyer, 1972, S. 191 ff.

Michael Sachs, Die kommunale Verfassungsbeschwerde im System der verfassungsgerichtlichen Verfahrensarten, BayVBl. 1982, S. 37ff.
– Normtypen im deutschen Verfassungsrecht, ZG 1991, S. 1ff.
– (Hrsg.), Grundgesetz, 6. Aufl. 2011
Detlef Sack, Liberalisierung und Privatisierung in den Kommunen – Steuerungsanforderungen und Folgen für Entscheidungsprozesse, DfK 2006, S. 25ff.
Franz Jürgen Säcker/Maik Wolf, Die Auswirkungen der Rechtsprechung des EuGH zu In-House-Geschäften auf Public-Private-Partnerships, WRP 2007, S. 282ff.
Ute Sacksofsky, Umweltschutz durch nicht-steuerliche Abgaben, 2000
Axel Saipa, Der übertragene Wirkungskreis: Die Macht der Kommunen, in: Götz Frank/Heinrich-Wilhelm Langrehr (Hrsg.), Die Gemeinde, Verfassung, Planung, Wirtschaft und das kommunale Selbstverwaltungsrecht, Festschrift zum 70. Geburtstag von Heiko Faber, 2007, S. 117ff.
Jürgen Salzwedel, Staatsaufsicht in der Verwaltung, VVDStRL 22 (1963), S. 219ff.
– Kommunale Gebietsänderung und Selbstverwaltungsgarantien, DÖV 1969, S. 810ff.
Gerald Sander, Privatisierung in der Wasserversorgung und europarechtliche Vorgaben – mit besonderem Blick auf die Situation der Stadt Stuttgart, VBlBW 2009, S. 161ff.
Otto von Sarwey, Das Staatsrecht des Königsreichs Württemberg, Bd. II, 1883
– Allgemeines Verwaltungsrecht, in: Heinrich Marquardsen (Hrsg.), Handbuch des Öffentlichen Rechts der Gegenwart in Monographien, Bd. I/2, 1884
Christoph Sasse, Die verfassungsrechtliche Problematik von Steuerreformen, AöR 85 (1960), S. 423ff.
Jürgen Sauer, Die Verfassungsbindung des Gesetzgebers, 1991
Thomas Sauerland, Die Verwaltungsvorschrift im System der Rechtsquellen, 2005
Catharina Saugier, Der fehlerhafte Zweckverband, 2001
Johannes Saurer, Die Funktion der Rechtsverordnung, 2005
– Die neueren Theorien zur Normkategorie der Verwaltungsvorschriften, VerwArch 97 (2006), S. 249ff.
– Die Globalisierung des Verhältnismäßigkeitsgrundsatzes, Der Staat 51 (2012), S. 3ff.
– Großvorhaben als Herausforderung für den demokratischen Rechtsstaat, DVBl. 2012, S. 1082ff.
Friedrich Carl von Savigny, System des heutigen Römischen Rechts, Bd. I, 1840
Peter Schaad, Verwaltungsreformen im Gegenwind, DÖV 2000, S. 22ff.
Hans Schäfer, Die Bundesauftragsverwaltung, DÖV 1960, S. 641ff.
Ingeborg E. Schäfer, Demokratische Kontrolle der öffentlichen Verwaltung als Strategie, Die Verwaltung 26 (1993), S. 39ff.
– Bürokratische Macht und demokratische Gesellschaft, 1994
Thomas Schäfer, Die deutsche kommunale Selbstverwaltung in der Europäischen Union, 1998
Bert Schaffarzik, Das Gebot der Gleichberechtigung im Spannungsfeld staatlicher Organisationsgewalt und kommunaler Organisationshoheit, DÖV 1996, S. 152ff.
– Handbuch der Europäischen Charta der kommunalen Selbstverwaltung, 2002
Albert E. F. Schäffle, Bau und Leben des socialen Körpers, Bd. IV, 2. Aufl. 1881
Christian Scharpf, Drittschutz für die Privatwirtschaft?, GewArch 2004, S. 317ff.
– Der Einfluss des Europarechts auf die Daseinsvorsorge, EuZW 2005, S. 295ff.
– Die wirtschaftliche Betätigung von Gemeinden zwischen Grundrechtsrelevanz und kommunalem Selbstverwaltungsrecht, GewArch 2005, S. 1ff.

– Rechtsprobleme der Gebietsüberschreitung – Kommunale Unternehmen extra muros?, NVwZ 2005, S. 148ff.
Fritz W. Scharpf, Demokratietheorie zwischen Utopie und Anpassung, 1970
– Einführung: Zur Theorie von Verhandlungssystemen, in: Arthur Benz/Fritz W. Scharpf/Reinhard Zintl, Horizontale Politikverflechtung, 1992, S. 11ff.
Fritz W. Scharpf/Bernd Reissert/Fritz Schnabel, Politikverflechtung, 1976
Kuno Schedler, Die betriebswirtschaftliche Sicht des NPM und seiner staatsrechtlichen Elemente, in: Philippe Mastronardi/Kuno Schedler (Hrsg.), New Public Management in Staat und Recht, 1998, S. 121ff.
– Vom Public Management zur Public Govenrance: Renaissance des Politischen in der Reform, in: Peter Grünenfelder (Hrsg.), Reformen und Bildung, Erneuerung aus Verantwortung, Festschrift für Ernst Buschor, 2003, S. 417ff.
– Verwaltungscontrolling, in: Bernhard Blanke/Frank Nullmeier/Christoph Reichard/Göttrik Wewer (Hrsg.), Handbuch zur Verwaltungsreform, 4. Aufl. 2011, S. 236ff.
Kuno Schedler/Isabella Proeller, New Public Management, 4. Aufl. 2009
Markus Schefer, Die Kerngehalte von Grundrechten, 2001
Markus Scheffer, Die Bürokratisierung des Schicksals, LKV 2008, S. 158ff.
Dieter Scheidemann, Der Begriff Daseinsvorsorge, 1991
Helmut Schelsky, Der Mensch in der wissenschaftlichen Zivilisation, 1961
– (Hrsg.), Zur Theorie der Institution, 1970
Wolf-Rüdiger Schenke, Der Umfang der bundesverfassungsgerichtlichen Überprüfung, NJW 1979, S. 1321ff.
Caroline Scheps, Das Örtlichkeitsprinzip im kommunalen Wirtschaftsrecht, 2005
Arno Scherzberg, Grundrechtsschutz und „Eingriffsintensität", 1989
Ulrich Scheuner, Wirtschaftliche und soziale Selbstverwaltung DÖV 1952, S. 609ff.
– Die institutionellen Garantien des Grundgesetzes, in: Hermann Wandersleb (Hrsg.), Recht – Staat – Wirtschaft, Bd. 4, 1953, S. 88ff.
– Die staatliche Intervention im Bereich der Wirtschaft, VVDStRL 11 (1954), S. 1ff.
– Gemeindeverfassung und kommunale Aufgabenstellung in der Gegenwart, AfK 1962, S. 149ff.
– Zur kommunalen Verwaltungsreform in Deutschland (Problematik und geschichtlicher Rückblick), AfK 1969, S. 209ff.
– Das Mehrheitsprinzip in der Demokratie, 1973
– Zur Neubestimmung der kommunalen Selbstverwaltung, AfK 1973, S. 1ff.
– Voraussetzungen der kommunalen Gebietsreform, in: Georg Christoph von Unruh/Werner Thieme/Ulrich Scheuner, Die Grundlagen der kommunalen Gebietsreform, 1981, S. 57ff.
Hartmut Schiedermair, Das Bundesverfassungsgericht auf der Grenze zwischen Recht und der Politik, in: Peter M. Huber (Hrsg.), Der Staat des Grundgesetzes – Kontinuität und Wandel, Festschrift für Peter Badura zum siebzigsten Geburtstag, 2004, S. 477ff.
Stephanie Schiedermair, Bundespräsident verhindert Verbraucherinformationsgesetz, DÖV 2007, S. 726ff.
Bernd Schilcher, Prinzipien und Regeln als Elemente einer Theorie des gebundenen Ermessens, in: Bernd Schilcher/Peter Koller/Bernd-Christian Funk (Hrsg.), Regeln, Prinzipien und Elemente im System des Rechts, 2000, S. 153ff.
Theodor Schilling, Rang und Geltung von Normen in gestuften Rechtsordnungen, 1994

Peter Schimanek, Die Ausschreibungspflicht von Privatisierungen, NZBau 2005, S. 304 ff.
Alexander Schink, Gesetzliche Kreiszuständigkeiten und Subsidiaritätsprinzip, in: Edzard Schmidt-Jortzig/Alexander Schink, Subsidiaritätsprinzip und Kommunalordnung, 1982, S. 25 ff.
– Formen und Grenzen interkommunaler Zusammenarbeit durch öffentlich-rechtliche Vereinbarungen, DVBl. 1982, S. 769 ff.
– Zentralisierung kommunaler Aufgaben nach der Gebiets- und Funktionalreform, DVBl. 1983, S. 1165 ff.
– Mustersatzungen – Ihre Entstehung und Umsetzung in der Kommunalverwaltung, ZG 1986, S. 33 ff.
– Kommunalwahlrecht für Ausländer?, DVBl. 1988, S. 417 ff.
– Kommunale Selbstverwaltung im kreisangehörigen Raum, VerwArch 81 (1990), S. 385 ff.
– Organisationsformen für die kommunale Abfallwirtschaft, VerwArch 85 (1994), S. 251 ff.
– Wirtschaftliche Betätigung kommunaler Unternehmen, NVwZ 2002, S. 129 ff.
– Die Kreisumlage, DVBl. 2003, S. 417 ff.
– Kommunale Daseinsvorsorge in Europa, DVBl. 2005, S. 861 ff.
– Wer bestellt, bezahlt – Verankerung des Konnexitätsprinzips in der Landesverfassung NRW, NWVBl. 2005, S. 85 ff.
– Öffentlichkeitsbeteiligung – Beschleunigung – Akzeptanz, DVBl. 2011, S. 1377 ff.
Hans Schlarmann/Olaf Otting, Aufgabenübertragung auf Gemeinden durch Verwaltungsvorschriften des Landes, VBlBW 1999, S. 121 ff.
Erwin Schleberger, Parlamentarisierung der Vertretung, Ehrenamt zwischen Fiktion und Notwendigkeit, Parteipolitik in der Vertretung, Organöffentlichkeit, in: Hans-Uwe Erichsen (Hrsg.), Kommunalverfassung heute und morgen – Bilanz und Ausblick, 1989, S. 25 ff.
Gernot Schlebusch, Künftige Funktionen und Aufgaben der Kreise, in: Hans-Günter Henneke (Hrsg.), Künftige Funktionen und Aufgaben der Kreise im sozialen Bundesstaat, 2004, S. 187 ff.
Utz Schliesky, Öffentliches Wettbewerbsrecht, 1997
– Aktuelle Rechtsprobleme bei Bürgerbegehren und Bürgerentscheid, DVBl. 1998, S. 169 ff.
– Unmittelbar-demokratische Elemente in den Kommunalverfassungen Deutschlands, AfK 1998, S. 308 ff.
– Über Notwendigkeit und Gestalt eines Öffentlichen Wettbewerbsrechts, DVBl. 1999, S. 78 ff.
– Die Weiterentwicklung von Bürgerbegehren und Bürgerentscheid, ZG 1999, S. 91 ff.
– Gemeindefreundliches Konnexitätsprinzip, DÖV 2001, S. 714 ff.
– Auswirkungen des E-Government auf Verfahrensrecht und kommunale Verwaltungsstrukturen, NVwZ 2003, S. 1322 ff.
– Souveränität und Legitimität von Herrschaftsgewalt, 2004
– Virtuelle Verwaltung? Auswirkungen moderner Kommunikationsmedien auf Verfahrensrecht und kommunale Verwaltungsstrukturen, in: Hubert Meyer/Maximilian Wallerath (Hrsg.), Gemeinden und Kreise in der Region, 2004, S. 80 ff.

– Auswirkungen des eGovernment auf Verwaltungsstrukturen?, in: Hans-Günter Henneke (Hrsg.), Künftige Funktionen und Aufgaben der Kreise im sozialen Bundesstaat, 2004, S. 163 ff.
– Verfassungsrechtliche Rahmenbedingungen des E-Government, DÖV 2004, S. 809 ff.
– Die künftige Gestalt des europäischen Mehrebenensystems, NdsVBl. 2004, S. 57 ff.
– Von der Realisierung des Binnenmarkts über die Verwaltungsreform zu einem gemeineuropäischen Verwaltungsrecht? Die Auswirkungen der geplanten EU-Dienstleistungsrichtlinie auf das deutsche Verwaltungsrecht, DVBl. 2005, S. 887 ff.
– Kommunale Organisationshoheit unter Reformdruck, Die Verwaltung 38 (2005), S. 339 ff.
– Das Recht auf gute Verwaltung, 2006
– Regelungsbedarf für elektronische Verwaltungsstrukturen, in: Hans-Günter Henneke (Hrsg.), Kommunale Verwaltungsstrukturen der Zukunft, 2006, S. 59 ff.
– Das gemeinsame Fundament: Legitime Herrschaftsgewalt im europäischen Mehrebenensystem, in: Jost Delbrück/Dorothee Einsele (Hrsg.), Wandel des Staates im Kontext europäischer und internationaler Integration, 2006, S. 71 ff.
– Stadt-Umland-Verbände, in: Thomas Mann/Günter Püttner (Hrsg.), Handbuch der kommunalen Wissenschaft und Praxis, Bd. I, 3. Aufl. 2007, § 30
– Strategie der Verwaltungsmodernisierung in Schleswig-Holstein, in: Martin Nolte/Utz Schliesky (Hrsg.), Verwaltungsmodernisierung durch Funktional- und Strukturreform, Entbürokratisierung und E-Government, 2007, S. 49 ff.
– Der Grundsatz der Wirtschaftlichkeit – vom Organisations- zum Verfahrensmaßstab, DVBl. 2007, S. 1453 ff.
– Verwaltungsreform als Aufgabe, VerwArch 98 (2008), S. 313 ff.
– Das Ende der deutschen Verwaltung?, in: Utz Schliesky (Hrsg.), Die Umsetzung der EU-Dienstleistungsrichtlinie in der deutschen Verwaltung, 2008, S. 1 ff.
– Von der organischen Verwaltung Lorenz von Steins zur Netzwerkverwaltung im Europäischen Verwaltungsverbund, DÖV 2009, S. 641 ff.
– Der rechtliche und verwaltungswissenschaftliche Handlungsrahmen für Gebiets-, Funktional- und Verwaltungsstrukturreformen, NordÖR 2012, S. 57 ff.
Utz Schliesky/Felix Welti, Das Konnexitätsprinzip in der Schleswig-Holsteinischen Landesverfassung als Schutz der kommunalen Selbstverwaltung, NordÖR 2001, S. 465 ff.
Bernhard Schlink, Abwägung im Verfassungsrecht, 1976
– Bemerkungen zum Stand der Methodendiskussion in der Verfassungsrechtswissenschaft, Der Staat 19 (1980), S. 73 ff.
– Freiheit durch Eingriffsabwehr, EuGRZ 1984, S. 457 ff.
– Der Grundsatz der Verhältnismäßigkeit, in: Peter Badura (Hrsg.), Festschrift 50 Jahre Bundesverfassungsgericht, Bd. II, 2001, S. 445 ff.
Stefanie Schmahl, Europäisierung der kommunalen Selbstverwaltung, DÖV 1999, S. 852 ff.
– Umfang und Grenzen wirtschaftlicher Betätigung von Gemeinden in Brandenburg, LKV 2000, S. 47 ff.
– Die brandenburgische Gemeindegebietsreform auf dem verfassungsrechtlichen Prüfstand, DVBl. 2003, S. 1300 ff.
– Die mitgliedschaftliche Daseinsvorsorge im Spannungsfeld zum europäischen Binnenmarkt, WiVerw 2011, S. 96 ff.
Arndt Schmehl, Das Äquivalenzprinzip im Recht der Staatsfinanzierung, 2004

– Zur Bestimmung des Kernbereichs der kommunalen Selbstverwaltung, BayVBl. 2006, S. 325 ff.
Manfred G. Schmidt, Demokratietheorien, 3. Aufl. 2000
– Die „komplexe Demokratietheorie“ nach drei Jahrzehnten, in: Renate Mayntz/Wolfgang Streek (Hrsg.), Die Reformierbarkeit der Demokratie – Innovationen und Blockaden, Festschrift für Fritz W. Scharpf, 2003, S. 151 ff.
Reiner Schmidt, Flexibilität und Innovationsoffenheit im Bereich der Verwaltungsmaßstäbe, in: Wolfgang Hoffmann-Riem/Eberhard Eberhard Schmidt-Aßmann (Hrsg.), Innovation und Flexibilität des Verwaltungshandelns, 1994, S. 67 ff.
– Der Übergang öffentlicher Aufgabenerfüllung in private Rechtsformen, ZGR 1996, S. 345 ff.
– Die Reform von Verwaltung und Verwaltungsrecht, VerwArch 91 (2000), S. 149 ff.
– Die Liberalisierung der Daseinsvorsorge, Der Staat 42 (2003), S. 225 ff.
Thorsten Ingo Schmidt, Kommunale Kooperation, 2005
– Die Grundlagen des kommunalen Finanzausgleichs, DÖV 2012, S. 8 ff.
– „In dubio pro municipio?“: Zur Aufgabenverteilung zwischen Landkreisen und Gemeinden, DÖV 2013, S. 509 ff.
Walter Schmidt, Die „institutionelle Garantie“ der kommunalen Selbstverwaltung und das Grundgesetz, in: Götz Frank (Hrsg.), Die Gemeinde, Festschrift zum 70. Geburtstag von Heiko Faber, 2007, S. 17 ff.
Eberhard Schmidt-Aßmann, Grundfragen des Städtebaurechts, 1972
– Der Städteverband als Modell kommunaler Neugliederung in Ballungsräumen, DÖV 1973, S. 109 ff.
– Verwaltungsverantwortung und Verwaltungsgerichtsbarkeit, VVDStRL 34 (1976), S. 221 ff.
– Verfassungsrechtliche und verwaltungspolitische Fragen einer kommunalen Beteiligung an der Landesplanung, AöR 101 (1976), S. 520 ff.
– Gemeinden und Staat im Recht des öffentlichen Dienstes, in: Klaus König (Hrsg.), Öffentlicher Dienst, Festschrift für Carl Hermann Ule zum 70. Geburtstag am 26. Februar 1977, 1977, S. 461 ff.
– Verwaltungsorganisation zwischen parlamentarischer Steuerung und exekutivischer Organisationsgewalt, in: Rolf Stödter (Hrsg.), Hamburg, Deutschland, Europa, Festschrift für Hans Peter Ipsen zum siebzigsten Geburtstag, 1977, S. 333 ff.
– Die kommunale Rechtsetzung im Gefüge der administrativen Handlungsformen und Rechtsquellen, 1981
– Die Rechtsetzungsbefugnis der kommunalen Körperschaften, in: Albert von Mutius (Hrsg.), Selbstverwaltung im Staat der Industriegesellschaft, Festgabe zum 70. Geburtstag von Georg Christoph von Unruh, 1983, S. 607 ff.
– Die kommunale Rechtssetzungsbefugnis, in: Günter Püttner (Hrsg.), Handbuch der kommunalen Wissenschaft und Praxis, Bd. VI, 2. Aufl. 1983, S. 182 ff.
– Zum staatsrechtlichen Prinzip der Selbstverwaltung, in: Peter Selmer (Hrsg.), Gedächtnisschrift für Wolfgang Martens, 1987, S. 249 ff.
– Kommunen und örtliche Energieversorgung, in: Uwe Hüffer (Hrsg.), Berg- und Energierecht vor den Fragen der Gegenwart, Festschrift für Fritz Fabricius zum 70. Geburtstag, 1989, S. 251 ff.
– Referat, in: Ständige Deputation des Deutschen Juristentages (Hrsg.), Verhandlungen des achtundfünfzigsten Deutschen Juristentages, Bd. II, 1990, N 8 ff.

– Kommunale Selbstverwaltung „nach Rastede“, in: Everhardt Franßen (Hrsg.), Bürger – Richter – Staat, Festschrift für Horst Sendler, 1991, S. 121 ff.
– Verwaltungslegitimation als Rechtsbegriff, AöR 116 (1991), S. 329 ff.
– Zur Europäisierung des allgemeinen Verwaltungsrechts, in: Peter Badura (Hrsg.), Wege und Verfahren des Verfassungslebens, Festschrift für Peter Lerche zum 65. Geburtstag, 1993, S. 513 ff.
– Zur Reform des Allgemeinen Verwaltungsrechts, in: Wolfgang Hoffmann-Riem/ Eberhard Schmidt-Aßmann/Andreas Voßkuhle (Hrsg.), Reform des Allgemeinen Verwaltungsrechts, 1993, S. 11 ff.
– Perspektiven der Selbstverwaltung der Landkreise, in: Friedrich Schoch (Hrsg.), Selbstverwaltung der Kreise in Deutschland, 1996, S. 75 ff.
– Kommunalspezifischer Verwaltungsstil und innere Kommunalverfassung, in: Hans-Günter Henneke (Hrsg.), Aktuelle Entwicklungen der inneren Kommunalverfassung, 1996, S. 143 ff.
– Perspektiven der Selbstverwaltung der Landkreise, DVBl. 1996, S. 533 ff.
– Verwaltungsorganisationsrecht als Steuerungsressource, in: Eberhard Schmidt-Aßmann/Wolfgang Hoffmann-Riem (Hrsg.), Verwaltungsorganisationsrecht als Steuerungsressource, 1997, S. 9 ff.
– Effizienz als Herausforderung an das Verwaltungsrecht, in: Wolfgang Hoffmann-Riem/Eberhard Schmidt-Aßmann (Hrsg.), Effizienz als Herausforderung an das Verwaltungsrecht, 1998, S. 245 ff.
– Die Rechtsverordnung in ihrem Verhältnis zu Gesetz und Verwaltungsvorschrift, in: Paul Kirchhof (Hrsg.), Staaten und Steuern, Festschrift für Klaus Vogel zum 70. Geburtstag, 2000, S. 477 ff.
– Die Garantie der kommunalen Selbstverwaltung, in: Peter Badura (Hrsg.), Festschrift 50 Jahre Bundesverfassungsgericht, Bd. II, 2001, S. 803 ff.
– Verfassungsschranken der Kommunalwirtschaft, in: Mathias Habersack (Hrsg.), Festschrift für Peter Ulmer zum 70. Geburtstag, 2003, S. 1015 ff.
– Das allgemeine Verwaltungsrecht als Ordnungsidee, 2. Aufl. 2004
– Der Rechtsstaat, in: Josef Isensee/Paul Kirchhof (Hrsg.), Handbuch des Staatsrechts der Bundesrepublik Deutschland, Bd. II, 3. Aufl. 2004, § 26
– Entwicklungen der verfassungsgerichtlichen Rechtsprechung, in: Hans-Günter Henneke/Hubert Meyer (Hrsg.), Kommunale Selbstverwaltung zwischen Bewahrung, Bewährung und Entwicklung, Festgabe für Gernot Schlebusch zum 65. Geburtstag, 2006, S. 59 ff.
Eberhard Schmidt-Aßmann/Hans Christian Röhl, Kommunalrecht, in: Eberhard Schmidt-Aßmann (Hrsg.), Besonderes Verwaltungsrecht, 14. Aufl. 2008, Kapitel 1
Bruno Schmidt-Bleibtreu/Hans Hofmann/Axel Hopfauf (Hrsg.), GG-Komm., 12. Aufl. 2011
Gerd Schmidt-Eichstaedt, Staatsverwaltung und Selbstverwaltung bei Rudolf von Gneist, Die Verwaltung 8 (1975), S. 345 ff.
– Bundesgesetze und Gemeinden, 1981
– Der Konkretisierungsauftrag der Verwaltung beim Vollzug öffentlich-rechtlicher Normen, DVBl. 1985, S. 645 ff.
– Verwaltungsermessen und politische Entscheidung der Gemeinden, in: Ernst Füsslin (Hrsg.), Kommunale Selbstverwaltung in der Gegenwart, Festschrift für Richard Seeger, 1987, S. 113 ff.

Eberhard Schmidt-Elsaeßer, Haushaltsaufstellung, -abwicklung und -kontrolle, in: Hermann Hill/Helmut Klages (Hrsg.), Die Rolle des Parlaments in der Neuen Steuerung, 1998, S. 9ff.
Edzard Schmidt-Jortzig, Zur Verfassungsmäßigkeit von Kreisumlagesätzen, 1977
– Gemeinden und Kreise vor den öffentlichen Aufgaben der Gegenwart, DVBl. 1977, S. 801 ff.
– Kommunale Organisationshoheit, 1979
– Die Einrichtungsgarantien der Verfassung, 1979
– Rechtsschutz der Gemeinden gegenüber fachaufsichtlichen Weisungen bei der Fremdverwaltung – BVerwG, NJW 1978, 1820, JuS 1979, S. 488ff.
– Verfassungsmäßige und soziologische Legitimation gemeindlicher Selbstverwaltung heute, 1980
– Verfassungsmäßige und soziologische Legitimation gemeindlicher Selbstverwaltung im modernen Industriestaat, DVBl. 1980, S. 1 ff.
– Probleme der kommunalen Fremdverwaltung, DÖV 1981, S. 393ff.
– Gemeindliche Selbstverwaltung in der Bewährung, 1982
– Kommunalrecht, 1982
– Subsidiaritätsprinzip und Grundgesetz, in: Edzard Schmidt-Jortzig/Alexander Schink, Subsidiaritätsprinzip und Kommunalordnung, 1982, S. 1 ff.
– Kooperationshoheit der Gemeinden und Gemeindeverbände bei Erfüllung ihrer Aufgaben, in: Albert von Mutius (Hrsg.), Selbstverwaltung im Staat der Industriegesellschaft, Festgabe zum 70. Geburtstag von Georg Christoph von Unruh, 1983, S. 525ff.
– Kommunalverwaltung und Verwaltungsgerichtsbarkeit, NJW 1983, S. 967ff.
– Die Selbstverwaltungsbereiche von Kreisen und kreisangehörigen Gemeinden nach der Verfassung, DÖV 1984, S. 821 ff.
– Verbandskompetenz, in: Hans-Uwe Erichsen (Hrsg.), Kommunalverfassung heute und morgen – Bilanz und Ausblick, 1989, S. 23ff.
– Gemeindliche Selbstverwaltung und Entwicklungszusammenarbeit, DÖV 1989, S. 142ff.
– Soll das kommunale Satzungsrecht gegenüber staatlicher und gerichtlicher Kontrolle gestärkt werden?, DVBl. 1990, S. 920ff.
– Gemeinde- und Kreisaufgaben, DÖV 1993, S. 973ff.
– Der Grundsatz der Wirtschaftlichkeit – Verfassungsrechtliche Determinanten, in: Hermann Butzer (Hrsg.), Wirtschaftlichkeit durch Organisations- und Verfahrensrecht, 2004, S. 17ff.
– Die fehlgeschlagene Verfassungsreform, ZG 2005, S. 16ff.
– pecunia nervus rerum – Der Kampf um eine funktionsadäquate Finanzausstattung der Landkreise, in: Hans-Günter Henneke/Hubert Meyer (Hrsg.), Kommunale Selbstverwaltung zwischen Bewahrung, Bewährung und Entwicklung, Festgabe für Gernot Schlebusch zum 65. Geburtstag, 2006, S. 137ff.
– Der Einnahmefächer der Kommunen zwischen Stärkung der Eigengestaltung und landesverfassungsrechtlichen Finanzgarantien, DVBl. 2007, S. 96ff.
Edzard Schmidt-Jortzig/Utz Schliesky, Die Kreisumlage in der Rechtsprechung, AfK 1994, S. 165ff.
Carl Schmitt, Verfassungslehre, 1928
– Hüter der Verfassung, 1931

– Inhalt und Bedeutung des zweiten Hauptteils der Reichsverfassung, in: Gerhard Anschütz/Richard Thoma (Hrsg.), Handbuch des deutschen Staatsrechts, Bd. II, 1932, S. 572ff.
– Staat, Bewegung, Volk, 1933
– Über die drei Arten des rechtswissenschaftlichen Denkens, 1934
– Freiheitsrechte und institutionelle Garantien in der Reichsverfassung, in: Carl Schmitt, Verfassungsrechtliche Aufsätze aus den Jahren 1924–1954, 1958, S. 140ff.
– Die Tyrannei der Werte, in: Karl Doehring (Hrsg.), Festgabe für Ernst Forsthoff zum 65. Geburtstag, 1967, S. 60ff.
Olaf Schmitt, Der kommunale Finanzausgleich aus verfassungsrechtlicher Sicht, DÖV 2013, S. 452ff.
Susanne Schmitt, Inhalt, verfassungsrechtliche Stellung und Bedeutungsgehalt der kommunalen Finanzhoheit, 1996
Karl-Oskar Schmittat, Rechtsschutz gegen staatliche Wirtschaftskonkurrenz, ZHR 148 (1984), S. 428ff.
Walter Schmitt Glaeser, Partizipation an Verwaltungsentscheidungen, VVDStRL 31 (1973), S. 179ff.
– Grenzen des Plebiszits auf kommunaler Ebene, DÖV 1998, S. 824ff.
Walter Schmitt Glaeser/Hans-Detlef Horn, Die Novelle zum Kommunalrecht 1992, BayVBl. 1993, S. 1ff.
– Die Rechtsprechung des Bayerischen Verfassungsgerichtshofes, BayVBl. 1999, S. 353ff.
Arnulf Schmitt-Kammler, Zur verfassungsrechtlichen Beurteilung gemeindlicher „atomwaffenfreier Zonen“, DÖV 1983, S. 869ff.
Helmut Schmitt von Sydow, Governance im europäischen Mehrebenensystem, in: Siegfried Magiera/Karl-Peter Sommermann (Hrsg.), Verwaltung und Governance im Mehrebenensystem der Europäischen Union, 2002, S. 171ff.
Friedrich E. Schnapp, Zuständigkeitsverteilung zwischen Kreis und kreisangehörigen Gemeinden, 1973
– Der Verwaltungsvorbehalt, VVDStRL 43 (1985), S. 172ff.
– Der Streit um die Sitzungsöffentlichkeit im Kommunalrecht, VerwArch 78 (1987), S. 422ff.
– Dogmatische Überlegungen zu einer Theorie des Organisationsrechts, AöR 105 (1980), S. 243ff.
– Öffentliche Verwaltung und privatrechtliche Handlungsformen, DÖV 1990, S. 826ff.
Werner Schnappauf, Von der öffentlichen Verwaltung zum öffentlichen Dienstleistungsunternehmen, BayVBl. 1993, S. 578ff.
Jens-Peter Schneider, Das Neue Steuerungsmodell als Innovationsimpuls für Verwaltungsorganisation und Verwaltungsrecht, in: Eberhard Schmidt-Aßmann/Wolfgang Hoffmann-Riem (Hrsg.), Verwaltungsorganisationsrecht als Steuerungsressource, 1997, S. 103ff.
– Der Staat als Wirtschaftssubjekt und Steuerungsakteur, DVBl. 2000, S. 1250ff.
– Zur Ökonomisierung von Verwaltungsrecht und Verwaltungsrechtswissenschaft, Die Verwaltung 34 (2001), S. 317ff.
Matthias Werner Schneider, Kommunaler Einfluß in Europa, 2004
Roman Schnur, Grundgesetz, Landesverfassung und „höhere Gemeindeverbände“, DÖV 1965, S. 114ff.
– (Hrsg.), Institution und Recht, 1968

– Politische Entscheidung und räumliche Interessen, Die Verwaltung 3 (1970), S. 257 ff.
– Regionalkreise?, 1971
– Zur Abgrenzung der gemeindlichen Aufgaben von den Aufgaben der Kreise gemäß Art. 28 Abs. 2 GG, Die Verwaltung 19 (1986), S. 39 ff.
Friedrich Schoch, Zur Situation der kommunalen Selbstverwaltung nach der Rastede-Entscheidung des Bundesverfassungsgerichts, VerwArch 81 (1990), S. 18 ff.
– Soll das kommunale Satzungsrecht gegenüber staatlicher und gerichtlicher Kontrolle gestärkt werden?, NVwZ 1990, S. 801 ff.
– Privatisierung der Abfallentsorgung, 1992
– Der Beitrag des kommunalen Wirtschaftsrechts zur Privatisierung öffentlicher Aufgaben, DÖV 1993, S. 377 ff.
– Die Kreise zwischen örtlicher Verwaltung und Regionalisierungstendenzen, in: Hans-Günter Henneke/Hartmut Maurer/Friedrich Schoch, Die Kreise im Bundesstaat, 1994, S. 9 ff.
– Rechtsfragen der Privatisierung von Abwasserbeseitigung und Abfallentsorgung, DVBl. 1994, S. 1 ff.
– Privatisierung von Verwaltungsaufgaben, DVBl. 1994, S. 962 ff.
– Kommunale Eigenverantwortung bei zunehmender Normendichte, ZG 1994, S. 246 ff.
– Finanzverantwortung beim kommunalen Verwaltungsvollzug bundes- und landesrechtlich veranlaßter Ausgaben, ZG 1994, S. 246 ff.
– Die aufsichtsbehördliche Genehmigung der Kreisumlage, 1995
– Aufgaben und Funktionen der Landkreise, DVBl. 1995, S. 1047 ff.
– Verfassungsrechtlicher Schutz der kommunalen Finanzautonomie, 1997
– Public Private Partnership, in: Hans-Uwe Erichsen (Hrsg.), Kommunale Verwaltung im Wandel, 1999, S. 101 ff.
– Kommunale Selbstverwaltung und Europarecht, in: Hans-Günter Henneke (Hrsg.), Kommunen in Europa – Herausforderungen und Chancen, 1999, S. 11 ff.
– Die finanzverfassungsrechtlichen Grundlagen der kommunalen Selbstverwaltung, in: Dirk Ehlers/Walter Krebs (Hrsg.), Grundfragen des Verwaltungsrechts und des Kommunalrechts, 2000, S. 93 ff.
– Die Dogmatik zum finanzverfassungsrechtlichen Schutz der kommunalen Selbstverwaltung, AfK 2000, S. 225 ff.
– Der verfassungsrechtliche Schutz der kommunalen Selbstverwaltung, Jura 2001, S. 121 ff.
– Kompetenz- und Finanzierungsfragen für (Tages-) Einrichtungen „zwischen" Schule und Jugendhilfe, ZfJ 2003, S. 301 ff.
– Kommunale Finanzierungsverantwortlichkeit für die Grundsicherung im Alter?, NVwZ 2004, S. 1273 ff.
– Die Sicherung der kommunalen Selbstverwaltung als Föderalismusproblem, Der Landkreis, 2004, S. 367 ff.
– Stand der Dogmatik, in: Hans-Günter Henneke/Hubert Meyer (Hrsg.), Kommunale Selbstverwaltung zwischen Bewahrung, Bewährung und Entwicklung, Festgabe für Gernot Schlebusch zum 65. Geburtstag, 2006, S. 11 ff.
– Die staatliche Rechtsaufsicht über Kommunen, Jura 2006, S. 188 ff.
– Das landesverfassungsrechtliche Konnexitätsprinzip (Art. 71 Abs. 3 LV) zwischen verfassungsrechtlicher Schutzfunktion und Aushöhlung durch die Praxis, VBlBW 2006, S. 122 ff.

– Gemeinsamkeiten und Unterschiede von Verwaltungsrechtslehre und Staatsrechtslehre, in: Helmuth Schulze-Fielitz (Hrsg.), Staatsrechtslehre als Wissenschaft, 2007, S. 177 ff.
– Verfassungswidrigkeit des bundesgesetzlichen Durchgriffs auf Kommunen, DVBl. 2007, S. 261 ff.
– Privatisierung polizeilicher Aufgaben?, in: Winfried Kluth (Hrsg.), Wirtschaft – Verwaltung – Recht, Festschrift für Rolf Stober, 2008, S. 559 ff.
– Neukonzeption der kommunalen Selbstverwaltungsgarantie durch das Bundesverfassungsgericht?, DVBl. 2008, S. 937 ff.
– Gewährleistungsverwaltung: Stärkung der Privatrechtsgesellschaft?, NVwZ 2008, S. 241 ff.
– Rechtliche Steuerung der Privatisierung staatlicher Aufgaben, Jura 2008, S. 672 ff.
– Das gemeindliche Selbstverwaltungsrecht gemäß Art. 28 Abs. 2 Satz 1 GG als Privatisierungsverbot?, DVBl. 2009, S. 1533 ff.
– Die Rolle der Rechtsdogmatik bei der Privatisierung staatlicher Aufgaben, in: Rolf Stürner (Hrsg.), Die Bedeutung der Rechtsdogmatik für die Rechtsentwicklung, 2010, S. 91 ff.
– Konkurrentenschutz im kommunalen Wirtschaftsrecht, in: Ivo Appel (Hrsg.), Öffentliches Recht im offenen Staat, Festschrift für Rainer Wahl zum 70. Geburtstag, 2011, S. 573 ff.
– Unmittelbare Demokratie im deutschen Kommunalrecht durch Bürgerbegehren und Bürgerentscheid, in: Utz Schliesky (Hrsg.), Die Freiheit des Menschen in Kommune, Staat und Europa, Festschrift für Edzard Schmidt-Jortzig, 2011, S. 167 ff.
– Rechtsprechungsentwicklung, NVwZ 2012, S. 777 ff.
– Rechtsdogmatische Fundierung der kommunalen Selbstverwaltung nach der Föderalismusreform I, in: Hans-Günter Henneke (Hrsg.), Kommunale Selbstverwaltung in der Bewährung, 2013, S. 11 ff.
Friedrich Schoch/Joachim Wieland, Finanzierungsverantwortung für gesetzgeberisch veranlasste kommunale Aufgaben, 1995
– Kommunale Aufgabenträgerschaft nach dem Grundsicherungsgesetz, 2003
– Aufgabenzuständigkeit und Finanzierungsverantwortung verbesserter Kinderbetreuung, 2004
Paul Schoen, Das Recht der Kommunalverbände in Preußen, 1897
– Deutsches Verwaltungsrecht, in: Franz von Holtzendorff/Josef Köhler (Hrsg.), Enzyklopädie der Rechtswissenschaft in systematischer Bearbeitung, Bd. IV, 7. Aufl. 1914, S. 193 ff.
Peter Schoepke, Zur Problematik der Gesellschaftsform für kommunale Unternehmen, VBlBW 1994, S. 81 ff.
André Schollbach, Die Parlamentisierung der Gemeinderäte – Funktionen und Grenzen des Ehrenamts in kommunalen Räten, SächsVBl. 2009, S. 129 ff.
Rupert Scholz, Das Wesen und die Entwicklung der gemeindlichen öffentlichen Einrichtungen, 1967
– Neue Entwicklungen im Gemeindewirtschaftsrecht – Strukturfragen und Verfassungskritik, DÖV 1976, S. 441 ff.
– Verfassungsgerichtsbarkeit im gewaltenteiligen Rechtsstaat, in: Ulrich Karpen (Hrsg.), Der Richter als Ersatzgesetzgeber, 2002, S. 15 ff.
Hermann Schönfelder, Rat und Verwaltung im kommunalen Spannungsfeld, 1979

Ulrich Schönleiter, Anmerkung zu BVerwG, Urteil vom 27. Mai 2009, Az.: 8 C 10.08, GewArch 2009, S. 486 f.
Christian Schrader, Die kommunalen Spitzenverbände und der Schutz der kommunalen Selbstverwaltungsgarantie, 2004
– Justiziabilität kommunaler Beteiligungsrechte im Gesetzgebungsverfahren, VBlBW 2007, S. 81 ff.
Ludger Schrapper, Die Richtlinie 94/80/EG zum aktiven und passiven Kommunalwahlrecht für Unionsbürger, DVBl. 1995, S. 1167 ff.
Holger Schröder, Das so genannte Wesentlichkeitskriterium beim In-House-Geschäft, NVwZ 2011, S. 776 ff.
Meinhard Schröder, Grundlagen und Anwendungsbereich des Parlamentsrechts, 1979
– Zwischenbilanz zur Stadt-Umland Reform in der Bundesrepublik Deutschland, Die Verwaltung 12 (1979), S. 1 ff.
– Der Verwaltungsvorbehalt, DVBl. 1984, S. 814 ff.
Rainer Schröder, Verwaltungsrechtsdogmatik im Wandel, 2007
Werner Schroeder, Wozu noch Zweckverbände?, Die Verwaltung 34 (2001), S. 205 ff.
Hans-Hermann Schröer, Umfang und Abgrenzung der gemeindlichen Selbstverwaltungsgarantie, DÖV 1984, S. 550 ff.
Eckhard Schröter, New Public Management, in: Bernhard Blanke/Frank Nullmeier/Christoph Reichard/Göttrik Wewer (Hrsg.), Handbuch zur Verwaltungsreform, 4. Aufl. 2011, S. 79 ff.
Harald Schultze, Raumordnungspläne und gemeindliche Selbstverwaltung, 1970
Edwin Schulz, One-Stop Government, 2007
Norbert Schulz, Wirtschaftliche, nichtwirtschaftliche und nicht nichtwirtschaftliche Unternehmen, BayVBl. 1997, S. 518 ff.
Sönke E. Schulz, Gemeinschaftsrechtliche Verpflichtung zur elektronischen Verfahrensabwicklung (Art. 8 DLR) als Perspektive zur Etablierung eines Rechtsrahmens des eGovernment?, DVBl. 2009, S. 12 ff.
– Die Zukunft der Gemeinden, Ämter (und Kreise) in Schleswig-Holstein, NordÖR 2011, S. 311 ff.
Sönke E. Schulz/Jakob Tischer, Die Grenzen kommunalen Wirtschaftens: aktuelle Entwicklungen, alte Fragen, GewArch 2014, S. 1 ff.
Hermann Schulze, Das Preußische Staatsrecht auf der Grundlage des Deutschen Staatsrechts, Bd. I, 2. Aufl. 1888, Bd. II, 1877
– Lehrbuch des Deutschen Staatsrechts, Bd. I, 1881
Helmuth Schulze-Fielitz, Die kommunale Selbstverwaltung zwischen Diversifizierung und Einheit der Verwaltung, in: Hans-Günter Henneke (Hrsg.), Organisation kommunaler Aufgabenerfüllung, 1998, S. 223 ff.
– Rationalität als rechtsstaatliches Prinzip für den Organisationsgesetzgeber. Über Leistungsfähigkeit und Leistungsgrenzen „weicher“ Leitbegriffe in der Rechtsdogmatik, in: Paul Kirchhof (Hrsg.), Staaten und Steuern, Festschrift für Klaus Vogel zum 70. Geburtstag, 2000, S. 311 ff.
– Was macht die Qualität öffentlich-rechtlicher Forschung aus?, JöR 50 n. F. (2002), S. 1 ff.
– Grundmodi der Aufgabenwahrnehmung, in: Wolfgang Hoffmann-Riem/Eberhard Schmidt-Aßmann/Andreas Voßkuhle (Hrsg.), Grundlagen des Verwaltungsrechts, Bd. I, 2. Aufl. 2012, § 12

Hermann Schumacher, Die Übertragung öffentlicher Aufgaben der Gemeinden auf Dritte, LKV 1995, S. 135 ff.
Paul Schumacher, Eine neue Regelung für Aufgabenübertragungen in der Brandenburger Landesverfassung, LKV 2000, S. 98 ff.
– Brandenburgs Konnexitätsregelung auf dem Prüfstand, LKV 2005, S. 41 ff.
Egon Schunck, Die verfassungsrechtliche Sicherung der Selbstverwaltung der Gemeinden, in: Theo Ritterspach (Hrsg.), Festschrift für Gebhard Müller, 1970, S. 475 ff.
Gunnar Folke Schuppert, Einflussnahme auf die Verwaltung durch Bürgerbeteiligung und kollektive Interessenwahrnehmung, in: Wolfgang Hoffmann-Riem (Hrsg.), Bürgernahe Verwaltung?, 1979, S. 279 ff.
– Selbstverwaltung als Beteiligung Privater an der Staatsverwaltung?, in: Albert von Mutius (Hrsg.), Selbstverwaltung im Staat der Industriegesellschaft, Festgabe zum 70. Geburtstag von Georg Christoph von Unruh, 1983, S. 183 ff.
– Die Steuerung des Verwaltungshandelns durch Haushaltsrecht und Haushaltskontrolle, VVDStRL 42 (1984), S. 216 ff.
– Die Einheit der Verwaltung als Rechtsproblem, DÖV 1987, S. 757 ff.
– Selbstverwaltung, Selbststeuerung, Selbstorganisation – Zur Begrifflichkeit einer Wiederbelebung des Subsidiaritätsgedankens, AöR 114 (1989), S. 127 ff.
– Probleme der Steuerung und Kontrolle öffentlicher Unternehmen, in: Theo Thiemeyer (Hrsg.), Instrumentalfunktion öffentlicher Unternehmen, 1990, S. 141 ff.
– Verfassungsrecht und Verwaltungsorganisation, Der Staat 32 (1993), S. 581 ff.
– Die Erfüllung öffentlicher Aufgaben durch die öffentliche Hand, private Anbieter und Organisationen des Dritten Sektors, in: Jörn Ipsen (Hrsg.), Privatisierung öffentlicher Aufgaben, 1994, S. 17 ff.
– Institutional Choice im öffentlichen Sektor, in: Dieter Grimm (Hrsg.), Staatsaufgaben, 1994, S. 647 ff.
– Rückzug des Staates?, DÖV 1995, S. 761 ff.
– Sparstrategien auf der Suche nach ihrem Gegenstand, AfK 1996, S. 226 ff.
– Verwaltung zwischen staatlichem und privatem Sektor, in: Klaus König/Heinrich Siedentopf (Hrsg.), Öffentliche Verwaltung in Deutschland, 1997, S. 269 ff.
– Die öffentliche Verwaltung im Kooperationsspektrum staatlicher und privater Aufgabenerfüllung: Zum Denken in Verantwortungsstufen, Die Verwaltung 31 (1998), S. 415 ff.
– Staatsaufsicht im Wandel, DÖV 1998, S. 831 ff.
– Verwaltungswissenschaft, 2000
– Der moderne Staat als Gewährleistungsstaat, in: Eckhard Schröter (Hrsg.), Empirische Policy- und Verwaltungsforschung, lokale, nationale und intenationale Perspektiven, Festschrift für Hellmut Wollmann zum 65. Geburtstag, 2001, S. 399 ff.
– Staatswissenschaft, 2003
– (Hrsg.), Governance-Forschung. Vergewisserung über Stand und Entwicklungslinien, 2005
– Governance im Spiegel der Wissenschaftsdisziplinen, in: Gunnar Folke Schuppert (Hrsg.), Governance-Forschung. Vergewisserung über Stand und Entwicklungslinien, 2005, S. 371 ff.
– Was ist und wozu Governance?, Die Verwaltung 40 (2007), S. 463 ff.
– Die Rolle des Gesetzes in der Governancetheorie, in: Hans-Heinrich Trute (Hrsg.), Allgemeines Verwaltungsrecht – zur Tragfähigkeit eines Konzepts, 2008, S. 161 ff.

– Governance – Auf der Suche nach Konturen eines „anerkannt uneindeutigen Begriffs“, in: Gunnar Folke Schuppert/Michael Zürn (Hrsg.), Governance in einer sich wandelnden Welt, 2008, S. 13 ff.
– Verwaltungsrecht und Verwaltungsrechtswissenschaft im Wandel, AöR 133 (2008), S. 79 ff.
– Verwaltungsorganisation und Verwaltungsorganisationsrecht als Steuerungsfaktoren, in: Wolfgang Hoffmann-Riem/Eberhard Schmidt-Aßmann/Andreas Voßkuhle (Hrsg.), Grundlagen des Verwaltungsrechts, Bd. I, 2. Aufl. 2012, § 16

Gunnar Folke Schuppert/Christian Bumke, Die Konstitutionalisierung der Rechtsordnung, 2000

Ferdinand Schuster, Der interkommunale Leistungsvergleich als Wettbewerbssurrogat, 2001
– Benchmarking als Ersatz für Wettbewerb, in: Thomas Edeling/Werner Jann/Dieter Wagner (Hrsg.), Reorganisationsstrategien in Wirtschaft und Verwaltung, 2001, S. 201 ff.

Giso Schütz, Wirksamkeit und Wirtschaftlichkeit der Bundesverwaltung durch „Shared Service Center“ (SSC), in: Hermann Hill (Hrsg.), Die Zukunft des öffentlichen Sektors, 2005, S. 23 ff.

Dieter Schwab, Die „Selbstverwaltungsidee“ des Freiherrn vom Stein und ihre geistigen Grundlagen, 1971

Jürgen Schwabe, Probleme der Grundrechtsdogmatik, 1977

Lilian Schwalb/Heike Walk, Local Governance – mehr Transparenz und Bürgernähe?, 2007

Gunnar Schwarting, Effizienz in der Kommunalverwaltung, 1997

Kyrill-A. Schwarz, Finanzverfassung und kommunale Selbstverwaltung, 1996
– Finanzierung übertragener Aufgaben, NVwZ 1996, S. 554 ff.
– Zum Verhältnis der Landkreise und der kreisangehörigen Gemeinden, NVwZ 1996, S. 1182 ff.
– Die finanzielle Ausgestaltung der Selbstverwaltungsgarantie, ZKF 1997, S. 26 ff.
– Kommunale Aufgaben und Formenmißbrauch bei Aufgabenübertragung, NVwZ 1997, S. 237 ff.
– Prozedurale Absicherungen der Selbstverwaltungsgarantie, ZKF 1999, S. 266 ff.
– Prozedurale Absicherungen der Selbstverwaltungsgarantie – Neue verfassungsrechtliche Anforderungen an den kommunalen Finanzausgleich, ZKF 2000, S. 4 ff.
– Verfassungsgerichtsbarkeit und kommunale Finanzausstattung, ZKF 2002, S. 242 ff.
– Abschied vom Kernbereichsschutz bei der Garantie der kommunalen Selbstverwaltung?, ZKF 2009, S. 243 ff.
– Erweiterungen des Kreises der Wahlberechtigten für Ausländer auf Landes- und Kommunalebene?, AöR 138 (2013), S. 411 ff.

Kyrill-A. Schwarz/Christoph Bravidor, Kunst der Gesetzgebung und Begründungspflichten des Gesetzgebers, JZ 2011, S. 653 ff.

Jürgen Schwarze (Hrsg.), EU-Kommentar, 3. Aufl. 2012

Gunther Schwerdtfeger, Welche rechtlichen Vorkehrungen empfehlen sich, um die Rechtsstellung von Ausländern in der Bundesrepublik Deutschland angemessen zu gestalten, Gutachten A für den dreiundfünfzigsten Deutschen Juristentag, in: Ständige Deputation des Deutschen Juristentages (Hrsg.), Verhandlungen des dreiundfünfzigsten Deutschen Juristentages, Bd. I, 1980

Katrin Schwiering, Electronic Government: Ein Konzept zur innovativen Neugestaltung öffentlicher Aufgabenwahrnehmung, 2005
Joachim Schwind, Aktuelle Entfaltungen kommunaler Einwirkungsmöglichkeiten im europäischen Verfassungsrecht, in: Utz Schliesky (Hrsg.), Die Freiheit des Menschen in Kommune, Staat und Europa, Festschrift für Edzard Schmidt-Jortzig, 2011, S. 133 ff.
Hans-Peter Schwintowski, Corporate Governance und Beteiligungscontrolling im öffentlichen Unternehmen, in: Maximilian Wallerath (Hrsg.), Kommunen im Wettbewerb, 2001, S. 131 ff.
– Corporate Governance im öffentlichen Unternehmen, NVwZ 2001, S. 607 ff.
– Gemeinwohl, öffentliche Daseinsvorsorge und Funktionen öffentlicher Unternehmen im europäischen Binnenmarkt, ZögU 2003, S. 283 ff.
– Gesellschaftsrechtliche Bindungen für entsandte Aufsichtsratsmitglieder in öffentlichen Unternehmen, NJW 1995, S. 1316 ff.
– Ökonomische Theorie des Rechts, JZ 1998, S. 581 ff.
– Überwindung des Örtlichkeitsprinzips auf Energiemärkten, in: Ulrich Büdenbender (Hrsg.), Das neue Energierecht in der Bewährung, Bestandsaufnahme und Perspektiven, Festschrift zum 65. Geburtstag von Professor Dr. Jürgen F. Baur, 2002, S. 339 ff.
Margit Seckelmann, Keine Alternative zur Staatlichkeit – Zum Konzept der „Global Governance", VerwArch 98 (2007), S. 30 ff.
– Durch Kooperation zum Wettbewerb? – Leistungsvergleiche nach Art. 91d GG, in: Bernhard Blanke/Frank Nullmeier/Christoph Reichard/Göttrik Wewer (Hrsg.), Handbuch zur Verwaltungsreform, 4. Aufl. 2011, S. 571 ff.
– Wettbewerb per Grundgesetz? Die Leistungsvergleiche nach Art. 91d GG, DVBl. 2010, S. 1284 ff.
Dorothea Seckler, Das Gebot der Wirtschaftlichkeit und Sparsamkeit in Bürgerbegehren und Bürgerentscheid, 2000
Günter Seele, Die besonderen staatlichen Exekutivbefugnisse im Bereich der kommunalen Selbstverwaltung, 1964
– Bestands-, Verfassungs- und Organisationsstrukturen der neuen Kreise, Verein für die Geschichte der Deutschen Landkreise e.V. (Hrsg.), Der Kreis, Bd. III, 1974, S. 39 ff.
– Positionen der kommunalen Selbstverwaltung bei der Neuformulierung von Grundsätzen des kooperativen Föderalismus in der Bundesverfassung, in: Hans Schneider (Hrsg.), Im Dienst an Recht und Staat, Festschrift für Werner Weber zum 70. Geburtstag, 1974, S. 873 ff.
– Besondere Verwaltungsinstitutionen für den Verflechtungsbereich großer Städte?, in: Albert von Mutius (Hrsg.), Selbstverwaltung im Staat der Industriegesellschaft, Festgabe zum 70 Geburtstag von Georg Christoph von Unruh, 1983, S. 405 ff.
– Der Kreis aus europäischer Sicht, 1991
– Die Kreisgebietsreform in den neuen Bundesländern, Der Landkreis 1992, S. 312 ff.
Christoph Seggermann, Die Region, 2009
Wolfgang Seibel, Verwaltungsreformen, in: Klaus König/Heinrich Siedentopf (Hrsg.), Öffentliche Verwaltung in Deutschland, 1998, S. 87 ff.
Gerhard Seibert, Die Gewährleistung gemeindlicher Selbstverwaltung durch das Grundgesetz, 1966
– Selbstverwaltungsgarantie und kommunale Gebietsreform, 1971
Ralf Seidel, Die verfassungsrechtliche Aufgabenverteilung zwischen Gemeinden und Landkreisen, 1993

Christian Seiler, Konsolidierung der Staatsfinanzen mithilfe der neuen Schuldenregel, JZ 2009, S. 721 ff.
Klaus-Albrecht Sellmann/Christian Sellmann, Kein Experiment „Kreisfreie Samtgemeinde"!, NdsVBl. 2006, S. 98 ff.
Peter Selmer, Wirtschaftliche Betätigung der öffentlichen Hand und Unternehmergrundrechte, in: Rolf Stober/Hanspeter Vogel (Hrsg.), Wirtschaftliche Betätigung der öffentlichen Hand, 2000, S. 75 ff.
– Die Föderalismusreform – Eine Modernisierung der bundesstaatlichen Ordnung?, JuS 2006, S. 1052 ff.
Peter Selmer/Lars Hummel, Verfassungsgerechte Pflicht der Gemeinden zur Erhebung von Gewerbesteuer?, NVwZ 2006, S. 14 ff.
Patrick Sensburg, Der kommunale Verwaltungskontrakt, 2004
Marc Seuberlich, Interkommunale Zusammenarbeit als Rettungsanker? – Wie die Länder dieses Instrument für ihre Kommunen nutzen, Der moderne Staat 1/2012, S. 105 ff.
Peter Seydel, Die kommunalen Zweckverbände, 1955
Foroud Shirvani, New Public Management und europäische Agenturen: Transparenzfragen bei der Modernisierung der Verwaltungsorganisation, DÖV 2008, S. 1 ff.
– Neues Steuerungsmodell und Kommunalaufsicht, DVBl. 2009, S. 29 ff.
– Public Private Partnership und die Subsidiaritätsprüfung bei öffentlichen Unternehmensbeteiligungen, DÖV 2011, S. 865 ff.
Jan-R. Sieckmann, Regelmodelle und Prinzipienmodelle des Rechtssystems, 1990
– Rechtssystem und praktische Vernunft, ARSP 78 (1992), S. 145 ff.
– Logische Eigenschaften von Prinzipien, Rechtstheorie 25 (1994), S. 163 ff.
– Zur Abwägungsfähigkeit von Prinzipien, ARSP, Beiheft 53 (1994), S. 205 ff.
– Zur Begründung von Abwägungsurteilen, Rechtstheorie 26 (1995), S. 45 ff.
– Modelle des Eigentumsschutzes, 1998
– Begriff und Struktur von Regeln, Prinzipien und Elementen, in: Bernd Schilcher/Peter Koller/Bernd-Christian Funk (Hrsg.), Regeln, Prinzipien und Elemente im System des Rechts, 2000, S. 69 ff.
– Grundrechtliche Abwägung als Rechtsanwendung. Das Problem der Begrenzung der Besteuerung, Der Staat 41 (2002), S. 385 ff.
– Zum Nutzen der Prinzipientheorie für die Grundrechtsdogmatik, JZ 2009, S. 557 ff.
Heinrich Siedentopf, Zu den Grenzen neuer kommunalverfassungsrechtlicher Organisationsformen, Die Verwaltung 4 (1971), S. 279 ff.
– Die Kreise vor einem neuen Leistungs- und Gestaltungsauftrag?, DVBl. 1975, S. 13 ff.
– Gemeindliche Selbstverwaltungsgarantie, 1977
– Experimentierklausel – eine „Freisetzungsrichtlinie" für die öffentliche Verwaltung, DÖV 1995, S. 193
Thorsten Siegel, Wie rechtssicher sind In-House-Geschäfte?, NVwZ 2008, S. 7 ff.
– Zum Expansionsdrang des Vergaberechts: Erobert das Vergaberecht jetzt auch das Kommunalabgabenrecht?, DVBl. 2008, S. 1486 ff.
Helmut Siekmann, Corporate Governance und öffentlich-rechtliche Unternehmen, Jahrbuch für Neue Politische Ökonomie 15 (1996), S. 282 ff.
– Wirtschaftliche Betätigung der öffentlichen Hand und ökonomische Analyse des Rechts, in: Rolf Stober/Hanspeter Vogel (Hrsg.), Wirtschaftliche Betätigung der öffentlichen Hand, 1999, S. 103 ff.
– Die Staatsfinanzierung nach dem Grundgesetz, 2005

Horst R. Simon, Zu einer Theorie über Wesen und Funktion der kommunalen Selbstverwaltung, 1975
Karl-Theodor Simon, Die Kompetenz, 1963
Yves Sintomer/Carsten Herzberg/Anja Röcker, Der Bürgerhaushalt in Europa – eine realistische Utopie?, 2010
Rudolf Smend, Das Recht der freien Meinungsäußerung, VVDStRL 4 (1928), S. 44 ff.
– Verfassung und Verfassungsrecht, in: Rudolf Smend, Staatsrechtliche Abhandlungen und andere Aufsätze, 3. Aufl. 1994, S. 119 ff.
Markus Söbbeke, In-house quo vadis? Zur Konzeption des Kontrollerfordernisses bei vergabefreien Eigengeschäften nach den EuGH-Urteilen Stadt Halle und Carbotermo, DÖV 2006, S. 996 ff.
Katharina Sobota, Das Prinzip Rechtsstaat, 1997
Helge Sodan, Vorrang der Privatheit als Prinzip der Wirtschaftsverfassung, DÖV 2000, S. 361 ff.
– (Hrsg.), Grundgesetz, 2. Aufl. 2011
Frank Sollondz, Neues kommunales Unternehmensrecht im Freistaat Sachsen, LKV 2003, S. 297 ff.
Karl-Peter Sommermann, Staatsziele und Staatszielbestimmungen, 1997
– Kommunen und Föderalismusreform, in: Bitburger Gespräche, Jahrbuch 2005/I, S. 59 ff.
Hans Spanner, Verfassungsprozeß und Rechtsschutzbedürfnis, in: Karl Carstens (Hrsg.), Festschrift Hermann Jahrreiß zu seinem siebzigsten Geburtstag, 1964, S. 411 ff.
Willy Spannowsky, Die Verantwortung der öffentlichen Hand für die Erfüllung öffentlicher Aufgaben und die Reichweite ihrer Einwirkungspflicht auf Beteiligungsunternehmen, DVBl. 1992, S. 1072 ff.
– Der Einfluß öffentlich-rechtlicher Zielsetzungen auf das Statut privatrechtlicher Eigengesellschaften in öffentlicher Hand, ZGR 1996, S. 400 ff.
Erika Spiegel, Zur Institutionalisierung gesellschaftlicher Interessen auf kommunaler Ebene, AfK 1999, S. 3 ff.
Ute Spies, Bürgerversammlung – Bürgerbegehren – Bürgerentscheid, 1999
Wolf-Uwe Sponer, Gesamtkonzept für eine Funktional- und Verwaltungsreform im Freistaat Sachsen, LKV 2006, S. 337 ff.
Friedrich Julius Stahl, Philosophie des Rechts, Bd. II/1, 4. Aufl. 1870
Christiane Stang, Die Gemeindegebietsreform – ein Rückschlag für die Demokratie?, 1978
Christian Starck, Der verfassungsrechtliche Schutz des ungeborenen menschlichen Lebens, JZ 1993, S. 816 ff.
– (Hrsg.), Föderalismusreform, 2007
Uwe Steckert, Kommunalwirtschaft im Wettbewerb, 2002
Volker Stehlin/Martin Grabolle, Spielräume gemeindlicher Wirtschaftstätigkeit – Die neue Subsidiaritätsklausel des § 102 Abs. 1 Nr. 3 GemO BW in der praktischen Anwendung, VBlBW 2007, S. 41 ff.
Heinrich Friedrich Karl Reichsfreiherr vom und zum Stein, Über die zweckmäßige Bildung der obersten und der Provinzial-, Finanz- und Polizei-Behörden in der preußischen Monarchie (Nassauer Denkschrift), in: Walther Hubatsch (Hrsg.), Freiherr vom Stein, Briefe und amtliche Schriften, Bd. II/1, 1959, Nr. 354.

– Immediatbericht vom 23. November 1807, in: Walther Hubatsch (Hrsg.), Freiherr vom Stein, Briefe und amtliche Schriften, Bd. II/2, 1960, Nr. 448
– Schreiben an Minister Schroetter vom 27. Juni 1808, in: Walther Hubatsch (Hrsg.), Freiherr vom Stein, Briefe und amtliche Schriften, Bd. II/2, 1960, Nr. 729
– Schreiben an Minister Schroetter vom 25. August 1808, in: Walther Hubatsch (Hrsg.), Freiherr vom Stein, Briefe und amtliche Schriften, Bd. II/2, 1960, Nr. 795
– Schreiben an Graf Reden vom Juli 1980, in: Walther Hubatsch (Hrsg.), Freiherr vom Stein, Briefe und amtliche Schriften, Bd. III, 1961, Nr. 241
Katrin Stein, Privatisierung kommunaler Aufgaben – Ansatzpunkte und Umfang verwaltungsgerichtlicher Kontrolle, DVBl. 2010, S. 563 ff.
– Das Verhältnis zwischen Samtgemeinde und ihren Mitgliedsgemeinden, NdsVBl. 2012, S. 7 ff.
Lorenz von Stein, Verwaltungslehre, Bd. I/2, 2. Aufl. 1869
Franz Steinbach/Erich Becker, Geschichtliche Grundlagen der kommunalen Selbstverwaltung, 1932
Christine Steinbeiß-Winkelmann, Grundrechtliche Freiheit und staatliche Freiheitsordnung, 1986
Rudolf Steinberg, Politik und Verwaltungsorganisation, 1979
– Verfassungsgerichtliche Kontrolle der Nachbesserungspflicht des Gesetzgebers, Der Staat 26 (1987), S. 161 ff.
Paul Stelkens/Heinz Joachim Bonk/Michael Sachs (Hrsg.), Verwaltungsverfahrensgesetz, 8. Aufl. 2014
Manfred Stelzer, Das Wesensgehaltsargument und der Grundsatz der Verhältnismäßigkeit, 1991
Jutta Stender-Vorwachs, Neue Formen der Bürgerbeteiligung?, NVwZ 2012, S. 1061 ff.
Karl Freiherr von Stengel, Die Organisation der preußischen Verwaltung nach den neuen Reformgesetzen, 1884
Klaus Stern, Der rechtliche Standort der Gemeindewirtschaft, AfK 1964, S. 81 ff.
– Zur Problematik eines Regionalkreises im Großraum Hannover, 1971
– Die verfassungsrechtliche Garantie des Kreises, in: Verein für die Geschichte der Deutschen Landkreise e. V. (Hrsg.), Der Kreis, Bd. I, 1972, S. 156 ff.
– Zur Revision des Grundgesetzes: Zur Position der Gemeinden und Gemeindeverbände in der Verfassungsordnung, DÖV 1975, S. 515 ff.
– Das Staatsrecht der Bundesrepublik Deutschland, Bd. I, 2. Aufl. 1984, Bd. II, 1980, Bd. III/1, 1988 Bd. III/2, 1994
– Zur Lage der kommunalen Selbstverwaltung, in: Peter Oberndorfer (Hrsg.), Verwaltung im Dienste von Wirtschaft und Gesellschaft, Festschrift für Ludwig Fröhler, 1980, S. 473 ff.
– Europäische Union und kommunale Selbstverwaltung, in: Rudolf Wendt (Hrsg.), Staat – Wirtschaft – Steuern, Festschrift für Karl Heinrich Friauf, 1996, S. 75 ff.
– Die Kreise in Nordrhein-Westfalen – Bedeutung und Perspektiven kommunaler Selbstverwaltung, NWVBl. 1997, S. 361 ff.
Klaus Stern/Joachim Burmeister, Die kommunalen Sparkassen, 1972
Klaus Stern/Günter Püttner, Die Gemeindewirtschaft, 1965
– Neugliederung der Landkreise Nordrhein-Westfalens, 1969
– Grundfragen zur Verwaltungsreform im Stadtumland, 2. Aufl. 1969
Rupert Stettner, Die Verpflichtung des Gesetzgebers zu erneutem Tätigwerden bei fehlerhafter Prognose, DVBl. 1982, S. 1123 ff.

– Grundfragen einer Kompetenzlehre, 1983
Fritz Stier-Somlo, Die neueste Entwicklung des Gemeindeverfassungsrechts in Deutschland, VVDStRL 2 (1925), S. 122 ff.
– Artikel 109, Gleichheit vor dem Gesetz, in: Hans Carl Nipperdey (Hrsg.), Die Grundrechte und Grundpflichten der Reichsverfassung, Bd. I, 1929, S. 158 ff.
Rolf Stober, Der Ehrenbeamte in Verfassung und Verwaltung, 1981
– Rein gewerbliche Betätigung der öffentlichen Hand und Verfassung, ZHR 145 (1981), S. 565 ff.
– Die privatrechtlich organisierte öffentliche Verwaltung, NJW 1984, S. 449 ff.
– Kommunalbeamte als Hilfsbeamte der Staatsanwaltschaft, DVBl. 1985, S. 81 ff.
– Eigenwirtschaftliche Betätigung der öffentlichen Hand, BB 1989, S. 716 ff.
– Neuregelung des Rechts der öffentlichen Unternehmen?, NJW 2002, S. 2357 ff.
– Privatisierung öffentlicher Aufgaben, NJW 2008, S. 2301 ff.
– Kommunalrecht und Rechtsstaatsprinzip, in: Siegfried Magiera (Hrsg.), Verwaltungswissenschaft und Verwaltungspraxis in nationaler und transnationaler Perspektive, Festschrift für Heinrich Siedentopf zum 70. Geburtstag, 2008, S. 485 ff.
Alexander Stock, Local Modern Governance, 2005
Jürgen Stockmeier, Kommunale Pflichtverbände und Grundgesetz, 1960
Dietrich Stöffler, „Die explodierte Zeitbombe" – oder die Anhörungsrechte der Kommunen im parlamentarischen Gesetzgebungsverfahren nach dem Urteil des Thüringer Verfassungsgerichtshofs vom 12.10.2004, ThürVBl. 2006, S. 121 ff.
Matthias Storck, Private in Zweckverbänden und Demokratieprinzip, DVBl. 2011, S. 69 ff.
Stefan Storr, Der Staat als Unternehmer, 2001
– Zwischen überkommunaler Daseinsvorsorge und Diensten von allgemeinem wirtschaftlichem Interesse, DÖV 2002, S. 357 ff.
– Das neue Kommunalunternehmen in Schleswig-Holstein, NordÖR 2005, S. 94 ff.
Franz Strehl, Governance – Good Governace, in: Siegfried Magiera (Hrsg.), Verwaltungswissenschaft und Verwaltungspraxis in nationaler und transnationaler Perspektive, Festschrift für Heinrich Siedentopf zum 70. Geburtstag, 2008, S. 843 ff.
Rudolf Streinz, Bürgerbegehren und Bürgerentscheid, Zur Einführung von Plebisziten in die Kommunalverfassung, Die Verwaltung 16 (1983), S. 293 ff.
– (Hrsg.), EUV/AEUV, 2. Aufl. 2012
Heinz Strobl, Auf dem Weg zur kommunalen Doppik – Reformkonzept in Deutschland, in: Hans-Günter Henneke/Heinz Strobl/Dörte Diemert (Hrsg.), Recht der kommunalen Haushaltswirtschaft, 2008, § 4
Tanja Struvel, Durchbruch für interkommunale Zusammenarbeit, EuZW 2009, S. 805 ff.
Helge Stück, Subsumtion und Abwägung, ARSP 84 (1998), S. 405 ff.
Bernhard Stüer, Abwägungsgebot, Mehrfachneugliederung und Vertrauensschutz, DVBl. 1977, S. 1 ff.
– Verfassungsrechtliche Maßstäbe für die gemeindliche, kreisliche und regionale Funktionalreform, 1978
– Funktionalreform und kommunale Selbstverwaltung, 1980
– Verfassungsfragen der kommunalen Funktionalreform, DVBl. 1980, S. 22 ff.
– Finanzbedarf und Finanzkraft als kommunizierende Röhren des Finanzausgleichs, in: Ferdinand Kirchhof/Hubert Meyer (Hrsg.), Kommunaler Finanzausgleich im Flächenbundesland, 1996, S. 47 ff.

– Kommunaler Finanzausgleich in Schleswig-Holstein als Verfassungsproblem, NordÖR 1999, S. 130 ff.
– Region und Regionalisierung – Verwaltungsorganisatorische Konzeption – verfassungsrechtliche Grenzen, in: Hubert Meyer/Maximilian Wallerath (Hrsg.), Gemeinden und Kreise in der Region, 2004, S. 33 ff.
– Region und Regionalisierung, LKV 2004, S. 6 ff.
– Region und Regionalisierung, Verwaltungsorganisatorische Konzeption – verfassungsrechtliche Grenzen, LKV 2004, S. 6 ff.
– Verwaltungsreform auf Kreisebene – Effektivitätsgewinn nur bei bürgerschaftlichem Engagement, DVBl. 2007, S. 1267 ff.
Bernhard Stüer/Beate Landgraf, Gebietsreform in den neuen Bundesländern – Bilanz und Ausblick, LKV 1998, S. 209 ff.
Joachim Suerbaum, Verfassungsrechtliche Grundlagen kommunaler Kooperation, in: Janbernd Oebbecke/Dirk Ehlers/Martin Klein/Dörte Diemert (Hrsg.), Zwischen kommunaler Kooperation und Verwaltungsreform, 2006, S. 49 ff.
Siegwin Süß, Beschlüsse der Gemeinden zu verteidigungspolitischen Fragen, BayVBl. 1983, S. 513 ff.
Adolf Süsterhenn/Hans Schäfer, Kommentar der Verfassung für Rheinland-Pfalz, 1950
Jörg Sydow/Arnold Windeler, Steuerung von und in Netzwerken – Perspektiven, Konzepte, vor allem aber offene Fragen, in: Jörg Sydow/Arnold Windeler (Hrsg.), Steuerung von Netzwerken, 1999, S. 1 ff.
Patrick Talbot, Die Finanzbeziehungen zwischen Staat und Gemeinden in der Bundesrepublik Deutschland und Franreich, Die Verwaltung 28 (1995), S. 79 ff.
Wolf Templin, Kommunale Selbstverwaltungsgarantie und örtliche Energieversorgung – Der Einfluss des Art. 28 Abs. 2 Satz 1 GG auf die Auslegung des „Überlassens" nach § 46 Abs. 2 Satz 2 EnWG, VerwArch 100 (2009), S. 529 ff.
Peter J. Tettinger, Rechtsschutz gegen kommunale Wettbewerbsteilnahme, NJW 1998, S. 3473 ff.
– Absicherung kommunaler Selbstverwaltung, in: Hans-Günter Henneke (Hrsg.), Kommunale Perspektiven im zusammenwachsenden Europa, 2002, S. 145 ff.
– Europarecht und kommunale Selbstverwaltung, in: Klaus Stern (Hrsg.), Gedächtnisschrift für Joachim Burmeister, 2004, S. 439 ff.
– Die Verfassungsgarantie der kommunalen Selbstverwaltung, in: Thomas Mann/Günter Püttner (Hrsg.), Handbuch der kommunalen Wissenschaft und Praxis, Bd. I, 3. Aufl. 2007, § 11
Peter J. Tettinger/Thomas Mann, Zur demokratischen Legitimation in sondergesetzlichen Wasserverbänden, in: Peter J. Tettinger/Thomas Mann/Jürgen Salzwedel, Wasserverbände und demokratische Legitimation, 2000, S. 20 ff.
Gunther Teubner, Netzwerk als Vertragsverbund, 2004
Uwe Thaysen, Bürger-, Staats- und Verwaltungsinitiativen, 1982
Ludwig Theuvsen, Ergebnis- und Marktsteuerung öffentlicher Unternehmen, 2001
Willi Thiele, Allzuständigkeit im örtlichen Wirkungskreis, DVBl. 1980, S. 10 ff.
– Das Problem der Privatisierung – rechtlich gesehen, GewArch 1980, S. 105 ff.
Werner Thieme, Bund, Länder und Gemeinden, AfK 1963, S. 185 ff.
– Grundzüge der kommunalen Gebietsentwicklung von 1815 bis 1965, in: Georg Christoph von Unruh/Werner Thieme/Ulrich Scheuner, Die Grundlagen der kommunalen Gebietsreform, 1981, S. 45 ff.

– Sicherung der Selbstverwaltung durch Organisationsreformen, in: Albert von Mutius (Hrsg.), Selbstverwaltung im Staat der Industriegesellschaft, Festgabe zum 70. Geburtstag von Georg Christoph von Unruh, 1983, S. 1155 ff.
– Die Grenzen der Umlagehoheit der Landkreise, DVBl. 1983, S. 965 ff.
– Verwaltungslehre, 4. Aufl. 1984
– Der Oberbürgermeister als Stadtoberhaupt, DÖV 1997, S. 948 ff.
– Verwaltungsvereinfachung durch Länderneuordnung?, DÖV 2001, S. 462 ff.
– Kaufmännische Buchführung in der öffentlichen Verwaltung?, DÖV 2008, S. 433 ff.
Werner Thieme/Günther Prillwitz, Durchführung und Ergebnisse der kommunalen Gebietsreform, 1981
Martin Thies, Zur Situation der gemeindlichen Selbstverwaltung im europäischen Einigungsprozeß, 1995
Anselm Christian Thoma, Regulierte Selbstregulierung im Ordnungsverwaltungsrecht, 2008
Richard Thoma, Der Vorbehalt des Gesetzes im preußischen Verfassungsrecht, in: Festgabe für Otto Mayer zum 70. Geburtstag, 1916, S. 167 ff.
– Grundrechte und Polizeigewalt, in: Heinrich Triepel (Hrsg.), Verwaltungsrechtliche Abhandlungen, Festgabe zur Feier des fünfzigjährigen Bestehens des Preußischen Oberverwaltungsgerichts, 1925, S. 183 ff.
– Bedeutung der Grundrechtlichen Sätze, in: Hans Carl Nipperdey (Hrsg.), Die Grundrechte und Grundpflichten der Reichsverfassung, Bd. I, 1929, S. 1 ff.
– Das System der subjektiven öffentlichen Rechte und Pflichten, in: Gerhard Anschütz/ Richard Thoma (Hrsg.), Handbuch des Staatsrechts, Bd II, 1932, S. 607 ff.
Martin Thormann, PPP/ÖPP als Mittel zur Konsolidierung kommunaler Haushalte? – Das Beispiel Schwimmbäder, in: Gilbert H. Gornig (Hrsg.), Staat – Wirtschaft – Gemeinde, Festschrift für Werner Frotscher zum 70. Geburtstag, 2007, S. 747 ff.
– Die Finanzierung über die Kreisumlage (oder über Verbandsumlagen) nach Umstieg auf die kommunale Doppik, DVBl. 2009, S. 1346 ff.
– Der Bürgerhaushalt und die digitale Demokratie – Möglichkeiten und Grenzen der Online-Partizipation, DÖV 2013, S. 325 ff.
Cornelius Thum, Rechtspolitische Überlegungen zu Bürgerbegehren und Bürgerentscheid, BayVBl. 1998, S. 193 ff.
Daniel Thürer, Bund und Gemeinden, 1986
Hans Tiedken, Selbstverwaltung im Kreis: Nur Ausgleichs- und Ergänzungsfunktion?, in: Albert von Mutius (Hrsg.), Selbstverwaltung im Staat der Industriegesellschaft, Festgabe zum 70. Geburtstag von Georg Christoph von Unruh, 1983, S. ff.
Manfred Timmermann, Effizienz der öffentlichen Verwaltung, VerwArch 68 (1977), S. 311 ff.
Stephan Tomerius/Tilmann Breitkreuz, Selbstverwaltungsrecht und „Selbstverwaltungspflicht". Verfassungsrechtliche Überlegungen zur Rolle von Art. 28 Abs. 2 Satz 1 GG bei der Privatisierung kommunaler Aufgaben, DVBl. 2003, S. 426 ff.
Emanuel V. Towfigh/Niels Petersen, Ökonomische Methoden im Recht, 2010
Theo Trachternach, Parteien in der kommunalen Selbstverwaltung, 1974
Dietrich Trähnhardt, Kommunalverfassung in einer Welt des Wandels, in: Dieter Schimanke (Hrsg.), Stadtdirektor oder Bürgermeister, 1989
Christian Treffer, Zur Entwicklung der kommunalen Selbstverwaltung im 19. Jahrhundert, Der Staat 35 (1996), S. 251 ff.

Heinrich Triepel, Streitigkeiten zwischen Bund und Ländern, in: Festgabe der Berliner Juristischen Fakultät für Wilhelm Kahl zum Doktorjubiläum am 19. April 1923, 1923, S. 1 ff.
– Goldbilanzverordnung und Vorzugsaktien, 1924
– Diskussionsbeitrag, VVDStRL 3 (1927), S. 50 ff.
– Diskussionsbeitrag, VVDStRL 4 (1928), S. 89 f.
Eberhard Trumpp, Kommunalisierung in Baden-Württemberg, in: Janbernd Oebbecke/ Dirk Ehlers/Martin Klein/Dörte Diemert (Hrsg.), Zwischen kommunaler Kooperation und Verwaltungsreform, 2006, S. 89 ff.
Hans-Heinrich Trute, Die Forschung zwischen grundrechtlicher Freiheit und staatlicher Institutionalisierung, 1994
– Verzahnung von öffentlichem und privatem Recht – anhand ausgewählter Beispiele, in: Wolfgang Hoffmann-Riem/Eberhard Schmidt-Aßmann (Hrsg.), Öffentliches Recht und Privatrecht als wechselseitige Auffangordnungen, 1996, S. 167 ff.
– Funktionen der Organisation und ihre Abbildung im Recht, in: Eberhard Schmidt-Aßmann/Wolfgang Hoffmann-Riem (Hrsg.), Verwaltungsorganisationsrecht als Steuerungsressource, 1997, S. 249 ff.
– Verantwortungsteilung als Schlüsselbegriff eines sich verändernden Verhältnisses von öffentlichem und privatem Sektor, in: Gunnar Folke Schuppert (Hrsg.), Jenseits von Privatisierung und „schlankem" Staat, 1999, S. 13 ff.
– Vom Obrigkeitsstaat zur Kooperation, in: Peter Marburger (Hrsg.), Rückzug des Ordnungsrechts im Umweltschutz, Umwelt- und Technikrecht, 1999, S. 13 ff.
– Gemeinwohlsicherung im Gewährleistungsstaat, in: Gunnar Folke Schuppert/Friedhelm Neidhardt (Hrsg.), Gemeinwohl – Auf der Suche nach Substanz, 2002, S. 329 ff.
– Die demokratische Legitimation der Verwaltung, in: Wolfgang Hoffmann-Riem/ Eberhard Schmidt-Aßmann/Andreas Voßkuhle (Hrsg.), Grundlagen des Verwaltungsrechts, Bd. I, 2. Aufl. 2012, § 6
Hans-Heinrich Trute/Wolfgang Denkhaus/Doris Kühlers, Governance in der Verwaltungsrechtswissenschaft, Die Verwaltung 37 (2004), S. 451 ff.
Dimitris Th. Tsatsos, Der verwaltungsrechtliche Organstreit, 1969
Michael Uechtritz, Die Erklärung des Gemeindegebiets zur atomwaffenfreien Zone, NVwZ 1983, S. 334 f.
Michael Uechtritz/Olaf Otting/Udo Olgemöller, Kommunalrechtliche Voraussetzungen für die wirtschaftliche Betätigung, in: Werner Hoppe/Michael Uechtritz/ Hans-Joachim Reck (Hrsg.), Handbuch kommunale Unternehmen, 3. Aufl. 2012, § 6
Michael Uechtritz/Hans-Joachim Reck, Rechtsform kommunaler Unternehmen: Rechtliche Vorgaben und Entscheidungskriterien, in: Werner Hoppe/Michael Uechtritz/ Hans-Joachim Reck (Hrsg.), Handbuch kommunale Unternehmen, 3. Aufl. 2012, § 16
Michael Uechtritz/Hans Schlarmann, Gemeinderatsbeschlüsse zu verteidigungspolitischen Fragen, DVBl. 1984, S. 939 ff.
Arnd Uhle, Parlament und Rechtsverordnung, 1999
Bernd Uhlenhut, Wirtschaftliche Betätigung der Gemeinden außerhalb ihres Gebietes, 2004
Carl Hermann Ule, Die Grundrechte, DVBl. 1949, S. 333 ff.
Konrad Ulrich, Kritik am sogenannten funktionalen Selbstverwaltungsverständnis, DÖV 1978, S. 73 ff.
Dieter C. Umbach/Thomas Clemens (Hrsg.), GG-Komm., Bd. I, 2002
Sebastian Unger, Das Verfassungsprinzip der Demokratie, 2008

Georg Christoph von Unruh, Der Kreis, 1965
– Spannungen zwischen Staats- und Selbstverwaltung im bürgerlichen und sozialen Rechtsstaat, Der Staat 4 (1965), S. 441 ff.
– Der Kreis – Ursprung, Wesen, Wandlungen, in: Verein für die Geschichte der Deutschen Landkreise e. V. (Hrsg.), Der Kreis, Bd. I, 1972, S. 11 ff.
– Selbstverwaltung als staatsbürgerliches Recht, DÖV 1972, S. 16 ff.
– Die kommunale Selbstverwaltung im Grundgesetz und ihr genetisches Modell, in: Norbert Achterberg (Hrsg.), Öffentliches Recht und Politik, Festschrift für Hans Ulrich Scupin zum 70. Geburtstag, 1973, S. 391 ff.
– Die Einrichtung der kommunalen Selbstverwaltung als staatspolitische Aufgabe, DVBl. 1973, S. 1 ff.
– Dezentralisation der Verwaltung des demokratischen Rechtsstaates nach dem Grundgesetz, DÖV 1974, S. 649 ff.
– Gebiet und Gebietskörperschaften als Organisationsgrundlagen nach dem Grundgesetz der Bundesrepublik Deutschland, DVBl. 1975, S. 1 ff.
– Gebiets- und Verwaltungsreform in Niedersachsen 1965–1978, 1978
– Kommunalrecht, in: Rudolf Weber-Fas (Hrsg.), Jurisprudenz, 1978, S. 273 ff.
– Wodurch unterscheiden sich kommunale und staatliche Angelegenheiten?, DÖV 1977, S. 467 ff.
– Gemeinsamkeit und Unterschiede der verfassungsrechtlichen Stellung von kommunalen Selbstverwaltungsträgern, DVBl. 1980, S. 903 ff.
– Entstehung, Entwicklung und Veränderungen des Gebietes der kommunalen Körperschaften, in: Georg Christoph von Unruh/Werner Thieme/Ulrich Scheuner, Die Grundlagen der kommunalen Gebietsreform, 1981, S. 11 ff.
– Der Kreis und seine Verfassung im Staats- und Verwaltungsverständnis des Freiherrn vom Stein, DVBl. 1983, S. 204 ff.
– Demokratie und kommunale Selbstverwaltung, DÖV 1986, S. 217 ff.
– Vorsorge für das Dasein, DÖV 2005, S. 779 ff.
– Ursprung und Entwicklung der kommunalen Selbstverwaltung im frühkonstitutionellen Zeitalter, in: Thomas Mann/Günter Püttner (Hrsg.), Handbuch der kommunalen Wissenschaft und Praxis, Bd. I, 3. Aufl. 2007, § 4
Peter Unruh, Zur Dogmatik der grundrechtlichen Schutzpflichten, 1996
– Kritik des privatrechtlichen Verwaltungshandelns, DÖV 1997, S. 653 ff.
– Demokratie und „Mitbestimmung“ in der funktionalen Selbstverwaltung – am Beispiel der Emschergenossenschaft, VerwArch 92 (2001), S. 531 ff.
– Anmerkung zu BVerfG, Beschluss v. 05. Dezember 2002, Az.: 2 BvL 5, 6/98, JZ 2003, S. 1061 ff.
Herbert Uppendahl, Repräsentation und Responsivität, Bausteine einer Theorie responsiver Demokratie, ZParl 1981, S. 123 ff.
Wolfgang Veldboer/Christoph Eckert, Zur Entscheidung für interkommunale Zusammenarbeit durch das EuGH-Urteil „Hamburger Stadtreinigung“, DÖV 2009, S. 859 ff.
Thomas Vesting, Rechtstheorie, 2007
Angelika Vetter, Alles nur Timing? Kommunale Wahlbeteiligung im Kontext von Bundestagswahlen und Wahlen zum Europäischen Parlament, ZParl 2009, S. 788 ff.
Thomas-G. Vetterlein, Parlamentarische Willensbildung auf Kommunalebene: Krise und Reform eines Verfassungsorgans, ZParl 1976, S. 531 ff.
Klaus Vetzberger, Verfahrensschutz bei Eingriffen des Gesetzgebers in die kommunale Selbstverwaltung, LKV 2004, S. 433 ff.

Hans Vietmeier, Die staatlichen Aufgaben der Kommunen und ihrer Organe, 1992
– Die Rechtsnatur der Pflichtaufgaben zur Erfüllung nach Weisung in Nordrhein-Westfalen, DVBl. 1992, S. 413ff.
Wolfgang Graf Vitzthum, Gemeinderechtliche Grenzen der Privatisierung kommunaler Wirtschaftsunternehmen, AöR 104 (1979), S. 580ff.
– „Atomwaffenfreie Zone" auf Gemeindeebene, JA 1983, S. 557ff.
Klaus Vogel, Der Finanz- und Steuerstaat, in: Josef Isensee/Paul Kirchhof (Hrsg.), Handbuch des Staatsrechts der Bundesrepublik Deutschland, Bd. II, 3. Aufl. 2004, § 30
Fritz Voigt, Die Selbstverwaltung als Rechtsbegriff und juristische Erscheinung, 1938
Rüdiger Voigt, Kommunale Partizipation, 1976
– Die Auswirkungen des Finanzausgleichs zwischen Staat und Gemeinden auf die kommunale Selbstverwaltung von 1919 bis zur Gegenwart, 1975
– Kommunale Finanzen im Umbruch: Plädoyer für eine neue Kultur des Haushaltens, in: Heinrich Mäding/Rüdiger Voigt (Hrsg.), Kommunalfinanzen im Umbruch, 1998, S. 13ff.
Uwe Volkmann, Einführung in die Diskurstheorie des Rechts, JuS 1997, S. 976ff.
– Der Anspruch der Kommunen auf finanzielle Mindestausstattung, DÖV 2001, S. 497ff.
Andreas Voßkuhle, Gesetzgeberische Regelungsstrategien der Verantwortungsteilung zwischen öffentlichem und privatem Sektor, in: Gunnar Folke Schuppert (Hrsg.), Jenseits von Privatisierung und „schlankem" Staat, 1999, S. 47ff.
– „Ökonomisierung" des Verwaltungsverfahrens, Die Verwaltung 34 (2001), S. 347ff.
– Die Verwaltung in der Informationsgesellschaft – Informationelles Verwaltungsorganisationsrecht, in: Dieter Leipold (Hrsg.), Rechtsfragen des Internet und der Informationsgesellschaft, 2002, S. 97ff.
– Beteiligung Privater an der Wahrnehmung öffentlicher Aufgaben und staatliche Verantwortung, VVDStRL 62 (2003), S. 266ff.
– Neue Verwaltungsrechtswissenschaft, in: Wolfgang Hoffmann-Riem/Eberhard Schmidt-Aßmann/Andreas Voßkuhle (Hrsg.), Grundlagen des Verwaltungsrechts, Bd. I, 2. Aufl. 2012, § 1
Karel De Vriend, Interoperabilität für pan-europäische eGovernment-Dienste, in: Martin Nolte/Utz Schliesky, Verwaltungsmodernisierung durch Funktional- und Strukturreform, Entbürokratisierung und E-Government, 2007, S. 39ff.
Daniel Wache, Der Begriff des Rechtsprinzips und seine Bedeutung für die Rechtsprechung des Bundesverfassungsgerichts auf dem Gebiete des Strafrechts und Strafprozessrechts, 1997
Lorenz Wachinger, Finanzierung öffentlicher Dienstleistungen und Europäisches Wettbewerbsrecht, ZögU 2004, S. 56ff.
Jörg Wacker, Sachkundige Bürger und Einwohner in gemeindlichen Ausschüssen, 2000
Kay Waechter, Geminderte demokratische Legitimation staatlicher Institutionen im parlamentarischen Regierungssystem, 1994
– Bundesverfassungsrechtliche Finanzansprüche von Kommunen bei Auferlegung neuer Selbstverwaltungsaufgaben durch Bundesgesetz, VerwArch 85 (1994), S. 208ff.
– Einrichtungsgarantien als dogmatische Fossilien, Die Verwaltung 29 (1996), S. 47ff.
– Verwaltungsrecht im Gewährleistungsstaat, 2008
– Verfassungsrechtlicher Schutz der gemeindlichen Selbstverwaltung gegen Eingriffe durch Gesetz, AöR 135 (2010), S. 327ff.

– Selbstverwaltung und Effizienz, Zum Urteil des Landesverfassungsgerichts zur Amtsordnung Schleswig-Holstein, NordÖR 2010, S. 225 ff.
Frido Wagener, Die Städte im Landkreis, 1955
– Gemeindeverbandsrecht in Nordrhein-Westfalen, 1967
– Neubau der Verwaltung, 1969
– Modelle der Stadt-Umland-Verwaltungen, in: Hans Schneider (Hrsg.), Im Dienst an Recht und Staat, Festschrift für Werner Weber zum 70. Geburtstag, 1974, S. 957 ff.
– Typen der verselbständigten Erfüllung öffentlicher Aufgaben, in: Frido Wagener (Hrsg.), Verselbständigung von Verwaltungsträgern, 1976, S. 31 ff.
– Landkreise und Kreisfinanzen, in: Frido Wagener (Hrsg.), Kreisfinanzen, 1982, S. 1 ff.
– Stadt-Umland-Verbände, in: Günter Püttner (Hrsg.), Handbuch der kommunalen Wissenschaft und Praxis, Bd. 2, 2. Aufl. 1982, S. 413 ff.
– Gebietsreform und kommunale Selbstverwaltung, DÖV 1983, S. 745 ff.
Christean Wagner/Dagmar Rechenbach, Konnexitätsprinzip ins Grundgesetz!, ZRP 2003, S. 308 ff.
Olav Wagner/Heiko Piesbergen, Neue Entwicklungen zur vergabefreien öffentlich-rechtlichen Zusammenarbeit, NVwZ 2012, S. 653 ff.
Andreas Wahl, „daß diejenigen bezahlen sollen, die bestellen?" Zur Ausgleichungspflicht des Freistaates bei der Übertragung von Aufgaben auf Kommunen nach Art. 85 Abs. 2 SächsVerf, SächsVBl. 1996, S. 298 ff.
Rainer Wahl, Verwaltungsverfahren zwischen Verwaltungseffizienz und Rechtsschutzauftrag, VVDStRL 41 (1983), S. 151 ff.
– Der Vorrang der Verfassung und die Selbständigkeit des Gesetzesrechts, NVwZ 1994, S. 401 ff.
– Die Aufgabenabhängigkeit von Verwaltung und Verwaltungsrecht, in: Wolfgang Hoffmann-Riem/Eberhard Schmidt-Aßmann (Hrsg.), Reform des Allgemeinen Verwaltungsrechts, 1993, S. 177 ff.
– Privatorganisationsrecht als Steuerungsinstrument bei der Wahrnehmung öffentlicher Aufgaben, in: Eberhard Schmidt-Aßmann/Wolfgang Hoffmann-Riem (Hrsg.), Verwaltungsorganisationsrecht als Steuerungsressource, 1997, S. 301 ff.
– Organisation kommunaler Aufgabenerfüllung im Spannungsfeld von Demokratie und Effizienz, in: Hans-Günter Henneke (Hrsg.), Organisation kommunaler Aufgabenerfüllung, 1998, S. 15 ff.
– Der Vorrang der Verfassung, in: Rainer Wahl (Hrsg.), Verfassungsstaat, Europäisierung, Internationalisierung, 2003, S. 121 ff.
– Verwaltungsvorschriften: Die ungesicherte dritte Kategorie des Rechts, in: Eberhard Schmidt-Aßmann (Hrsg.), Festgabe 50 Jahre Bundesverwaltungsgericht, 2003, S. 571 ff.
– Europäisierung: Die miteinander verbundenen Entwicklungen von Rechtsordnungen als ganzen, in: Hans-Heinrich Trute (Hrsg.), Allgemeines Verwaltungsrecht – zur Tragfähigkeit eines Konzepts, 2008, S. 869 ff.
Rainer Wahl/Joachim Wieland, Verfassungsrechtsprechung als knappes Gut, JZ 1996, S. 1137 ff.
Ludwig Waldecker, Entwicklungstendenzen im deutschen Beamtenrecht, AöR 7 (1924), S. 129 ff.
Christian Waldhoff, Satzungsautonomie und Abgabenerhebung – Zu den Anforderungen des Gesetzesvorbehaltes an Eingriffe durch kommunale Abgaben, in: Paul Kirch-

hof (Hrsg.), Staaten und Steuern, Festschrift für Klaus Vogel zum 70. Geburtstag, 2000, S. 495 ff.
– Anmerkung zu BVerwG, Urteil vom 11. Juli 2012, Az.: 9 CN 1.11, JZ 2009, S. 49 ff.
– Manipulation von Wahlterminen durch die Zusammenlegung von Wahlen?, JZ 2009, S. 144 ff.

Knut Waldmann, Das Kommunalunternehmen als Rechtsformalternative für die wirtschaftliche Betätigung von Gemeinden, NVwZ 2008, S. 284 ff.

Jörg Walendy, Theorie kommunaler Wettbewerbsunternehmen, 2008

Heinrich de Wall, Die Einrichtungsgarantien des Grundgesetzes als Grundlagen subjektiver Rechte, Der Staat 38 (1999), S. 377 ff.

Maximilian Wallerath, Strukturprobleme kommunaler Selbstverwaltung, DÖV 1986, S. 533 ff.
– Verwaltungserneuerung, VerwArch 88 (1997), S. 1 ff.
– Kontraktmanagement und Zielvereinbarungen als Instrumente der Verwaltungsmodernisierung, DÖV 1997, S. 57 ff.
– Die Veränderung der Verwaltungskultur als Reformziel, Die Verwaltung 33 (2000), S. 351 ff.
– Der ökonomisierte Staat, JZ 2001, S. 209 ff.
– Selbstverwaltungsgarantie und Kreisgebietsreform, in: Hermann Butzer (Hrsg.), Organisation und Verfahren im sozialen Rechtsstaat, Festschrift für Friedrich E. Schnapp zum 70. Geburtstag, 2008, S. 695 ff.
– Steuerung des Wandels durch kommunale Gebiets- und Funktionalreformen, DÖV 2011, S. 289 ff.

Christian Walter, Hüter oder Wandler der Verfassung, AöR 125 (2000), S. 517 ff.

Renée M. Watkins-Bienz, Die Hart-Dworkin Debatte, 2004

Heinz-Georg Weber, Das kommunale Mandat im politischen Entscheidungsprozeß, in: Rainer Frey (Hrsg.), Kommunalpolitik zwischen Krise und Reform, Festschrift für Lothar Voit, 1976, S. 229 ff.

Martin Weber, Die gemeindliche Satzungsgewalt im Spannungsverhältnis zwischen autonomer Rechtsgestaltung und staatlicher Einflußnahme, BayVBl. 1998, S. 327 ff.

Max Weber, Wirtschaft und Gesellschaft, 5. Aufl. 1980

Werner Weber, Die Körperschaften, Anstalten und Stiftungen des öffentlichen Rechts, 2. Aufl. 1943
– Wandlungen der Kommunalverwaltung, DÖV 1948, S. 19 ff.
– Gegenwartsprobleme der Verwaltungsordnung, DÖV 1951, S. 509 ff.
– Gegenwartsprobleme der interkommunalen Ordnung, 1961
– Staats- und Selbstverwaltung in der Gegenwart, 2. Aufl. 1967
– Der nicht staatsunmittelbare öffentliche Organisationsbereich, Juristen-Jahrbuch 8 (1967–68), S. 137 ff.
– Nichtrechtsfähige öffentlich-rechtliche Verbände, in: Institut für Völkerrecht und ausländisches öffentliches Recht der Universität zu Köln (Hrsg.), Festschrift für Hermann Jahrreiß zum 80. Geburtstag, 1974, S. 323 ff.
– Selbstverwaltungskörperschaften in der Rechtsprechung des Bundesverfassungsgerichts, in: Christian Starck (Hrsg.), Bundesverfassungsgericht und Grundgesetz, Festgabe aus Anlaß des 25jährigen Bestehens des Bundesverfassungsgerichts, 1976, Bd. 2, S. 331 ff.

Wolf Weber, Selbstverwaltung und Demokratie in den Gemeinden nach der Gebietsreform, 1982

Beatrice Weber-Dürler, Vertrauensschutz im öffentlichen Recht, 1983
Hans-Georg Wehling, Politische Partizipation in der Kommunalpolitik, AfK 1989, S. 110ff.
– Landräte in Baden-Württemberg, in: Stefan Brink/Heinrich Amadeus Wolff (Hrsg.), Gemeinwohl und Verantwortung, Festschrift für Hans Herbert von Arnim zum 65. Geburtstag, 2004, S. 429ff.
Matthias Wehr, Rechtsprobleme des Bürgerbegehrens (Art 18a BayGO), BayVBl. 1996, S. 549ff.
– Rechtsaufsicht als Vertrauensaufsicht, BayVBl. 1999, S. 193ff.
– Das Ermessen der Rechtsaufsicht über Kommunen, BayVBl. 2001, S. 705ff.
Peter Weides, Das Verhältnis zwischen Gemeinden und Kreisen gem. Art 28 II GG, NVwZ 1984, S. 155ff.
Wolfgang Weigel, Rechtsökonomik, 2003
Wolfgang Weiß, Finanzverfassung und kommunale Einnahmen, insbesondere aus der Einkommen- und Umsatzsteuer, ZKF 2001, S. 52ff.
– Privatisierung und Staatsaufgaben, 2002
– Beteiligung Privater an der Wahrnehmung öffentlicher Aufgaben und staatliche Verantwortung, DVBl. 2002, S. 1167ff.
– Europarecht und Privatisierung, AöR 128 (2003), S. 91ff.
– Kommunale Energieversorger und EG-Recht: Fordert das EG-Recht die Beseitigung der Beschränkungen für die kommunale Wirtschaft?, DVBl. 2003, S. 564ff.
– Das Verhältnis von Wettbewerb und Daseinsvorsorge nach Lissabon, EuR 2011, Beiheft 2, S. 47ff.
Heinz Weller, Das Neue Verhältnis von Politik und Verwaltung zwischen Anspruch und Wirklichkeit, in: Albert Günther (Hrsg.), Verwaltungsmodernisierung. Anforderungen – Erfahrungen – Perspektiven, Festschrift 10 Jahre Institut für Kommunal- und Verwaltungswissenschaften NRW, 2000, S. 110ff.
Patricia Wendel, Das Ergebnis der Gemeindegebietsreform in Sachsen-Anhalt – Gemeinden ohne örtliche Gemeinschaft?, LKV 2011, S. 488ff.
Rudolf Wendt, Eigentum und Gesetzgebung, 1985
– Finanzierungsverantwortung für gesetzgeberisch veranlasste kommunale Aufgaben, in: Joachim Burmeister (Hrsg.), Verfassungsstaatlichkeit, Festschrift für Klaus Stern zum 65. Geburtstag, 1997, S. 603ff.
– Für die volle Einbeziehung der kommunalen Finanzkraft in den Länderfinanzausgleich, DÖV 2001, S. 762ff.
– Finanzhoheit und Finanzausgleich, in: Josef Isensee/Paul Kirchhof (Hrsg.), Handbuch des Staatsrechts der Bundesrepublik Deutschland, Bd. VI, 3. Aufl. 2008, § 139
Rudolf Wendt/Michael Elicker, Darf ein Land seine Kommunen in die Verschuldung zwingen?, VerwArch 93 (2002), S. 187ff.
Christopher Wenzl, Das Örtlichkeitsprinzip im europäischen Binnenmarkt, 2007
Sabine Werner, Verfassungsrechtliche Voraussetzungen und Grenzen kommunaler Gebietsreformen in den neuen Bundesländern unter besonderer Berücksichtigung des Landes Brandenburg, 2002
Alma Werner-Jensen, Planungshoheit und kommunale Selbstverwaltung, 2006
Rainer Wernsmann, Übernachtungssteuern als örtliche Aufwandsteuern, NVwZ 2013, S. 124ff.

Wilhelm Wertenbruch, Zur Selbstverwaltung im Sozialrecht, in: Hans F. Zacher (Hrsg.), Soziale Sicherung durch soziales Recht, Festschrift für Horst Peters zum 65. Geburtstag, 1975, S. 203 ff.
Heinz Weyl, Ist das raumordnungspolitische Ziel der „wertgleichen Lebensbedingungen" überholt?, DÖV 1980, S. 813 ff.
Martin Wickel, Zur rechtlichen Organisation von Regionen, DÖV 2001, S. 837 ff.
Bernd Widera, Zur verfassungsrechtlichen Gewährleistung gemeindlicher Planungshoheit, 1985
Joachim Wieland, Die Selbstverwaltung der Gemeinden im Spannungsverhältnis zwischen Verwaltungseffizienz und Bürgernähe, Die Verwaltung 24 (1991), S. 343 ff.
– Kommunale Selbstverwaltung zwischen Privatisierung öffentlicher Aufgaben und Ausdehnung wirtschaftlicher Betätigung, in: Hans-Günter Henneke (Hrsg.), Stärkung der kommunalen Handlungs- und Entfaltungsspielräume, 1996, S. 17 ff.
– Kommunalwirtschaftliche Betätigung unter veränderten Wettbewerbsbedingungen, in: Hans-Günter Henneke (Hrsg.), Optimale Aufgabenerfüllung im Kreisgebiet?, 1998, S. 193 ff.
– Staatliche Finanzkontrolle im Bereich kommunaler Selbstverwaltung, DVBl. 1999, S. 1470 ff.
– Die Gemeindefinanzierung in der Rechtsprechung des Verfassungsgerichts, in: Präsident des Verfassungsgerichtshofs für das Land Nordrhein-Westfalen (Hrsg.), Verfassungsgerichtsbarkeit in Nordrhein-Westfalen, Festschrift zum 50-jährigen Bestehen des Verfassungsgerichtshofs für das Land Nordrhein-Westfalen, 2002, S. 415 ff.
– Konkurrentenschutz gegen kommunale Wirtschaftsbetätigung, Die Verwaltung 36 (2003), S. 225 ff.
– Art. 84 – Klare Verantwortungszuordnung oder neue Vernetzungsstrategien?, in: Hans-Günter Henneke (Hrsg.), Kommunen in den Föderalismusreformen I und II, 2008, S. 9 ff.
– Art. 84 GG – Klare Verantwortungszuordnung oder neue Vernetzungsstrategien?, Der Landkreis 2008, S. 184 ff.
– Referat, in: Ständige Deputation des Deutschen Juristentages (Hrsg.), Verhandlungen des siebenundsechzigsten Deutschen Juristentages, Bd. II/1, 2009, M 11 ff.
– Privatisierung öffentlicher Aufgaben – Gestaltungsmöglichkeiten, Grenzen, Regelungsbedarf, NdsVBl. 2009, S. 33 ff.
– Der Anspruch der Kommunen auf eine angemessene Finanzausstattung, in: Utz Schliesky (Hrsg.), Die Freiheit des Menschen in Kommune, Staat und Europa, Festschrift für Edzard Schmidt-Jortzig, 2011, S. 221 ff.
– Verfassungsgerichtliche Kontrolle von Gebietsreformen, in: Veith Mehde (Hrsg.), Staat, Information, Verwaltung, Festschrift für Hans Peter Bull zum 75. Geburtstag, 2011, S. 923 ff.
Joachim Wieland/Johannes Hellermann, Der Schutz des Selbstverwaltungsrechts der Kommunen gegenüber Einschränkungen ihrer wirtschaftlichen Betätigung im nationalen und europäischen Recht, 1995
– Das Verbot ausschließlicher Konzessionsverträge und die kommunale Selbstverwaltung, DVBl. 1996, S. 401 ff.
Rolf Wiese, Garantie der Gemeindeverbandsebene?, 1972
Stephan Wilhelm, Gemeindestrukturreform im Land Brandenburg, LKV 2001, S. 11 ff.
Walter Wilhelm, Zur juristischen Methodenlehre im 19. Jahrhundert, 1958

Oliver Eaton Williamson, Transaction-Cost Economics: The Governance of Contractual Relations, The Journal of Law and Economics 22 (1979), S. 233 ff.
– The Economics of Governance: Framework and Implecations, Journal of Institutional and Theoretical Economics 140 (1984), S. 195 ff.
– The Economic Institutions of Capitalism. Firms, Markets, Relational Contracting, 1985
– The Mechanisms of Governance, 1996
Raimund Wimmer, Die verfassungskonforme Neuordnung kommunaler Verflechtungsräume, NJW 1964, S. 1654 ff.
– Abschied von „gleichwertigen" Lebensverhältnissen?, DVBl. 1982, S. 62 ff.
– Administrative und finanzielle Unterstützung kreisangehöriger Gemeinden und Verbandsgemeinden durch die Landkreise, 1990
– Ausgleichs- und Ergänzungsaufgaben der Kreise?, NVwZ 1998, S. 28 ff.
Alexander Windoffer, Einheitliche Ansprechpartner nach der EU-Dienstleistungsrichtlinie – Aufgabenprofil und Ansiedlungsoptionen, DVBl. 2006, S. 1210 ff.
– Die Implementierung einheitlicher Ansprechpartner nach der EU-Dienstleistungsrichtlinie, NVwZ 2007, S. 495 ff.
– Ein Jahr EU-Dienstleistungsrichtlinie – Zur Diskussion um den einheitlichen Ansprechpartner unter besonderer Berücksichtigung des „Kammermodells", GewArch 2008, S. 97 ff.
– Die Vergabe von Standplätzen auf gemeindlichen Märkten und Volksfesten – Bewährte Lösungen bekannter Probleme?, GewArch 2013, S. 265 ff.
Daniela Winkler, Die Umsetzung von „Hartz IV" als Herausforderung an das Organisationsrecht, VerwArch 99 (2008), S. 509 ff.
Markus Winkler, Anmerkung zu BVerwG, Urteil vom 27. Mai 2009, Az.: 8 C 10.08, JZ 2009, S. 1169 ff.
– Inklusiver Unterricht mit behinderten Schülerinnen und Schülern: Wer muss das bezahlen?, NWVBl. 2011, S. 409 ff.
– Schulentwicklungsplanung zwischen kommunaler Selbstverwaltung und staatlicher Schulverantwortung, DÖV 2011, S. 686 ff.
Sabine A. Winnik, Die abfallwirtschaftliche Betätigung der Gemeinden, 2009
Hinnerk Wißmann, Verfassungsrechtliche Vorgaben der Verwaltungsorganisation, in: Wolfgang Hoffmann-Riem/Eberhard Schmidt-Aßmann/Andreas Voßkuhle (Hrsg.), Grundlagen des Verwaltungsrechts, Bd. I, 2. Aufl. 2012, § 15
Leo Wittmayer, Die Weimarer Reichsverfassung, 1922
Fabian Wittrek, Direkte Demokratie und Verfassungsgerichtsbarkeit, JöR 53 n F. (2005), S. 111 ff.
Gerd Wixforth, Die gemeindliche Finanzhoheit und ihre Grenzen, 1962
Matthias Wohltmann, Bemessung und Ausstattung des kommunalen Finanzausgleichs – Prozedurale Flankierung, ZG 2011, S. 377 ff.
– Bemessung und Ausstattung des kommunalen Finanzausgleichs: Methodische Vorgaben in den Ländern, in: Martin Junkernheinrich/Stefan Korioth/Thomas Lenk/Henrik Scheller/Matthias Woisin (Hrsg.), Jahrbuch für öffentliche Finanzen 2011, S. 481 ff.
Manfred Woite, Die Kompetenzaufteilung im Landkreis und Amt, 1963
Ingo Wolf, Grundzüge der Verwaltungsreform in NRW, in: Janbernd Oebbecke/Dirk Ehlers/Martin Klein/Dörte Diemert (Hrsg.), Zwischen kommunaler Kooperation und Verwaltungsreform, 2006, S. 19 ff.

Jens Wolf, Kontrolle kommunaler Unternehmen, GewArch 1999, S. 177ff.
– Anstalt des öffentlichen Rechts als Wettbewerbsunternehmen, 2002
Christof Wolff, Die Modernisierung der nationalen Verwaltungen: Die kommunale Selbstverwaltung, in: Siegfried Magiera/Karl-Peter Sommermann (Hrsg.), Europäisierung und Internationalisierung der öffentlichen Verwaltung, Symposium aus Anlass der Emeritierung von Heinrich Siedentopf, 2007, S. 69ff.
Hans Julius Wolff, Rechtsgrundsätze und verfassungsgestaltende Grundentscheidung als Rechtsquellen, in: Otto Bachof (Hrsg.), Forschungen und Berichte aus dem öffentlichen Recht, Gedächtnisschrift für Walter Jellinek, 1955, S. 33ff.
Hans Julius Wolff/Otto Bachhof, Verwaltungsrecht, Bd. II, 4. Aufl. 1976
Hans Wilhelm Wolff, Die Organisationsgewalt der Gemeinden und ihre Grenzen bei der Gliederung der Gemeindeverwaltung, 1958
Heinrich Amadeus Wolff, Die Stärkung des Konnexitätsprinzips in der Bayerischen Verfassung (Art. 83 Abs. 3 und Abs. 6 BV n. F.), BayVBl. 2004, S. 129ff.
– Die Personalhoheit als Bestandteil der kommunalen Selbstverwaltungsgarantie, VerwArch 100 (2009), S. 280ff.
Johanna Wolff, Verfassungs- und europarechtliche Fragen der wirtschaftlichen Betätigung deutscher Kommunen im Ausland, DÖV 2011, S. 721ff.
Martin Wolff, Reichsverfassung und Eigentum, in: Festgabe der Berliner Juristischen Fakultät für Wilhelm Kahl zum Doktorjubiläum am 19. April 1923, 1923, S. 1ff.
Bernward Wollenschläger, Effektive staatliche Rückholoption bei gesellschaftlicher Schlechterfüllung, 2006
Ferdinand Wollenschläger/Julia Faber, Kommunen als Träger von Hochschulen: die universitäre Medizinerausbildung als neue Kommunalaufgabe, in: Georg Jochum (Hrsg.), Grenzüberschreitendes Recht – Crossing Frontiers, Festschrift für Kay Hailbronner, 2013, S. 811ff.
Michael Wollenschläger/Alexander Schraml, Kommunalwahlrecht für nichtdeutsche Unionsbürger, BayVBl. 1995, S. 385ff.
Hellmut Wollmann, Politik- und Verwaltungsinnovation in den Kommunen? – Eine Bilanz kommunaler Sozial- und Umweltpolitik, in: Thomas Ellwein (Hrsg.), Jahrbuch für Staats- und Verwaltungswissenschaften, Bd. 4, 1990, S. 69ff.
– „Echte Kommunalisierung" der Verwaltungsaufgaben: Innovatives Leitbild für umfassende Funktionalreform?, LKV 1997, S. 105ff.
– Der Staats-, Markt- und Zivilbürger und seine Muskeln in der Verwaltungsmodernisierung, in: Dieter Grunow/Hellmut Wollmann (Hrsg.), Lokale Verwaltungsreform in Aktion, 1998, S. 59ff.
– Modernisierung der kommunalen Politik- und Verwaltungswelt – Zwischen Demokratie und Managementschub, in: Dieter Grunow/Hellmut Wollmann (Hrsg.), Lokale Verwaltungsreform in Aktion: Fortschritte und Fallstricke, 1998, S. 400ff.
– Kommunalvertretungen: Verwaltungsorgane oder Parlamente, in: Hellmut Wollmann/Roland Roth (Hrsg.), Kommunalpolitik, 2. Aufl. 1999
– Politik- und Verwaltungsmodernisierung in den Kommunen: zwischen Managementlehre und Demokratiegebot, Die Verwaltung 32 (1999), S. 345ff.
– Die traditionelle deutsche kommunale Selbstverwaltung – ein Auslaufmodell?, DfK 2002, S. 24ff.
– Evaluation von Verwaltungspolitik, VerwArch 93 (2002), S. 418ff.
– Staatsorganisation zwischen Territorial- und Funktionalprinzip im Ländervergleich – Varianten der Institutionalisierung auf der dezentral-lokalen Ebene, in: Jörg Bogu-

mil/Werner Jann/Frank Nullmeier (Hrsg.), Politik und Verwaltung, Auf dem Weg zu einer postmanagerialen Verwaltungsforschung, 2006, S. 424 ff.
– Reformen in Kommunalpolitik und -verwaltung, 2008
– Reformen dezentral-lokaler Organisationsstrukturen zwischen Territorialität und Funktionalität – England, Schweden, Frankreich und Deutschland im Vergleich, in: Angelika Vetter/Hubert Heinelt (Hrsg.), Lokale Politikforschung heute, 2008, S. 197 ff.
Christoph Worms, Die landesverfassungsrechtlichen Konnexitätsregelungen am Beispiel des Art. 49 Abs. 5 der Verfassung für Rheinland-Pfalz, DÖV 2008, S. 353 ff.
Inge Wulf/Jutta Wibke Freymuth, Aufstellung der ersten Eröffnungsbilanz im Neuen Kommunalen Rechnungswesen für Niedersachsen, DÖV 2012, S. 346 ff.
Thomas Württenberger, Die Akzeptanz von Verwaltungsentscheidungen, 1996
– Der kommunale Finanzausgleich – politisch entschieden oder verfassungsrechtlich determiniert?, in: Josef Isensee (Hrsg.), Freiheit und Eigentum, Festschrift für Walter Leisner zum 70. Geburtstag, 1999, S. 973 ff.
Gabriele Wurzel, Gemeinderat als Parlament?, 1975
– Usurpation parlamentarischer Kompetenzen durch Stadt- und Gemeinderäte, BayVBl. 1986, S. 417 ff.
Heinrich Albert Zachariä, Deutsches Staats- und Bundesrecht, 1. Teil, 3. Aufl. 1865
Wolfgang Zeidler, Der Standort der Verwaltung in der Auseinandersetzung um das Demokratieprinzip, DVBl. 1973, S. 719 ff.
Adelheid Zeis, Ein neues kommunales Haushaltsrecht für ein Neues Steuerungsmodell, 1999
Christian Ziche/Daniel Herrmann, Weisungsrechte gegenüber Aufsichtsratsmitgliedern in Satzungen kommunaler Eigengesellschaften in der Rechtsform der GmbH, DÖV 2014, S. 111 ff.
Otto Ziebill, Verwaltungsordnung und Selbstverwaltung, DÖV 1952, S. 1 ff.
– Parteien und kommunale Selbstverwaltung, 1964
Josef Ziegler, Bürgerbeteiligung in der kommunalen Selbstverwaltung, 1974
– Unmittelbare Bürgerbeteiligung mit lediglich beratender Wirkung, in: Jörg-Detlef Kühne/Friedrich Meissner (Hrsg.), Züge unmittelbarer Demokratie in der Gemeindeverfassung, 1977, S. 121 ff.
Christian Zieglmeier, Das strikte Konnexitätsprinzip am Beispiel der Bayerischen Verfassung, NVwZ 2008, S. 270 ff.
– Die Reichweite des landesverfassungsrechtlichen Konnexitätsprinzips am Beispiel der Umsetzung der EU-Dienstleistungsrichtlinie, NVwZ 2009, S. 1455 ff.
Jan Ziekow, Inwieweit veranlaßt das Neue Steuerungsmodell zu Änderungen des Verwaltungsverfahrens und des Verwaltungsverfahrensgesetzes?, in: Wolfgang Hoffmann-Riem/Eberhard Schmidt-Aßmann (Hrsg.), Verwaltungsverfahren und Verwaltungsverfahrensgesetz, 2002, S. 349 ff.
– Die Anwendung des landesverfassungsrechtlichen Konnexitätsprinzips bei bundes- oder gemeinschaftsrechtlichen Beeinflussungen des Bestandes kommunaler Aufgaben, DÖV 2006, S. 489 ff.
– Die Auswirkungen der Dienstleistungsrichtlinie auf das deutsche Genehmigungsverfahrensrecht, GewArch 2007, S. 179 ff., 217 ff.
– Die verfahrensrechtliche Umsetzung der europäischen Dienstleistungsrichtlinie und das landesverfassungsrechtliche Konnexitätsprinzip, LKV 2009, S. 385 ff.

– Neue Formen der Bürgerbeteiligung? Planung und Zulassung von Projekten in der parlamentarischen Demokratie, Gutachten D zum neunundsechzigsten Deutschen Juristentag, in: Ständige Deputation des Deutschen Juristentages (Hrsg.), Verhandlungen des neunundsechzigsten Deutschen Juristentages, Bd. I, 2012
– Kommunale Informationsfreiheit – Anforderungen der Garantie der kommunalen Selbstverwaltung an die Ausgestaltung der amtlichen Statistik, VerwAch 104 (2013), S. 529 ff.
– Frühe Öffentlichkeitsbeteiligung, Der Beginn einer neuen Verwaltungskultur, NVwZ 2013, S. 754 ff.
Jan Ziekow/Thorsten Siegel, Public Private Partnerships und Vergaberecht: Vergaberechtliche Sonderbehandlung der „In-State-Geschäfte"?, VerwArch 96 (2005), S. 119 ff.
Jan Ziekow/Alexander Windoffer (Hrsg.), Ein Einheitlicher Ansprechpartner für Dienstleister, 2007
Franz Zimmermann, Das System der kommunalen Einnahmen und die Finanzierung der kommunalen Aufgaben in der Bundesrepublik Deutschland, 1988
Sigrid von Zimmermann-Wienhues, Kommunale Selbstverwaltung in einer Europäischen Union, 1997
Reinhold Zippelius, Rechtsphilosophie, 4. Aufl 2003
– Juristische Methodenlehre, 9. Aufl. 2005
Philipp Zorn, Das Staatsrecht des Deutschen Reiches, Bd. I, 1985
Rüdiger Zuck, Subsidiaritätsprinzip und Grundgesetz, 1968
Oliver Zugmaier, Gemeindliche Unternehmen in Privatrechtsform, BayVBl. 2001, S. 233 ff.
Eniko Zsinka, Die Verbandsgemeinde: ein Zukunftsmodell?, DÖV 2013, S. 61 ff.
Manfred Zuleeg, Die Anwendungsbereiche des öffentlichen Rechts und des Privatrechts, VerwArch 73 (1982), S. 384 ff.
– Selbstverwaltung und europäisches Gemeinschaftsrecht, in: Albert von Mutius (Hrsg.), Selbstverwaltung im Staat der Industriegesellschaft, Festgabe zum 70. Geburtstag von Georg Christoph von Unruh, 1983, S. 91 ff.
Michael Zürn, Global Governance, in: Gunnar Folke Schuppert (Hrsg.), Governance-Forschung. Vergewisserung über Stand und Entwicklungslinien, 2005, S. 121 ff.
Wolfgang von Zwehl/Georg Michael Zupancic, Die kommunale Rechnungslegung – Anspruch und Wirklichkeit, DÖV 1990, S. 223 ff.

Sachregister

Jus Publicum

Beiträge zum Öffentlichen Recht – Alphabetische Übersicht

Alleweldt, Ralf: Bundesverfassungsgericht und Fachgerichtsbarkeit. 2006. *Band 151.*
Anderheiden, Michael: Gemeinwohl in Republik und Union. 2006. *Band 152.*
Appel, Ivo: Staatliche Zukunfts- und Entwicklungsvorsorge. 2005. *Band 125.*
Arnauld, Andreas von: Rechtssicherheit. 2006. *Band 148.*
Augsberg, Ino: Informationsverwaltungsrecht. 2014. *Band 227.*
Aulehner, Josef: Grundrechte und Gesetzgebung. 2011. *Band 203.*
Axer, Peter: Normsetzung der Exekutive in der Sozialversicherung. 2000. *Band 49.*
Baer, Susanne: „Der Bürger" im Verwaltungsrecht. 2006. *Band 146.*
Bast, Jürgen: Aufenthaltsrecht und Migrationssteuerung. 2011. *Band 207.*
Bauer, Hartmut: Die Bundestreue. 1992. *Band 3.*
Baumeister, Peter: Der Beseitigungsanspruch als Fehlerfolge des rechtswidrigen Verwaltungsakts. 2006. *Band 142.*
Beaucamp, Guy: Das Konzept der zukunftsfähigen Entwicklung im Recht. 2002. *Band 85.*
Becker, Florian: Kooperative und konsensuale Strukturen in der Normsetzung. 2005. *Band 129.*
Becker, Joachim: Transfergerechtigkeit und Verfassung. 2001. *Band 68.*
Bickenbach, Christian: Die Einschätzungsprärogative des Gesetzgebers. 2014. *Band 230.*
Biehler, Gernot: Auswärtige Gewalt. 2005. *Band 128.*
Blanke, Hermann-Josef: Vertrauensschutz im deutschen und europäischen Verwaltungsrecht. 2000. *Band 57.*
Böhm, Monika: Der Normmensch. 1996. *Band 16.*
Böse, Martin: Wirtschaftsaufsicht und Strafverfolgung. 2005. *Band 127.*
Bogdandy, Armin von: Gubernative Rechtsetzung. 2000. *Band 48.*
Borowski, Martin: Die Glaubens- und Gewissensfreiheit des Grundgesetzes. 2005. *Band 144.*
Brenner, Michael: Der Gestaltungsauftrag der Verwaltung in der Europäischen Union. 1996. *Band 14.*
Breuer, Marten: Staatshaftung für judikatives Unrecht. 2011. *Band 211.*
Britz, Gabriele: Kulturelle Rechte und Verfassung. 2000. *Band 60.*
Bröhmer, Jürgen: Transparenz als Verfassungsprinzip. 2004. *Band 106.*
Brosius-Gersdorf, Frauke: Demografischer Wandel und Familienförderung. 2011. *Band 204.*
Brüning, Christoph: Einstweilige Verwaltungsführung. 2003. *Band 103.*
Burgi, Martin: Funktionale Privatisierung und Verwaltungshilfe. 1999. *Band 37.*
Bultmann, Peter Friedrich: Beihilfenrecht und Vergaberecht. 2004. *Band 109.*
Bumke, Christian: Relative Rechtswidrigkeit. 2004. *Band 117.*
Bungenberg, Marc: Vergaberecht im Wettbewerb der Systeme. 2007. *Band 163.*
Butzer, Hermann: Fremdlasten in der Sozialversicherung. 2001. *Band 72.*
Calliess, Christian: Rechtsstaat und Umweltstaat. 2001. *Band 71.*
Cancik, Pascale M.: Verwaltung und Öffentlichkeit in Preußen. 2007. *Band 171.*
Classen, Claus Dieter: Die Europäisierung der Verwaltungsgerichtsbarkeit. 1996. *Band 13.*
– Religionsfreiheit und Staatskirchenrecht in der Grundrechtsordnung. 2003. *Band 100.*
Coelln, Christian von: Zur Medienöffentlichkeit der Dritten Gewalt. 2005. *Band 138.*
Cornils, Matthias: Die Ausgestaltung der Grundrechte. 2005. *Band 126.*

Cremer, Wolfram: Freiheitsgrundrechte. 2003. *Band 104.*
Dann, Philipp: Entwicklungsverwaltungsrecht. 2012. *Band 212.*
Dammann, Jens: Materielles Recht und Beweisrecht im System der Grundfreiheiten. 2007. *Band 162.*
Danwitz, Thomas von: Verwaltungsrechtliches System und Europäische Integration. 1996. *Band 17.*
Dederer, Hans-Georg: Korporative Staatsgewalt. 2004. *Band 107.*
Desens, Marc: Bindung der Finanzverwaltung an die Rechtsprechung. 2011. *Band 206.*
Detterbeck, Steffen: Streitgegenstand und Entscheidungswirkungen im Öffentlichen Recht. 1995. *Band 11.*
Di Fabio, Udo: Risikoentscheidungen im Rechtsstaat. 1994. *Band 8.*
Dietz, Andreas: Das Primat der Politik in kaiserlicher Armee, Reichswehr, Wehrmacht und Bundeswehr. 2011. *Band 210.*
Dörr, Oliver: Der europäisierte Rechtsschutzauftrag deutscher Gerichte. 2003. *Band 96.*
Droege, Michael: Gemeinnützigkeit im offenen Steuerstaat. 2010. *Band 191.*
Drüen, Klaus-Dieter: Die Indienstnahme Privater für den Vollzug von Steuergesetzen. 2012. *Band 218.*
Durner, Wolfgang: Konflikte räumlicher Planungen. 2005. *Band 119.*
Enders, Christoph: Die Menschenwürde in der Verfassungsordnung. 1997. *Band 27.*
Engels, Andreas: Die Verfassungsgarantie kommunaler Selbstverwaltung. 2014. *Band 234.*
Englisch, Joachim: Wettbewerbsgleichheit im grenzüberschreitenden Handel. 2008. *Band 174.*
Epping, Volker: Die Außenwirtschaftsfreiheit. 1998. *Band 32.*
Fassbender, Bardo: Der offene Bundesstaat. 2007. *Band 161.*
Fehling, Michael: Verwaltung zwischen Unparteilichkeit und Gestaltungsaufgabe. 2001. *Band 79.*
Felix, Dagmar: Einheit der Rechtsordnung. 1998. *Band 34.*
Fetzer, Thomas: Staat und Wettbewerb in dynamischen Märkten. 2013. *Band 219.*
Fisahn, Andreas: Demokratie und Öffentlichkeitsbeteiligung. 2002. *Band 84.*
Fraenkel-Haeberle, Cristina: Die Universität im Mehrebenensystem. 2014. *Band 226.*
Franz, Thorsten: Gewinnerzielung durch kommunale Daseinsvorsorge. 2005. *Band 123.*
Franzius, Claudio: Gewährleistung im Recht. 2009. *Band 177.*
Frenz, Walter: Selbstverpflichtungen der Wirtschaft. 2001. *Band 75.*
Funke, Andreas: Umsetzungsrecht. 2010. *Band 200.*
Gärditz, Klaus Ferdinand: Hochschulorganisation und verwaltungsrechtliche Systembildung. 2009. *Band 182.*
Gaitanides, Charlotte: Das Recht der Europäischen Zentralbank. 2005. *Band 132.*
Gellermann, Martin: Grundrechte im einfachgesetzlichen Gewande. 2000. *Band 61.*
Germelmann, Claas Friedrich: Kultur und staatliches Handeln. 2013. *Band 223.*
Glaser, Andreas: Die Entwicklung des Europäischen Verwaltungsrechts aus der Perspektive der Handlungsformenlehre. 2013. *Band 221.*
Graser, Alexander: Gemeinschaften ohne Grenzen? 2008. *Band 178.*
Grigoleit, Klaus Joachim: Bundesverfassungsgericht und deutsche Frage. 2004. *Band 108.*
Gröpl, Christoph: Haushaltsrecht und Reform. *2001. Band 67.*
Gröschner, Rolf: Das Überwachungsrechtsverhältnis. 1992. *Band 4.*
Groh, Kathrin: Demokratische Staatsrechtslehrer in der Weimarer Republik. 2010. *Band 197.*
Groß, Thomas: Das Kollegialprinzip in der Verwaltungsorganisation. 1999. *Band 45.*
Grote, Rainer: Der Verfassungsorganstreit. 2010. *Band 192.*

Grzeszick, Bernd: Rechte und Ansprüche. 2002. *Band 92.*
Guckelberger, Annette: Die Verjährung im Öffentlichen Recht. 2004. *Band 111.*
Gurlit, Elke: Verwaltungsvertrag und Gesetz. 2000. *Band 63.*
Haack, Stefan: Verlust der Staatlichkeit. 2007. *Band 164.*
Häde, Ulrich: Finanzausgleich. 1996. *Band 19.*
Haltern, Ulrich: Europarecht und das Politische. 2005. *Band 136.*
Hanschel, Dirk: Konfliktlösung im Bundesstaat. 2012. *Band 215.*
Hartmann, Bernd J.: Öffentliches Haftungsrecht. 2013. *Band 222.*
Hase, Friedhelm: Versicherungsprinzip und sozialer Ausgleich. 2000. *Band 64.*
Hecker, Jan: Marktoptimierende Wirtschaftsaufsicht. 2007. *Band 172.*
Heckmann, Dirk: Geltungskraft und Geltungsverlust von Rechtsnormen. 1997. *Band 28.*
Heinig, Hans Michael: Der Sozialstaat im Dienst der Freiheit. 2008. *Band 175.*
Heitsch, Christian: Die Ausführung der Bundesgesetze durch die Länder. 2001. *Band 77.*
Hellermann, Johannes: Örtliche Daseinsvorsorge und gemeindliche Selbstverwaltung. 2000. *Band 54.*
Herbst, Tobias: Gesetzgebungskompetenzen im Bundesstaat. 2014. *Band 231.*
Hermes, Georg: Staatliche Infrastrukturverantwortung. 1998. *Band 29.*
Herrmann, Christoph: Währungshoheit, Währungsverfassung und subjektive Rechte. 2010. *Band 187.*
Hochhuth, Martin: Die Meinungsfreiheit im System des Grundgesetzes. 2007. *Band 153.*
Hösch, Ulrich: Eigentum und Freiheit. 2000. *Band 56.*
Hofmann, Ekkehard: Abwägung im Recht. 2007. *Band 158.*
Hohmann, Harald: Angemessene Außenhandelsfreiheit im Vergleich. 2002. *Band 89.*
Holznagel, Bernd: Rundfunkrecht in Europa. 1996. *Band 18.*
Horn, Hans-Detlef: Die grundrechtsunmittelbare Verwaltung. 1999. *Band 42.*
Huber, Peter-Michael: Konkurrenzschutz im Verwaltungsrecht. 1991. *Band 1.*
Hufeld, Ulrich: Die Vertretung der Behörde. 2003. *Band 102.*
Huster, Stefan: Die ethische Neutralität des Staates. 2002. *Band 90.*
Ibler, Martin: Rechtspflegender Rechtsschutz im Verwaltungsrecht. 1999. *Band 43.*
Ismer, Roland: Klimaschutz als Rechtsproblem. 2013. *Band 225.*
Jaeckel, Liv: Gefahrenabwehrrecht und Risikodogmatik. 2010. *Band 189.*
Jestaedt, Matthias: Grundrechtsentfaltung im Gesetz. 1999. *Band 50.*
Jochum, Heike: Verwaltungsverfahrensrecht und Verwaltungsprozeßrecht. 2004. *Band 116.*
Jungheim, Stephanie: Medienordnung und Wettbewerbsrecht im Zeitalter der Digitalisierung und Globalisierung. 2012. *Band 214.*
Kadelbach, Stefan: Allgemeines Verwaltungsrecht unter europäischem Einfluß. 1999. *Band 36.*
Kämmerer, Jörn Axel: Privatisierung. 2001. *Band 73.*
Kahl, Wolfgang: Die Staatsaufsicht. 2000. *Band 59.*
Kaufmann, Marcel: Untersuchungsgrundsatz und Verwaltungsgerichtsbarkeit. 2002. *Band 91.*
Kersten, Jens: Das Klonen von Menschen. 2004. *Band 115.*
Khan, Daniel-Erasmus: Die deutschen Staatsgrenzen. 2004. *Band 114.*
Kielmansegg, Sebastian Graf: Grundrechte im Näheverhältnis. 2012. *Band 217.*
Kingreen, Thorsten: Das Sozialstaatsprinzip im europäischen Verfassungsbund. 2003. *Band 97.*
Kirchhof, Gregor: Die Allgemeinheit des Gesetzes. 2009. *Band 184.*
Kischel, Uwe: Die Begründung. 2002. *Band 94.*
Klatt, Matthias: Die praktische Konkordanz von Kompetenzen. 2014. *Band 232.*

Kluth, Winfried: Funktionale Selbstverwaltung. 1997. *Band 26.*
Kment, Martin : Grenzüberschreitendes Verwaltungshandeln. 2010. *Band 194.*
Knauff, Matthias : Der Regelungsverbund: Recht und Soft Law im Mehrebenensystem. 2010. *Band 193.*
Koch, Thorsten: Der Grundrechtsschutz des Drittbetroffenen. 2000. *Band 62.*
Korioth, Stefan: Der Finanzausgleich zwischen Bund und Ländern. 1997. *Band 23.*
Krausnick, Daniel: Staat und Hochschule im Gewährleistungsstaat. 2012. *Band 213.*
Kube, Hanno: Finanzgewalt in der Kompetenzordnung. 2004. *Band 110.*
Kugelmann, Dieter: Die informatorische Rechtsstellung des Bürgers. 2001. *Band 65.*
Lang, Heinrich: Gesetzgebung in eigener Sache. 2007. *Band 159.*
Langenfeld, Christine: Integration und kulturelle Identität zugewanderter Minderheiten. 2001. *Band 80.*
Lehner, Moris: Einkommensteuerrecht und Sozialhilferecht. 1993. *Band 5.*
Leisner, Anna: Kontinuität als Verfassungsprinzip. 2002. *Band 83.*
Leisner, Walter Georg: Existenzsicherung im Öffentlichen Recht. 2007. *Band 157.*
Lenski, Sophie-Charlotte: Öffentliches Kulturrecht. 2013. *Band 220.*
Lenze, Anne: Staatsbürgerversicherung und Verfassung. 2005. *Band 133.*
Lepsius, Oliver: Besitz und Sachherrschaft im öffentlichen Recht. 2002. *Band 81.*
Lewinski, Kai von: Öffentlichrechtliche Insolvenz und Staatsbankrott. 2011. *Band 202.*
Lindner, Josef Franz: Theorie der Grundrechtsdogmatik. 2005. *Band 120.*
Lorz, Ralph Alexander: Interorganrespekt im Verfassungsrecht. 2001. *Band 70.*
Lücke, Jörg: Vorläufige Staatsakte. 1991. *Band 2.*
Luthe, Ernst-Wilhelm: Optimierende Sozialgestaltung. 2001. *Band 69.*
Mager, Ute: Einrichtungsgarantien. 2003. *Band 99.*
Mann, Thomas: Die öffentlich-rechtliche Gesellschaft. 2002. *Band 93.*
Manssen, Gerrit: Privatrechtsgestaltung durch Hoheitsakt. 1994. *Band 9.*
Martini, Mario: Der Markt als Instrument hoheitlicher Verteilungslenkung. 2008. *Band 176.*
Masing, Johannes: Parlamentarische Untersuchungen privater Sachverhalte. 1998. *Band 30.*
Menzel, Jörg: Internationales Öffentliches Recht. 2011. *Band 201.*
Meyer, Stephan: Juristische Geltung als Verbindlichkeit. 2011. *Band 208.*
Möstl, Markus: Die staatliche Garantie für die öffentliche Sicherheit und Ordnung. 2002. *Band 87.*
Möllers, Christoph: Gewaltengliederung. 2005. *Band 141.*
Morgenthaler, Gerd: Freiheit durch Gesetz. 1999. *Band 40.*
Morlok, Martin: Selbstverständnis als Rechtskriterium. 1993. *Band 6.*
Müller, Thomas: Wettbewerb und Unionsverfassung. 2014. *Band 233.*
Müller-Franken, Sebastian: Maßvolles Verwalten. 2004. *Band 105.*
Müller-Terpitz , Ralf: Der Schutz des pränatalen Lebens. 2007. *Band 165.*
Musil, Andreas: Wettbewerb in der staatlichen Verwaltung. 2005. *Band 134.*
Niedobitek, Matthias: Das Recht der grenzüberschreitenden Verträge. 2001. *Band 66.*
Odendahl, Kerstin: Kulturgüterschutz. 2005. *Band 140.*
Oeter, Stefan: Integration und Subsidiarität im deutschen Bundesstaatsrecht. 1998. *Band 33.*
Ohler, Christoph: Die Kollisionsordnung des Allgemeinen Verwaltungsrechts. 2005. *Band 131.*
Pache, Eckhard: Tatbestandliche Abwägung und Beurteilungsspielraum. 2001. *Band 76.*
Palm, Ulrich: Person im Ertragsteuerrecht. 2013. *Band 224.*
Pauly, Walter: Der Methodenwandel im deutschen Spätkonstitutionalismus. 1993. *Band 7.*

Pielow, Johann-Christian: Grundstrukturen öffentlicher Versorgung. 2001. *Band 58.*
Pöcker, Markus: Stasis und Wandel der Rechtsdogmatik. 2007. *Band 170.*
Poscher, Ralf: Grundrechte als Abwehrrechte. 2003. *Band 98.*
Proelß, Alexander: Bundesverfassungsgericht und überstaatliche Gerichtsbarkeit. 2014. *Band 235.*
Puhl, Thomas: Budgetflucht und Haushaltsverfassung. 1996. *Band 15.*
Reinhardt, Michael: Konsistente Jurisdiktion. 1997. *Band 24.*
Remmert, Barbara: Private Dienstleistungen in staatlichen Verwaltungsverfahren. 2003. *Band 95.*
Rensmann, Thilo: Wertordnung und Verfassung. 2007. *Band 156.*
Rixen, Stephan: Sozialrecht als öffentliches Wirtschaftsrecht. 2005. *Band 130.*
Rodi, Michael: Die Subventionsrechtsordung. 2000. *Band 52.*
Röben, Volker: Außenverfassungsrecht. 2007. *Band 160.*
Rossen, Helge: Vollzug und Verhandlung. 1999. *Band 39.*
Rozek, Jochen: Die Unterscheidung von Eigentumsbindung und Enteignung. 1998. *Band 31.*
Ruffert, Matthias: Vorrang der Verfassung und Eigenständigkeit des Privatrechts. 2001. *Band 74.*
Sacksofsky, Ute: Umweltschutz durch nicht-steuerliche Abgaben. 2000. *Band 53.*
Šarčević, Edin: Das Bundesstaatsprinzip. 2000. *Band 55.*
Saurer, Johannes: Der Einzelne im europäischen Verwaltungsrecht. 2014. *Band 228.*
Schenke, Ralf P.: Die Rechtsfindung im Steuerrecht. 2007. *Band 169.*
Schiedermair, Stephanie: Der Schutz des Privaten als internationales Grundrecht. 2012. *Band 216.*
Schlacke, Sabine: Überindividueller Rechtsschutz. 2008. *Band 179.*
Schlette, Volker: Die Verwaltung als Vertragspartner. 2000. *Band 51.*
Schliesky, Utz: Souveränität und Legitimtät von Herrschaftsgewalt. 2004. *Band 112.*
Schmehl, Arndt: Das Äquivalenzprinzip im Recht der Staatsfinanzierung. 2004. *Band 113.*
Schmidt, Thorsten I.: Kommunale Kooperation. 2005. *Band 137.*
Schmidt am Busch, Birgit: Die Gesundheitssicherung im Mehrebenensystem. 2007. *Band 168.*
Schmidt-De Caluwe, Reimund: Der Verwaltungsakt in der Lehre Otto Mayers. 1999. *Band 38.*
Schönberger, Christoph: Unionsbürger. 2006. *Band 145.*
Schorkopf, Frank: Grundgesetz und Überstaatlichkeit. 2007. *Band 167.*
Schröder, Rainer : Verwaltungsrechtsdogmatik im Wandel. 2007. *Band 166.*
Schroeder, Werner: Das Gemeinschaftrechtssystem. 2002. *Band 86.*
Schulte, Martin: Schlichtes Verwaltungshandeln. 1995. *Band 12.*
Schwartmann, Rolf: Private im Wirtschaftsvölkerrecht. 2005. *Band 122.*
Seiler, Christian: Der souveräne Verfassungsstaat zwischen demokratischer Rückbindung und überstaatlicher Einbindung. 2005. *Band 124.*
Shirvani, Foroud: Das Parteienrecht und der Strukturwandel im Parteiensystem. 2010. *Band 195.*
Siegel, Thorsten: Entscheidungsfindung im Verwaltungsverbund. 2008. *Band 180.*
Sobota, Katharina: Das Prinzip Rechtsstaat. 1997. *Band 22.*
Sodan, Helge: Freie Berufe als Leistungserbringer im Recht der gesetzlichen Krankenversicherung. 1997. *Band 20.*
Sommermann, Karl-Peter: Staatsziele und Staatszielbestimmungen. 1997. *Band 25.*
Spranger, Tade M.: Recht und Bioethik. 2010. Band 190.
Stein, Katrin: Die Verantwortlichkeit politischer Akteure. 2009. *Band 181.*

Stoll, Peter-Tobias: Sicherheit als Aufgabe von Staat und Gesellschaft. 2003. *Band 101.*
Storr, Stefan: Der Staat als Unternehmer. 2001. *Band 78.*
Stumpf, Christoph A.: Alternative Streitbeilegung im Verwaltungsrecht. 2006. *Band 149.*
Sydow, Gernot: Verwaltungskooperation in der Europäischen Union. 2004. *Band 118.*
Talmon, Stefan: Kollektive Nichtanerkennung illegaler Staaten. 2006. *Band 154.*
Thiel, Markus: Die „Entgrenzung" der Gefahrenabwehr. 2011. *Band 205.*
Thiele, Alexander: Finanzaufsicht. 2014. *Band 229.*
Thym, Daniel: Migrationsverwaltungsrecht. 2010. *Band 188.*
Trute, Hans-Heinrich: Die Forschung zwischen grundrechtlicher Freiheit und staatlicher Institutionalisierung. 1994. *Band 10.*
Tschentscher, Axel: Demokratische Legitimation der dritten Gewalt. 2006. *Band 147.*
Uerpmann, Robert: Das öffentliche Interesse. 1999. *Band 47.*
Uhle, Arnd: Freiheitlicher Verfassungsstaat und kulturelle Identität. 2004. *Band 121.*
Unruh, Peter: Der Verfassungsbegriff des Grundgesetzes. 2002. *Band 82.*
Vöneky, Silja: Recht, Moral und Ethik. 2010. *Band 198.*
Volkmann, Uwe: Solidarität – Programm und Prinzip der Verfassung. 1998. *Band 35.*
Voßkuhle, Andreas: Das Kompensationsprinzip. 1999. *Band 41.*
Wall, Heinrich de: Die Anwendbarkeit privatrechtlicher Vorschriften im Verwaltungsrecht. 1999. *Band 46.*
Wallrabenstein, Astrid: Versicherung im Sozialstaat. 2009. *Band 186.*
Walter, Christian: Religionsverfassungsrecht in vergleichender und internationaler Perspektive. 2006. *Band 150.*
Weiß, Wolfgang: Privatisierung und Staatsaufgaben. 2002. *Band 88.*
Welti, Felix: Behinderung und Rehabilitation im sozialen Rechtsstaat. 2005. *Band 139.*
Wernsmann, Rainer: Verhaltenslenkung in einem rationalen Steuersystem. 2005. *Band 135.*
Will, Martin: Selbstverwaltung der Wirtschaft. 2010. *Band 199.*
Windoffer, Alexander: Verfahren der Folgenabschätzung als Instrument zur rechtlichen Sicherung von Nachhaltigkeit. 2011. *Band 209.*
Windthorst, Kay: Der verwaltungsgerichtliche einstweilige Rechtsschutz. 2009. *Band 183.*
Winkler, Markus: Verwaltungsträger im Kompetenzverbund. 2009. *Band 185.*
Winterhoff, Christian: Verfassung – Verfassunggebung – Verfassungsänderung. 2007. *Band 155.*
Wißmann, Hinnerk: Generalklauseln. 2008. *Band 173.*
Wittreck, Fabian: Die Verwaltung der Dritten Gewalt. 2006. *Band 143.*
Wolff, Heinrich Amadeus: Ungeschriebenes Verfassungsrecht unter dem Grundgesetz. 2000. *Band 44.*
Wollenschläger, Ferdinand: Verteilungsverfahren. 2010. *Band 196.*
Ziekow, Jan: Über Freizügigkeit und Aufenthalt. 1997. *Band 21.*

Ein Gesamtverzeichnis der Reihe erhalten Sie gerne vom Verlag
Mohr Siebeck, Postfach 2040, D–72010 Tübingen.
Aktuelle Informationen im Internet unter www.mohr.de